本研究得到
国家社科基金一般项目“盐源皈家堡遗址的整理与研究”
（19BKG005）资助

本书为
国家文物局“考古中国”重大项目“川渝地区巴蜀文明进程研究”
项目阶段性成果

本书出版得到
国家重点文物保护专项补助经费资助

“考古中国”重大项目　甲编第002号

成都—凉山区域考古合作成果

皈家堡遗址发掘报告

成都文物考古研究院
凉山彝族自治州博物院　编著
盐源县文物管理所

文物出版社

图书在版编目（CIP）数据

皈家堡遗址发掘报告 / 成都文物考古研究院，凉山彝族自治州博物院，盐源县文物管理所编著. -- 北京：文物出版社，2024. 9. -- ISBN 978-7-5010-8523-1

Ⅰ. K878.05

中国国家版本馆CIP数据核字第2024QQ6844号

审图号：川S【2024】00136号

皈家堡遗址发掘报告

编　　著：成都文物考古研究院
凉山彝族自治州博物院
盐源县文物管理所

责任编辑：乔汉英
责任印制：王　芳

出版发行：文物出版社
社　　址：北京市东城区东直门内北小街2号楼
邮　　编：100007
网　　址：http: //www.wenwu.com
邮　　箱：wenwu1957@126.com
经　　销：新华书店
印　　刷：天津裕同印刷有限公司
开　　本：889mm × 1194mm　1/16
印　　张：65
插　　页：1
版　　次：2024年9月第1版
印　　次：2024年9月第1次印刷
书　　号：ISBN 978-7-5010-8523-1
定　　价：1080.00元（全三册）

Excavation Report of the Guijiabao Site in Yanyuan

(Ⅰ)

by

Chengdu Institute of Cultural Relics and Archaeology

Liangshan Yi Autonomous Prefecture Museum

Yanyuan County Cultural Relics Management Office

Cultural Relics Press

内容简介

皈家堡遗址位于四川省凉山彝族自治州西南部盐源县润盐镇杨柳桥村二组杨柳河西岸的二级台地之上，面积 30000 平方米。该遗址于 2015 年发现，2016 ~ 2019 年进行了四次考古发掘，发掘面积计 2504 平方米，遗迹计有房址 24 座、灰坑 212 个、灰沟 9 条、器物坑 4 个、竖穴土坑墓 14 个、瓮棺葬 1 个、特殊遗迹 20 个和大量柱洞，并出土大量遗物。

本报告是对皈家堡遗址四次发掘资料全面而系统的整理，分年度按单位全面介绍。结合地层学和类型学及碳 –14 测年与相关研究，将该遗址统一分为四期，以新石器时代晚期遗存为主体，另有少量青铜时代和历史时期遗存。第一、二期遗存为新石器时代晚期遗存，第一期遗存时代为距今 5000~4500 年，与甘青地区新石器文化有着密切关联；第二期遗存时代为距今 4500 ~ 3700 年，具有鲜明的地域与时代特征，属于金沙江中游新石器文化圈典型代表；第三期遗存为青铜时代遗存，时代为距今 3300 ~ 2700 年，属于高坡文化范畴；第四期遗存为南诏和大理国时期遗存，部分遗存可能延续至元末明初。

皈家堡遗址的发掘与研究填补了盐源盆地新石器时代考古学文化的空白，将盐源盆地人类活动的历史上溯至距今 5000 年前。皈家堡遗址新石器时代遗存不仅与中国西北地区的新石器文化有渊源关系，而且与云南西部地区的新石器文化也有密切的联系。皈家堡遗址的发掘与研究拓展了金沙江中游新石器文化圈的内涵与外延；对认识中国西北与西南地区新石器时代晚期的文化互动与人群移动有着重要的意义，凸显了“西南走廊”在南北文化交流中的重要地位，为“西南丝绸之路”的开辟奠定了史前基础。青铜时代和历史时期遗存的发现，为盐源盆地青铜时代和唐宋时期的历史与社会研究提供了实物资料。

Summary

The Guijiabao Site is located on the second terrace on the west bank of the Yangliu River, in Group 2 of Yangliuqiao Village, Runyan Town, Yanyuan County, in the southwest part of Liangshan Yi Autonomous Prefecture, Sichuan Province. The site covers an area of 30,000 square meters. It was discovered in 2015, followed by four seasons of excavations from 2016 to 2019, covering a total area of 2,504 square meters. The site yielded 24 house remains, 212 ash pits, 9 ditches, 4 object pits, 14 vertical-pit graves, 1 urn burial, 20 special features, and numerous postholes, along with a large quantity of artifacts.

This report provides a comprehensive and systematic collation of the excavation data from the four excavations at the Guijiabao Site, presented by unit and year. Through the combination of stratigraphy, typology, radiocarbon dating, and related research, the site has been divided into four phases. The primary remains belong to the Late Neolithic period, with some remains from the Bronze Age and historical periods. The first and second phases represent Late Neolithic remains: the first phase dates back 5000 to 4500 years ago and is closely related to the Neolithic cultures of the Gansu-Qinghai region; the second phase dates back 4500 to 3700 years ago, featuring distinct regional and temporal characteristics, and represents a typical example of the Neolithic cultural sphere in the middle reaches of the Jinsha River. The third phase represents Bronze Age remains, dating back 3300 to 2700 years ago, belonging to the Gaopo Culture. The fourth phase consists of remains from the Nanzhao and Dali Kingdom periods, with some possibly extending into the late Yuan and early Ming dynasties.

The excavation and research of the Guijiabao Site fill the gap in the archaeological study of Neolithic culture in the Yanyuan Basin, tracing human activity in the basin back to 5000 years ago. The Neolithic remains at Guijiabao not only have a cultural connection with the Neolithic cultures of Northwest China but are also closely linked to the Neolithic cultures of western Yunnan. The excavation and research at the Guijiabao Site expand the content and scope of the Neolithic cultural sphere in the middle reaches of the Jinsha River; they are significant for understanding the cultural and human interactions between Northwest and Southwest China during the Late Neolithic, highlighting the importance of the "Southwest Corridor" in cultural exchanges between the north and south. This corridor laid the prehistoric foundation for the opening of the "Southwest Silk Road". The discovery of Bronze Age and historical period remains provides material evidence for the study of the history and society of the Yanyuan Basin during the Bronze Age and the Tang-Song periods.

目　录

（以上为第三册）

插图目录

新石器时代

青铜时代

历史时期

（以上为第二册）

彩版目录

第一章　概　述

第一节　地理位置与自然环境

盐源县位于四川省西南部、川滇两省结合部、雅砻江下游，行政区划上隶属于四川凉山彝族自治州。地理坐标为北纬27°66′10″~28°16′3″，东经100°42′09″~102°03′44″。东以磨盘山与西昌市为界，东南隔雅砻江与德昌、米易县相望；南至藤桥乡、盐塘乡大药塘与盐边县接壤；西与云南宁蒗彝族自治县以泸沽湖心为界；北与木里藏族自治县麦地、白雕乡相连；东北与冕宁县联合、纳富乡毗邻。县境东西长132.6、南北宽129.4千米，总面积8376.4平方千米，海拔2500~2800米（图一）。

盐源县地处青藏高原东南缘，大部分地区属于川西南山地褶皱高山地带，系横断山脉的南延部分。境内山脉走向近南北，一般高程2300~4000米。山间多断陷盆地或谷地，与云贵高原类似，地貌形态可分为平原、台地、丘陵和高山四个部分。锦屏山脉、马扎山脉和普尔后山脉是县境内的三条大山脉，此外主要有火炉山、横梁子、跑马梁子、小高山、马鞍山、柏林山、马扎山、普尔后山、磨盘山等。县北部火炉山主峰么罗杠子海拔达4393米；县东南的藤桥河是全县海拔最低点，海拔1060米。

盐源县以四面环山，盆地居中为地貌总特征。县境中部是一个断陷盆地，即著名的盐源盆地，范围大致在棉桠—柯敦—香房—出山寨—棉桠连线圈闭之内，盆地面积1049平方千米，盆底面积444平方千米。盐源盆地属盐源—丽江台缘褶断带，是经印支运动、燕山运动，特别是喜马拉雅造山运动的强烈影响，形成的山间盆地。盆地海拔一般2300~2700米，盆地内起伏小，较平坦，阶地发育，多呈平顶状和延缓状。地势由北向南、由东向西逐渐降低。盆地四周均为重峦叠嶂、沟壑纵横的高山地区。盆地四周的高山一般海拔2800~4000米，一些山峰如柏林山、小高山、红岩子、跑马梁子的海拔都在3600~4200米[1]。

盐源盆地是青藏高原东缘发育和保存完好的新生代沉积盆地。盆地近东西向展布，属封闭型自流盆地，盆地四周被海拔3000米以上的高山环绕。盆地内东高西低，东部后期地壳抬升、剥蚀，而西部为汇水区[2]。盆地内河流属雅砻江—金沙江水系，水系受构造控制而成环状、放射状或树

[1]《盐源县志》编纂委员会：《盐源县志》，四川民族出版社，2000年，第131~149页。

[2] 李勇、侯中健、司光影等：《青藏高原东南缘晚第三纪盐源构造逸出盆地的沉积特征与构造控制》，《矿物岩石》2001年第3期；崔晓庄、江新胜、伍皓等：《青藏高原东缘盐源盆地古近纪风成沙丘及其古地理意义》，《古地理学报》2012年第5期。

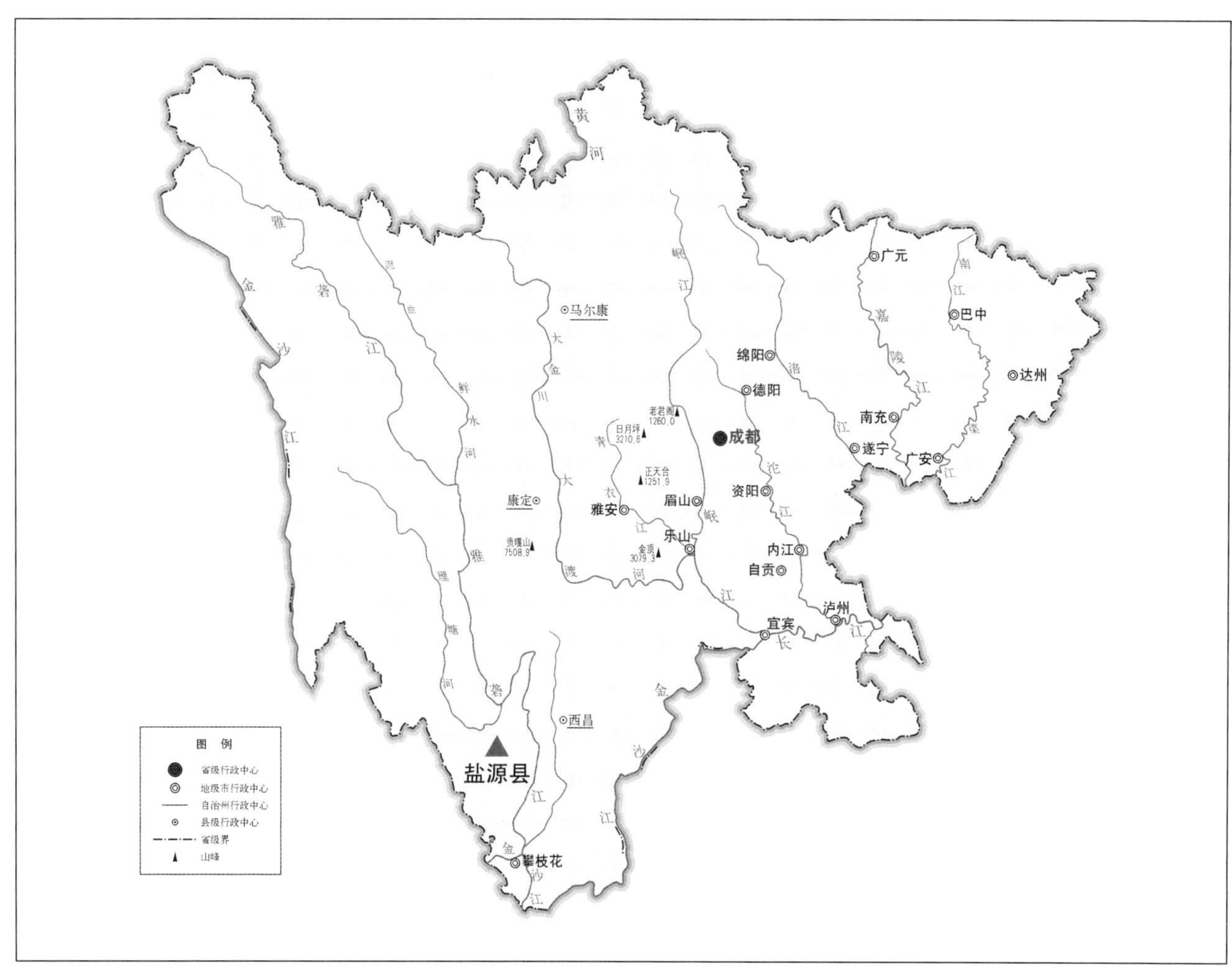

图一　盐源县位置示意图

枝状，河流虽多，但都源短水少，旱季断流，雨季易发洪水。盐源盆地内地貌多为平顶状台地和圆缓状浅丘，阶地发育，岗地、台地广布。地势较平缓，在 0°~25° 的坡度范围面积占盐源盆地总面积的 90.57%[1]。盆地中南部为“盐源坝子”，坝子内有发育完整的四级河流阶地和大型冲洪积扇，区内多见河流侵蚀而形成的垄岗台地，台地基岩多为第三系昔格达组黏土岩、粉砂岩，海拔多在 2250~2550 米。根据区域地质资料，一、二级阶地形成于全新世，其余阶地和洪积扇多为更新世堆积物。各级阶地均不同程度发育二元结构，一般上部为黏土、亚黏土层，下部多为砾石层[2]。

由于盐源盆地内不同地区的地层岩性、地形地貌、自然气候条件不同，不同地方形成的土壤类型有较大的差异。盆地内土层深厚，土壤类型可分为褐壤、红壤和黄壤三大类。褐壤主要分布在盐源盆地南部梅雨—双河—卫城一带平坝内，地貌上多分布于一、二级阶地上，该土壤类型多为冲洪积物。

[1] 范敏、黄洁、刘智等：《基于遥感数据的西南地区第四纪残坡积层分布与利用——以四川省盐源盆地为例》，《国土资源遥感》2010 年第 S1 期。

[2] 刘世全、熊毓秀、徐显德等：《四川盐源盆地的红色土壤及其分类问题的初步探讨》，《四川农学院学报》1984 年第 1 期。

黄壤主要分布于盆地中部杨思茂坪子北—半边街、一碗水北、龙堂村西北、道沟坪子东南—羊圈—白乌镇北、庄房沟—肖家屋基—河门口等地区。在野外调查中发现一些三级阶地上也广泛分布黄壤。红壤主要分布于盐源盆地周边的中、低丘陵的上部，主要为第四纪残坡积层风化物。棉桠、白乌、大河乡三个地区表层红壤较厚，地表出露的土壤厚度一般在 0.2~8 米不等[1]。

盐源县境内的河流大都属于金沙江最大一级支流的雅砻江水系。雅砻江古称“若水（弱水）”或“泸水”，其干流以降雨补给为主，融雪补给为辅，干流在盐源县县境东部呈南北向流过。流经盐源盆地的盐源河是雅砻江的一条支流，属于金沙江三级水系。盐源河的水网密集，主要支流达 11 条，河流的季节性强，整个流域面积达 8614 平方千米。盐源河受构造控制形成奇特的“X”状向心水系，总的流向由南向北，流域地势却是北高南低，河道上段比降小，中、下段比降大。该河流在盐源盆地河段的河面宽 50~100 米，岸高 1~5 米，其余河段为“V”“U”形河谷。盐源县西北边境的泸沽湖为典型的高原断陷湖，湖面海拔 2690.7 米，湖水面积 50.8 平方千米。湖东的海门河为其出水口，经永宁河、盐源河、小金河流入雅砻江[2]。

盐源县的气候主要受高空西风南支流和印度洋暖流控制，太平洋气流影响极小。冬季形成干燥少雨、日照充足、气候温暖的旱季，夏季则形成凉爽温润的雨季。在大气环境的影响下，加之地势高亢，气候具有垂直变化大、干湿季分明、冬无严寒、夏无酷暑、冬春干旱多风、夏秋潮湿多雨、气候年变化小、日变化大、日照丰富以及多雹、雨涝、低温等特征。按地理气候带划分，盐源县属于亚热带，但因地形异常复杂，垂直气候特征突出，其境内大体可分为雅砻江亚热带干热河谷区、盆地暖温带区和山地垂直气候带区。年平均气温 12℃，最热月（7 月）平均 18.1℃，最冷月（1 月）平均 5.1℃。全年无霜期 201 天，平均降水量 735 毫米，其中 80% 以上的雨量集中在 7~8 月。由于地貌的差异，日照也有明显差异。峡谷地区日照短，盆地地势开阔、日照长。盐源盆地多年平均日照数为 2541.5 小时。由于境内地形复杂，高低悬殊，温度条件差异大，河谷地带四季无冬，盐源盆地全年无夏，海拔 3200 米以上的高中山区全年无夏，海拔在 3700~3800 米以上的地区全年皆冬。全县境内具备了南亚热带的气候条件[3]。由于受到印度洋季风气流和高空西风带环流的交替影响，境内旱季和雨季截然分明，降水量地区差异大，一般随着海拔的升高而增加。大气湿度也随地区海拔变化差异大，盆地、河谷地带较为干燥，而山区则相对较为湿润[4]。

盐源县除了盆地之外，均为高山陡坡。农耕地以旱地为主，水田次之。盆地内耕地连片集中；山区耕地多数分散零星，坡陡，冲刷侵蚀严重，土薄、砾石多，部分山地实行撂荒轮歇制。森林牧业资源丰富，牧业用地占全县总面积的 18%；历史上全县 70%~80% 为森林覆盖，后遭到严重破坏，现覆盖率仅为 34%[5]。由于地质构造、地貌、气候、土壤等多种因素的综合影响，盐源植被形成了由

---

[1] 范敏、黄洁、刘智等：《基于遥感数据的西南地区第四纪残坡积层分布与利用——以四川省盐源盆地为例》，《国土资源遥感》2010 年第 S1 期。

[2]《盐源县志》编纂委员会：《盐源县志》，四川民族出版社，2000 年，第 151~153 页。

[3]《盐源县志》编纂委员会：《盐源县志》，四川民族出版社，2000 年，第 153~156 页。

[4]《盐源县志》编纂委员会：《盐源县志》，四川民族出版社，2000 年，第 160~164 页。

[5]《盐源县志》编纂委员会：《盐源县志》，四川民族出版社，2000 年，第 188、189 页。

亚热带干热河谷稀树灌木草丛、云南松林、高山栎林、松栎混交林、亚高山常绿针叶林和高山灌丛草甸等多种类型，主要属于西南偏干性常绿阔叶林亚区、川西南河谷山原植被区和木里山原植被小区。主要组成植物有针叶树种、阔叶树种、灌木类和草本植物。盐源县是一个各种自然要素的交汇区，植物分布及类型因环境而异。从地域分布看，北部高山峡谷区主要植被为冷云杉和针阔林混交林、云南松和高山栎混交林，农作物以洋芋、青稞为主；中部盆地与边缘高中山区主要植被为以云南松为主的松栎混交林；雅砻江及其支流主要植被为亚热带干热河谷稀树灌木草丛。因地形复杂，地势高低悬殊，垂直分布极为明显。在同一纬度便有亚热带、暖温带至温带、寒温带的气候变化与多种类型土壤和植被。在垂直分布的基础上，植物群落因所处的坡向性不同，而有明显的向性差异[1]。多样的植被资源和垂直分布的气候条件，造就了盐源境内丰富的野生动物资源图景。

盐是盐源最早见于史籍记载的矿藏资源。井盐是这里的重要出产，清雍正六年（公元 1728 年）罢卫改置，以盐名县定名盐源县。长期以来，就有盐通九州、财达四海之名或称。《华阳国志·蜀志》载："定筰县……有盐池，积薪，以齐水灌，而后焚之，成盐。汉末，夷皆锢之，张嶷往争。夷帅狼岑，盘王木舅，不肯服。嶷擒，挞杀之，厚赏赐余类，皆服。官迄有之，北沙河是。"今人刘琳注："北沙河即今白盐井盐池。"《汉书·地理志》亦云"定筰，出盐"。《旧唐书·地理志》也有"昆明县……盐井在城中，今按取盐光积薪少之，以水洒土，即成黑盐。""黑盐井在县西中所攘内""白盐井在县（卫城）西南四十里"的记载。黑盐井最早使用的熬盐方法可能为积薪以齐水灌而焚之成盐。

盐源地区具有良好的成盐构造场所，盐源台缘拗陷，到东吴运动后继续下降，咸化程度高，地壳相对稳定，为盐类矿物的沉积和富集提供了有利的场所。盐井沟、小盐井、黑堰塘等地发现的盐溶角砾岩、泥质纹层状白云岩，且具咸味及与岩盐沉积有关的红色石膏等信息，说明该地区具备成盐的古地理和古气候条件。盐源岩盐属于海相沉积岩，此种盐矿含氯化钠 96% 以上，含钾 4%，具有埋藏浅、品位高、易开采的特点，这为当地早期盐业的发展提供了一个得天独厚的条件[2]。

今盐源产盐的两个主要矿区为盐井河矿区和黑盐塘岩盐矿区，另外还有盐泉数十处。据地质勘察，盐井河和黑盐塘二盐泉点含盐量稍高（2 %~5.5 %），其余辣子、巫木、黄草、卫城、博大和金河的盐泉含盐量普遍小于 2 %。具体而言，盐源的盐泉点有盐井河（俗称白盐井）、黑盐塘和小盐井；盐泉矿化点有巫木乡铁厂盐泉、花龙拉达盐泉，辣子乡郑家田盐泉，黄草乡岔丘盐泉，卫城乡盐水湾盐泉和香房乡香房盐泉。古人对当时盐源境内产盐的盛况略有记载："伏流滋卤泉，熬波能出素。朝烟夹山岚，暮云兼市雾。愿烟不化云，散作天浆注。扫地若成盐，和风生处处。"[3]其景象大有群英朝井、万灶浮烟之气势，可见当时盐源产盐量之大。

除产盐外，盐源还以产铜、金、铁等金属而闻名，其中以铜矿最为丰富。境内现已查明的铜矿产地有 48 处，其中小型矿床 2 个，矿点、矿化点 23 个。另有铜锌矿、铜镍矿和铜镍钴矿 6 处，其中矿点 2 个、矿化点 4 个。原生铜矿物主要有辉铜矿、黄铜矿、斑铜矿、蓝铜和自然铜，次生铜矿物主

[1]《盐源县志》编纂委员会：《盐源县志》，四川民族出版社，2000 年，第 194 页。

[2] 四川省凉山州盐源盐厂编纂：《盐源盐厂志》，四川省凉山州盐源盐厂，1988 年，第 16~18 页。

[3] 盐源县地方志编纂委员会办公室：《盐源史志资料》丁卯年第二期，盐源印刷厂，1987 年，第 192 页。

要有孔雀石、蓝铜矿和赤铜矿。主要矿区有桃子、水关箐、巴折，除此之外，还有诸多铜矿点或矿化点。另外在盐源盆地及周边地区还发现铅锌矿和汞矿等有色金属矿藏。

盐源因产金，历史上曾称金县，盐源的金矿主要有岩金矿和砂金矿。岩金矿主要分布于巴折、大板山、柏林山等地，主要为大沟口岩金矿，另有马丝骡岩金矿。砂金矿主要分布于雅砻江、小金河、巴基河、马坝河与马丝骡沟，主要是洼里砂金矿，包括洼里中型矿床及鸡台子、烟房、矮子沟与庄房砂金点，属河流冲积型砂金矿床。盐源砂金开采历史悠久，至少可追溯至元代，清代盛极一时。

盐源的铁矿也发现不少，全县现已查明的铁矿产地有30个，其中中型矿床1个，小型矿床5个，矿点17个，矿化点4个。铁矿物有磁铁矿、赤铁矿、菱铁矿、镜铁矿和褐铁矿，以磁铁矿和赤铁矿为主。大的矿区有矿山梁子磁铁矿区、牛厂铁矿和石真铁矿。还有不少矿点和矿化点，如平川乡的大板子磁铁矿、糖房沟磁铁矿、平川磁铁矿、马道子磁铁矿、园山包磁铁矿，核桃乡的草坪子磁铁矿、黄草坪磁铁矿，麦地乡的麦地沟磁铁矿、河坪子磁铁矿，柏林乡的横梁子磁铁矿、元盘社赤铁矿，右所乡的寨子梁子赤铁矿，大林乡的青杠林磁铁矿，棉桠乡的竹林湾铁锰矿、黑山赤铁矿、塘梨湾赤铁矿、水关乡的小高山赤铁矿，黄草乡的牛棚子赤铁矿，巫木乡的巫木赤铁矿，大草乡的查瓦甲古铁绿泥石矿。

第二节　历史沿革

“莋（筰）”始见于《史记·西南夷列传》[1]，西汉武帝元鼎六年（公元前111年），西汉王朝在今四川西南部、云南北部和西北部建越嶲郡，下辖邛都、苏示等十五县，定莋县为越嶲郡十五县之一[2]。“越嶲郡，武帝元鼎六年开。莽曰集嶲。属益州。”据谭其骧等先生考证，今盐源为定筰县地。新莽时，曾将越嶲郡更名为集嶲，定筰仍为所领十五县之一。

“《（嘉庆）四川通志》卷四《舆地志·建制沿革考》以为盐源县即汉之定筰，唐之昆明，元之柏兴府……所说多同……”[3]

东汉沿西汉建制未变，定筰县仍置，属益州，属越嶲郡十四城之一[4]。

蜀汉时期仍属越嶲郡，为南中五郡之一[5]。章武三年（公元223年），越嶲夷王高定（元）反叛[6]，延熙三年（公元240年），越嶲太守张嶷平定[7]。

西晋武帝太康二年（公元281年），越嶲郡仍置，只领七县，定筰与焉，属益州，定筰县为越

[1]（汉）司马迁：《史记·西南夷列传》（卷一百一十六），中华书局，1963年，第2991页。

[2]（汉）班固：《汉书·地理志》（卷二十八上），中华书局，1964年，第1600页。

[3]方国瑜：《中国西南历史地理考释》，中华书局，1987年，第122页。

[4]（宋）范晔：《后汉书·郡国五》（志第二十三），中华书局，1973年，第3511页。

[5]（晋）陈寿：《三国志·蜀书十三·张嶷传》（卷四十三），中华书局，1964年，第1051页；（晋）常璩撰，刘琳校注：《华阳国志校注》，巴蜀书社，1984年，第310页。

[6]（晋）陈寿：《三国志·蜀书三·后主传》（卷三十三），中华书局，1964年，第894页；（晋）常璩撰，刘琳校注：《华阳国志校注》，巴蜀书社，1984年，第308页。

[7]（晋）陈寿：《三国志·蜀书三·后主传》（卷三十三），中华书局，1964年，第897页。

巂郡五县之一，属益州[1]。太安二年（建初元年，公元 303 年），越巂郡属宁州[2]，后李寿分宁州兴古、永昌、云南、朱提、越巂、河阳六郡为汉州。

成汉时，仍置定筰县，为越巂郡所领八县之一，属益州。

东晋咸康四年（公元 338 年），分牂牁、夜郎、朱提、越巂四郡置安州。定筰县仍置，隶越巂郡，属安州。咸康八年（公元 342 年），"又罢并宁州，以越巂还属益州，省永昌郡焉。"[3]建元元年（公元 343 年），分宁州、兴古、永昌、云南、朱提、越巂、河南六郡为汉州。定筰县隶越巂郡，属汉州。

刘宋时，沿晋建制置定筰等八县隶越巂郡，属益州。

南朝宋（公元 420~479 年）时为越巂太守八县之一，属益州[4]。南朝齐（公元 479~502 年）时改为越巂燎郡，属益州[5]。南齐高帝建元元年（公元 479 年），越巂郡改獠郡，属县皆废。

梁武帝大同三年（公元 537 年），武陵王萧纪为益州刺史，开建宁置越巂。简文帝大宝年间（公元 550~551 年）复废，地为爨蛮所据，县无考[6]。

北周武帝天和三年（公元 568 年）置定筰镇，隶可泉县[7]，属宣化郡。"周武帝天和三年（公元 568 年），开越巂地，于巂城置严州。"[8]"（天和五年）十二月癸巳，大将军郑恪率师平越巂，置西宁州。"[9]

北周后改西宁州为严州，隋开皇六年复改为西宁州[10]，开皇十八年（公元 598 年）改为巂州[11]。"后周置定筰镇，隋因之。"后改巂州为越巂郡，可泉县开皇初废[12]。

隋初仍置定筰镇，隶严州。隋炀帝大业八年（公元 612 年）改州为郡，巂州改为越巂郡，定筰县隶越西郡。

唐武德元年（公元 618 年）复改越巂郡为巂州[13]，武德二年（公元 619 年）以定筰镇置昆明县，"盖南接昆明之地故也"，隶巂州。是年又置昆明军，还置宁远军沙野城。武德七年（公元 624 年），置西豫州，

---

［1］（唐）房玄龄等：《晋书·地理上》（卷十四·志第四），中华书局，1974 年，第 440 页。

［2］（晋）常璩撰，刘琳校注：《华阳国志校注》，巴蜀书社，1984 年，第 370 页；（梁）沈约：《宋书·州郡四》（卷三十八·志第二十八），中华书局，1974 年，第 1182 页。

［3］（唐）房玄龄等：《晋书·地理上》（卷十四·志第四），中华书局，1974 年，第 441 页。

［4］（梁）沈约：《宋书·州郡四》（卷三十八·志第二十八），中华书局，1974 年，第 1173、1174 页。

［5］（梁）萧子显：《南齐书·州郡下》（卷十五·志第七），中华书局，1974 年，第 302 页。

［6］《盐源县志》编纂委员会：《盐源县志》，四川民族出版社，2000 年，第 89 页。

［7］（宋）乐史：《太平寰宇记》，中华书局，2007 年，第 1619 页。

［8］（唐）李吉甫：《元和郡县图志》，中华书局，1983 年，第 822 页。

［9］（唐）令狐德棻主编：《周书·帝纪第五·武帝上》（卷五），中华书局，1974 年，第 78 页；王仲荦：《北周地理志》，中华书局，1980 年，第 270 页。

［10］（唐）樊绰撰，向达校注：《蛮书校注》，中华书局，2018 年，第 356 页。

［11］（唐）李吉甫：《元和郡县图志》，中华书局，1983 年，第 822 页；（唐）魏徵等：《隋书·地理上》（卷二十九·志第二十四），中华书局，1973 年，第 829 页。

［12］（清）顾祖禹：《读史方舆纪要·四川九》（卷七十四），中华书局，2005 年，第 3470 页；（后晋）刘昫等：《旧唐书·地理四》（卷四十一·志第二十一），中华书局，1975 年，第 1698 页。

［13］（后晋）刘昫等：《旧唐书·地理四》（卷四十一·志第二十一），中华书局，1975 年，第 1698 页。

领磨豫、七部二县。至太宗贞观年间（公元 627~649 年）改为羁縻州，州县俱废，后为南诏所据。

“（玄宗开元）十七年（公元 729 年）二月丁卯，巂州都督张审素攻破蛮，拔昆明城及盐城，杀获万人。”[1]“开元十七年（公元 729 年）十一月置昆明军”。[2]

玄宗天宝年中（公元 742~755 年），南诏再次控制了昆明城。“巂州越巂郡……至德二载（公元 757 年）没吐蕃”[3]，“昆明城有大盐池，比陷吐蕃。蕃中不解煮法，以咸池水沃柴上，以火焚柴成炭，即于炭上掠取盐也。贞元十年（公元 794 年）春，南诏收昆明城，即盐池属南诏，蛮官煮之如汉法也。”[4]“后吐蕃亦置城于此（昆明）。贞元十一年（公元 795 年）南诏攻吐蕃昆明城，取之，寻复没于吐蕃。十五年（公元 799 年）吐蕃谋袭南诏，屯于昆明，又遣兵屯西贡川。十七年（公元 801 年）韦皋遣军攻昆明城，不下……其相近者又有诺济城，亦唐所置戍守处也，天宝末没于吐蕃。贞元十五年（公元 799 年）吐蕃分兵自诺济城攻巂州，十七年韦皋使巂州将陈孝阳等及么些蛮、东蛮三部落主苴那时等攻吐蕃昆明、诺济城是也。后没于南诏。”[5]《新唐书》：“大（太）和五年（公元 827 年），为蛮寇所破。”[6]（昆明城）后改香城郡[7]。

唐僖宗乾符五年（大封民贞元元年，公元 878 年），隆顺推翻南诏，建大封民，昆明城属剑川节度。

后晋天福三年（大理文德元年，公元 938 年），段思平推翻大义宁建大理国，分设九府四郡，改南诏香城郡为贺头甸，属鄯巨郡。“大理国时期，昆明城改为贺头甸，属成纪镇。“大理国后期剑川节度废后，以旧善巨郡设成纪镇。”[8]

大理天定三年（公元 1254 年），即元宪宗四年，忽必烈引兵攻取大理诸蛮部，分遣兀良合台攻诸夷未附者。“癸丑秋……摩些二部酋长唆火脱因、塔裹马来迎降。”元世祖至元十年（公元 1273 年），“其盐井摩沙酋罗罗将鹿鹿、茹库内附。”十二年（公元 1275 年），置定昌总管府，隶罗罗斯宣尉司，今盐源为定昌总管府属地。十四年（公元 1277 年），立盐井管民千户所，隶德平路。十六年（公元 1279 年），于今盐源县境北瓜别、木里一带置金州。十七年（公元 1280 年），改为闰盐州，以獚鹿部为普乐州，俱隶德平路。二十七年（公元 1290 年），并普乐、闰盐二州为闰盐县，立柏兴府（升闰盐州为柏兴府，降普乐州为闰盐县[9]），隶罗罗斯宣慰司。领闰盐县、金县。成宗元贞二年（公元 1296 年）十一月，“罢云南柏兴府入德昌路”[10]。

---

[1]（后晋）刘昫等：《旧唐书·本纪第八·玄宗上》（卷八），中华书局，1975 年，第 193 页。

[2]（唐）李吉甫：《元和郡县图志》（卷三十一），中华书局，1983 年，第 766、767 页；（宋）王溥：《唐会要·诸使中》（卷七十八），中华书局，1955 年，第 1431 页。

[3]（宋）欧阳修、宋祁：《新唐书·地理六》（卷四十二·志第三十二），中华书局，1975 年，第 1083 页。

[4]（唐）樊绰撰，向达校注：《蛮书校注》，中华书局，2018 年，第 189 页。

[5]（清）顾祖禹：《读史方舆纪要·四川九》（卷七十四），中华书局，2005 年，第 3470、3471 页。

[6]（宋）欧阳修、宋祁：《新唐书·地理六》（卷四十二·志第三十二），中华书局，1975 年，第 1083 页。

[7]（明）宋濂等：《元史·地理四》（卷六十一·志第十三），中华书局，1976 年，第 1475 页。

[8] 谭其骧主编：《中国历史地图集》（第六册），地图出版社，1996 年，第 75~76 页；（清）顾祖禹：《读史方舆纪要·四川九》（卷七十四），中华书局，2005 年，第 3470 页；段玉明：《大理国史》，云南民族出版社，2003 年，第 112、115 页。

[9]（明）宋濂等：《元史·本纪第十六·世祖十三》（卷十六），中华书局，1976 年，第 338 页。

[10]（明）宋濂等：《元史·本纪第十九·成宗二》（卷十九），中华书局，1976 年，第 407 页。

明初仍为柏兴府，洪武十五年（公元1382年）三月属云南布政司，二十四年（公元1391年）二月降为柏兴州，二十五年（公元1392年）改为柏兴千户所，二十六年（公元1393年）六月州废，置盐井卫军民指挥史司，属四川都司[1]。“二十七年（公元1394年）改置盐井卫。”[2]“定莋废县，在卫治南。……昆明城，在卫西南。……双桥河，卫西五里。”[3]

清初，因明制仍为盐井卫。雍正六年（公元1728年）改为盐源县，隶属宁远府[4]。

中华民国十八年（公元1929年）属四川省十八行政督察区，二十三年（公元1934年）归云南省辖。二十四年（公元1935年）复隶四川省十八行政督察区。二十八年（公元1939年）一月隶西康省第三行政督察区，同年六月隶宁属屯垦委员会，直至民国末年。

1950年3月盐源县解放后，隶属于西康省西昌专区。1956年10月，撤销西康省并入四川省，盐源县属四川省西昌专区。1978年10月撤销西昌地区并入凉山彝族自治州，属凉山彝族自治州至今。

第三节　课题缘起、规划与线路设计

盐源地处青藏高原东缘、横断山区中段北部，是历史上从黄河上游的甘青地区经川西高原南下进入云贵地区的文化走廊和民族走廊的重要节点。境内古代文化丰富，具有非常鲜明的区域与时代特征，是地处川西南的凉山彝族自治州境内文物资源较为丰富的地区，也是凉山彝族自治州近年来开展文物考古调查工作较多的地区。

有鉴于此，2014年成都文物考古研究所在制定“成都文物考古研究所十三五发展规划”时，就“十三五”期间“成都—凉山区域考古合作”项目的考古工作规划展开了讨论。该规划强调进一步加强在凉山彝族自治州境内安宁河流域、城河流域、盐源盆地开展持续考古调查工作的重要性，同时，鉴于盐源盆地特殊的地缘优势和丰富的古代文化遗存，特别提出强化盐源盆地古遗址考古调查，特别是新石器遗址的调查与发掘，以图构建川西南地区史前考古学文化谱系与年代框架，厘清该区域的考古学文化渊源与发展范式，以期探索中国西北与西南地区古代文化交流途径与族群互动范式，凸显横断山区在中国古代南北文化交流与互动中的重要地位[5]。

经过前期规划与设计，2015年制定了《盐源盆地古遗址考古调查与发掘工作规划（2016~2020

[1]（清）张廷玉等：《明史·列传第一百九十九·四川土司一·盐井卫》（卷三百十一），中华书局，1974年，第8020页。

[2]（清）顾祖禹：《读史方舆纪要·四川九》（卷七十四），中华书局，2005年，第3469页。

[3]（清）顾祖禹：《读史方舆纪要·四川九》（卷七十四），中华书局，2005年，第3470页。

[4] 赵尔巽等：《清史稿·地理十六·四川·宁远府》（卷六十九·志四十四），中华书局，1976年，第2221页。

[5] 长期以来，对于中国古代对外文化交流之路，考古学界关注的焦点主要是北方丝绸之路、东方丝绸之路和海上丝绸之路，对其他对外文化交流之路则关注较少，但有学者注意到“从四川、云南到缅甸、泰国也有一条通道，只是影响略小于前三条”（严文明：《考古学初阶》，文物出版社，2018年，第168页）。该线路即为我们现称的“南方丝绸之路”，20世纪80年代以来，曾掀起一股南方丝绸之路研究热潮，一度产生深远影响，随着老一辈学人退去，新生力量匮乏，该研究呈现出青黄不接的断层现象。进入21世纪后，南方丝绸之路的研究停滞不前，近年更是日薄西山。近年南方丝绸之路沿线考古新发现与新成果的不断涌现为深入讨论南方丝绸之路提供了契机。川西南地区地处南北文化交流节点，拥有丰富的古代文化资源，对开展考古工作有着重要意义。

年）》的课题，并得到了国家文物局专项资金和成都文物考古研究所区域对外合作经费的支持。2015年春，由成都文物考古研究所、凉山彝族自治州博物馆和盐源县文物管理所组成的联合考古队开始围绕这一课题展开考古调查。2015~2019年，联合考古队将调查区域集中于盐源盆地海拔2400~2600米、面积约达500平方千米的盆地范围内，后考虑到遗址点分布规律与调查工作的时效问题，又将调查范围调整到海拔2400~2500米、面积约250平方千米的区域内，调查线路主要沿盐源盆地境内盐河、白洁河、干梅子河、龙洞河、大河等几条主要河流进行，发现了一系列新遗址，并对新发现的皈家堡遗址进行了三个年度的连续发掘。2016年冬~2019年冬，联合考古队对2015年的调查资料和皈家堡遗址2016~2018年的发掘资料进行了系统整理与初步分析，形成了一些阶段性研究成果[1]。2019年冬~2022年春，联合考古队进行皈家堡遗址2016~2018年考古发掘报告的编写。《皈家堡遗址发掘报告》便是《盐源盆地古遗址考古调查与发掘工作规划（2016~2020年）》“十三五”发展规划课题阶段性成果的总结。

我们之所以选择在盐源盆地开展工作，主要是基于以下几个方面的考虑。

第一，盐源盆地有着丰富而独特的古代文化资源，它们具有鲜明的区域与族群特征，该地区前期的考古发现与研究工作尽管有一定基础，但整体薄弱。目前盐源盆地青铜时代晚期文化随着盐源青铜器的发现与研究而被世人所关注，相较而言，其他时期遗存的发现与研究相对薄弱，尤其是新石器时代至青铜时代早期遗存的发现与研究仍处于空白地带。而通过前期考古调查工作，发现盐源盆地史前遗存丰富，为进一步开展盐源盆地新石器时代考古提供了基础。为此，迫切需要加强盐源盆地史前考古调查工作，尤其是新石器时期遗存的发现与研究，该时段遗存填补了盐源地区新石器时代的空白。

第二，盐源盆地地处青藏高原东缘、横断山区中段，是中国西北地区通过川西高原连接云贵高原的关键区域，有着得天独厚的地理位置和优越的自然环境。盐源盆地史前文化遗存不仅具有鲜明的地域性特征，同时也更多体现出其文化面貌的多元性特征，复合性特征较为突出。特殊的地理位置与复杂而多元的文化面貌，凸显出盐源盆地在中国古代南北文化交流中扮演的重要角色，它是史前文化交流与族群互动交通孔道的关键节点，对其开展的考古工作拓宽了南亚廊道和南方丝绸之路研究的文化内涵的深度与时空维度。

第三，当前盐源盆地内古遗址保存现状形势严峻，文物保护抢救性发掘迫在眉睫。20世纪80年代以来，盗墓活动已经使得盐源盆地独具特色的青铜文化遭到毁灭性破坏。如今随着现代农村的生产与生活活动日益频繁，大规模机械化耕种的推广，城乡规模的扩大，再加上水土流失等自然因素，盐源盆地众多史前古遗址的本体正在遭受日益严重的人为与自然破坏。为了保护日益受到严重威胁的史前遗址，迫切需要进行前期考古调查与抢救性发掘工作，以便为后期保护文物规划提供基础资料。

第四，本课题组成员已经在凉山彝族自治州境内从事考古调查与研究工作近20年，熟稔凉山彝

[1] 成都文物考古研究所、凉山彝族自治州博物馆、盐源县文物管理所：《2015年盐源县皈家堡遗址、道座庙遗址出土植物遗存分析报告》，《成都考古发现（2014）》，科学出版社，2016年，第147~154页；凉山彝族自治州博物馆、盐源县文物管理所、成都文物考古研究院：《2015年盐源盆地考古调查简报》，《成都考古发现（2015）》，科学出版社，2017年，第116~132页；成都文物考古研究院、凉山彝族自治州博物馆、盐源县文物管理所：《盐源县皈家堡遗址2015年度调查试掘简报》，《成都考古发现（2015）》，科学出版社，2017年，第18~52页。

族自治州境内先秦时期的文化面貌和风土人情，通过对盐源青铜器的梳理与研究以及安宁河流域与城河流域的既往工作，对盐源盆地史前文化遗存的考古调查与研究已经积累了充分的经验。

本课题的目的是通过区域系统考古调查与发掘来认识盐源盆地古遗址分布与保存状况以及堆积特点，期许厘清盐源盆地史前时期的文化面貌与内涵及时代特征，以期构建盐源盆地新石器时代晚期至青铜时代的文化序列与年代框架，强化盐源盆地史前文化在中国西北与西南地区史前文化交流与族群互动中的独特地位。

通过前期的调查工作，我们选定盆地内海拔2400~2500米的区域作为2016~2020年的田野工作区域，调查范围约250平方千米，主要涉及盐源盆地内的卫城、双河（后撤销，改为润盐镇）、盐井、干海、梅雨等乡镇，其中除了梅雨镇因地势平坦，按照区域系统调查的理念进行了系统钻探外，其他区域则是以全覆盖拉网式地面调查为主。盐源盆地海拔高于2500米的区域，由于时间、人力、财力等因素的限制留待今后去完成。

本课题以大范围调查、小范围试掘和重点发掘为总体思路统摄全面工作，即强调考古调查与发掘的紧密结合，所有确认的点均进行试掘和采样。具体实施方法是依河流沿线进行全区域全覆盖拉网式地面踏查，尽力发现古遗址。由于盐源盆地古代文化之间有着诸多的缺环与断裂，基本文化面貌与发展脉络语焉不详或含糊不清，需在考古调查的基础上，对各遗址进行小规模的试掘，获取各遗址点基础文化面貌信息与相关年代数据，以确认其文化面貌与时代特征。在试掘基础之上我们选择一处史前遗址进行一定规模的重点发掘，以进一步认识盐源盆地古遗址，特别是史前遗存的文化内涵与时代特征以及聚落结构特点等信息。本课题的设置，没有设定遗址的年代限制，主要是由于境内古代文化遗存复杂，许多时段遗存认识处于空白，本着全面了解盐源盆地古遗址基本信息的初心，我们考虑将明清以前的古遗存均纳入本课题范围[1]，以图获取盐源盆地古遗址基本分布情况、文化面貌与内涵以及各个时段特征等信息。

第四节　2015年盐源盆地区域考古调查与发掘工作方案设计

考古调查方法主要采用在其他区域应用较为成熟的区域系统调查法。工作方式包括地表踏查、地下钻探以及考古物理勘探。

地面踏查为“拉网式”区域系统调查。5人一组，以20米间距作直线徒步调查，沿途铲刮断面及土埂。所有发现的遗物或遗迹地点使用GPS定位，详细记录坐标、编号。除此之外，此次考古调查我们加入了地学田野调查，这是作为环境考古的重要内容之一，主要考察遗址域的现代地形地貌及地理景观。

“全覆盖式”大面积地下钻探，由2个小组完成，每组3人。钻孔的布点和坐标记录采用RTK仪器，以古城遗址1996年测绘永久性基点及象限划分继续作为本次工作测绘方式，保持工作的统一性和延

[1] 从前期工作情况来看，盐源盆地目前的考古发现以战国至汉代的青铜时代墓地最多，同时期遗址则不明，其他时期的遗址与遗物更是寥寥可数。目前盐源盆地可明确区分的古文化包括新石器时代晚期文化、青铜时代晚期文化（战国至汉）和大理国时期文化，典型的汉代文化遗存尚未发现。故本课题将调查的时代范围扩展到大理国时期。

续性。遗址内钻孔间距为10米，遗址外围区域间距为20米。地下钻探使用工具适宜成都平原的镂空式人力钻。填写详细的钻探记录表。地下钻探工作拟与地质钻探内容相结合，不仅注意遗存分布状况，还要注意古地貌、地层堆积序列，为环境考古提供古气候、古环境等方面的基础数据，并为下一步针对性发掘工作做准备。

开展史前遗址的资源域调查（Site Catchment Analysis或Site Exploitation Territory Analysis，简称SCA或SETA）。该研究方法是指通过对遗址周围自然资源的调查与分析，来分析古人以遗址为中心的日常活动范围或获取资源的途径，进而考察人地关系演变[1]。简而言之，就是通过调查遗址范围内的资源分布区域，来复原遗址占有的领地。其核心是确定遗址资源域的范围和域内自然资源的分布状况。以古城遗址为中心向不同的方向步行1小时或2小时，记录并分析沿途观察到的资源分布（如水源、山丘、耕地、古河道）和土地类型、地貌景观（如土壤、岩石、山丘、河流、洼地、动植物）等，由此建立一个以遗址为中心的不规则圆圈，该范围是以现代地理环境为根据，但仍可视为古人获取日常生产和生活所需自然资源的最可能范围，即古人以遗址为中心的日常活动范围——遗址资源域。对多个同时期遗址开展资源域的调查与分析，就可恢复研究区的资源开发种类、范围以及人地关系演变[2]。

2015年春季考古调查旨在了解盐源盆地史前遗址的分布特点、保存现状以及文化面貌等基础考古信息，为下一步该地区系统的考古调查工作提供基础资料。结合盐源盆地境内河流众多、呈网状分布的特点，调查线路沿河流拉网式进行，对河流两岸的台地和丘陵进行重点地面踏查。调查方法是3人一组，沿河流的两岸两组同步进行踏查，在重点地区除了踏查外，还开挖探沟和铲平断面了解文化堆积状况，确认为遗址的，对其进行GPS定位和现存面积的估测，同时及时清洗采集标本，以了解各遗址或采集点的文化面貌和保存现状，及时掌握各采集点基础考古信息，以便为后续调查工作提供遗址分布的分析根据或及时调整工作方案。通过近半月的调查，在狭小的双河乡、卫城镇、干海乡的区域内，共发现遗址6处、采集点6处，复查城址1处（图二）。这些遗址均为新发现，突破此前的认识局限，填补了该地区史前遗址的空白，它们的发现揭示了盐源境内史前遗址分布密集，文化面貌丰富，极大地丰富了盐源盆地的史前文化内涵，为下一步的考古调查与发掘提供了重要的考古资料。

考古发掘主要采取针对性小面积试掘的方法，遵循最小干预原则，针对性获取遗址的性质、年代、分布，以及聚落功能区划、古环境等信息。试掘方式有探沟、探方。尽量控制发掘面积，发掘形式灵活多样。由于目前该地区尚无代表各时期典型遗址的目录，故当前发掘规划是2016~2020年共计发掘1000平方米，每年计划200平方米。

2016~2020年的考古调查、发掘和研究工作主要从以下几方面展开：第一，对各遗址及周围的古

[1] John Evans, Terry O'connor, 1999. *Environmental Archaeology: Principles and Methods*. Stroud: Sutton Publishing Limited, pp.135-137；秦岭、傅稻镰、张海：《早期农业聚落的野生食物资源域研究——以长江下游和中原地区为例》，《第四纪研究》2010年第2期；何中源、张居中、杨晓勇等：《浙江嵊州小黄山遗址石制品资源域研究》，《第四纪研究》2012年第2期。

[2] 王青、任天龙、李慧冬等：《青岛丁字湾—鳌山湾沿岸史前早期遗址的人地关系演变：以遗址资源域调查和分析为中心》，《第四纪研究》2014年第1期。

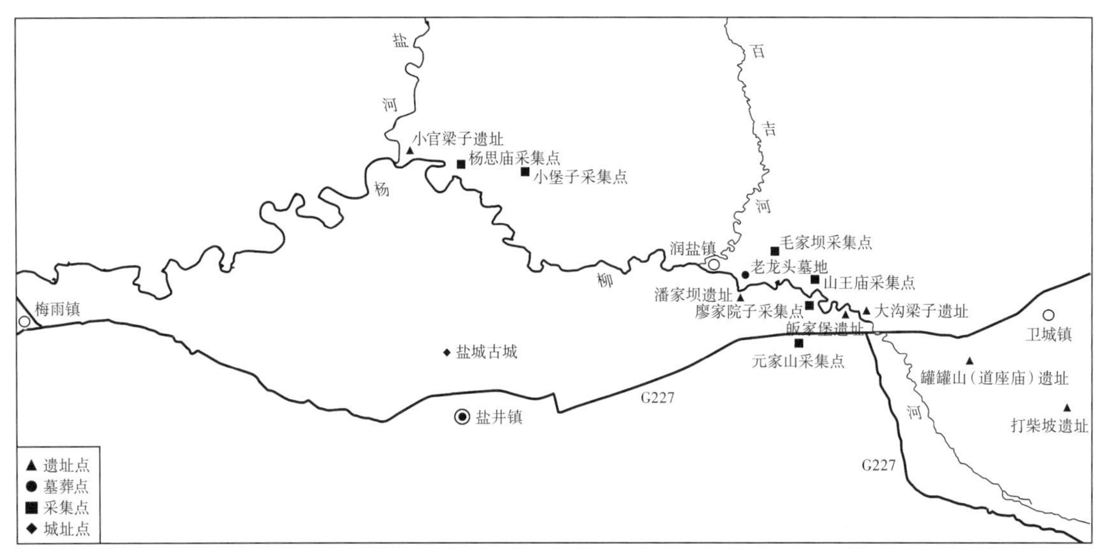

图二　盐源盆地2015年调查遗址分布示意图

地貌、古环境进行调查和研究，加强对古气候的研究，采用沉积学、植硅石、土壤酸碱度、粒度、孢粉分析等多学科交叉手段，分析这一时期营建聚落的环境选择、聚落内部环境与聚落内部结构之间的关系以及人类活动对微环境的改造等；第二，对典型遗址进行重点试掘，弄清各遗址的文化面貌、时代特征及文化属性，在条件允许的情况下同时开展聚落内部结构及其变迁历程的研究；第三，对遗址周围进行更大范围的调查，了解周围同时期聚落的分布状况、遗址与同时期聚落的关系以及古城遗址聚落的历时性变化，以讨论古城遗址各个时期人地关系的演变；第四，寻找代表盐源盆地青铜文化典型形态的聚落遗存；第五，对盐源盆地新石器时代晚期至秦汉时期的聚落结构与聚落变迁、生业形态、人地关系以及社会发展状况等进行综合分析研究。

第五节　盐源盆地考古工作背景

盐源地区在20世纪80年代以前几乎没有进行过正式的考古调查工作，该地区考古工作同凉山地区考古工作的发展有着紧密的关系，从发展历程而言，大致可分为三个阶段。

第一阶段，20世纪70年代~1999年以前，该阶段属于盐源地区考古工作的起始阶段，以调查为主，没有开展正式考古发掘工作。盐源地区尽管在中华人民共和国成立以前就有青铜器和铜锭的发现[1]，但在境内并没有进行过正式的考古工作，其文化面貌与时代等不清楚。盐源盆地的考古工作起步较晚，始于1975年四川省金沙江渡口西昌段安宁河流域联合考古调查[2]。由于时间、经费等原因，本次调查没有对盐源地区进行调查，却为凉山地区培训了一批田野考古业务人员，奠定了盐源考古的基础。1980年11月，凉山州博物馆和盐源县文化馆对盐源县轿顶山遗址进行了初步调

［1］《盐源县志》编纂委员会：《盐源县志》，四川民族出版社，2000年，第1034~1036页。

［2］四川省金沙江渡口・西昌段・安宁河流域联合考古调查队：《四川省金沙江、安宁河流域考古调查简报》（第二稿）（油印稿），1975年。

查[1]，该项调查是盐源地区目前有记载的第一次考古调查工作。1987~1989年的第二次文物普查，盐源地区新增加文物遗存。1987年，以毛家坝村村民在老龙头古墓葬的发现为线索，发现并确认了老龙头墓地[2]。

第二阶段，1999~2014年，考古工作主要围绕以墓地为代表的青铜文化进行，其间伴有少量的盐业考古工作。该阶段的工作区域主要集中于盐源盆地。尽管早在20世纪80年代以前，在盐源的泸沽湖和柏林山曾有零星的青铜器出土，并先后发现了数十处墓地，但这些墓地没有经过任何的考古工作。盐源地区青铜时代正式的考古工作以1999年和2001年老龙头墓地抢救性清理以及2009年《老龙头墓地与盐源青铜器》[3]的出版和相关研究[4]的发表为标志，随后以老龙头墓地为代表的盐源青铜文化逐渐被世人所熟知，成为中国青铜文化大家园中一枝绚丽的奇葩。2007年9月~2011年12月，国家文物局部署第三次全国文物普查，再次复查和确认了一批青铜时代墓地。2011年对梅雨镇八家村古墓葬进行了抢救性发掘[5]。这个时期盐源盆地考古工作主要聚焦于青铜时代墓地，而对该地青铜时代遗址和其他时段的遗存关注不够或认识不清，以致造成这些阶段考古文化和历史认识的空白。此外，为配合国家文物局“指南针”计划——四川地区盐业考古项目，2008年和2016年对盐源县境内的黑盐井和白盐井进行了田野考古调查与分析研究[6]。同时，为了进一步摸清盐源地区古代文化分布与保存状况，在盐源盆地周边地区还开展过一系列考古调查工作。2013年在盐源县泸沽湖镇、前所乡一带开展了考古调查工作，在对泸沽湖东部和北部地点的调查中新发现了舍夸村、直普村和格萨村三个遗址，同时复查了前所乡葛丹达杰寺和西番村遗址[7]。

第三阶段，自2015年至今，考古工作具有明确的系统性和规划性，带有明确的学术目标，拥有专业团队和连续的工作规划，科技考古也广泛参与其中，极大地扩展了研究成果的广度与深度。在“十三五”期间《盐源盆地古遗址考古调查与发掘工作规划（2016~2020年）》的指导下，自2015年春季开始对盐源盆地古遗址进行的区域系统调查取得了重要收获，新发现了一批古遗址[8]，对其

[1] 四川凉山彝族自治州博物馆、四川盐源县文化馆：《四川盐源县轿顶山发现新石器时代遗址》，《考古》1984年第9期。

[2] 凉山彝族自治州博物馆、成都文物考古研究所：《老龙头墓地与盐源青铜器》，文物出版社，2009年，第7页。

[3] 凉山彝族自治州博物馆、成都文物考古研究所：《老龙头墓地与盐源青铜器》，文物出版社，2009年。

[4] 成都文物考古研究所、凉山州博物馆、盐源县文物管理所等：《盐源地区近年新出土青铜器及相关遗物报告》，《成都考古发现（2009）》，科学出版社，2011年，第236~279页。

[5] 凉山彝族自治州博物馆、凉山彝族自治州文物管理所：《一个考古学文化交汇区的发现——凉山考古四十年》，科学出版社，2015年，第53页。

[6] 四川成都文物考古研究所、四川凉山州博物馆：《四川盐源县古代盐业与文化的考古调查》，《南方文物》2011年第1期；成都文物考古研究院、凉山彝族自治州博物馆、盐源县文物管理所：《2016年盐源县盐棚山盐业遗址调查简报》，《成都考古发现（2015）》，科学出版社，2017年，第729~741页；周志清、杨颖东、补琦：《盐源县盐棚山盐业遗存初步分析与研究》，《南方民族考古（第十四辑）》，科学出版社，2017年，第255~266页。

[7] 凉山彝族自治州博物馆、成都文物考古研究所、盐源县文物管理所：《盐源县泸沽湖镇及前所乡考古调查》，《考古学年鉴（2014）》，中国社会科学出版社，2015年，第385页。经2019年再度调查确认，盐源县前所乡西番村遗址并非新石器时代遗址，而是大理国时期遗存。资料现存凉山彝族自治州博物院。

[8] 凉山彝族自治州博物馆、盐源县文物管理所、成都文物考古研究院：《2015年盐源盆地考古调查简报》，《成都考古发现（2015）》，科学出版社，2017年，第116~132页。

中的皈家堡[1]、道座庙[2]、小官梁子[3]等遗址开展了试掘工作，还对梅雨古城和盐城（古土城）进行了测绘和航拍工作，获取了这些新发现遗址基本的考古信息，为下一步考古工作奠定了坚实的基础；自2015年秋开始直至2019年，对皈家堡遗址开展了连续的考古发掘工作，获取了盐源盆地新石器晚期文化面貌、内涵、时代特征等信息，同时新发现与确认了盐源盆地早期青铜时代与大理国时期遗存的文化面貌和内涵及时代特征。与此同时，除上述工作外，也进行了盐业考古与矿业遗址的调查，盐业考古主要是2016年对黑盐井的复查与综合分析[4]，矿冶遗址的调查主要是在前所乡的中村炼铜遗址和梅雨镇古铜矿点开展工作。

第六节　皈家堡遗址的发现、调查与发掘

一、遗址概况

皈家堡遗址位于四川省凉山彝族自治州西南部盐源县润盐镇杨柳桥村二组，遗址南距省道（S307）约420米，西北距老龙头墓地直线距离约3.5千米（图三；彩版一）。地理坐标为北纬27°26′57.9″，东经101°36′1.7″，海拔2399米，现存面积30000平方米。

该遗址地处盐源盆地东部、杨柳河西岸的二级台地之上，杨柳河自东南向西北蜿蜒流淌而过。遗址平面呈跛脚鸭状，北、东为河滩，西为冲沟，南为低洼地。遗址北侧断面可见二级阶地堆积下部为具有层理结构的河床砾石，砾石分选较差，上部为褐色黏土，二者构成典型的河流相二元结构。阶地底部可见由红色黏土岩或砂岩组成的基岩。遗址周边河流分支较多，受河流侵蚀影响，该区域二级阶地被河流分割为多个相对独立的不规则形台地。台地以下的东、南、北侧均为杨柳河一级阶地和河漫滩；一、二级阶地高差3~5米；台地西侧为一废弃河道，目前仅有少许水流由南向北汇入杨柳河，该河道把皈家堡所在台地和其西侧的廖家院子所在台地分割开来，野外调查中在廖家院子三组所在台地也采集有陶片和石器。可见，该区域二级阶地之上遗址分布较为密集。

盐源盆地干湿季节分明，年度降水量变幅较大。旱季水少，且河流多断流，雨季多发暴雨、大暴雨。因此古人在盆地内生活既要考虑水源问题，又要考虑规避洪水的问题。从遗址区附近杨柳河的流向观察，皈家堡遗址地处杨柳河的南岸。从地貌图上看，该遗址附近杨柳河南岸（堆积岸）一侧的一、二级阶地宽度达900米，而杨柳河北岸（侵蚀岸）一侧的一、二级阶地宽度仅200米，由此推测遗址

[1] 成都文物考古研究院、凉山彝族自治州博物馆、盐源县文物管理所：《盐源县皈家堡遗址2015年度调查试掘简报》，《成都考古发现（2015）》，科学出版社，2017年，第18~52页。

[2] 凉山彝族自治州博物馆、盐源县文物管理所、成都文物考古研究院：《2015年盐源盆地考古调查简报》，《成都考古发现（2015）》，科学出版社，2017年，第116~132页。

[3] 成都文物考古研究院、凉山彝族自治州博物馆、盐源县文物管理所：《盐源县小官梁子遗址2017年调查与试掘简报》，《成都考古发现（2016）》，科学出版社，2018年，第167~189页。

[4] 成都文物考古研究院、凉山彝族自治州博物馆、盐源县文物管理所：《2016年盐源县盐棚山盐业遗址调查简报》，《成都考古发现（2015）》，科学出版社，2017年，第729~741页；周志清、杨颖东、补琦：《盐源县盐棚山盐业遗存初步分析与研究》，《南方民族考古（第十四辑）》，科学出版社，2017年，第255~266页。

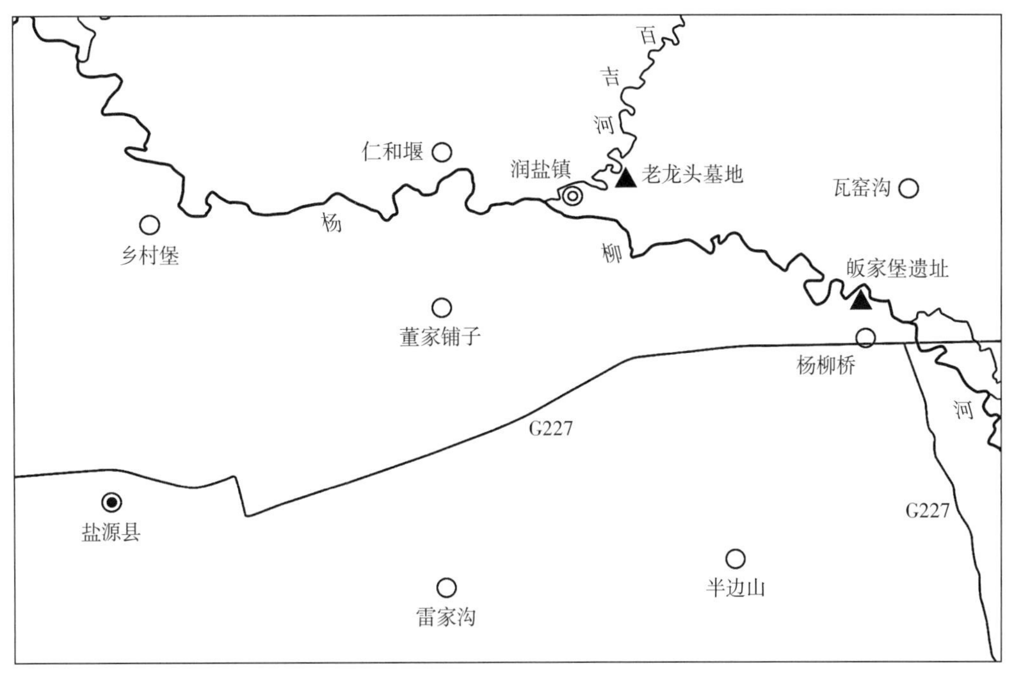

图三　皈家堡遗址位置示意图

附近杨柳河段河道在历史上应由南向北迁徙摆动。据此判断遗址区以前距离河流更近，且附近古河道数量可能更多，这就为古人取水提供了更为便利的条件，同时遗址位于二级阶级之上，可以避免洪水的侵袭。另外，遗址所在台地西北约200米即为两河交汇之处，两河汇合的地理位置也为古人用水提供了良好的条件，这也是该区域古人选址的特点之一。在野外调查中发现不少遗址的选址也具有类似特征，如道座庙遗址（清水河和瓦窑河交汇处二级台地）、小官梁子遗址（白洁河与盐井河交汇的二级阶地）以及双河乡营盘山调查点（双河与白沙河交汇处三级阶地）。

皈家堡遗址的植物浮选结果和植硅体分析显示新石器时代晚期该地区已经开始稻粟（黍）混作农业[1]。从盆地内土壤类型分布来看，遗址所在区域正是盆地中部较低海拔区的褐色土壤集中分布区，该土壤成土母质主要为全新世的冲洪积物，相对黄壤及红壤更适合农业种植。因此，包括皈家堡遗址在内的其他早期遗址多选址在盆地内二级阶地上，可能也与其土壤更适合农业种植有关。现台地地表平坦，无民居建筑，为当地居民耕地，主要种植有玉米、苹果树、油麻、花椒、烤烟、时令蔬菜等。

二、发现与调查

2015年3月，成都文物考古研究所、凉山彝族自治州博物馆和盐源县文物管理所组成的联合考古队调查发现皈家堡遗址，在遗址地表和版筑围墙之上随处可采集到陶、石器等文化遗物，并在遗址陡坎断崖处发现原生地层堆积。本次调查初步确认该遗址出土遗物具有鲜明的区域特色和时代特征，

[1] 成都文物考古研究所、凉山彝族自治州博物馆、盐源县文物管理所：《2015年盐源县皈家堡遗址、道座庙遗址出土植物遗存分析报告》，《成都考古发现（2014）》，科学出版社，2016年，第148~154页；Huan Xiujia, Deng Zhenhua, Zhou Zhiqing, et al., 28 April 2022. The emergence of rice and millet farming in the Zang-Yi Corridor of southwest China dates back to 5300 years ago. *Frontiers in Earth Science*.

是盐源盆地目前发现唯一可确认的新石器时代晚期遗址。

皈家堡遗址地处杨柳河凸岸台地之上，地表地势相对平整，历来为当地居民的垦种区，尽管地表常年受到自然冲刷和人为活动的双重影响，但遗址本体破坏相对较小。自20世纪80年代以来，盐源盆地开始大规模推广种植苹果，加剧了该遗址的破坏速度，近年来随着机械化耕种的推广，尤其是铁牛的使用，大面积深耕导致了遗址本体遭到毁灭性破坏，遗址的主体部分普遍被翻耕0.8~1.2米，目前仅遗址东部边缘区域翻耕深度较浅，原生堆积相对保存较好，其他区域原生文化堆积均被破坏，甚至部分区域将生土翻挖到地表形成倒装堆积。鉴于皈家堡遗址鲜明的文化特色与时代特征及遗址本体破坏程度的加剧，皈家堡遗址的抢救性考古发掘工作显得迫在眉睫。

为进一步认识皈家堡遗址的文化内涵与时代特点及遗址本体保存状况，为后续发掘与研究提供基础资料，2015年10月，联合考古队对皈家堡遗址再次进行了复查，首先是对遗址本体进行全面的钻探，确认遗址的本体范围与边界以及文化堆积保存等信息。本次系统钻探确认遗址现存面积3万平方米，发掘区原生堆积目前普遍保存较薄，保存状况相对不理想。随后选择在遗址破坏较小的东北部进行小规模发掘，随地势布设5米×5米探沟2个，方向25°，探沟编号为2015SYGTG1~TG2（遗址代码S为四川省，Y为盐源县，G为皈家堡的简称）。本次试掘发现灰坑2个，出土一定数量陶、石遗物（附录一）和丰富的植物遗存[1]。本次试掘发现的遗迹现象和出土遗物相对较少，出土遗物具有明显的西南地区新石器文化特质，时代特征鲜明，初步可以确认皈家堡遗址是一处新石器时代遗址。从调查与试掘反馈的信息分析，皈家堡遗址本体在近年大规模翻耕中全部遭到破坏，仅剩遗址东部边缘的破坏较小。为了下一步考古发掘工作的需要，进一步获取该遗址的文化内涵与时代特质信息，试掘后再次对遗址东部进行大密度钻探，确认遗址东南部原生堆积相对理想，可为后续发掘与研究提供基础材料。同时我们还对皈家堡遗址周边地区开展了调查，以获取周边地区同时期遗址的基础信息，便于今后开展相关聚落考古研究。

参与2015年春季调查的人员有凉山彝族自治州博物馆补琦、黄云松、刘灵鹤、胡婷婷，盐源县文物管理所李田，成都文物考古研究所周志清、左志强、徐龙。参与2015年秋季调查的人员有凉山彝族自治州博物馆刘灵鹤，盐源县文物管理所李田，成都文物考古研究所周志清、刘祥宇、李彦川，成都博物馆郝晓晓，四川大学历史文化学院潘绍池，西南民族大学旅游与历史文化学院谭培阳。

三、发掘

为认识皈家堡遗址的文化面貌与内涵、时代特征及聚落形态和结构等信息，在国家文物局批准【批准文号：考执字（2016）第（114）号】和四川省文物局的支持下，2016年10月初~11月下旬，由成都文物考古研究所、凉山彝族自治州博物馆和盐源县文物管理所组成的联合考古队对皈家堡遗址进行了正式考古发掘。本年度发掘区位于遗址边缘地带的东南部偏中区域，批准发掘面积600平方米，布设5米×5米探方24个，方向正北，探方按坐标统一编号为2016SYGTN26E36~TN31E39，实际发

[1] 成都文物考古研究所、凉山彝族自治州博物馆、盐源县文物管理所：《2015年盐源县皈家堡遗址、道座庙遗址出土植物遗存分析报告》，《成都考古发现（2014）》，科学出版社，2016年，第148~154页。

掘面积600平方米（图四；彩版二）。本次发掘发现了丰富的遗迹现象，包括房址7座、灰坑55个、灰沟2条、器物坑1个、特殊遗迹8个以及若干柱洞遗迹（图五），同时出土了大量遗物。

参与2016年度发掘的人员有凉山彝族自治州博物馆唐亮、黄云松、孙策、刘灵鹤、胡婷婷，盐源县文物管理所李田，成都文物考古研究所周志清、左志强、闫雪、白铁勇、徐龙，四川大学历史文化学院黄文娇、彭波，厦门大学历史文化学院熊谯乔（彩版三至八）。

为进一步深入了解皈家堡遗址的文化内涵、时代特征及其在中国新石器时代南北文化交流中的地位与作用等信息，在国家文物局批准【批准文号：考执字（2017）第（307）号】和四川省文物局的支持下，2017年10~12月，联合考古队对该遗址进行了第二年度的考古发掘。本年度批准发掘

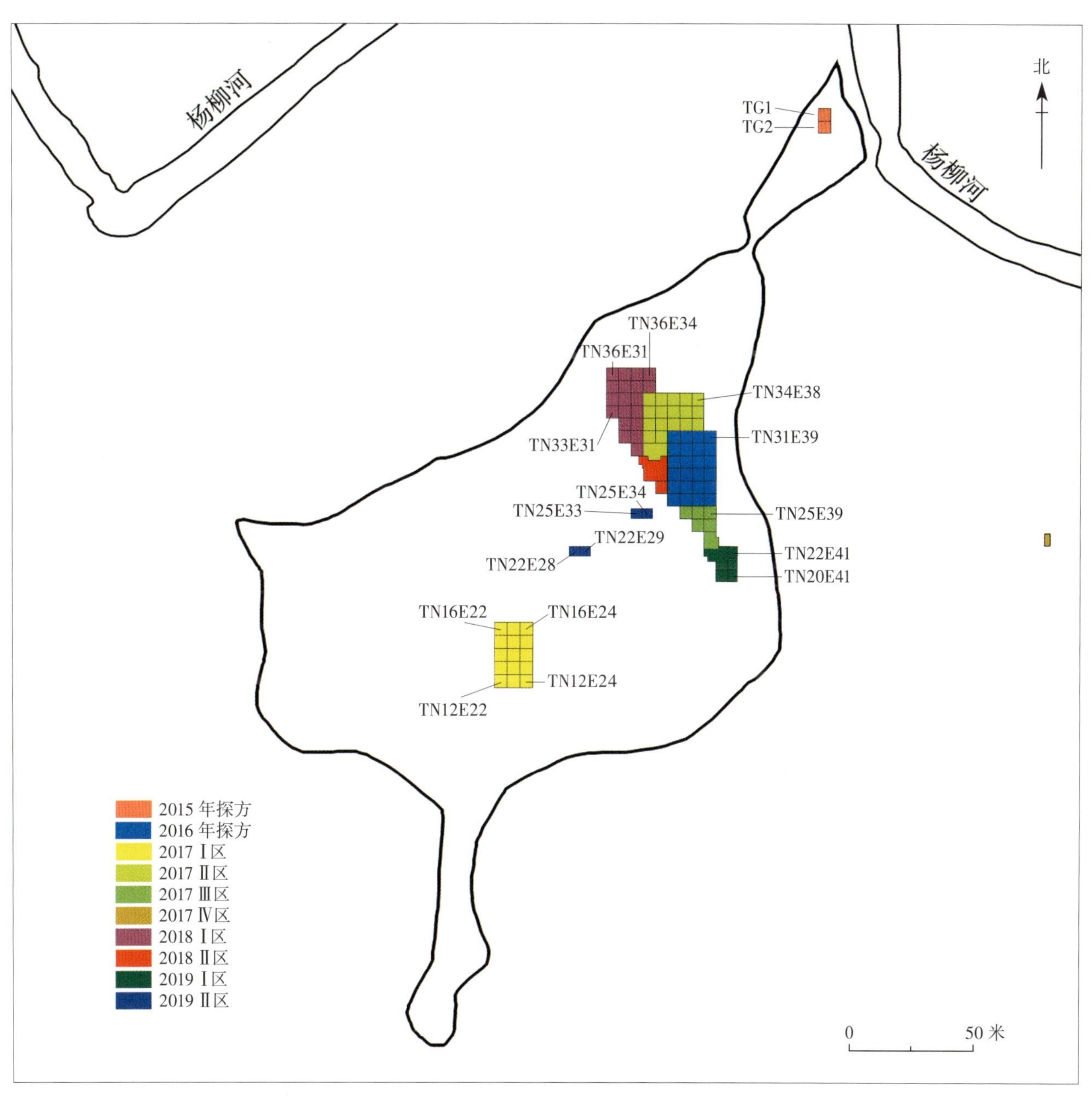

图四　皈家堡遗址探方分布图

面积 800 平方米，布设 5 米 ×5 米探方 40 个，2 米 ×5 米探沟 1 条，实际发掘面积 1035 平方米。为进一步整体获取皈家堡遗址新石器时代堆积分布、聚落分区与结构等信息，本年度发掘区不相连续，为了描述与后续研究的方便，将其分为四个发掘区（Ⅰ、Ⅱ、Ⅲ、Ⅳ区）。Ⅰ区位于遗址中部，共布 5 米 ×5 米的探方 15 个，探方编号为 2017SYGTN12E22~TN16E24，实际发掘面积 375 平方米。Ⅰ区内堆积全被近年机挖翻耕深度扰动，生土面上遗留有明显的机挖痕迹，北部探方内新石器堆积甚至形成倒装地层，早晚地层颠倒堆积，仅有为数不多的大理国时期灰坑得以残存于发掘区南部，发掘区南部大部已经被破坏至砂砾层，许多探方相当于空方。由此，我们可清晰认识到中部发掘区破坏严重的现实。Ⅱ区位于 2016 年发掘区的西北部，共布 5 米 ×5 米探方 19 个，探方编号为 2017SYGTN32E34~TN34E38、2017SYGTN30E34~TN31E35，南部扩方 2 米 ×5 米，实际发掘面积 485 平方米（彩版九）。Ⅲ区位于 2016 年发掘区的南部，共布 5 米 ×5 米探方 6 个，探方编号为 2017SYGTN25E37~TN25E39、2017SYGTN24E38~TN24E39、2017SYGTN23E39，东南部扩方 15 平方米，实际发掘面积 165 平方米（彩版一〇）。Ⅳ区位于遗址东部的河漫滩上，旨在了解河漫滩堆积状况及其与遗址的关系，布 2 米 ×5 米探沟 1 条，编号 2017SYGTG1，发掘面积 10 平方米（见图四）。

本年度发现了丰富的遗迹并出土了大量遗物，包括房址 15 座、灰坑 90 个、灰沟 3 条、墓葬 9 座、特殊遗迹 4 个和柱洞若干（见图五）。墓葬是本年度新发现的遗存，为我们认识该地区新石器时代晚期居民的丧葬习俗提供了重要资料。而不同时期建筑遗存的确认，对我们认识新石器时代不同时期的建筑特征提供了重要信息。遗址中最早阶段新石器时代遗存的再度确认，进一步夯实了盐源盆地距今 5000 年前新石器时代居民活动的考古学证据，其与西北地区新石器文化有着密切的联系。

参与 2017 年度发掘的人员有凉山彝族自治州博物馆唐亮、补琦、孙策、刘灵鹤、张文、陈伟，盐源县文物管理所李田，成都文物考古研究院周志清、田剑波、杨波、白铁勇、徐龙、宋杨、彭妮、刘利、邓江燕，会理县文物管理所王杰、邹海龙，厦门大学历史文化学院熊谯乔（彩版一一至一六）。

为进一步厘清皈家堡遗址各个时期遗存的发展变化脉络、丰富各个时期遗存的内涵以及揭露 2017 年发掘区西北部墓葬与建筑遗存，在国家文物局批准【批准文号：考执字（2018）第（211）号】和四川省文物局的支持下，2018 年 3~9 月，联合考古队对该遗址进行了第三年度的考古发掘。本年度批准发掘面积 400 平方米，共布 5 米 ×5 米的探方 24 个，探方编号为 2018SYGTN35E31~TN36E34、2018SYGTN33E31~TN34E33、2018SYGTN31E32~TN32E33、2018SYGTN30E33、2018SYGTN28E34~TN29E35、2018SYGTN27E35，加上扩方，实际发掘面积 600 平方米（见图四；彩版一七、一八）。本次发掘发现有丰富的遗迹并出土了大量遗物，遗迹包括房址 1 座、灰坑 52 个、灰沟 3 条、器物坑 3 个、墓葬 5 座、特殊遗迹 2 个和柱洞若干（见图五）。出土遗物以陶器和石器数量最多，亦发现少量骨器。

参与 2018 年度发掘的人员有凉山彝族自治州博物馆补琦、孙策、刘灵鹤、唐亮、陈伟，盐源县文物管理所李田，成都文物考古研究院周志清、刘祥宇、田剑波、宋杨、彭妮、刘利、邓江燕、祝恬，北京大学考古文博学院李艳江（彩版一九至二五）。

鉴于皈家堡遗址自 2016 年开展发掘工作以来，当地村民种植过程中深耕行为加剧，遗址遭到了进一步破坏，同时为了系统整理皈家堡遗址历年发掘资料，使获取的相关考古资料信息最

大化，完善周边环境资料的提取以及完整揭露 H116[1]。2019 年 3 月对 H116 进行扩方清理，同时在遗址西北部开挖探沟 2 条，以获取遗址西北部的环境信息。共布 5 米 ×5 米的探方 11 个，探方编号为 2019SYGTN25E33~TN25E34、2019SYGTN22E28~TN22E29、2019SYGTN22E39~TN22E41、2019SYGTN21E40~TN21E41、2019SYGTN20E40~TN20E41，实际发掘面积 269 平方米（见图四；彩版二六）。新发现房址 1 座、灰坑 15 座、灰沟 1 条、墓葬 1 座、特殊遗迹 6 个（见图五），出土陶器、石器等各类遗物数百件，并收集了大量植物、动物和环境标本。

参与 2019 年试掘的人员有凉山彝族自治州博物馆唐亮、补琦、孙策、刘灵鹤、鲁涛、陈伟，盐源县文物管理所李田，成都文物考古研究院周志清、田剑波、黄明、彭妮、邓海燕、邓江燕（彩版二七至二九）。

皈家堡遗址各个年度发掘工作严格按照国家文物局制定的田野考古操作规程进行，同时积极采用多种技术手段，如植物考古、动物考古、环境考古、石器岩性与生产分析等，获取大量的动、植物遗存，还利用 RTK 测绘、多旋翼无人机航拍等技术全面采集考古信息。

皈家堡遗址整体面积不大，因此布设探方没有进行象限分区设置。以 CGS2000 坐标系统为基准，使用 CORS 技术对整个遗址进行测绘，得知遗址长、宽均小于 500 米。由于发掘探方为 5 米 ×5 米大小，所以直接在遗址西南角设立虚拟基点（设定一个固定坐标值，东坐标 432500，北坐标 3378400），这样遗址内的探方都在同一个象限里。CORS 不需要架设基准站，直接使用一台流动站即可进行。在布设过程中，只需使仪器测得的坐标值与基点坐标值之差为 5 的整数倍，即为探方的一点。固定以探方东北角坐标值与基点坐标值之差的倍数为探方编号[2]。

发掘工作总体思路是以聚落考古理念为指导，多学科综合提取信息。在具体田野工作中，注意堆积中“地面”[3]的控制以及对最小堆积单位（context）的发掘与遗物收集，即除了使用常规的遗迹单位收集外，对于难以归纳的遗存单位或遗物，可用 C 来命名，旨在明晰各遗迹或遗物之间的系络关联，便于理解各遗迹或遗物之间的共时与历时性关系。同时结合土质干燥、光照强、小型易碎遗物拣选时容易被忽略的特点，在收集遗物时进行了湿筛法的尝试，即按照堆积顺序选取探方 4 米 ×1 米范围堆积填土，置入 0.5 厘米 ×0.5 厘米的网筛中用水筛选，发现许多日常发掘拣选中不易发现的遗存，如鱼骨、箭镞、动物骨渣等，极大地丰富了考古资料的内容，是本区域一种较适宜的收集遗物方式。

科技考古具体分工如下：遗址测绘工作由成都文物考古研究院科技考古中心白铁勇负责，航拍由成都文物考古研究院科技考古中心白铁勇、凉山彝族自治州博物馆孙策负责，植物考古由成都文物考古研究院植物考古实验室闫雪、姜铭负责，动物考古分析研究由中国社会科学院考古研究所科技考古中心李志鹏负责，石制品分析研究由北京大学考古文博学院秦岭、邓振华、李艳江负责，人

---

[1] 受制于发掘面积和地形，该坑 2017 年未能全面揭露，仅清理四分之三，在后续的整理过程中发现该坑出土陶片数量巨大，器形丰富，可能具有特殊功能。

[2] 如：仪器测的值为东坐标 432580、北坐标 3378420，此时探方号为 N=（3378420−3378400）/5=20/5=4，E=（432580−432500）/5=80/5=16，探方号即为 TN04E16。

[3] 赵辉：《遗址中的“地面”及其清理》，《文物季刊》1998 年第 2 期。

骨遗骸分析检测由四川大学历史文化学院原海兵负责，环境考古由成都文物考古研究院科技考古中心黄明负责。

第七节 资料整理与报告编写

一、资料整理

皈家堡遗址整理与发掘工作同步进行，基本上做到当年发掘当年整理，2015 年秋季试掘结束后，随即进行了整理，参与整理的人员有成都文物考古研究所周志清、刘祥宇，西南民族大学旅游与历史文化学院谭培阳。

2016 年发掘结束后，随即进行了整理，完成了陶片的拼对、统计以及标本上号工作，但器物类型学分析没有进行。参与整理的人员有成都文物考古研究所闫雪、左志强、周志清，凉山彝族自治州博物馆胡婷婷、刘灵鹤、孙策、黄云松，厦门大学历史文化学院熊谯乔，四川大学历史文化学院黄文娇、彭波，盐源县文物管理所李田等。

2017 年发掘结束后，由于本年度遗迹现象丰富，出土遗物较多，只进行了初步整理。田野阶段仅完成了陶片清洗、文字和图像资料整理以及大部分完整器物的拼对工作。2018 年度春季田野发掘工作结束后，也仅完成了文字和图像资料整理以及陶片清洗工作，未进行进一步整理。2018 年 3 月初步完成了 2016 年度发掘标本类型学分析与标本挑选工作。2018 年 6~8 月在凉山彝族自治州博物馆整理室，对 2017 年和 2018 年的发掘资料进行全面的整理工作，初步完成遗物的拼对工作和类型学分析以及各单位统计工作，完成各个年度绘图和纹饰标本的挑选。2018 年 7 月，开始绘图工作，2019 年 12 月完成了 2016 年度出土标本绘图工作，2018 年 11 月前完成所有陶片纹饰的拓片工作，2018 年完成纹饰拓片的排版工作以及各单位遗迹与遗物统计表的电子化。参加整理的人员有凉山彝族自治州博物馆孙策、刘灵鹤、胡婷婷、王楠、补琦、唐亮，凉山彝族自治州奴隶社会博物馆钟雅莉，成都文物考古研究院周志清、陈睿、戴福尧、彭妮、刘利、邓江燕。

2019 年 6~7 月对 H116 及本年度发掘资料进行全面整理，至此皈家堡 2015~2019 年调查与发掘的田野资料全部整理完毕。参与 2019 年整理的人员有凉山彝族自治州博物馆孙策、刘灵鹤、补琦、唐亮、胡婷婷、王楠、黄云松，成都文物考古研究院周志清、彭妮、邓江燕、刘利，武汉大学历史学院考古系郝晓晓、叶小青，叶小青参与部分陶器描述工作。

2019 年 9 月，随着国家社科基金“盐源皈家堡遗址的整理与研究（19BKG005）”获批，皈家堡遗址的整理工作进入快车道，各项工作得到了充分的保障，整理与研究工作得以更加有序地开展。截至 2020 年，完成了相关样本的年代测定工作。2019~2022 年，整理团队与武汉大学长江文明考古研究院合作完成了出土遗物的整理和研究工作，并撰写完成该遗址墓葬遗存简报、2016 年发掘简报和 2017 年发掘简报，相关成果已正式发表；与北京大学考古文博学院合作，完成了皈家堡遗址出土石器的分类与描述、数据统计、技术分析、与周边出土石器的对比研究、残留物提取、植硅体分析等整理和研究工作，相关成果已以学位论文和期刊论文的形式公布；与四川大学历史文化学院合作，完成了皈家堡遗址 2017 年出土植物遗存的鉴定和初步研究工作，相关成果已以学位论文的形式公布；与中国科学技术大学等相关机构合作完成了皈家堡遗址出土陶器的残留物分析，人和动物同位素提取、分析等工作。

二、报告编写

本报告由皈家堡遗址考古发掘报告与相关研究两大部分组成。考古发掘报告首先介绍了该遗址历年发掘区内的地层堆积情况，然后按照遗存的年代顺序，分新石器时代、青铜时代和历史时期三个篇章介绍相关遗存，每个篇章内先对各类出土器物进行类型学分析，再分区对地层、遗迹及其出土遗物进行介绍，在此基础上形成皈家堡遗址的分期与年代、文化属性等综合认识。科技分析研究涵盖动物、植物、微植物遗存分析，孔雀石、矿石检测等内容，皈家堡遗址出土动物遗存的鉴定与初步分析由中国社会科学院考古研究所李志鹏、杨梦菲及辽宁师范大学戴玲玲等完成（附录二）；皈家堡遗址 2017 年度出土植物种子遗存鉴定报告由成都文物考古研究院植物考古实验室闫雪完成（附录三）；盐源皈家堡遗址微植物遗存分析报告由临沂大学资源环境学院郇秀佳，北京大学中国考古学研究中心和北京大学考古文博学院李艳江、邓振华等完成（附录四）；孔雀石和铁矿石检测报告由成都文物考古研究院冶金考古实验室杨颖东等完成（附录五、六）。而文化研究则是关注皈家堡遗址所反映各个时段的文化内涵、时代特征、不同时期聚落变化等方面的探讨，同时延伸和扩展其与同时期其他区域新石器文化的关联研究，以图认识其文化特质和其在南北文化交流中的地位。

第二章 地层堆积

皈家堡遗址历次发掘的不同区域在地层堆积上存在一定差异，不同年度不同发掘区的地层未经统一划分，现将各个年度不同发掘区的地层堆积情况分别介绍如下。

第一节 2016年地层堆积

2016年发掘区位于遗址东部边缘偏中，地层堆积较厚，以水平状堆积为主。地层经过统一划分，根据土质、土色和包含物等分为6层，其中第4~6层仅局部有分布，第4层主要分布于发掘区西北部，第5层主要分布于发掘区东部，第6层主要分布于发掘区东北部和西南部（彩版三〇）。现以TN30E36[1]南壁和TN31E39西壁剖面为例介绍如下。

TN30E36南壁剖面（图六）：

第1层：灰黑色砂土，土质疏松，包含物有夹砂陶片、瓷片、残石器、石块、植物根系和塑料地膜等。厚0.15~0.21米。该层为耕土层。

第2层：浅黄色砂土，土质较疏松，包含物有少量夹砂陶片和石器，陶器可辨器形有罐等，石器有斧、锛、凿、球等。深0.15~0.21、厚0.17~0.26米。该层为新石器时代文化层。H13叠压于该层下。

第3层：浅黄褐色黏土，土质疏松，夹杂大量黑灰色灰烬和少量红烧土颗粒，包含物有陶片和石器，陶器可辨器形有罐、钵等，石器有刀、砺石等。深0.37~0.4、厚0.15~0.2米。该层为新石器时

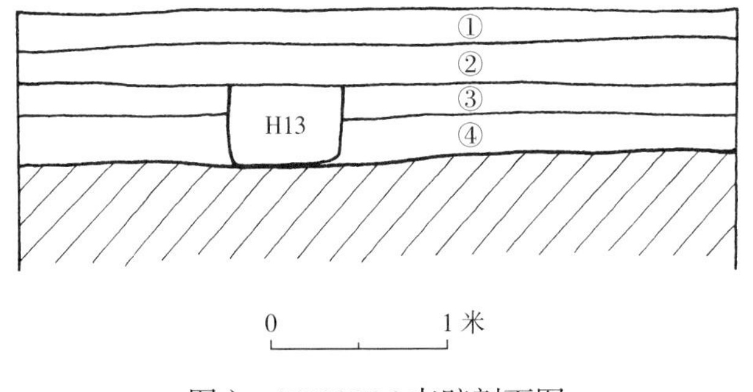

图六 TN30E36南壁剖面图

[1] 为行文方便，省略发掘年份和遗址缩写，下同。

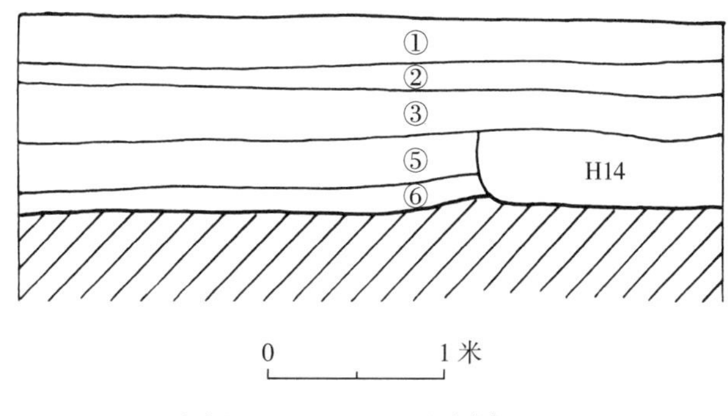

图七　TN31E39 西壁剖面图

代文化层。

第 4 层：黑灰色砂黏土，土质较疏松，夹杂大量红烧土块，包含物有较多大块陶片和少量石器，陶器可辨器形有罐、钵等。深 0.55~0.6、厚 0.18~0.27 米。该层为新石器时代文化层。

第 4 层下为灰黄色生土层。

TN31E39 西壁剖面（图七）：

第 1 层：灰黑色砂土，土质疏松，包含物有陶片、瓷片、残石器、石块、植物根系和塑料地膜等。厚 0.2~0.27 米。该层为耕土层。

第 2 层：浅黄色砂土，土质较疏松，包含物有陶片和植物根茎等。深 0.2~0.27、厚 0.08~0.19 米。该层为新石器时代文化层。

第 3 层：深黄褐色黏土，土质疏松，夹杂大量黑灰色灰烬和少量红烧土颗粒，包含物有陶片和石器等。深 0.36~0.4、厚 0.21~0.31 米。该层为新石器时代文化层。H14 叠压于该层下。

第 5 层：红褐色黏土，土质较致密，夹杂较多红烧土颗粒，包含物有少量陶片和石器。深 0.62~0.73、厚 0.25~0.28 米。该层为新石器时代文化层。

第 6 层：褐色黏土，土质较致密，包含物有少量陶片和石器。深 0.85~0.95、厚 0.1~0.14 米。该层为新石器时代文化层。

第 6 层下为灰黄色生土层。

第二节　2017 年地层堆积

2017 年 4 个发掘区的地层堆积差异明显，尤其Ⅰ区基本为次生堆积，Ⅱ区和Ⅲ区则为原生堆积，故对各区的地层分别进行统一划分，现介绍如下。

（一）Ⅰ区

该区地表种植有玉米、苹果等作物，机械深耕对原始堆积扰动严重，故其堆积基本为扰动后的次生堆积。根据土质、土色和包含物等情况分为 4 层，其中第 4 层仅分布于发掘区的北部，第 4 层为红褐色砂土，土质较致密，夹杂大量红烧土颗粒，出土少量陶片。现以 TN14E24 北壁（图八）为例

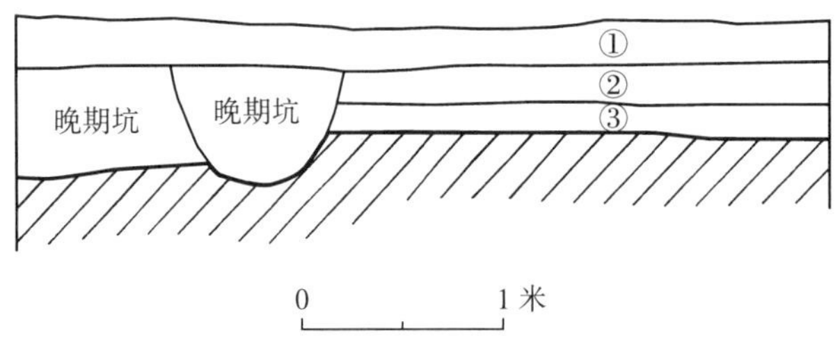

图八　TN14E24 北壁剖面图

介绍如下。

第 1 层：红褐色砂土，土质较疏松，包含物有大量陶片和少量石器，陶器可辨器形有罐、器底等。水平分布，厚 0.15~0.25 米。该层为耕土层。

第 2 层：红褐偏灰色砂土，土质较疏松，包含物有陶片、瓷片和少量石器，陶器可辨器形有罐等。水平分布，深 0.15~0.25、厚 0.14~0.2 米。该层为晚期扰动层。

第 3 层：红褐偏红色砂土，土质较疏松，包含物主要是陶片，陶器可辨器形有罐等。水平分布，深 0.34~0.37、厚 0.1~0.16 米。该层为晚期扰动层。

第 3 层下为灰黄色生土层。

（二）Ⅱ区

该区位于遗址东北部偏中、2016 年发掘区的西北部。根据土质、土色和包含物等差异，将该区地层统一划分为 7 层（彩版三一）。现以 TN32E37 南壁剖面（图九）为例介绍如下。

第 1 层：灰黑色腐殖土，土质疏松，夹杂有较多红烧土块，包含物有陶片、石器、植物根茎和塑料地膜等。厚 0.12~0.22 米。该层为耕土层。

第 2 层：灰褐色黏土，结构紧密，质地板结，夹杂有大块红烧土颗粒，包含物有较多陶片、少量石器和植物根茎等。深 0.12~0.22、厚 0.14~0.21 米。该层为新石器时代文化层。

第 3 层：黑灰色砂黏土，土质疏松，夹杂有大量黑灰色灰烬和少量红烧土颗粒，包含物有大量陶片和少量石器。深 0.3~0.37、厚 0.07~0.18 米。该层为新石器时代文化层。

第 4 层：灰黑色砂黏土，土质较疏松，夹杂有大量红烧土块，包含物有较多陶片和少量石器。

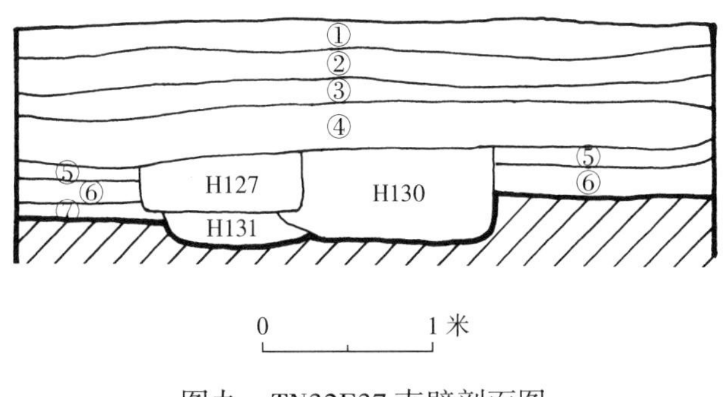

图九　TN32E37 南壁剖面图

深 0.4~0.52、厚 0.16~0.26 米。该层为新石器时代文化层。H127、H130、H131 叠压于该层下。

第 5 层：红褐色黏土，土质相对紧密，夹杂有团状黑灰和少量红烧土颗粒，包含物有少量陶片和石器。深 0.6~0.78、厚 0.07~0.1 米。该层为新石器时代文化层。

第 6 层：红褐色黏土，结构紧密，质地板结，夹杂少量红烧土颗粒和炭屑，包含物有少量陶片和石器。深 0.79~0.86、厚 0.13~0.19 米。该层为新石器时代文化层。

第 7 层：浅红褐色黏土，结构紧密，质地板结，夹杂少量红烧土颗粒和炭屑，包含物有少量陶片。深 0.95~1、厚 0.08~0.1 米。该层为新石器时代文化层。

第 7 层下为灰黄色生土层。

（三）Ⅲ区

该区位于遗址东北部偏东、2016 年发掘区的南部。该区与Ⅱ区统一划分地层，共 7 层，其中第 6 层在该区未有分布。现以 TN25E38 西壁剖面（图一〇）为例介绍如下。

第 1 层：灰黑色砂土，土质疏松，包含物有陶片、瓷片、残石器、石块、植物根系和塑料地膜等。厚 0.15~0.26 米。该层为耕土层。

第 2 层：灰褐色砂土，土质较致密，夹杂有大量红烧土颗粒，包含物有较多陶片、少量石器、石块和植物根茎等。深 0.15~0.26、厚 0.12~0.22 米。该层为新石器时代文化层。

第 3 层：黑灰色砂土，土质较致密，夹杂有较多红烧土颗粒、草木灰和少量红烧土块，包含物有较多陶片、少量石器和石块等。深 0.36~0.4、厚 0.1~0.15 米。该层为新石器时代文化层。H92 叠压于该层下。

第 4 层：灰黑色砂土，砂粒较大，土质较致密，夹杂有大量红烧土颗粒，包含物有较多陶片和少量石器。深 0.5~0.54、厚 0.14~0.25 米。该层为新石器时代文化层。

第 5 层：红褐色黏土，夹杂有少量红烧土颗粒和大量草木灰，包含物有较多陶片和少量石器等。深 0.65~0.8、厚 0.1~0.3 米。该层为新石器时代文化层。

第 7 层：浅红褐色黏土，夹杂有少量红烧土颗粒，包含物有少量陶片和石器等。深 0.83~1.1、厚 0.08~0.1 米。该层为新石器时代文化层。

第 7 层下为灰黄色生土层。

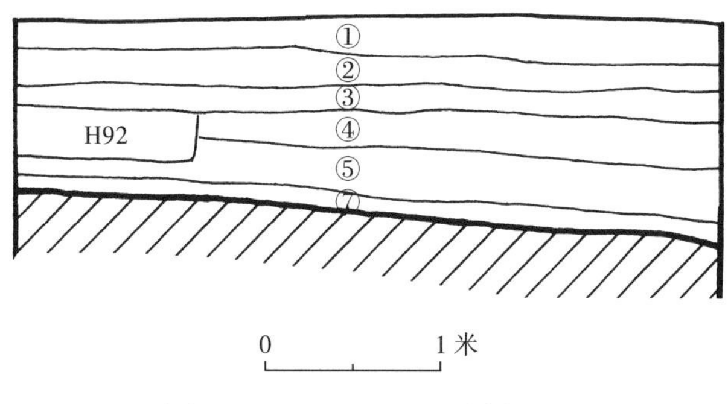

图一〇　TN25E38 西壁剖面图

第三节 2018年地层堆积

2018年两个发掘区的地层堆积差异明显，故对各区的地层分别进行统一划分，现介绍如下。

（一）Ⅰ区

该区位于遗址东北部偏中、2017年Ⅱ区的西部。地层为水平状堆积，根据土质、土色和包含物等情况，将该区地层统一划分为6层（彩版三二）。现以TN28E34–TN28E35南壁、TN30E33–TN31E33东壁和TN32E33南壁剖面为例介绍如下。

TN28E34–TN28E35南壁剖面（图一一）：

第1层：灰黑色砂土，土质疏松，包含物有少量陶片、瓷片、残石器和较多植物根茎，陶器可辨器形有罐等。坡状分布，西薄东厚，厚0.3~0.7米。该层为耕土层。H156叠压于该层下。

第2层：黑灰褐色砂土，土质较疏松，包含物有少量陶片等，可辨器形有罐、钵、器鋬等。局部堆积，主要分布于探方西南部，深0.3~0.7、厚0~0.35米。该层为青铜时代文化层。H173叠压于该层下。

第3层：黄褐色砂土，土质较疏松，夹杂大量红烧土颗粒，包含物有陶片等，可辨器形有罐、钵等。坡状分布，西高东低，深0.32~0.7、厚0.12~0.4米。该层为新石器时代文化层。H175叠压于该层下。

第4层：褐色砂土，土质较疏松，夹杂少量红烧土颗粒，包含物主要为陶片，可辨器形有罐、钵等。水平分布，深0.7~0.82、厚0.15~0.25米。该层为新石器时代文化层。

第4层下为灰黄色生土层。

TN30E33–TN31E33东壁剖面（图一二）：

第1层：灰黑色砂土，土质较疏松，包含物有夹砂陶片、残石器、石块、植物根系、塑料地膜等。厚0.24~0.35米。该层为耕土层。

第2层：灰褐色砂土，土质较疏松，夹杂有较多红烧土块和炭屑，包含物有较多陶片和少量石器。深0.24~0.35、厚0.15~0.3米。该层为青铜时代文化层。

第3层：灰黑色黏土，土质较致密，夹杂有不规则的黑灰色土层和红烧土块，包含物有少量陶

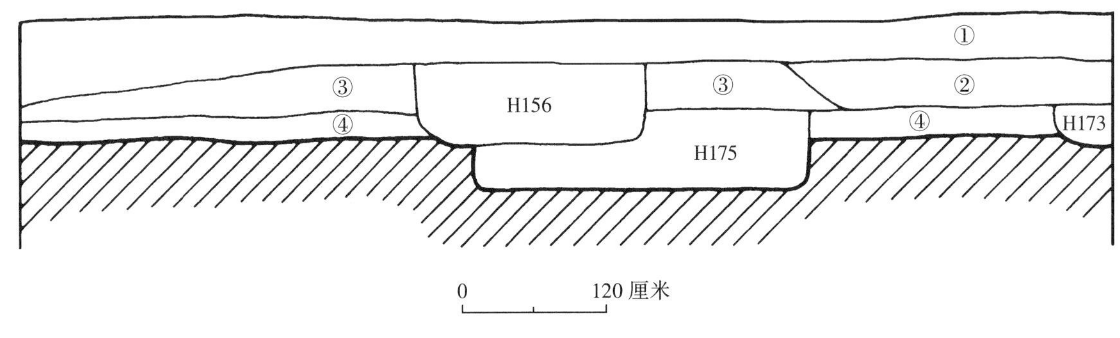

图一一 TN28E34–TN28E35南壁剖面图

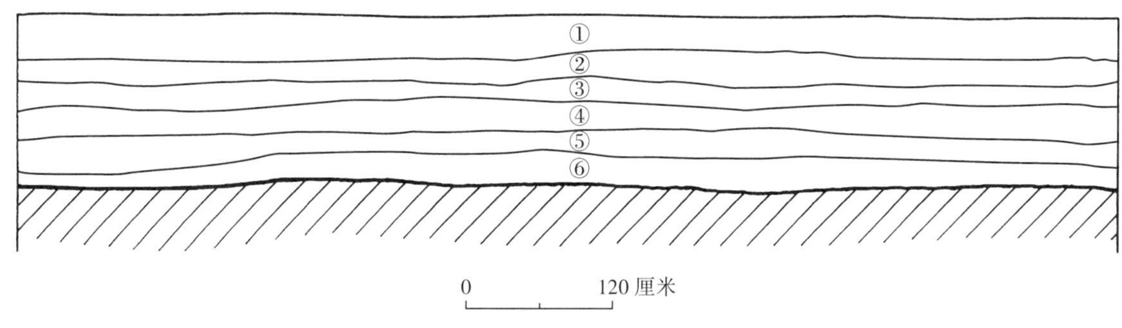

图一二 TN30E33-TN31E33 东壁剖面图

片和石器。深 0.45~0.5、厚 0.09~0.22 米。该层为新石器时代文化层。

第 4 层：黄黑灰色砂土，土质较松散，夹杂有较多红烧土块和炭屑，包含物有少量陶片和石器。深 0.6~0.75、厚 0.12~0.26 米。该层为新石器时代文化层。

第 5 层: 浅褐色砂土，土质较松散，夹杂有少量红烧土颗粒和炭屑，包含物有少量陶片和动物骨骼。深 0.85~1、厚 0.15~0.3 米。该层为新石器时代文化层。

第 6 层：红褐色砂土，土质较松软，较纯净，包含物有少量红烧土颗粒，出土零星陶片和石器。深 1.02~1.25、厚 0.06~0.24 米。该层为新石器时代文化层。

第 6 层下为灰黄色生土层。

TN32E33 南壁剖面（图一三）：

第 1 层：灰黑色砂土，土质较疏松，包含物有夹砂陶片、瓷片、残石器、石块、植物根系、塑料地膜等。厚 0.35~0.38 米。该层为耕土层。

第 2 层: 灰褐色砂土，土质较致密，夹杂有较多红烧土块和炭屑，包含物有较多陶片和少量石器。深 0.35~0.38、厚 0.12~0.2 米。该层为新石器时代文化层。

第 3 层：灰黑色黏土，土质较致密，夹杂有不规则的黑灰色土层和红烧土块，包含物有少量陶片和石器。深 0.47~0.55、厚 0.21~0.32 米。该层为新石器时代文化层。H186 叠压于该层下。

第 4 层：黄黑灰色砂土，土质较松散，夹杂有较多红烧土块和炭屑，包含物有少量陶片和石器。深 0.75~0.81、厚 0.12~0.31 米。该层为新石器时代文化层。

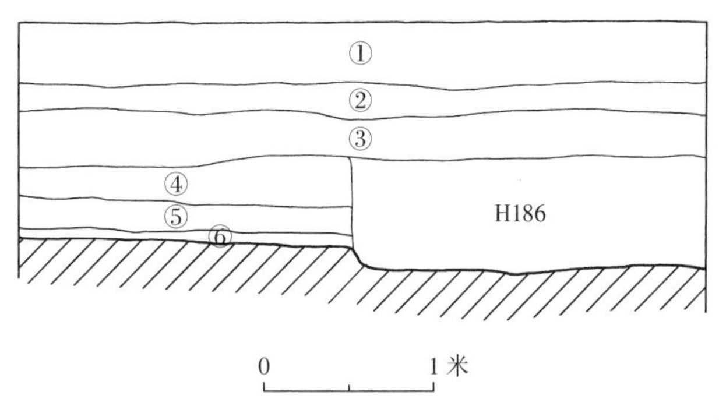

图一三 TN32E33 南壁剖面图

第 5 层：浅褐色砂土，土质较松散，夹杂有少量红烧土颗粒和炭屑，包含物有少量陶片和动物骨骼。深 0.95~1.03、厚 0.14~0.21 米。该层为新石器时代文化层。

第 6 层：红褐色砂土，土质松软，较纯净，夹杂有少量红烧土颗粒，包含物有零星陶片。深 1.17~1.2、厚 0.05~0.1 米。该层为新石器时代文化层。

第 6 层下为灰黄色生土层。

（二）Ⅱ区

该区位于遗址东北部偏中、2017 年Ⅱ区的南部。地层为水平状堆积，根据土质、土色和包含物等情况，将该区地层统一划分为 6 层。现以 TN29E33~TN29E35 南壁剖面（图一四）为例介绍如下。

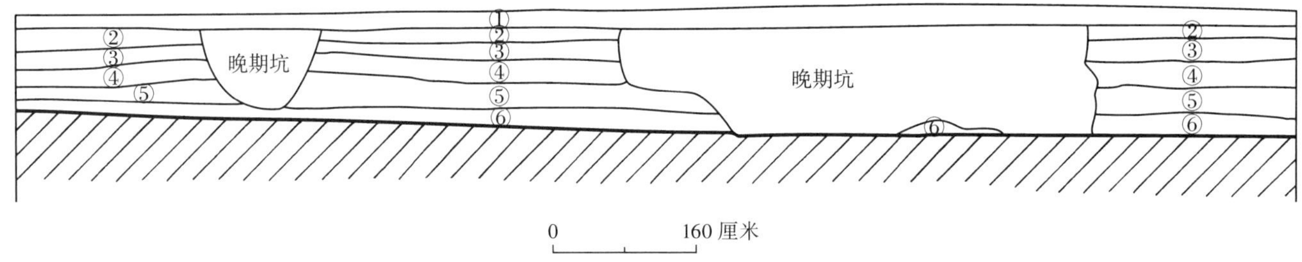

图一四　TN29E33~TN29E35 南壁剖面图

第 1 层：灰黑色砂土，土质较疏松，包含物有少量陶片、瓷片、动物骨骼、鹅卵石和较多植物根茎。厚 0.1~0.15 米。该层为耕土层。晚期坑叠压于该层下。

第 2 层：黑灰色砂土，土质致密，包含物有陶片、石器和较多植物根茎，除新石器时代陶片外，还出土有叶脉纹器底。深 0.1~0.19、厚 0.06~0.18 米。该层为青铜时代文化层。

第 3 层：红褐色粗砂土，土质较致密，夹杂有大量红烧土颗粒，包含物有较多陶片和少量石器。深 0.18~0.28、厚 0.07~0.18 米。该层为新石器时代文化层。

第 4 层：灰褐色砂土，西部偏黑，土质较疏松，包含物有大量陶片、少量石器、鹅卵石和少量植物根茎，还有动物牙齿若干。深 0.31~0.37、厚 0.12~0.24 米。该层为新石器时代文化层。

第 5 层：灰褐色砂土，土质较致密，夹杂有大量红烧土颗粒和草木灰，包含物有若干陶片和少量石器。深 0.44~0.63、厚 0.08~0.25 米。该层为新石器时代文化层。

第 6 层：黄褐色砂土，土质较致密，夹杂有较多红烧土，包含物有少量陶片和石器。深 0.63~0.85、厚 0.08~0.17 米。该层为新石器时代文化层。

第 6 层下为灰黄色生土层。

第四节　2019 年地层堆积

2019 年两个发掘区的地层堆积差异明显，故对各区的地层分别进行统一划分，现介绍如下。

（一）Ⅰ区

该区位于2017年Ⅲ区的南部，地处遗址边缘，堆积相对较薄，文化堆积呈现西北薄、东南厚的特征，该区地层堆积随地势呈西北高东南低，统一划分为4层（彩版三三）。现以TN22E39–TN22E40南壁和TN22E41南壁剖面为例介绍如下。

TN22E39–TN22E40南壁剖面（图一五）：

第1层：灰黑色砂土，土质疏松，包含物有少量陶片、瓷片和较多植物根茎。水平分布，厚0.18~0.34米。该层为耕土层。H202叠压于该层下。

第2层：黑灰褐色砂土，土质较疏松，包含物有少量陶片等，可辨器形有罐、钵、器鋬等。近坡状分布，北高南低，深0.18~0.34、厚0.07~0.22米。该层为青铜时代文化层。

第3层：黄褐色砂土，土质较疏松，夹杂大量红烧土颗粒和炭屑，包含物有陶片和石器等。坡状分布，北高南低，深0.35~0.5、厚0~0.4米。该层为新石器时代文化层。

第3层下为灰黄色生土。

TN22E41南壁剖面（图一六）：

第1层：灰褐色砂土，土质较疏松，包含物有少量陶片、瓷片、动物骨骼、鹅卵石和较多植物根茎。水平状堆积，厚0.25~0.33米。该层为耕土层。

第2层：灰黑色砂土，土质致密，夹杂较多红烧土颗粒，包含物有少量新石器时代陶片，还杂有少量泥质黑皮陶豆或碗和乳丁纹罐（瓮）以及叶脉纹器底，另有少量石器，石器有斧和锛，及大量植物根茎。水平状堆积，深0.25~0.33、厚0.11~0.26米。该层为青铜时代文化层。

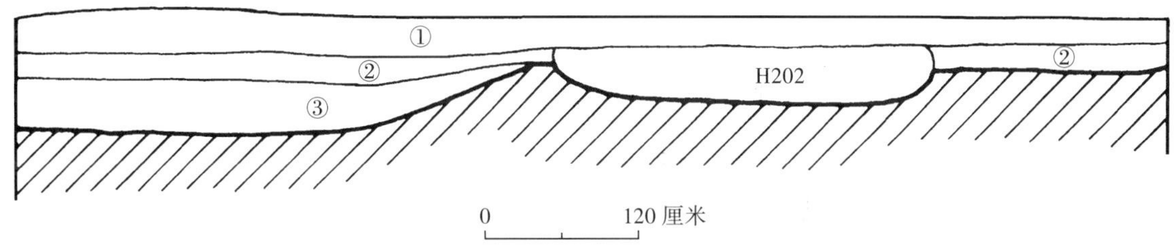

图一五　TN22E39–TN22E40南壁剖面图

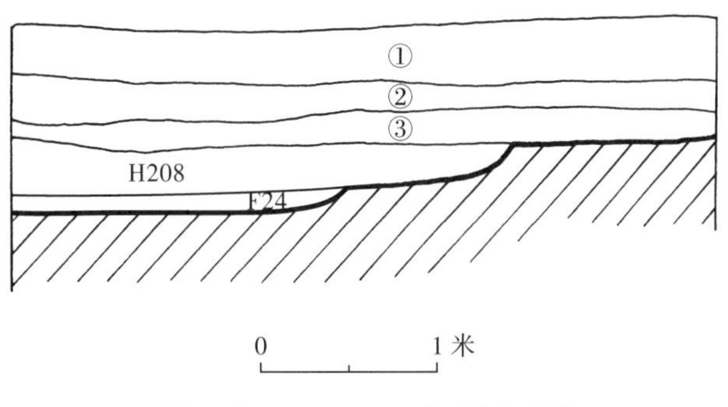

图一六　TN22E41南壁剖面图

第3层：灰黑色砂土，土质致密，夹杂大量红烧土颗粒，包含物有较多陶片、少量石器和植物根茎。水平状堆积，深0.43~0.5、厚0.08~0.18米。该层为新石器时代文化层。H208、F24叠压于该层下。

第3层下为灰黄色生土层。

（二）Ⅱ区

该区位于2018年发掘区西南部，TN22E28与TN22E29、TN25E33与TN25E34分别相邻，地层统一划分为6层。现以TN22E28–TN22E29北壁和TN25E34北壁剖面为例介绍如下。

TN22E28–TN22E29北壁剖面（图一七；彩版三四，1）：

第1层：灰黑色腐殖土，土质疏松，夹杂有较多红烧土块和炭屑，包含物有陶片、石器、植物根茎。水平状堆积，厚0.1~0.24米。该层为耕土层。

第2层：黄色砂土，结构紧密，质地板结，夹杂大块红烧土颗粒、土块，包含物有较多陶片、少量石器及植物根茎。水平状堆积，深0.1~0.24、厚0.16~0.23米。该层为新石器时代文化层。

第3层：灰褐色砂黏土，土质疏松，夹杂少量黑灰色灰烬和大量红烧土颗粒，包含物有大量陶片和少量石器。水平状堆积，深0.31~0.45、厚0.11~0.19米。该层为新石器时代文化层。

第4层：红色杂黑灰色砂黏土，土质较疏松，夹杂大量红烧土块，包含物有较多大块陶片，石器相对较少。水平状堆积，深0.47~0.58、厚0.12~0.19米。该层为新石器时代文化层。

第5层：深灰红褐色黏土，夹杂团状黑灰和少量红烧土颗粒，包含物有较多陶片和少量石器。水平状堆积，深0.64~0.73、厚0.09~0.2米。该层为新石器时代文化层。TN22E28C1–TN22E29C1叠压于该层下。

第6层：深红色砂黏土，结构紧密，质地板结，包含物有较多陶片和少量石器。水平状堆积，深0.78~0.92、厚0.04~0.21米。该层为新石器时代文化层。

第6层下为灰黄色生土层。

TN25E34北壁剖面（图一八；彩版三四，2）：

第1层：灰黑色腐殖土，土质疏松，夹杂较多红烧土块和炭屑，包含物有陶片、石器、植物根茎。水平状堆积，厚0.15~0.22米。该层为耕土层。

第2层：黄色砂土，结构紧密，质地板结，夹杂大块红烧土颗粒、土块及植物根茎，包含物有大量陶片和少量石器。水平状堆积，深0.15~0.22、厚0.2~0.27米。该层为新石器时代文化层。

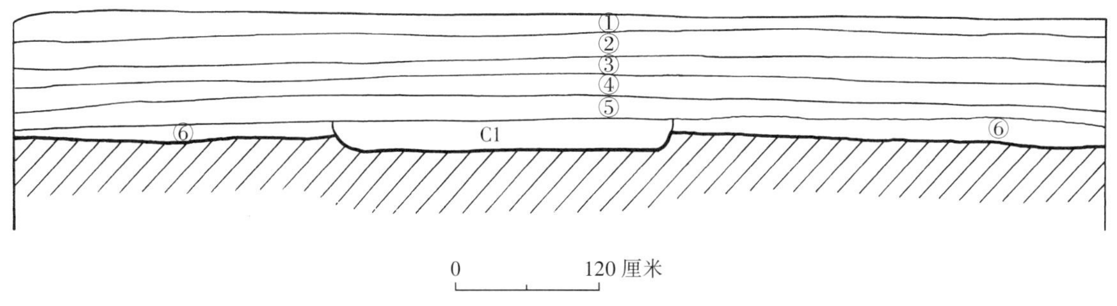

图一七 TN22E28–TN22E29北壁剖面图

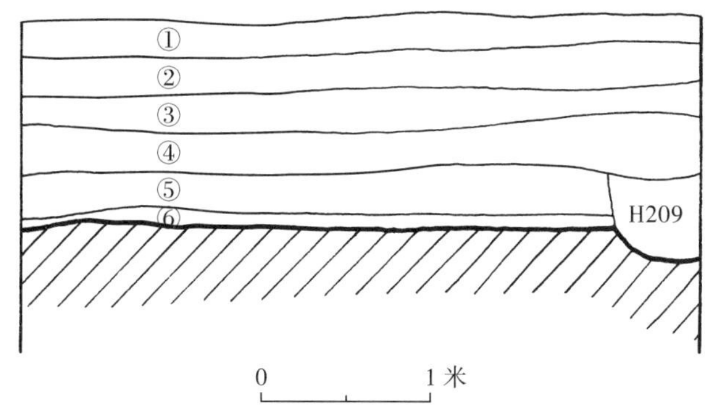

图一八 TN25E34北壁剖面图

第3层：灰褐色砂黏土，土质疏松，夹杂少量黑灰色灰烬和大量红烧土颗粒，包含物有大量陶片和少量石器。水平状堆积，深0.39~0.43、厚0.14~0.25米。该层为新石器时代文化层。

第4层：黑红杂黑灰色砂黏土，土质较疏松，夹杂大量红烧土块，包含物有较多大块陶片。水平状堆积，深0.56~0.67、厚0.2~0.38米。该层为新石器时代文化层。H209叠压于该层下。

第5层：偏红的深褐色黏土，夹杂团状黑灰和少量红烧土颗粒，包含物有较多陶片和少量石器。水平状堆积，深0.85~0.93、厚0.19~0.28米。该层为新石器时代文化层。

第6层：深红色砂黏土，结构紧密，质地板结，包含物仅有少量陶片。水平状堆积，深1.06~1.15、厚0.03~0.11米。该层为新石器时代文化层。

第6层下为灰黄色生土层。

第三章　新石器时代遗存

第一节　典型器物类型分析

遗物丰富，以陶器和石器为主，另外还有少量玉器和骨器等。

一、陶器

陶器分为泥质陶和夹砂陶两类。泥质陶主要见于偏早的地层堆积和遗迹单位中，偏晚地层和遗迹单位中也混杂有少量泥质陶，应为晚期单位中混入的早期遗物。泥质陶陶胎细腻，火候较高，陶色纯正，以灰陶为主，少量红陶和黑皮陶。夹砂陶早、晚都有大量发现，尤其偏晚的地层堆积和遗迹单位中基本为夹砂陶，陶色斑驳，有黑灰陶、褐陶、黄褐陶、红褐陶、灰陶等，器表内外与胎体呈现不同颜色的现象较为常见。陶器纹饰复杂，施纹方法有戳印、压印、刻划、堆塑等（图一九至五四）。

戳印纹包括戳印点纹、戳印圆圈纹、戳印点线纹等。戳印点纹常饰于器物的唇部，形成花边状口沿，以罐类和钵类器物最为多见，不同器物唇部的点纹形态不一，有的短粗，有的短细，有的长细而类似短线纹，有的交错形成“×”形纹。此外，戳印点纹还常饰于器物的颈肩部，主要见于束颈罐上，饰一周或多周戳印点纹。釜形器的上腹部常饰有多周规整的戳印小圆点纹。戳印圆圈纹较少，仅见于偏晚堆积的个别器物上。戳印或压印的点线纹，以小方格状点线纹尤为突出，常绕器一周形成窄带状纹饰或成组使用组成菱形纹，常饰于长颈罐或盘口高领罐的口沿和颈部，或交错形成交叉纹饰于沿面饰纹罐的颈部。

刻划纹主要见于偏晚遗存中，以刻划网格纹、菱格纹、凹弦纹最为多见，另有少量水波纹等。凹弦纹常用来界隔不同纹饰带，不单独使用。网格纹、菱格纹常与凹弦纹组合使用，网格纹常见于束颈罐、附加堆纹罐等器物的颈肩部，菱格纹则多见于钵的口外侧、矮领罐的领部等部位。

戳印纹、刻划纹与光面组成的复合纹饰在偏晚的文化堆积中十分流行，在打磨光滑的陶器表面上以短线纹或点线纹组成纹饰图案，常以刻划凹弦纹作为纹饰图案的边框，图案之间为不饰纹的磨光面。复合纹饰以几何纹饰带为主，构图工整，制作精细，种类多样，包括连续三角纹、连续三角纹＋光面折线纹、连续三角纹＋光面菱形纹、菱格纹、折线纹、“<”形纹、回形纹、旋涡纹、“卍”形纹等，矮领罐、钵和盆等器物的肩部或腹部常饰有多组复合纹饰带，不同纹饰带之间常以凹弦纹或光面窄带间隔。

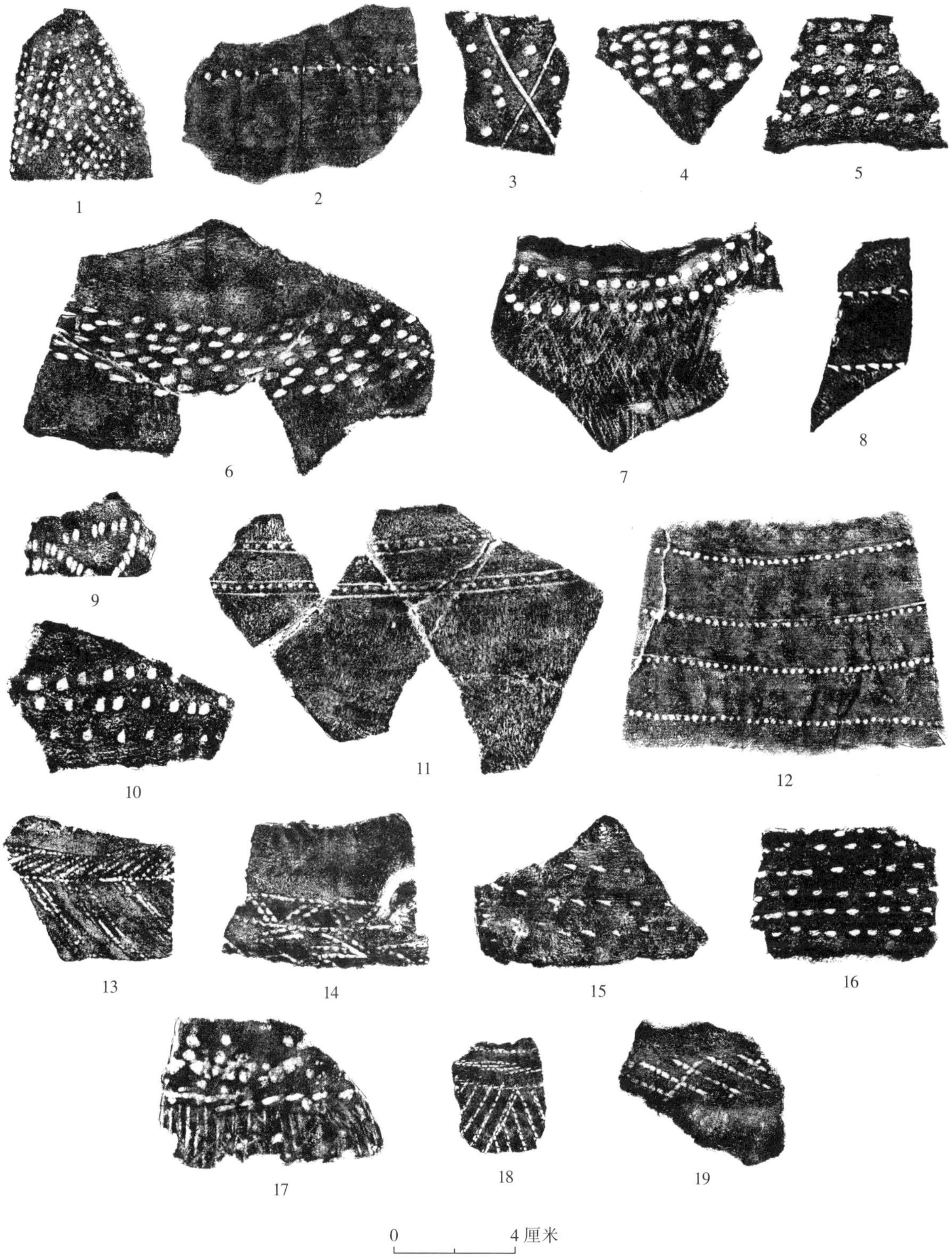

0　4厘米

图一九　陶器戳印纹拓片

1、2、4~10、12、15~17. 戳印点纹（TN27E39②：84、TN32E35⑥：36、TN22E29⑥：15、TN34E37④：19、TN26E38④：106、TN33E38⑤：16、TN25E33⑤：21、TN31E36⑥：16、TN34E38②：20、M8：1、TN26E38⑤：3、TN31E35⑤：27、H140：6）　3. 戳印点纹加交错弦纹（TN31E37③：64）　11. 戳印点纹加刻划凹弦纹（TN28E36③：49）　13、14、18、19. 戳印点线纹（H33：7、TN31E32⑤：35、TN30E33⑥：29、TN27E37③：56）

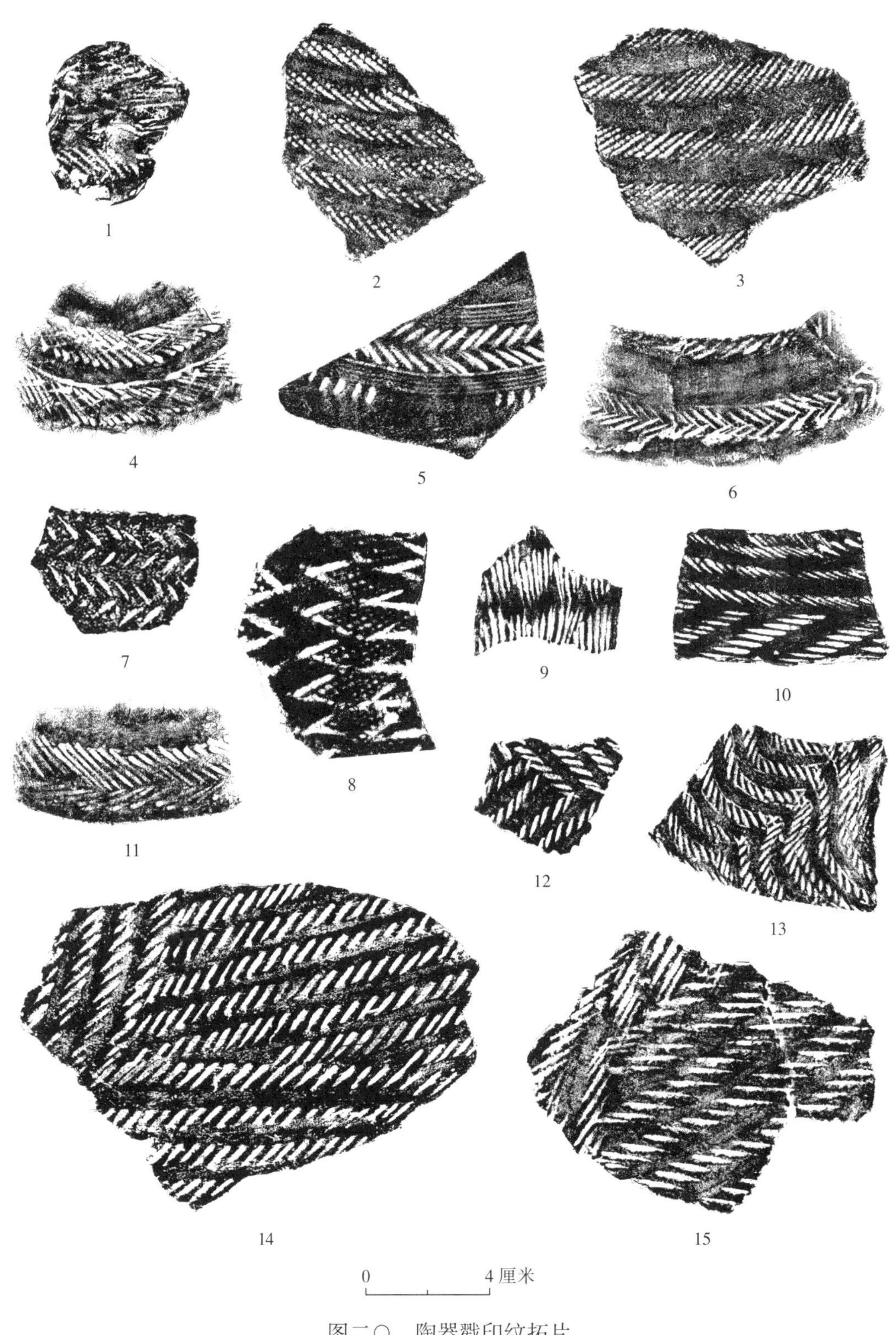

图二〇　陶器戳印纹拓片

1.TN27E37 ②：18　2.TN36E33 ④：13　3.TN30E37 ④：56　4.M2：3　5.TN26E38 ②：61　6.M11：4　7.TN22E41 ②：15　8.TN31E34 ⑥：16　9.TN25E34 ⑥：12　10.TN28E34 ④：6　11.M2：3　12.TN14E22 ③：27　13.TN27E39 ③：33　14.TN31E32 ③：11　15.TN29E36 ③：47

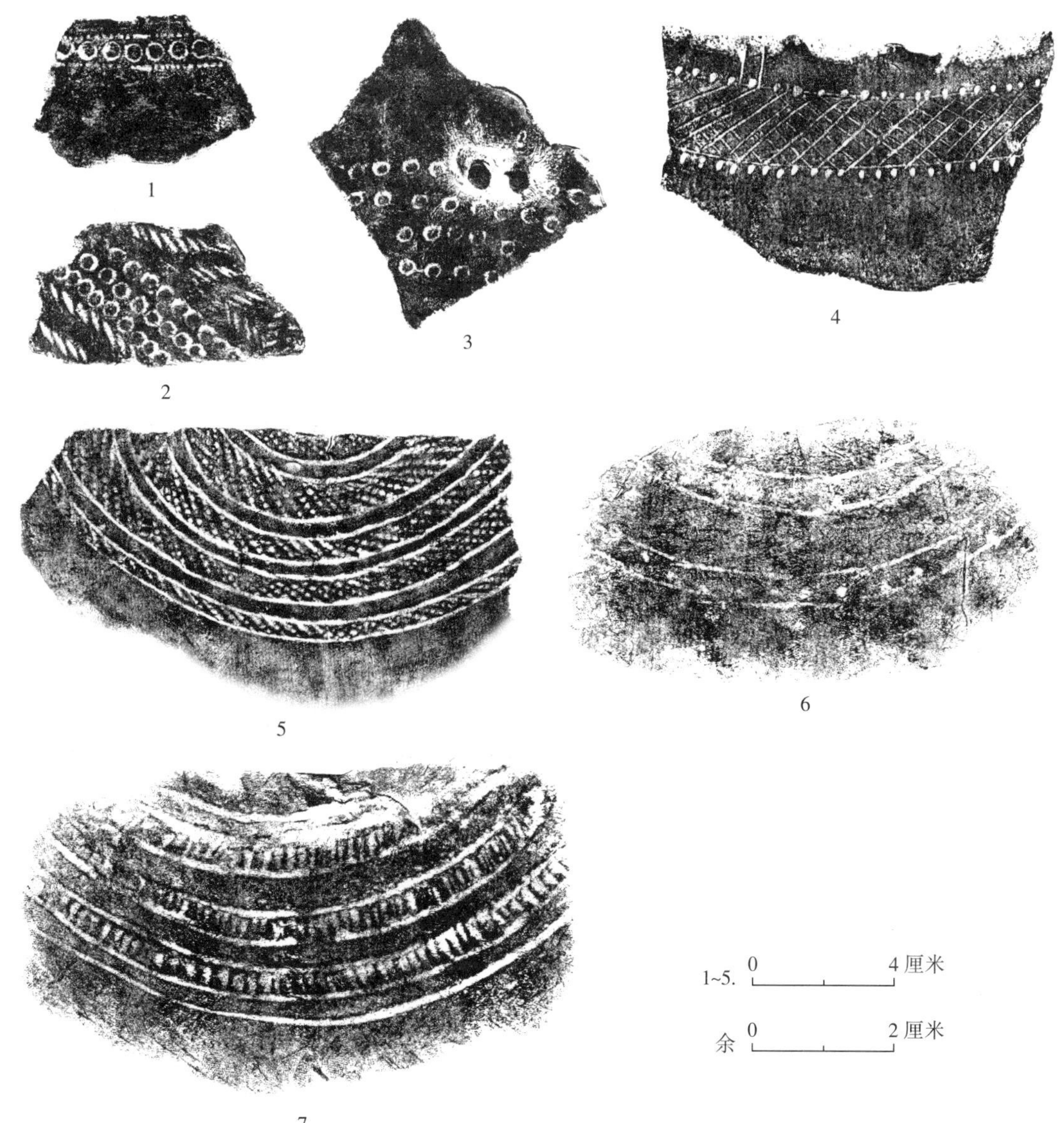

图二一　陶器戳印纹拓片

1~3. 戳印圆圈纹（TN34E38④：12、TN30E33④：20、TN30E33②：31）　4. 戳印点纹加刻划网格纹（TN31E38⑥：1）　5. 刻划凹弦纹夹戳印点线纹（TN28E35③：61）　6、7. 刻划凹弦纹夹戳印点纹（TN31E32K2：1、TN28E36K1：1）

附加堆纹包括长带状附加堆纹、短泥条附加堆纹、小圆饼附加堆纹、小乳丁附加堆纹等。长带状附加堆纹常饰于罐或瓮的口外侧或颈部，附加堆纹或平滑，或其上有捺窝形成褶皱状（下文中称为“褶皱状附加堆纹”），此类器物，即附加堆纹罐，是该遗址新石器时代的典型器物之一。短泥条附加堆纹常饰于束颈罐的肩部，一般间隔分布数个，其上一般有捺窝形成褶皱状。小圆饼附加堆纹常饰于束颈罐的肩部，单个或两两一组间隔分布，有的圆饼上有戳印或压印的“十”字形纹。小乳丁附加堆纹也饰于束颈罐的肩部，数量不等，有的基本等距分布有三到四个，有的则分布有四个以上，间距不等。

手制，部分器物上可见泥条盘筑的痕迹，少数小型器物直接捏制。器形多样，基本为平底器，以罐和钵为大宗，此外还有瓮、壶、瓶、钵、碗、盆、器座和纺轮等。

图二二　陶器戳印纹拓片

1. TN29E36③：44　2. TN31E37②：36　3. TN32E38③：30　4. TN33E35③：20　5. TN31E34③：33　6. TN32E36⑤：13　7. G3：85　8. TN31E39③：59　9. H64：7　10. TN31E37②：35　11. H73：3　12. TN32E37⑥：12　13. TN14E23③：16　14. H135：2　15. TN31E37④：67　16. H63：1

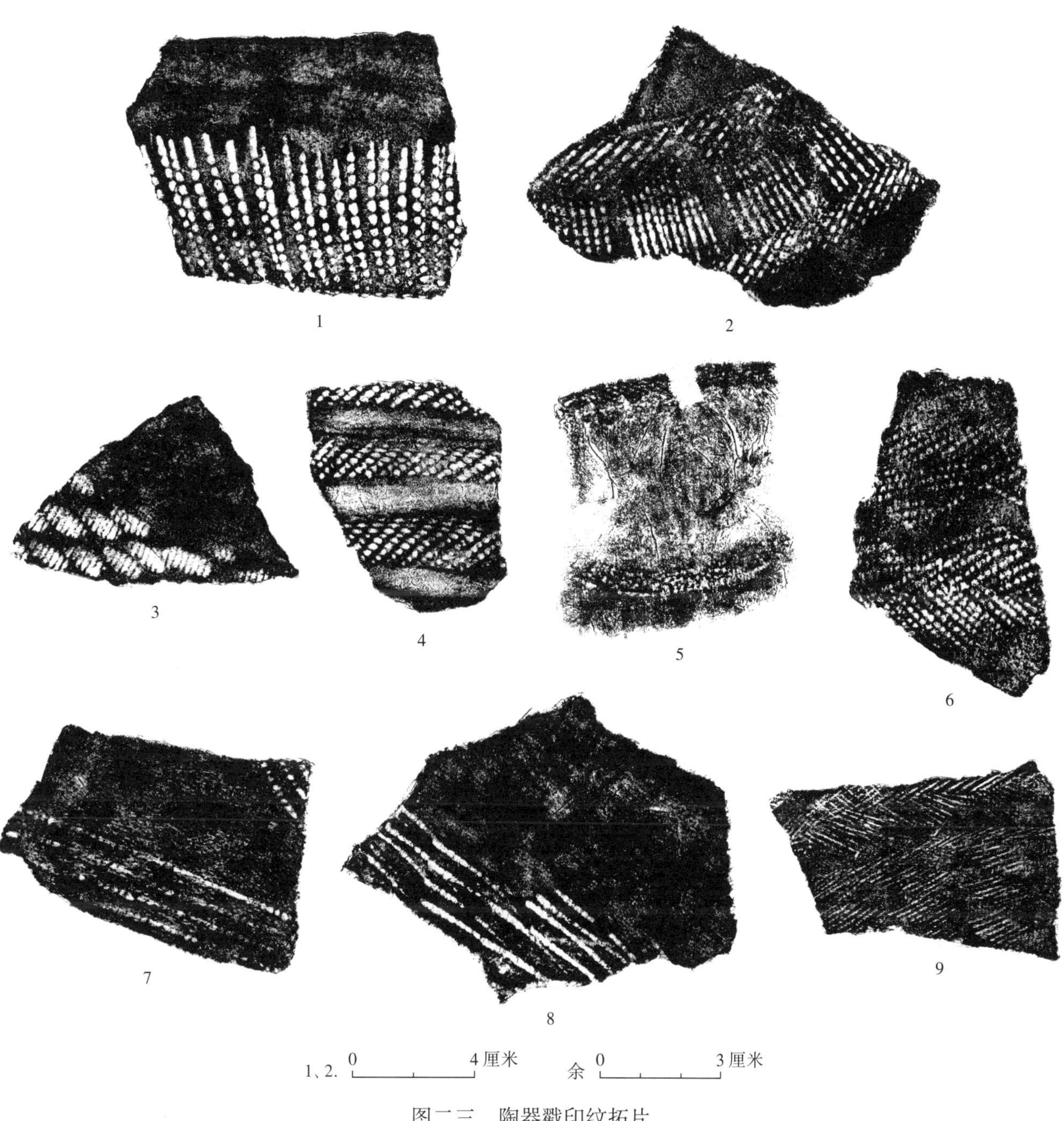

图二三　陶器戳印纹拓片

1. G3∶72　2. TN26E39②∶66　3. TN31E34③∶35　4. TN26E36③∶85　5. M4∶1　6. TN27E36②∶6　7. TN34E37④∶21　8. G3∶71　9. TN32E34④∶28

图二四　陶器戳印纹拓片

1.TN33E36 ②：20　2.TN26E37 ③：58　3.TN29E36 ②：32　4.TN28E34 ③：26　5.TN31E34 ③：34　6.TN31E34 ⑤：33　7.TN31E39 ③：1　8.TN23E39 ②：22　9.TN28E34 ③：84

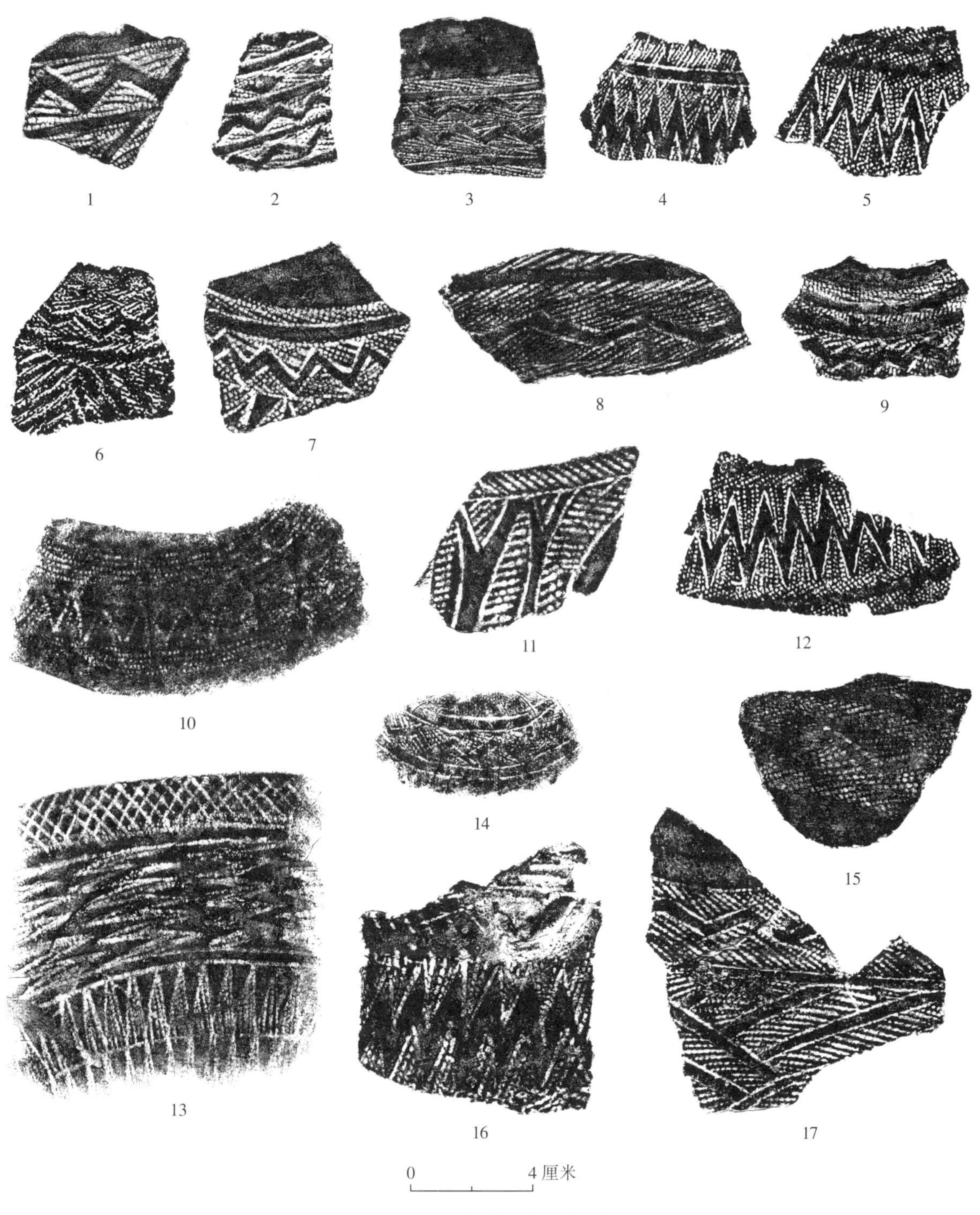

图二五　陶器戳印纹拓片

1.F2：92　2.TN28E39③：102　3.H190：2　4.TN22E28-TN22E29C1：32　5.TN25E34③：27　6.TN22E40②：16　7.H92：2　8.TN28E36 ③：48　9.H90：2　10.H57：1　11.TN31E32 ⑤：42　12.TN25E34 ④：29　13.TN34E35 ④：20　14.M6：1　15.TN31E36②：7　16.TN31E34④：40　17.TN29E34④：37

图二六　陶器戳印纹拓片

1.H195：22　2.TN30E36 ③：26　3.TN15E23 ②：5　4.TN31E35 ⑤：29　5.H180：12　6.H184：4　7.TN31E37 ③：63　8.TN26E38C1：7　9.H98 ②：21　10.TN22E28-TN22E29C1：14

图二七　陶器戳印纹拓片

1.TN33E37②：23　2.TN16E23③：14　3.M3：2　4.TN12E23②：26　5.G5：34　6.TN12E23②：20　7.TN15E23③：29　8.H136：7　9.TN29E36③：49　10.H41：55

图二八　陶器戳印纹拓片

1. TN31E36 ⑥：7　2. TN31E36 ⑥：18　3. TN25E34 ⑥：15　4. H123：3　5. TN27E35 ④：15　6. TN30E34 ⑤：18　7. F8：13　8. H136：2　9. H41：56　10. TN34E31 ③：21　11. H57：1

图二九　陶器刻划网格纹拓片

1. TN29E36②：31　2. TN30E36④：92　3. TN31E39②：15　4. TN16E23③：15　5. TN12E23②：35　6. TN12E23②：33　7. TN29E39③：70　8. TN26E36③：89　9. TN31E36③：63　10. TN27E37④：39　11. TN27E39③：30　12. H33：5　13. F2：91　14. TN29E34④：39　15. TN31E37③：61　16. TN33E37⑤：13　17. TN14E23③：19

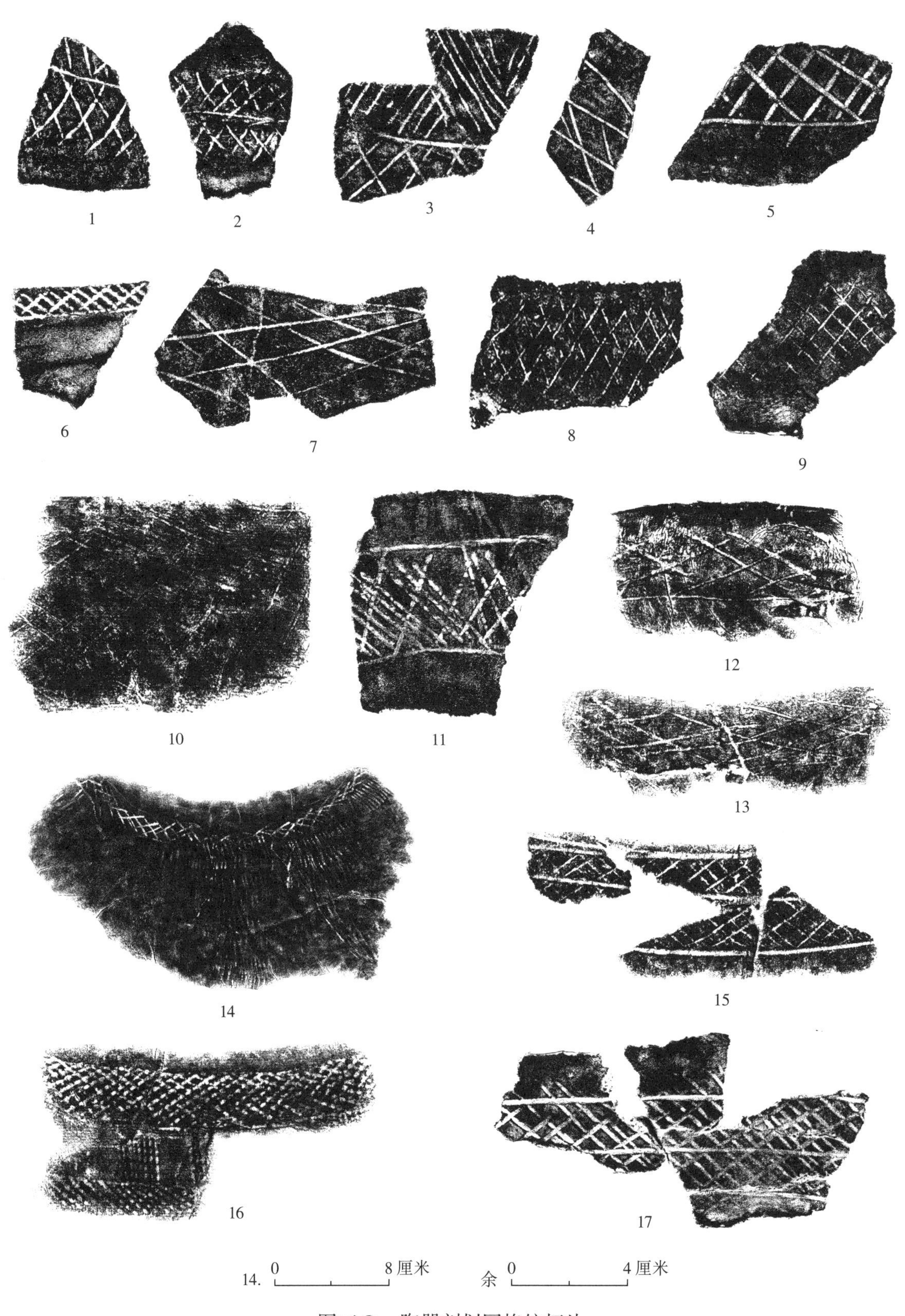

图三〇　陶器刻划网格纹拓片

1. TN12E23②：24　2. H66：4　3. TN14E23②：18　4. G3：90　5. H99：1　6. G5：37　7. G3：90　8. TN25E34③：24　9. TN27E35⑤：13　10. TN28E34③：82　11. TN31E36②：5　12. H158：2　13. M1：3　14. H76：1　15. TN30E37④：57　16. TN28E39②：60　17. TN26E38④：101

图三一　陶器刻划菱格纹拓片

1. TN31E35 ②：30　2. TN31E38 ②：44　3. TN32E33 ③：16　4. M11：7　5. M1：2　6. M11：2　7. M1：1　8. M9：6　9. M2：1　10. H158：3　11. M11：6　12. M12：7　13. H158：4　14. TN30E33 ②：32

图三二 陶器刻划菱格纹拓片

1.G5：49 2.TN12E22②：40 3.TN12E22②：38 4.TN34E36⑤：14 5.H192：6 6.TN15E23③：37 7.TN31E34④：48 8.TN30E34④：25 9.H11：1 10.TN31E38②：47 11.TN32E38④：67 12.TN27E39②：83 13.TN27E37②：15 14.TN22E40C1：20

图三三　陶器刻划菱形纹拓片

1. H156：120　2. TN28E35 ③：54　3. TN36E34 ③：17　4. TN33E38 ③：53　5. TN28E34 ④：18　6. TN30E36 ④：93　7. TN28E34 ③：79

图三四　陶器刻划重菱纹拓片

1. H186：12　2. H186：11　3. TN32E33③：11　4. TN22E28⑤：14　5. TN33E31⑥：12　6. TN28E35③：62　7. H17：36　8. TN15E23③：30　9. H14：20

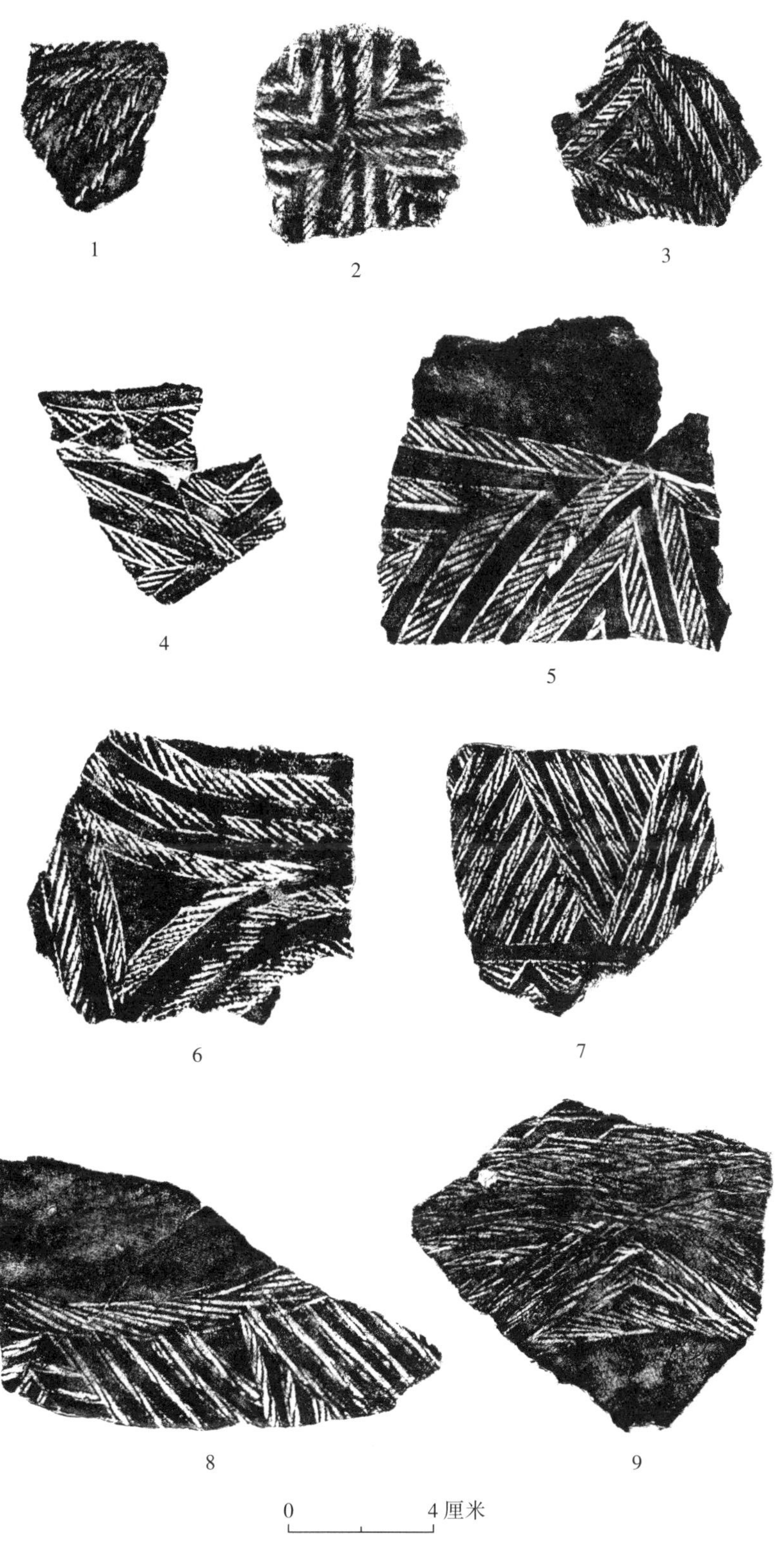

图三五　陶器刻划纹拓片

1.TN14E22 ③：26　2.TN31E33 ④：36　3.TN24E39 ③：11　4.H207：12　5.H195：25　6.TN31E32 ③：14　7.TN28E35 ③：44　8.H180：15　9.TN12E23 ②：20

图三六　陶器刻划纹拓片

1.G5：31　2.TN16E22 ③：6　3.H66：3　4.H33：8　5.H197：11　6.TN22E29 ⑥：16　7.TN31E32 ④：15　8.TN28E35 ③：58　9.TN33E37 ⑤：11　10.H180：7　11.TN28E34 ③：83　12.TN34E37 ③：18

13. 0　2厘米　余 0　4厘米

图三七　陶器刻划纹拓片

1~5. 网格纹（TN14E23③：28、TN27E39③：31、TN27E39③：32、TN26E39④：19、H57：10）　6. 光面折线纹（TN31E32K2：2）　7. 折线纹（TN28E36②：19）　8~10、12. 网格纹加菱格纹（TN30E36④：97、TN31E36②：8、TN31E36②：4、TN12E23②：32）　11. 菱形纹（TN31E39③：6）　13~16. 网格、连续三角纹夹光面折线纹（TN31E38②：16、TN34E35④：2、TN33E34④：29、TN31E35⑤：2）

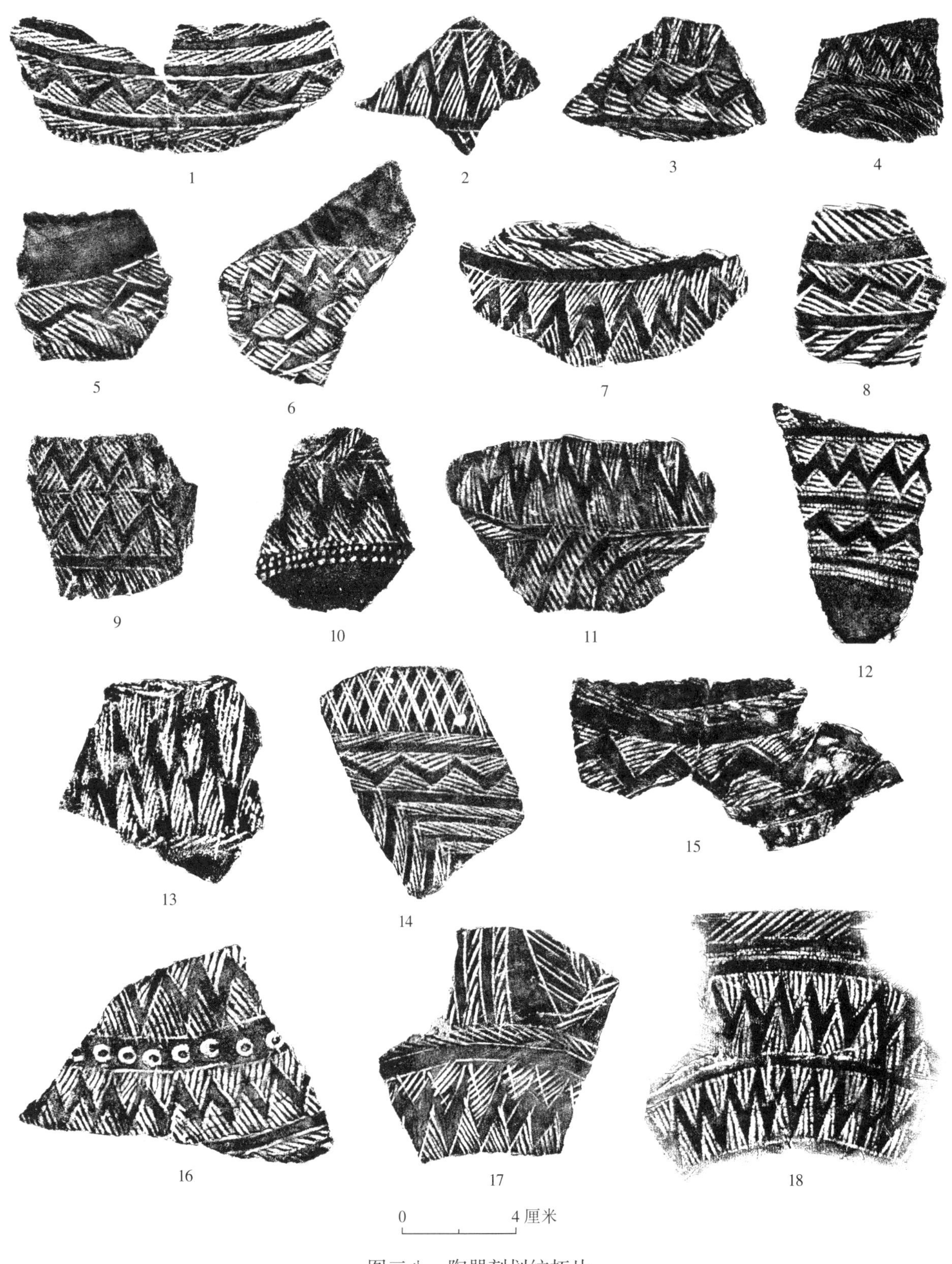

图三八　陶器刻划纹拓片

1~13、15、17、18. 连续三角纹夹光面折线纹（TN31E36③：64、TN16E23③：18、H180：11、TN29E34④：21、TN27E37②：16、TN27E37②：17、TN26E39④：20、TN31E37④：65、TN33E38③：15、TN25E38④：21、TN26E36③：87、H167：4、TN35E33③：15、H195：23、H52：17、H41：58）　14. 网格纹、连续三角纹夹光面折线纹（TN28E37⑤：8）　16. 刻划连续三角纹夹光面折线纹加戳印圆圈纹（TN28E39③：101）

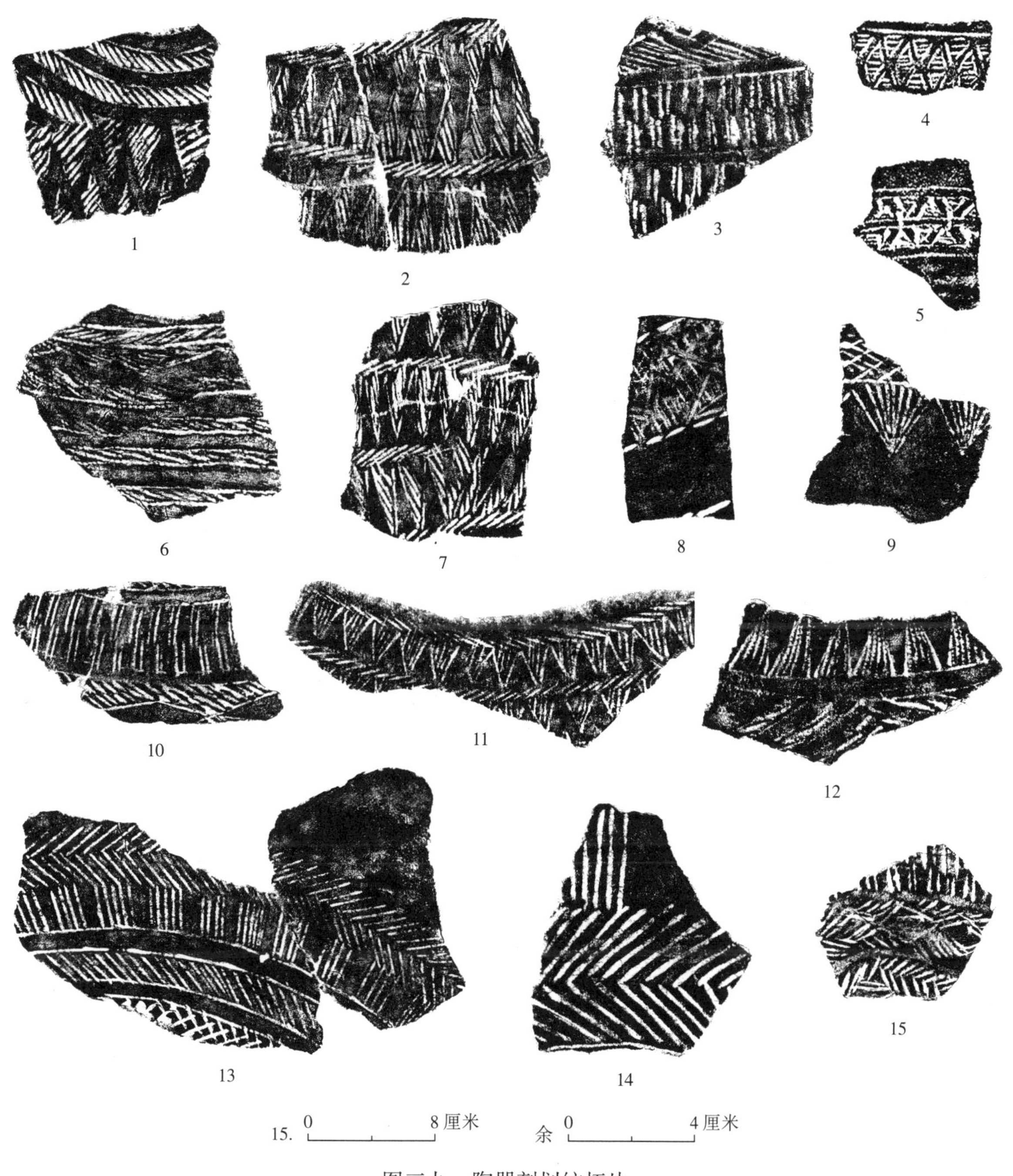

图三九　陶器刻划纹拓片

1.TN33E37 ②：24　2.TN29E36 ③：48　3.TN27E35 ④：19　4.TN22E40 ②：18　5.TN22E41 ②：21　6.TN26E37 ④：57　7.TN29E36 ③：43　8.TN22E29 ⑥：12　9.TN31E34 ④：33　10.TN26E36 ③：86　11.H135：3　12.TN12E22 ②：24　13.H18：19　14.TN31E34 ②：14　15.TN27E36 ③：56

图四〇 陶器刻划纹拓片

1.TN30E36④：95 2.TN26E38④：102 3.TN26E36⑤：8 4.TN31E39②：16 5.TN33E36③：15 6.TN26E38④：103 7.H158：6 8.TN26E38④：107 9.M2：1 10.H33：6 11.TN30E36④：96 12.TN26E37③：57

图四一 陶器刻划纹拓片

1. TN29E36 ③：45 2. G3：20 3. TN14E23 ③：26 4. TN12E23 ②：28 5. H98 ②：22 6. TN14E22 ②：52 7. TN26E37 ②：100 8. TN26E36 ②：36 9. TN27E37 ④：40 10. TN30E33 ④：19 11. TN28E35 ③：53 12. TN12E22 ②：42

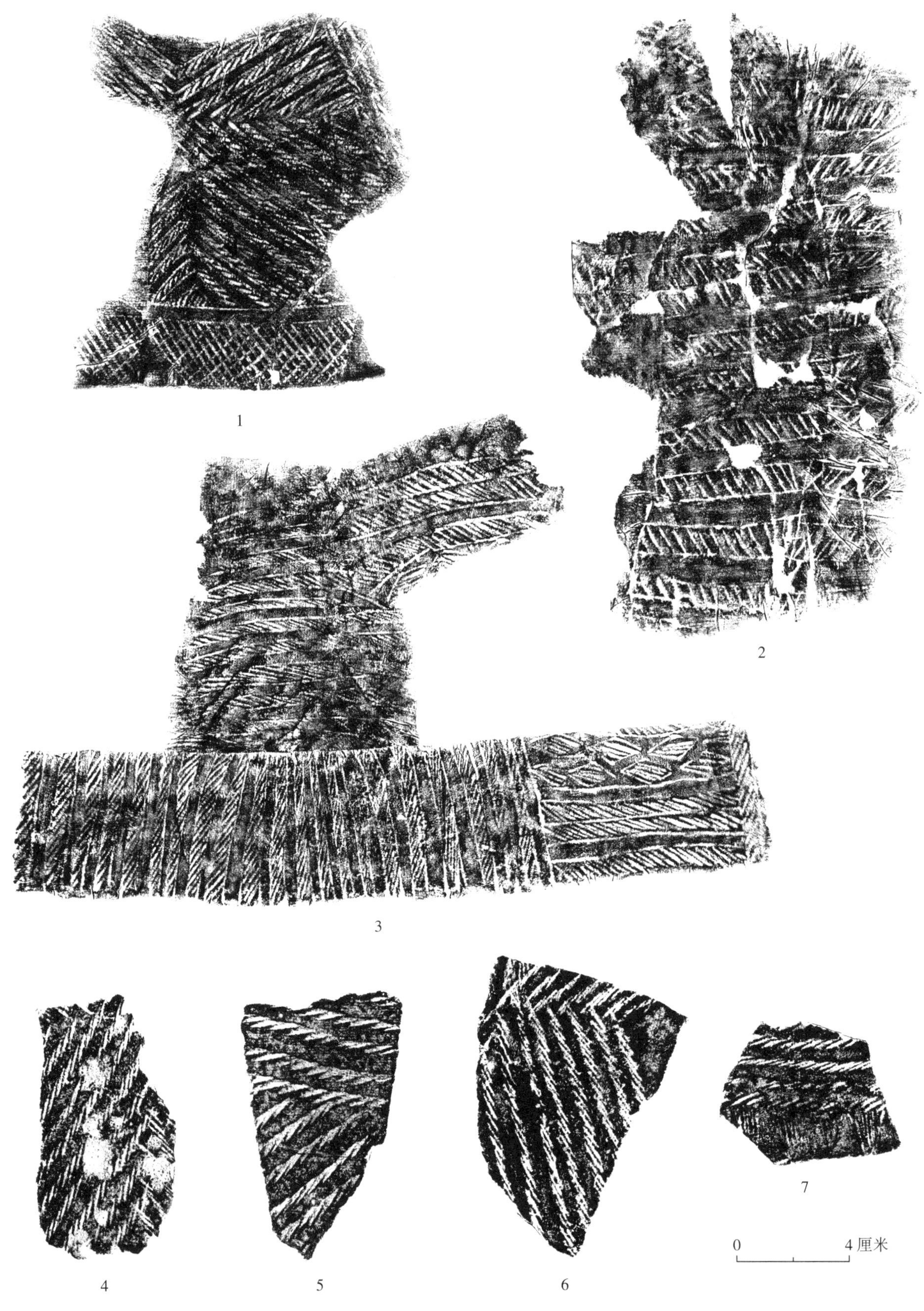

图四二 陶器刻划纹拓片

1. H98②：10 2. TN33E35④：24 3. M2：1 4. TN32E38③：43 5. G3：79 6. H57：9 7. TN27E37④：55

图四三　陶器刻划纹拓片

1.TN28E39 ③ : 100　2.TN32E37 ⑥ : 13　3.TN29E36 ③ : 46　4.TN31E38 ② : 46　5.TN32E37 ⑦ : 17　6.TN24E39 ② : 33　7.TN31E34 ④ : 32　8.TN31E38 ② : 45　9.M12 : 1　10.H66 : 5　11.TN31E33 ④ : 44　12.H97 : 2　13.TN32E37 ② : 25

图四四　陶器压印线纹拓片

1. TN31E37 ④ : 66　2. H61 : 4　3. TN27E36 ⑤ : 2　4. H59 : 12　5. H123 : 2　6. TN28E34 ② : 56　7. H59 : 6　8. TN27E37 ⑤ : 32　9. TN26E38 ⑥ : 26　10. H195 : 23　11. TN30E36 ③ : 28　12. TN16E22 ② : 24　13. TN27E36 ⑥ : 12　14. H59 : 1　15. H60 : 1　16. TN24E38 ⑤ : 13

图四五　陶器压印纹拓片

1.TN32E37 ⑦：15　2.TN30E35 ⑥：12　3.TN32E37 ⑥：14　4.TN32E35 ⑥：17　5.TN31E39 ⑥：5　6.TN31E39 ⑥：33　7.TN30E38 ⑥：12　8.TN32E37 ⑦：13　9.TN32E38 ⑥：3　10.TN30E38 ⑥：10　11.TN32E37 ⑦：14　12.TN31E39 ⑥：9　13.TN32E38 ⑥：4　14.TN32E37 ⑦：2　15.TN30E33 ⑥：30

图四六　陶器压印纹拓片

1.TN22E28 ⑥：14　2.TN25E33 ⑤：12　3.TN31E36 ④：42　4.TN30E38 ⑥：14　5.TN27E36 ⑤：1　6.TN29E33 ⑤：27　7.TN33E33 ④：11　8.TN26E36 ⑥：1　9.H140：7　10.TN31E38 ⑤：1　11.TN32E35 ⑥：34　12.TN30E38 ⑥：11　13.H140：8　14.TN30E38 ⑥：13

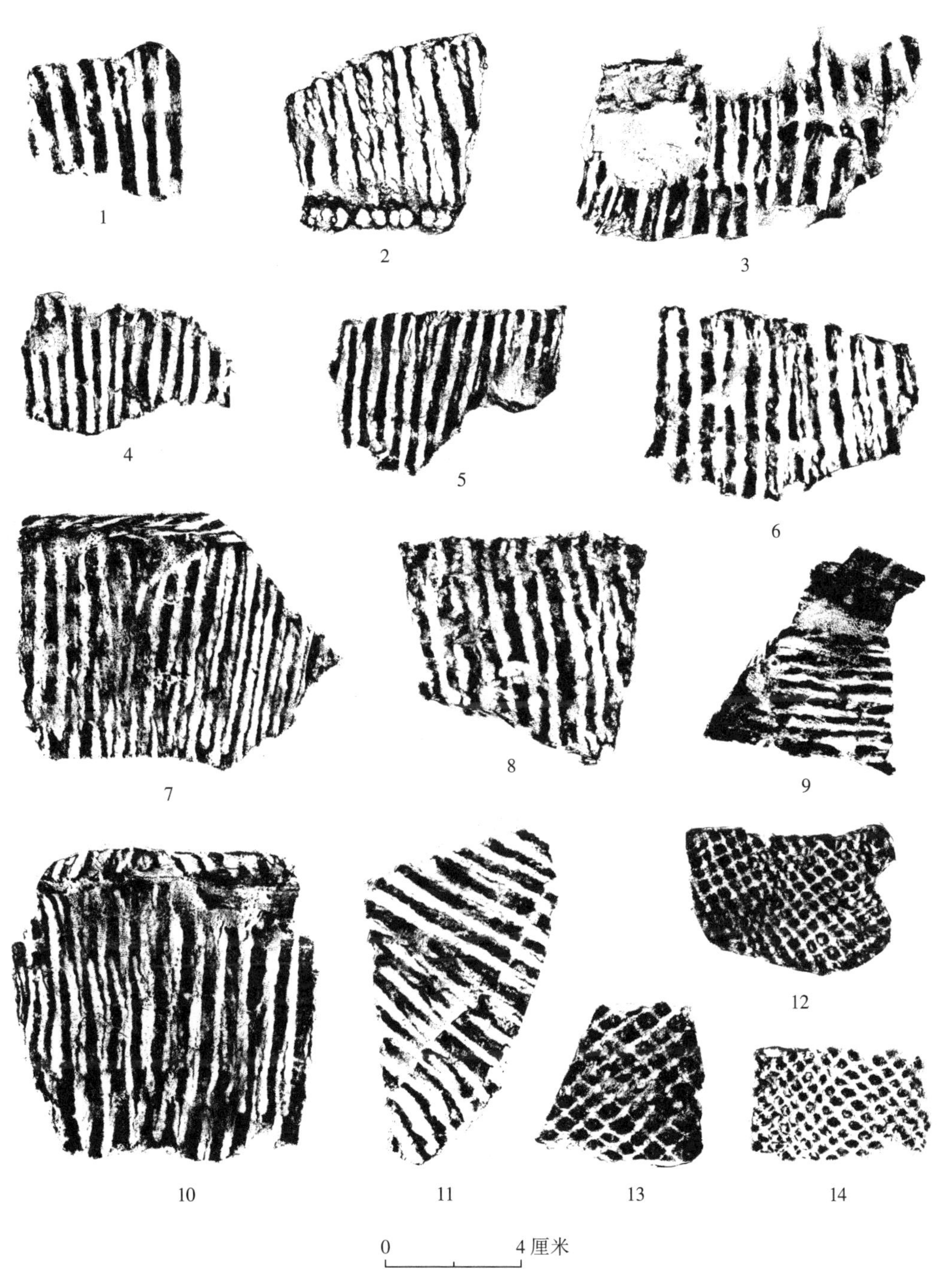

图四七　陶器压印纹拓片

1.TN31E38 ⑤：2　2.TN28E36 ⑤：1　3.TN24E38 ⑤：11　4.TN29E33 ⑥：32　5.H195：24　6.TN29E33 ⑤：26　7.TN26E38 ⑥：5　8.TN32E32 ⑥：20　9.TN14E22 ②：41　10.TN30E38 ⑥：9　11.TN27E36 ⑥：11　12.TN32E37 ⑥：16　13.TN32E36 ③：45　14.TN32E35 ⑥：35

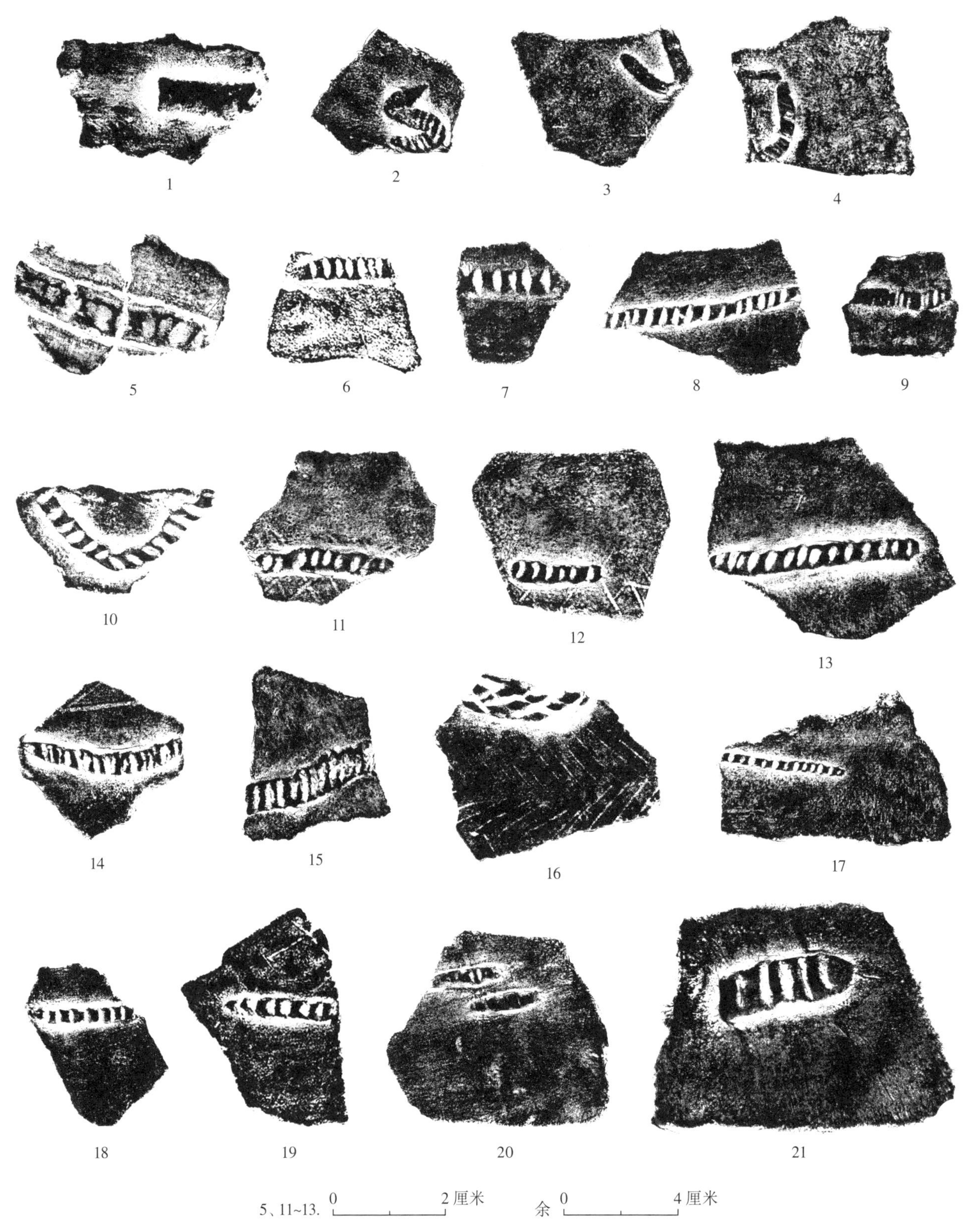

图四八　陶器附加堆纹拓片

1.TN32E36③：45　2.TN32E35④：18　3.TN32E35②：33　4.TN16E23③：10　5.TN26E37③：59　6.TN22E41C1：1　7.TN36E32③：16　8.TN31E34②：12　9.G3：94　10.TN27E35④：13　11.TN28E39③：103　12.TN29E39③：71　13.TN31E36②：10　14.TN34E37②：13　15.H17：38　16.TN25E38②：11　17.TN32E36④：12　18.TN23E39②：33　19.TN22E29④：23　20.TN31E39③：61　21.TN31E36②：9

图四九　陶器纹饰拓片

1~7. 戳印纹（TN22E40 ②：38、TN31E34 ④：53、TN33E31 ⑤ D1：1、H192：5、TN32E37 ④：22、TN34E33 ④：31、TN33E34 ②：13）　8. 戳印纹加刻划纹（TN28E34 ③：81）

图五〇 陶器纹饰拓片

1. “卍”形纹（F23：2） 2、3. 回形纹（H180：13、TN22E28-TN22E29C1：12） 4~7. 刻划波浪纹（H52：16、TN26E38④：104、TN31E32⑥：15、TN33E34③：16）

图五一　陶器纹饰拓片

1~8. “<”形纹（TN27E39②：85、TN30E36④：94、TN29E34①：19、TN30E34③：49、TN33E33④：24、H17：35、TN24E39②：28、TN30E34⑤：16）　9、10. 刻划纹（TN30E36③：27、M6：2）　11、12. 瓦棱纹（TN29E37③：30、TN33E36③：21）

图五二　陶器纹饰拓片

1~4. 乳丁纹加戳印点纹（TN13E22②：2、TN31E36③：65、TN31E38③：39、H14：21）　5、7. 乳丁纹加刻划波浪纹（TN30E37⑤：1、H41：57）　6. 附加堆纹加细弦纹（TN29E34④：29）　8. 附加堆纹加线纹（TN33E36⑥：13）

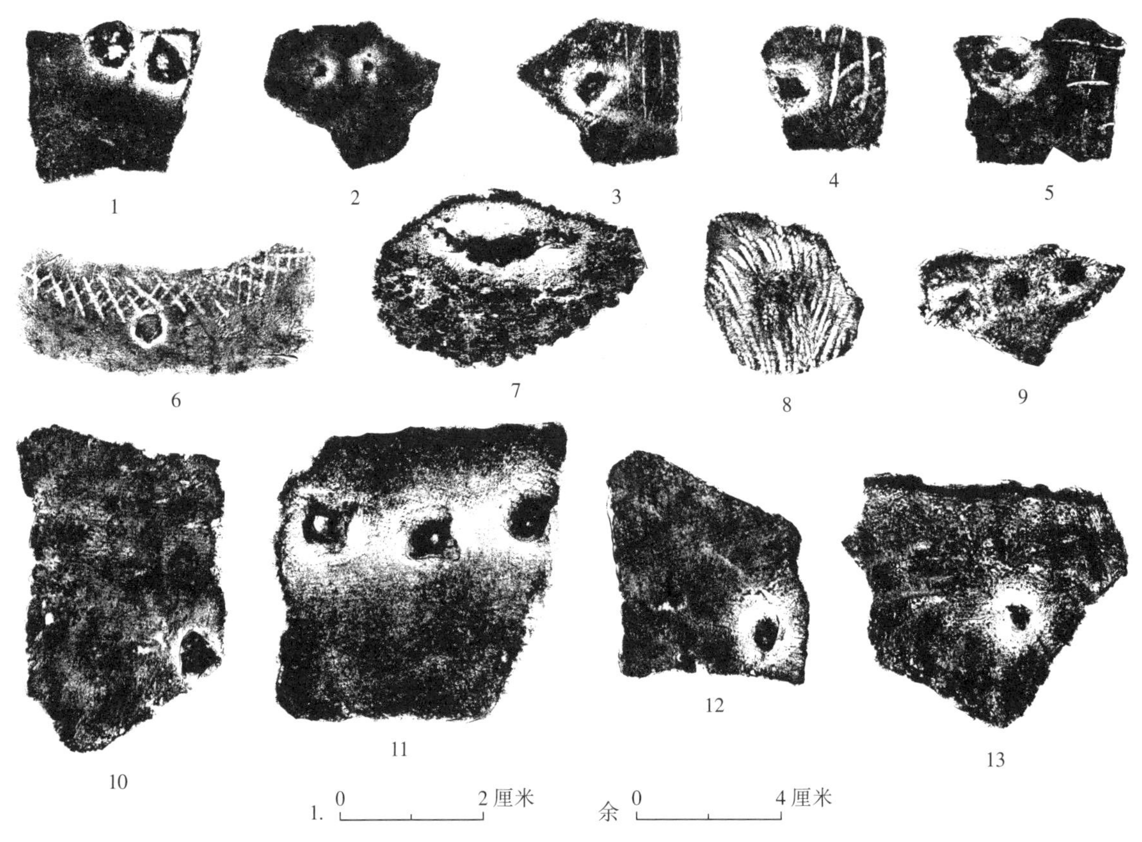

图五三　陶器纹饰拓片

1. 小圆饼附加堆纹（TN29E38②：18）　2~5、7~13. 乳丁纹（TN26E37②：101、G3：84、TN15E23③：38、TN15E23③：34、TN32E34③：43、H17：37、F2：93、TN27E36⑤：3、TN26E36③：88、TN28E37⑤：9、TN32E38③：31）　6. 乳丁纹加刻划网格纹（M12：4）

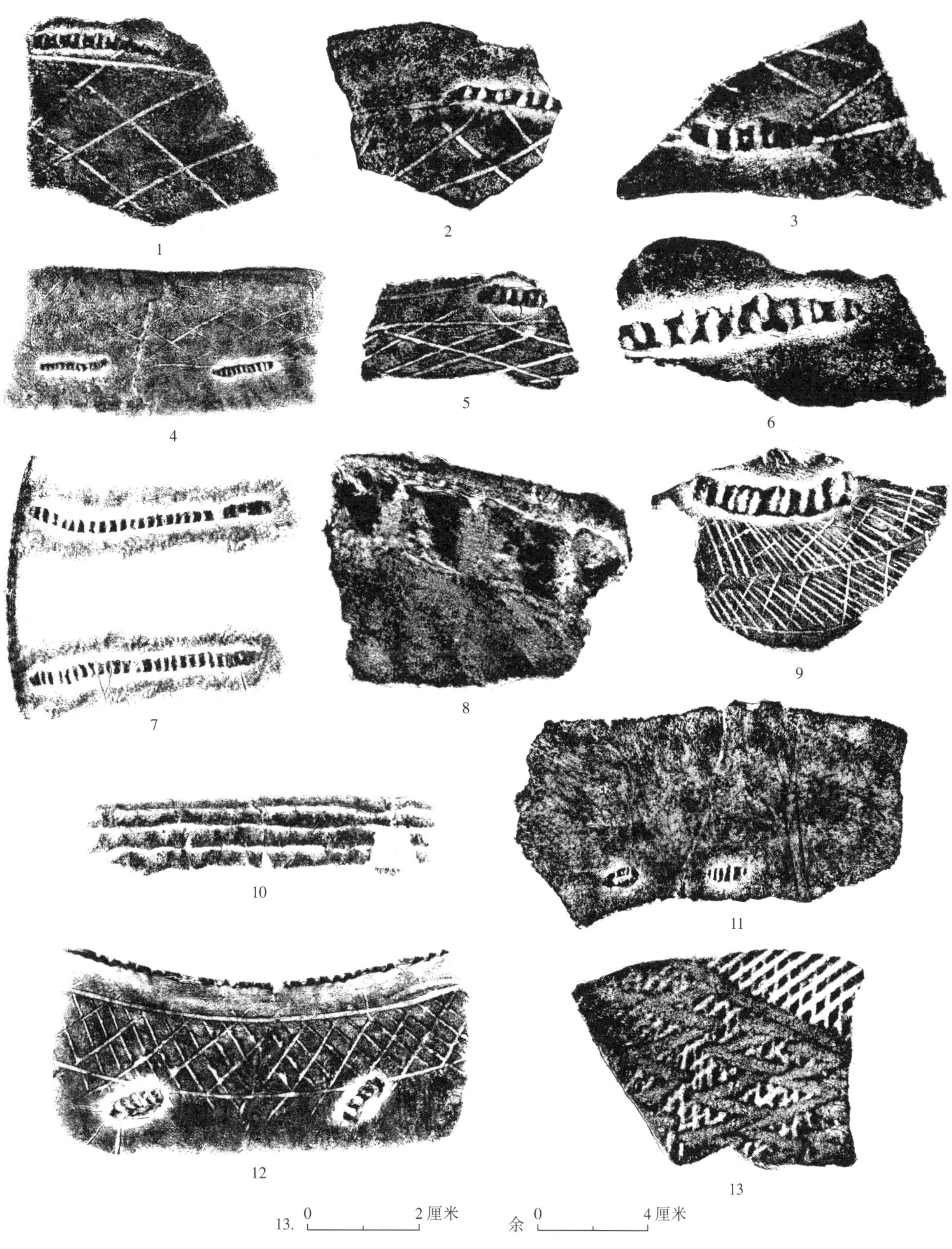

图五四　陶器纹饰拓片

1~5、9、12、13.附加堆纹加刻划纹（TN31E36②：6、TN12E23②：22、TN15E22③：17、M11：1、TN14E22②：21、H69：7、M12：2、TN27E37⑤：33）　6~8、10、11.附加堆纹（TN33E34③：18、M3：1、TN26E38④：105、M5：2、TN12E22②：18）

束颈罐　夹砂陶。侈口，卷沿，束颈。唇部常见戳印点纹或“×”形纹形成的花边状口，颈肩部常饰有刻划网格纹、凹弦纹，戳印点纹，附加短泥条堆纹、小圆饼堆纹和小乳丁堆纹等。多为口沿，少数为完整器。根据沿面是否下垂，分为两型。

A型　沿面下垂。根据沿面的宽窄差异，分为两个亚型。

Aa型　窄沿。标本H116③：22（图五五，1）、H116③：32（图五五，2）、TN33E36③：25（图五五，3）。

Ab型　宽沿。标本H116③：13（图五五，4）、H116③：26（图五五，5）。

B型　沿面上仰、不下垂。根据唇部有无纹饰的差异，分为两个亚型。

Ba型　唇部饰纹饰。标本H14：14（图五五，6）、H36：11（图五五，7）。

Bb型　唇部素面。标本H30：1（图五五，8）、H30：2（图五五，9）。

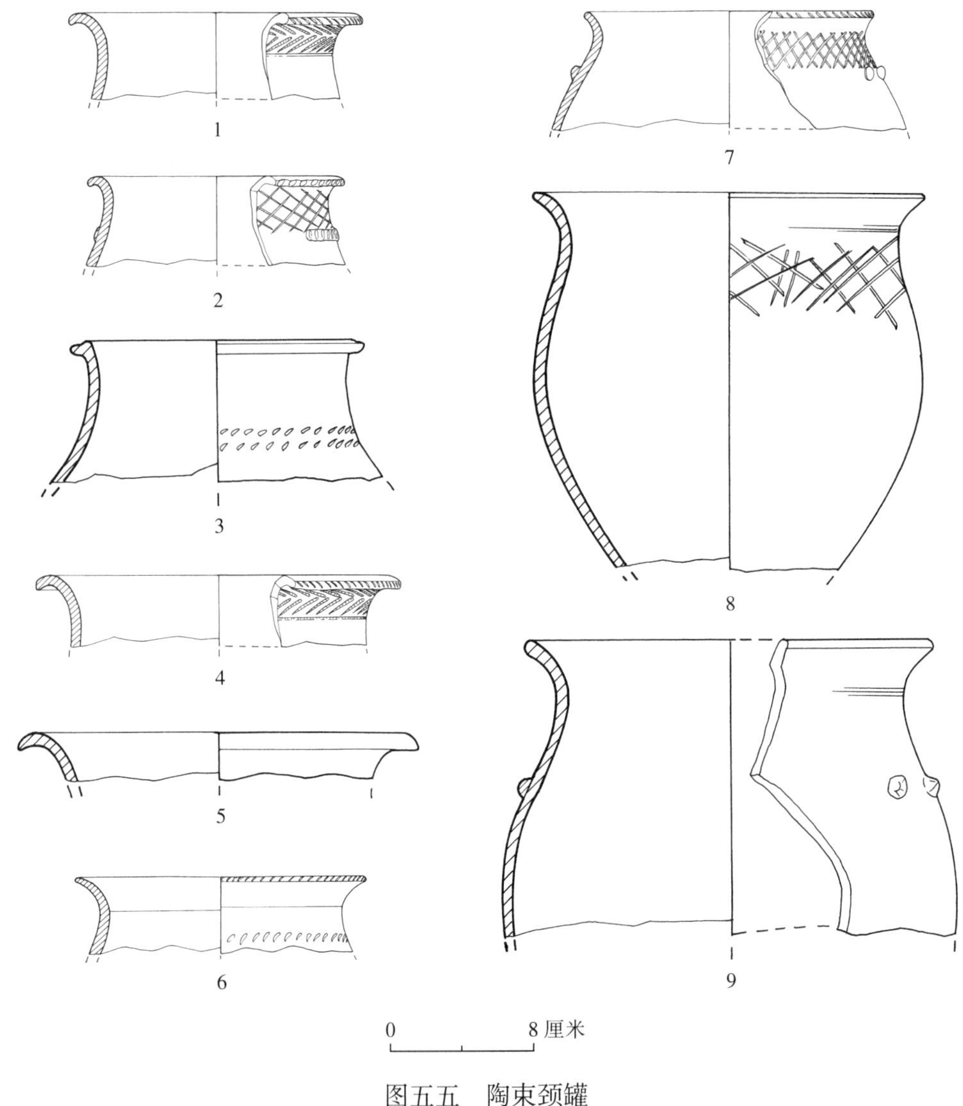

图五五　陶束颈罐

1~3. Aa型（H116③：22、H116③：32、TN33E36③：25）　4、5. Ab型（H116③：13、H116③：26）　6、7. Ba型（H14：14、H36：11）　8、9. Bb型（H30：1、H30：2）

侈口小罐　夹砂陶。侈口。体量相对较小，口径一般在14厘米以下。根据沿部形态差异，分为三型。

A型　卷沿。根据颈部和肩部形态差异，分为五个亚型。

Aa型　长束颈，鼓肩。口外侧隆弧形成一周缓棱。标本TN20E41③：12（图五六，1）、TN20E41③：16（图五六，2）。

Ab型　无颈，肩部近竖直。标本TN25E34②：19（图五六，3）。

Ac型　无颈，溜肩。标本TN25E34②：18（图五六，4）、H215：21（图五六，5）。

Ad型　短束颈，鼓肩。标本TN21E40C2：13（图五六，6）。

Ae型　短束颈，溜肩。标本H116④：19（图五六，7）。

B型　折沿。标本TN20E41③：27（图五六，8）、H208：15（图五六，9）。

C型　矮领。标本G7：5（图五六，10）。

无颈罐　夹砂陶。根据沿部形态差异，分为两型。

A型　折沿。根据口部形态差异，分为四个亚型。

Aa型　敞口。标本H208：11（图五七，1）、TN21E41北隔梁：12（图五七，2）。

Ab型　盘口。标本TN20E41②：12（图五七，3）。

Ac型　敛口。标本TN22E29③：22（图五七，4）、TN26E39①：5（图五七，5）。

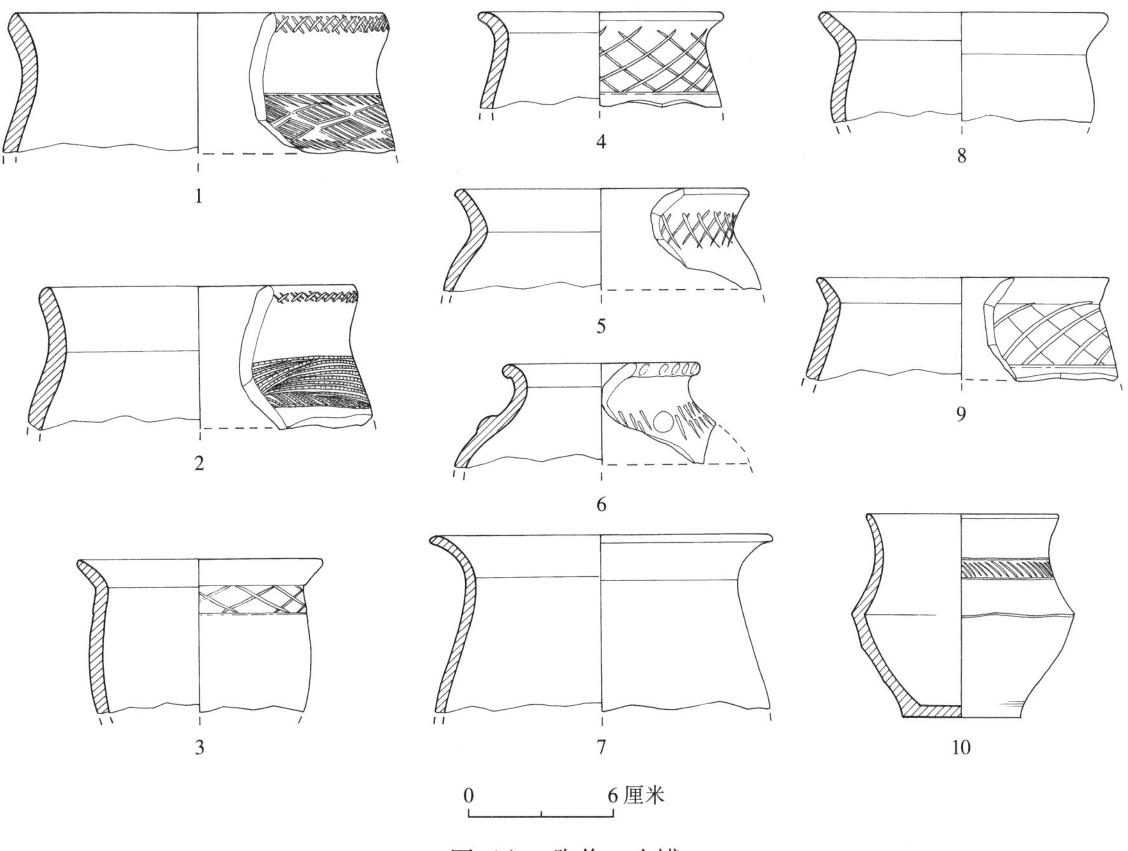

图五六　陶侈口小罐

1、2. Aa型（TN20E41③：12、TN20E41③：16）　3. Ab型（TN25E34②：19）　4、5. Ac型（TN25E34②：18、H215：21）　6. Ad型（TN21E40C2：13）　7. Ae型（H116④：19）　8、9. B型（TN20E41③：27、H208：15）　10. C型（G7：5）

图五七　陶无颈罐

1、2. Aa型（H208：11、TN21E41北隔梁：12）　3. Ab型（TN20E41②：12）　4、5. Ac型（TN22E29③：22、TN26E39①：5）　6. Ad型（TN22E28⑥：11）　7. Ba型（TN22E40②：32）　8. Bb型（H215：14）　9. Bc型（TN29E33⑥：23）　10、11. Bd型（TN31E33⑥：12、TN30E33⑥：25）

Ad型　侈口。胎体较厚，沿部与肩部转折的位置尤其厚。标本TN22E28⑥：11（图五七，6）。

B型　卷沿。根据口部和肩部形态差异，分为四个亚型。

Ba型　侈口，溜肩。标本TN22E40②：32（图五七，7）。

Bb型　侈口，鼓肩。标本H215：14（图五七，8）。

Bc型　敞口，溜肩。标本TN29E33⑥：23（图五七，9）。

Bd 型　盘口，溜肩。标本 TN31E33 ⑥ : 12（图五七，10）、TN30E33 ⑥ : 25（图五七，11）。

敞口罐　夹砂陶。敞口，口径一般较大，胎体多较薄，沿面多较宽。标本 H98 ① : 12（图五八，1）、H195 : 21（图五八，2）。

附加堆纹罐　夹砂陶。此类罐的最大特征是唇外侧或颈部饰有一周附加堆纹带，附加堆纹上或有连续的捺窝形成褶皱状，或为平滑的泥条，唇部素面的少见，多有戳印点纹形成的锯齿状花边。形态差异较大，部分广肩的可能为瓮。根据附加堆纹的位置差异，分为四型。

A 型　附加堆纹饰于颈部，横向一周。根据口部形态和附加堆纹的形态差异，分为三个亚型。

Aa 型　侈口，卷沿。多为较平滑的附加堆纹。标本 TN25E38 ④ : 16（图五九，1）、TN24E38 ③ : 44（图五九，4）。

Ab 型　侈口，卷沿。褶皱状附加堆纹。标本 H103 : 18（图五九，2）。

Ac 型　侈口，折沿。褶皱状附加堆纹。标本 TN32E35 ② : 14（图五九，3）。

B 型　附加堆纹饰于唇外侧，横向一周，为平滑的附加堆纹。根据口部形态差异，分为五个亚型。

Ba 型　侈口，卷沿，附加堆纹与唇部贴合形成箭头状唇。标本 TN25E37 ③ : 18（图五九，6）。

Bb 型　敞口，圆唇，沿面较斜直。标本 TN30E34 ④ : 11（图五九，7）。

Bc 型　敛口，折沿，附加堆纹未改变唇部形态。标本 TN31E39 ③ : 48（图五九，12）。

Bd 型　敞口，唇部外侧有一周凸起似附加堆纹，使唇部加厚。标本 TN22E28 ③ : 17（图五九，8）。

Be 型　敛口，折沿，附加堆纹与唇部贴合形成箭头状唇。标本 TN31E32 ② : 38（图五九，5）。

C 型　附加堆纹饰于沿外至肩部，竖向褶皱状窄泥条附加堆纹。标本 TN32E34 ② : 21（图五九，9）、TN31E34 ② : 13（图五九，10）。

D 型　附加堆纹饰于肩部，横向一周。标本 TN30E33 ② : 18（图五九，11）。

沿面饰纹罐　夹砂陶。此类罐的最大特点是沿面上饰连续三角纹、连续三角纹夹光面折线纹、连续三角纹夹光面菱形纹、点线纹组成的带状纹饰或“>”形纹等纹饰，器形多为侈口长颈鼓腹罐，颈部多饰点线纹组成的“×”形纹、“>”形纹和菱格纹等。根据口部和沿部形态差异，分为三型。

A 型　侈口，卷沿。根据沿面形态差异，分为两个亚型。

Aa 型　沿面外翻下垂或近平。标本 TN32E36 ③ : 19（图六〇，1）、TN31E35 ⑤ : 11（图六〇，2）、TN24E39 ② : 22（图六〇，3）。

Ab 型　沿面上仰、不外翻。标本 H94 : 1（图六〇，4）。

B 型　侈口，折沿。标本 TN30E34 ③ : 16（图六〇，5）。

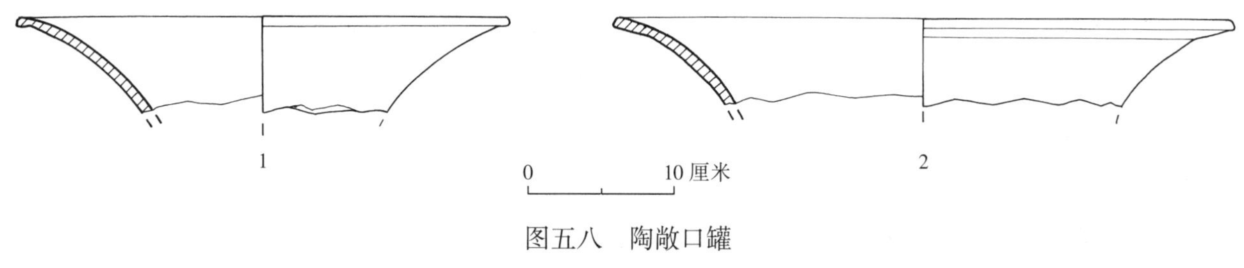

图五八　陶敞口罐

1. H98 ① : 12　2. H195 : 21

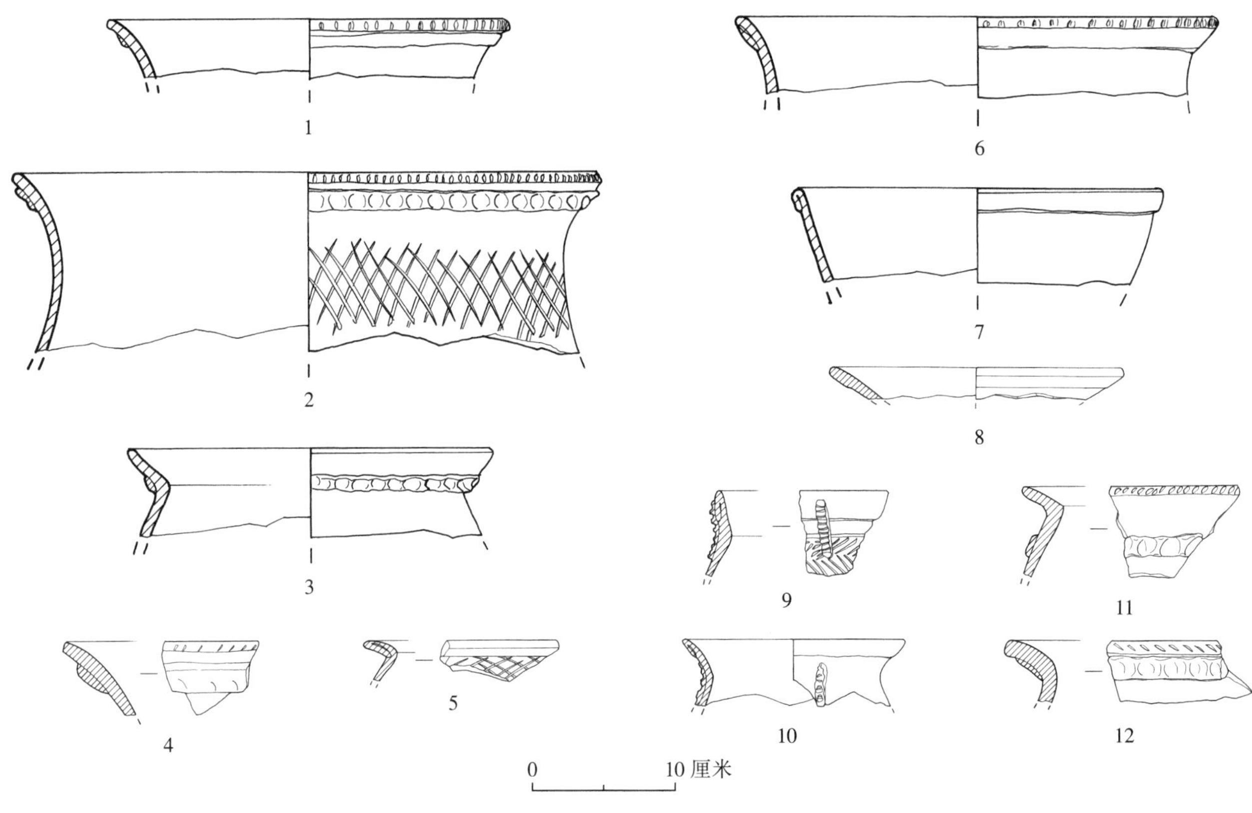

图五九　陶附加堆纹罐

1、4. Aa型（TN25E38④：16、TN24E38③：44） 2. Ab型（H103：18） 3. Ac型（TN32E35②：14） 5. Be型（TN31E32②：38） 6. Ba型（TN25E37③：18） 7. Bb型（TN30E34④：11） 8. Bd型（TN22E28③：17） 9、10. C型（TN32E34②：21、TN31E34②：13） 11. D型（TN30E33②：18） 12. Bc型（TN31E39③：48）

C型　喇叭口，卷沿。标本TN29E34⑤：17（图六〇，6）。

长颈罐　夹砂陶。卷沿，多为方唇，唇部多饰戳印点纹或刻划“×”形纹；长颈，颈部素面或通体饰纹。根据口部形态差异，分为三型。

A型　侈口。标本H102：12（图六一，1）、H103：14（图六一，2）、H103：20（图六一，3）、TN33E38③：51（图六一，4）。

B型　喇叭口。标本H47：24（图六一，5）、H102：15（图六一，6）。

C型　盘口。标本H116③：16（图六一，7）、TN25E39②：20（图六一，8）。

侈口高领罐　夹砂灰陶。厚圆唇，侈口，长束颈。标本F21：6（图六二，1）、TN31E34⑥：18（图六二，2）。

盘口高领罐　夹砂陶。此类罐的最大特征为盘口、高领，多为宽沿，唇部和沿外壁饰繁缛的纹饰，主要包括小方格状点线纹或短斜线纹组成的“>”形纹和窄带状纹饰等，部分器物颈部通体饰小方格状点线纹。根据沿面宽窄差异，分为两型。

A型　宽沿。根据唇部形态差异，分为三个亚型。

Aa型　尖圆唇，口内侧多有一道凹槽。标本F2：79（图六三，1）、TN12E23③：11（图六三，2）、TN32E34③：24（图六三，3）。

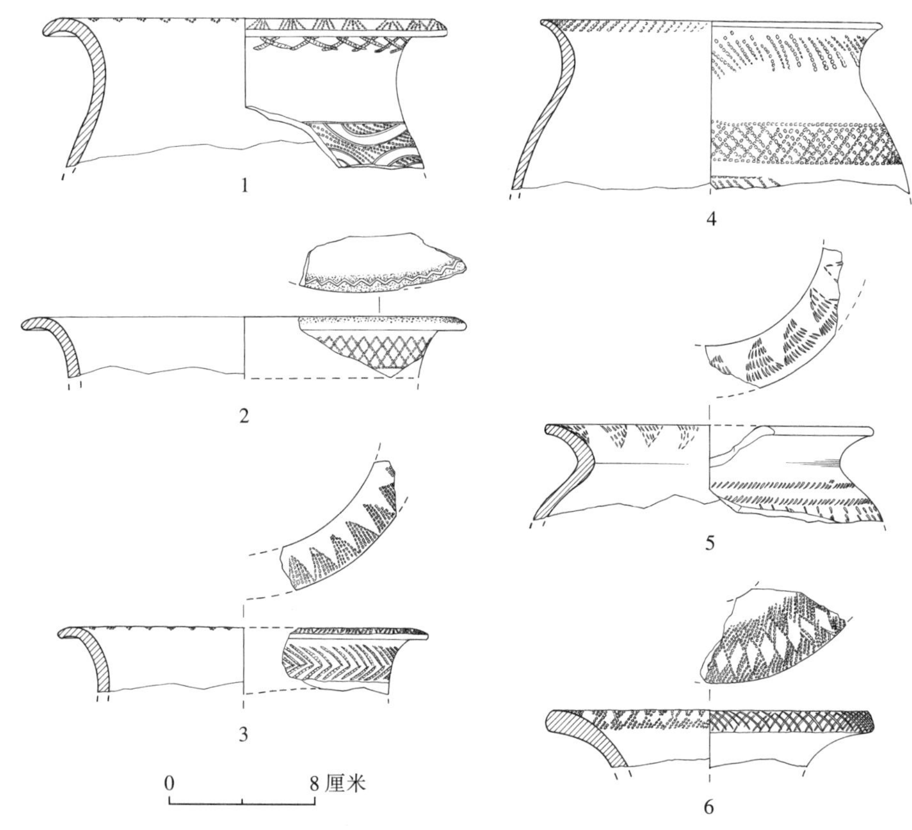

图六〇　陶沿面饰纹罐

1~3. Aa 型（TN32E36 ③：19、TN31E35 ⑤：11、TN24E39 ②：22）　4. Ab 型（H94：1）　5. B 型（TN30E34 ③：16）　6. C 型（TN29E34 ⑤：17）

Ab 型　厚圆唇。标本 TN26E38C1：6（图六三，4）。

Ac 型　方唇。标本 TN26E38C1：1（图六三，5）、TN28E38 ②：34（图六三，6）。

B 型　窄沿。标本 H98 ①：15（图六三，7）、H102：13（图六三，8）。

盘口短颈罐　夹砂陶。盘口，短颈，鼓肩。根据沿面宽窄差异，分为两型。

A 型　宽沿。标本 TN29E34 ④：42（图六四，1）。

B 型　窄沿。标本 TN29E35 ③：11（图六四，2）。

矮领小罐　夹砂陶。器形较小，矮领。领部至肩部常饰有点线纹、短线纹等组成的复合纹饰。此类器物大多仅存肩部以上。根据口部形态差异，分为四型。

A 型　敛口。标本 F8：1（图六五，1）、TN33E34 ⑤：17（图六五，2）。

B 型　直口。标本 H14：12（图六五，3）、H41：10（图六五，4）、TN28E36C1：1（图六五，5）。

C 型　敞口。标本 TN12E23 ②：21（图六五，6）、TN31E34 ④：35（图六五，7）、TN34E31 ②：23（图六五，8）。

D 型　盘口。标本 TN30E34 ④：15（图六五，9）。

敛口罐　夹砂陶。敛口，无沿，鼓肩或溜肩。口外侧至肩部常饰刻划纹或戳印纹。根据领部和肩部形态差异，分为四型。

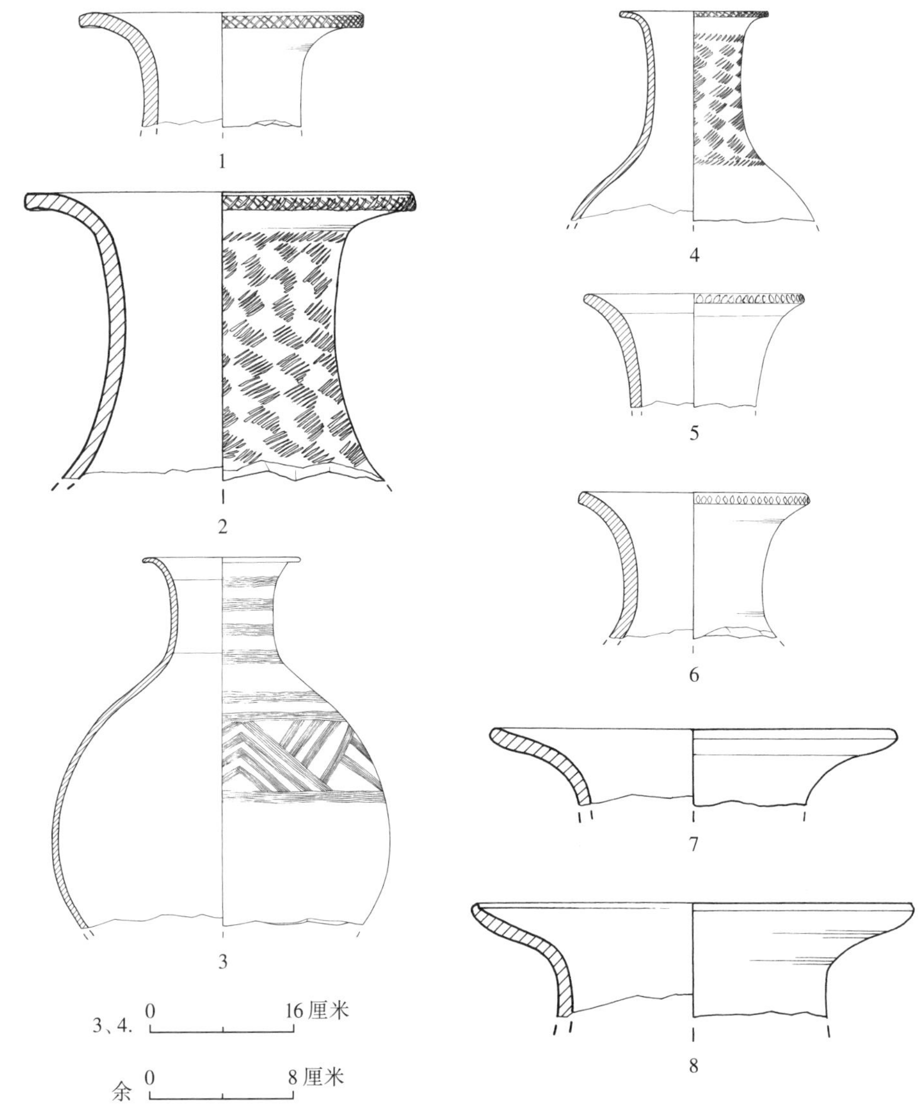

图六一　陶长颈罐

1~4. A型（H102：12、H103：14、H103：20、TN33E38③：51）　5、6. B型（H47：24、H102：15）　7、8. C型（H116③：16、TN25E39②：20）

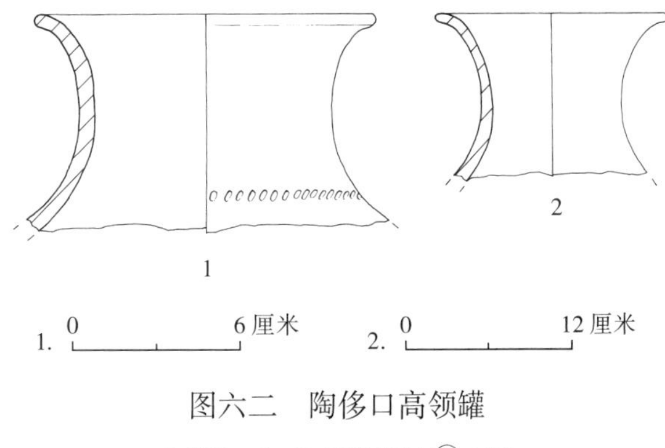

图六二　陶侈口高领罐

1. F21：6　2. TN31E34⑥：18

A型　无领，鼓肩。标本TN30E34⑤：17（图六六，1）。

B型　无领，溜肩。标本TN25E38②：21（图六六，2）。

C型　高领，溜肩。标本H178：2（图六六，3）。

D型　无领，窄沿，溜肩。标本G5：4（图六六，4）。

釜形罐　夹砂陶。圆唇，近盘口，卷沿，溜肩，鼓腹或垂腹，平底。颈肩部至腹部常饰多周戳印圆点纹或凹弦纹夹戳印圆点纹。标本H73：3（图

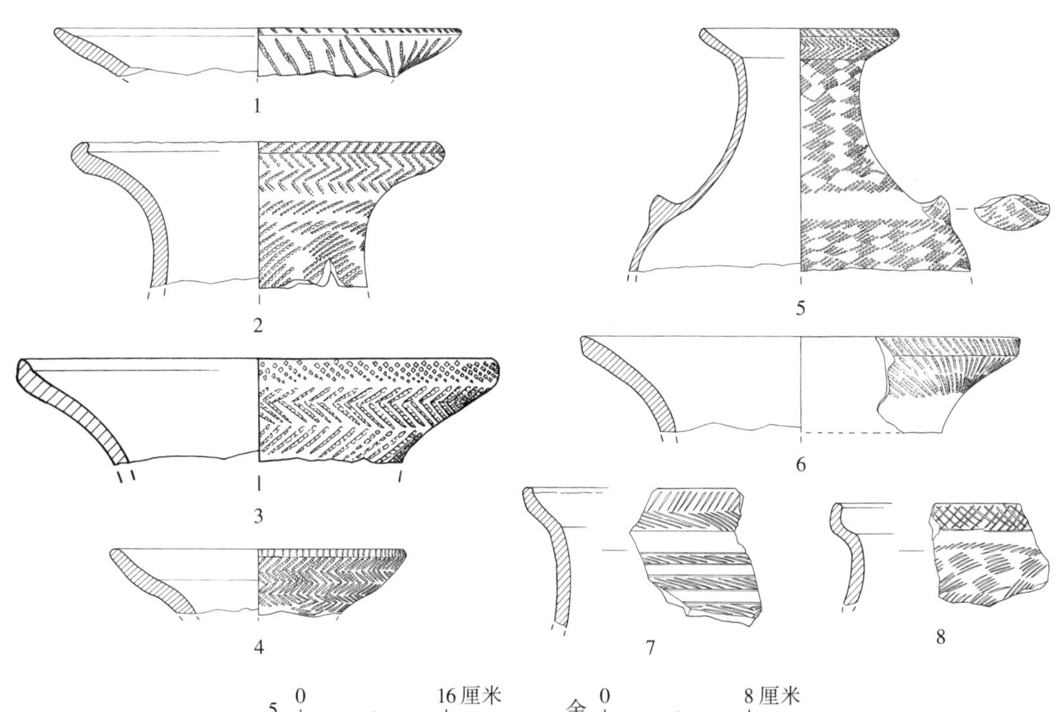

图六三 陶盘口高领罐

1~3. Aa型（F2：79、TN12E23③：11、TN32E34③：24） 4. Ab型（TN26E38C1：6） 5、6. Ac型（TN26E38C1：1、TN28E38②：34） 7、8. B型（H98①：15、H102：13）

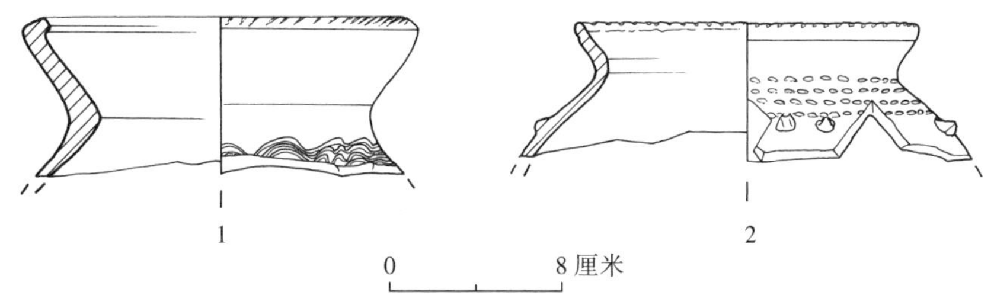

图六四 陶盘口短颈罐

1. A型（TN29E34④：42） 2. B型（TN29E35③：11）

六七）。

小口罐 夹砂陶。小口，矮领。领部饰刻划网格纹、短线纹等。标本TN28E35③：57（图六八）。

带耳罐 根据器耳的形态差异，分为两型。

A型 竖耳。标本H101：6（图六九，1）、TN32E36②：16（图六九，2）。

B型 横耳。标本TN31E39④：1（图六九，3）。

瓮 夹砂陶。体量较大。根据口部和颈部形态差异，分为六型。

A型 盘口，长颈。标本W1：1（图七〇，1）。

B型 侈口，短束颈。根据沿部形态差异，分为两个亚型。

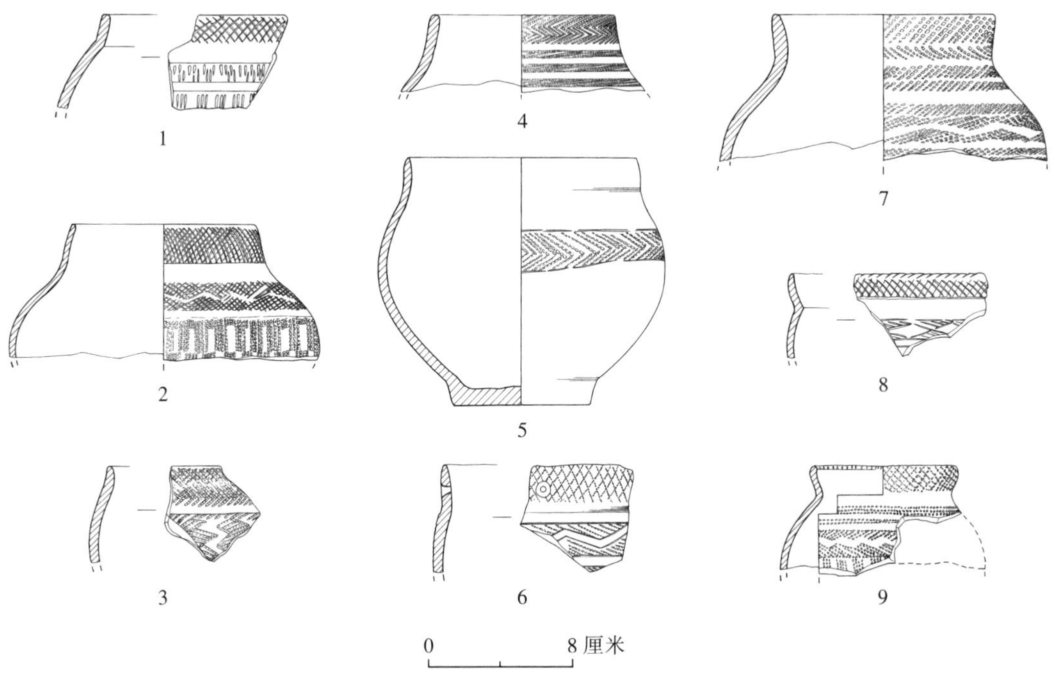

图六五　陶矮领小罐

1、2. A型（F8：1、TN33E34⑤：17）　3~5. B型（H14：12、H41：10、TN28E36C1：1）　6~8. C型（TN12E23②：21、TN31E34④：35、TN34E31②：23）　9. D型（TN30E34④：15）

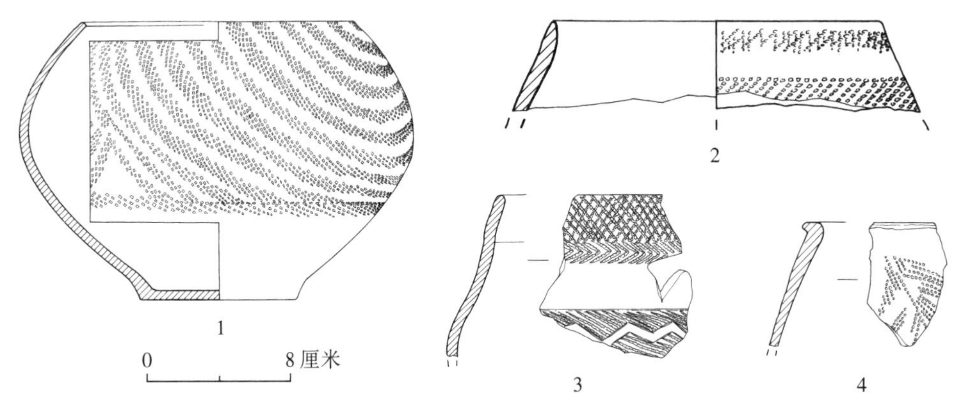

图六六　陶敛口罐

1. A型（TN30E34⑤：17）　2. B型（TN25E38②：21）　3. C型（H178：2）　4. D型（G5：4）

Ba型　沿面上仰。标本G9④：11（图七〇，2）。

Bb型　沿面外翻近平。标本H103：11（图七〇，3）。

C型　敞口，短束颈。标本F21：7（图七〇，4）。

D型　敛口，无颈。标本TN28E34③：23（图七〇，5）。

E型　侈口，矮领。标本TN31E39③：39（图七〇，6）、TN34E37③：14（图七〇，7）。

F型　直口，矮领。标本TN28E38③：16（图七〇，8）。

尊形器　夹砂黄褐陶或灰陶。方唇，敞口，斜直腹，平底。胎体厚重。唇部和外壁饰篮纹。标

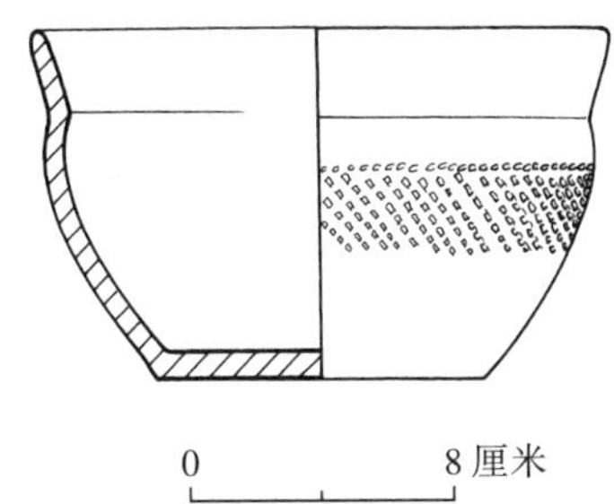

图六七 陶釜形罐（H73：3）

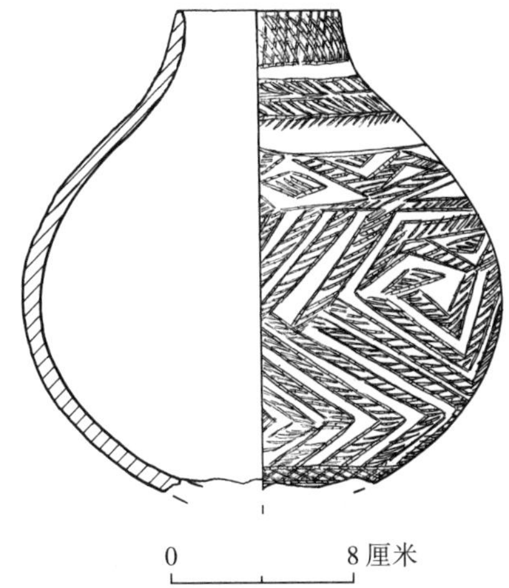

图六八 陶小口罐（TN28E35③：57）

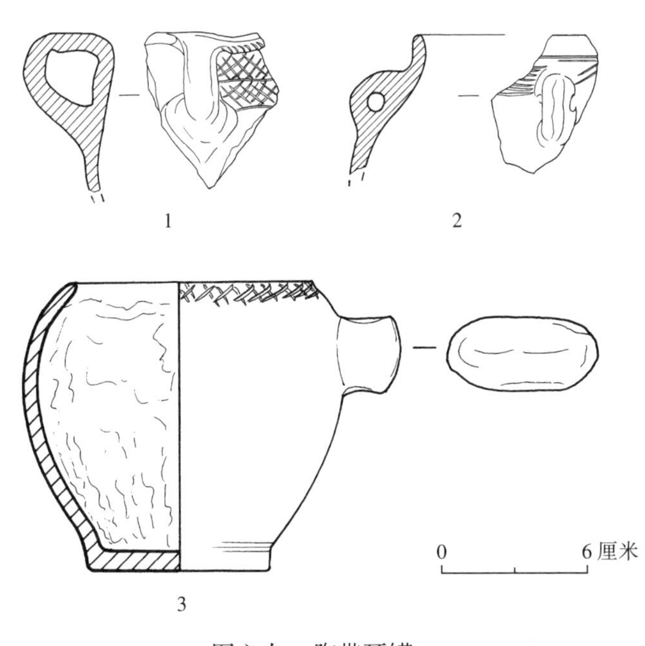

图六九 陶带耳罐

1、2. A 型（H101：6、TN32E36②：16） 3. B 型（TN31E39④：1）

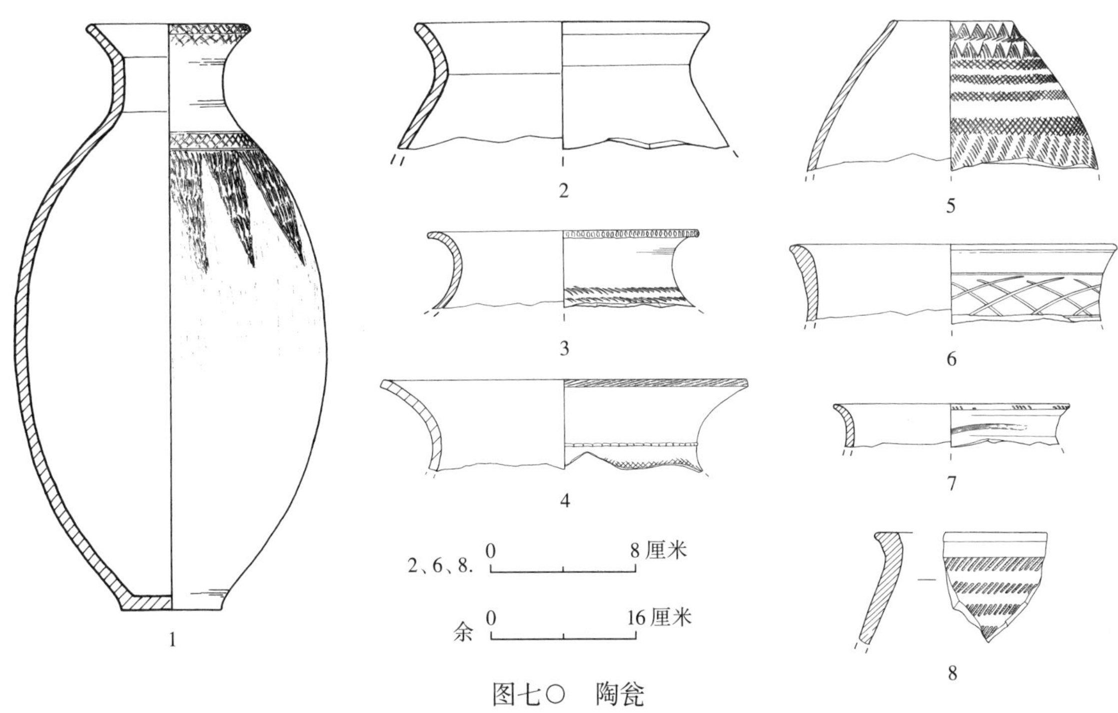

图七○ 陶瓮

1. A 型（W1：1） 2. Ba 型（G9④：11） 3. Bb 型（H103：11） 4. C 型（F21：7） 5. D 型（TN28E34③：23） 6、7. E 型（TN31E39③：39、TN34E37③：14） 8. F 型（TN28E38③：16）

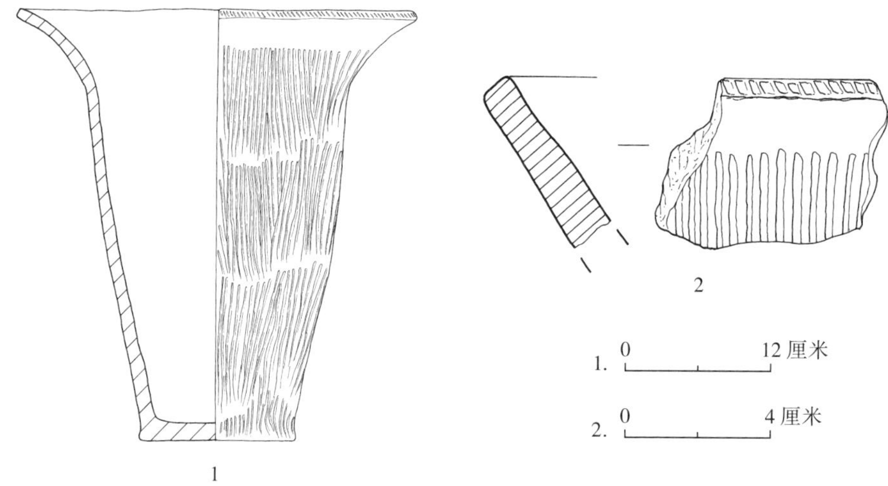

图七一　陶尊形器

1. TN32E38⑥：2　2. TN32E37⑦：16

本 TN32E38⑥：2（图七一，1）、TN32E37⑦：16（图七一，2）。

器鋬　夹砂陶。多位于罐的肩部，少数可能为带把罐或盆的鋬手。根据形态差异，分为四型。

A 型　扁乳丁状。根据乳丁的长短差异，分为两个亚型。

Aa 型　短乳丁。标本 TN28E36③：46（图七二，1）。

Ab 型　长乳丁。标本 TN32E34③：38（图七二，2）。

B 型　扁长条状。标本 H116④：38（图七二，3）。

C 型　三叉状。标本 H116③：11（图七二，4）。

D 型　长锥状。标本 TN30E33C1：35（图七二，5）。

器耳　夹砂陶。为带耳罐或壶的器耳。根据形态差异，分为三型。

A 型　半球形宽耳。标本 TN36E32③：11（图七三，1）。

B 型　桥形耳。标本 TN31E33③：13（图七三，2）。

C 型　半环形耳。标本 TN33E33③：24（图七三，3）。

壶　根据整体形态差异，分为两类。

甲类　非动物形。根据有无耳的差异，分为两型。

A 型　双耳。根据颈部、腹部和耳部形态差异，分为三个亚型。

Aa 型　短颈，圆鼓腹，半环形耳。标本 H136：2（图七四，1）。

Ab 型　长颈，扁鼓腹，半环形耳。标本 M13：1（图七四，2）。

Ac 型　长颈，鼓腹，桥形耳。标本 M14：2（图七四，3）。

B 型　无耳。根据口部和颈部形态差异，分为七个亚型。

Ba 型　盘口，长颈。标本 H136：4（图七四，4）。

Bb 型　侈口，近无颈。标本 H136：6（图七四，5）。

Bc 型　侈口，短束颈。标本 TN31E34④：13（图七四，6）。

Bd 型　侈口，长束颈。标本 TN34E36②：29（图七四，7）。

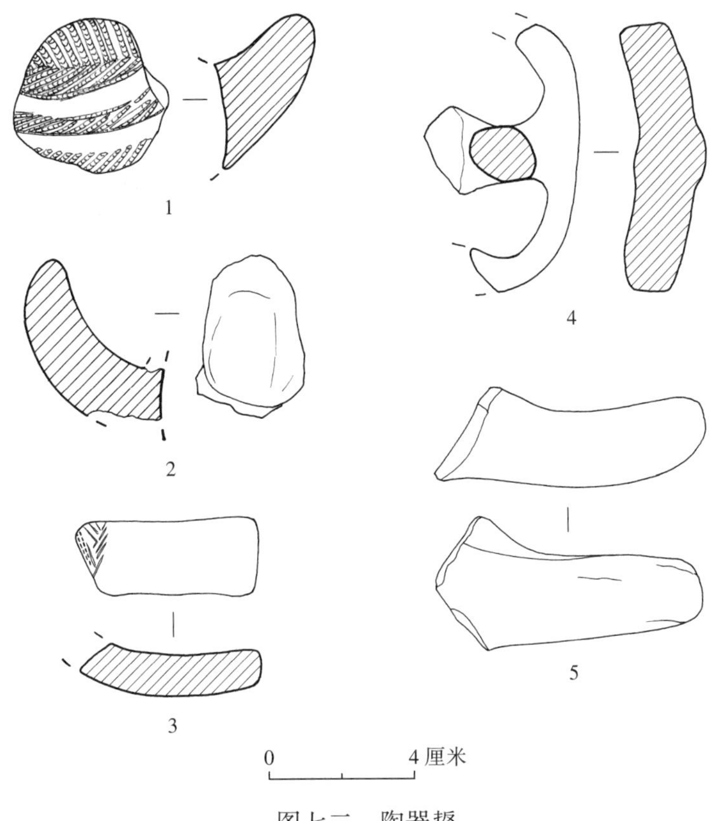

图七二　陶器鋬

1. Aa 型（TN28E36 ③：46）　2. Ab 型（TN32E34 ③：38）　3. B 型（H116 ④：38）　4. C 型（H116 ③：11）　5. D 型（TN30E33C1：35）

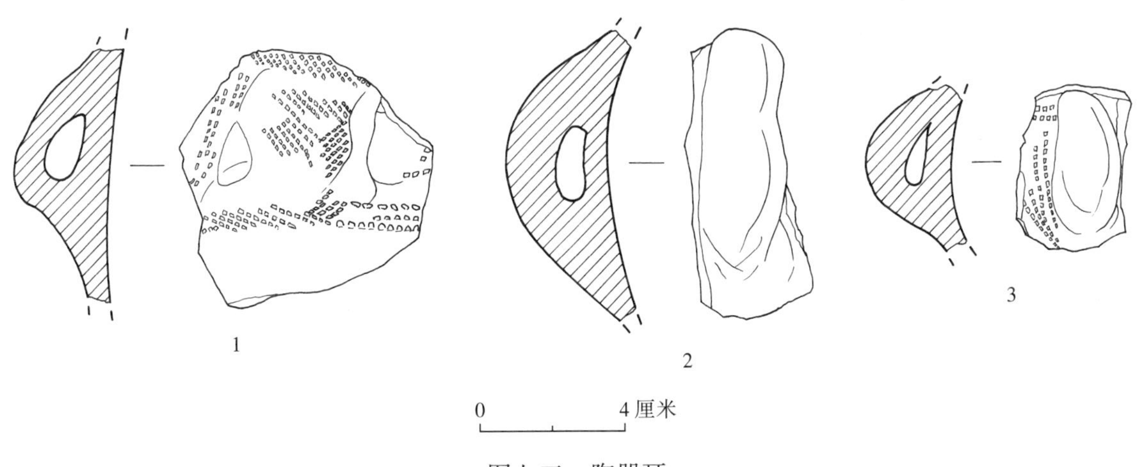

图七三　陶器耳

1. A 型（TN36E32 ③：11）　2. B 型（TN31E33 ③：13）　3. C 型（TN33E33 ③：24）

Be 型　直口，有领。标本 TN20E41 ③：18（图七四，8）。

Bf 型　喇叭口，长颈。标本 TN29E33 ⑥：33（图七四，9）。

Bg 型　敞口，高领。标本 TN31E32 ④：19（图七四，10）。

乙类　动物形（仿生形）。标本 TN33E35 ④：24（图七四，11）。

瓶　夹砂陶。体量较小。根据整体形态差异，分为三型。

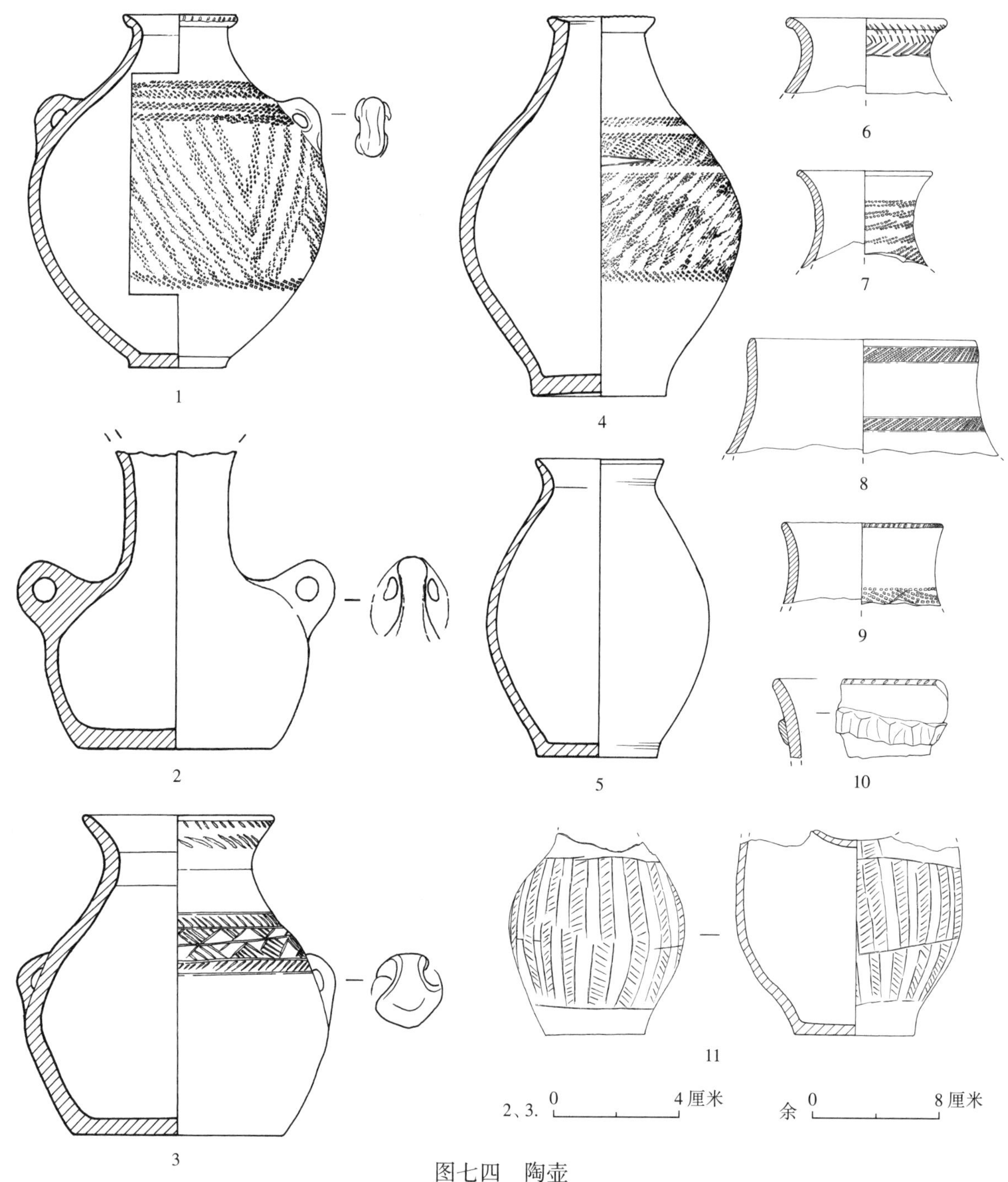

图七四　陶壶

1. 甲类 Aa 型（H136：2）　2. 甲类 Ab 型（M13：1）　3. 甲类 Ac 型（M14：2）　4. 甲类 Ba 型（H136：4）　5. 甲类 Bb 型（H136：6）　6. 甲类 Bc 型（TN31E34④：13）　7. 甲类 Bd 型（TN34E36②：29）　8. 甲类 Be 型（TN20E41③：18）　9. 甲类 Bf 型（TN29E33⑥：33）　10. 甲类 Bg 型（TN31E32④：19）　11. 乙类（TN33E35④：24）

A 型　筒形腹。标本 TN32E35②：5（图七五，1）。

B 型　长束颈，鼓腹。标本 TN32E38③：43（图七五，2）。

C 型　长直颈，扁鼓腹。标本 M11：5（图七五，3）。

盆　夹砂陶。根据口部和腹部形态差异，分为四型。

A 型　敞口，折腹。标本 F21：2（图七六，1）。

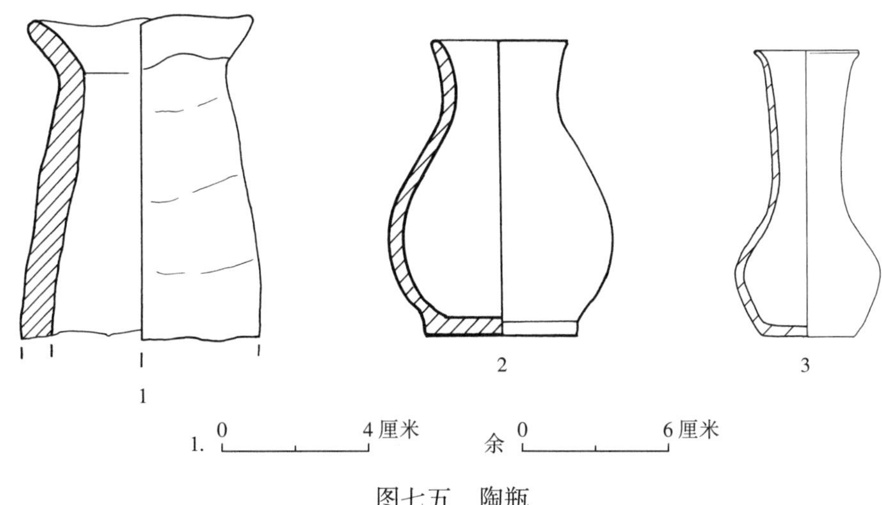

图七五　陶瓶

1. A型（TN32E35②：5）　2. B型（TN32E38③：43）　3. C型（M11：5）

B型　敞口，斜直腹。标本TN30E34④：13（图七六，2）。

C型　敞口，弧腹。标本H116①：20（图七六，3）、TN30E33⑥：21（图七六，4）。

D型　敛口，弧腹。标本TN30E37④：55（图七六，5）、G5：29（图七六，6）。

钵　根据陶质差异，分为两类。

甲类　泥质陶。泥质灰陶、红褐陶或黑皮陶。圆唇，弧腹，平底。多为素面，少数肩部饰戳印窝纹或短泥条附加堆纹。根据口部和肩部形态差异，分为三型。

A型　敛口，鼓肩。标本F21：8（图七七，1）。

B型　直口，溜肩。标本F21：4（图七七，2）。

C型　直口，折肩，肩部有一周凹槽。标本TN25E38⑦：16（图七七，3）。

乙类　夹砂陶。根据纹饰差异，分为两型。

A型　素面或饰简单纹饰。根据口部和腹部形态差异，分为七个亚型。

Aa型　敞口，斜弧腹或斜直腹。标本TN29E34⑥：15（图七七，4）、TN20E41C1：1（图七七，5）、TN30E34C1：8（图七七，6）。

Ab型　直口，弧腹。标本H116③：29（图七七，7）。

Ac型　直口，近直腹。标本TN32E38②：51（图七七，8）。

Ad型　敛口，弧腹。标本TN29E35④：18（图七七，9）。

Ae型　敛口，鼓腹。标本TN28E34②：19（图七七，10）。

Af型　敛口，曲腹。标本M5：1（图七七，11）。

Ag型　敛口，折肩。标本M11：3（图七七，12）。

B型　口外侧至腹部饰繁缛的纹饰。根据口部和腹部形态差异，分为八个亚型。

Ba型　敛口，鼓腹。标本TN22E28-TN22E29C1：23（图七八，1）。

Bb型　敛口，腹部微鼓。标本TN22E28⑥：18（图七八，2）。

Bc型　敛口，弧腹。标本TN25E33⑤：26（图七八，3）。

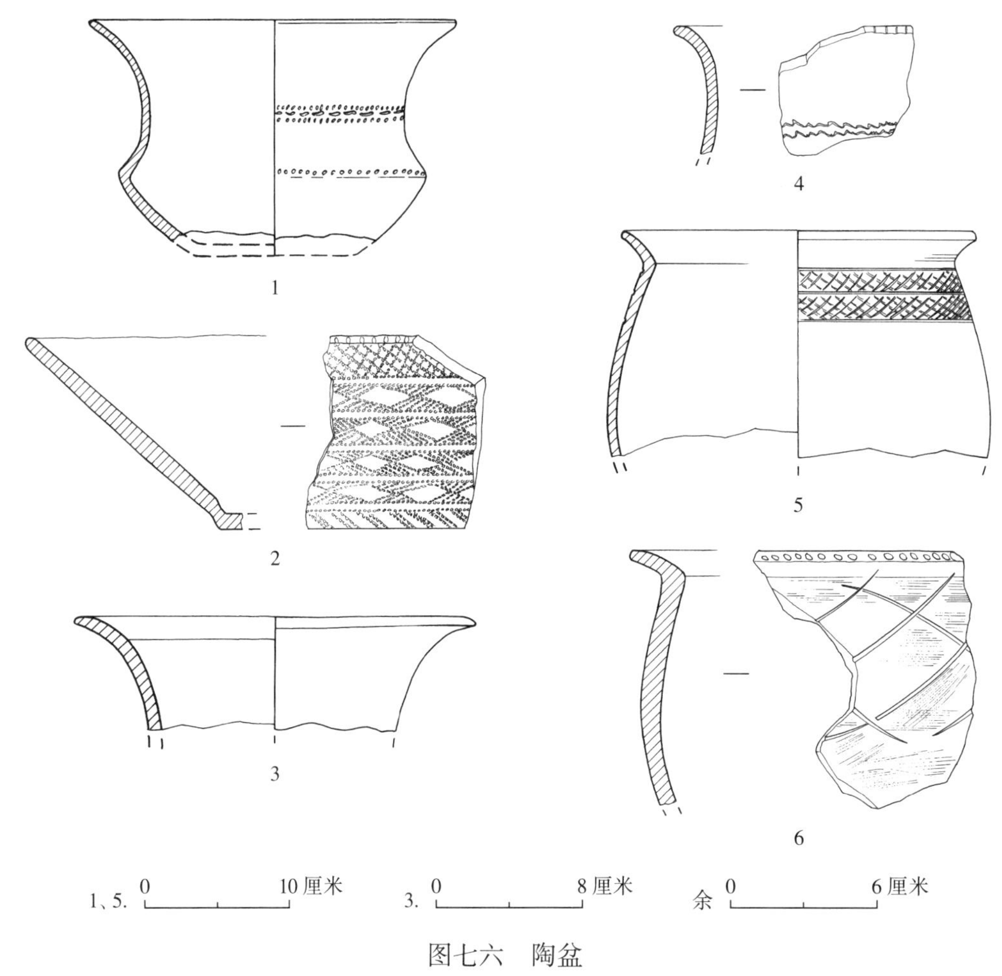

图七六 陶盆

1. A型（F21：2） 2. B型（TN30E34④：13） 3、4. C型（H116①：20、TN30E33⑥：21） 5、6. D型（TN30E37④：55、G5：29）

Bd型 口近直，弧腹较直。标本TN22E28-TN22E29C1：13（图七八，4）。

Be型 口近直，弧腹。标本H41：50（图七八，5）、H98②：1（图七八，6）、TN22E28⑤：13（图七八，7）。

Bf型 敞口，弧腹。标本H41：1（图七八，8）、TN22E40②：19（图七八，9）。

Bg型 敞口，口内侧有一道凸棱。标本H41：22（图七八，10）、TN22E28-TN22E29C1：30（图七八，11）。

Bh型 敞口，下腹部弧折。标本TN21E40C2：20（图七八，12）。

碗 夹砂陶。圆唇，敞口，斜直腹，平底。素面。标本H116⑥：16（图七九，1）、G5：53（图七九，2）。

杯 夹砂陶。平底。根据口部形态差异，分为四型。

A型 敞口。根据腹部形态差异，分为三个亚型。

Aa型 斜直腹，腹部较浅。标本TN33E34②：3（图八〇，1）、TN34E35④：4（图八〇，2）、H106：2（图八〇，3）、H88：2（图八〇，4）。

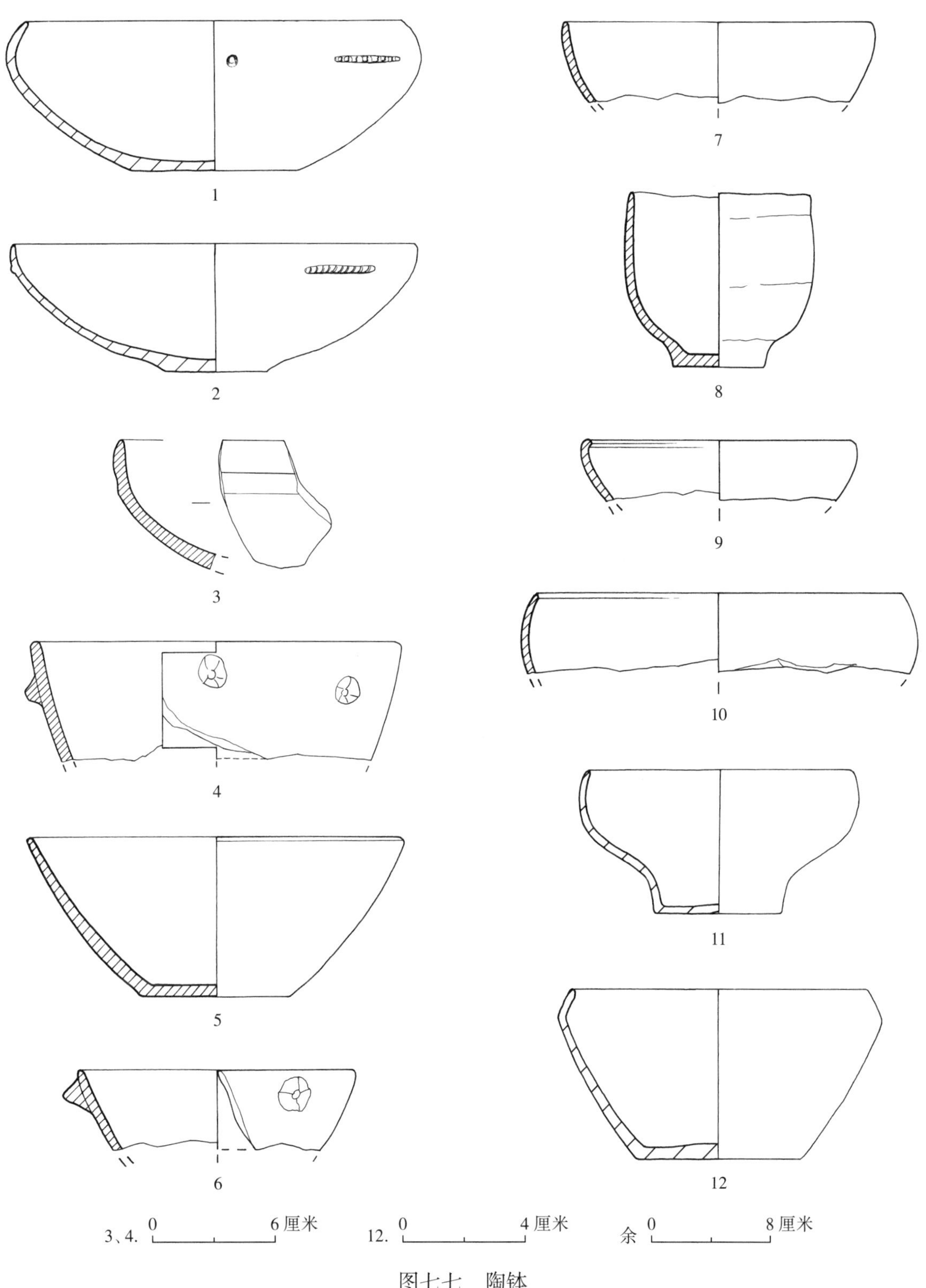

图七七　陶钵

1. 甲类A型（F21：8）　2. 甲类B型（F21：4）　3. 甲类C型（TN25E38⑦：16）　4~6. 乙类Aa型（TN29E34⑥：15、TN20E41C1：1、TN30E34C1：8）　7. 乙类Ab型（H116③：29）　8. 乙类Ac型（TN32E38②：51）　9. 乙类Ad型（TN29E35④：18）　10. 乙类Ae型（TN28E34②：19）　11. 乙类Af型（M5：1）　12. 乙类Ag型（M11：3）

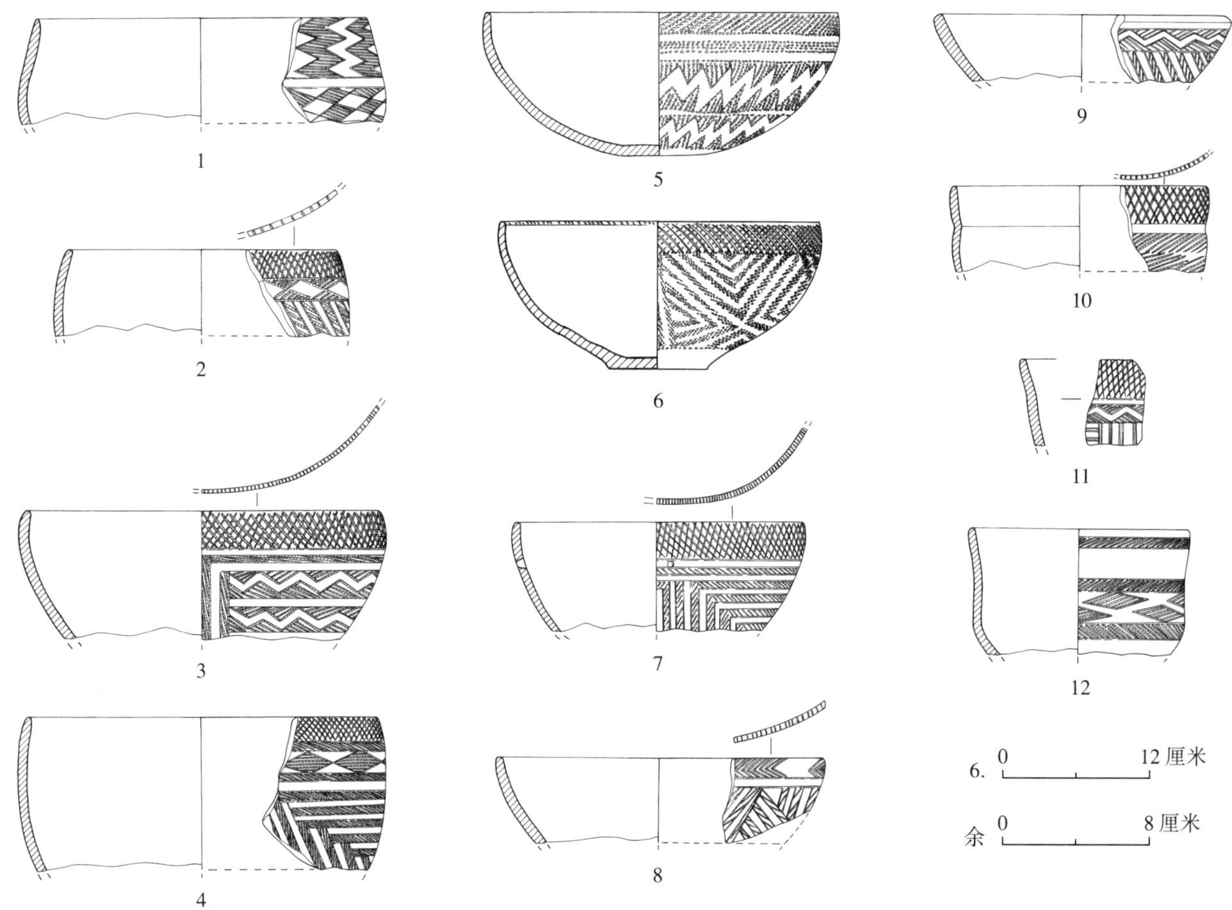

图七八　乙类B型陶钵

1. Ba型（TN22E28-TN22E29C1：23）　2. Bb型（TN22E28⑥：18）　3. Bc型（TN25E33⑤：26）　4. Bd型（TN22E28-TN22E29C1：13）　5~7. Be型（H41：50、H98②：1、TN22E28⑤：13）　8、9. Bf型（H41：1、TN22E40②：19）　10、11. Bg型（H41：22、TN22E28-TN22E29C1：30）　12. Bh型（TN21E40C2：20）

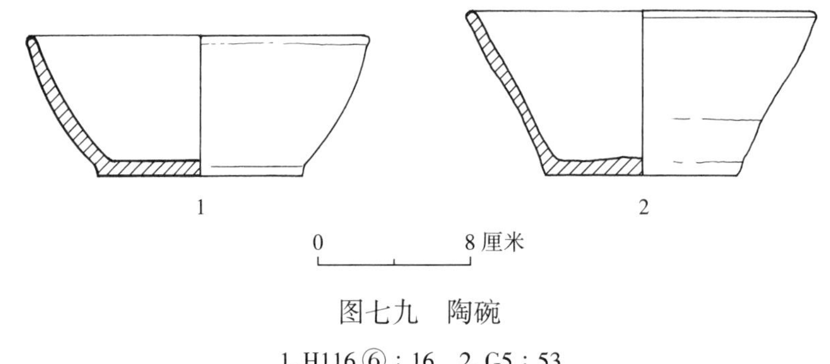

图七九　陶碗

1. H116⑥：16　2. G5：53

Ab型　深弧腹。标本H116③：33（图八〇，5）。

Ac型　浅弧腹。标本TN27E39④：17（图八〇，6）。

B型　侈口，深弧腹。标本M14：1（图八〇，7）。

C型　直口。根据腹部形态和纹饰差异，分为两个亚型。

Ca型　浅弧腹。素面或饰简单纹饰。捏制。标本TN33E35⑤：1（图八〇，8）、G5：54（图八

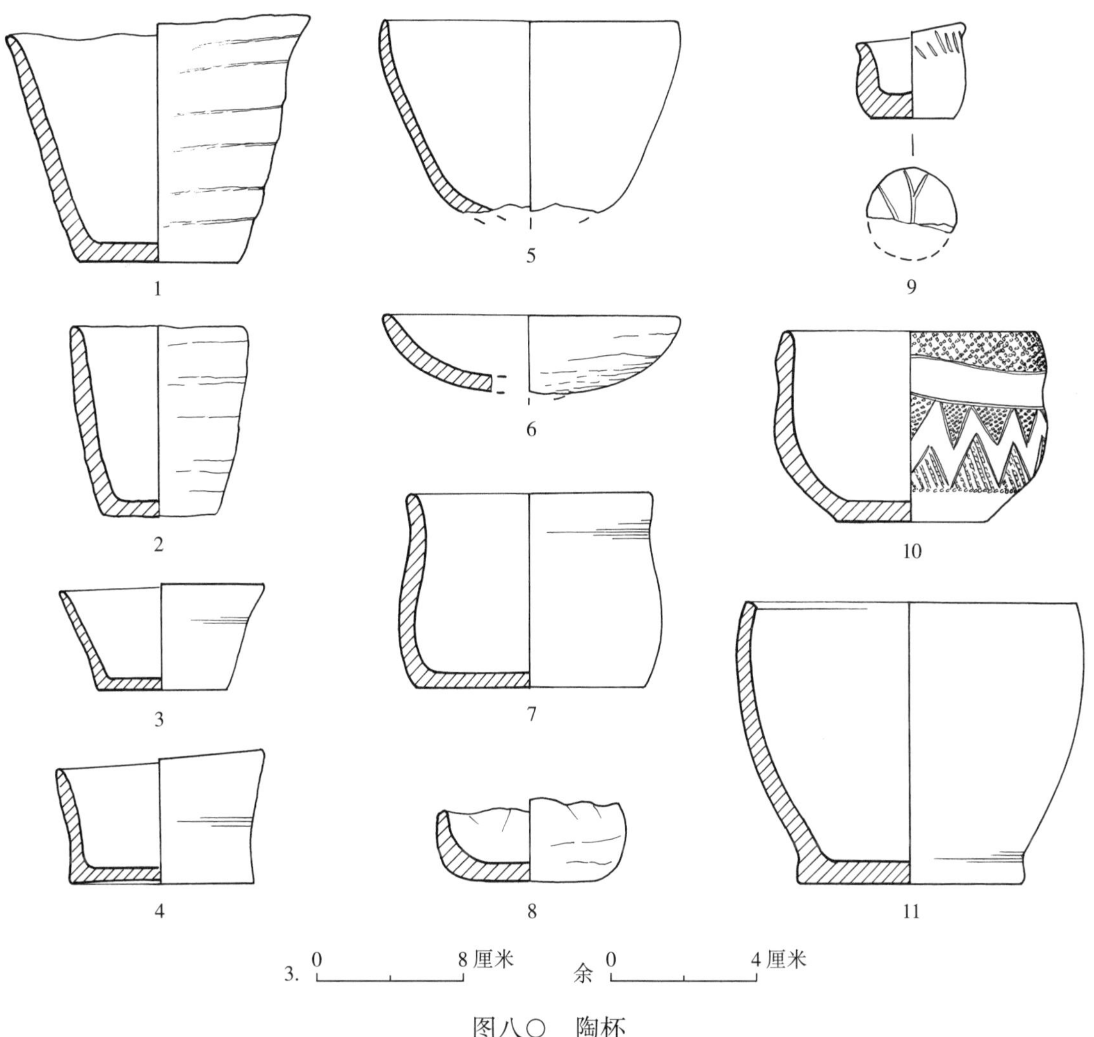

图八〇　陶杯

1~4. Aa 型（TN33E34 ②：3、TN34E35 ④：4、H106：2、H88：2）　5. Ab 型（H116 ③：33）　6. Ac 型（TN27E39 ④：17）　7. B 型（M14：1）　8、9. Ca 型（TN33E35 ⑤：1、G5：54）　10. Cb 型（TN33E35 ④：1）　11. D 型（TN31E32 ②：2）

〇，9）。

Cb 型　深弧腹。饰繁缛纹饰。标本 TN33E35 ④：1（图八〇，10）。

D 型　敛口。标本 TN31E32 ②：2（图八〇，11）。

器盖　夹砂灰褐陶，器表未磨光。敞口，圆唇，斜直壁，平顶。素面。标本 H135：1（图八一，1）、H136：5（图八一，2）。

器底　平底。多素面，少数饰刻划纹或戳印纹。可见腹壁与底二次粘接的现象。标本 H17：25（图八二）。

器座　夹砂黄褐陶。整体近筒状。器壁上有大镂孔，镂孔不规则。有的内壁可见泥条盘筑痕迹。标本 TN25E38 ⑤：11（图八三，1）、TN33E34 ③：2（图八三，2）。

纺轮　夹砂陶。中间有一穿孔。根据整体形态差异，分为三型。

A 型　圆饼形。标本 H98 ①：1（图八四，1）。

B 型　柱形，上细下粗，剖面呈梯形。标本 H73：2（图八四，2）。

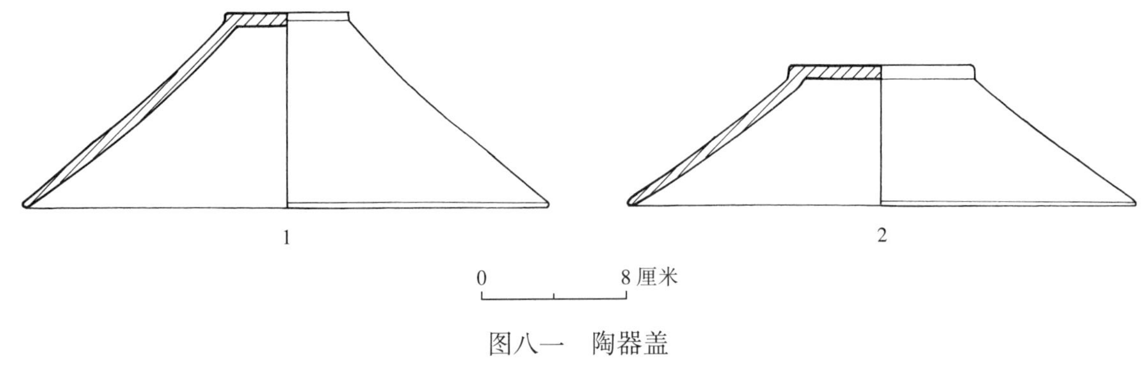

图八一 陶器盖

1. H135：1 2. H136：5

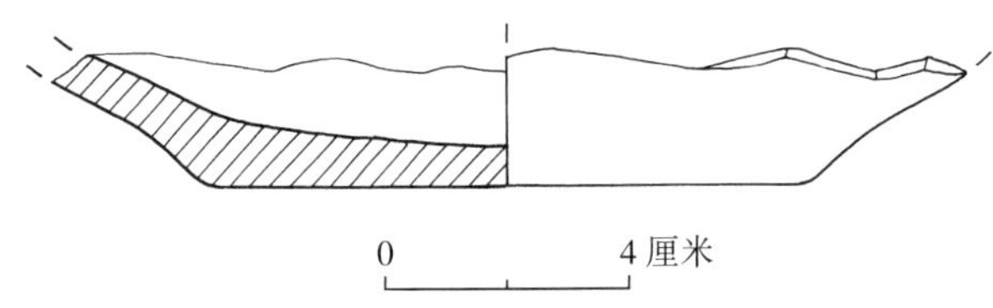

图八二 陶器底（H17：25）

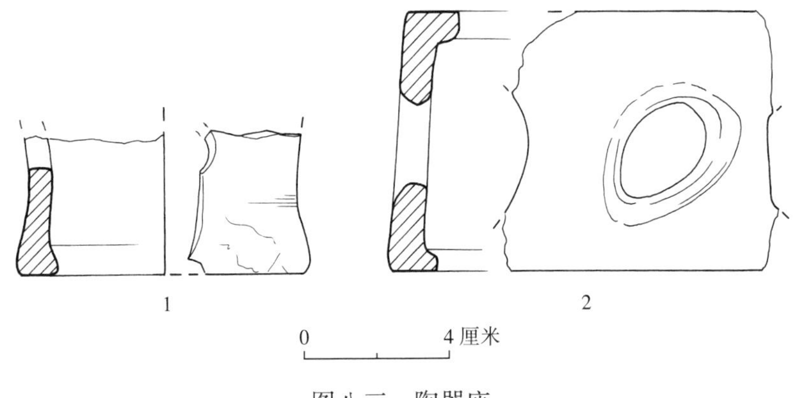

图八三 陶器座

1. TN25E38⑤：11 2. TN33E34③：2

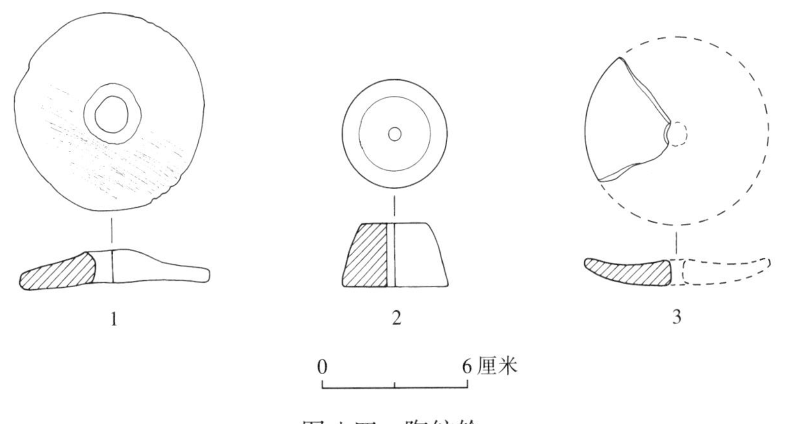

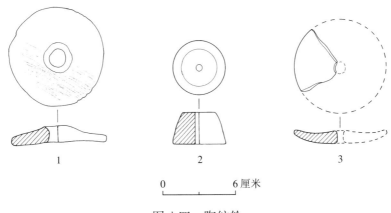

图八四 陶纺轮

1. A型（H98①：1） 2. B型（H73：2） 3. C型（TN29E38⑤：9）

C型 浅盘形。标本TN29E38⑤：9（图八四，3）。

二、细石器

仅发现有细石叶，燧石质，较细长，平面近长方形。标本TN33E35⑥：1（图八五，1）、F21：5（图八五，2）。

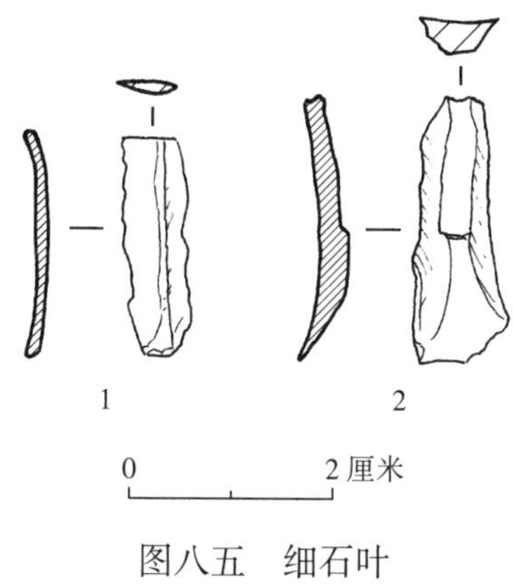

图八五 细石叶
1. TN33E35⑥：1 2. F21：5

三、石器

石器可分为打制石器和磨制石器两类，除少数砍砸器为打制外，绝大部分为磨制，器类主要有斧、锛、凿、刀、箭镞、球、网坠、纺轮、砺石、铲、杵和其他一些功能不明确的器物，以完整器和残件多见，另有少量坯料。

斧 平面呈长方形、梯形、三角形等，截面多不规整。器表磨光。发现有完整器、残件和坯料。根据背部形态、背部中部是否出脊以及两侧的加工情况，分为三型。

A型 弧背，背部中部不起脊；两侧打制成形，较薄，片疤多对称分布。标本TN32E36②：2（图八六，1）、TN27E37C2：11（图八六，2）。

B型 直背，两侧切割平整，无打制片疤，部分器物中部及两侧有明显的片切割痕。标本TN27E35②：1（图八六，3）。

C型 背部中部起脊，两侧多打制片疤。根据平面形状差异，分为两个亚型。

Ca型 平面呈长条形，截面多不规则。标本TN25E38③：1（图八六，4）、TN36E33④：1（图八六，5）。

Cb型 平面呈梯形或三角形，截面多不规则。标本TN32E35②：2（图八六，6）、TN32E34③：57（图八六，7）。

坯料 标本TN27E35②：3（图八六，8）。

锛 整体呈长条状，器身磨光。发现有完整器、残件和坯料。根据顶部的形态差异，分为三型。

A型 圆顶。平面近梯形，正反两面均磨光，两侧经过简单磨平，仍残有较明显的打制片疤，多为单面刃，弧刃或直刃，以直刃为主，刃部背面多有垂直于刃缘的细小磨痕。标本TN14E22①：2（图八六，9）、TN30E34④：3（图八六，10）。

B型 平顶或斜平顶。平面呈不规则四边形或平行四边形，顶部一侧有明显的人为切割痕迹，并经过简单磨制，较粗糙。大部分器物中部未完全磨光，仅刃部磨光较好，弧刃或直刃，以单面弧刃为主，刃部背面分布有较密集的细小垂直磨痕。标本H116：3（图八六，11）、H116：6（图八六，12）。

C型 斜尖顶。顶部两侧斜切且磨制较平整，但并未磨光，平面呈不规则五边形，多为单面刃，直刃或弧刃。标本TN30E33①：1（图八六，13）、TN25E37④：4（图八六，14）。

凿 整体呈薄片状，形状多为长条形，部分器物应为对其他器物的改制或再次利用。发现有完整器、残件和半成品。根据平面形状及宽窄的差异，分为四型。

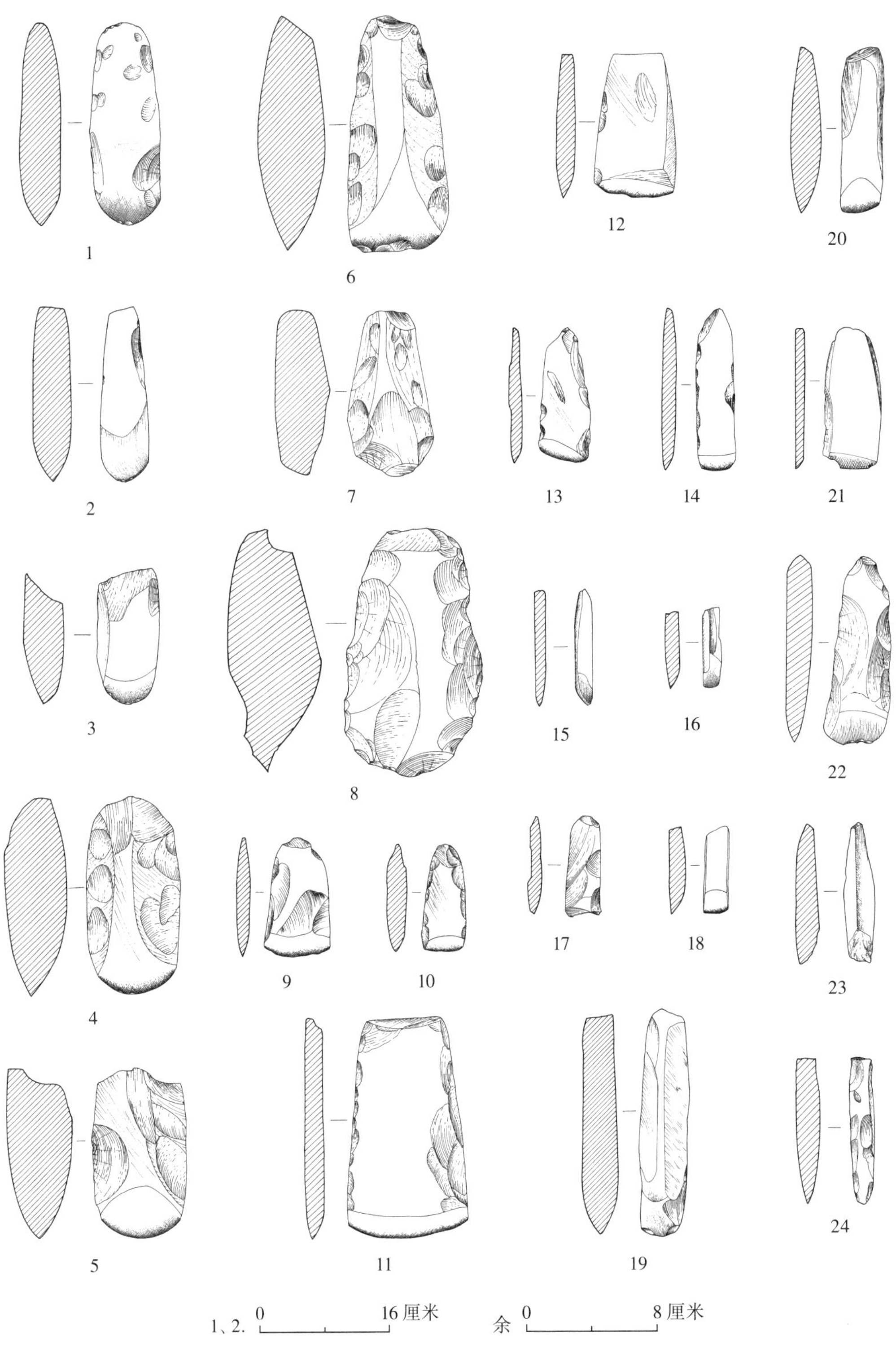

图八六 石斧、锛、凿

1、2. A型斧（TN32E36②：2、TN27E37C2：11） 3. B型斧（TN27E35②：1） 4、5. Ca型斧（TN25E38③：1、TN36E33④：1） 6、7. Cb型斧（TN32E35②：2、TN32E34③：57） 8. 石斧坯料（TN27E35②：3） 9、10. A型锛（TN14E22①：2、TN30E34④：3） 11、12. B型锛（H116：3、H116：6） 13、14. C型锛（TN30E33①：1、TN25E37④：4） 15、16. A型凿（TN31E34③：2、TN30E34⑤：2） 17、18. B型凿（F8：2、TN33E34④：1） 19、20. C型凿（TN30E34C2：5、TN32E36⑤：1） 21、22. D型凿（TN13E22②：2、TN31E35③：10） 23、24. 石凿半成品（TN14E22①：101、TN29E34④：3）

A 型　平面形状接近细长条形。体量较短小，截面接近长方形，两侧平齐且无片疤。通体磨光，磨光程度较好。标本 TN31E34 ③：2（图八六，15）、TN30E34 ⑤：2（图八六，16）。

B 型　较 A 型宽，侧面平直，截面呈较规则的长方形。整体磨光较好。标本 F8：2（图八六，17）、TN33E34 ④：1（图八六，18）。

C 型　较 B 型更宽，截面呈梯形。体量相对较大，较厚，多为双面刃，正锋，刃面较宽。标本 TN30E34C2：5（图八六，19）、TN32E36 ⑤：1（图八六，20）。

D 型　较 C 型更宽，整体呈扁片状。标本 TN13E22 ②：2（图八六，21）、TN31E35 ③：10（图八六，22）。

半成品　标本 TN14E22 ①：101（图八六，23）、TN29E34 ④：3（图八六，24）。

刀　整体呈薄片状，平面有半月形、桂叶形、长条形等形状。均为磨制。发现有完整器、残件和坯料。根据穿孔的数量差异，分为两类。

甲类　单孔石刀。数量少。标本 H116：10（图八七，1）、TN28E35 ③：3（图八七，2）。

乙类　多孔石刀。皈家堡遗址的石刀大多属于此类。穿孔在近背部一侧对称分布，孔为两面对钻。根据平面形状差异，分为三型。

A 型　半月形。双面弧刃。根据背部形态差异，分为两个亚型。

Aa 型　凹背。大部分石刀穿孔处可见明显的穿绳磨损；刃部弧度较大，双面刃面的宽度较一致，大部分器物刃部的使用痕迹较集中分布在每面的左侧。标本 TN28E35K1：1（图八七，3）、TN30E34C2：8（图八七，4）。

Ab 型　直背。穿孔及刃部特征与 Aa 型相近。标本 TN29E35 ②：9（图八七，5）、TN27E37C2：1（图八七，6）。

B 型　桂叶形。凸背，弧刃。标本 H92：1（图八七，7）、TN31E37 ④：1（图八七，8）、TN25E38 ⑤：2（图八七，9）。

C 型　长条形。直背，直刃，部分刃部中间段稍内凹。标本 TN30E37 ③：1（图八七，10）、TN34E36 ⑤：2（图八七，11）。

坯料　标本 H73：1（图八七，12）、H155：2（图八七，13）。

箭镞　整体呈薄片状，刃缘较锋利，两侧有明显的磨光刃面、较窄，通体磨光。发现有完整器、残件和坯料。根据平面形状和刃部形态的差异，分为三型。

A 型　柳叶形，弧刃，刃部弧度较大。根据底部形态及器身中部有无穿孔，分为三个亚型。

Aa 型　平底，无穿孔。标本 H116 ③：1（图八七，14）、TN25E37 ③：3（图八七，15）、TN31E34 ⑤：1（图八七，16）。

Ab 型　凹底，无穿孔。标本 H151：1（图八七，17）、H41：52（图八七，18）。

Ac 型　凹底，有穿孔。标本 TN28E34C1：4（图八七，19）、TN28E34 ③：3（图八七，20）。

B 型　三角形，弧刃，刃部弧度较小。根据底部形态差异，分为两个亚型。

Ba 型　平底。标本 TN31E34 ⑤：2（图八七，21）。

Bb 型　凹底。标本 TN28E34C1：2（图八七，22）、TN30E38 ③：1（图八七，23）。

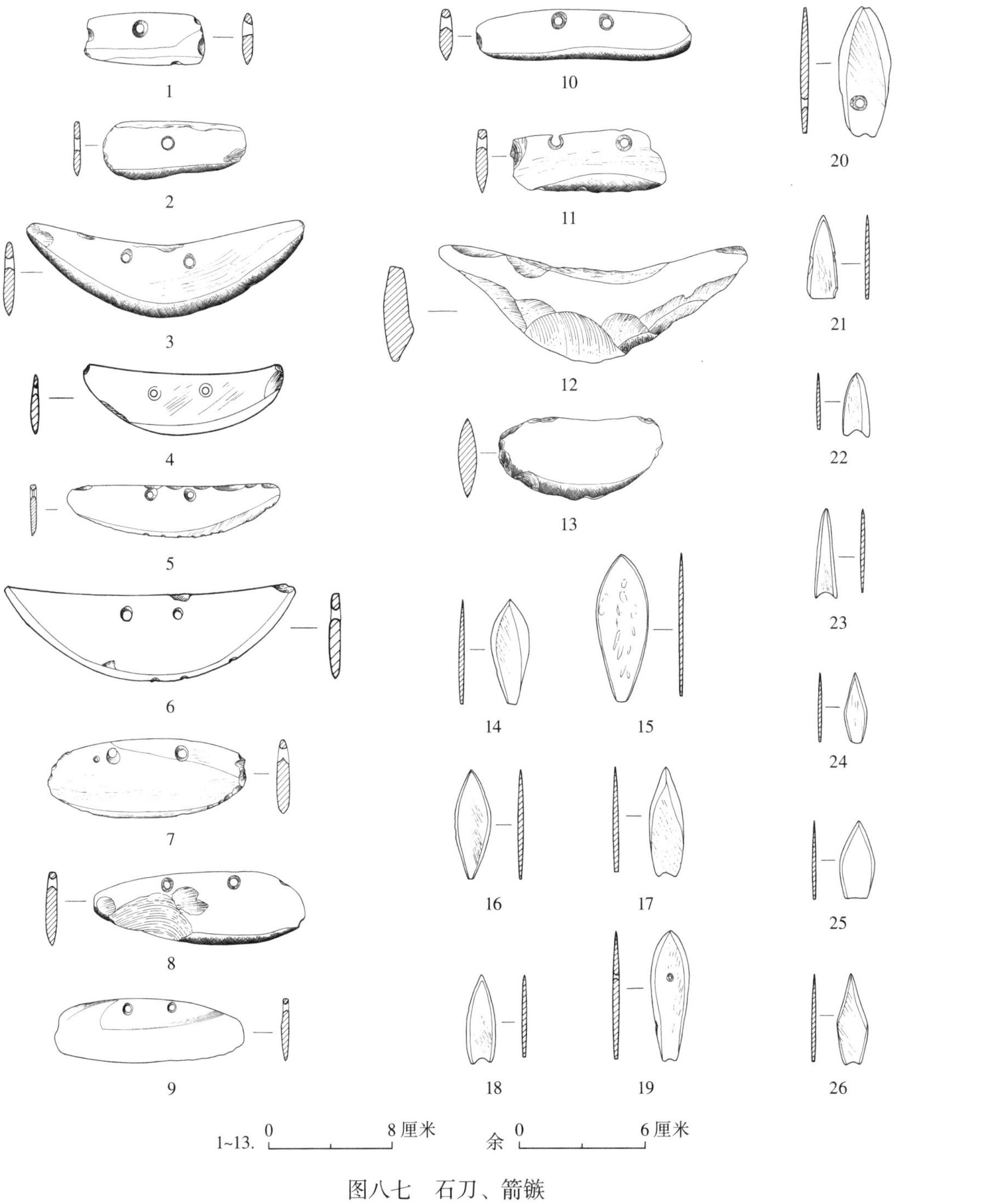

1~13. 0 8厘米 余 0 6厘米

图八七 石刀、箭镞

1、2. 甲类刀（H116：10、TN28E35③：3） 3、4. 乙类Aa型刀（TN28E35K1：1、TN30E34C2：8） 5、6. 乙类Ab型刀（TN29E35②：9、TN27E37C2：1） 7~9. 乙类B型刀（H92：1、TN31E37④：1、TN25E38⑤：2） 10、11. 乙类C型刀（TN30E37③：1、TN34E36⑤：2） 12、13. 石刀坯料（H73：1、H155：2） 14~16. Aa型箭镞（H116③：1、TN25E37③：3、TN31E34⑤：1） 17、18. Ab型箭镞（H151：1、H41：52） 19、20. Ac型箭镞（TN28E34C1：4、TN28E34③：3） 21. Ba型箭镞（TN31E34⑤：2） 22、23. Bb型箭镞（TN28E34C1：2、TN30E38③：1） 24、25. Ca型箭镞（TN30E33②：3、TN36E32③：1） 26. Cb型箭镞（TN27E36②：1）

C 型 五边形，两侧刃部中间有明显的转折。根据底部形态差异，分为两个亚型。

Ca 型 平底。标本 TN30E33 ②：3（图八七，24）、TN36E32 ③：1（图八七，25）。

Cb 型 凹底。标本 TN27E36 ②：1（图八七，26）。

球 器表简单磨光，大小差异较大，部分器形不甚规整。标本 H17：32（图八八，1）、TN34E33 ④：2（图八八，2）。

网坠 均为扁平片状，平面近椭圆形，两侧有对称的打制片疤。选自天然卵石，未经磨光。标本 TN32E33 ①：1（图八八，3）、TN29E33 ⑥：1（图八八，4）。

纺轮 平面呈圆形，部分残片呈扇形。磨制较粗糙，未完全磨光。标本 TN26E39 ④：1（图八八，7）。

砺石 整体较薄。形状不规整，有明显的凹面，应为磨制所致。标本 TN30E36 ④：88（图八八，5）、TN26E39 ⑤：4（图八八，6）。

铲 整体呈扁片状，平面近长方形，单面弧刃，两侧面分布有较多片疤。通体磨光。标本 TN28E36 ③：5（图八八，8）。

杵 器形较细长，个别器物不规整。磨光程度较差。标本 TN14E24 ①：1（图八八，9）、TN29E34 ④：1（图八八，10）、G9 ②：2（图八八，11）。

片状带刃器 平面呈四边形，单面或双面刃。磨制多较粗糙。标本 TN32E32 ⑤：1（图八八，12）、H145：1（图八八，13）。

坠饰 标本 TN28E37 ②：19（图八八，14）。

鸟首形器 形状似鸟首，有穿孔。通体磨光。标本 TN32E34 ④：1（图八八，15）。

牛角形器 形状似牛角。通体磨光，磨制较粗糙。标本 TN30E34 ③：5（图八八，16）。

锥 尖锥状。磨光较好。标本 H116 ③：2（图八八，17）。

穿孔石器 圆形，中间有穿孔。标本 TN25E37 ④：3（图八八，18）、H116 ①：2（图八八，19）。

砍砸器 标本 TN33E38 ⑤：22（图八八，20）。

四、玉器

玉器数量少，器形单一，仅见有锛和凿。

锛 平面近梯形。两面磨光。标本 TN30E34C2：12（图八九，1）、TN30E34C2：13（图八九，2）。

凿 平面近梯形，单面刃。两面磨光，磨制精细。标本 F21：1（图八九，3）、TN30E34C2：14（图八九，4）。

五、骨器

骨器数量极少，器形有刀和饰件。

刀 直背，弧刃。标本 TN34E34C1：2（图八九，5）。

饰件 半环形，片状。标本 H87：14（图八九，6）。

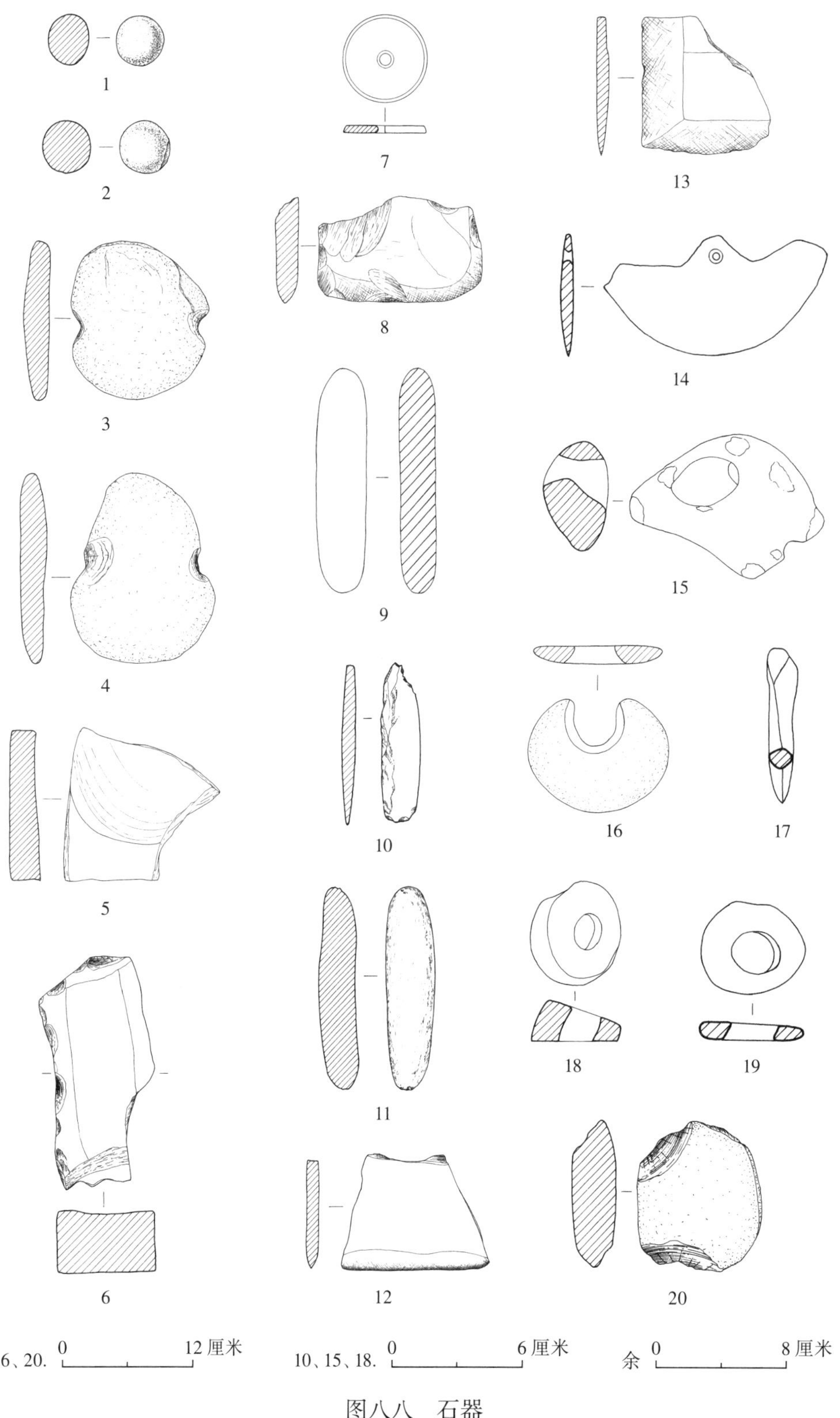

图八八　石器

1、2. 球（H17：32、TN34E33④：2）　3、4. 网坠（TN32E33①：1、TN29E33⑥：1）　5、6. 砺石（TN30E36④：88、TN26E39⑤：4）　7. 纺轮（TN26E39④：1）　8. 铲（TN28E36③：5）　9~11. 杵（TN14E24①：1、TN29E34④：1、G9②：2）　12、13. 片状带刃器（TN32E32⑤：1、H145：1）　14. 坠饰（TN28E37②：19）　15. 鸟首形器（TN32E34④：1）　16. 牛角形器（TN30E34③：5）　17. 锥（H116③：2）　18、19. 穿孔石器（TN25E37④：3、H116①：2）　20. 砍砸器（TN33E38⑤：22）

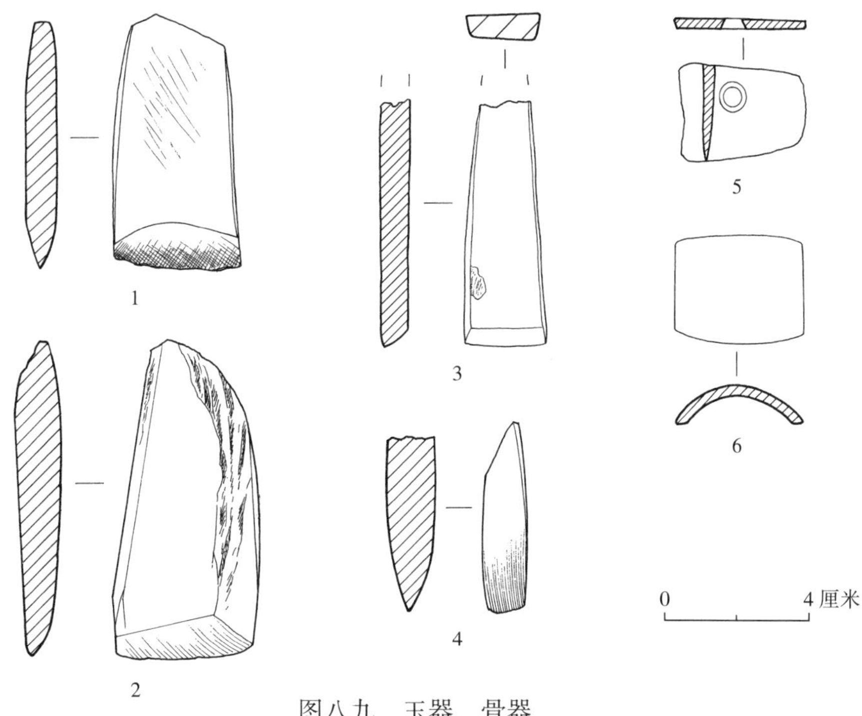

图八九　玉器、骨器

1、2. 玉锛（TN30E34C2：12、TN30E34C2：13）　3、4. 玉凿（F21：1、TN30E34C2：14）　5. 骨刀（TN34E34C1：2）　6. 骨饰件（H87：14）

第二节　2016年新石器时代遗存

一、文化层

（一）第6层出土遗物

该层出土遗物以陶器为主，另有少量石器。陶器器类有侈口高领罐、侈口小罐、尊形器、盆、钵、簸箕形器等，石器器类有斧、凿、箭镞和球等。

（1）陶器

侈口高领罐

TN31E36⑥：41，泥质灰陶。尖圆唇，侈口，沿面外翻下垂，高领。肩部饰戳印窝点纹。口径16.4、残高10.4厘米（图九〇，1）。

侈口小罐

Ac型。

TN27E36⑥：10，夹砂褐陶，内壁黑色。圆唇，侈口，卷沿，腹壁较竖直。上腹部饰戳印窝点纹和压印细绳纹。口径12、残高5.3厘米（图九〇，19）。

C型。

TN27E36⑥：5，夹砂褐陶。圆唇，口微侈，短颈，溜肩。颈部和肩部饰细绳纹。口径7、残高4.7

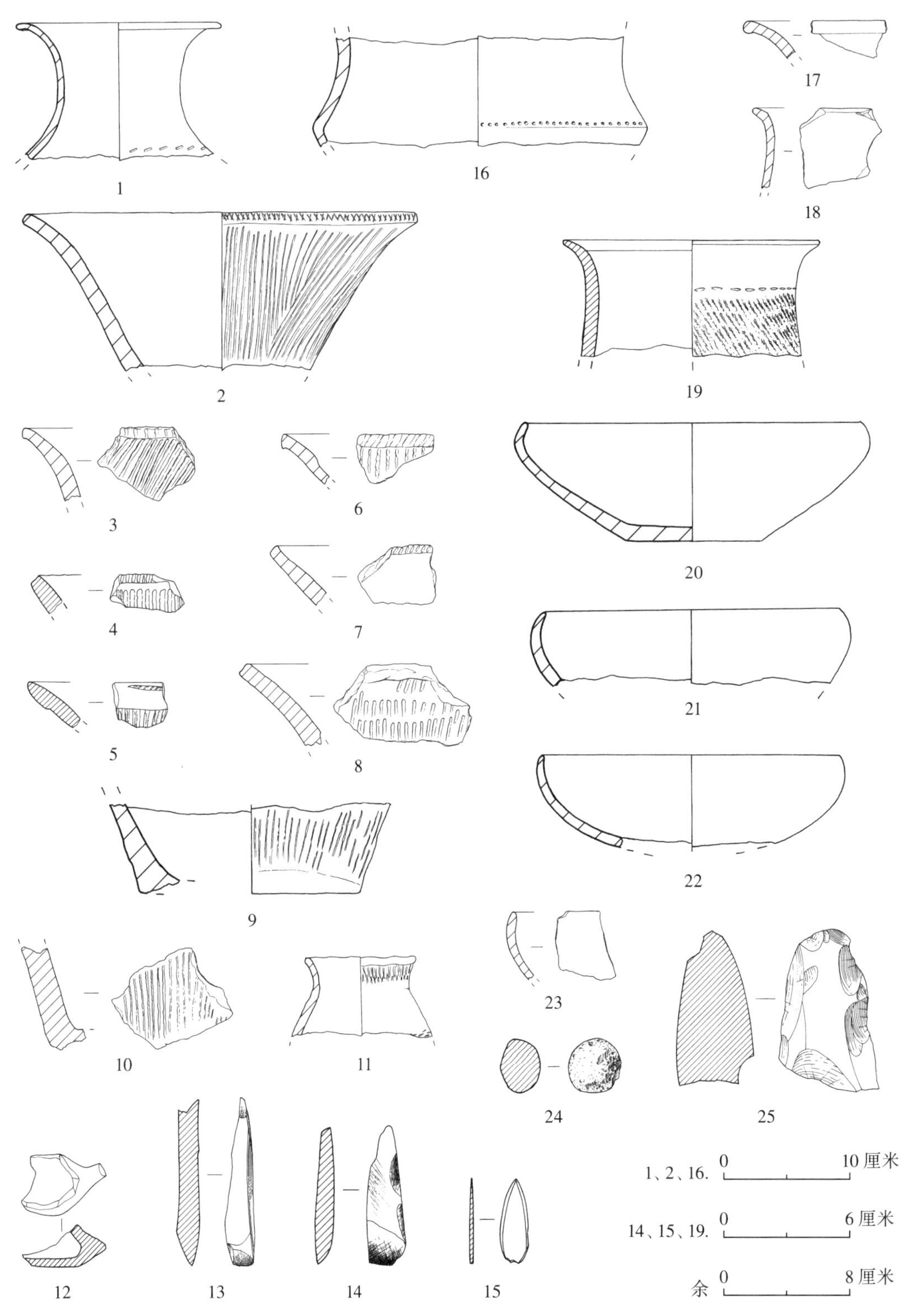

图九〇 2016年第6层出土陶器、石器

1. 陶侈口高领罐（TN31E36⑥：41） 2~10. 陶尊形器（TN26E38⑥：23、TN31E39⑥：31、TN26E38⑥：18、TN30E38⑥：8、TN27E36⑥：7、TN27E36⑥：8、TN31E39⑥：30、TN27E36⑥：2、TN31E39⑥：32） 11. C型陶侈口小罐（TN27E36⑥：5） 12. 陶簸箕形器（TN26E38⑥：22） 13、14. A型石凿（TN27E37⑥：1、TN26E38⑥：24） 15. Ba型石箭镞（TN27E36⑥：1） 16~18. A型陶盆（TN31E39⑥：10、TN27E36⑥：4、TN31E39⑥：28） 19. Ac型陶侈口小罐（TN27E36⑥：10） 20、21. 甲类A型陶钵（TN31E36⑥：1、TN31E39⑥：24） 22、23. 甲类B型陶钵（TN27E36⑥：3、TN27E36⑥：9） 24. 石球（TN28E37⑥：1） 25. Cb型石斧（TN26E38⑥：25）

厘米（图九〇，11）。

尊形器

TN26E38⑥：18，夹砂灰陶。方唇，敞口。唇部和腹部饰粗篮纹。残高2.3厘米（图九〇，4）。

TN26E38⑥：23，夹砂黄褐陶。方唇，敞口。唇部和腹部饰粗篮纹。口径31、残高12厘米（图九〇，2）。

TN27E36⑥：2，夹砂灰陶。残存下腹部。腹部饰细绳纹。残高5.5厘米（图九〇，9）。

TN27E36⑥：7，夹砂黄褐陶，外壁灰色。方唇，敞口。唇部和腹部饰粗篮纹。残高3厘米（图九〇，6）。

TN27E36⑥：8，夹砂黄褐陶。方唇，敞口。唇部饰粗篮纹。残高3.6厘米（图九〇，7）。

TN30E38⑥：8，夹砂灰陶。圆唇，敞口。口外侧饰一周平滑的附加堆纹，腹部饰粗篮纹。残高2.8厘米（图九〇，5）。

TN31E39⑥：30，夹砂黄褐陶，内壁灰色。方唇，敞口。外壁饰粗篮纹。残高5厘米（图九〇，8）。

TN31E39⑥：31，夹砂黄褐陶。方唇，敞口。唇部及外壁饰粗篮纹。残高4.5厘米（图九〇，3）。

TN31E39⑥：32，夹砂黄褐陶。残存下腹部，下腹斜直，底残。外壁饰粗篮纹。残高6.2厘米（图九〇，10）。

盆　A型。

TN27E36⑥：4，夹细砂灰陶。残存口部。圆唇，唇下缘下垂，侈口。素面。残高2.4厘米（图九〇，17）。

TN31E39⑥：10，夹细砂灰陶。残存腹部，折腹。折腹处饰一周戳印窝点纹。残高8.3厘米（图九〇，16）。

TN31E39⑥：28，夹砂红褐胎黑皮陶。残存口部。厚圆唇，侈口，窄卷沿外翻。素面。残高4.9厘米（图九〇，18）。

钵

甲类A型。

TN31E36⑥：1，夹细砂灰陶。敛口，圆唇，鼓肩，浅弧腹，平底。素面。口径21、底径8.4、高7.2厘米（图九〇，20；彩版三五，1）。

TN31E39⑥：24，泥质灰陶。敛口，圆唇，鼓肩。素面。口径18.4、残高4.5厘米（图九〇，21）。

甲类B型。

TN27E36⑥：3，泥质灰陶。口近直，溜肩，弧腹。素面。口径19.2、残高5.5厘米（图九〇，22；彩版三五，3）。

TN27E36⑥：9，泥质灰陶。口近直，溜肩，弧腹。素面。残高4.2厘米（图九〇，23）。

簸箕形器

TN26E38⑥：22，夹砂黑灰陶。捏制。平底，带柄。素面。残高2.8厘米（图九〇，12）。

（2）石器

斧　Cb 型。

TN26E38⑥：25，黑色。平面近梯形。正面中部起脊，两侧有较多片疤，有倾斜的磨光面。下半部分残缺。残长 9.8、宽 6.3、厚约 4.7 厘米（图九〇，25；彩版三五，2）。

凿　A 型。

TN26E38⑥：24，绿色。平面近长条形。两面均磨光，两侧残有部分片疤。弧刃，单面刃，弧度较小，刃面分界较不明显，刃缘两端有明显的崩疤。长 6.3、宽 1.9、厚约 0.9 厘米（图九〇，14）。

TN27E37⑥：1，黑色。平面呈长条形。一侧及顶部残缺。两面及侧面均磨光。偏锋，弧刃，双面刃，刃缘有较杂乱的磨痕。残长 10.2、宽 1.8、厚约 1.6 厘米（图九〇，13；彩版三五，4）。

箭镞　Ba 型。

TN27E36⑥：1，白色。平面近三角形。两侧有刃。底部稍向内凹。长 3.8、宽 1.3、厚 0.1 厘米（图九〇，15；彩版三五，5）。

球

TN28E37⑥：1，黄色。器形较不规整，磨制较粗糙。直径 2.5~3.3 厘米（图九〇，24）。

（二）第 5 层出土遗物

该层出土遗物以陶器为主，另有少量石器。陶器器类有束颈罐、侈口小罐、无颈罐、沿面饰纹罐、壶、钵、纺轮等，石器器类有斧、凿、球和砺石等。

（1）陶器

束颈罐　Ba 型。

TN26E39⑤：2，夹砂灰白胎灰褐皮陶。方唇，侈口，卷沿，有颈。唇部饰戳印点纹。残高 4 厘米（图九一，1）。

TN27E37⑤：14，夹砂灰陶。圆唇，侈口，卷沿。唇部饰戳印点纹，口外侧似有一周薄的附加堆纹与口部贴合。口径 20、残高 3 厘米（图九一，2）。

TN28E37⑤：7，夹砂灰陶。方圆唇，侈口，卷沿，束颈。唇部饰戳印点纹。口径 20、残高 3.2 厘米（图九一，3）。

TN30E39⑤：1，夹砂灰陶。圆唇，侈口，卷沿。唇部饰戳印点纹。残高 2.6 厘米（图九一，4）。

TN30E39⑤：4，夹砂红褐陶。圆唇，侈口，卷沿。唇部饰戳印点纹。残高 3.4 厘米（图九一，5）。

侈口小罐　Ac 型。

TN27E37⑤：1，夹砂灰褐陶。方唇，侈口，短束颈，溜肩。唇部饰戳印点纹，颈部饰戳印点纹组成的“>”形纹。口径 12、残高 3 厘米（图九一，6）。

TN29E38⑤：8，夹砂灰白胎黑灰皮陶。圆唇，侈口，卷沿，短束颈。颈部饰刻划网格纹。口径 12、残高 2.8 厘米（图九一，7）。

无颈罐　Ab 型。

TN27E37⑤：8，夹砂红褐陶。圆唇，口微盘，仰折沿较宽。沿外壁和肩部饰刻划短线纹。残高 4.8

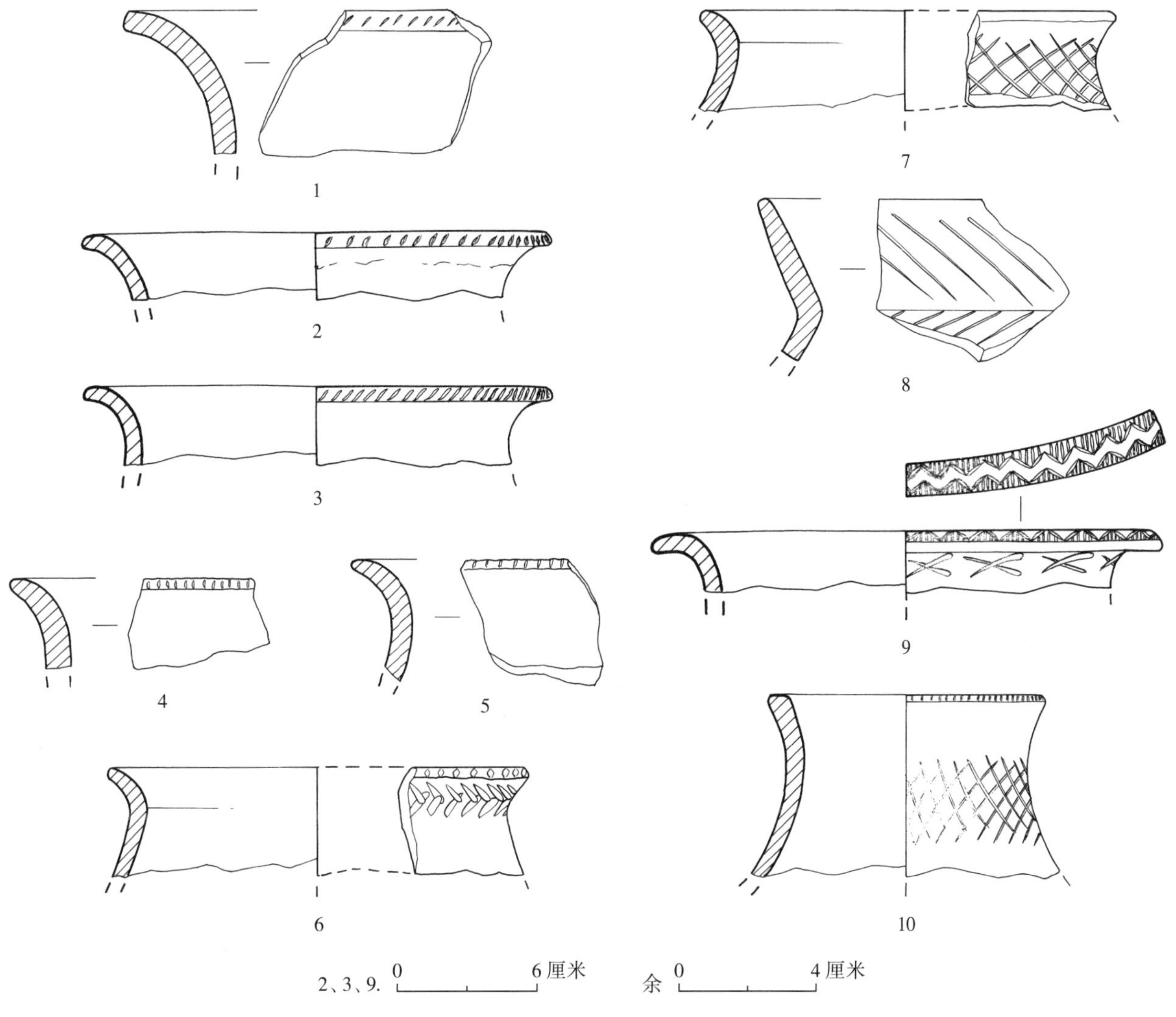

图九一　2016年第5层出土陶器

1~5. Ba型束颈罐（TN26E39⑤：2、TN27E37⑤：14、TN28E37⑤：7、TN30E39⑤：1、TN30E39⑤：4）　6、7. Ac型侈口小罐（TN27E37⑤：1、TN29E38⑤：8）　8. Ab型无颈罐（TN27E37⑤：8）　9. Aa型沿面饰纹罐（TN29E38⑤：7）　10. 甲类Bd型壶（TN26E36⑤：5）

厘米（图九一，8）。

沿面饰纹罐　Aa型。

TN29E38⑤：7，夹砂褐陶。圆唇，侈口，卷沿外翻下垂。沿面饰短线纹组成的连续三角纹夹光面折线纹和一周凹弦纹，颈部饰“×”形纹。口径22、残高2.6厘米（图九一，9）。

壶　甲类Bd型。

TN26E36⑤：5，夹砂灰陶。方圆唇，侈口，长束颈。唇部饰戳印点纹，颈部饰刻划网格纹。口径8、残高5厘米（图九一，10）。

钵

乙类Aa型。

TN30E36⑤：1，夹砂黑灰陶。圆唇，敞口，斜直腹，平底。素面。口径18.4、底径10、高11.6

厘米（图九二，1；彩版三五，6）。

乙类 Bb 型。

TN26E36⑤：2，夹砂黑灰陶。方唇，敛口，上腹微鼓。唇部饰戳印点纹，口外侧饰菱格纹和短斜线组成的窄带状纹饰，腹部饰短线纹与光面组成的复合纹饰。残高 5.2 厘米（图九二，2）。

乙类 Bf 型。

TN26E36⑤：7，夹砂黑灰陶。圆唇，敞口，弧腹。唇部饰戳印点纹，口外侧至腹部饰点线纹组成的带状纹饰。口径 17、残高 4 厘米（图九二，3）。

TN26E38⑤：1，夹砂黑灰陶。方圆唇，敞口，弧腹。唇部饰戳印点纹，口外侧饰点线纹，腹部饰点线纹组成的锯齿纹和竖向折线纹，分别与光面锯齿纹和光面竖向折线纹交错分布。口径 18、残高 7 厘米（图九二，4）。

TN28E37⑤：2，夹砂灰陶。圆唇，敞口，腹壁斜直。唇部饰戳印点纹，口外侧饰菱格纹和一周凹弦纹，腹部饰凹弦纹夹短斜线纹。残高 3.7 厘米（图九二，5）。

TN28E37⑤：6，夹砂灰白胎黑灰皮陶，器表磨光。方唇，敞口，弧腹。唇部饰戳印点纹，口外侧饰点线纹组成的折线纹，腹部饰点线纹。口径 18、残高 3.8 厘米（图九二，6）。

器盖

TN27E37⑤：9，夹砂黑灰陶。器表磨光。圆唇，敞口，斜直壁。中部饰一周附加堆纹，附加堆纹上饰戳印纹。残高 4 厘米（图九二，7）。

器底

TN27E37⑤：10，夹砂灰陶。平底。素面。残高 2.3 厘米（图九二，8）。

TN27E37⑤：30，夹砂灰胎黑皮陶。平底。素面。底径 8、残高 2 厘米（图九二，9）。

TN29E38⑤：5，夹砂灰陶。平底。素面。底径 9、残高 2.2 厘米（图九二，10）。

TN30E38⑤：4，夹砂黑灰陶。下腹斜直内收，平底。素面。底径 10、残高 6.8 厘米（图九二，11）。

TN32E37⑤：17，夹砂黑褐陶，内部黄褐色。平底。素面。底径 7、残高 3.5 厘米（图九二，12）。

纺轮　C 型。

TN29E38⑤：9，夹砂黑褐陶。浅盘状，弧壁，中间厚边缘薄，中间有穿孔。素面。直径 7.5 厘米（图九二，13）。

（2）石器

斧　B 型。

TN27E37⑤：31，黑色。大部分残缺，仅残有一角。正锋，直刃，双面刃，刃缘有较密集的垂直磨痕。磨制光滑。长 5.7、宽 2.3、厚约 2.4 厘米（图九二，14）。

凿

TN26E39⑤：3，黑色。平面呈长条形。大部分残缺，器型不可辨。长 5.8、宽 1.4、厚约 0.9 厘米（图九二，15）。

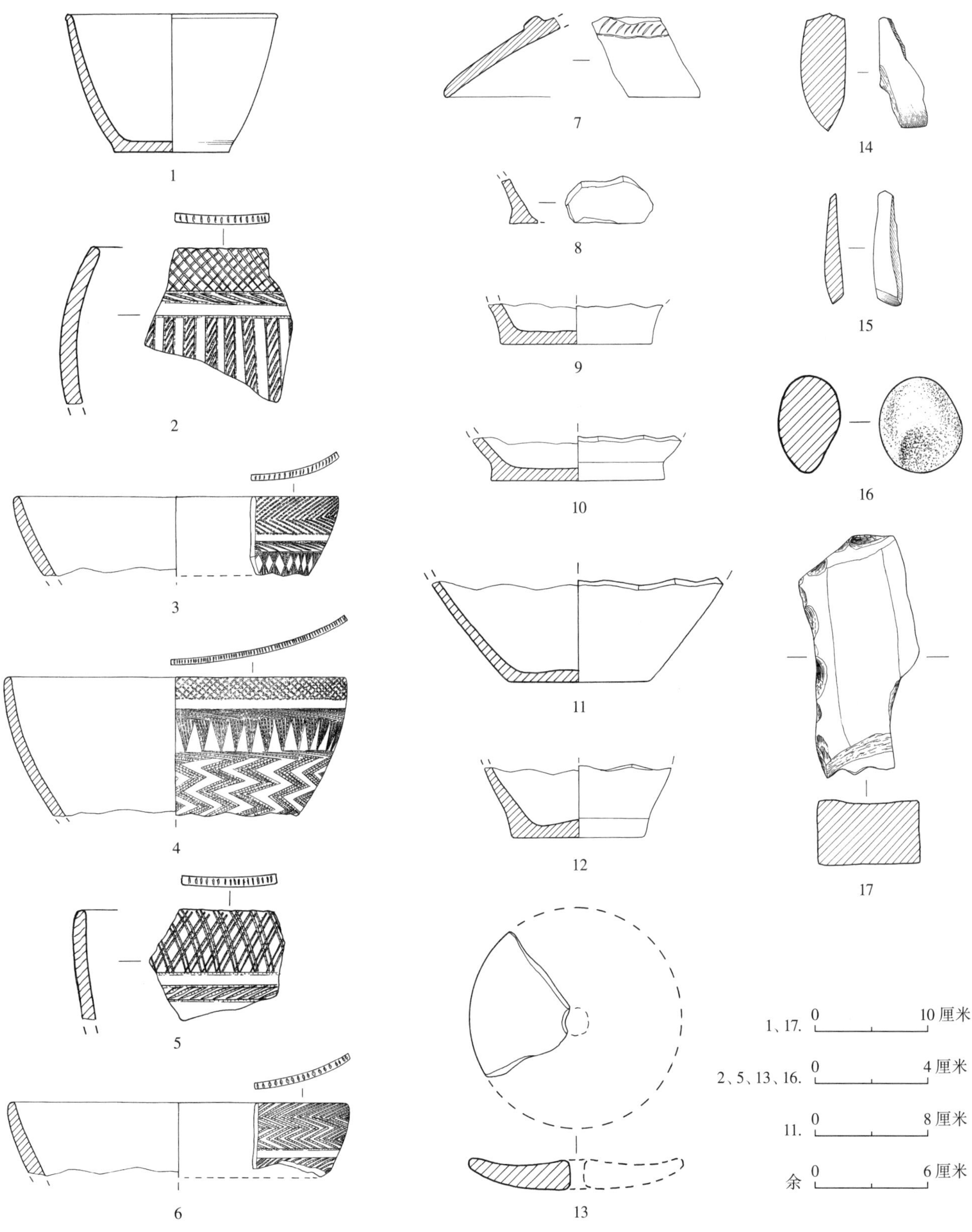

图九二　2016年第5层出土陶器、石器

1. 乙类Aa型陶钵（TN30E36⑤：1）　2. 乙类Bb型陶钵（TN26E36⑤：2）　3~6. 乙类Bf型陶钵（TN26E36⑤：7、TN26E38⑤：1、TN28E37⑤：2、TN28E37⑤：6）　7. 陶器盖（TN27E37⑤：9）　8~12. 陶器底（TN27E37⑤：10、TN27E37⑤：30、TN29E38⑤：5、TN30E38⑤：4、TN32E37⑤：17）　13. C型陶纺轮（TN29E38⑤：9）　14. B型石斧（TN27E37⑤：31）　15. 石凿（TN26E39⑤：3）　16. 石球（TN26E38⑤：2）　17. 砺石（TN26E39⑤：4）

球

TN26E38⑤：2，黄褐色。器形较规整，磨制较粗糙。直径1.9~3.2厘米（图九二，16）。

砺石

TN26E39⑤：4，灰褐色。平面近长方形，整体较厚。中部有较狭长的使用凹面。长20.4、宽9、厚5厘米（图九二，17）。

（三）第4层出土遗物

该层出土遗物以陶器为主，另有少量石器。陶器器类有束颈罐、侈口小罐、无颈罐、附加堆纹罐、沿面饰纹罐、长颈罐、矮领小罐、带耳罐、壶、盆、钵等，石器器类有斧、锛、刀、箭镞、球和砺石等。

（1）陶器

束颈罐

Ab型。

TN26E37④：10，夹砂黑褐陶。圆唇，侈口，宽卷沿外翻，长颈微束。唇部饰戳印点纹。口径22、残高5厘米（图九三，1）。

TN26E37④：43，夹砂黄褐陶。方圆唇，侈口，卷沿外翻、微仰。唇部饰戳印长点纹。口径26、残高3.2厘米（图九三，2）。

TN26E38④：100，夹砂灰胎黑皮陶。方唇，侈口，宽卷沿外翻、微仰，长束颈，溜肩。唇部和肩部饰戳印点纹。口径22、残高11厘米（图九三，3）。

Ba型。

TN26E37④：21，夹砂灰褐陶。方唇，侈口。唇部饰戳印点纹。口径26、残高2.8厘米（图九三，4）。

TN26E38④：38，夹砂灰陶。圆唇，侈口，卷沿，束颈。唇部饰戳印点纹，颈部饰刻划网格纹。残高4.5厘米（图九三，5）。

TN26E38④：99，夹砂灰胎褐皮陶。圆唇，侈口，卷沿，短束颈，溜肩。唇部饰戳印点纹。口径18、残高5.4厘米（图九三，6）。

TN27E37④：33，夹砂灰褐陶。圆唇，侈口，卷沿，颈部微束。唇部饰戳印点纹。口径14、残高4厘米（图九三，7）。

TN27E37④：38，夹砂褐胎黑皮陶。方圆唇，侈口，卷沿较窄，短颈，溜肩。唇部饰戳印点纹，肩部饰戳印粗点纹。口径18、残高8.4厘米（图九三，8）。

TN29E39④：2，夹砂褐陶。方唇，侈口，宽卷沿，束颈，溜肩，弧腹。唇部饰短斜线纹，肩部饰刻划凹弦纹和网格纹。口径25.6、残高19.4厘米（图九三，9；彩版三六，1）。

TN30E36④：50，夹砂灰胎黑灰皮陶。斜方唇，侈口，卷沿，颈部微束，鼓肩。唇部饰戳印短斜线纹，沿外壁饰刻划网格纹，肩部以三周凹弦纹分为两个纹饰带，上部纹饰带为短线纹组成的三角纹、菱形纹等，光面留白形成菱形纹的外边框，下部为短斜线纹组成的带状纹饰。口径22、残高8厘米（图

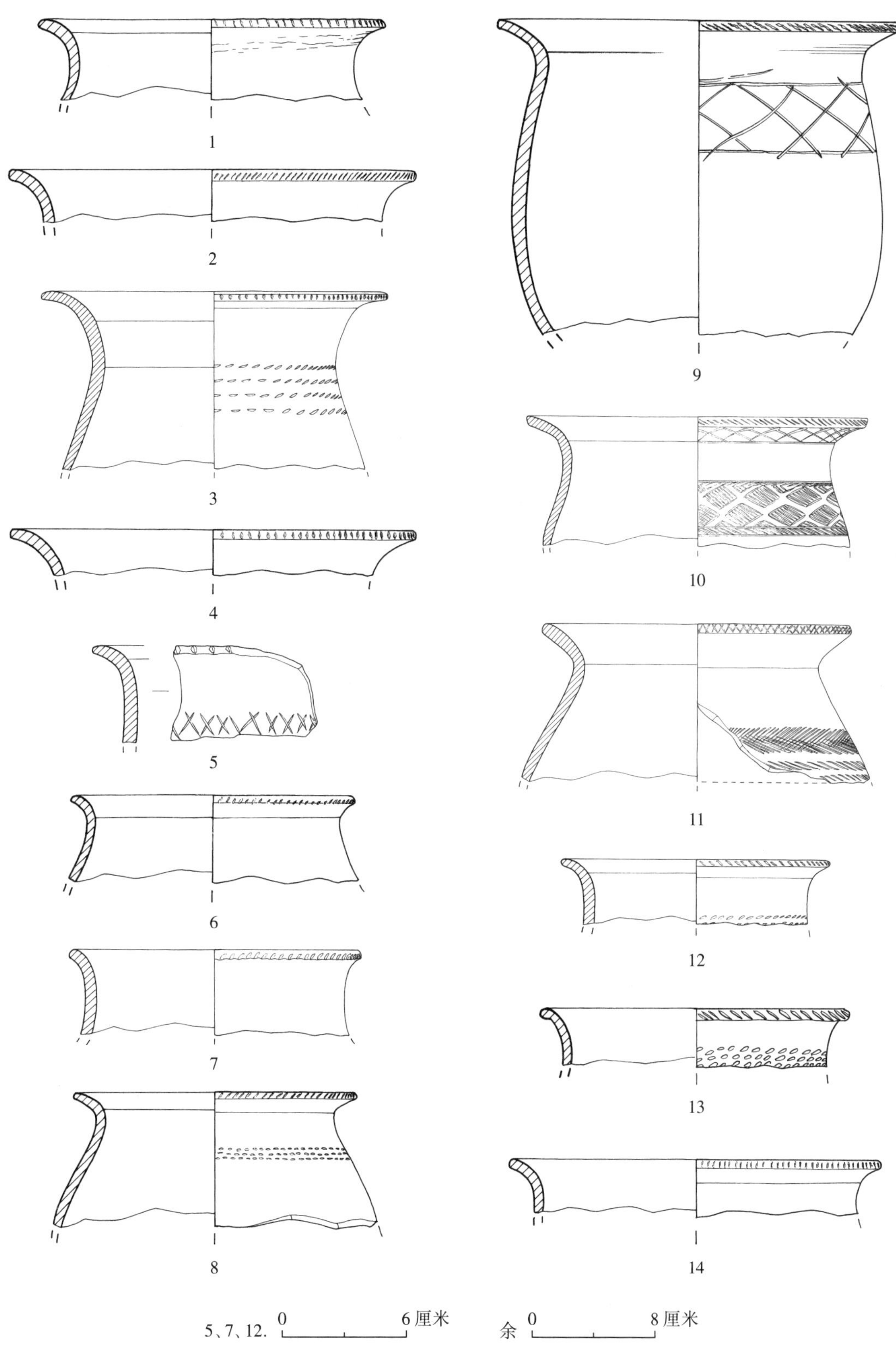

图九三　2016年第4层出土陶束颈罐

1~3. Ab型（TN26E37④：10、TN26E37④：43、TN26E38④：100）　4~14. Ba型（TN26E37④：21、TN26E38④：38、TN26E38④：99、TN27E37④：33、TN27E37④：38、TN29E39④：2、TN30E36④：50、TN30E36④：89、TN30E37④：6、TN30E37④：46、TN31E37④：8）

九三，10）。

TN30E36④：89，夹砂黄褐胎灰皮陶。方唇，侈口，卷沿，束颈，鼓肩。唇部饰“×”形纹，肩部饰一周刻划短线组成的“<”形纹以及两周刻划短线组成的窄带状纹饰。口径20、残高9.8厘米（图九三，11）。

TN30E37④：6，夹砂褐陶，内壁黑色。圆唇，侈口，卷沿，有颈。唇部和颈下部饰戳印点纹。口径13、残高3厘米（图九三，12）。

TN30E37④：46，夹砂褐胎黑皮陶。方圆唇，侈口，卷沿，短束颈。唇部饰戳印点纹，颈部饰戳印粗点纹。口径20、残高3.6厘米（图九三，13）。

TN31E37④：8，夹砂黑灰陶。方圆唇，侈口，卷沿，束颈。唇部饰戳印点纹。口径24、残高3.3厘米（图九三，14）。

Bb型。

TN27E38④：19，夹砂黄褐陶。圆唇，侈口，短束颈。肩下部饰戳印粗点纹。口径15、残高3.4厘米（图九四，1）。

TN30E36④：30，夹砂黑灰陶，器表磨光。圆唇，侈口，卷沿。颈部饰刻划纹。口径15、残高2.7厘米（图九四，2）。

TN30E36④：45，夹砂灰褐陶。圆唇，侈口，卷沿，短束颈。素面。口径14、残高3.2厘米（图九四，3）。

残片。

TN26E38④：94，夹砂灰白胎灰褐皮陶。口部残，束颈，溜肩，鼓腹。肩上部饰戳印粗点纹。残高20厘米（图九四，4）。

侈口小罐

Ac型。

TN27E37④：13，夹砂褐胎黑皮陶。圆唇，侈口，窄卷沿，溜肩。唇部饰戳印点纹，肩部饰刻划网格纹和戳印点纹等。口径7、残高3.5厘米（图九四，5）。

TN31E36④：13，夹砂灰陶。方唇，侈口，窄卷沿，溜肩。唇部饰戳印点纹。口径10、残高2.8厘米（图九四，6）。

Ae型。

TN26E39④：14，夹砂褐陶，内壁黑灰色。圆唇，侈口，卷沿，短束颈。唇部和颈部饰戳印粗点纹。口径10、残高3.7厘米（图九四，7）。

TN26E39④：17，夹砂褐陶，内壁黑色。方圆唇，侈口，卷沿，短束颈，溜肩。肩部饰刻划网格纹。口径13、残高3.5厘米（图九四，8）。

TN27E38④：15，夹砂黑褐陶。斜方唇，侈口，卷沿，短束颈，溜肩。颈肩部饰刻划纹。口径12、残高6厘米（图九四，9）。

无颈罐

Ac型。

图九四　2016年第4层出土陶器

1~3. Bb型束颈罐（TN27E38④：19、TN30E36④：30、TN30E36④：45）　4. 束颈罐残片（TN26E38④：94）　5、6. Ac型侈口小罐（TN27E37④：13、TN31E36④：13）　7~9. Ae型侈口小罐（TN26E39④：14、TN26E39④：17、TN27E38④：15）　10. Ac型无颈罐（TN26E38④：3）　11. Ba型无颈罐（TN26E38④：68）

TN26E38④：3，夹砂褐陶。圆唇，敛口，窄折沿上仰。素面。口径10、残高2.2厘米（图九四，10）。

Ba型。

TN26E38④：68，夹砂灰陶。圆唇，侈口，卷沿，溜肩。唇部饰戳印点纹，肩部饰刻划网格纹。

口径 10、残高 3 厘米（图九四，11）。

附加堆纹罐

Aa 型。

TN30E36④：16，夹砂黄褐陶。圆唇，侈口。唇部饰戳印点纹，颈上部饰一周平滑的附加堆纹。口径 25.2、残高 2.6 厘米（图九五，1）。

TN30E36④：54，夹砂灰胎黑皮陶。圆唇，侈口，卷沿。唇部饰戳印点纹，颈上部饰一周平滑的附加堆纹。口径 22、残高 2.8 厘米（图九五，3）。

TN30E37④：32，夹砂灰陶，内壁黑灰色。方圆唇，侈口。唇部饰戳印点纹，颈上部饰一周平滑的附加堆纹。残高 2.1 厘米（图九五，5）。

Ab 型。

TN30E36④：31，夹砂灰陶。方唇，侈口，卷沿。唇部饰戳印点纹，颈上部饰一周褶皱状附加堆纹。口径 25.2、残高 3 厘米（图九五，2）。

TN30E36④：42，夹砂灰褐陶。方唇，侈口。唇部饰戳印点纹，颈上部饰一周褶皱状附加堆纹。口径 25.2、残高 3.2 厘米（图九五，7）。

TN30E36④：47，夹砂红褐陶，器表磨光。方圆唇，侈口。唇部饰戳印点纹，颈上部饰一周褶皱状附加堆纹。口径 25.2、残高 2.4 厘米（图九五，8）。

TN30E36④：58，夹砂灰胎黄褐皮陶，内壁黑灰色。方唇，侈口。唇部饰戳印点纹，颈上部饰一周褶皱状附加堆纹。口径 25.2、残高 1.1 厘米（图九五，4）。

TN30E37④：49，夹砂黄褐陶。方唇，侈口。唇部饰戳印点纹，颈上部饰一周褶皱状附加堆纹。口径 28、残高 2.8 厘米（图九五，9）。

TN30E37④：54，夹砂黑灰陶。方圆唇，侈口，卷沿。唇部饰戳印点纹，颈上部饰一周褶皱状附加堆纹。口径 22、残高 3 厘米（图九五，10）。

TN31E36④：3，夹砂灰褐陶。方唇，侈口，卷沿，束颈。唇部饰戳印点纹，颈部饰一周褶皱状附加堆纹，肩部饰刻划网格纹。口径 30、残高 8 厘米（图九五，11）。

TN31E36④：37，夹砂灰陶。方唇，侈口。唇部饰戳印点纹，颈上部饰一周褶皱状附加堆纹。残高 2.6 厘米（图九五，12）。

TN31E36④：40，夹砂灰陶。方唇，侈口。颈上部饰一周褶皱状附加堆纹。口径 24、残高 3.2 厘米（图九五，14）。

TN31E37④：15，夹砂灰陶。方唇，侈口，卷沿。唇部饰“×”形纹，颈上部饰一周褶皱状附加堆纹。残高 2.6 厘米（图九五，6）。

TN31E37④：63，夹砂灰陶。方唇，侈口，卷沿。唇部饰戳印点纹，颈上部饰一周褶皱状附加堆纹。残高 3.8 厘米（图九五，13）。

TN26E38④：14，夹砂灰陶。方唇，敞口。唇部饰戳印点纹，沿外饰一周褶皱状附加堆纹。口径 28、残高 2.7 厘米（图九五，15）。

TN31E36④：8，夹砂灰陶，内壁黑灰色。方唇，敞口。唇部饰戳印点纹，沿外饰一周褶皱状附

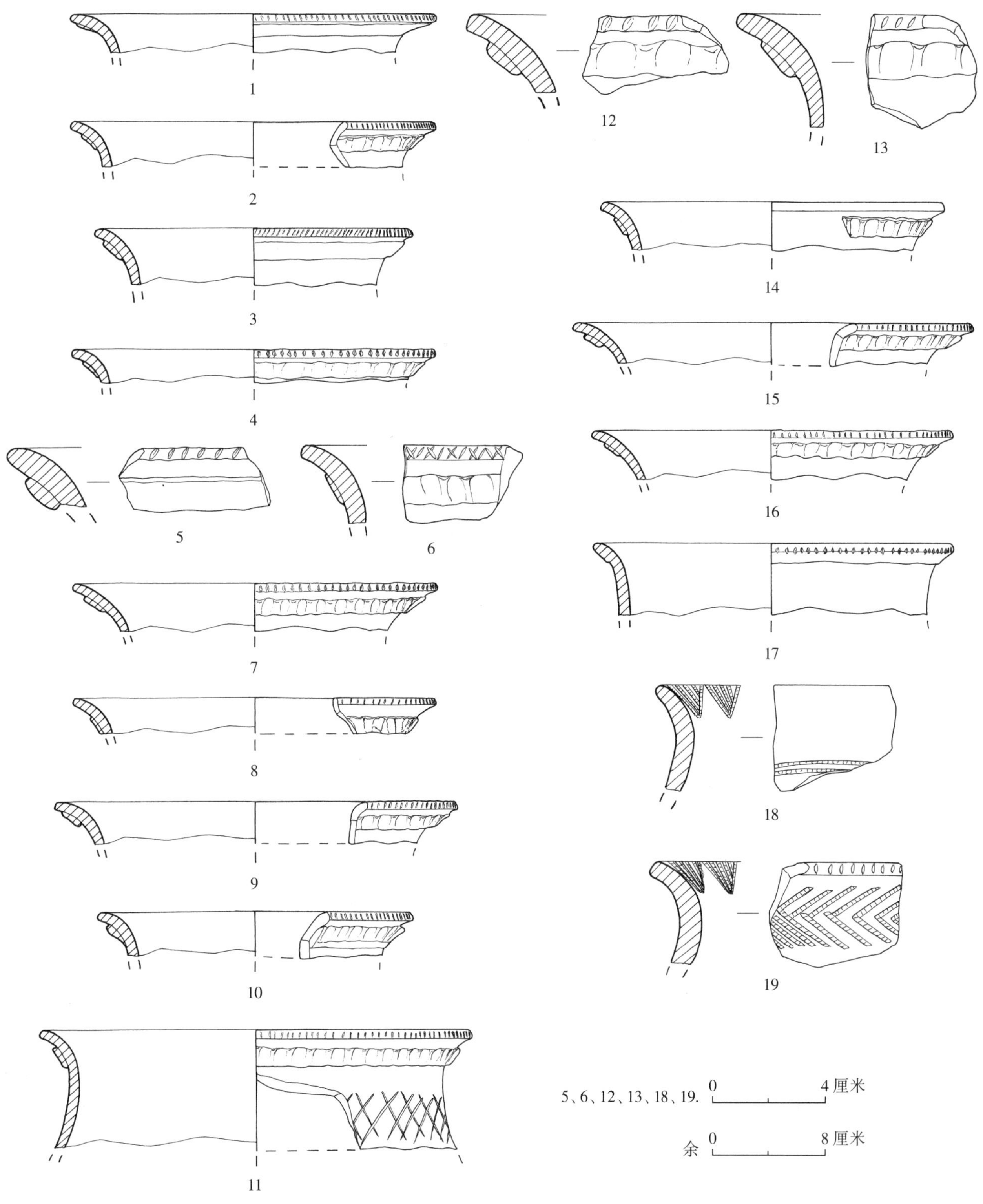

图九五　2016年第4层出土陶器

1、3、5. Aa型附加堆纹罐（TN30E36④：16、TN30E36④：54、TN30E37④：32）　2、4、6~16. Ab型附加堆纹罐（TN30E36④：31、TN30E36④：58、TN31E37④：15、TN30E36④：42、TN30E36④：47、TN30E37④：49、TN30E37④：54、TN31E36④：3、TN31E36④：37、TN31E37④：63、TN31E36④：40、TN26E38④：14、TN31E36④：8）　17. Ba型附加堆纹罐（TN27E38④：22）　18、19. Ab型沿面饰纹罐（TN26E38④：45、TN27E39④：16）

加堆纹。口径 25、残高 3.2 厘米（图九五，16）。

Ba 型。

TN27E38 ④：22，夹砂黄褐陶。圆唇，侈口。唇部饰戳印点纹，口外侧饰一周平滑的附加堆纹，与口部贴合形成箭头状唇。口径 25.2、残高 4.8 厘米（图九五，17）。

沿面饰纹罐 Ab 型。

TN26E38 ④：45，夹砂红褐胎黑皮陶。圆唇，侈口，卷沿上仰。沿面饰小方格状点线纹组成的连续三角纹，颈部饰小方格状点线纹。残高 3.6 厘米（图九五，18）。

TN27E39 ④：16，夹砂灰陶。方唇，侈口，卷沿上仰。唇部饰戳印点纹，沿面饰小方格状点线纹组成的连续三角纹，颈部饰小方格状点线纹组成的“<”形纹。残高 3.4 厘米（图九五，19）。

长颈罐

B 型。

TN27E39 ④：13，夹砂黄褐陶。圆唇，喇叭口，长颈。素面。口径 12、残高 4.2 厘米（图九六，1）。

残片。

TN26E37 ④：55，夹砂灰胎褐陶。口部残，长颈，溜肩。肩部饰凹弦纹夹网格纹。残高 18.4 厘米（图九六，2）。

TN26E38 ④：93，夹砂红褐陶，内壁局部为灰色。长颈。颈下部饰凹弦纹夹短斜线纹。残高 12.6 厘米（图九六，3）。

矮领小罐

A 型。

TN27E37 ④：9，夹砂灰陶。圆唇，敛口，矮领。领部和肩部饰小方格状点线纹。残高 3.4 厘米（图九六，4）。

TN27E37 ④：12，夹砂黑灰陶。圆唇，敛口，矮领，溜肩。领部至肩部饰刻划菱格纹、短线纹组成的带状纹饰、凹弦纹夹短线纹与光面组成的复合纹饰等。口径 14、残高 4.6 厘米（图九六，6）。

TN30E36 ④：15，夹砂黑灰陶。方圆唇，敛口，矮领，溜肩。领部饰刻划菱格纹，肩部饰戳印点纹和附加堆纹。残高 3.7 厘米（图九六，5）。

B 型。

TN26E38 ④：50，夹砂灰胎黑皮陶，器表磨光。方圆唇，直口，矮领，溜肩，领部和肩部结合处有一道缓折棱。唇部饰戳印点纹，领部饰小方格状点线纹组成的窄带状纹饰，肩部饰小方格状点线纹组成的窄带状纹饰以及与光面组成的复合纹饰等。残高 5.1 厘米（图九六，7）。

TN26E38 ④：61，夹砂红褐胎黑皮陶。圆唇，口近直，矮领，溜肩。领部饰点线纹组成的连续三角纹与光面三角纹交错分布，其下饰一周点线纹状凹弦纹和短斜线纹等。残高 3.8 厘米（图九六，8）。

C 型。

TN31E37 ④：26，夹砂灰胎黄褐皮陶。圆唇，敞口，矮领。领部饰小方格状点线纹。口径 10、残高 2.8 厘米（图九六，9）。

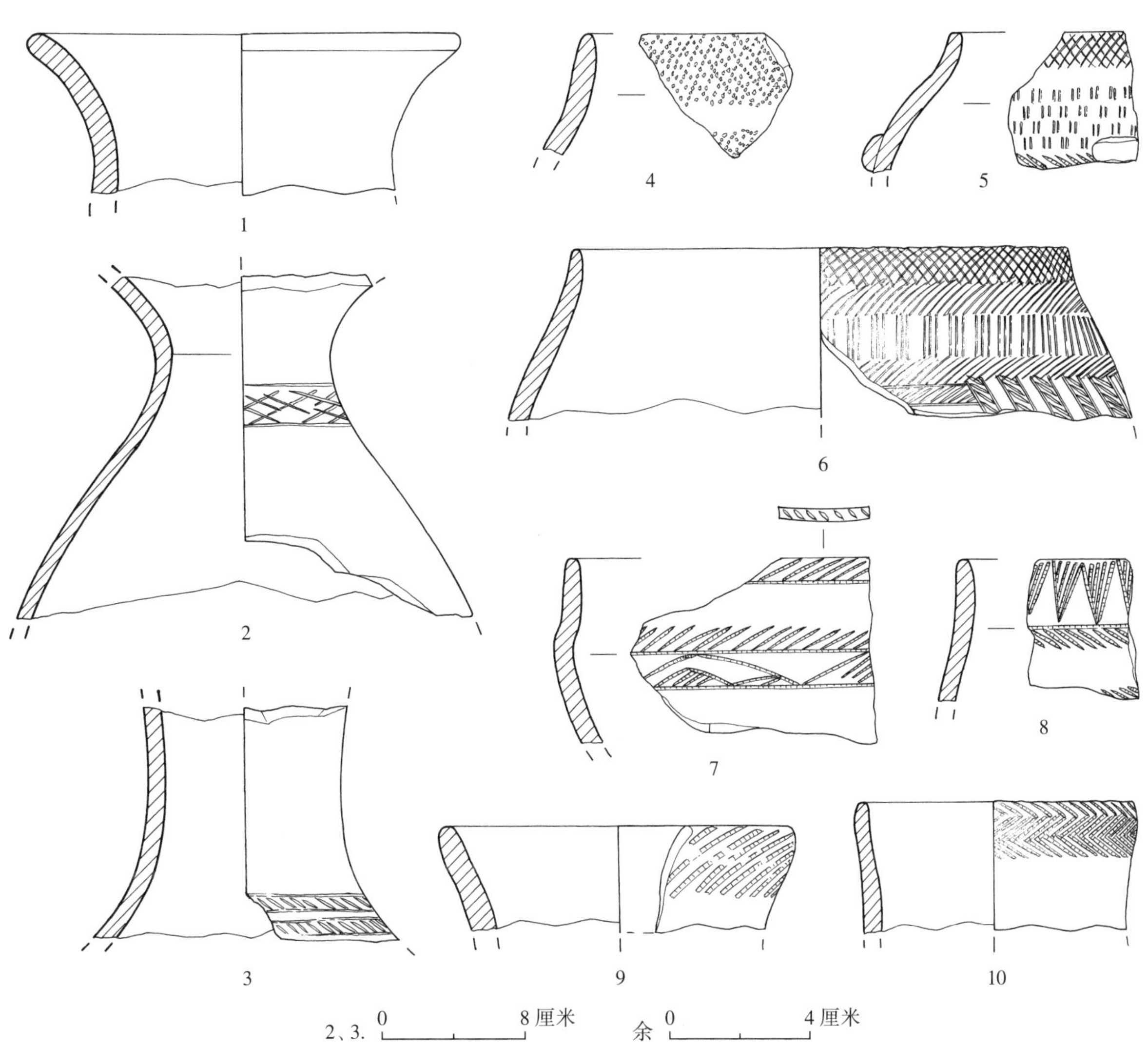

图九六　2016年第4层出土陶器

1. B型长颈罐（TN27E39④：13） 2、3. 长颈罐残片（TN26E37④：55、TN26E38④：93） 4~6. A型矮领小罐（TN27E37④：9、TN30E36④：15、TN27E37④：12） 7、8. B型矮领小罐（TN26E38④：50、TN26E38④：61） 9、10. C型矮领小罐（TN31E37④：26、TN31E37④：30）

TN31E37④：30，夹砂灰陶。圆唇，敞口，矮领。领上部饰点线纹组成的折线纹。口径8、残高3.8厘米（图九六，10）。

带耳罐

A型。

TN26E37④：39，夹砂褐胎黑皮陶，内壁磨光。圆唇，侈口，卷沿，短束颈，溜肩，沿面至肩部附有一桥形竖耳。颈部饰刻划网格纹。口径10、残高4厘米（图九七，1）。

B型。

TN31E39④：1，夹砂黑灰陶。圆唇，敛口，肩部附一横耳，鼓腹，矮台状平底。口外侧饰刻划交叉纹。口径10、底径7.4、高11.4厘米（图九七，2；彩版三六，2）。

壶　甲类Aa型。

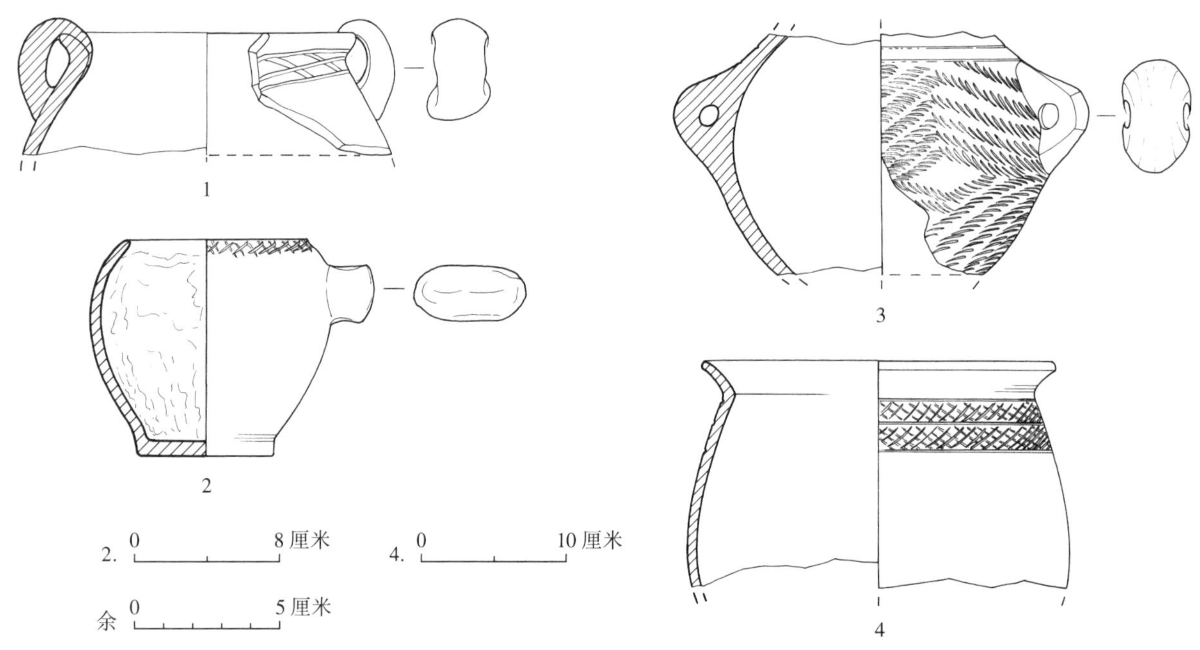

图九七　2016年第4层出土陶器

1. A型带耳罐（TN26E37④：39）　2. B型带耳罐（TN31E39④：1）　3. 甲类Aa型壶（TN26E38④：91）　4. D型盆（TN30E37④：55）

TN26E38④：91，夹砂灰陶。肩部附半环形双竖耳，鼓腹。腹部饰凹弦纹和短线纹与光面组成的复合纹饰。残高7.9厘米（图九七，3）。

盆　D型。

TN30E37④：55，夹砂灰陶。方唇，侈口，卷沿，弧腹。肩部饰三周凹弦纹夹刻划菱格纹。口径24、残高15厘米（图九七，4）。

钵

乙类Aa型。

TN26E37④：56，夹砂灰胎褐皮陶。圆唇，敞口，斜弧腹。素面。口径22、残高6厘米（图九八，1）。

TN26E38④：96，夹砂褐陶。方唇，敞口，斜弧腹。素面。口径26、残高7厘米（图九八，2）。

TN27E37④：24，夹砂黑灰陶。圆唇，敞口，斜弧腹。素面。口径19.2、残高5.4厘米（图九八，4）。

TN27E37④：37，夹砂黑陶，器表磨光。斜方唇，敞口，斜弧腹。唇部饰戳印点纹。口径22、残高5厘米（图九八，5）。

TN30E36④：57，夹砂黑灰陶，器表磨光。圆唇，敞口，弧腹。唇部饰戳印点纹。残高5.5厘米（图九八，6）。

乙类Ab型。

TN26E38④：40，夹砂灰胎黑灰皮陶。圆唇，直口，弧腹。唇部饰戳印点纹。口径20、残高4厘米（图九八，3）。

TN30E36④：39，夹砂黑灰陶。圆唇，直口，弧腹。素面。口径26、残高5.2厘米（图九八，7）。

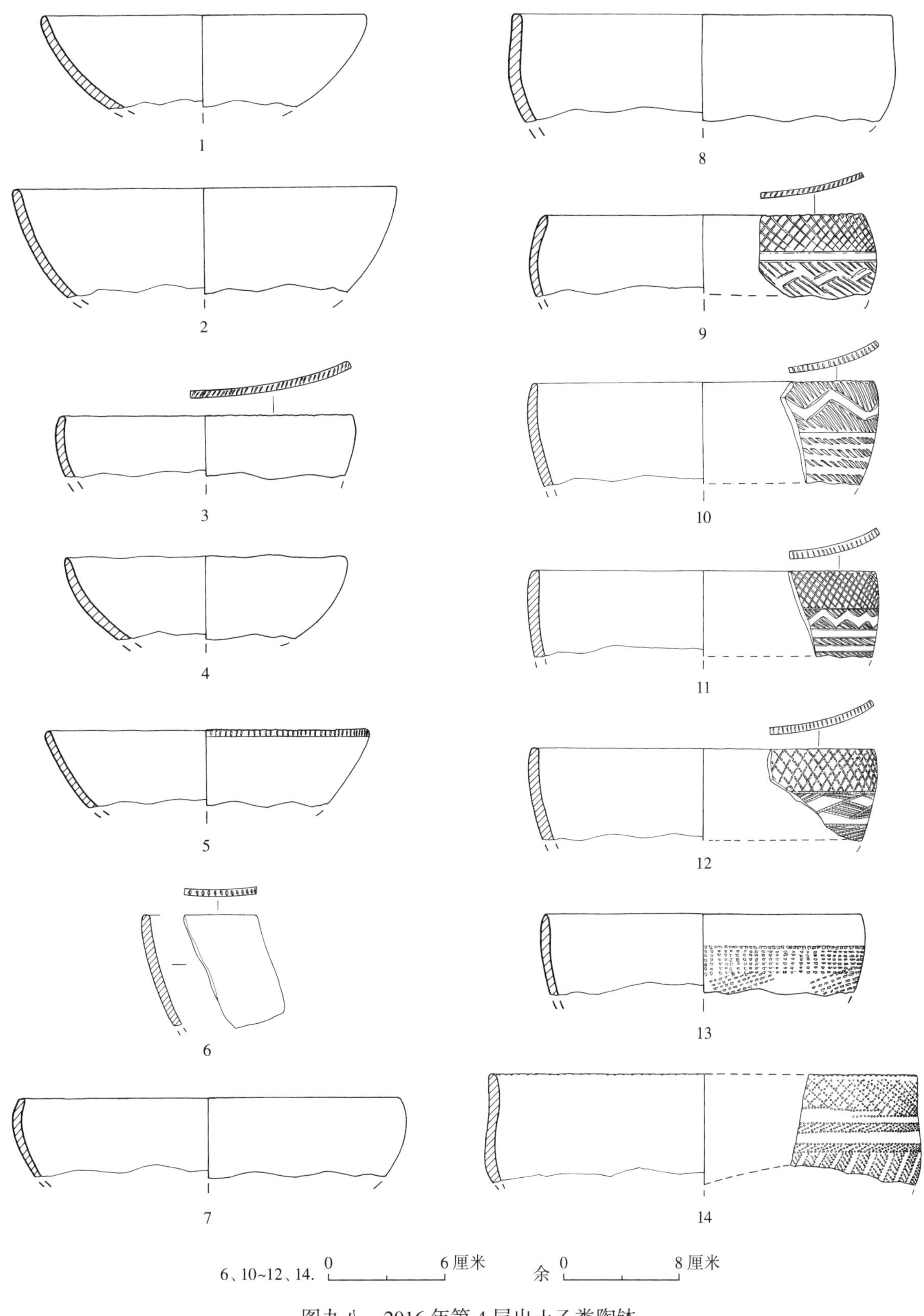

图九八　2016年第4层出土乙类陶钵

1、2、4~6. Aa型（TN26E37④：56、TN26E38④：96、TN27E37④：24、TN27E37④：37、TN30E36④：57）　3、7、8. Ab型（TN26E38④：40、TN30E36④：39、TN30E36④：55）　9. Bb型（TN30E36④：73）　10~14. Bd型（TN30E36④：82、TN26E37④：31、TN26E37④：35、TN30E36④：90、TN31E36④：11）

TN30E36④：55，夹砂灰陶。方唇，直口，上腹近直，下腹弧收。素面。口径26、残高7厘米（图九八，8）。

乙类Bb型。

TN30E36④：73，夹砂灰陶。圆唇，敛口，上腹微鼓。唇部饰戳印点纹，口外侧饰刻划菱格纹和凹弦纹，腹部饰短线纹组成的连续三角纹夹光面折线纹等。口径22、残高5.2厘米（图九八，9）。

乙类Bd型。

TN26E37④：31，夹砂黑灰陶。圆唇，直口，上腹较直。唇部饰戳印点纹，口外侧饰刻划菱格纹、连续三角纹夹光面折线纹、凹弦纹夹短斜线纹等。口径18、残高4.2厘米（图九八，11）。

TN26E37④：35，夹砂黑灰陶，器表磨光。方唇，直口，上腹较直。唇部饰戳印点纹，口外侧至腹部饰点线纹组成的菱格纹和窄带状纹饰、连续三角纹夹光面菱形纹等。口径18、残高4.5厘米（图九八，12）。

TN30E36④：82，夹砂灰陶，器表磨光。尖圆唇，直口，上腹近直。唇部饰戳印点纹，口外侧饰短斜线纹组成的连续三角纹夹光面折线纹和一周凹弦纹，腹部饰数周戳印粗点纹。口径18、残高5厘米（图九八，10）。

TN30E36④：90，夹砂灰白胎灰褐皮陶。圆唇，直口，上腹较直。腹部饰小方格状点线纹，戳印痕迹很深。口径22、高5.2厘米（图九八，13）。

TN31E36④：11，夹砂灰胎橙黄皮陶，内壁黑灰色。方唇，直口，上腹较竖直，下腹微鼓。唇部饰戳印点纹，口外侧饰点线纹组成的菱格纹和凹弦纹，腹部饰点线纹组成的窄带状纹饰以及与光面组成的复合纹饰。口径22、残高5.5厘米（图九八，14）。

乙类Be型。

TN30E36④：87，夹砂灰褐陶。圆唇，直口，弧腹。唇部饰戳印点纹，口外侧至腹部饰菱格纹、弦纹、连续三角纹夹光面折线纹、光面菱格纹等纹饰。口径24.8、残高10.4厘米（图九九，1）。

TN27E37④：21，夹砂灰陶，器表磨光。方唇，直口，弧腹。唇部饰戳印点纹，口外侧饰点线纹组成的菱格纹和一周凹弦纹，腹部饰点线纹与光面组成的复合纹饰。口径18、残高4.2厘米（图九九，2）。

乙类Bf型。

TN26E37④：20，夹砂褐陶，内壁磨光。圆唇，敞口，弧腹。唇部饰戳印点纹，口外侧饰刻划菱格纹和凹弦纹，腹部饰凹弦纹夹短线纹与光面组成的复合纹饰。口径18、残高4.1厘米（图九九，3）。

TN27E37④：28，夹砂黑灰陶。方唇，敞口，弧腹。唇部饰戳印点纹，口外侧饰点线纹组成的菱格纹，腹部饰点线纹组成的连续三角纹夹光面折线纹等。口径16、残高4厘米（图九九，4）。

TN27E38④：13，夹砂黑灰陶。圆唇，敞口，弧腹。唇部饰戳印点纹，口外侧饰刻划菱格纹和一周凹弦纹，腹部饰点线纹与光面组成的复合纹饰。口径17.5、残高5厘米（图九九，5）。

TN31E37④：35，夹砂灰胎黑灰皮陶，内壁磨光。方唇，敞口，斜弧腹。唇部饰戳印点纹，口外侧饰点线纹组成的菱格纹和一周凹弦纹，腹部饰点线纹组成的窄带状纹饰以及与光面组成的复合纹

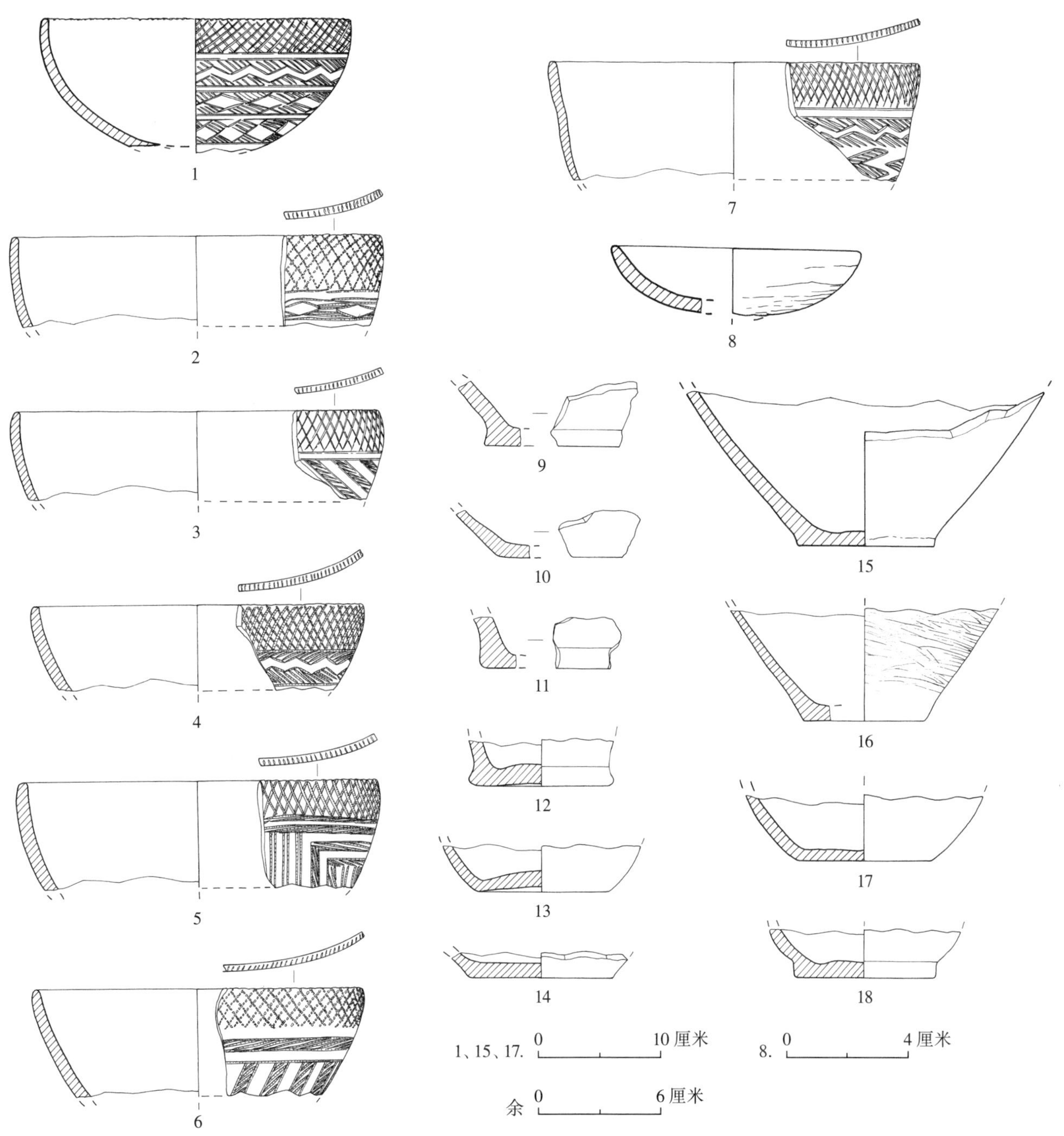

图九九　2016年第4层出土陶器

1、2. 乙类Be型钵（TN30E36④：87、TN27E37④：21）　3~6. 乙类Bf型钵（TN26E37④：20、TN27E37④：28、TN27E38④：13、TN31E37④：35）　7. 乙类Bg型钵（TN27E39④：15）　8. Ac型杯（TN27E39④：17）　9~18. 器底（TN26E37④：53、TN26E38④：58、TN26E38④：80、TN27E39④：1、TN27E39④：18、TN31E36④：4、TN26E38④：92、TN27E38④：21、TN31E37④：2、TN31E37④：20）

饰。口径16、残高5厘米（图九九，6）。

乙类Bg型。

TN27E39④：15，夹砂灰胎黑灰皮陶，外壁磨光。方唇，敞口，口内侧有一道凸棱，腹壁斜直。唇部饰戳印点纹，口外侧饰刻划菱格纹和凹弦纹，腹部饰短线纹组成的连续三角纹夹光面折线纹等。

口径18、残高5.5厘米（图九九，7）。

杯　Ac型。

TN27E39④：17，夹砂褐陶。圆唇，敞口，浅弧腹，底残。素面。口径8、残高2厘米（图九九，8）。

器底

TN26E37④：53，夹砂黑灰陶。饼状平底。素面。残高3厘米（图九九，9）。

TN26E38④：58，夹砂灰陶。平底。素面。残高2.2厘米（图九九，10）。

TN26E38④：80，夹砂灰陶，内壁黄褐色。饼状平底。素面。残高2.4厘米（图九九，11）。

TN26E38④：92，夹砂褐陶，内壁黑色。下腹斜直，平底。素面。底径11.2、残高12厘米（图九九，15）。

TN27E38④：21，夹砂褐陶。下腹斜直内收，平底。下腹部有刮划痕。底径6、残高5.2厘米（图九九，16）。

TN27E39④：1，夹砂黄褐陶。平底，底部厚实，呈喇叭状假圈足。素面。底径7、残高2.1厘米（图九九，12）。

TN27E39④：18，夹砂黑灰陶。平底微内凹。素面。可见腹部与底部粘接的痕迹。底径6.4、残高2.1厘米（图九九，13）。

TN31E36④：4，泥质黑陶。平底。素面。底径6.8、残高1.1厘米（图九九，14）。

TN31E37④：2，泥质灰陶。下腹弧收，平底。素面。底径11、残高5厘米（图九九，17）。

TN31E37④：20，夹砂褐陶。饼状平底。素面。底径7、残高2.2厘米（图九九，18）。

（2）石器

斧　C型。

TN26E38④：95，黄褐色。平面呈长方形。正面中部起脊，两侧仍残有部分片疤。顶部和刃部残缺。残长10、宽7、厚约5厘米（图一〇〇，1）。

锛　C型。

TN28E36④：1，绿色。平面近三角形。两面磨光较好，两侧仍有少量片疤，两侧有人为切割的痕迹。单面刃，刃缘有较大面积的崩疤。长9.1、宽4.6、厚约0.7厘米（图一〇〇，2）。

TN27E39④：19，黑色。弧刃。磨光较好。残长6.1、宽1.1、厚1厘米（图一〇〇，3；彩版三六，3）。

刀

乙类Aa型。

TN30E36④：91，黑色。凹背，双孔，两面对钻。弧刃，刃缘分布有较杂乱的磨痕。残长7.2、宽3、厚约0.4、穿孔直径0.2~0.4厘米（图一〇〇，4）。

乙类Ab型。

TN26E37④：1，黄褐色。直背，有一穿孔，两面对钻。弧刃。残长6.6、宽3.8、厚约0.5、穿孔直径约0.3~0.6厘米（图一〇〇，5）。

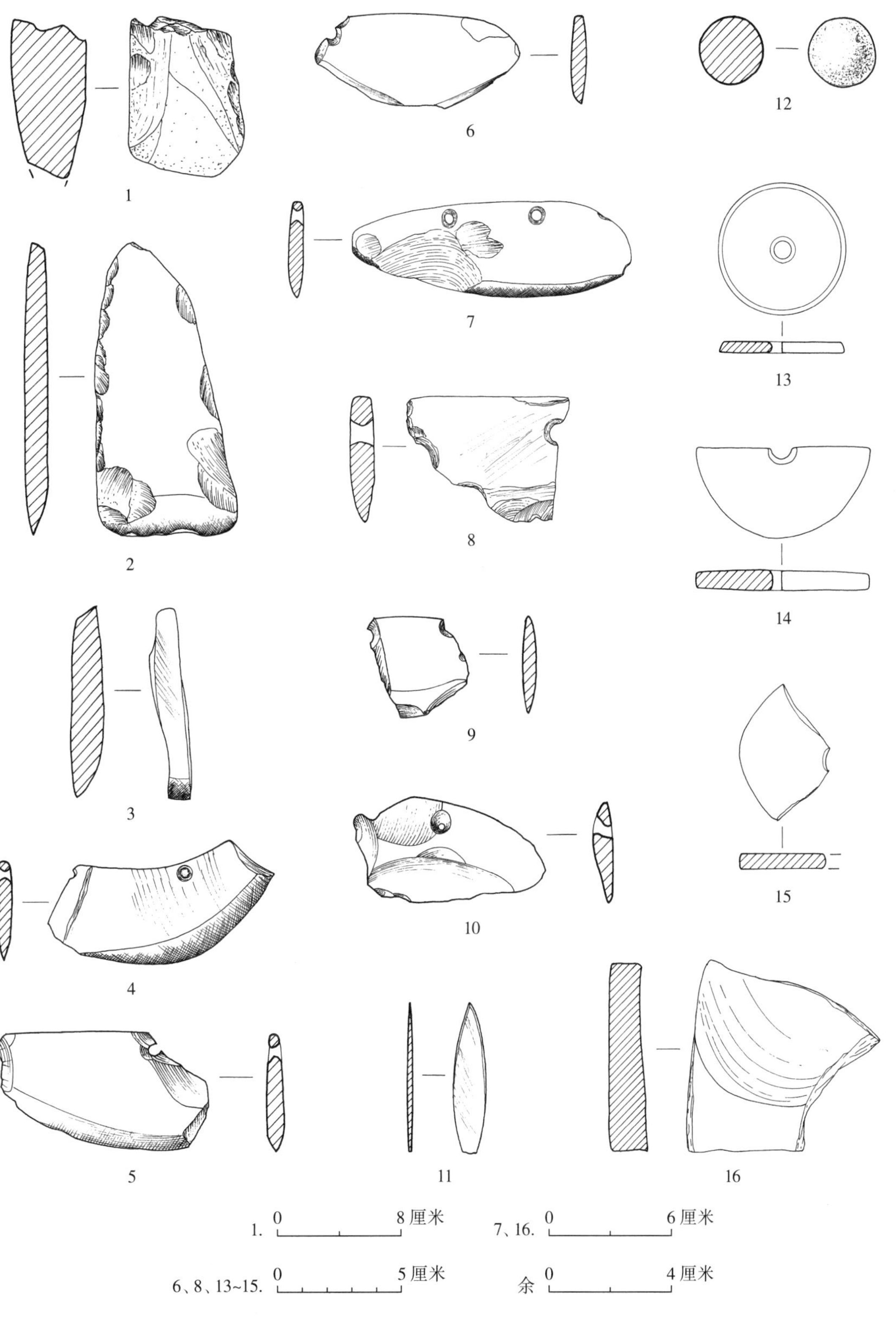

图一〇〇　2016年第4层出土石器

1. C型斧（TN26E38④：95）　2、3. C型锛（TN28E36④：1、TN27E39④：19）　4. 乙类Aa型刀（TN30E36④：91）　5、6. 乙类Ab型刀（TN26E37④：1、TN26E38④：98）　7. 乙类B型刀（TN31E37④：1）　8~10. 石刀残件（TN26E37④：54、TN26E39④：18、TN31E36④：41）　11. Aa型箭镞（TN30E37④：2）　12. 球（TN26E38④：97）　13~15. 纺轮（TN26E39④：1、TN30E36④：1、TN31E37④：64）　16. 砺石（TN30E36④：88）

TN26E38④：98，褐色。直背，残有一孔，两面对钻。弧刃，单面刃。残长8.1、宽3.5、厚约0.6、穿孔直径0.4~0.7厘米（图一〇〇，6；彩版三六，4）。

乙类B型。

TN31E37④：1，黑色。桂叶形。双孔，中部靠上对称分布，穿孔周围有明显的穿绳磨损。弧刃，双面刃。长13.4、宽4.5、厚约0.7、穿孔直径0.5~0.9厘米（图一〇〇，7；彩版三六，5）。

残件。

TN26E37④：54，褐色。直背，残有一孔，两面对钻。刃部残缺。残长6.7、宽5.1、厚约1、穿孔直径0.6~1厘米（图一〇〇，8）。

TN26E39④：18，褐色。直背，双孔均已破损，两面对钻。弧刃。残长2.9、宽3.2、厚约0.5、穿孔直径0.4~0.9厘米（图一〇〇，9）。

TN31E36④：41，深灰色。残有一孔。刃部残缺。残长6.2、宽3.3、厚约0.6、穿孔直径0.2~0.6厘米（图一〇〇，10）。

箭镞　Aa型。

TN30E37④：2，灰褐色。柳叶形，较细长。仅两侧的上半部分有较明显的刃面，双面刃，下半部分无刃缘处则相对较厚。长4.7、宽1、厚约0.1厘米（图一〇〇，11；彩版三六，6）。

球

TN26E38④：97，黄褐色。器形较规整，磨制较粗糙。直径2~2.1厘米（图一〇〇，12）。

纺轮

TN26E39④：1，红褐色。圆形片状，中间有一穿孔，两面对钻。直径5.2、厚0.4、穿孔直径1厘米（图一〇〇，13；彩版三六，7）。

TN30E36④：1，黄褐色。圆形片状，中间有一穿孔，单面穿孔。直径7、厚0.6、穿孔直径0.7厘米（图一〇〇，14）。

TN31E37④：64，灰褐色。圆形片状，中间有一穿孔，单面穿孔。半径3.7、厚0.6、穿孔直径0.8厘米（图一〇〇，15）。

砺石

TN30E36④：88，黄褐色。平面近正方形，片状，整体相对较薄。使用面较不明显。长9.4、宽9.2、厚1.8厘米（图一〇〇，16）。

（四）第3层出土遗物

该层出土遗物以陶器为主，另有少量石器和玉器。陶器器类有束颈罐、侈口小罐、附加堆纹罐、沿面饰纹罐、长颈罐、矮领小罐、带把罐、壶、瓶、盆、钵、碗等，石器器类有斧、锛、凿、刀、箭镞、球、网坠、砺石、铲等，玉器仅有残片。

（1）陶器

束颈罐

Aa型。

TN28E37③：48，夹砂红陶。圆唇，侈口，窄卷沿外翻下垂。唇部饰戳印点纹。口径14、残高2.8厘米（图一〇一，1）。

TN28E38③：26，夹砂灰褐陶，内壁磨光、呈黑灰色。圆唇，侈口，窄卷沿外翻下垂，颈部微束，溜肩。颈部饰刻划网格纹和凹弦纹。残高5.1厘米（图一〇一，2）。

TN28E38③：45，夹砂橙黄陶。尖圆唇，侈口，窄卷沿外翻下垂，长束颈，鼓肩。颈部饰刻划网格纹和凹弦纹，肩部饰凹弦纹、短线纹组成的菱形纹等。口径26.4、残高8厘米（图一〇一，3）。

TN29E36③：38，夹砂褐胎黑皮陶。尖圆唇，侈口，窄卷沿外翻下垂，长束颈，溜肩。颈部饰刻划凹弦纹夹网格纹。口径22、残高7厘米（图一〇一，4）。

TN29E39③：61，夹砂灰胎黑皮陶。尖圆唇，侈口，窄卷沿外翻下垂。颈部饰刻划网格纹。口径22、残高4.2厘米（图一〇一，5）。

Ab型。

TN27E37③：52，夹砂橙黄陶。圆唇，侈口，宽卷沿外翻近平，束颈，溜肩。唇部饰戳印点纹。口径32、残高11厘米（图一〇一，6）。

TN30E38③：35，夹砂灰陶。圆唇，侈口，宽卷沿外翻，束颈。唇部饰戳印点纹。残高4厘米（图一〇一，7）。

TN30E38③：37，夹砂灰陶。圆唇，侈口，宽卷沿外翻，长颈微束。素面。残高5厘米（图一〇一，8）。

TN31E36③：45，夹砂灰褐陶。圆唇，侈口，宽卷沿外翻，长束颈。素面。口径28、残高6.4厘米（图一〇一，9）。

Ba型。

TN28E36③：43，夹砂灰黄陶。方唇，侈口，卷沿。唇部饰戳印点纹。口径18、残高4厘米（图一〇一，10）。

TN28E37③：49，夹砂灰白胎灰褐皮陶。方唇，侈口。唇部饰戳印点纹。口径20、残高3.2厘米（图一〇一，11）。

TN29E37③：23，夹砂黄褐陶。方唇，侈口，卷沿，束颈。唇部饰戳印点纹。残高4厘米（图一〇一，12）。

TN29E37③：28，夹砂褐陶。圆唇，侈口，卷沿。唇部饰戳印点纹。口径15.6、残高4厘米（图一〇一，13）。

TN30E39③：14，夹砂灰白胎黑皮陶。圆唇，侈口，卷沿。唇部饰戳印点纹。口径20、残高4厘米（图一〇一，14）。

Bb型。

TN27E39③：28，夹砂黑灰陶。圆唇，侈口，卷沿。素面。口径22、残高3.2厘米（图一〇二，1）。

TN28E39③：49，夹砂灰陶。方唇，侈口，卷沿，短束颈。素面。口径18、残高3.4厘米（图一〇二，2）。

图一〇一　2016年第3层出土陶束颈罐

1~5. Aa 型（TN28E37 ③：48、TN28E38 ③：26、TN28E38 ③：45、TN29E36 ③：38、TN29E39 ③：61）　6~9. Ab 型（TN27E37 ③：52、TN30E38 ③：35、TN30E38 ③：37、TN31E36 ③：45）　10~14. Ba 型（TN28E36 ③：43、TN28E37 ③：49、TN29E37 ③：23、TN29E37 ③：28、TN30E39 ③：14）

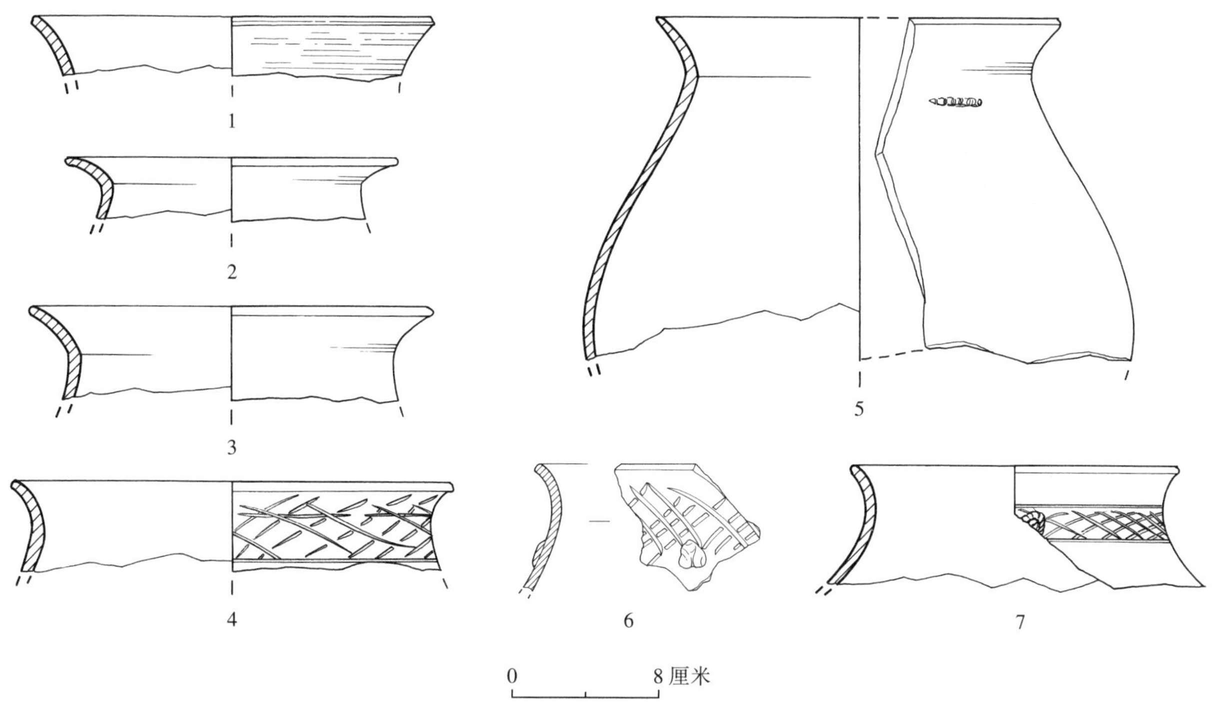

图一〇二　2016 年第 3 层出土 Bb 型陶束颈罐

1. TN27E39③：28　2. TN28E39③：49　3. TN28E39③：75　4. TN29E39③：68　5. TN29E39③：64　6. TN31E39③：54　7. TN31E39③：55

TN28E39③：75，夹砂灰陶。圆唇，侈口，卷沿，束颈。素面。口径 22、残高 5 厘米（图一〇二，3）。

TN29E39③：64，夹砂褐陶。圆唇，侈口，卷沿，束颈，溜肩，鼓腹。肩部饰短泥条附加堆纹。口径 22、残高 18 厘米（图一〇二，5）。

TN29E39③：68，夹砂灰黄胎黑皮陶，内壁磨光、呈红褐色。方唇，侈口，卷沿，束颈。颈部饰刻划网格纹和凹弦纹。口径 24、残高 4.8 厘米（图一〇二，4）。

TN31E39③：54，夹砂灰陶。方唇，侈口，卷沿，束颈。颈部饰刻划网格纹和小圆饼附加堆纹。残高 6.7 厘米（图一〇二，6）。

TN31E39③：55，夹砂褐陶，内壁黑色。尖圆唇，侈口，卷沿，束颈。颈部饰刻划凹弦纹夹网格纹，其上再饰弧形短泥条附加堆纹。口径 18、残高 6.4 厘米（图一〇二，7）。

侈口小罐　Ae 型。

TN31E37③：26，夹砂褐陶。圆唇，侈口，卷沿，短束颈，溜肩。肩部饰多组刻划细线纹。口径 16、残高 3.8 厘米（图一〇三，1）。

TN26E36③：80，夹砂灰褐陶。圆唇，侈口，宽卷沿外翻，短束颈，溜肩。唇部饰戳印点纹。口径 20、残高 5.8 厘米（图一〇三，2）。

TN27E36③：51，夹砂灰陶。圆唇，侈口，卷沿，短束颈，溜肩。颈肩部饰刻划网格纹、凹弦纹和短泥条附加堆纹。口径 20、残高 7 厘米（图一〇三，3）。

TN27E36③：52，夹砂灰白胎黑灰皮陶。尖圆唇，侈口，卷沿，短束颈，溜肩。颈肩部饰刻划网

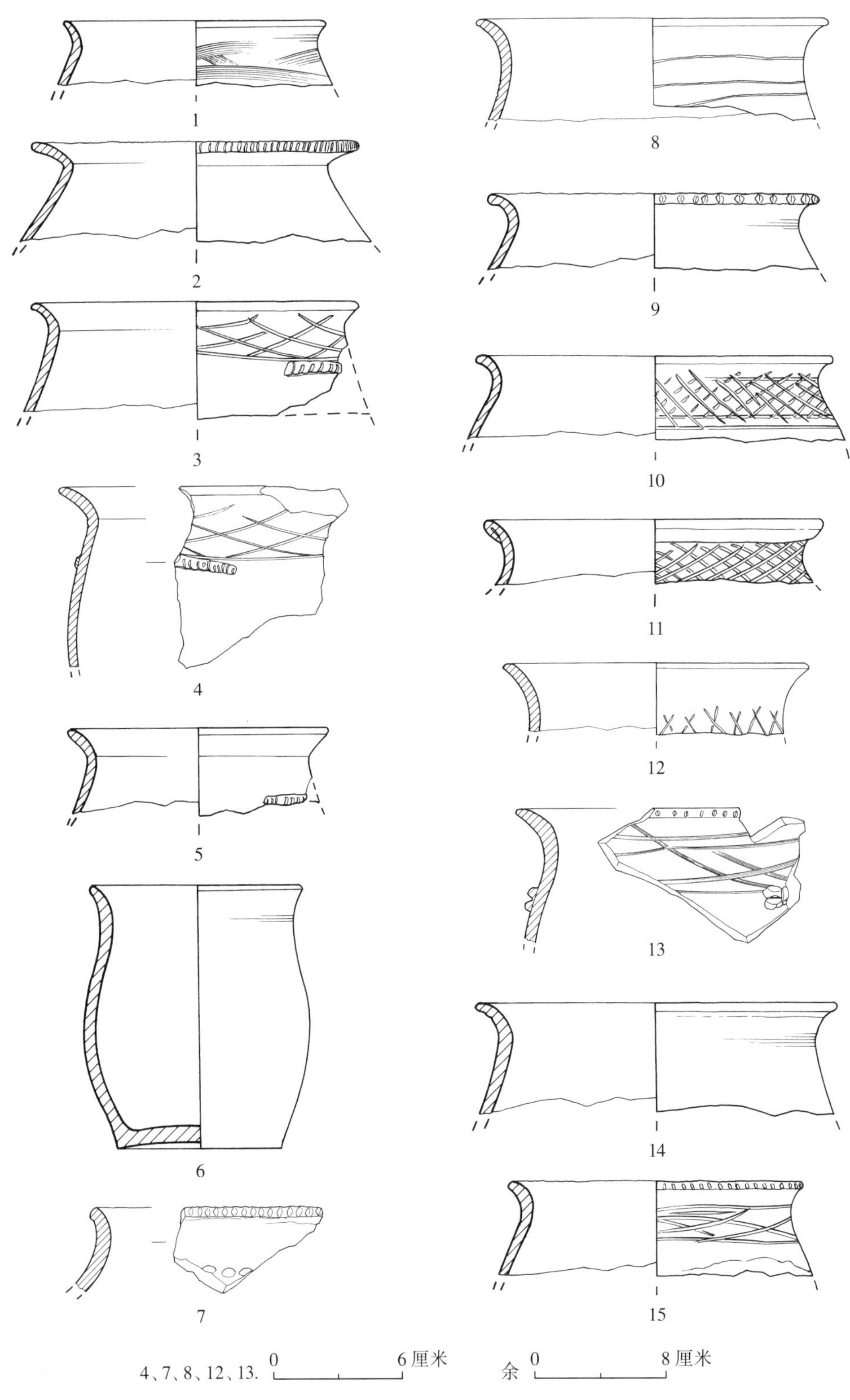

图一〇三 2016年第3层出土Ae型陶侈口小罐

1. TN31E37③：26 2. TN26E36③：80 3. TN27E36③：51 4. TN27E36③：52 5. TN27E37③：35 6. TN27E37③：51 7. TN28E36③：26 8. TN28E36③：28 9. TN28E36③：42 10. TN28E38③：43 11. TN28E39③：56 12. TN28E39③：58 13. TN28E39③：60 14. TN28E39③：81 15. TN28E39③：82

格纹、凹弦纹和短泥条附加堆纹。残高 8 厘米（图一〇三，4）。

TN27E37③：35，夹砂灰褐陶。圆唇，侈口，卷沿，短束颈，溜肩。肩部饰短泥条附加堆纹。口径 16、残高 5.2 厘米（图一〇三，5）。

TN27E37③：51，夹砂灰褐陶。圆唇，口微侈，卷沿，短束颈，弧腹，平底微内凹。素面。口径 12.8、底径 10、高 15.4 厘米（图一〇三，6；彩版三七，1）。

TN28E36③：26，夹砂褐陶。方唇，侈口，卷沿，短束颈。唇部和颈下部饰戳印粗点纹。残高 3.8 厘米（图一〇三，7）。

TN28E36③：28，夹砂灰褐陶，内壁黑灰色。尖圆唇，侈口，卷沿，短束颈，溜肩。颈肩部饰刻划凹弦纹。口径 16、残高 4.5 厘米（图一〇三，8）。

TN28E36③：42，夹砂灰陶。方唇，侈口，卷沿，短束颈。唇部饰戳印粗点纹。口径 20、残高 4.4 厘米（图一〇三，9）。

TN28E38③：43，夹砂黑灰陶。圆唇，侈口，卷沿，短束颈，溜肩。颈部饰刻划网格纹和凹弦纹。口径 21.6、残高 5 厘米（图一〇三，10）。

TN28E39③：56，夹砂褐陶。圆唇，侈口，卷沿，短束颈。颈部饰刻划网格纹。口径 20.4、残高 3.8 厘米（图一〇三，11）。

TN28E39③：58，夹砂灰褐陶。方唇，侈口，卷沿，短束颈。颈部饰刻划纹。口径 14、残高 3.2 厘米（图一〇三，12）。

TN28E39③：60，夹砂褐胎黑皮陶，器表磨光。方唇，侈口，卷沿，短束颈，溜肩。唇部饰戳印点纹，颈肩部饰刻划网格纹和乳丁纹，乳丁纹上有刻划“十”字形纹。残高 6 厘米（图一〇三，13）。

TN28E39③：81，夹砂灰白陶，内壁黑灰色。圆唇，侈口，卷沿，短束颈，溜肩。素面。口径 22、残高 6.5 厘米（图一〇三，14）。

TN28E39③：82，夹砂褐胎黑皮陶，内壁磨光。方唇，侈口，卷沿，短束颈，溜肩。唇部饰戳印点纹，颈部饰刻划纹。口径 18、残高 5.6 厘米（图一〇三，15）。

TN28E39③：88，夹砂灰陶。圆唇，侈口，卷沿，短束颈，溜肩。唇部饰戳印点纹。残高 6 厘米（图一〇四，1）。

TN29E36③：28，夹砂灰褐陶，内壁黑灰色。圆唇，侈口，卷沿，短束颈，溜肩。颈肩部饰刻划网格纹。口径 12、残高 4 厘米（图一〇四，2）。

TN29E36③：31，夹砂红陶。圆唇，侈口，卷沿，短束颈。颈肩部饰刻划网格纹。残高 3.9 厘米（图一〇四，3）。

TN29E36③：34，夹砂黑灰陶。方唇，侈口，卷沿，短束颈。颈上部饰刻划网格纹和凹弦纹。口径 20、残高 4 厘米（图一〇四，4）。

TN29E38③：11，夹砂黑灰胎褐皮陶。圆唇，侈口，卷沿，短束颈，溜肩。颈部饰刻划网格纹和小圆饼附加堆纹。口径 14、残高 7 厘米（图一〇四，5）。

TN29E39③：63，夹砂褐陶。圆唇，侈口，卷沿，短束颈，溜肩。颈部饰刻划网格纹和戳印小圆点纹。

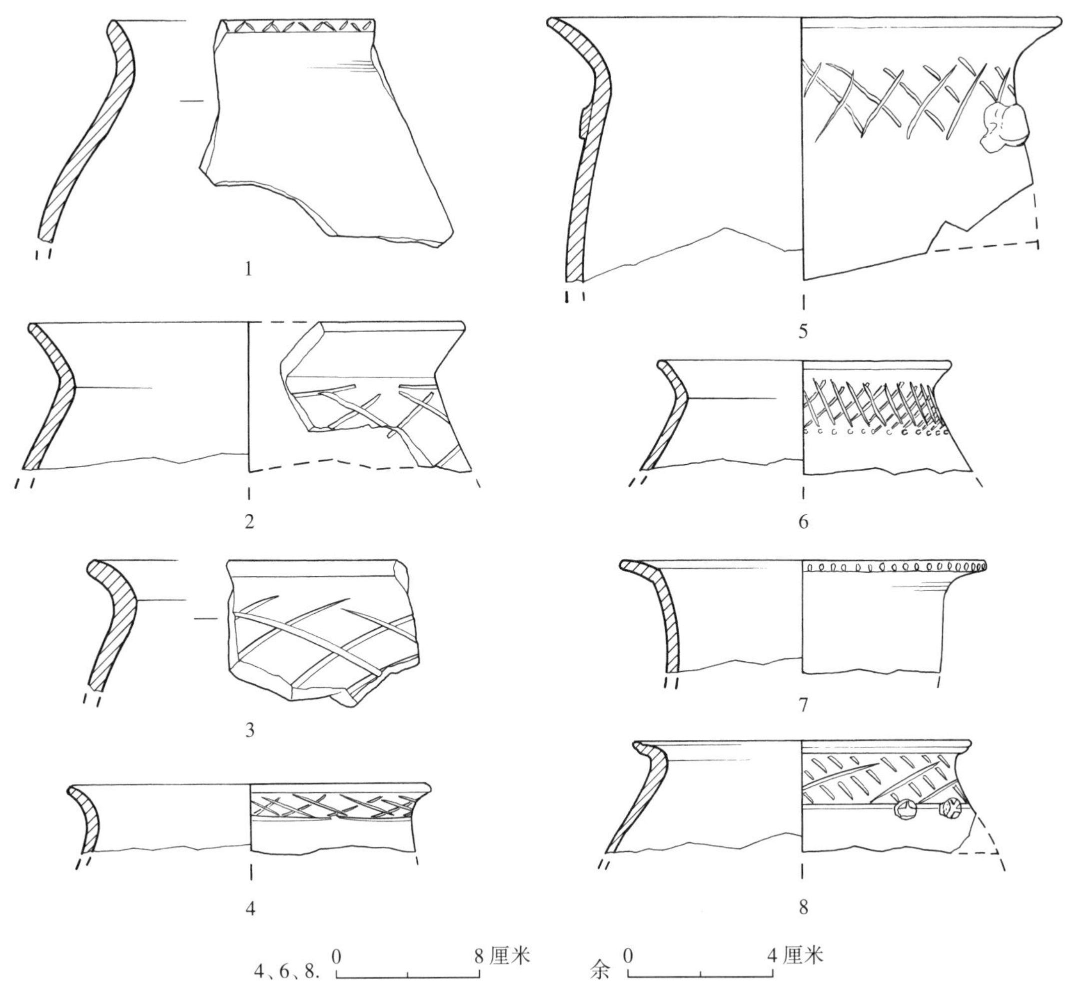

图一〇四 2016年第3层出土Ae型陶侈口小罐

1. TN28E39③：88 2. TN29E36③：28 3. TN29E36③：31 4. TN29E36③：34 5. TN29E38③：11 6. TN29E39③：63 7. TN30E38③：16 8. TN31E36③：39

口径16、残高6.2厘米（图一〇四，6）。

TN30E38③：16，夹砂灰陶。方唇，侈口，窄卷沿外翻，短颈。唇部饰戳印点纹。口径10、残高3厘米（图一〇四，7）。

TN31E36③：39，夹砂黑灰陶。圆唇，侈口，窄卷沿外翻近平，短束颈，溜肩。颈部饰刻划网格纹、凹弦纹和乳丁纹。口径18.4、残高6厘米（图一〇四，8）。

无颈罐

Ab型。

TN27E37③：3，夹砂灰陶。尖圆唇，盘口，折沿。肩部饰刻划菱格纹。残高2.9厘米（图一〇五，1）。

Ac型。

TN29E36③：27，夹砂红陶。方唇，敛口，折沿，溜肩。唇部饰戳印点纹。口径12、残高2.6厘米（图一〇五，2）。

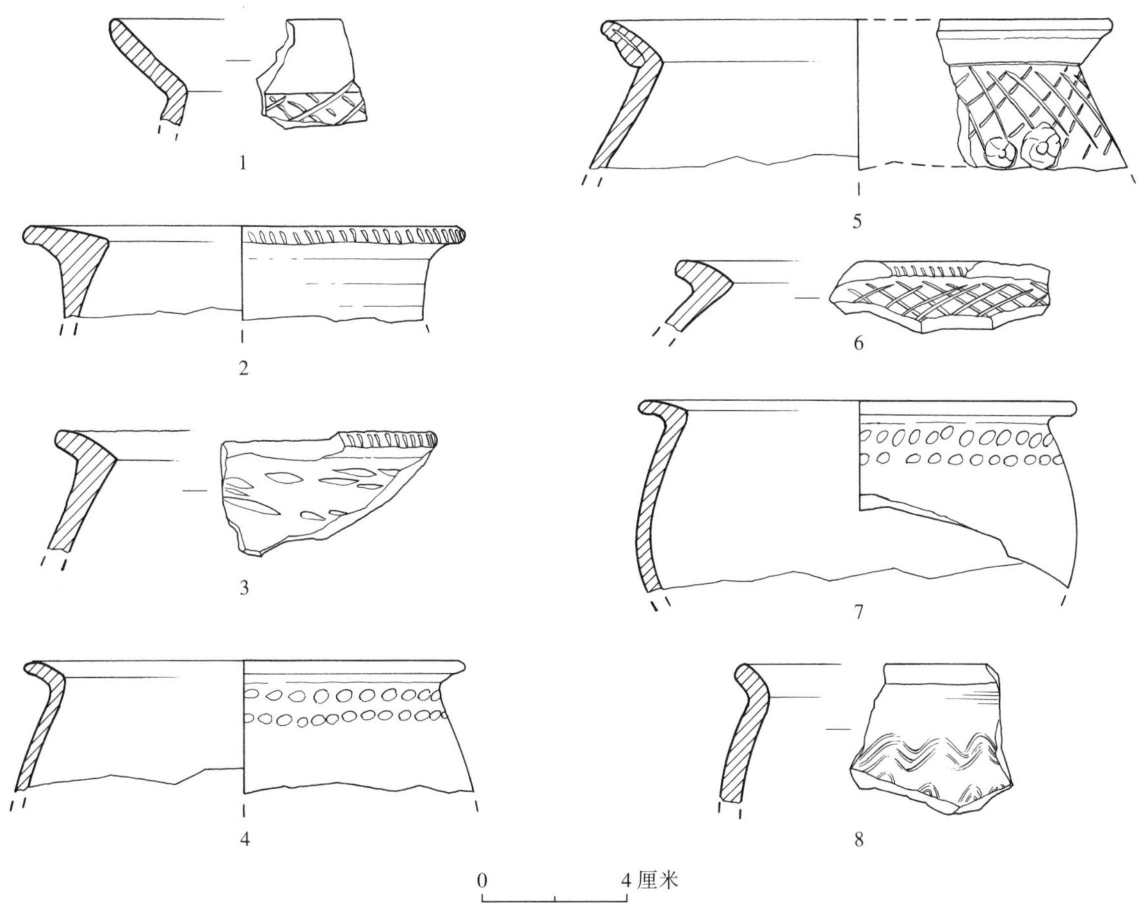

图一〇五 2016年第3层出土陶无颈罐

1. Ab 型（TN27E37 ③：3） 2~7. Ac 型（TN29E36 ③：27、TN29E37 ③：10、TN31E36 ③：28、TN31E36 ③：41、TN31E37 ③：19、TN31E37 ③：60） 8. Ba 型（TN27E37 ③：40）

TN29E37 ③：10，夹砂红陶。方唇，敛口，折沿，溜肩。唇部饰戳印点纹，肩部饰戳印长点纹。残高 3.3 厘米（图一〇五，3）。

TN31E36 ③：28，夹砂褐胎黑灰皮陶。方唇，敛口，折沿，溜肩。肩部饰戳印窝点纹。口径 12、残高 3.5 厘米（图一〇五，4）。

TN31E36 ③：41，夹砂黑灰陶。圆唇，敛口，折沿，溜肩。肩部饰刻划网格纹和乳丁纹。口径 14、残高 4 厘米（图一〇五，5）。

TN31E37 ③：19，夹砂褐陶。圆唇，敛口，折沿，溜肩。唇部饰戳印点纹，肩部饰刻划菱格纹。残高 1.9 厘米（图一〇五，6）。

TN31E37 ③：60，夹砂褐胎黑皮陶，器表磨光。方唇，敛口，折沿，溜肩。肩部饰戳印窝点纹。口径 12、残高 5 厘米（图一〇五，7）。

Ba 型。

TN27E37 ③：40，夹砂褐陶。圆唇，侈口，卷沿，溜肩。肩部饰刻划水波纹。残高 4 厘米（图一〇五，8）。

附加堆纹罐

Aa 型。

TN28E38③：39，夹砂灰白胎黑灰皮陶。方唇，侈口，卷沿。唇部饰戳印点纹，颈上部饰一周较平滑的附加堆纹。口径 26、残高 4 厘米（图一〇六，1）。

TN28E39③：34，夹砂褐陶。圆唇，侈口，卷沿。唇部饰戳印点纹，颈上部饰一周平滑的附加堆纹。残高 2.8 厘米（图一〇六，2）。

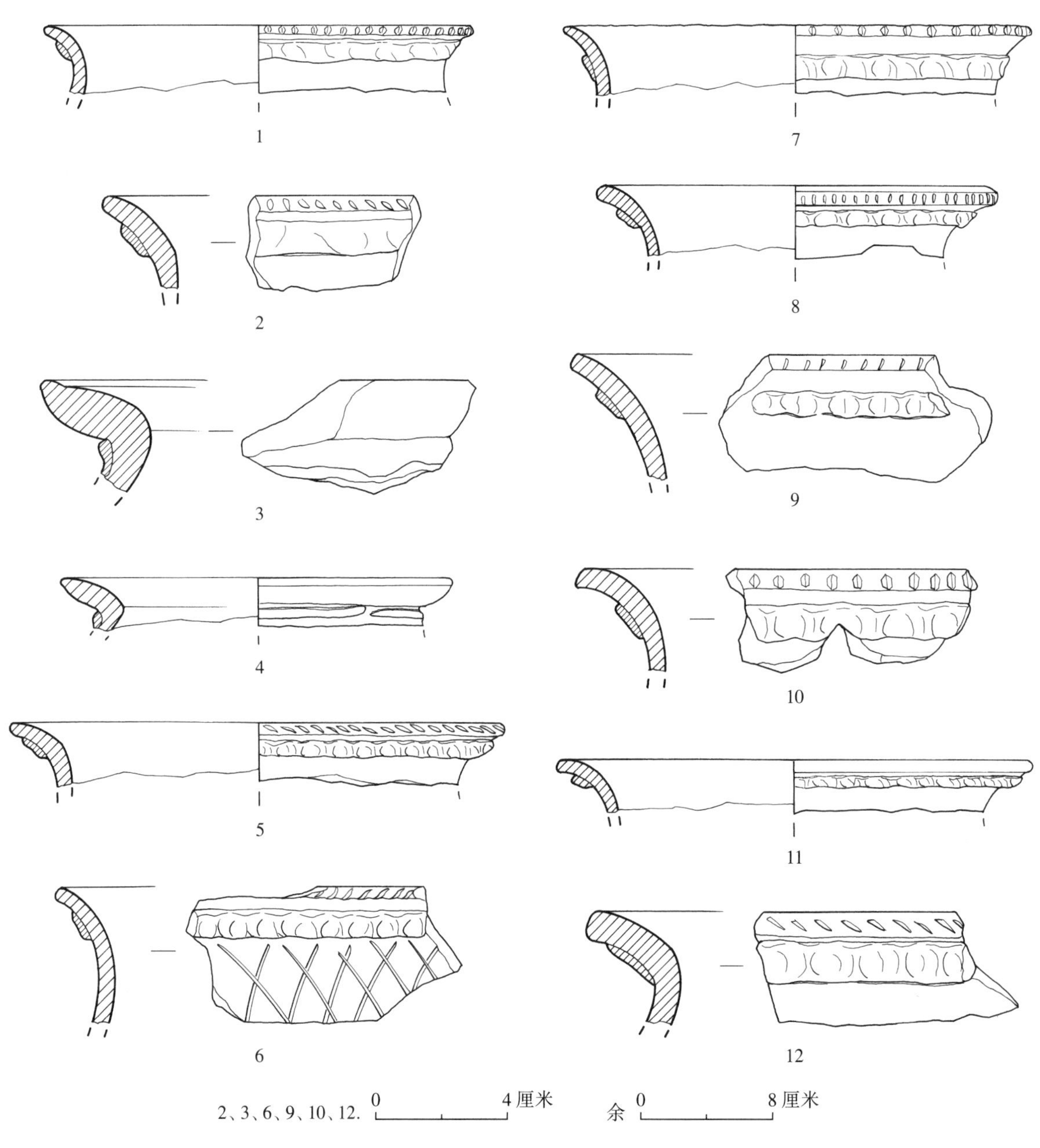

图一〇六　2016 年第 3 层出土陶附加堆纹罐

1、2. Aa 型（TN28E38③：39、TN28E39③：34）　3、4. Ac 型（TN29E36③：33、TN30E36③：16）　5~12. Ab 型（TN28E36③：13、TN28E39③：51、TN29E38③：2、TN30E38③：38、TN31E36③：30、TN31E37③：43、TN29E36③：35、TN31E39③：48）

Ab 型。

TN28E36③：13，夹砂黄褐陶。方唇，敞口，卷沿外翻、较平直。唇部饰戳印点纹，颈上部饰一周褶皱状附加堆纹。口径 30、残高 3.6 厘米（图一〇六，5）。

TN28E39③：51，夹砂灰陶。方唇，敞口卷沿。唇部饰戳印点纹，颈上部饰一周褶皱状附加堆纹，其下饰刻划网格纹。残高 4 厘米（图一〇六，6）。

TN29E38③：2，夹砂灰褐陶。圆唇，敞口，卷沿。唇部饰戳印点纹，颈部饰一周褶皱状附加堆纹。口径 28、残高 4 厘米（图一〇六，7）。

TN30E38③：38，夹砂灰褐陶，内壁黑灰色。方唇，敞口，卷沿外翻、较平直。唇部饰密集的戳印点纹，颈上部饰一周褶皱状附加堆纹。口径 24、残高 4.2 厘米（图一〇六，8）。

TN31E36③：30，夹砂黑灰陶。方唇，敞口卷沿。唇部饰戳印点纹，颈上部饰一周褶皱状附加堆纹。残高 3.7 厘米（图一〇六，9）。

TN31E37③：43，夹砂灰陶。方唇，敞口，卷沿。唇部饰戳印点纹，颈上部饰一周褶皱状附加堆纹。残高 3 厘米（图一〇六，10）。

TN29E36③：35，夹砂黄褐陶。圆唇，侈口，卷沿，束颈。颈部饰一周褶皱状附加堆纹。口径 28.4、残高 3.5 厘米（图一〇六，11）。

TN31E39③：48，夹砂黑灰陶。方唇，侈口，卷沿。沿部胎体厚实。唇部饰戳印点纹，颈部饰一周褶皱状附加堆纹。残高 3.4 厘米（图一〇六，12）。

Ac 型。

TN29E36③：33，夹砂黑灰陶。尖圆唇，唇内侧有一道凹槽，侈口，宽折沿。沿部胎体厚实。颈部饰一周平滑的附加堆纹。残高 3.3 厘米（图一〇六，3）。

TN30E36③：16，夹砂黑灰陶。圆唇，侈口，宽折沿。沿部胎体厚实。颈部饰一周平滑的附加堆纹。口径 23.6、残高 2.8 厘米（图一〇六，4）。

Ba 型。

TN28E39③：55，夹砂灰陶。圆唇，侈口，短颈。口外侧饰一周平滑的附加堆纹，与口部贴合形成箭头状唇。唇部饰戳印点纹，颈部饰刻划网格纹。残高 3.5 厘米（图一〇七，1）。

TN30E39③：20，夹砂灰白胎黑皮陶。方唇，侈口，卷沿，溜肩。口外侧饰一周平滑的附加堆纹，与口部贴合形成箭头状唇。唇部饰戳印点纹，肩部饰刻划网格纹。口径 20、残高 5 厘米（图一〇七，2）。

TN31E36③：60，夹砂褐胎黑皮陶。方唇，侈口。口外侧饰一周平滑的附加堆纹，与口部贴合形成箭头状唇。残高 2.4 厘米（图一〇七，3）。

TN28E37③：41，夹砂灰黄胎黑皮陶。圆唇，敞口。口外侧饰一周平滑的附加堆纹，与口部贴合形成箭头状唇，沿外壁饰小方格状点线纹。残高 3 厘米（图一〇七，4）。

TN31E39③：31，夹砂灰陶。方唇，侈口，卷沿。唇部饰短斜线纹，口外侧饰一周平滑的附加堆纹，与口部贴合形成箭头状唇。残高 3.4 厘米（图一〇七，5）。

沿面饰纹罐　Aa 型。

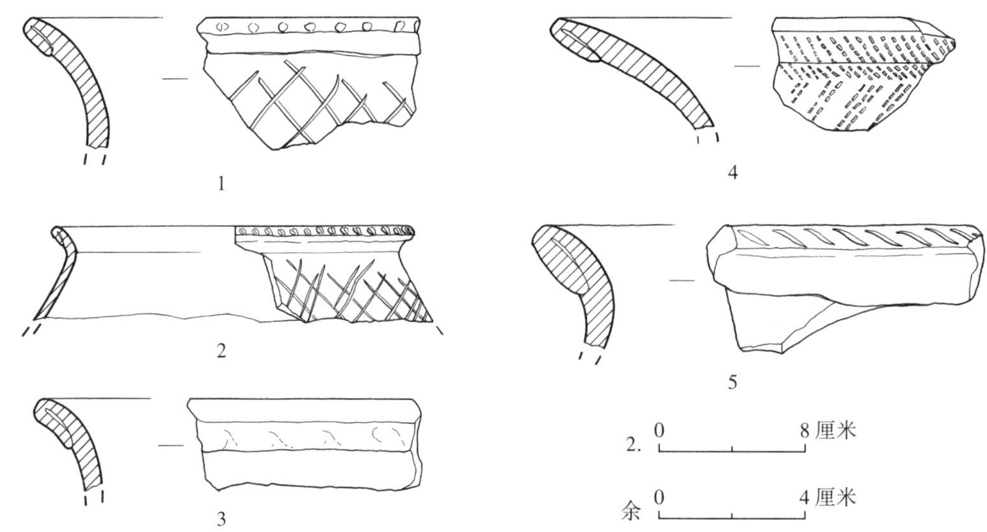

图一〇七　2016年第3层出土Ba型陶附加堆纹罐

1. TN28E39③：55　2. TN30E39③：20　3. TN31E36③：60　4. TN28E37③：41　5. TN31E39③：31

TN31E36③：40，夹砂灰胎褐皮陶。方唇，侈口，窄卷沿外翻微下垂。沿面饰连续三角纹夹光面折线纹和一周点线状凹弦纹，颈部饰小方格状点线纹。残高3.4厘米（图一〇八，1）。

TN31E36③：47，夹砂灰胎黄褐皮陶。圆唇，侈口，宽卷沿外翻下垂，沿面隆起，短束颈。沿面饰连续三角纹夹光面折线纹和一周点线状凹弦纹，颈部饰点线纹组成的"×"形纹和一周点线状凹弦纹。口径22.4、残高4.2厘米（图一〇八，2）。

TN31E37③：38，夹砂黑灰陶。尖圆唇，侈口，卷沿外翻近平。沿面饰连续三角纹夹光面折线纹和一周点线状凹弦纹，沿外壁饰小方格状点线纹组成的"<"形纹。残高2.6厘米（图一〇八，3）。

长颈罐

A型。

TN27E37③：50，夹砂灰胎黄褐皮陶。圆唇，侈口，沿面外翻上仰。沿外壁饰短斜线纹。口径18、残高3.4厘米（图一〇八，4）。

TN28E36③：15，夹砂灰陶。方唇，唇部下缘外凸，侈口，沿面外翻上仰，长颈。唇部饰刻划菱格纹，颈部饰短斜线纹组成的窄带状纹饰等。口径18、残高4厘米（图一〇八，5）。

TN28E37③：39，夹砂灰陶。圆唇，侈口，沿面外翻上仰。素面。口径12、残高3.2厘米（图一〇八，6）。

TN30E36③：25，夹砂灰陶，器表磨光。方唇，侈口，卷沿外翻微仰，长颈。唇部饰"×"形纹，颈部饰小方格状点线纹组成的窄带状纹饰和菱格纹等。口径12、残高5厘米（图一〇八，7）。

B型。

TN29E36③：39，夹砂灰陶，外壁灰黄色。方唇，喇叭口，长颈。颈部饰点线纹。口径21.6、残高5.4厘米（图一〇九，1）。

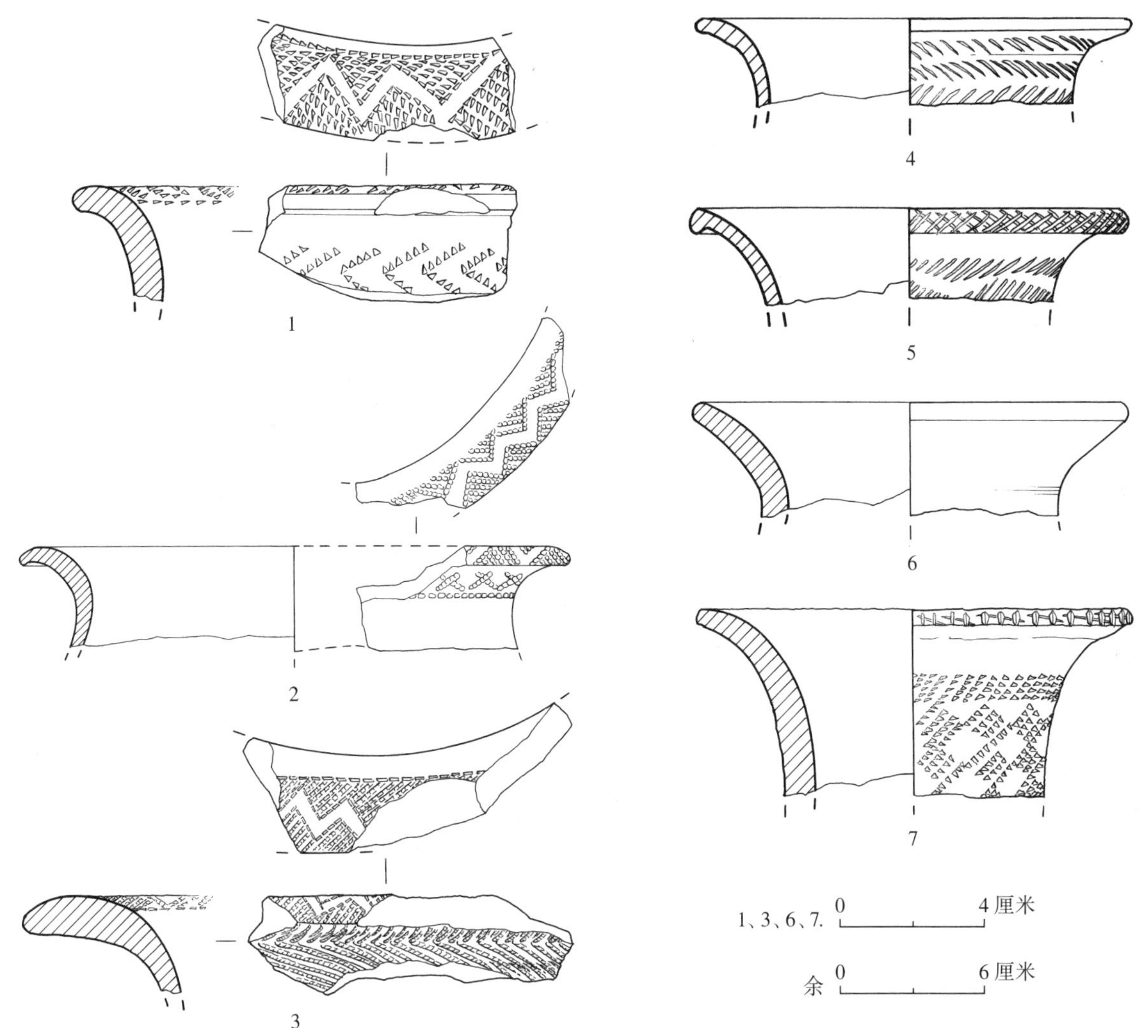

图一〇八　2016年第3层出土陶器

1~3. Aa型沿面饰纹罐（TN31E36③：40、TN31E36③：47、TN31E37③：38）　4~7. A型长颈罐（TN27E37③：50、TN28E36③：15、TN28E37③：39、TN30E36③：25）

TN29E39③：47，夹砂红陶，胎体厚实。斜方唇，喇叭口，长颈。唇部饰戳印长点纹。口径18、残高8厘米（图一〇九，4）。

C型。

TN29E39③：27，夹砂红陶。方唇，盘口，宽沿。素面。口径20、残高3厘米（图一〇九，2）。

TN30E39③：25，夹砂黑灰陶。圆唇，唇内侧有一道凹槽，盘口，宽沿。素面。口径18、残高2厘米（图一〇九，3）。

TN31E37③：51，夹砂灰褐陶。圆唇，盘口，宽沿。素面。口径18、残高3.8厘米（图一〇九，5）。

矮领小罐

A型。

TN26E36③：78，夹砂灰陶。圆唇，敛口，矮领，溜肩。领部和肩部饰小方格状点线纹，浅而不清晰。残高5厘米（图一一〇，1）。

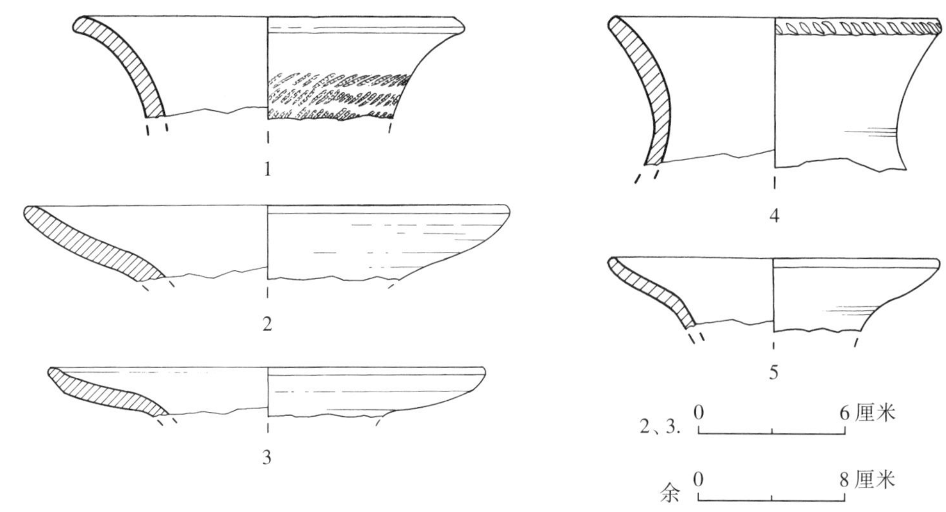

图一〇九　2016 年第 3 层出土陶长颈罐
1、4. B 型（TN29E36 ③ : 39、TN29E39 ③ : 47）　2、3、5. C 型（TN29E39 ③ : 27、TN30E39 ③ : 25、TN31E37 ③ : 51）

B 型。

TN29E36 ③ : 15，夹砂灰白胎黑灰皮陶。尖圆唇，直口，矮领，溜肩，领部与肩部分界不明显。领部饰刻划菱格纹和凹弦纹，肩部饰凹弦纹和短斜线纹等。残高 4.3 厘米（图一一〇，2）。

TN29E36 ③ : 22，夹砂灰陶。尖圆唇，直口，矮领，领部与肩部分界不明显。领部饰刻划菱格纹和凹弦纹，肩部饰凹弦纹和短斜线纹等。残高 5 厘米（图一一〇，3）。

TN26E36 ③ : 13，夹砂灰褐陶。圆唇，近直口，矮领，溜肩。领部饰刻划菱格纹和凹弦纹，腹部饰戳印粗点纹和刻划线纹。残高 4.8 厘米（图一一〇，4）。

TN26E37 ③ : 56，夹砂灰褐陶。方唇，直口，矮领，溜肩，鼓腹，底残。唇部饰戳印点纹，领部饰小方格状点线纹组成的窄带状纹饰，肩部至腹部饰成组小方格状点线纹与光面组成的复合纹饰等。口径 9.4、残高 6.5 厘米（图一一〇，6）。

TN27E36 ③ : 53，夹砂灰胎黄褐皮陶，内壁黑色，器表磨光。圆唇，直口，矮领，窄溜肩，弧腹。领部饰小方格状点线纹组成的菱格纹和一周点线状凹弦纹，肩部和腹部饰小方格状点线纹组成的窄带状纹饰和折线纹等，其中折线纹与光面折线纹交错分布。领部和肩部各有一圆形小穿孔，由内而外穿透。口径 16、残高 6 厘米（图一一〇，8）。

TN30E37 ③ : 72，夹砂灰陶。圆唇，口近直，矮领。领部和肩部饰小方格状点线纹。残高 4.7 厘米（图一一〇，7）。

TN31E36 ③ : 50，夹砂灰陶。方唇，近直口，矮领，溜肩，肩部近竖直。领部饰小方格状点线纹，肩部饰小方格状点线纹组成的连续三角纹、菱形纹和光面折线纹等。残高 5.6 厘米（图一一〇，9）。

C 型。

TN26E36 ③ : 83，夹砂灰胎褐皮陶。圆唇，敞口，矮领。领部饰刻划菱格纹。口径 22、残高 17 厘米（图一一〇，5；彩版三七，2）。

TN26E37 ③ : 54，夹砂红褐陶。圆唇，敞口，矮领，溜肩，鼓腹。颈部饰小方格状点线纹组成的“<”

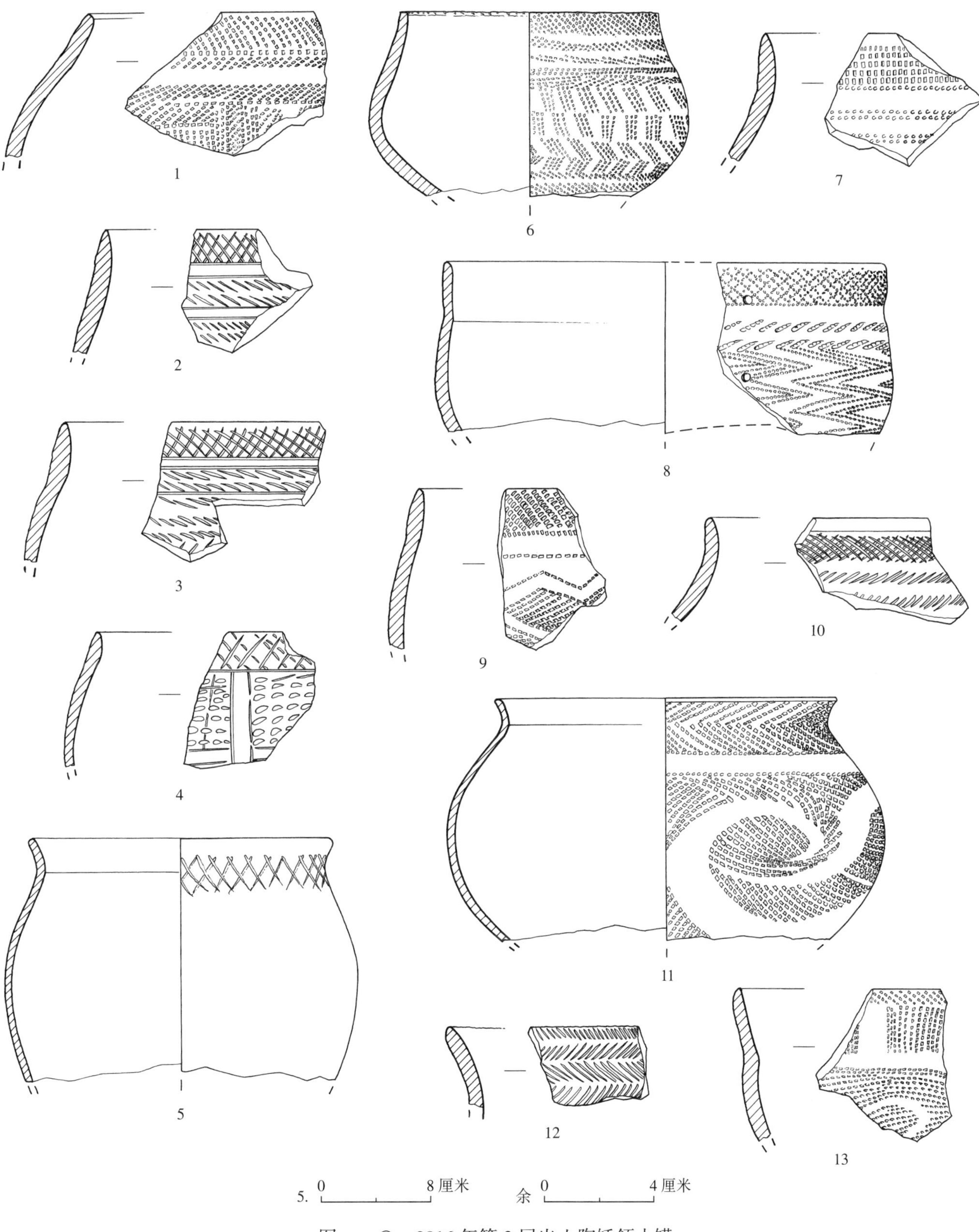

图一一〇　2016年第3层出土陶矮领小罐

1. A型（TN26E36③：78）　2~4、6~9. B型（TN29E36③：15、TN29E36③：22、TN26E36③：13、TN26E37③：56、TN30E37③：72、TN27E36③：53、TN31E36③：50）　5、10~12. C型（TN26E36③：83、TN27E39③：12、TN26E37③：54、TN28E39③：20）　13. D型（TN31E38③：31）

形纹和点线状凹弦纹，腹部饰点线状凹弦纹和小方格状点线纹组成的旋涡纹等。口径12.4、残高8.4厘米（图一一〇，11；彩版三七，3）。

TN27E39③：12，夹砂褐胎黑皮陶。圆唇，敞口，矮领。领部饰刻划菱格纹，肩部饰短线纹组成的窄带状纹饰。残高3.7厘米（图一一〇，10）。

TN28E39③：20，夹砂灰陶。尖圆唇，敞口，矮领。领部饰折线纹。残高2.8厘米（图一一〇，12）。

D型。

TN31E38③：31，夹砂灰胎黑皮陶，器表磨光。圆唇，敞口微盘，矮领，领部外弧内凹，溜肩。口径大于肩径。领部和肩部饰小方格状点线纹与光面组成的复合纹饰。残高5.4厘米（图一一〇，13）。

敛口罐 A型。

TN27E39③：16，夹砂灰白胎黑灰皮陶。圆唇，敛口，鼓肩。肩部饰小方格状弦纹和折线纹。残高3厘米（图一一一，1）。

带把罐

TN29E36③：40，夹砂灰陶。带把，残。腹部饰凹弦纹夹短线纹，与光面窄带交错形成复合纹饰。残高4.2厘米（图一一一，2）。

瓮

Ba型。

TN28E39③：96，夹砂黑灰陶。方唇，侈口，宽沿，短束颈，溜肩。素面。口径18、残高23厘米（图一一一，3）。

TN31E36③：33，夹砂灰陶。方唇，侈口，卷沿，短束颈。素面。口径16、残高5厘米（图一一一，4）。

E型。

TN31E39③：39，夹砂红陶。圆唇，侈口，矮领。领部饰刻划凹弦纹和网格纹。口径18、残高4.2厘米（图一一一，5）。

F型。

TN28E38③：16，夹砂灰胎灰褐皮陶。圆唇，口近直，矮领，溜肩。肩部饰多周小方格状点线纹组成的窄带状纹饰。残高5.8厘米（图一一一，6）。

壶 甲类Bd型。

TN31E39③：1，夹砂灰褐陶。圆唇，侈口，卷沿，长束颈，圆肩，鼓腹，平底。颈部饰点线纹组成的“<”形纹和窄带状纹饰，肩部和腹部饰点线纹组成的连续三角纹和带状纹饰等。口径7.8、底径6、高16厘米（图一一一，8；彩版三七，4）。

瓶 C型。

TN29E38③：14，夹砂黄褐陶。圆唇，侈口，窄卷沿外翻，长直颈。沿面饰连续三角纹，颈部饰多周凹弦纹夹短斜线纹。口径8、残高4厘米（图一一一，7）。

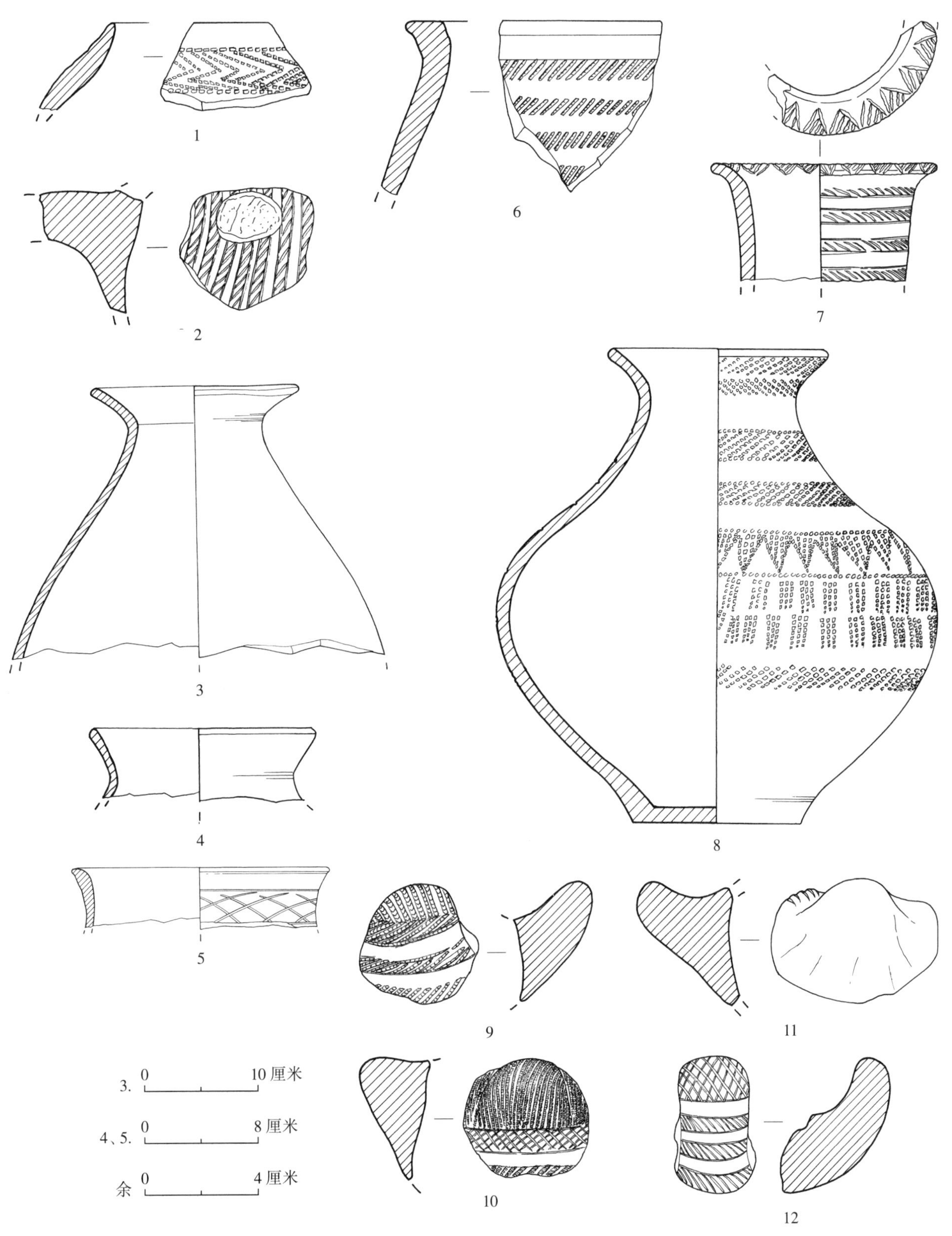

图一一一　2016年第3层出土陶器

1. A型敛口罐（TN27E39③：16）　2. 带把罐（TN29E36③：40）　3、4. Ba型瓮（TN28E39③：96、TN31E36③：33）　5. E型瓮（TN31E39③：39）　6. F型瓮（TN28E38③：16）　7. C型瓶（TN29E38③：14）　8. 甲类Bd型壶（TN31E39③：1）　9~11. Aa型器鋬（TN28E36③：46、TN29E36③：41、TN29E39③：66）　12. D型器鋬（TN27E39③：2）

盆

C 型。

TN26E36 ③：76，夹砂灰褐陶。圆唇，敞口，卷沿，弧腹。唇部饰戳印点纹。口径 22、残高 6 厘米（图一一二，1）。

TN28E37 ③：34，夹砂灰白陶，内壁黑色。圆唇，敞口，卷沿。唇部饰戳印点纹。口径 24、残高 4.6 厘米（图一一二，2）。

TN28E39 ③：73，夹砂黄褐陶，内壁磨光、呈黑灰色。方唇，敞口，卷沿，弧腹。唇部饰戳印点纹，卷沿处饰一道凹弦纹。残高 4.3 厘米（图一一二，3）。

TN30E36 ③：18，夹砂褐陶，内壁磨光、呈黑色。方唇，敞口，上腹较直。唇部饰戳印点纹，上腹部饰横向刻划纹。口径 14、残高 5 厘米（图一一二，4）。

D 型。

TN30E36 ③：24，夹砂黑灰陶。胎体厚实。方唇，敛口，卷沿。上腹部饰刻划纹。口径 28、残高 4 厘米（图一一二，5）。

TN30E37 ③：19，夹砂灰褐陶。方唇，敛口，卷沿，弧腹。口部较薄。唇部饰戳印点纹，上腹部饰刻划网格纹。残高 4.5 厘米（图一一二，6）。

钵

乙类 Aa 型。

TN26E37 ③：53，夹砂灰陶。圆唇，敞口，斜弧腹。素面。口径 13、残高 5.5 厘米（图一一三，1）。

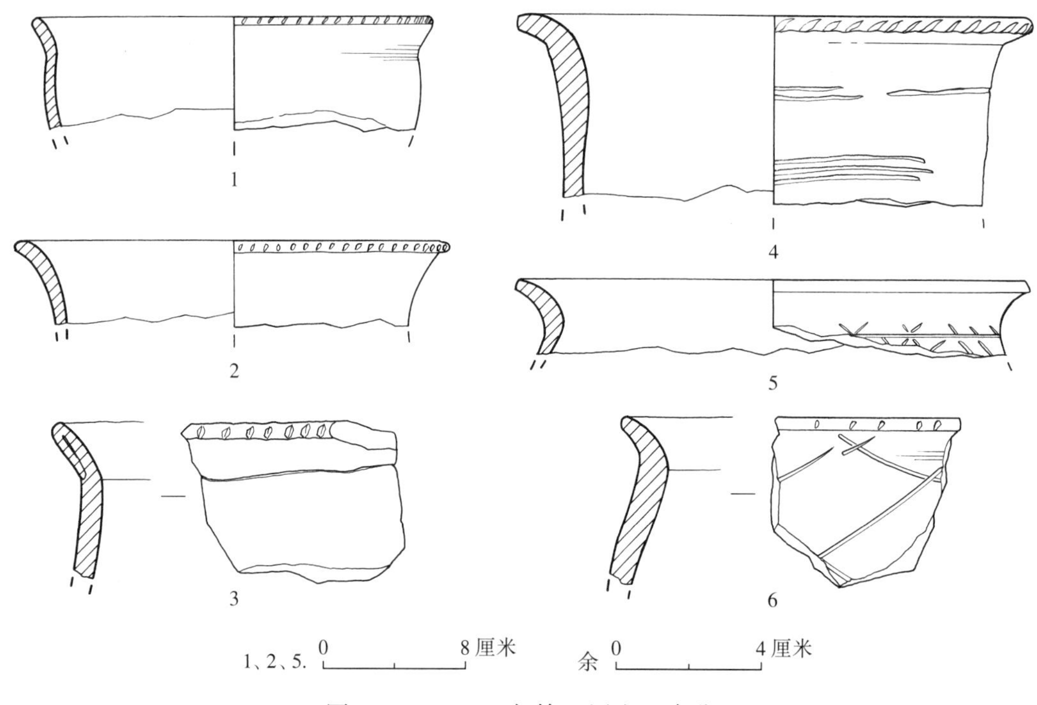

图一一二　2016 年第 3 层出土陶盆

1~4. C 型（TN26E36 ③：76、TN28E37 ③：34、TN28E39 ③：73、TN30E36 ③：18）　5、6. D 型（TN30E36 ③：24、TN30E37 ③：19）

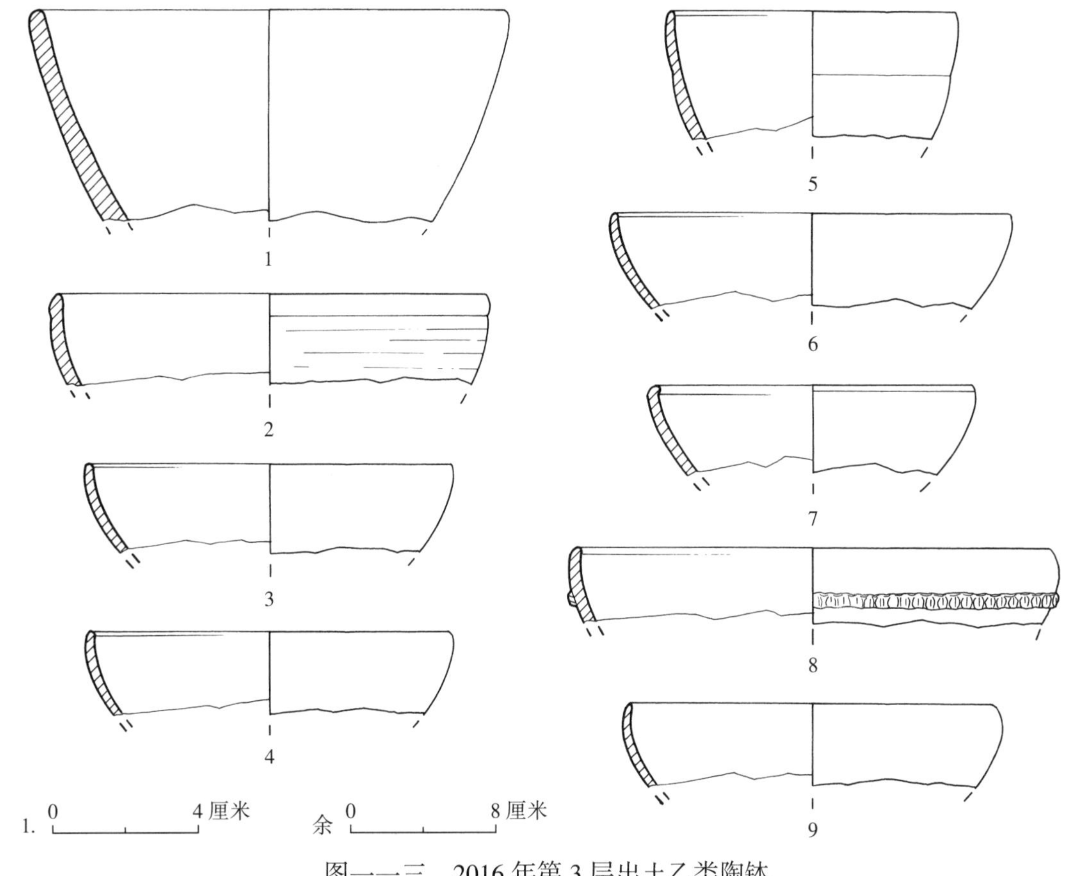

图一一三　2016年第3层出土乙类陶钵

1~6. Aa型（TN26E37③：53、TN28E38③：28、TN28E39③：45、TN28E39③：59、TN28E39③：61、TN30E37③：15）
7~9. Ad型（TN26E39③：4、TN28E37③：40、TN29E39③：59）

TN28E38③：28，夹砂黑灰陶。圆唇，敞口，斜弧腹。素面。口径24、残高4.8厘米（图一一三，2）。

TN28E39③：45，夹砂红陶，器表磨光。圆唇，敞口，斜弧腹。素面。口径20、残高4.8厘米（图一一三，3）。

TN28E39③：59，夹砂红褐陶，内壁黑色。圆唇，敞口，斜弧腹。素面。口径20、残高4.4厘米（图一一三，4）。

TN28E39③：61，夹砂灰褐陶。圆唇，敞口，斜弧腹。素面。口径16、残高6.6厘米（图一一三，5）。

TN30E37③：15，夹砂灰陶。圆唇，敞口，斜弧腹。素面。口径22、残高5厘米（图一一三，6）。

乙类Ad型。

TN26E39③：4，夹砂灰陶。方唇，敛口，弧腹。素面。口径18、残高4.6厘米（图一一三，7）。

TN28E37③：40，夹砂黑灰陶。圆唇，敛口，弧腹。上腹部饰一周褶皱状附加堆纹。口径26、残高4厘米（图一一三，8）。

TN29E39③：59，夹砂褐陶，器表磨光。圆唇，敛口，弧腹。素面。口径20、残高4.3厘米

（图一一三，9）。

乙类 Bb 型。

TN27E38③：4，夹砂灰白胎黑灰皮陶。圆唇，敛口，上腹微鼓。唇部饰戳印点纹，口外侧饰刻划菱格纹和一周凹弦纹，腹部饰凹弦纹夹竖向短线纹等。残高 5 厘米（图一一四，1）。

TN30E36③：14，夹砂黑灰陶，器表磨光。圆唇，口微敛，上腹微鼓。唇部饰戳印点纹，口外侧饰刻划菱格纹和一周凹弦纹，腹部饰凹弦纹夹短线纹与光面组成的复合纹饰。残高 4.6 厘米（图一一四，2）。

乙类 Bd 型。

TN27E37③：53，夹砂灰陶。圆唇，口近直，上腹较直，下腹弧收。口外侧饰刻划菱格纹和一周凹弦纹，腹部饰凹弦纹、短线纹组成的连续三角纹夹光面折线纹、短线纹与光面组成的重三角纹等。口径 20、残高 8.8 厘米（图一一四，3）。

乙类 Be 型。

TN26E36③：81，夹砂褐胎黑皮陶，器表磨光。圆唇，直口，弧腹。唇部饰戳印点纹，口外侧饰刻划菱格纹和凹弦纹，腹部饰凹弦纹夹竖向短线纹、凹弦纹、短线纹组成的连续三角纹夹光面菱形纹等。残高 7 厘米（图一一五，1）。

TN26E36③：82，夹砂黑灰陶，器表磨光。圆唇，口近直，弧腹。唇部饰戳印点纹，口外侧饰小方格状点线纹组成的菱格纹和窄带状纹饰，腹部饰小方格状点线纹组成的窄带状纹饰和连续三角纹等，其中连续三角纹与光面连续三角纹交错分布。口径 22、残高 6.4 厘米（图一一五，3）。

TN31E37③：23，夹砂褐胎黑皮陶。方唇，口近直，弧腹。口外侧饰点线纹。口径 24、残高 4.4 厘米（图一一五，4）。

TN31E38③：36，夹砂灰陶，内壁黑色。方唇，口近直，弧腹。唇部饰戳印点纹，口外侧饰点线纹组成的菱格纹和一周凹弦纹，腹部饰凹弦纹夹竖向点线纹等。口径 20、残高 5.5 厘米（图一一五，5）。

乙类 Bf 型。

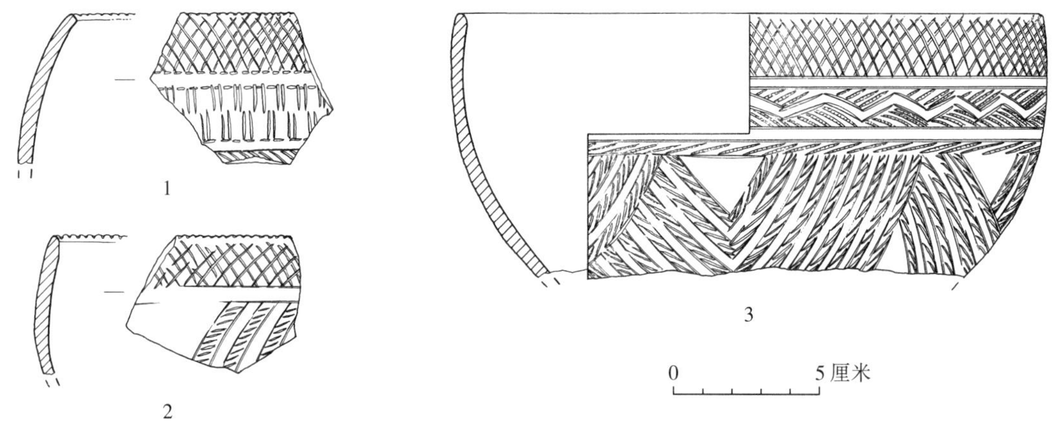

图一一四　2016 年第 3 层出土乙类陶钵

1、2. Bb 型（TN27E38③：4、TN30E36③：14）　3. Bd 型（TN27E37③：53）

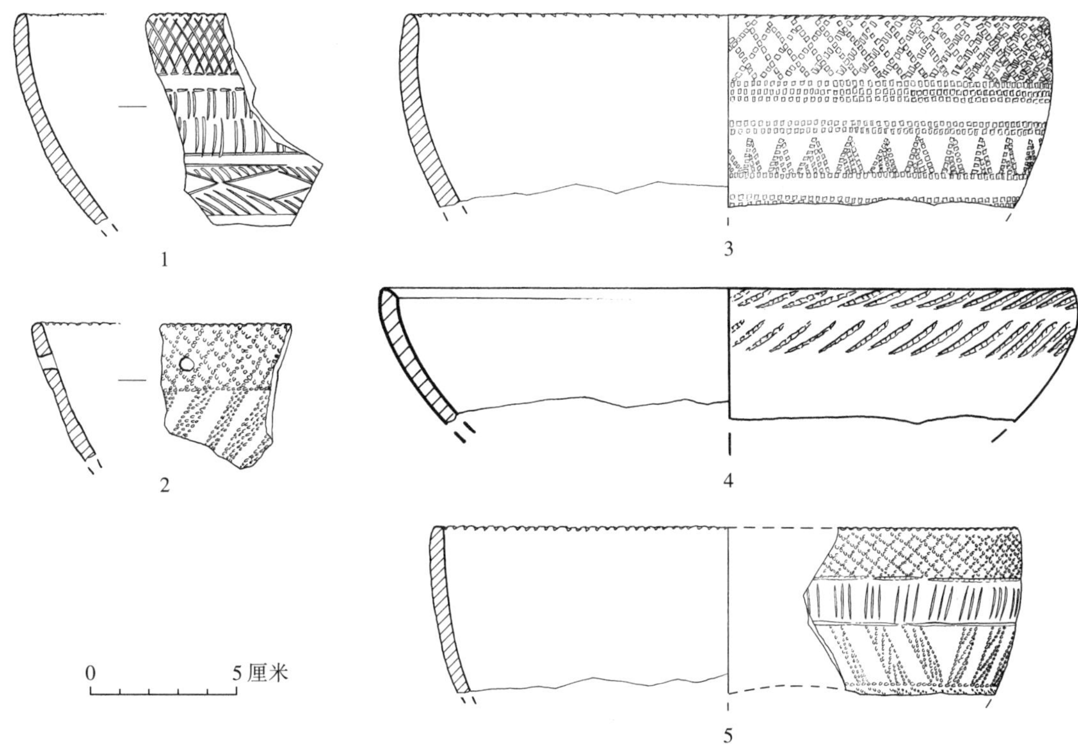

图一一五　2016年第3层出土乙类陶钵

1、3~5. Be型（TN26E36③：81、TN26E36③：82、TN31E37③：23、TN31E38③：36）　2. Bf型（TN27E36③：50）

TN27E36③：50，夹砂黑灰陶。方唇，敞口，斜直腹。唇部饰戳印点纹，口外侧饰点线纹组成的菱格纹、凹弦纹以及与光面组成的复合纹饰。口外侧有一圆形小穿孔，由内而外穿透。残高4.8厘米（图一一五，2）。

碗

TN29E39③：65，夹砂灰陶。敞口，方唇，斜直腹，腹部较浅，矮台状平底。素面。口径13、底径8.4、高4.6厘米（图一一六，1；彩版三七，5）。

TN30E37③：76，夹砂灰陶。敞口，方唇，斜直腹，腹部较深，矮台状平底。素面。口径13、底径7.6、高6厘米（图一一六，2；彩版三七，6）。

器鋬

Aa型。

TN28E36③：46，夹砂黑灰陶。扁乳丁状。器表饰小方格状点线纹等。残高4厘米（图一一一，9）。

TN29E36③：41，夹砂黄褐陶。扁乳丁状。器表饰小方格状点线纹、凹弦纹、菱格纹等。残高4厘米（图一一一，10）。

TN29E39③：66，夹砂黄褐陶。扁乳丁状。腹壁饰戳印纹。残高4.5厘米（图一一一，11）。

D型。

TN27E39③：2，夹砂黑灰陶。长锥状，上翘。器表饰凹弦纹夹短线纹、菱格纹等。残高4.5厘米（图一一一，12）。

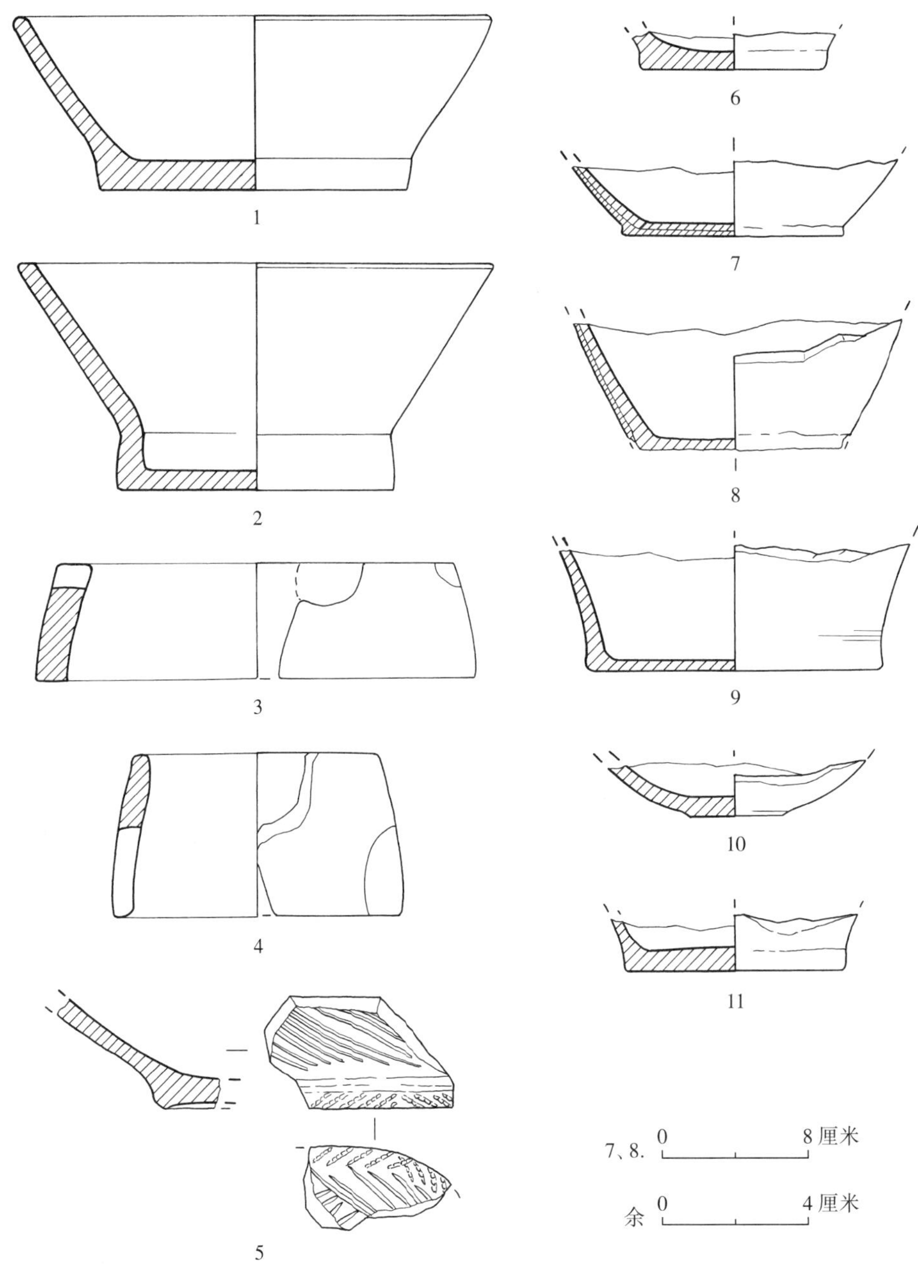

图一一六 2016年第3层出土陶器

1、2. 碗（TN29E39③：65、TN30E37③：76） 3、4. 器座（TN28E38③：46、TN30E37③：11） 5~11. 器底（TN28E36③：19、TN28E36③：45、TN28E37③：50、TN29E37③：27、TN30E37③：6、TN31E36③：37、TN31E36③：38）

器座

TN28E38③：46，夹砂黄褐陶。整体近筒状。器壁上有大镂孔，镂孔不规则。底径12、残高3厘米（图一一六，3）。

TN30E37③：11，夹砂橙黄陶。整体近筒状。器壁上有大镂孔，镂孔不规则。底径8、残高4.2厘米（图一一六，4）。

器底

TN28E36③：19，夹砂灰陶。平底。下腹部和底部饰刻划短线纹。残高3厘米（图一一六，5）。

TN28E36③：45，夹砂褐胎黑皮陶。平底。素面。底径5、残高1厘米（图一一六，6）。

TN28E37③：50，夹砂灰陶，内壁黄褐色。平底，底部边缘外凸。素面。腹部残断处可见二次粘接的痕迹。底径12、残高4厘米（图一一六，7）。

TN29E37③：27，夹砂灰陶，内壁黑色。平底。素面。外壁可见腹部和底部二次粘接的痕迹。底径11.2、残高7厘米（图一一六，8）。

TN30E37③：6，夹砂黑灰陶。平底。素面。底径8、残高3.3厘米（图一一六，9）。

TN31E36③：37，夹砂灰褐陶，内壁灰色。平底。素面。底径2.6、残高1.5厘米（图一一六，10）。

TN31E36③：38，夹砂褐陶，内壁黑色。平底。素面。底径6、残高1.5厘米（图一一六，11）。

（2）石器

斧

A型。

TN30E38③：39，黑色。平面近长方形。平顶，顶部切割较平整，未磨平磨光。两侧有较多片疤。刃缘残缺。残长9.8、宽7.6、厚约2.4厘米（图一一七，1；彩版三八，1）。

B型。

TN31E39③：57，白色。侧面有明显的片切割痕迹并磨光，两面均磨光。正锋，弧刃，双面刃，刃缘有较密集的垂直磨痕。大部分残缺，仅残有一角。残长5.4、宽2.1、厚约1.2厘米（图一一七，2）。

Ca型。

TN30E37③：80，灰色。平面近梯形。圆顶。两面有片疤。正锋，弧刃，双面刃，刃缘有较连续的崩疤。长13.2、宽6.7、厚约4.2厘米（图一一七，3）。

残件。

TN28E36③：3，黑色。平面近梯形。顶部有较多崩疤，两面均有倾斜的平面，器身中部仅残有部分磨光面。长10.8、宽6.7、厚约3.6厘米（图一一七，4）。

TN30E37③：2，黑色。顶部及刃部均有大面积残缺。两侧较薄，有较多片疤，仅残有部分磨光面，背面有较大面积的崩疤。残长9.5、宽6.6、厚约3.7厘米（图一一七，5；彩版三八，2）。

锛

A型。

TN28E38③：1，黑色。平面近长方形，截面呈长方形。两面均磨光，器表分布有较均匀的斜向磨痕。单面刃，弧刃，刃缘一侧分布有较多崩疤。长7.1、宽3.8、厚约0.8厘米（图一一七，6）。

TN30E37③：79，黑色。平面呈长条形，截面近长方形。圆顶，中部稍内凹。正反两面均磨光，两侧有较连续的片疤。单面刃，刃面较宽，弧刃。长6.7、宽2.7、厚约1.1厘米（图一一七，7）。

TN30E37③：82，黑色。平面近长方形，截面呈锥形。圆顶，两面顶部有较大面积的崩疤。单面刃，刃缘有连续的崩疤。长7.3、宽3.7、厚约1.1厘米（图一一七，8）。

TN31E39③：2，黑色。平面近弧边三角形，截面呈圆角长方形。弧刃，单面刃。两面磨光，有较浅片疤。长8.1、宽4.2、厚约1.2厘米（图一一七，9）。

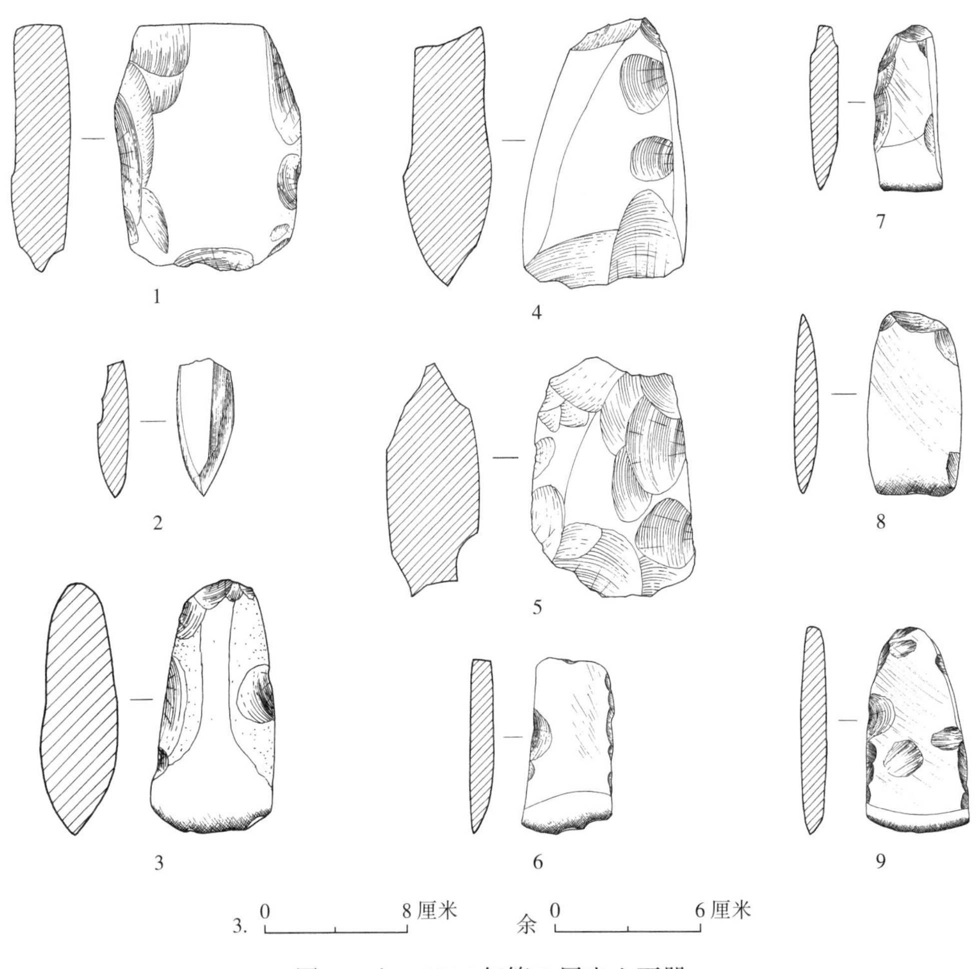

图一一七　2016年第3层出土石器

1. A型斧（TN30E38③：39）　2. B型斧（TN31E39③：57）　3. Ca型斧（TN30E37③：80）　4、5. 石斧残件（TN28E36③：3、TN30E37③：2）　6~9. A型锛（TN28E38③：1、TN30E37③：79、TN30E37③：82、TN31E39③：2）

B型。

TN26E36③：84，墨绿色。平面近梯形，截面呈长方形。斜平顶，有部分残缺，上窄下宽。两面均磨光，分布有较均匀的斜向磨痕。弧刃，单面刃，刃缘分布有垂直于刃缘的磨痕。长5.3、宽2.9、厚约1厘米（图一一八，1）。

TN27E37③：54，黑色。平面呈梯形，截面近弧边长方形。平顶。两侧面有片疤，仅刃部磨光。直刃，单面刃，刃部有较多崩疤，有较密集且较杂乱的磨痕。长7.9、宽3.7、厚约1.1厘米（图一一八，2）。

TN27E39③：29，黑色。平面呈长方形，截面近长方形。斜平顶。两面均磨光。弧刃，单面刃，刃面分界较明显。长6.8、宽1.9、厚约0.7厘米（图一一八，3）。

TN28E37③：51，黑色。平面近梯形，截面呈圆角长方形，整体相对较长。平顶。两面均磨光。弧刃，单面刃，刃缘有连续的崩疤。长9.4、宽4.2、厚约1厘米（图一一八，4）。

TN28E37③：4，黑色。平面近长方形，截面呈长方形。平顶。两面磨光均较好。弧刃，单面刃，无明显的刃面分界。长8.9、宽3.6、厚约0.9厘米（图一一八，5）。

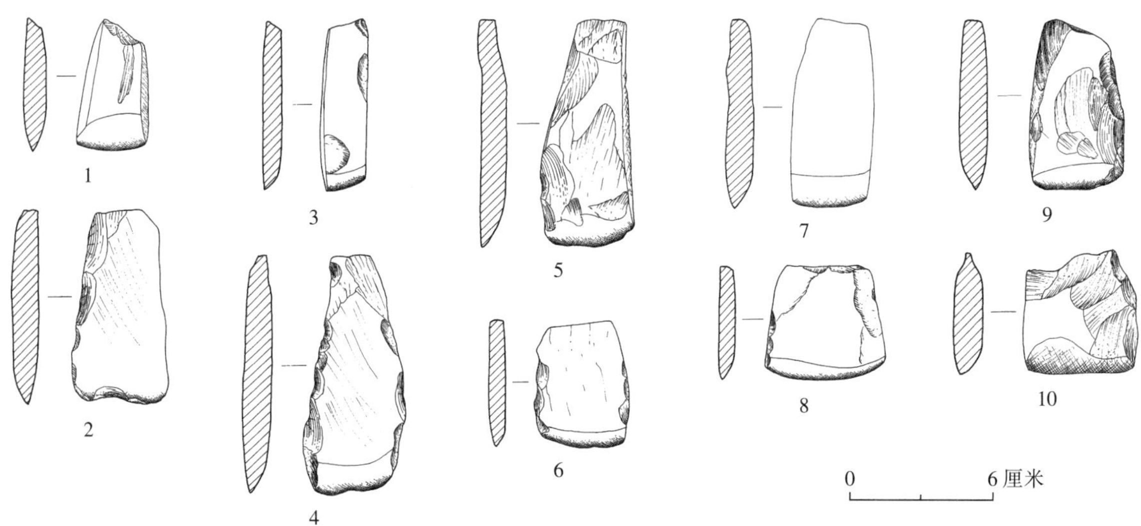

图一一八　2016 年第 3 层出土石锛

1~9. B 型（TN26E36 ③：84、TN27E37 ③：54、TN27E39 ③：29、TN28E37 ③：51、TN28E37 ③：4、TN30E37 ③：3、TN30E38 ③：40、TN30E39 ③：1、TN31E36 ③：62）　10. 残件（TN29E39 ③：67）

TN30E37 ③：3，黑色。平面呈梯形，截面近长方形。平顶，顶部背面有明显的破损，相对较薄。正面近刃面磨光较好，中部仍较粗糙，背面整体磨光均较好。弧刃，单面刃，刃缘有几处细小的茬口。长 5、宽 3.8、厚约 0.7 厘米（图一一八，6）。

TN30E38 ③：40，黑白夹杂。平面呈长方形，截面近长方形，器形较规整。平顶，两面稍向上倾斜，中部稍内凹。两侧切割较平整，磨光较好，无片疤。两面均磨光。弧刃，单面刃，刃缘有密集的垂直于刃缘的细小磨痕。长 7.5、宽 3.4、厚约 1.2 厘米（图一一八，7；彩版三八，3）。

TN30E39 ③：1，黑色。平面呈梯形，截面较不规则。平顶，顶部切割平整，未磨光。两侧面有较深的片疤。两面磨光。弧刃，单面刃，刃缘有细小的磨痕。长 4.5、宽 4.9、厚约 0.6 厘米（图一一八，8）。

TN31E36 ③：62，黑色。平面呈梯形，截面呈长方形。斜平顶，一侧平面有较多缺损经过磨平，呈倾斜平面，另一侧两面有较大面积的连续片疤。直刃，单面刃，刃缘一端有较大面积的崩疤，背面有较多垂直于刃缘的细小磨痕。长 6.6、宽 3.9、厚约 1.2 厘米（图一一八，9）。

残件。

TN29E39 ③：67，黑色。平面呈长方形，截面近长方形。顶部及一侧部分残缺。两面及刃部磨光，两侧有较多崩疤。直刃，单面刃，刃缘有较密集的磨痕及茬口。残长 4.9、宽 4.7、厚约 1.2 厘米（图一一八，10）。

凿

B 型。

TN30E37 ③：77，白色。平面呈长方形，截面近梯形，上窄下宽。顶部残缺。背面有较大面积的片疤，两面均磨光。弧刃，单面刃。残长 5.4、宽 1.7、厚约 0.6 厘米（图一一九，1）。

残件。

TN29E39③：3，黑色。平面近长条形，上宽下窄，截面呈长方形。两侧面磨光。直刃，单面刃，刃缘有较密集的垂直磨痕。大部分残缺。残长4.5、宽1.6、厚约0.6厘米（图一一九，2）。

刀

乙类Aa型。

TN27E38③：3，灰绿色。凹背，双孔，两面对钻，穿孔附近有较明显的磨损。弧刃，刃部有较多连续的崩疤。长9.9、宽3.1、厚约0.5厘米（图一一九，4；彩版三八，4）。

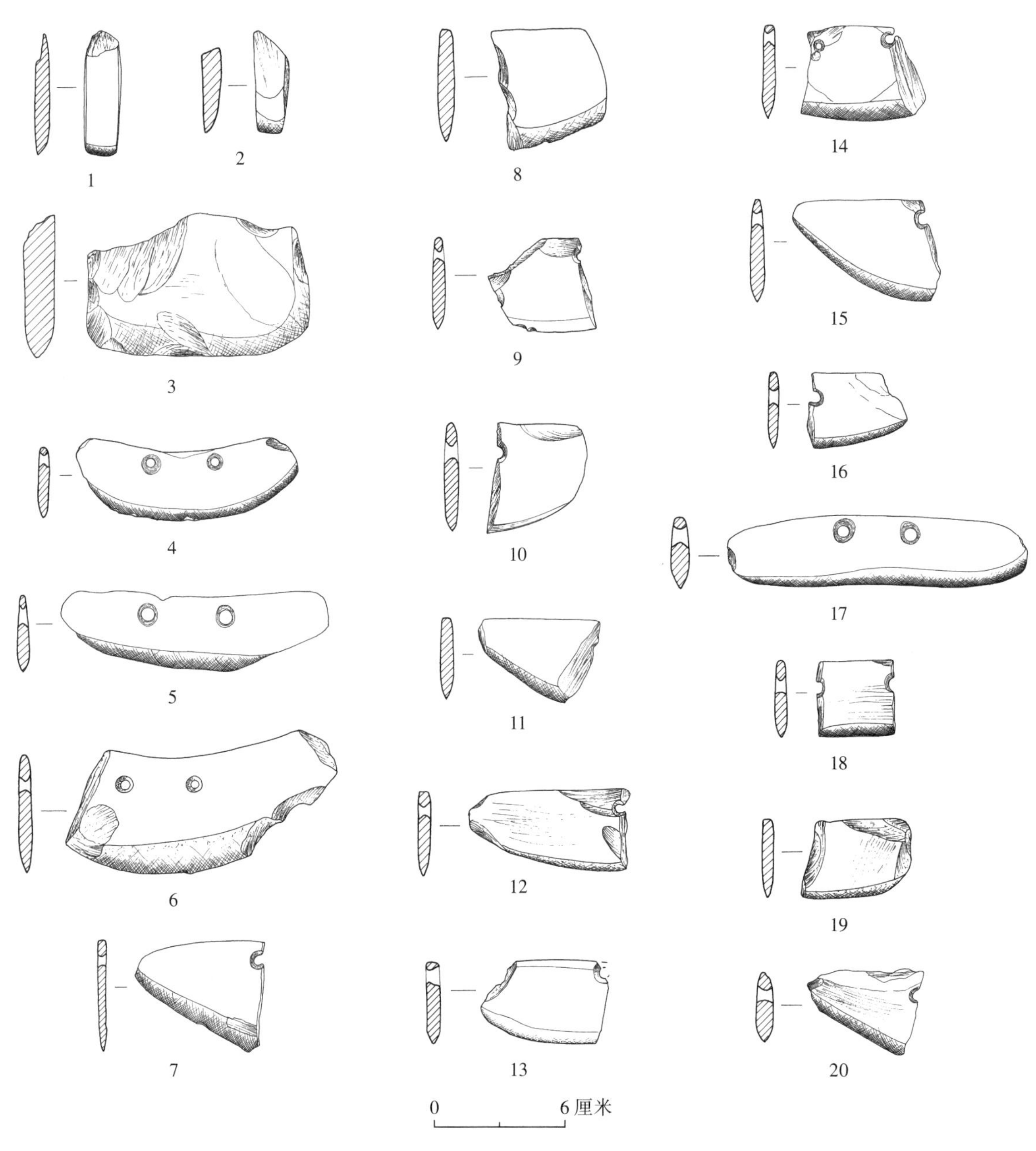

图一一九　2016年第3层出土石器

1. B型凿（TN30E37③：77）　2. 石凿残件（TN29E39③：3）　3. 铲（TN28E36③：5）　4~6. 乙类Aa型刀（TN27E38③：3、TN28E36③：2、TN29E36③：4）　7~16. 乙类Ab型刀（TN26E37③：1、TN26E37③：2、TN27E38③：1、TN27E38③：2、TN28E36③：1、TN28E39③：1、TN28E39③：2、TN29E36③：2、TN29E36③：3、TN31E37③：62）　17、18. 乙类C型刀（TN30E37③：1、TN31E37③：59）　19、20. 石刀残件（TN28E38③：2、TN29E36③：1）

TN28E36③：2，灰色。凹背，背部较薄，双孔，两面对钻，穿孔上方有明显的穿绳磨损。弧刃，刃面中部较宽，向端部逐步变窄，另一侧经过人为斜切平整无刃，刃面有较密集的磨痕。长12、宽3.3、厚约0.6厘米（图一一九，5）。

TN29E36③：4，灰色。凹背，双孔。弧刃，刃面较宽，刃缘分布有较大面积的崩疤。端部有较多崩疤，部分残缺。体量相对较大，残长12.3、宽5.1、厚约0.6厘米（图一一九，6）。

乙类Ab型。

TN26E37③：1，绿色。较薄，一面已剥落。直背，背部有一孔，已残缺。弧刃，单面刃，刃面延伸至背部，另一面已残缺，刃缘分布有密集的斜向磨痕及崩疤。残长5.8、宽4.9、厚约0.4厘米（图一一九，7）。

TN26E37③：2，褐色。直背，背部较平齐。弧刃，刃部有较多崩疤。磨光较好，两端大部分残缺。残长4.7、宽5.3、厚约0.7厘米（图一一九，8）。

TN27E38③：1，灰褐色。直背，有孔，已残，两面对钻。弧刃，刃缘有连续分布的茬口。磨光程度较差，器身分布有较密集的崩疤。残长4.4、宽4.2、厚约0.5厘米（图一一九，9）。

TN27E38③：2，褐色。直背，背部有孔，已残。弧刃，刃面较窄。器表磨光，器形较规整。残长4.1、宽4.8、厚约0.6厘米（图一一九，10）。

TN28E36③：1，褐色。直背，背部较宽且较平整。弧刃，刃缘有较多茬口及杂乱的磨痕。残长5.5、宽3.7、厚约0.6厘米（图一一九，11）。

TN28E39③：1，褐色。直背，背部较平齐，相对较厚，背部有孔，两面对钻，穿孔上方有明显的穿绳磨损。弧刃，刃面较窄。器表有较多崩疤及杂乱的磨痕。残长7.3、宽3.6、厚约0.6厘米（图一一九，12）。

TN28E39③：2，灰色。直背，背部较平直，有一宽仅0.3厘米的倾斜面，有孔，两面对钻。弧刃，相对较厚。石料较粗糙，磨光程度较差。残长5.5、宽3.7、厚0.6厘米（图一一九，13）。

TN29E36③：2，褐色。直背，背部较平整，双孔，两面对钻。弧刃，刃面分布有较多水平磨痕，较杂乱。残长5.6、宽4.1、厚约0.6厘米（图一一九，14）。

TN29E36③：3，黑色。背部较薄较圆弧，背部有孔，已残，两面对钻。正锋，双面刃，刃面延伸至两端，刃面较窄，刃缘中部有较密集的磨痕，磨光较好。残长5.8、宽4.4、厚约0.6厘米（图一一九，15；彩版三九，1）。

TN31E37③：62，黑色。背部有孔，已残，两面对钻。弧刃，刃面相对较窄。器身多分布有水平磨痕，端部有较大面积的片疤。整体相对较薄，残长4.4、宽3.3、厚约0.4厘米（图一一九，16；彩版三九，2）。

乙类C型。

TN30E37③：1，黑色。直背，背部较圆弧，磨光较好，双孔，两面对钻，穿孔附近有明显的穿绳磨损。直刃，刃面较窄，刃缘分布有较多水平磨痕。长13.5、宽3.1、厚约0.8厘米（图一一九，17）。

TN31E37③：59，黑色。直背，背部较圆弧，双孔均残缺，两面对钻。直刃，刃面较窄。器表多分布有较密集的水平磨痕。残长3.5、宽3.2、厚约0.5厘米（图一一九，18；彩版三九，3）。

残件。

TN28E38③：2，褐色。弧刃，刃部分布有较杂乱的磨痕及细小的茬口。器物中部分布有方向较杂乱的磨痕。大部分残缺。残长5、宽3.5、厚约0.5厘米（图一一九，19）。

TN29E36③：1，褐色。背部有孔，已残，两面对钻，两面穿孔的内外径相差较大。弧刃，片疤较多。大部分残缺。相对较厚，残长5.1、宽3.7、厚约0.8厘米（图一一九，20）。

箭镞

Aa型。

TN29E36③：42，深灰色。柳叶形，截面较规则，中部稍鼓，两侧较薄，近梭形。上半部分残缺。平底稍外弧。器表有均匀的斜向磨痕。残长3.7、宽约2.2、厚0.25厘米（图一二〇，1）。

TN31E39③：58，灰绿色。柳叶形，截面较不规则。上半部分残缺，极薄，双面刃，器身中部分布有均匀的斜向磨痕。平底较窄。残长2.9、宽1、厚0.1厘米（图一二〇，2）。

TN29E37③：1，乳白色。柳叶形，较薄，最宽处位于中部。刃缘较钝，铤部较窄，两侧有几处较小的片疤。平底稍窄。整体磨光。残长6、宽1.8、厚约0.1厘米（图一二〇，4）。

Bb型。

TN30E38③：1，深灰色。平面呈较细长的三角形，截面较规则。两面较平直，刃面较窄，刃部较锋利。底部内凹、较宽。整体磨光较好。长4.1、宽1、厚约0.2厘米（图一二〇，5）。

残件。

TN28E39③：98，深灰色。柳叶形。平底较窄。两侧为连续片疤，无刃部，未磨光。残长4.4、宽1.8、厚约0.2厘米（图一二〇，3）。

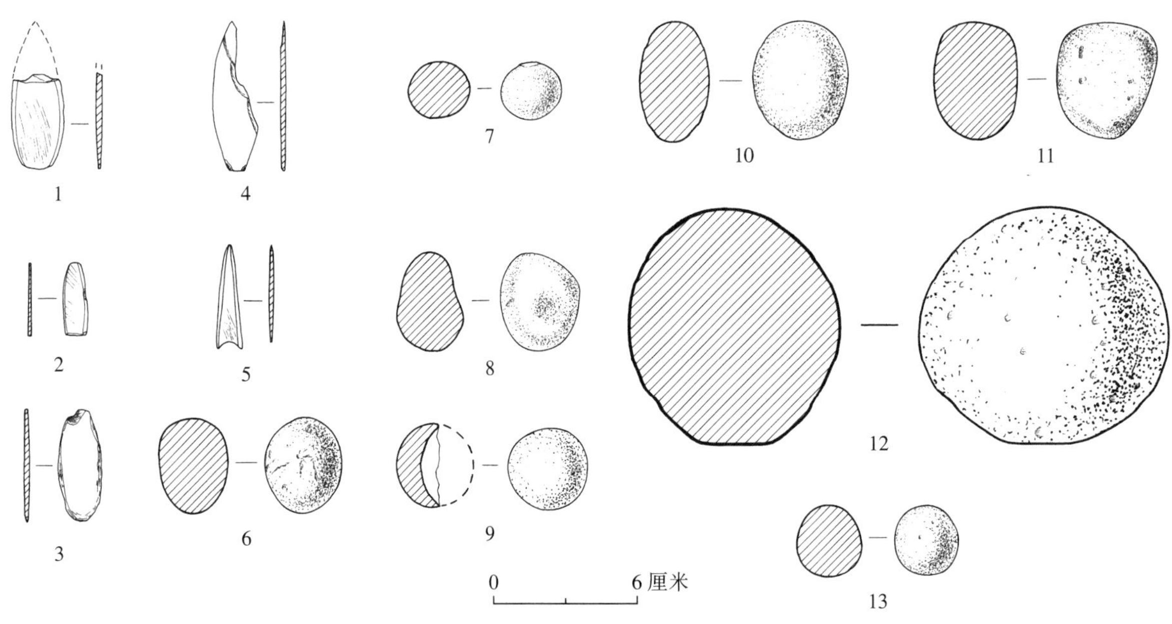

图一二〇　2016年第3层出土石器

1、2、4. Aa型箭镞（TN29E36③：42、TN31E39③：58、TN29E37③：1）　3. 箭镞残件（TN28E39③：98）　5. Bb型箭镞（TN30E38③：1）　6~13. 球（TN27E36③：54、TN27E38③：5、TN28E39③：97、TN29E39③：4、TN30E39③：26、TN30E39③：27、TN28E38③：47、TN26E39③：6）

球

TN26E39③：6，灰褐色。器形较规整，磨制较精细。直径2.5~2.8厘米（图一二〇，13）。

TN27E36③：54，黄褐色。器形较规整，磨制较粗糙。直径3.3~3.8厘米（图一二〇，6）。

TN27E38③：5，黄褐色。器形较规整，磨制较精细。直径2.3~2.5厘米（图一二〇，7）。

TN28E38③：47，黄褐色。器形较规整，磨制较粗糙。体量较大，直径9~10.2厘米（图一二〇，12）。

TN28E39③：97，灰褐色。器形较不规整，磨制较粗糙。直径2.5~4厘米（图一二〇，8）。

TN29E39③：4，黑褐色。一半残缺，器形较规整，磨制较粗糙。直径3.2~3.3厘米（图一二〇，9）。

TN30E39③：26，黄褐色。器形较规整，磨制较精细。直径3.4~4.7厘米（图一二〇，10）。

TN30E39③：27，黄褐色。器形较不规整，磨制较粗糙。直径3.4~4.6厘米（图一二〇，11）。

网坠

TN28E36③：47，黄褐色。形状不规则，两侧缺口位于中部。长10.9、宽6.2、厚2.1厘米（图一二一，1）。

TN29E37③：2，黄褐色。亚腰形，两侧缺口位于中部。长9、宽6.7、厚1.5厘米（图一二一，2）。

纺轮

TN28E37③：1，红褐色。圆形片状，一半残缺，中部有一穿孔，两面对钻。磨制光滑。直径6.5、厚1、穿孔直径1.1厘米（图一二一，3；彩版三九，4）。

TN31E36③：1，黄褐色。圆形片状，仅残留一角，中部残有一孔，已残缺。磨制较粗糙。直径6、厚0.6、穿孔直径0.7厘米（图一二一，4；彩版三九，5）。

砺石

TN26E37③：55，黄褐色。整体近长方形，器形较不规整。两面均有圆形的内凹使用面。长9.5、宽7.5、厚2厘米（图一二一，5）。

TN27E37③：55，黄褐色。器形较不规整。两面均有明显的使用面及使用导致的凹痕。长14.7、宽8.6、厚3.1厘米（图一二一，6）。

TN27E38③：6，黄褐色。整体呈长方形，器形较规整。一面中部有窄长的磨光凹面。长8.3、宽6、厚3.1厘米（图一二一，7）。

TN29E39③：69，黄褐色。整体呈长方形，片状，相对较薄。两面大部分为使用导致的凹面。长8.2、宽10、厚1.4厘米（图一二一，8）。

TN31E36③：61，黄褐色。整体呈长条状，器形较规整。中部低凹，使用面较明显。长2.9、宽7、厚1.1厘米（图一二一，9）。

TN31E37③：58，黄褐色。整体形状较不规则，体量较小。两面中部均有使用面。长5.7、宽7.7、厚1.9厘米（图一二一，10）。

铲

TN28E36③：5，黑色。平面近长方形，截面近弧边四边形。上半部分残缺。两侧面分布有较多片疤。偏锋，弧刃，单面刃，刃缘分布有连续的崩疤。残长6.3、宽10、厚1.5厘米（图一一九，3）。

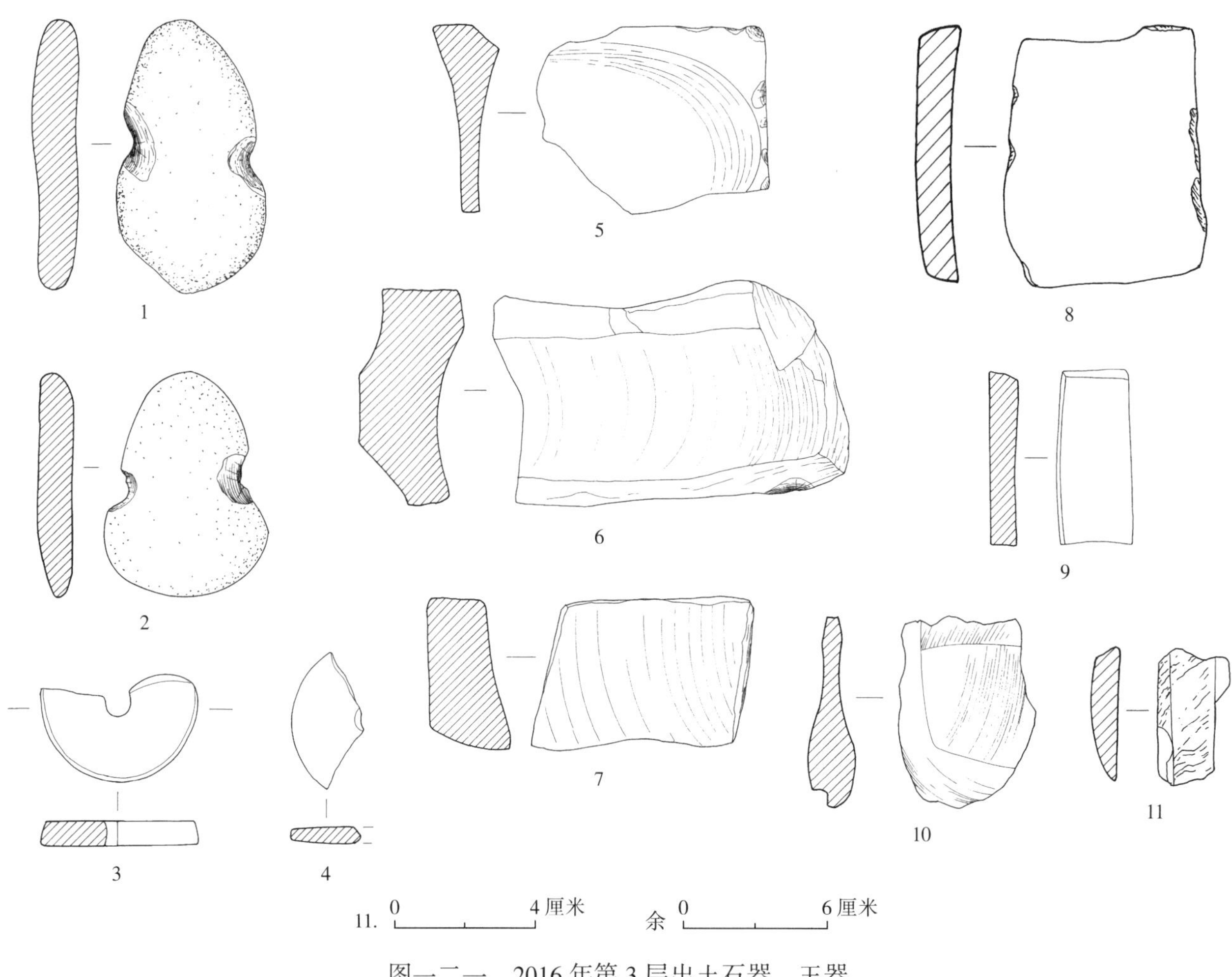

图一二一　2016年第3层出土石器、玉器

1、2. 石网坠（TN28E36③：47、TN29E37③：2） 3、4. 石纺轮（TN28E37③：1、TN31E36③：1） 5~10. 砺石（TN26E37③：55、TN27E37③：55、TN27E38③：6、TN29E39③：69、TN31E36③：61、TN31E37③：58） 11. 玉器残片（TN30E38③：9）

（3）玉器

残片

TN30E38③：9，青绿色。磨光较好，一侧有凹槽。长3.6、宽2、厚0.8厘米（图一二一，11）。

（五）第2层出土遗物

该层出土遗物以陶器为主，另有较多石器。陶器器类有束颈罐、侈口小罐、无颈罐、附加堆纹罐、沿面饰纹罐、盘口高领罐、矮领小罐、敛口罐、釜形罐、带耳罐、瓮、壶、钵等，石器器类有斧、锛、凿、刀、箭镞、球、网坠、纺轮、砺石、铲、杵、坠饰等。

（1）陶器

束颈罐

Aa型。

TN27E39②：57，夹砂橙黄陶。方唇，侈口，窄卷沿外翻，短颈微束。颈部饰刻划网格纹。口径16.5、残高2.9厘米（图一二二，1）。

图一二二　2016年第2层出土陶束颈罐

1、3. Aa型（TN27E39②：57、TN31E37②：17）　2. Ab型（TN27E39②：61）　4、6~15. Bb型（TN26E37②：60、TN26E37②：42、TN26E38②：50、TN26E39②：54、TN26E38②：60、TN27E39②：46、TN28E37②：16、TN28E38②：25、TN29E38②：15、TN29E38②：16、TN31E38②：3）　5. Ba型（TN26E36②：28）

TN31E37②：17，夹砂橙黄陶。圆唇，侈口，窄卷沿外翻，长颈微束，溜肩。颈部饰刻划网格纹和凹弦纹。残高9厘米（图一二二，3）。

Ab型。

TN27E39②：61，夹砂灰褐陶。圆唇，侈口，宽卷沿外翻下垂。短束颈。颈部饰点线纹组成的网格纹和凹弦纹。口径18.6、残高2.6厘米（图一二二，2）。

Ba型。

TN26E36②：28，夹砂褐陶。圆唇，侈口，卷沿。唇部饰戳印点纹。口径27.2、残高2.8厘米（图一二二，5）。

Bb型。

TN26E37②：42，夹砂褐胎黑皮陶。圆唇，侈口，卷沿，束颈。颈部刻划凹弦纹和网格纹。口径24.8、残高6厘米（图一二二，6）。

TN26E37②：60，夹砂灰白胎黑皮陶。圆唇，侈口，卷沿，短束颈，溜肩。肩部饰短泥条附加堆纹。残高5.4厘米（图一二二，4）。

TN26E38②：50，夹砂橙黄陶。圆唇，侈口，卷沿，束颈。颈上部饰刻划网格纹和凹弦纹。口径25、残高4.2厘米（图一二二，7）。

TN26E38②：60，夹砂橙黄陶。圆唇，侈口，卷沿，短束颈，鼓肩。肩部饰刻划网格纹。口径27.2、残高8.8厘米（图一二二，9）。

TN26E39②：54，夹砂灰胎灰褐皮陶。圆唇，侈口，卷沿，束颈。颈部饰刻划网格纹。口径26.8、残高4厘米（图一二二，8）。

TN27E39②：46，夹砂灰白胎灰褐皮陶。圆唇，侈口，卷沿，束颈，溜肩。颈部饰刻划网格纹，刻槽很深。口径16.5、残高5.1厘米（图一二二，10）。

TN28E37②：16，夹砂黄褐陶。圆唇，侈口，卷沿，短束颈。肩部饰刻划网格纹。残高4.3厘米（图一二二，11）。

TN28E38②：25，夹砂灰陶。方唇，侈口，卷沿，束颈。颈部饰刻划网格纹。口径25.2、残高4.5厘米（图一二二，12）。

TN29E38②：15，夹砂灰褐陶。圆唇，侈口，卷沿，短束颈，溜肩。颈部饰刻划网格纹和乳丁纹。口径13.5、残高5.5厘米（图一二二，13）。

TN29E38②：16，夹砂灰陶。圆唇，侈口，卷沿，短束颈，溜肩。颈部饰刻划网格纹。口径16.5、残高4.7厘米（图一二二，14）。

TN31E38②：3，夹砂灰陶。圆唇，侈口，卷沿，短束颈。素面。口径20、残高4.8厘米（图一二二，15）。

侈口小罐

Ab型。

TN30E39②：18，夹砂红陶，内壁黑色。圆唇，侈口，卷沿，肩部较竖直。肩部饰乳丁纹。口径12、残高5.4厘米（图一二三，1）。

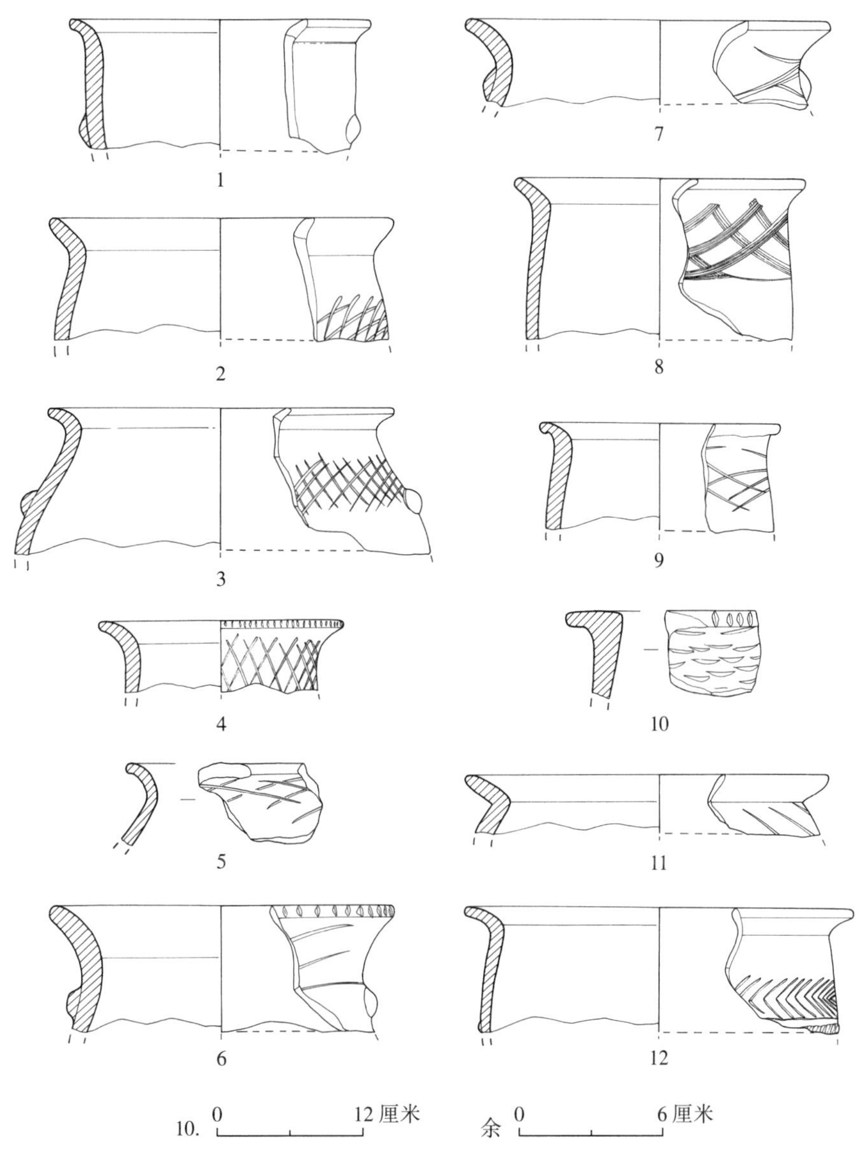

图一二三　2016 年第 2 层出土陶器

1、4. Ab 型侈口小罐（TN30E39②：18、TN26E39②：39）　2. Ac 型侈口小罐（TN29E38②：14）　3、5. Ad 型侈口小罐（TN28E39②：44、TN28E39②：8）　6、7. Ae 型侈口小罐（TN30E36②：7、TN30E36②：27）　8、9. B 型侈口小罐（TN26E39②：59、TN31E37②：29）　10、11. Ac 型无颈罐（TN31E38②：17、TN30E36②：59）　12. Ba 型侈口小罐（TN29E36②：12）

TN26E39②：39，夹砂褐胎黑皮陶，内壁磨光。圆唇，侈口，卷沿，肩部较竖直。唇部饰戳印点纹，颈部饰刻划网格纹。口径 10、残高 2.8 厘米（图一二三，4）。

Ac 型。

TN29E38②：14，夹砂灰陶。圆唇，侈口，卷沿，溜肩。肩部饰刻划网格纹。口径 14、残高 4.8 厘米（图一二三，2）。

Ad 型。

TN28E39②：8，夹砂灰陶，内壁黑色。圆唇，侈口，窄卷沿，短束颈，溜肩。颈部饰刻划网格纹。

残高 3.2 厘米（图一二三，5）。

TN28E39②：44，夹砂褐胎黑皮陶。圆唇，侈口，卷沿，短束颈，鼓肩。肩部饰刻划网格纹和乳丁纹。口径 14、残高 5.8 厘米（图一二三，3）。

Ae 型。

TN30E36②：7，夹砂红褐陶，内壁黑色。方唇，敞口，卷沿，短束颈，溜肩。唇部饰戳印点纹，颈部饰刻划纹，肩部饰刻划纹和乳丁纹。口径 14、残高 5 厘米（图一二三，6）。

TN30E36②：27，夹砂褐胎黑皮陶。方唇，侈口，卷沿，短束颈。颈部饰刻划纹和乳丁纹。口径 15、残高 3.4 厘米（图一二三，7）。

B 型。

TN26E39②：59，夹砂褐陶。圆唇，侈口，折沿，溜肩。肩部饰刻划网格纹。口径 12、残高 6.3 厘米（图一二三，8）。

TN31E37②：29，夹砂褐陶，内壁磨光。方唇，侈口，折沿，溜肩。肩部饰刻划纹。口径 10、残高 4.2 厘米（图一二三，9）。

无颈罐

Ac 型。

TN30E36②：59，夹砂褐胎黑皮陶。圆唇，敛口，折沿，溜肩。肩部饰刻划纹。口径 15、残高 2.3 厘米（图一二三，11）。

TN31E38②：17，夹砂褐胎黑皮陶。方唇，敛口，折沿，溜肩。唇部和肩部饰戳印点纹。残高 6.4 厘米（图一二三，10）。

Ba 型。

TN29E36②：12，夹砂灰胎灰黄皮陶。圆唇，侈口，卷沿，溜肩。肩部饰刻划“<”形纹、凹弦纹和附加堆纹。口径 16、残高 4.9 厘米（图一二三，12）。

附加堆纹罐

Aa 型。

TN27E39②：62，夹砂橙黄陶。方唇，侈口。唇部饰戳印点纹，颈上部饰一周平滑的附加堆纹。残高 2.6 厘米（图一二四，1）。

Ab 型。

TN27E39②：36，夹砂灰胎褐皮陶。圆唇，侈口。唇部饰戳印点纹，颈上部饰一周褶皱状附加堆纹。残高 2 厘米（图一二四，2）。

TN30E38②：4，夹砂黄褐陶。方唇，侈口。唇部饰戳印点纹，颈上部饰一周褶皱状附加堆纹。残高 2.7 厘米（图一二四，3）。

TN31E37②：27，夹砂灰黄陶。方唇，侈口，卷沿。唇部饰戳印点纹，颈上部饰一周褶皱状附加堆纹。残高 3 厘米（图一二四，4）。

Ba 型。

TN27E38②：4，夹砂褐陶。尖圆唇，侈口，卷沿。唇部外侧饰一周平滑的附加堆纹，与口部贴

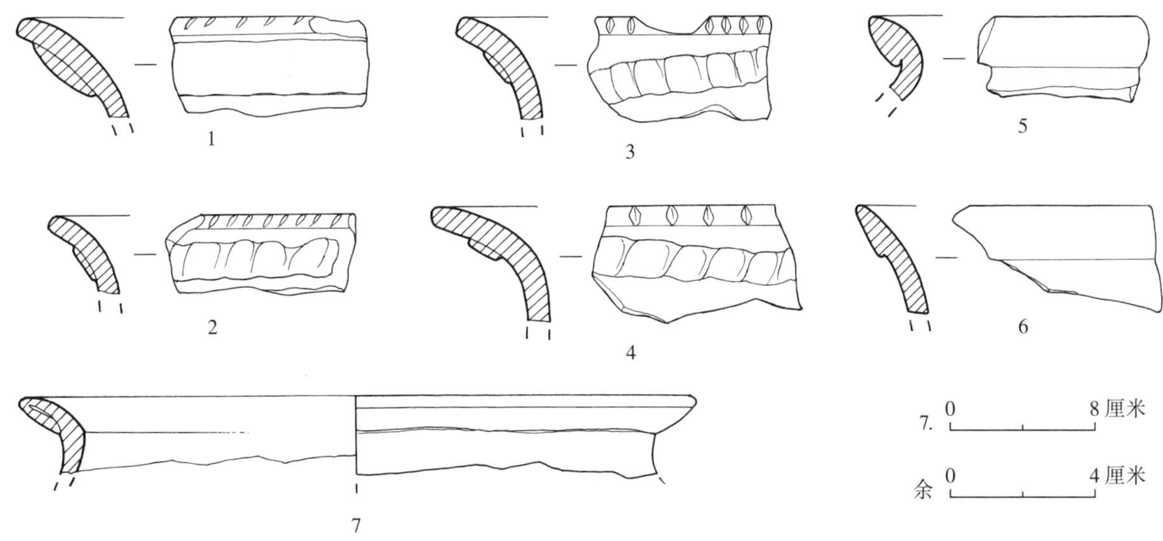

图一二四　2016年第2层出土陶附加堆纹罐

1. Aa型（TN27E39②：62）　2~4. Ab型（TN27E39②：36、TN30E38②：4、TN31E37②：27）　5、7. Ba型（TN27E38②：4、TN30E39②：20）　6. Bb型（TN28E39②：4）

合形成箭头状唇。残高2.2厘米（图一二四，5）。

TN30E39②：20，夹砂灰白胎黑灰皮陶。圆唇，侈口，卷沿。口外侧饰一周平滑的附加堆纹，与口部贴合形成箭头状唇。口径36.8、残高4.2厘米（图一二四，7）。

Bb型。

TN28E39②：4，夹砂灰白陶。尖圆唇，口微盘。口外侧饰一周平滑的附加堆纹，与唇部贴合形成箭头状唇。残高2.8厘米（图一二四，6）。

沿面饰纹罐

Aa型。

TN26E38②：21，夹砂灰陶。圆唇，侈口，卷沿外翻下垂。沿面饰小方格状点线纹组成的连续三角纹夹光面折线纹，颈部饰小方格状点线纹。口径24、残高1.8厘米（图一二五，1）。

Ab型。

TN26E39②：48，夹砂黄褐陶。圆唇，侈口，卷沿外翻近平，束颈。沿面饰连续三角纹夹光面菱形纹和小方格状短线纹组成的窄带状纹饰，颈部饰小方格状点线纹。残高4.3厘米（图一二五，3）。

TN30E36②：30，夹砂灰胎褐皮陶。圆唇，侈口，卷沿外翻近平。沿面饰连续三角纹夹光面折线纹，颈部饰小方格状点线纹组成的网格纹。残高2.9厘米（图一二五，4）。

TN31E37②：11，夹砂灰陶，内壁黑灰色。方唇，侈口，卷沿外翻近平。沿面饰小方格状点线纹组成的连续三角纹，颈部饰小方格状点线纹组成的网格纹。残高3厘米（图一二五，2）。

TN31E38②：43，夹砂红褐陶。圆唇，侈口，卷沿微上仰。沿面饰小方格状点线纹，颈部饰小方格状点线纹组成的网格纹和弦纹。残高2.8厘米（图一二五，5）。

盘口高领罐

Aa型。

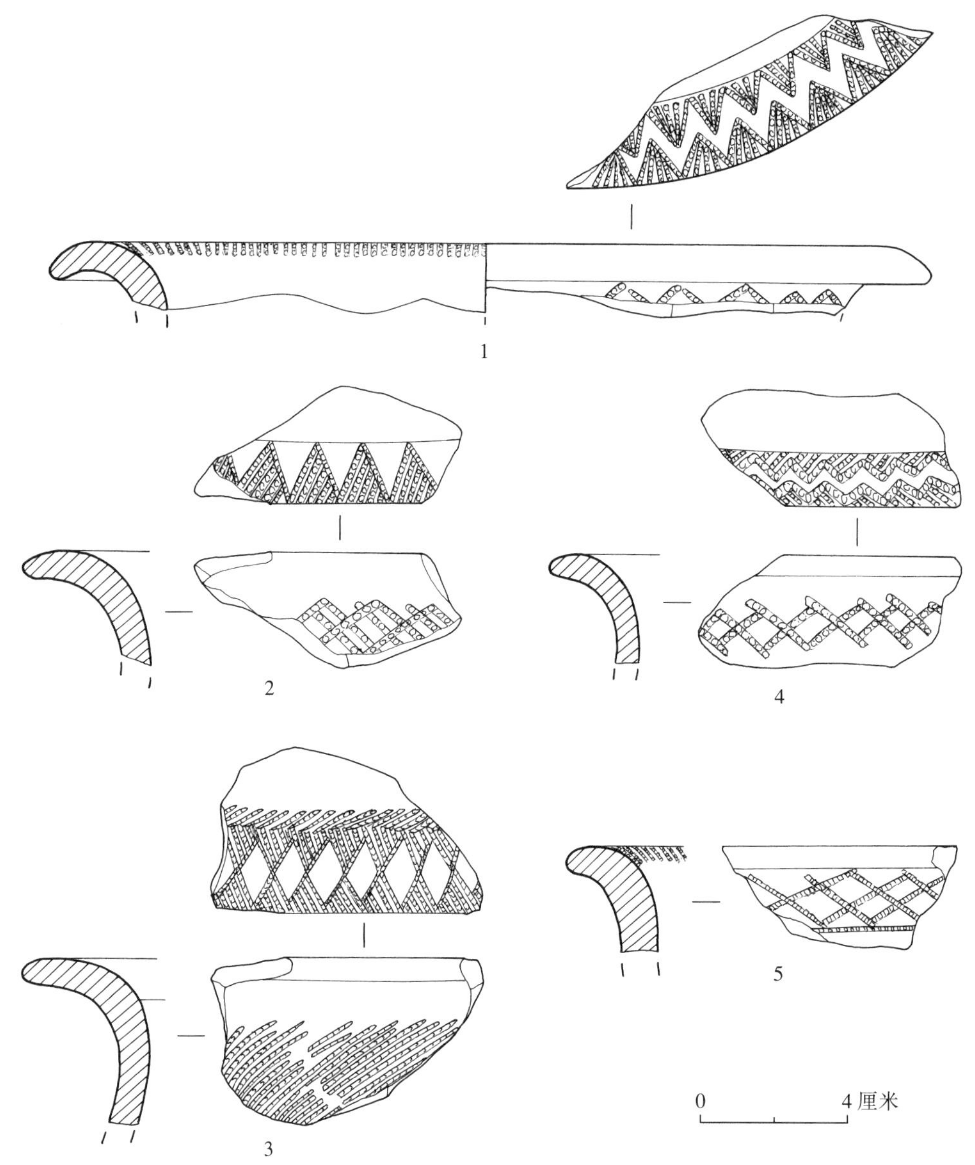

图一二五 2016 年第 2 层出土陶沿面饰纹罐

1. Aa 型（TN26E38 ②：21） 2~5. Ab 型（TN31E37 ②：11、TN26E39 ②：48、TN30E36 ②：30、TN31E38 ②：43）

TN28E39 ②：1，夹砂灰胎橙黄皮陶。尖圆唇，盘口，唇内侧有一道凹槽，宽沿。沿外壁饰短斜线纹。口径 25、残高 3.6 厘米（图一二六，1）。

TN29E38 ②：12，夹砂黑灰陶。尖圆唇，唇内侧有一道凹槽，盘口，宽沿。沿外壁饰小方格状点线纹。口径 24、残高 3 厘米（图一二六，2）。

TN31E38 ②：4，夹砂灰胎黑灰皮陶。尖圆唇，唇内侧有一道凹槽，盘口，宽沿。沿外壁饰小方格状点线纹。口径 17、残高 2.5 厘米（图一二六，3）。

Ab 型。

TN26E36 ②：32，夹砂灰陶。圆唇，盘口，宽沿斜直，高领。唇部饰戳印点纹，沿外壁至颈部饰小方格状点线纹。口径 22、残高 5.6 厘米（图一二六，4）。

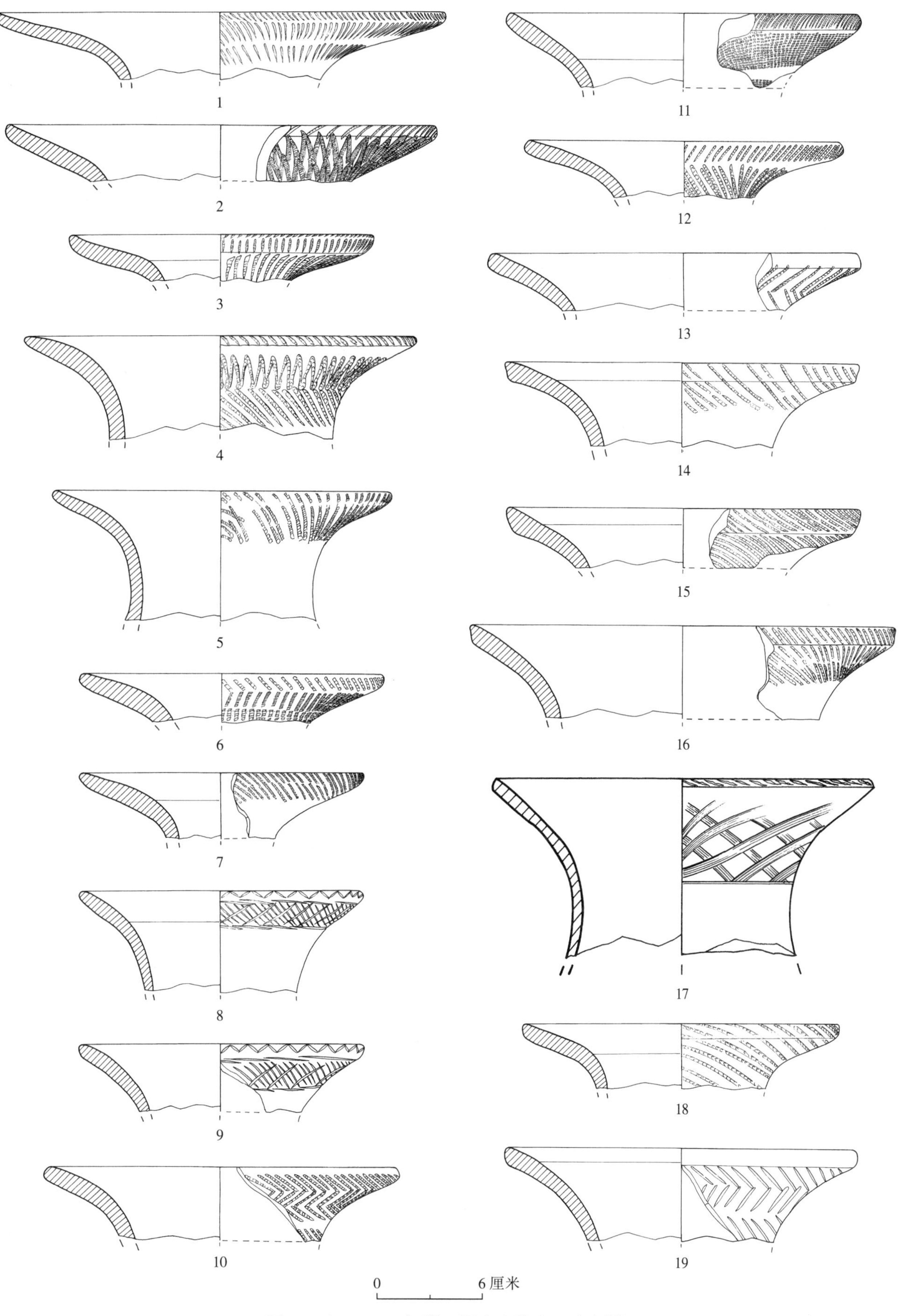

图一二六　2016 年第 2 层出土陶盘口高领罐

1~3. Aa 型（TN28E39 ②：1、TN29E38 ②：12、TN31E38 ②：4）　4~9. Ab 型（TN26E36 ②：32、TN26E38 ②：54、TN27E39 ②：64、TN28E39 ②：29、TN29E39 ②：14、TN29E39 ②：17）　10~19. Ac 型（TN26E38 ②：40、TN26E38 ②：44、TN27E37 ②：13、TN27E39 ②：41、TN28E38 ②：10、TN28E38 ②：26、TN28E38 ②：34、TN29E39 ②：18、TN30E36 ②：3、TN30E36 ②：53）

TN26E38②：54，夹砂黑灰陶。圆唇，唇内侧有一道浅凹槽，盘口，宽沿，高领。沿外壁饰小方格状点线纹。口径19、残高7厘米（图一二六，5）。

TN27E39②：64，夹砂黑灰陶。圆唇，盘口，宽沿。沿外壁饰小方格状点线纹。口径17、残高2.6厘米（图一二六，6）。

TN28E39②：29，夹砂陶，陶色斑驳，局部为黄褐色，局部为灰色。圆唇，盘口，宽沿。沿外壁饰小方格状点线纹。口径16、残高3.5厘米（图一二六，7）。

TN29E39②：14，夹砂黄褐陶。圆唇，盘口，宽沿，高领。唇部饰戳印点纹组成的折线纹，沿外壁饰刻划交叉纹和凹弦纹。口径16、残高5.4厘米（图一二六，8）。

TN29E39②：17，夹砂灰胎褐皮陶，内壁磨光。圆唇，盘口，宽沿。唇部饰戳印点纹组成的折线纹，沿外壁饰刻划交叉纹和凹弦纹。口径16、残高3.6厘米（图一二六，9）。

Ac型。

TN26E38②：40，夹砂灰陶。方唇，盘口，宽沿。沿外壁饰小方格状点线纹组成的折线纹。口径20、残高4厘米（图一二六，10）。

TN26E38②：44，夹砂褐胎黑灰皮陶，内壁磨光。方唇，盘口，宽沿。沿外壁饰小方格状点线纹。口径20、残高4厘米（图一二六，11）。

TN27E37②：13，夹砂灰陶。方唇，盘口，宽沿。沿外壁饰小方格状点线纹。口径18、残高3厘米（图一二六，12）。

TN27E39②：41，夹砂黄褐陶。方唇，盘口，宽沿。沿外壁饰小方格状点线纹。口径21、残高3.1厘米（图一二六，13）。

TN28E38②：10，夹砂灰胎黄皮陶。方唇，盘口，宽沿。沿外壁饰小方格状点线纹。口径20、残高4.5厘米（图一二六，14）。

TN28E38②：26，夹砂灰胎黑灰皮陶。斜方唇，盘口，宽沿。沿外壁饰小方格状点线纹。口径20、残高3.2厘米（图一二六，15）。

TN28E38②：34，夹砂灰胎黑灰皮陶。斜方唇，盘口，宽沿。沿外壁饰小方格状点线纹。口径24、残高5厘米（图一二六，16）。

TN29E39②：18，夹砂灰褐陶。方唇，盘口，宽沿斜直，高领。唇部饰短线纹，沿外壁饰复线网格纹（划纹）和凹弦纹。口径21.6，残高9.6厘米（图一二六，17）。

TN30E36②：3，夹砂灰胎红褐皮陶。斜方唇，盘口，宽沿。沿外壁饰小方格状点线纹。口径18、残高3.5厘米（图一二六，18）。

TN30E36②：53，夹砂黑灰陶。斜方唇，盘口，宽沿。口外侧饰短线纹组成的折线纹。口径20、残高5厘米（图一二六，19）。

B型。

TN30E36②：26，夹砂黑灰陶。圆唇，盘口，窄沿。沿外壁饰小方格状点线纹。口径14、残高3.5厘米（图一二七，1）。

TN30E39②：14，夹砂灰陶。圆唇，盘口，窄沿。沿外壁饰短线纹。口径14、残高2.7厘米（图

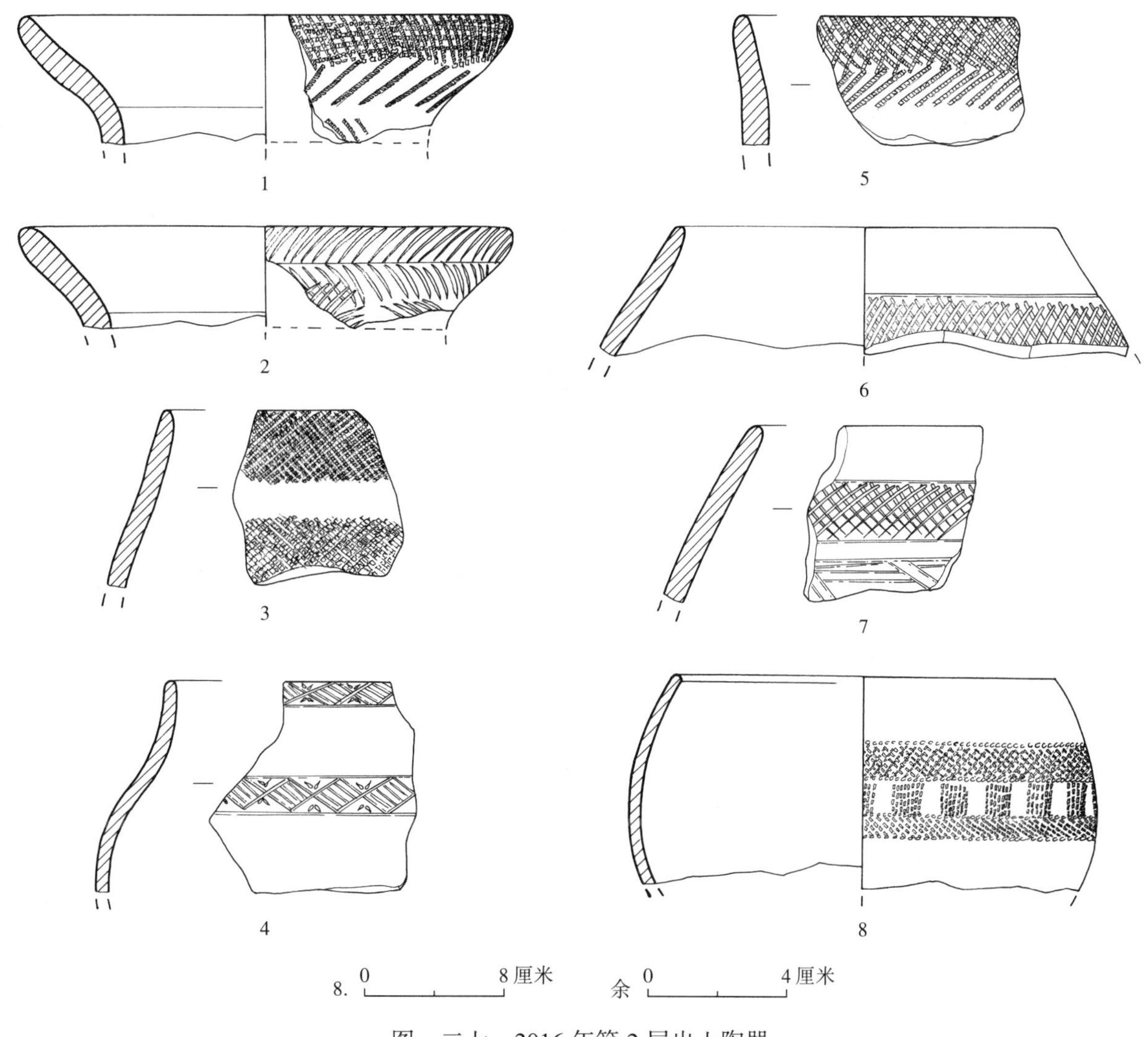

图一二七　2016年第2层出土陶器

1、2. B型盘口高领罐（TN30E36②：26、TN30E39②：14）　3. A型矮领小罐（TN29E38②：8）　4. B型矮领小罐（TN29E38②：11）　5. C型矮领小罐（TN29E36②：17）　6~8. B型敛口罐（TN27E39②：77、TN28E39②：36、TN28E39②：51）

一二七，2）。

矮领小罐

A型。

TN29E38②：8，夹砂灰陶。圆唇，敛口，矮领，溜肩。领部和肩部饰小方格状点线纹。残高4.8厘米（图一二七，3）。

B型。

TN29E38②：11，夹砂灰陶。圆唇，直口，矮领，圆肩。领上部和肩部饰凹弦纹、短线纹组成的菱格纹、光面连续三角纹等。残高5.8厘米（图一二七，4）。

C型。

TN29E36②：17，夹砂灰陶。圆唇，敞口，矮领。领部饰小方格状点线纹组成的菱格纹和窄带状纹饰。残高 3.5 厘米（图一二七，5）。

敛口罐 B 型。

TN27E39②：77，夹砂灰陶。圆唇，敛口，溜肩。肩部饰凹弦纹和菱格纹。口径 11、残高 3.5 厘米（图一二七，6）。

TN28E39②：36，夹砂黑灰陶。圆唇，敛口，溜肩。肩部饰凹弦纹、菱格纹、短线纹与光面组成的复合纹饰等。残高 4.8 厘米（图一二七，7）。

TN28E39②：51，夹砂灰褐陶。圆唇，敛口，溜肩，鼓腹。肩部饰小方格状点线纹组成的带状纹饰等。口径 21.6、残高 11.6 厘米（图一二七，8；彩版四〇，1）。

釜形罐

TN26E39②：58，夹砂灰陶，内壁褐色。圆唇，盘口，卷沿，溜肩。肩部饰两组纹饰，每组上下为凹弦纹夹点纹，中间为连续三角纹夹光面折线纹。口径 15、残高 8.4 厘米（图一二八，1）。

TN31E38②：27，夹砂褐胎黑褐陶。圆唇，盘口，卷沿，溜肩。肩部饰凹弦纹夹点纹。口径 14、残高 5.9 厘米（图一二八，2）。

TN31E39②：2，夹砂灰陶。方唇，侈口，卷沿，束颈，溜肩。唇部饰刻划短斜线纹，颈部饰刻划网格纹和凹弦纹，肩部饰菱格纹，菱格纹内以短斜线填充。残高 5.5 厘米（图一二八，3）。

带耳罐 A 型。

TN31E37②：26，夹砂褐陶，内壁磨光。方唇，侈口，卷沿，束颈，溜肩，唇部至肩部附有桥形竖耳。肩部饰刻划短线纹。残高 5 厘米（图一二九，1）。

瓮 Ba 型。

TN29E38②：13，夹砂灰白胎黑灰皮陶。方唇，侈口，卷沿，短束颈，广肩。颈部饰刻划网格纹。残高 8 厘米（图一二九，2）。

壶

甲类 Bc 型。

TN28E36②：16，夹砂黑灰陶。圆唇，侈口，卷沿，短束颈。颈部饰刻划网格纹和凹弦纹。口径 12、残高 4.1 厘米（图一二九，3）。

TN29E36②：26，夹砂褐陶。圆唇，侈口，卷沿，短束颈。肩部饰刻划纹。残高 3.5 厘米（图

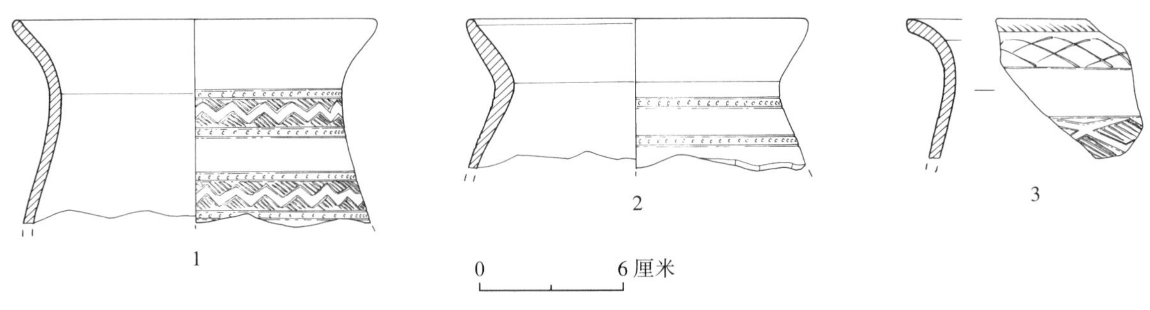

图一二八 2016 年第 2 层出土陶釜形罐

1. TN26E39②：58 2. TN31E38②：27 3. TN31E39②：2

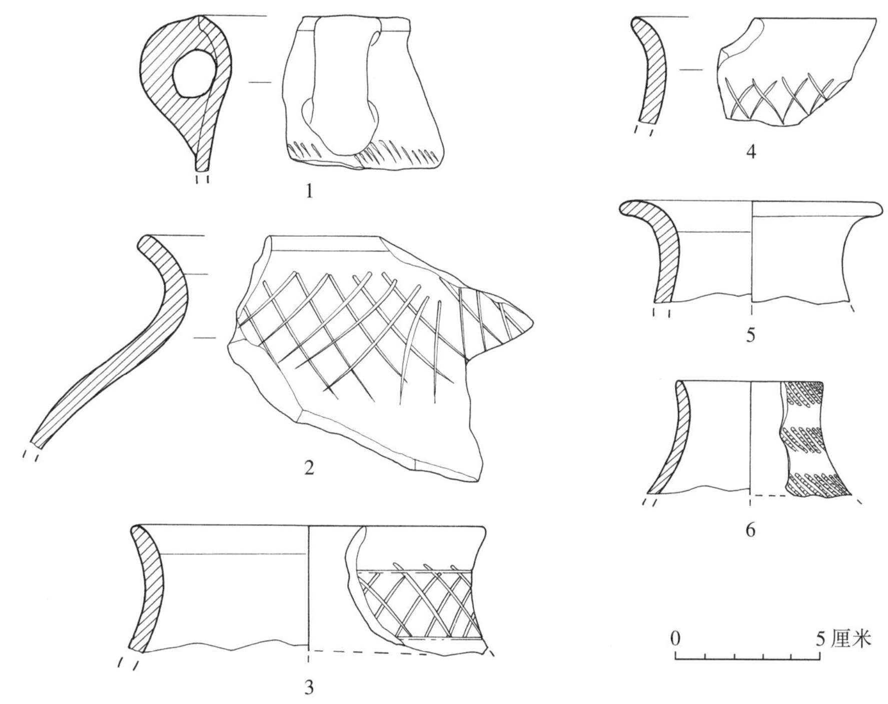

图一二九　2016年第2层出土陶器

1. A型带耳罐（TN31E37②：26）　2. Ba型瓮（TN29E38②：13）　3、4. 甲类Bc型壶（TN28E36②：16、TN29E36②：26）　5. 甲类Bd型壶（TN26E36②：20）　6. 甲类Bg型壶（TN30E36②：16）

一二九，4）。

甲类Bd型。

TN26E36②：20，夹砂灰黄陶。圆唇，侈口，窄卷沿外翻，长束颈。素面。口径9、残高3.3厘米（图一二九，5）。

甲类Bg型。

TN30E36②：16，夹砂灰陶。尖圆唇，侈口，长直颈。颈部饰小方格状短斜线纹组成的数周窄带状纹饰。口径5、残高3.7厘米（图一二九，6）。

盆　C型。

TN26E39②：34，夹砂褐胎黑皮陶。方唇，敞口，卷沿，弧腹。腹部饰刻划网格纹。残高4.8厘米（图一三〇，1）。

TN28E39②：2，夹砂灰白胎黑灰皮陶，内壁磨光。圆唇，敞口，弧腹。腹上部饰刻划凹弦纹和网格纹。残高4.1厘米（图一三〇，2）。

TN29E39②：13，夹砂褐陶。圆唇，敞口，卷沿，弧腹。沿外壁至腹部饰刻划网格纹和凹弦纹。口径16、残高5.5厘米（图一三〇，3）。

TN31E39②：13，夹砂灰白胎黑灰皮陶。圆唇，敞口，卷沿，弧腹。沿外壁饰短线纹组成的折线纹和凹弦纹。口径16、残高5厘米（图一三〇，4）。

钵

乙类Aa型。

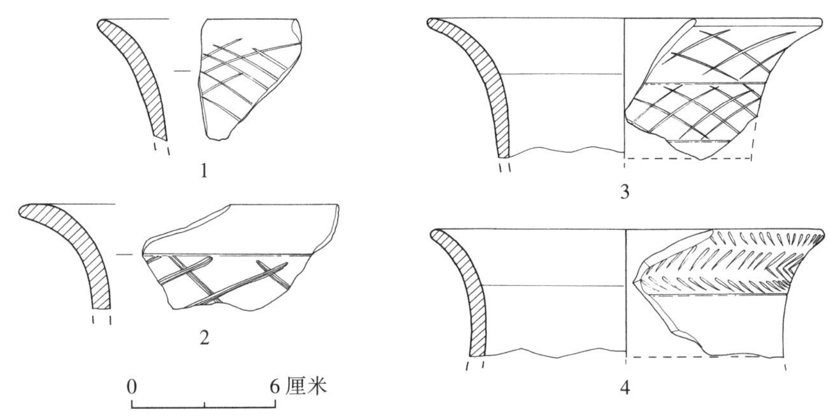

图一三〇　2016年第2层出土C型陶盆

1. TN26E39②：34　2. TN28E39②：2　3. TN29E39②：13　4. TN31E39②：13

TN26E38②：39，夹砂红褐陶。圆唇，敞口，斜弧腹。素面。残高3.5厘米（图一三一，1）。

TN27E39②：43，夹砂灰胎黑灰皮陶。圆唇，敞口，斜弧腹。素面。残高3.8厘米（图一三一，2）。

乙类Ad型。

TN26E39②：21，夹砂灰白胎黑灰皮陶，器表磨光。圆唇，敛口，鼓肩。素面。残高3.7厘米（图一三一，3）。

TN26E39②：55，夹砂灰胎黑皮陶，器表磨光。圆唇，敛口，溜肩。素面。残高4厘米（图一三一，4）。

乙类Bb型。

TN26E36②：22，夹砂灰胎黑皮陶。圆唇，敛口，腹部微鼓。口外侧饰小方格状点线纹组成的连续三角纹，与光面连续三角纹交错，其下饰小方格状点线纹组成的窄带状纹饰等。残高3.9厘米（图一三一，5）。

TN31E38②：5，夹砂灰陶。方唇，敛口，腹部微鼓。唇部饰戳印点纹，口外侧至腹部饰菱格纹、凹弦纹、连续三角纹夹光面菱形纹等。口径22、残高5.8厘米（图一三一，6）。

乙类Bd型。

TN26E36②：18，夹砂灰陶。圆唇，口近直，上腹较竖直。口外侧饰连续三角纹夹光面折线纹、凹弦纹，其下饰凹弦纹、凹弦纹夹短线纹与光面组成的复合纹饰。残高4.2厘米（图一三一，7）。

乙类Be型。

TN26E39②：18，夹砂黄褐陶，内壁磨光。圆唇，口近直，弧腹。唇部饰戳印点纹，腹部饰连续三角纹夹光面折线纹等。残高3.3厘米（图一三一，8）。

乙类Bf型。

TN30E39②：15，夹砂灰白胎黑灰皮陶。圆唇，敞口，斜弧腹。腹部饰小方格状短斜线纹和凹弦纹。残高6.3厘米（图一三一，9）。

器盖

TN29E36②：25，夹砂褐胎黑皮陶。圆唇，敞口，斜直壁。素面。残高6.4厘米（图一三一，10）。

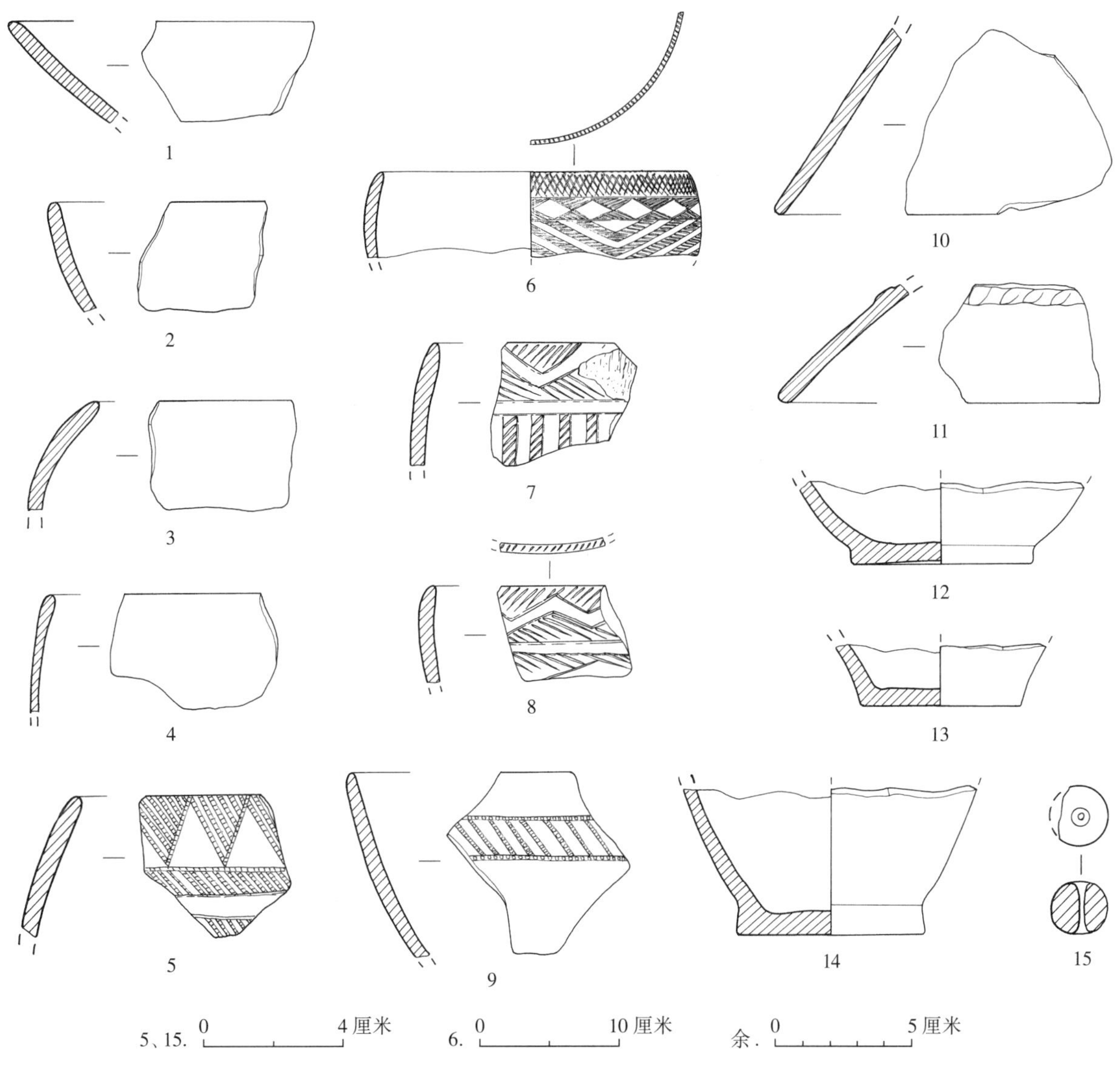

图一三一　2016年第2层出土陶器

1、2. 乙类Aa型钵（TN26E38②：39、TN27E39②：43）　3、4. 乙类Ad型钵（TN26E39②：21、TN26E39②：55）　5、6. 乙类Bb型钵（TN26E36②：22、TN31E38②：5）　7. 乙类Bd型钵（TN26E36②：18）　8. 乙类Be型钵（TN26E39②：18）　9. 乙类Bf型钵（TN30E39②：15）　10、11. 器盖（TN29E36②：25、TN30E37②：1）　12~14. 器底（TN26E37②：91、TN26E38②：38、TN30E36②：2）　15. 球（TN27E38②：5）

TN30E37②：1，夹砂红陶。圆唇，敞口，斜直壁。中部饰一周褶皱状附加堆纹。残高4厘米（图一三一，11）。

器底

TN26E37②：91，夹砂黑灰陶。饼状平底。素面。底径6.5、残高2.8厘米（图一三一，12）。

TN26E38②：38，夹砂灰白胎黑灰皮陶。平底。素面。底径5.8、残高2.1厘米（图一三一，13）。

TN30E36②：2，夹砂灰胎黄褐皮陶。饼状平底。素面。底径6.8、残高5厘米（图一三一，14）。

球

TN27E38②：5，夹砂褐陶。中间有圆形小穿孔。素面。直径1.5厘米（图一三一，15）。

（2）石器

斧

B 型。

TN26E37②：92，黑色。平面呈长方形，截面近四边形。正面有较明显的片切割痕迹。正锋，弧刃。通体磨光。长 8.2、宽 3、厚 4 厘米（图一三二，1）。

TN26E39②：64，灰绿色。侧面较平直、磨光，器身中部有较明显的片切割痕迹。正锋，直刃，双面刃，刃缘分布有密集的垂直于刃缘的细小磨痕。长 6.9、宽 4、厚约 2.4 厘米（图一三二，2；彩版四〇，2）。

TN31E37②：31，墨绿色。侧面较平直，正反两面中部有较明显的片切割痕迹。正锋，弧刃，双面刃。残长 8、宽 3.2、厚约 2.1 厘米（图一三二，3；彩版四〇，3）。

Ca 型。

TN29E39②：6，褐色。平面近长方形，截面近椭圆形。圆顶，顶部两面均有残损。中部起脊。

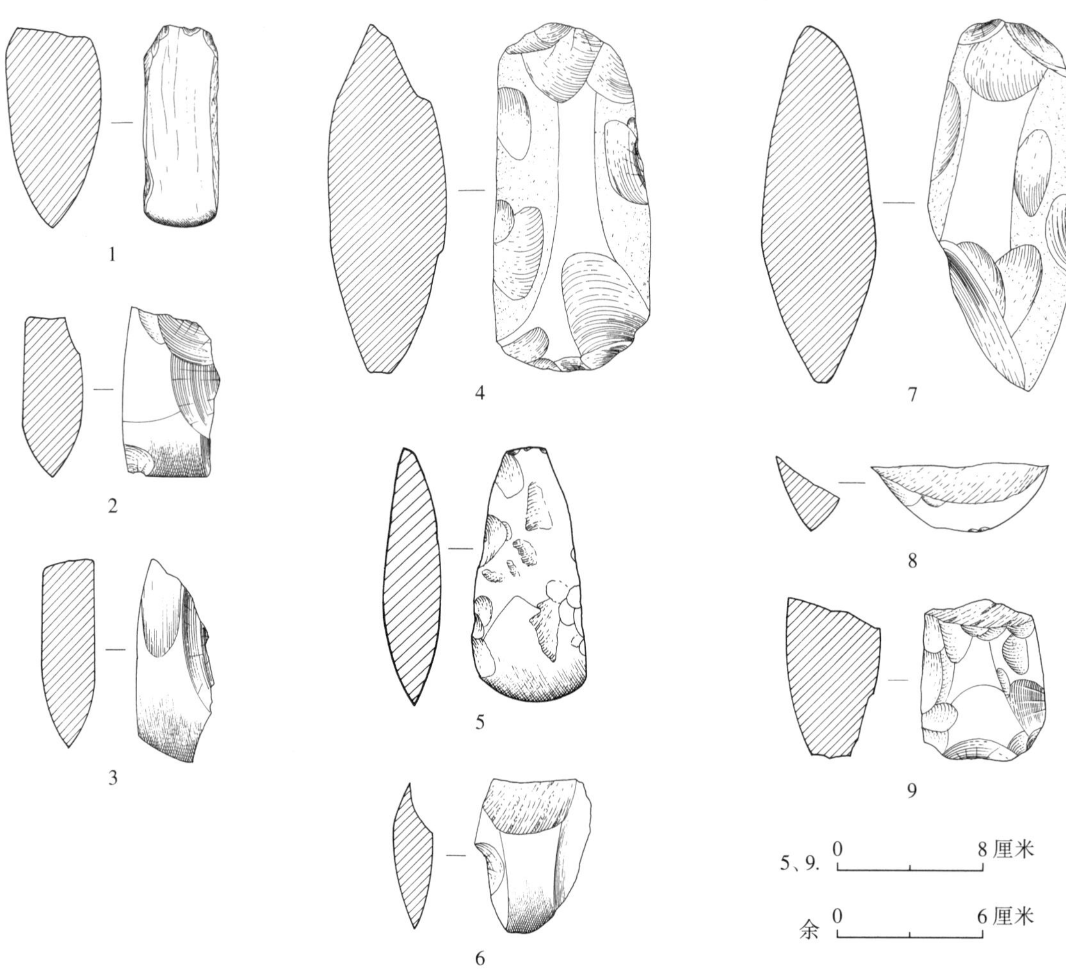

图一三二 2016 年第 2 层出土石斧

1~3. B 型（TN26E37②：92、TN26E39②：64、TN31E37②：31） 4. Ca 型（TN29E39②：6） 5. Cb 型（TN30E36②：1）
6~9. 残件（TN26E38②：56、TN27E36②：4、TN27E37②：2、TN29E36②：28）

双面刃，刃缘分布有较大面积的崩疤。磨光较好。长13.8、宽6.2、厚约4.8厘米（图一三二，4；彩版四〇，4）。

Cb型。

TN30E36②：1，绿色。平面近梯形，顶部较细且较薄，截面不规则。两侧有较多片疤。正锋，弧刃，双面刃，刃缘有细小的茬口。长13.4、宽6.1、厚约3.1厘米（图一三二，5；彩版四〇，5）。

残件。

TN26E38②：56，黑色。大部分残缺，仅为石斧刃部裂开的一片石片。器表磨光较好。残长6.1、宽4.7、厚约1.6厘米（图一三二，6）。

TN27E36②：4，褐色。平面近长方形，截面近椭圆形。正面中部起脊，两侧有较明显的片疤。正锋，刃缘残缺。磨光较好。残长14.5、宽5.9、厚约4.6厘米（图一三二，7）。

TN27E37②：2，黑色。大部分残缺，仅残有刃部。正锋，弧刃，双面刃，两侧较薄，刃缘分布有较多细小的磨痕，磨光较好。残长2.8、宽约7.2、厚约2.4厘米（图一三二，8）。

TN29E36②：28，褐色。平面近长方形，截面近六边形。上半部分残缺。中部起脊，有部分片疤。正锋，刃缘残缺，遍布崩疤。残长8.3、宽6.6、厚约5厘米（图一三二，9）。

锛

A型。

TN28E37②：3，黑色。平面近梯形，截面较不规则，器形较不规整。圆顶。两面部分磨光，背面凹凸不平，两侧分布有连续的片疤。弧刃，单面刃，刃缘有较多茬口。长9.9、宽5.2、厚约1.6厘米（图一三三，1）。

TN31E36②：2，绿色。平面呈弧边三角形，截面呈椭圆形。圆顶，磨平未磨光，顶部两面无明显的片疤。两面均磨光，器身中部仍残有部分片疤，两侧多片疤。单面刃，弧刃。长6.7、宽3.6、厚约0.7厘米（图一三三，2）。

B型。

TN26E37②：99，黑色。平面呈长方形，截面呈梯形。斜平顶，正面近刃部磨光。弧刃，单面刃，刃缘有较多崩疤及较密集的磨损痕迹。长5.8、宽2.8、厚约0.6厘米（图一三三，3）。

TN26E37②：3，黑色。平面近长方形，相对较长，截面呈长方形。两面磨光均较差，靠近刃部的下半部分磨光较好。直刃，单面刃，仅有几处细小的茬口。长7.8、宽3.6、厚约0.9厘米（图一三三，4）。

TN26E39②：60，黑色。平面近梯形，截面不规则。平顶。两面均磨光，两侧面有较大面积的崩疤。偏锋，弧刃，单面刃，刃缘有较细小的茬口。长6、宽4.3、厚约1厘米（图一三三，5）。

TN26E39②：65，黑色。平面近长方形，截面呈圆角长方形。平顶。两面均磨光，两侧有较密集的片疤。弧刃，单面刃，刃面两端有较明显的崩疤。长7.4、宽3.9、厚约0.8厘米（图一三三，6）。

TN26E39②：2，黑色。平面近梯形，截面近圆角长方形，体量较大，整体较宽扁。斜平顶，较斜直。背面较平直，两面均磨光，两侧有较密集的片疤。弧刃，单面刃，刃缘有部分崩疤及较杂乱的磨痕。长16.1、宽7.3、厚约1.2厘米（图一三三，7；彩版四一，1）。

TN27E38②：6，绿色。平面呈梯形，截面近椭圆形。顶部较平整，切割磨平，稍内凹。直刃，

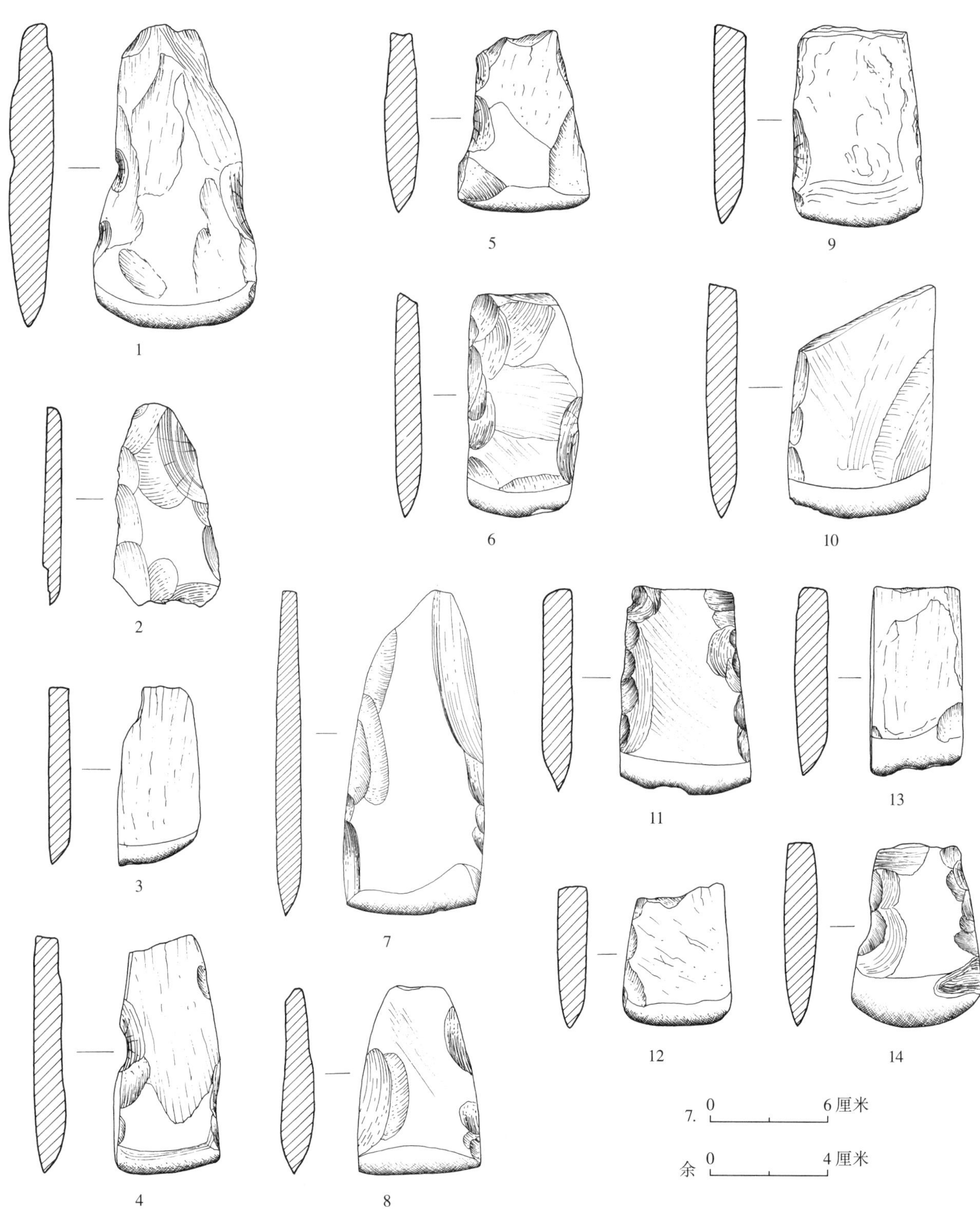

图一三三　2016年第2层出土石锛

1、2. A 型（TN28E37 ②：3、TN31E36 ②：2）　3~14. B 型（TN26E37 ②：99、TN26E37 ②：3、TN26E39 ②：60、TN26E39 ②：65、TN26E39 ②：2、TN27E38 ②：6、TN27E39 ②：78、TN28E36 ②：2、TN28E37 ②：1、TN29E39 ②：1、TN29E39 ②：2、TN31E37 ②：32）

单面刃，中部较宽两端渐窄。整体磨光较好。长 6.3、宽 4.2、厚约 1.2 厘米（图一三三，8）。

TN27E39②：78，黑色。平面呈长方形，截面不规则。平顶。两面大部分磨光，两侧面较不规整，片疤较密集。弧刃，单面刃，刃缘有连续的细小茬口，磨损较严重。长 6.5、宽 4.3、厚约 1.1 厘米（图一三三，9）。

TN28E36②：2，黑色。平面近梯形，截面近圆角长方形。斜平顶。两面均磨光，磨光程度较差，一侧片疤较密集。弧刃，单面刃，刃缘有较密集的细小茬口及垂直于刃缘的磨痕。长 7.7、宽 4.9、厚约 0.9 厘米（图一三三，10）。

TN28E37②：1，黑色。平面呈梯形，截面近椭圆形。平顶。两侧有较连续的片疤。弧刃，单面刃，刃缘有明显的崩疤。刃部及背面磨光较好，其余磨制较粗糙。长 6.8、宽 4.5、厚约 1 厘米（图一三三，11；彩版四一，2）。

TN29E39②：1，黑色。平面近长方形，刃部稍宽，截面呈长方形。平顶。侧面切割较平整，磨制较粗糙，背面磨光较好。偏锋，弧刃，单面刃。长 4.5、宽 3.6、厚约 1.1 厘米（图一三三，12）。

TN29E39②：2，黑色。平面呈长方形，截面近长方形。平顶。两面均有明显的磨光痕迹。偏锋，弧刃，单面刃，刃部背面有较大面积的崩疤。长 6.2、宽 3.2、厚约 1.2 厘米（图一三三，13）。

TN31E37②：32，黑色。平面呈梯形，截面近长方形。平顶。弧刃，单面刃，刃缘有部分片疤。通体磨光。长 6.1、宽 4.4、厚约 1.1 厘米（图一三三，14）。

残件。

TN26E37②：97，黑色。平面呈长方形，截面呈弧角长方形。顶部残缺，残存顶部较平整。两面均磨光，刃部有部分片疤、较浅。两侧面自然圆弧，磨制较平整。单面刃，弧刃，无明显刃面，刃部相对较窄。残长 6.4、宽 3、厚约 1.6 厘米（图一三四，1）。

TN27E36②：2，黑色。平面形状呈长方形，截面近梯形。上部残缺。两面均磨光。弧刃，单面刃，刃面有密集的平行磨痕，刃部两端有明显的崩疤。残长 2.7、宽 4.4、厚约 0.9 厘米（图一三四，2）。

TN28E36②：1，黑色。平面呈长方形，截面近圆角长方形。两面均磨光。弧刃，单面刃，刃缘的弧度较小，有几处较明显的崩疤。长 5、宽 4.8、厚约 0.8 厘米（图一三四，3）。

TN28E38②：3，黑色。平面呈梯形，截面近长方形。顶部有较大面积且较深的崩疤。正面及背面中部较低洼，部分磨光，近刃部磨光较好。弧刃，单面刃，刃缘有较多细小的茬口及磨痕。长 5.2、宽 3.5、厚约 0.75 厘米（图一三四，4）。

TN29E36②：27，黑色。平面近长方形，截面近长方形。切割平齐，两面均磨光。直刃，单面刃，刃面分界较明显，刃缘有较密集的磨痕及细小的茬口。残长 4、宽 4.2、厚约 0.8 厘米（图一三四，5）。

TN30E36②：60，黑色。平面形状不规则，截面近长方形。两面磨光，磨制较精细，背面光泽。两侧面稍倾斜，自然圆弧。弧刃，单面刃，刃缘有较密集的磨损。残长 4.4、宽 4、厚约 0.6 厘米（图一三四，6）。

凿

B 型。

TN26E36②：33，白色。平面呈长方形，截面近长方形，器形较规整。两面均磨光。弧刃，

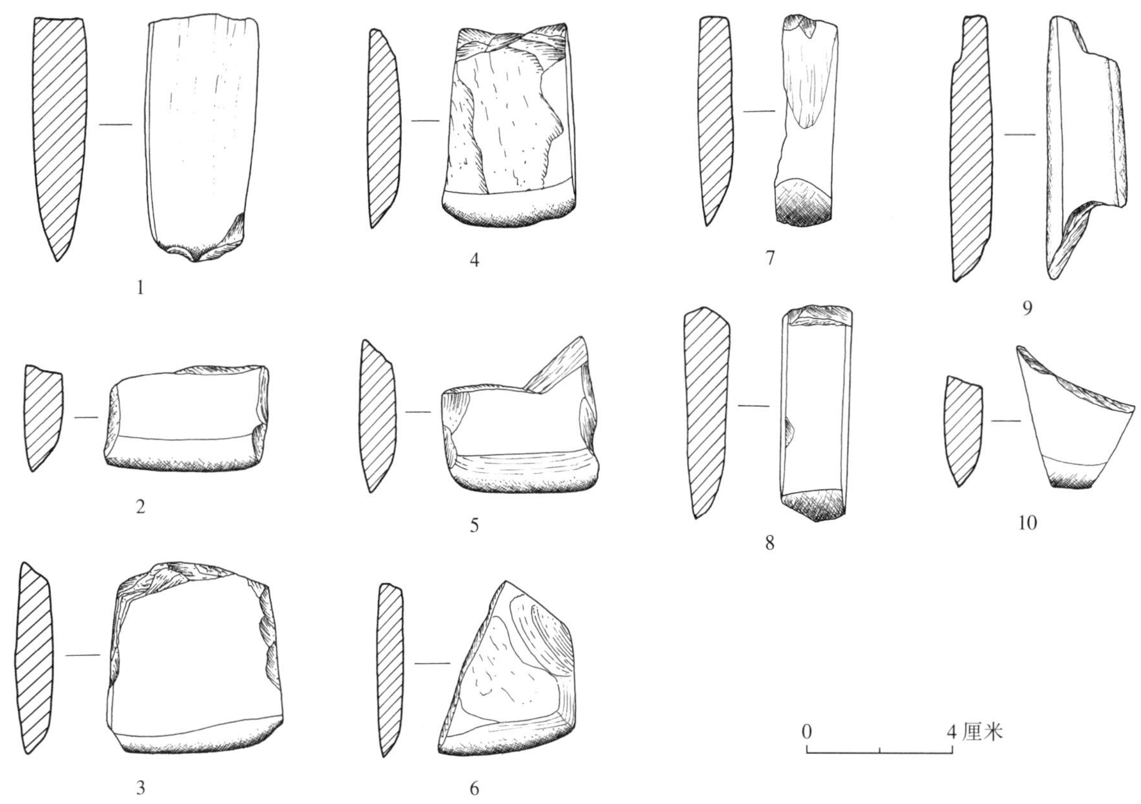

图一三四　2016 年第 2 层出土石器

1~6. 石锛残件（TN26E37 ②：97、TN27E36 ②：2、TN28E36 ②：1、TN28E38 ②：3、TN29E36 ②：27、TN30E36 ②：60）
7、8. B 型凿（TN26E36 ②：33、TN26E38 ②：59）　9、10. 石凿残件（TN29E37 ②：2、TN30E39 ②：1）

单面刃，中间较宽，至两端刃面逐渐变窄，刃缘有较连续的茬口。长 5.6、宽 1.5、厚约 0.9 厘米（图一三四，7）。

TN26E38 ②：59，黑色。平面呈长方形，截面近等腰梯形。顶部残缺，有较多崩疤。两面均磨光。弧刃，单面刃。残长 5.7、宽 1.9、厚约 1.2 厘米（图一三四，8）。

残件。

TN29E37 ②：2，黑色，石料近蛇纹岩。两面及侧面磨光较好，有光泽。残长 7、宽 2.2、厚约 1.2 厘米（图一三四，9）。

TN30E39 ②：1，黑色。两面均磨光，侧面平整，无片疤，磨光较好。正锋，弧刃，刃部较窄。残长 3.8、宽 3、厚约 1 厘米（图一三四，10）。

刀

乙类 Aa 型。

TN26E39 ②：3，褐色。凹背，残有一孔，两面对钻。正锋，弧刃，双面刃。器身遍布片疤，片状脱落，整体相对较宽。残长 4.8、宽 5.4、厚约 0.6 厘米（图一三五，1）。

TN28E38 ②：2，褐色。凹背，背部较圆弧且较薄，仅残有一孔。弧刃，刃部有较多崩疤及细小的茬口。断裂处残留有较大的崩疤。残长 3.8、宽 3.1、厚约 0.4 厘米（图一三五，2）。

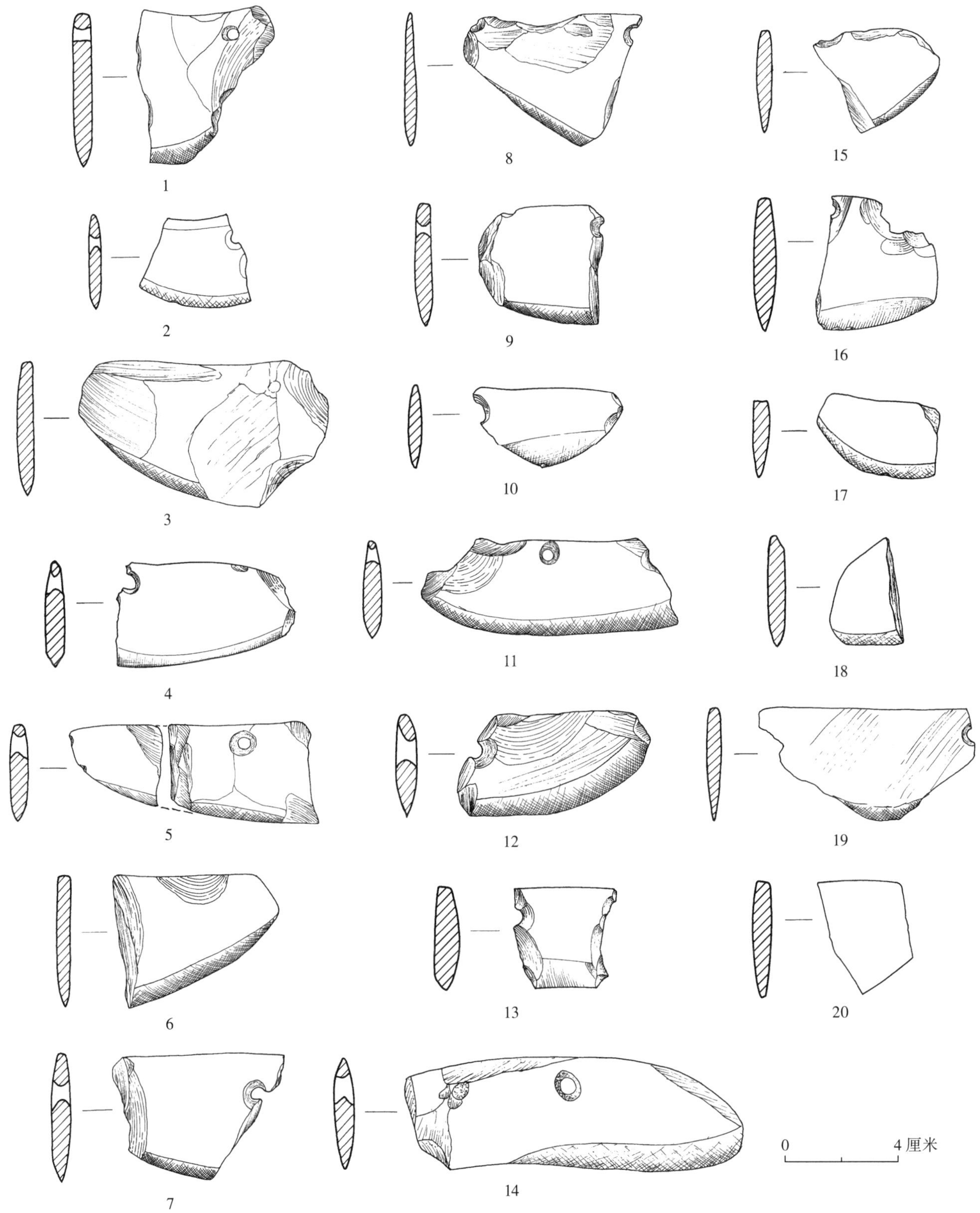

图一三五　2016年第2层出土石刀

1、2. 乙类Aa型（TN26E39②：3、TN28E38②：2）　3~12. 乙类Ab型（TN26E37②：98、TN26E39②：1、TN27E37②：14、TN28E36②：3、TN28E38②：37、TN28E39②：55、TN29E36②：29、TN29E37②：3、TN29E38②：4、TN31E39②：5）　13、14. 乙类C型（TN26E37②：2、TN31E39②：1）　15~19. 残件（TN26E38②：57、TN26E39②：62、TN27E36②：5、TN28E37②：18、TN28E39②：57）　20. 废料（TN31E36②：3）

乙类 Ab 型。

TN26E37②：98，褐色。直背，残有一孔。弧刃，刃面较窄，器表有较多片疤。大部分残缺，整体保存状况较差。残长 8.7、宽 4.9、厚约 0.6 厘米（图一三五，3）。

TN26E39②：1，褐色。背部较圆弧且较薄，残有一孔且已破损，两面对钻。弧刃，刃部较窄。器表分布有较均匀的磨痕，磨光较好。残长 6.2、宽 3.6、厚约 0.7 厘米（图一三五，4）。

TN27E37②：14，褐色。直背，残有一孔，两面对钻，穿孔上方有片疤及明显的穿绳磨损。弧刃，两面的刃面宽度相差较大。器表多较密集的片疤。残长 8.6、宽 3.5、厚约 0.6 厘米（图一三五，5）。

TN28E36②：3，褐色。直背，整体较薄。弧刃，单面刃，刃缘较窄，分布有细小的茬口。残长 5.8、宽 4.5、厚约 0.45 厘米（图一三五，6）。

TN28E38②：37，褐色。直背，残有一孔，已破损，两面对钻，两面有一定的高度落差。弧刃，刃面较窄，大部分残缺。残长 5.8、宽 4.2、厚约 0.7 厘米（图一三五，7；彩版四一，3）。

TN28E39②：55，绿色。直背，残有一孔，两面钻孔。弧刃，刃面较窄，延伸至端部，刃缘有较多磨痕及崩疤。大部分残缺，有较多大面积的崩疤。残长 6、宽 4.5、厚约 0.4 厘米（图一三五，8；彩版四一，4）。

TN29E36②：29，褐色。直背，残有一孔且已破损，两面对钻。弧刃，刃面由中部向两端逐渐变窄，刃缘有较多茬口及杂乱的磨痕。端部片理发达，有较密集的片疤。大部分残缺。残长 4.3、宽 4.1、厚约 0.6 厘米（图一三五，9）。

TN29E37②：3，褐色。直背，残有一孔，两面对钻。弧刃，刃面较宽。大部分残缺，仅残有一角。残长 5.1、宽 2.7、厚约 0.4 厘米（图一三五，10）。

TN29E38②：4，褐色。直背，双孔，孔间距 2.9 厘米，穿孔上方有明显的穿绳磨损。弧刃，刃缘分界较突出，较锋利。通体磨光，两侧残缺。残长 9、宽 3.3、厚约 0.7 厘米（图一三五，11）。

TN31E39②：5，褐色。直背，残有一孔。弧刃，刃面延伸至端部，大部分残缺。有较多片疤。残长 6.7、宽 3.5、厚约 0.7 厘米（图一三五，12）。

乙类 C 型。

TN26E37②：2，褐色。直背，残有一孔，两面对钻，钻孔外围较宽，穿孔上方有较明显的穿绳磨损。偏锋，直刃，双面刃，刃面较宽，两面宽度相差较大。布满崩疤，大部分残缺。残长 3.6、宽 3.5、厚约 0.8 厘米（图一三五，13）。

TN31E39②：1，褐色。直背，背部较薄且较圆弧，双孔，两面对钻，穿孔上方较薄，且有明显的穿绳磨损，穿孔一侧有未穿透的小孔。直刃，双面刃，刃部稍内凹，刃部两面均分布有较密集的水平磨痕。端部稍有残缺。残长 11.9、宽 3.8、厚约 0.7 厘米（图一三五，14）。

残件。

TN26E38②：57，紫色。背部较平整，有几处片疤。双面刃，刃面较窄，两面宽度相差较大，刃部多斜向磨痕。仅残有一角。残长 4、宽 3.3、厚 0.5 厘米（图一三五，15）。

TN26E39②：62，褐色。直背，背部较平齐，相对较厚，残有一孔，已破损，两面对钻。正锋，弧刃，刃缘分布有较密集的茬口。大部分残缺。残长 4.2、宽 4.6、厚约 0.7 厘米（图一三五，16）。

TN27E36②：5，红褐色。弧刃，刃部较窄，刃缘分布有连续密集的崩疤。整体磨制较精细，有较多崩疤。仅残留有部分刃部。残长4.2、宽2.7、厚约0.5厘米（图一三五，17）。

TN28E37②：18，灰色。背部残缺、较薄。直刃，刃面较窄，有几处崩疤。端部有较大面积的残缺。仅残有一角。残长2.6、宽3.7、厚约0.6厘米（图一三五，18）。

TN28E39②：57，绿色。整体相对较宽、薄。直背，背部较圆弧，双孔，两面对钻。刃部均已残缺，保存情况较差。通体磨光，器表分布有较密集的均匀磨痕。残长7.5、宽3.6、厚约0.5厘米（图一三五，19）。

废料。

TN31E36②：3，深灰色。背部较平直。未发现刃部，应为废料。整体磨光较好，无明显的使用痕迹。长3.3、宽3.8、厚约0.6厘米（图一三五，20）。

箭镞

Aa型。

TN27E39②：81，灰色。柳叶形，较细长、较薄，最宽处位于器身中部。两侧均有刃，刃缘有几处片疤及磨痕。器身中部分布有较密集的斜向磨痕，铤部平直较窄。磨制较精细。长4.2、宽1.2、厚约0.2厘米（图一三六，1；彩版四二，1）。

TN29E39②：3，灰绿色。柳叶形，最宽处大致在器身中部。锋部略有残缺，两侧刃缘有较明显的崩疤。中部较平直，平底稍窄。整体磨光较好。残长6、宽约2、厚约0.2厘米（图一三六，2）。

Ab型。

TN29E37②：1，黑色。柳叶形，最宽处大致位于中部偏下，上下部分均有残缺，整体较薄。两面均有刃，刃面上宽下窄。凹底稍窄。铤部内凹。器表磨光较好。残长4、宽1.5、厚约0.2厘米（图一三六，3；彩版四二，3）。

TN26E38②：58，灰绿色。柳叶形，截面较规整，最宽处位于中部。刃缘较锋利，正面刃面磨制较精细。凹底较窄。长4.4、宽1.4、厚约0.2厘米（图一三六，4；彩版四二，2）。

Bb型。

TN28E36②：4，深灰色。平面近弧三角形，最宽处位于底部。刃部较薄且较锋利，锋部残缺。

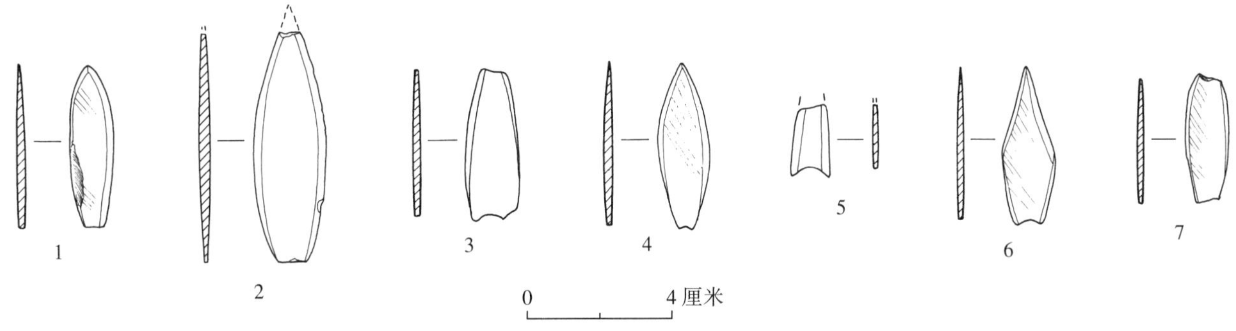

图一三六　2016年第2层出土石箭镞

1、2. Aa型（TN27E39②：81、TN29E39②：3）　3、4. Ab型（TN29E37②：1、TN26E38②：58）　5. Bb型（TN28E36②：4）　6. Cb型（TN27E36②：1）　7. 残件（TN26E37②：94）

底部内凹。底部内凹处有均匀密集的垂直磨痕，磨痕较短。残长 1.9、宽 1.2、厚约 0.2 厘米（图一三六，5；彩版四二，4）。

Cb 型。

TN27E36②：1，绿色。平面呈等腰五边形，最宽处位于器身中部。锋部较长，双面有刃，刃面较窄。凹底稍窄。器身中部分布有较多均匀的磨痕。长 4.1、宽 1.4、厚约 0.2 厘米（图一三六，6；彩版四二，5）。

残件。

TN26E37②：94，灰色。柳叶形，较薄。双面刃，刃缘较锋利。上下两端均有残缺。通体磨光。残长 3.3、宽 1.1、厚约 0.2 厘米（图一三六，7）。

球

TN26E36②：1，红色。器形较规整，磨制较光滑。直径 3.5 厘米（图一三七，1）。

TN26E37②：1，红褐色。器形较规整，磨制较精细。直径 3.9~4.3 厘米（图一三七，2）。

TN26E38②：55，灰褐色。器形较不规整，磨制较粗糙。直径 2.8~3.8 厘米（图一三七，3）。

TN26E39②：61，黄褐色。器形较不规整，磨制较粗糙。直径 4.5~5 厘米（图一三七，4）。

TN27E36②：3，灰褐色。器形较规整，磨制较精细。直径 3.1~3.3 厘米（图一三七，5）。

TN27E39②：79，灰褐色。器形不规整，磨制较精细。直径 3~3.6 厘米（图一三七，6）。

TN28E36②：17，黄褐色。器形较不规整，磨制较粗糙。直径 4.2~6.9 厘米（图一三七，7）。

TN28E37②：17，褐色。器形较规整，磨制较精细。直径 2.6~3.2 厘米（图一三七，8）。

TN28E38②：35，褐色。器形较不规整，磨制较粗糙。直径 2.2~3 厘米（图一三七，9）。

TN28E39②：53，黄褐色。器形较规整，磨制较粗糙。直径 3.4~4.2 厘米（图一三七，10）。

TN29E36②：3，灰褐色。器形较规整，磨制较粗糙。直径 3.3~4 厘米（图一三七，11）。

TN29E38②：17，褐色。器形较规整，磨制较粗糙。直径 4.1~5.9 厘米（图一三七，12）。

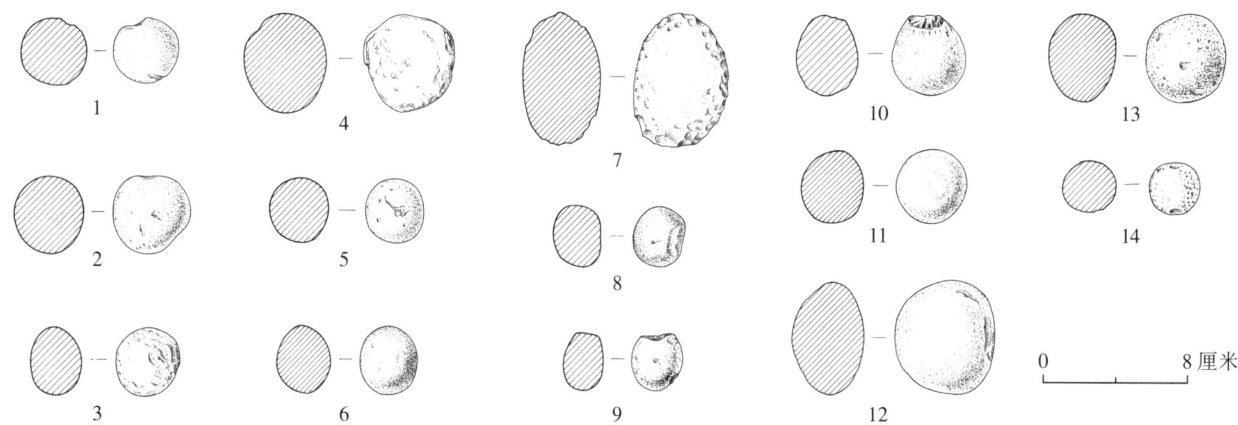

图一三七　2016 年第 2 层出土石球

1. TN26E36②：1　2. TN26E37②：1　3. TN26E38②：55　4. TN26E39②：61　5. TN27E36②：3　6. TN27E39②：79　7. TN28E36②：17　8. TN28E37②：17　9. TN28E38②：35　10. TN28E39②：53　11. TN29E36②：3　12. TN29E38②：17　13. TN31E37②：30　14. TN31E39②：14

TN31E37②：30，黄褐色。器形较规整，磨制较粗糙。直径3.5~4.8厘米（图一三七，13）。

TN31E39②：14，红褐色。器形较规整，磨制较粗糙。直径2.8厘米（图一三七，14）。

网坠

TN26E36②：35，黄褐色。亚腰形。两侧片疤大致位于中部。长12、宽6.7、厚1.9厘米（图一三八，1）。

TN26E38②：2，黄褐色。形状不规则，两侧缺口位于中部。长9.8、宽7.2、厚2厘米（图一三八，2）。

TN26E38②：3，黄褐色。椭圆形，两侧缺口位于中部。长8.5、宽5、厚1.6厘米（图一三八，3）。

TN28E36②：18，黄褐色。椭圆形，两侧缺口位于中部。长9.2、宽6.3、厚1.1厘米（图一三八，4）。

TN29E38②：1，黄褐色。器形较不规整，两侧缺口位于中部。长11.8、宽9.3、厚2厘米（图一三八，5）。

TN29E39②：4，黄褐色。椭圆形，两侧缺口位于中部偏上。长7.7、宽4.4、厚1.6厘米（图一三八，6）。

TN29E39②：5，黄褐色。椭圆形，两侧缺口位于中部。一角略有残缺。长8.1、宽6.1、厚1.3厘米（图一三八，7）。

TN31E37②：33，黄褐色。形状不规则，两侧缺口位于中部偏上。长13、宽7.8、厚1.7厘米（图一三八，8）。

TN31E37②：3，黄褐色。椭圆形。两侧片疤位于中部偏上，各有两处片疤且较聚集。长9.2、宽6.2、厚1.6厘米（图一三八，9）。

TN31E39②：3，黄褐色。形状不规则，两侧缺口位于中部。长10.1、宽7.6、厚1.2厘米（图一三八，10）。

纺轮

TN28E39②：58，黄褐色。算珠形，上窄下宽，部分残缺，中部有一穿孔，单面钻孔。磨制较粗糙。直径3.4、厚0.8、穿孔直径0.9厘米（图一三八，17；彩版四〇，6）。

砺石

TN27E39②：82，黄褐色。形状不规则，部分残缺。两面均有使用导致的磨光凹面。长6.7、宽5.3、厚2.6厘米（图一三八，11）。

TN28E38②：36，红褐色。形状较不规整。一面为使用面，中部较低凹。长7、宽8.5、厚3厘米（图一三八，12）。

TN28E39②：54，红褐色。整体呈条状，部分残缺。一面有倾斜且内凹的使用磨光面。长8.1、宽4.6、厚1.8厘米（图一三八，13）。

TN30E39②：21，黄褐色。整体呈片状，两面均有磨光面，整体较粗糙。长7.7、宽8.5、厚3厘米（图一三八，14）。

TN31E37②：34，黄褐色。形状较不规则，整体相对较薄，一面中部有磨光面。长6.7、宽6、厚2.5

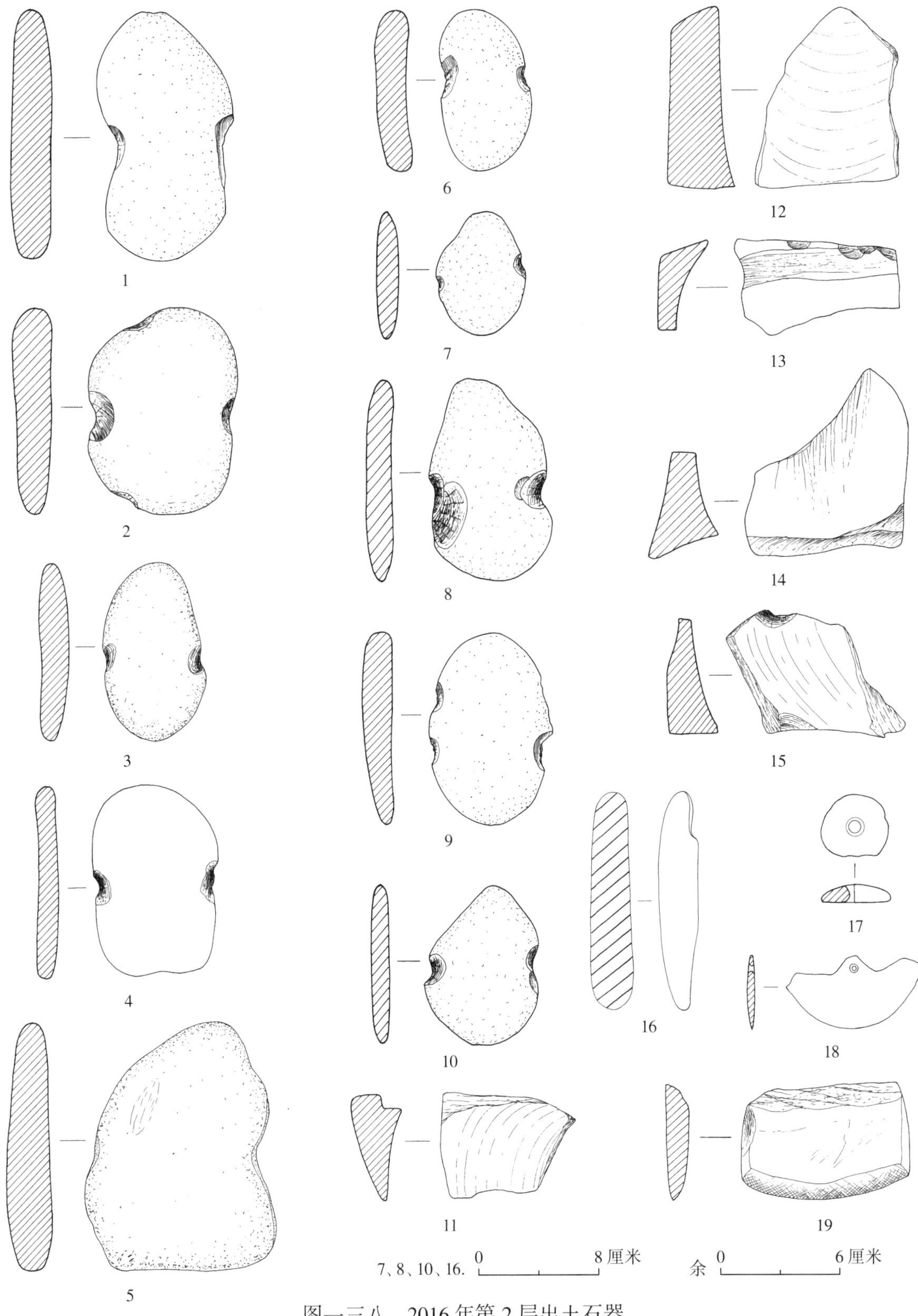

图一三八　2016年第2层出土石器

1~10. 网坠（TN26E36②：35、TN26E38②：2、TN26E38②：3、TN28E36②：18、TN29E38②：1、TN29E39②：4、TN29E39②：5、TN31E37②：33、TN31E37②：3、TN31E39②：3）　11~15. 砺石（TN27E39②：82、TN28E38②：36、TN28E39②：54、TN30E39②：21、TN31E37②：34）　16. 杵（TN28E39②：52）　17. 纺轮（TN28E39②：58）　18. 坠饰（TN28E37②：19）　19. 铲（TN27E39②：80）

厘米（图一三八，15）。

铲

TN27E39②：80，墨绿色。平面近长方形，截面近弧边长方形。两面及侧面分布有较多片疤。弧刃，单面刃。通体磨光。残长 5.5、宽 8.3、厚 1 厘米（图一三八，19）。

杵

TN28E39②：52，褐色。圆柱形。通体磨光，整体较粗糙。长 14.1、直径约 2.7 厘米（图一三八，16）。

坠饰

TN28E37②：19，褐色。中部靠上有一穿孔，两面对钻。通体磨光，整体相对较薄。长 6.6、宽 3.5、厚 0.5、穿孔直径 0.5 厘米（图一三八，18）。

（六）第 1 层出土遗物

该层出土遗物以陶器为主，另有少量石器。陶器器类有束颈罐、侈口小罐、无颈罐、敞口罐、沿面饰纹罐、盘口高领罐、矮领小罐、敛口罐等，石器器类有斧、锛、刀、网坠、砺石等。

（1）陶器

束颈罐 Bb 型。

TN31E38①：1，夹砂黄褐陶。圆唇，侈口，卷沿，长束颈，溜肩。颈部饰刻划凹弦纹和网格纹。口径 14、残高 8 厘米（图一三九，1）。

侈口小罐

Ab 型。

TN27E38①：7，夹砂褐陶，内壁黑色。圆唇，侈口，卷沿，肩部较竖直，弧腹。肩部饰小圆饼附加堆纹。口径 10、残高 5 厘米（图一三九，2）。

Ac 型。

TN30E37①：5，夹砂黑灰陶。圆唇，侈口，卷沿，溜肩。肩部饰刻划网格纹。口径 20、残高 3.6 厘米（图一三九，3）。

无颈罐 Ac 型。

TN26E39①：5，夹砂褐胎黑皮陶。尖圆唇，敛口，折沿，溜肩。肩部饰刻划网格纹。口径 17、残高 4.6 厘米（图一三九，4）。

敞口罐

TN28E37①：1，夹砂橙黄陶。方唇，敞口。素面。口径 17、残高 3.5 厘米（图一四〇，1）。

沿面饰纹罐 Aa 型。

TN26E39①：2，夹砂灰褐陶。圆唇，侈口，卷沿外翻下垂。沿面饰点线纹组成的连续三角纹。口径 18、残高 1.6 厘米（图一四〇，2）。

盘口高领罐

Ab 型。

TN29E39①：2，夹砂橙黄陶。圆唇，盘口，宽沿。沿外壁饰刻划网格纹。口径 16、残高 3.5 厘

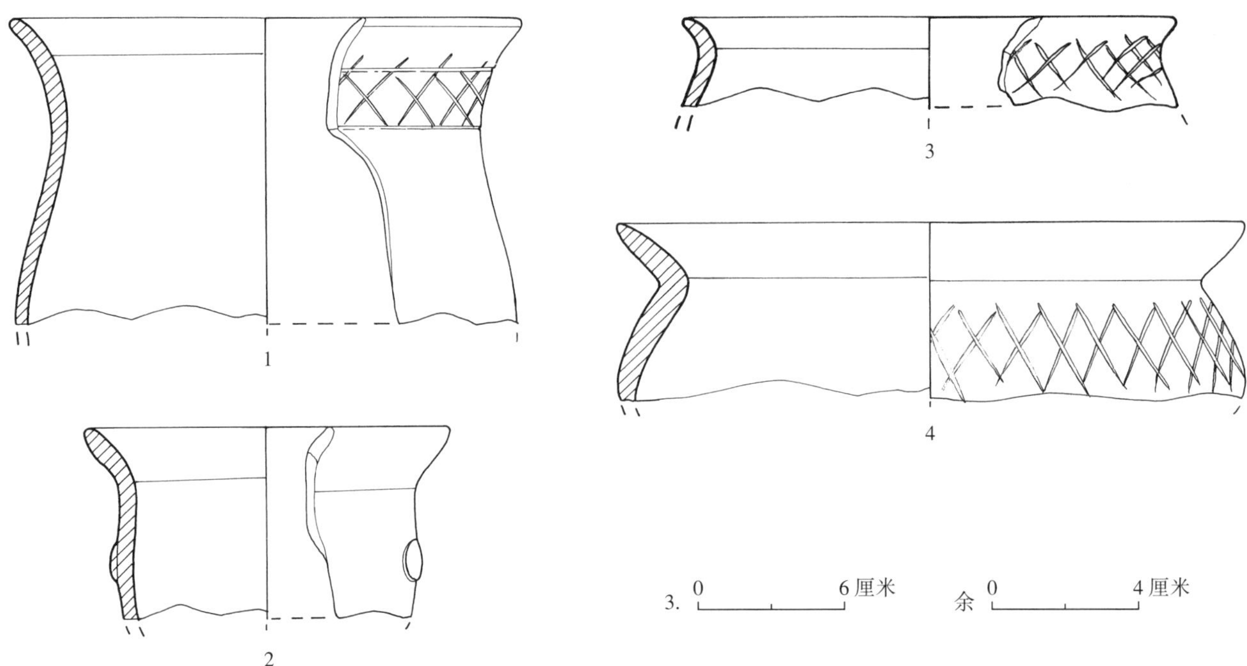

图一三九　2016年第1层出土陶器

1. Bb型束颈罐（TN31E38①：1）　2. Ab型侈口小罐（TN27E38①：7）　3. Ac型侈口小罐（TN30E37①：5）　4. Ac型无颈罐（TN26E39①：5）

米（图一四〇，3）。

Ac型。

TN31E38①：5，夹砂橙黄陶。斜方唇，盘口，宽沿。唇部饰刻划网格纹，沿外壁饰短线纹组成的折线纹。口径17、残高4.4厘米（图一四〇，4）。

矮领小罐　C型。

TN31E36①：1，夹砂灰陶。圆唇，敞口，矮领。领部饰点线状凹弦纹夹点线纹组成的菱格纹。口径14、残高3.8厘米（图一四〇，5）。

敛口罐　A型。

TN30E39①：7，夹砂灰陶，内壁黄褐色。圆唇，敛口，鼓肩。口外侧至肩部饰小方格状点线纹组成的带状纹饰以及与光面组成的复合纹饰。口径10、残高5厘米（图一四〇，6）。

器鋬　A型。

TN31E38①：12，夹砂灰胎黄褐皮陶。扁乳丁状。器表饰小方格状点线纹。残高3.8厘米（图一四〇，7）。

TN31E38①：14，夹砂灰陶。扁乳丁状。器表饰小方格状点线纹。残高5厘米（图一四〇，8）。

器耳　B型。

TN28E39①：1，夹砂灰陶。桥形耳。素面。残高4.9厘米（图一四〇，9）。

器底

TN27E38①：4，夹砂黑灰陶。饼状底。素面。底径7、残高3厘米（图一四〇，10）。

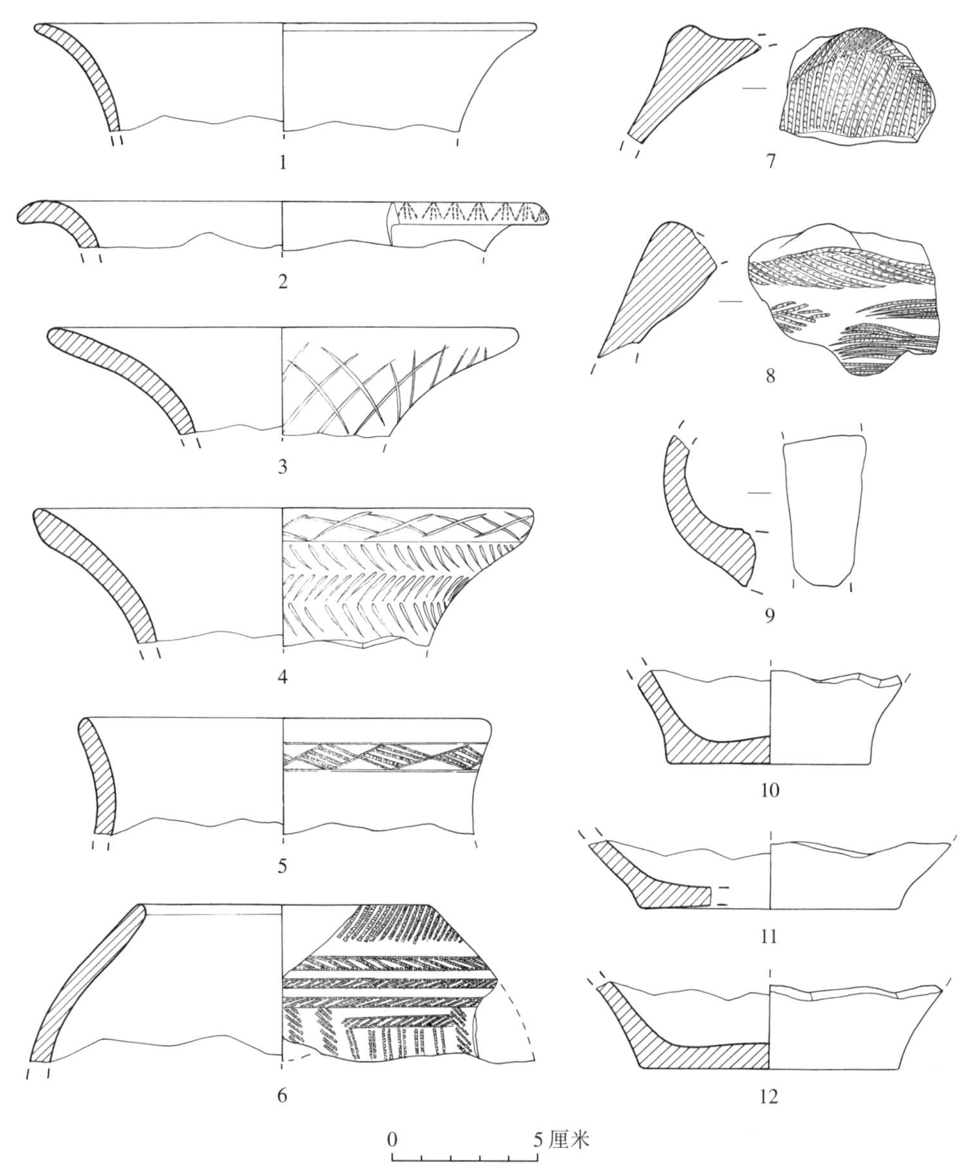

图一四〇　2016年第1层出土陶器

1. 敞口罐（TN28E37①：1）　2. Aa型沿面饰纹罐（TN26E39①：2）　3. Ab型盘口高领罐（TN29E39①：2）　4. Ac型盘口高领罐（TN31E38①：5）　5. C型矮领小罐（TN31E36①：1）　6. A型敛口罐（TN30E39①：7）　7、8. A型器鋬（TN31E38①：12、TN31E38①：14）　9. B型器耳（TN28E39①：1）　10~12. 器底（TN27E38①：4、TN28E37①：3、TN29E39①：1）

TN28E37①：3，夹砂黄褐陶。饼状底。素面。底径9、残高2.1厘米（图一四〇，11）。

TN29E39①：1，夹砂褐胎黑皮陶。平底。素面。底径9、残高2.8厘米（图一四〇，12）。

（2）石器

斧

A型。

TN26E36①：1，褐色。平面呈圆角长方形，截面近椭圆形。平顶。弧背。刃部分布有密集的连续崩疤。整体磨光较差。长11.4、宽6.4、厚约5厘米（图一四一，1；彩版四二，6）。

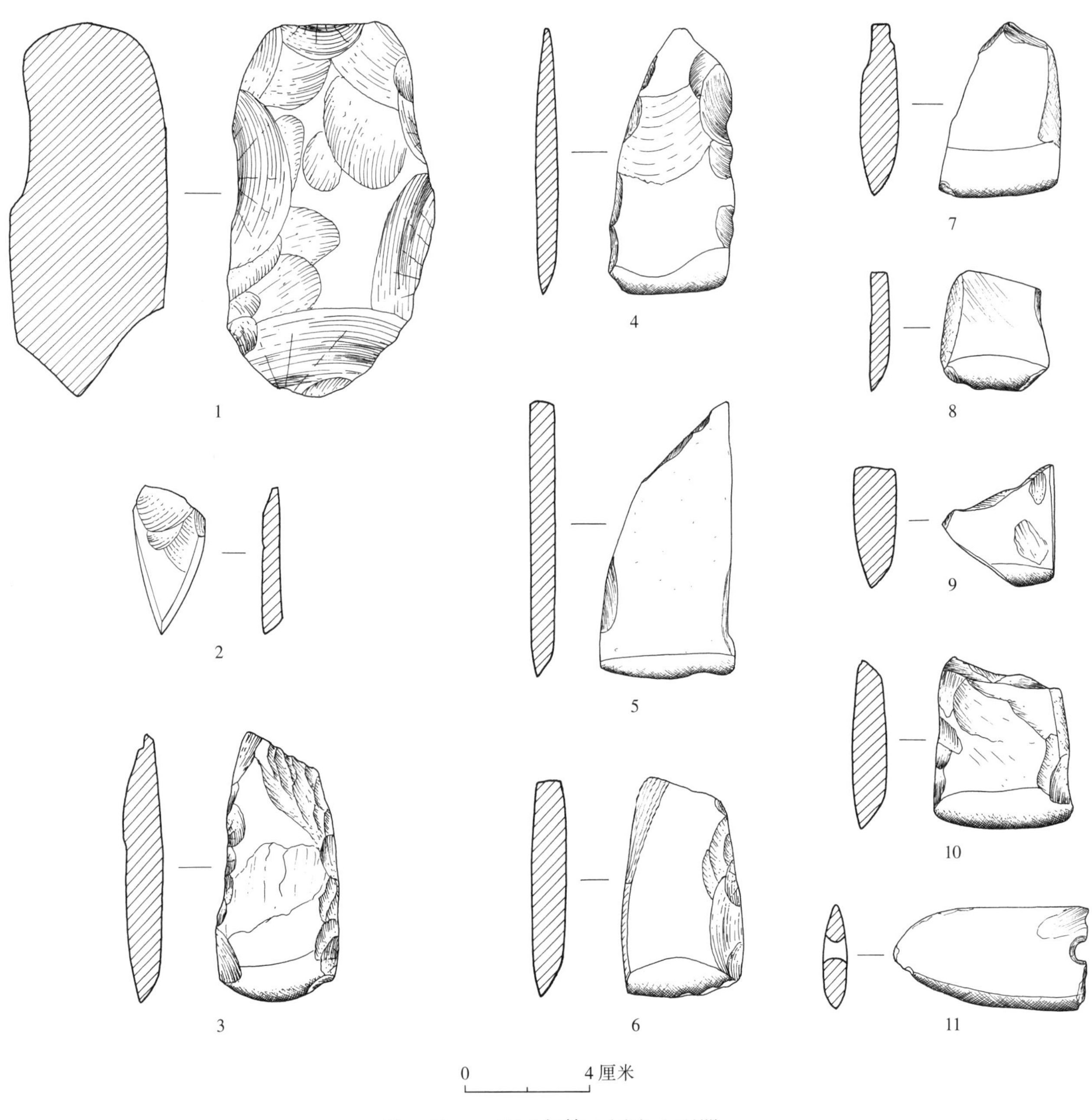

图一四一　2016年第1层出土石器

1. A型斧（TN26E36①：1）　2. 石斧残件（TN27E38①：8）　3~6. B型锛（TN28E36①：1、TN28E36①：2、TN30E37①：1、TN31E36①：2）　7. C型锛（TN30E36①：1）　8~10. 石锛残件（TN30E36①：3、TN30E36①：2、TN30E38①：1）　11. 乙类C型刀（TN29E36①：1）

残件。

TN27E38①：8，绿色。正锋，有明显的片切割痕迹，并磨光。仅残有石斧靠近刃部的一侧。长4.5、宽2.3、厚约0.6厘米（图一四一，2）。

锛

B型。

TN28E36①：1，黑色。平面近梯形，截面呈长方形。斜平顶。背面有部分片疤，有较多破损。

两面均磨光，两侧面的片疤较多。弧刃，单面刃，刃缘有较多崩疤。长 8.2、宽 3.7、厚约 1.1 厘米（图一四一，3）。

TN28E36①：2，黑色。平面近梯形，截面呈圆角长方形。斜平顶。两面有较明显的片疤，磨光较差，磨制较粗糙。直刃，单面刃，刃缘有较杂乱的磨痕。长 8.1、宽 3.9、厚约 0.6 厘米（图一四一，4）。

TN30E37①：1，黑色。平面近梯形，截面呈长方形。斜平顶，顶部一侧斜切。偏锋，直刃，双面刃，两端有较大面积的崩疤。两面及刃部均磨光。长 8.5、宽 4.3、厚约 0.8 厘米（图一四一，5）。

TN31E36①：2，黑色。平面近梯形，截面近长方形。斜平顶。两面均磨光。弧刃，单面刃，中间较宽两端渐窄，刃缘两端有较明显的茬口。长 6.7、宽 3.8、厚约 1.2 厘米（图一四一，6）。

C 型。

TN30E36①：1，墨绿色蛇纹岩。平面呈梯形，截面近长方形。斜尖顶，顶部背面有较大面积的片疤。两面及两侧均磨光。弧刃，单面刃，刃部有较密集的垂直于刃缘的细小磨痕。长 5.3、宽 3.7、厚约 1.2 厘米（图一四一，7）。

残件。

TN30E36①：3，黑色。平面呈长方形，截面近梯形。顶部残缺。侧面为倾斜平面，磨制光滑。弧刃，单面刃，刃缘有连续的崩疤。器表分布有较密集的均匀磨痕。大部分残缺，仅残有一角。残长 3.4、宽 3.4、厚约 0.5 厘米（图一四一，8）。

TN30E36①：2，黑色。平面形状不规则，截面呈长方形。顶部残缺。弧刃，双面刃，刃缘分布有较密集的垂直磨痕。器表光滑，分布有较密集的均匀磨痕。大部分残缺，仅残有刃部一角。残长 3.4、宽 3.5、厚约 1.2 厘米（图一四一，9）。

TN30E38①：1，黑色。平面呈长方形，截面近弧角长方形。顶部残缺。两面大部分磨光，有大面积崩疤，两侧残有连续片疤。弧刃，单面刃，刃面有较明显的平行磨痕，刃缘分布有较密集的垂直磨痕且相对较深。残长 5、宽 4.3、厚 1 厘米（图一四一，10）。

刀　乙类 C 型。

TN29E36①：1，褐色。直背，仅残有一孔，两面对钻。直刃，双面刃，刃部有较杂乱的磨痕。端部有较大面积的片疤，大部分残缺。残长 6.1、宽 3.1、厚约 0.8 厘米（图一四一，11）。

网坠

TN28E38①：1，黄褐色。亚腰形，两侧缺口位于中部。器形较不规整。长 8.7、宽 4.9、厚 1.2 厘米（图一四二，1）。

TN29E39①：3，黄褐色。圆形，两侧缺口位于中部，大小相差较大，不对称。长 10.9、宽 8、厚 2 厘米（图一四二，2）。

砺石

TN27E38①：9，黄褐色。整体呈长方形。器形较规整且相对较薄，一面有明显的磨光凹面。长 7.2、宽 7.3、厚 1.7 厘米（图一四二，3）。

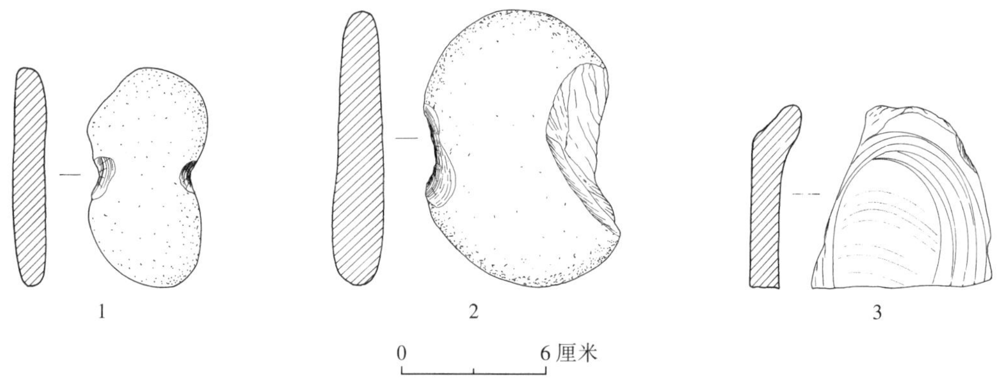

图一四二　2016年第1层出土石器

1、2. 网坠（TN28E38①：1、TN29E39①：3）　3. 砺石（TN27E38①：9）

（七）其他

陶器

小罐

TN27E38采集：1，夹砂灰陶。圆唇，侈口，仰折沿，溜肩，鼓腹，底残。腹部饰短斜线纹，浅而不清晰。口径6.2、残高4.8厘米（图一四三）。

二、遗迹

遗迹包括房址、灰坑、器物坑和石刀堆积等特殊遗迹（附表一）。

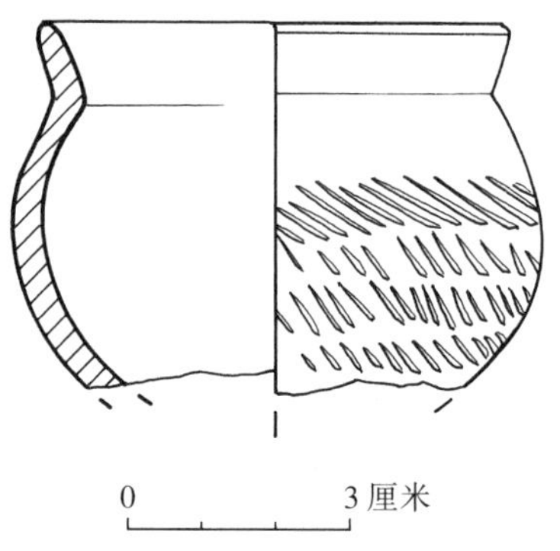

图一四三　2016年采集陶小罐（TN27E38采集：1）

（一）房址

7座[1]。分为半地穴式和地面式两类，地面式房屋保存较差。

1. F1

位于TN28E37南部，向南伸入TN27E37北隔梁。开口于第3层下，打破第5层。推测为半地穴式房屋。平面形状不规则，直壁，平底。东西长1.46、南北残宽0.96、深0.12米。填土中包含大量大块的红烧土块，南部有大量石块（图一四四；彩版四三，1）。

2. F2

位于TN29E39东南部，向东伸入TN29E39东隔梁，向南伸入TN28E39北隔梁。开口于第3层下，打破生土，西南部被一晚期坑打破。半地穴式房屋。平面近方形，残长3.16、残宽3.14米。西南部设有门道，残长0.73、宽0.61米。地穴为弧壁，底部略有起伏，深0.3米。地穴外北侧和西侧发现有柱洞，平面呈圆形，直壁，平底，直径0.18~0.24、深0.16米，推测其地上部分为由四周立柱支撑的结构。地穴内东部发现红色烧结面。出土陶器有束颈罐、侈口小罐、附加堆纹罐、长颈罐、盘口高领罐、

[1] 原F4后更改为H41，原H22和H17应该为同一座房屋，合并为H17。

小口罐、盆、钵等（图一四五；彩版四三，2）。

陶器

束颈罐 Ba 型。

F2：36，夹砂灰褐陶，内壁黑灰色。圆唇，侈口，卷沿，束颈。唇部饰戳印点纹。残高 4 厘米（图一四六，1）。

F2：53，夹砂灰陶。方唇，侈口，卷沿，束颈。唇部及颈部饰戳印粗点纹。口径 18、残高 4 厘米（图一四六，4）。

F2：60，夹砂灰黄陶。圆唇，侈口，卷沿，短束颈。唇部和颈部饰戳印粗点纹。残高 4.2 厘米（图一四六，2）。

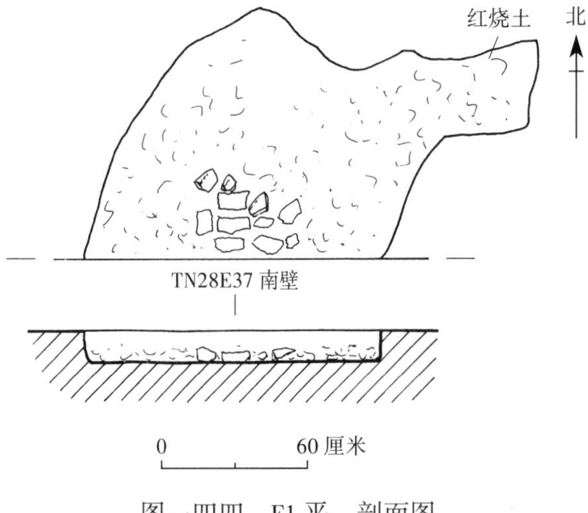

图一四四 F1 平、剖面图

F2：63，夹砂灰陶。方唇，侈口，卷沿。唇部饰戳印点纹。口径 18、残高 3.2 厘米（图一四六，5）。

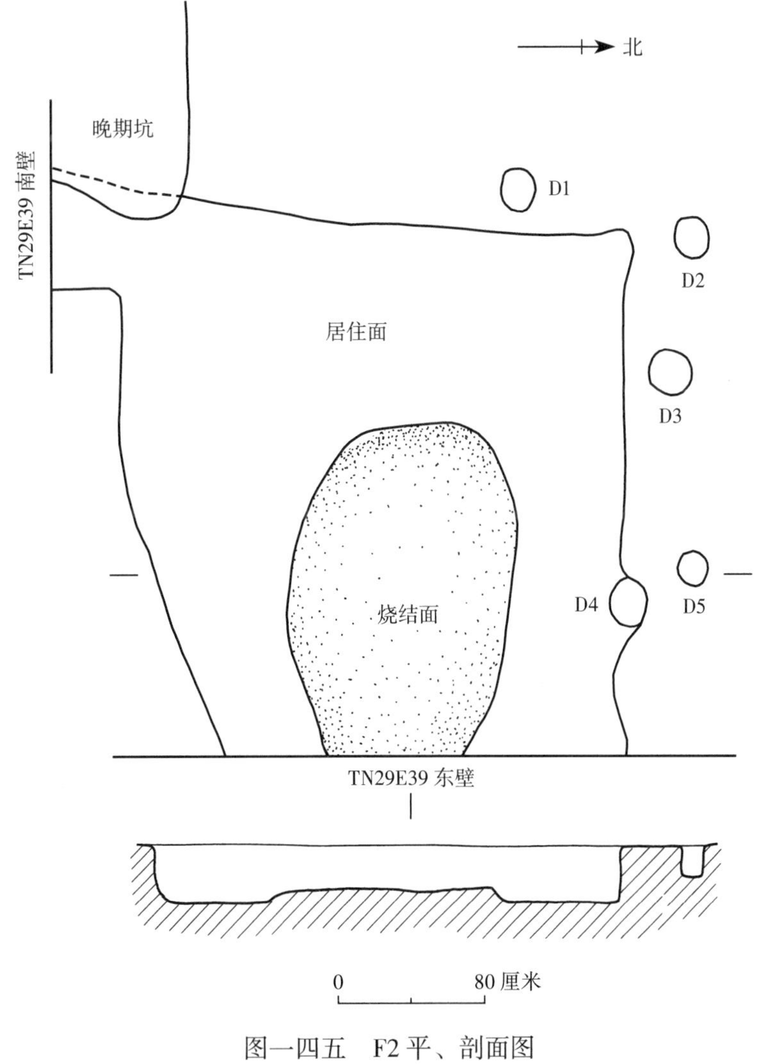

图一四五 F2 平、剖面图

F2：74，夹砂灰褐陶。圆唇，侈口，卷沿。唇部饰戳印点纹。口径18、残高3厘米（图一四六，3）。

F2：76，夹砂灰胎黄褐皮陶。方唇，侈口，卷沿，短束颈，溜肩。唇部饰戳印点纹，肩部饰刻划网格纹。口径24、残高4.6厘米（图一四六，14）。

F2：84，夹砂褐陶。圆唇，侈口，卷沿外翻，束颈，溜肩。唇部饰戳印点纹，颈下部饰戳印粗点纹和乳丁纹。口径26、残高12厘米（图一四六，7）。

F2：85，夹砂褐陶。圆唇，侈口，卷沿，束颈，溜肩，鼓腹。唇部饰戳印点纹，肩部饰乳丁纹。口径18、残高15.6厘米（图一四六，6）。

F2：90，夹砂黑褐陶。圆唇，侈口，卷沿，颈部微束。唇部饰戳印点纹。口径32、残高5厘米（图一四六，15）。

侈口小罐　Ae型。

F2：13，夹砂灰陶。圆唇，侈口，卷沿，短束颈。唇部饰戳印点纹。口径12、残高2厘米（图一四六，9）。

F2：14，夹砂褐陶。方唇，侈口，卷沿，短束颈，溜肩。唇部饰戳印点纹，肩部饰乳丁纹。残高3.5厘米（图一四六，8）。

F2：25，夹砂黄褐陶。圆唇，侈口，卷沿，短束颈。唇部饰戳印点纹。口径14、残高2.7厘米（图一四六，10）。

F2：34，夹砂黑陶。圆唇，侈口，卷沿，短束颈。素面。口径10、残高2厘米（图一四六，13）。

F2：52，夹砂灰褐陶。圆唇，侈口，卷沿，短束颈。素面。口径14、残高3.5厘米（图一四六，12）。

F2：65，夹砂灰胎黑褐皮陶。圆唇，侈口，卷沿。素面。口径16、残高3厘米（图一四六，11）。

附加堆纹罐

Aa型。

F2：72，夹砂灰褐陶，内壁黑灰色。圆唇，侈口，卷沿，束颈。唇部饰戳印点纹，颈上部饰一周较平滑的附加堆纹，其上有轻微的按压窝。口径30、残高3.6厘米（图一四六，16）。

F2：86，夹砂灰褐陶。圆唇，侈口，卷沿外翻，短束颈。唇部饰戳印点纹，颈部饰一周较平滑的附加堆纹，其上有轻微的按压窝，肩部饰刻划网格纹。口径30、残高5.2厘米（图一四六，17）。

Ab型。

F2：73，夹砂灰陶。方唇，侈口，卷沿外翻近平。唇部饰戳印点纹，颈上部饰一周褶皱状附加堆纹，颈下部饰刻划纹。口径26、残高3厘米（图一四六，18）。

Bb型。

F2：37，夹砂褐胎黑皮陶，器表磨光。圆唇，敞口。口外侧饰一周平滑的附加堆纹，与沿部贴合形成箭头状唇。残高2.8厘米（图一四六，19）。

F2：50，夹砂灰陶。圆唇，敞口。口外侧饰一周平滑的附加堆纹，与沿部贴合形成箭头状唇。口径18、残高2厘米（图一四六，20）。

长颈罐

A型。

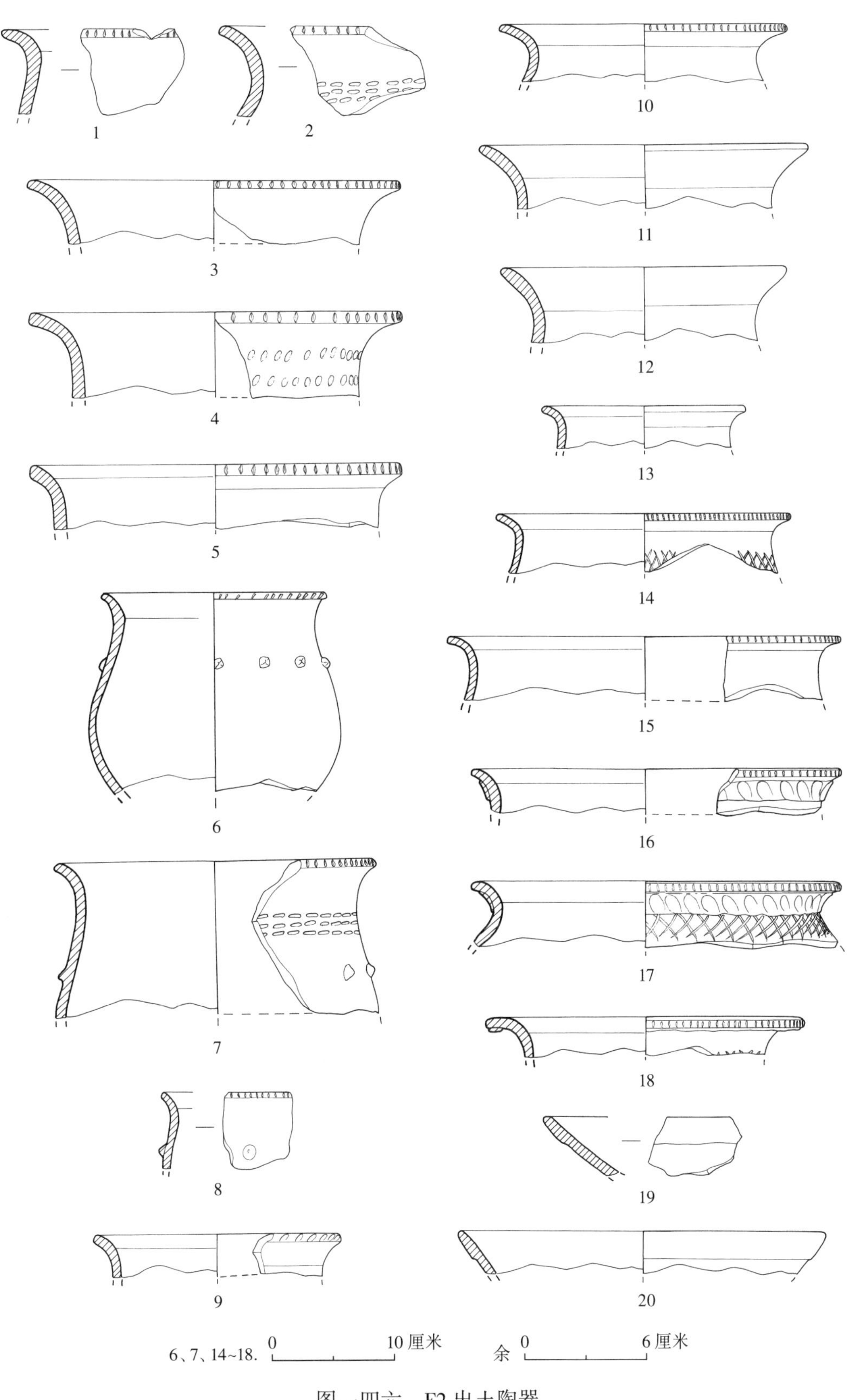

图一四六　F2出土陶器

1~7、14、15. Ba型束颈罐（F2：36、60、74、53、63、85、84、76、90）　8~13. Ae型侈口小罐（F2：14、13、25、65、52、34）　16、17. Aa型附加堆纹罐（F2：72、86）　18. Ab型附加堆纹罐（F2：73）　19、20. Bb型附加堆纹罐（F2：37、50）

F2：66，夹砂灰陶。方唇，侈口，卷沿外翻近平。唇部饰戳印点纹，颈部饰短斜线纹。口径18、残高3.8厘米（图一四七，1）。

B型。

F2：87，夹砂灰陶。方唇，喇叭口，卷沿，长颈。唇部饰戳印点纹。口径16、残高6.5厘米（图一四七，2）。

盘口高领罐

Aa型。

F2：79，夹砂灰陶。尖圆唇，唇内侧有一道凹槽，盘口，宽沿。唇部及沿外壁饰小方格状点线纹。口径22、残高2.5厘米（图一四七，3）。

Ac型。

F2：71，夹砂灰胎黄褐皮陶，内壁黑灰色。方唇，盘口，宽沿斜直。沿外壁饰小方格状点线纹。口径24、残高2.8厘米（图一四七，5）。

F2：75，夹砂黄褐陶。方唇，盘口，宽沿斜直。唇部及沿外壁饰小方格状点线纹。口径18、残高2.7

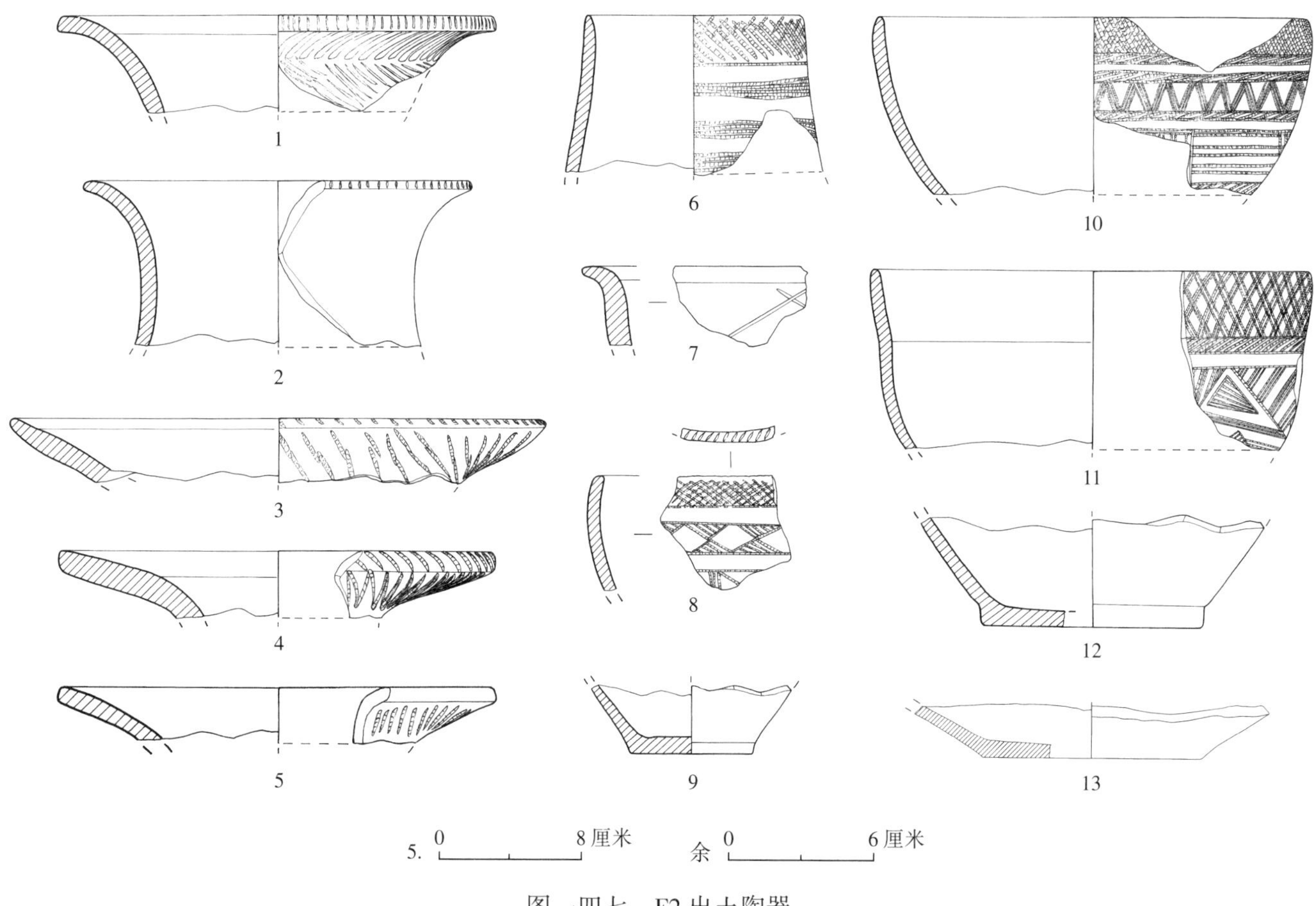

图一四七 F2出土陶器

1. A型长颈罐（F2：66） 2. B型长颈罐（F2：87） 3. Aa型盘口高领罐（F2：79） 4、5. Ac型盘口高领罐（F2：75、71） 6. 小口罐（F2：88） 7. C型盆（F2：51） 8. 乙类Bc型钵（F2：35） 9、12、13. 器底（F2：47、82、83） 10. 乙类Be型钵（F2：89） 11. 乙类Bg型钵（F2：62）

厘米（图一四七，4）。

小口罐

F2：88，夹砂灰陶。圆唇，近直口，高领。领部饰小方格状点线纹组成的带状纹饰。口径 9、残高 6.2 厘米（图一四七，6）。

盆　C 型。

F2：51，夹砂灰褐陶。圆唇，敞口，卷沿，沿部较薄，弧腹，腹部较厚实。腹部饰刻划纹。残高 3.1 厘米（图一四七，7）。

钵

乙类 Bc 型。

F2：35，夹砂灰陶。方唇，敛口，弧腹。唇部饰戳印点纹，腹部饰菱格纹、点线状凹弦纹、连续三角纹夹光面菱形纹等。残高 4.5 厘米（图一四七，8）。

乙类 Be 型。

F2：89，夹砂灰陶。圆唇，直口，弧腹。唇部饰戳印点纹，腹部饰菱格纹、短斜线纹、三角纹等纹饰。口径 18、残高 7 厘米（图一四七，10）。

乙类 Bg 型。

F2：62，夹砂灰陶。方唇，敞口，口内侧有一道折棱，斜弧腹。唇部饰戳印点纹，口外侧至腹部饰点线纹组成的菱格纹、弦纹、短斜线纹以及与光面组成的复合纹饰。口径 18、残高 7 厘米（图一四七，11）。

器底

F2：47，夹砂红褐胎灰褐皮陶。平底。素面。底径 5、残高 2.7 厘米（图一四七，9）。

F2：82，夹砂黑灰陶，内壁灰色。饼形平底。素面。底径 9、残高 4.2 厘米（图一四七，12）。

F2：83，夹砂灰胎黑皮陶。平底。素面。底径 9、残高 2.1 厘米（图一四七，13）。

3. F3

位于 TN26E38 东部，向东、北伸入探方东、北隔梁内，向南伸入 TN25E38 北隔梁，未继续清理。开口于第 3 层下，打破第 4 层，西部被 G1 打破。推测为半地穴式房屋。平面近长方形，西北部呈曲尺状，西壁为弧壁，底部平整。南北残长 4、东西残宽 2.2、残深 0.26 米。填土为灰褐色。出土少量陶器，器类有束颈罐等（图一四八）。

陶器

束颈罐　Ba 型。

F3：1，夹砂褐胎黑皮陶。方唇，侈口，卷沿，颈部微束，溜肩。唇部饰戳印点纹，颈肩部饰多组刮划的细线纹，可能是修整器物留下的痕迹。口径 16、残高 7 厘米（图一四九）。

4. F5

位于 TN30E36 东南部和 TN30E37 西南部，中部伸入 TN30E36 东隔梁，向南伸入 TN29E36 和 TN29E37 北隔梁，未继续清理。开口于第 4 层下，打破第 6 层，被 H27 打破。推测为半地穴式房屋。平面近圆角长方形，直壁，平底。东西复原长 3.5、南北残宽 0.98、深 0.2 米。填土为灰黑色（图一五〇）。

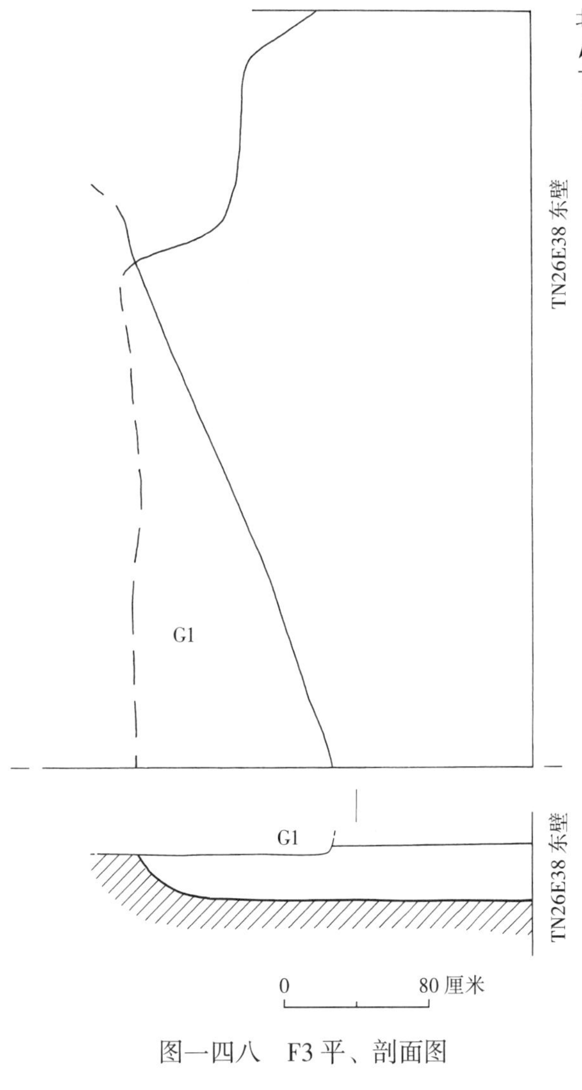

图一四八　F3 平、剖面图

5. F6

位于 TN27E36 西北部和 TN28E36 西部，向北伸入探方北隔梁，向西伸入 TN27E35、TN27E36 东隔梁，未继续清理。开口于第 3 层下，打破第 5 层。推测为半地穴式房屋。平面呈长方形，南壁和东壁近直，底部平整。南北残长 6.18、东西残宽 2.8、深 0.24 米。填土为灰黑色（图一五一）。

6. F7

位于 TN28E38 西南部。开口于第 3 层下，打破第 5 层，东部被 H17 打破。房屋主体形状不规则，残长 1.06、残宽 1 米。破坏严重，残存柱洞四个，圆形，直壁，平底，大小不一，无明显的排列规律，推测为地面式建筑。柱洞直径 0.27~0.59、深 0.12~0.22 米。填土为灰褐色（图一五二）。

7. H17

位于 TN28E38 东部和 TN28E39 西部，向北伸入探方北隔梁，向南伸入 TN27E38 和 TN27E39 北隔梁，未继续清理。开口于第 2 层下，打破第 3 层。为带斜坡门道的半地穴式房屋。门道设在西南部，宽 1.12 米，为青灰色烧结面。房屋主体近方形，直壁，底部较平整，南北残长 4、东西宽 4.05、深 0.53 米。西部填土为红褐色，夹杂大量红烧土块，东部填土为灰褐色，土质较疏松，出土陶片、动物骨骼、石块等，陶器器类有束颈罐、侈口小罐、长颈罐、盘口高领罐、带耳罐、壶、盆、钵等，石器器类有锛和球等（图一五三；彩版四三，3）。

（1）陶器

束颈罐　Bb 型。

H17：1，夹砂灰陶。方唇，侈口，卷沿，短束颈。肩部饰刻划网格纹。口径 28、残高 5 厘米（图一五四，1）。

H17：3，夹砂灰白陶。圆唇，侈口，卷沿，长束颈。颈部饰刻划网格纹。口径 16、残高 5 厘米（图一五四，2）。

H17：10，夹砂褐胎黑灰皮陶。圆唇，侈口，卷沿。素面。口径 18、残高 3 厘米（图一五四，4）。

H17：33，夹砂灰胎褐皮陶。圆唇，侈口，卷沿。

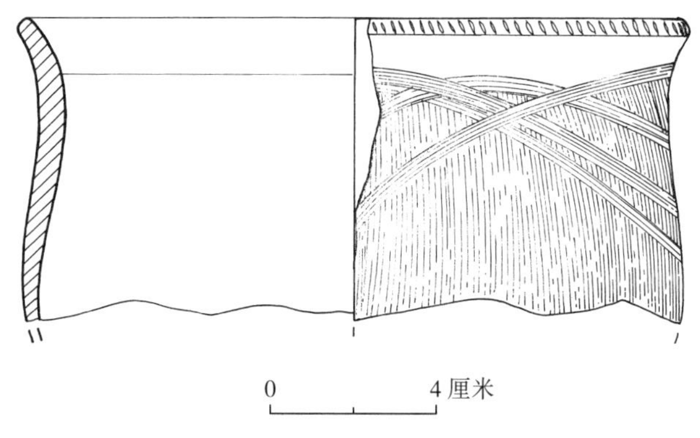

图一四九　F3 出土 Ba 型陶束颈罐（F3：1）

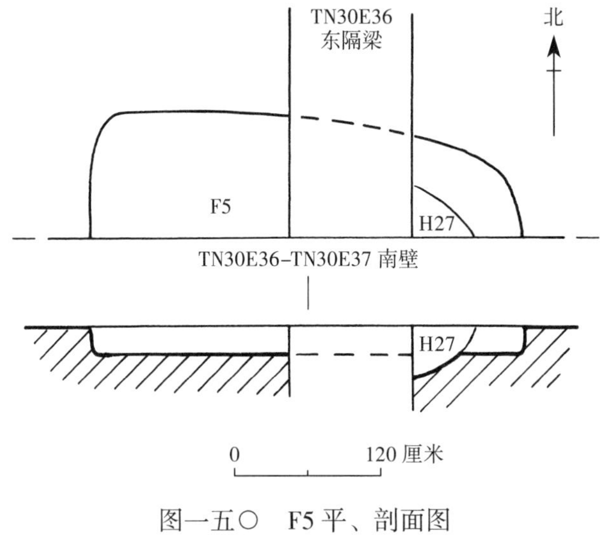

图一五〇　F5 平、剖面图

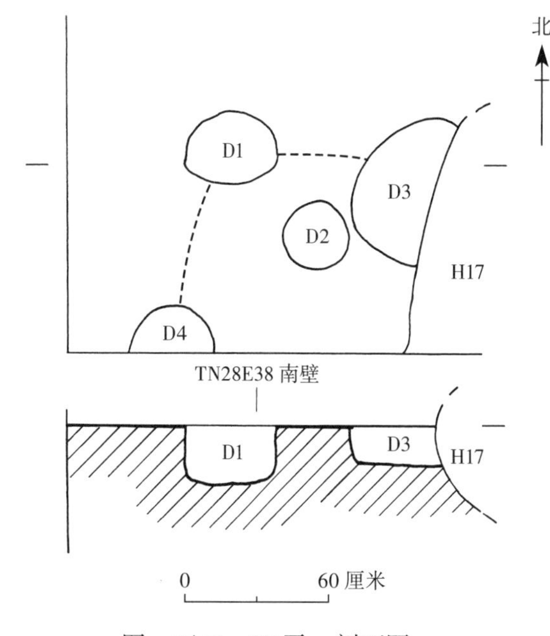

图一五二　F7 平、剖面图

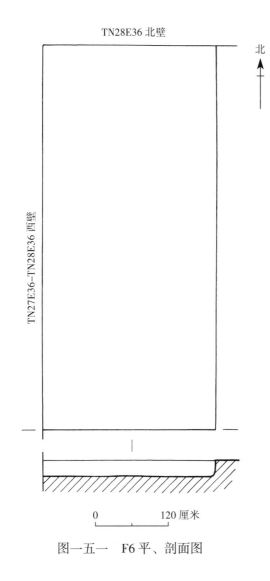

图一五一　F6 平、剖面图

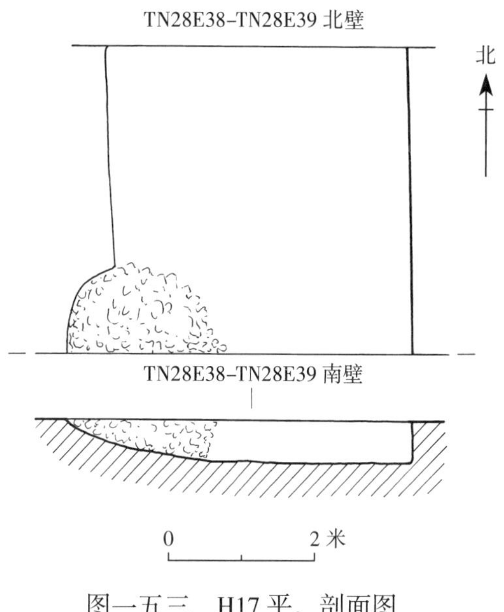

图一五三　H17 平、剖面图

素面。口径 18、残高 4 厘米（图一五四，3）。

侈口小罐　B 型。

H17：11，夹砂褐胎黑皮陶。方唇，侈口，折沿。唇部饰戳印点纹。口径 12、残高 2 厘米（图一五四，6）。

长颈罐　A 型。

H17：13，夹砂灰陶，内壁磨光。圆唇，侈口，长颈。沿外壁饰小方格状点线纹。口径 12、残高 3.5

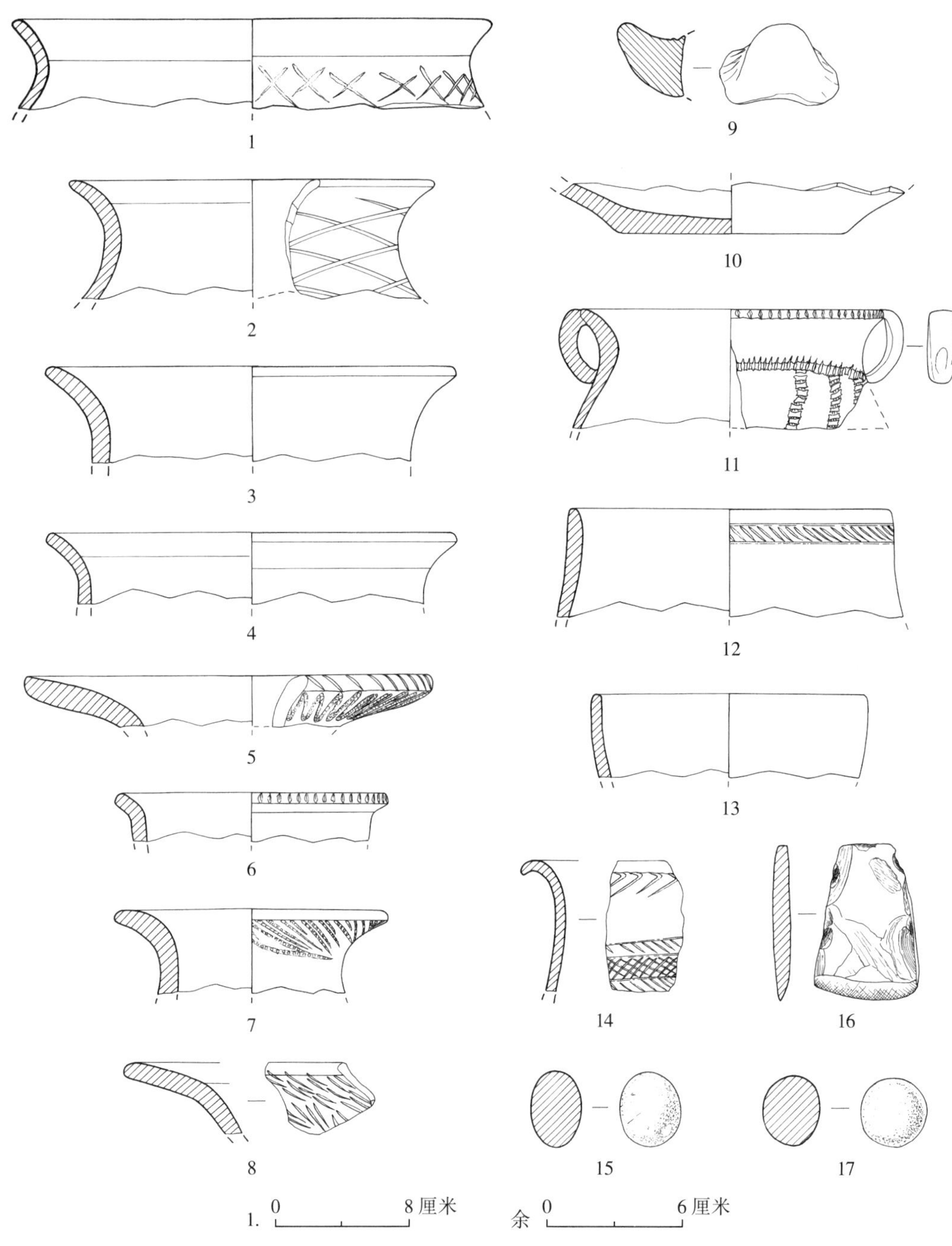

图一五四 H17出土陶器、石器

1~4. Bb型陶束颈罐（H17：1、3、33、10） 5. Ac型陶盘口高领罐（H17：4） 6. B型陶侈口小罐（H17：11） 7. A型陶长颈罐（H17：13） 8. Ab型陶盘口高领罐（H17：23） 9. A型陶器錾（H17：31） 10. 陶器底（H17：25） 11. A型陶带耳罐（H17：30） 12. 甲类Be型陶壶（H17：28） 13. 乙类Aa型陶钵（H17：7） 14. C型陶盆（H17：14） 15、17. 石球（H17：34、32） 16. B型石锛（H17：2）

厘米（图一五四，7）。

盘口高领罐

Ab型。

H17：23，夹砂灰白胎黑灰皮陶。圆唇，盘口，宽沿。沿外壁至颈部饰短线纹。残高3厘米（图一五四，8）。

Ac 型。

H17：4，夹砂灰陶。方唇，盘口，宽沿。沿外壁饰短线纹和小方格状点线纹。口径18、残高2厘米（图一五四，5）。

带耳罐　A 型。

H17：30，夹砂褐陶，内壁磨光。方唇，侈口，卷沿，短束颈，唇部至颈部之间附有桥形竖耳。唇部饰戳印点纹，颈部饰横向和纵向褶皱状附加堆纹。口径 13、残高 5 厘米（图一五四，11）。

壶　甲类 Be 型。

H17：28，夹砂黑灰陶，外壁磨光。圆唇，直口，领部较高。领上部饰凹弦纹夹短斜线纹。口径 14、残高 4.5 厘米（图一五四，12）。

盆　C 型。

H17：14，夹砂黑灰陶。圆唇，侈口，窄卷沿外翻下垂，溜肩，上腹较直。唇部饰戳印点纹，沿外侧饰刻划线纹组成的“<”形纹，肩部凹弦纹夹短斜线纹和菱格纹等。残高 5.5 厘米（图一五四，14）。

钵　乙类 Aa 型。

H17：7，夹砂灰陶，器表磨光。圆唇，敞口，斜弧腹。素面。口径 12、残高 3.5 厘米（图一五四，13）。

器鋬　A 型。

H17：31，夹砂灰胎黑灰皮陶，器表磨光。扁乳丁状。腹部饰短线纹。残高 3.4 厘米（图一五四，9）。

器底

H17：25，夹砂灰陶。平底。素面。底径 10、残高 2 厘米（图一五四，10）。

（2）石器

锛　B 型。

H17：2，黑色。平面近梯形，截面近弧角长方形。两侧面自然圆弧，片疤相对较浅。单面刃，刃面较窄，刃缘有较细小的茬口。两面未磨光，仅刃部磨光较好。长 6.6、宽 4.6、厚约 0.7 厘米（图一五四，16）。

球

H17：34，黄褐色。器形较不规整，磨制较粗糙。直径 2.2~3.2 厘米（图一五四，15）。

H17：32，黄褐色。器形较规整，磨制较光滑。直径 2.6~3.1 厘米（图一五四，17）。

（二）灰坑

51 个。现按编号介绍如下。

1. H2

位于 TN28E36 西南部，向西伸入 TN28E35 东隔梁，未继续清理。开口于第 1 层下，打破第 3 层。平面近圆形，弧壁，底部凹凸不平。口径 1.27~1.47、底径 1.11~1.32、深 0.32~0.49 米。填土为灰褐色，

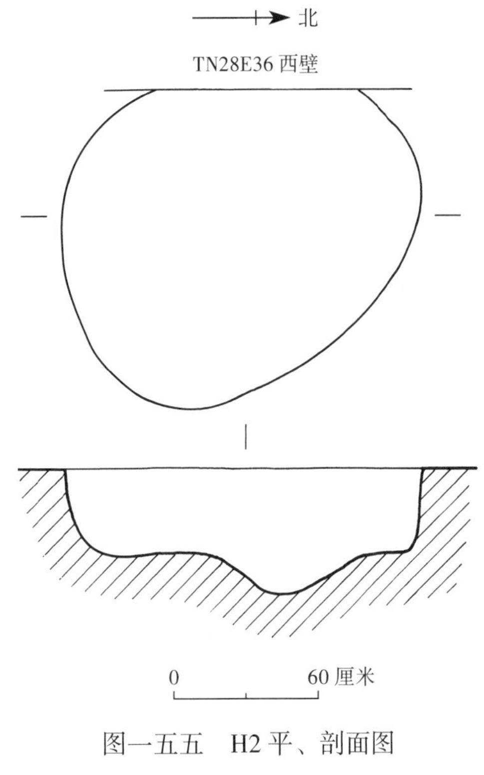

图一五五　H2 平、剖面图

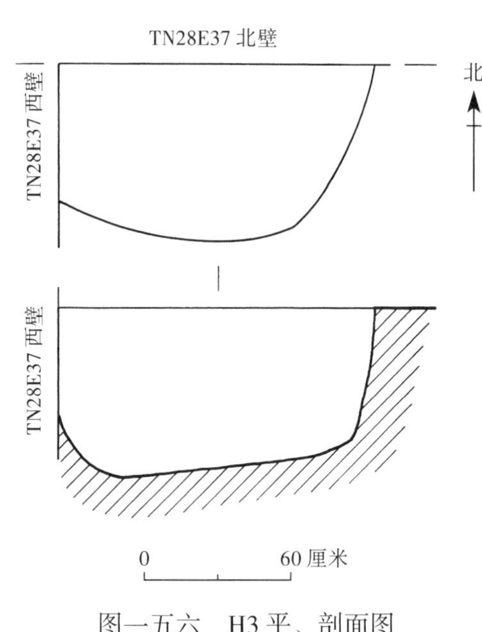

图一五六　H3 平、剖面图

出土少量陶片，器类有釜形罐等（图一五五；彩版四三，4）。

陶器

釜形罐

H2∶5，夹砂灰胎橙黄皮陶。圆唇，近盘口，卷沿。口外侧饰一周戳印点纹，颈部饰弦纹和戳印点纹。口径 26、残高 3.6 厘米（图一五七，1）。

2. H3

位于 TN28E37 西北部，向北伸入探方北隔梁，向西伸入 TN28E36 东隔梁，未继续清理。开口于第 1 层下，打破第 6 层。平面呈扇形，斜弧壁，底部不平，由东向西倾斜。东西残长 1.28、南北残宽 0.7、深 0.52~0.68 米。填土为灰褐色，出土较多陶片和少量石器，陶器器类有束颈罐、盘口高领罐等（图一五六；彩版四四，1）。

陶器

束颈罐　Ba 型。

H3∶3，夹砂灰褐陶，内壁黑灰色。圆唇，侈口。唇部饰戳印点纹。口径 24、残高 2.5 厘米（图一五七，2）。

盘口高领罐　Ac 型。

H3∶4，夹砂灰胎黄褐皮陶。方唇，盘口，宽沿。沿外壁饰短斜线纹。口径 22、残高 3.8 厘米（图一五七，4）。

3. H4

位于 TN28E38 西部，向西伸入 TN28E37 东隔梁，未继续清理。开口于第 1 层下，打破第 2 层。

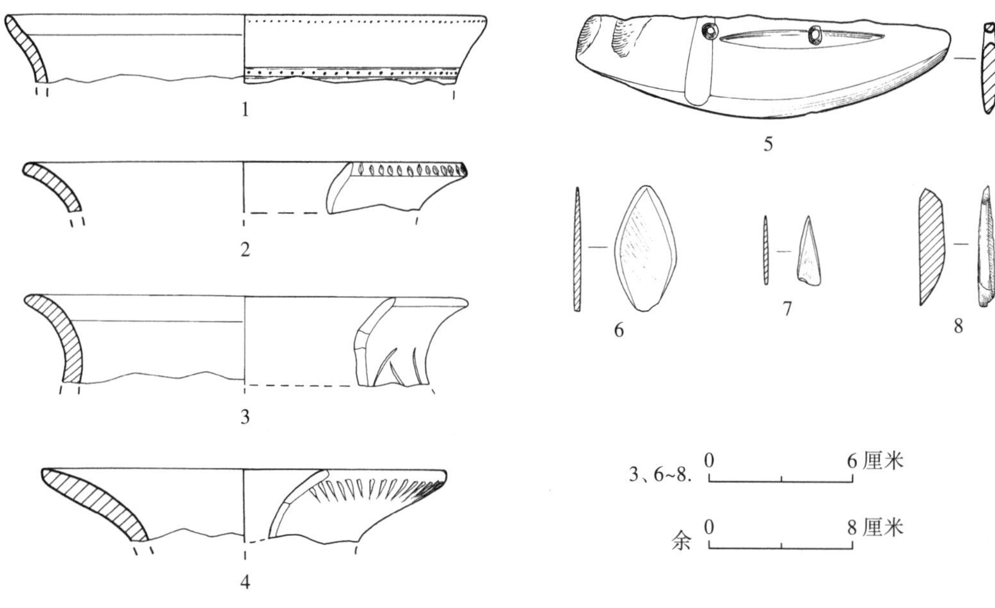

图一五七　H2、H3、H5、H9、H12、H13出土遗物

1. 陶釜形罐（H2：5）　2. Ba型陶束颈罐（H3：3）　3. Bb型陶束颈罐（H12：1）　4. Ac型陶盘口高领罐（H3：4）
5. 乙类Ab型石刀（H9：1）　6. Aa型石箭镞（H5：2）　7. 石箭镞残件（H13：1）　8. A型石凿（H5：1）

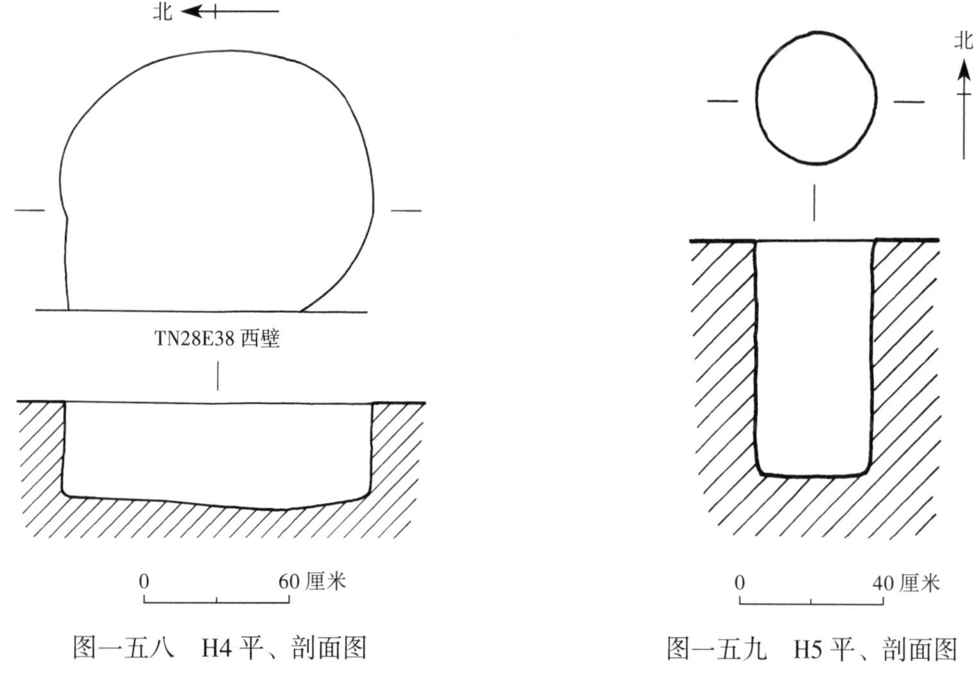

图一五八　H4平、剖面图　　　图一五九　H5平、剖面图

平面近扇形，推测原为圆形或椭圆形，近直壁，平底，底部略有起伏。南北长1.28、东西残宽1.03、深0.38~0.42米。填土为黑褐色，出土有陶片，以灰陶为主，器类有束颈罐等（图一五八；彩版四四，2）。

4. H5

位于TN31E36北部。开口于第1层下，打破第2层。平面呈圆形，直壁，平底。直径0.32、深0.62米。填土为黑褐色，出土石器有凿、箭镞等（图一五九）。

石器

凿 A 型。

H5：1，绿色。平面呈长条形，截面近圆角长方形。单面刃，一端有少量崩疤，刃缘有细小的茬口。通体磨光。从侧面形状观察，推测可能为石锛改制。长 4.8、宽 0.7、厚约 1.1 厘米（图一五七，8）。

箭镞 Aa 型。

H5：2，绿色。柳叶形。两面较平直，刃部较薄。双面刃，刃部有较多杂乱的磨痕及细小的茬口。铤部平直较窄。器表磨光较好。长 4.9、宽 2.5、厚约 0.15 厘米（图一五七，6；彩版四四，5）。

5. H6

位于 TN29E36 东北部，向北、东伸入探方北、东隔梁，未继续清理。开口于第 3 层下，打破第 5 层，西北部被一晚期坑打破。平面呈半椭圆形，直壁，平底。南北残长 2.16、东西残宽 0.75、深 0.27 米。填土为灰褐色，出土陶器有束颈罐、矮领小罐等（图一六〇）。

6. H7

位于 TN29E38 西南角，向西伸入 TN29E37 东隔梁，向南伸入 TN28E38 北隔梁，未继续清理。开口于第 1 层下，打破第 3 层。平面呈扇形，斜直壁，平底。残长 0.79、宽 0.66、深 0.2 米。填土为灰黑色，土质疏松，出土少量陶片，器类有束颈罐等（图一六一）。

7. H9

位于 TN28E36 西北部。开口于第 3 层下，打破第 5 层。平面近圆形，弧壁，圜底。口径 1、深 0.26 米。填土为灰褐色，出土少量石刀和石块（图一六二；彩版四四，3）。

石器

刀 乙类 Ab 型。

H9：1，墨绿色蛇纹岩。直背，背部较不规则，两端厚薄差异较大，双孔，穿孔直径 0.4~1 厘米，孔间距约 5 厘米。根据一侧的钻孔情况，应为先钻孔，未穿透的情况下再横向刻槽，最后钻透；竖向刻槽应为先刻槽，刻薄之后再钻透。弧刃，双面刃，刃面由中部向两端逐渐变窄。石料相对较硬，

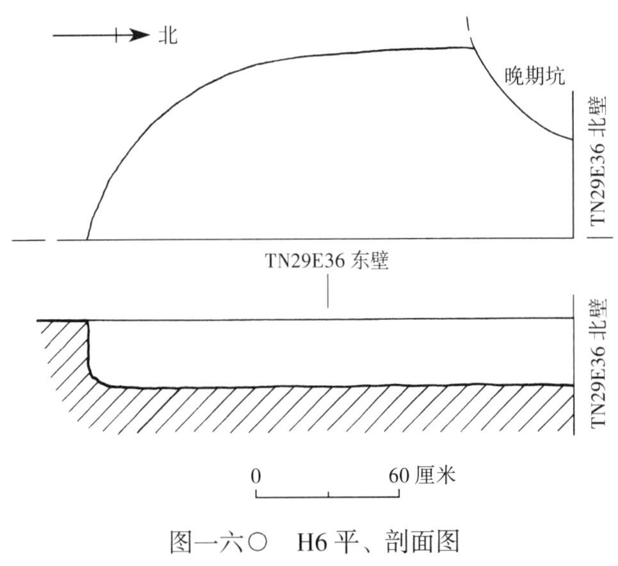

图一六〇　H6 平、剖面图

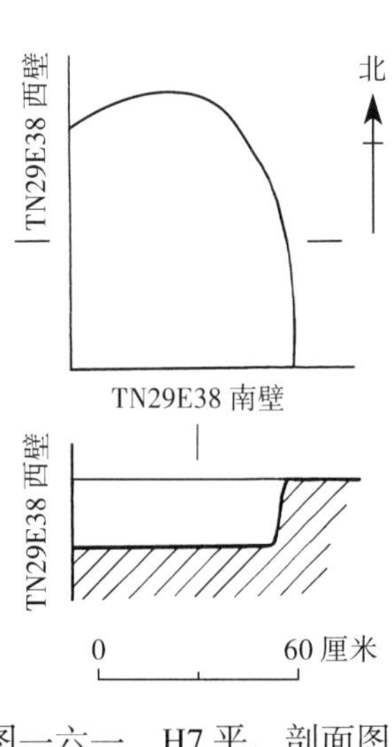

图一六一　H7 平、剖面图

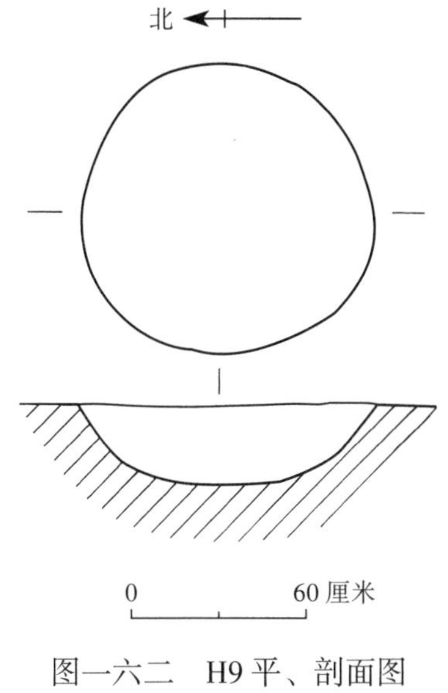

图一六二　H9 平、剖面图

仅有部分使用导致的磨损，无明显的破损。长 20.4、宽 5.5、厚约 0.8 厘米（图一五七，5；彩版四四，6）。

8. H10

位于 TN29E39 东南角，向南伸入 TN28E39 北隔梁，未继续清理。开口于第 3 层下，打破生土层。平面呈半圆形，近直壁，圜底。口径 0.75、深 0.34 米。填土为灰褐色，出土有夹砂灰陶片，器类有束颈罐等（图一六三）。

9. H11

位于 TN28E37 东部。开口于第 2 层下，打破第 3 层。平面形状不规则，近直壁，底部凹凸不平，边缘高、中间低。长径 1.36、短径 0.72、深 0.2~0.35 米。填土为灰褐色，土质疏松，包含较多石块，出土少量陶片，器类有束颈罐、盘口高领罐等（图一六四；彩版四四，4）。

10. H12

位于 TN31E39 东南部。开口于第 3 层下，打破第 5 层。平面近圆形，弧壁，平底微圜。口径 0.6、底径 0.46、深 0.36 米。填土为灰褐色，出土少量陶片，器类有束颈罐等（图一六五；彩版四五，1）。

束颈罐　Bb 型。

H12：1，夹砂灰陶。圆唇，侈口，卷沿，束颈。颈部饰刻划纹。口径 18、残高 3.5 厘米（图一五七，3）。

11. H13

位于 TN30E36 南部，向南伸入 TN29E36 北隔梁，未继续清理。开口于第 2 层下，打破第 3 层。平面呈半椭圆形，直壁，平底。直径 0.68、深 0.4 米。填土为灰褐色，出土少量石器，器类有箭镞等（图一六六；彩版四五，2）。

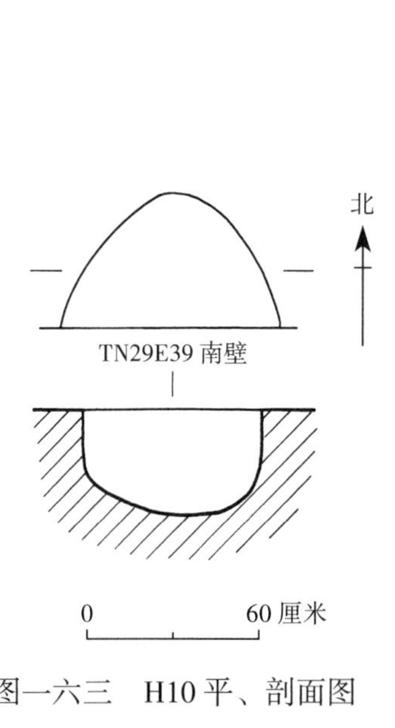

图一六三　H10 平、剖面图

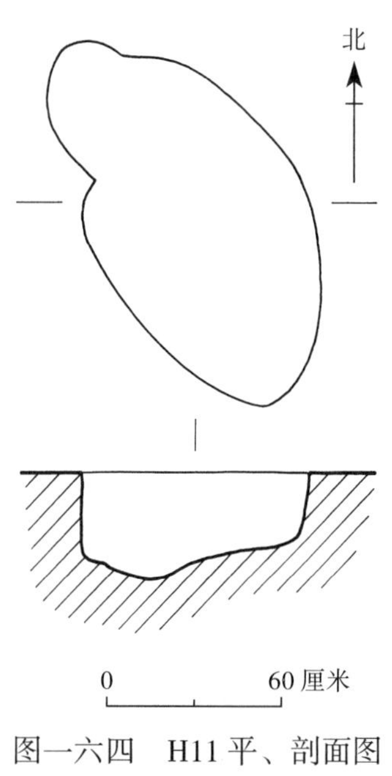

图一六四　H11 平、剖面图

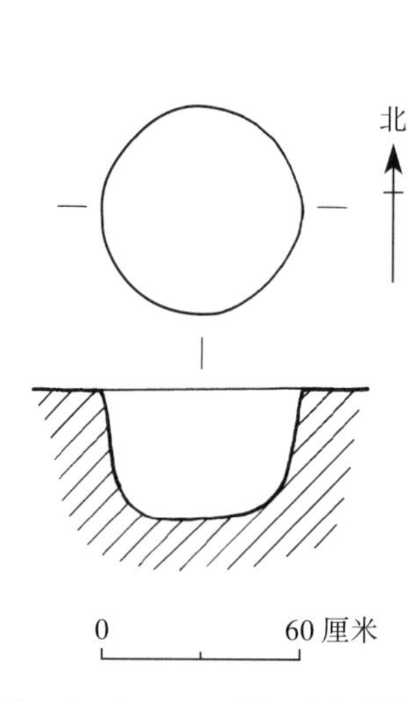

图一六五　H12 平、剖面图

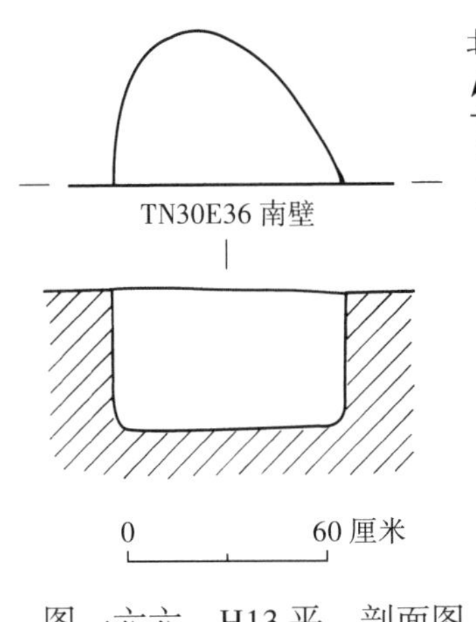

图一六六　H13 平、剖面图

石器

箭镞　残件。

H13：1，黑色。整体较薄，残存部分平面近三角形，截面近扁圆形。双面刃，较锋利，刃面较窄，刃部有细小的茬口。中部有较均匀的斜向磨痕。长 2.7、宽 1、厚约 0.1 厘米（图一五七，7）。

12. H14

位于 TN31E39 北部，向北、东伸入探方北、东隔梁，向西伸入 TN31E38 东隔梁，未继续清理。开口于第 3 层下，打破第 5 层，南部被 H12 打破。平面形状不规则，直壁，底部凹凸不平。残长 4、残宽 2.5、深 0.14~0.4 米。填土为灰褐色，土质较疏松，出土较多陶片和少量石器，陶器器类有束颈罐、侈口小罐、附加堆纹罐、长颈罐、矮领小罐、钵等，石器器类有凿等（图一六七；彩版四五，3）。

陶器

束颈罐　Ba 型。

H14：22，夹砂褐陶。圆唇，侈口，卷沿，短束颈，溜肩。唇部和肩部饰戳印粗点纹。残高 4 厘米（图一六八，1）。

H14：14，夹砂灰白胎黄褐皮陶。圆唇，侈口，卷沿，短束颈。唇部和肩部饰戳印粗点纹。口径 16、残高 4 厘米（图一六八，2）。

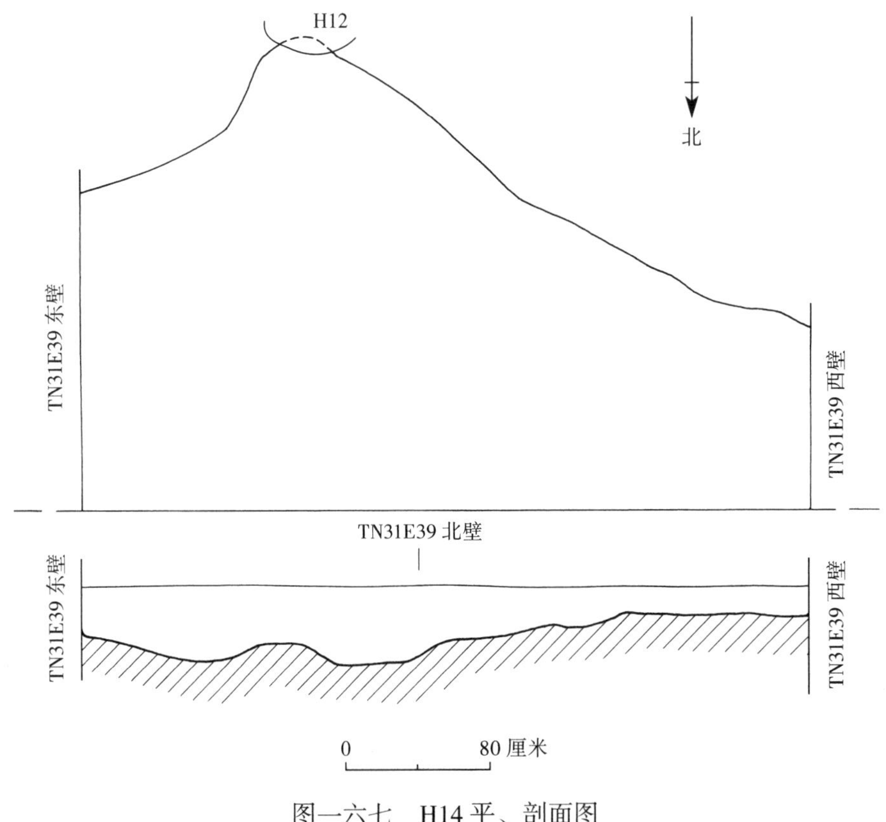

图一六七　H14 平、剖面图

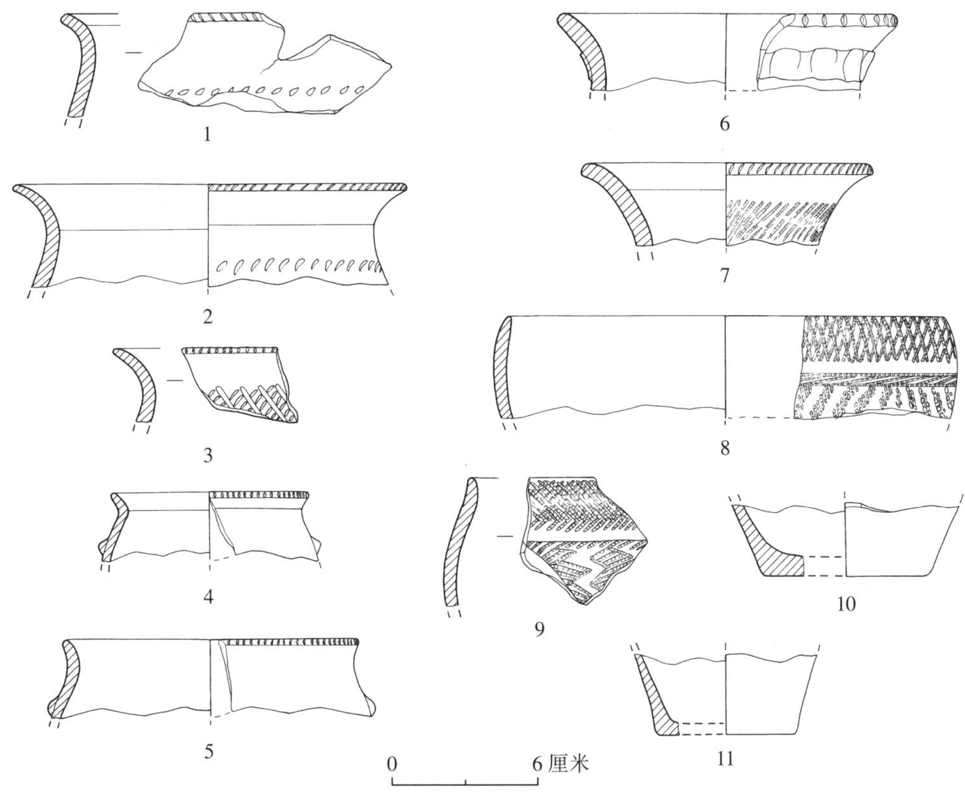

图一六八　H14出土陶器

1~3. Ba型束颈罐（H14：22、14、11）　4、5. Ac型侈口小罐（H14：5、17）　6. Ab型附加堆纹罐（H14：18）　7. B型长颈罐（H14：13）　8. 乙类Bc型钵（H14：16）　9. B型矮领小罐（H14：12）　10、11. 器底（H14：2、8）

H14：11，夹砂黑灰陶。圆唇，侈口，卷沿，短束颈。唇部饰戳印点纹，肩部饰菱格纹。残高2.9厘米（图一六八，3）。

侈口小罐　Ac型。

H14：5，夹砂褐胎黑皮陶。方唇，侈口，卷沿，溜肩。唇部饰戳印点纹，肩部饰乳丁纹。口径8、残高2.7厘米（图一六八，4）。

H14：17，夹砂灰褐陶。方唇，侈口，卷沿，溜肩。唇部饰戳印点纹，肩部饰乳丁纹。口径12、残高3厘米（图一六八，5）。

附加堆纹罐　Ab型。

H14：18，夹砂灰陶。圆唇，侈口，卷沿。唇部饰戳印点纹，颈部饰一周褶皱状附加堆纹。口径14、残高3厘米（图一六八，6）。

长颈罐　B型。

H14：13，夹砂灰陶，内壁黄褐色。方唇，喇叭口，长颈。唇部饰短斜线纹，颈部饰小方格状点线纹。口径12、残高3.2厘米（图一六八，7）。

矮领小罐　B型。

H14：12，夹砂灰胎灰褐皮陶。圆唇，口近直，矮领，溜肩。领部饰小方格状点线纹组成的“<”形纹等，肩部饰小方格状点线纹组成的窄带状纹饰、菱形纹和光面折线纹等。残高5厘米（图

一六八，9）。

钵 乙类 Bc 型。

H14：16，夹砂灰白胎黑灰陶。圆唇，口近直，弧腹。腹部饰小方格状点线纹组成的菱格纹、窄带状纹饰以及与光面组成的复合纹饰。口径 18、残高 4 厘米（图一六八，8）。

器底

H14：2，夹砂褐胎灰皮陶。平底。素面。底径 7、残高 2.8 厘米（图一六八，10）。

H14：8，夹砂灰胎黑皮陶。平底。素面。底径 6、残高 3.1 厘米（图一六八，11）。

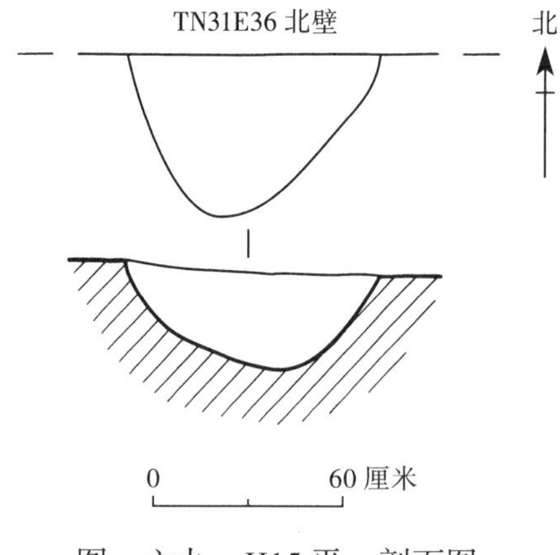

图一六九 H15 平、剖面图

13. H15

位于 TN31E36 西北部，向北伸入探方北隔梁，未继续清理。开口于第 2 层下，打破第 3 层。平面呈半椭圆形，弧壁，圜底。直径 0.5~0.8、深 0.29 米。填土为褐色，土质疏松，出土少量陶片，器类有盘口高领罐等（图一六九；彩版四五，4）。

14. H16

位于 TN29E37 中部偏北。开口于第 3 层下，打破第 5 层。平面近不规则圆角长方形，近直壁，平底。长径 2.5、短径 1.16、深 0.3 米。填土为灰褐色，土质较致密，出土少量陶片，器类有束颈罐等（图一七〇；彩版四六，1）。

15. H18

位于 TN27E38 东部，向东伸入探方东隔梁，未继续清理。开口于第 2 层下，打破第 3 层。平面近不规则圆角方形，弧壁，平底，底部西高东低。长径 2.1、短径 1.56、深 0.21 米。填土为褐色，土质较疏松，夹杂少量炭屑，出土少量陶片，器类有束颈罐、附加堆纹罐、长颈罐、盘口高领罐、钵等（图一七一；彩版四六，2）。

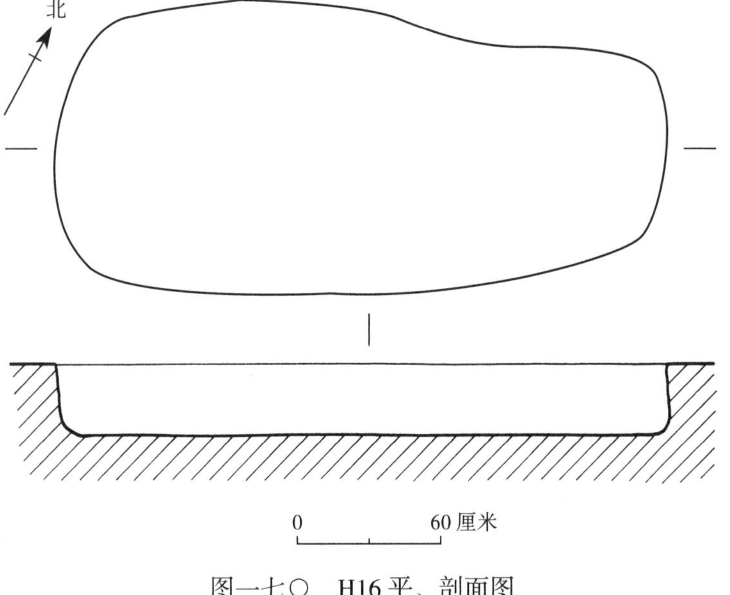

图一七〇 H16 平、剖面图

陶器

束颈罐

Aa 型。

H18：12，夹砂褐胎黑皮陶。圆唇，侈口，窄卷沿外翻下垂，束颈，溜肩。肩部饰刻划网格纹。残高 4.6 厘米（图一七二，1）。

Bb 型。

H18：15，夹砂灰胎黑灰皮陶。圆唇，侈口，卷沿，短束颈。素面。残高 3.2 厘米（图一七二，2）。

H18：16，夹砂黑褐陶，内壁磨光。

圆唇，侈口，卷沿，短束颈。颈部饰刻划网格纹和一周凹弦纹。口径 22、残高 3.6 厘米（图一七二，4）。

附加堆纹罐　Aa 型。

H18：1，夹砂褐陶。圆唇，侈口，卷沿。唇部饰戳印点纹，颈上部饰一周平滑的附加堆纹。残高 2.4 厘米（图一七二，6）。

长颈罐　腹片。

H18：18，夹砂灰陶。口部残，长颈，溜肩，鼓腹。肩部饰点线状弦纹及小方格状点线纹组成的带状纹饰等。残高 24 厘米（图一七二，8）。

盘口高领罐　Ac 型。

H18：17，夹砂灰胎褐皮陶。斜方唇，盘口，宽沿斜直，沿外壁近唇部有一道折棱，高领。沿外壁饰点线纹。口径 20、残高 7 厘米（图一七二，5）。

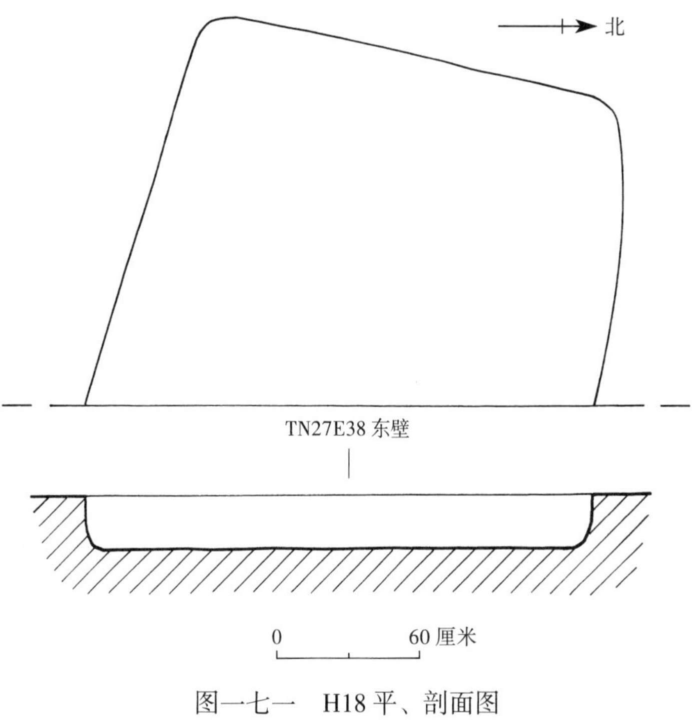

图一七一　H18 平、剖面图

钵　乙类 Be 型。

H18：6，夹砂褐陶。圆唇，口近直。口外侧饰小方格状点线纹组成的“<”形纹和窄带状纹饰等。

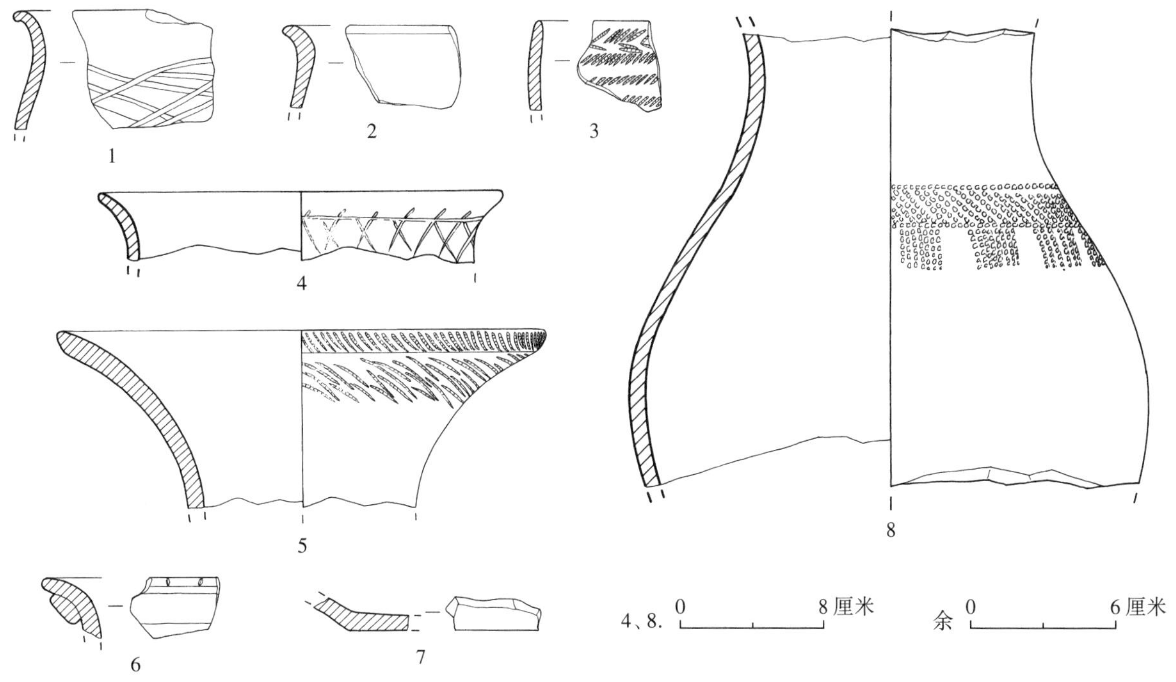

图一七二　H18 出土陶器

1. Aa 型束颈罐（H18：12）　2、4. Bb 型束颈罐（H18：15、16）　3. 乙类 Be 型钵（H18：6）　5. Ac 型盘口高领罐（H18：17）　6. Aa 型附加堆纹罐（H18：1）　7. 器底（H18：7）　8. 长颈罐腹片（H18：18）

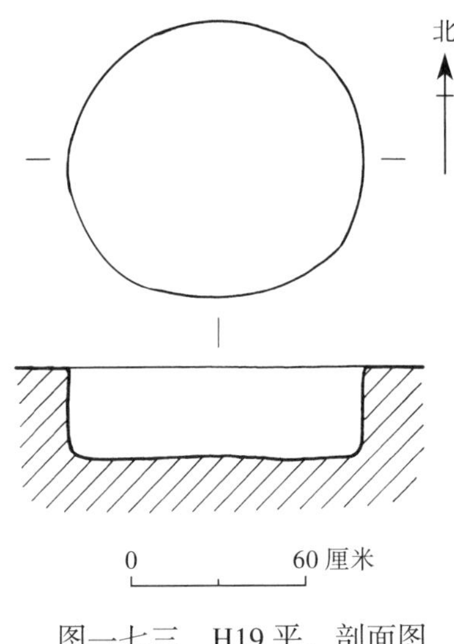

图一七三　H19 平、剖面图

残高 3.5 厘米（图一七二，3）。

器底

H18：7，夹砂灰陶。平底。素面。残高 1.3 厘米（图一七二，7）。

16. H19

位于 TN31E36 中部偏南。开口于第 3 层下，打破第 4 层。平面近圆形，直壁，平底，底部略有起伏。口径 0.9~1、深 0.3 米。填土为灰黑色，土质较致密，出土零星陶片（图一七三；彩版四六，3）。

17. H21

位于 TN29E37 西部。开口于第 3 层下，打破第 5 层，被 H8 和 H16 打破。平面呈长条状，直壁，平底微圜，底部不平，西高东低。残长 1.5、宽 0.62、深 0.2~0.24 米。填土为黑灰色砂土，土质疏松，出土少量陶片，器类有钵等（图一七四；彩版四六，4）。

陶器

钵　乙类 Ba 型。

H21：1，夹砂灰褐陶。圆唇，敛口，鼓腹。唇部饰戳印点纹，腹部饰刻划菱格纹、凹弦纹夹短线纹与光面组成的复合纹饰。口径 18、残高 5 厘米（图一七九，1）。

18. H23

位于 TN28E36 东南角，向东伸入探方东隔梁，向南伸入 TN27E36 北隔梁，未继续清理。开口于第 3 层下，打破第 6 层。平面形状不规则，弧壁，平底。残长 1.8、残宽 1.66、深 0.2 米。填土为黑

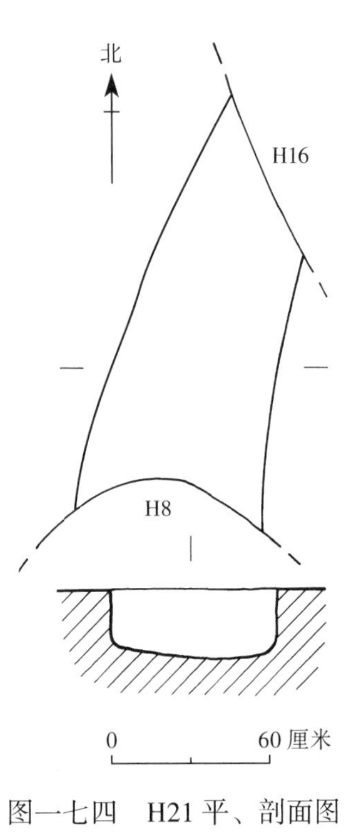

图一七四　H21 平、剖面图

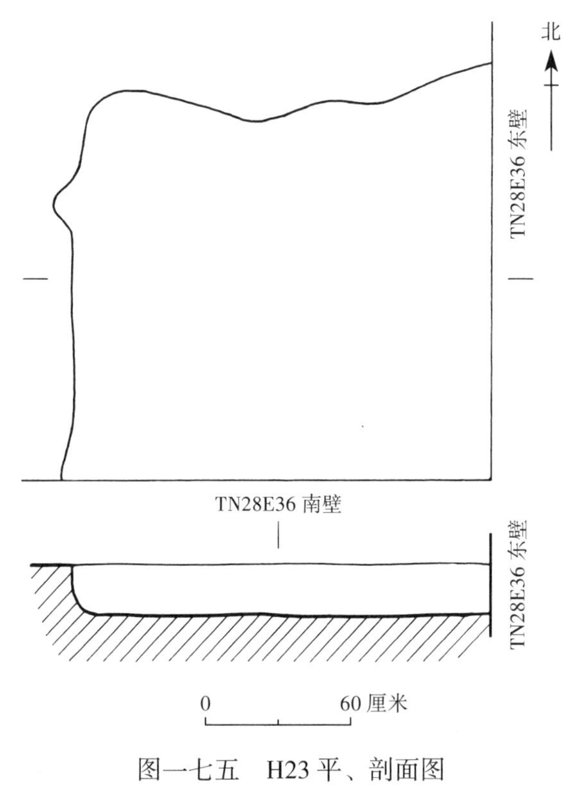

图一七五　H23 平、剖面图

褐色，土质松散，出土少量陶片，器类有束颈罐、钵等（图一七五；彩版四六，5）。

19. H24

位于TN30E38西部。开口于第3层下，打破第5层。平面近圆形，直壁，平底。口径0.69~0.74、深0.14米。填土为灰黑色，土质疏松，出土少量石器，器类有箭镞等（图一七六；彩版四六，6）。

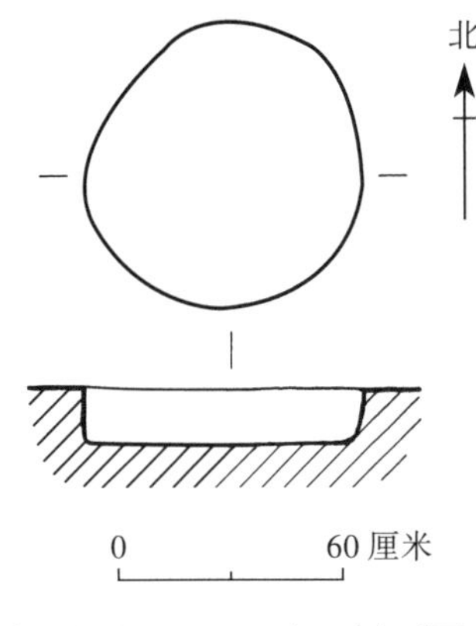

图一七六　H24平、剖面图

石器

箭镞　Ab型。

H24：1，灰绿色。柳叶形，整体较宽扁。锋部较细长，双面刃，刃缘较厚，刃缘有较多茬口。长4.7、宽2.1、厚0.3厘米（图一七九，7）。

20. H25

位于TN30E39北部偏西。开口于第3层下，打破第5层。平面近圆形，弧壁，平底微圜。口径0.66、深0.4~0.44米。填土为灰黑色，土质疏松（图一七七；彩版四七，1）。

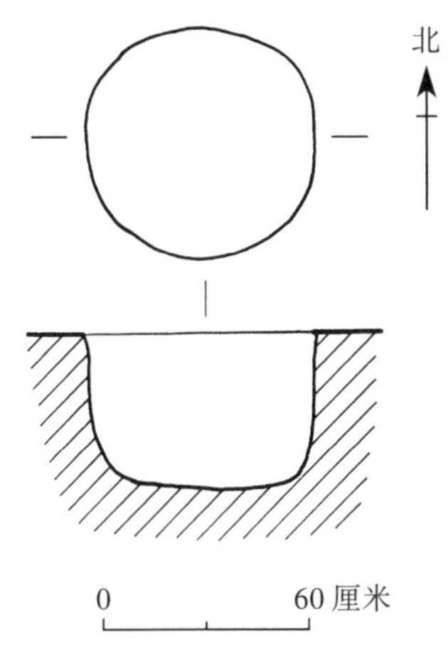

图一七七　H25平、剖面图

21. H26

位于TN28E36西部。开口于第3层下，打破第5层。平面形状不规则，靠近坑口处为弧壁，以下为规则的圆形，直壁，平底。坑口长1.3、坑口宽1.16、底径1.12、深2.2米。填土分上下两层，上层填土厚0.68米，夹杂红烧土颗粒，出土陶片等，下层填土为砂土，混有较多砂石。出土少量陶器、动物骨骼，陶器器类有束颈罐、长颈罐、矮领小罐等（图一七八；彩版四七，2）。

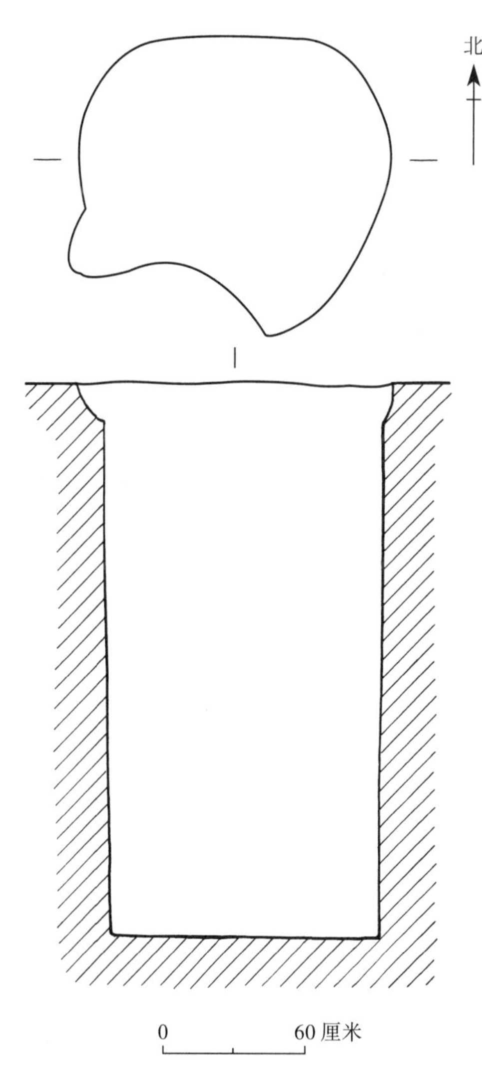

图一七八　H26平、剖面图

陶器

束颈罐　Ba型。

H26：3，夹砂红陶，内壁灰色。方唇，侈口，卷沿。唇部饰戳印点纹。残高3.5厘米（图一七九，2）。

H26：4，夹砂灰陶。方唇，侈口，卷沿，短束颈。唇部饰戳印点纹。残高3.5厘米（图一七九，3）。

长颈罐

B型。

H26：6，夹砂灰胎黑皮陶。方唇，喇叭口，宽沿。唇部饰“×”形纹，颈部饰短线纹。口径20、残高3.2厘米（图

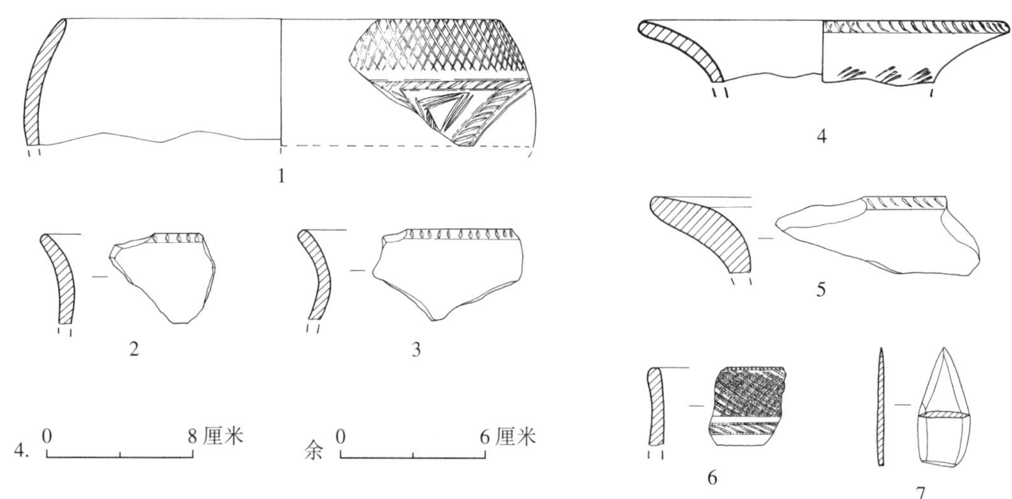

图一七九　H21、H24、H26出土遗物

1. 乙类Ba型陶钵（H21：1）　2、3. Ba型陶束颈罐（H26：3、4）　4. B型陶长颈罐（H26：6）　5. C型陶长颈罐（H26：5）　6. B型陶矮领小罐（H26：2）　7. Ab型石箭镞（H24：1）

一七九，4）。

C型。

H26：5，夹砂灰褐陶，沿部胎体厚实。圆唇，口微盘。唇部饰刻划点状纹。残高3厘米（图一七九，5）。

矮领小罐　B型。

H26：2，夹砂橙黄陶。圆唇，直口，矮领。唇部饰戳印点纹，领部饰菱格纹、点线状凹弦纹、凹弦纹夹短斜线纹。残高3厘米（图一七九，6）。

22. H28

位于TN27E37南部，向南伸入TN26E37北隔梁，未继续清理。开口于第4层下，打破第5层。平面近半圆形，近直壁，平底。长0.84、残宽0.64、深0.15米。填土为灰褐色，土质疏松，出土少量陶片（图一八〇；彩版四七，3）。

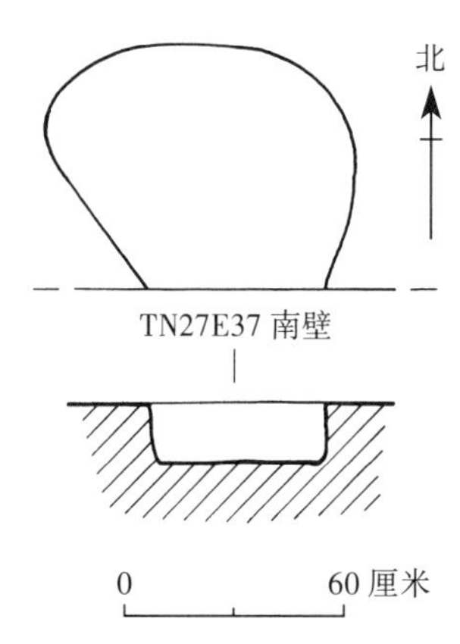

图一八〇　H28平、剖面图

23. H29

位于TN28E36东南部。开口于第3层下，打破生土层，被H23打破。平面近圆形，直壁，平底。直径0.88~1、深0.4米。填土为深褐色，土质疏松，底部为细砂石，出土少量陶片（图一八一；彩版四七，4）。

24. H30

位于TN30E38西北部，向北伸入探方北隔梁，向西伸入TN30E37东隔梁，未继续清理。开口于第3层下，打破第5层。平面近半圆形，直壁，平底。残长0.62、残宽0.6、深0.1~0.11米。填土为灰黑色，土质较疏松。出土少量陶片，器类有束颈罐、侈口小罐等（图一八二；彩版四七，5）。

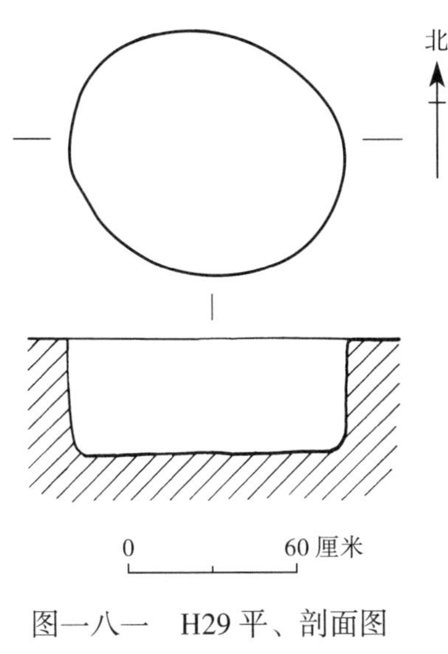

图一八一　H29 平、剖面图

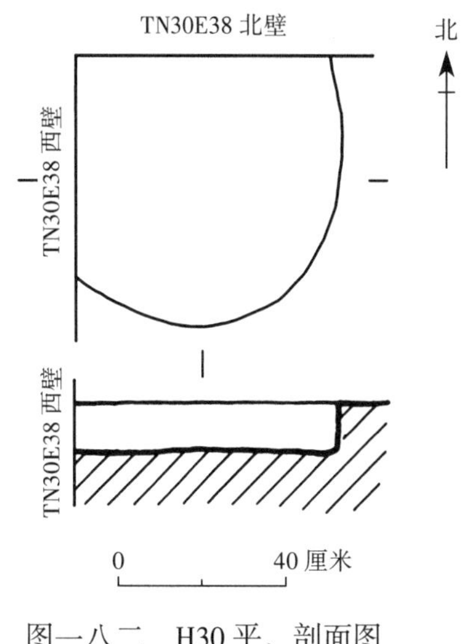

图一八二　H30 平、剖面图

陶器

束颈罐

Ba 型。

H30：3，夹砂灰褐陶。圆唇，侈口，宽沿，短束颈，溜肩，深弧腹。唇部饰戳印点纹，肩部饰戳印点纹和乳丁纹。口径 18、残高 13.7 厘米（图一八三，1）。

Bb 型。

H30：1，夹砂黑褐陶。方唇，侈口，卷沿，束颈，溜肩，深弧腹。颈肩部饰刻划网格纹。口径 21.2、残高 19.9 厘米（图一八三，2；彩版四七，6）。

H30：2，夹砂灰褐陶。方唇，侈口，卷沿，束颈，溜肩，深弧腹。肩部饰乳丁纹。口径 22、残高 15.6 厘米（图一八三，3）。

腹片。

H30：5，夹砂橙黄陶。口部残，束颈，溜肩。颈部饰刻划网格纹和短泥条附加堆纹。残高 7.3 厘米（图一八三，4）。

侈口小罐　C 型。

H30：4，夹砂黄褐陶。圆唇，侈口，卷沿，矮领，溜肩。唇部饰戳印点纹。口径 12、残高 5.6 厘米（图一八三，5）。

25. H31

位于 TN27E37 西南部，向西伸入 TN27E36 东隔梁，未继续清理。开口于第 4 层下，打破第 5 层，东南部被 H28 打破。平面形状不规则，直壁，平底。残长 2.57、残宽 1.43、深 0.18~0.22 米。填土为灰褐色，土质疏松，出土少量陶片，器类有侈口小罐、盘口高领罐、钵等（图一八四；彩版四八，1）。

陶器

侈口小罐　Ae 型。

H31：3，夹砂褐陶，内壁磨光。圆唇，侈口，卷沿。唇部饰戳印点纹。口径 14、残高 1.7 厘米（图

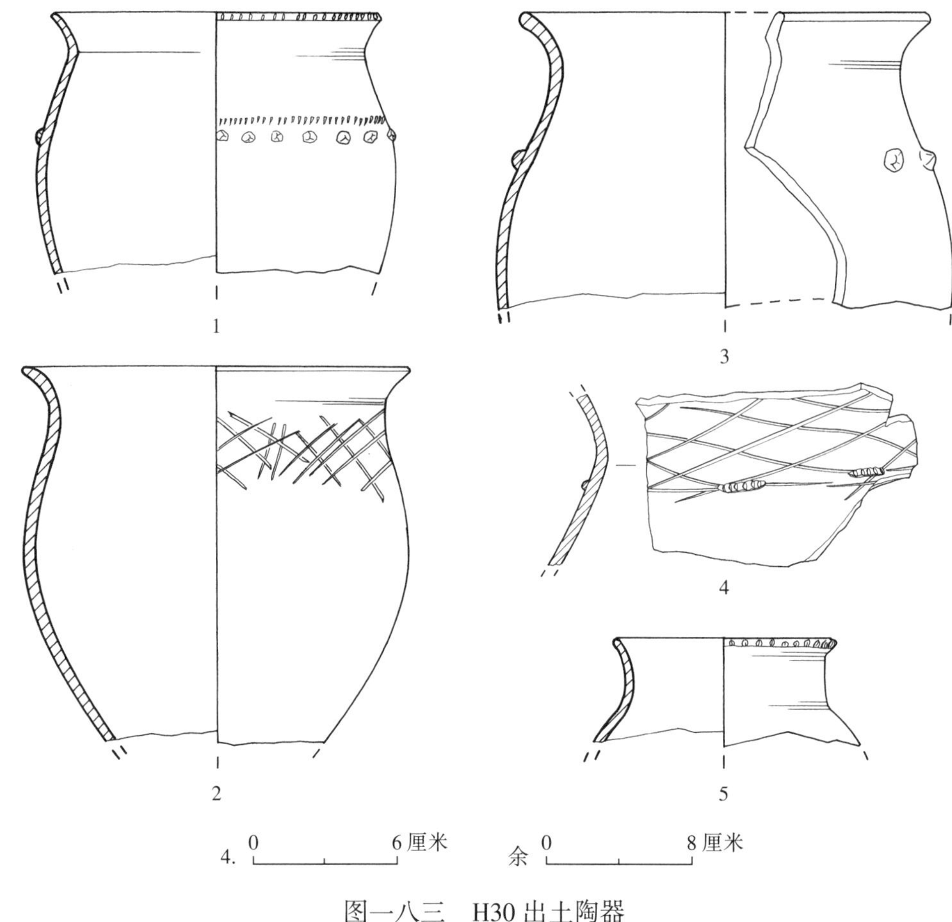

图一八三　H30出土陶器

1. Ba型束颈罐（H30：3）　2、3. Bb型束颈罐（H30：1、2）　4. 束颈罐腹片（H30：5）　5. C型侈口小罐（H30：4）

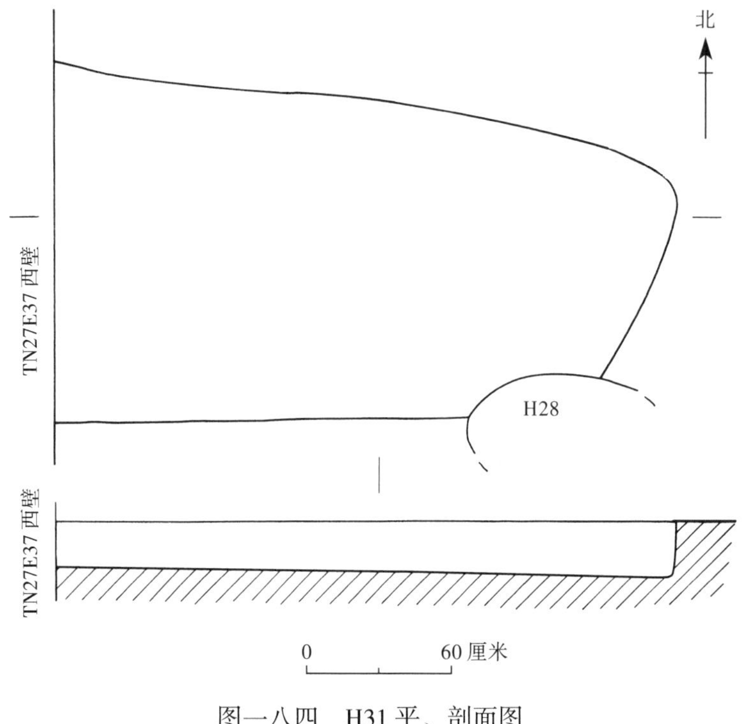

图一八四　H31平、剖面图

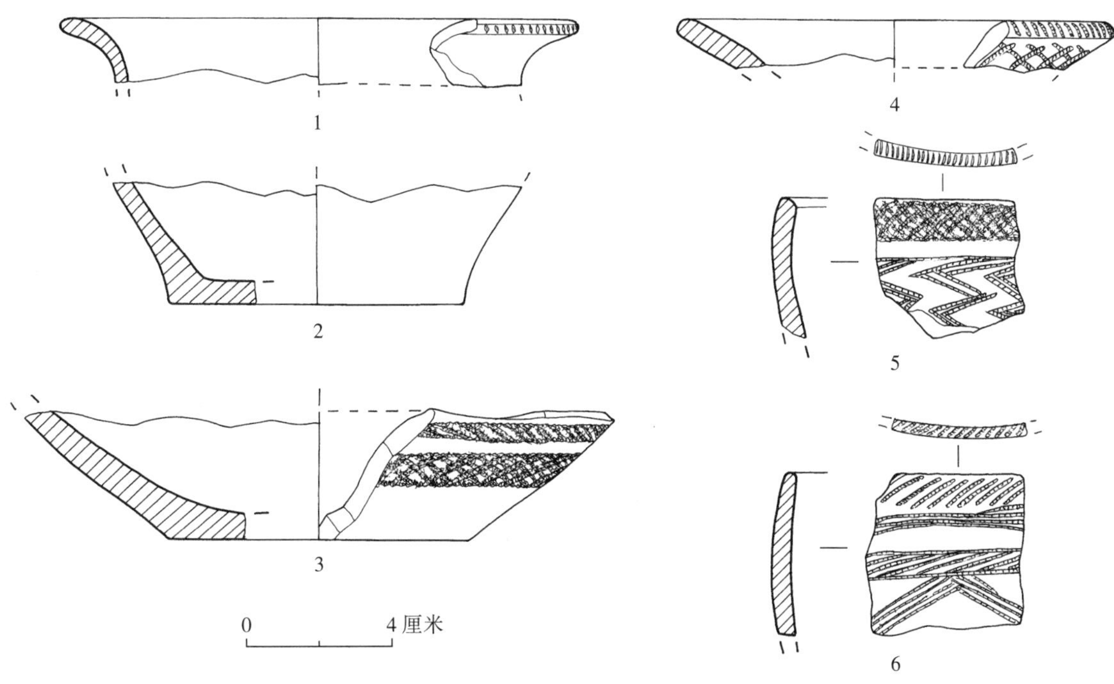

图一八五　H31出土陶器

1. Ae型侈口小罐（H31：3）　2、3. 器底（H31：1、6）　4. Ac型盘口高领罐（H31：2）　5、6. 乙类Be型钵（H31：4、5）

一八五，1）。

盘口高领罐　Ac型。

H31：2，夹砂灰陶，内壁褐色。方唇，盘口，沿面斜直。唇部和沿外壁饰小方格状点线纹。口径12、残高1.2厘米（图一八五，4）。

钵　乙类Be型。

H31：4，夹砂灰白胎黑灰皮陶。方唇，口近直，弧腹。唇部饰戳印点纹，腹部饰小方格状点线纹组成的菱格纹和折线纹以及光面折线纹等。残高3.7厘米（图一八五，5）。

H31：5，夹砂灰白胎黑灰皮陶。圆唇，口近直，弧腹。唇部饰戳印点纹，腹部饰小方格状点线纹组成的带状纹饰等。残高4.2厘米（图一八五，6）。

器底

H31：1，夹砂灰胎黑皮陶。平底。素面。底径8、残高3.1厘米（图一八五，2）。

H31：6，夹砂灰胎黑灰皮陶。下腹斜收，平底。下腹部饰小方格状点线纹组成的带状纹饰。底径8、残高3.4厘米（图一八五，3）。

26. H32

位于TN29E37南部，向东伸入探方东隔梁，向南伸入TN28E36和TN28E37北隔梁，未继续清理。开口于第3层下，打破第6层，西部被H8和H21打破。平面呈弧边长条形，直壁，平底。残长4、残宽1.39、深0.2~0.32米。填土为浅灰色，土质较疏松，出土少量陶片（图一八六；彩版四八，2）。

27. H33

位于TN30E36东部。开口于第4层下，打破第6层。平面呈不规则圆角四边形，直壁，平底。长1.14、

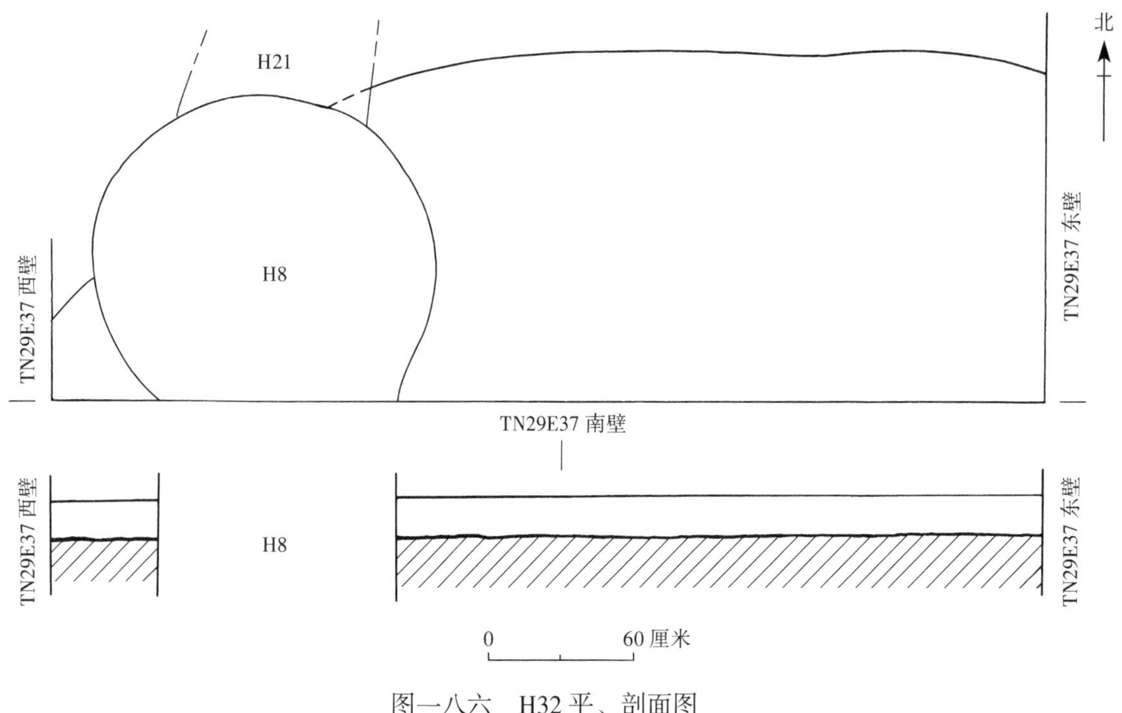

图一八六　H32 平、剖面图

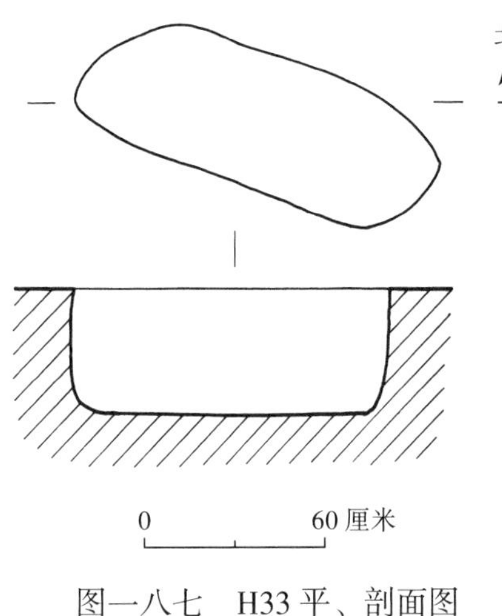

图一八七　H33 平、剖面图

宽 0.4、深 0.4 米。填土为灰褐色，土质疏松，出土较多夹砂陶片，器类有束颈罐、附加堆纹罐、钵等（图一八七）。

陶器

束颈罐　Ba 型。

H33：2，夹砂灰褐陶。方唇，侈口，卷沿，短束颈。唇部饰戳印点纹，颈部饰刻划网格纹。残高 3.5 厘米（图一八八，1）。

H33：4，夹砂褐陶。方唇，侈口，卷沿，短束颈。唇部饰戳印点纹，颈部饰刻划网格纹。口径 14、残高 3.8 厘米（图一八八，2）。

附加堆纹罐　Ab 型。

H33：3，夹砂红褐胎黑灰皮陶。方唇，侈口。唇部饰“×”形纹，颈部饰一周褶皱状附加堆纹。残高 2.4 厘米（图一八八，3）。

钵　乙类 Bb 型。

H33：1，夹砂褐陶，器表磨光。圆唇，敛口，腹部微鼓，底残，复原为小平底。口外侧饰连续三角纹夹光面折线纹和一周凹弦纹，腹中部饰凹弦纹、凹弦纹夹短线纹与光面组成的横向“S”形旋涡纹，腹部近底部饰凹弦纹和短线纹等。口径 15.8、残高 10 厘米（图一八八，4；彩版四八，3）。

器底

H33：10，夹砂灰胎黄褐皮陶。平底。素面。底径 11.2、残高 8 厘米（图一八八，5）。

28. H34

位于 TN28E37 西北角，向西伸入 TN28E36 东隔梁，未继续清理。开口于第 3 层下，打破第 5 层。平面形状不规则，直壁，平底。残长 1.6、残宽 0.7、深 0.4 米。填土为灰黑色，土质松散，较纯

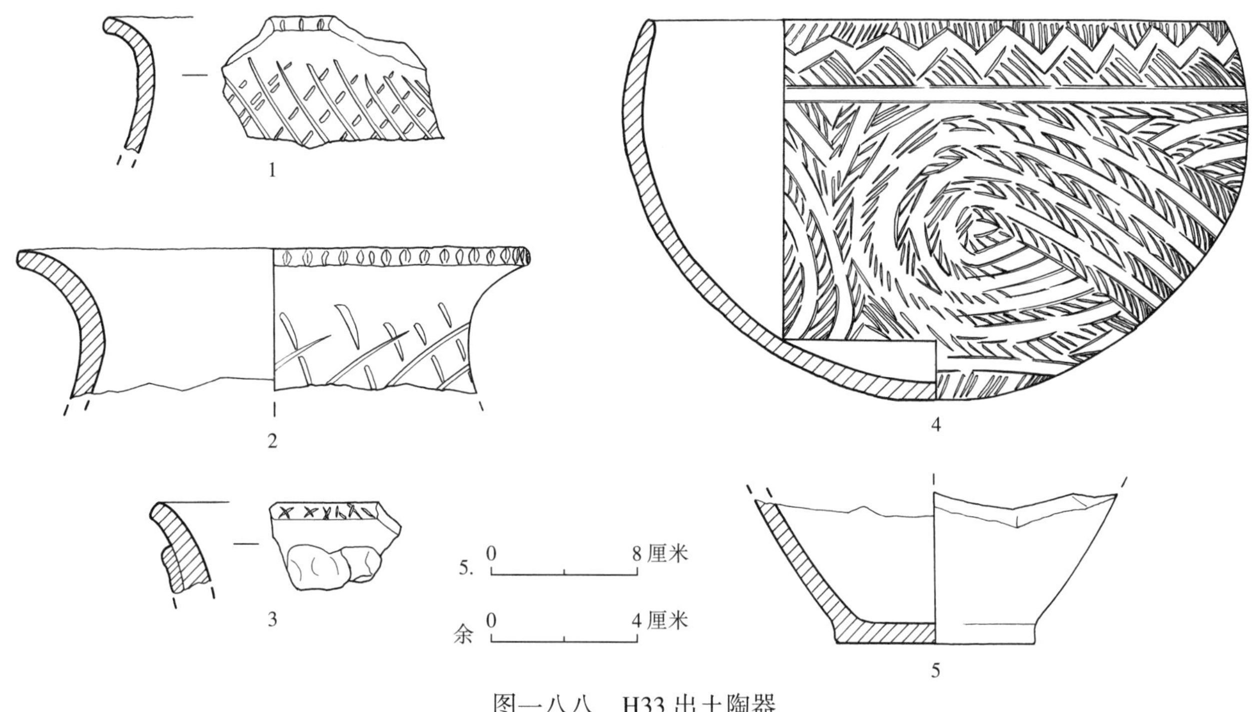

图一八八　H33 出土陶器

1、2. Ba 型束颈罐（H33：2、4）　3. Ab 型附加堆纹罐（H33：3）　4. 乙类 Bb 型钵（H33：1）　5. 器底（H33：10）

净，出土少量陶片，器类有矮领小罐等（图一八九；彩版四八，4）。

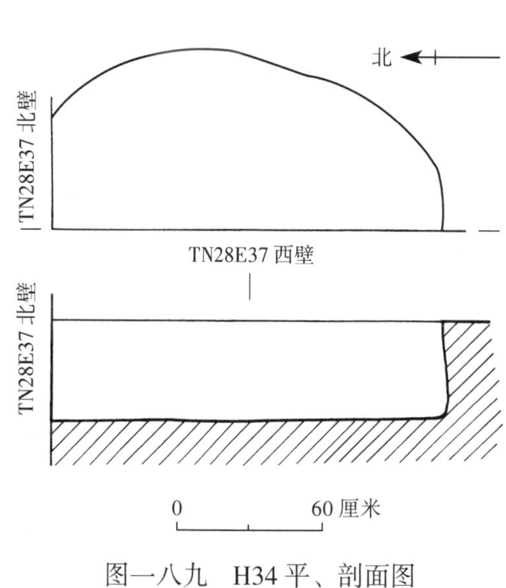

图一八九　H34 平、剖面图

陶器

矮领小罐

A 型。

H34：1，夹砂黑灰陶。尖圆唇，敛口，矮领。领部饰菱格纹。口径 8、残高 2.5 厘米（图一九〇，1）。

B 型。

H34：4，夹砂灰胎黑灰皮陶。尖圆唇，口近直，矮领，溜肩，领部与肩部分界不明显。领部饰刻划菱格纹和凹弦纹，肩部饰凹弦纹夹短斜线纹、短线纹与光面组成的复合纹饰等。口径 18、残高 7.5 厘米（图一九〇，2）。

29. H35

位于 TN27E38 东南部，向东伸入探方东隔梁，向南伸入 TN26E38 北隔梁，未继续清理。开口于第 4 层下，打破生土层，北部被 H18 打破。平面形状不规则，弧壁，平底，底部南高北低。残长 1.25、残宽 1.2、深 0.25~0.3 米。填土为灰褐色，土质疏松，夹杂红烧土颗粒，出土陶器有束颈罐等（图一九一；彩版四八，5）。

30. H36

位于 TN30E39 东北部和 TN31E39 东南部，向东伸入 TN30E39 和 TN31E39 东隔梁，未继续清理。

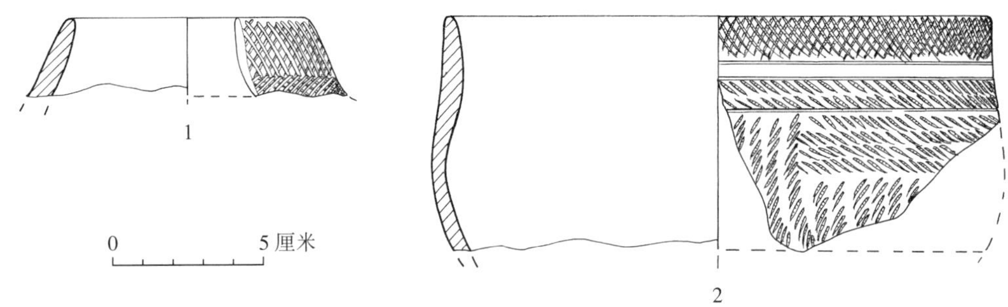

图一九〇　H34 出土陶矮领小罐

1. A 型（H34：1）　2. B 型（H34：4）

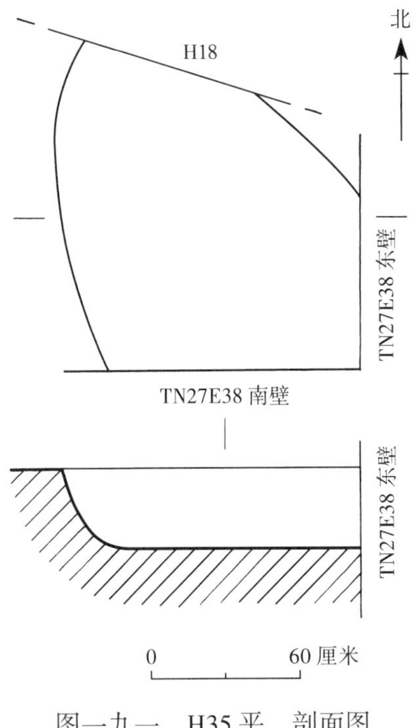

图一九一　H35 平、剖面图

开口于第 3 层下，打破第 5 层。平面形状不规则，弧壁，底部凹凸不平。残长 5.8、残宽 0.9、深 0.2~0.58 米。填土为灰褐色，土质较致密，出土较多陶片，器类有束颈罐、侈口小罐、附加堆纹罐、沿面饰纹罐、长颈罐、钵等（图一九二；彩版四九，1）。

陶器

束颈罐　Ba 型。

H36：11，夹砂灰褐陶。圆唇，侈口，卷沿，短束颈，溜肩。唇部饰戳印点纹，颈肩部饰刻划菱格纹和乳丁纹。口径 15.6、残高 6.2 厘米（图一九三，1）。

侈口小罐

Ac 型。

H36：8，夹砂褐胎黑皮陶。圆唇，侈口，卷沿，溜肩。肩部饰短线纹。口径 10、残高 2.2 厘米（图一九三，8）。

Ae 型。

H36：6，夹砂褐胎黑皮陶，内壁磨光。方唇，侈口，卷沿，短束颈，溜肩，腹部略外鼓。肩部饰短泥条附加堆纹。口径 12、残高 6.7 厘米（图一九三，9）。

附加堆纹罐　Ba 型。

H36：10，夹砂褐陶。方唇，侈口。口外侧饰一周平滑的附加堆纹，与口部贴合形成箭头状唇。口径 16、残高 2.2 厘米（图一九三，2）。

沿面饰纹罐　Aa 型。

H36：2，夹砂黄褐胎灰陶。残存沿部，尖圆唇。沿面饰连续三角纹夹光面折线纹。口径 16、残高 0.7 厘米（图一九三，3）。

长颈罐　A 型。

H36：13，夹砂灰陶。方唇，侈口，卷沿外翻近平，长颈。唇部饰刻划菱格纹，颈部饰成组短线纹组成的菱形纹与光面菱形纹交错形成的复合纹饰。口径 18.3、残高 12.6 厘米（图一九三，5）。

钵　乙类 Be 型。

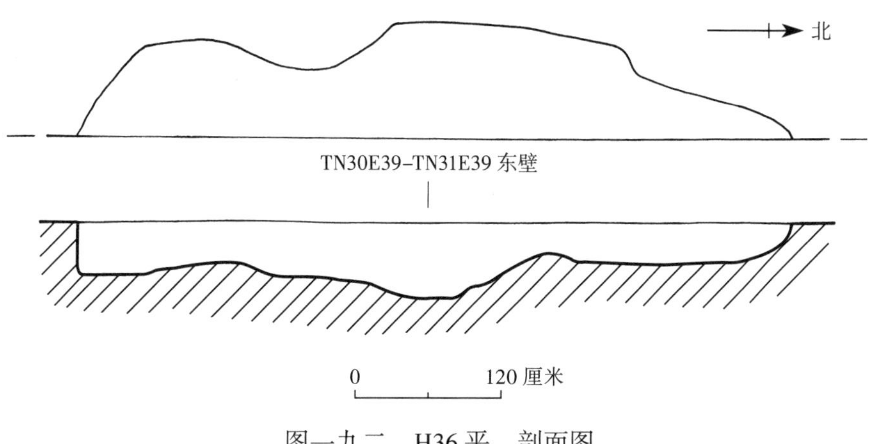

图一九二　H36 平、剖面图

图一九三　H36、H40 出土陶器

1. Ba 型束颈罐（H36：11）　2. Ba 型附加堆纹罐（H36：10）　3. Aa 型沿面饰纹罐（H36：2）　4、5. A 型长颈罐（H40：3、H36：13）　6、7. 乙类 Be 型钵（H36：1、H40：1）　8. Ac 型侈口小罐（H36：8）　9. Ae 型侈口小罐（H36：6）　10、11. 器底（H36：12、H40：2）

H36：1，夹砂灰陶。方唇，近直口。唇部饰戳印点纹，口外侧饰刻划菱格纹。口径 16、残高 1.7 厘米（图一九三，6）。

器底

H36：12，夹砂灰胎黑皮陶。下腹部较斜直，平底。素面。底径 7、残高 4.2 厘米（图一九三，10）。

31. H37

位于 TN26E36 北部，向北伸入探方北隔梁，未继续清理。开口于第 3 层下，打破第 5 层。平面

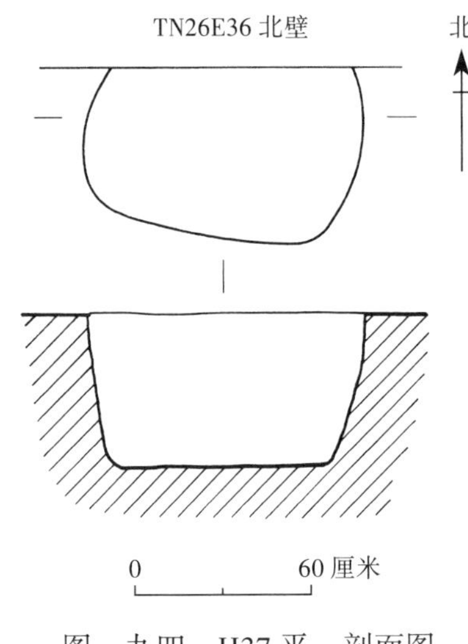

图一九四　H37 平、剖面图

近四边形，弧壁，平底。长 0.95、残宽 0.56、深 0.5 米。填土为灰褐色，土质疏松，夹杂红烧土颗粒，出土少量陶片（图一九四；彩版四九，2）。

32. H38

位于 TN26E37 中部。开口于第 4 层下，打破生土层。平面呈圆形，弧壁，平底。口径 0.8、深 0.21 米。填土为灰褐色，土质疏松，出土少量陶片和动物骨骼，陶器器类有附加堆纹罐、盘口罐等（图一九五；彩版四九，3）。

33. H39

位于 TN26E37 东南部。开口于第 4 层下，打破生土层。平面呈圆形，直壁，局部为斜弧壁，平底。口径 0.8~0.86、深 0.23 米。填土为灰褐色，土质疏松，出土少量陶片和骨渣，陶器器类有盘口高领罐等（图一九六）。

34. H40

位于 TN31E37 南部。开口于第 4 层下，打破生土层。平面呈椭圆形，直壁，平底。长径 0.8、短径 0.6、深 0.3 米。填土为灰褐色，土质疏松，出土少量夹砂陶片，器类有长颈罐、钵等（图一九七；彩版四九，4）。

陶器

长颈罐　A 型。

H40：3，夹砂灰胎黄褐皮陶。圆唇，侈口，宽沿外翻近平，长颈。唇部饰戳印点纹。口径 14、残高 4 厘米（图一九三，4）。

钵　乙类 Be 型。

H40：1，夹砂灰胎黑灰皮陶，内壁磨光。圆唇，口近直，弧腹。口外侧饰菱格纹和凹弦纹，腹部饰点线纹与光面组成的复合纹饰。口径 20、残高 4.5 厘米（图一九三，7）。

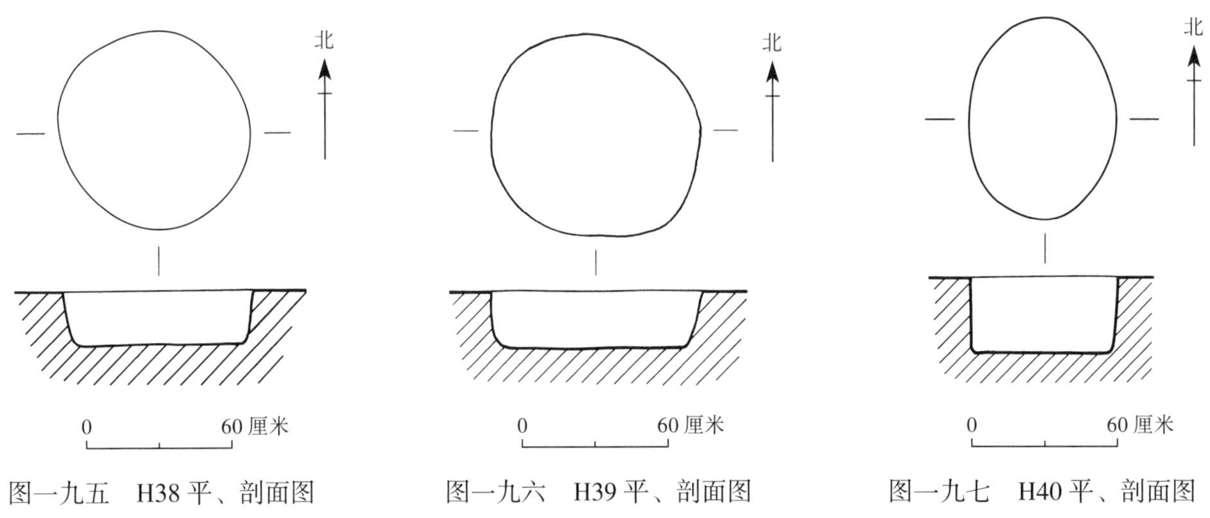

图一九五　H38 平、剖面图　　图一九六　H39 平、剖面图　　图一九七　H40 平、剖面图

器底

H40：2，夹砂褐胎黑皮陶。平底。素面。底径 9.2、残高 2.1 厘米（图一九三，11）。

35. H41

位于 TN31E37 东北部，向北、东伸入探方北、东隔梁，未继续清理。开口于第 3 层下，打破第 4 层。平面近椭圆形，直壁，平底。残长 3.61、残宽 2.25、深 0.32 米。填土为灰褐色，土质较致密，夹杂有红烧土颗粒。出土少量陶片和石器，陶器器类有束颈罐、侈口小罐、附加堆纹罐、矮领小罐、钵等，石器器类有刀、箭镞、砺石等，还出土有孔雀石（图一九八；彩版五〇，1）。

（1）陶器

束颈罐　Bb 型。

H41：27，夹砂灰陶。圆唇，侈口，卷沿，束颈。素面。残高 3.8 厘米（图一九九，1）。

侈口小罐　Ae 型。

H41：5，夹砂灰陶。圆唇，侈口，卷沿，束颈，溜肩。唇部和肩部饰戳印粗点纹。口径 14、残高 6 厘米（图一九九，2）。

H41：7，夹砂红陶。圆唇，侈口，卷沿，短束颈，溜肩。唇部和肩部饰戳印粗点纹。口径 14、残高 4.3 厘米（图一九九，3）。

H41：19，夹砂黑灰陶。方唇，侈口，卷沿，束颈，溜肩。唇部和颈部饰戳印粗点纹，肩部饰乳丁纹。口径 12、残高 7 厘米（图一九九，4）。

H41：20，夹砂灰胎黄褐皮陶。方唇，侈口，卷沿，短束颈，溜肩。唇部饰戳印点纹。口径 12.8、残高 4 厘米（图一九九，5）。

附加堆纹罐　Ab 型。

H41：21，夹砂黑灰陶。圆唇，侈口，卷沿，短束颈，圆肩。唇部饰戳印点纹，颈部饰一周褶皱状附加堆纹。口径 39、残高 10.5 厘米（图一九九，16）。

H41：49，夹砂黑灰陶。圆唇，侈口。颈上部饰一周褶皱状附加堆纹。残高 1.4 厘米（图一九九，9）。

矮领小罐　B 型。

H41：10，夹砂灰陶。方唇，口近直，矮领，溜肩。唇部饰戳印点纹，领部至肩部饰小方格状点线纹组成的折线纹和窄带状纹饰等。口径 10、残高 4 厘米（图一九九，12）。

钵

乙类 Be 型。

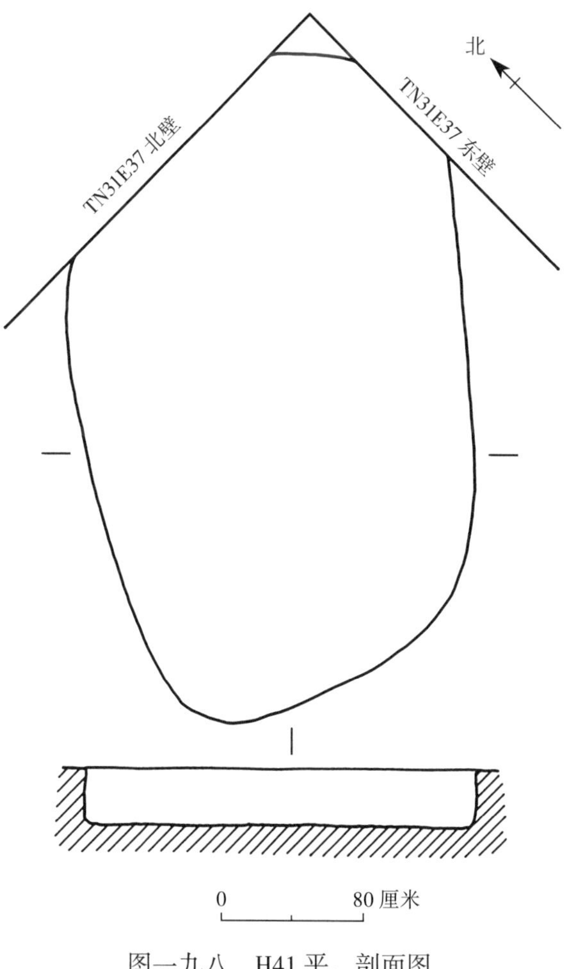

图一九八　H41 平、剖面图

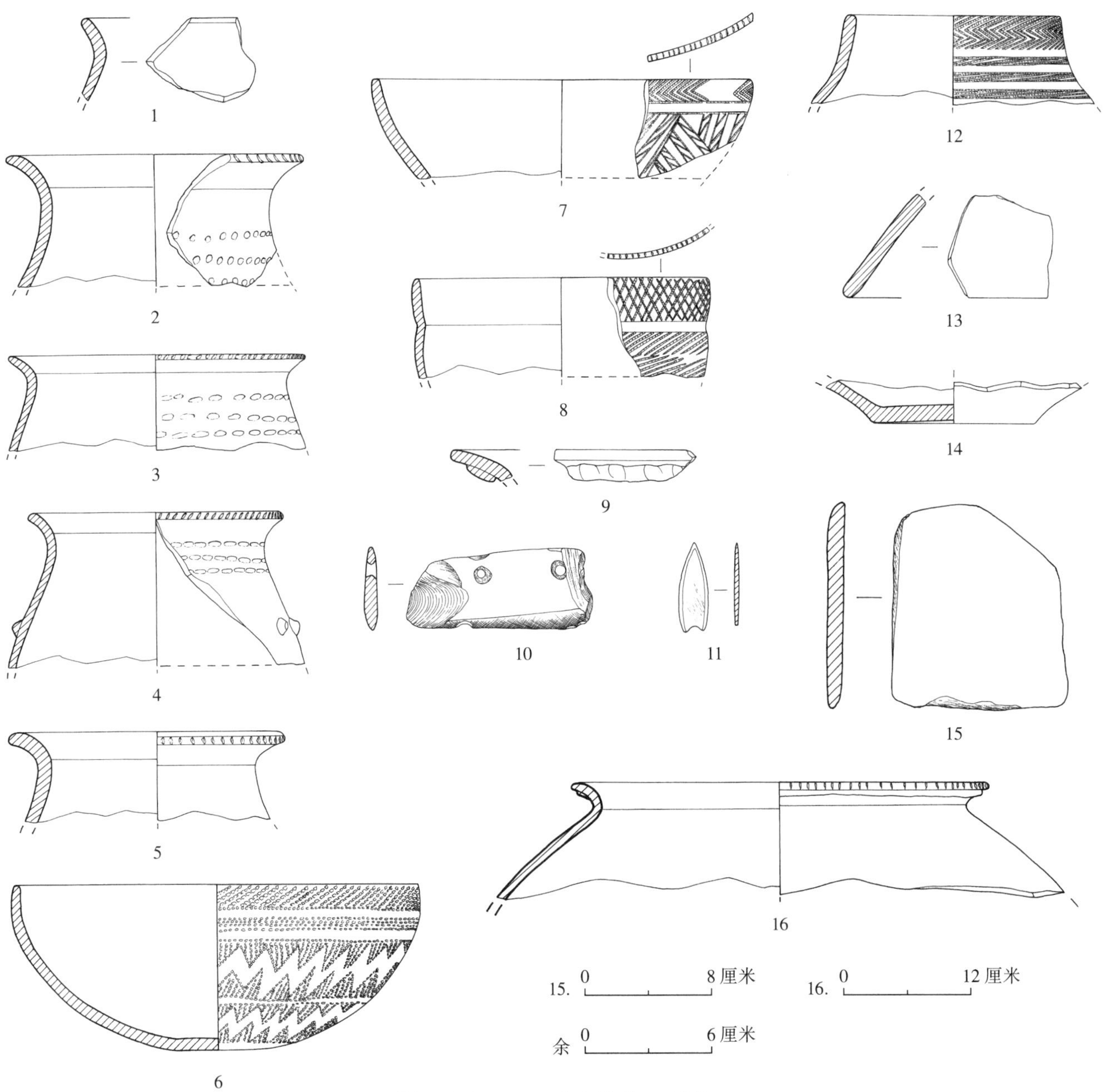

图一九九　H41 出土陶器、石器

1. Bb 型陶束颈罐（H41：27）　2~5. Ae 型陶侈口小罐（H41：5、7、19、20）　6. 乙类 Be 型陶钵（H41：50）　7. 乙类 Bf 型陶钵（H41：1）　8. 乙类 Bg 型陶钵（H41：22）　9、16. Ab 型陶附加堆纹罐（H41：49、21）　10. 乙类 C 型石刀（H41：51）　11. Ab 型石箭镞（H41：52）　12. B 型陶矮领小罐（H41：10）　13. 陶器盖（H41：6）　14. 陶器底（H41：17）　15. 砺石（H41：53）

H41：50，夹砂黑灰陶。圆唇，直口，浅弧腹，小平底。口外侧至腹部饰点线纹组成的窄带状纹饰、连续三角纹夹光面折线纹等。口径 19.2、底径 3.8、高 7.6 厘米（图一九九，6；彩版五〇，2）。

乙类 Bf 型。

H41：1，夹砂灰陶。方唇，敞口，弧腹。唇部饰戳印点纹，口外侧饰点线纹组成的“<”形纹和点线状凹弦纹，腹部饰点线状凹弦纹、凹弦纹夹点线纹与光面组成的复合纹饰等。口径 18、残高 4.5 厘米（图一九九，7）。

乙类 Bg 型。

H41：22，夹砂黄陶。方唇，敞口，口部有一道折棱，弧腹。唇部饰戳印点纹，口外侧至腹部饰小方格状点线纹组成的菱格纹和窄带状纹饰等。口径 14、残高 4.5 厘米（图一九九，8）。

器盖

H41：6，夹砂灰胎黑皮陶。圆唇，敞口，斜直腹。素面。残高 4.7 厘米（图一九九，13）。

器底

H41：17，夹砂灰胎灰皮陶，外壁磨光。平底。素面。底径 7.6、残高 1.9 厘米（图一九九，14）。

（2）石器

刀 乙类 C 型。

H41：51，褐色。直背，背部较薄，双孔。直刃。分布有较多崩疤。器表有较均匀的斜向磨痕，顶部多裂隙，有几处破损。长 8.8、宽 3.7、厚约 0.7 厘米（图一九九，10）。

箭镞 Ab 型。

H41：52，褐色。柳叶形，较窄长，截面呈近扁圆形。刃部极薄，刃缘有较连续的茬口，刃缘较锋利。底部内凹。通体磨光。长 4、宽 1.4、厚约 0.2 厘米（图一九九，11）。

砺石

H41：53，红褐色。片状，平面呈长方形，器形较规整。无明显的使用凹面。长 12.3、宽 10.9、厚 0.9 厘米（图一九九，15）。

（3）其他

孔雀石

H41：54，绿色。大致呈薄片状，从中间断裂成两块。长 2.5、厚约 0.4 厘米[1]。

36. H42

位于 TN26E39 西北角，向北伸入探方北隔梁，向西伸入 TN26E38 东隔梁，未继续清理。开口于第 4 层下，打破第 5 层。平面形状不规则，直壁，平底。残长 2.36、残宽 0.7、深 0.14 米。填土为灰黑色，土质疏松，出土陶器有侈口小罐、附加堆纹罐等（图二〇〇；彩版四九，5）。

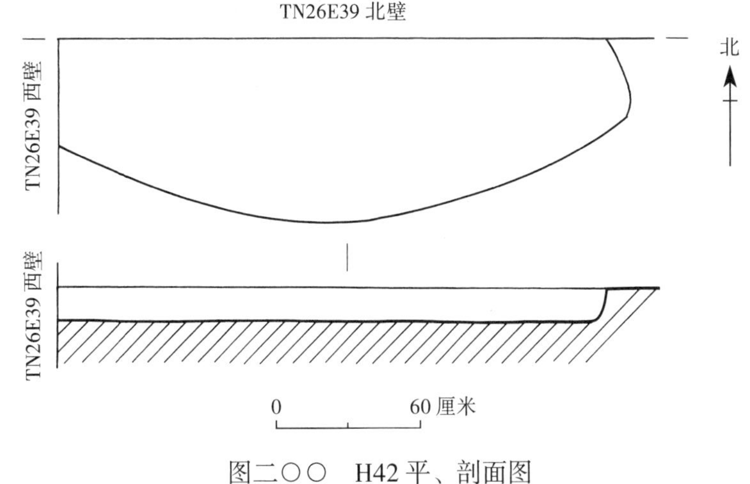

图二〇〇 H42 平、剖面图

陶器

侈口小罐 Ac 型。

H42：2，夹砂褐陶。圆唇，侈口，卷沿。颈部饰刻划纹。口径 10、残高 3 厘米（图二〇一，1）。

附加堆纹罐 Ab 型。

[1] 检测报告见本报告附录五。

H42：16，夹砂黑灰陶。方唇，侈口，卷沿，束颈，鼓肩。唇部饰戳印点纹，颈部饰一周褶皱状附加堆纹，肩部饰戳印短线纹组成的凹弦纹。口径 24、残高 7.2 厘米（图二〇一，5）。

器底

H42：5，夹砂黑灰陶。平底。素面。底径 16、残高 4.6 厘米（图二〇一，7）。

H42：9，夹砂黑灰陶，器表磨光。平底。素面。底径 6、残高 1.7 厘米（图二〇一，3）。

H42：13，夹砂黑灰陶。饼形平底。残高 2.1 厘米（图二〇一，2）。

37. H43

位于 TN26E39 南部。开口于第 4 层下，打破第 5 层。平面近圆形，直壁，平底。口径 0.84~1、深 0.15 米。填土为灰褐色，土质疏松，夹杂红烧土颗粒，出土少量陶片，器类有附加堆纹罐等（图二〇二；彩版五〇，3）。

陶器

附加堆纹罐　Ab 型。

H43：1，夹砂灰陶。圆唇，侈口，卷沿。唇部饰戳印点纹，颈上部饰一周褶皱状附加堆纹。口径 24、残高 2.6 厘米（图二〇一，6）。

38. H44

位于 TN28E39 东南部。开口于第 3 层下，打破生土层。平面近圆形，直壁，平底。口径 0.9、深 0.15~0.17 米。填土为灰褐色，中部偏南有密集的石块堆积，出土少量陶片，器类有束颈罐等（图二〇三；彩版五〇，4）。

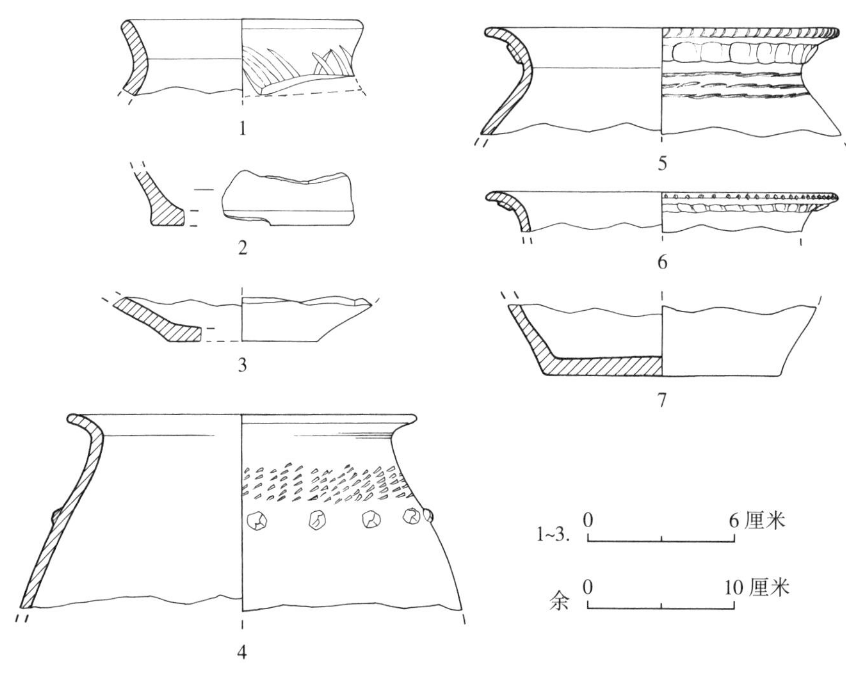

图二〇一　H42、H43、H44 出土陶器

1. Ac 型侈口小罐（H42：2）　2、3、7. 器底（H42：13、9、5）　4. Bb 型束颈罐（H44：1）　5、6. Ab 型附加堆纹罐（H42：16、H43：1）

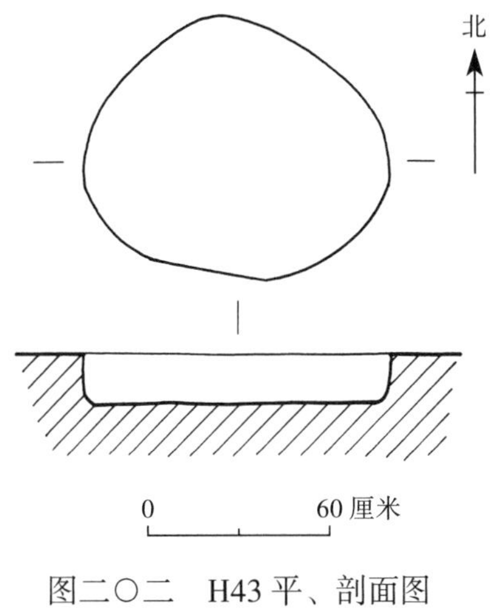

图二〇二　H43 平、剖面图

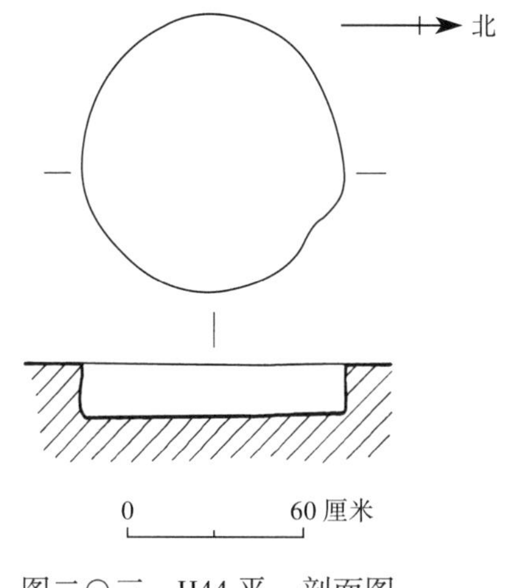

图二〇三　H44 平、剖面图

陶器

束颈罐　Bb 型。

H44：1，夹砂褐胎黑皮陶。圆唇，侈口，卷沿，短束颈，溜肩。肩部饰戳印粗点纹和乳丁纹。口径 24、残高 13 厘米（图二〇一，4；彩版五〇，5）。

39. H45

位于 TN27E38 东北角，向北、东伸入探方北、东隔梁，未继续清理。开口于第 4 层下，打破生土层。平面呈三角形，弧壁，圜底。残长 2.2、残宽 0.42、深 0.23~0.33 米。填土为灰黑色，出土少量陶片和石器，陶器器类有束颈罐、长颈罐、盘口高领罐等（图二〇四；彩版五一，1）。

陶器

束颈罐　Ba 型。

H45：5，夹砂灰褐陶。圆唇，侈口，卷沿。唇部饰戳印点纹，颈部饰刻划纹。残高 3.5 厘米（图二〇六，1）。

长颈罐　B 型。

H45：6，夹砂灰陶。方唇，喇叭口。唇部饰戳印点纹。口径 14、残高 3 厘米（图二〇六，2）。

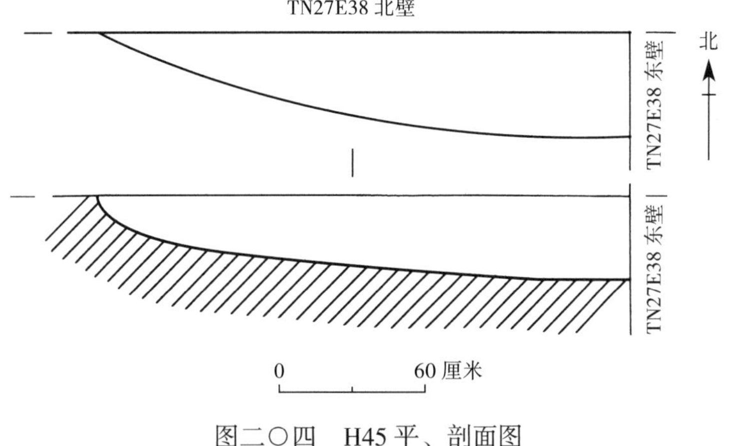

图二〇四　H45 平、剖面图

盘口高领罐　Ab 型。

H45：4，夹砂灰胎黑皮陶。圆唇，盘口。唇部饰戳印点纹，沿外壁饰点线纹。残高 2.5 厘米（图二〇六，3）。

40. H46

位于 TN31E37 南部，向南伸入 TN30E37 北隔梁，未继续清理。开口于第 4 层下，打破生土层，被 H40、H41 打破。平面呈梯形，弧壁，平底。残长 2.53、残宽 1.6、深 0.3 米。填土为灰褐色，土质疏松，出土陶片，器类有束颈罐、盘口高领罐、钵等（图二〇五；彩版五一，2）。

陶器

束颈罐　Bb 型。

H46：10，夹砂黑灰陶。圆唇，侈口，卷沿。颈部饰刻划网格纹和一周凹弦纹。口径 16、残高 2.7 厘米（图二〇六，4）。

盘口高领罐　Ab 型。

H46：11，夹砂灰陶。圆唇，近盘口，宽沿斜直。沿外壁饰小方格状点线纹。残高 3 厘米（图二〇六，5）。

钵　乙类 Aa 型。

H46：7，夹砂灰胎黑皮陶。圆唇，敞口，斜弧腹。素面。口径 18、残高 4.2 厘米（图二〇六，6）。

H46：8，夹砂灰胎黑皮陶。方圆唇，敞口，斜弧腹。素面。口径 22、残高 4.6 厘米（图二〇六，7）。

器底

H46：5，夹砂灰胎黑皮陶。饼状平底。素面。底径 8、残高 2.5 厘米（图二〇六，8）。

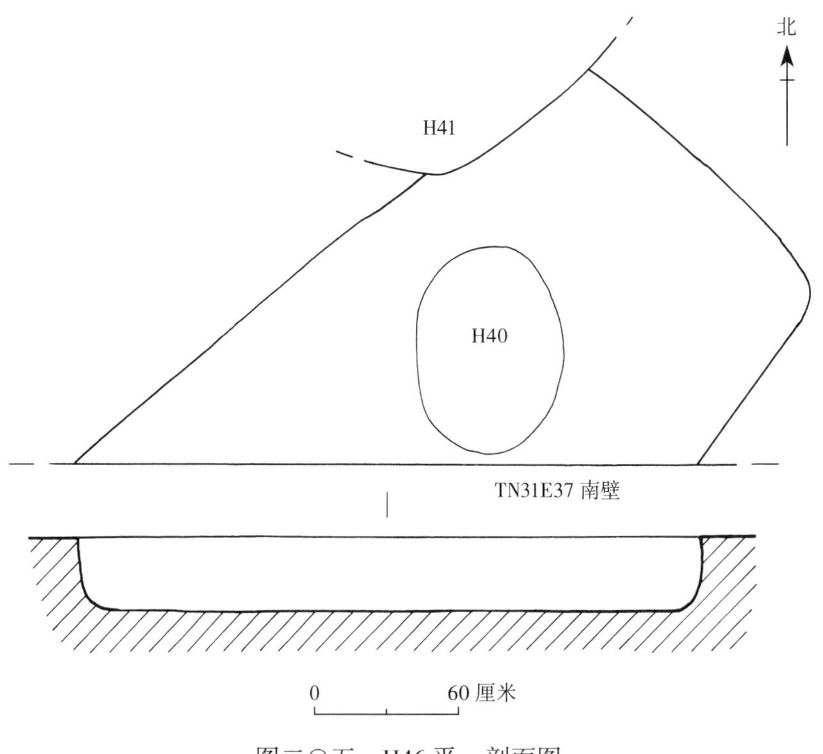

图二〇五　H46 平、剖面图

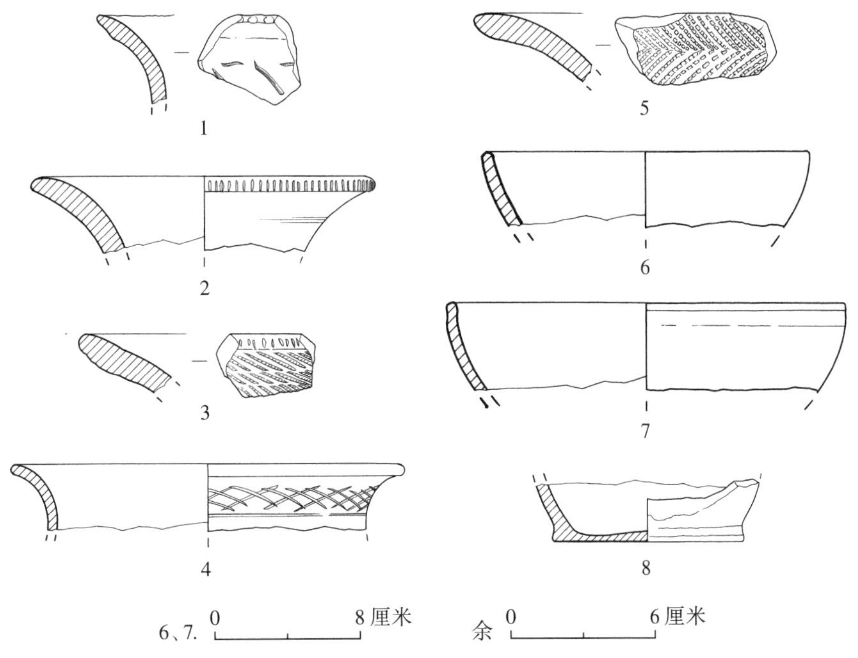

图二〇六　H45、H46出土陶器

1. Ba型束颈罐（H45：5）　2. B型长颈罐（H45：6）　3、5. Ab型盘口高领罐（H45：4、H46：11）　4. Bb型束颈罐（H46：10）　6、7. 乙类Aa型钵（H46：7、8）　8. 器底（H46：5）

41. H47

位于TN30E37西北角，向北伸入探方北隔梁，向西伸入TN30E36东隔梁，未继续清理。开口于第4层下，打破第5层。平面近半圆形，弧壁，圜底。长径2.7、短径1.66、深0.2~0.44米。填土为灰褐色，土质疏松，出土较多陶片，器类有束颈罐、侈口小罐、敞口罐、长颈罐、带耳罐、钵等（图二〇七；彩版五一，3）。

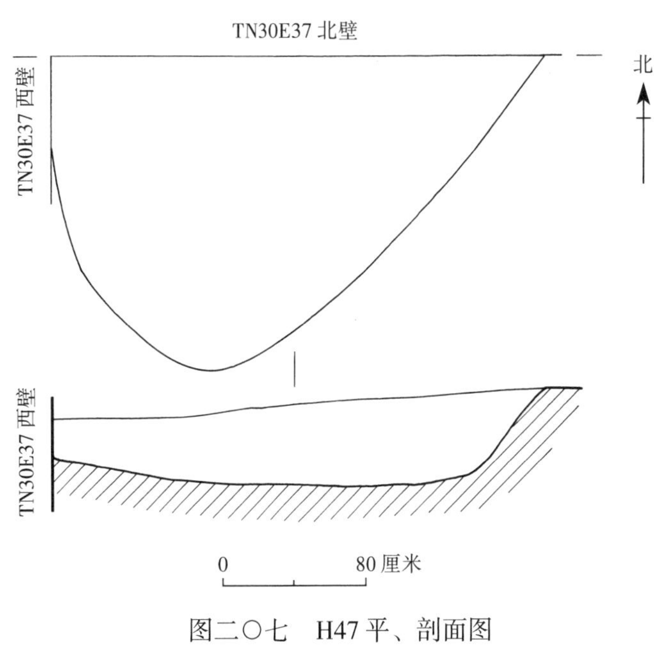

图二〇七　H47平、剖面图

陶器

束颈罐　Ba型。

H47：25，夹砂灰陶。方唇，侈口，卷沿。唇部饰戳印点纹，颈部饰刻划纹。口径16、残高3.2厘米（图二〇八，1）。

H47：26，夹砂灰黄陶，内壁黑灰色。圆唇，侈口，卷沿，短束颈，溜肩。唇部饰戳印点纹，肩部饰波折纹。口径16、残高6厘米（图二〇八，3）。

侈口小罐　Ae型。

H47：1，夹砂褐陶。圆唇，侈口，卷沿，短束颈。颈部饰刻划纹。口径12、残高3厘米（图

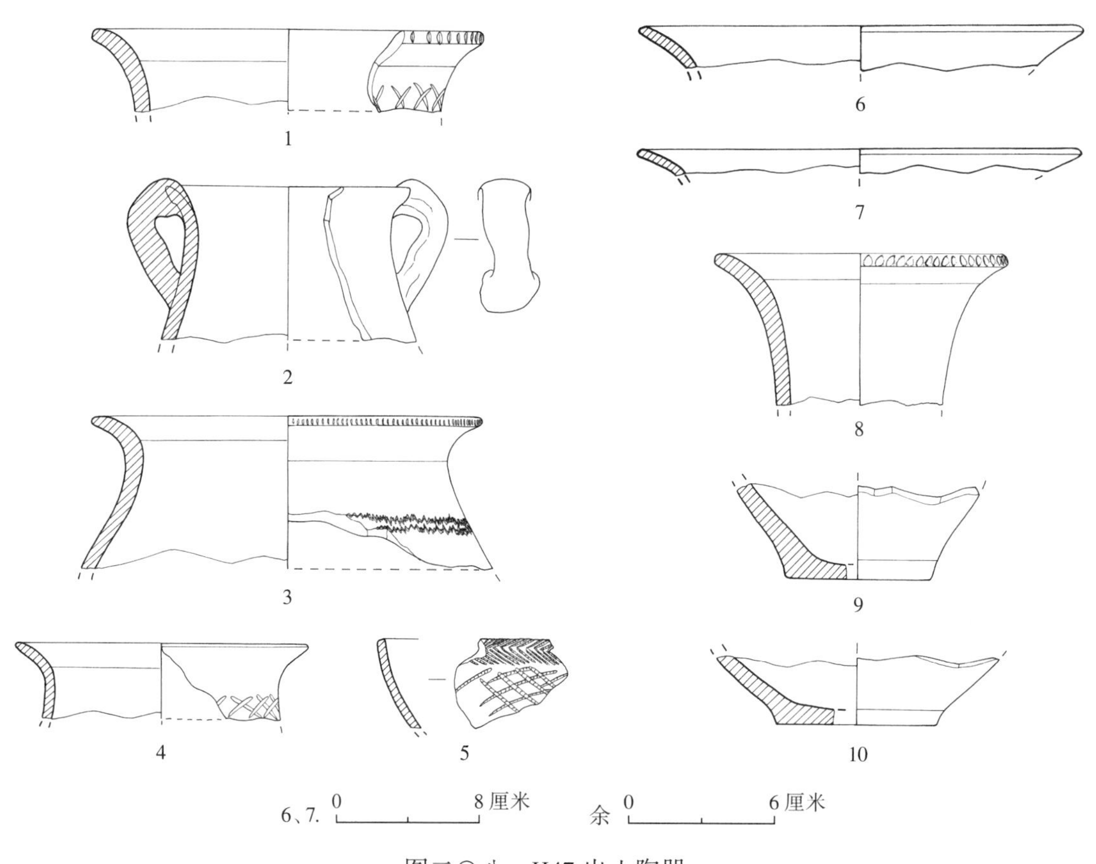

图二〇八 H47出土陶器

1、3. Ba型束颈罐（H47：25、26） 2. A型带耳罐（H47：27） 4. Ae型侈口小罐（H47：1） 5. 乙类Bf型钵（H47：13） 6、7. 敞口罐（H47：16、20） 8. B型长颈罐（H47：24） 9、10. 器底（H47：18、23）

二〇八，4）。

敞口罐

H47：16，夹砂橙黄陶。圆唇，敞口，沿面较斜直。素面。口径24、残高2.2厘米（图二〇八，6）。

H47：20，夹砂橙黄陶。圆唇，敞口，沿面较斜直。素面。口径24、残高1.2厘米（图二〇八，7）。

长颈罐 B型。

H47：24，夹砂灰陶。方唇，喇叭口，长颈。唇部饰戳印点纹。口径12、残高6厘米（图二〇八，8）。

带耳罐 A型。

H47：27，夹砂灰胎黑灰皮陶。圆唇，侈口，长颈微束，溜肩。沿面至肩部附有桥形竖耳。素面。口径10、残高6厘米（图二〇八，2）。

钵 乙类Bf型。

H47：13，夹砂灰褐陶。方唇，敞口，斜弧腹。唇部饰戳印点纹，腹部饰点线纹组成的“<”形纹和菱格纹。残高3.5厘米（图二〇八，5）。

器底

H47：18，夹砂灰胎黑灰皮陶。平底。素面。底径6、残高3.7厘米（图二〇八，9）。

H47：23，夹砂灰胎黑灰皮陶，平底。素面。底径 6.6、残高 2.6 厘米（图二〇八，10）。

42. H48

位于 TN30E37 东部。开口于第 6 层下，打破生土层，被 D4 打破。平面呈圆角长方形，弧壁，底部呈阶梯状。长 0.9、宽 0.72、深 0.14~0.3 米。填土为灰黑色，土质疏松，出土较多陶片，器类有束颈罐、钵等（图二〇九；彩版五一，4）。

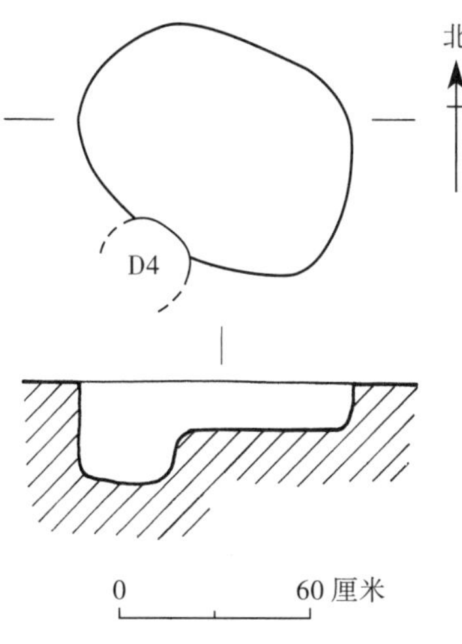

图二〇九　H48 平、剖面图

陶器

束颈罐　Ba 型。

H48：12，夹砂灰陶。方唇，侈口，卷沿。唇部饰刻划“×”形纹。口径 30、残高 4.6 厘米（图二一〇，1）。

钵　乙类 Be 型。

H48：1，夹砂灰陶。圆唇，口近直。口外侧饰菱格纹。残高 2.5 厘米（图二一〇，2）。

H48：2，夹砂灰胎黑灰皮陶。圆唇，口近直。口外侧饰小方格状点线纹组成的“<”形纹等。残高 2.5 厘米（图二一〇，3）。

杯　B 型。

H48：10，夹砂灰陶。圆唇，口近直，上腹较竖直，下腹微外弧。素面。口径 9、残高 8 厘米（图二一〇，4）。

器底

H48：7，夹砂灰陶，质地粗糙。平底。素面。底径 4.4、残高 2.7 厘米（图二一〇，5）。

H48：11，夹砂灰胎黑皮陶，质地粗糙。平底。素面。底径 5.6、残高 2.5 厘米（图二一〇，6）。

43. H49

位于 TN30E38 西北部。开口于第 3 层下，打破第 5 层，西部被 H30 打破。平面近圆形，直壁，平底。直径 0.8、深 0.12 米。填土为灰黑色，出土骨渣、少量陶片和石器，陶器器类有长颈罐等，石器器类有箭镞等（图二一一；彩版五一，5）。

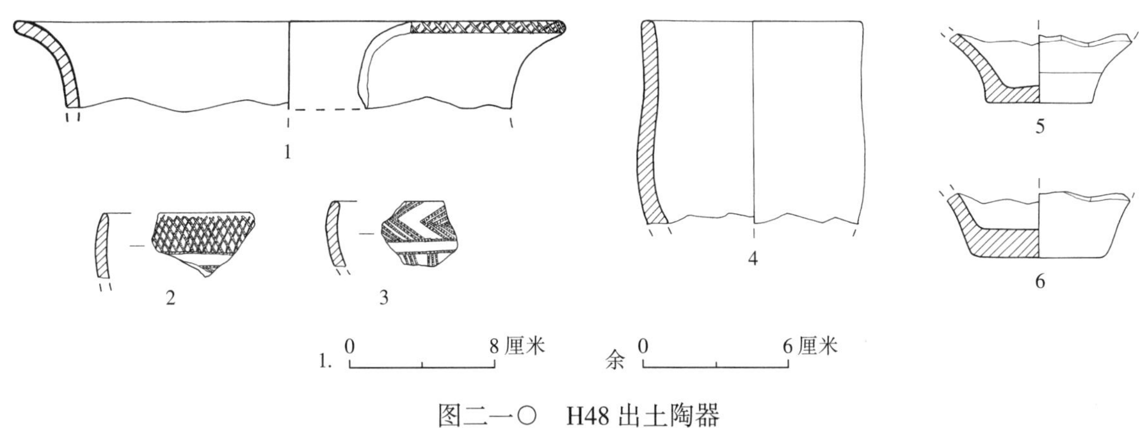

图二一〇　H48 出土陶器

1. Ba 型束颈罐（H48：12）　2、3. 乙类 Be 型钵（H48：1、2）　4. B 型杯（H48：10）　5、6. 器底（H48：7、11）

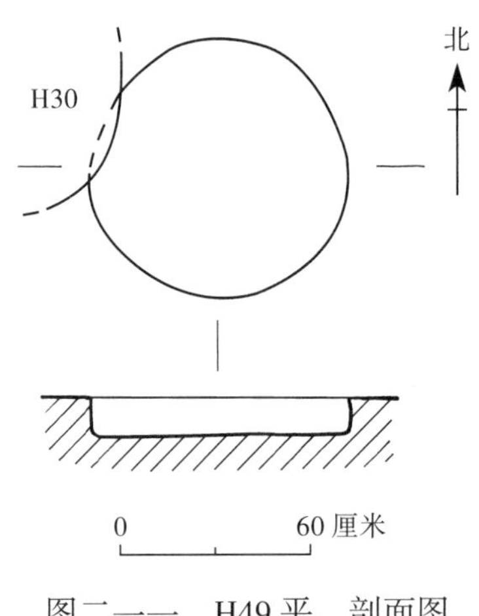

图二一一 H49 平、剖面图

（1）陶器

长颈罐 B 型。

H49：5，夹砂灰褐陶，内壁磨光。圆唇，喇叭口，长颈。唇部饰戳印点纹，沿外壁至颈部饰小方格状点线纹组成的带状纹饰。口径 14、残高 6 厘米（图二一三，1）。

器底

H49：3，夹砂灰胎黑灰皮陶，器表磨光。平底。素面。底径 12、残高 1.8 厘米（图二一三，2）。

（2）石器

箭镞 Cb 型。

H49：1，红色。平面近五边形，截面较规则，近六边形。锋部较短，圆尖。两侧均有刃，刃部有较明显的磨痕及细小的茬口。底部稍内凹。长 2.7、宽 1.4、厚约 0.2 厘米（图二一三，3；彩版五一，6）。

44. H50

位于 TN28E36 西北角，向北伸入探方北隔梁，向西伸入 TN28E35 东隔梁，未继续清理。开口于第 3 层下，打破生土层，东南部被 H26 打破。平面形状不规则，直壁，底部四周较平、中间凹陷。残长 1.66、残宽 1.25、深 0.45~0.72 米。填土为灰褐色，土质疏松，出土少量陶片和石器，陶器器类有盘口高领罐、器底等，石器器类有球等（图二一二；彩版五二，1）。

（1）陶器

盘口高领罐 Ab 型。

H50：4，夹砂灰陶。圆唇，盘口，宽沿。沿外壁饰小方格状点线纹组成的折线纹。残高 2.8 厘米（图二一三，4）。

器底

H50：3，夹砂灰陶。平底。素面。底径 12、残高 2.2 厘米（图二一三，5）。

（2）石器

球

H50：1，灰褐色。器形较规整，磨制较粗糙。直径 4.8~6.5 厘米（图二一三，6）。

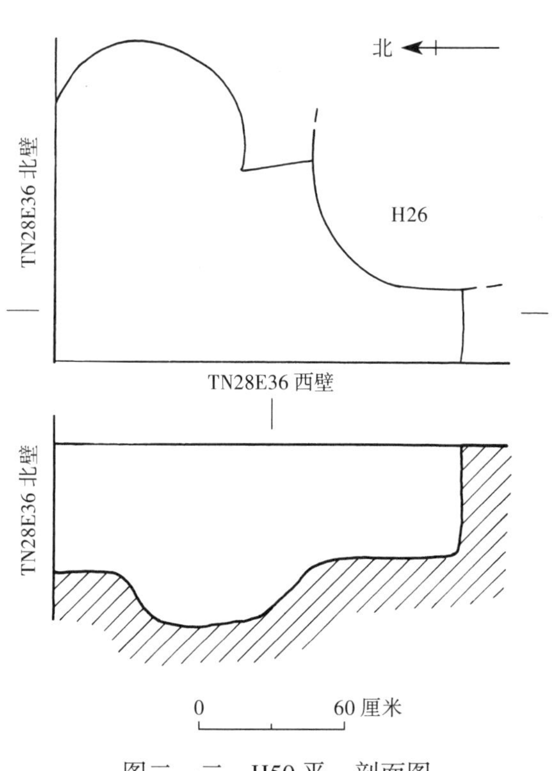

图二一二 H50 平、剖面图

45. H51

位于 TN26E39 东南部，向东伸入探方东隔梁，未继续清理。开口于第 4 层下，打破第 5 层。平面近椭圆形，直壁，平底。残长 1.98、宽 1.2、深 0.2 米。填土为灰褐色，土质疏松，出土少量石器，器类有凿（图

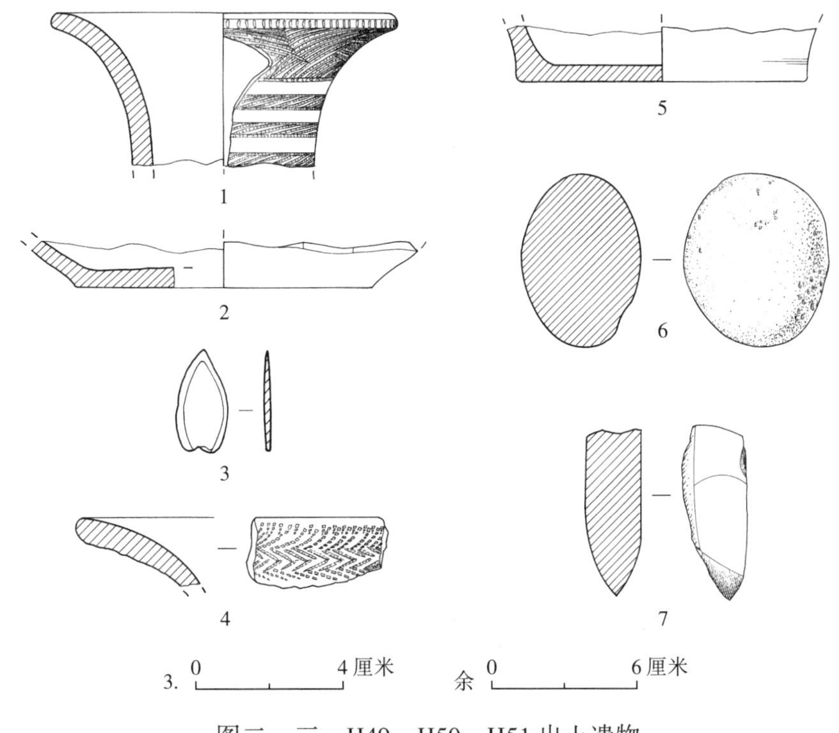

图二一三　H49、H50、H51出土遗物

1. B型陶长颈罐（H49：5）　2、5. 陶器底（H49：3、H50：3）　3. Cb型石箭镞（H49：1）　4. Ab型陶盘口高领罐（H50：4）　6. 石球（H50：1）　7. C型石凿（H51：1）

二一四；彩版五二，2）。

石器

凿　C型。

H51：1，灰色。平面呈长方形，截面近正方形。斜平顶。有片切割痕迹，两面均磨光。正锋，弧刃，刃面大致与刃缘平行，刃缘有较杂乱的磨痕。长6.9、宽2.7、厚约2.7厘米（图二一三，7；彩版五二，3）。

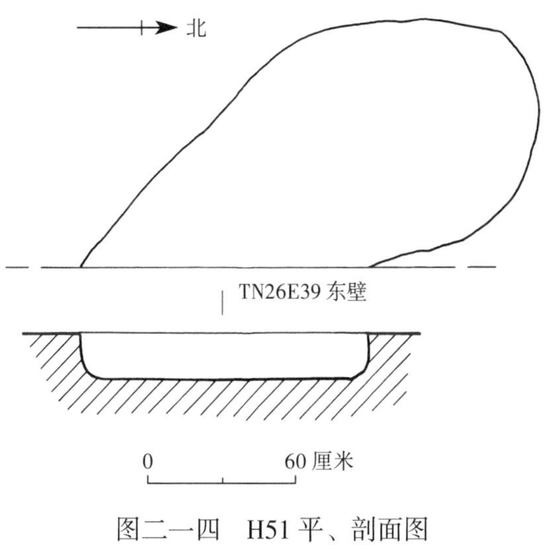

图二一四　H51平、剖面图

46. H52

位于TN27E39西南部，向西伸入TN27E38东隔梁，向南伸入TN26E39北隔梁，未继续清理。开口于第3层下，打破第4层。平面呈扇形，弧壁，底部东高西低。残长2.66、残宽1.56、深0.17~0.34米。填土为灰黑色，夹杂红烧土颗粒，出土少量陶片，器类有侈口小罐、长颈罐等（图二一五；彩版五二，4）。

陶器

侈口小罐　Ac型。

H52：1，夹砂灰胎黑灰皮陶。圆唇，侈口，卷沿。唇部饰戳印点纹。口径10、残高2厘米（图二一六，1）。

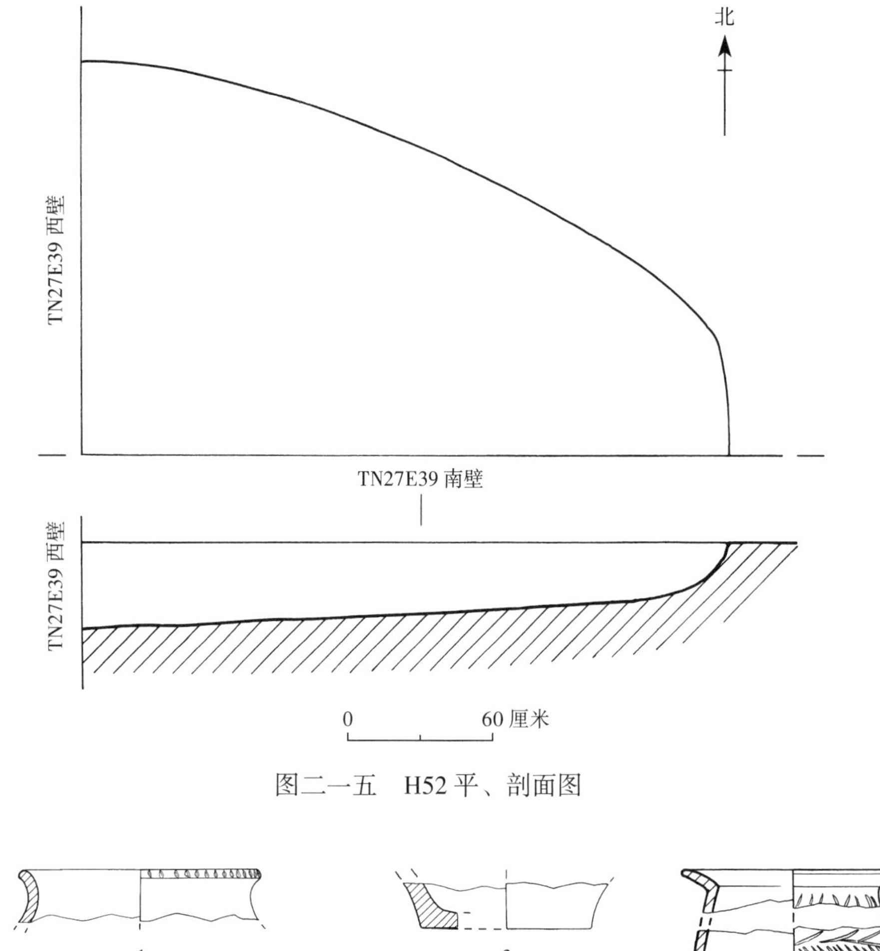

图二一五　H52 平、剖面图

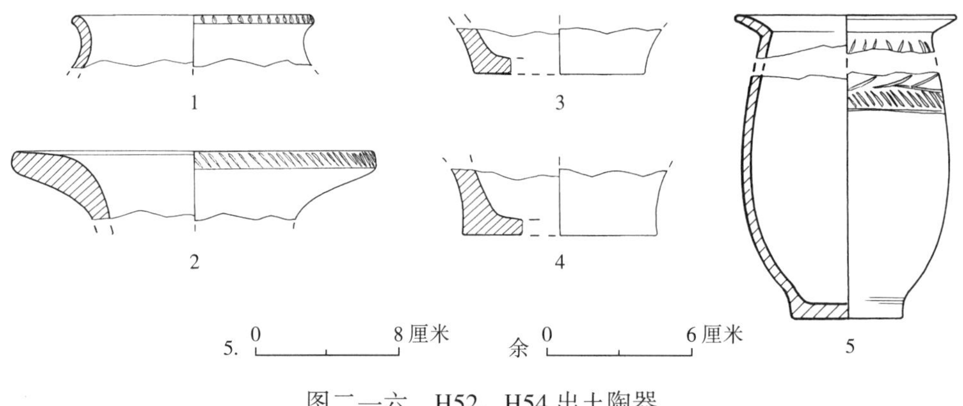

图二一六　H52、H54 出土陶器

1. Ac 型侈口小罐（H52：1）　2. C 型长颈罐（H52：11）　3、4. 器底（H52：3、15）　5. B 型侈口小罐（H54：1）

长颈罐　C 型。

H52：11，夹砂灰陶，沿部胎体厚实。圆唇，口微盘。唇部饰刻划纹。口径 15、残高 2.7 厘米（图二一六，2）。

器底

H52：3，夹砂灰黄陶，内壁灰色。平底。素面。底径 7、残高 1.8 厘米（图二一六，3）。

H52：15，夹砂灰陶，内壁黑灰色。平底。素面。底径 8、残高 2.8 厘米（图二一六，4）。

47. H53

位于 TN31E36 北部，向北伸入探方北隔梁，未继续清理。开口于第 4 层下，打破第 6 层。平面

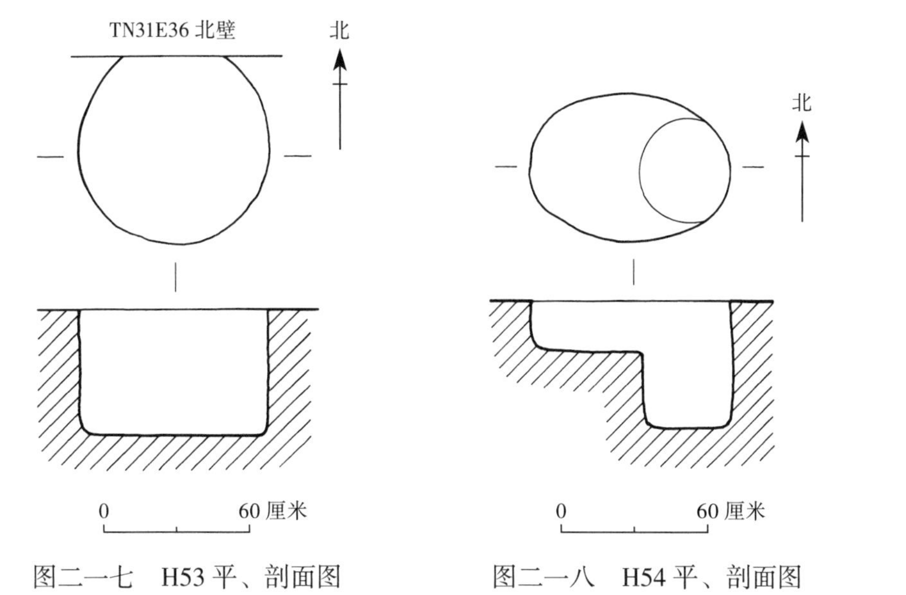

图二一七　H53 平、剖面图

图二一八　H54 平、剖面图

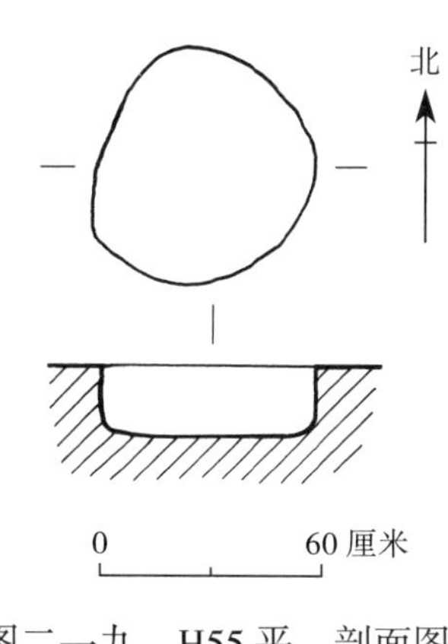

图二一九　H55 平、剖面图

近圆形，直壁，平底。直径 0.76、深 0.5 米。填土为灰黑色，土质较疏松，出土少量陶片，器类有矮领小罐、附加堆纹罐、钵等（图二一七；彩版五二，5）。

48. H54

位于 TN31E36 西部。开口于第 6 层下，打破生土层。平面呈椭圆形，直壁，底部呈阶梯状。长径 0.8、短径 0.6、深 0.2~0.5 米。填土为浅灰色，土质疏松，出土少量陶片，器类有侈口小罐等（图二一八；彩版五二，6）。

陶器

侈口小罐　B 型。

H54：1，夹砂黑褐陶，器表磨光。圆唇，侈口，仰折沿，溜肩，深弧腹，矮台状平底。肩部饰刻划短线纹和凹弦纹。口径 12、底径 6、复原高 16 厘米（图二一六，5）。

49. H55

位于 TN26E39 东北部。开口于第 4 层下，打破第 5 层。平面近圆形，直壁，平底。直径 0.61、深 0.18 米。填土为灰黑色，土质疏松，夹杂红烧土颗粒（图二一九；彩版五三，1）。

50. H56

位于 TN30E36 中部偏北。开口于第 4 层下，打破第 6 层。平面近圆形，直壁，平底。直径 1.05~1.2、深 0.26 米。填土为黑褐色，土质疏松，出土少量陶片，器类有束颈罐（唇部素面或饰戳印点纹）、器底等（图二二〇；彩版五三，2）。

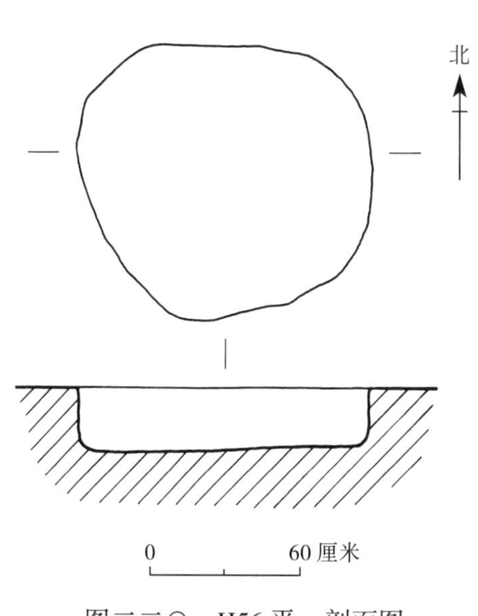

图二二〇　H56 平、剖面图

51. H57

位于 TN27E37 东部，向东伸入探方东隔梁，未继续清理。开口于第 1 层下，打破第 2 层，西部被 H20 打破。平面呈半圆形，

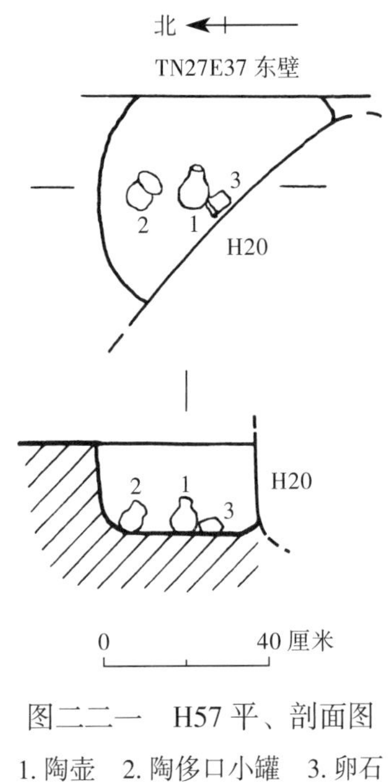

图二二一　H57 平、剖面图

1. 陶壶　2. 陶侈口小罐　3. 卵石

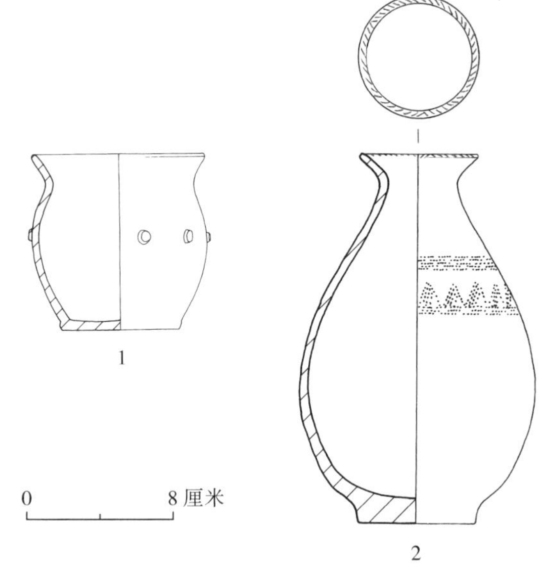

图二二二　H57 出土陶器

1. A 型侈口小罐（H57：2）　2. 甲类 Ba 型壶（H57：1）

壁近直，平底。直径 0.34~0.64、深 0.2 米。填土为灰褐色，土质较疏松。坑底放置 2 件陶器（侈口小罐、壶），口朝上，一件竖置，一件斜置，陶器南侧发现一块较大的卵石（图二二一；彩版五三，3）。

陶器

侈口小罐　A 型。

H57：2，夹细砂灰陶。圆唇，侈口，卷沿，束颈，弧腹，平底。肩部饰一周乳丁纹。口径 9.3、底径 6.4、高 9.2 厘米（图二二二，1；彩版五三，4）。

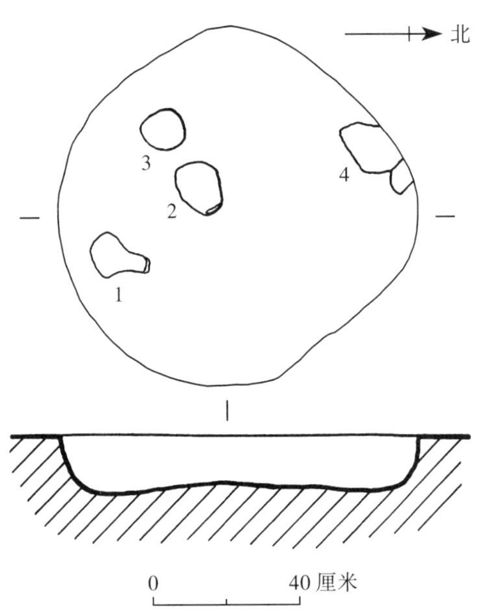

图二二三　TN28E36K1 平、剖面图

1、2. 陶壶　3. 陶鼓腹小罐　4. 石块

壶　甲类 Ba 型。

H57：1，夹砂褐陶。圆唇，侈口微盘，卷沿，长颈，溜肩，鼓腹，矮台状平底。唇部饰戳印点纹，肩部饰小方格状点线纹组成的带状纹饰和连续三角纹等。口径 6.4、底径 6.6、高 19.4 厘米（图二二二，2；彩版五三，5）。

（三）器物坑

1 个。

TN28E36K1

位于 TN28E36 北部。开口于第 1 层下，打破第 2 层。平面近圆形，弧壁，平底。口径 0.94~0.97、深 0.11~0.15 米。填土为黄褐色砂土，土质较疏松，夹杂有炭屑。南部发现 3 件陶器（鼓腹小罐、壶），陶器间发现若干牙齿，北部发现若干石块（图二二三；彩版五三，6）。

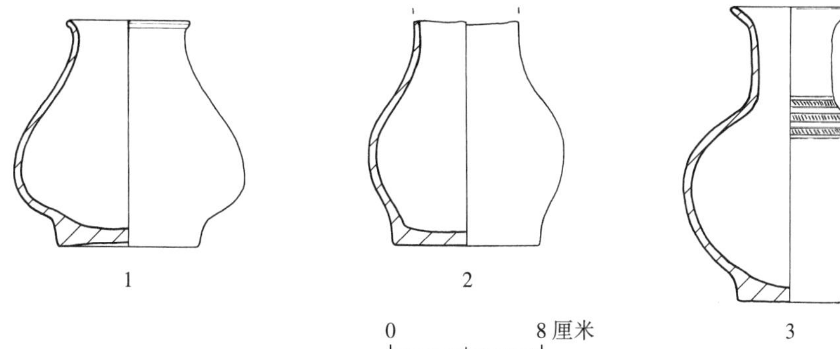

图二二四　TN28E36K1出土陶器

1.鼓腹小罐（TN28E36K1∶3）　2、3.壶（TN28E36K1∶2、1）

陶器

鼓腹小罐

TN28E36K1∶3，夹砂黑灰陶。圆唇，口微侈，卷沿，溜肩，鼓腹，矮台状平底。素面。口径6.5、底径7.4、高11.5厘米（图二二四，1）。

壶

TN28E36K1∶1，夹砂黑褐陶。圆唇，口微侈，卷沿，细长颈，溜肩，鼓腹，矮台状平底。肩部饰凹弦纹和凹弦纹夹点纹组成的带状纹饰。口径7、底径5.6、高15厘米（图二二四，3）。

TN28E36K1∶2，夹砂灰褐陶。口部残缺，有颈，鼓腹，矮台状平底。素面。底径7.5、残高11.4厘米（图二二四，2；彩版五三，7）。

（四）特殊遗迹

8个。

1. TN26E36C1

位于TN26E36西南部。叠压于第2层下，堆置于第3层层表。平面近圆形，直径0.26~0.3米。出土有5件石刀，由短及长依次叠放（图二二五；彩版五四，1）。

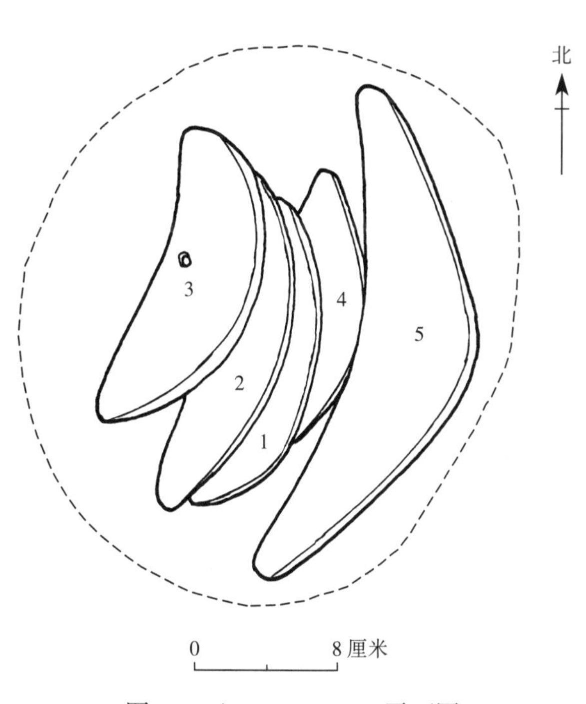

图二二五　TN26E36C1平面图

1~5.石刀

石器

刀　5件。乙类Aa型。

TN26E36C1∶1，绿色。半月形。凹背，双孔，两面对钻，穿孔上部有较明显的穿绳磨损。弧刃，刃缘有较多茬口。长16.8、宽5、厚0.7厘米（图二二六，1；彩版五四，2）。

TN26E36C1∶2，灰色。半月形。凹背，双孔，两面对钻。弧刃，刃部经过多次磨制，器身有多处

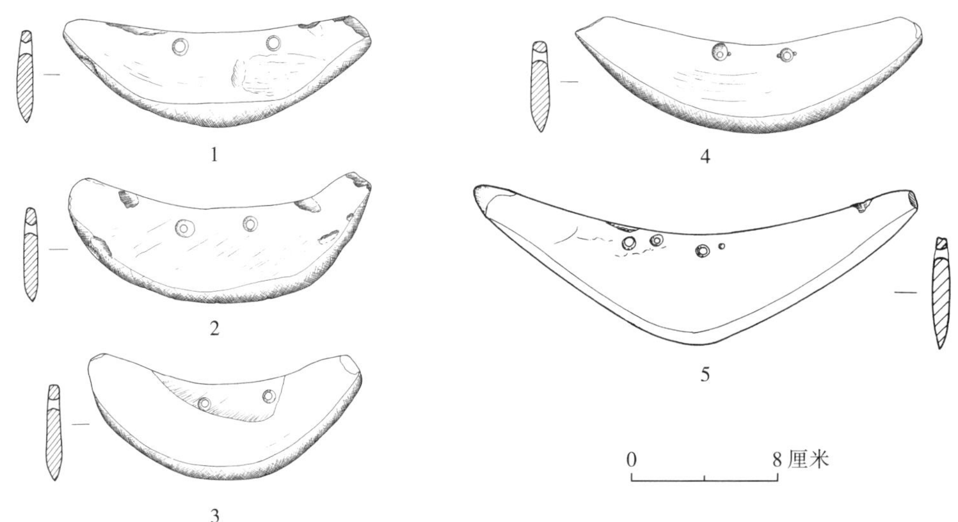

图二二六 TN26E36C1出土乙类Aa型石刀

1. TN26E36C1∶1 2. TN26E36C1∶2 3. TN26E36C1∶3 4. TN26E36C1∶4 5. TN26E36C1∶5

片疤。长16.5、宽5、厚0.8厘米（图二二六，2；彩版五四，3）。

TN26E36C1∶3，绿色。半月形。凹背，双孔。弧刃，两端有破损，并经过再次修整，整体有较多黄土粘结。长15.1、宽5.1、厚0.8厘米（图二二六，3；彩版五四，4）。

TN26E36C1∶4，绿色。半月形。凹背，双孔，穿孔附近有几个未穿透的小孔。正锋，弧刃。长18.7、宽4.7、厚0.9厘米（图二二六，4；彩版五四，5）。

TN26E36C1∶5，绿色。半月形。背部弧度较大，有三孔，两面对钻。两侧刃部有较明显的夹角，正锋。有改制再次利用的痕迹。长23.8、宽5.9、厚0.9厘米（图二二六，5；彩版五四，6）。

2. TN26E38C1

位于TN26E38中部偏西。出土有陶片，器类有盘口高领罐等。

陶器

盘口高领罐

Ab型。

TN26E38C1∶6，夹砂黑灰陶，内壁红褐色。圆唇，盘口，宽沿，沿下部弧折。唇部饰戳印点纹，沿外壁饰点线纹组成的折线纹。口径16、残高3.4厘米（图二二七，1）。

Ac型。

TN26E38C1∶1，夹砂橙黄陶。方唇，盘口，宽沿，高领，鼓肩，肩部附扁乳丁状鋬，尖端上翘。唇部和沿外壁饰小方格状点线纹，颈部和肩部饰小方格状点线纹组成的菱格纹等。口径22、残高26厘米（图二二七，2；彩版五五，1）。

3. TN27E36C1

位于TN27E36东北部。出土有陶片，器类有束颈罐、侈口小罐等。

陶器

束颈罐 Ba型。

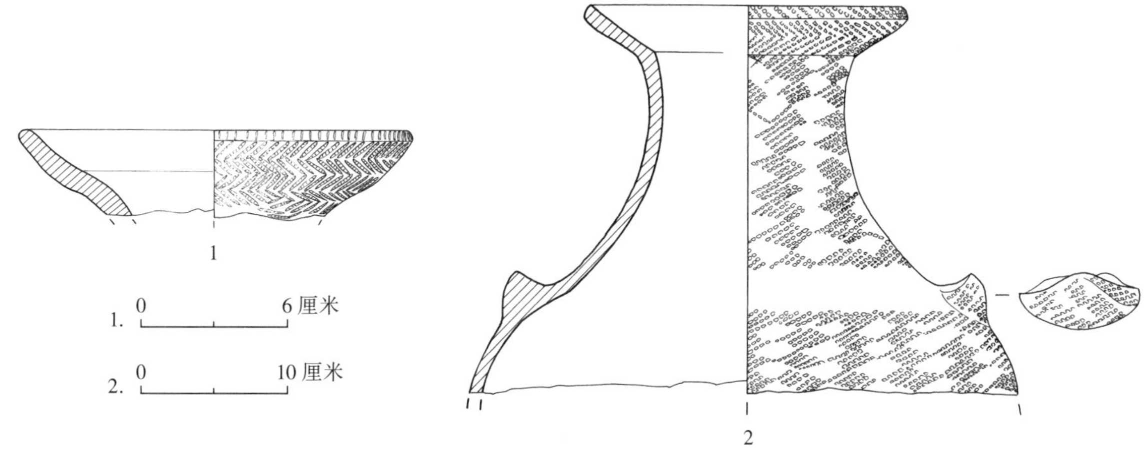

图二二七　TN26E38C1 出土陶盘口高领罐

1. Ab 型（TN26E38C1：6）　2. Ac 型（TN26E38C1：1）

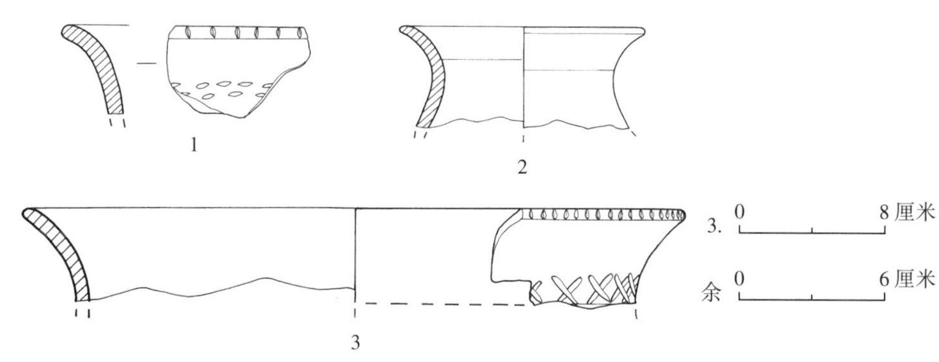

图二二八　TN27E36C1 出土陶器

1、3. Ba 型束颈罐（TN27E36C1：16、TN27E36C1：20）　2. Ae 型侈口小罐（TN27E36C1：18）

TN27E36C1：16，夹砂灰白胎黑灰皮陶。圆唇，侈口。唇部和颈部饰戳印粗点纹。残高 3.5 厘米（图二二八，1）。

TN27E36C1：20，夹砂灰白胎灰褐皮陶。圆唇，侈口，卷沿，颈部微束。唇部饰戳印点纹，颈部饰刻划纹。口径 36、残高 5 厘米（图二二八，3）。

侈口小罐　Ae 型。

TN27E36C1：18，夹砂灰陶。圆唇，侈口，卷沿，束颈。素面。口径 10、残高 4 厘米（图二二八，2）。

4. TN27E37C1

位于 TN27E37 西南部。出土有陶片，器类有束颈罐等。

陶器

束颈罐　Bb 型。

TN27E37C1：1，夹砂灰褐陶。圆唇，侈口，卷沿，束颈，深弧腹，矮台状平底。颈部饰刻划凹弦纹和网格纹。口径 24、底径 10.4、高 31 厘米（图二二九，1；彩版五五，2）。

TN27E37C1：2，夹砂灰褐陶。圆唇，侈口，卷沿，束颈，深弧腹，矮台状平底。颈肩部饰凹弦纹、

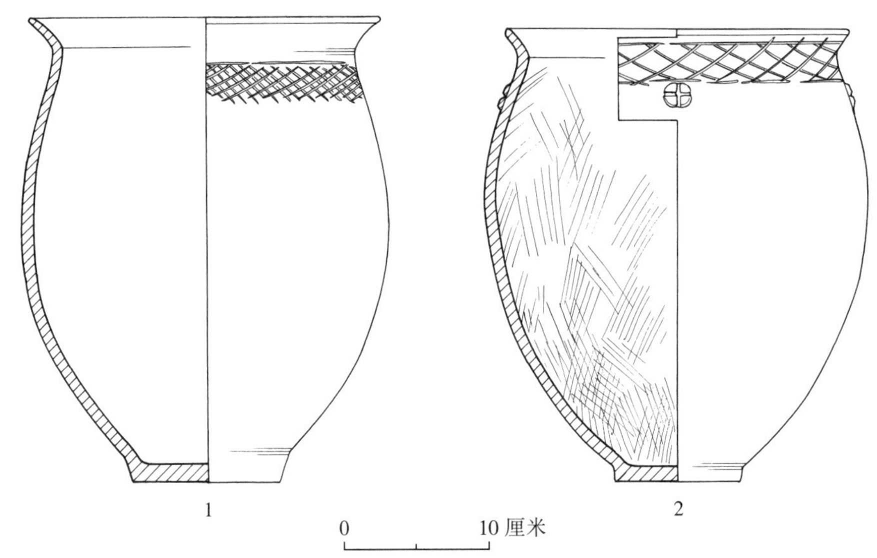

图二二九　TN27E37C1 出土 Bb 型陶束颈罐

1. TN27E37C1：1　2. TN27E37C1：2

网格纹和小圆饼附加堆纹，附加堆纹上有“十”字形压印痕。口径 23.2、底径 8.4、高 29.8 厘米（图二二九，2；彩版五五，3）。

5. TN27E37C2

位于 TN27E37 西南部。叠压于第 2 层下，堆置于第 3 层层表。平面近圆形。直径 0.24~0.26 米。出土有 10 件石刀和 2 件石斧，石斧叠压于石刀之下（图二三〇）。

石器

斧　A 型。

TN27E37C2：11，墨绿色。平面呈长条形，截面近弧角长方形，两侧平整较宽。正锋，弧刃，双面刃，刃缘有几处较小的崩疤及杂乱的磨痕。长 20.2、宽 6、厚约 4.7 厘米（图二三一，1；彩版五五，5）。

TN27E37C2：12，黑色。平面近梯形，截面呈长方形。平顶，有部分片疤。双面刃，刃缘有几处细小的茬口，正锋，弧刃，刃线与刃缘大致平行。两面均磨光。长 15.9、宽 7、厚约 3.8 厘米（图二三一，2；彩版五五，6）。

刀

乙类 Aa 型。

TN27E37C2：2，浅灰色。半月形。凹背。双孔。弧刃。石料较软，片理发达，多片状脱落，器表分布有较密集的线状磨痕，两端及刃部有几处明显的片疤。长 15.3、宽 5.3、厚约 0.6 厘米（图二三一，3；彩版五六，1）。

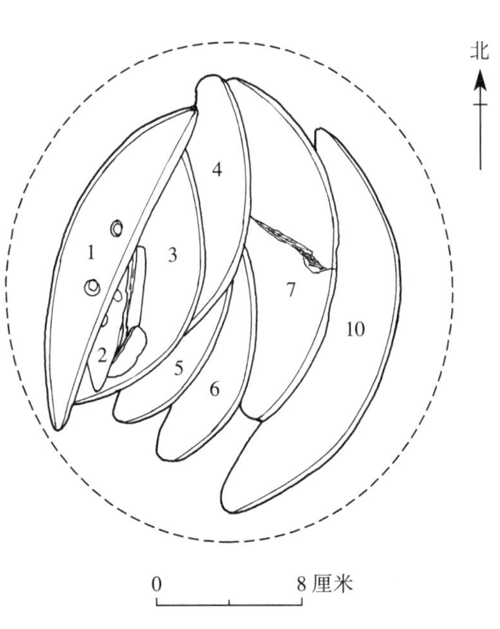

图二三〇　TN27E37C2 平面图

1~10. 石刀　11、12. 石斧

（8、9、11、12 叠压于其他石刀下）

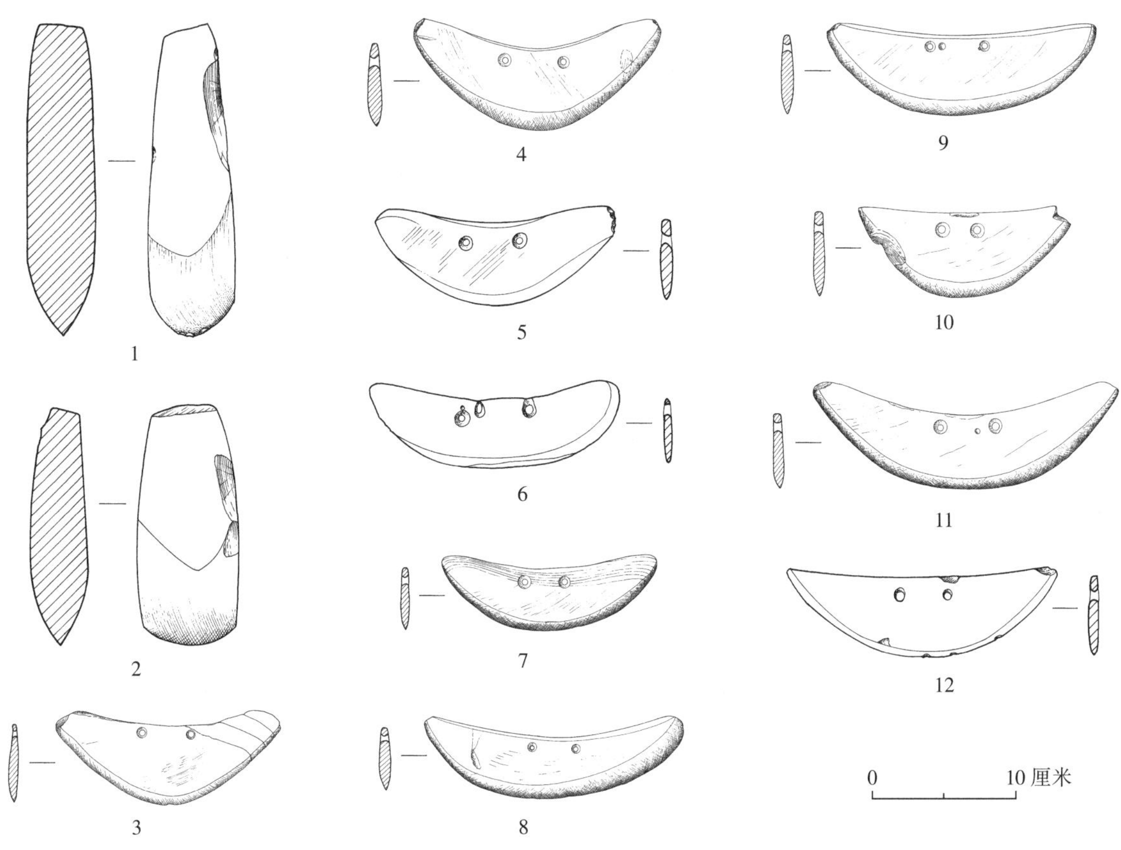

图二三一　TN27E37C2 出土石器

1、2. A 型斧（TN27E37C2：11、12）　3~11. 乙类 Aa 型刀（TN27E37C2：2、3、4、5、6、7、8、9、10）　12. 乙类 Ab 型刀（TN27E37C2：1）

TN27E37C2：3，黑色。半月形。凹背，背部较圆弧，弧度较大。双孔，穿孔上部有较明显的穿绳磨损。弧刃，刃部磨痕方向较一致，磨痕较均匀。长 16.6、宽 5.4、厚约 0.8 厘米（图二三一，4；彩版五六，2）。

TN27E37C2：4，黑色。半月形。凹背，相对较厚。双孔，两面对钻。弧刃，双面刃，刃部及两端有几处崩疤。通体磨光，器身中部分布有较密集的磨痕，方向较杂乱。长 16、宽 5.4、厚 0.8 厘米（图二三一，5；彩版五六，3）。

TN27E37C2：5，绿色。半月形。三孔，其中两孔上方有明显的磨损痕迹，中部穿孔磨损严重，器壁极薄，故在旁边另钻一孔。弧刃，刃缘中部有再次磨制的痕迹，两端有几处茬口。长 16.8、宽 4.6、厚约 0.6 厘米（图二三一，6；彩版五六，4）。

TN27E37C2：6，灰色。半月形。凹背，背部有意磨光磨平，磨制规整，双孔。弧刃，刃缘处有较多细小的茬口，且分布有较均匀的平行磨痕。长 14.5、宽 4.2、厚约 0.5 厘米（图二三一，7；彩版五六，5）。

TN27E37C2：7，灰色。半月形。凹背，背部较圆弧，双孔。弧刃，刃部有较多细小的崩疤及茬口。长 17.6、宽 4.1、厚约 0.8 厘米（图二三一，8）。

TN27E37C2：8，绿色。半月形。凹背，背部有意磨平。双孔，两孔中部有一个较小的未穿透的孔。弧刃，刃部经过多次磨制，刃缘有较多细小的茬口。长 18.5、宽 5.3、厚 0.8 厘米（图二三一，9；彩版五六，6）。

TN27E37C2：9，浅灰色。半月形。弧背，背部磨平，双孔。弧刃，刃部有较多均匀的平行磨痕。石料本身有较多小孔，石质较软。长14.5、宽5.6、厚约0.7厘米（图二三一，10）。

TN27E37C2：10，黑色。半月形。弧背，背部多破损，有明显的穿绳磨损。双孔，穿孔中间有未穿透的孔。弧刃，多次磨制，两端的刃面多分布有细小的茬口及较杂乱的磨痕。长20.9、宽4.8、厚0.8厘米（图二三一，11；彩版五六，7）。

乙类Ab型。

TN27E37C2：1，灰色。半月形。直背，双孔，穿孔上方有明显的磨损。双面刃，两端刃部的磨痕相对较密集，仅刃缘有几处细小的崩疤。长18.4、宽5.3、厚约0.6厘米（图二三一，12；彩版五六，8）。

6. TN28E36C1

位于TN28E36中部。叠压于第1层下，堆置于第2层层表。出土陶矮领小罐1件。

陶器

矮领小罐 B型。

TN28E36C1：1，夹砂褐陶。尖圆唇，直口，矮领，溜肩，圆鼓腹，矮台状平底。肩部饰凹弦纹夹小方格状点线纹组成的“<”形纹。口径12.4、底径7.6、高13厘米（图二三二，1；彩版五五，4）。

7. TN28E36C2

位于TN28E36中部。叠压于第2层下，堆置于第3层层表。出土陶侈口小罐1件。

陶器

侈口小罐 Ac型。

TN28E36C2：1，夹砂黑灰陶，内壁磨光。圆唇，侈口，卷沿，溜肩，腹部微鼓。颈部饰刻划网格纹。口径12、残高7.2厘米（图二三二，2）。

8. TN30E37C1

位于TN30E37中部。出土有陶片，器类有无颈罐等。

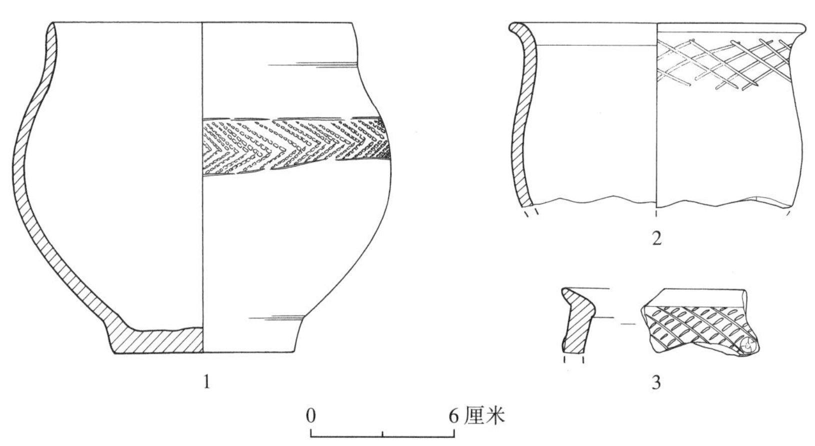

图二三二　TN28E36C1、TN28E36C2、TN30E37C1出土陶器

1. B型矮领小罐（TN28E36C1：1）　2. Ac型侈口小罐（TN28E36C2：1）　3. Ac型无颈罐（TN30E37C1：3）

陶器

无颈罐　Ac 型。

TN30E37C1：3，夹砂褐胎黑皮陶。尖圆唇，敛口，口内侧有一道凸棱，窄折沿，溜肩。肩部饰刻划菱格纹。残高 2.5 厘米（图二三二，3）。

第三节　2017 年新石器时代遗存

一、Ⅰ区文化层

（一）第 4 层出土遗物

该层出土遗物以陶器为主，器类有钵等。

钵

乙类 Aa 型。

TN16E23④：2，夹砂灰陶。圆唇，敞口，弧腹。素面。残高 2.5 厘米（图二三三，1）。

乙类 Ae 型。

TN16E23④：1，夹砂灰陶。圆唇，敛口，鼓腹。素面。残高 2.9 厘米（图二三三，2）。

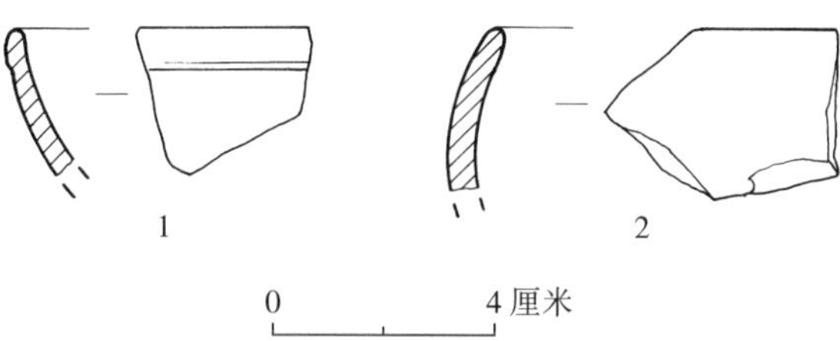

图二三三　2017 年Ⅰ区第 4 层出土乙类陶钵
1. Aa 型（TN16E23④：2）　2. Ae 型（TN16E23④：1）

（二）第 3 层出土遗物

该层出土遗物以陶器为主，另有少量石器。陶器器类有束颈罐、无颈罐、附加堆纹罐、长颈罐、盘口高领罐、矮领小罐、盆、钵等，石器器类有刀、箭镞、纺轮、砺石等。

（1）陶器

束颈罐

Ab 型。

TN14E23③：23，夹砂灰陶。圆唇，侈口，宽卷沿外翻下垂。颈部饰刻划纹。残高 1.9 厘米（图二三四，1）。

Ba 型。

TN15E23③：14，夹砂褐陶。圆唇，侈口，卷沿。唇部饰戳印点纹。残高 3.6 厘米（图二三四，2）。

TN16E23③：13，夹砂黄陶。方圆唇，侈口，卷沿。唇部饰戳印点纹。残高 4 厘米（图二三四，4）。

Bb 型。

TN14E22③：11，夹砂黑灰陶。方唇，侈口，卷沿，长颈微束，溜肩。颈部饰刻划网格纹，上下各有一周断续的凹弦纹。口径 22、残高 12 厘米（图二三四，3）。

TN14E23③：14，夹砂灰陶。圆唇，侈口，卷沿。颈部饰浅的刻划纹。残高 2.8 厘米（图

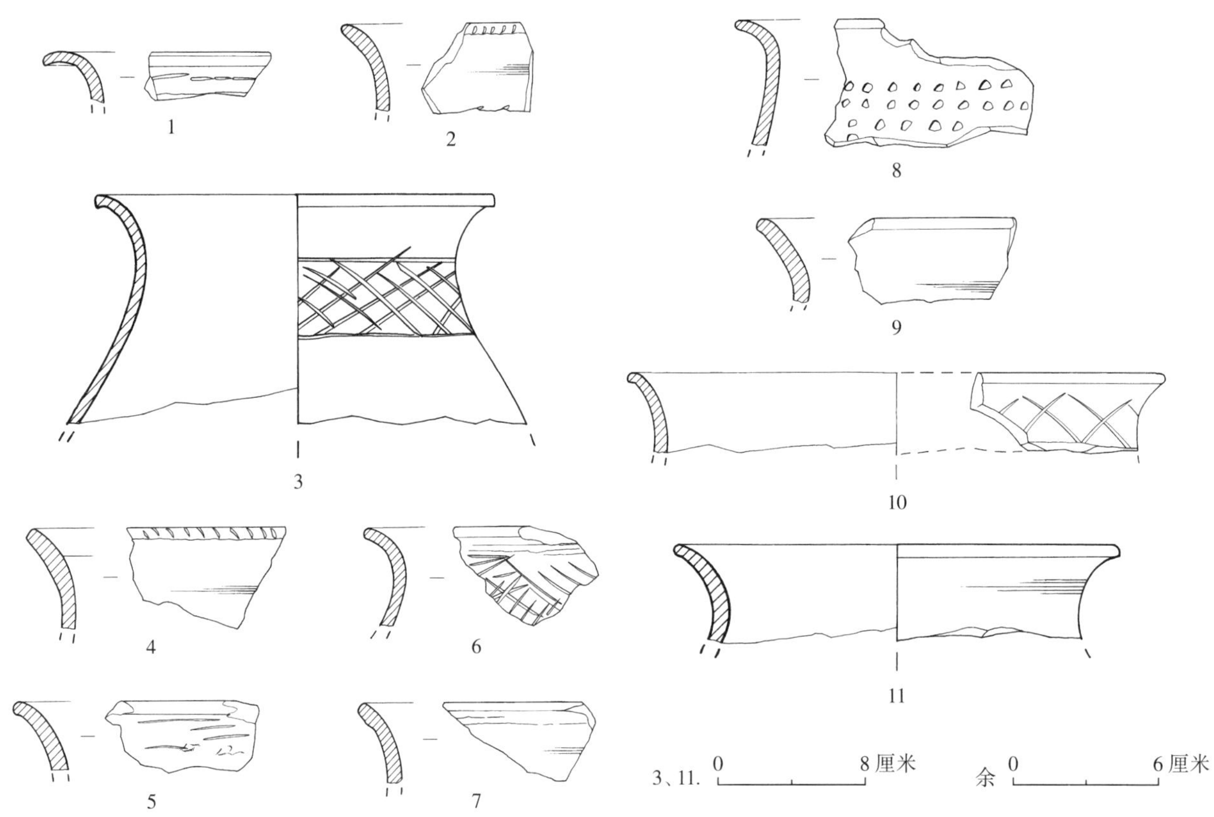

图二三四　2017年Ⅰ区第3层出土陶束颈罐

1. Ab型（TN14E23③：23）　2、4. Ba型（TN15E23③：14、TN16E23③：13）　3、5~11. Bb型（TN14E22③：11、TN14E23③：14、TN15E23③：13、TN16E23③：12、TN16E24③：11、TN16E24③：14、TN16E22③：7、TN16E24③：12）

二三四，5）。

TN15E23③：13，夹砂黄褐陶。方圆唇，侈口，卷沿，束颈。颈部饰刻划网格纹。残高3.9厘米（图二三四，6）。

TN16E22③：7，夹砂灰陶。圆唇，侈口，卷沿，颈部微束。颈部饰刻划网格纹。口径22、残高3.2厘米（图二三四，10）。

TN16E23③：12，夹砂黄褐陶。圆唇，侈口，卷沿。素面。残高3.2厘米（图二三四，7）。

TN16E24③：11，夹砂黄陶。圆唇，侈口，卷沿，短束颈，溜肩。颈部饰戳印粗点纹。残高5厘米（图二三四，8）。

TN16E24③：12，夹砂黄陶。方唇，侈口，卷沿，短束颈。素面。口径24、残高5厘米（图二三四，11）。

TN16E24③：14，夹砂黄陶。圆唇，侈口，卷沿。素面。残高3.4厘米（图二三四，9）。

无颈罐　Bc型。

TN14E23③：13，夹砂灰褐陶。圆唇，侈口，宽卷沿，沿部外翻，溜肩。肩部饰刻划网格纹。口径19.6、残高11厘米（图二三五，1）。

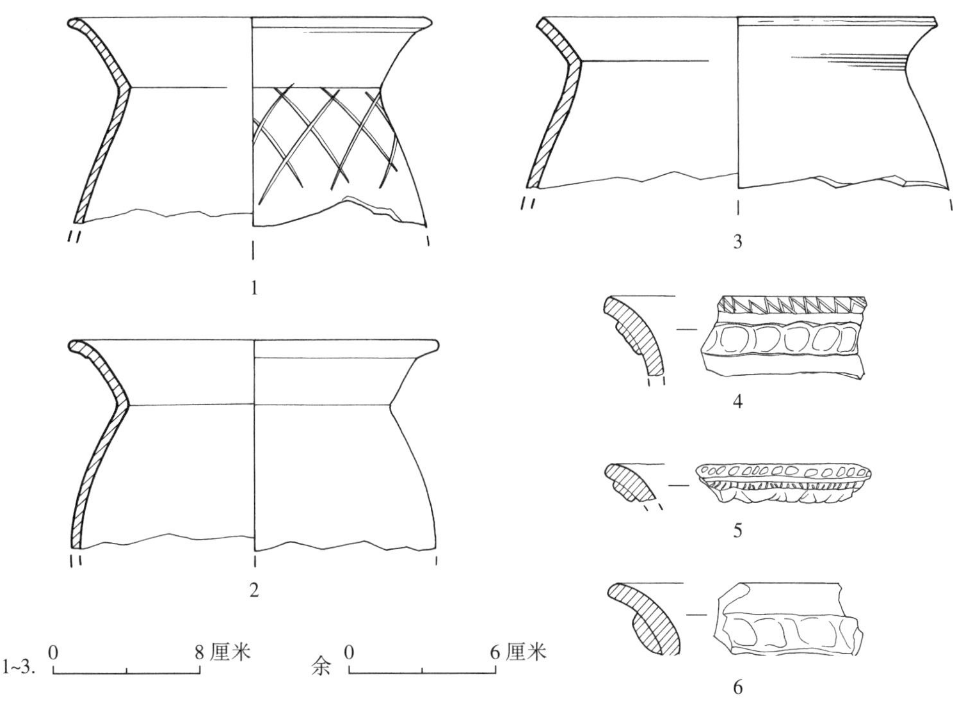

图二三五　2017 年Ⅰ区第 3 层出土陶器

1~3. Bc 型无颈罐（TN14E23 ③：13、TN14E23 ③：18、TN16E22 ③：5）　4~6. Ab 型附加堆纹罐（TN13E23 ③：5、TN15E22 ③：1、TN15E22 ③：15）

TN14E23 ③：18，夹砂黄褐陶。圆唇，侈口，宽卷沿，溜肩。素面。口径 20、残高 11.2 厘米（图二三五，2）。

TN16E22 ③：5，夹细砂灰陶。方唇，侈口，卷沿，溜肩。素面。口径 21.6、残高 9 厘米（图二三五，3）。

附加堆纹罐　Ab 型。

TN13E23 ③：5，夹砂灰褐陶。方唇，侈口，卷沿。唇部饰戳印短线纹组成的锯齿状纹饰，颈部饰一周褶皱状附加堆纹。残高 3.2 厘米（图二三五，4）。

TN15E22 ③：1，夹砂黄褐陶。方唇，侈口。唇部饰戳印点纹，颈部饰一周褶皱状附加堆纹。残高 1.5 厘米（图二三五，5）。

TN15E22 ③：15，夹砂黄陶。圆唇，侈口，卷沿。颈部饰一周褶皱状附加堆纹。残高 3 厘米（图二三五，6）。

长颈罐

A 型。

TN15E23 ③：15，夹砂灰褐陶。方圆唇，侈口，卷沿外翻近平，长颈。唇部饰刻划“×”形纹，颈部饰刻划斜线纹。口径 15.2、残高 3.5 厘米（图二三六，1）。

B 型。

TN15E23 ③：12，夹砂黄陶。斜方唇，喇叭口。唇部饰刻划“×”形纹，颈部饰小方格状点线纹。

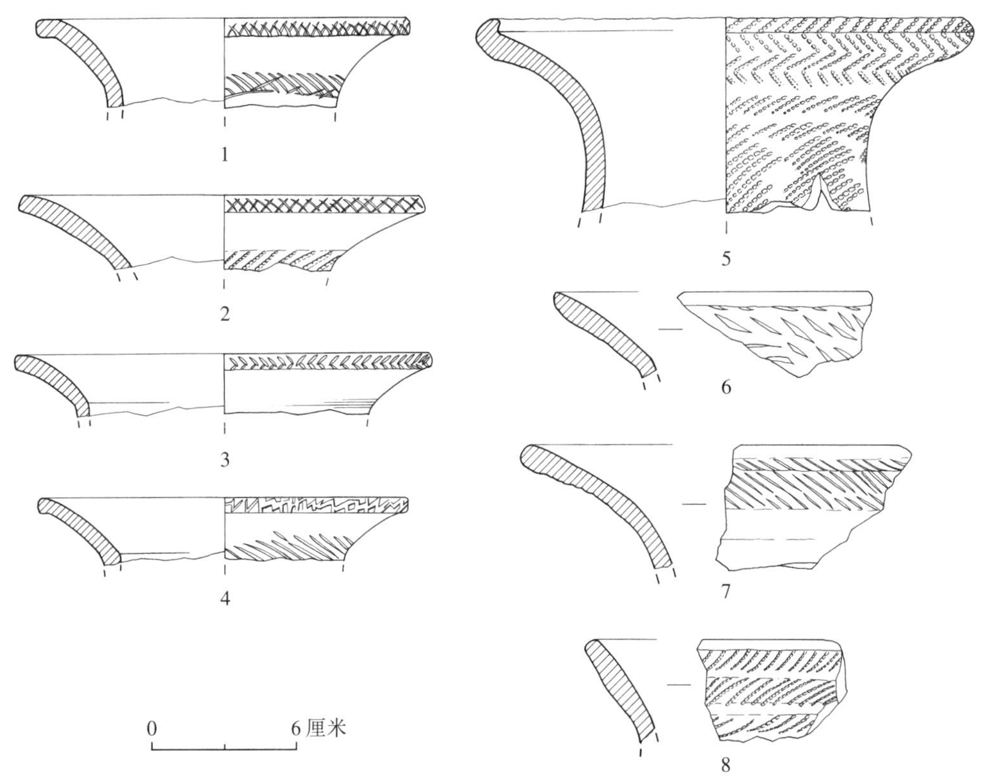

图二三六 2017年Ⅰ区第3层出土陶器

1. A型长颈罐（TN15E23③：15） 2~4. B型长颈罐（TN15E23③：12、TN15E23③：17、TN15E23③：18） 5. Aa型盘口高领罐（TN12E23③：11） 6、7. Ab型盘口高领罐（TN15E22③：11、TN16E23③：11） 8. Ac型盘口高领罐（TN14E23③：20）

口径16.6、残高3厘米（图二三六，2）。

TN15E23③：17，夹砂灰陶。方唇，喇叭口。唇部饰戳印点纹。口径17、残高2.4厘米（图二三六，3）。

TN15E23③：18，夹砂灰陶。方唇，喇叭口。唇部饰戳印纹，颈部饰刻划纹。口径15、残高2.6厘米（图二三六，4）。

盘口高领罐

Aa型。

TN12E23③：11，夹砂灰陶。尖圆唇，唇内侧有一道凹槽，盘口，宽沿，高领。唇部至颈部饰小方格状点线纹组成的折线纹、菱格纹等。口径20、残高7.7厘米（图二三六，5）。

Ab型。

TN15E22③：11，夹砂黄陶。圆唇，近盘口，卷沿斜直。沿外壁饰刻划纹。残高3.3厘米（图二三六，6）。

TN16E23③：11，夹砂灰陶。圆唇，近盘口，宽沿斜直，高领。沿外壁饰短斜线纹。残高4.9厘米（图二三六，7）。

Ac型。

TN14E23③：20，夹砂灰陶。方唇，近盘口，宽沿斜直。沿外壁饰小方格状点线纹。残高4厘米（图二三六，8）。

矮领小罐

A型。

TN15E23③：16，夹砂灰陶。圆唇，敛口，矮领。领部饰戳印点状波折纹，下部饰戳印点纹。残高4.3厘米（图二三七，1）。

TN15E24③：4，夹砂灰陶。圆唇，敛口，矮领。口外侧饰刻划菱格纹和凹弦纹，菱格中填充短线纹，肩部饰凹弦纹和短线纹等。残高3.7厘米（图二三七，2）。

B型。

TN16E23③：17，夹砂灰陶。圆唇，直口，矮领。领部饰刻划菱格纹，肩部饰短线纹与凹弦纹等。残高4.8厘米（图二三七，3）。

盆　C型。

TN14E23③：11，夹细砂黄褐陶。方唇，侈口，卷沿，腹部近直。腹部饰数道浅刻划纹。口径44.1、残高14厘米（图二三七，8）。

TN15E24③：11，夹细砂黄褐陶。方唇，唇面上有一处乳丁状凸起，侈口，卷沿，腹部近直。唇部饰戳印点纹。口径25.6、残高8厘米（图二三七，9）。

钵

乙类Bb型。

TN16E22③：13，夹砂灰陶，内壁磨光。圆唇，敛口，腹部微鼓。口外侧饰刻划菱格纹和凹弦纹。残高3.1厘米（图二三七，10）。

乙类Bd型。

TN15E23③：11，夹细砂黑灰陶。尖圆唇，直口，上腹近直。口外侧饰短线纹组成的“<”形纹和一周凹弦纹，腹上部饰凹弦纹、成组短线纹组成的连续三角纹夹光面折线纹，其下饰凹弦纹夹短线纹与光面组成的复合纹饰。口径17.6、残高7厘米（图二三七，11）。

器耳　C型。

TN13E22③：14，夹砂黑灰陶。半环形竖耳。器耳上饰短线纹，局部交叉成菱格纹，器腹壁上饰短线纹。残高6.9厘米（图二三七，4）。

TN15E22③：2，夹砂红胎黑褐陶。半环形竖耳。内外壁局部有压印细线纹。残高5.2厘米（图二三七，5）。

器鋬　A型。

TN14E23③：16，夹砂灰黑陶。扁乳丁状。外壁饰小方格状点线纹。残高6.9厘米（图二三七，6）。

TN16E22③：6，夹砂褐陶。扁乳丁状。外壁饰绳纹。残高4.8厘米（图二三七，7）。

器底

TN14E23③：17，夹砂灰褐陶。平底。素面。底径13.4、残高3.5厘米（图二三七，12）。

TN14E23③：25，夹细砂灰褐陶，器表磨光。平底。素面。底径6.4、残高2.5厘米（图二三七，

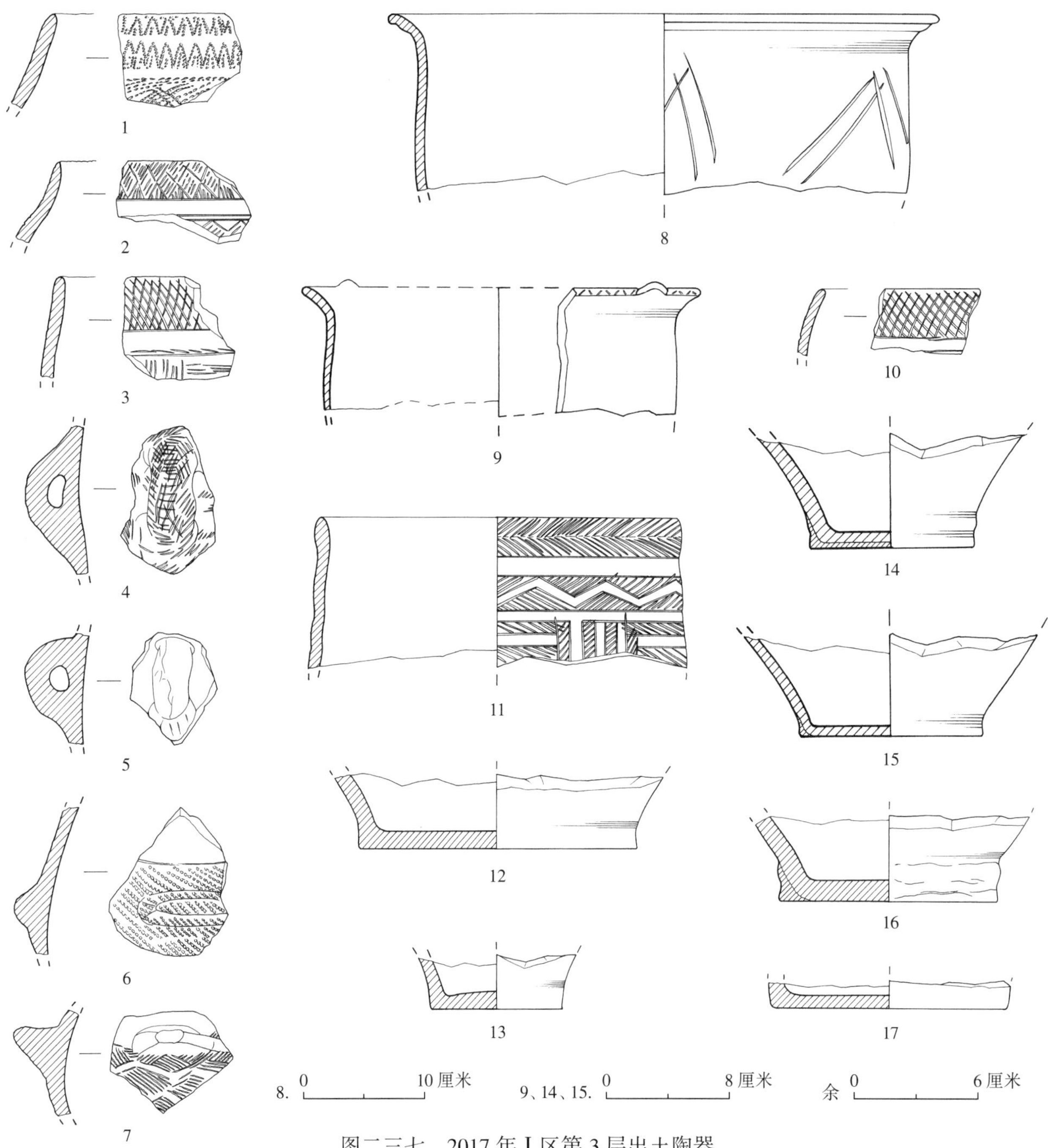

图二三七 2017年Ⅰ区第3层出土陶器

1、2. A型矮领小罐（TN15E23③：16、TN15E24③：4） 3. B型矮领小罐（TN16E23③：17） 4、5. C型器耳（TN13E22③：14、TN15E22③：2） 6、7. A型器鋬（TN14E23③：16、TN16E22③：6） 8、9. C型盆（TN14E23③：11、TN15E24③：11） 10. 乙类Bb型钵（TN16E22③：13） 11. 乙类Bd型钵（TN15E23③：11） 12~17. 器底（TN14E23③：17、TN14E23③：25、TN15E23③：23、TN15E23③：26、TN16E22③：12、TN16E22③：17）

13）。

TN15E23③：23，夹砂灰黑陶，内壁浅灰色。平底。素面。底部可见二次粘接痕迹。底径10.4、残高7.2厘米（图二三七，14）。

TN15E23③：26，夹砂灰陶。平底。素面。底部可见二次粘接痕迹。底径11.6、残高6.4厘米（图二三七，15）。

TN16E22③：12，夹细砂灰陶，器表磨光。平底。素面。底部可见二次粘接痕迹。底径10.4、残高4厘米（图二三七，16）。

TN16E22③：17，夹砂灰陶。平底。素面。底径11.4、残高1.3厘米（图二三七，17）。

（2）石器

刀

甲类。

TN13E22③：1，乳白色。直背，单孔，两面对钻。弧刃，双面刃，刃面极窄，中部有刃，两端无刃面，一侧有较多崩疤。磨光较好。残长4.7、宽2.1、厚约0.1厘米（图二三八，1）。

乙类C型。

TN16E23③：1，黑色。直背，背部较薄，双孔，穿孔上方有较明显的磨损。直刃，刃面分布有较明显的磨痕和茬口，刃部稍内凹。整体多片状剥离。长7.6、宽3.2、厚约0.5厘米（图二三八，2；彩版五七，1）。

箭镞　Aa型。

TN15E22③：16，灰色。柳叶形，截面近似弧边长方形，最宽处大致位于中部偏上，两端均细尖。器身中部分布有较杂乱的磨痕。长3.9、宽0.9、厚约0.2厘米（图二三八，3；彩版五七，2）。

纺轮

TN15E24③：1，灰色。圆形片状，中部有一穿孔，一半残缺。磨制较精细。直径6.6、厚1、穿孔直径1厘米（图二三八，4）。

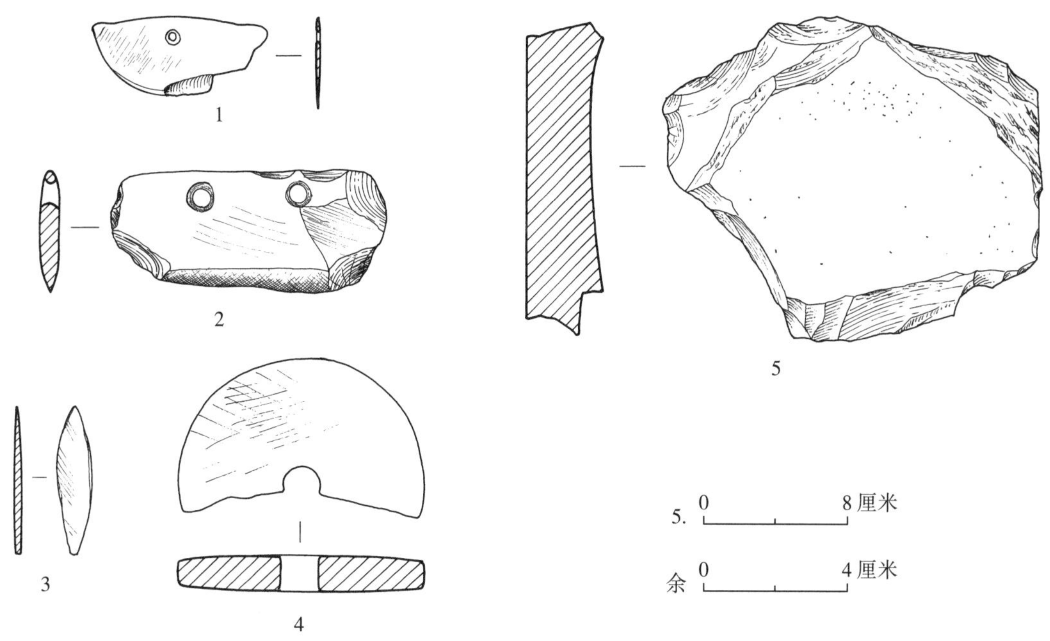

图二三八　2017年Ⅰ区第3层出土石器

1. 甲类刀（TN13E22③：1）　2. 乙类C型刀（TN16E23③：1）　3. Aa型箭镞（TN15E22③：16）　4. 纺轮（TN15E24③：1）　5. 砺石（TN15E23③：10）

砺石

TN15E23 ③：10，灰色。有使用留下的光滑凹面，底面平整，侧边有较多崩疤。长 17.4、宽 20.8、厚 4 厘米（图二三八，5）。

（三）第 2 层出土遗物

该层出土遗物以陶器为主，另有少量石器。陶器器类有束颈罐、无颈罐、沿面饰纹罐、长颈罐、盘口高领罐、钵等，石器器类有斧、锛、凿、刀、箭镞、球、网坠、纺轮、砺石等。

（1）陶器

束颈罐

Aa 型。

TN16E22 ②：19，夹砂灰褐陶。圆唇，侈口，窄卷沿外翻近平，束颈。素面。口径 21.6、残高 3.5 厘米（图二三九，1）。

TN16E24 ②：15，夹细砂黑褐陶。方唇，侈口，窄卷沿外翻近平，短束颈。唇部饰戳印点纹。口径 14.2、残高 2.8 厘米（图二三九，2）。

Ba 型。

TN12E23 ②：16，夹砂灰褐陶。方唇，侈口，卷沿。唇部饰戳印点纹。口径 24.8、残高 3.5 厘米（图二三九，3）。

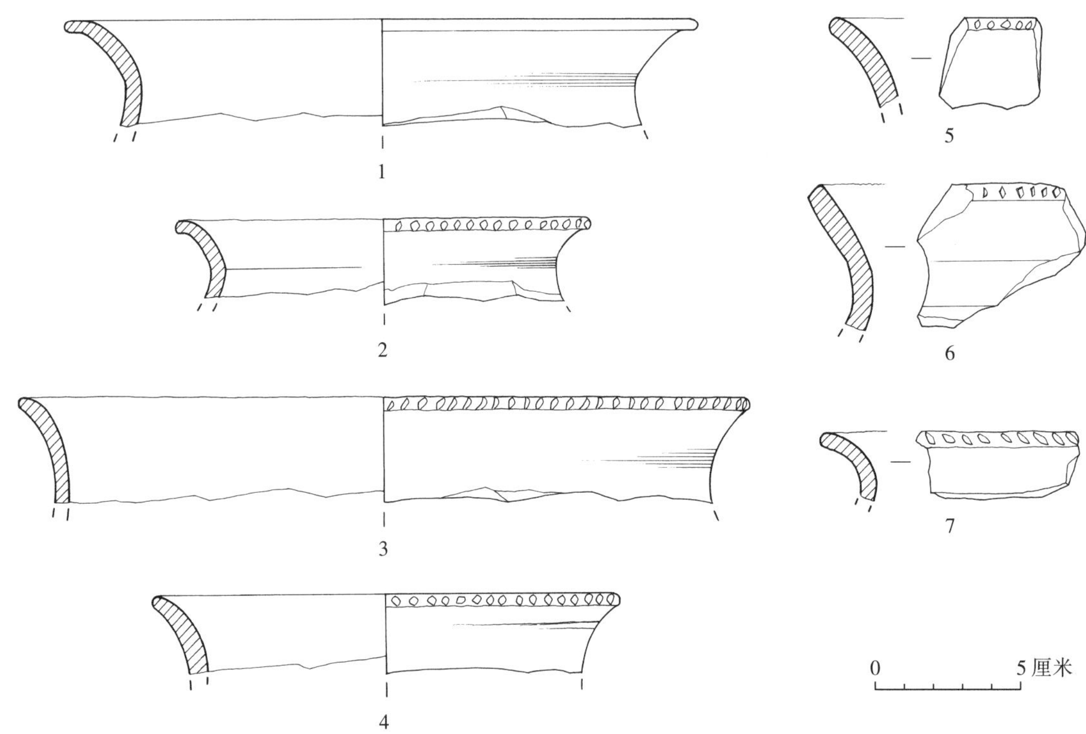

图二三九　2017 年 Ⅰ 区第 2 层出土陶束颈罐

1、2. Aa 型（TN16E22 ②：19、TN16E24 ②：15）　3~7. Ba 型（TN12E23 ②：16、TN13E24 ②：13、TN14E22 ②：12、TN14E22 ②：47、TN15E24 ②：12）

TN13E24②：13，夹砂橙黄陶。方唇，侈口，卷沿。唇部饰戳印点纹。口径16、残高2.6厘米（图二三九，4）。

TN14E22②：12，夹砂黄褐陶。方唇，侈口，卷沿。唇部饰戳印点纹。残高3厘米（图二三九，5）。

TN14E22②：47，夹砂灰陶。圆唇，侈口，卷沿，束颈。唇部饰戳印点纹。残高4.7厘米（图二三九，6）。

TN15E24②：12，夹细砂灰褐陶。方唇，侈口，卷沿，束颈。唇部饰戳印点纹。残高2.2厘米（图二三九，7）。

Bb型。

TN12E22②：15，夹砂灰陶。方唇，侈口，卷沿。颈部饰刻划纹。残高4厘米（图二四○，1）。

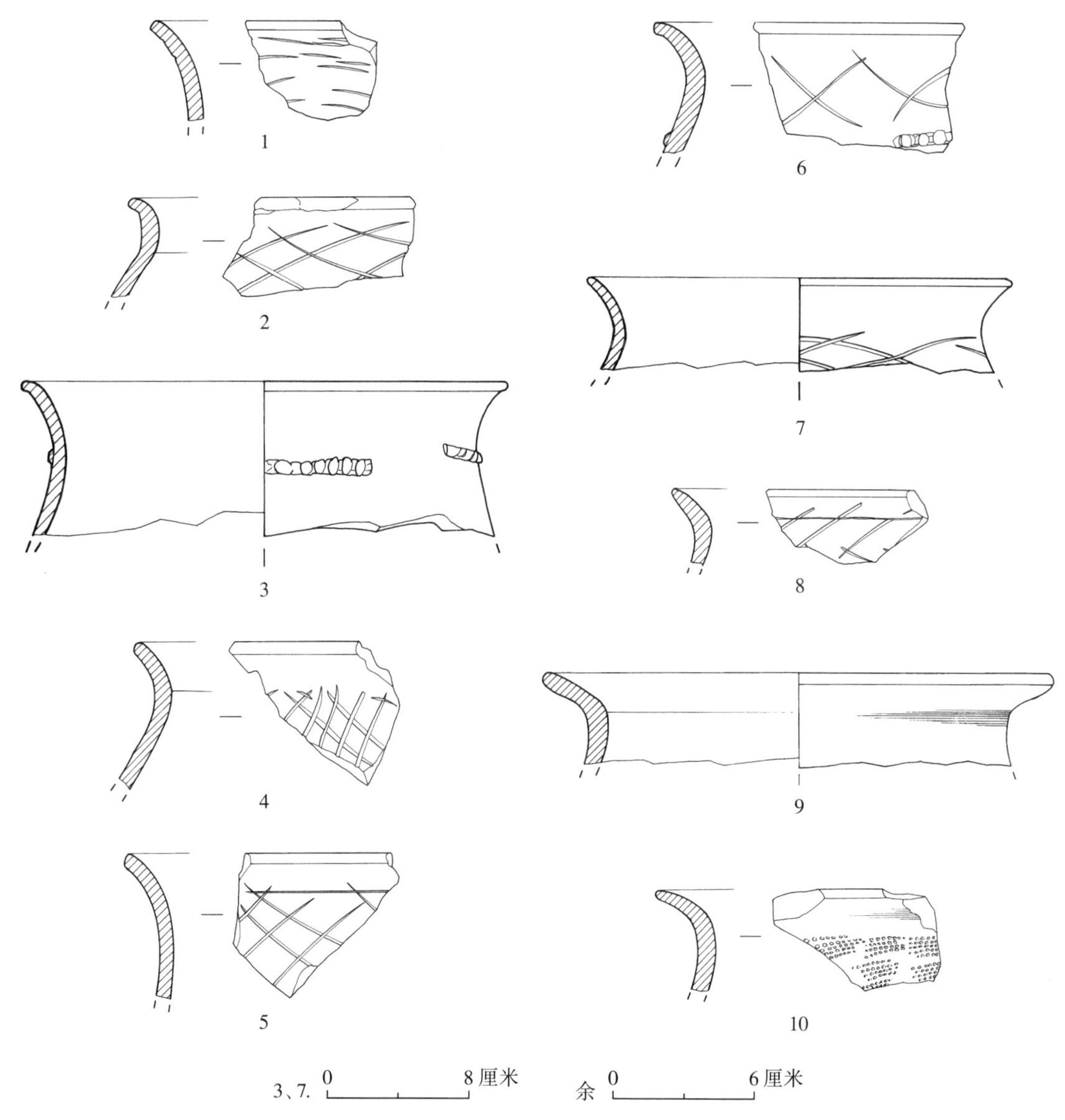

图二四○　2017年Ⅰ区第2层出土Bb型陶束颈罐

1. TN12E22②：15　2. TN12E22②：17　3. TN12E23②：11　4. TN12E23②：15　5. TN12E23②：19　6. TN14E22②：1　7. TN15E22②：14　8. TN15E22②：16　9. TN16E22②：11　10. TN16E22②：29

TN12E22②：17，夹砂灰褐陶，内壁磨光。圆唇，侈口，卷沿，短颈，溜肩。颈部和肩部饰刻划网格纹。残高4厘米（图二四〇，2）。

TN12E23②：11，夹砂黄褐陶。方唇，侈口，卷沿，长束颈。颈部饰短泥条附加堆纹。口径26.8、残高8.4厘米（图二四〇，3）。

TN12E23②：15，夹砂灰陶。圆唇，侈口，卷沿，束颈，溜肩。颈部饰刻划网格纹。残高5.7厘米（图二四〇，4）。

TN12E23②：19，夹细砂灰陶。方唇，侈口，卷沿，长颈。颈部饰刻划凹弦纹和网格纹。残高5.8厘米（图二四〇，5）。

TN14E22②：1，夹砂灰陶。圆唇，侈口，卷沿，束颈。颈部饰刻划网格纹，其下饰短泥条附加堆纹。残高5.3厘米（图二四〇，6）。

TN15E22②：14，夹细砂灰黑陶。圆唇，侈口，卷沿，短束颈。颈部饰刻划网格纹。口径24、残高5厘米（图二四〇，7）。

TN15E22②：16，夹细砂灰褐陶。尖圆唇，侈口，卷沿，短束颈。颈部饰刻划网格纹和凹弦纹。残高3厘米（图二四〇，8）。

TN16E22②：11，夹砂橙黄陶。圆唇，侈口，卷沿，束颈。素面。口径21.4、残高3.8厘米（图二四〇，9）。

TN16E22②：29，夹砂灰黑陶。圆唇，侈口，卷沿，束颈。颈部饰戳印点线纹。残高4.1厘米（图二四〇，10）。

无颈罐

Ab型。

TN14E22②：2，夹细砂黑褐陶，器表磨光。圆唇，盘口，折沿，溜肩，鼓腹。肩部饰刻划纹。残高6.6厘米（图二四一，1）。

TN14E22②：3，夹砂灰褐陶。圆唇，盘口，折沿，溜肩。肩部饰刻划纹。残高4.5厘米（图二四一，2）。

TN14E23②：50，夹砂灰褐陶。圆唇，盘口，折沿，溜肩，鼓腹。肩部饰刻划纹。口径14.2、残高6厘米（图二四一，3）。

Bc型。

TN13E22②：4，夹细砂灰黑陶，器表磨光。圆唇，侈口，卷沿，溜肩。肩部饰刻划纹。残高2.4厘米（图二四一，4）。

TN13E22②：5，夹砂红褐陶。圆唇，侈口，卷沿，溜肩。素面。残高2.9厘米（图二四一，5）。

TN14E22②：6，夹砂灰黑陶。圆唇，侈口，卷沿，溜肩。肩部饰刻划“<”形纹和戳印点纹。残高7厘米（图二四一，6）。

TN14E22②：13，夹细砂红褐胎黑褐皮陶，器表磨光。圆唇，侈口，卷沿，溜肩。肩部饰刻划纹。残高2.7厘米（图二四一，7）。

TN16E22②：32，夹砂灰陶。方唇，侈口，卷沿，溜肩。唇部饰戳印点纹。残高3.5厘米（图

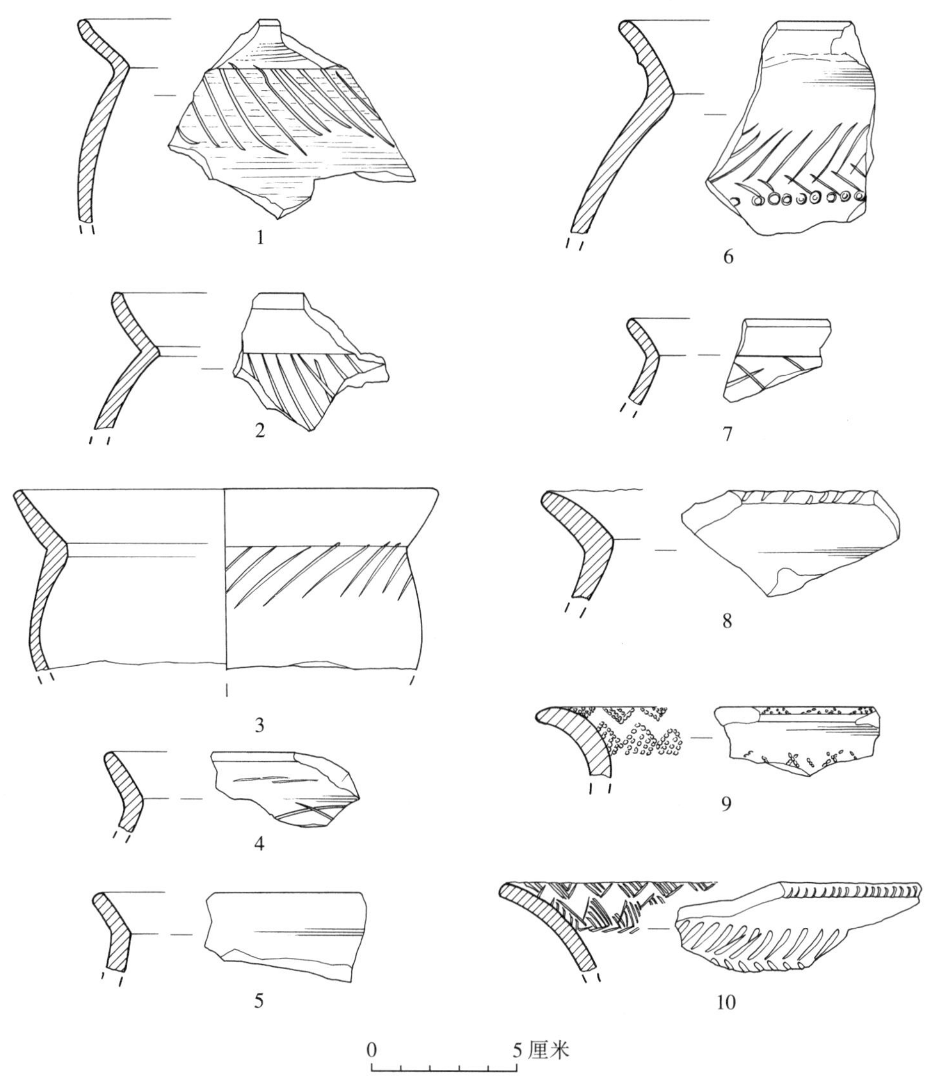

图二四一　2017年Ⅰ区第2层出土陶器

1~3. Ab型无颈罐（TN14E22②：2、TN14E22②：3、TN14E23②：50）　4~8. Bc型无颈罐（TN13E22②：4、TN13E22②：5、TN14E22②：6、TN14E22②：13、TN16E22②：32）　9、10. Ab型沿面饰纹罐（TN15E22②：11、TN16E24②：16）

二四一，8）。

沿面饰纹罐　Ab型。

TN15E22②：11，夹砂灰褐陶。圆唇，侈口，卷沿上仰。沿面饰成组小方格状点线纹组成的连续三角纹夹光面折线纹，颈部饰小方格状点线纹。残高2.3厘米（图二四一，9）。

TN16E24②：16，夹细砂红褐胎灰黑皮陶，器表磨光。方唇，侈口，卷沿上仰。唇面饰戳印短线纹，沿面饰成组短线纹组成的连续三角纹夹光面折线纹，颈部饰戳印短线纹。残高2.9厘米（图二四一，10）。

长颈罐

A型。

TN12E23②：14，夹砂灰陶。方唇，侈口，宽卷沿外翻下垂，长颈。唇部饰戳印短线纹。口径

17.4、残高 2.5 厘米（图二四二，1）。

TN13E24②：15，夹砂黄陶，内壁灰黑色。方圆唇，侈口，窄卷沿外翻近平，长颈。唇部饰戳印点纹。口径 13.6、残高 3.1 厘米（图二四二，2）。

TN15E22②：13，夹砂灰陶。方圆唇，侈口，卷沿外翻下垂。唇部饰刻划短线纹，颈部饰点线纹。口径 11.8、残高 2.5 厘米（图二四二，3）。

TN12E22②：13，夹砂灰褐陶。圆唇，侈口，卷沿外翻近平，长颈。唇部饰戳印点纹，沿面饰成组短线纹组成的连续三角纹，颈部饰凹弦纹、成组点线纹组成的菱形纹等纹饰。口径 14.9、残高 7 厘米（图二四二，4）。

TN12E22②：34，夹砂灰褐陶。圆唇，侈口，卷沿外翻近平，长颈。唇部饰戳印点纹，沿面饰成组短线纹组成的连续三角纹，颈部饰凹弦纹、成组点线纹组成的菱形纹等纹饰。口径 19、残高 3.2 厘米（图二四二，5）。

B 型。

TN12E23②：13，夹砂黑褐陶，器表磨光。方唇，喇叭口，长颈。唇部饰戳印点纹，沿面饰成组短线纹组成的连续三角纹，颈部饰刻划凹弦纹、成组点线纹与光面交错形成的菱格纹。口径 14.2、残高 4.5 厘米（图二四二，6）。

TN16E24②：12，夹砂红褐陶。方唇，喇叭口。唇部饰戳印点纹，颈部饰戳印短线纹组成的“<”形纹。口径 16.4、残高 3 厘米（图二四二，7）。

TN16E24②：13，夹砂红褐胎灰褐皮陶。圆唇，喇叭口。唇部饰戳印点纹，颈部饰戳印短线纹组成的“<”形纹。口径 17、残高 2.8 厘米（图二四二，8）。

TN16E24②：14，夹砂红褐胎灰褐皮陶。圆唇，喇叭口。唇部饰戳印点纹，颈部饰戳印短线纹组成的“<”形纹。口径 15、残高 3.5 厘米（图二四二，9）。

盘口高领罐

Ab 型。

TN14E22②：46，夹砂灰陶。圆唇，唇内侧有一道凹槽，盘口，宽沿。唇部饰戳印点纹，沿外壁饰短斜线纹。口径 20.6、残高 2.8 厘米（图二四三，1）。

TN16E22②：15，夹砂灰陶。圆唇，近盘口，卷沿斜直。唇部及颈部饰小方格状点线纹。残高 3.5 厘米（图二四三，2）。

TN16E22②：20，夹砂灰陶。圆唇，近盘口，宽沿。沿外壁饰短斜线纹。残高 4.4 厘米（图二四三，3）。

TN16E22②：25，夹砂黄褐陶。圆唇，近盘口，宽沿斜直。沿外壁饰“×”形纹、短斜线纹等。口径 19.2、残高 5 厘米（图二四三，4）。

TN16E22②：30，夹细砂灰陶，内壁磨光。圆唇，近盘口，宽沿斜直，高领。沿外壁至颈部饰短线纹。口径 12.4、残高 4 厘米（图二四三，5）。

TN16E22②：31，夹砂灰黑陶，内壁磨光。圆唇，近盘口，宽沿。唇部及沿外壁饰短斜线纹。残高 4.4 厘米（图二四三，6）。

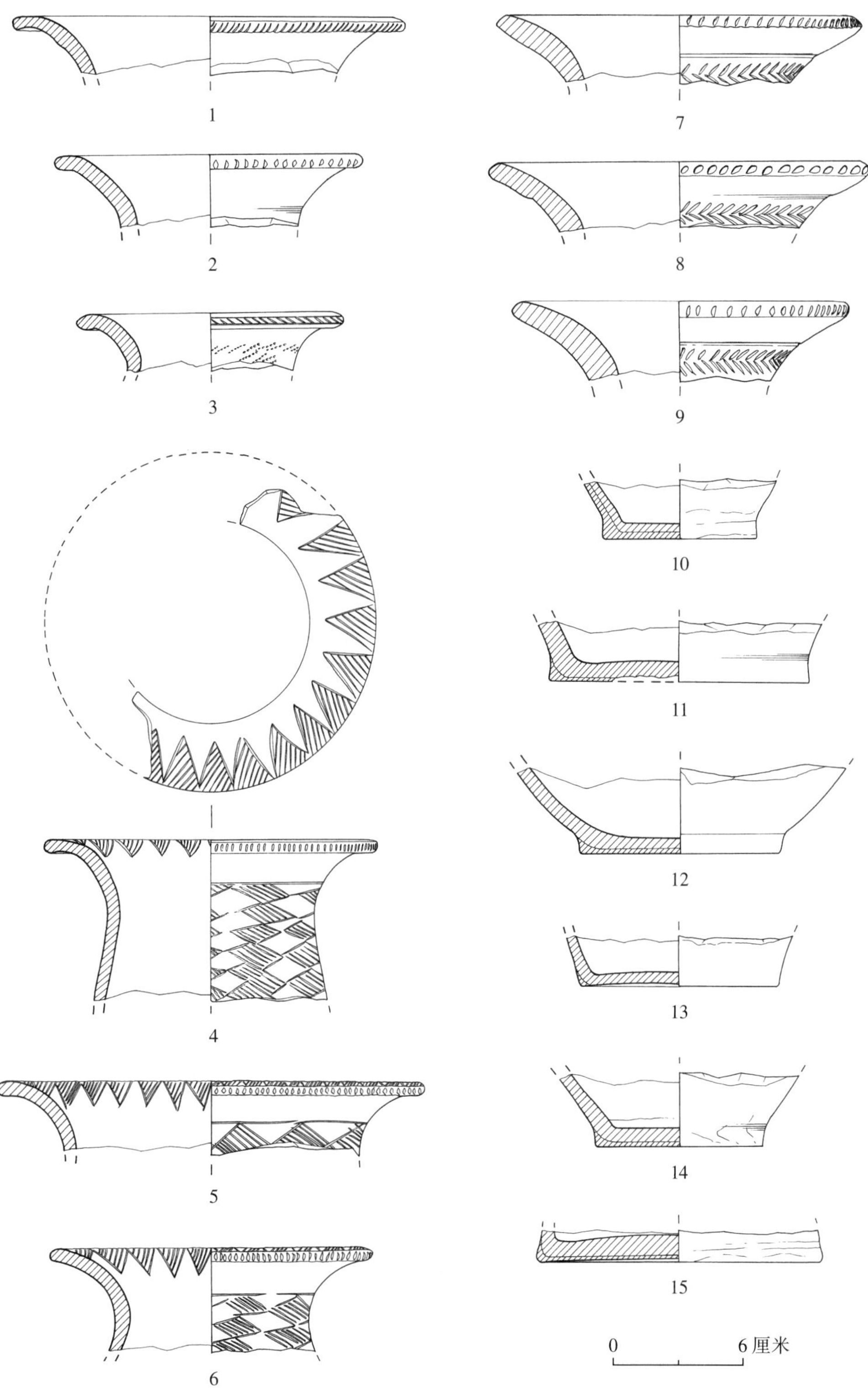

图二四二　2017年Ⅰ区第2层出土陶器

1~5. A型长颈罐（TN12E23②：14、TN13E24②：15、TN15E22②：13、TN12E22②：13、TN12E22②：34）
6~9. B型（TN12E23②：13、TN16E24②：12、TN16E24②：13、TN16E24②：14）　10~15. 器底（TN12E22②：33、TN12E23②：18、TN12E23②：25、TN14E22②：22、TN14E22②：23、TN16E24②：17）

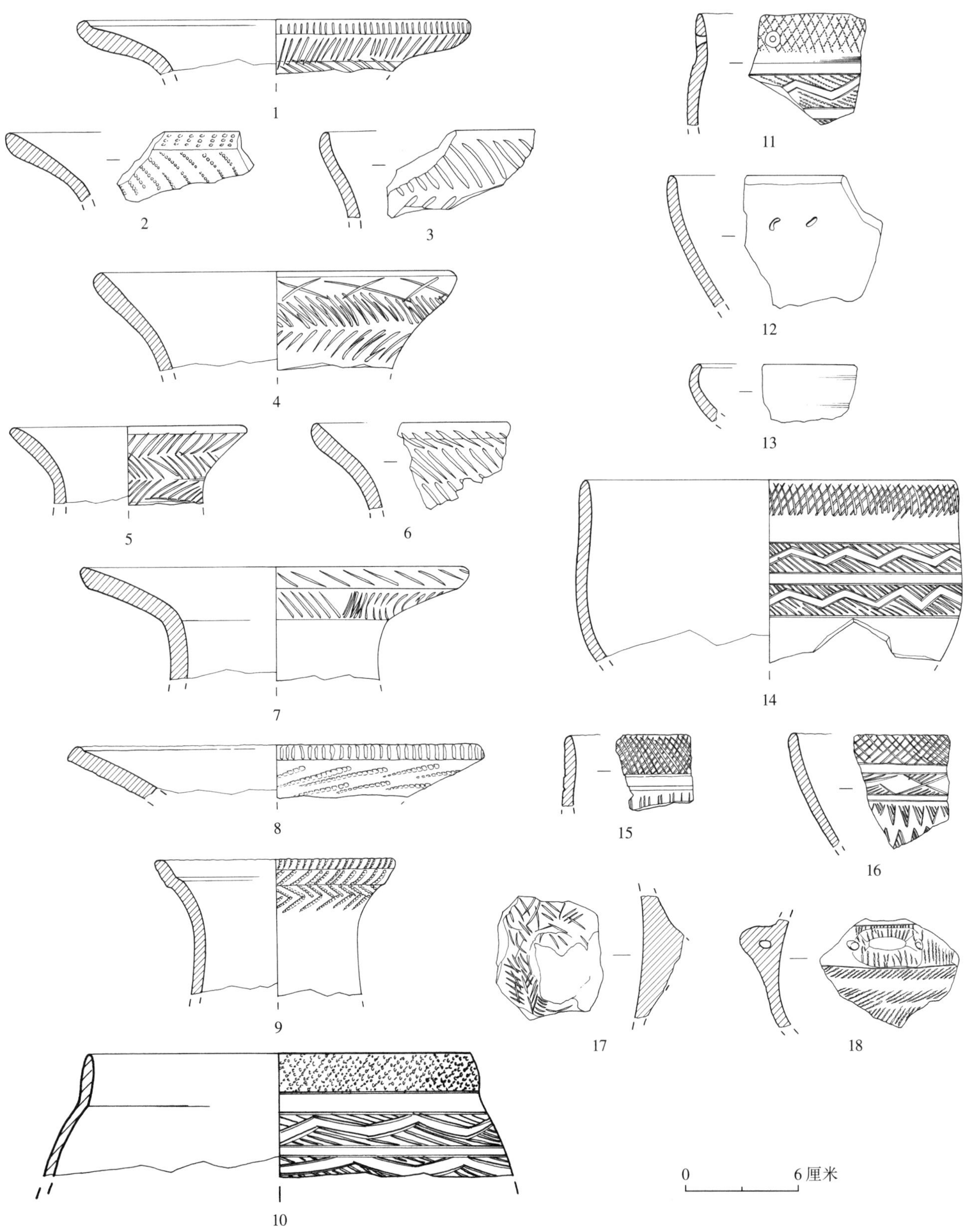

图二四三　2017 年Ⅰ区第 2 层出土陶器

1~6. Ab 型盘口高领罐（TN14E22 ②：46、TN16E22 ②：15、TN16E22 ②：20、TN16E22 ②：25、TN16E22 ②：30、TN16E22 ②：31）　7、8. Ac 型盘口高领罐（TN12E23 ②：12、TN15E22 ②：15）　9. B 型盘口高领罐（TN16E24 ②：11）　10. B 型矮领小罐（TN12E22 ②：12）　11. C 型矮领小罐（TN12E23 ②：21）　12. 乙类 Aa 型钵（TN13E22 ②：1）　13. 乙类 Ad 型钵（TN16E22 ②：27）　14、15. 乙类 Bd 型钵（TN12E22 ②：11、TN14E24 ②：2）　16. 乙类 Bf 型钵（TN12E22 ②：14）　17. A 型器鋬（TN16E22 ②：26）　18. A 型器耳（TN12E23 ②：30）

Ac 型。

TN12E23②：12，夹砂灰黑陶。斜方唇，近盘口，长颈。唇部和沿外壁饰短斜线纹。口径 20.4、残高 5.8 厘米（图二四三，7）。

TN15E22②：15，夹细砂灰陶。方唇，唇内侧有一道凹槽，盘口，宽沿斜直。唇部饰戳印点纹，颈部饰小方格状点线纹。口径 22、残高 2.7 厘米（图二四三，8）。

B 型。

TN16E24②：11，夹砂灰陶。方唇，盘口，窄沿，高领。唇部饰小方格状短线纹，沿外壁饰小方格状点线纹组成的折线纹。口径 12.6、残高 7 厘米（图二四三，9）。

矮领小罐

B 型。

TN12E22②：12，夹细砂灰黑陶。尖圆唇，直口，矮领，溜肩。领部饰点线状菱格纹，肩部饰凹弦纹、成组短线纹组成的连续三角纹夹光面折线纹等。口径 20.4、残高 6.2 厘米（图二四三，10）。

C 型。

TN12E23②：21，夹细砂黑灰陶，器表磨光。圆唇，敞口，矮领，溜肩。领部有一个圆形穿孔，由外而内穿透。领部饰点线状菱格纹，肩部饰凹弦纹、成组点线纹组成的连续三角纹夹光面折线纹等。残高 5.6 厘米（图二四三，11）。

钵

乙类 Aa 型。

TN13E22②：1，夹细砂灰黑陶，器表磨光。圆唇，敞口，深弧腹。残高 6.7 厘米（图二四三，12）。

乙类 Ad 型。

TN16E22②：27，夹砂灰陶。圆唇，敛口，弧腹。素面。残高 3 厘米（图二四三，13）。

乙类 Bd 型。

TN12E22②：11，夹细砂红褐胎黑皮陶，表面磨光。尖圆唇，直口，上腹近直，下腹弧收。口外侧饰刻划菱格纹，腹部饰两组相同的纹饰带，每组上下为凹弦纹，中间为成组短线纹组成的连续三角纹夹光面折线纹。口径 19.6、残高 9.3 厘米（图二四三，14）。

TN14E24②：2，夹砂灰陶。圆唇，直口，上腹近直。口外侧饰刻划菱格纹、凹弦纹和竖向短线纹等。残高 3.8 厘米（图二四三，15）。

乙类 Bf 型。

TN12E22②：14，夹细砂灰陶。圆唇，敞口，弧腹。唇部饰戳印点纹，口外侧饰刻划菱格纹和一周凹弦纹，上腹部以两周凹弦纹为界，内部饰成组短线纹组成的连续三角纹夹光面菱格纹，其下再饰成组短线纹组成的三角纹等纹饰。残高 5.8 厘米（图二四三，16）。

器鋬　A 型。

TN16E22②：26，夹砂灰褐陶。扁乳丁状。外壁饰刻划短线纹。残高 5.6 厘米（图二四三，17）。

器耳 A 型。

TN12E23 ②：30，夹砂灰陶。半球形宽耳。外壁饰绳纹。残高 5.5 厘米（图二四三，18）。

器底

TN12E22 ②：33，夹砂灰褐陶。矮台状平底。素面。底部可见二次粘接痕迹。底径 7、残高 2.6 厘米（图二四二，10）。

TN12E23 ②：18，夹细砂灰黑陶，器表磨光。矮台状平底。素面。底部可见二次粘接痕迹。底径 11.6、残高 2.7 厘米（图二四二，11）。

TN12E23 ②：25，夹砂黄褐陶，内壁灰黑色。矮台状平底。素面。底部可见二次粘接痕迹。底径 9、残高 3.8 厘米（图二四二，12）。

TN14E22 ②：22，夹细砂灰褐陶。平底。素面。底部可见二次粘接痕迹。底径 9、残高 2.2 厘米（图二四二，13）。

TN14E22 ②：23，泥质黄褐陶。矮台状平底。素面。底部可见二次粘接痕迹。底径 7.6、残高 3.2 厘米（图二四二，14）。

TN16E24 ②：17，夹砂红褐陶。矮台状平底。素面。底部可见二次粘接痕迹。底径 13.2、残高 1.4 厘米（图二四二，15）。

（2）石器

斧

A 型。

TN12E22 ②：35，黑色。平面近长方形，截面近梯形。顶部大部分残缺，有片疤。偏锋，弧刃，双面刃，刃缘有较连续的崩疤。残长 5.1、宽 5.2、厚约 2.7 厘米（图二四四，1；彩版五七，3）。

TN14E22 ②：48，黑色。上半部分残，残留部分平面近长方形，截面近椭圆形。一侧磨光较好，另一侧片疤较密集。正锋，弧刃，双面刃，密布崩疤。残长 6.1、宽 5.2、厚约 2.8 厘米（图二四四，2；彩版五七，4）。

B 型。

TN15E24 ②：1，黑色。平面近长方形，截面呈长方形。正锋，弧刃，刃缘有较多崩疤。顶部及刃部残缺较多。通体磨光，正面有明显的片切割痕迹。长 13.5、宽 6.8、厚 1.8 厘米（图二四四，3）。

Ca 型。

TN14E22 ②：50，深灰色。平面近长方形，截面形状不规则。平顶。正面起脊，脊部较凸出。两侧较薄，有较密集的片疤。刃缘残缺，刃部遍布崩疤。长 8.1、宽 7.4、厚约 5.1 厘米（图二四四，4；彩版五七，5）。

Cb 型。

TN16E24 ②：1，黑色。平面近三角形，截面较不规则，一面中部起脊。圆顶，两侧有倾斜的磨光面，有较多片疤。正锋，弧刃，双面刃，分布有较密集的磨痕，磨光较好。平面有较大面积的崩疤。长 16、宽 6、厚约 4.5 厘米（图二四四，5；彩版五七，6）。

残件。

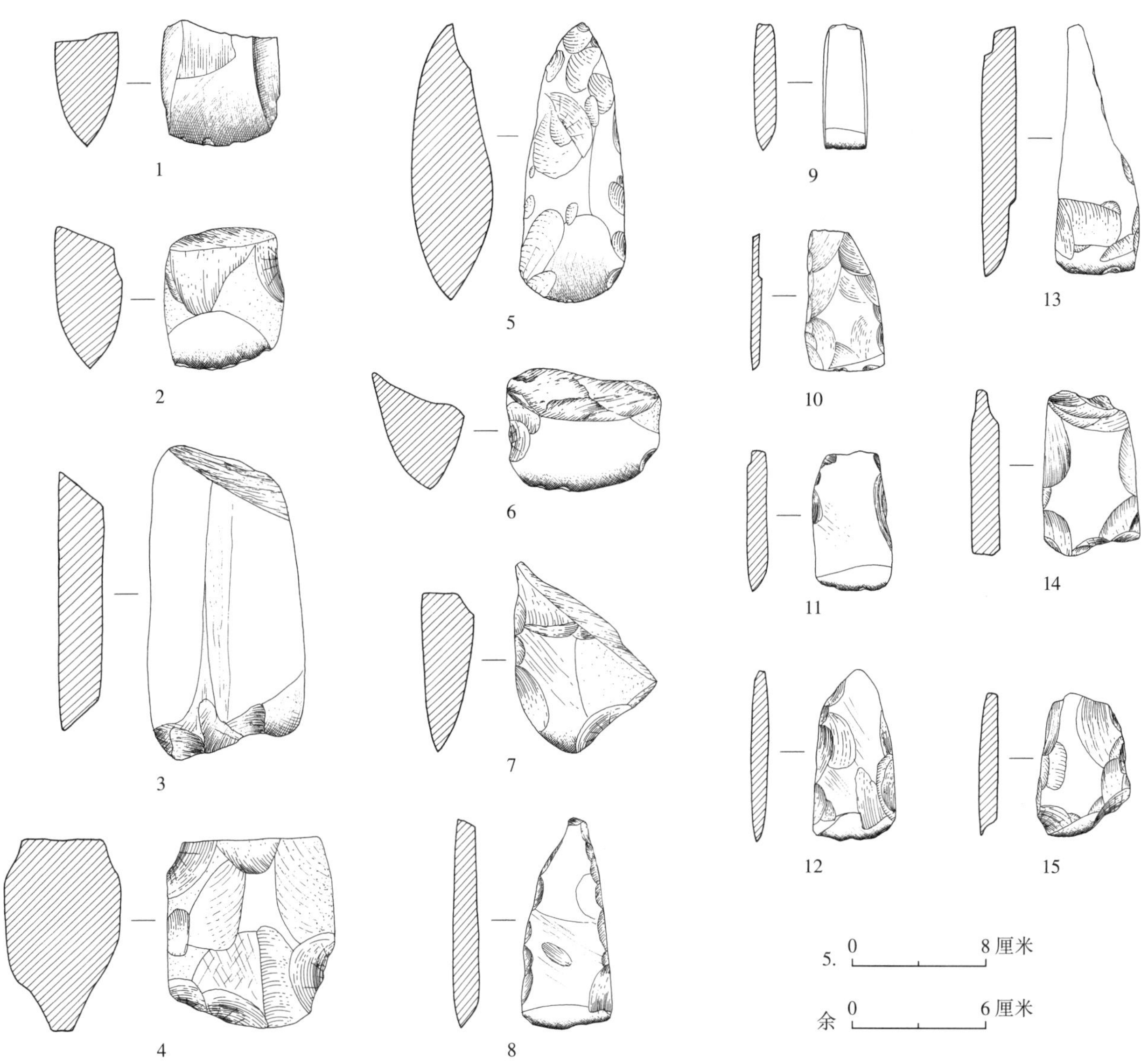

图二四四　2017年Ⅰ区第2层出土石器

1、2. A型斧（TN12E22②：35、TN14E22②：48）　3. B型斧（TN15E24②：1）　4. Ca型斧（TN14E22②：50）　5. Cb型斧（TN16E24②：1）　6、7. 石斧残件（TN12E24②：2、TN16E22②：5）　8~11. B型锛（TN12E24②：4、TN13E23②：1、TN14E23②：1、TN16E22②：4）　12、13. C型锛（TN13E22②：11、TN16E22②：1）　14、15. 石锛残件（TN12E22②：1、TN12E22②：2）

TN12E24②：2，黑色。平面形状不规则，截面近椭圆形。仅残有刃部，正锋，弧刃，双面刃，刃部有细小的崩疤，两侧有打制片疤，且经过磨光。残长5.2、宽6.7、厚约3.8厘米（图二四四，6；彩版五七，7）。

TN16E22②：5，褐色。截面近扁圆形。顶部残缺。偏锋，弧刃，双面刃，侧面有较密集的打制片疤。残长8.2、宽6.2、厚约2.3厘米（图二四四，7；彩版五七，8）。

锛

B型。

TN12E24②：4，黑色。平面近三角形，截面呈圆角长方形。两侧分布有连续的片疤，两面均磨光。

弧刃，单面刃，刃缘两端有较多崩疤。长 8.9、宽 4、厚约 1.2 厘米（图二四四，8；彩版五八，1）。

TN13E23②：1，黑色。平面呈长方形，截面呈长方形。平顶，侧面切割较平整，磨光较好。直刃，单面刃，刃面较宽且有多次磨制的痕迹，刃缘有较多垂直的细小磨痕。长 5.3、宽 1.9、厚约 1 厘米（图二四四，9）。

TN14E23②：1，灰绿色。平面近梯形，截面较不规则，呈薄片状。平顶，有片疤、切割痕和磨制痕迹。刃缘有较密集的崩疤。两面未磨光，仅刃部磨光。长 6、宽 3.4、厚约 0.5 厘米（图二四四，10）。

TN16E22②：4，黑色。平面呈长方形，截面近圆角长方形。平顶。两面均磨光，磨光较好。弧刃，单面刃，刃缘有较密集的茬口及杂乱的磨痕。长 5.9、宽 3.5、厚约 0.8 厘米（图二四四，11；彩版五八，2）。

C 型。

TN13E22②：11，黑色。平面近梯形，截面呈圆角长方形。两侧有较多崩疤，两面均磨光。弧刃，单面刃。长 7.3、宽 3.7、厚约 0.8 厘米（图二四四，12）。

TN16E22②：1，黑色。平面近长方形，截面呈长方形。斜尖顶，顶部较细长，两面均磨光。器表中部有较大崩疤且较深。弧刃，单面刃，刃缘有较密集的崩疤。长 10.7、宽 3.7、厚约 1.5 厘米（图二四四，13）。

残件。

TN12E22②：1，黑色。平面近梯形，截面近圆角长方形。两面、两侧有较多片疤，器表磨光较好。长 7.1、宽 4.3、厚约 1.2 厘米（图二四四，14）。

TN12E22②：2，黑色。平面呈梯形，截面近椭圆形。斜平顶，两侧有较密集的片疤。刃部残缺，两面均磨光。长 6.1、宽 4.1、厚约 0.8 厘米（图二四四，15）。

凿

B 型。

TN16E22②：2，白灰色。平面呈长方形，截面近四边形。两侧切割平整，磨光较好。单面刃，由左至右逐渐变窄，刃缘有较多崩疤。长 5.5、宽 1.6、厚约 1 厘米（图二四五，1）。

D 型。

TN13E22②：2，黑色。平面呈梯形，截面近长方形。两面均磨光。弧刃，单面刃，刃部两端有明显的崩疤。由石斧改制而成，由石斧的侧面取下一片，将刃部磨平作为石凿的顶部，另一端单面磨刃。长 8.4、宽 3.5、厚约 0.6 厘米（图二四五，2）。

刀

乙类 Ab 型。

TN13E23②：5，褐色。直背，残有一孔，两面对钻。弧刃。残长 4.7、宽 4.4、厚约 0.7 厘米（图二四五，4；彩版五八，3）。

TN15E23②：1，绿色。直背。弧刃，刃缘较圆钝，有几处细小的茬口。仅背部和刃部磨光。残长 6.2、宽 4.8、厚约 0.4 厘米（图二四五，5；彩版五八，4）。

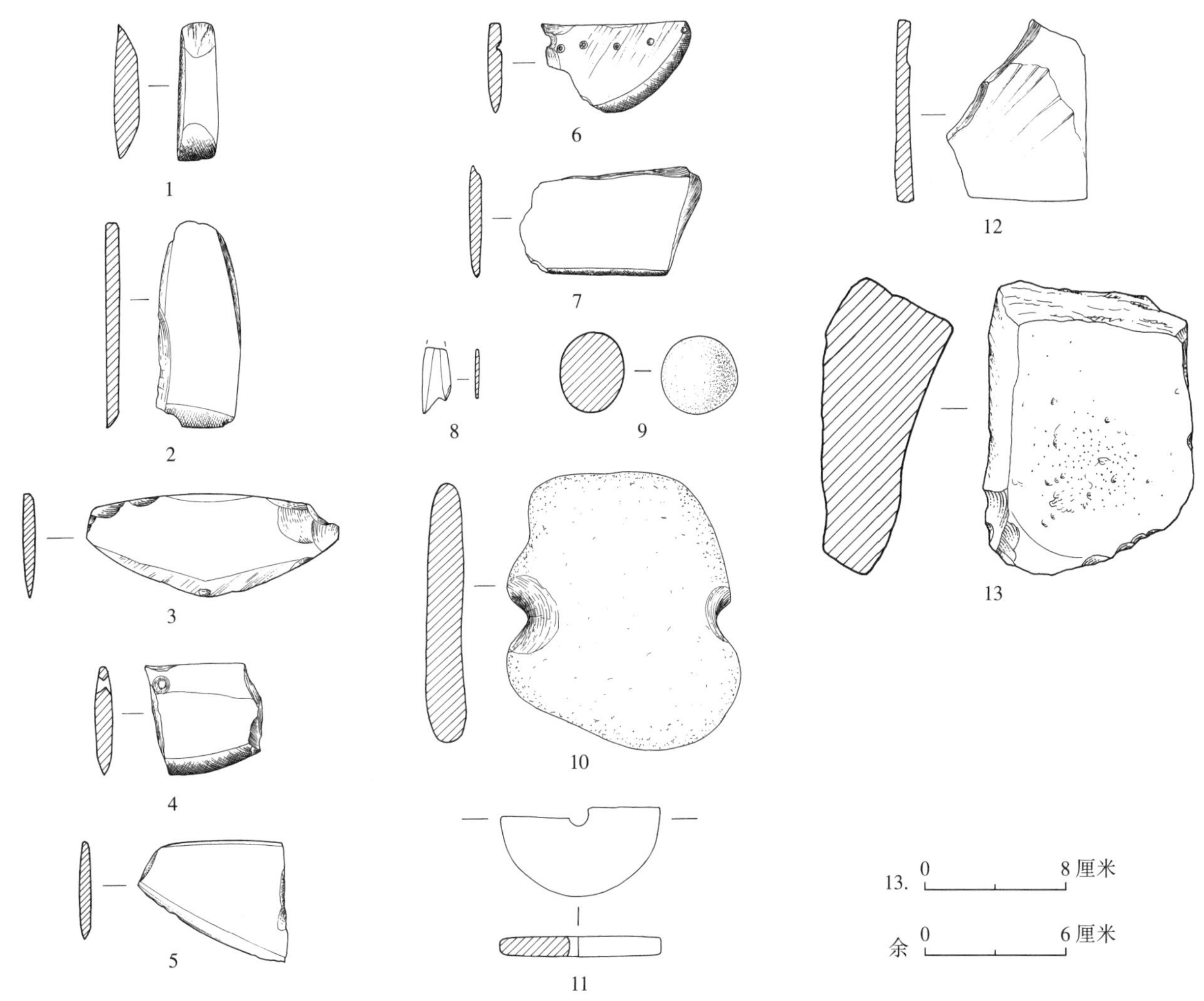

图二四五　2017年Ⅰ区第2层出土石器

1. B型凿（TN16E22②：2）　2. D型凿（TN13E22②：2）　3、7. 石刀坯料（TN15E22②：1、TN14E24②：1）　4~6. 乙类Ab型刀（TN13E23②：5、TN15E23②：1、TN16E24②：18）　8. Bb型箭镞（TN14E22②：51）　9. 球（TN15E23②：2）　10. 网坠（TN14E22②：49）　11. 纺轮（TN16E22②：3）　12、13. 砺石（TN12E23②：31、TN13E22②：10）

TN16E24②：18，紫色。直背，仅残有一孔，其中一面与穿孔大致水平的位置，均匀分布有一排未穿透的小孔。弧刃，刃部一直延伸至背部，刃面较窄。残长6.2、宽3.7、厚约0.6厘米（图二四五，6）。

坯料。

TN14E24②：1，绿色。无孔，器表凹凸不平。仅残有刃部，刃部磨光。残长7.5、宽4.4、厚0.5厘米（图二四五，7）。

TN15E22②：1，绿色。平面呈三角形。无孔。刃面较窄，仅宽0.2~0.7厘米，有较多崩疤。器表未完全磨光，较粗糙。长10.4、宽4.2、厚约0.5厘米（图二四五，3；彩版五八，5）

箭镞　Bb型。

TN14E22②：51，深灰色。平面近弧三角形，截面不规则，最宽处位于中部。单面刃。两侧倾斜，中部平直，底部内凹。大部分残缺。长2.7、宽1.2、厚约0.2厘米（图二四五，8）。

球

TN15E23②：2，褐色。器形较规整，磨制较精细。直径2.6~3.2厘米（图二四五，9）。

网坠

TN14E22②：49，黄褐色。形状不规则。两侧片疤大致位于中部。长11.1、宽9.7、厚1.6厘米（图二四五，10；彩版五八，6）。

纺轮

TN16E22②：3，灰色。圆形片状，一半残缺。中部有穿孔，两面对钻。磨制较精细。体量较大，直径6.7、厚0.8、穿孔直径0.7厘米（图二四五，11；彩版五八，7）。

砺石

TN12E23②：31，黄褐色。整体呈片状。使用面较不明显。长7.3、宽5.9、厚0.8厘米，相对较薄（图二四五，12）。

TN13E22②：10，褐色，平面近长方形。其中一面有明显使用留下的平滑凹面。长16、宽11.6、厚7.5厘米（图二四五，13）。

（四）第1层出土遗物

该层出土遗物以陶器为主，另有少量石器。陶器器类有束颈罐、无颈罐、长颈罐、盘口高领罐、矮领小罐、钵、纺轮等，石器器类有斧、锛、凿、刀、纺轮、杵等。

（1）陶器

束颈罐

Ba型。

TN15E23①：12，夹砂灰陶。圆唇，侈口，卷沿，束颈。唇部饰戳印点纹。残高3.5厘米（图二四六，1）。

TN15E24①：13，夹砂灰褐陶。圆唇，侈口，卷沿，束颈。唇部饰戳印点纹，颈部饰刻划纹。口径16、残高3厘米（图二四六，2）。

Bb型。

TN12E22①：13，夹砂褐陶，内壁灰色。圆唇，侈口，卷沿。口外侧加厚。素面。残高3.3厘米（图二四六，3）。

TN14E22①：18，夹砂灰陶。圆唇，侈口，卷沿，短束颈。颈部饰刻划纹。口径24.8、残高4.8厘米（图二四六，4）。

TN14E24①：11，夹砂黄陶。圆唇，侈口，卷沿，短束颈。素面。口径27.2、残高4.2厘米（图二四六，5）。

TN15E22①：12，夹砂灰陶。圆唇，侈口，卷沿，短束颈，溜肩。颈肩部饰刻划网格纹。残高4厘米（图二四六，6）。

TN15E22①：13，夹砂黄褐陶。方唇，侈口，卷沿，束颈。颈部饰刻划凹弦纹和网格纹。残高4.1厘米（图二四六，7）。

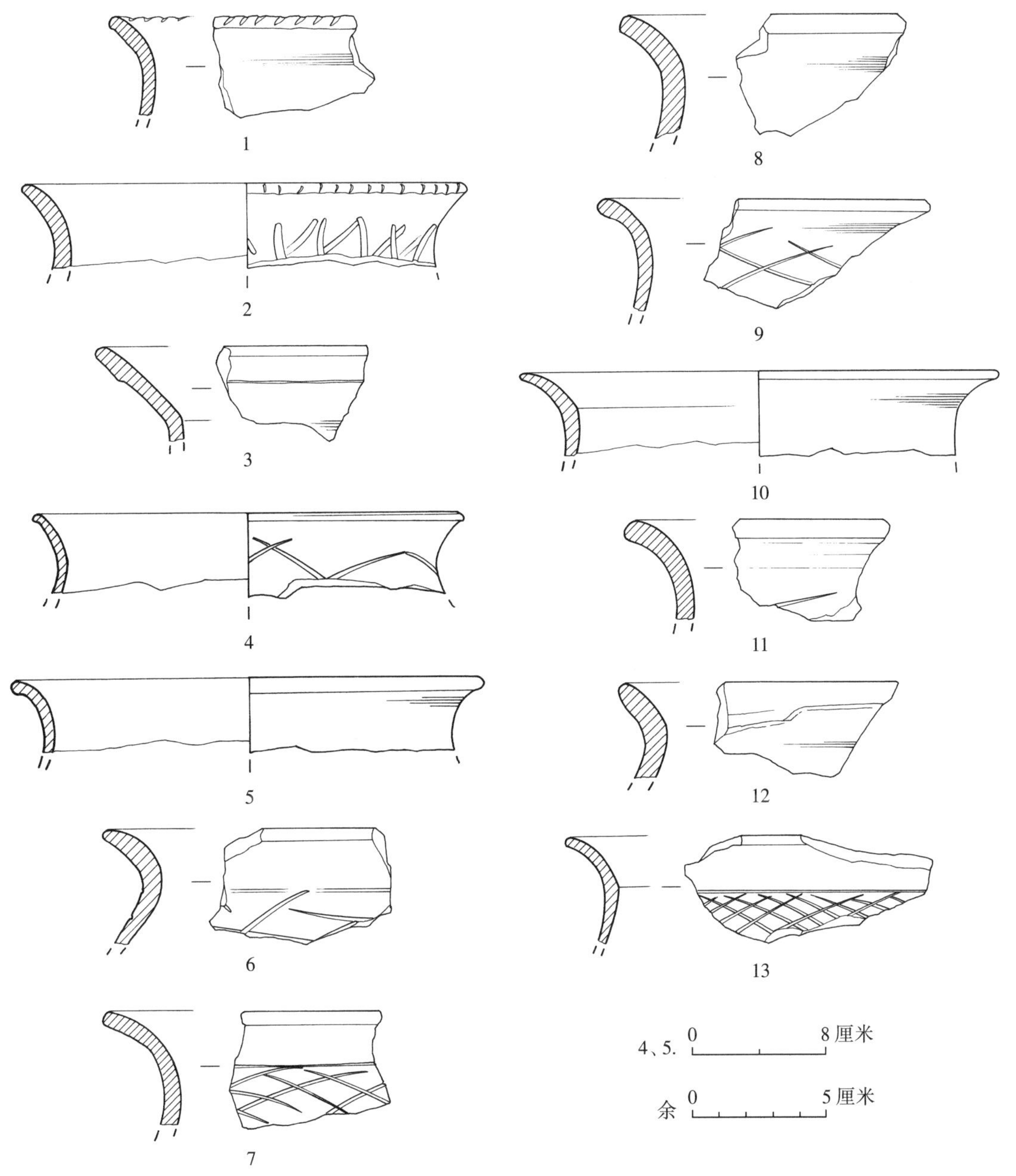

图二四六　2017年Ⅰ区第1层出土陶束颈罐

1、2. Ba型（TN15E23①：12、TN15E24①：13）　3~13. Bb型（TN12E22①：13、TN14E22①：18、TN14E24①：11、TN15E22①：12、TN15E22①：13、TN15E22①：14、TN15E22①：19、TN15E24①：18、TN16E22①：11、TN16E22①：13、TN16E23①：14）

TN15E22①：14，夹细砂灰黑陶，器表磨光。圆唇，侈口，卷沿，束颈。素面。残高4.3厘米（图二四六，8）。

TN15E22①：19，夹细砂灰黑陶。圆唇，侈口，卷沿，束颈。颈部饰刻划网格纹。残高3.8厘米（图二四六，9）。

TN15E24①：18，夹砂黄褐陶，内壁灰黑色。圆唇，侈口，卷沿，颈部微束。素面。口径17.4、残高3厘米（图二四六，10）。

TN16E22①：11，夹砂灰黑陶。圆唇，侈口，卷沿，束颈。颈部饰刻划纹。残高3.5厘米（图二四六，11）。

TN16E22①：13，夹砂红褐陶。圆唇，侈口，卷沿，束颈。素面。残高3.4厘米（图二四六，12）。

TN16E23①：14，夹砂灰黑陶。圆唇，侈口，卷沿，束颈。颈部饰刻划凹弦纹和网格纹。残高3.8厘米（图二四六，13）。

无颈罐

Ab型。

TN14E22①：18，夹砂黄褐陶，内壁灰色。圆唇，唇部内勾，盘口，折沿，溜肩。沿部与肩部交界处饰一周戳印纹。口径26、残高5.2厘米（图二四七，1）。

TN15E22①：15，夹砂灰黑陶。圆唇，盘口，折沿。沿部和肩部相接处饰戳印点纹。口径11、残高3.8厘米（图二四七，2）。

Ac型。

TN13E24①：12，夹砂黄褐陶，内壁黑褐色。圆唇，敛口，折沿，溜肩。肩部饰刻划网格纹。残高4.2厘米（图二四七，3）。

长颈罐

B型。

TN14E24①：13，夹砂灰黑陶。方唇，喇叭口。唇部饰刻划斜线纹。口径21、残高2.2厘米（图二四七，4）。

C型。

TN16E22①：12，夹砂红褐陶，器表磨光。圆唇，盘口，窄沿。唇部饰戳印点纹。口径24.8、残高4厘米（图二四七，5）。

盘口高领罐

Ab型。

TN16E23①：15，夹砂灰陶。圆唇，近盘口，宽沿斜直。沿外壁饰短斜线纹。残高2.8厘米（图二四七，6）。

TN15E22①：20，夹砂灰黑陶。圆唇，盘口，宽沿。沿外壁饰小方格状点线纹。口径12.4、残高3厘米（图二四七，7）。

TN16E23①：11，夹砂灰陶。圆唇，盘口，宽沿。唇部饰刻划“×”形纹，沿外壁饰短斜线纹组成的“<”形纹，上下各饰一周凹弦纹。口径26、残高3.4厘米（图二四七，8）。

Ac型。

TN15E22①：21，夹砂灰陶。方唇，近盘口，宽沿斜直。沿外壁饰刻划短线纹。残高3.5厘米（图二四七，9）。

TN16E23①：12，夹砂灰陶。方唇，近盘口，宽沿斜直。唇部饰戳印点纹，颈部饰刻划斜线纹和凹弦纹。残高4.3厘米（图二四七，10）。

TN16E24①：11，夹砂灰陶。方唇，近盘口，宽沿斜直。唇部和沿外壁饰短斜线纹。残高4厘米（图

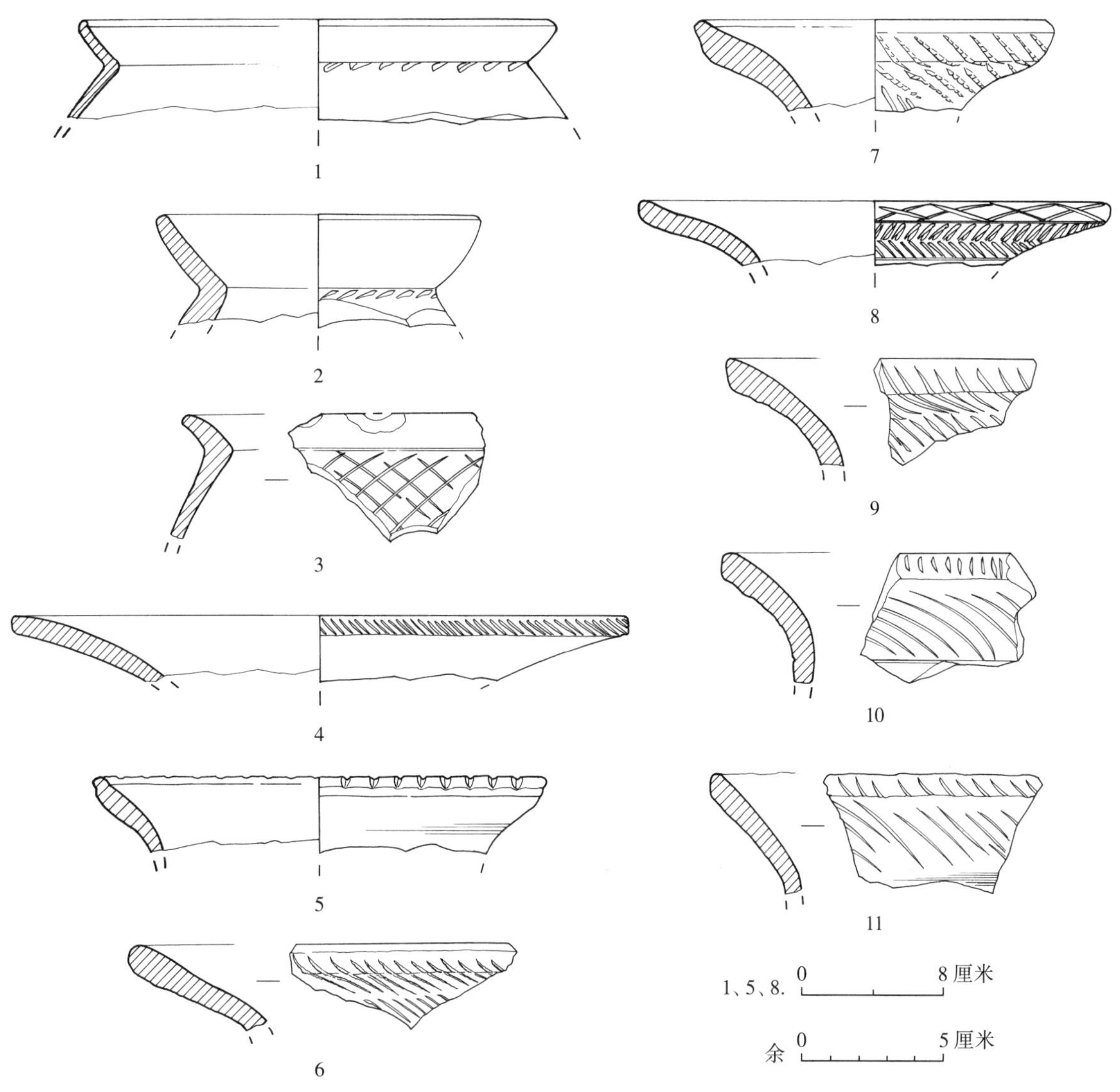

图二四七　2017年Ⅰ区第1层出土陶器

1、2. Ab型无颈罐（TN14E22①：18、TN15E22①：15）　3. Ac型无颈罐（TN13E24①：12）　4. B型长颈罐（TN14E24①：13）　5. C型长颈罐（TN16E22①：12）　6~8. Ab型盘口高领罐（TN16E23①：15、TN15E22①：20、TN16E23①：11）　9~11. Ac型盘口高领罐（TN15E22①：21、TN16E23①：12、TN16E24①：11）

二四七，11）。

矮领小罐　A型。

TN15E23①：11，夹砂黄褐陶。圆唇，敛口，矮领，溜肩。领部饰刻划菱格纹，肩部饰刻划网格纹。残高6.5厘米（图二四八，1）。

钵

乙类Ad型。

TN15E22①：18，夹细砂红褐胎黑皮陶，器表磨光。圆唇，唇外侧有一道凹痕，敛口，弧腹。素面。残高3厘米（图二四八，2）。

乙类Bb型。

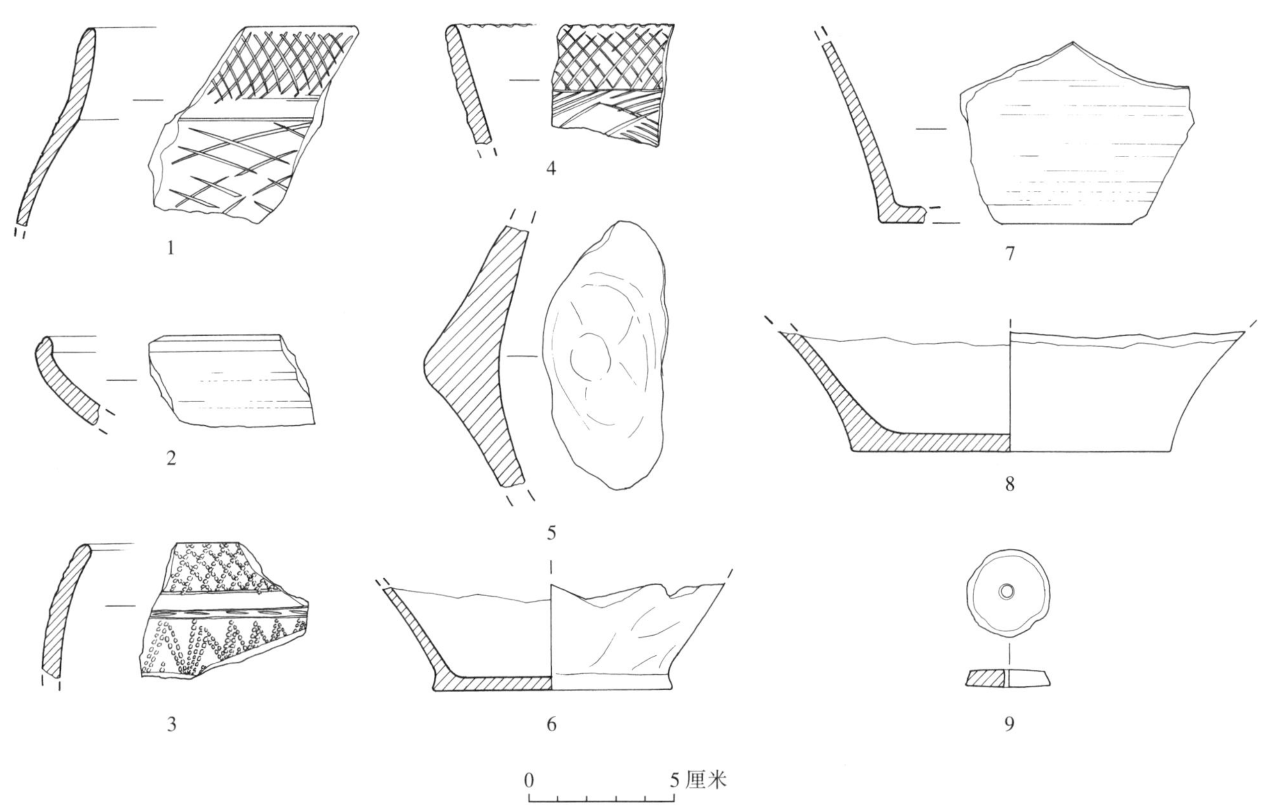

图二四八　2017 年 I 区第 1 层出土陶器

1. A 型矮领小罐（TN15E23①：11）　2. 乙类 Ad 型钵（TN15E22①：18）　3. 乙类 Bb 型钵（TN12E22①：15）　4. 乙类 Bf 型钵（TN15E24①：14）　5. A 型器鋬（TN14E22①：20）　6~8. 器底（TN13E23①：12、TN14E22①：19、TN14E24①：14）　9. A 型纺轮（TN13E22①：1）

TN12E22①：15，夹砂灰陶。圆唇，敛口，腹部微鼓。口部外侧饰点线纹组成的菱格纹和凹弦纹，腹部饰凹弦纹夹短斜线纹、小方格状点线纹组成的折线纹等。残高 4.4 厘米（图二四八，3）。

乙类 Bf 型。

TN15E24①：14，夹砂灰陶。圆唇，敞口，弧腹。唇部饰戳印点纹，口外侧饰刻划菱格纹，其下饰成组短线纹与光面交错形成的几何纹饰。残高 4 厘米（图二四八，4）。

器鋬　A 型。

TN14E22①：20，夹砂灰褐陶。乳丁状。素面。残高 9 厘米（图二四八，5）。

器底

TN13E23①：12，夹细砂灰黑陶。平底，底外缘略外凸。素面。底径 8.2、残高 3.5 厘米（图二四八，6）。

TN14E22①：19，夹细砂灰褐陶。平底。素面。残高 6 厘米（图二四八，7）。

TN14E24①：14，夹砂黄褐陶。平底。素面。底径 10.8、残高 4 厘米（图二四八，8）。

纺轮　A 型。

TN13E22①：1，夹砂黑灰陶。圆饼形，上窄下宽，中部有一穿孔。直径 2.9、厚 0.6、穿孔直径 0.3 厘米（图二四八，9；彩版五九，1）。

（2）石器

斧

A 型。

TN16E22 ①：1，灰色。平面近长方形，截面近弧边长方形。上半部分残缺。两侧面较平直，有少量片疤。正锋，弧刃，双面刃，刃缘有较多崩疤及茬口。残长 5.6、宽 5、厚约 2.5 厘米（图二四九，1；彩版五九，2）。

残件。

TN13E22 ①：3，黑色。较薄，截面不规则。圆顶，两面有片疤，器表磨光较好。下半部分残缺，无刃面。残长 7、宽 5、厚约 3.5 厘米（图二四九，2）。

TN16E22 ①：5，黑色。偏锋，刃缘残缺。器表分布有较大面积的崩疤，磨光面仍分布有较均匀的斜向磨痕。残长 4.5、宽 4.9、厚约 1.8 厘米（图二四九，3；彩版五九，3）。

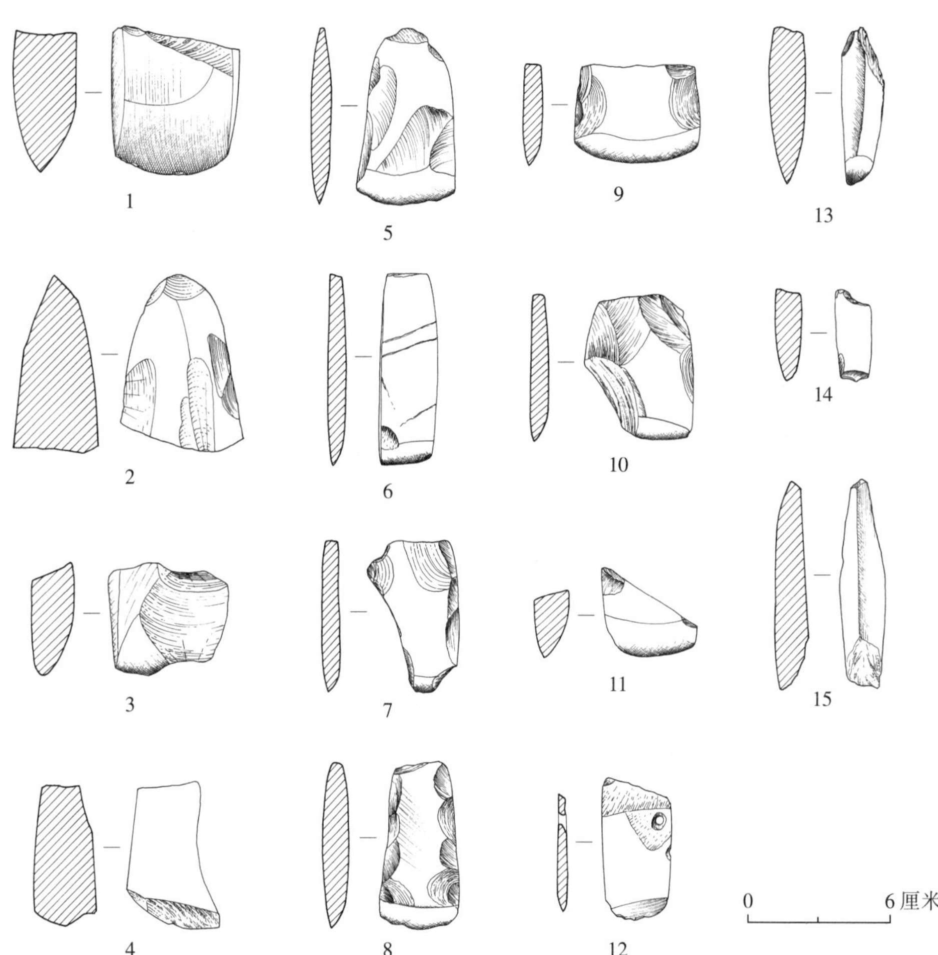

图二四九　2017 年 I 区第 1 层出土石器

1. A 型斧（TN16E22 ①：1）　2~4. 石斧残件（TN13E22 ①：3、TN16E22 ①：5、TN16E23 ①：16）　5. A 型锛（TN14E22 ①：2）　6~8. B 型锛（TN13E22 ①：2、TN14E24 ①：15、TN16E22 ①：3）　9~11. 石锛残件（TN12E23 ①：1、TN15E22 ①：1、TN16E24 ①：1）　12、13. B 型凿（TN15E23 ①：1、TN16E23 ①：1）　14. 石凿残件（TN12E24 ①：3）　15. 石凿半成品（TN14E22 ①：101）

TN16E23①：16，黑色。保存较差，残缺较甚。从截面可判断属A型，侧面较规整。残长5.8、宽3.3、厚约2.5厘米（图二四九，4）。

锛

A型。

TN14E22①：2，黑色。平面呈梯形，截面近圆角长方形。圆顶，两侧仍有较多片疤。弧刃，单面刃，刃缘有连续的崩疤。两面均磨光，背面及刃部磨光较好。长7、宽4、厚约0.9厘米（图二四九，5）。

B型。

TN13E22①：2，黑色。平面呈长条形，截面近长方形，相对较窄长且较薄。平顶，器表分布有较均匀的磨痕。两侧平齐，经过磨平。偏锋，直刃，双面刃，刃缘有较密集的垂直磨痕。长7.5、宽2.3、厚约0.6厘米（图二四九，6）。

TN14E24①：15，黑色。大部分残缺，截面呈长方形。平顶，两侧仍残有较多片疤。两面均磨光。直刃，单面刃。长6、宽3.6、厚约0.7厘米（图二四九，7）。

TN16E22①：3，黑色。平面呈梯形，截面近长方形。斜平顶，两侧有连续的片疤。两面均磨光。弧刃，单面刃，刃缘磨痕较密集。长6.7、宽3.2、厚约1厘米（图二四九，8）。

残件。

TN12E23①：1，黑色。上半部分残缺，平面呈长方形，截面呈圆角长方形。两面均磨光，片疤较多，背面磨光较好。偏锋，弧刃，双面刃，刃缘有较密集的茬口。残长4、宽5.2、厚约0.8厘米（图二四九，9；彩版五九，4）。

TN15E22①：1，黑色。平面呈长方形，截面近椭圆形。顶部及刃部一角残缺。直刃，单面刃。两面及刃部均磨光，两侧均有连续的片疤。残长5.7、宽4.4、厚约0.8厘米（图二四九，10）。

TN16E24①：1，黑色。截面呈圆角长方形。弧刃，单面刃，整体磨光较好。仅残有一角。残长3.7、宽3.7、厚约1.4厘米（图二四九，11）。

凿

B型。

TN15E23①：1，墨绿色蛇纹岩。平面近梯形，截面呈长方形。顶部部分残缺，有较多片疤，斜平顶。弧刃，双面刃，两面均磨光。应为石刀改制而成，中部仍残有穿孔，将石刀的刃部和背部磨平磨光，在端部磨制成刃部进行使用。长5.6、宽2.8、厚约0.5厘米（图二四九，12）。

TN16E23①：1，绿色。平面呈梯形，截面近梯形。顶部残缺，两侧切割平整并磨光，磨光较好。弧刃，双面刃，两面均磨光。长6.3、宽1.8、厚约1.6厘米（图二四九，13）。

残件。

TN12E24①：3，灰绿色。大部分残缺，平面近长方形，截面呈长方形。两面均磨光，无片疤，刃缘有较多崩疤。残长3.7、宽1.6、厚约1.1厘米（图二四九，14）。

半成品。

TN14E22①：101，褐色。保存较差，整体呈圆锥状。器表遍布片疤，无磨制痕迹，无使用痕迹。长8.3、宽1.9、厚1.5厘米（图二四九，15）。

刀

乙类 Ab 型。

TN13E23 ①：13，黑色。直背，残有一孔，两面对钻。弧刃，双面刃，中间刃面较宽向两端逐渐变窄。磨光较好，断裂处有较大面积的崩疤。残长 6.1、宽 4.7、厚约 0.8 厘米（图二五〇，1；彩版五九，5）。

TN13E24 ①：1，绿色。直背，背部极薄，中部偏上有两孔。弧刃，刃面较窄，刃缘分界较突出。整体未磨平磨光，仅刃部磨光，大部分残缺。残长 6.6、宽 5.4、厚约 0.4 厘米（图二五〇，2；彩版五九，6）。

TN14E23 ①：1，红褐色。直背，背部较圆弧，磨光较好，有明显的磨损痕迹，仅残有一孔，两面对钻。弧刃，刃缘有较多水平磨痕及细小的茬口，大部分残缺。残长 5.5、宽 4.7、厚约 0.6 厘米（图二五〇，3；彩版六〇，1）。

TN14E23 ①：2，黑色。直背，背部较平整，有几处片疤，双孔。弧刃，刃缘较窄，刃部较锋利。整体磨光较好。残长 9、宽 4.7、厚约 0.6 厘米（图二五〇，4；彩版六〇，2）。

TN14E24 ①：2，黑色。直背，仅残有一孔，两面对钻。弧刃，有片疤。仅残有一角，大部分残缺。残长 4.5、宽 3.4、厚约 0.4 厘米（图二五〇，5；彩版六〇，3）。

乙类 C 型。

TN15E23 ①：13，绿色。直背，背部较窄且圆弧。两孔均残，两侧大部分残缺，仅残有两孔中部部分。直刃，刃缘较圆钝，相对较厚，不锋利。残长 3.1、宽 3.5、厚约 0.7 厘米（图二五〇，6；

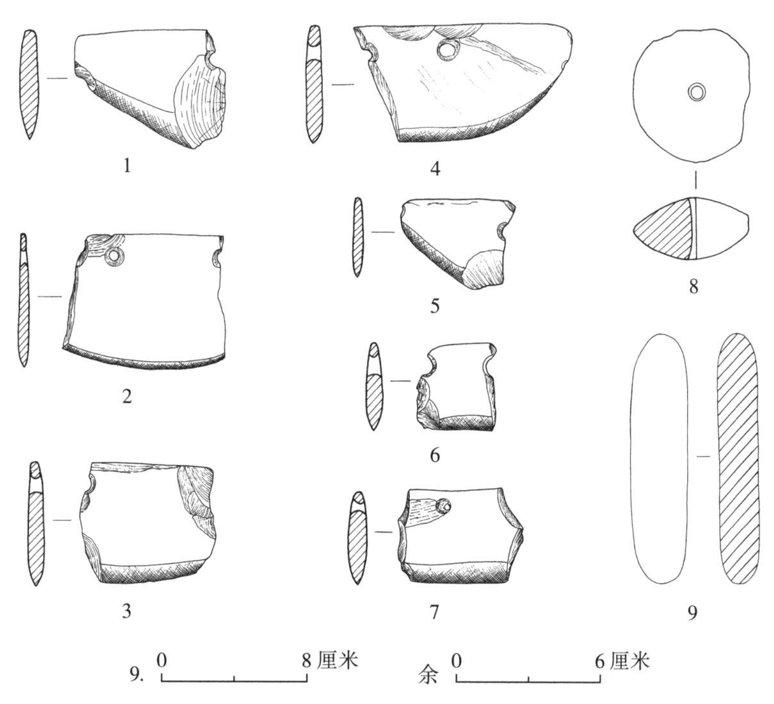

图二五〇 2017 年 Ⅰ 区第 1 层出土石器

1~5. 乙类 Ab 型刀（TN13E23 ①：13、TN13E24 ①：1、TN14E23 ①：1、TN14E23 ①：2、TN14E24 ①：2） 6、7. 乙类 C 型刀（TN15E23 ①：13、TN15E24 ①：1） 8. 纺轮（TN12E24 ①：1） 9. 杵（TN14E24 ①：1）

彩版六〇，4）。

TN15E24①：1，褐色。直背，背部较厚，较圆弧，磨光较好，仅残有一孔，有较明显的穿绳磨损。直刃，同一平面刃缘宽度较一致，无明显的使用磨痕。两端大部分残缺。残长5.1、宽3.8、厚约0.8厘米（图二五〇，7；彩版六〇，5）。

纺轮

TN12E24①：1，黄褐色。算珠形，中部有一穿孔，两面对钻。磨制较粗糙。直径5.2、厚2.4、穿孔直径0.7厘米（图二五〇，8；彩版六〇，6）。

杵

TN14E24①：1，褐色。整体呈圆柱状。通体磨光，磨制较精细。长13.2、宽3、厚2厘米（图二五〇，9）。

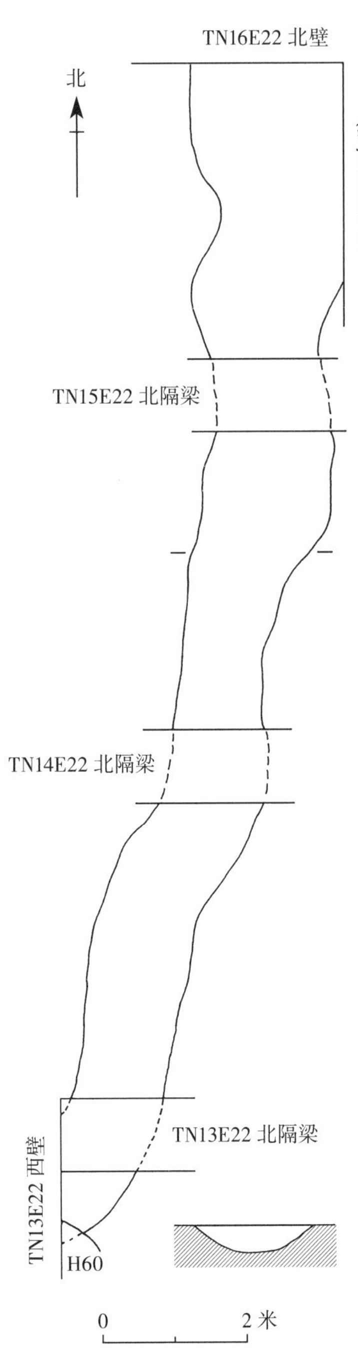

图二五一　G3平、剖面图

二、Ⅰ区遗迹

仅发现灰沟类遗迹，共2条。均为长条状，斜壁，圜底（见附表一）。

灰沟

1. G3

位于TN16E22东部、TN15E22中东部、TN14E22西部和TN13E22西北角，南北贯穿。开口于第3层下，打破第4层，南部被H60打破。沟口平面呈长条形，斜壁，圜底。残长16.2、宽1~1.8、深0.35米。填土为灰黑色，土质较疏松，出土有陶器和石器，陶器器类有束颈罐、侈口小罐、附加堆纹罐、沿面饰纹罐、长颈罐、盘口高领罐、矮领小罐、敛口罐、盆、钵等，石器器类有斧、锛、箭镞、纺轮等（图二五一）。

（1）陶器

束颈罐

Ba型。

G3：12，夹砂灰褐陶。方圆唇，侈口，卷沿，短束颈，溜肩，鼓腹。唇部饰戳印点纹。口径18、残高8.4厘米（图二五二，1）。

G3：44，夹砂黄褐陶。方唇，侈口，卷沿，短束颈。唇部饰刻划“×”形纹，颈部饰刻划斜线纹。残高5厘米（图二五二，2）。

Bb型。

G3：20，夹砂红褐陶。方唇，侈口，卷沿，短束颈。颈部饰刻划短线纹。残高5.7厘米（图二五二，3）。

G3：33，夹砂黄褐陶。圆唇，侈口，卷沿，短束颈，溜肩。颈部至肩部饰刻划网格纹和凹弦纹。残高7.5厘米（图二五二，4）。

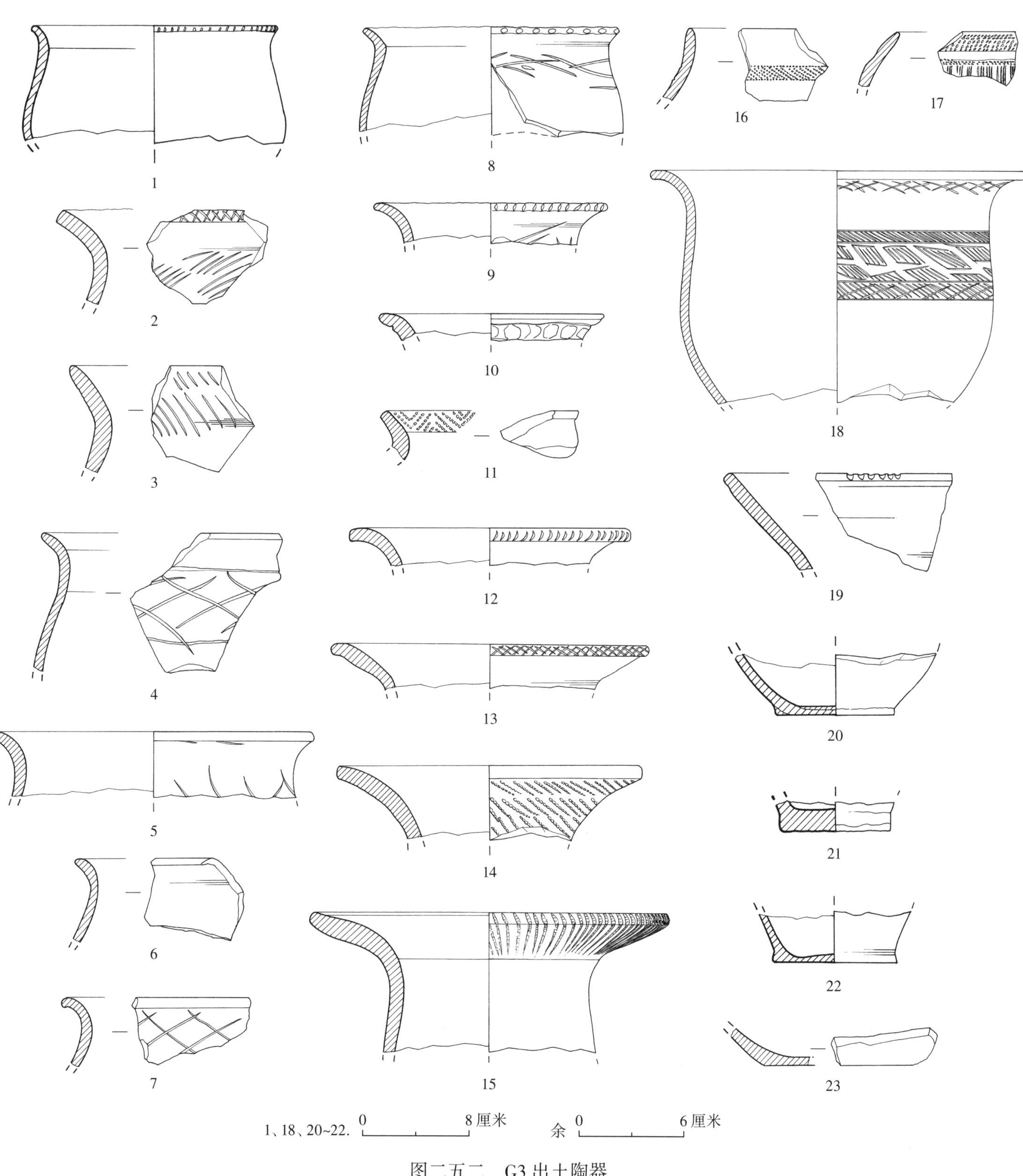

图二五二　G3出土陶器

1、2. Ba型束颈罐（G3：12、44）　3~7. Bb型束颈罐（G3：20、33、35、39、41）　8. Ac型侈口小罐（G3：40）　9. Ae型侈口小罐（G3：43）　10. Ab型附加堆纹罐（G3：57）　11. Ab型沿面饰纹罐（G3：65）　12、13. A型长颈罐（G3：15、36）　14. B型长颈罐（G3：50）　15. Ab型盘口高领罐（G3：32）　16. B型矮领小罐（G3：22）　17. B型敛口罐（G3：59）　18. C型盆（G3：11）　19. 乙类Aa型钵（G3：13）　20~23. 器底（G3：73、74、81、109）

G3：35，夹砂灰陶。圆唇，侈口，卷沿，短束颈。颈部饰刻划纹。口径 17.6、残高 3.6 厘米（图二五二，5）。

G3：39，夹砂黄陶。尖圆唇，侈口，卷沿，短束颈。素面。残高 4.4 厘米（图二五二，6）。

G3：41，夹砂黄褐陶。方圆唇，侈口，宽沿，短束颈。颈部饰刻划网格纹。残高 3.6 厘米（图二五二，7）。

侈口小罐

Ac 型。

G3：40，夹砂灰陶。圆唇，侈口，卷沿，腹部微鼓。唇部饰戳印点纹，肩部饰刻划纹。口径 14、残高 5.8 厘米（图二五二，8）。

Ae 型。

G3：43，夹砂黄褐陶。圆唇，侈口，卷沿。唇部饰戳印点纹，颈部饰刻划纹。口径 12.8、残高 2.2 厘米（图二五二，9）。

附加堆纹罐 Ab 型。

G3：57，夹砂褐陶。圆唇，侈口。颈上部饰一周褶皱状附加堆纹。口径 12.4、残高 1.5 厘米（图二五二，10）。

沿面饰纹罐 Ab 型。

G3：65，夹砂黑灰陶。方唇，侈口，卷沿上仰。沿面饰成组小方格状点线纹组成的连续三角纹。残高 2.6 厘米（图二五二，11）。

长颈罐

A 型。

G3：15，夹砂灰陶。方唇，侈口，卷沿外翻微下垂，长颈。唇部饰戳印点纹。口径 15.4、残高 2 厘米（图二五二，12）。

G3：36，夹砂灰陶。方圆唇，侈口，窄卷沿外翻近平。唇部饰刻划“×”形纹。口径 17.6、残高 2.4 厘米（图二五二，13）。

B 型。

G3：50，夹砂橙黄陶。方圆唇，喇叭口，长颈。颈部饰小方格状点线纹组成的数周窄带状纹饰。口径 16.8、残高 4 厘米（图二五二，14）。

盘口高领罐 Ab 型。

G3：32，夹砂灰褐陶。方圆唇，唇内侧有一道凹槽，盘口，宽沿，长颈。唇部至沿外壁饰小方格状点线纹。口径 20、残高 7.6 厘米（图二五二，15；彩版六一，1）。

矮领小罐 B 型。

G3：22，夹细砂灰褐陶，器表磨光。尖圆唇，直口，矮领，溜肩。肩部饰点线状凹弦纹夹斜向点线纹。残高 3.9 厘米（图二五二，16）。

敛口罐 B 型。

G3：59，夹砂黑灰陶。圆唇，敛口，溜肩。口外侧饰小方格状点线纹组成的窄带状纹饰和一周凹弦纹，肩部饰一周凹弦纹、点线纹和竖向短线纹等。残高2.9厘米（图二五二，17）。

盆　C型。

G3：11，夹砂黑灰陶。圆唇，侈口，卷沿，上腹较直，中腹微鼓，下腹弧收，底残。沿外壁饰刻划网格纹，腹部以四周凹弦纹分隔为三个纹饰带，依次为短斜线纹组成的窄带状纹饰、短斜线纹组成的菱形纹、短斜线交叉纹等。口径27.8、残高16.6厘米（图二五二，18；彩版六一，2）。

钵　乙类Aa型。

G3：13，夹细砂灰黑陶，器表磨光。厚圆唇，敞口，斜直腹。唇部饰一组戳印点纹。残高5.2厘米（图二五二，19）。

器底

G3：73，夹砂灰陶，内壁浅黄色。下腹弧收，平底。素面。底部可见二次粘接痕迹。底径8.8、残高4.4厘米（图二五二，20）。

G3：74，夹砂灰陶，内壁灰黑色。矮台状平底。素面。底径8、残高2厘米（图二五二，21）。

G3：81，夹砂黄陶，内壁灰褐色。平底，底部边缘外凸。素面。底径9.2、残高3.7厘米（图二五二，22）。

G3：109，夹砂灰陶。平底。素面。残高2厘米（图二五二，23）。

（2）石器

斧

Ca型。

G3：1，黑色。平面近长方形，截面不规则。平顶，有较多片疤。正面起脊，有较大面积的崩疤。正锋，弧刃，双面刃，刃面中部有较多杂乱的磨痕。长11.9、宽6.7、厚约4.2厘米（图二五三，1；彩版六一，3）。

残件。

G3：6，黑色，石料接近玉质。大部分残缺，仅残有一侧的下半部分，截面近长方形。侧面平齐，磨光，器表中部有明显的片切割痕迹。正锋，弧刃。残长8、宽5.6、厚约3.2厘米（图二五三，3；彩版六一，4）。

G3：110，黑色。遍布崩疤，无明显的磨光面。大部分残缺。长11、宽4.4、厚约3.8厘米（图二五三，2；彩版六一，5）。

锛　B型。

G3：3，黑色。平面近梯形，截面较不规则。顶部稍倾斜，较平整。仅刃部磨光，两侧及中部有较明显的片疤。偏锋，双面刃，刃缘有较多崩疤、茬口及较杂乱的磨痕。长6.8、宽4.2、厚约0.8厘米（图二五三，5）。

G3：4，黑色。平面呈弯曲的长条形，截面不规则。顶部较粗糙。器表有较多片疤，两面均磨光。单面刃，刃缘分布有较多崩疤及杂乱的磨痕。长9.8、宽3.3、厚约1.1厘米（图二五三，6）。

G3：111，黑色。平面呈梯形，截面近长方形。平顶。器身中部磨光。弧刃，单面刃，两面均磨光，有较多片疤。长6.2、宽3.7、厚约0.9厘米（图二五三，4）。

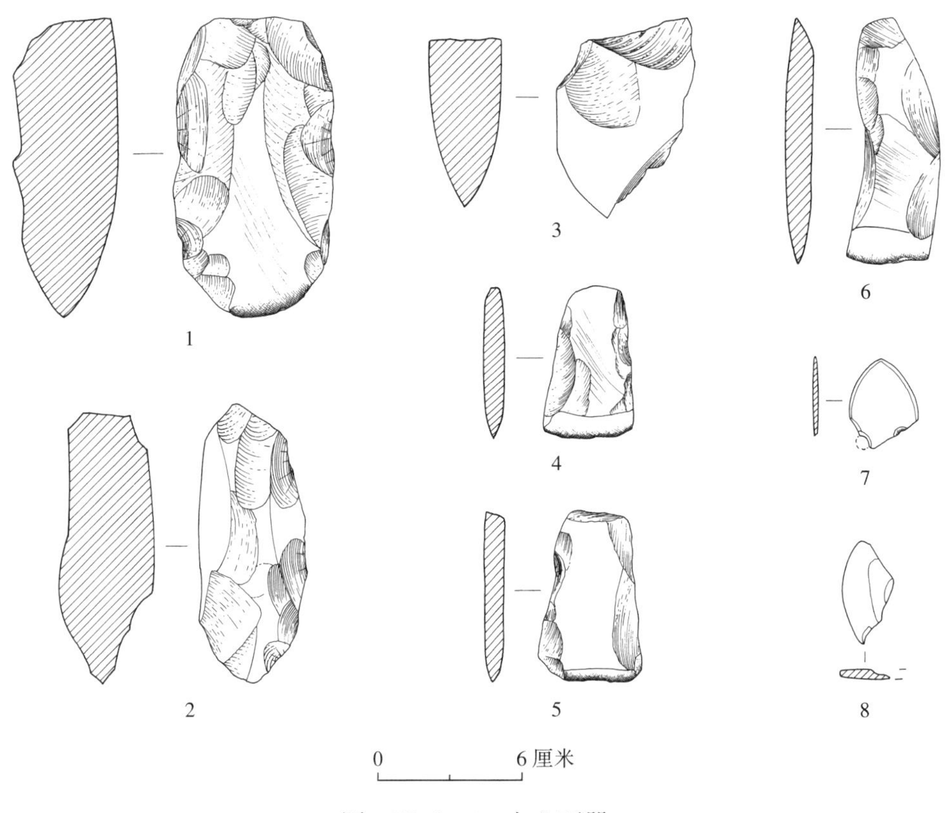

图二五三　G3出土石器

1. Ca型斧（G3：1）　2、3. 石斧残件（G3：110、6）　4~6. B型锛（G3：111、3、4）　7. Ac型箭镞（G3：2）　8. 纺轮（G3：5）

箭镞　Ac型。

G3：2，灰褐色。柳叶形，较宽扁，大部分残缺。残有一孔，单面钻孔。单面刃，磨光较好。长3.6、宽2.8、厚约0.1厘米（图二五三，7）。

纺轮

G3：5，白色。圆形片状，大部分残缺，仅残有一角。磨制较精细。厚0.4厘米（图二五三，8）。

2. G4

位于TN16E22西部和TN15E22西部。开口于第3层下，打破第4层。沟口平面呈长条形，弧壁，圜底。残长9、宽0.54~0.71、深0.35米。填土为灰黑色，土质较疏松，出土陶器和石器等，陶器器类有矮领罐、尊形器、钵等（图二五四）。

三、Ⅱ区文化层

（一）第7层出土遗物

该层出土遗物以陶器为主，器类有矮领罐、尊形器、钵等。

陶器

矮领罐

TN32E37⑦：11，夹砂红褐胎黑皮陶，器表磨光。方唇，侈口，矮领，溜肩。素面。口径13、残高 3.1 厘米（图二五五，1）。

尊形器

TN32E37 ⑦：16，夹砂黄褐陶。方唇，敞口。唇部和腹部饰粗篮纹。残高 4.5 厘米（图二五五，2）。

TN32E37 ⑦：19，夹砂陶，外壁为灰色，内壁为黄褐色。方唇，敞口。唇部和腹部饰粗篮纹，口外侧饰附加堆纹。残高 4 厘米（图二五五，3）。

钵　甲类 A 型。

TN32E37 ⑦：18，夹砂褐胎黑皮陶。圆唇，敛口，鼓肩。素面。残高 3.5 厘米（图二五五，4）。

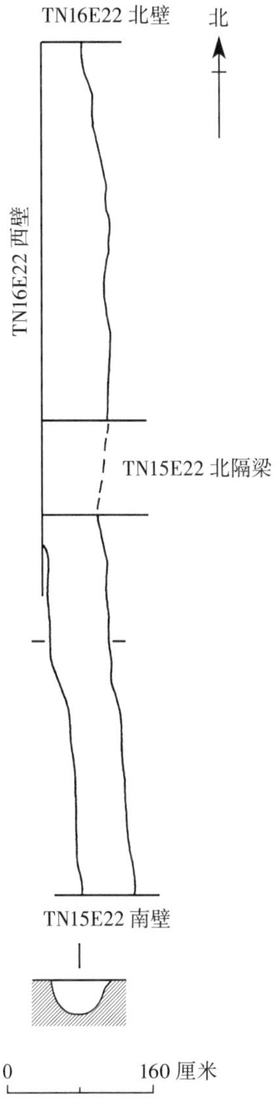

（二）第 6 层出土遗物

该层出土遗物以陶器为主，另有少量石器以及 1 件细石器。陶器有附加堆纹罐、侈口高领罐、束颈罐、盆、尊形器、钵等，石器有细石叶、箭镞、纺轮等。

（1）陶器

附加堆纹罐　Ab 型。

TN30E34 ⑥：11，夹砂灰陶。方唇，侈口。唇部饰“×”形纹，颈上部饰一周褶皱状附加堆纹。残高 2.5 厘米（图二五六，1）。

TN32E37 ⑥：11，夹砂黄褐陶。圆唇，侈口，卷沿。唇部饰戳印点纹，颈上部饰一周褶皱状附加堆纹。残高 3.5 厘米（图二五六，2）。

侈口高领罐

TN30E34 ⑥：12，夹砂灰陶。圆唇，侈口，高领。唇部饰戳印点纹。残高 4.7 厘米（图二五六，4）。

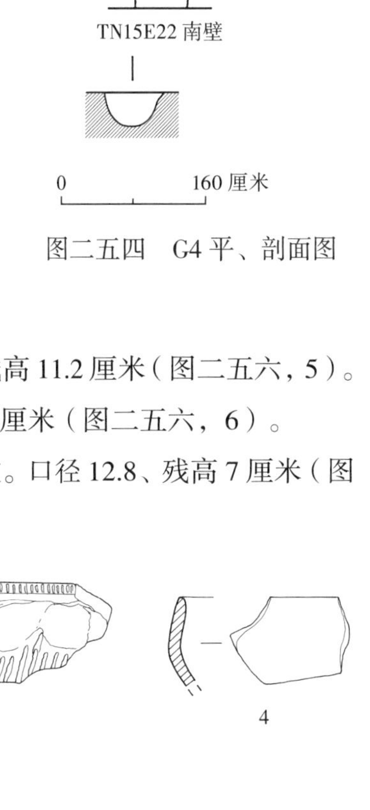

图二五四　G4 平、剖面图

TN31E34 ⑥：18，夹砂灰陶。圆唇，侈口，高领。素面。口径 16.8、残高 11.2 厘米（图二五六，5）。

TN32E35 ⑥：13，夹砂灰陶。圆唇，侈口。素面。口径 18、残高 3 厘米（图二五六，6）。

TN32E35 ⑥：18，夹砂灰褐陶。圆唇，侈口，高领。唇部饰戳印点纹。口径 12.8、残高 7 厘米（图

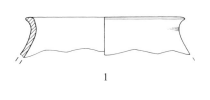

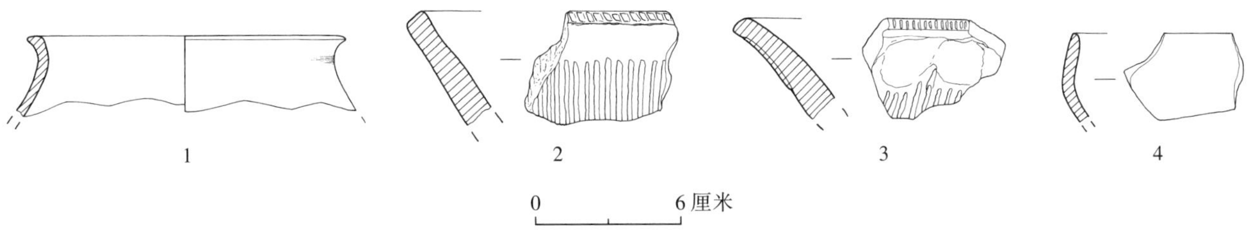

图二五五　2017 年Ⅱ区第 7 层出土陶器

1. 矮领罐（TN32E37 ⑦：11）　2、3. 尊形器（TN32E37 ⑦：16、TN32E37 ⑦：19）　4. 甲类 A 型钵（TN32E37 ⑦：18）

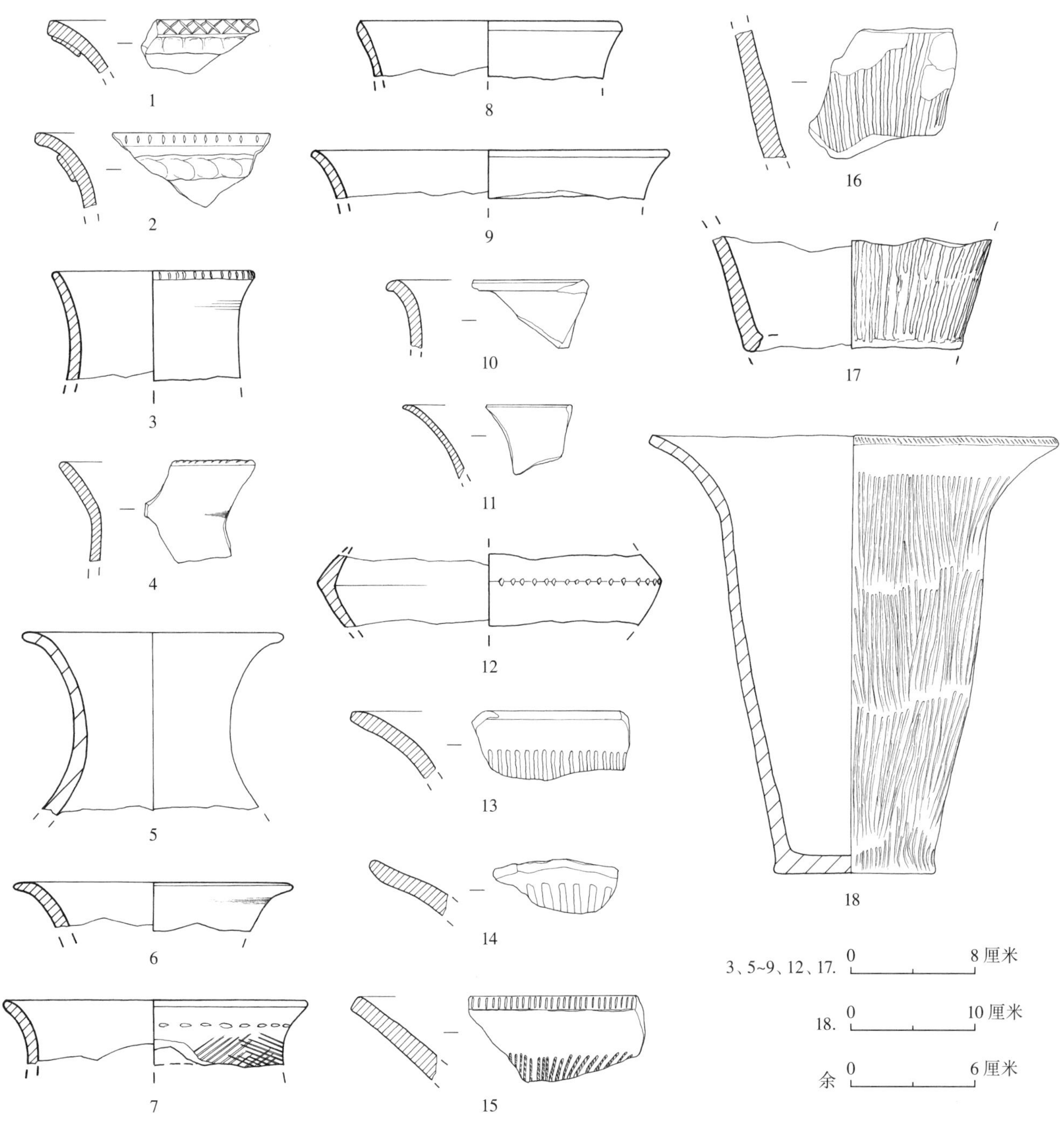

图二五六　2017 年Ⅱ区第 6 层出土陶器

1、2. Ab 型附加堆纹罐（TN30E34⑥：11、TN32E37⑥：11）　3~6. 侈口高领罐（TN32E35⑥：18、TN30E34⑥：12、TN31E34⑥：18、TN32E35⑥：13）　7、8. Bb 型束颈罐（TN32E35⑥：24、TN32E35⑥：25）　9~12. A 型盆（TN32E35⑥：21、TN33E34⑥：1、TN33E36⑥：17、TN32E35⑥：30）　13~18. 尊形器（TN32E35⑥：11、TN33E36⑥：15、TN32E37⑥：15、TN30E34⑥：13、TN33E36⑥：16、TN32E38⑥：2）

二五六，3）。

束颈罐　Bb 型。

TN32E35⑥：24，夹砂红褐陶。圆唇，侈口。颈上部饰一周戳印窝点纹，颈下部饰压印线纹。口径 19.6、残高 4 厘米（图二五六，7）。

TN32E35⑥：25，夹砂褐胎黑皮陶，外壁磨光。尖圆唇，侈口。素面。口径16.8、残高3.4厘米（图二五六，8）。

盆　A型。

TN32E35⑥：21，泥质灰陶。残存口沿部分，圆唇，侈口。素面。口径23、残高3.2厘米（图二五六，9）。

TN32E35⑥：30，夹砂褐胎黑皮陶，外壁磨光。折腹。折腹处饰戳印窝点纹。腹径22.4、残高4.6厘米（图二五六，12）。

TN33E34⑥：1，泥质黄褐陶，内壁磨光。圆唇，侈口，窄卷沿外翻下垂。素面。残高3.2厘米（图二五六，10）。

TN33E36⑥：17，泥质灰陶。尖圆唇，侈口。素面。残高3.3厘米（图二五六，11）。

尊形器

TN30E34⑥：13，夹砂黄褐陶。残存腹壁，饰粗篮纹。残高6厘米（图二五六，16）。

TN32E35⑥：11，夹砂灰陶。方唇，敞口。腹部饰粗篮纹。残高3.2厘米（图二五六，13）。

TN32E37⑥：15，夹砂黄褐陶，内壁灰色。方唇，敞口。唇部和腹部饰粗篮纹。残高4厘米（图二五六，15）。

TN32E38⑥：2，夹砂黄褐陶。方唇，敞口，斜直腹，平底。唇部和外壁饰篮纹。口径33、底径13、高34.5厘米（图二五六，18；彩版六二，1）。

TN33E36⑥：15，夹砂灰陶。圆唇，敞口。腹部饰粗篮纹。残高2.6厘米（图二五六，14）。

TN33E36⑥：16，夹砂黄褐陶。残存下腹部，饰粗篮纹。残高7.2厘米（图二五六，17）。

钵

甲类A型。

TN32E35⑥：15，泥质灰陶。圆唇，敛口，鼓肩。素面。残高2.4厘米（图二五七，1）。

TN32E35⑥：22，泥质灰胎黑皮陶。圆唇，敛口，鼓肩。素面。残高3.5厘米（图二五七，9）。

TN32E35⑥：27，泥质灰陶。圆唇，敛口，鼓肩。素面。口径24、残高3.4厘米（图二五七，4）。

TN32E35⑥：29，泥质灰陶。圆唇，敛口，鼓肩。素面。残高2.8厘米（图二五七，2）。

TN33E34⑥：3，泥质黄褐陶，器表磨光。尖圆唇，敛口，鼓肩。口外侧饰戳印窝点纹，浅而不清晰。残高2.7厘米（图二五七，3）。

TN33E34⑥：4，泥质灰陶。圆唇，敛口，鼓肩。素面。口径15.6、残高3.2厘米（图二五七，5）。

TN33E34⑥：5，泥质红褐陶。圆唇，敛口，鼓肩。素面。残高3.1厘米（图二五七，10）。

甲类B型。

TN32E35⑥：14，泥质灰白胎黑皮陶。圆唇，口近直。口部饰戳印窝点纹。残高3.3厘米（图二五七，6）。

TN33E34⑥：2，泥质红褐胎黑皮陶。方唇，口近直。肩部有一圆形穿孔，由外而内穿透。素面。残高3厘米（图二五七，7）。

TN33E34⑥：6，泥质灰黑陶。圆唇，口近直。素面。残高3.7厘米（图二五七，8）。

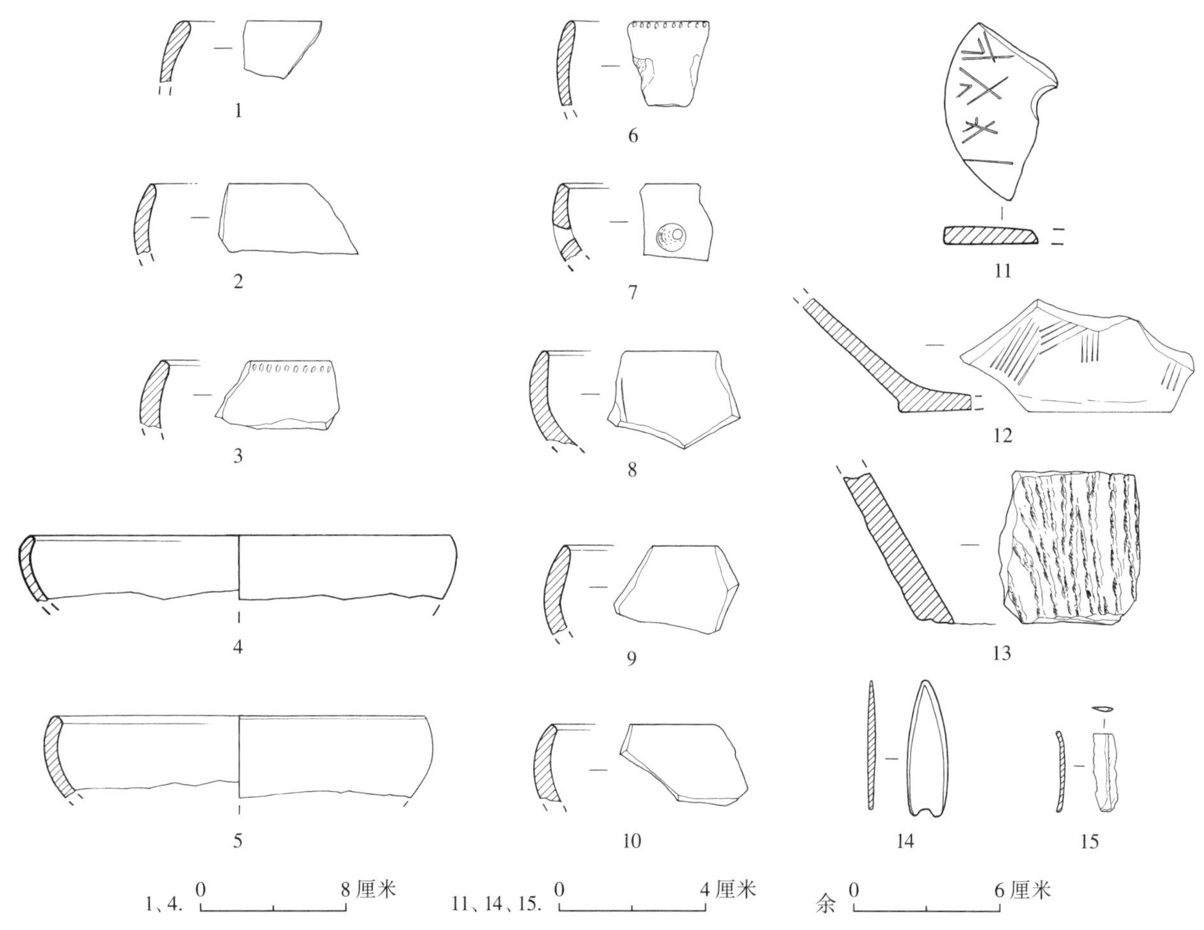

图二五七　2017年Ⅱ区第6层出土遗物

1~5、9、10. 甲类A型陶钵（TN32E35⑥：15、TN32E35⑥：29、TN33E34⑥：3、TN32E35⑥：27、TN33E34⑥：4、TN32E35⑥：22、TN33E34⑥：5）　6~8. 甲类B型陶钵（TN32E35⑥：14、TN33E34⑥：2、TN33E34⑥：6）　11. 石纺轮（TN33E36⑥：1）　12. 陶器底（TN33E36⑥：14）　13. 纹饰陶片（TN32E35⑥：31）　14. Ab型石箭镞（TN32E34⑥：1）　15. 细石叶（TN33E35⑥：1）

器底

TN33E36⑥：14，夹砂灰胎黄褐皮陶。平底。腹部饰细线纹。残高4.5厘米（图二五七，12）。

纹饰陶片

TN32E35⑥：31，夹砂黄褐陶。外壁饰粗篮纹。残高6厘米（图二五七，13）。

（2）细石器

细石叶

TN33E35⑥：1，黑色燧石。整体较窄长，平面呈长方形。背面较光滑，正面两侧有明显的片疤，中部较平整。长2、宽0.8、厚0.3厘米（图二五七，15）。

（3）石器

箭镞　Ab型。

TN32E34⑥：1，灰绿色。柳叶形，极薄，截面较不规则，呈扁圆形。两侧均有刃部，刃面较窄，较锋利，有较均匀的斜向磨痕。长3.6、宽1.2、厚约0.1厘米（图二五七，14；彩版六二，2）。

纺轮

TN33E36⑥：1，灰色。圆形片状，大部分残缺，仅残有一角，中部有一穿孔。器表磨光较差。残存半径2.5、厚0.5厘米（图二五七，11；彩版六二，3）。

（三）第5层出土遗物

该层出土遗物以陶器为主，另有少量石器。陶器器类有侈口高领罐、尊形器、盆、钵、束颈罐、侈口小罐、无颈罐、敞口罐、附加堆纹罐、沿面饰纹罐、长颈罐、矮领小罐、敛口罐、杯等，石器器类有斧、锛、凿、刀、箭镞、砍砸器等。其中侈口高领罐、尊形器、A型盆及甲类A型、甲类B型钵与该区第6、7层出土遗物相近，应属晚期单位混杂的早期遗物。

（1）陶器

侈口高领罐

TN33E34⑤：29，夹砂灰陶，器表磨光。圆唇，侈口，卷沿，高领。素面。残高3.1厘米（图二五八，1）。

TN33E35⑤：15，夹砂灰陶，器表磨光。圆唇，侈口，窄卷沿外翻，高领。素面。残高6.5厘米（图二五八，2）。

尊形器

TN31E34⑤：27，夹砂黄褐陶。内壁抹平，底外壁粗糙、不平。下腹斜收为平底。腹部饰篮纹，底部素面。底部可见二次粘接痕迹。底径7、残高4.1厘米（图二五八，5）。

盆　A型。

TN32E37⑤：12，夹砂橙黄陶，外壁磨光。圆唇，侈口，卷沿外翻，长颈，腹部以下残。素面。残高7厘米（图二五八，3）。

TN33E34⑤：11，夹细砂灰陶。圆唇，侈口，卷沿外翻。素面。残高2.7厘米（图二五八，4）。

钵

甲类A型。

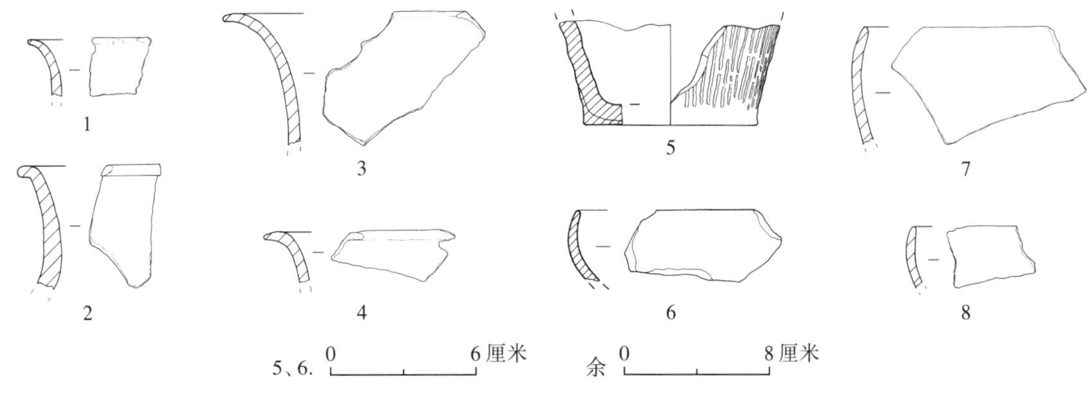

图二五八　2017年Ⅱ区第5层出土陶器

1、2. 侈口高领罐（TN33E34⑤：29、TN33E35⑤：15）　3、4. A型盆（TN32E37⑤：12、TN33E34⑤：11）　5. 尊形器（TN31E34⑤：27）　6、7. 甲类A型钵（TN31E34⑤：24、TN33E34⑤：12）　8. 甲类B型钵（TN33E36⑤：21）

TN31E34⑤：24，泥质灰胎黑皮陶，器表磨光。圆唇，敛口，鼓肩。素面。残高2.8厘米（图二五八，6）。

TN33E34⑤：12，夹细砂灰陶。圆唇，敛口，鼓肩。素面。残高6.2厘米（图二五八，7）。

甲类B型。

TN33E36⑤：21，夹砂灰胎黑皮陶，器表磨光。圆唇，溜肩。素面。残高3.2厘米（图二五八，8）。

束颈罐　Ba型。

TN30E34⑤：13，夹砂黄褐陶。方唇，侈口，卷沿。唇部饰戳印点纹。口径18、残高3.5厘米（图二五九，1）。

TN31E34⑤：26，夹砂灰陶。圆唇，侈口，卷沿。唇部饰戳印点纹。残高4厘米（图二五九，10）。

TN31E34⑤：34，夹砂黑灰陶。方唇，侈口，卷沿，束颈。唇部饰戳印点纹。残高3.5厘米（图二五九，2）。

TN32E34⑤：12，夹砂灰白胎黑皮陶。方唇，侈口，卷沿，束颈。唇部饰戳印点纹，颈部饰刻划网格纹。残高3.5厘米（图二五九，3）。

TN32E36⑤：20，夹砂黑灰陶。方唇，侈口，卷沿，束颈。唇部饰戳印点纹。口径28、残高5厘米（图二五九，4）。

TN32E37⑤：11，夹砂黑灰陶。方唇，侈口，卷沿。唇部饰戳印点纹，肩部饰刻划网格纹。残高4.5厘米（图二五九，5）。

TN33E35⑤：12，夹砂黄褐陶，内壁褐色。圆唇，侈口，卷沿，束颈。唇部饰戳印点纹，颈部饰刻划网格纹。残高4.1厘米（图二五九，6）。

TN33E35⑤：17，夹砂灰白胎褐皮陶。圆唇，侈口，卷沿，束颈。唇部饰“×”形纹。口径20.8、残高3.6厘米（图二五九，7）。

侈口小罐　Ae型。

TN31E34⑤：32，夹砂灰陶，内壁黑灰色。圆唇，侈口，卷沿，短束颈。素面。残高2.1厘米（图二五九，15）。

TN32E35⑤：20，夹砂黄褐陶，内壁黑灰色。圆唇，侈口，卷沿，短束颈，溜肩。唇部饰戳印点纹，颈部饰戳印粗点纹。口径14、残高3.5厘米（图二五九，13）。

TN33E34⑤：19，夹砂灰白陶。圆唇，侈口，卷沿，短束颈，溜肩。唇部饰戳印点纹，肩部饰戳印粗点纹。口径14、残高4.5厘米（图二五九，14）。

无颈罐

Ac型。

TN33E38⑤：21，夹砂红褐胎黑褐皮陶。圆唇，敛口，窄折沿，溜肩。唇部饰戳印点纹，颈部饰数道刻划弦纹。口径16、残高2.7厘米（图二五九，8）。

Ba型。

TN32E36⑤：19，夹砂黑褐陶，内壁磨光。圆唇，侈口，卷沿，溜肩。肩部饰刻划弦纹和网格纹。

图二五九　2017年Ⅱ区第5层出土陶器

1~7、10. Ba型束颈罐（TN30E34⑤：13、TN31E34⑤：34、TN32E34⑤：12、TN32E36⑤：20、TN32E37⑤：11、TN33E35⑤：12、TN33E35⑤：17、TN31E34⑤：26）　8. Ac型无颈罐（TN33E38⑤：21）　9. Bb型无颈罐（TN30E34⑤：14）　11、12. Ba型无颈罐（TN32E36⑤：19、TN33E34⑤：14）　13~15. Ae型侈口小罐（TN32E35⑤：20、TN33E34⑤：19、TN31E34⑤：32）　16. Ba型附加堆纹罐（TN33E34⑤：30）　17. Aa型附加堆纹罐（TN31E35⑤：23）　18. Ab型附加堆纹罐（TN31E35⑤：17）　19. Bb型附加堆纹罐（TN33E34⑤：15）　20、21. Aa型沿面饰纹罐（TN31E35⑤：11、TN31E35⑤：12）　22. Ab型沿面饰纹罐（TN32E37⑤：15）　23. 敞口罐（TN32E34⑤：13）

口径 20、残高 6.2 厘米（图二五九，11）。

TN33E34⑤：14，夹砂褐陶。圆唇，侈口，卷沿，溜肩。肩部饰刻划弦纹和网格纹。口径 18、残高 7 厘米（图二五九，12）。

Bb 型。

TN30E34⑤：14，夹砂灰陶。方唇，侈口，卷沿，鼓肩。唇部饰戳印点纹。残高 3.3 厘米（图二五九，9）。

敞口罐

TN32E34⑤：13，夹砂红褐陶。圆唇，敞口。唇部饰戳印点纹。口径 20、残高 3.6 厘米（图二五九，23）。

附加堆纹罐

Aa 型。

TN31E35⑤：23，夹砂灰白胎黑灰皮陶。方唇，侈口，卷沿。唇部饰戳印点纹，颈上部饰一周平滑的附加堆纹。残高 3.3 厘米（图二五九，17）。

Ab 型。

TN31E35⑤：17，夹砂灰白胎黑灰皮陶。方唇，侈口，卷沿。唇部饰“×”形纹，颈上部饰一周褶皱状附加堆纹。残高 2 厘米（图二五九，18）。

Ba 型。

TN33E34⑤：30，夹砂灰陶。方唇，侈口，卷沿。唇部饰戳印点纹，口外侧饰一周平滑的附加堆纹，与口部贴合形成箭头状唇，颈部饰刻划纹。残高 2.5 厘米（图二五九，16）。

Bb 型。

TN33E34⑤：15，夹砂黄褐陶。圆唇，盘口。口外侧饰一周平滑的附加堆纹，与口部贴合形成箭头状唇。口径 20、残高 4.2 厘米（图二五九，19）。

沿面饰纹罐

Aa 型。

TN31E35⑤：11，夹砂灰陶。圆唇，侈口，卷沿外翻下垂。沿面饰连续三角纹夹光面折线纹，颈部饰小方格状点线纹组成的菱格纹。口径 24、残高 3.2 厘米（图二五九，20）。

TN31E35⑤：12，夹砂褐陶。方唇，侈口，卷沿外翻下垂。沿面饰连续三角纹夹光面折线纹和一周凹弦纹，颈部饰小方格状点线纹组成的菱格纹。残高 3 厘米（图二五九，21）。

Ab 型。

TN32E37⑤：15，夹砂褐胎黑灰皮陶。方唇，侈口，卷沿微上仰。沿面饰连续三角纹夹光面折线纹和一周点线状凹弦纹，颈部饰小方格状点线纹。残高 2.7 厘米（图二五九，22）。

长颈罐　B 型。

TN31E35⑤：13，夹砂黄褐陶。方唇，喇叭口，卷沿，长颈。唇部饰“×”形纹，颈部饰小方格状点线纹。口径 14、残高 3.5 厘米（图二六〇，1）。

TN33E36⑤：13，夹砂灰陶。方唇，喇叭口，卷沿。唇部饰“×”形纹，颈部饰短斜线纹。口

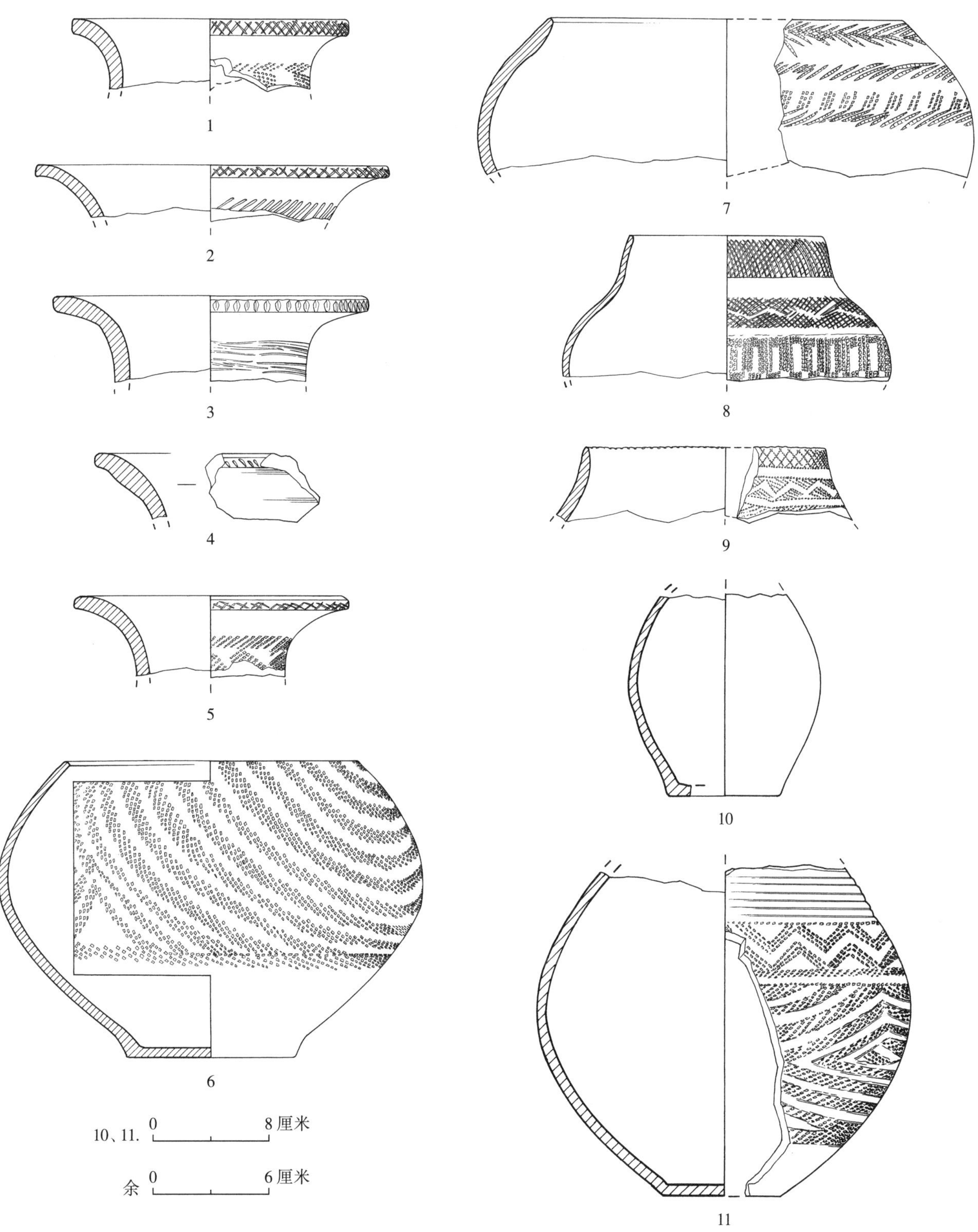

图二六〇　2017年Ⅱ区第5层出土陶器

1~5. B型长颈罐（TN31E35⑤：13、TN33E36⑤：13、TN34E36⑤：12、TN31E35⑤：22、TN32E35⑤：12）　6、7. A型敛口罐（TN30E34⑤：17、TN33E36⑤：25）　8. A型矮领小罐（TN33E34⑤：17）　9. B型矮领小罐（TN32E36⑤：21）　10、11. 腹片（TN33E38⑤：12、TN33E35⑤：20）

径 18、残高 2.8 厘米（图二六〇，2）。

TN34E36⑤：12，夹砂灰褐陶。方唇，喇叭口，卷沿，长颈。唇部饰戳印点纹，颈部饰刻划纹。口径 16、残高 4.2 厘米（图二六〇，3）。

TN31E35⑤：22，夹砂红褐陶。方唇，喇叭口，卷沿。唇部饰戳印点纹。残高 3.2 厘米（图二六〇，4）。

TN32E35⑤：12，夹砂灰胎黑灰皮陶。方唇，喇叭口，长颈。唇部饰“×”形纹，颈部饰小方格状点线纹。口径 14、残高 4 厘米（图二六〇，5）。

矮领小罐

A 型。

TN33E34⑤：17，夹砂灰胎黑皮陶。圆唇，敛口，矮领，圆肩，鼓腹。领部饰菱格纹，肩部饰小方格状点线纹与光面组成的复合纹饰，包括连续三角纹夹光面折线纹等。口径 10、残高 7.2 厘米（图二六〇，8）。

B 型。

TN32E36⑤：21，夹砂灰陶。圆唇，口近直，矮领。领部至肩部饰点线纹组成的菱格纹、弦纹、连续三角纹夹光面折线纹等。口径 12.4、残高 3.8 厘米（图二六〇，9）。

敛口罐　A 型。

TN30E34⑤：17，夹砂黄褐陶。圆唇，敛口，鼓肩，鼓腹，平底。口外侧至腹部饰小方格状点线纹组成的几何纹饰。口径 15、底径 8.6、高 14.6 厘米（图二六〇，6；彩版六二，4）。

TN33E36⑤：25，夹砂黑陶。圆唇，敛口，鼓肩。口外侧饰小方格状点线纹组成的“<”形纹，肩部饰小方格状点线纹组成的窄带状纹饰等。口径 18、残高 7.8 厘米（图二六〇，7）。

钵

乙类 Aa 型。

TN30E35⑤：11，夹砂灰白胎黑灰皮陶。圆唇，敞口，斜直腹。腹部有两道凹痕。口径 24、残高 7 厘米（图二六一，1）。

乙类 Bb 型。

TN31E34⑤：35，夹砂黄褐陶，内壁磨光。尖圆唇，敛口，腹部微鼓。口外侧饰连续三角纹夹光面折线纹和弦纹，腹部饰短线纹与光面组成的复合纹饰。口径 14.6、残高 5 厘米（图二六一，2）。

乙类 Be 型。

TN31E34⑤：29，夹砂黄褐陶。方唇，直口，弧腹。唇部饰戳印点纹，口外侧饰点线纹组成的菱格纹和弦纹，腹部饰点线纹与光面组成的复合纹饰。残高 5 厘米（图二六一，8）。

TN31E35⑤：18，夹砂黑灰陶，内壁磨光。圆唇，口近直，弧腹。口部饰小方格状点线纹组成的“<”形纹和一周凹弦纹，腹部饰点线状凹弦纹和小方格状点线纹等。残高 3.3 厘米（图二六一，9）。

TN32E34⑤：16，夹砂红褐陶。方唇，直口，弧腹。唇部饰戳印点纹，口外侧饰点线状菱格纹和凹弦纹，腹部饰连续三角纹夹光面菱形纹等。口径 23.9、残高 4 厘米（图二六一，3）。

TN33E34⑤：16，夹砂黄褐陶，内壁磨光。圆唇，口近直，弧腹。口外侧至腹部饰点线纹组成的“<”

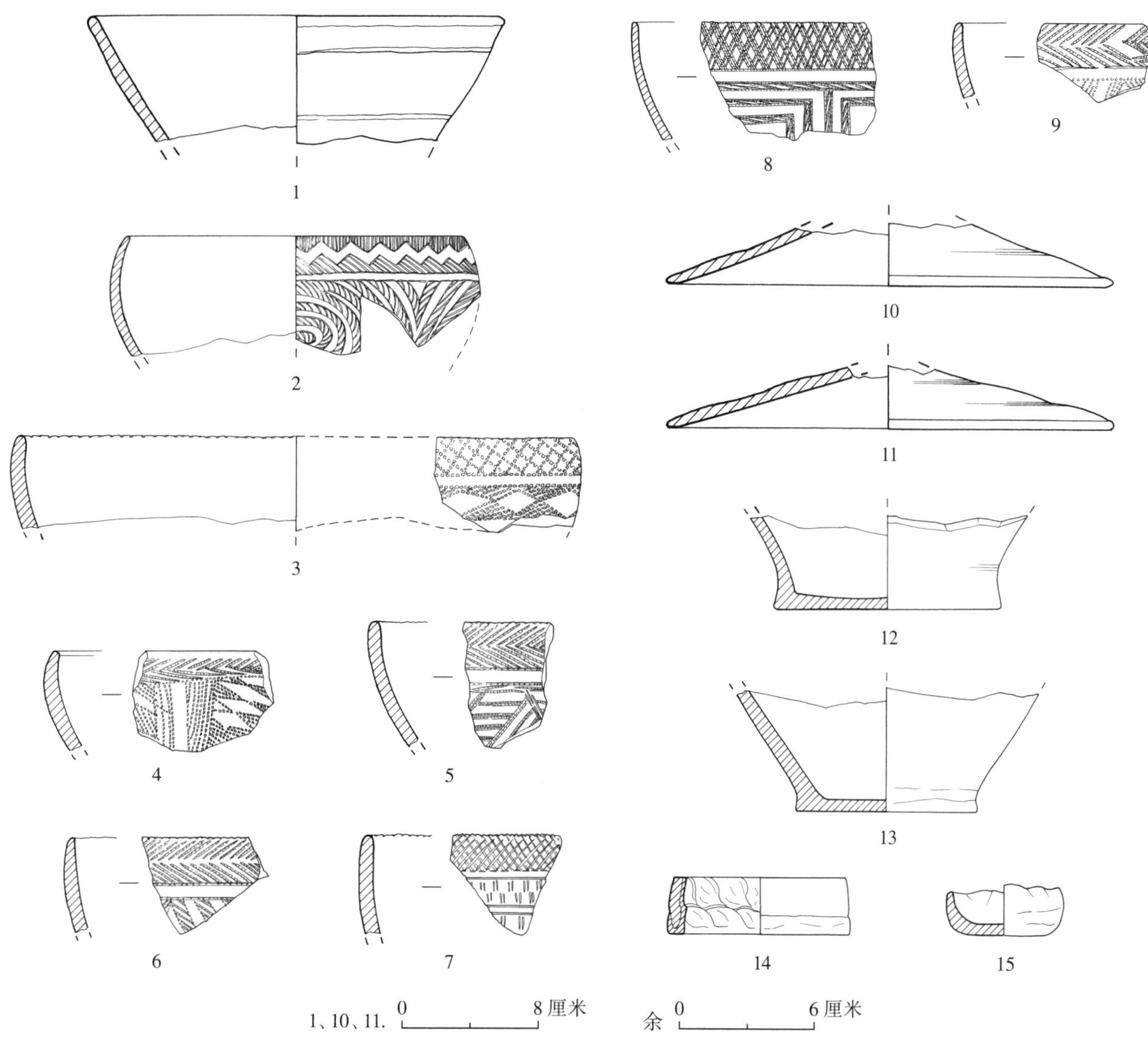

图二六一　2017 年Ⅱ区第 5 层出土陶器

1. 乙类 Aa 型钵（TN30E35 ⑤：11）　2. 乙类 Bb 型钵（TN31E34 ⑤：35）　3~9. 乙类 Be 型钵（TN32E34 ⑤：16、TN33E34 ⑤：16、TN33E34 ⑤：21、TN33E34 ⑤：26、TN33E36 ⑤：19、TN31E34 ⑤：29、TN31E35 ⑤：18）　10、11. 器盖（TN32E35 ⑤：19、TN32E34 ⑤：15）　12、13. 器底（TN33E34 ⑤：13、TN33E35 ⑤：19）　14. 器座（TN32E35 ⑤：17）　15. Ca 型杯（TN33E35 ⑤：1）

形纹、竖向带状纹饰和光面菱形纹等。残高 4.2 厘米（图二六一，4）。

TN33E34 ⑤：21，夹砂黑灰陶，内壁磨光。方唇，口近直，弧腹。唇部饰戳印点纹，口外侧饰小方格状短线纹组成的“<”形纹和一周点线状凹弦纹，腹部饰点线纹与光面形成的复合纹饰。残高 5.2 厘米（图二六一，5）。

TN33E34 ⑤：26，夹砂黑灰陶，内壁磨光。圆唇，口近直，弧腹。唇部饰戳印点纹，口外侧饰小方格状短线纹组成的“<”形纹和一周点线状凹弦纹，腹部饰点线纹与光面形成的复合纹饰。残高 4 厘米（图二六一，6）。

TN33E36 ⑤：19，夹砂灰陶，内壁磨光。方唇，直口，弧腹。唇部饰戳印点纹，口外侧饰菱格纹、凹弦纹、成组竖向短线纹等。残高 4.2 厘米（图二六一，7）。

杯 Ca 型。

TN33E35⑤：1，夹砂褐陶。圆唇，直口，浅弧腹，平底。素面。口径 5、底径 4、高 2.1 厘米（图二六一，15）。

器盖

TN32E34⑤：15，夹砂黑陶。敞口，斜直壁。素面。口径 26、残高 3.6 厘米（图二六一，11）。

TN32E35⑤：19，夹砂黄褐陶。敞口，斜直壁。素面。口径 26、残高 3.6 厘米（图二六一，10）。

器底

TN33E34⑤：13，夹砂褐胎黑褐皮陶，器表磨光，内壁黑色。平底。素面。底径 10、残高 4 厘米（图二六一，12）。

TN33E35⑤：19，夹砂褐陶，内壁黑色。平底。素面。底径 8、残高 5.2 厘米（图二六一，13）。

器座

TN32E35⑤：17，夹砂黄褐陶。泥条盘筑，内壁有戳印窝。底径 8、高 2.4 厘米（图二六一，14）。

腹片

TN33E35⑤：20，夹砂灰褐陶。口部残，溜肩，鼓腹，平底。肩部饰瓦棱纹，上腹部饰点线纹组成的凹弦纹和折线纹，下腹部饰点线状凹弦纹、凹弦纹夹点线纹与光面组成的重菱纹等。器类为罐。残高 21.4 厘米（图二六〇，11）。

TN33E38⑤：12，夹砂褐胎黑皮陶。口部残，溜肩，鼓腹，平底。素面。器类为罐。腹径 13.6、底径 8、残高 13 厘米（图二六〇，10）。

（2）石器

斧 A 型。

TN33E38⑤：1，黑色。平面近圆角长方形，截面近椭圆形。弧背。正锋，弧刃，双面刃，刃部有较多均匀的斜向磨痕。长 13.4、宽 5.8、厚约 3.4 厘米（图二六二，1；彩版六二，5）。

锛 B 型。

TN31E34⑤：10，黑色。平面呈长条形，弧顶。单面刃，刃部残损严重。磨制，两侧和背面有较多崩疤。长 7.5、宽 2.8、厚约 0.9 厘米（图二六二，2）。

TN32E34⑤：1，黑色。平面近梯形，截面近长方形。平顶。两侧有较多片疤。两面均磨光，分布有较均匀的磨痕。偏锋，弧刃，双面刃，刃面中部较宽、两端较窄。长 6.3、宽 3.8、厚约 1.1 厘米（图二六二，3；彩版六二，6）。

TN32E36⑤：2，墨绿色蛇纹岩。平面近梯形，截面呈长方形。斜平顶。背面有较明显的片疤。偏锋，弧刃，双面刃，刃缘有密集的磨痕及茬口。磨光较好。长 7.2、宽 2.4、厚约 1.1 厘米（图二六二，4；彩版六二，7）。

凿

A 型。

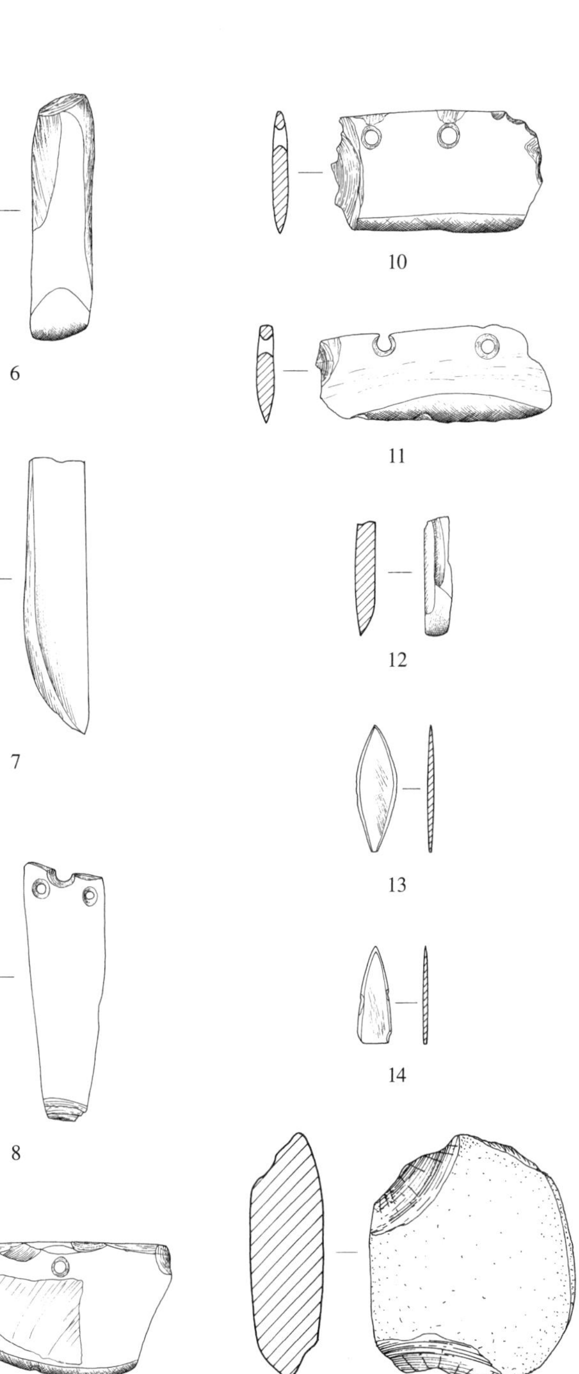

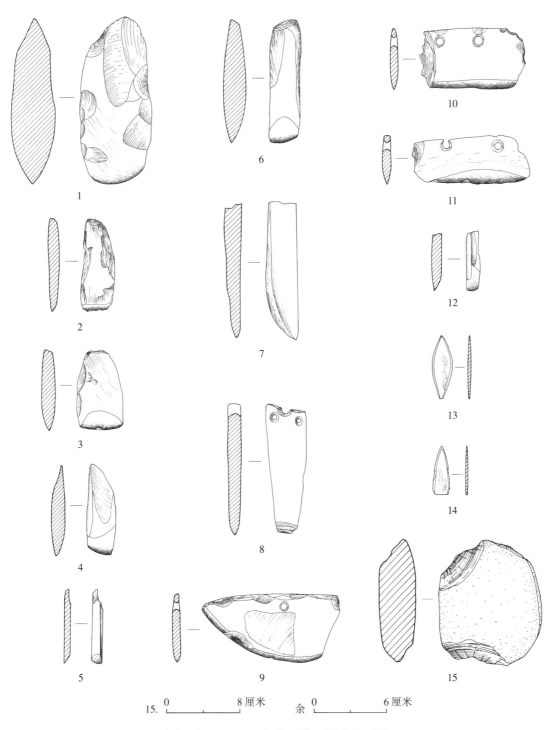

图二六二 2017年Ⅱ区第5层出土石器

1. A型斧（TN33E38⑤：1） 2~4. B型锛（TN31E34⑤：10、TN32E34⑤：1、TN32E36⑤：2） 5、12. A型凿（TN30E34⑤：1、TN30E34⑤：2） 6、7. C型凿（TN32E36⑤：1、TN33E37⑤：2） 8. D型凿（TN33E37⑤：1） 9. 乙类Ab型刀（TN32E37⑤：1） 10、11. 乙类C型刀（TN33E34⑤：1、TN34E36⑤：2） 13. Aa型箭镞（TN31E34⑤：1） 14. Ba型箭镞（TN31E34⑤：2） 15. 砍砸器（TN33E38⑤：22）

TN30E34⑤：1，白色。平面呈长条形，截面近梯形，较细长。弧刃，单面刃。长6、宽0.9、厚约0.5厘米（图二六二，5；彩版六三，1）。

TN30E34⑤：2，灰白色。平面呈长条形，截面近长方形，整体较窄长。顶部残缺。弧刃，单面刃。通体磨光。残长4.7、宽1.1、厚约0.8厘米（图二六二，12；彩版六三，2）。

C型。

TN32E36⑤：1，黑色。平面呈长方形，截面近圆角长方形，相对较厚。斜平顶。两面均磨光，有光泽。偏锋，弧刃，双面刃，刃缘有较多细小的茬口。长9.8、宽2.5、厚约1.5厘米（图二六二，6；彩版六三，3）。

TN33E37⑤：2，墨绿色。残缺较甚，截面近梯形。顶部残缺。两面均磨光。残长10.5、宽2.5、厚1.4厘米（图二六二，7；彩版六三，4）。

D型。

TN33E37⑤：1，黑色。平面呈倒梯形，上宽下窄，截面呈圆角长方形。顶部残缺，分布有较密集的磨痕。靠上有三孔，一孔在上，其下两侧有对称的穿孔。两面均磨光。正锋，双面刃，刃缘分布有较杂乱的磨痕，端部有茬口。残长10.4、宽3.3、厚约1.1厘米（图二六二，8）。

刀

乙类Ab型。

TN32E37⑤：1，黑色。一侧残缺。残有一孔，两面对钻。有较多片疤，仅刃部较光滑，刃缘分布有较多的片疤和磨痕。磨光较差。残长11.2、宽5.4、厚约0.7厘米（图二六二，9；彩版六三，5）。

乙类C型。

TN33E34⑤：1，黑色。直背，双孔，两面对钻，穿孔附近有明显的穿绳磨损。两侧有较多崩疤及磨损。直刃，刃面分布有较密集且杂乱的水平磨痕。长8.7、宽4.8、厚约0.6厘米（图二六二，10；彩版六三，6）。

TN34E36⑤：2，灰色。直背，双孔，两面对钻。直刃，双面刃。器表遍布磨痕。残长9.7、宽3.8、厚约0.7厘米（图二六二，11；彩版六三，7）。

箭镞

Aa型。

TN31E34⑤：1，黑色。柳叶形，截面较规整。上半部分两侧刃部较薄且较锋利，刃缘分布有较多茬口。平底较窄。长5、宽1.7、厚约0.2厘米（图二六二，13）。

Ba型。

TN31E34⑤：2，绿色。平面呈三角形，截面较规则，两面较平直。刃部较锋利。平底。器表分布有较均匀的斜向磨痕。长3.9、宽1.4、厚约0.2厘米（图二六二，14）。

砍砸器

TN33E38⑤：22，黄褐色。两侧分布有连续的较大面积的片疤，未磨光，整体较粗糙。长13、宽11.2、厚4厘米（图二六二，15；彩版六三，8）。

（四）第4层出土遗物

该层出土遗物以陶器为主，另有少量石器。陶器器类有束颈罐、侈口小罐、无颈罐、附加堆纹罐、沿面饰纹罐、长颈罐、盘口高领罐、盘口短颈罐、矮领小罐、敛口罐、小口罐、壶、盆、钵、杯等，石器器类有锛、凿、刀、箭镞、球、网坠、鸟首形器等。

（1）陶器

束颈罐

Aa型。

TN31E34④：16，夹砂灰褐陶，内壁黑灰色。圆唇，侈口，窄卷沿外翻下垂。颈部饰刻划网格纹。口径28、残高3.6厘米（图二六三，1）。

Ba型。

TN30E34④：12，夹砂灰褐陶，内壁褐色。方唇，侈口，卷沿，长颈。唇部饰戳印点纹。口径18、残高4.4厘米（图二六三，2）。

TN31E34④：51，夹砂褐陶。圆唇，侈口，卷沿上仰，颈部微束。唇部饰戳印点纹，颈部饰刻划网格纹。口径18、残高4厘米（图二六三，3）。

TN31E35④：17，夹砂灰陶，内壁黑灰色。方唇，侈口，卷沿上仰，束颈。唇部饰戳印点纹，肩部饰附加堆纹。口径16、残高4.4厘米（图二六三，4）。

TN34E37④：20，夹砂灰褐陶。圆唇，侈口，卷沿上仰，颈微束。唇部饰戳印点纹。口径26、残高3.6厘米（图二六三，5）。

Bb型。

TN33E37④：15，夹砂黑灰陶。圆唇，侈口，卷沿上仰，束颈，溜肩。素面。口径20、残高6厘米（图二六三，6）。

侈口小罐

Ac型。

TN31E34④：36，夹砂褐陶。方唇，侈口，卷沿，溜肩。唇部饰戳印点纹，肩部饰刻划弦纹。口径10、残高2.2厘米（图二六三，10）。

TN34E34④：17，夹砂灰褐陶。圆唇，侈口，卷沿，溜肩，弧腹。肩部饰交叉纹，腹部饰短线纹。口径11、残高7.8厘米（图二六三，11；彩版六四，1）。

Ae型。

TN30E35④：12，夹砂灰白胎黑灰皮陶。方唇，侈口，卷沿，短束颈。素面。口径12、残高4厘米（图二六三，7）。

TN32E35④：31，夹砂褐陶。方唇，侈口，卷沿，束颈。唇部饰戳印点纹。口径12、残高5.5厘米（图二六三，8）。

TN33E38④：11，夹砂灰白胎灰褐皮陶，内壁黑灰色。方唇，侈口，卷沿，短束颈。肩部饰戳印粗点纹。口径14、残高4.2厘米（图二六三，9）。

图二六三　2017年Ⅱ区第4层出土陶器

1. Aa型束颈罐（TN31E34④：16）　2~5. Ba型束颈罐（TN30E34④：12、TN31E34④：51、TN31E35④：17、TN34E37④：20）　6. Bb型束颈罐（TN33E37④：15）　7~9. Ae型侈口小罐（TN30E35④：12、TN32E35④：31、TN33E38④：11）　10、11. Ac型侈口小罐（TN31E34④：36、TN34E34④：17）　12. Ab型无颈罐（TN29E34④：23）　13. Ac型无颈罐（TN31E35④：13）　14. Bb型无颈罐（TN31E34④：50）　15、16. Ba型无颈罐（TN33E36④：30、TN33E36④：16）

无颈罐

Ab 型。

TN29E34④：23，夹砂灰白陶。圆唇，盘口，折沿。唇部和折沿处饰戳印点纹。残高 3.5 厘米（图二六三，12）。

Ac 型。

TN31E35④：13，夹砂灰胎褐皮陶。圆唇，敛口，窄折沿，溜肩。肩部饰刻划“<”形纹。残高 4.2 厘米（图二六三，13）。

Ba 型。

TN33E36④：16，夹砂灰陶。圆唇，侈口，卷沿，溜肩。素面。口径 20、残高 5 厘米（图二六三，16）。

TN33E36④：30，夹砂褐陶。方唇，侈口，卷沿。唇部饰戳印点纹，肩部饰刻划网格纹。口径 12、残高 3.5 厘米（图二六三，15）。

Bb 型。

TN31E34④：50，夹砂灰陶。方唇，侈口，卷沿，鼓肩。唇部饰戳印点纹。口径 16、残高 3.6 厘米（图二六三，14）。

附加堆纹罐

Aa 型。

TN32E37④：19，夹砂灰陶，内壁黑灰色。圆唇，唇部下缘下垂，侈口。唇部饰戳印点纹，颈上部饰一周平滑的附加堆纹。残高 3.5 厘米（图二六四，1）。

TN33E34④：24，夹砂黑灰陶。方唇，侈口。颈上部饰一周较平滑的附加堆纹。残高 3 厘米（图二六四，2）。

Ab 型。

TN32E37④：18，夹砂灰胎黑皮陶。圆唇，侈口。颈上部饰一周褶皱状附加堆纹。残高 3.2 厘米（图二六四，6）。

TN32E38④：14，夹砂灰陶。方唇，侈口。唇部饰戳印点纹，颈上部饰一周褶皱状附加堆纹。口径 26、残高 3.4 厘米（图二六四，3）。

TN33E35④：15，夹砂灰褐陶。方唇，侈口。唇部饰戳印点纹，颈上部饰一周褶皱状附加堆纹。口径 26、残高 3.8 厘米（图二六四，4）。

TN34E34④：24，夹砂灰胎黑灰皮陶。方唇，侈口。唇部饰戳印点纹，颈上部饰一周褶皱状附加堆纹。口径 24、残高 3.6 厘米（图二六四，5）。

Ba 型。

TN33E34④：23，夹砂灰陶。方唇，侈口。唇部饰戳印点纹，唇外侧饰一周平滑的附加堆纹，与口部贴合形成箭头状唇。残高 3 厘米（图二六四，7）。

Bb 型。

TN30E34④：11，夹砂黑灰陶，器表磨光。圆唇，敞口。口外侧饰一周平滑的附加堆纹，与口部贴合形成箭头状唇。口径 20、残高 5 厘米（图二六四，8）。

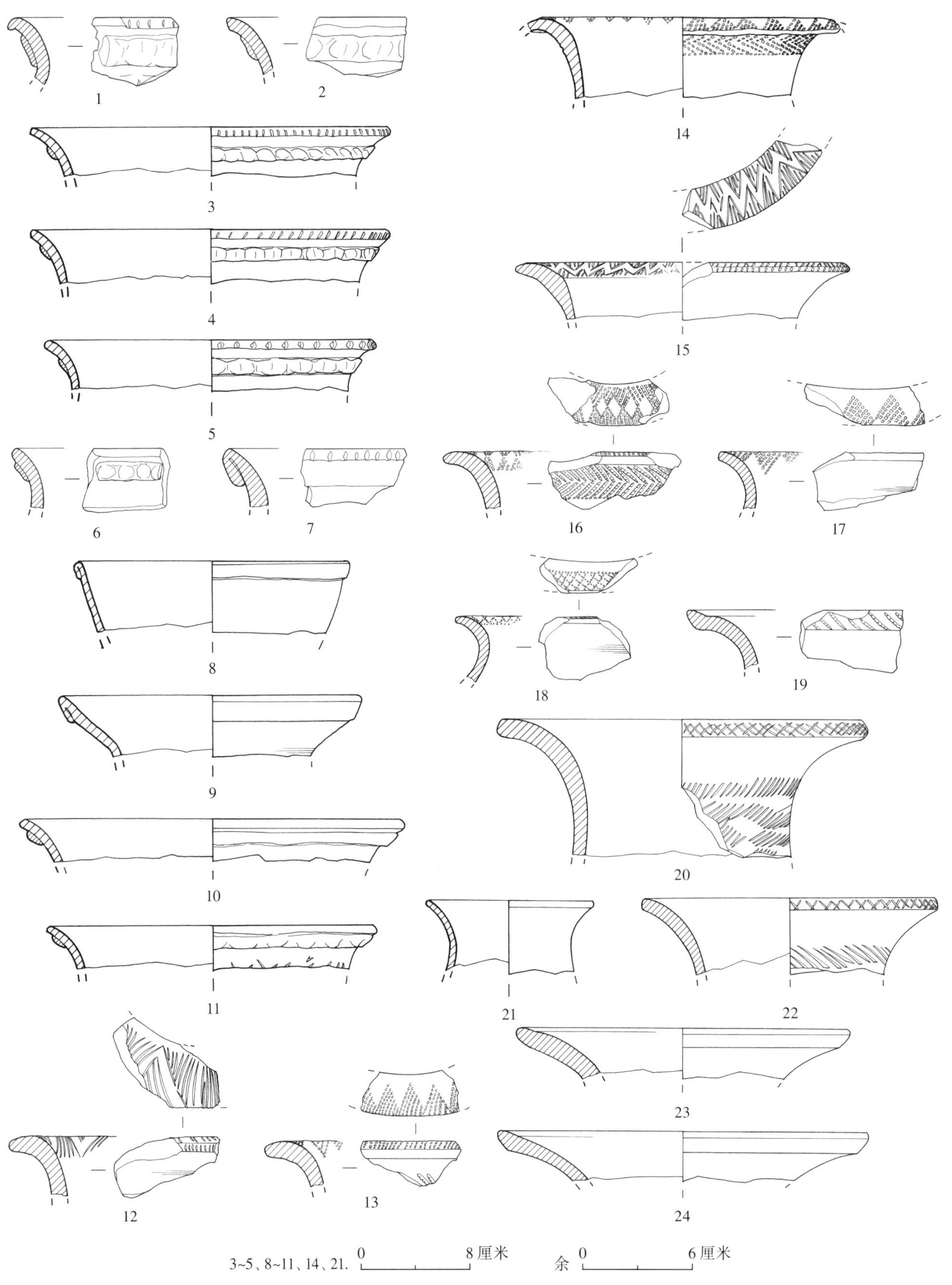

图二六四　2017年Ⅱ区第4层出土陶器

1、2. Aa型附加堆纹罐（TN32E37④：19、TN33E34④：24）　3~6. Ab型附加堆纹罐（TN32E38④：14、TN33E35④：15、TN34E34④：24、TN32E37④：18）　7. Ba型附加堆纹罐（TN33E34④：23）　8、9. Bb型附加堆纹罐（TN30E34④：11、TN31E34④：20）　10、11. Bc型附加堆纹罐（TN31E35④：11、TN31E34④：17）　12~14. Aa型沿面饰纹罐（TN31E34④：37、TN31E34④：41、TN32E36④：14）　15~18. Ab型沿面饰纹罐（TN32E35④：20、TN31E34④：46、TN32E35④：27、TN32E35④：40）　19、23、24. C型长颈罐（TN33E36④：22、TN31E35④：12、TN33E36④：28）　20. A型长颈罐（TN29E34④：38）　21、22. B型长颈罐（TN33E34④：12、TN30E34④：14）

TN31E34④：20，夹砂红褐陶。圆唇，敞口。口外侧饰一周平滑的附加堆纹，与口部贴合形成箭头状唇。口径22、残高4.2厘米（图二六四，9）。

Bc型。

TN31E35④：11，夹砂灰白胎黄褐皮陶。方圆唇，侈口。唇部外侧饰一周平滑的附加堆纹，未改变唇部的形态。口径28、残高3厘米（图二六四，10）。

TN31E34④：17，夹砂灰陶。圆唇，侈口。唇部外侧饰一周平滑的附加堆纹，未改变唇部的形态。颈部有刻划痕。口径24、残高3厘米（图二六四，11）。

沿面饰纹罐

Aa型。

TN31E34④：37，夹砂黑灰陶，器表磨光。方唇，侈口，卷沿外翻近平。唇部饰戳印点纹，沿面饰连续三角纹夹光面折线纹。残高3.1厘米（图二六四，12）。

TN31E34④：41，夹砂黄褐陶，内壁磨光，呈黑灰色。方唇，侈口，卷沿外翻近平。沿部饰小方格状点线纹组成的连续三角纹，颈部饰小方格状点线纹。残高2.4厘米（图二六四，13）。

TN32E36④：14，夹砂红陶。唇部残，侈口，卷沿外翻下垂，长颈。沿面饰小方格状点线纹组成的连续三角纹，颈部饰小方格状点线纹组成的“<”形纹和凹弦纹。口径22.4、残高5.5厘米（图二六四，14）。

Ab型。

TN31E34④：46，夹砂灰白胎黑灰皮陶。圆唇，侈口，卷沿微仰。沿面饰连续三角纹夹光面菱形纹，颈部饰小方格状点线纹组成的“<”形纹。残高3厘米（图二六四，16）。

TN32E35④：20，夹砂褐陶，内壁磨光。方唇，侈口，沿面弧折微上仰。唇部饰戳印点纹，沿面饰连续三角纹夹光面折线纹。口径18、残高3厘米（图二六四，15）。

TN32E35④：27，夹砂红褐陶，内壁黑灰色，外壁磨光。圆唇，侈口，卷沿上仰，束颈。沿面饰小方格状点线纹组成的连续三角纹。残高3厘米（图二六四，17）。

TN32E35④：40，夹砂灰白胎黑灰皮陶。圆唇，侈口，卷沿上仰，束颈。沿面饰点线状菱格纹和凹弦纹。残高3.3厘米（图二六四，18）。

长颈罐

A型。

TN29E34④：38，夹砂黑灰陶。方唇，侈口，沿面微外翻，长颈。唇部饰刻划菱格纹，颈部饰短线纹组成的窄带状纹饰和菱形纹等。口径20、残高7.2厘米（图二六四，20）。

B型。

TN30E34④：14，夹砂褐陶，器表磨光。方唇，喇叭口，长颈。唇部饰“×”形纹，颈部饰短斜线纹。口径16、残高4厘米（图二六四，22）。

TN33E34④：12，夹砂灰陶。圆唇，喇叭口，长颈。素面。口径12、残高5.2厘米（图二六四，21）。

C型。

TN31E35④：12，夹砂灰陶。圆唇，唇内侧有一道凹槽，盘口。素面。口径18、残高2.6厘米（图二六四，23）。

TN33E36④：22，夹砂灰黄陶。圆唇，唇内侧有一道凹槽，对应的外壁外凸，盘口，窄沿。口外侧饰小方格状点线纹。残高3.2厘米（图二六四，19）。

TN33E36④：28，夹砂灰陶。圆唇，盘口，宽沿，沿外壁外凸。素面。口径20、残高2.6厘米（图二六四，24）。

盘口高领罐

Ab型。

TN31E34④：47，夹砂灰陶。圆唇，盘口，宽沿。沿外壁至颈部饰小方格状点线纹组成的折线纹和窄带状纹饰等。口径22、残高4.3厘米（图二六五，1）。

TN33E34④：15，夹砂灰胎红褐皮陶，内壁磨光。圆唇，近盘口，宽沿。沿外壁饰小方格状点线纹组成的折线纹。口径24、残高3.2厘米（图二六五，2）。

Ac型。

TN31E34④：49，夹砂褐陶，内壁磨光。方唇，近盘口，宽沿斜直。唇部饰戳印点纹，沿外壁饰短线纹组成的折线纹。口径20、残高3.5厘米（图二六五，3）。

TN31E35④：21，夹砂灰陶。方唇，盘口，宽沿，高领。唇部至颈部饰小方格状点线纹。口径26、残高5.5厘米（图二六五，4）。

B型。

TN29E34④：11，夹砂灰陶。方唇，盘口，窄沿，高领。唇部饰戳印点纹，沿外部饰刻划菱格纹，颈部饰短斜线纹。口径18、残高5厘米（图二六五，5）。

盘口短颈罐 A型。

TN31E34④：11，夹砂灰胎红褐皮陶。圆唇，唇内侧有一道凹槽，盘口，宽卷沿，短束颈。唇部饰压印纹，颈部饰刻划纹。口径18、残高6.6厘米（图二六五，6）。

矮领小罐

A型。

TN29E34④：36，夹砂褐陶。圆唇，口微敛，矮领，溜肩。领部饰小方格状点线纹组成的“<”形纹和一周点线状凹弦纹，肩部饰点线状凹弦纹、连续三角纹夹光面折线纹等。口径18、残高5厘米（图二六五，7）。

TN30E34④：18，夹砂黑褐陶。尖圆唇，敛口，矮领，溜肩，领部与肩部分界不明显。领部至肩部饰菱格纹、凹弦纹、凹弦纹夹短斜线纹、成组的竖向长点纹等。残高4厘米（图二六五，9）。

TN32E36④：11，夹砂灰陶。圆唇，敛口，矮领，溜肩，领部与肩部分界不明显。领部饰点线纹组成的“<”形纹和一周点线状凹弦纹，肩部饰点线纹。残高3.3厘米（图二六五，10）。

TN32E36④：13，夹砂黑灰陶。圆唇，敛口，矮领，溜肩，领部与肩部分界不明显。领部饰点线纹，肩部饰点线纹组成的连续三角纹夹光面折线纹等。口径14、残高5厘米（图二六五，12）。

TN32E36④：15，夹砂灰陶。圆唇，敛口，矮领，溜肩，领部与肩部分界不明显。领部饰菱格纹，肩部饰小方格状点线纹。残高5.1厘米（图二六五，8）。

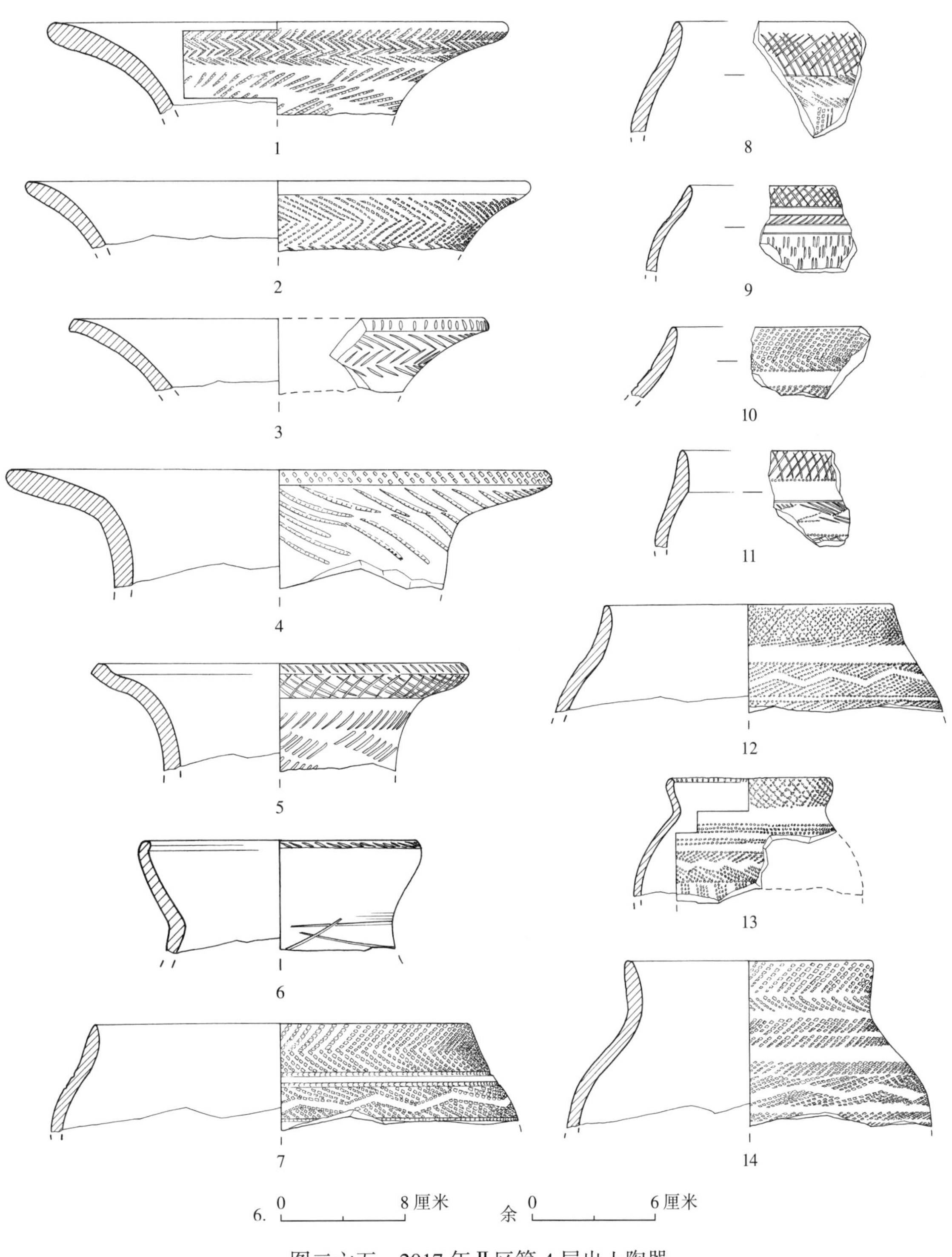

图二六五　2017年Ⅱ区第4层出土陶器

1、2. Ab型盘口高领罐（TN31E34④：47、TN33E34④：15）　3、4. Ac型盘口高领罐（TN31E34④：49、TN31E35④：21）　5. B型盘口高领罐（TN29E34④：11）　6. A型盘口短颈罐（TN31E34④：11）　7~10、12. A型矮领小罐（TN29E34④：36、TN32E36④：15、TN30E34④：18、TN32E36④：11、TN32E36④：13）　11. B型矮领小罐（TN32E34④：24）　13. D型矮领小罐（TN30E34④：15）　14. C型矮领小罐（TN31E34④：35）

B 型。

TN32E34④：24，夹砂灰黑陶。圆唇，直口，矮领，溜肩，领部与肩部分界不明显。领部饰菱格纹和一周点线状凹弦纹，肩部饰点线状凹弦纹、连续三角纹夹光面菱形纹等。残高 4.5 厘米（图二六五，11）。

C 型。

TN31E34④：35，夹砂灰胎褐皮陶。圆唇，敞口，矮领，鼓肩。领部饰小方格状点线纹组成的带状纹饰，肩部饰小方格状点线纹组成的窄带状纹饰、连续三角纹夹光面折线纹等。口径 12、残高 7.7 厘米（图二六五，14）。

D 型。

TN30E34④：15，夹砂红褐陶。圆唇，盘口，矮领，领部外凸内凹，鼓肩。唇部饰戳印点纹，领部饰点线状菱格纹，肩部至腹部饰小方格状点线纹组成的窄带状纹饰、连续三角纹夹光面折线纹等。口径 8、残高 5.4 厘米（图二六五，13）。

敛口罐

A 型。

TN31E35④：25，夹砂灰胎黑灰皮陶。圆唇，敛口，鼓肩。肩部饰点线纹与光面组成的复合纹饰。残高 5 厘米（图二六六，1）。

D 型。

TN34E34④：25，夹砂红褐胎黑皮陶，外壁磨光。方唇，敛口，窄沿，溜肩。肩部饰小方格状点线纹。口径 6、残高 3.2 厘米（图二六六，2）。

小口罐

TN31E35④：23，夹砂灰褐陶。圆唇，直口，高领。领部饰点线状菱格纹、凹弦纹和短斜线纹等。口径 8、残高 4 厘米（图二六六，3）。

TN32E35④：54，夹砂黑灰陶。圆唇，直口，高领。领部饰点线状菱格纹、凹弦纹和短斜线纹等。口径 10、残高 4.3 厘米（图二六六，4）。

壶

甲类 Bc 型。

TN31E34④：13，夹砂灰胎黑灰皮陶，内壁黄褐色。圆唇，侈口，短束颈。颈部饰刻划短线纹组成的“＞”形纹和一周凹弦纹。口径 10、残高 4.6 厘米（图二六六，5）。

TN31E34④：44，夹砂灰陶。圆唇，侈口，短束颈。颈部饰两组凹弦纹夹短斜线纹。口径 10、残高 4 厘米（图二六六，6）。

甲类 Bg 型。

TN33E37④：14，夹砂灰陶。圆唇，侈口，长直颈。唇部饰戳印点纹。口径 10、残高 4.5 厘米（图二六六，7）。

乙类。

TN33E35④：24，褐陶。整体作动物形，口部残缺，扁腹，平底。腹部饰多组带状纹饰，每

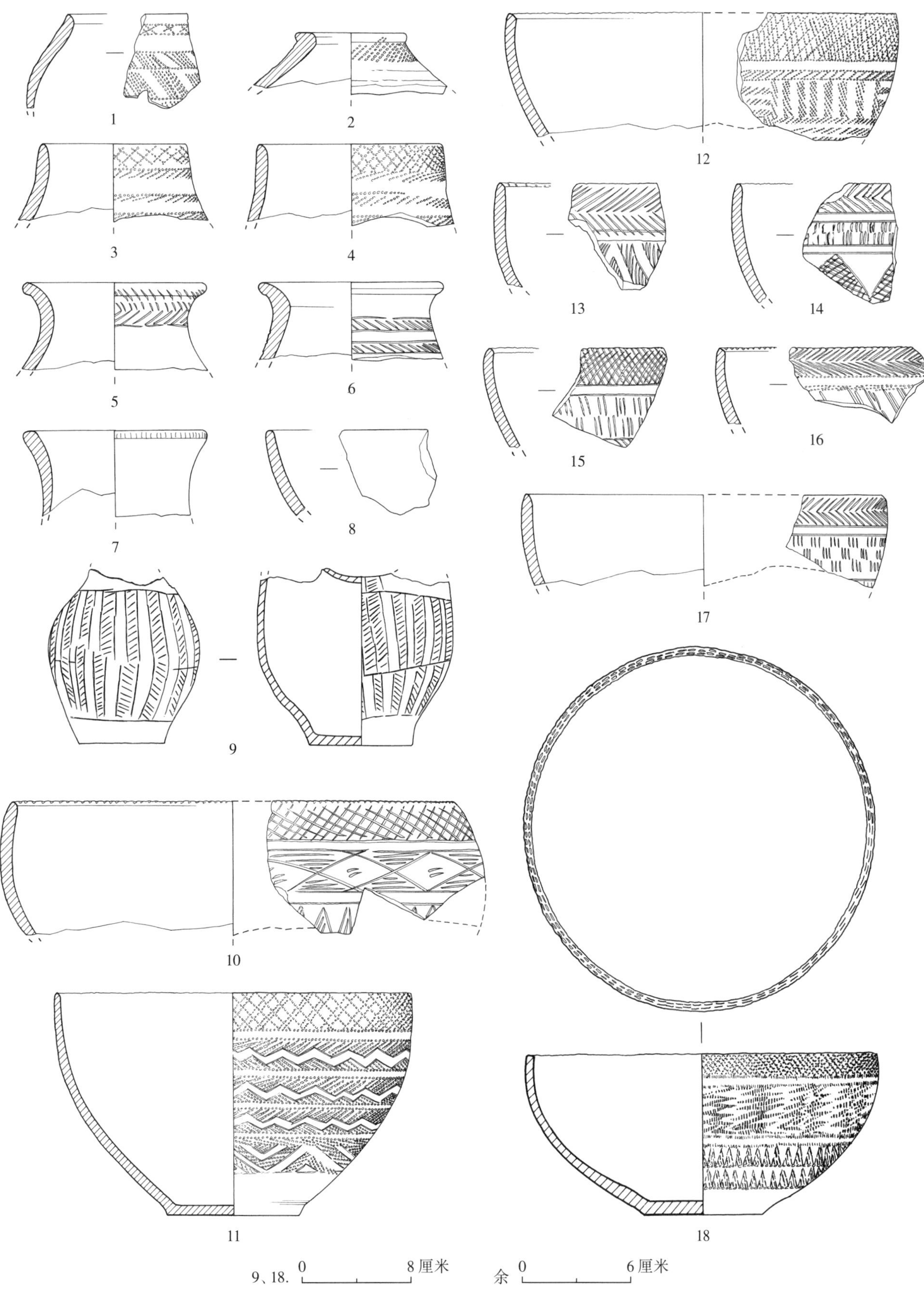

图二六六　2017年Ⅱ区第4层出土陶器

1. A型敛口罐（TN31E35④：25）　2. D型敛口罐（TN34E34④：25）　3、4. 小口罐（TN31E35④：23、TN32E35④：54）　5、6. 甲类Bc型壶（TN31E34④：13、TN31E34④：44）　7. 甲类Bg型壶（TN33E37④：14）　8. 乙类Aa型钵（TN32E34④：19）　9. 乙类壶（TN33E35④：24）　10. 乙类Bb型钵（TN32E35④：55）　11. 乙类Bd型钵（TN34E35④：2）　12~16、18. 乙类Be型钵（TN31E34④：42、TN34E34④：22、TN31E34④：45、TN32E34④：12、TN32E35④：52、TN34E35④：18）　17. 乙类Bf型钵（TN34E34④：15）

组以刻划弦纹夹短线纹，每组之间以光面窄带间隔。底部长径7.6、短径6.4、残高12.4厘米（图二六六，9；彩版六四，2）。

盆

B型。

TN30E34④：13，夹砂灰陶。方唇，敞口，斜直腹，平底。唇部饰戳印点纹，口外侧饰点线状菱格纹和凹弦纹，腹部饰点线状凹弦纹、连续三角纹夹光面菱形纹、点线纹组成的窄带状纹饰等。高7.6厘米（图二六七，1）。

C型。

TN33E34④：13，夹砂灰胎灰黑皮陶。方唇，侈口，卷沿，弧腹。唇部饰“×”形纹。口径22、残高7.6厘米（图二六七，2）。

TN34E37④：12，夹砂灰褐陶。圆唇，侈口，卷沿，弧腹。唇部饰戳印点纹。口径22、残高5厘米（图二六七，3）。

钵

乙类Aa型。

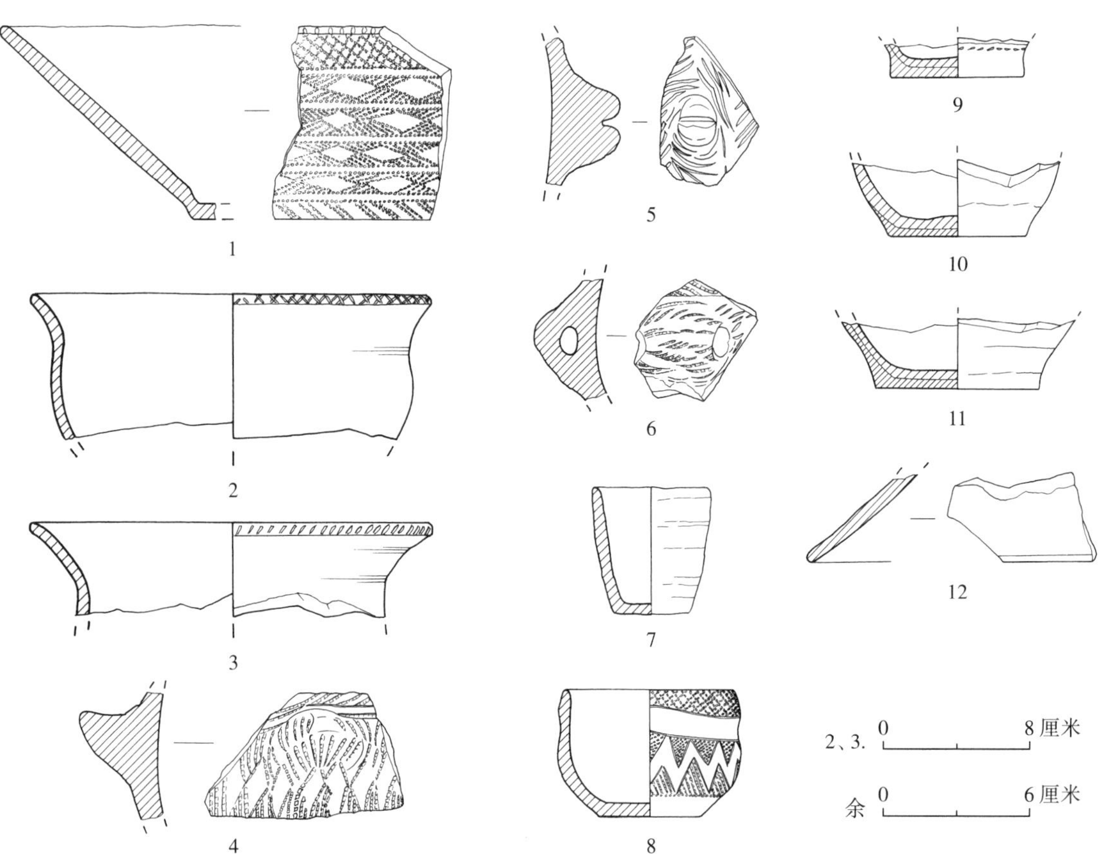

图二六七　2017年Ⅱ区第4层出土陶器

1. B型盆（TN30E34④：13）　2、3. C型盆（TN33E34④：13、TN34E37④：12）　4、5. A型器鋬（TN30E34④：24、TN31E34④：34）　6. A型器耳（TN31E34④：52）　7. Aa型杯（TN34E35④：4）　8. Cb型杯（TN33E35④：1）　9~11. 器底（TN29E34④：34、TN29E34④：35、TN32E37④：21）　12. 器盖（TN33E34④：28）

TN32E34④：19，夹砂灰褐陶，内壁黑灰色。圆唇，敞口，斜弧腹。素面。残高4.5厘米（图二六六，8）。

乙类Bb型。

TN32E35④：55，夹砂灰胎黑灰皮陶，器表磨光。圆唇，敛口，腹微鼓。唇部饰戳印点纹，口外侧饰菱格纹和一周凹弦纹，腹部饰凹弦纹、连续三角纹夹光面菱形纹等。口径24、残高7厘米（图二六六，10）。

乙类Bd型。

TN34E35④：2，夹砂灰陶。方唇，直口，深腹，上腹近直，下腹弧收，平底。唇部饰戳印点纹，口外侧饰点线状菱格纹和凹弦纹，腹部饰点线状凹弦纹、连续三角纹夹光面折线纹、点线纹与光面组成的波折状纹饰等。口径19.4、底径7.2、高11.7厘米（图二六六，11；彩版六四，3）。

乙类Be型。

TN31E34④：42，夹砂灰黑陶，内壁磨光。方唇，口近直，弧腹。唇部饰戳印点纹，口外侧饰点线状菱格纹和一周凹弦纹，腹部饰点线状凹弦纹、短斜线纹组成的窄带状纹饰以及与光面组成的复合纹饰。口径21、残高6.7厘米（图二六六，12）。

TN31E34④：45，夹砂黑灰陶，器表磨光。圆唇，口近直，弧腹。唇部饰戳印点纹，口外侧饰“<”形纹和一周凹弦纹，腹部饰凹弦纹夹竖向短线纹、凹弦纹、菱格纹与光面三角纹等。残高6.3厘米（图二六六，14）。

TN32E34④：12，夹砂黑灰陶，内壁磨光。方唇，直口，弧腹。唇部饰戳印点纹，口外侧饰菱格纹和一周凹弦纹，腹部饰凹弦纹夹短线纹等。残高5.2厘米（图二六六，15）。

TN32E35④：52，夹砂陶，局部为黄褐色，局部为灰色。圆唇，口近直，弧腹。唇部饰戳印点纹，口外侧饰“<”形纹和一周凹弦纹，腹部饰短线纹组成的窄带状纹饰以及与光面组成的复合纹饰。残高4厘米（图二六六，16）。

TN34E34④：22，夹砂黑褐陶。圆唇，口近直，弧腹。唇部饰戳印点纹，口外侧饰“<”形纹和一周凹弦纹，腹部饰凹弦纹、短线纹与光面组成的复合纹饰等。残高5.5厘米（图二六六，13）。

TN34E35④：18，夹砂灰褐陶。方唇，直口，浅弧腹，平底。唇部饰两周戳印纹，口部外侧饰点线状菱格纹，腹部饰小方格状点线纹组成的波折纹、连续三角纹等。口径25.6、底径8.8、高11.2厘米（图二六六，18；彩版六四，4）。

乙类Bf型。

TN34E34④：15，夹砂红褐陶，内壁磨光。圆唇，口微敞。弧腹。口外侧饰“<”形纹和一周凹弦纹，腹部饰凹弦纹和成组竖向短线纹等。口径20、残高4.8厘米（图二六六，17）。

杯

Aa型。

TN34E35④：4，夹砂黄褐陶。圆唇，敞口，斜直腹。素面。口径4.8、底径3.2、高5厘米（图二六七，7；彩版六四，5）。

Cb型。

TN33E35④：1，夹砂黑灰陶，器表磨光。直口，深弧腹，平底。口外侧饰点线状菱格纹和凹弦纹，腹部饰点线状凹弦纹、连续三角纹夹光面折线纹等。口径7、底径4.2、高5厘米（图二六七，8；彩版六四，6）。

器鋬 A型。

TN30E34④：24，夹砂黑灰陶。扁乳丁状。外壁饰小方格状点线纹。残高5厘米（图二六七，4）。

TN31E34④：34，夹砂黄褐陶。扁乳丁状，乳丁顶端分叉。外壁饰短线纹。残高5.7厘米（图二六七，5）。

器耳 A型。

TN31E34④：52，夹砂黑灰陶。半球形宽耳，耳较厚，耳孔很小。器表饰点线纹。残高4.8厘米（图二六七，6）。

器盖

TN33E34④：28，夹砂灰黄陶。圆唇，敞口，斜直壁。素面。残高3.5厘米（图二六七，12）。

器底

TN29E34④：34，夹砂灰褐陶。平底。腹部近底部饰戳印点纹。底部可见二次粘接痕迹。底径5.4、残高1.6厘米（图二六七，9）。

TN29E34④：35，夹砂黑灰陶，外壁磨光。下腹斜收为小平底，壁薄而底厚。素面。底部可见二次粘接痕迹。底径5.6、残高3厘米（图二六七，10）。

TN32E37④：21。夹砂褐胎黑皮陶。下腹斜收为小平底。素面。底部可见二次粘接痕迹。底径6.6、残高2.8厘米（图二六七，11）。

（2）石器

锛

A型。

TN30E34④：3，黑色。平面近梯形，截面呈圆角长方形。圆顶，有较密集的片疤。两面均磨光。直刃，单面刃，刃缘有较密集的崩疤和垂直于刃缘的磨痕。长6.3、宽2.8、厚约1.2厘米（图二六八，1；彩版六五，1）。

B型。

TN29E39④：1，黑色。平面近梯形，截面近六边形。顶部较平整，两侧有较对称的片疤。直刃，双面刃，刃缘有连续的崩疤。长6.5、宽4、厚约1.2厘米（图二六八，2；彩版六五，2）。

TN31E34④：1，黑色。平面近梯形，截面呈圆角长方形。斜平顶。弧刃，单面刃，刃缘有较多崩疤。整体磨光较好。长8、宽4.6、厚约1厘米（图二六八，3；彩版六五，3）。

残件。

TN32E36④：1，黑色。平面近梯形，截面近圆角长方形。顶部残缺。两侧不同，一侧较圆钝，另一侧片疤较密集，较薄。两面均磨光。单面刃。残长8.2、宽6、厚约2.2厘米（图二六八，4；彩版六五，4）。

凿

B型。

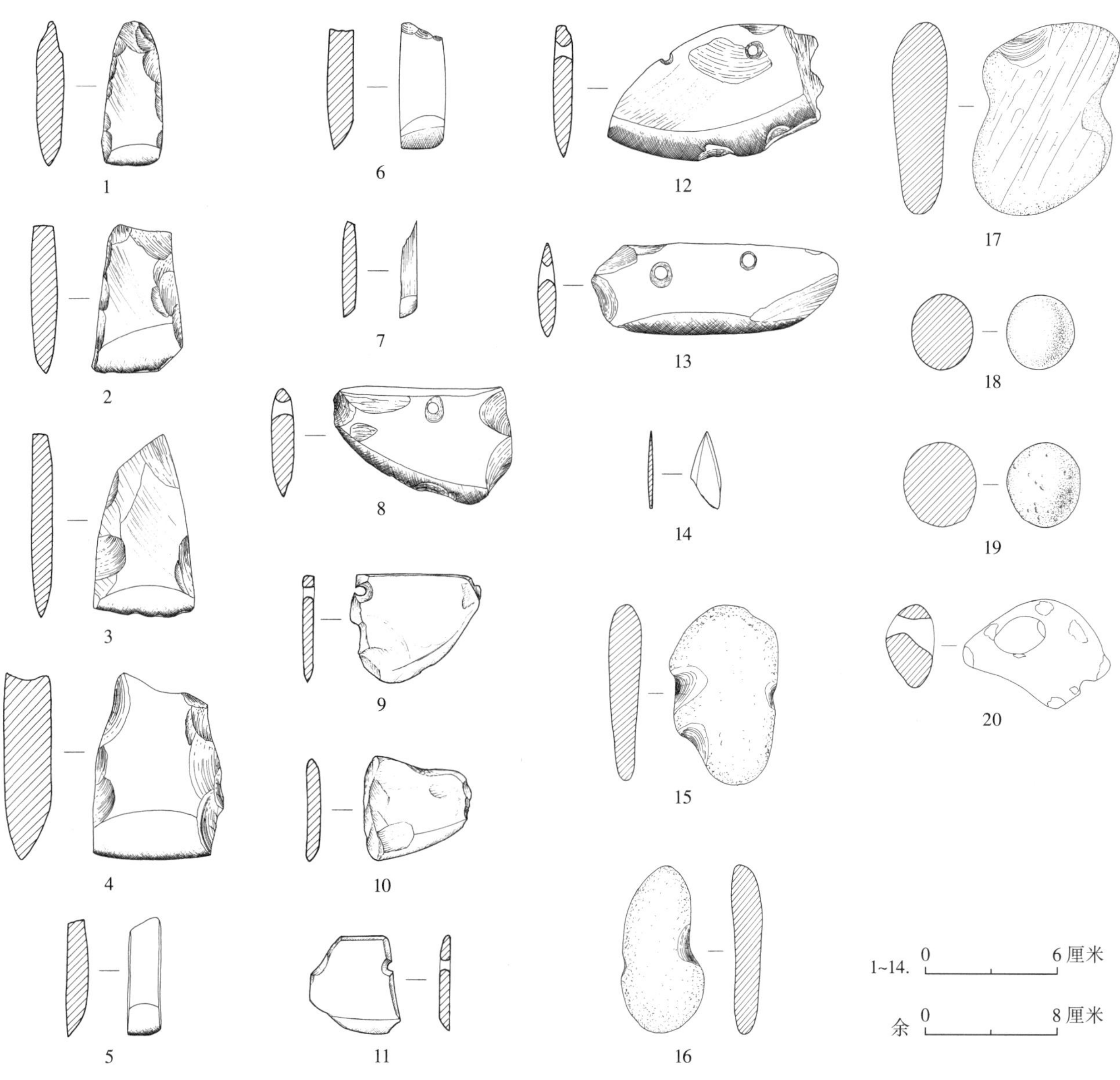

图二六八 2017年Ⅱ区第4层出土石器

1. A型锛（TN30E34④：3） 2、3. B型锛（TN29E39④：1、TN31E34④：1） 4. 石锛残件（TN32E36④：1） 5、6. B型凿（TN33E34④：1、TN34E34④：5） 7. 石凿残件（TN34E35④：19） 8、9、11、12. 乙类Ab型刀（TN30E34④：2-1、TN31E34④：7、TN34E35④：11、TN33E37④：1） 10. 石刀残件（TN32E34④：21） 13. 乙类C型刀（TN34E36④：1） 14. 箭镞残件（TN34E35④：3） 15~17. 网坠（TN30E34④：1、TN30E35④：1、TN33E36④：1） 18、19. 球（TN32E35④：1、TN34E35④：1） 20. 鸟首形器（TN32E34④：1）

TN33E34④：1，绿色，透明度较好。平面呈长方形，截面呈弧边长方形，两侧面较平直。顶部略有残缺，较平整。直刃，单面刃，刃面较斜直。通体磨光，有光泽。长5、宽1.5、厚约0.8厘米（图二六八，5；彩版六五，5）。

TN34E34④：5，黑色。平面呈长方形，截面呈圆角长方形。顶部稍有残缺。两侧切割平齐并磨光，两面均磨光。弧刃，单面刃，弧度较小，刃缘背面有较密集的垂直磨痕。长5.5、宽2、厚约1.2厘米（图二六八，6）。

残件。

TN34E35④：19，青色。平面呈长条形，截面近长方形。侧面及两面均磨光。弧刃，单面刃。残长4.2、宽0.7、厚约0.7厘米（图二六八，7）。

刀

乙类Ab型。

TN30E34④：2-1，绿色。直背，残有一孔，两面对钻。弧刃。器表遍布磨痕及崩疤。残长8、宽5.1、厚1厘米（图二六八，8；彩版六五，7）。

TN31E34④：7，红褐色。直背，近背部有一圆形穿孔，两面对钻。弧刃，单面刃。残长5.7、宽4.7、厚约0.4厘米（图二六八，9）。

TN34E35④：11，灰色。直背，背面残缺露出自然石面，近背部有两个小穿孔，单面钻。弧刃。残长4、宽4.3、厚约0.4厘米（图二六八，11）。

TN33E37④：1，黑色。直背，双孔，两面对钻。偏锋，弧刃，双面刃，刃缘分布有较密集的磨痕及崩疤。残长9.7、宽5.8、厚约0.8厘米（图二六八，12；彩版六五，6）。

乙类C型。

TN34E36④：1，黑色。直背，双孔，两孔不对称。直刃，刃部较圆钝，不锋利。残长11、宽4、厚0.8厘米（图二六八，13；彩版六五，8）。

残件。

TN32E34④：21，黑色。背部微凹。弧刃，双面刃。残长4.7、宽4.5、厚约0.6厘米（图二六八，10）。

箭镞 残件。

TN34E35④：3，灰色。刃缘较薄，较锋利。残长3.3、宽1.3、厚约0.2厘米（图二六八，14）。

球

TN32E35④：1，褐色。器形较规整，磨制较粗糙。直径3.9~4.4厘米（图二六八，18；彩版六六，1）。

TN34E35④：1，灰褐色。器形较规整，磨制较粗糙。直径4.4~4.8厘米（图二六八，19）。

网坠

TN30E34④：1，黄褐色。形状不规则，两侧缺口位于中部。器形较不规整。长10.3、宽6.5、厚1.4厘米（图二六八，15；彩版六六，2）。

TN30E35④：1，灰色。椭圆形，两侧缺口位于中部偏下。长9.7、宽5、厚1.2厘米（图二六八，16；彩版六六，3）。

TN33E36④：1，黄褐色。形状不规则，两侧缺口位于中部。长11.2、宽8.4、厚2.6厘米（图二六八，17；彩版六六，4）。

鸟首形器

TN32E34④：1，褐色。形状似鸟首，中部靠上有一穿孔。通体磨光，有几处较浅的片疤。长8.8、宽6.4、厚2.9厘米（图二六八，20；彩版六六，5）。

（五）第3层出土遗物

该层出土遗物以陶器为主，另有少量石器。陶器器类有束颈罐、侈口小罐、无颈罐、附加堆纹罐、沿面饰纹罐、长颈罐、盘口高领罐、矮领小罐、釜形罐、小口罐、瓮、壶、瓶、盆、钵、纺轮等，石器器类有斧、锛、凿、刀、箭镞、网坠、纺轮、砺石、片状带刃器、牛角形器等。

（1）陶器

束颈罐

Aa型。

TN33E36③：25，夹砂灰陶。圆唇，口微侈，窄沿外翻近平，长颈微束。颈部饰戳印粗点纹。口径16、残高7.4厘米（图二六九，1）。

Ab型。

TN34E37③：17，夹砂黑褐陶。方唇，侈口，宽卷沿外翻，束颈，溜肩，鼓腹。唇部饰戳印点纹，肩上部饰连续三角纹夹光面折线纹，腹部饰短斜线纹与光面组成的四个同心圆纹等，同心圆为二方连续构图。口径20.7、残高20.4厘米（图二七〇；彩版六六，6）。

Ba型。

TN30E34③：26，夹砂褐陶，器表磨光。圆唇，侈口。唇部饰戳印点纹，颈部饰刻划纹。口径16、残高2.8厘米（图二六九，2）。

TN31E34③：29，夹砂灰褐陶。圆唇，侈口，卷沿，短束颈。唇部饰戳印点纹，颈部饰刻划网格纹。残高3厘米（图二六九，3）。

TN32E37③：13，夹砂褐陶，内部黑色。圆唇，侈口，短束颈。唇部饰戳印点纹。口径16、残高3.5厘米（图二六九，5）。

TN33E35③：16，夹砂红褐胎黑皮陶。圆唇，侈口，卷沿，长束颈。唇部饰戳印点纹，颈部饰刻划网格纹。口径18、残高5.2厘米（图二六九，6）。

TN33E37③：28，夹砂灰陶。圆唇，侈口，卷沿，短束颈。唇部饰戳印点纹，颈部饰刻划网格纹。残高3.4厘米（图二六九，4）。

TN34E35③：27，夹砂褐陶。圆唇，侈口，卷沿，短束颈。颈部饰戳印粗点纹。口径24、残高5厘米（图二六九，7）。

Bb型。

TN30E34③：11，夹砂灰褐陶。圆唇，侈口，卷沿，束颈。素面。口径16、残高5厘米（图二六九，8）。

TN30E34③：15，夹砂灰褐陶。圆唇，唇缘下垂，侈口，短束颈。颈部饰刻划网格纹。口径22、残高4.6厘米（图二六九，9）。

TN32E34③：53，夹砂灰褐陶。圆唇，侈口，卷沿，短束颈。素面。口径16、残高4.6厘米（图二六九，10）。

TN32E35③：21，夹砂褐胎黑皮陶。圆唇，侈口，卷沿，短束颈。颈部饰刻划网格纹。口径

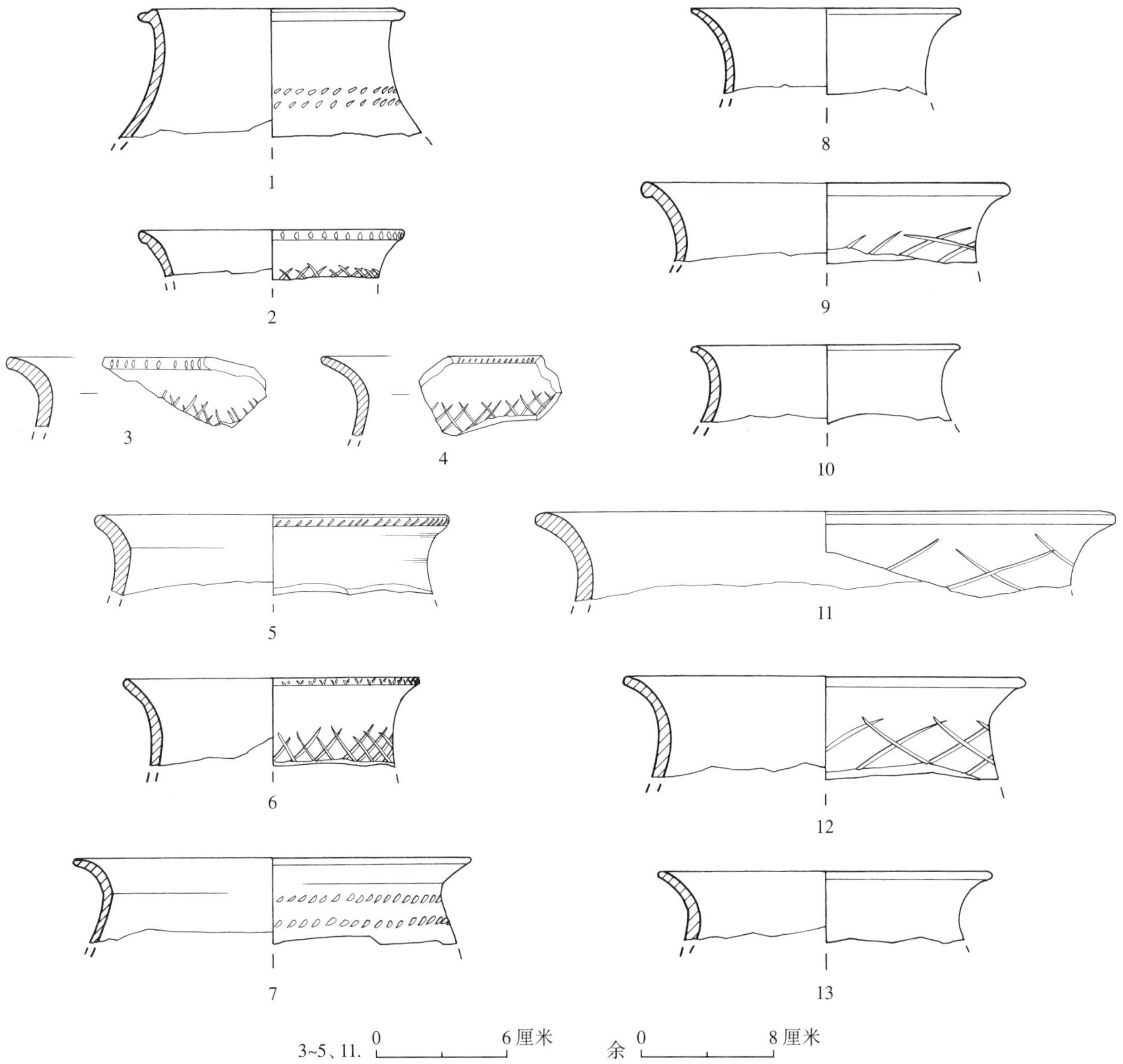

3~5、11. 0 6厘米 余 0 8厘米

图二六九 2017年Ⅱ区第3层出土陶束颈罐

1. Aa型（TN33E36 ③：25） 2~7. Ba型（TN30E34 ③：26、TN31E34 ③：29、TN33E37 ③：28、TN32E37 ③：13、TN33E35 ③：16、TN34E35 ③：27） 8~13. Bb型（TN30E34 ③：11、TN30E34 ③：15、TN32E34 ③：53、TN32E35 ③：21、TN33E35 ③：18、TN32E36 ③：15）

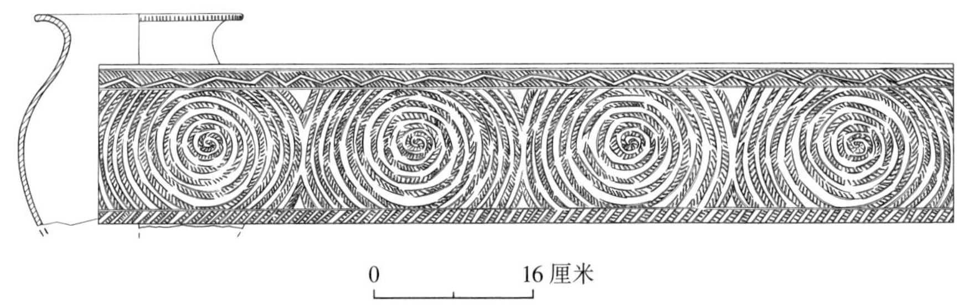

图二七〇 2017年Ⅱ区第3层出土Ab型陶束颈罐（TN34E37 ③：17）

26、残高 3.8 厘米（图二六九，11）。

TN32E36③：15，夹砂灰胎黑皮陶。圆唇，侈口，卷沿，短束颈。素面。口径 20、残高 4 厘米（图二六九，13）。

TN33E35③：18，夹砂褐胎灰皮陶。圆唇，侈口，卷沿，长束颈。颈部饰刻划网格纹。口径 24、残高 6 厘米（图二六九，12）。

侈口小罐

Ac 型。

TN32E34③：47，夹砂褐陶。方唇，侈口，卷沿，溜肩。唇部饰戳印点纹，肩部饰刻划纹。口径 12、残高 3 厘米（图二七一，1）。

TN32E35③：54，夹砂褐陶。圆唇，侈口，卷沿，溜肩。素面。口径 12、残高 4.6 厘米（图二七一，2）。

TN32E35③：56，夹砂褐胎黑灰皮陶。圆唇，侈口，卷沿，溜肩。素面。口径 14、残高 3 厘米（图二七一，3）。

TN33E35③：21，夹砂灰褐陶。圆唇，侈口，溜肩。肩部饰刻划网格纹。口径 12、残高 3.4 厘米（图二七一，4）。

Ae 型。

TN30E35③：11，夹砂褐陶。圆唇，侈口，窄卷沿外翻近平，短束颈，溜肩。肩部饰乳丁纹。口径 10、残高 5.2 厘米（图二七一，5）。

TN31E34③：19，夹砂褐陶。圆唇，侈口，卷沿，短束颈。颈部饰戳印粗点纹。口径 14、残高 3.8 厘米（图二七一，6）。

TN32E35③：62，夹砂灰褐陶。圆唇，侈口，卷沿，短束颈。颈下部饰短泥条附加堆纹。口径 14、残高 4 厘米（图二七一，7）。

无颈罐

Ab 型。

TN29E34③：11，夹砂灰胎黄褐皮陶。圆唇，盘口，折沿，溜肩。肩部饰刻划线纹、戳印三角纹和短泥条附加堆纹等。口径 18、残高 6 厘米（图二七一，8）。

TN29E34③：14，夹砂灰褐陶。仅存沿部，方唇，盘口。唇部饰戳印点纹，沿外壁侧饰刻划线纹和凹弦纹。残高 4 厘米（图二七一，10）。

TN31E35③：9，夹砂灰褐陶。圆唇，盘口，折沿，深弧腹，平底微内凹。素面。口径 18、底径 6.4、高 23.6 厘米（图二七一，9；彩版六六，7）。

Ac 型。

TN30E34③：29，夹砂褐陶。圆唇，敛口，窄折沿，溜肩。唇部饰戳印点纹，肩部饰刻划网格纹。口径 12、残高 3.5 厘米（图二七一，12）。

TN32E34③：56，夹砂红褐胎黑皮陶。方唇，敛口，窄折沿，溜肩。唇部饰戳印点纹。口径 16、残高 2.5 厘米（图二七一，13）。

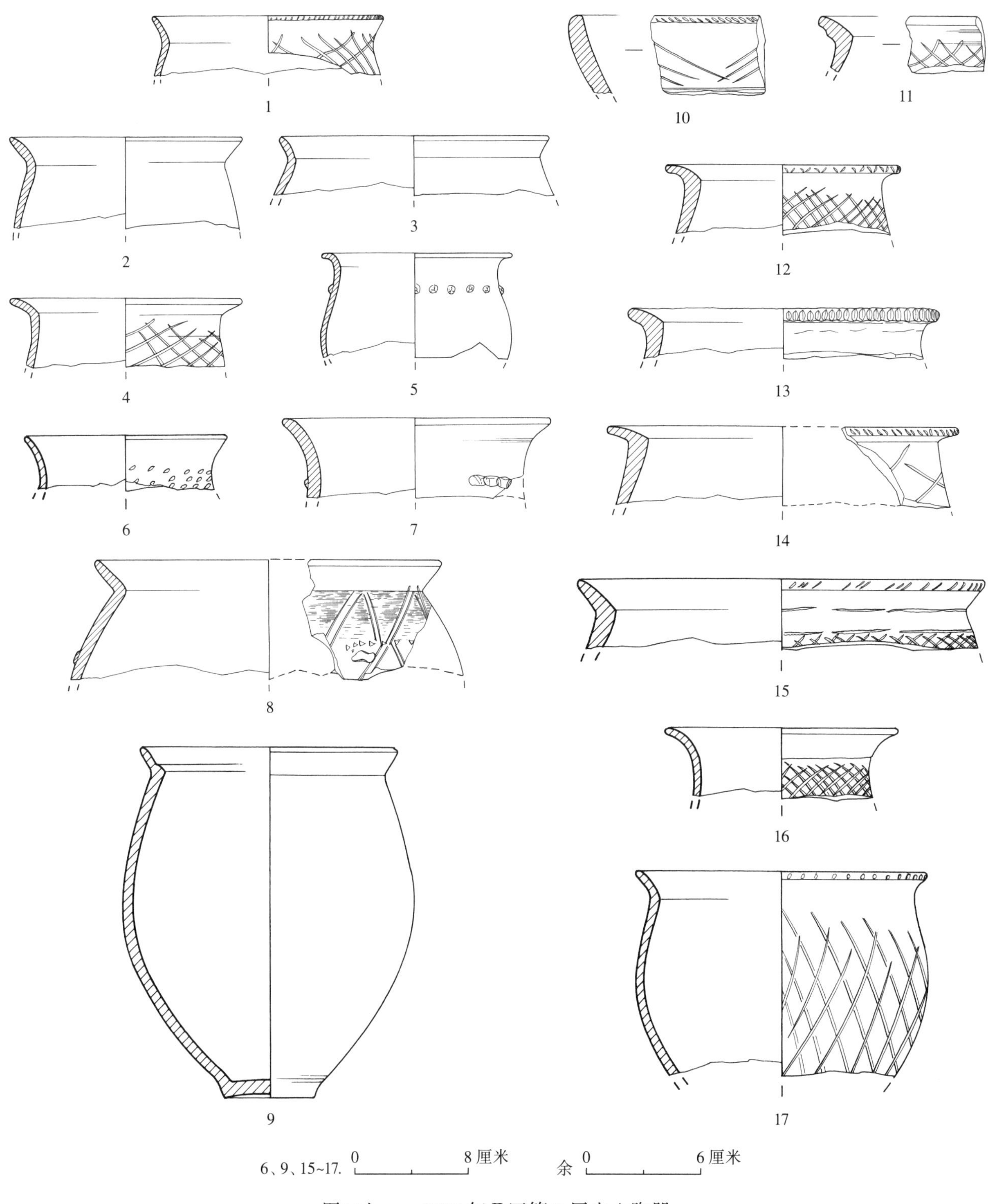

图二七一 2017年Ⅱ区第3层出土陶器

1~4. Ac型侈口小罐（TN32E34③：47、TN32E35③：54、TN32E35③：56、TN33E35③：21） 5~7. Ae型侈口小罐（TN30E35③：11、TN31E34③：19、TN32E35③：62） 8~10. Ab型无颈罐（TN29E34③：11、TN31E35③：9、TN29E34③：14） 11~15. Ac型无颈罐（TN32E38③：42、TN30E34③：29、TN32E34③：56、TN32E35③：33、TN33E38③：18） 16. Ba型无颈罐（TN30E35③：15） 17. Bc型无颈罐（TN34E36③：23）

TN32E35③：33，夹砂褐胎黑皮陶。方唇，敛口，折沿，溜肩。唇部饰戳印点纹，肩部饰刻划网格纹。口径18、残高4厘米（图二七一，14）。

TN32E38③：42，夹砂褐陶。方唇，敛口，折沿。肩部饰刻划网格纹。残高2.8厘米（图二七一，11）。

TN33E38③：18，夹砂黄褐陶。方唇，敛口，折沿。唇部饰戳印点纹，肩部饰刻划凹弦纹和网格纹。口径28、残高4.6厘米（图二七一，15）。

Ba型。

TN30E35③：15，夹砂红陶，内壁磨光。圆唇，侈口，卷沿，溜肩，肩部较竖直。肩部饰刻划网格纹。口径16、残高4.6厘米（图二七一，16）。

Bc型。

TN34E36③：23，夹砂褐陶。圆唇，敞口，卷沿，溜肩，鼓腹。唇部饰戳印点纹，腹部饰网格纹。口径20、残高13.6厘米（图二七一，17）。

附加堆纹罐

Aa型。

TN29E34③：17，夹砂灰胎黑皮陶。圆唇，侈口。唇部饰戳印点纹，颈上部饰一周平滑的附加堆纹。口径24、残高4厘米（图二七二，1）。

TN30E34③：19，夹砂灰陶。圆唇，侈口。唇部饰戳印点纹，颈上部饰一周平滑的附加堆纹。口径22、残高3.6厘米（图二七二，2）。

Ab型。

TN30E34③：35，夹砂褐陶。圆唇，侈口，短束颈。唇部饰戳印点纹，颈上部饰一周褶皱状附加堆纹，颈下部饰刻划网格纹。口径18、残高3.2厘米（图二七二，3）。

Ba型。

TN30E35③：16，夹砂灰白胎黑灰皮陶。圆唇，侈口，束颈。唇部饰戳印点纹，唇外侧饰一周平滑的附加堆纹，与口部贴合形成箭头状唇。口径20、残高4厘米（图二七二，4）。

TN32E35③：16，夹砂灰白胎黑灰皮陶。圆唇，侈口，卷沿，短束颈。唇部饰戳印点纹，唇外侧饰一周较平滑的附加堆纹，与口部贴合形成箭头状唇，颈下部饰刻划纹。口径22、残高4.8厘米（图二七二，5）。

TN32E37③：15，夹砂褐陶，内壁黑灰色。圆唇，侈口，短束颈。唇外侧饰一周较平滑的附加堆纹，与口部贴合形成箭头状唇。口径16.4、残高3.4厘米（图二七二，6）。

TN34E36③：22，夹砂灰黄陶。圆唇，侈口。唇部饰“×”形纹，唇外侧饰一周较平滑的附加堆纹，与口部贴合形成箭头状唇。口径16、残高2.6厘米（图二七二，7）。

Bb型。

TN30E34③：30，夹砂灰胎黑皮陶。圆唇，敞口。口外侧饰一周平滑的附加堆纹，与口部贴合形成箭头状唇。口径22、残高4厘米（图二七二，8）。

Be型。

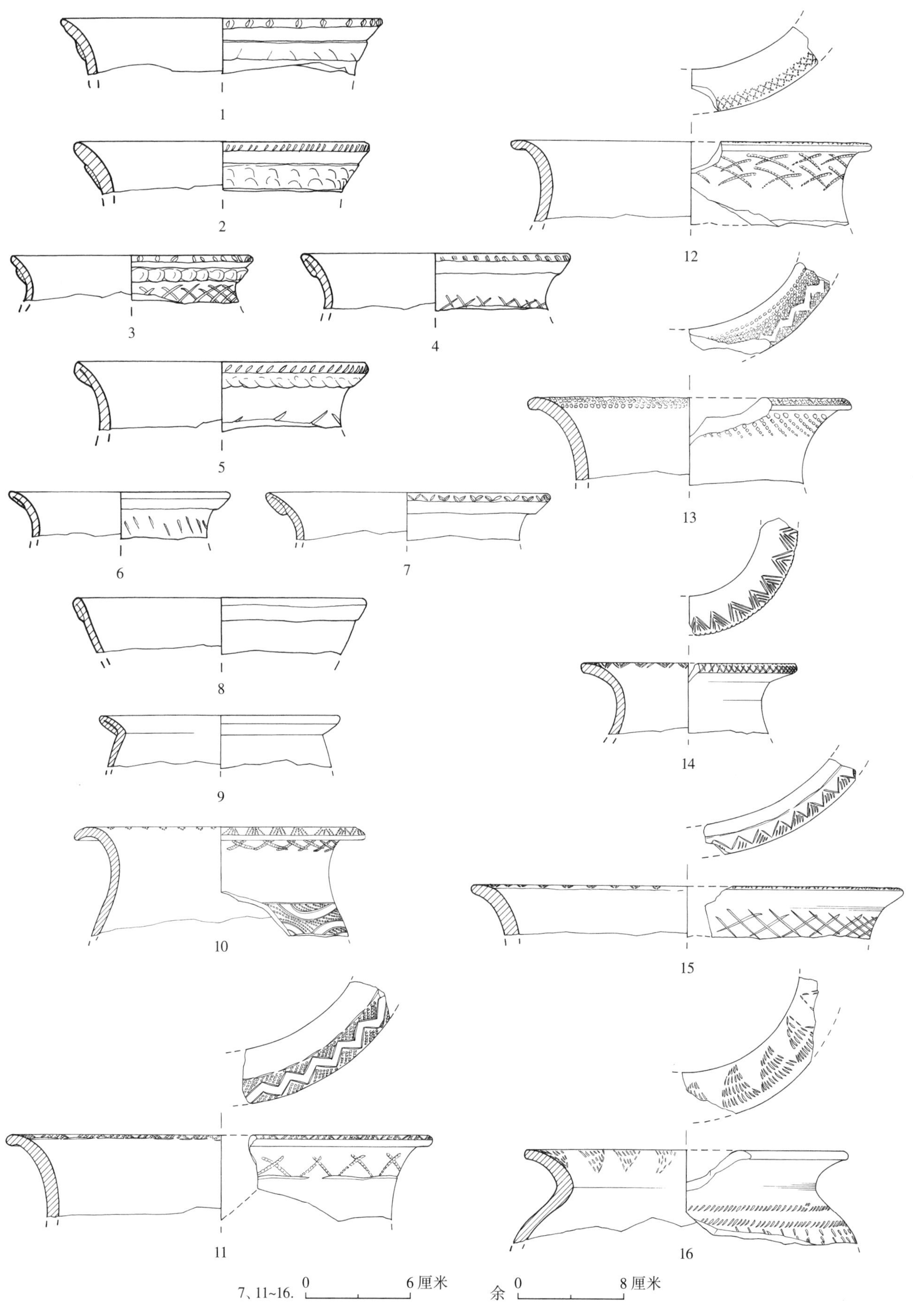

图二七二　2017年Ⅱ区第3层出土陶器

1、2. Aa型附加堆纹罐（TN29E34③：17、TN30E34③：19）　3. Ab型附加堆纹罐（TN30E34③：35）　4~7. Ba型附加堆纹罐（TN30E35③：16、TN32E35③：16、TN32E37③：15、TN34E36③：22）　8. Bb型附加堆纹罐（TN30E34③：30）　9. Be型附加堆纹罐（TN33E37③：12）　10~13. Aa型沿面饰纹罐（TN32E36③：19、TN32E34③：17、TN32E35③：18、TN31E34③：37）　14. C型沿面饰纹罐（TN32E38③：24）　15. Ab型沿面饰纹罐（TN31E35③：32）　16. B型沿面饰纹罐（TN30E34③：16）

TN33E37③：12，夹砂灰褐陶。圆唇，敛口，折沿，溜肩。唇外侧饰一周平滑的附加堆纹，与口部贴合形成箭头状唇。口径18、残高4厘米（图二七二，9）。

沿面饰纹罐

Aa型。

TN31E34③：37，夹砂褐陶。圆唇，侈口，卷沿外翻下垂，长颈。沿面饰连续三角纹夹光面折线纹和一周点线状凹弦纹，颈部饰小方格状斜线纹。口径18、残高4.8厘米（图二七二，13）。

TN32E34③：17，夹砂灰胎红褐皮陶。圆唇，侈口，卷沿外翻下垂。沿面饰连续三角纹夹光面折线纹和一周凹弦纹，颈部饰小方格状点线纹组成的"×"形纹和一周凹弦纹。口径24、残高4.6厘米（图二七二，11）。

TN32E35③：18，夹砂灰陶，内壁磨光。圆唇，侈口，卷沿外翻下垂，长束颈。沿部饰小方格状点线纹，颈部饰小方格状点线纹组成的"×"形纹。口径20、残高4.5厘米（图二七二，12）。

TN32E36③：19，夹砂黑褐陶。圆唇，侈口，卷沿外翻下垂，束颈，溜肩。沿部饰小方格状点线纹组成的连续三角纹，颈部饰小方格状点线纹组成的"×"形纹，肩部饰小方格状点线纹与光面形成的弧形纹等。口径22、残高8厘米（图二七二，10）。

Ab型。

TN31E35③：32，夹砂灰褐陶。圆唇，侈口，卷沿上仰。沿面饰短线纹组成的连续三角纹与光面连续三角纹交错和一周凹弦纹，颈部饰刻划网格纹。口径24、残高2.8厘米（图二七二，15）。

C型。

TN32E38③：24，夹砂陶，外壁灰色，内壁黄褐色。方唇，喇叭口，卷沿上仰，短束颈。唇部饰"×"形纹，沿面饰刻划短线纹组成的连续三角纹。口径12、残高3.8厘米（图二七二，14）。

B型。

TN30E34③：16，夹砂黄褐陶。圆唇，侈口，折沿，鼓肩。沿面饰小方格状短线纹组成的连续三角纹，肩部饰戳印点纹。口径18、残高5厘米（图二七二，16）。

长颈罐

A型。

TN33E38③：51，夹砂灰褐陶。方唇，侈口，沿面外翻下垂，长颈。唇部饰"×"形纹，颈部饰短线纹组成的窄带状纹饰和菱形纹等。口径16、残高22厘米（图二七三，1；彩版六六，8）。

TN32E38③：18，夹砂灰胎黄褐皮陶。方圆唇，侈口，沿微仰，长颈。唇部饰短线纹，颈部饰短线纹组成的菱形纹与光面菱形纹组成的复合纹饰。口径20、残高3.6厘米（图二七三，4）。

TN32E38③：36，夹砂灰陶。方唇，侈口，沿微仰，长颈。唇部饰"×"形纹，颈部饰小方格状点线纹组成的窄带状纹饰和菱形纹以及光面菱形纹等。口径14、残高6.4厘米（图二七三，2）。

B型。

TN31E35③：31，夹砂灰黄陶，内壁橙黄色。方唇，喇叭口。唇部饰"×"形纹。残高2.8厘米（图二七三，5）。

TN32E34③：36，夹砂灰胎黑皮陶。圆唇，喇叭口。颈部饰短线纹。口径18、残高4.2厘米（图

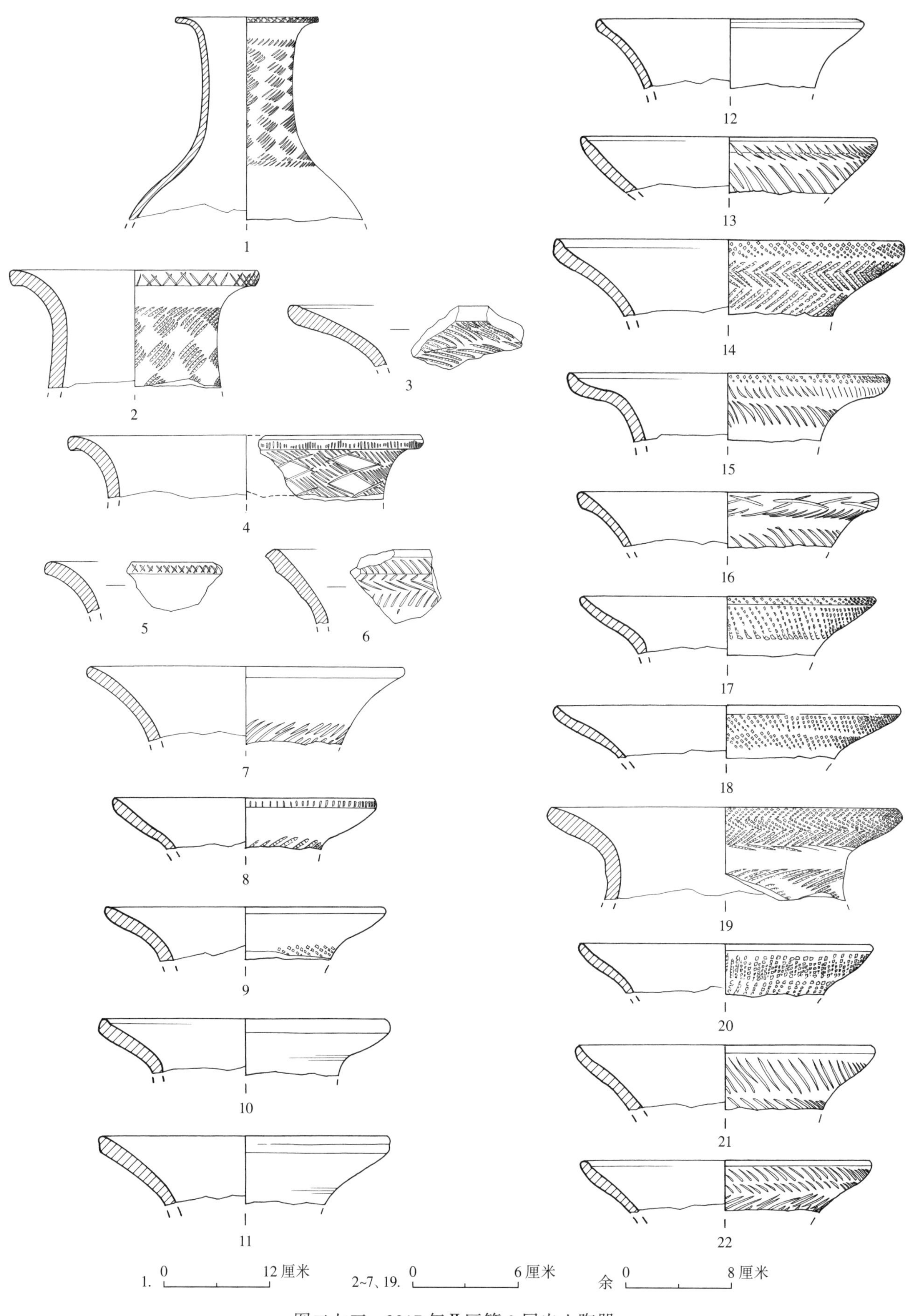

图二七三　2017年Ⅱ区第3层出土陶器

1、2、4. A型长颈罐（TN33E38③：51、TN32E38③：36、TN32E38③：18）　3、16~22. Ab型盘口高领罐（TN30E35③：19、TN31E34③：38、TN32E35③：15、TN32E35③：29、TN32E37③：12、TN33E34③：14、TN33E35③：23、TN33E36③：24）　5、7. B型长颈罐（TN31E35③：31、TN32E34③：36）　6. Ac型盘口高领罐（TN30E34③：50）　8~12. C型长颈罐（TN30E34③：18、TN30E35③：26、TN31E34③：31、TN31E35③：12、TN32E34③：42）　13~15. Aa型盘口高领罐（TN30E35③：14、TN32E34③：24、TN32E35③：31）

二七三，7）。

C 型。

TN30E34③：18，夹砂橙黄陶。方圆唇，盘口，宽沿。唇部饰戳印点纹，颈部饰小方格状点线纹。口径 20、残高 3.6 厘米（图二七三，8）。

TN30E35③：26，夹砂黑灰陶。圆唇，盘口，宽沿。颈部饰小方格状点线纹。口径 21.2、残高 3.8 厘米（图二七三，9）。

TN31E34③：31，夹砂黑灰陶。方唇，盘口，宽沿。素面。唇部可观察到内外泥片贴塑的制作特点。口径 22、残高 4 厘米（图二七三，10）。

TN31E35③：12，夹砂灰陶。方唇，口微盘，宽沿。唇部有凹痕。素面。口径 22、残高 5 厘米（图二七三，11）。

TN32E34③：42，夹砂灰陶。圆唇，唇内侧有一道凹槽，盘口。唇下缘外有两道凹痕。素面。口径 20、残高 5 厘米（图二七三，12）。

盘口高领罐

Aa 型。

TN30E35③：14，夹砂灰白胎黑灰皮陶。尖圆唇，盘口，宽沿。沿外壁饰短线纹。口径 22、残高 4 厘米（图二七三，13）。

TN32E34③：24，夹砂灰胎黑灰皮陶，内壁磨光。尖圆唇，唇内侧有一道凹槽，盘口，宽沿。沿外壁饰小方格状点线纹组成的折线纹等。口径 26、残高 5.4 厘米（图二七三，14）。

TN32E35③：31，夹砂灰陶。尖圆唇，唇内侧有一道凹槽，盘口，宽沿。唇部饰小方格状点线纹，沿外壁饰短线纹。口径 24、残高 4.8 厘米（图二七三，15）。

Ab 型。

TN30E35③：19，夹砂黑灰陶。圆唇，盘口，宽沿。沿外壁饰小方格状点线纹。残高 3.3 厘米（图二七三，3）。

TN31E34③：38，夹砂灰白陶。圆唇，盘口，宽沿，沿外壁外凸。沿外壁饰“×”形纹、短斜线纹等。口径 22.4、残高 4 厘米（图二七三，16）。

TN32E35③：15，夹砂灰胎橙黄皮陶。圆唇，盘口，宽沿。沿外壁饰小方格状点线纹。口径 22、残高 4.2 厘米（图二七三，17）。

TN32E35③：29，夹砂黑灰陶。圆唇，盘口，宽沿。沿外壁饰小方格状点线纹。口径 26、残高 3.8 厘米（图二七三，18）。

TN32E37③：12，夹砂灰陶，内壁黑灰色。圆唇，盘口，宽沿，高领。沿外壁至颈部饰小方格状点线纹组成的折线纹和窄带状纹饰等。口径 20、残高 5 厘米（图二七三，19）。

TN33E34③：14，夹砂灰白胎灰褐皮陶，内壁磨光。圆唇，盘口，宽沿。沿外壁饰小方格状点线纹。口径 22、残高 3.6 厘米（图二七三，20）。

TN33E35③：23，夹砂黑灰陶。圆唇，盘口，宽沿。沿外壁饰短斜线纹。口径 22.4、残高 4.6 厘米（图二七三，21）。

TN33E36③：24，夹砂灰陶，内壁橙黄色。圆唇，盘口，宽沿。沿外壁饰短斜线纹。口径22、残高3.6厘米（图二七三，22）。

Ac型。

TN30E34③：50，夹砂黑灰陶，内壁磨光。方唇，盘口，宽沿斜直。口部外侧有一道凸棱，沿外壁饰刻划短线纹组成的折线纹。残高4厘米（图二七三，6）。

矮领小罐

A型。

TN31E34③：16，夹砂灰白胎黑灰皮陶，器表磨光。圆唇，敛口，矮领，溜肩。肩部饰点线状凹弦纹和菱格纹，其下饰点线纹。口径22、残高4厘米（图二七四，1）。

TN34E35③：26，夹砂黑灰陶。圆唇，敛口，矮领，溜肩，领部与肩部分界不明显。领部饰菱格纹和一周凹弦纹，肩部饰点线纹与光面形成的复合纹饰。口径14、残高4.5厘米（图二七四，2）。

B型。

TN30E35③：25，夹砂褐胎黑皮陶。尖圆唇，直口，矮领。领部饰刻划斜线纹和刻划菱格纹。残高5厘米（图二七四，3）。

TN32E35③：22，夹砂灰陶。圆唇，口近直，矮领。领部饰小方格状点线纹。残高2.7厘米（图二七四，4）。

D型。

TN30E34③：44，夹砂黑灰陶，内壁磨光。圆唇，口微盘，矮领，领部外凸内凹。领部饰小方格状点线纹。残高2.8厘米（图二七四，5）。

TN31E34③：22，夹砂褐胎黑皮陶。圆唇，敛口，矮领，领部外凸内凹，溜肩。领部饰五周凹弦纹，其中二、三和三、四周凹弦纹之间饰短斜线纹，肩部饰凹弦纹、连续三角纹夹光面折线纹等。残高4.8厘米（图二七四，6）。

TN33E35③：27，夹砂灰白胎黑灰皮陶。圆唇，盘口，矮领，领部外凸内凹，溜肩。领部饰菱格纹，肩部饰小方格状点线纹组成的连续三角纹夹光面折线纹。残高4.5厘米（图二七四，7）。

釜形罐

TN32E37③：14，夹砂灰陶。圆唇，口微盘，溜肩。素面。口径20、残高5厘米（图二七四，8）。

小口罐

TN33E38③：43，夹砂红陶。圆唇，直口，矮领。素面。口径8、残高5厘米（图二七四，9）。

瓮 E型。

TN34E37③：14，夹砂灰陶。圆唇，侈口，矮领。唇部饰戳印点纹，领部饰一道划纹。口径26、残高4.6厘米（图二七四，11）。

TN34E37③：15，夹砂灰褐陶。圆唇，侈口，沿面弧折，矮领。唇部饰戳印点纹。口径24、残高3.8厘米（图二七四，10）。

壶

甲类Ba型。

图二七四　2017年Ⅱ区第3层出土陶器

1、2. A型矮领小罐（TN31E34③：16、TN34E35③：26）　3、4. B型矮领小罐（TN30E35③：25、TN32E35③：22）　5~7. D型矮领小罐（TN30E34③：44、TN31E34③：22、TN33E35③：27）　8. 釜形罐（TN32E37③：14）　9. 小口罐（TN33E38③：43）　10、11. E型瓮（TN34E37③：15、TN34E37③：14）　12. 甲类Ba型壶（TN34E34③：11）　13. 甲类Bd型壶（TN33E37③：1）　14. 甲类Bf型壶（TN34E35③：24）　15. 甲类Bg型壶（TN31E34③：39）　16. B型瓶（TN32E38③：43）　17. A型器耳（TN32E38③：34）　18. C型器耳（TN32E38③：29）　19、21. Aa型器鋬（TN32E35③：49、TN32E35③：61）　20. Ab型器鋬（TN32E34③：38）

TN34E34③：11，夹砂黑灰陶。圆唇，盘口，长颈近直。唇部饰戳印点纹。口径 12、残高 5 厘米（图二七四，12）。

甲类 Bd 型。

TN33E37③：1，夹砂黑灰陶。圆唇，侈口，窄卷沿外翻近平，长颈微束。素面。口径 10、残高 6 厘米（图二七四，13）。

甲类 Bf 型。

TN34E35③：24，夹砂灰陶。圆唇，喇叭口，长颈。素面。口径 12、残高 4 厘米（图二七四，14）。

甲类 Bg 型。

TN31E34③：39，夹砂灰黑陶。圆唇，敞口，高领。素面。口径 14.4、残高 5.6 厘米（图二七四，15）。

瓶 B 型。

TN32E38③：43，夹砂红褐陶。圆唇，侈口，卷沿，长束颈，溜肩，鼓腹，平底。素面。口径 5.6、底径 6、高 11.6 厘米（图二七四，16；彩版六七，1）。

盆 C 型。

TN32E35③：14，夹砂灰褐陶。圆唇，敞口，上腹斜直。唇部饰戳印点纹。残高 4.8 厘米（图二七五，1）。

TN32E38③：19，夹砂灰白胎黑皮陶。圆唇，敞口，窄沿外卷，斜弧腹。素面。残高 6.4 厘米（图二七五，2）。

钵

乙类 Aa 型。

TN32E34③：23，夹砂红褐陶。圆唇，敞口，斜弧腹。素面。口径 22、残高 5.6 厘米（图二七五，5）。

TN32E37③：11，夹砂红褐胎黑皮陶。圆唇，敞口，斜弧腹。素面。口径 20、残高 5 厘米（图二七五，4）。

TN33E38③：27，夹砂黑灰陶。圆唇，唇部有一扁乳丁状凸起，敞口，斜弧腹。素面。残高 4.8 厘米（图二七五，6）。

乙类 Bc 型。

TN30E34③：13-1，夹砂橙黄陶，外壁黑色，器表磨光。圆唇，口微敛，弧腹。腹部饰“<”形纹、凹弦纹、凹弦纹夹竖向短线纹等。残高 4.4 厘米（图二七五，7）。

TN34E35③：11，夹砂褐陶。方唇，口微敛，弧腹。唇部饰戳印点纹，口外侧饰刻划菱格纹和凹弦纹，腹部饰凹弦纹、连续三角纹夹光面折线纹等。口径 22、残高 5.6 厘米（图二七五，8）。

乙类 Bd 型。

TN33E38③：40，夹砂灰褐陶。圆唇，口近直，上腹部较直、略外鼓。唇部饰戳印点纹，口外侧饰刻划菱格纹，腹部饰小方格状点线纹和短线纹组成的带状纹饰。残高 12 厘米（图二七五，3）。

图二七五　2017年Ⅱ区第3层出土陶器

1、2. C型盆（TN32E35③：14、TN32E38③：19）　3. 乙类Bd型钵（TN33E38③：40）　4~6. 乙类Aa型钵（TN32E37③：11、TN32E34③：23、TN33E38③：27）　7、8. 乙类Bc型钵（TN30E34③：13-1、TN34E35③：11）　9、10. 乙类Be型钵（TN34E35③：25、TN32E36③：17）　11~13. 器座（TN33E34③：2、TN32E35③：59、TN32E35③：30）　14. 器盖（TN30E34③：28）　15~18. 器底（TN34E35③：23、TN34E35③：32、TN31E34③：36、TN33E34③：32）　19. A型纺轮（TN30E35③：27）

乙类 Be 型。

TN32E36③：17，夹砂灰陶。圆唇，口近直，弧腹。唇部饰戳印点纹，腹部饰竖向短线纹、凹弦纹、凹弦纹夹短线纹组成的“<”形纹和光面“<”形纹等。残高 5.4 厘米（图二七五，10）。

TN34E35③：25，夹砂黑灰陶，内壁磨光。圆唇，口近直，弧腹。口外侧饰刻划菱格纹和凹弦纹，腹部饰凹弦纹、连续三角纹夹光面折线纹等。口径 20、残高 4.4 厘米（图二七五，9）。

器鋬

Aa 型。

TN32E35③：49，夹砂灰陶。扁乳丁状，较短。外壁饰小方格状点线纹。残高 4.2 厘米（图二七四，19）。

TN32E35③：61，夹砂灰陶。扁乳丁状，较短。整体轻薄。腹壁饰菱格纹、点线纹等。残高 6 厘米（图二七四，21）。

Ab 型。

TN32E34③：38，夹砂灰陶。扁乳丁状，较长。素面。残高 4.3 厘米（图二七四，20）。

器耳

A 型。

TN32E38③：34，夹砂灰黄陶。半球形宽耳。器表饰小方格状点线纹。残高 4.6 厘米（图二七四，17）。

C 型。

TN32E38③：29，夹砂黄褐陶。半环形。器身饰小方格状点线纹。残高 4.3 厘米（图二七四，18）。

器盖

TN30E34③：28，夹砂褐陶，内壁磨光。圆唇，敞口，斜直壁。素面。口径 18、残高 3.6 厘米（图二七五，14）。

器底

TN31E34③：36，夹砂红褐陶，内壁黑灰色。平底。素面。底径 6.8、残高 2.2 厘米（图二七五，17）。

TN33E34③：32，夹砂灰褐陶，器表磨光。下腹斜直，平底。素面。下腹部有刮划修整痕迹。底径 4、残高 4 厘米（图二七五，18）。

TN34E35③：23，夹砂灰陶。平底。底部饰短线纹。底径 8、残高 2.9 厘米（图二七五，15）。

TN34E35③：32，夹砂黑灰陶，内壁黄褐色。平底微内凹。素面。底径 5.6、残高 1.9 厘米（图二七五，16）。

器座

TN32E35③：30，夹砂橙黄陶。整体呈筒状，腹部较直，器壁上有镂孔。内壁可见泥条盘筑痕迹。底径 8、残高 4.6 厘米（图二七五，13）。

TN32E35③：59，夹砂橙黄陶。器壁有镂孔。素面。残高 3.5 厘米（图二七五，12）。

TN33E34③：2，夹砂橙黄陶。整体呈筒状，腹部较直，器壁上有镂孔。残高 6.8 厘米（图二七五，11；彩版六七，2）。

纺轮　A 型。

TN30E35③：27，夹砂黑灰陶。圆饼形，中间有穿孔，其中一面孔缘有凸起。素面。直径 8、高 1~1.2 厘米（图二七五，19）。

（2）石器

斧

A 型。

TN31E35③：7，黑色。平面呈不规则三角形，截面不规则。背面较平，近刃部磨光，两面均有较密集的片疤。偏锋，弧刃，双面刃。长 14.4、宽 7.5、厚约 3.9 厘米（图二七六，1；彩版六七，3）。

Cb 型。

TN32E34③：57，黑色。平面近梯形，截面近椭圆形，中部起脊。平顶，顶部较窄。刃面密集分布崩疤，两侧有对称的打制片疤。长 9.8、宽 5.3、厚约 3.4 厘米（图二七六，2；彩版六七，4）。

TN32E35③：5，黑色。平面近三角形，截面近椭圆形。圆顶，有片疤。双面刃。长 12.3、宽 6.7、厚约 4 厘米（图二七六，3；彩版六七，6）。

TN32E37③：1，黑色。平面近梯形，截面不规则。正锋，双面刃，刃缘分布有较多崩疤。器表分布有较均匀的磨痕。长 14.6、宽 6.8、厚约 4.7 厘米（图二七六，4；彩版六七，7）。

残件。

TN32E34③：8，绿色。平面形状不规则，顶部残。正锋，弧刃，双面刃，刃缘分布有较密集的崩疤。两侧片疤较多，器表大部分磨光。残长 7.9、宽 3.5、厚约 1.6 厘米（图二七六，6）。

TN33E38③：1，黑色。截面近长方形，顶部残缺。两侧较薄，打制后磨光。正锋，弧刃，双面刃，刃缘右侧分布有较多崩疤。残长 4.3、宽 6.4、厚约 4 厘米（图二七六，5；彩版六七，5）。

锛

B 型。

TN30E34③：7，黑色。平面近长方形，截面呈长方形。平顶，布满片疤。弧刃，单面刃，刃缘有较连续的崩疤。长 5.9、宽 2.8、厚约 0.6 厘米（图二七六，7；彩版六八，1）。

TN31E34③：1，黑色。平面呈梯形，截面近圆角长方形。平顶。弧刃，单面刃，刃缘有较多细小的茬口。长 4.8、宽 4.3、厚约 0.8 厘米（图二七六，8；彩版六八，2）。

TN31E35③：11，黑色。平面呈长条形，截面近椭圆形。顶部斜切较平整，两侧有较密集的连续片疤。偏锋，弧刃，双面刃，中部有崩疤以及较杂乱的磨痕，刃部磨光。长 8.9、宽 3.6、厚约 0.7 厘米（图二七六，9；彩版六八，3）。

TN32E38③：1，黑色。平面呈长方形，截面近长方形。平顶，两侧切割较平整。弧刃，单面刃，刃面分界较明显，刃缘有较密集的垂直磨痕。长 16.2、宽 5.3、厚约 1.9 厘米（图二七六，13；彩版六八，4）。

TN33E34③：1，黑色。平面呈长方形，截面呈弧边长方形。平顶，有较大面积的片疤。两面均磨光。

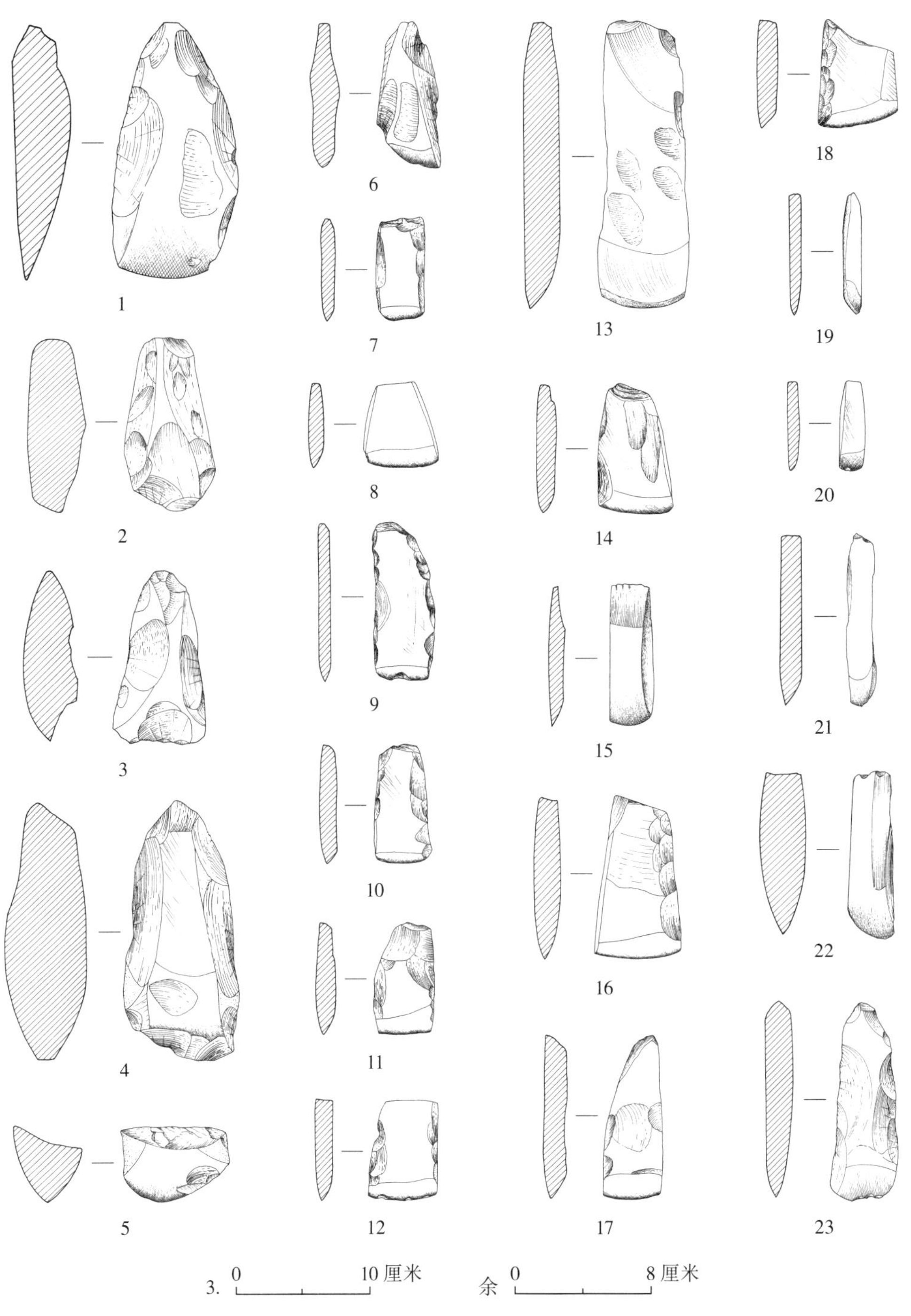

图二七六　2017年Ⅱ区第3层出土石器

1. A型斧（TN31E35③：7）　2~4. Cb型斧（TN32E34③：57、TN32E35③：5、TN32E37③：1）　5、6. 石斧残件（TN33E38③：1、TN32E34③：8）　7~17. B型锛（TN30E34③：7、TN31E34③：1、TN31E35③：11、TN33E34③：1、TN34E37③：2、TN33E36③：2、TN32E38③：1、TN34E34③：1、TN34E37③：1、TN34E37③：3、TN34E38③：1）　18. 石锛残件（TN31E35③：2）　19、20. A型凿（TN31E34③：2、TN33E34③：3）　21、22. C型凿（TN32E38③：2、TN33E38③：52）　23. D型凿（TN31E35③：10）

直刃，单面刃，刃面与器身的夹角交杂，转折明显，刃缘两端有较多崩疤。长 6.7、宽 3.4、厚约 1 厘米（图二七六，10；彩版六八，5）。

TN33E36③：2，黑色。平面近梯形，截面近长方形。平顶，切割较平直。两面及两侧均磨光。弧刃，单面刃。长 5.7、宽 4、厚 1 厘米（图二七六，12；彩版六八，6）。

TN34E34③：1，黑色。平面近梯形，截面呈较规则的长方形。斜平顶。两面磨光均较差。偏锋，弧刃，双面刃，刃部磨光较好。长 7.1、宽 4.4、厚约 1.2 厘米（图二七六，14）。

TN34E37③：1，绿色。平面呈长方形，截面近梯形。平顶。两侧有切割痕，两面均磨光。弧刃，单面刃。长 8、宽 2.6、厚约 0.8 厘米（图二七六，15）。

TN34E37③：2，黑色。平面近梯形，截面呈弧边长方形。平顶。直刃，单面刃，刃面有较多杂乱的磨痕及茬口。器身中部未完全磨光，仅刃部磨光较好。长 6.3、宽 3.6、厚约 1.2 厘米（图二七六，11；彩版六八，7）。

TN34E37③：3，黑色。平面近梯形，截面呈长方形。斜平顶，稍内凹。两面均磨光。弧刃，单面刃，刃部分布有较均匀的斜向磨痕。长 9.2、宽 5.1、厚约 1.5 厘米（图二七六，16）。

TN34E38③：1，绿色。平面近三角形，截面呈圆角长方形。斜平顶，两侧切割平整。器身中部有较明显的片疤。弧刃，单面刃，刃缘有较连续的崩疤。长 9.3、宽 3.5、厚约 1.4 厘米（图二七六，17）。

残件。

TN31E35③：2，黑色。平面近梯形，截面近圆角长方形。两面磨光较好，两侧片疤较深、较密集。弧刃，单面刃，刃缘有较连续的崩疤。残长 6、宽 4.5、厚约 1.2 厘米（图二七六，18；彩版六九，1）。

凿

A 型。

TN31E34③：2，黑色。平面呈长条形，截面近正方形。弧刃，单面刃，刃面分布有较杂乱的磨痕。整体磨光。刃部形状较特殊，应为改制使用。长 7、宽 1.1、厚约 1 厘米（图二七六，19）。

TN33E34③：3，黑色。平面呈长条形，截面呈圆角长方形，上窄下宽。平顶。两面均磨光，磨光较好。弧刃，单面刃，刃缘有几处崩疤及杂乱的磨痕。长 5、宽 1.5、厚约 0.7 厘米（图二七六，20；彩版六九，2）。

C 型。

TN32E38③：2，黑色。平面呈长条形，截面近梯形。平顶。两面均磨光。弧刃，单面刃。长 9.7、宽 1.5、厚约 1.2 厘米（图二七六，21；彩版六九，3）。

TN33E38③：52，白色。平面呈长条形，截面近正方形，相对较窄长。平顶，部分残缺。一侧切割平整一侧稍内凹。两面磨光，中部有较明显的片切割痕迹。正锋，弧刃，双面刃。由石斧改制而来，将石斧的一侧重新磨平，再次使用。长 9.4、宽 2.5、厚约 2.6 厘米（图二七六，22；彩版六九，4）。

D 型。

TN31E35③：10，墨绿色。平面呈长条形，截面近长方形。斜尖顶。两面均磨光，正面仍残有较多片疤。正锋，弧刃，双面刃，刃缘有较多崩疤。长 11、宽 3.8、厚约 1.5 厘米（图二七六，23；彩版六九，5）。

刀

乙类 Ab 型。

TN31E35 ③：33，黑灰色。直背，近背部有一圆形穿孔，两面对钻。弧刃，双面刃。残长 5.6、宽 4.6、厚 1.1 厘米（图二七七，1）。

TN31E35 ③：34，黑灰色。直背，近背部有一圆形穿孔，两面对钻。弧刃，双面刃。残长 4.8、宽 5.2、厚 1.1 厘米（图二七七，2）。

TN33E38 ③：2，绿色。直背，双孔，两面对钻。弧刃。器表有较多片疤，端部较斜直。残长 7.2、宽 4.2、厚约 0.5 厘米（图二七七，3；彩版六九，7）。

乙类 C 型。

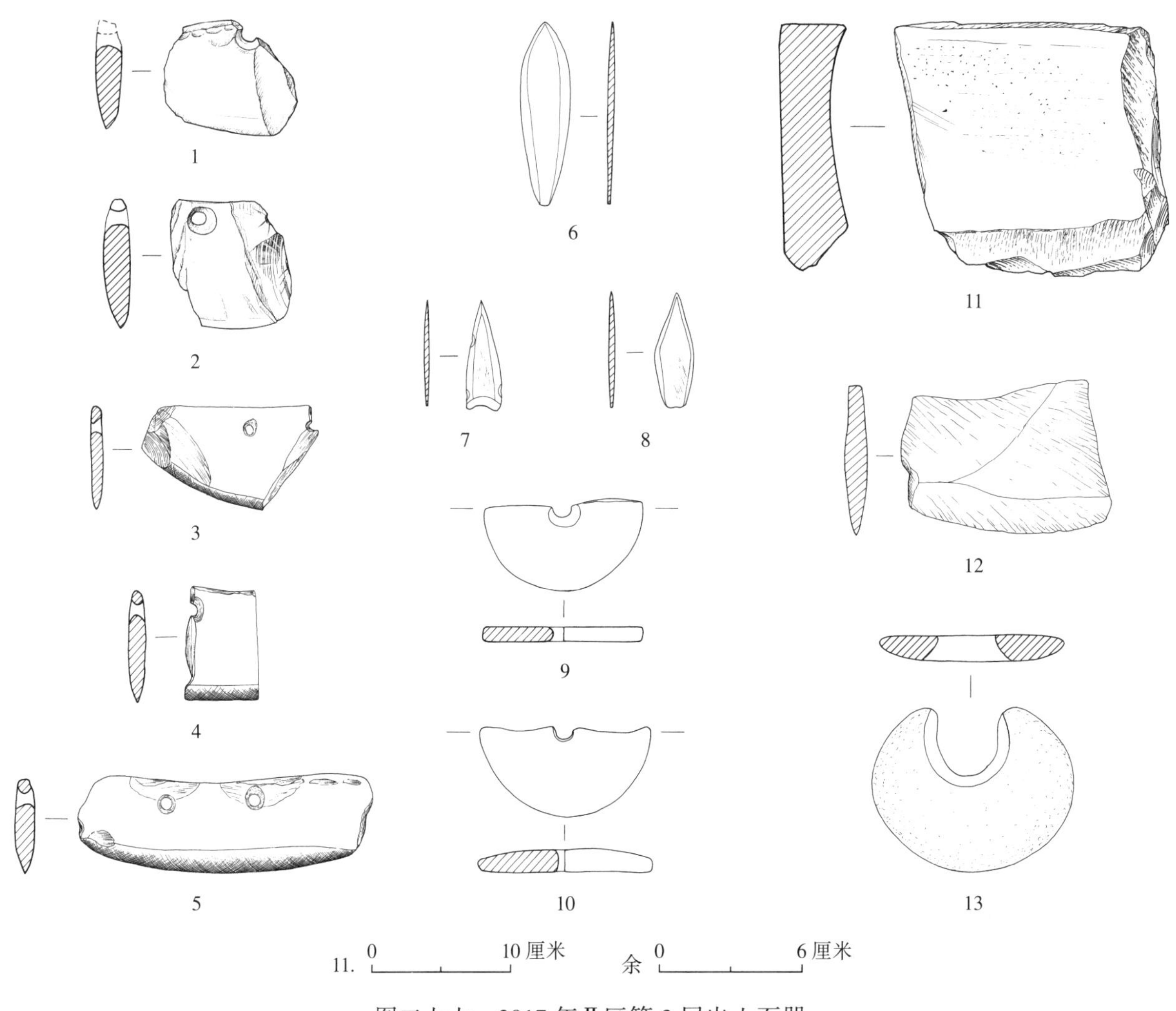

图二七七　2017 年Ⅱ区第 3 层出土石器

1~3. 乙类 Ab 型刀（TN31E35 ③：33、TN31E35 ③：34、TN33E38 ③：2）　4、5. 乙类 C 型刀（TN33E34 ③：4、TN33E36 ③：1）　6. Aa 型箭镞（TN32E34 ③：1）　7. Bb 型箭镞（TN34E35 ③：1）　8. Cb 型箭镞（TN33E34 ③：33）　9、10. 纺轮（TN32E37 ③：2、TN34E37 ③：4）　11. 砺石（TN32E34 ③：10）　12. 片状带刃器（TN31E35 ③：5）　13. 牛角形器（TN30E34 ③：5）

TN33E34③：4，灰色。直背。残有一孔，两面对钻。直刃。大部分残缺，整体未磨光。残长3、宽4.6、厚约0.7厘米（图二七七，4；彩版六九，6）。

TN33E36③：1，黑色。直背，双孔，两面钻孔，穿孔附近有较多破损。直刃，刃部弧度较小，磨痕方向较杂乱。残长12.5、宽3.6、厚约0.7厘米（图二七七，5；彩版六九，8）。

箭镞

Aa型。

TN32E34③：1，深绿色。柳叶形，截面较规则。两面平直，两侧均有刃面。平底较窄。磨制较精细。长7.4、宽2、厚0.2厘米（图二七七，6）。

Bb型。

TN34E35③：1，灰褐色。平面近弧边三角形，整体较宽，最宽处位于底部。锋部较细尖，两侧刃部相交成脊，刃部较薄且锋利，分布有较密集的均匀磨痕。底部内凹。长4.5、宽1.5、厚0.2厘米（图二七七，7）。

Cb型。

TN33E34③：33，乳白色。平面近等腰五边形，整体较细长。锋部细尖，双面刃。底部微内凹。长4.7、宽1.7、厚0.2厘米（图二七七，8）。

网坠

TN30E34③：1，黄褐色。形状不规则，两侧缺口位于中部偏上。长9.6、宽5.5、厚1.2厘米（图二七八，1；彩版七〇，1）。

TN30E34③：2，黄褐色。形状不规则。两侧片疤大致位于中部。长10.6、宽6、厚1.2厘米（图二七八，2；彩版七〇，2）。

TN30E34③：3，黄褐色。形状不规则，两侧缺口位于中部，不对称。长9.2、宽5.1、厚1厘米（图二七八，3；彩版七〇，3）。

TN30E34③：4，黄褐色。形状不规则，两侧缺口位于中部。长10.4、宽6.9、厚1.5厘米（图二七八，4；彩版七〇，4）。

TN30E34③：9，黄褐色。椭圆形，器形较规整，两侧缺口位于中部。长10、宽7.4、厚1厘米（图二七八，5；彩版七〇，5）。

TN30E34③：14，黄褐色。圆形，器形较规整，两侧缺口位于中部。片疤较窄且较浅。长7.3、宽6.4、厚1.5厘米（图二七八，6；彩版七〇，6）。

TN30E35③：1，黄褐色。形状不规则，两侧缺口位于中部，缺口较窄长。长8、宽5.8、厚1.4厘米（图二七八，7；彩版七〇，7）。

TN31E34③：3，黄褐色。形状不规则，两侧缺口大致位于中部。长7.5、宽6.3、厚0.8厘米（图二七八，8；彩版七〇，8）。

TN31E34③：4，黄褐色。椭圆形，两侧缺口位于中部。片疤较窄且较浅。长10.1、宽5.8、厚1.6厘米（图二七八，9；彩版七一，1）。

TN31E34③：5，黄褐色。形状不规则，两侧片疤大致位于中部。长8.3、宽5.9、厚1.6厘米（图

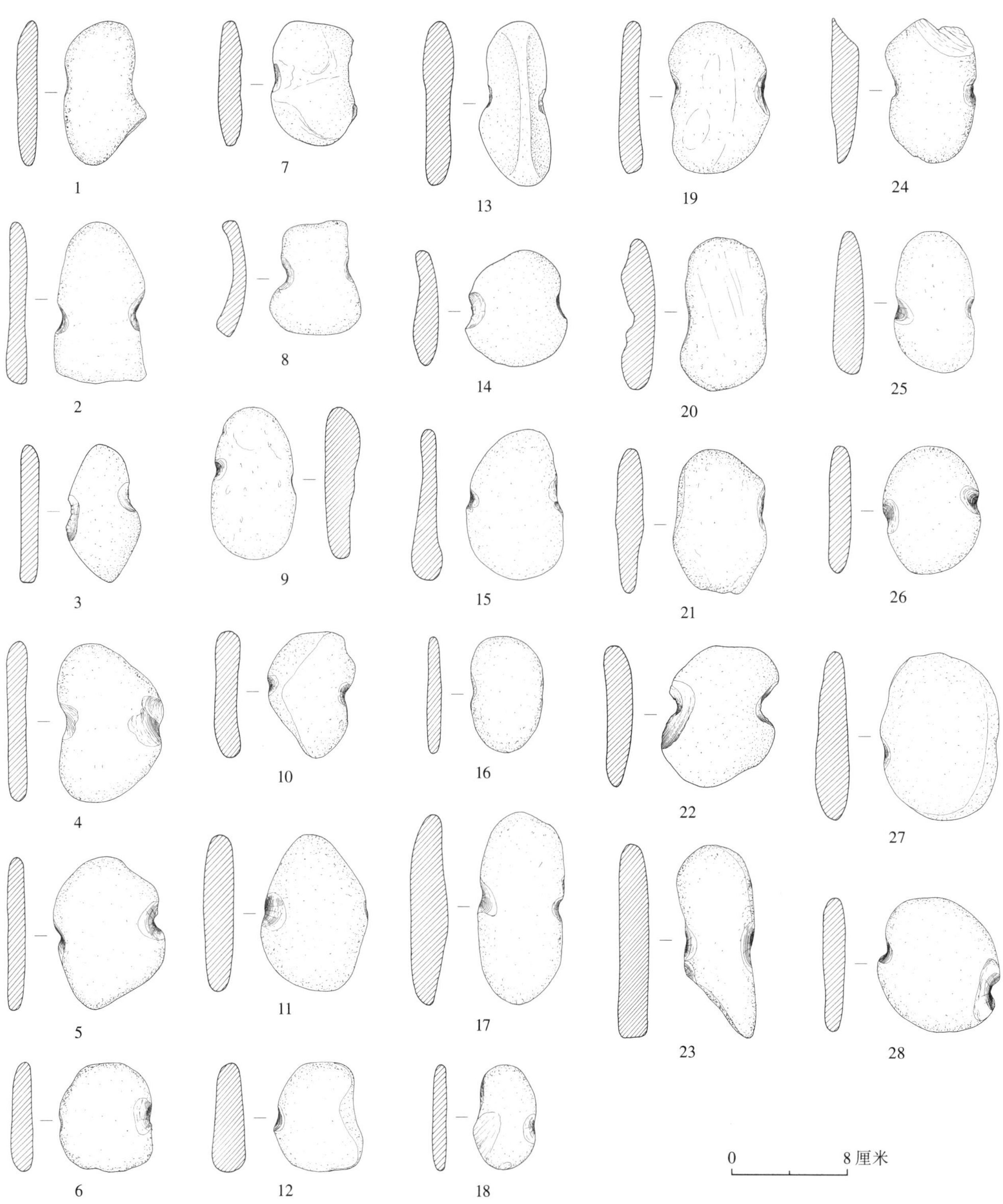

图二七八　2017年Ⅱ区第3层出土石网坠

1. TN30E34③：1　2. TN30E34③：2　3. TN30E34③：3　4. TN30E34③：4　5. TN30E34③：9　6. TN30E34③：14　7. TN30E35③：1　8. TN31E34③：3　9. TN31E34③：4　10. TN31E34③：5　11. TN31E34③：6　12. TN31E34③：7　13. TN31E34③：8　14. TN31E34③：9　15. TN31E34③：10　16. TN31E34③：11　17. TN31E35③：1　18. TN31E34③：12　19. TN31E34③：13　20. TN32E34③：2　21. TN32E34③：4　22. TN32E34③：5　23. TN32E34③：3　24. TN32E34③：7　25. TN32E34③：58　26. TN32E35③：6　27. TN32E35③：4　28. TN32E35③：1

二七八，10；彩版七一，2）。

TN31E34③：6，黄褐色。圆形。仅一侧有明显的片疤。长10.2、宽7.6、厚2厘米（图二七八，11；彩版七一，3）。

TN31E34③：7，黄褐色。形状不规则，两侧缺口大致位于中部偏下。片疤较小。长7.1、宽6、厚2.4厘米（图二七八，12；彩版七一，4）。

TN31E34③：8，黄褐色。长条形，两侧缺口位于中部。长10.8、宽4.7、厚1.7厘米（图二七八，13；彩版七一，5）。

TN31E34③：9，黄褐色。圆形，两侧缺口位于中部，大致对称。长7.6、宽6.8、厚1.4厘米（图二七八，14；彩版七一，7）。

TN31E34③：10，黄褐色。形状不规则，两侧缺口大致位于中部。长9.9、宽6.5、厚1.3厘米（图二七八，15；彩版七一，6）。

TN31E34③：11，黄褐色。椭圆形，仅一侧有较窄小的片疤。长8、宽5、厚1厘米（图二七八，16；彩版七一，8）。

TN31E34③：12，黄褐色。椭圆形，一侧有一角残缺，另一侧中部有明显的缺口。长6.9、宽4.2、厚0.9厘米（图二七八，18；彩版七二，1）。

TN31E34③：13，黄褐色。椭圆形，两侧中部有对称的缺口。长9.9、宽6.7、厚1厘米（图二七八，19；彩版七二，2）。

TN31E35③：1，黄褐色。长条形，两侧缺口位于中部。片疤较小。长12.6、宽5.6、厚2.1厘米（图二七八，17；彩版七二，3）。

TN32E34③：2，红褐色。椭圆形，两侧缺口位于中部。长10.1、宽6、厚1.6厘米（图二七八，20；彩版七二，4）。

TN32E34③：3，黄褐色。长条形，下半部分残缺，两侧缺口大致位于中部。一侧片疤相对较大。长12.5、宽5.3、厚2厘米（图二七八，23；彩版七二，5）。

TN32E34③：4，黄褐色。形状不规则。两侧片疤大致位于中部偏上，片疤较不明显，器表凹凸不平。长9.4、宽6.3、厚1.4厘米（图二七八，21；彩版七二，6）。

TN32E34③：5，黄褐色。形状不规则，两侧缺口位于中部。长9.2、宽7.6、厚1.3厘米（图二七八，22；彩版七二，7）。

TN32E34③：7，黄褐色。形状不规则，两侧缺口位于中部，一角残缺。长9.2、宽5.9、厚1.3厘米（图二七八，24；彩版七二，8）。

TN32E34③：58，黄褐色。器形较规整，椭圆形，两侧缺口位于中部。长9.3、宽5.4、厚2厘米（图二七八，25；彩版七三，1）。

TN32E35③：1，黄褐色。圆形，两侧缺口位于中部，较不对称。长8.8、宽8.4、厚1.6厘米（图二七八，28；彩版七三，2）。

TN32E35③：4，黄褐色。圆形，两侧缺口位于中部偏上。磨制较粗糙。长11.1、宽8.1、厚1.9厘米，重275.9克（图二七八，27；彩版七三，3）。

TN32E35③：6，黄褐色。圆形，两侧缺口位于中部。长8.5、宽6.6、厚1.5厘米（图二七八，26）。

纺轮

TN32E37③：2，黄褐色。圆形片状，一半残缺，中部有一穿孔，两面对钻。器表磨制较精细。直径约6.8、厚0.7、穿孔直径0.7~1.6厘米（图二七七，9；彩版七三，4）。

TN34E37③：4，灰色。圆形片状，一半残缺，中部有一穿孔，两面对钻。器表磨光较好。直径7.3、厚0.8、穿孔直径0.7厘米（图二七七，10；彩版七三，5）。

砺石

TN32E34③：10，一面为使用留下的平滑凹面，底面平整，侧面为破损面。长17.2、宽18、厚约4.7厘米（图二七七，11）。

片状带刃器

TN31E35③：5，褐色。器形较不规整，平面近四边形，多破损。弧刃，单面刃，刃缘有较多茬口。磨制较粗糙。长6、宽8.3、厚0.6厘米（图二七七，12；彩版七三，6）。

牛角形器

TN30E34③：5，红褐色。形状似牛角形，中部靠上内凹。通体磨光，磨制较粗糙。长8.5、宽3.9~5.8、厚1.1厘米（图二七七，13）。

（六）第2层出土遗物

该层出土遗物以陶器为主，另有少量石器。陶器器类有束颈罐、侈口小罐、无颈罐、附加堆纹罐、沿面饰纹罐、长颈罐、盘口高领罐、盘口短颈罐、矮领小罐、敛口罐、釜形罐、带耳罐、瓮、壶、瓶、盆、钵、杯等，石器器类有斧、锛、刀、箭镞、网坠、纺轮、砺石、圆形石片等。

（1）陶器

束颈罐

Aa型。

TN32E35②：11，夹砂灰胎黄褐皮陶。尖唇，侈口，窄卷沿外翻下垂，束颈，溜肩。颈上部饰点线纹组成的网格纹和一周点线状凹弦纹，肩部饰点线状凹弦纹和菱格纹。口径26、残高7.4厘米（图二七九，1）。

TN32E35②：15，夹砂灰胎黑皮陶。尖圆唇，侈口，窄卷沿外翻下垂，束颈。颈上部饰点线纹组成的网格纹和一周点线状凹弦纹。口径20、残高4.8厘米（图二七九，2）。

Ab型。

TN34E34②：14，夹砂灰白胎黑灰皮陶。圆唇，侈口，宽沿外翻近平，束颈。颈部饰刻划网格纹。口径30、残高6.2厘米（图二七九，3）。

Ba型。

TN33E37②：12，夹砂黄褐陶。圆唇，侈口，卷沿，束颈，溜肩。唇部和颈肩部饰戳印点纹。口径28、残高9厘米（图二七九，4）。

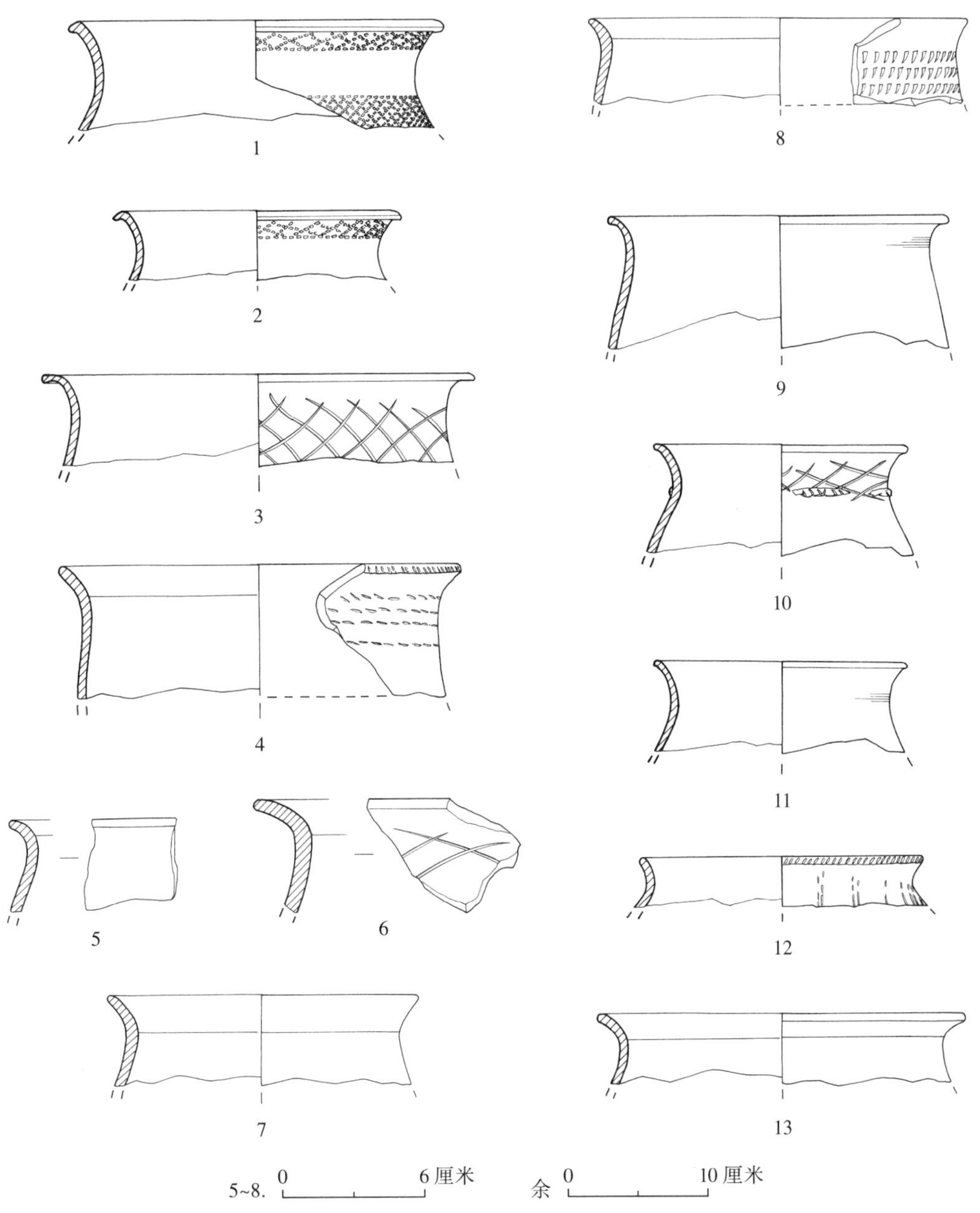

图二七九 2017年Ⅱ区第2层出土陶束颈罐

1、2. Aa型（TN32E35②：11、TN32E35②：15） 3. Ab型（TN34E34②：14） 4. Ba型（TN33E37②：12） 5~13. Bb型（TN33E36②：28、TN29E34②：17、TN32E36②：14、TN32E37②：15、TN30E35②：20、TN31E34②：15、TN31E35②：31、TN34E34②：21、TN33E35②：25）

Bb型。

TN29E34②：17，夹砂灰褐陶。圆唇，侈口，短束颈。颈部饰刻划网格纹。残高4.6厘米（图二七九，6）。

TN30E35②：20，夹砂灰陶。圆唇，侈口，束颈，溜肩。素面。口径24、残高9厘米（图二七九，9）。

TN31E34②：15，夹砂褐陶。尖圆唇，侈口，束颈，溜肩。颈部饰刻划网格纹和短泥条附加堆纹。口径18、残高7.6厘米（图二七九，10）。

TN31E35②：31，夹砂褐陶。圆唇，侈口，束颈。素面。口径18、残高6.2厘米（图二七九，11）。

TN32E36②：14，夹砂褐陶。圆唇，侈口，卷沿，短束颈。素面。口径13、残高3.7厘米（图二七九，7）。

TN32E37②：15，夹砂褐陶。圆唇，侈口，卷沿，短束颈，溜肩。肩部饰戳印粗点纹。口径16、残高3.6厘米（图二七九，8）。

TN33E35②：25，夹砂灰陶。圆唇，侈口，卷沿，束颈。素面。口径26、残高5.5厘米（图二七九，13）。

TN33E36②：28，夹砂黑褐陶。圆唇，侈口，卷沿，束颈。素面。残高3.7厘米（图二七九，5）。

TN34E34②：21，夹砂灰陶。圆唇，口微侈，短束颈。唇部饰戳印纹，颈部饰刻划条形纹。口径20、残高3.4厘米（图二七九，12）。

侈口小罐

Ab型。

TN34E36②：25，夹砂灰陶。圆唇，侈口，卷沿，短束颈。肩部饰乳丁纹。口径7、残高2.9厘米（图二八〇，1）。

Ac型。

TN29E34②：11，夹砂褐陶，内壁磨光、呈黑色。圆唇，侈口，短束颈，溜肩。素面。口径14、残高4.4厘米（图二八〇，2）。

TN34E38②：25，夹砂灰胎红皮陶，外壁有黑色陶衣。唇部残缺，卷沿，短束颈，溜肩。素面。残口径12、残高8厘米（图二八〇，3）。

无颈罐

Ab型。

TN31E35②：25，夹砂灰白胎黑皮陶，内壁黄褐色。圆唇，盘口，折沿，溜肩。素面。口径22、残高5厘米（图二八〇，7）。

TN31E35②：38，夹砂褐胎黑皮陶。方唇，盘口，折沿，溜肩。肩部饰刻划短线纹组成的“<”形纹。口径22、残高4.8厘米（图二八〇，8）。

TN32E38②：15，夹砂灰陶。方唇，盘口，折沿，溜肩。肩部饰刻划网格纹。口径26、残高4.4厘米（图二八〇，10）。

TN32E34②：16，夹砂褐陶。圆唇，盘口，折沿，溜肩。肩部饰刻划短线纹组成的“<”形纹和一周凹弦纹。口径16、残高4.8厘米（图二八〇，6）。

TN32E34②：20，夹砂褐陶，内壁黑色。方唇，盘口，折沿，溜肩。肩部有一道折棱。素面。口径24、残高5.2厘米（图二八〇，9）。

Bc型。

TN31E35②：26，夹砂褐陶，内壁黑色。圆唇，敞口，窄沿弧折，溜肩。肩部饰刻划短线纹组成的“<”形纹。口径20、残高5.4厘米（图二八〇，5）。

图二八○　2017年Ⅱ区第2层出土陶器

1. Ab型侈口小罐（TN34E36②：25）　2、3. Ac型侈口小罐（TN29E34②：11、TN34E38②：25）　4. D型附加堆纹罐（TN34E38②：15）　5. Bc型无颈罐（TN31E35②：26）　6~10. Ab型无颈罐（TN32E34②：16、TN31E35②：25、TN31E35②：38、TN32E34②：20、TN32E38②：15）　11、12. Ab型附加堆纹罐（TN34E34②：22、TN34E38②：23）　13. Ac型附加堆纹罐（TN32E35②：14）　14、15. Ba型附加堆纹罐（TN33E36②：24、TN33E34②：14）　16~18. C型附加堆纹罐（TN31E34②：13、TN32E34②：21、TN32E34②：40）　19、20. Aa型沿面饰纹罐（TN34E36②：38、TN33E35②：20）

附加堆纹罐

Ab 型。

TN34E34②：22，夹砂灰白陶。方唇，侈口，卷沿。唇部饰戳印点纹，颈上部饰一周褶皱状附加堆纹。残高 2.9 厘米（图二八〇，11）。

TN34E38②：23，夹砂黄陶，内壁黑灰色。方唇，侈口，卷沿。颈上部饰一周褶皱状附加堆纹。残高 3 厘米（图二八〇，12）。

Ac 型。

TN32E35②：14，夹砂黑褐陶。圆唇，侈口，折沿，溜肩。折沿处饰一周褶皱状附加堆纹。口径 20、残高 4.6 厘米（图二八〇，13）。

Ba 型。

TN33E34②：14，夹砂灰褐陶。圆唇，侈口，卷沿。唇外侧饰一周平滑的附加堆纹，与口部贴合形成箭头状唇。残高 4.2 厘米（图二八〇，15）。

TN33E36②：24，夹砂灰胎褐皮陶。尖唇，侈口，卷沿微下垂，短束颈。唇外侧饰一周较平滑的附加堆纹，与口部贴合形成箭头状唇，颈部饰戳印纹。口径 32、残高 4 厘米（图二八〇，14）。

C 型。

TN31E34②：13，夹砂褐陶。尖圆唇，侈口微盘，卷沿，短束颈。唇外侧饰一周平滑的附加堆纹，与口部贴合形成箭头状唇，肩部饰竖向褶皱状附加堆纹。口径 12、残高 3.5 厘米（图二八〇，16）。

TN32E34②：21，夹砂红褐陶。圆唇，盘口，仰折沿，溜肩。唇外侧饰一周平滑的附加堆纹，与口部贴合形成箭头状唇，肩部饰一周凹弦纹和刻划短线纹组成的“<”形纹，沿外壁至肩部饰竖向褶皱状附加堆纹。残高 4.5 厘米（图二八〇，17）。

TN32E34②：40，夹砂黑灰陶。圆唇，侈口微盘，卷沿。唇外侧饰一周平滑的附加堆纹，肩部饰短线纹，沿外壁至肩部饰竖向褶皱状附加堆纹。残高 3.3 厘米（图二八〇，18）。

D 型。

TN34E38②：15，夹砂灰褐陶。圆唇，侈口，短束颈，溜肩。肩部饰一周褶皱状附加堆纹。口径 20、残高 5.6 厘米（图二八〇，4）。

沿面饰纹罐 Aa 型。

TN33E35②：20，夹砂褐陶。圆唇，侈口，窄卷沿外翻下垂，长束颈。沿面饰点线纹组成的“<”形纹和一周点线状凹弦纹，颈部饰点线纹组成的菱格纹。口径 22、残高 6.5 厘米（图二八〇，20）。

TN34E36②：38，夹砂褐胎黑皮陶。圆唇，侈口，窄卷沿外翻下垂。沿面饰小方格状点线纹组成的“<”形纹和凹弦纹，颈部饰小方格状点线纹组成的网格纹和凹弦纹。残高 4.7 厘米（图二八〇，19）。

长颈罐

B 型。

TN32E37②：11，夹砂灰陶。圆唇，喇叭口，卷沿，长颈。唇部饰戳印“×”形纹，颈部饰短线纹组成的窄带状纹饰和菱形纹等。口径 10、残高 4.5 厘米（图二八一，1）。

TN32E38②：22，夹砂黑灰陶。喇叭口，长颈。唇部饰戳印点纹。颈部饰刻划网格纹和小圆饼附加堆纹。口径 12、残高 7.2 厘米（图二八一，19）。

C 型。

TN34E35 ②：11，夹砂灰褐陶。方唇，盘口，宽沿。素面。口径 24、残高 4.8 厘米（图二八一，3）。

TN34E36 ②：13，夹砂黑灰陶。尖唇，盘口，宽沿。素面。口径 22、残高 4 厘米（图二八一，4）。

TN34E36 ②：16，夹砂黑灰陶。圆唇，盘口，宽沿。素面。口径 20、残高 4.2 厘米（图二八一，5）。

盘口高领罐

Aa 型。

TN31E34 ②：17，夹砂灰胎黑灰皮陶。尖圆唇，盘口，宽沿，沿外壁近唇部弧折。沿外壁饰小方格状点线纹。口径 25、残高 3.4 厘米（图二八一，6）。

Ab 型。

TN30E35 ②：13，夹砂灰胎灰黄皮陶。圆唇，盘口，宽沿。沿外壁饰小方格状点线纹组成的折线状。残高 4.2 厘米（图二八一，7）。

Ac 型。

TN31E35 ②：35，夹砂灰陶。方唇，盘口，宽沿。沿外壁饰戳印短线纹。残高 5.3 厘米（图二八一，9）。

TN32E38 ②：46，夹砂黑灰陶。方唇，盘口，宽沿，高领。沿外壁饰短线纹，颈上部饰附加堆纹。口径 19、残高 5.2 厘米（图二八一，10）。

TN34E36 ②：31，夹砂灰陶。方唇，唇上缘微凸，盘口，宽沿。沿外壁饰小方格状点线纹。残高 5.3 厘米（图二八一，8）。

盘口短颈罐 B 型。

TN29E34 ②：13，夹砂黄褐陶。尖方唇，盘口，窄沿，沿部外凸内凹。素面。口径 22、残高 3.4 厘米（图二八一，11）。

矮领小罐

A 型。

TN32E38 ②：32，夹砂黄褐陶。圆唇，敛口，矮领，溜肩，肩部有半球形横耳。领部和肩部饰小方格状点线纹。残高 5.8 厘米（图二八一，14）。

TN33E35 ②：16，夹砂灰陶。圆唇，敛口，矮领，溜肩。肩上部饰小方格状点线纹。口径 20、残高 5 厘米（图二八一，13）。

C 型。

TN32E37 ②：17，夹砂灰陶。圆唇，敞口，矮领，溜肩。领部至肩上部饰小方格状点线纹组成的“<”形纹。口径 20、残高 4.2 厘米（图二八一，12）。

敛口罐 B 型。

TN34E34 ②：18，夹砂灰陶。圆唇，敛口，溜肩。口外侧至肩部饰短线纹、凹弦纹、连续三角纹夹光面折线纹等。口径 20、残高 5 厘米（图二八一，17）。

TN34E36 ②：22，夹砂灰陶。圆唇，敛口，溜肩。口外侧饰点线纹组成的“<”形纹，肩部饰连

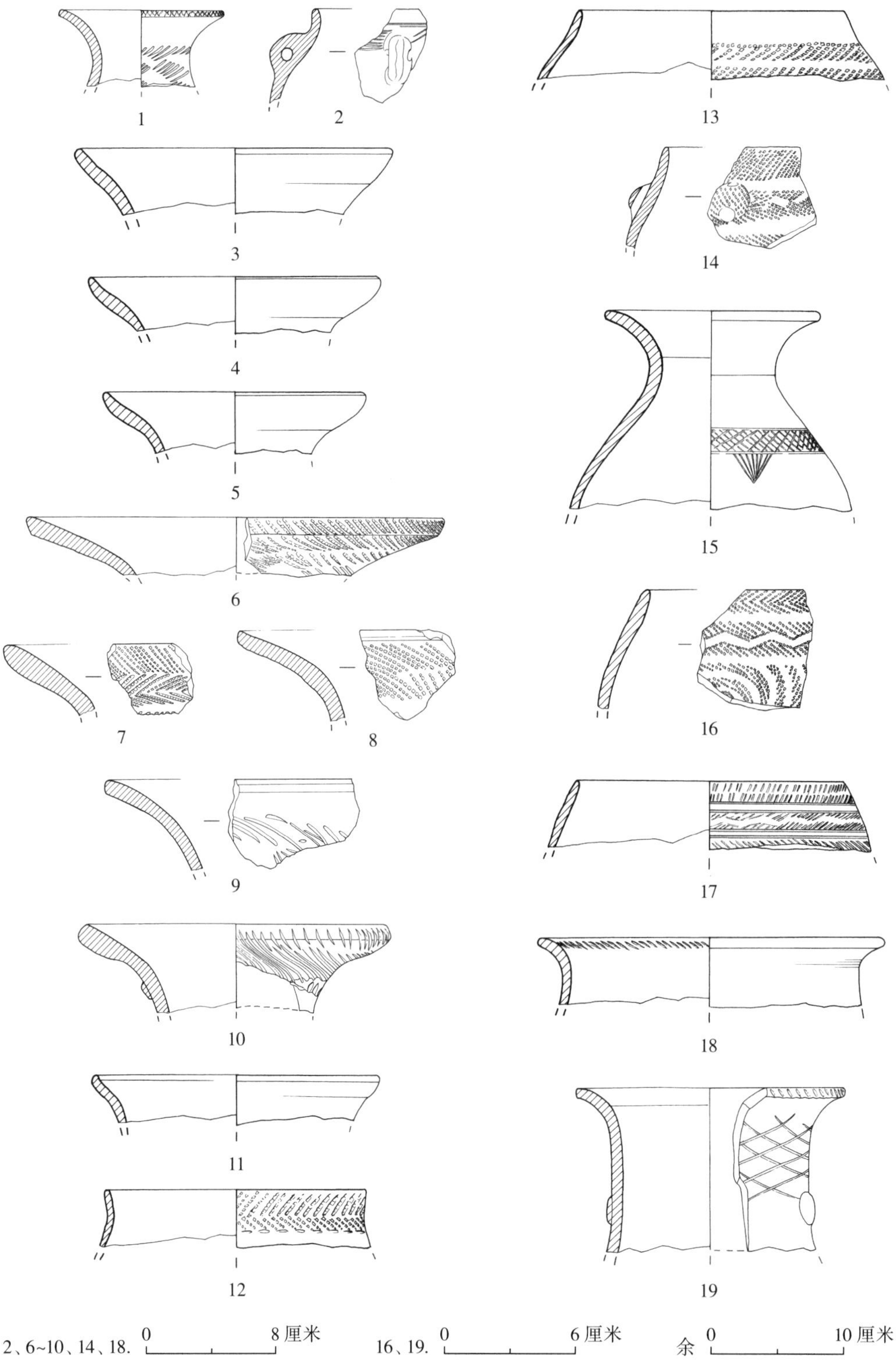

1 2 13 3 14 4 5 15 6 16 7 8 9 17 10 18 11 12 19

1、2、6~10、14、18. 0 8 厘米 16、19. 0 6 厘米 余 0 10 厘米

图二八一 2017 年Ⅱ区第 2 层出土陶器

1、19. B 型长颈罐（TN32E37 ②：11、TN32E38 ②：22） 2. A 型带耳罐（TN32E36 ②：16） 3~5. C 型长颈罐（TN34E35 ②：11、TN34E36 ②：13、TN34E36 ②：16） 6. Aa 型盘口高领罐（TN31E34 ②：17） 7. Ab 型盘口高领罐（TN30E35 ②：13） 8~10. Ac 型盘口高领罐（TN34E36 ②：31、TN31E35 ②：35、TN32E38 ②：46） 11. B 型盘口短颈罐（TN29E34 ②：13） 12. C 型矮领小罐（TN32E37 ②：17） 13、14. A 型矮领小罐（TN33E35 ②：16、TN32E38 ②：32） 15. Ba 型瓮（TN33E36 ②：12） 16、17. B 型敛口罐（TN34E36 ②：22、TN34E34 ②：18） 18. 釜形罐（TN31E34 ②：19）

续三角纹夹光面折线纹、点线纹与光面组成的涡纹等。残高 5.1 厘米（图二八一，16）。

釜形罐

TN31E34②：19，夹砂灰陶。圆唇，侈口，短束颈。唇部内侧饰戳印长点纹。口径 21、残高 4 厘米（图二八一，18）。

带耳罐　A 型。

TN32E36②：16，夹砂灰胎黑灰皮陶。圆唇，口微侈，卷沿，短束颈，溜肩，肩部有一半环形竖耳。肩上部饰凹弦纹和短线纹等。残高 5.5 厘米（图二八一，2）。

瓮　Ba 型。

TN33E36②：12，夹砂灰褐陶。圆唇，侈口，短束颈，溜肩。肩部饰凹弦纹夹菱格纹、三角纹等。口径 16、残高 14.4 厘米（图二八一，15；彩版七四，1）。

壶

甲类 Bd 型。

TN34E36②：29，夹砂灰褐陶，内壁黑灰色。圆唇，侈口，长束颈。颈部饰小方格状点线纹。口径 8.4、残高 5.8 厘米（图二八二，1）。

甲类 Be 型。

TN29E34②：12，夹砂灰陶，器表磨光。尖圆唇，口近直，领较高。口外侧饰点线纹。口径 12、残高 5 厘米（图二八二，3）。

TN30E35②：19，夹砂灰胎黑皮陶。圆唇，直口，领较高。肩部饰凹弦纹和菱格纹。残高 4.4 厘米（图二八二，2）。

瓶　A 型。

TN32E35②：5，夹砂红褐陶。方圆唇，侈口，卷沿，筒腹，腹部上细下粗。素面。器形不规整，泥条盘筑法手制。口径 6、残高 8.5 厘米（图二八二，13；彩版七四，2）。

盆　C 型。

TN30E35②：21，夹砂黄褐陶。圆唇，侈口，卷沿，弧腹。肩部饰刻划网格纹和凹弦纹。口径 20.4、残高 6.4 厘米（图二八二，11）。

TN32E35②：22，夹砂黑灰胎褐皮陶。圆唇，侈口，卷沿，弧腹。素面。残高 5.5 厘米（图二八二，23）。

钵

乙类 Aa 型。

TN32E38②：23，夹砂灰胎黑灰皮陶。圆唇，敞口，斜直腹。素面。口径 18、残高 5 厘米（图二八二，21）。

乙类 Ac 型。

TN32E38②：51，夹砂黑褐陶。圆唇，直口，近直腹，平底。素面。口径 12、底径 6、高 10.8 厘米（图二八二，22；彩版七四，3）。

乙类 Be 型。

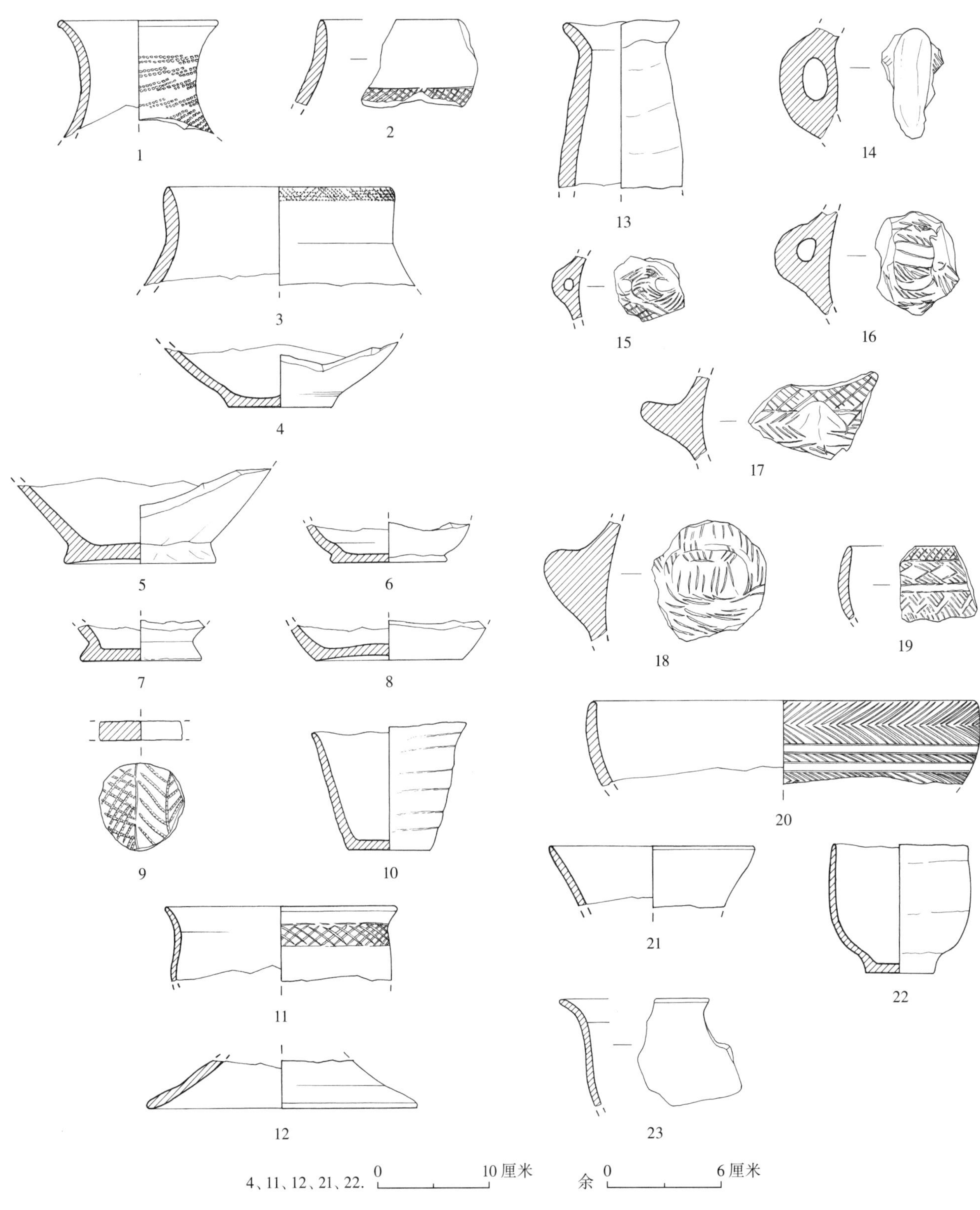

图二八二　2017年Ⅱ区第2层出土陶器

1. 甲类Bd型壶（TN34E36②：29）　2、3. 甲类Be型壶（TN30E35②：19、TN29E34②：12）　4~8. 器底（TN34E36②：40、TN32E37②：23、TN30E35②：27、TN34E38②：17、TN32E38②：42）　9. 陶片（TN30E35②：26）　10. Aa型杯（TN33E34②：3）　11、23. C型盆（TN30E35②：21、TN32E35②：22）　12. 器盖（TN31E35②：23）　13. A型瓶（TN32E35②：5）　14. B型器耳（TN33E34②：22）　15、16. A型器耳（TN34E36②：36、TN34E36②：39）　17、18. A型器鋬（TN34E36②：23、TN30E35②：12）　19、20. 乙类Be型钵（TN34E36②：28、TN32E38②：13）　21. 乙类Aa型钵（TN32E38②：23）　22. 乙类Ac型钵（TN32E38②：51）

TN32E38②：13，夹砂黄褐陶。方唇，口近直，弧腹。口外侧饰短线纹组成的“<”形纹、凹弦纹、凹弦纹夹短斜线纹等。口径20、残高4.2厘米（图二八二，20）。

TN34E36②：28，夹砂灰白陶。圆唇，口近直，弧腹。口外侧至腹部饰菱格纹、凹弦纹、连续三角纹夹光面菱形纹、连续三角纹夹光面折线纹等。残高3.7厘米（图二八二，19）。

杯　Aa型。

TN33E34②：3，夹砂灰褐陶。圆唇，敞口，斜直腹，平底。素面。口径8.2、底径4.4、高6.5厘米（图二八二，10；彩版七四，4）

器鋬　A型。

TN30E35②：12，夹砂灰陶。扁乳丁状。外壁饰短线纹。残高6.1厘米（图二八二，18）。

TN34E36②：23，夹砂灰陶。扁乳丁状。腹部饰菱格纹、凹弦纹、“<”形纹等。残高4.3厘米（图二八二，17）。

器耳

A型。

TN34E36②：36，夹砂灰胎黑灰皮陶。半球形宽耳。外壁饰短线纹等。残高3.3厘米（图二八二，15）。

TN34E36②：39，夹砂黑灰陶。半球形宽耳。外壁饰凹弦纹夹短斜线纹等。残高5.2厘米（图二八二，16）。

B型。

TN33E34②：22，夹砂灰陶。桥形耳。腹壁饰短线纹。残高5.6厘米（图二八二，14）。

器盖

TN31E35②：23，夹砂黑灰陶。圆唇，敞口，斜直壁。素面。口径24、残高4厘米（图二八二，12）。

器底

TN30E35②：27，夹砂红陶。饼状平底。素面。底径6.2、残高2厘米（图二八二，6）。

TN32E37②：23，夹砂灰褐陶，内壁黑灰色。饼形平底。素面。底径8、残高4.8厘米（图二八二，5）。

TN32E38②：42，夹砂黑灰陶。平底内凹。素面。底径8、残高2厘米（图二八二，8）。

TN34E36②：40，夹砂黑灰陶。下腹斜弧，平底。素面。底径9、残高5.6厘米（图二八二，4）。

TN34E38②：17，夹砂灰陶。饼形平底。素面。底径6.4、残高2.1厘米（图二八二，7）。

陶片

TN30E35②：26，夹砂黑灰陶。圆形。饰小方格状点线纹组成的菱格纹和叶脉纹等。残径4.4、残高1厘米（图二八二，9）。

（2）石器

斧

A型。

TN32E36②：2，黑色。平面呈长条形，截面近弧边长方形。正锋，弧刃，双面刃，刃部有较多崩疤，刃缘有较多垂直于刃部的磨痕。长 23.8、宽 8.6、厚约 4.9 厘米（图二八三，1；彩版七四，5）。

TN33E35 ②：2，灰褐色。平面近长条形，刃部大部分残缺，遍布连续的崩疤，两侧磨光。残长 11.9、宽 6.5、厚约 3.8 厘米（图二八三，2；彩版七四，6）。

B 型。

TN31E35 ②：1，绿色。平面近梯形，截面近长方形。顶部残缺。正锋，弧刃，双面刃，刃缘分布有较连续的崩疤。残长 9.7、宽 5.5、厚约 2.7 厘米（图二八三，3；彩版七五，1）。

TN32E35 ②：3，黑色。侧面平直磨光，右侧残缺，遍布崩疤。正锋，弧刃，双面刃，刃缘有较连续的细小茬口。残长 7.7、宽 5.2、厚约 3.4 厘米（图二八三，4）。

Ca 型。

TN34E38 ②：1，黑色。平面近梯形，截面呈不规则四边形。平顶，顶部较窄，稍内凹。正面中部起脊。正锋，弧刃，双面刃，刃缘分布有较杂乱的磨痕以及少量崩疤。长 14.3、宽 6.8、厚约 4.8 厘米（图二八三，5；彩版七五，2）。

Cb 型。

TN30E35 ②：2，黑色。平面近三角形，截面呈不规则四边形。圆顶，顶部较细尖。两侧有倾斜的磨光面，两面均有脊，双面刃，刃缘残缺。器表崩疤较多。长 14.2、宽 5.7、厚约 4.4 厘米（图二八三，6；彩版七五，3）。

TN32E35 ②：2，黑色。平面近梯形。顶部不规则。弧刃，刃部略有残损。器表分布有较均匀的磨痕，有多处片疤。长 14、宽 6.3、厚约 4.2 厘米（图二八三，25；彩版七五，4）。

残件。

TN30E35 ②：1，灰色。大部分残缺，仅残有刃部的一侧，侧面有较多片疤。偏锋，弧刃，刃缘有几处崩疤。残长 6.4、宽 4.3、厚约 3.1 厘米（图二八三，7；彩版七五，5）。

锛

A 型。

TN32E34 ②：1，墨绿色。平面呈梯形，截面近圆角长方形。圆顶，两面平直。两面均磨光。偏锋，弧刃，双面刃，刃面分界较明显，刃部较斜直。长 6.2、宽 3.7、厚约 1.1 厘米（图二八三，8；彩版七五，6）。

B 型。

TN31E34 ②：2，黑色。平面近梯形，截面近圆角长方形。斜平顶，两侧有较多连续的片疤。偏锋，弧刃，双面刃，刃缘有较均匀的磨痕及几处崩疤。长 8.8、宽 4.4、厚约 0.6 厘米（图二八三，9；彩版七六，1）。

TN32E36 ②：1，黑色。平面呈梯形，截面近圆角长方形。斜平顶，两侧有连续的片疤。正锋，弧刃，双面刃。近刃部磨光较好，其余磨制较粗糙。长 7.7、宽 4.3、厚约 0.7 厘米（图二八三，10；彩版七六，2）。

TN32E38 ②：52，绿色，石料近玉料。平面近梯形，截面呈圆角长方形。两端均有刃，弧刃，双面刃，刃缘有较杂乱的磨痕及茬口。长 5.9、宽 2.3、厚约 0.8 厘米（图二八三，14）。

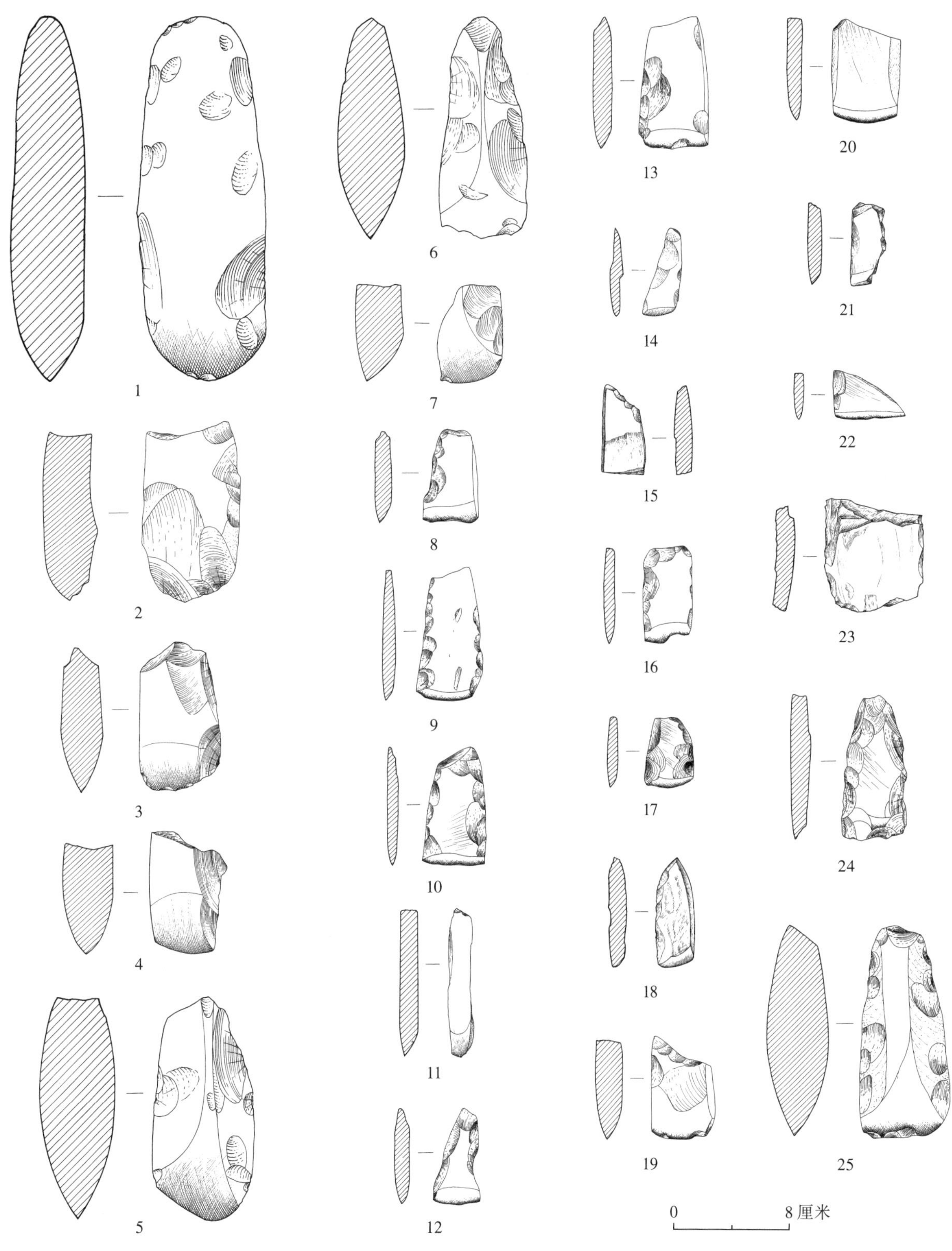

图二八三　2017年Ⅱ区第2层出土石器

1、2. A型斧（TN32E36②：2、TN33E35②：2）　3、4. B型斧（TN31E35②：1、TN32E35②：3）　5. Ca型斧（TN34E38②：1）　6、25. Cb型斧（TN30E35②：2、TN32E35②：2）　7. 石斧残件（TN30E35②：1）　8. A型锛（TN32E34②：1）　9~17. B型锛（TN31E34②：2、TN32E36②：1、TN32E38②：2、TN33E38②：1、TN33E34②：5、TN32E38②：52、TN32E38②：36、TN33E36②：3、TN33E34②：2）　18. C型锛（TN31E34②：10）　19~23. 石锛残件（TN29E34②：1、TN32E36②：3、TN30E35②：10、TN34E37②：1、TN34E38②：21）　24. 石锛坯料（TN33E35②：3）

TN32E38②：2，黑色。平面呈长条形，截面呈长方形，整体较窄长，两侧平整。斜平顶，人工切割痕迹较明显，中部稍内凹。偏锋，弧刃，双面刃，仅刃部磨光较好。长9.6、宽1.9、厚约1厘米（图二八三，11）。

TN32E38②：36，黑色。平面近长方形，截面呈长方形。斜平顶，两面均磨光，刃部残缺。残长5.8、宽3、厚约1.2厘米（图二八三，15；彩版七六，3）。

TN33E34②：2，黑色。平面呈梯形，截面近椭圆形。平顶，顶部较平整。两面磨光。弧刃，单面刃，刃缘有较密集的崩疤和杂乱的磨痕。长4.7、宽3.4、厚约0.6厘米（图二八三，17；彩版七六，4）。

TN33E34②：5，绿色。平面呈梯形，截面近圆角长方形。斜平顶。两面有连续的崩疤，两面均磨光，磨制较精细。直刃，单面刃。长8.7、宽4.8、厚约1.2厘米（图二八三，13；彩版七六，5）。

TN33E36②：3，黑色。平面呈长方形，截面近长方形。平顶，有明显的切割痕迹。两面均磨光。单面刃，直刃，中间较宽两端渐窄，刃部有明显的崩疤。长6.5、宽3.4、厚约0.8厘米（图二八三，16；彩版七六，6）。

TN33E38②：1，黑色。平面形状不规则，截面近梯形。两侧有较明显的片疤，两面均磨光。偏锋，双面刃。长6.3、宽3.2、厚约1.1厘米（图二八三，12）。

C型。

TN31E34②：10，黑色。平面近长方形，截面呈长方形。斜尖顶。正面磨光较平整，背面仍残有较多片疤。单面刃，弧刃，刃缘有较多细小的茬口。长7、宽2.5、厚约0.9厘米（图二八三，18）。

残件。

TN29E34②：1，黑色。平面近长方形，截面近圆角长方形。顶部残缺。两侧有少量片疤，均磨光。弧刃，单面刃，刃缘有较密集的垂直磨痕及少量崩疤。残长6.8、宽4.5、厚约1.9厘米（图二八三，19；彩版七七，1）。

TN30E35②：10，黑色。平面近长方形，截面呈长方形。顶部残缺。两面均磨光。弧刃，单面刃，刃缘有较多茬口及较密集的垂直磨痕。残长5.3、宽2.3、厚约0.9厘米（图二八三，21；彩版七七，2）。

TN32E36②：3，黑色。平面呈长方形，截面近圆角长方形。上半部分残缺。两面均磨光且磨光较好。弧刃，单面刃，刃缘有少量茬口。残长6.7、宽4.6、厚约1厘米（图二八三，20；彩版七七，3）。

TN34E37②：1，黑色。截面呈圆角长方形。侧面有较多片疤，两面均磨光，磨光较好。弧刃，单面刃，刃缘有较密集的磨痕及茬口。残长3.3、宽4.9、厚约0.9厘米（图二八三，22）。

TN34E38②：21，黑色。平面近长方形，截面较不规则。仅残有正面，磨制较精细。残长7.3、宽6.5、厚1.1厘米（图二八三，23；彩版七七，4）。

坯料。

TN33E35②：3，黑色。平面近梯形，截面不规则。背面凹凸不平，无磨光面。刃面残缺，两侧分布有连续密集的片疤。器表崩疤较多。残长9.5、宽4.5、厚约1.2厘米（图二八三，24；彩版七七，5）。

刀

乙类Aa型。

TN33E36②：2，褐色。凹背，残有一孔。弧刃，刃面分布有较杂乱的磨痕。残长 6.5、宽 3.9、厚约 0.3 厘米（图二八四，1；彩版七七，6）。

乙类 Ab 型。

TN31E35②：10，灰色。直背，残有一孔。弧刃，刃面较窄，刃缘有较密集的磨痕。残长 4.7、宽 3.9、厚约 0.7 厘米（图二八四，2；彩版七八，1）。

TN32E35②：9，黑色。直背，仅残有一孔，且已破损。刃部大部分残缺。残长 8.1、宽 4.2、厚约 0.5 厘米（图二八四，3；彩版七八，2）。

TN34E34②：1，乳白色。直背，背部较薄，有几处崩疤及裂缝，残有一孔。弧刃，端部有较多茬口。残长 6.5、宽 3.9、厚约 0.5 厘米（图二八四，4；彩版七八，3）。

残件。

TN34E36②：1，绿色。直背，背部较圆弧，双孔。残长 5.7、宽 3.5、厚约 0.5 厘米（图二八四，5；彩版七八，4）。

箭镞

Aa 型。

TN31E34②：1，浅绿色。柳叶形，最宽处位于中部偏上。两侧均有刃，较锋利，刃缘有几处崩疤。

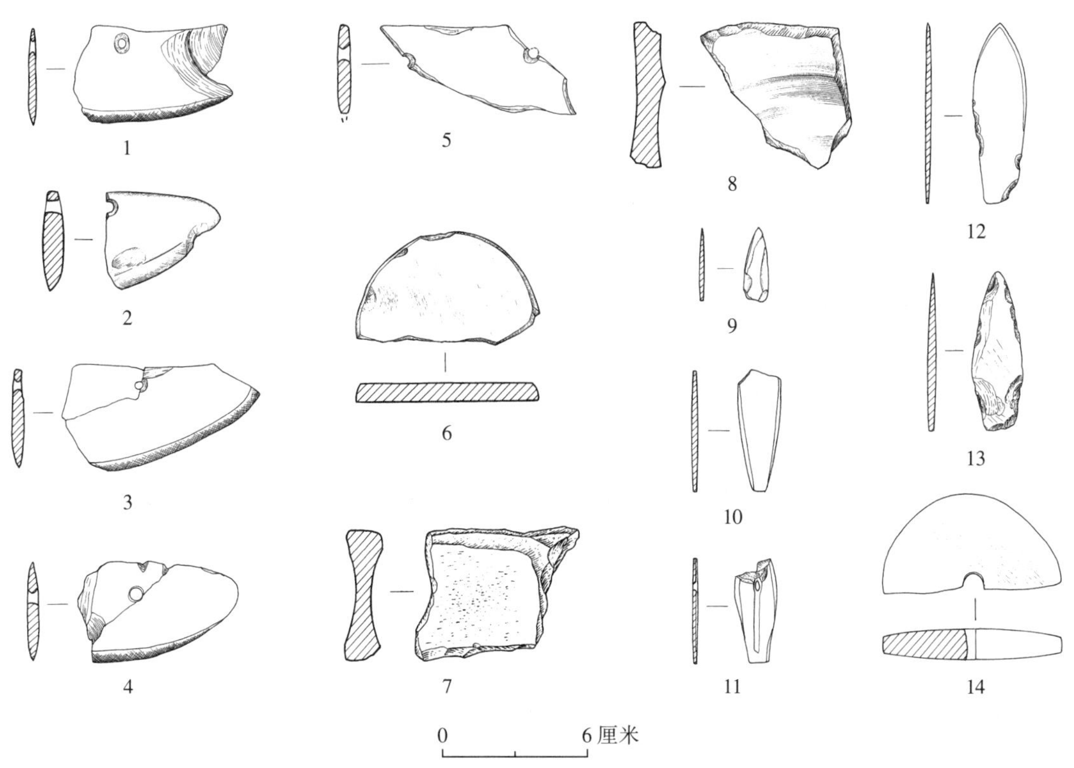

图二八四　2017 年Ⅱ区第 2 层出土石器

1. 乙类 Aa 型刀（TN33E36②：2）　2~4. 乙类 Ab 型刀（TN31E35②：10、TN32E35②：9、TN34E34②：1）　5. 石刀残件（TN34E36②：1）　6. 圆形石片（TN33E34②：11）　7、8. 砺石（TN32E34②：11、TN33E35②：15）　9、10. Ba 型箭镞（TN32E35②：4、TN33E34②：1）　11. Ac 型箭镞（TN30E34②：2）　12. Aa 型箭镞（TN31E34②：1）　13. 箭镞坯料（TN33E35②：1）　14. 纺轮（TN32E38②：1）

平底稍窄。磨制精细。长 7.1、宽 2.1、厚约 0.1 厘米（图二八四，12）。

Ac 型。

TN30E34②：2，红褐色。柳叶形，截面近长方形。中部有一穿孔，两面先刻槽后钻孔，刻槽较长且较深。两侧均有刃面。平底较窄。长 4.1、宽 1.7、厚约 0.2 厘米（图二八四，11）。

Ba 型。

TN32E35②：4，灰绿色。平面近弧边三角形，截面不规则。底部稍宽较平直。长 2.9、宽 1.1、厚 0.1~0.3 厘米（图二八四，9）。

TN33E34②：1，灰绿色。平面呈三角形。双面刃，刃缘较锋利。锋部及底部残缺。残长 4.8、宽 1.8、厚 0.2 厘米（图二八四，10；彩版七八，5）。

坯料。

TN33E35②：1，黑色。平面近五边形，截面不规则，最宽处位于中部偏下。布满片疤，未磨光。长 6.3、宽 2.1、厚约 0.6 厘米（图二八四，13；彩版七八，6）。

网坠

TN30E34②：1，黄褐色。圆形，两侧片疤大致位于中部。长 8、宽 6.5、厚 1 厘米（图二八五，1；彩版七九，1）。

TN30E34②：3，黄褐色。圆形，两侧缺口位于中部。长 8.6、宽 7.4、厚 2 厘米（图二八五，2；彩版七九，2）。

TN30E35②：3，黄褐色。圆形，两侧缺口位于中部，一侧有两处连续缺口。长 9.4、宽 8、厚 2 厘米（图二八五，3；彩版七九，3）。

TN31E34②：3，黄褐色。形状不规则，两侧缺口位于中部。一面有较大面积的片疤。长 11.6、宽 9、厚 2 厘米（图二八五，4；彩版七九，4）。

TN31E34②：4，灰褐色。圆形，器形规整，两侧缺口位于中部。长 6.2、宽 6.1、厚 1.4 厘米（图二八五，6；彩版七九，5）。

TN31E35②：2，黄褐色。圆形，两侧缺口位于中部。长 10、宽 6.8、厚 1.6 厘米（图二八五，5；彩版七九，6）。

TN31E35②：3，黄褐色。圆形，上半部分相对较窄，下半部分较宽。两侧缺口位于中部。两侧片疤较大。长 8、宽 7、厚 1.3 厘米（图二八五，7；彩版七九，7）。

TN31E35②：4，黄褐色。形状不规则，两侧缺口位于中部。长 8.1、宽 6.6、厚 1.7 厘米（图二八五，8；彩版七九，8）。

TN31E35②：5，黄褐色。形状不规则，两侧缺口较不明显。长 5.6、宽 4.7、厚 0.7 厘米（图二八五，9；彩版八〇，1）。

TN31E35②：6，黄褐色。圆形，两侧缺口位于中部，片疤较小且较浅。长 8.4、宽 6.6、厚 1.6 厘米（图二八五，10；彩版八〇，2）。

TN31E35②：7，黄褐色。圆形，两侧缺口位于中部。长 9.2、宽 7.3、厚 2.2 厘米（图二八五，11；彩版八〇，3）。

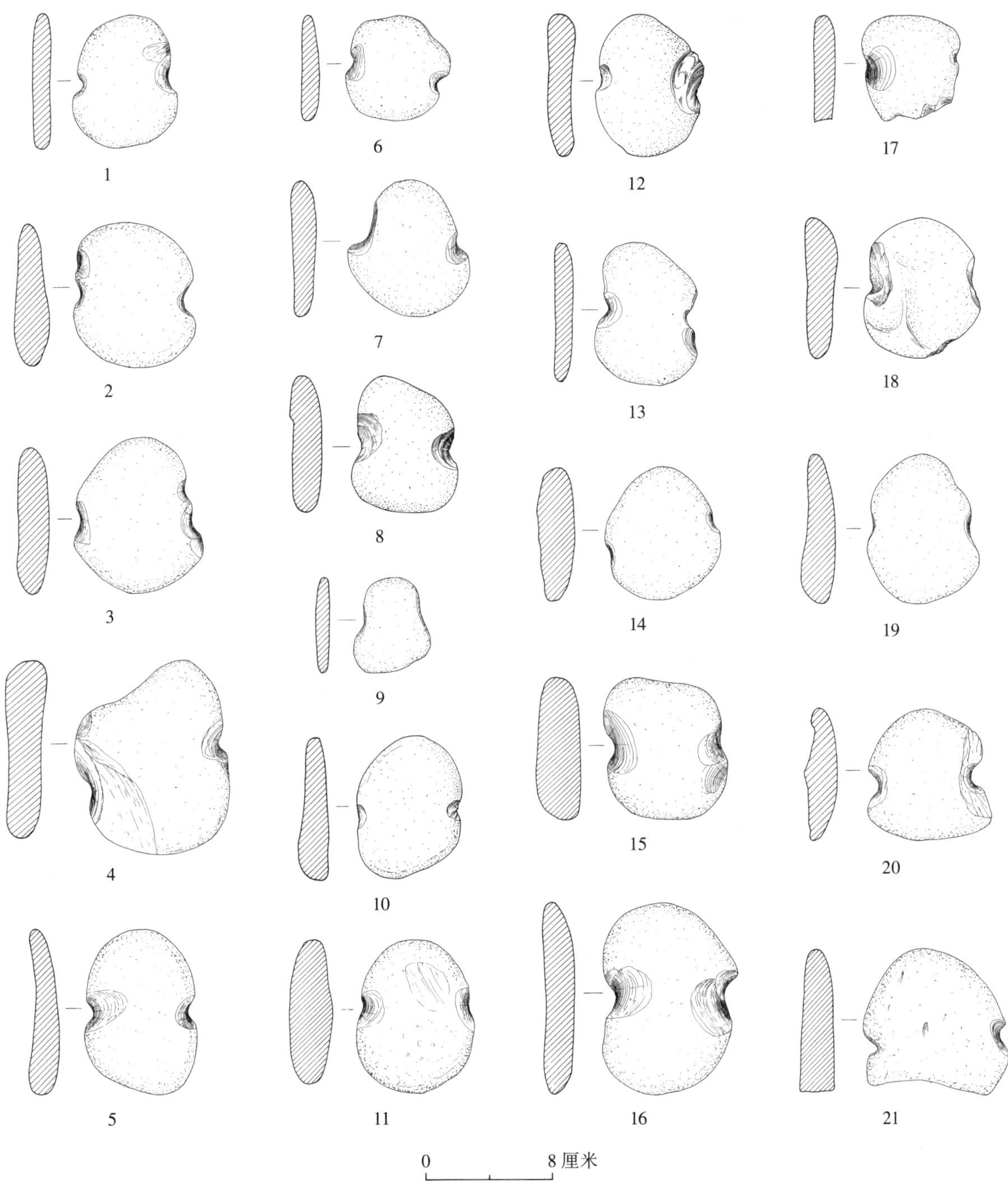

图二八五　2017年Ⅱ区第2层出土石网坠

1. TN30E34 ②：1　2. TN30E34 ②：3　3. TN30E35 ②：3　4. TN31E34 ②：3　5. TN31E35 ②：2　6. TN31E34 ②：4　7. TN31E35 ②：3　8. TN31E35 ②：4　9. TN31E35 ②：5　10. TN31E35 ②：6　11. TN31E35 ②：7　12. TN31E35 ②：8　13. TN32E34 ②：2　14. TN32E34 ②：4　15. TN32E34 ②：3　16. TN33E34 ②：4　17. TN32E35 ②：6　18. TN32E35 ②：1　19. TN32E35 ②：23　20. TN32E35 ②：8　21. TN32E35 ②：7

TN31E35②：8，黄褐色。圆形，两侧缺口大致位于中部偏上。片疤较不对称。长8.5、宽6.5、厚1.2厘米（图二八五，12；彩版八〇，4）。

TN32E34②：2，灰褐色。亚腰形，两侧缺口大致位于中部，缺口附近有几处小片疤。长8.6、宽 6.3、厚 0.8 厘米（图二八五，13；彩版八〇，5）。

TN32E34②：3，黄褐色。圆形，器形较规整，两侧缺口位于中部，对称。长 8.4、宽 7.5、厚 2.3 厘米（图二八五，15；彩版八〇，6）。

TN32E34②：4，灰褐色。圆形，两侧缺口大致位于中部。长 7.7、宽 6.5、厚 2.3 厘米（图二八五，14；彩版八〇，7）。

TN32E35②：1，黄褐色。圆形，两侧缺口大致位于中部。长 8.5、宽 7.2、厚 1.5 厘米（图二八五，18；彩版八〇，8）。

TN32E35②：23，黄褐色。椭圆形，器形较规整，两侧缺口位于中部。片疤较浅。长 8.9、宽 6.8、厚 1.6 厘米（图二八五，19；彩版八一，1）。

TN32E35②：6，黄褐色。圆形，部分残缺，两侧缺口位于中部靠上，中部裂为两块。长 6.2、宽 6.2、厚 1.1 厘米（图二八五，17；彩版八一，2）。

TN32E35②：7，黄褐色。圆形，底部残缺，两侧缺口较对称。长 8.8、宽 9.2、厚 2 厘米（图二八五，21；彩版八一，3）。

TN32E35②：8，黄褐色。形状不规则，两侧缺口大致位于中部。一侧片疤面积较大。长 7.9、宽 7.9、厚 2.1 厘米（图二八五，20；彩版八一，4）。

TN33E34②：4，黄褐色。亚腰形，两侧缺口位于中部。长 11.5、宽 8.4、厚 1.4 厘米（图二八五，16；彩版八一，5）。

纺轮

TN32E38②：1，灰色。圆形片状，一半残缺。中部有一穿孔，两面对钻。磨制较精细。直径约 7.3、厚 1.2、穿孔直径 0.7 厘米，重 27.3 克（图二八四，14；彩版八一，6）。

砺石

TN32E34②：11，深灰色。整体呈片状。使用面较不明显。长 6.2、宽 4.8、厚 1.7 厘米（图二八四，7）。

TN33E35②：15，黄褐色。整体呈片状，器形较不规整。有两处明显的使用面，较低洼。长 5.8、宽 5.7、厚 1 厘米（图二八四，8）。

圆形石片

TN33E34②：11，黄褐色。通体磨光。直径 7.4、厚 0.8 厘米（图二八四，6）。

（七）第 1 层出土遗物

该层出土遗物以陶器为主，另有少量石器。陶器器类有束颈罐、附加堆纹罐、长颈罐、盘口高领罐、盘口短颈罐、瓮、钵、纺轮等，石器器类有斧、锛、凿、刀、箭镞、网坠等。

（1）陶器

束颈罐

Aa 型。

TN33E37①：11，夹砂黑灰陶。方唇，侈口，窄卷沿外翻近平，束颈。唇部饰戳印点纹，颈部饰刻划菱格纹和一周点线状弦纹。口径 23.6、残高 3.5 厘米（图二八六，1）。

Bb 型。

TN31E34 ①：11，夹砂灰胎黑皮陶。圆唇，侈口，卷沿，短束颈。素面。口径 26.8、残高 3.8 厘米（图二八六，5）。

TN32E34 ①：12，夹砂灰胎黑灰皮陶。圆唇，侈口，卷沿，束颈。颈部饰刻划纹。口径 21.2、残高 4 厘米（图二八六，10）。

TN32E37 ①：11，夹砂黑灰陶。圆唇，侈口，卷沿，束颈。颈部饰刻划网格纹和一周凹弦纹。残高 5 厘米（图二八六，6）。

TN32E37 ①：12，夹砂灰胎黑皮陶。圆唇，侈口，卷沿，束颈。颈部饰刻划凹弦纹和网格纹。残高 3.8 厘米（图二八六，7）。

TN33E35 ①：11，夹砂灰褐陶。圆唇，侈口，卷沿，束颈。颈部饰刻划纹。残高 3.6 厘米（图二八六，8）。

TN34E35 ①：12，夹砂灰褐陶。圆唇，侈口，卷沿。颈部饰刻划纹。口径 15、残高 2.7 厘米（图二八六，9）。

附加堆纹罐

Ab 型。

TN32E34 ①：11，夹砂灰褐陶。圆唇，侈口，卷沿。唇部饰“×”形纹，颈上部饰一周褶皱状附加堆纹，颈下部饰刻划纹。残高 5.1 厘米（图二八六，2）。

C 型。

TN31E34 ①：12，夹砂黑灰陶。圆唇，盘口，卷沿较窄。口外侧有一周平滑的带状凸起，使口部加厚。沿外壁至肩部饰竖向褶皱状附加堆纹，肩部饰刻划短线纹。残高 4.7 厘米（图二八六，4）。

长颈罐　C 型。

TN33E37 ①：12，夹砂灰陶。圆唇，盘口，宽沿。素面。口径 19.2、残高 2.8 厘米（图二八六，3）。

盘口高领罐

Ab 型。

TN33E35 ①：13，夹砂灰胎黄褐皮陶。圆唇，唇内侧有一道凹槽，盘口，宽沿。沿外壁饰小方格状点线纹组成的折线纹和一周凹弦纹。口径 16.8、残高 3.6 厘米（图二八六，13）。

Ac 型。

TN33E34 ①：11，夹砂褐黄陶。方唇，盘口，宽沿。沿外壁饰刻划纹。口径 18.6、残高 3 厘米（图二八六，12）。

盘口短颈罐　A 型。

TN34E35 ①：11，夹砂黑灰陶。圆唇，盘口，宽沿。素面。残高 4.4 厘米（图二八六，11）。

瓮

TN34E38 ①：11，夹砂灰褐陶。口沿残，鼓腹，下腹斜收为平底。下腹部有两个圆形小孔，由外而内穿透，腹壁内部可见泥条盘筑的痕迹。底径 10.2、残高 33 厘米（图二八七；彩版八二，1）。

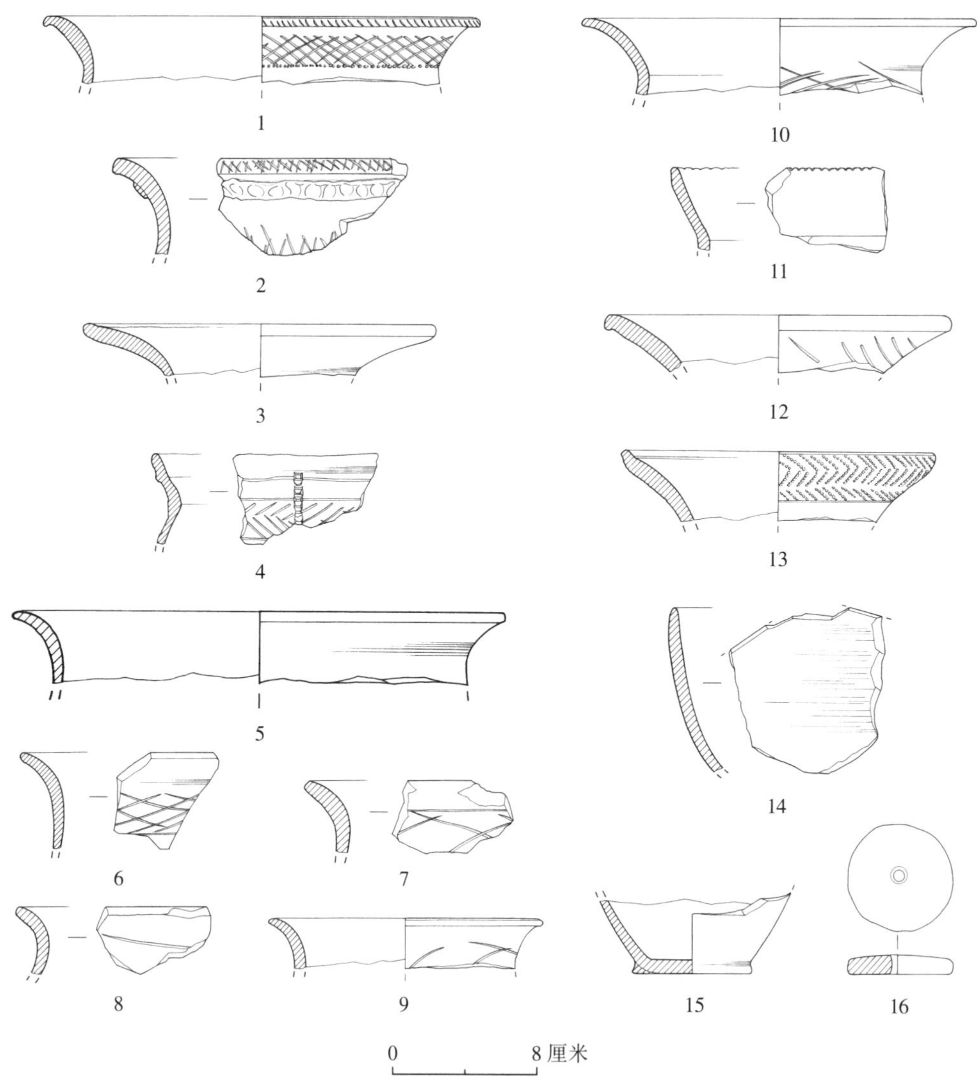

图二八六 2017 年Ⅱ区第 1 层出土陶器

1. Aa 型束颈罐（TN33E37①：11） 2. Ab 型附加堆纹罐（TN32E34①：11） 3. C 型长颈罐（TN33E37①：12） 4. C 型附加堆纹罐（TN31E34①：12） 5~10. Bb 型束颈罐（TN31E34①：11、TN32E37①：11、TN32E37①：12、TN33E35①：11、TN34E35①：12、TN32E34①：12） 11. A 型盘口短颈罐（TN34E35①：11） 12. Ac 型盘口高领罐（TN33E34①：11） 13. Ab 型盘口高领罐（TN33E35①：13） 14. 乙类 Aa 型钵（TN34E38①：12） 15. 器底（TN34E34①：11） 16. A 型纺轮（TN32E34①：1）

钵 乙类 Aa 型。

TN34E38①：12，夹砂黑褐陶。方圆唇，敞口，斜弧腹。素面。残高 8.6 厘米（图二八六，14）。

器底

TN34E34①：11，夹砂黄褐陶。平底。素面。底径 6.4、残高 4.3 厘米（图二八六，15）。

纺轮 A 型。

TN32E34①：1，夹砂灰黑陶。圆形片状，中部有一穿孔。直径约 5.7、厚 1、穿孔直径 0.7 厘米（图二八六，16；彩版八二，2）。

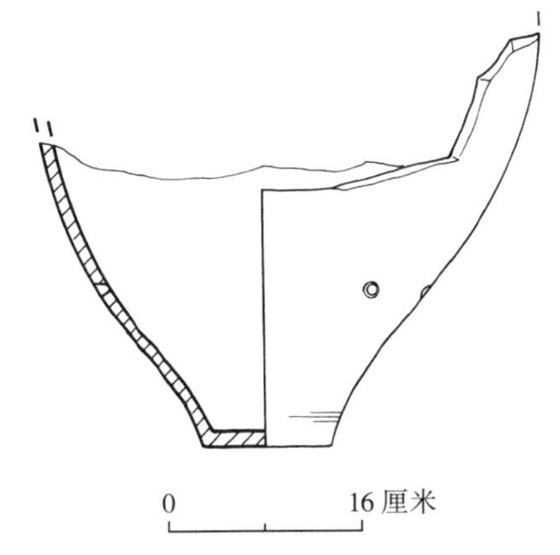

图二八七　2017年Ⅱ区第1层出土陶瓮
（TN34E38①：11）

（2）石器

斧

A型。

TN34E35①：1，灰褐色。平面形状不规则，截面不规则。正锋，弧刃，双面刃，刃缘分布有较连续的崩疤。仅刃部磨光，凹凸不平。长6.9、宽4.3、厚约2厘米（图二八八，1；彩版八二，3）。

TN34E35①：14，黑色。平面近长方形，截面近椭圆形。圆顶，片疤分布较密集。正锋，弧刃，双面刃，一面的刃面分界较突出，另一面较自然圆弧。器表磨光较好，分布有均匀的斜向磨痕。长13.1、宽6.9、厚约4.3厘米（图二八八，5；彩版八二，4）。

TN34E36①：2，黑色。平面近长条形，截面近椭圆形。顶部残缺。片疤较浅。正锋，弧刃，双面刃，刃缘分布有几处崩疤。残长11.5、宽5.8、厚约4.2厘米（图二八八，4；彩版八二，5）。

B型。

TN32E36①：2，绿色。正、反两面稍外鼓，侧面平直，磨光。正锋，弧刃，双面刃，刃缘有明显的崩疤。长4.8、宽2.5、厚约2.2厘米（图二八八，3）。

C型。

TN34E37①：1，绿色。平面近三角形，截面近椭圆形。圆顶，整体较细尖。中部起脊，两侧有倾斜平面，背面较圆弧，下半部分崩疤较密集。长11、宽4.7、厚约3.8厘米（图二八八，6；彩版八二，6）。

残件。

TN33E35①：14，黑色。平面近三角形，截面呈梯形。平顶。两侧有较对称的片疤，打制后磨光。长6、宽4.7、厚约1.7厘米（图二八八，2）。

锛

B型。

TN30E35①：1，黑色。平面近梯形，截面呈圆角长方形。斜平顶，顶部一侧有人工切割的痕迹。两面均磨光，两侧有密集的片疤。直刃，单面刃，刃缘分布有连续的崩疤和茬口。长10.3、宽4、厚约1.4厘米（图二八八，7）。

TN32E36①：1，黑色。平面近梯形，截面呈长方形。斜平顶。两面均磨光。直刃，单面刃，刃缘有较杂乱的磨痕。长4.9、宽3.7、厚约0.6厘米（图二八八，11；彩版八三，1）。

TN32E37①：1，黑色。平面近梯形，截面呈圆角长方形。斜平顶，顶部一侧人为切割。两侧分布有连续的片疤。单面刃，有多次磨制刃部的痕迹。长7.1、宽4.2、厚约0.7厘米（图二八八，8）。

TN32E37①：2，黑色。平面近梯形，截面呈长方形。斜平顶，有人为切割的痕迹，仅磨平。两侧有较窄的倾斜面。弧刃，单面刃，刃缘有较多崩疤及细小的茬口，刃部磨光较好。长7.9、宽3.25、

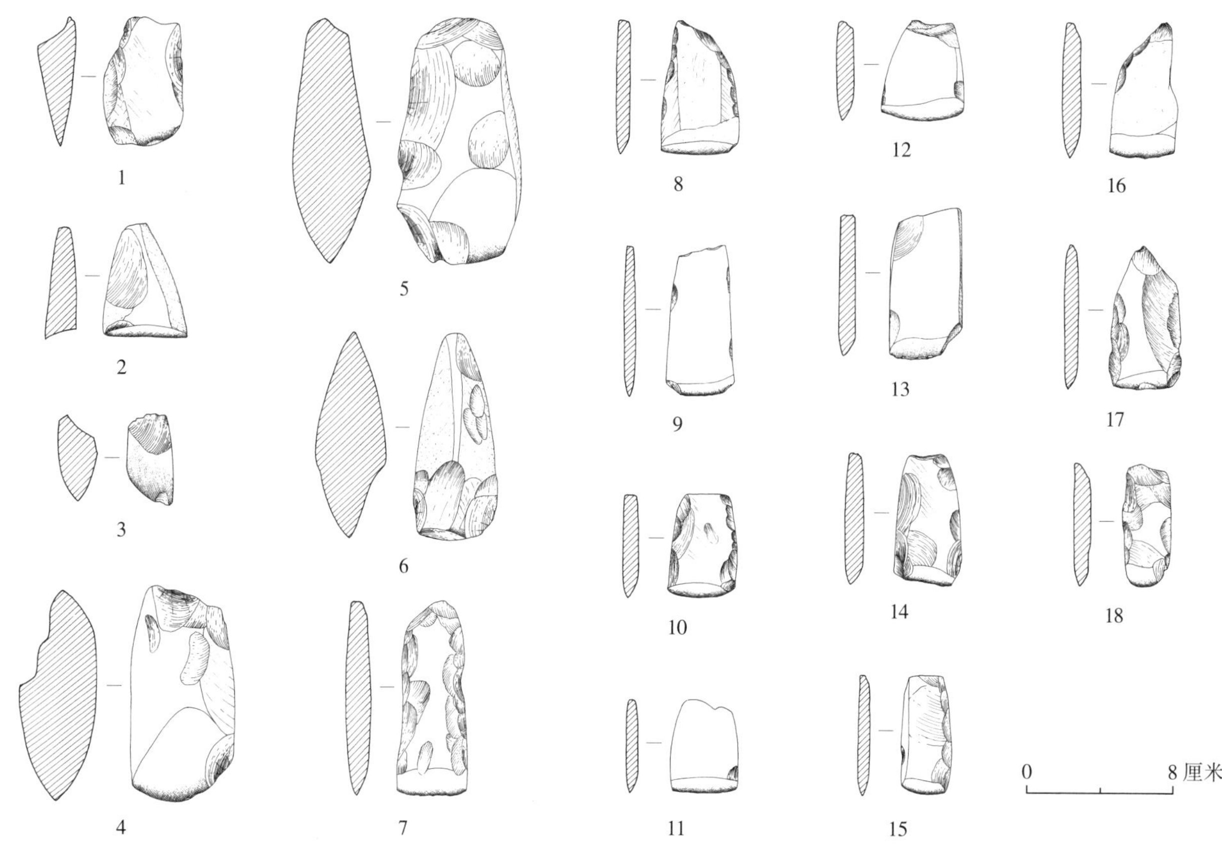

图二八八　2017 年Ⅱ区第 1 层出土石器

1、4、5. A 型斧（TN34E35 ①：1、TN34E36 ①：2、TN34E35 ①：14）　2. 石斧残件（TN33E35 ①：14）　3. B 型斧（TN32E36 ①：2）　6. C 型斧（TN34E37 ①：1）　7~16. B 型锛（TN30E35 ①：1、TN32E37 ①：1、TN32E37 ①：2、TN33E35 ①：1、TN32E36 ①：1、TN34E35 ①：2、TN33E35 ①：2、TN33E36 ①：1、TN34E36 ①：1、TN34E36 ①：3）　17. C 型锛（TN33E36 ①：2）　18. 石锛残件（TN34E38 ①：1）

厚约 0.6 厘米（图二八八，9）。

TN33E35 ①：1，黑色。平面呈梯形，截面近圆角长方形。平顶，两侧有连续的片疤。两面均磨光。弧刃，单面刃，两端有明显的崩疤。长 5.5、宽 3.8、厚约 0.8 厘米（图二八八，10；彩版八三，2）。

TN33E35 ①：2，白色。平面呈长方形，截面近长方形。斜平顶。两侧和两面均磨光。弧刃，单面刃，刃面中间较宽两端稍窄。长 7.6、宽 3.9、厚约 1 厘米（图二八八，13；彩版八三，3）。

TN33E36 ①：1，黑色。平面近梯形，截面呈圆角长方形。顶部平直。两面均磨光。单面刃，刃缘残缺并有较多崩疤。长 7、宽 3.6、厚约 1 厘米（图二八八，14；彩版八三，4）。

TN34E35 ①：2，黑色。平面近梯形，截面呈圆角长方形。平顶，稍内凹。两侧面稍向外弧。偏锋，弧刃，双面刃。器表磨光较好。长 5.3、宽 4.5、厚约 1 厘米（图二八八，12；彩版八三，5）。

TN34E36 ①：1，黑色。平面呈长条形，截面呈梯形，整体较窄长。平顶。两侧有倾斜平面。弧刃，单面刃。长 6.3、宽 2.8、厚约 0.6 厘米（图二八八，15；彩版八三，6）。

TN34E36 ①：3，黑色。平面呈梯形，截面近长方形。斜平顶，斜切面较长。两侧有较少的片疤，两面均磨光。弧刃，单面刃，刃面分界较明显，刃缘有较连续的茬口。长 7.2、宽 3.7、厚约 1 厘米（图二八八，16）。

C 型。

TN33E36①：2，黑色。平面呈五边形，截面呈圆角长方形。斜尖顶。两面均磨光，磨光较好。直刃，单面刃，刃缘有较多崩疤及垂直于刃缘的磨痕。长 7.6、宽 3.9、厚约 0.8 厘米（图二八八，17；彩版八三，7）。

残件。

TN34E38①：1，黑色。平面呈圆角长方形，截面近椭圆形。顶部残缺。器表片疤较多，两面均磨光。偏锋，弧刃，双面刃，刃缘有较多崩疤及细小的茬口。残长 6.5、宽 2.7、厚约 0.9 厘米（图二八八，18；彩版八三，8）。

凿

C 型。

TN30E35①：2，墨绿色。仅残有一侧，截面近长方形，整体较细长。残长 7.2、宽 2、厚 1.5 厘米（图二八九，1；彩版八四，1）。

残件。

TN31E35①：1，灰绿色。平面呈长条形，截面近梯形。顶部残缺，刃缘残缺。两侧磨光，有较多片疤。残长 8.6、宽 1.7、厚约 1.6 厘米（图二八九，2；彩版八四，2）。

刀

乙类 B 型。

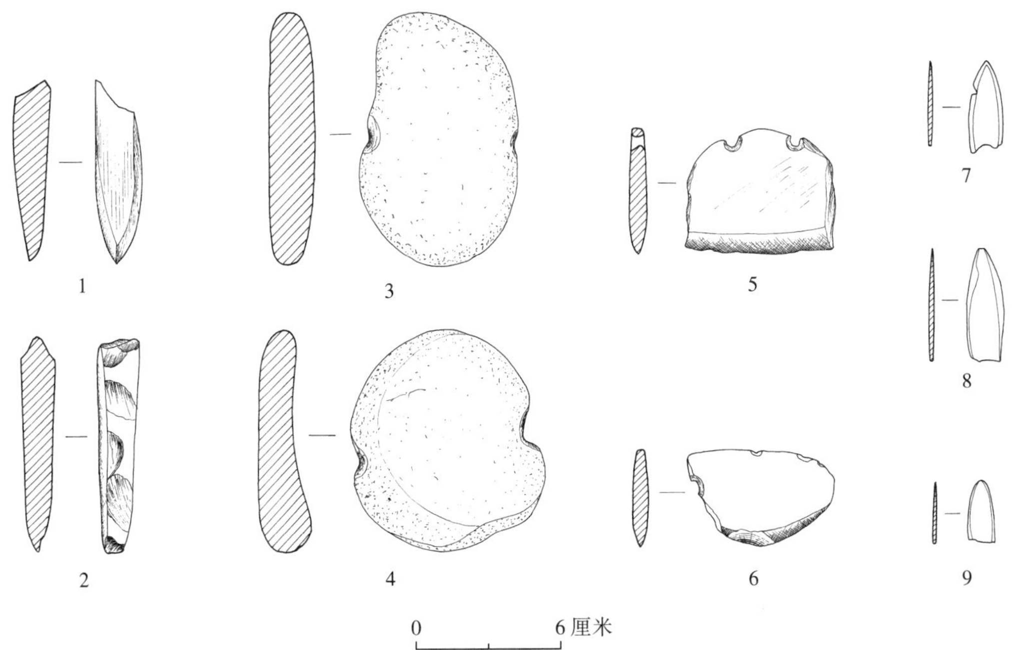

图二八九　2017 年Ⅱ区第 1 层出土石器

1. C 型凿（TN30E35①：2）　2. 石凿残件（TN31E35①：1）　3、4. 网坠（TN31E34①：1、TN32E34①：2）　5. 石刀残件（TN32E35①：2）　6. 乙类 B 型刀（TN34E35①：13）　7. Bb 型箭镞（TN32E35①：1）　8. Ca 型箭镞（TN30E34①：1）　9. 箭镞残件（TN32E34①：3）

TN34E35①：13，红色。桂叶形。背部较圆弧，仅残有一孔，两面对钻。弧刃，双面刃，大部分残缺。器表多崩疤及茬口。残长 6、宽 3.7、厚约 0.7 厘米（图二八九，6；彩版八四，3）。

残件。

TN32E35①：2，黑色。背部大部分残缺，有双孔。弧刃，刃部有较杂乱的磨痕及几处崩疤。残长 6.2、宽 5、厚约 0.7 厘米（图二八九，5）。

箭镞

Bb 型。

TN32E35①：1，黑色。平面呈弧三角形，截面较规则。锋部较圆尖。底部内凹。仅铤部一侧及刃部有两处崩疤，通体磨光。长 3.7、宽 1.4、厚约 0.2 厘米（图二八九，7）。

Ca 型。

TN30E34①：1，灰色。平面呈五边形，截面近六边形。正反两面的两侧均有刃，刃缘有几处较小的茬口。平底较宽，两面较平直。通体磨光。长 4.4、宽 1.5、厚约 0.2 厘米（图二八九，8；彩版八四，4）。

残件。

TN32E34①：3，深灰色。近柳叶形。双面刃，上下两部分均有残缺。残长 2.3、宽 1.1、厚约 0.15 厘米（图二八九，9；彩版八四，5）。

网坠

TN31E34①：1，黄褐色。椭圆形，两侧缺口位于中部。片疤较窄且较小。长 10、宽 6.4、厚 2 厘米（图二八九，3；彩版八四，6）。

TN32E34①：2，黄褐色。圆形，两侧缺口位于中部。长 8.7、宽 7.8、厚 1.8 厘米（图二八九，4；彩版八四，7）。

“考古中国”重大项目　甲编第002号
成都—凉山区域考古合作成果

皈家堡遗址发掘报告

成都文物考古研究院
凉山彝族自治州博物院　编著
盐源县文物管理所

文物出版社

Excavation Report of the Guijiabao Site in Yanyuan

(Ⅱ)

by

Chengdu Institute of Cultural Relics and Archaeology

Liangshan Yi Autonomous Prefecture Museum

Yanyuan County Cultural Relics Management Office

Cultural Relics Press

四、Ⅱ区遗迹

遗迹包括房址、灰坑、灰沟、墓葬、特殊遗迹等（见附表一）。

（一）房址

13 座。分为半地穴式建筑和地面建筑，地面建筑保存较差。

1. F8

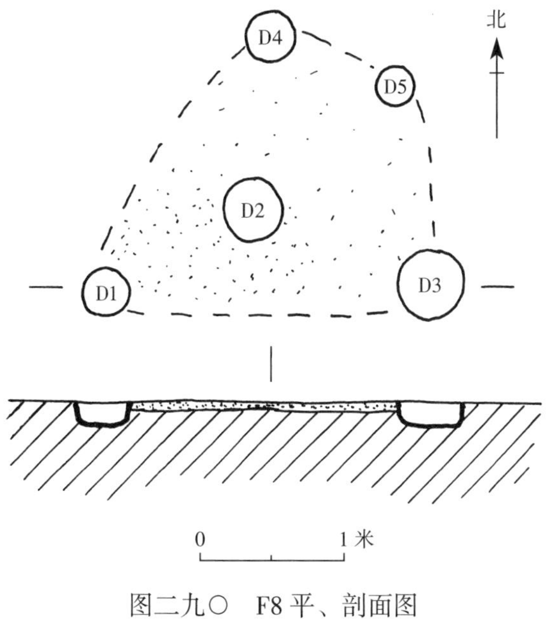

图二九〇　F8 平、剖面图

位于 TN34E35 中部。开口于第 1 层下，打破第 2 层。地面式建筑，破坏严重。残存部分呈半椭圆形。残长 2.34、宽 2.3 米。垫土为红烧土层，出土少量陶片，南部分布较为密集，红烧土厚约 0.05 米。残存柱洞 5 个，圆形，直壁，平底。柱洞大小和深浅不一，直径 0.25~0.45、深 0.13~0.14 米。填土为灰褐色，出土少量陶片和石器，陶器器类有束颈罐、无颈罐、长颈罐、盘口高领罐、矮领小罐、钵等，石器器类有锛、凿、砺石等（图二九〇；彩版八五，1）。

（1）陶器

束颈罐　Ba 型。

F8：9，夹砂黄褐陶。方唇，侈口，卷沿，长颈微束。唇部饰戳印点纹。残高 5.4 厘米（图二九一，1）。

F8：12，夹砂灰陶。圆唇，侈口，卷沿，束颈。唇部饰戳印点纹，颈部饰戳印长点纹组成的“<”形纹。残高 3.7 厘米（图二九一，2）。

无颈罐　Ab 型。

F8：5，夹砂褐胎黑灰皮陶。圆唇，盘口，宽折沿，圆肩。外壁折沿处饰戳印粗点纹。口径 14.4、残高 5.6 厘米（图二九一，3）。

长颈罐　B 型。

F8D1：1，夹砂灰胎红褐皮陶。尖圆唇，喇叭口，长颈。素面。口径 16、残高 4.9 厘米（图二九一，4）。

盘口高领罐　Ab 型。

F8：7，夹砂灰陶，内壁黑灰色。圆唇，盘口，宽沿。唇部饰戳印点纹，沿外壁饰短线纹组成的“>”形纹。残高 3.9 厘米（图二九一，5）。

矮领小罐

A 型。

F8：1，夹砂黑褐陶。圆唇，敛口，矮领，溜肩。领部饰菱格纹，肩部饰凹弦纹夹短线纹。残高 4.9 厘米（图二九一，8）。

B 型。

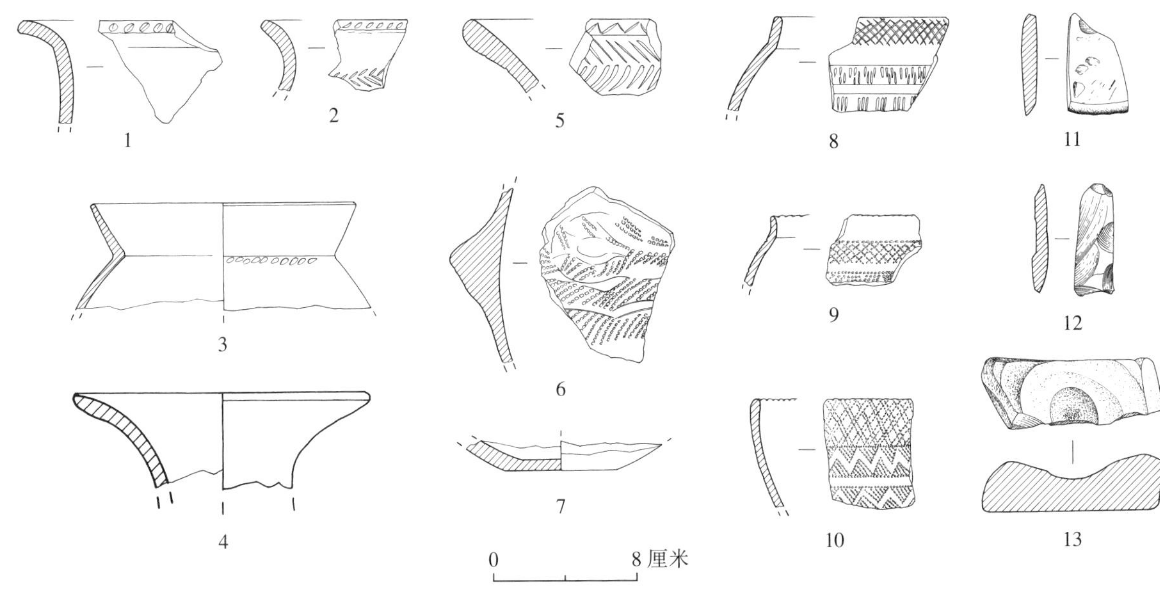

图二九一 F8出土遗物

1、2. Ba型陶束颈罐（F8：9、12） 3. Ab型陶无颈罐（F8：5） 4. B型陶长颈罐（F8D1：1） 5. Ab型陶盘口高领罐（F8：7） 6. A型陶器鋬（F8：13） 7. 陶器底（F8：11） 8. A型陶矮领小罐（F8：1） 9. B型陶矮领小罐（F8：3） 10. 乙类Be型陶钵（F8：6） 11. B型石锛（F8：15） 12. B型石凿（F8：2） 13. 砺石（F8：14）

F8：3，夹砂灰褐陶。圆唇，口近直，矮领，溜肩。肩部饰点线状凹弦纹和菱格纹等。残高3.7厘米（图二九一，9）。

器鋬 A型。

F8：13，夹砂黑灰陶。扁乳丁状。外壁饰小方格状点线纹。残高9.2厘米（图二九一，6）。

钵 乙类Be型。

F8：6，夹砂灰褐陶。圆唇，直口，弧腹。唇部饰戳印点纹，口外侧至腹部饰点线状菱格纹、凹弦纹、连续三角纹夹光面折线纹等。残高5.7厘米（图二九一，10）。

器底

F8：11，夹砂浅灰陶，器表磨光。平底。素面。底径6、残高1.5厘米（图二九一，7）。

（2）石器

锛 B型。

F8：15，乳白色。平面呈梯形，截面近长方形。斜平顶。两面均磨光，背面有较密集的垂直于刃缘的磨痕。直刃，单面刃，刃缘有几处较明显的崩疤。长5.3、宽3.3、厚约0.8厘米（图二九一，11）。

凿 B型。

F8：2，灰白色。平面呈梯形，截面近梯形。圆顶，有较明显的片疤。单面刃，刃部大部分残缺。残长5.9、宽2.1、厚约0.8厘米（图二九一，12；彩版八五，2）。

砺石

F8：14，紫红色。一面有明显的使用痕迹，形成光滑的凹面。侧面和底面磨制粗糙。长10、宽4、

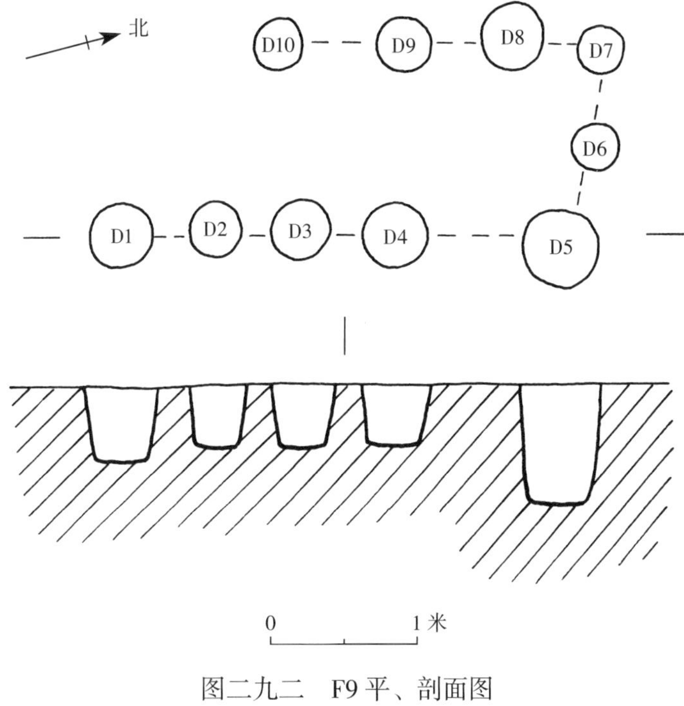

图二九二　F9平、剖面图

厚约3.2厘米（图二九一，13）。

2. F9

位于TN32E36西部。开口距地表约0.75米，开口于第4层下，打破第5层。由成排柱洞组成的地面式建筑。平面呈长方形。残长3.4、残宽1.72米。残存柱洞10个，圆形，直壁，平底。柱洞大小和深浅不一，直径0.31~0.51、深0.39~0.78米。填土为灰黑色砂土，土质较疏松，出土少量陶片（图二九二；彩版八五，3）。

3. F10

位于TN33E35西南部和TN32E35北部。开口于第4层下，打破第5层，被H108和一晚期坑打破。为单开间，未发现门道。平面形状大致呈长方形。长约2.75、宽约2.1米。地面结构不详。现存北、东、南、西四排房屋基槽和柱洞，二者破坏严重。柱洞共16个，平面形状略呈圆形，剖面呈圆筒形。填土均为灰褐色砂土，较疏松，出土少量陶片，器类有束颈罐、钵等（图二九三；彩版八五，4）。

陶器

束颈罐　Bb型。

F10∶1，夹砂褐胎黑灰皮陶。圆唇，侈口，卷沿，长颈微束。素面。残高5.5厘米（图二九四，1）。

钵　乙类Be型。

F10∶2，夹砂黑灰陶，内壁磨光。圆唇，口近直，弧腹。口外侧饰小方格状点线纹组成的“<”形纹和一周点线状凹弦纹，腹部饰一周点线状凹弦纹、小方格状点线纹与光面组成的弧形纹饰等。口径22、残高7厘米（图二九四，2）。

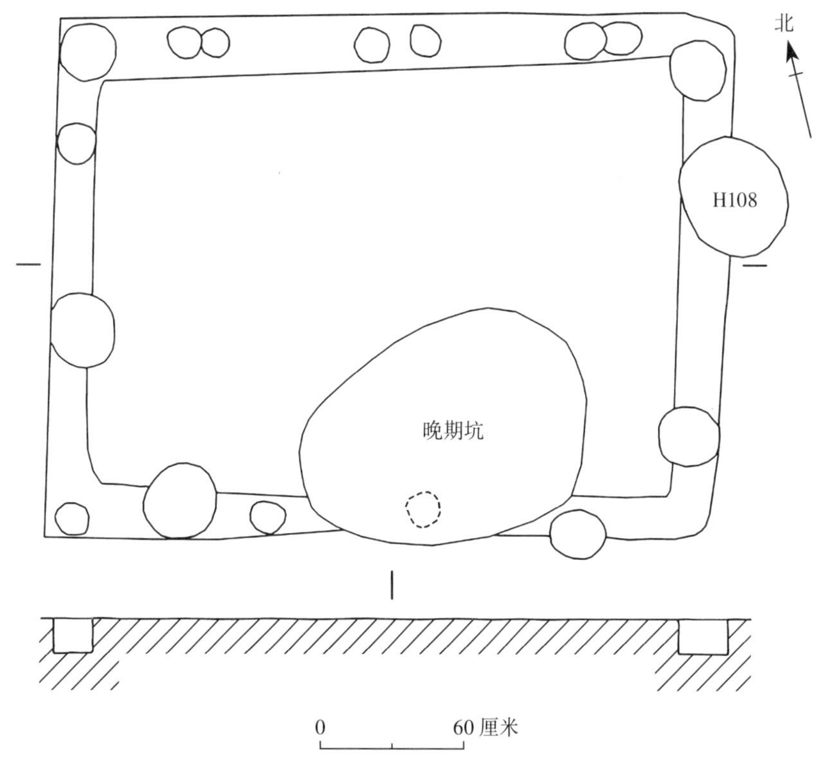

图二九三　F10平、剖面图

4. F11

位于TN34E35中南部和TN33E35北部。开口于第4层下，

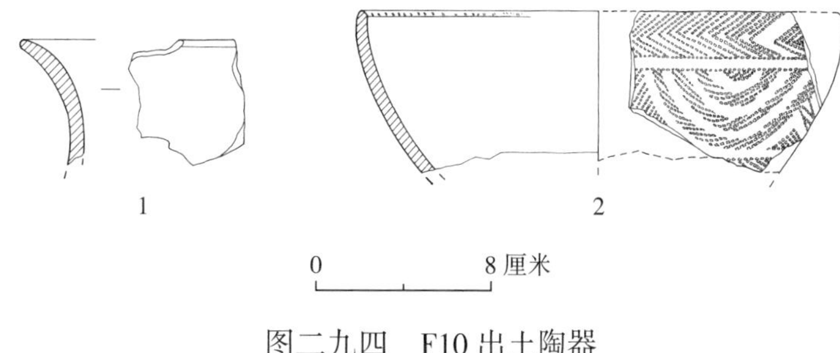

图二九四　F10 出土陶器

1. Bb 型束颈罐（F10：1）　2. 乙类 Be 型钵（F10：2）

打破第 6 层。地面式房屋。平面呈长方形。长 5、宽 3.85 米。残存北、东、南、西四排柱洞 16 个，圆形，直壁，平底。柱洞大小和深浅不一，直径 0.2~0.3、深 0.15~0.25 米。填土为灰褐色砂土，土质较疏松，出土少量陶片（图二九五）。

5. F12

位于 TN34E34 北部。开口于第 4 层下，打破第 6 层。地面式建筑。整体残长 4.76、宽 2.02 米。残存东和南两排柱洞 9 个，圆形，斜直壁，平底。柱洞大小和深浅不一，直径 0.28~0.4、深 0.25~0.29 米。填土为灰褐色砂土，土质较疏松，出土少量陶片（图二九六）。

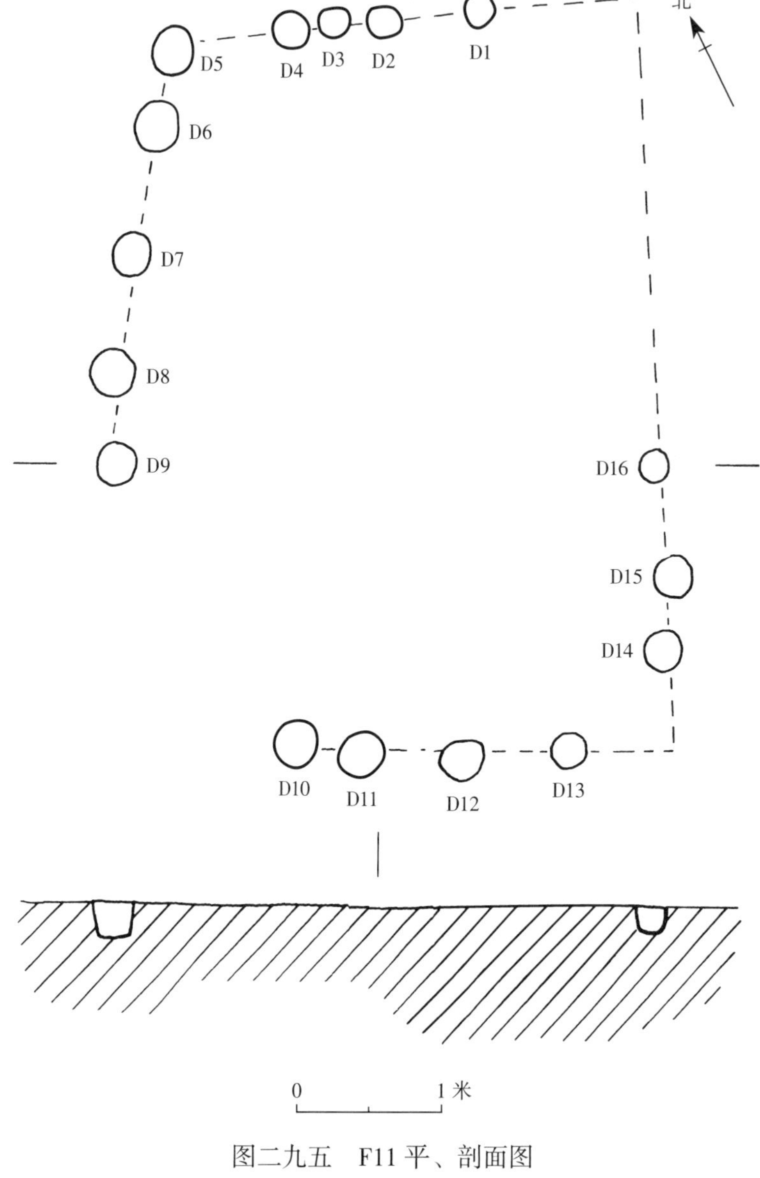

图二九五　F11 平、剖面图

6. F13

位于 TN34E34 和 TN33E34 西北部，向北伸入 TN34E34 北隔梁，未继续清理。开口于第 4 层下，打破生土层，北部被 H115 打破。为带基槽的地面式建筑。整体呈南北向长方形，多开间。残长 7.15、宽 3.9 米。残存南部、西部以及隔墙的基槽，直壁，平底。基槽宽 0.36、深 0.24 米。基槽内填土为灰黑色，土质较疏松，出土零星陶片（图二九七）。

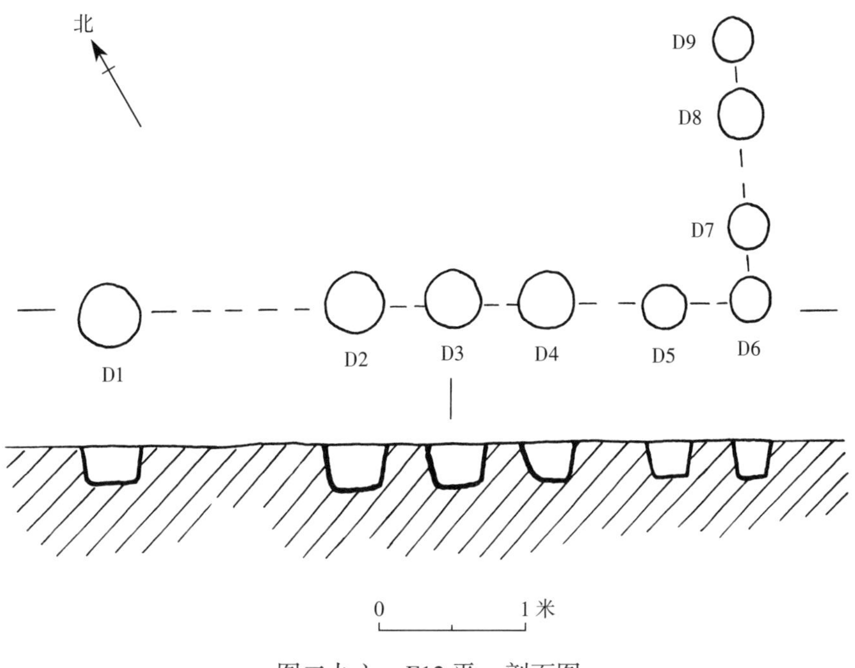

图二九六　F12 平、剖面图

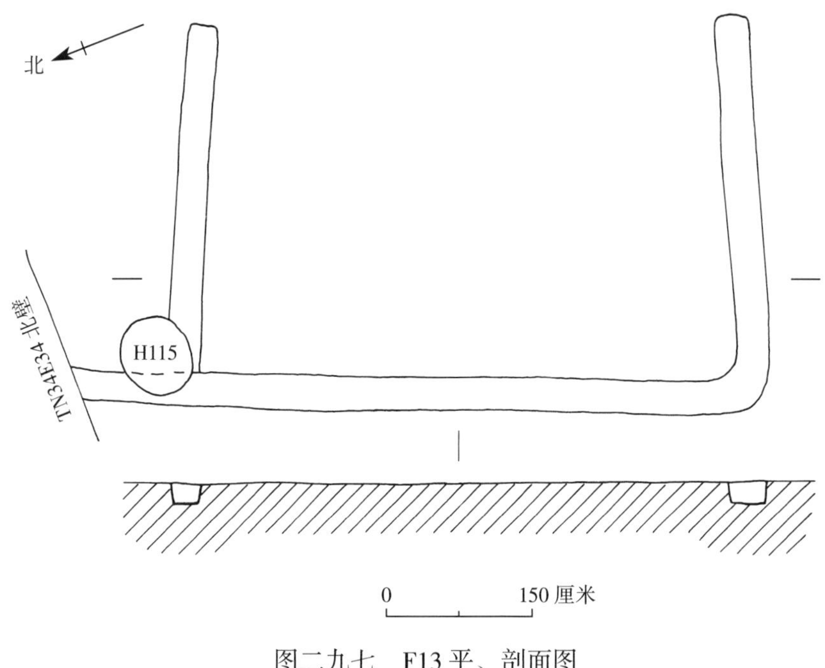

图二九七　F13 平、剖面图

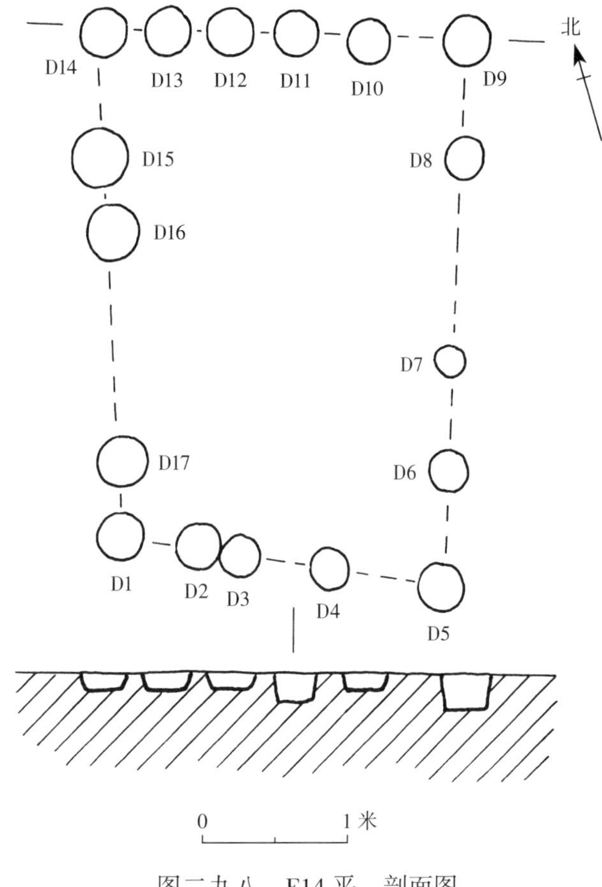

图二九八　F14平、剖面图

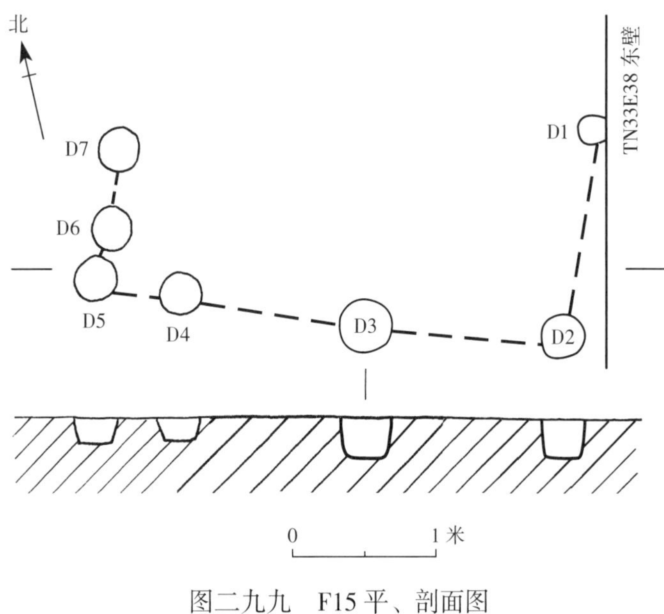

图二九九　F15平、剖面图

7. F14

位于TN33E34北部和TN34E34南部。开口于第4层下，打破生土层。平面近长方形。长3.99、宽2.91米。仅发现成排柱洞17个，平面近圆形，直壁，平底。柱洞大小和深浅不一，直径0.23~0.4、残深0.09~0.18米。填土为灰褐色砂土，土质较疏松，出土少量陶片（图二九八）。

8. F15

位于TN33E38北部。开口于第4层下，打破第6层。地面式建筑。整体残长3.5、宽1.5米。残存东、南和西三排柱洞7个，圆形，斜壁，平底。柱洞大小和深浅不一，直径0.25~0.4、深0.15~0.2米。填土为灰黑色砂土，土质较疏松，出土少量陶片（图二九九）。

9. F16

位于TN32E38南部。开口于第4层下，打破第6层。地面式建筑。残长约3.3、宽约1米。残存柱洞6个，圆形，直壁，平底。柱洞大小和深浅不一，直径0.2~0.5、深0.15~0.2米。柱洞填土为灰黑色砂土，土质较疏松，出土少量陶片（图三〇〇）。

10. F17

位于TN32E38东南部，向东伸入探方东隔梁，向南伸入TN31E38北隔梁，未继续清理。开口于第4层下，打破第6层。地面式建筑。平面形状不规则。残长约2.43、宽约1.13米。残存柱洞4个，圆形，直壁，平底。柱洞大小和深浅不一，直径0.3~0.4、深0.14~0.18米。柱洞填土为灰黑色砂土，土质较疏松，出土少量陶片（图三〇一）。

11. F19

位于TN33E36东部和TN33E37西部。开口于第4层下，打破第5层。地面式建筑。平面近长方形，长4.83、宽4.1米。残存北、东、南、西四排柱洞16个，圆形，直壁，平底。柱洞大小和深浅不一，直径0.23~0.4、深0.13~0.5米。柱洞填土为灰黑色砂土，土质较疏松，出土少量陶片（图三〇二）。

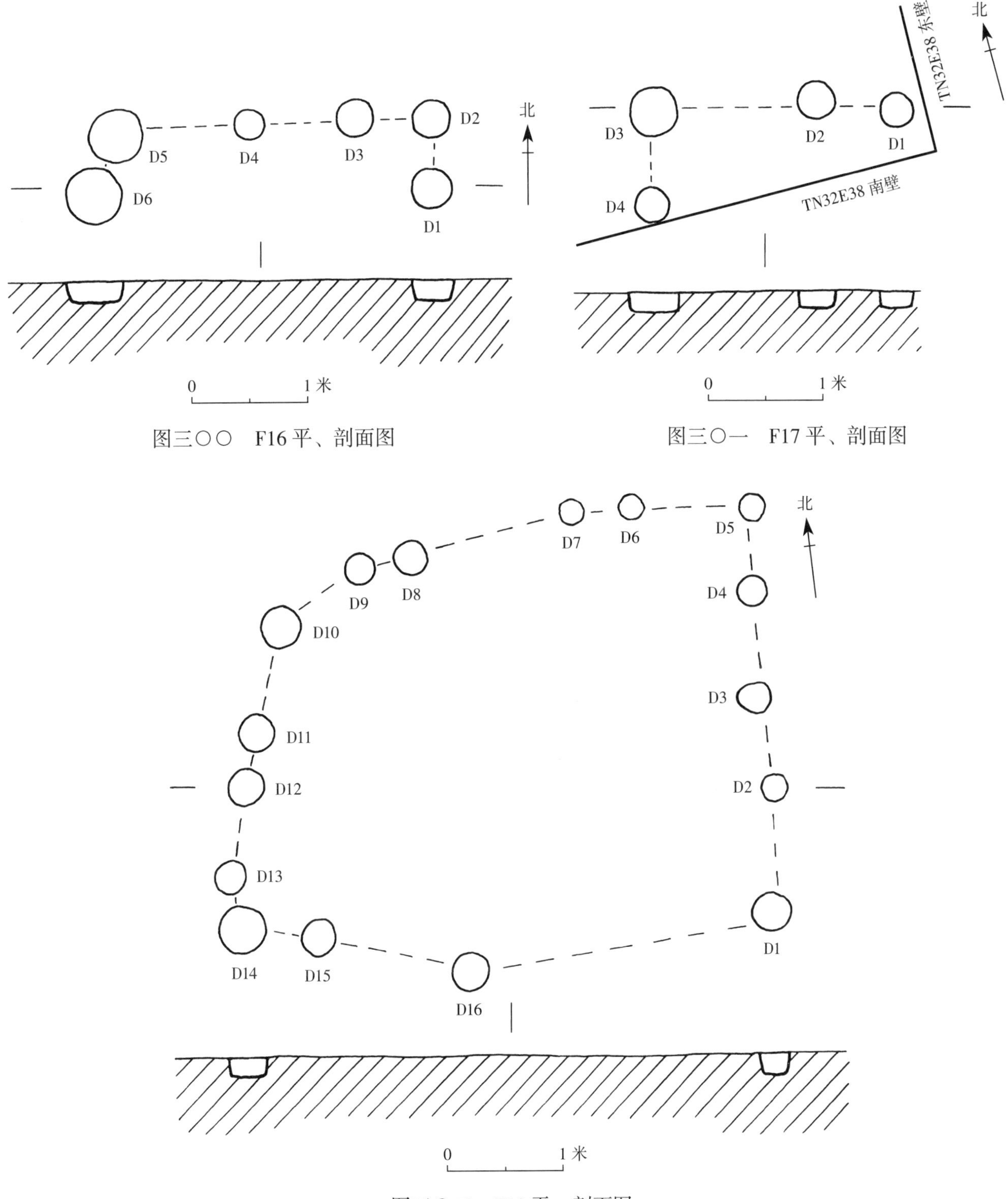

图三〇〇　F16 平、剖面图

图三〇一　F17 平、剖面图

图三〇二　F19 平、剖面图

12. F21

位于 TN33E35 中西部。开口于第 6 层下，打破生土层。半地穴式建筑。平面形状不规则，斜壁，平底。西南部设有斜坡式门道，门道长 0.91、宽 1.2 米。房屋主体近圆角长方形，长 2.94、宽 2.33、残深 0.15 米。填土较为杂乱：西部为褐色砂土，夹杂红烧土颗粒、炭屑和骨渣，出土少量陶片和石块等；

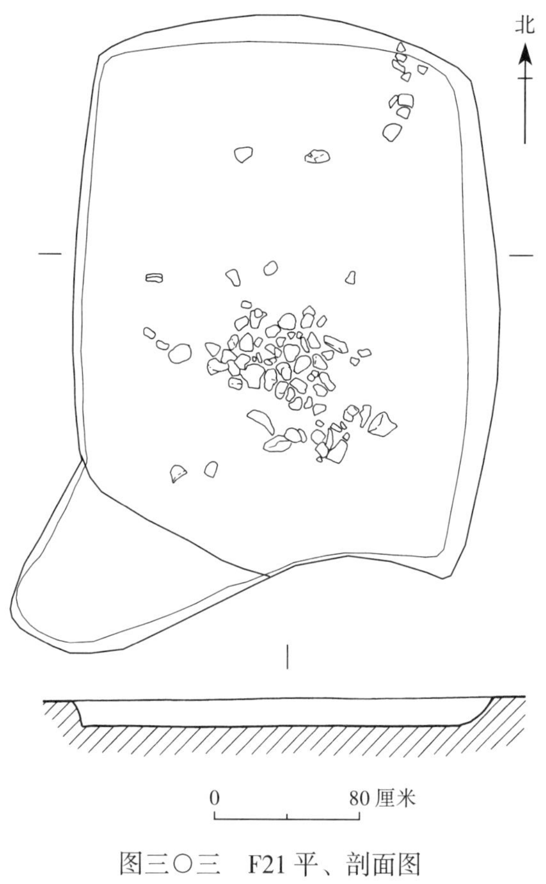

图三〇三　F21 平、剖面图

东部为灰褐色砂土，夹杂红烧土颗粒、炭屑和骨渣；东北部为红褐色砂土，夹杂大量红烧土块和骨渣，出土陶片；中部为褐色砂土。堆积有大量石块，可能是特殊结构。陶器器类有侈口高领罐、瓮、盆、钵，石器器类有细石叶，玉器器类有凿（图三〇三；彩版八五，5）。

（1）陶器

侈口高领罐

F21：6，夹砂灰陶。圆唇，侈口，高领。肩部饰一周戳印窝点纹。口径 12、残高 7.5 厘米（图三〇四，1）。

瓮　C 型。

F21：7，夹粗砂灰黑陶。敞口，方唇，短颈微束。唇部饰斜向细绳纹，颈部饰一周窄条状附加堆纹，其下饰细绳纹。口径 40、残高 9.5 厘米（图三〇四，5）。

盆　A 型。

F21：2，泥质灰陶，器表磨光。厚圆唇，侈口，长颈，折腹，底残。颈部和肩部饰戳印窝纹。口径 24.8、残高 14.4、复原高 15.7 厘米（图三〇四，6；彩版八六，1）。

钵

甲类 A 型。

F21：8，泥质红陶，器表磨光。圆唇，敛口，鼓肩，弧腹，平底。肩部有窄短的附加泥条，其上饰戳印点纹。肩部有一圆形穿孔，由外而内穿透。口径 24、底径 10.6、高 9.4 厘米（图三〇四，3；彩版八六，2）。

F21：9，泥质灰陶。圆唇，敛口，鼓肩，弧腹，平底。素面。口径 18、底径 6、高 6.6 厘米（图三〇四，2；彩版八六，3）。

甲类 B 型。

F21：4，泥质灰陶。圆唇，直口，溜肩，弧腹，平底。肩部有窄短的附加泥条，其上饰戳印点纹。口径 26、底径 6.6、高 8 厘米（图三〇四，4；彩版八六，4）。

（2）细石器

细石叶

F21：5，黑色燧石。整体较窄长，平面呈长方形，两侧倾斜，中部有较窄长的脊。长 2.1、宽 0.7、厚 0.2 厘米（图三〇四，8）。

（3）玉器

凿

F21：1，白色。平面近梯形。顶部残缺。两面磨光，磨制精细，两侧切割平齐且磨光。直刃，单面刃。残长 6.5、宽 2.3、厚 0.8 厘米（图三〇四，7）。

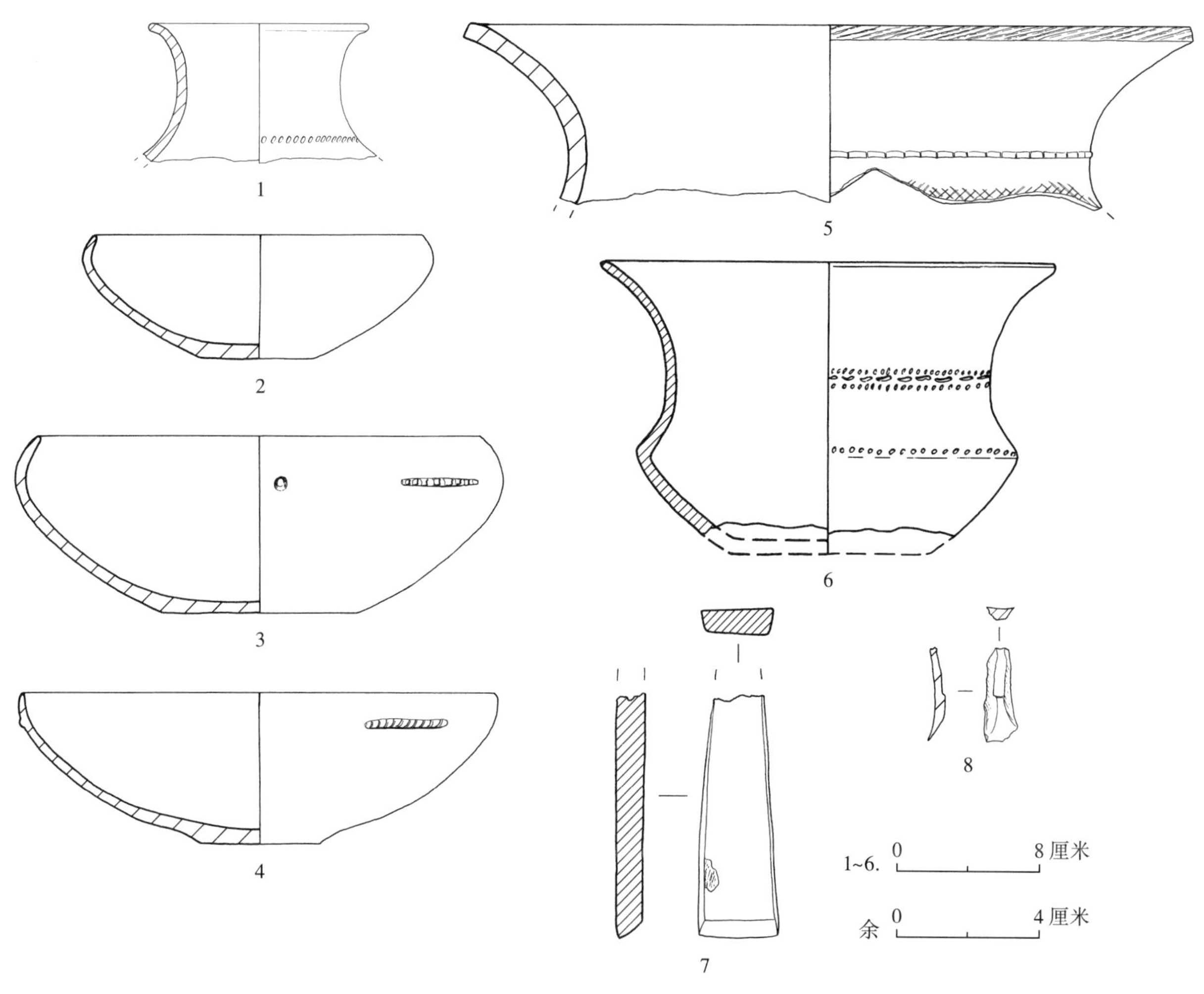

图三〇四　F21出土遗物

1. 陶侈口高领罐（F21：6）　2、3. 甲类A型陶钵（F21：9、8）　4. 甲类B型陶钵（F21：4）　5. C型陶瓮（F21：7）　6. A型陶盆（F21：2）　7. 玉凿（F21：1）　8. 细石叶（F21：5）

13. F22

位于TN31E34东南部和TN31E35西南部，向南伸入TN30E34和TN30E35北隔梁，未继续清理。开口于第6层下，打破生土层。地面式建筑。平面呈圆角长方形。垫土为红烧土层，残长5.3、宽1.99、深0.12米。沿房屋外壁残存柱洞6个，圆形，直壁，平底。柱洞大小和深浅不一，直径0.24~0.41、深0.16~0.2米。填土为灰黑色砂土，土质较疏松，出土少量陶片（图三〇五）。

（二）灰坑

56个。

1. H81

位于TN30E34西部。开口于第2层下，打破第3层。平面呈圆角长方形，弧壁，平底。长1.6、宽1、残深0.42米。填土为灰黑色砂土，土质疏松，出土陶片和石器等，陶器器类有侈口小罐、附加堆纹罐、壶等，石器器类有斧、锛等（图三〇六；彩版八七，1）。

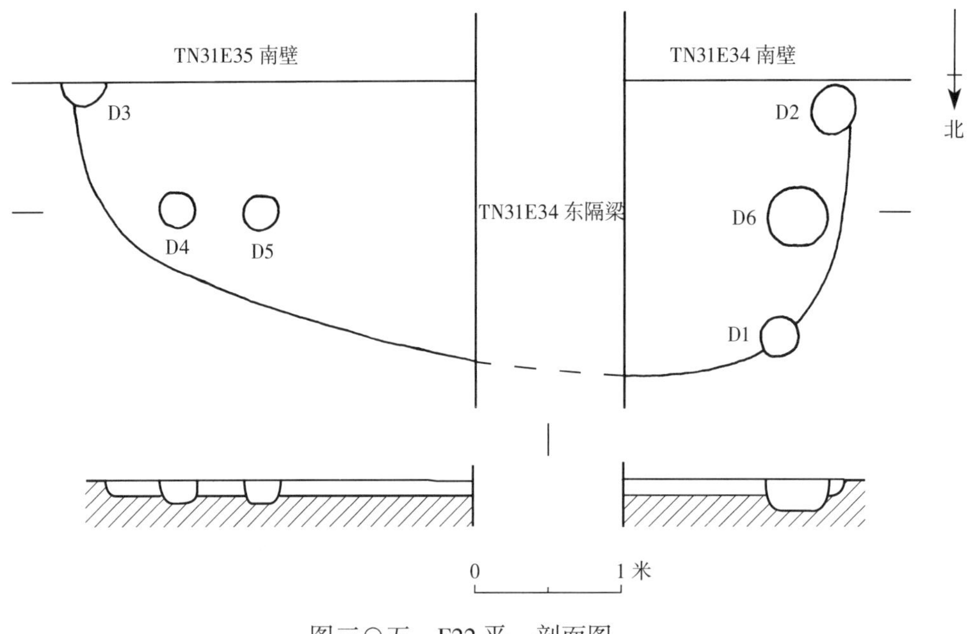

图三〇五　F22 平、剖面图

（1）陶器

侈口小罐　Ae 型。

H81：1，夹砂灰褐陶。圆唇，侈口，卷沿，短束颈，溜肩，腹部微鼓。颈部饰刻划网格纹。口径 13.4、残高 10 厘米（图三〇七，1）。

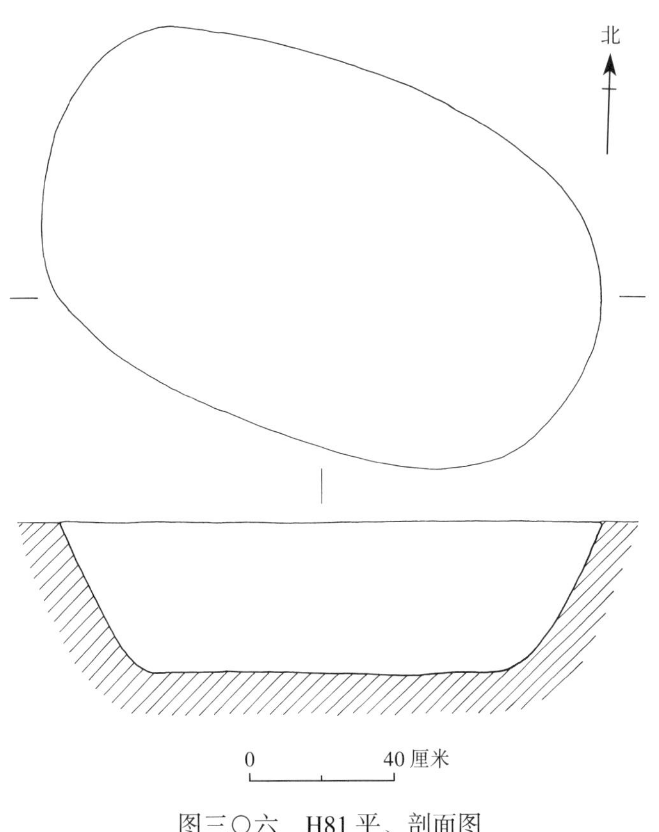

图三〇六　H81 平、剖面图

附加堆纹罐　Ab 型。

H81：6，夹砂灰陶。方唇，侈口。唇部饰戳印点纹，颈上部饰一周褶皱状附加堆纹。残高 2.4 厘米（图三〇七，2）。

壶　甲类 Be 型。

H81：8，夹砂灰胎黑灰皮陶。尖圆唇，口近直，高领，领上部外凸内凹，外侧形成一道凸棱。口外侧饰点线纹。残高 4 厘米（图三〇七，3）。

（2）石器

斧

H81：9，青灰色。刃部残。器身满布片疤，仅局部磨光。残长 16.8、宽 7、厚约 3.2 厘米（图三〇七，4）。

锛　C 型。

H81：10，黑色。平面呈不规则四边形，截面近四边形。斜尖顶，有人为切割磨平痕迹

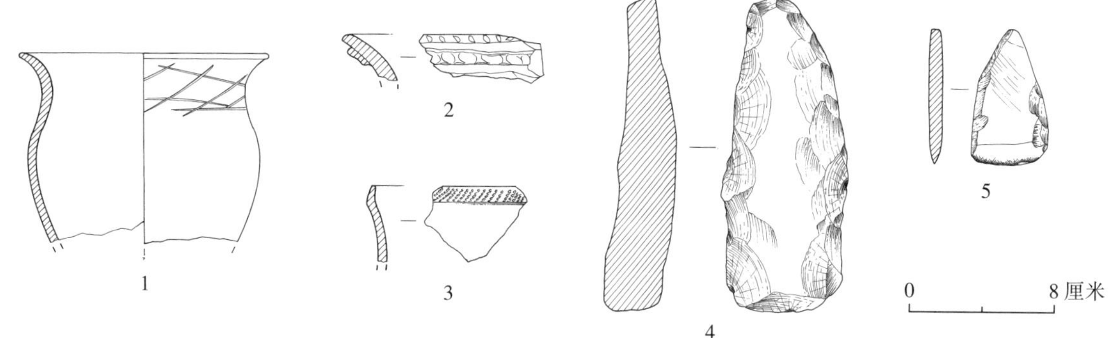

图三〇七　H81 出土遗物

1. Ae 型陶侈口小罐（H81：1）　2. Ab 型陶附加堆纹罐（H81：6）　3. 甲类 Be 型陶壶（H81：8）　4. 石斧（H81：9）　5. C 型石锛（H81：10）

和片疤。单面刃，刃缘分布有连续的细小崩疤及较杂乱的磨痕。长 7.2、宽 4.2、厚约 0.7 厘米（图三〇七，5；彩版八七，2）。

2. H82

位于 TN31E35 西部。开口于第 2 层下，打破第 3 层。平面呈圆形，弧壁，圜底。直径 0.45~0.5、残深 0.65 米。填土为灰黑色砂土，土质疏松，出土少量陶片等，陶器器类有矮领小罐、口沿，石器器类有网坠（图三〇八；彩版八七，3）。

（1）陶器

矮领小罐　B 型。

H82：4，夹砂褐胎黑灰皮陶，器表磨光。圆唇，直口，矮领，鼓肩。领部饰戳印点纹。口径 11.8、残高 7.2 厘米（图三〇九，1）。

口沿

H82：2，夹砂褐胎黑灰皮陶。方唇，盘口。沿外壁饰一周褶皱状附加堆纹。可能为盘口罐的口沿。残高 4.2 厘米（图三〇九，2）。

（2）石器

网坠

H82：1，灰褐色。椭圆形，两侧缺口位于中部。器表凹凸不平。长 7.8、宽 5.6、厚 1.2 厘米（图三〇九，3；彩版八七，4）。

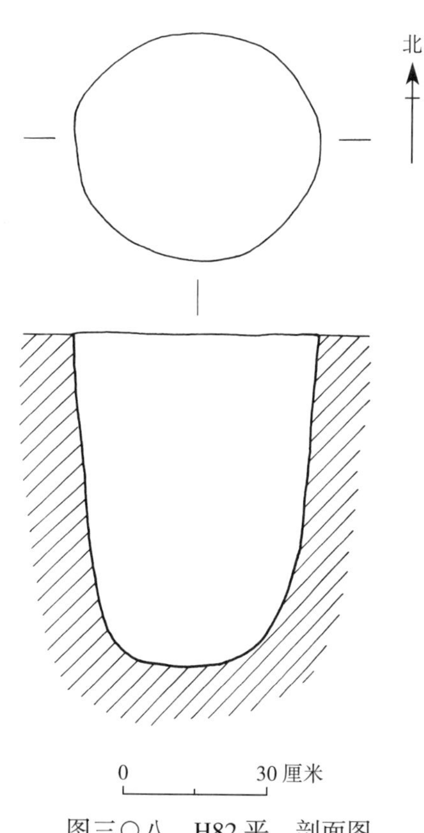

图三〇八　H82 平、剖面图

3. H83

位于 TN30E35 东南部。开口于第 2 层下，打破第 3 层。平面呈圆形，斜壁，平底。口径 1.07~1.12、底径 0.99、残深 0.9 米。填土为灰黑色砂土，土质疏松，出土少量陶片和石块（图三一〇；彩版八七，5）。

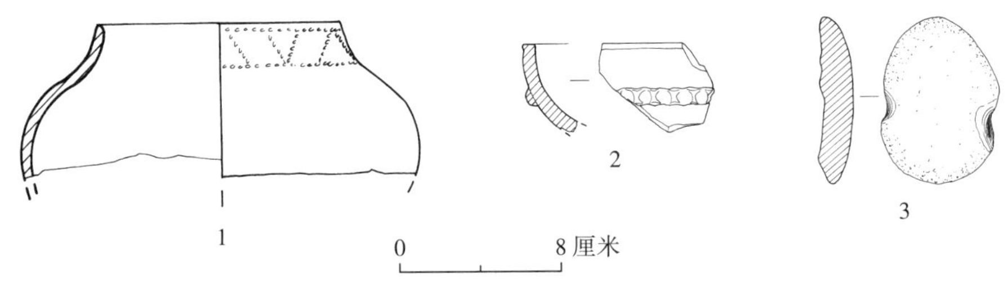

图三〇九　H82出土遗物

1. B型陶矮领小罐（H82：4）　2. 陶口沿（H82：2）　3. 石网坠（H82：1）

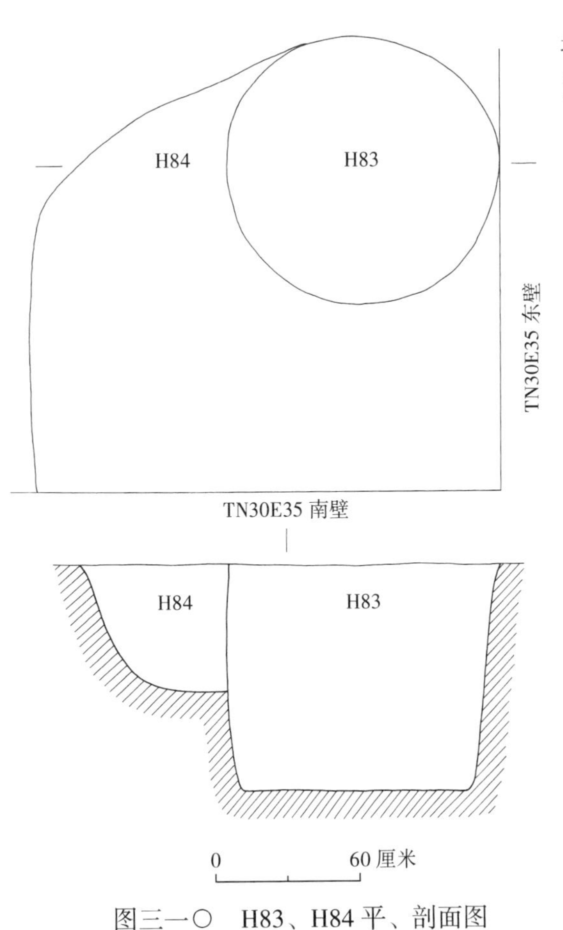

图三一〇　H83、H84平、剖面图

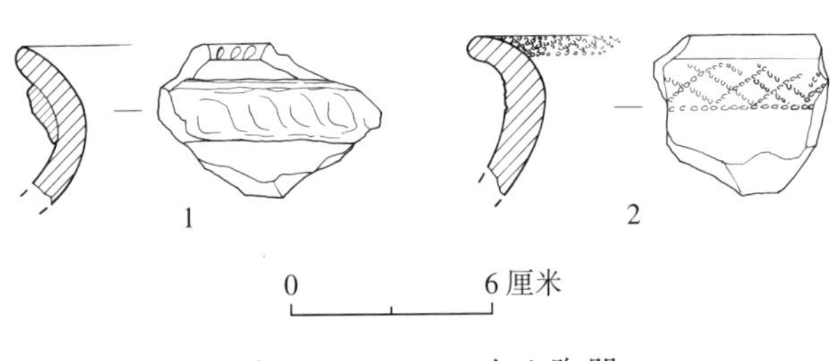

图三一一　H84出土陶器

1. Aa型附加堆纹罐（H84：2）　2. Ab型沿面饰纹罐（H84：1）

4. H84

位于TN30E35东南部。开口于第2层下，打破第3层，被H83打破。平面形状不规则，弧壁，平底。口径1.8~1.9、残深0.5米。填土为灰黑色砂土，土质疏松，出土陶片和石器等，陶器器类有附加堆纹罐、沿面饰纹罐等（见图三一〇；彩版八七，6）。

陶器

附加堆纹罐　Aa型。

H84：2，夹砂灰胎灰黑皮陶。方唇，侈口，卷沿，短束颈。唇部饰戳印点纹，颈部饰一周较平滑的附加堆纹。残高4.4厘米（图三一一，1）。

沿面饰纹罐　Ab型。

H84：1，夹砂红褐陶，器表磨光。圆唇，侈口，窄卷沿微上仰，短束颈。沿面饰小方格状点线纹，颈部饰小方格状点线纹组成的网格纹和一周点线状凹弦纹。残高4.5厘米（图三一一，2）。

5. H85

位于TN34E36西北部。开口于第2层下，打破第3层。平面形状不规则，弧壁，平底。口径1~1.64、残深0.2米。填土为灰褐色砂土，土质疏松，出土陶片和石块等，陶器器类有束颈罐、沿面饰纹罐、矮领小罐等（图三一二；彩版八八，1）。

6. H86

位于TN34E38东部。开口于第3层下，打破第4层。平面近圆形，弧壁，平底微圜。直径0.78、深0.57米。填土为红褐色偏黑的黏土，土质致密，夹杂红烧土、炭屑以及少量陶片（图三一三）。

7. H87

位于TN34E38北部。开口于第3层下，打破第4层，北部被H91打破。平面呈圆形，直壁，平底。直径1.04、深1.3米。填土为灰褐色黏土，土质较疏松，夹杂有红烧土、炭屑和石块等，出土较多陶器，器类有束颈罐、无颈罐、矮领小罐、器耳、器底等，还有1件骨器（图三一四；彩版八八，2）。

（1）陶器

束颈罐 Ba型。

H87∶6，夹砂灰黄胎黑褐皮陶。方唇，侈口，卷沿，短束颈，溜肩。沿面至颈部附竖耳，残。唇部饰戳印点纹，颈肩部饰刻划菱格纹和短泥条附加堆纹。残高12.2厘米（图三一五，1）。

H87∶13，夹砂黄褐陶。方唇，侈口。唇部饰戳印点纹，颈部饰戳印粗点纹。残高3.4厘米（图三一五，2）。

无颈罐 Ba型。

H87∶9，夹砂黑灰陶。方唇，侈口，卷沿，溜肩。肩部饰刻划网格纹。残高5.5厘米（图三一五，3）。

矮领小罐 B型。

H87∶1，夹砂黑灰陶，内壁

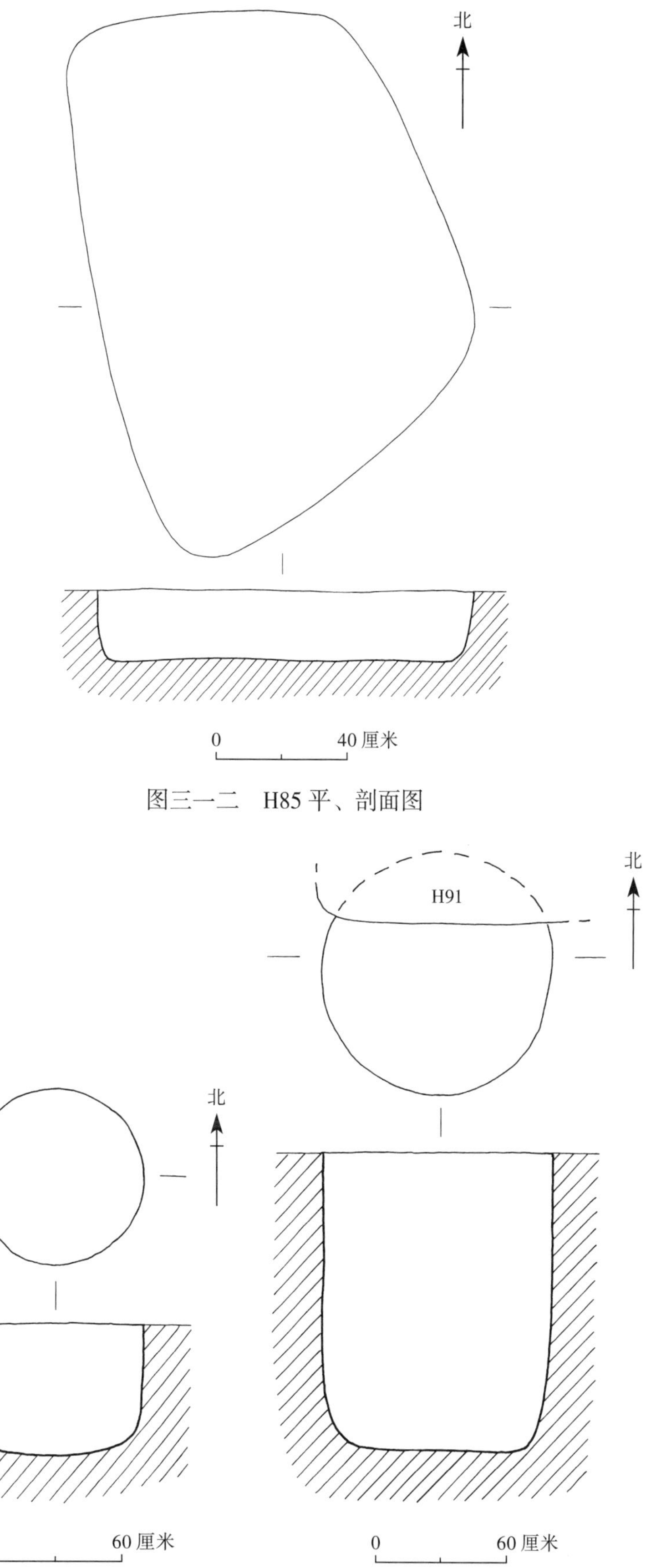

图三一二 H85平、剖面图

图三一三 H86平、剖面图

图三一四 H87平、剖面图

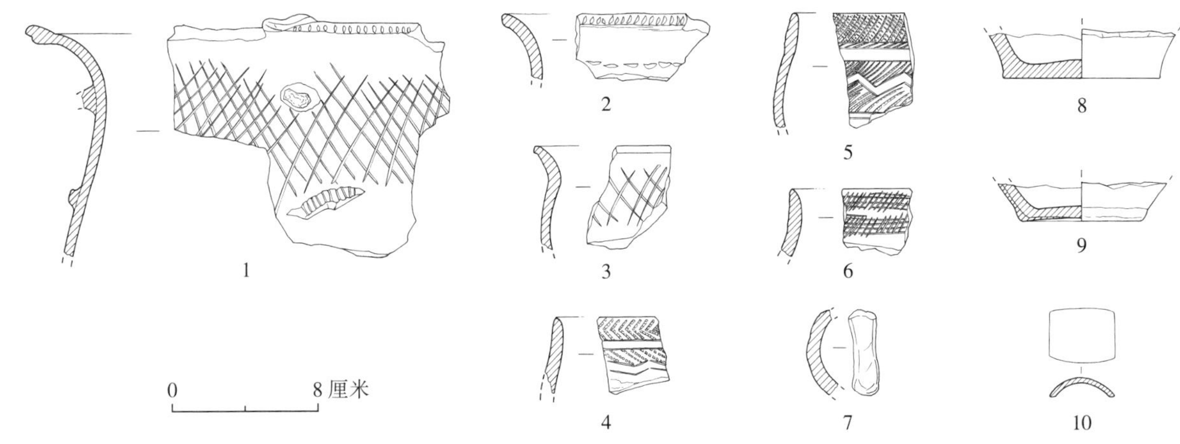

图三一五 H87出土遗物

1、2. Ba型陶束颈罐（H87：6、13） 3. Ba型陶无颈罐（H87：9） 4~6. B型陶矮领小罐（H87：1、2、4） 7. B型陶器耳（H87：5） 8、9. 陶器底（H87：7、12） 10. 骨饰件（H87：14）

磨光。圆唇，直口，矮领，溜肩。领部饰小方格状点线纹组成的“<”形纹，肩部饰连续三角纹、光面折线纹等。残高4厘米（图三一五，4）。

H87：2，夹砂灰陶，内壁磨光。圆唇，直口，矮领，溜肩。领部饰点线状菱格纹和短斜线纹，肩部饰连续三角纹夹光面折线纹等。残高6厘米（图三一五，5）。

H87：4，夹砂灰黄陶。圆唇，直口，矮领。领部饰刻划网格纹。残高3.5厘米（图三一五，6）。

器耳 B型。

H87：5，夹砂黄褐陶。桥形耳。素面。残高4.5厘米（图三一五，7）。

器底

H87：7，夹砂黑灰陶，外壁磨光。平底。素面。底径8.4、残高2.6厘米（图三一五，8）。

H87：12，夹砂褐陶，内壁黑色。平底。素面。底部可见二次粘接痕迹。底径6.6、残高2厘米（图三一五，9）。

（2）骨器

骨饰件

H87：14，半环形，片状。长3.6、宽2.8厘米（图三一五，10）。

8. H88

位于TN33E37西北部，向北伸入探方北隔梁，向西伸入TN33E36东隔梁，未继续清理。开口于第3层下，打破第5层。平面形状不规则，弧壁，平底。口径1.11~2.1、残深0.31米。填土为灰黑色砂土，土质疏松，出土较多陶片，器类有沿面饰纹罐、杯等（图三一六；彩版八八，3）。

陶器

沿面饰纹罐 Ab型。

H88：1，夹砂褐胎黑皮陶，器表磨光。圆唇，侈口，卷沿上仰，短束颈。沿部饰小方格状点线纹组成的连续三角纹等。残高4.1厘米（图三一七，1）。

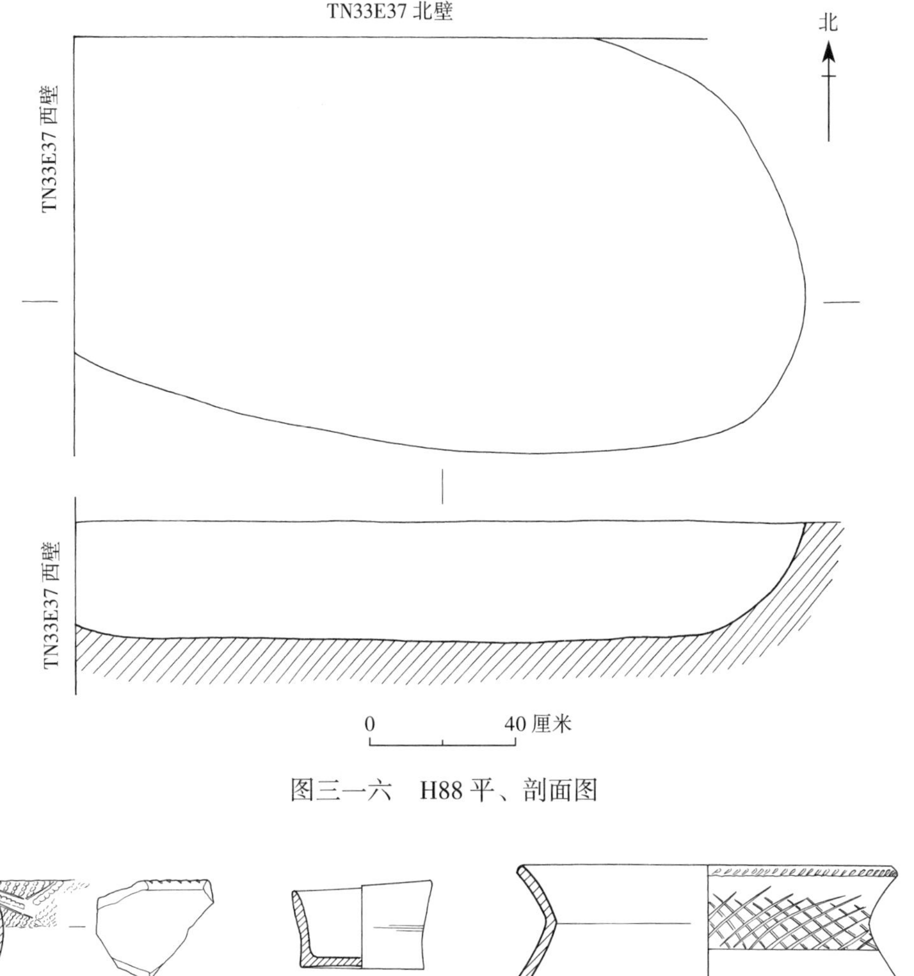

图三一六　H88 平、剖面图

图三一七　H88、H89 出土陶器

1. Ab 型沿面饰纹罐（H88∶1）　2. Aa 型杯（H88∶2）　3. Ba 型瓮（H89∶1）

杯　Aa 型。

H88∶2，夹砂灰陶。圆唇，敞口，浅腹斜直，平底。素面。口径 5.6、底径 5、高 3.5 厘米（图三一七，2；彩版八八，4）。

9. H89

位于 TN32E35 南部。开口于第 3 层下，打破第 4 层。平面近圆角长方形，弧壁，圜底。长 0.87、宽 0.62、深 0.1 米。填土为灰黑色黏土，土质较致密，出土少量陶片，器类有瓮等（图三一八；彩版八九，1）。

陶器

瓮　Ba 型。

H89∶1，夹砂灰白陶。方唇，侈口，卷沿，短束颈，鼓肩。唇部饰戳印点纹，颈部饰刻划网格

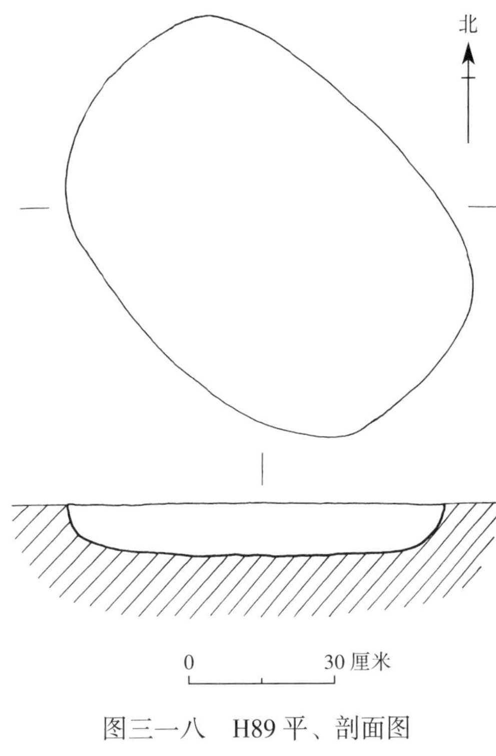

图三一八　H89 平、剖面图

纹和弦纹。口径 26、残高 9.4 厘米（图三一七，3）。

10. H91

位于 TN34E38 北部，向北、东分别伸入探方北、东隔梁，未继续清理。开口于第 2 层下，打破第 4 层。平面呈长条形，直壁，平底。残长 3、残宽 0.4、深 0.4 米。填土为灰黑色黏土，土质较疏松，夹杂有红烧土，出土少量陶片（图三一九）。

11. H93

位于 TN33E34 西南部。开口于第 3 层下，打破第 4 层，被 M5 打破。平面呈椭圆形，直壁，平底。口径 0.59~0.8、残深 0.1 米。填土为黑褐色砂土，土质疏松，出土少量陶片和石块等，陶器器类有附加堆纹罐、矮领小罐、器鋬，石器器类有刀（图三二〇）。

（1）陶器

附加堆纹罐　Bd 型。

H93：4，夹砂黑灰陶。方唇，敞口，卷沿。唇外侧有一周凸起似附加堆纹，使唇部加厚 。口径 16.8、残高 3.3 厘米（图三二一，1）。

矮领小罐　A 型。

H93：3，夹砂黑灰陶。圆唇，敛口，矮领。唇部饰戳印点纹，领部饰刻划菱格纹和一周凹弦纹，肩部饰短线纹与光面组成的复合纹饰。口径 11.2、残高 2.8 厘米（图三二一，3）。

腹片

H93：2，夹砂灰褐陶。口部和底部残，溜肩，上腹部外鼓，下腹部斜收。肩部饰刻划纹。可能为罐的腹部。腹径 22、残高 20.6 厘米（图三二一，2）。

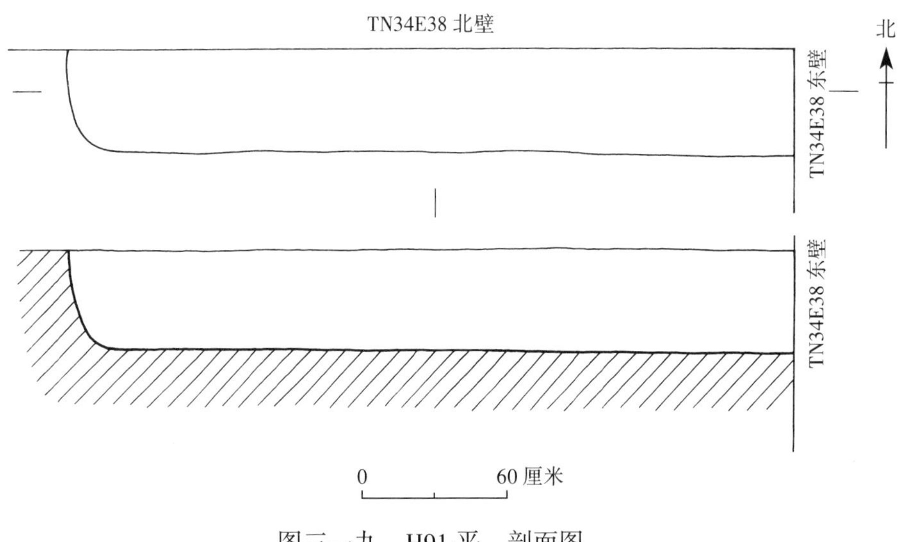

图三一九　H91 平、剖面图

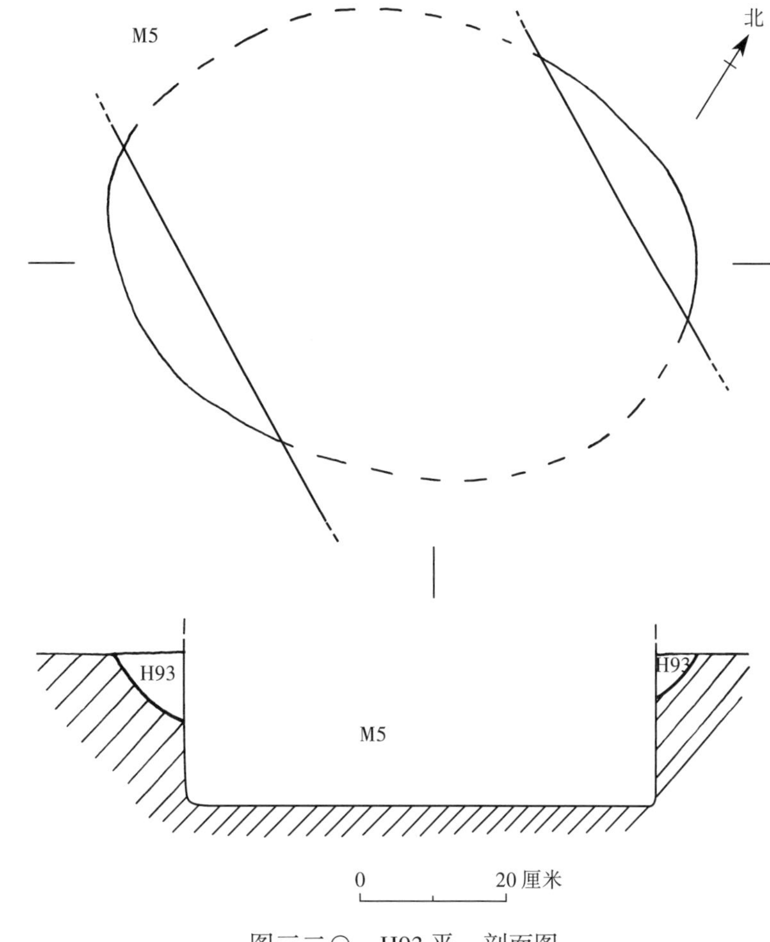

图三二〇　H93 平、剖面图

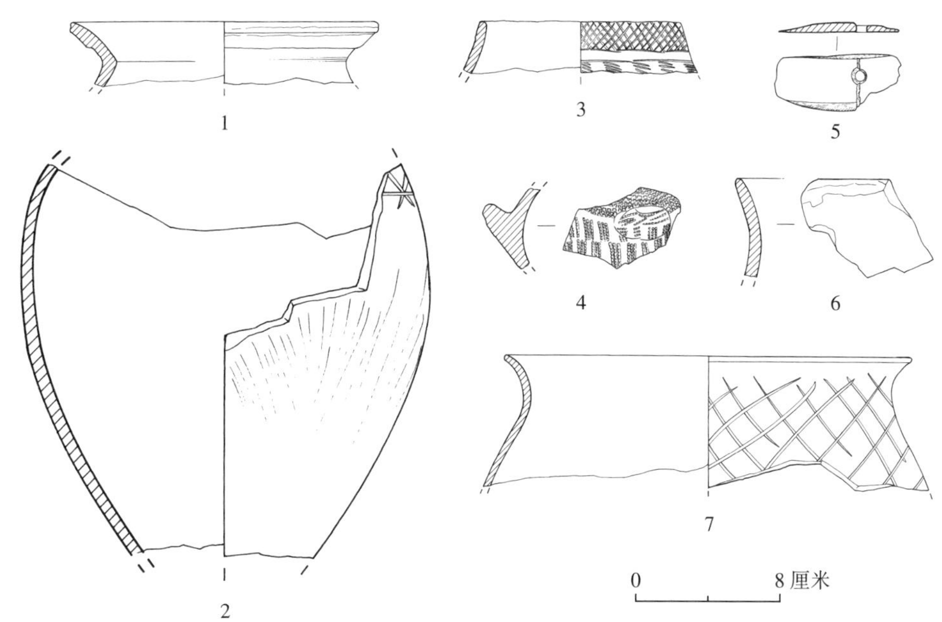

图三二一　H93、H97 出土遗物

1. Bd 型陶附加堆纹罐（H93：4）　2. 陶腹片（H93：2）　3. A 型陶矮领小罐（H93：3）　4. Aa 型陶器鋬（H93：5）
5. 甲类石刀（H93：1）　6. B 型陶长颈罐（H97：6）　7. Bb 型陶束颈罐（H97：1）

器錾 Aa 型。

H93：5，夹砂灰陶。扁乳丁状。外壁饰小方格状点线纹。残高 4.3 厘米（图三二一，4）。

（2）石器

刀 甲类。

H93：1，黑色。直背，中间有一圆形穿孔，两面对钻。弧刃。磨光较好。残长 6.8、宽 3、厚 0.4 厘米（图三二一，5）。

12. H96

位于 TN34E37 东北部，向北、东分别伸入探方北、东隔梁，未继续清理。开口于第 4 层下，打破第 6 层。平面形状不规则，弧壁，圜底。口部残长 2.1、宽 1.3、深 0.3 米。填土为灰黑色砂土，土质疏松，出土少量陶片（图三二二；彩版八九，2）。

13. H97

位于 TN34E37 东南部，向东伸入探方东隔梁，向南伸入 TN33E37 北隔梁，未继续清理。开口于第 4 层下，打破第 6 层。平面形状不规则，弧壁，圜底。口部残长 2.2、宽 1.15、深 0.3 米。填土为灰黑色砂土，土质疏松，出土少量陶片，器类有束颈罐、长颈罐等（图三二三；彩版八九，3）。

陶器

束颈罐 Bb 型。

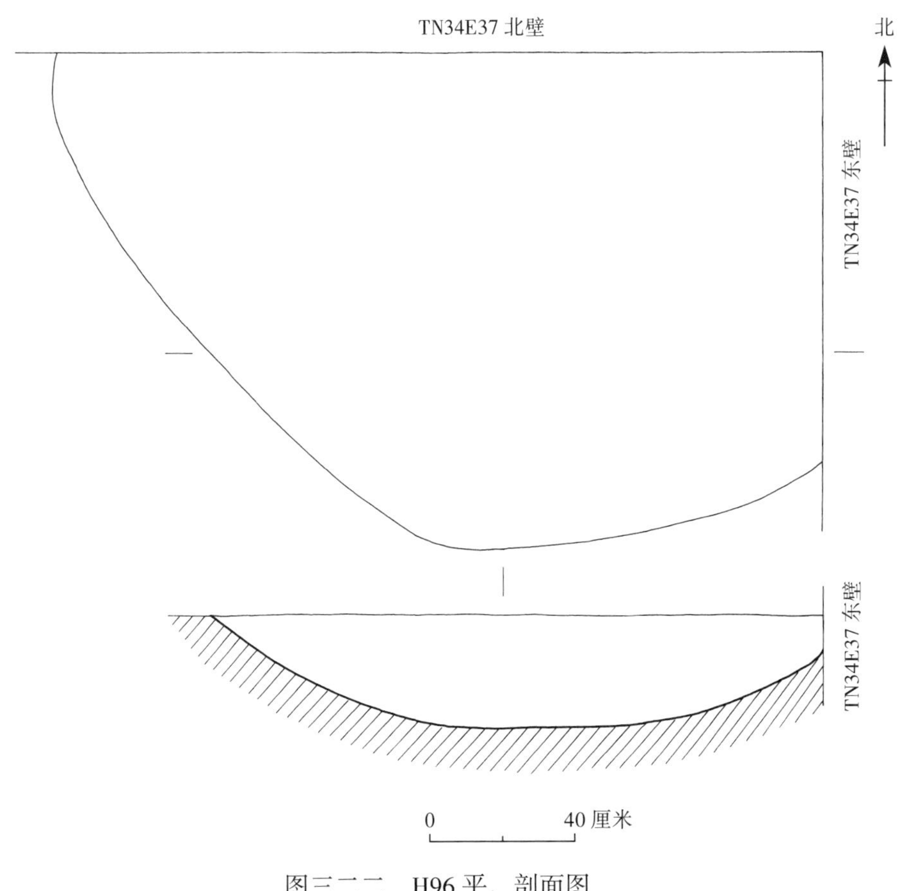

图三二二 H96 平、剖面图

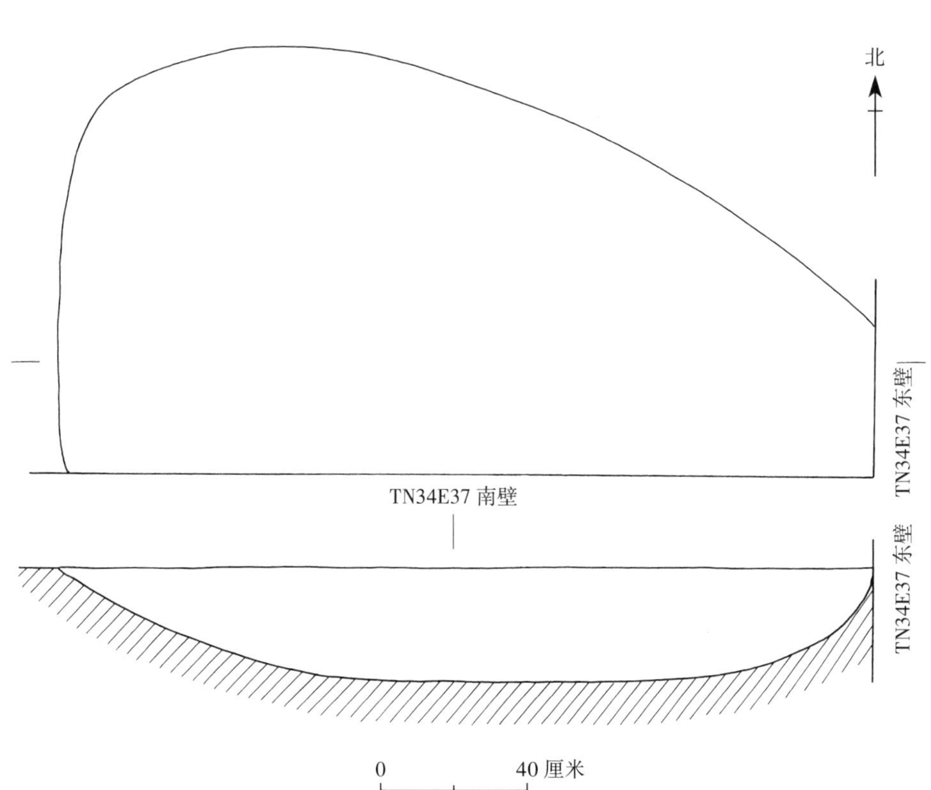

图三二三　H97 平、剖面图

H97：1，夹砂灰黄陶。圆唇，侈口，卷沿，束颈，溜肩。颈肩部饰刻划网格纹。口径 22.2、残高 7 厘米（图三二一，7）。

长颈罐　B 型。

H97：6，夹砂灰白陶，内壁黑灰色。圆唇，喇叭口，长颈。素面。残高 5.2 厘米（图三二一，6）。

14. H98

位于 TN32E34 东部和 TN32E35 西部。开口于第 4 层下，打破生土层。平面近椭圆形，弧壁，平底。长径 4.3、短径 3.6、残深 0.42 米。填土分为 3 层，第 1 层为灰黑色黏土，土质较致密，夹杂有红烧土颗粒，出土较多陶片和少量石器；第 2 层为浅褐色黏土，土质较致密，出土较多陶片；第 3 层为褐色黏土，土质较疏松，较纯净。陶器器类有束颈罐、侈口小罐、敞口罐、附加堆纹罐、长颈罐、盘口高领罐、矮领小罐、钵、纺轮等，石器器类有刀、箭镞、球、砺石等（图三二四；彩版八九，4）。

（1）陶器

束颈罐

Ba 型。

H98①：14，夹砂灰黄陶。方唇，侈口，卷沿，短束颈。

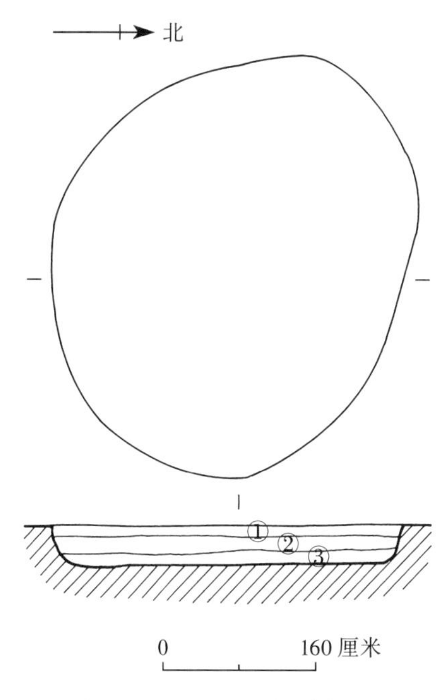

图三二四　H98 平、剖面图

1. 灰黑色黏土　2. 浅褐色黏土　3. 褐色黏土

唇部饰戳印点纹。残高 3.5 厘米（图三二五，1）。

H98①：16，夹砂褐陶。方唇，侈口，卷沿，束颈。唇部饰戳印点纹。口径 21.6、残高 5.5 厘米（图三二五，3）。

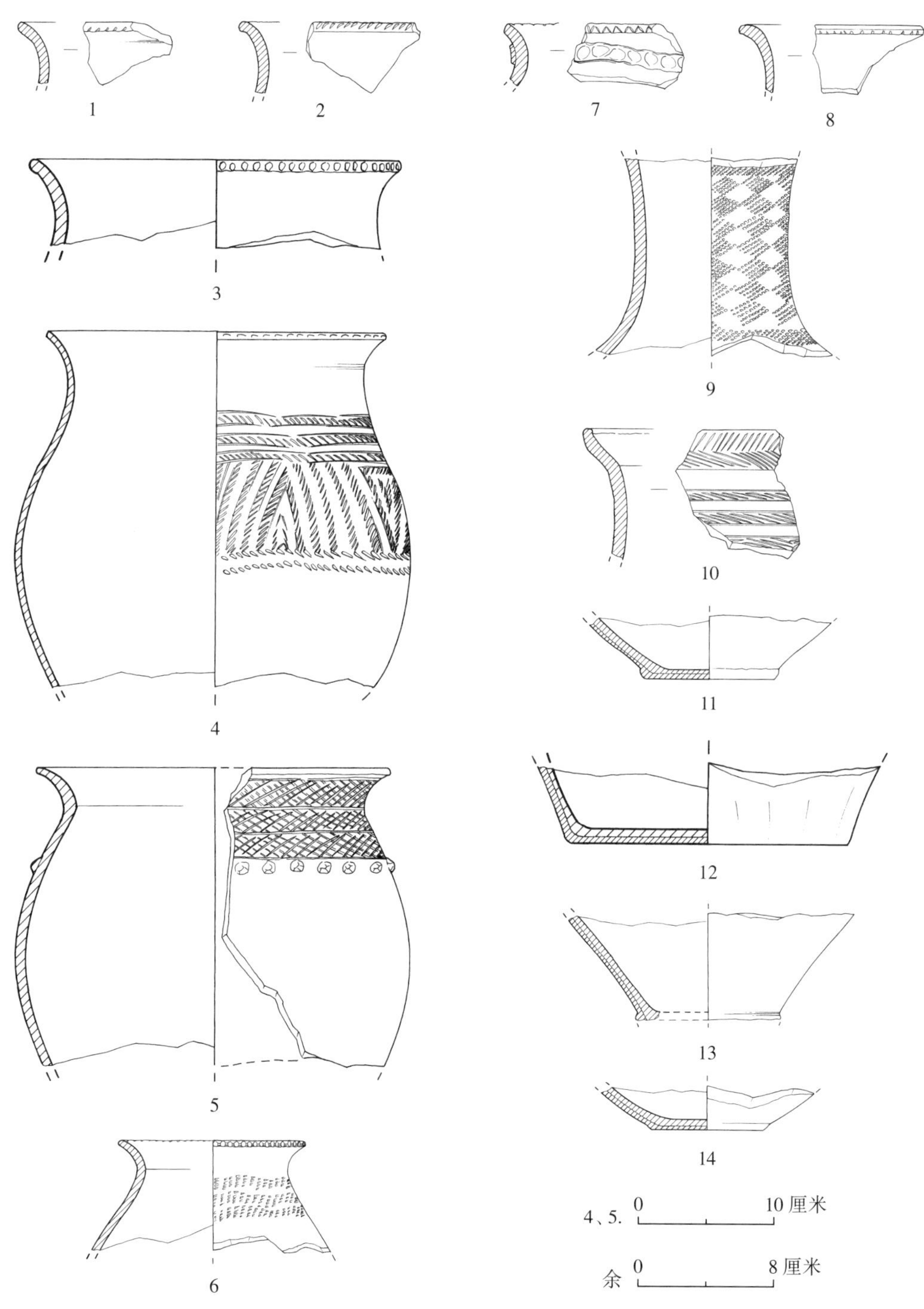

图三二五　H98 出土陶器

1~4. Ba 型束颈罐（H98①：14、H98①：18、H98①：16、H98②：11）　5. Bb 型束颈罐（H98①：11）　6. Ae 型侈口小罐（H98①：13）　7. Ab 型附加堆纹罐（H98②：23）　8. B 型长颈罐（H98①：20）　9. 长颈罐残片（H98②：21）　10. B 型盘口高领罐（H98①：15）　11~14. 器底（H98①：24、H98②：26、H98①：23、H98②：25）

H98①：18，夹砂灰黄陶。圆唇，侈口，卷沿，束颈。唇部饰戳印点纹。残高4厘米（图三二五，2）。

H98②：11，夹砂灰褐陶。圆唇，侈口，卷沿，长束颈，溜肩，鼓腹。唇部饰戳印点纹，颈下部饰短线状弦纹夹短斜线纹，肩部饰成组短线纹与光面形成的层叠的折线纹、点纹形成的带状纹饰等。口径24.8、残高25厘米（图三二五，4；彩版九〇，1）。

Bb型。

H98①：11，夹砂褐陶。圆唇，侈口，卷沿，短束颈，溜肩，鼓腹。颈肩部饰数周网格纹间以凹弦纹，其下饰乳丁纹。口径26、残高21厘米（图三二五，5）。

侈口小罐　Ae型。

H98①：13，夹砂灰陶。方唇，侈口，卷沿，短束颈，溜肩。唇部饰戳印点纹，肩部饰小方格状短线纹。口径11、残高6.2厘米（图三二五，6）。

敞口罐

H98①：12，夹砂橙黄陶。方唇，敞口，沿面斜直。素面。口径26.8、残高5厘米（图三二六，1）。

H98①：27，夹砂褐陶。圆唇，敞口，沿面斜直。唇部饰戳印点纹。口径26、残高2.6厘米（图三二六，2）。

附加堆纹罐　Ab型。

H98②：23，夹砂黄褐陶。方唇，侈口，卷沿，短束颈。唇部饰戳印点纹，颈部饰一周褶皱状附加堆纹。残高3.4厘米（图三二五，7）。

长颈罐

B型。

H98①：20，夹砂灰陶。圆唇，喇叭口，长颈。唇部饰戳印点纹。残高3.9厘米（图三二五，8）。

残片。

H98②：21，夹砂灰陶。颈部饰点线纹组成的菱形纹与光面菱形纹交错分布形成的复合纹饰。颈径9、残高11.2厘米（图三二五，9）。

盘口高领罐　B型。

H98①：15，夹砂灰胎黑褐皮陶。方唇，盘口，窄沿，长直颈。唇部饰戳印点纹，沿外壁饰短线纹组成的“<”形纹，颈部饰多组凹弦纹夹短斜线纹。残高7.3厘米（图三二五，10）。

矮领小罐　A型。

H98②：29，夹砂褐胎黑灰皮陶，内壁磨光。圆唇，敛口，矮领，溜肩。唇部饰戳印点纹，领部饰刻划菱格纹和一周凹弦纹，肩部饰两组凹弦纹夹短斜线纹。残高4.2厘米（图三二六，7）。

钵

乙类Bd型。

H98②：15，夹砂黑灰陶，内壁磨光。圆唇，直口，弧腹较直。唇部饰戳印点纹，腹部饰点线状菱格纹和凹弦纹、凹弦纹夹短斜线纹、连续三角纹夹光面折线纹等。口径18、残高7厘米（图三二六，5）。

乙类Be型。

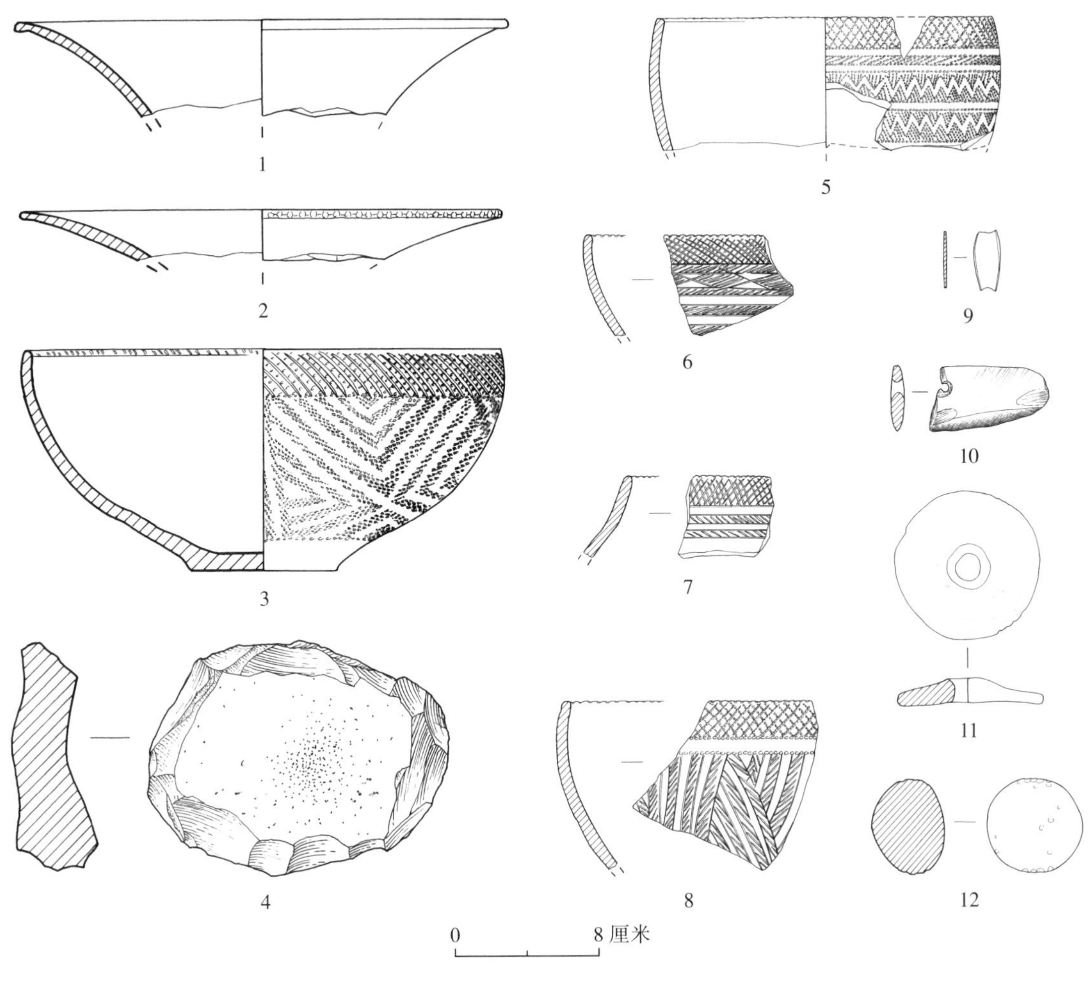

图三二六　H98 出土遗物

1、2. 陶敞口罐（H98①：12、H98①：27） 3、6、8. 乙类 Be 型陶钵（H98②：1、H98①：28、H98②：12） 4. 砺石（H98：10） 5. 乙类 Bd 型陶钵（H98②：15） 7. A 型陶矮领小罐（H98②：29） 9. Ab 型石箭镞（H98②：2） 10. 乙类 Ab 型石刀（H98①：2） 11. A 型陶纺轮（H98①：1） 12. 石球（H98①：10）

H98①：28，夹砂灰白胎黑灰皮陶。圆唇，口近直，弧腹。唇部饰戳印点纹，腹部饰刻划菱格纹、凹弦纹夹短斜线纹、光面连续三角纹夹短线纹组成的菱形纹等。残高 5.3 厘米（图三二六，6）。

H98②：1，夹砂灰褐陶。方圆唇，直口，弧腹，平底。唇部饰戳印点纹，口外侧饰菱格纹，腹部饰点线纹与光面形成的复合纹饰。口径 26、底径 8、高 11.6 厘米（图三二六，3；彩版九〇，3）。

H98②：12，夹砂黑灰陶，器表磨光。方唇，口近直，弧腹。唇部饰戳印点纹，口外侧饰菱格纹和凹弦纹，其下饰凹弦纹夹短斜线纹与光面组成的复合纹饰。残高 8.8 厘米（图三二六，8）。

器底

H98①：23，夹砂灰胎黑皮陶。下腹斜直，可见内外粘接痕迹。素面。底径 8.4、残高 6 厘米（图三二五，13）。

H98①：24，夹砂灰胎褐皮陶。饼状平底。素面。可见内外粘接痕迹。底径 7.6、残高 3.6 厘米（图三二五，11）。

H98②：25，夹砂灰白胎黑灰皮陶。下腹斜弧，平底。素面。可见内外粘接痕迹。底径 6.6、残高 2 厘米（图三二五，14）。

H98②：26，夹砂灰白胎黑皮陶。平底。素面。可见内外粘接痕迹。底径 16.4、残高 4.5 厘米（图三二五，12）。

纺轮　A 型。

H98①：1，夹砂褐胎黑皮陶。圆形片状，中部有一穿孔，两面对钻。直径约 7.8、厚 1.2、穿孔直径 1.5 厘米（图三二六，11；彩版九〇，2）。

（2）石器

刀　乙类 Ab 型。

H98①：2，褐色。直背，残有一孔，两面对钻。弧刃，双面刃，刃面分布有较密集杂乱的水平磨痕。器表分布有较多磨痕和崩疤。长 6.1、宽 3.4、厚约 0.7 厘米（图三二六，10；彩版九〇，4）。

箭镞　Ab 型。

H98②：2，黑色。柳叶形。上半部分残缺，双面刃。底部内凹稍窄。器表磨光较好。长 3.2、宽 1.5、厚约 0.15 厘米（图三二六，9；彩版九〇，5）。

球

H98①：10，黑色。椭圆形。直径约 5 厘米（图三二六，12）。

砺石

H98：10，灰黑色。一面为使用留下的平滑凹面，底面不平，侧面有较多片疤。长 16.6、宽 12.4、厚约 4.4 厘米（图三二六，4）。

15. H100

位于 TN34E37 南部，向南伸入 TN33E37 北隔梁，未继续清理。开口于第 4 层下，打破第 6 层。平面呈椭圆形，弧壁，圜底。口部残长 1.11、宽 0.66、残深 0.63 米。填土为灰黑色砂土，土质较疏松，出土少量陶片，器类有束颈罐等（图三二七；彩版九一，1）。

陶器

束颈罐　Ba 型。

H100：1，夹砂灰陶。方圆唇，口微侈，束颈。唇部饰戳印点纹。口径 22、残高 6.6 厘米（图三二八，1）。

16. H101

位于 TN32E38 北部和 TN33E38 南部。开口于第 4 层下，打破第 6 层。平面近圆角方形，直壁，平底。长 2.8、宽 2.45、残深 0.2 米。填土为灰褐色黏土，土质致密，夹杂红烧土和炭屑，出土少量陶片，器类有束颈罐、带耳罐等（图三二九）。

陶器

束颈罐

Ba 型。

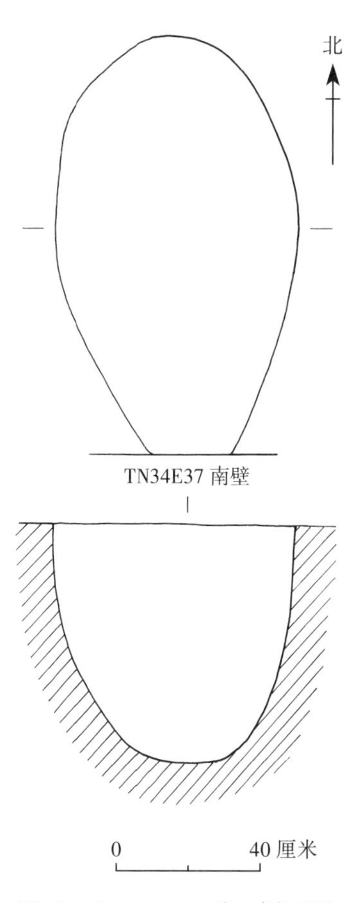

图三二七　H100 平、剖面图

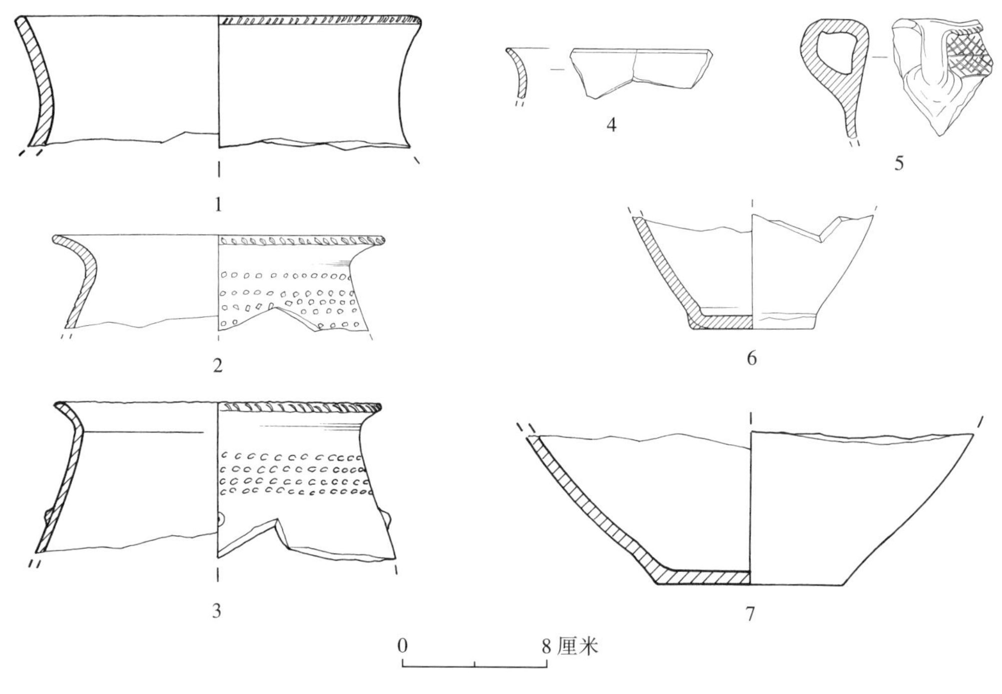

图三二八 H100、H101出土陶器

1~3. Ba型束颈罐（H100：1、H101：4、H101：7） 4. Bb型束颈罐（H101：5） 5. A型带耳罐（H101：6） 6、7. 器底（H101：2、3）

H101：4，夹砂褐陶。方唇，侈口，卷沿，束颈，溜肩。唇部饰戳印点纹，颈肩部饰戳印粗点纹。口径18、残高5厘米（图三二八，2）。

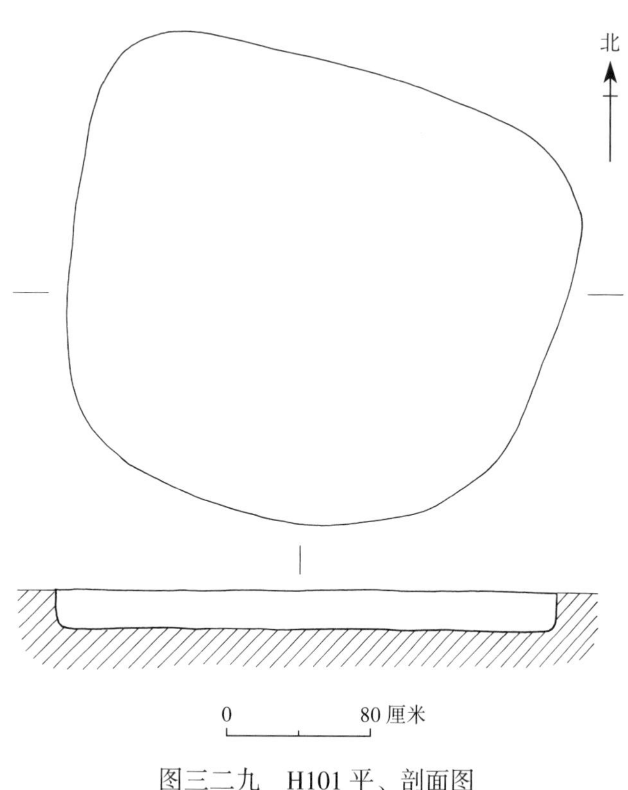

图三二九 H101平、剖面图

H101：7，夹砂褐陶。圆唇，侈口，卷沿，短束颈，溜肩。唇部饰戳印点纹，肩部饰戳印粗点纹和乳丁纹。口径18、残高8.2厘米（图三二八，3）。

Bb型。

H101：5，夹砂褐陶。圆唇，侈口，卷沿，短束颈。素面。残高2.7厘米（图三二八，4）。

带耳罐 A型。

H101：6，夹砂黑灰陶。方唇，侈口，卷沿外卷较平，溜肩，沿面至肩部附有一桥形竖耳。唇部饰戳印点纹，肩部饰刻划菱格纹和凹弦纹。残高6.3厘米（图三二八，5）。

器底

H101：2，夹砂黑褐陶。下腹斜弧，平底。素面。底径6.6、残高6厘米（图三二八，6）。

H101：3，夹砂灰胎黑灰皮陶，外壁磨光。

下腹弧收，平底。素面。底径10、残高8厘米（图三二八，7）。

17. H102

位于TN30E34东部和TN30E35西部。开口于第4层下，打破第5层。平面形状不规则，弧壁，平底。长4.8、宽4.4、残深0.46米。填土为灰黑色砂土，土质疏松，夹杂炭屑、红烧土和石块，出土有少量陶片和石器，陶器器类有束颈罐、长颈罐、盘口高领罐等（图三三〇；彩版九一，2）。

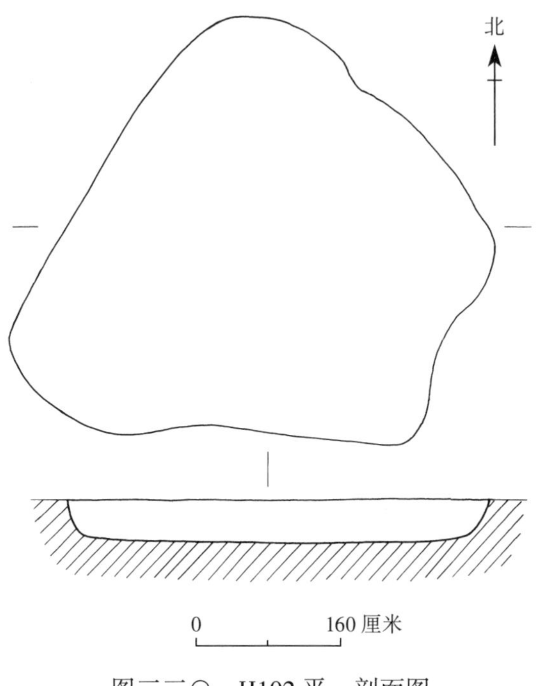

图三三〇　H102平、剖面图

陶器

束颈罐　Ba型。

H102：16，夹砂灰褐陶。圆唇，侈口，卷沿，短束颈。唇部饰戳印点纹，颈部饰刻划网格纹，刻痕较浅。口径16、残高3.4厘米（图三三一，1）。

长颈罐

A型。

H102：12，夹砂褐陶，器表磨光。方唇，侈口，卷沿外翻近平，长颈。唇部饰刻划菱格纹。口径15.4、残高6厘米（图三三一，4）。

B型。

H102：15，夹砂灰陶。方唇，喇叭口，沿面上仰，长颈。唇部饰戳印点纹。口径12.4、残高7.6厘米（图三三一，5）。

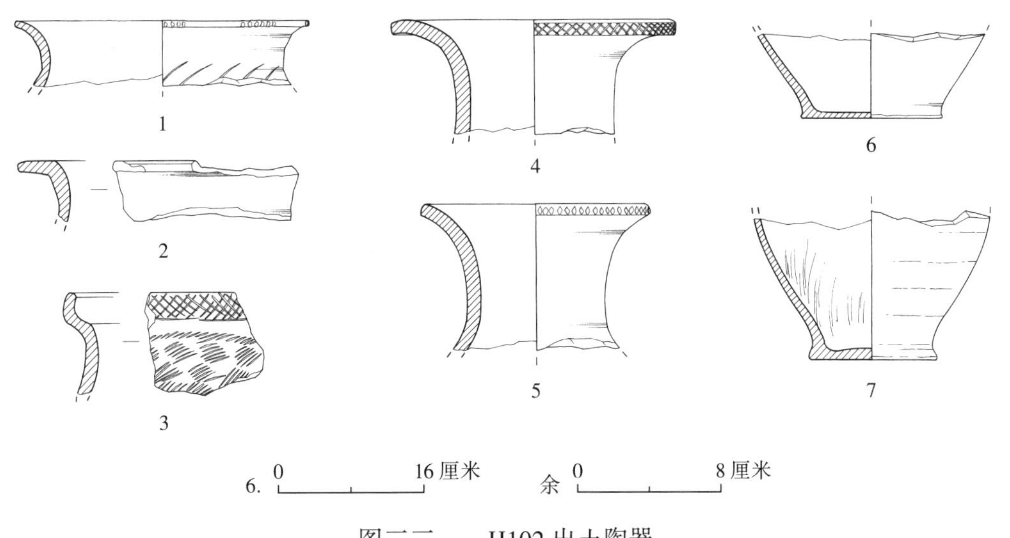

图三三一　H102出土陶器

1. Ba型束颈罐（H102：16）　2. 陶片（H102：14）　3. B型盘口高领罐（H102：13）　4. A型长颈罐（H102：12）　5. B型长颈罐（H102：15）　6、7. 器底（H102：11、17）

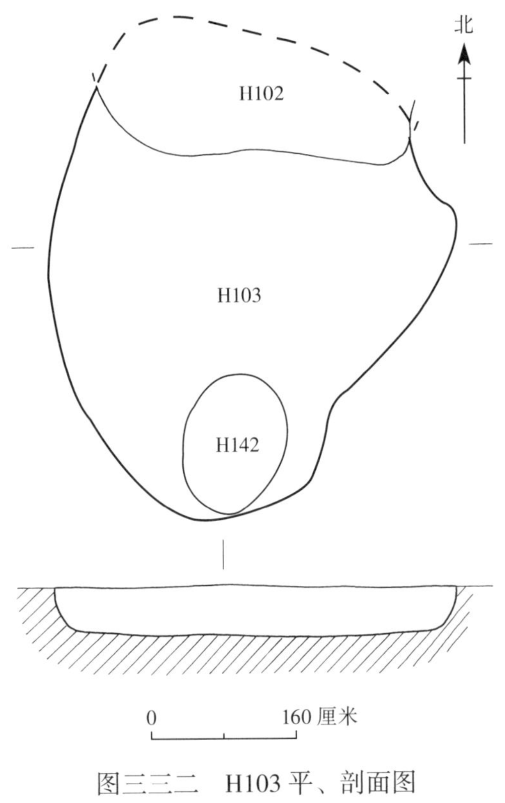

图三三二　H103 平、剖面图

盘口高领罐　B 型。

H102：13，夹砂黄褐陶，器表磨光。圆唇，盘口，窄沿，高领。沿外壁饰刻划菱格纹和凹弦纹，领部饰短斜线纹组成的窄带状纹饰和菱形纹等。残高 5.3 厘米（图三三一，3）。

器底

H102：11，夹砂红褐陶。平底。素面。底径 15.6、残高 9 厘米（图三三一，6）。

H102：17，夹砂褐胎黑皮陶。下腹斜弧，平底，底部外缘凸出。内底可观察到腹部与底部分制再粘接成一体的接痕。素面。底径 7、残高 7.9 厘米（图三三一，7）。

陶片

H102：14，夹砂褐胎黑皮陶，器表磨光。方唇，侈口，卷沿外翻近平。素面。残高 3.2 厘米（图三三一，2）。

18. H103

位于 TN30E34 东南部、TN30E35 西南部和 TN29E34 北部。开口于第 4 层下，打破第 5 层，被 H102 和 H142 打破。平面形状不规则，直壁，平底。长 5.35、宽 4.35、残深 0.54 米。填土为灰褐色砂土，土质疏松，夹杂较多木炭和红烧土块，出土陶片和石器，陶器器类有附加堆纹罐、长颈罐、矮领小罐、瓮、壶、钵等，石器器类有锛等（图三三二）。

（1）陶器

附加堆纹罐　Ab 型。

H103：18，夹砂红褐陶。方唇，侈口，卷沿，长束颈。唇部饰戳印点纹，颈上部饰一周褶皱状附加堆纹，颈下部饰刻划网格纹。口径 32、残高 9.6 厘米（图三三三，1）。

长颈罐　A 型。

H103：14，夹砂橙黄陶。方唇，侈口，沿面外翻近平，长颈。唇部饰“×”形纹，颈部饰成组短线纹组成的菱形纹与光面菱形组成的复合纹饰。口径 21.2、残高 15 厘米（图三三三，7；彩版九一，3）。

H103：19，夹砂橙黄陶。方唇，唇部下缘凸出，侈口，沿面外翻近平，长颈。唇部饰“×”形纹，颈部饰成组短线纹组成的菱形纹与光面菱形组成的复合纹饰。口径 17.4、残高 9.5 厘米（图三三三，8）。

H103：20，夹砂灰陶。方唇，侈口，沿面外翻近平，长颈，溜肩，鼓腹。颈部饰四组刻划线纹，肩部饰刻划线纹组成的多组带状纹饰和层叠的折线纹等。口径 17.2、残高 38.8 厘米（图三三三，2；彩版九一，4）。

H103：21，夹砂黄褐陶。方唇，侈口，沿面外翻下垂，长颈。唇部饰“×”形纹，颈部饰成组短线纹组成的菱形纹与光面菱形组成的复合纹饰。口径 16.8、残高 9.5 厘米（图三三三，9）。

矮领小罐　B 型。

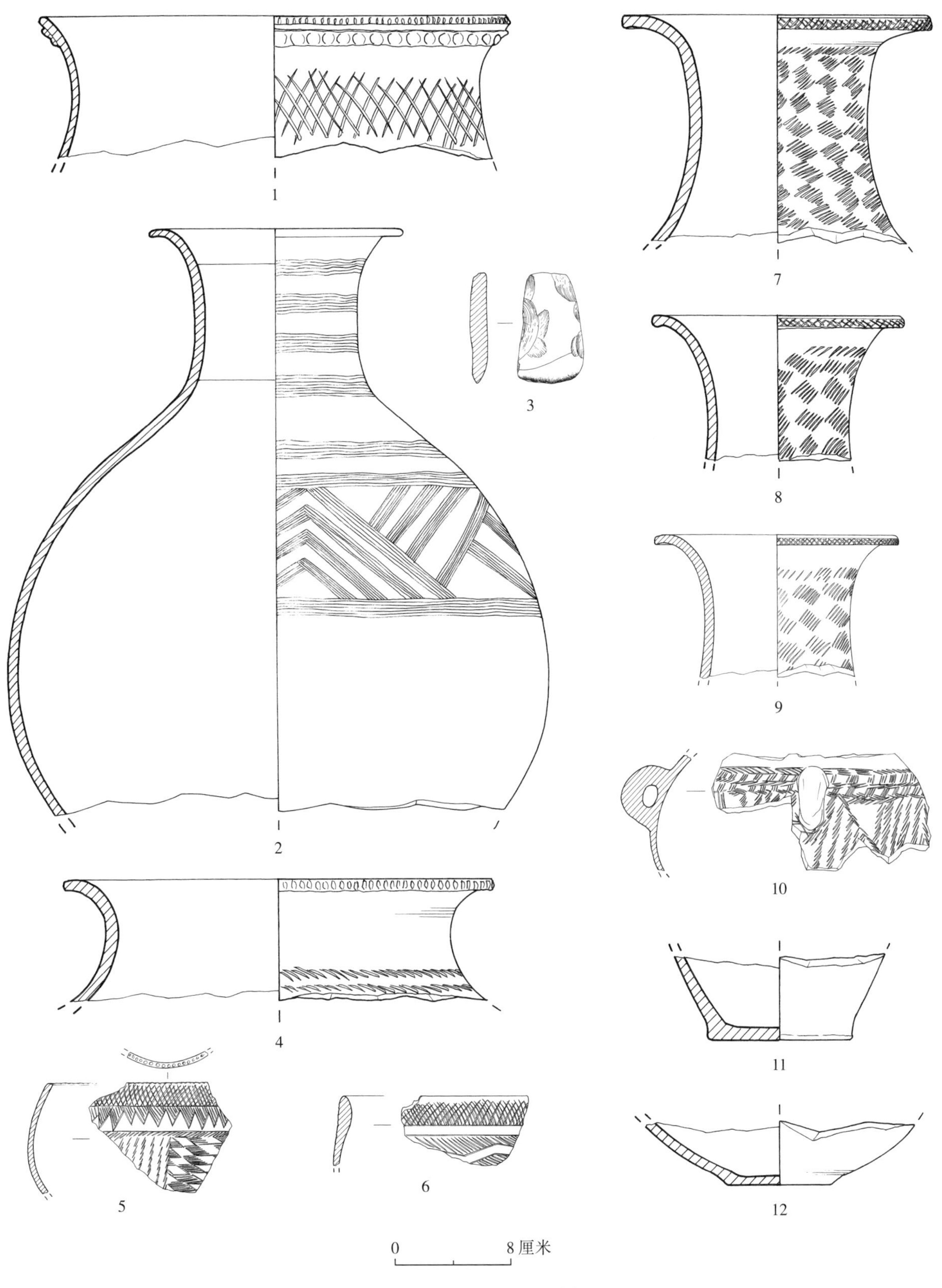

图三三三　H103出土遗物

1. Ab型陶附加堆纹罐（H103：18）　2、7~9. A型陶长颈罐（H103：20、14、19、21）　3. B型石锛（H103：1）　4. Bb型陶瓮（H103：11）　5. 乙类Ba型陶钵（H103：15）　6. B型陶矮领小罐（H103：16）　10. 甲类A型陶壶（H103：17）　11、12. 陶器底（H103：12、13）

H103：16，夹砂灰胎橙黄皮陶。圆唇，直口，矮领，溜肩。领部饰刻划菱格纹和凹弦纹，肩部饰短线纹组成的连续三角纹夹光面折线纹等。残高 4.6 厘米（图三三三，6）。

瓮 Bb 型。

H103：11，夹砂灰陶。方唇，侈口，卷沿外翻近平，短束颈。唇部饰戳印点纹，肩部饰短斜线纹。口径 29.3、残高 8 厘米（图三三三，4）。

壶 甲类 A 型。

H103：17，夹砂灰陶。口部残，肩部有半环形竖耳。肩部和腹部饰刻划短线纹与光面组成的复合纹饰。残高 7.8 厘米（图三三三，10）。

钵 乙类 Ba 型。

H103：15，夹砂黄褐陶，器表磨光。方唇，敛口，鼓腹。唇部饰戳印点纹，口外侧饰刻划菱格纹，肩部饰短线纹组成的连续三角纹和光面连续三角纹，腹部饰短线纹组成的窄带状纹饰、菱形纹等。残高 7.3 厘米（图三三三，5）。

器底

H103：12，夹砂黄褐陶。下腹斜直，平底。素面。底径 10、残高 5.6 厘米（图三三三，11）。

H103：13，夹砂灰褐陶。平底。素面。底径 7.22、残高 4.2 厘米（图三三三，12）。

（2）石器

锛 B 型。

H103：1，黑色。平面近梯形，截面近长方形。平顶。两面均磨光。偏锋，弧刃，双面刃，刃缘有较多连续的崩疤。长 7.4、宽 4.6、厚约 1.1 厘米（图三三三，3；彩版九一，5）。

19. H104

位于 TN33E34 东南部和 TN32E34 北部。开口于第 4 层下，打破第 5 层，西北部被 M6 打破。平面呈椭圆形，斜壁，平底。长 2.3、宽 1.98、残深 0.3 米。填土为灰褐色砂土，土质疏松，夹杂炭屑，出土少量陶片和石块等，陶器器类有小口罐、钵等（图三三四；彩版九二，1）。

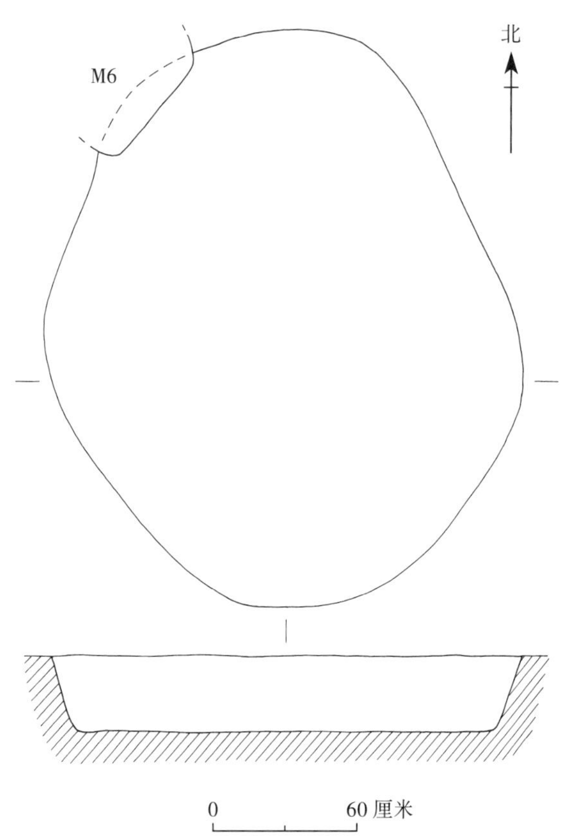

图三三四 H104 平、剖面图

陶器

小口罐

H104：5，夹砂灰白胎灰褐皮陶。圆唇，敛口，高领。领部饰小方格状点线纹组成的几何纹饰。残高 4 厘米（图三三五，1）。

钵

乙类 Be 型。

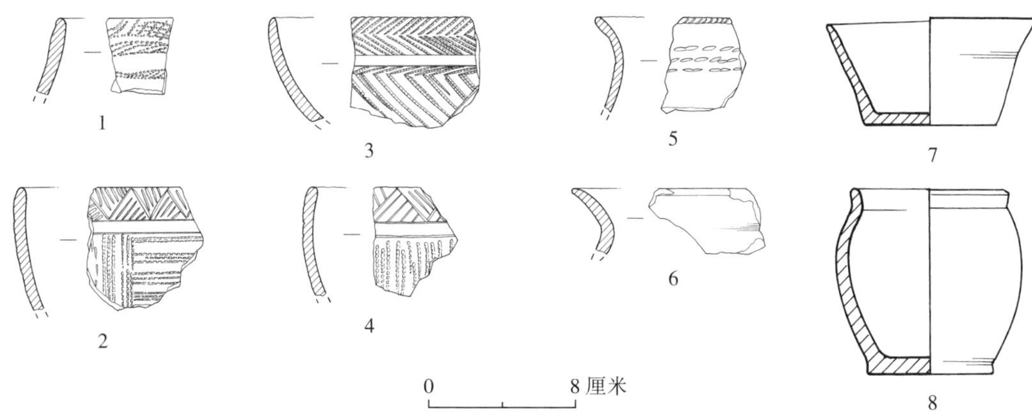

图三三五　H104、H105、H106、H107 出土陶器

1. 小口罐（H104：5）　2、4. 乙类 Be 型钵（H104：3、H106：1）　3. 乙类 Bf 型钵（H104：1）　5. Ba 型束颈罐（H107：2）　6. Bb 型束颈罐（H107：3）　7. Aa 型杯（H106：2）　8. C 型侈口小罐（H105：1）

H104：3，夹砂灰白胎灰褐皮陶，内壁磨光。方唇，直口，弧腹。唇部饰戳印点纹，口外侧饰短线纹组成的连续三角纹和一周凹弦纹，腹部饰一周点线状凹弦纹及点线纹与光面组成的复合纹饰。残高 6.4 厘米（图三三五，2）。

乙类 Bf 型。

H104：1，夹砂黑灰陶，内壁磨光。圆唇，口微敞，弧腹。唇部饰戳印点纹，口外侧至上腹部饰小方格状点线纹组成的“<”形纹、窄带状纹饰与光面组成的复合纹饰等。残高 5.8 厘米（图三三五，3）。

20. H105

位于 TN32E38 东北部。开口于第 4 层下，打破第 6 层，整个上部被 H101 打破。平面呈圆形，直壁，平底。直径 0.57~0.75、深 0.3 米。填土为红褐色黏土，土质致密，夹杂红烧土和炭屑，出土少量陶片，器类有侈口小罐等（图三三六；彩版九二，2）。

陶器

侈口小罐　C 型。

H105：1，夹砂灰陶。方圆唇，侈口，卷沿，矮领，溜肩，弧腹，平底。素面。口径 8.4、底径 6.8、高 9.6 厘米（图三三五，8；彩版九二，3）。

21. H106

位于 TN33E34 东部。开口于第 4 层下，打破第 5 层。平面呈椭圆形，弧壁，不平整，下部呈明显的台阶状，底近平。长 1.28、宽 0.95、残深 0.5 米。填土为灰褐色砂土，土质疏松，夹杂炭屑，出土有陶片和石块等，陶器器类有钵、杯等（图三三七；彩版九二，4）。

陶器

钵　乙类 Be 型。

H106：1，夹砂灰白胎黑灰皮陶。方唇，口近直，弧腹。腹部饰短线纹组成的三角纹、凹弦纹、竖向点线纹等。残高 5.6 厘米（图三三五，4）。

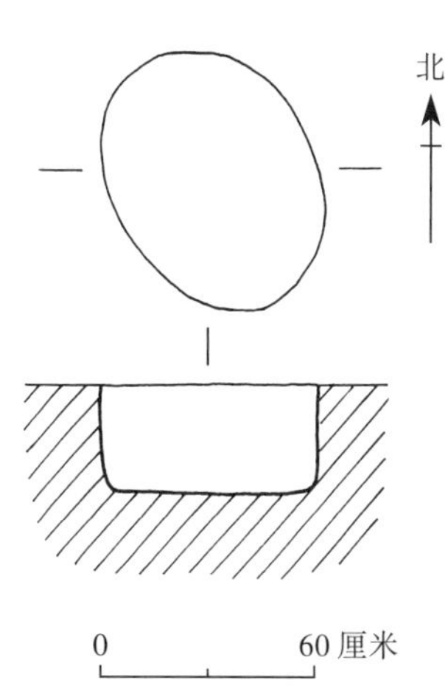

图三三六　H105 平、剖面图

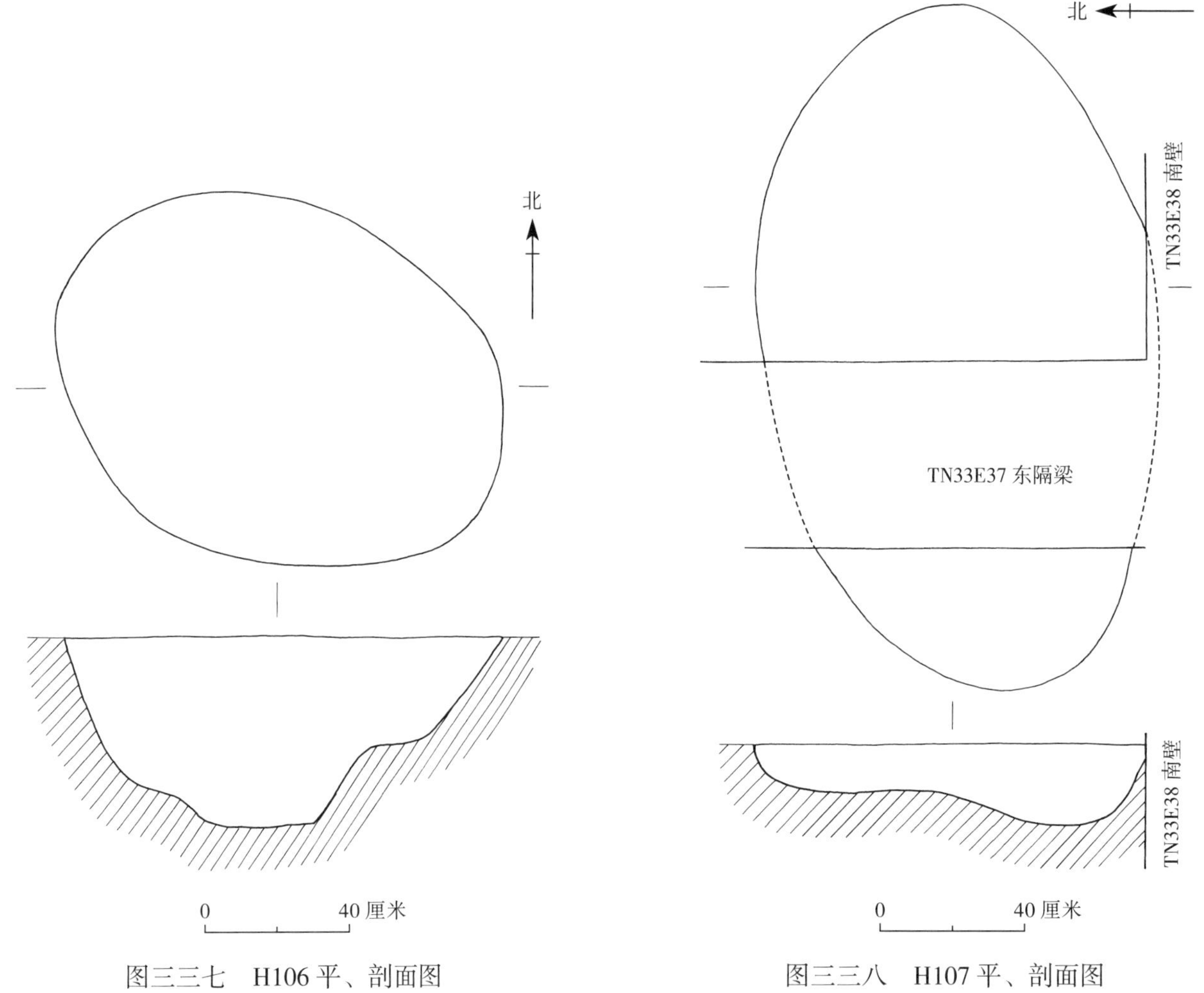

图三三七　H106 平、剖面图　　图三三八　H107 平、剖面图

杯　Aa 型。

H106：2，夹砂褐陶，器表磨光。圆唇，敞口，浅腹斜直，平底。素面。口径 11.2、底径 7.2、高 5.6 厘米（图三三五，7；彩版九二，5）。

22. H107

位于 TN33E38 西南部和 TN33E37 东南部。开口于第 4 层下，打破生土层。平面呈椭圆形，弧壁，底部不平，北高南低并有起伏。长 1.83、宽 1.08、深 0.22 米。填土为灰褐色黏土，土质较致密，夹杂红烧土和炭屑，出土少量陶片，器类有束颈罐等（图三三八；彩版九三，1）。

陶器

束颈罐

Ba 型。

H107：2，夹砂灰褐陶，内壁黑色。圆唇，侈口，卷沿，束颈。唇部和颈部饰戳印点纹。残高 4.9 厘米（图三三五，5）。

Bb 型。

H107：3，夹砂褐陶。圆唇，侈口，卷沿，短束颈。素面。残高 3.3 厘米（图三三五，6）。

23. H108

位于TN33E35东南部。开口于第4层下，打破第5层，西北部被G5打破。平面呈圆形，斜壁，平底。直径0.43~0.5、残深0.5米。填土为灰褐色砂土，土质较疏松，夹杂炭屑和红烧土，出土有陶片和石块（图三三九；彩版九三，2）。

24. H109

位于TN33E35东南部。开口于第4层下，打破第5层。平面呈圆形，斜壁，平底。直径0.7~0.72、残深0.35米。填土为灰褐色砂土，土质较疏松，夹杂炭屑和红烧土，出土陶片和石块（图三四〇；彩版九三，3）。

25. H110

位于TN33E38中部。开口于第4层下，打破生土层。平面呈长条形，弧壁，底部不平整，东高西低并有起伏。长2.4、宽0.5、深0.2米。填土为灰褐色黏土，土质较致密，夹杂红烧土和炭屑，出土少量陶片（图三四一；彩版九三，4）。

26. H111

位于TN32E35中部。开口于第4层下，打破第6层。平面近圆形，斜壁，平底。直径0.6~0.7、深0.2~0.35米。填土为灰黑色，土质较致密，出土少量陶片（图三四二；彩版九三，5）。

27. H112

位于TN34E38东部。开口于第3层下，打破第4层。平面呈圆形，直壁，平底。直径0.8、深0.5米。填土为红褐色偏灰黑的黏土，土质较疏松，夹杂红烧土和炭屑，出土少量陶片，器类有长颈罐等（图

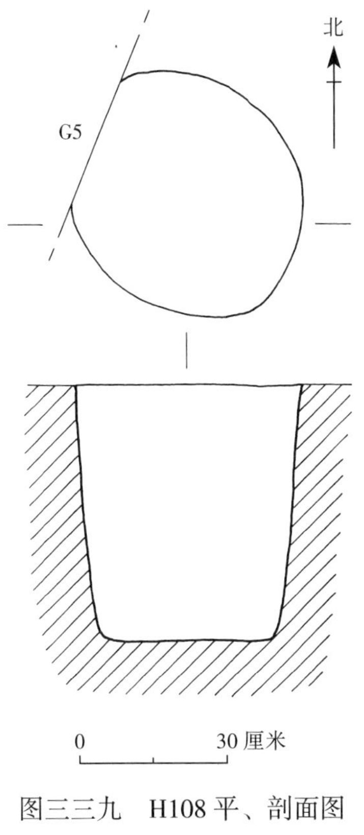

图三三九　H108平、剖面图

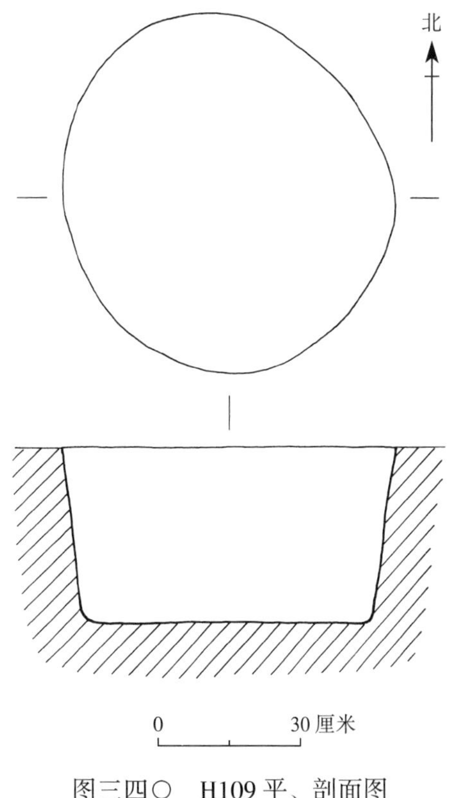

图三四〇　H109平、剖面图

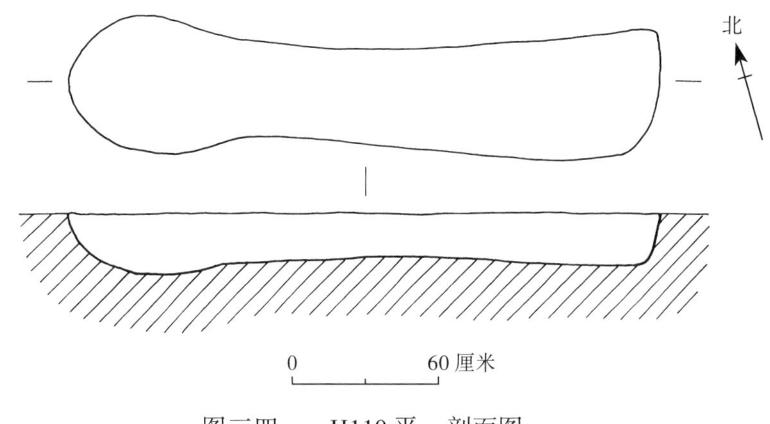

图三四一　H110 平、剖面图

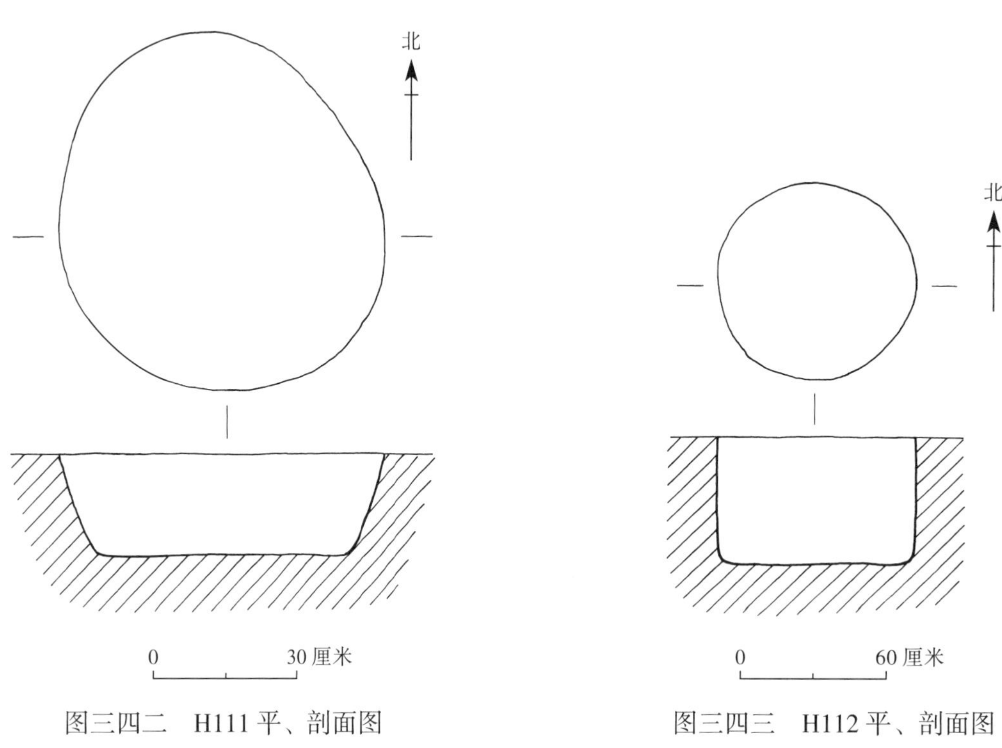

图三四二　H111 平、剖面图

图三四三　H112 平、剖面图

三四三；彩版九三，6）。

陶器

长颈罐　B 型。

H112：1，夹砂灰褐陶，外壁局部磨光。方唇，喇叭口，长颈。唇部和颈部饰戳印点纹。口径 9.4、残高 5 厘米（图三四四，1）。

28. H113

位于 TN32E34 南部和 TN31E34 北部。开口于第 4 层下，打破生土层。平面形状不规则，斜壁，平底。长 2.2、宽 1.2、深 0.21 米。填土为灰黑色砂土，土质较疏松，夹杂红烧土，出土少量陶片，器类有束颈罐、附加堆纹罐等（图三四五）。

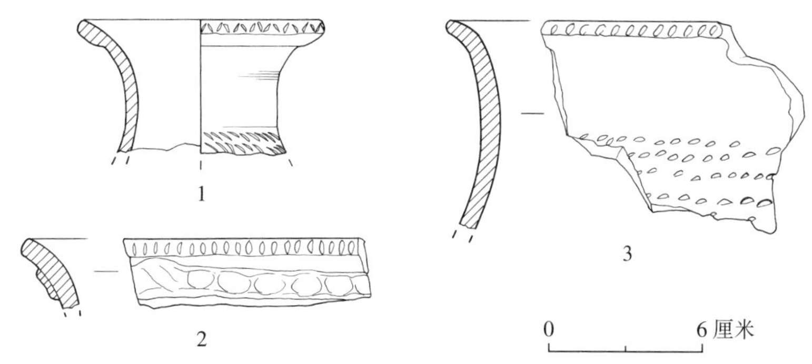

图三四四　H112、H113出土陶器

1. B型长颈罐（H112：1）　2. Ab型附加堆纹罐（H113：1）　3. Ba型束颈罐（H113：2）

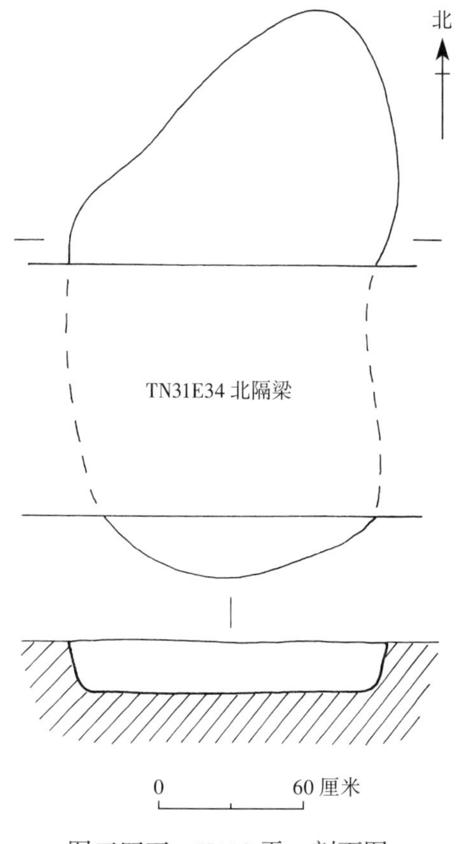

图三四五　H113平、剖面图

陶器

束颈罐　Ba型。

H113：2，夹砂灰褐陶，内壁黑灰色。圆唇，侈口，卷沿，长颈微束。唇部和颈部饰戳印点纹。残高7.8厘米（图三四四，3）。

附加堆纹罐　Ab型。

H113：1，夹砂灰胎黑灰皮陶。方唇，侈口。唇部饰戳印点纹，颈上部饰一周褶皱状附加堆纹。残高2.6厘米（图三四四，2）。

29. H114

位于TN34E35北部，北部延伸至发掘区外，未扩方发掘。开口于第2层下，打破生土层。平面呈半圆形，弧壁，平底。残长1.6、宽2、深0.8米。填土为灰黑色砂土，土质疏松，夹杂炭屑，出土少量陶片（图三四六）。

30. H115

位于TN34E34西北部。开口于第4层下，打破生土层。平面呈圆形，直壁，平底。直径1.6、深0.7米。填土为灰黑色砂土，土质疏松，夹杂炭屑，出土少量陶片（图三四七）。

31. H118

位于TN33E37东北部。开口于第4层下，打破第5层。平面呈椭圆形，弧壁，平底。直径0.6、深0.3米。填土为灰黑色砂土，土质较疏松，出土陶片和动物骨骼等（图三四八；彩版九四，1）。

32. H119

位于TN32E36中部偏东。开口于第4层下，打破第5层。平面呈椭圆形，弧壁，平底。长径1.36、短径0.98、深0.76米。填土为灰褐色砂土，土质疏松，夹杂炭屑和石块，出土少量陶片等（图三四九）。

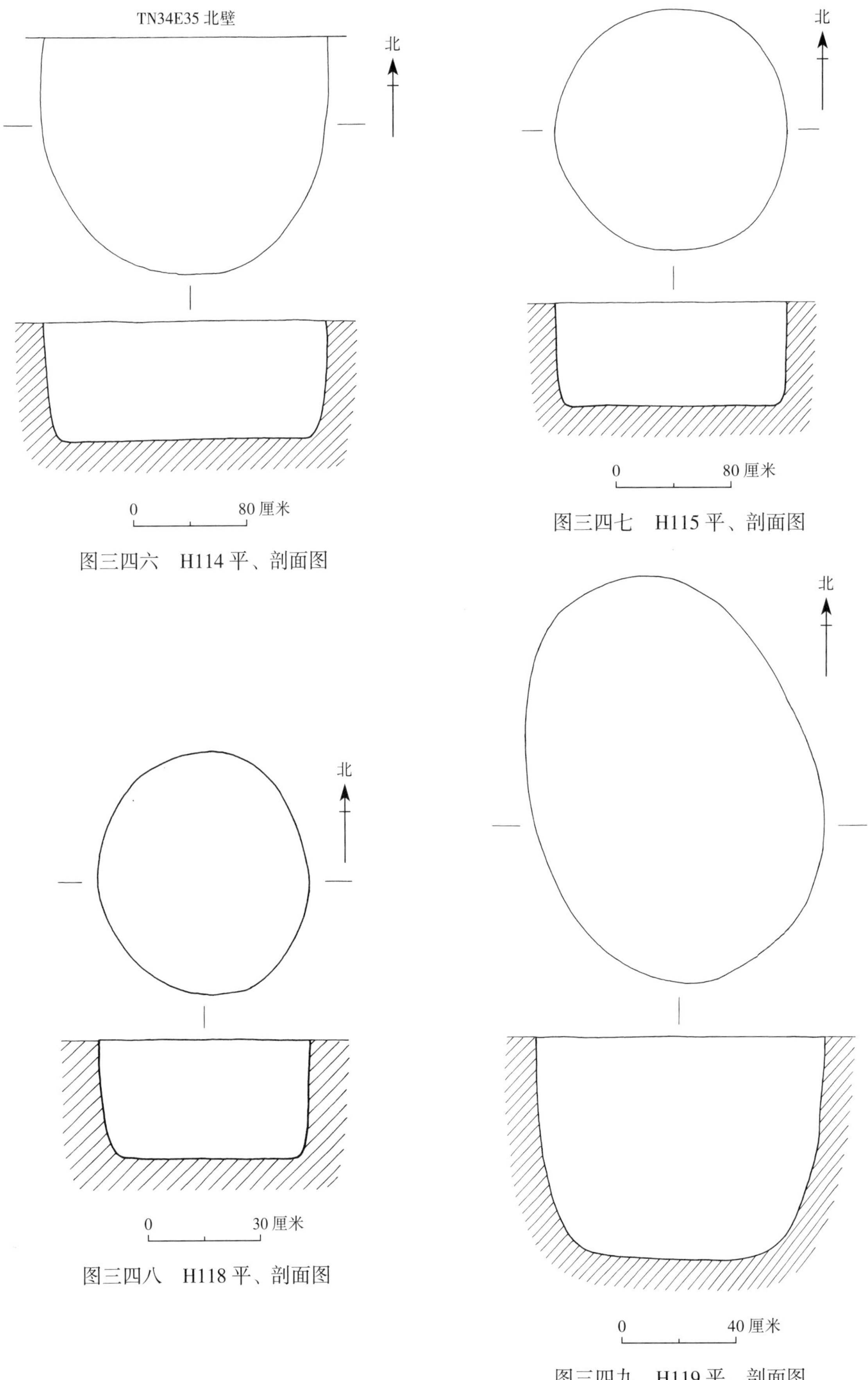

图三四六　H114 平、剖面图

图三四七　H115 平、剖面图

图三四八　H118 平、剖面图

图三四九　H119 平、剖面图

33. H120

位于TN34E36西南部。开口于第4层下，打破第5层。平面近圆形，弧壁，平底。直径0.55~0.57、深0.35米。填土为灰褐色砂土，土质疏松，出土陶片和石块等（图三五〇；彩版九四，2）。

34. H122

位于TN32E37西北部和TN32E36东北部，向北伸入探方北隔梁，未继续清理。开口于第4层下，打破第5层，西南部被H119打破。平面呈不规则形，弧壁，平底。残长4.75、宽2.7、深0.48米。填土为灰褐色偏黑的砂土，土质较致密，出土陶片和石块等，陶器器类有沿面饰纹罐等（图三五一）。

（1）陶器

沿面饰纹罐 C型。

H122∶2，夹砂红褐陶，器表磨光。方唇，喇叭口，长颈。沿面饰连续三角纹。口径14.4、残高6.4厘米（图三五三，1）。

（2）石器

石块

H122∶1，白色。长石条。一面磨光，磨制较精细。长4.4、宽2.4、厚0.6厘米（图三五三，7）。

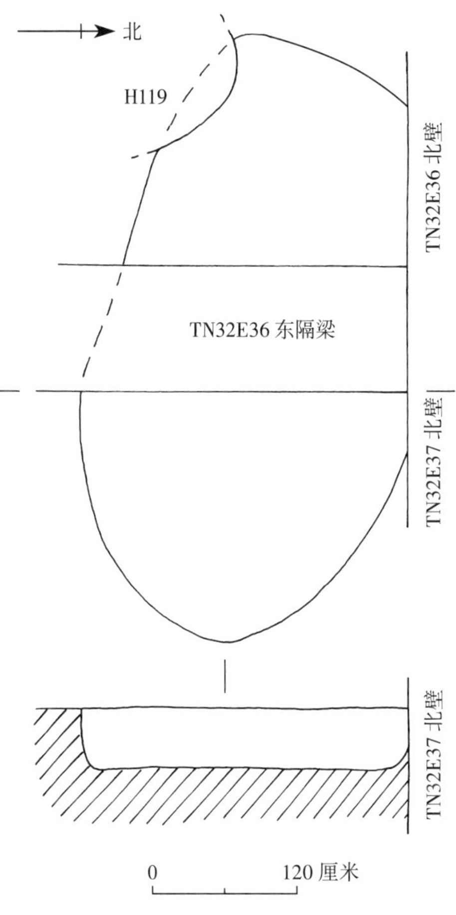

图三五一 H122平、剖面图

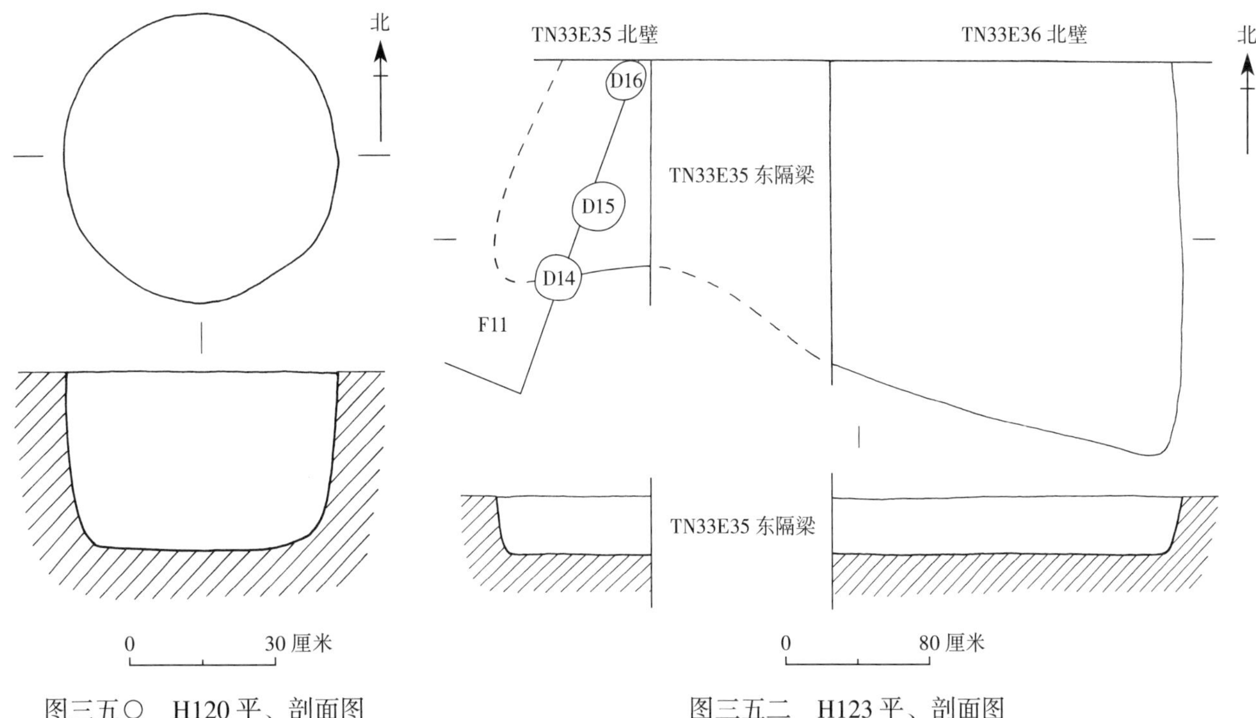

图三五〇 H120平、剖面图

图三五二 H123平、剖面图

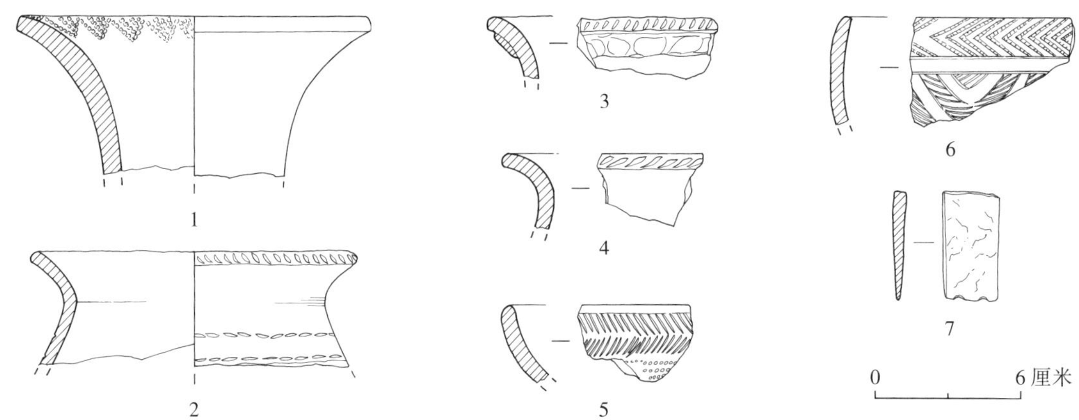

图三五三　H122、H123、H124 出土遗物

1. C 型陶沿面饰纹罐（H122：2）　2、4. Ba 型陶束颈罐（H123：1、7）　3. Ab 型陶附加堆纹罐（H123：6）　5. 陶口沿（H123：5）　6. 乙类 Bb 型陶钵（H124：1）　7. 石块（H122：1）

35. H123

位于 TN33E35 东北角和 TN33E36 西北角，向北伸入探方北隔梁，未继续清理。开口于第 4 层下，打破第 5 层，被 F11 打破。平面形状不规则，斜壁，平底。残长 3.77、宽 2.11、深 0.32 米。填土为灰褐色砂土，土质疏松，出土少量陶片、石块和动物骨骼等，陶器器类有束颈罐、附加堆纹罐等（图三五二）。

陶器

束颈罐　Ba 型。

H123：1，夹砂褐陶。圆唇，侈口，卷沿，短束颈，溜肩。唇部饰戳印点纹，肩部饰戳印点纹组成的凹弦纹。口径 13.2、残高 4.5 厘米（图三五三，2）。

H123：7，夹砂灰褐陶。方唇，侈口，卷沿，束颈。唇部饰戳印点纹。残高 3 厘米（图三五三，4）。

附加堆纹罐　Ab 型。

H123：6，夹砂灰胎黄褐皮陶。圆唇，侈口，卷沿。唇部饰戳印点纹，颈上部饰一周褶皱状附加堆纹。残高 2.4 厘米（图三五三，3）。

口沿

H123：5，夹砂灰褐陶。圆唇，盘口，窄沿。饰短线纹组成的“<”形纹和小方格状点线纹等。可能为盘口长颈罐或盘口壶的口沿部分。残高 3 厘米（图三五三，5）。

36. H124

位于 TN34E35 西北部。开口于第 4 层下，打破生土层。平面呈圆形，弧壁，平底。直径 0.82、深 0.41 米。填土为灰黑色砂土，土质疏松，出土陶片，器类有钵等（图三五四）。

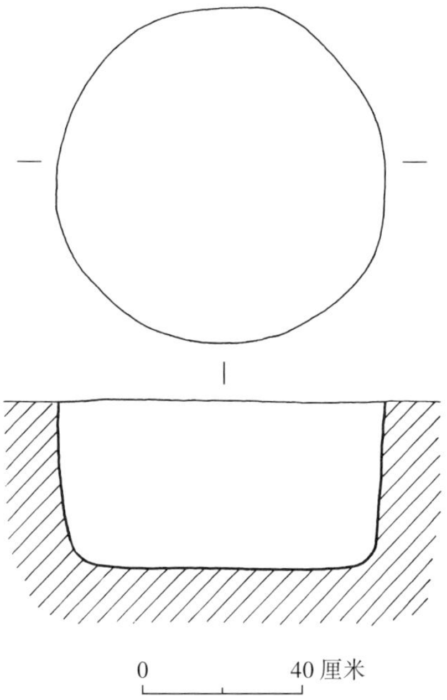

图三五四　H124 平、剖面图

陶器

钵 乙类 Bb 型。

H124：1，夹砂黑灰陶，器表磨光。圆唇，口微敛，上腹微鼓。口外侧饰小方格状点线纹组成的“<”形纹和一周凹弦纹，腹部饰一周凹弦纹及短线纹与光面组成的弧形带状纹饰。残高 4.2 厘米（图三五三，6）。

37. H127

位于 TN32E37 南部，向南伸入 TN31E37 北隔梁，未继续清理。开口于第 4 层下，打破第 5 层。平面近圆角长方形，弧壁，平底。残长 0.9、宽 0.71、深 0.65 米。填土为灰褐色砂土，土质较致密，出土有陶片等（图三五五）。

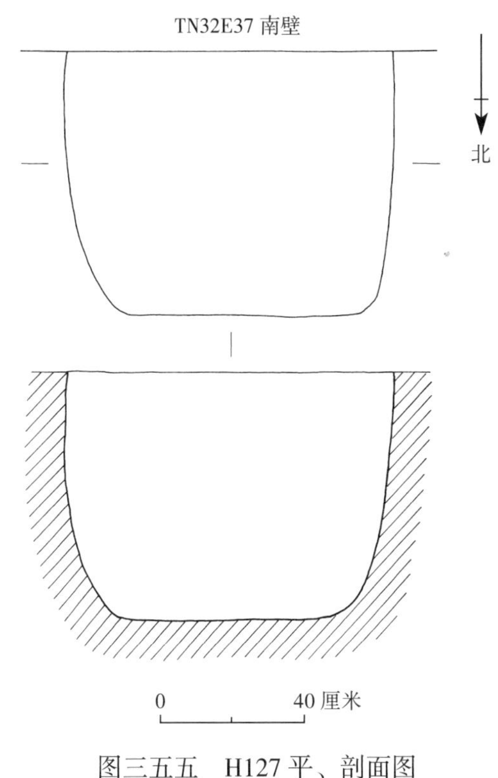

图三五五 H127 平、剖面图

38. H129

位于 TN33E34 西部，向西伸入 TN33E33 东隔梁，未继续清理。开口于第 4 层下，打破第 5 层，被 M7 打破。平面呈半椭圆形，弧壁，平底。长 1.2、残宽 0.34、深 0.36 米。填土为灰褐色砂土，土质疏松，夹杂炭屑和红烧土，出土陶片和石块等，陶器器类有长颈罐、器底等（图三五六）。

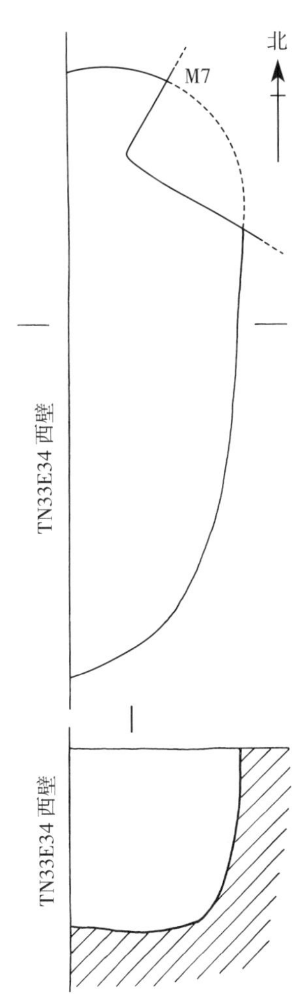

图三五六 H129 平、剖面图

陶器

长颈罐 B 型。

H129：1，夹砂灰胎黑灰皮陶。方唇，喇叭口，长颈。唇部饰戳印点纹，颈部饰短斜线纹。口径 15.8、残高 5.7 厘米（图三五七，1）。

器底

H129：2，夹砂灰陶。平底，底部边缘外凸。素面。底径 6.2、残高 1.3 厘米（图三五七，2）。

39. H130

位于 TN32E37 南部，向南伸入 TN31E37 北隔梁，未继续清理。开

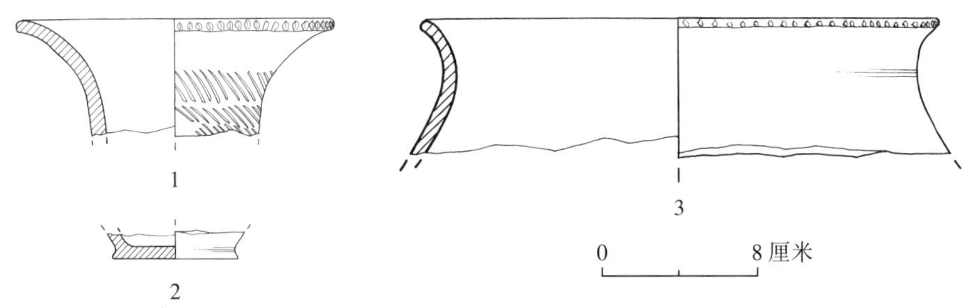

图三五七 H129、H133 出土陶器

1. B 型长颈罐（H129：1） 2. 器底（H129：2） 3. Ba 型束颈罐（H133：1）

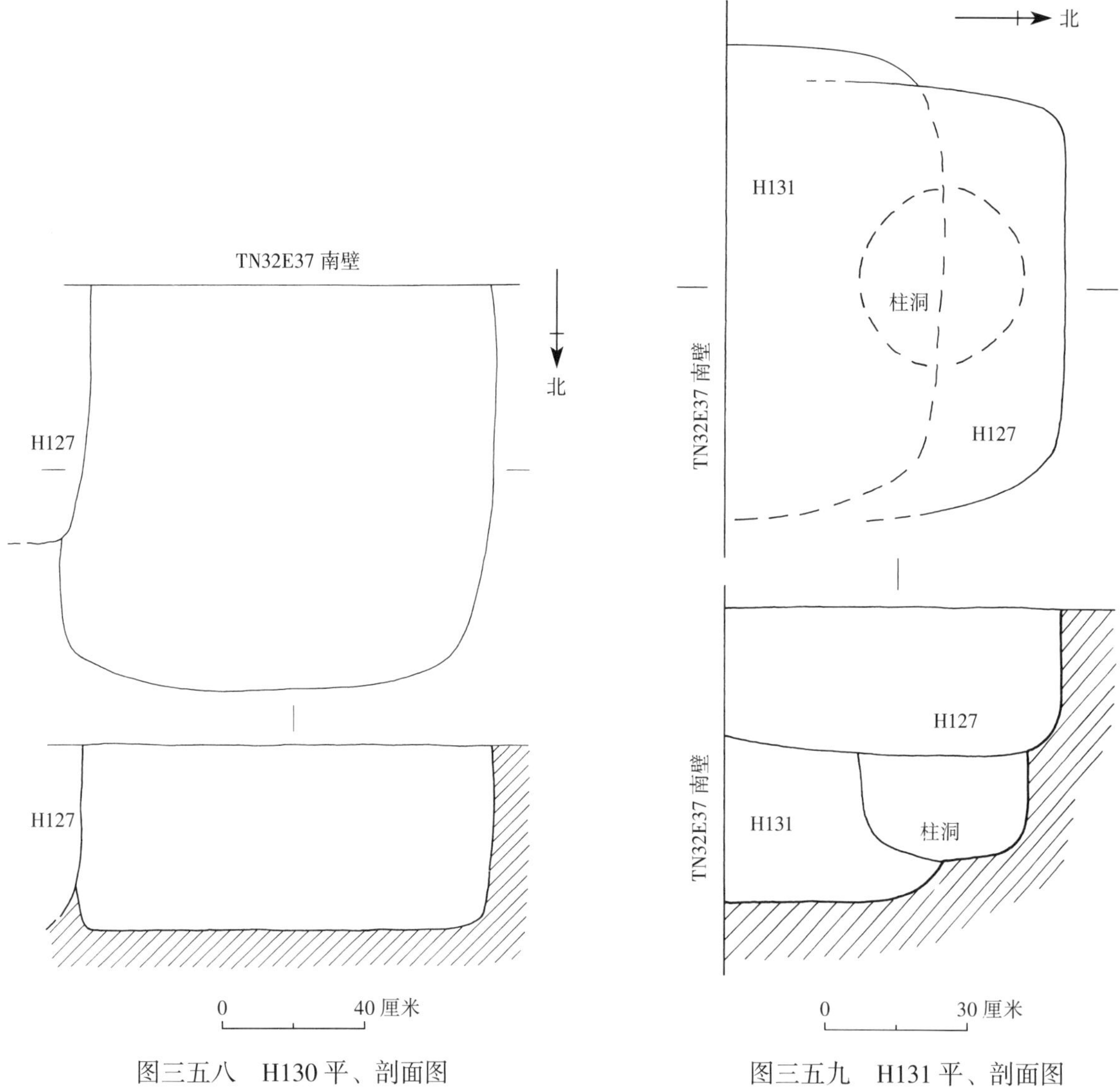

图三五八 H130 平、剖面图

图三五九 H131 平、剖面图

口于第 4 层下，打破第 5 层，东部被 H127 打破。平面近圆角方形，壁近直，平底。残长 1.17、残宽 1.1、深 0.5 米。填土为灰褐色偏黑的砂土，土质较疏松，出土有陶片等（图三五八）。

40. H131

位于 TN32E37 南部，向南伸入 TN31E37 北隔梁，未继续清理。开口于第 4 层下，打破第 5 层，被 H127 和柱洞打破。平面呈圆角长方形，弧壁，平底。长 0.96、残宽 0.45、深 0.34 米。填土为黑褐色砂土，土质较疏松，出土陶片等（图三五九）。

41. H132

位于 TN30E35 中部。开口于第 4 层下，打破第 5 层。平面呈椭圆形，斜壁，平底。长径 1.13、短径 0.77、深 0.6 米。填土为灰褐色砂土，土质疏松，出土少量陶片，器类有盘口高领罐等（图三六〇）。

42. H133

位于 TN31E34 西部，向北伸入探方北隔梁，向西伸入 TN31E33 东隔梁，未继续清理。开口于第

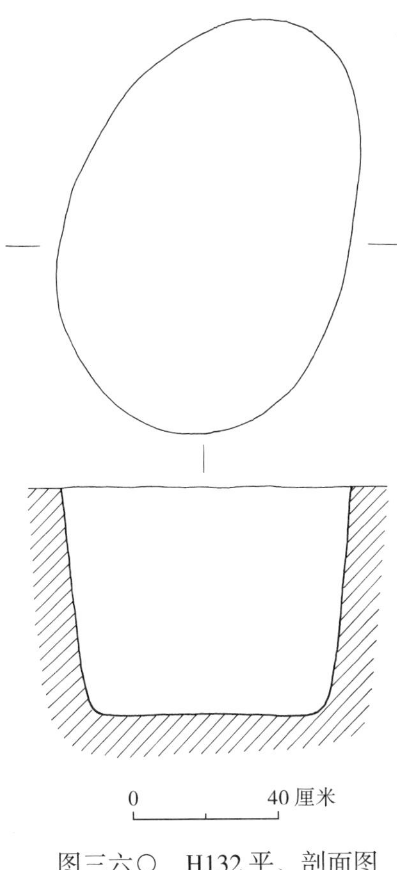

图三六〇　H132 平、剖面图

4 层下，打破第 5 层，被 H113 和 G5 打破。平面形状不规则，弧壁，底部不平有起伏。残长 3.4、宽 0.85~1.84、深 0.24~0.4 米。填土为灰褐色砂土，土质疏松，夹杂炭屑、红烧土和石块，出土少量陶片，器类有束颈罐等（图三六一）。

陶器

束颈罐　Ba 型。

H133∶1，夹砂灰胎黑灰皮陶。方圆唇，侈口，卷沿，束颈。唇部饰戳印点纹，颈部有划痕。口径 26.4、残高 6.8 厘米（图三五七，3）。

43. H134

位于 TN32E34 西南部，向南伸入 TN31E34 北隔梁，向西伸入 TN32E33 东隔梁，未继续清理。开口于第 4 层下，打破生土层，东部被 H113 打破。平面形状不规则，弧壁，平底。残长 1.4、残宽 1.1、深 0.3 米。填土为灰黑色砂土，土质较疏松，夹杂红烧土和炭屑，出土陶片（图三六二；彩版九四，3）。

44. H135

位于 TN33E34 西南部和 TN32E34 西北部，向西伸入

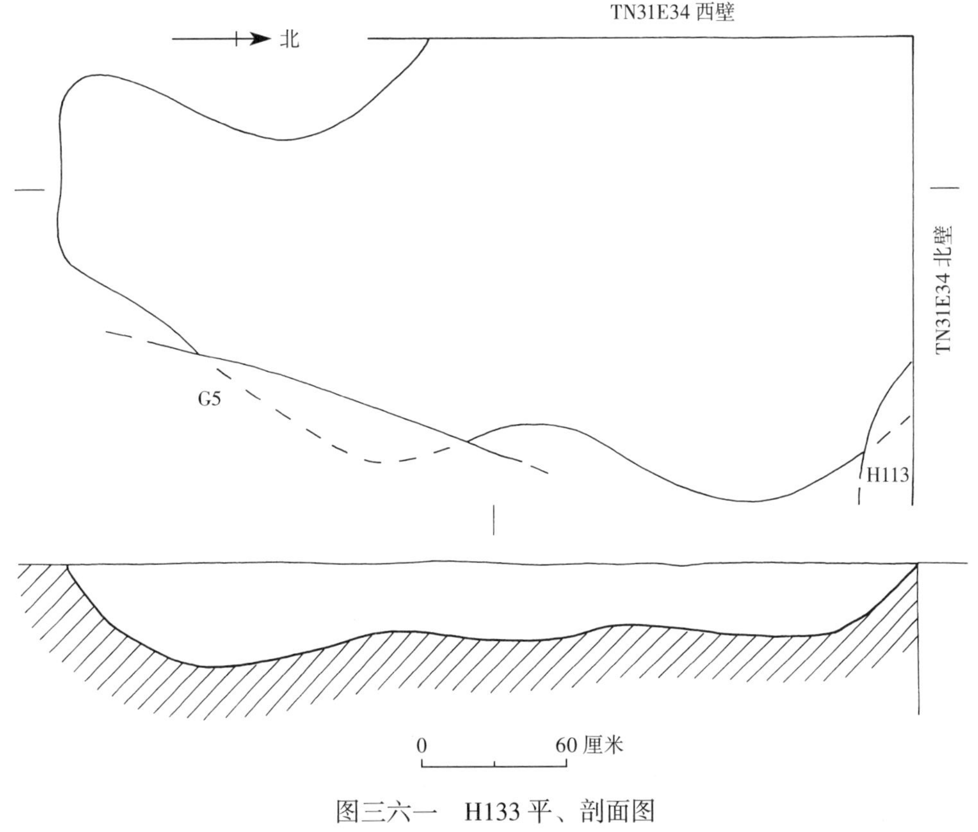

图三六一　H133 平、剖面图

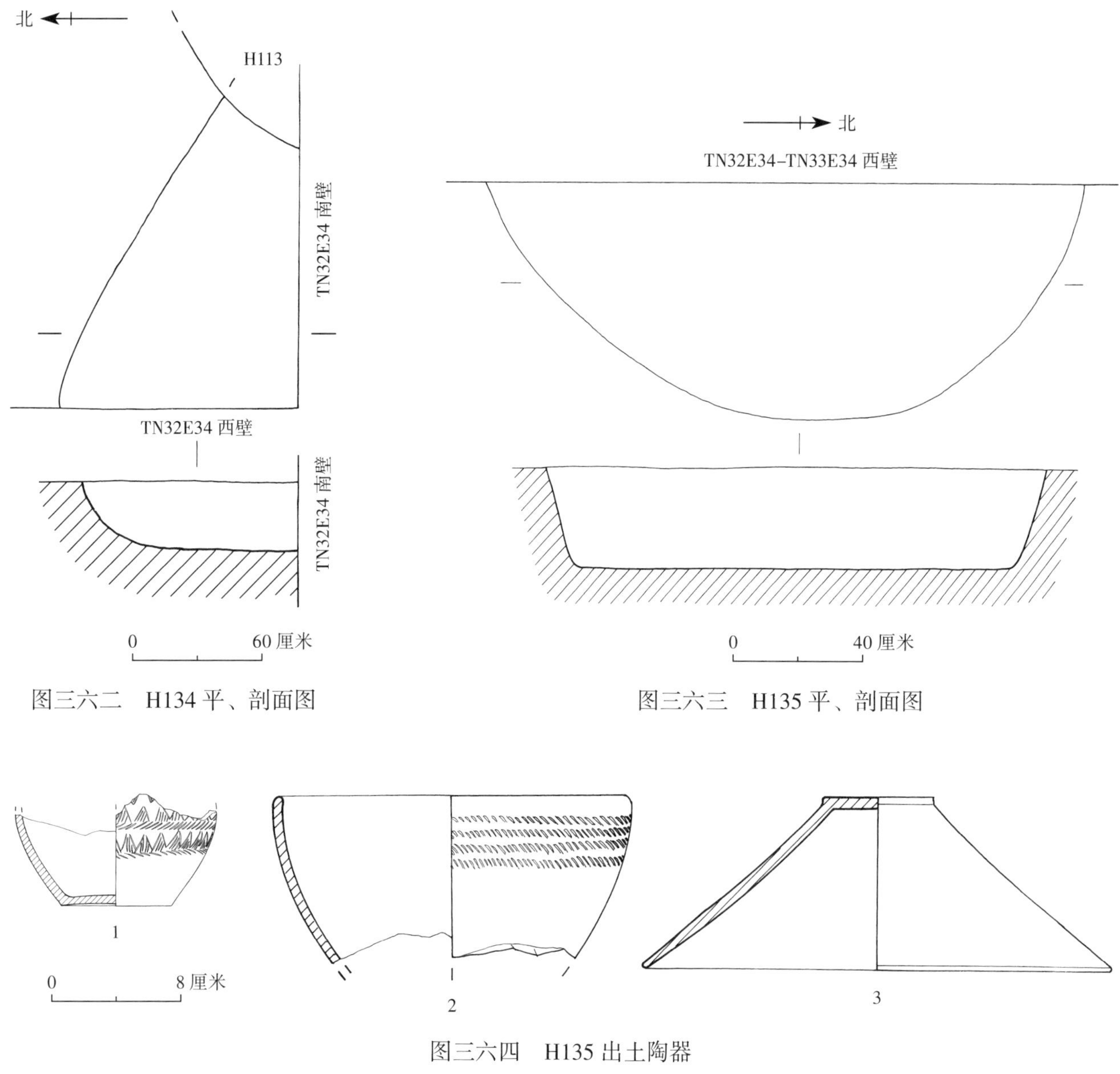

图三六二　H134 平、剖面图

图三六三　H135 平、剖面图

图三六四　H135 出土陶器

1. 小罐（H135：3）　2. 乙类 Be 型钵（H135：2）　3. 器盖（H135：1）

TN33E33 和 TN32E33 东隔梁，未继续清理。开口于第 4 层下，打破第 5 层。平面呈半圆形，斜壁，平底。口径 0.7~1.82、深 0.3 米。填土混杂，以灰褐色砂土为主，土质疏松，夹杂炭屑、红烧土和石块，出土较多陶片，器类有小罐、钵等（图三六三；彩版九四，4 上）。

陶器

小罐

H135：3，夹砂灰陶。口部残，鼓腹，平底微内凹。腹部饰短线纹组成的连续三角纹和窄带状纹饰。底径 6.8、残高 6.6 厘米（图三六四，1）。

钵　乙类 Be 型。

H135：2，夹砂红褐胎黑皮陶。圆唇，直口，弧腹。上腹部饰短斜线纹组成的窄带状纹饰。口径

22、残高 9.6 厘米（图三六四，2）。

器盖

H135：1, 夹砂灰褐陶。敞口，圆唇，斜直壁，平顶。素面。顶径 6.8、口径 28.8、高 10.2 厘米（图三六四，3）。

45. H136

位于 TN33E34 西南部，向西伸入 TN33E33 东隔梁，未继续清理。开口于第 4 层下，打破第 5 层，被 H135 打破。现暴露形状为半圆形，斜壁，平底。坑口直径 0.5~0.6、坑底直径 0.47、深 0.25 米。填土为灰黑色砂土，土质疏松，夹杂红烧土颗粒和炭屑，出土有陶片，器类有小罐、壶、钵等（图三六五；彩版九四，4 下）。

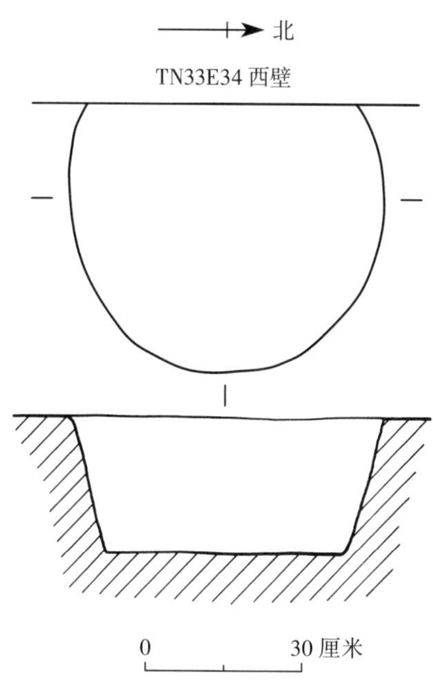

图三六五　H136 平、剖面图

陶器

小罐

H136：8，夹砂橙黄胎黑皮陶。器形较小，口部残，鼓腹，平底。素面。底径 6.8、残高 6.6 厘米（图三六六，1）。

壶

甲类 Aa 型。

H136：2，夹砂黄褐陶。圆唇，近盘口，长颈，鼓肩，肩部附半环形竖耳，圆鼓腹，平底。唇部

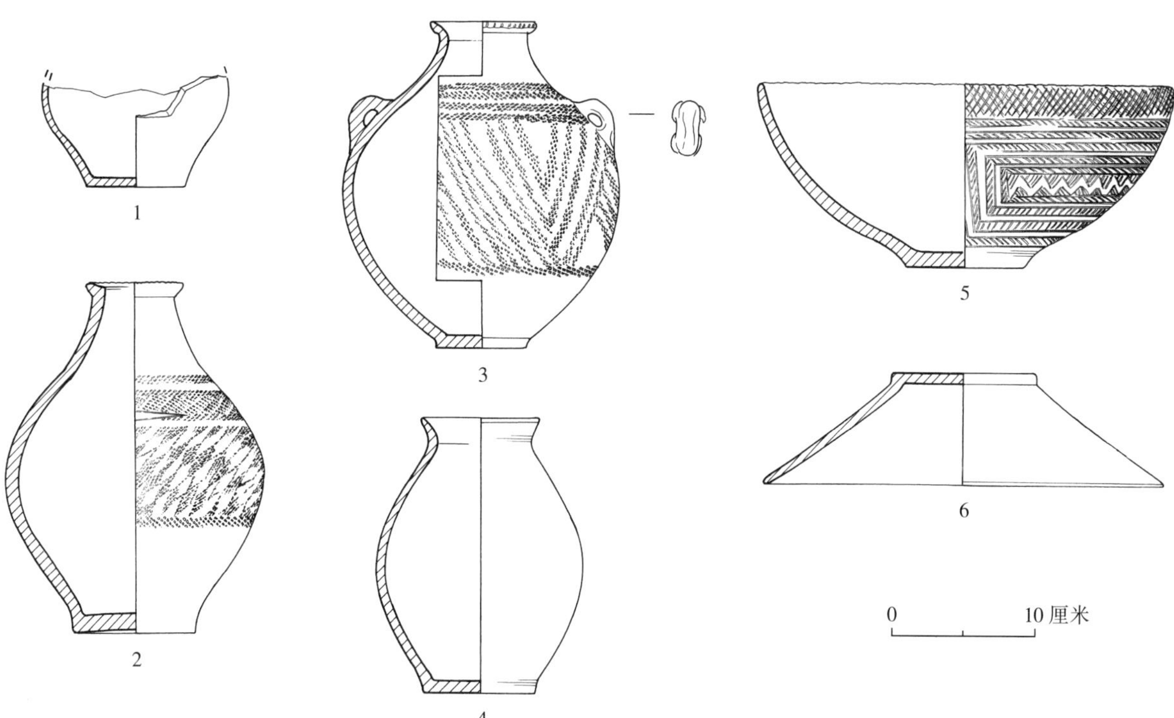

图三六六　H136 出土陶器

1. 小罐（H136：8）　2. 甲类 Ba 型壶（H136：4）　3. 甲类 Aa 型壶（H136：2）　4. 甲类 Bb 型壶（H136：6）　5. 乙类 Bf 型钵（H136：7）　6. 器盖（H136：5）

饰戳印点纹，肩部饰四周点线纹组成的带状纹饰，腹部饰点线纹组成的层叠的波折状纹饰等。口径 7.2、底径 6、高 21.4 厘米（图三六六，3；彩版九五，1）。

甲类 Ba 型。

H136：4，夹砂黑灰陶。方唇，盘口，长颈，橄榄形腹，平底内凹。唇部饰戳印点纹，肩部饰两周点线纹组成的带状纹饰，腹部饰成组点线纹与光面形成的复合纹饰，其下饰一周点线纹组成的窄带状纹饰。口径 6.8、底径 8.4、高 23 厘米（图三六六，2；彩版九五，2）。

甲类 Bb 型。

H136：6，夹砂灰褐陶。圆唇，侈口，卷沿，溜肩，橄榄形腹，平底。素面。口径 8、底径 7.6、高 18 厘米（图三六六，4；彩版九五，3）。

钵　乙类 Bf 型。

H136：7，夹砂灰陶。圆唇，敞口，弧腹，平底。唇部饰戳印点纹，口外侧饰菱格纹，腹部饰短斜线纹与光面形成的重回形纹，最内圈纹饰带内饰连续三角纹夹光面折线纹。口径 28.4、底径 8、高 12 厘米（图三六六，5；彩版九五，4）。

器盖

H136：5，夹砂灰褐陶。圆唇，敞口，斜直壁，平顶。素面。顶径 10、口径 27.6、高 7.4 厘米（图三六六，6）。

46. H137

位于 TN32E37 南部。开口于第 5 层下，打破第 6 层，被 H130 打破。平面近圆形，弧壁，平底。口径 0.75~0.83、深 0.5 米。填土为灰褐色偏黑的砂土，土质较致密，出土少量陶片，器类有附加堆纹罐等（图三六七）。

47. H139

位于 TN32E35 中部偏西。开口于第 6 层下，打破生土层，西部被 H98 打破，平面形状不规则，弧壁，平底，底部东高西低。残长 2.73、残宽 1.35、深 0.2 米。填土为灰黑色黏土，土质较致密，夹杂红烧土，出土陶片和动物骨骼等（图三六八；彩版九六，1）。

48. H140

位于 TN32E35 中北部。开口于第 6 层下，打破第 7 层，被 H139、H145 打破。平面形状不规则，斜壁，平底。长 3.2、宽 2.22、深 0.11 米。填土为灰黑色黏土，土质较致密，夹杂红烧土，出土陶片，器类有侈口高领罐、盆、尊形器等（图三六九；彩版九六，2）。

陶器

侈口高领罐

H140：4，夹细砂褐胎灰皮陶。圆唇，侈口。素面。残高 2.8 厘米（图三七〇，1）。

H140：5，泥质灰陶，器表磨光。圆唇，侈口。素面。残高 3.1 厘米（图三七〇，2）。

盆　A 型。

H140：1，夹细砂褐胎黑皮陶，外壁磨光。残存腹部，折腹。折腹处饰戳印窝点纹。残高 4.5 厘米（图三七〇，3）。

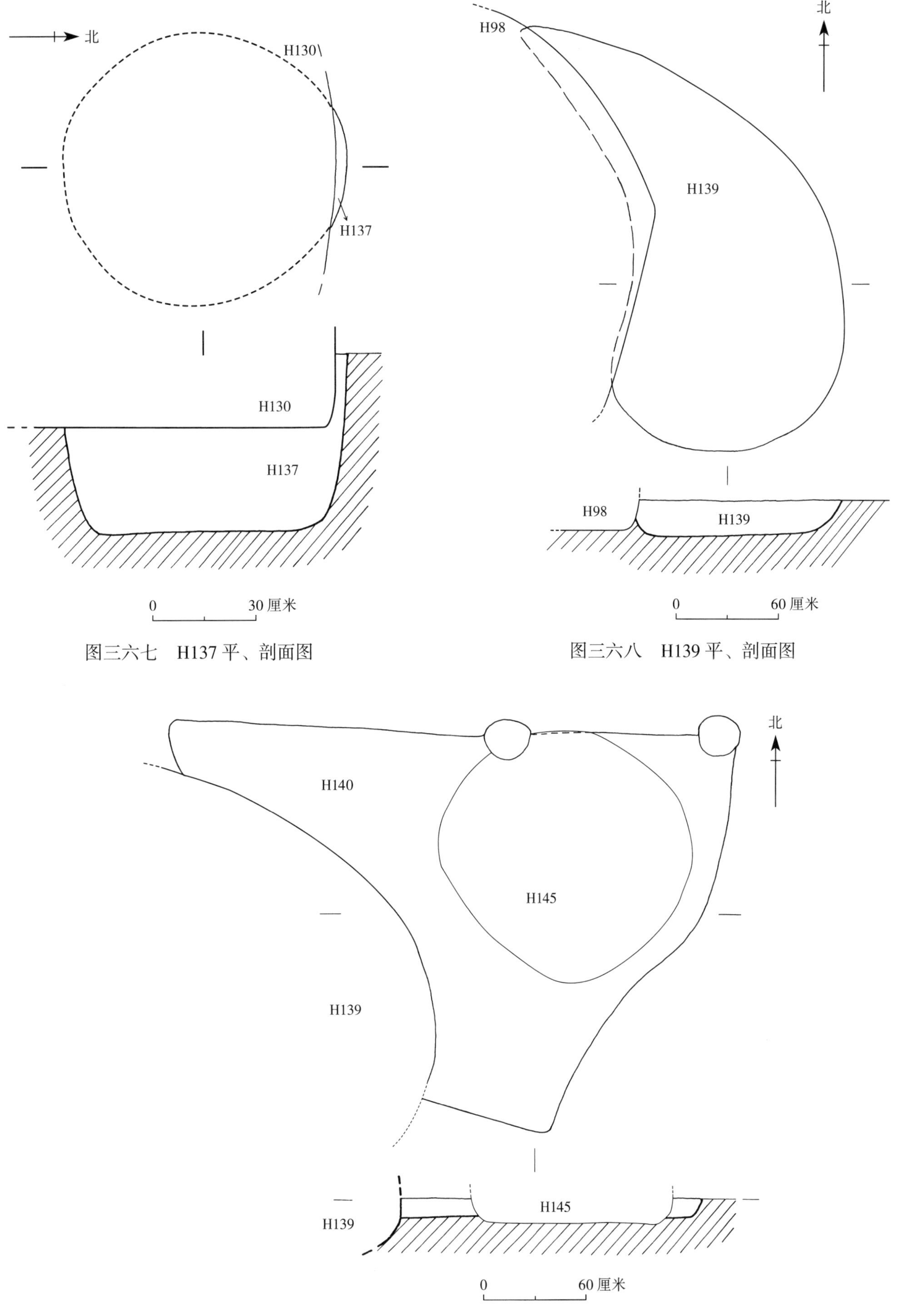

图三六七　H137 平、剖面图

图三六八　H139 平、剖面图

图三六九　H140 平、剖面图

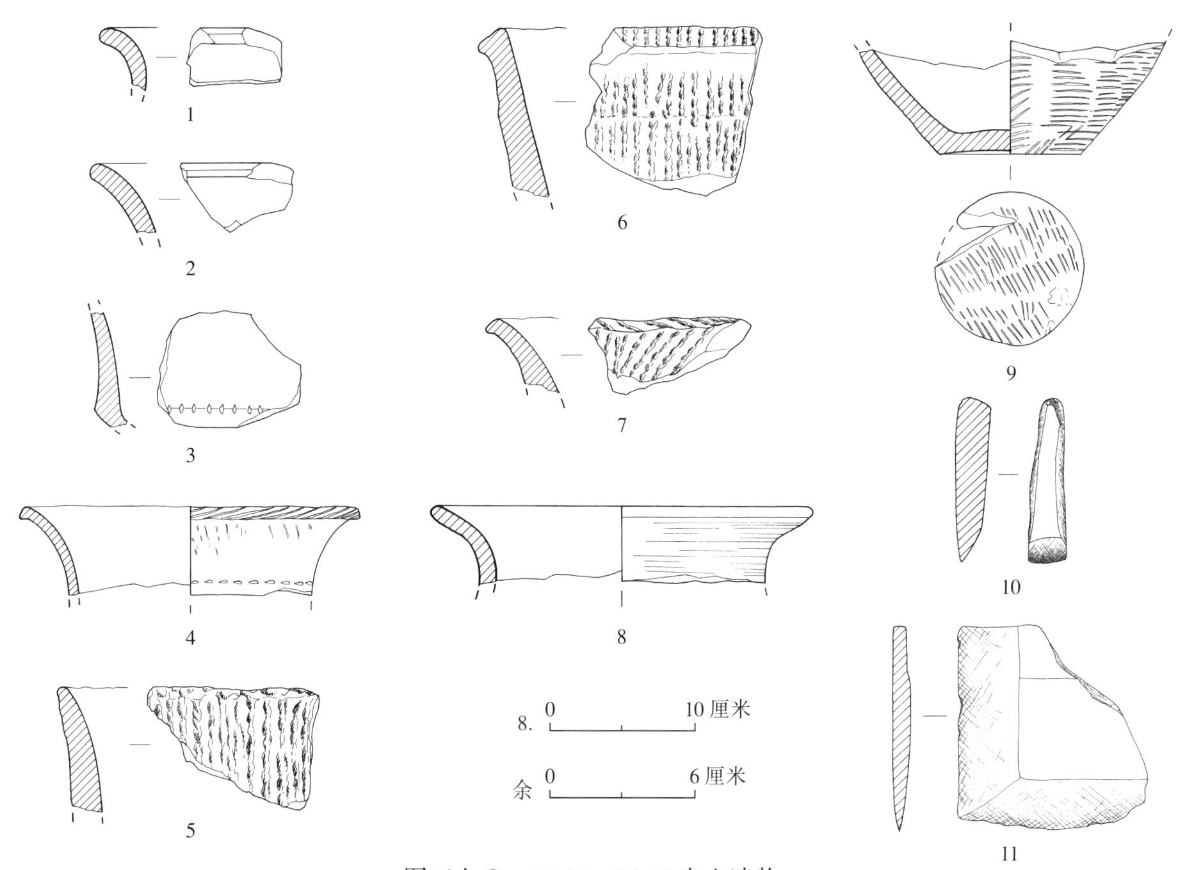

图三七〇 H140、H145 出土遗物

1、2、4. 陶侈口高领罐（H140：4、H140：5、H145：5） 3. A 型陶盆（H140：1） 5~7. 陶尊形器（H145：3、H140：2、H140：3） 8. C 型陶瓮（H145：4） 9. 陶器底（H145：6） 10. 玉凿（H145：2） 11. 石片状带刃器（H145：1）

尊形器

H140：2，夹砂黄褐陶。方唇，敞口，腹壁斜直。唇部和腹部饰粗篮纹。残高 6.7 厘米（图三七〇，6）。

H140：3，夹砂灰陶。方唇，敞口。唇部和腹部饰粗篮纹。残高 3 厘米（图三七〇，7）。

49. H141

位于 TN33E37 北部。开口于第 5 层下，打破第 6 层，被 H88 打破。平面呈椭圆形，弧壁，平底。长径 0.8、短径 0.67、深 0.65 米。填土为灰褐色砂土，土质较致密，出土有陶片等（图三七一；彩版九六，3）。

50. H142

位于 TN29E34 东部。开口于第 3 层下，打破第 4 层。平面呈椭圆形，剖面呈袋状，弧壁，圜底近平。长径 1.52、短径 1.14、深 1 米。填土为灰黑色砂土，土质疏松，出土有陶片等（图三七二；彩版九六，4）。

51. H143

位于 TN32E36 西部，向西伸入 TN32E35 东隔梁，未继续清理。开口于第 5 层下，打破第 6 层，被 F9D8 和 D9 打破。平面近椭圆形，直壁，平底。残长 1.05、宽 1、深 0.6 米。填土为灰褐色砂土，土质疏松，出土有少量陶片、石块和骨骼等，陶器器类有矮领小罐等（图三七三；彩版九七，1）。

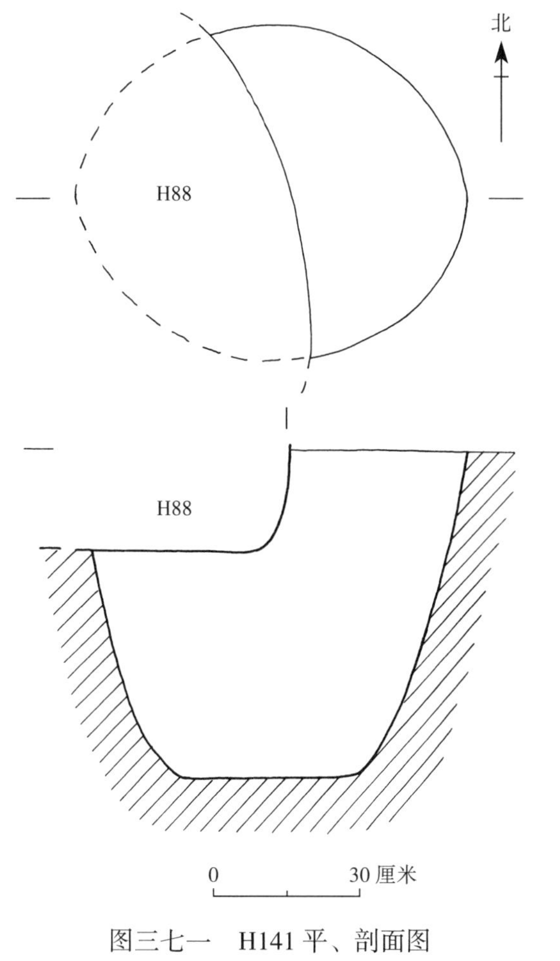

图三七一　H141 平、剖面图

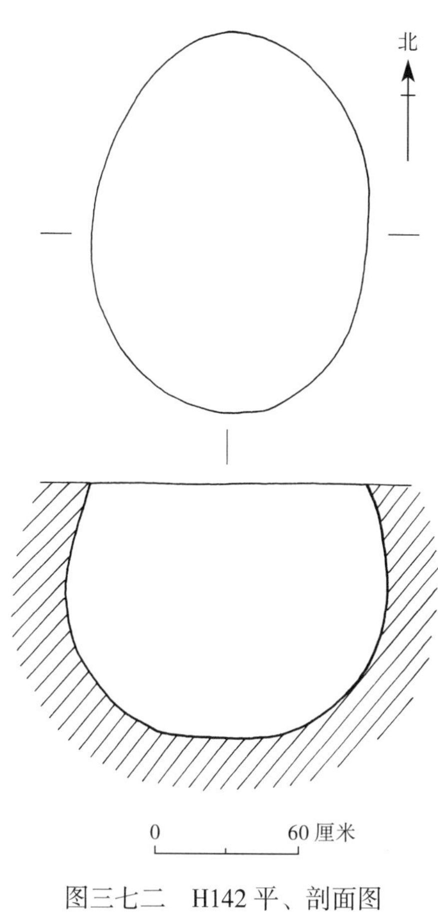

图三七二　H142 平、剖面图

52. H144

位于 TN30E35 西南部。开口于第 4 层下，打破第 5 层，被 H102 和 H132 打破。平面近椭圆形，弧壁，平底。残长 0.85、残宽 0.54、深 0.16 米。填土为灰褐色砂土，土质疏松，出土有陶片等（图三七四；彩版九七，2）。

53. H145

位于 TN32E35 东北部。开口于第 6 层下，打破生土层。平面近圆形，弧壁，平底。直径 0.8、深 0.1 米。填土为灰黑色黏土，土质较致密，夹杂红烧土颗粒和炭屑，出土陶片、石器、玉器等，陶器器类有侈口高领罐、瓮、尊形器等，石器器类有片状带刃器，玉器器类有凿（图三七五）。

（1）陶器

侈口高领罐

H145：5，夹砂红褐陶。方唇，唇部下缘外凸，侈口，高领。唇部饰压印短斜线纹，颈部饰戳印窝点纹。口径 14、残高 3.5 厘米（图三七〇，4）。

瓮　C 型。

H145：4，夹砂褐胎黑皮陶。圆唇，敞口，有颈。器表有多道旋纹。口径 26、残高 5 厘米（图三七〇，8）。

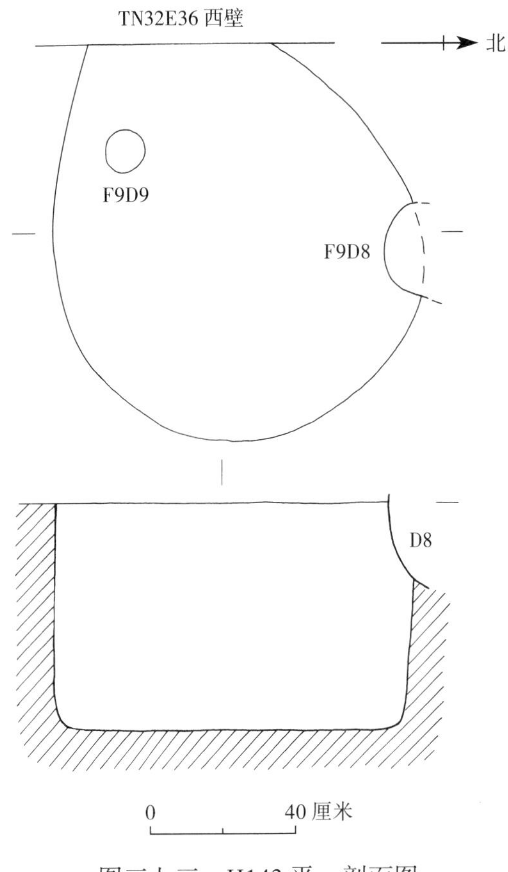

图三七三　H143 平、剖面图

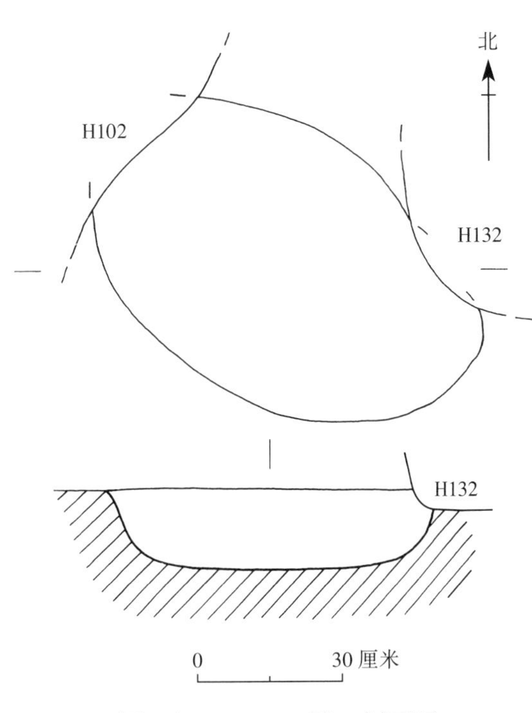

图三七四　H144 平、剖面图

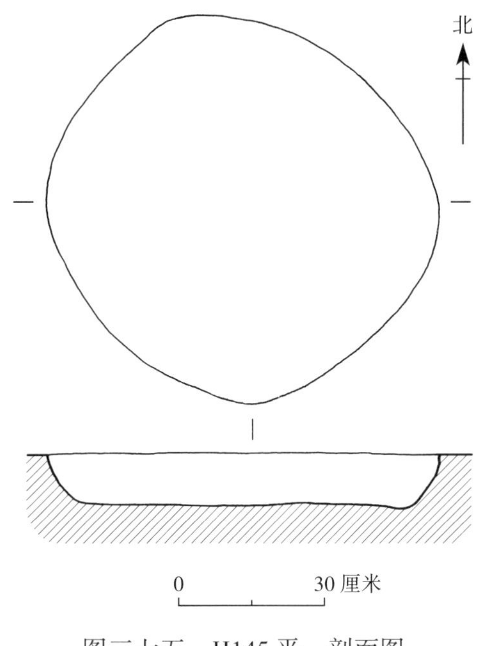

图三七五　H145 平、剖面图

尊形器

H145：3，夹砂灰陶。方唇，敞口。唇部和腹部饰粗篮纹。残高 4.9 厘米（图三七〇，5）。

器底

H145：6，夹砂灰褐陶。下腹斜弧，平底内凹。腹部和底部有多道压印线纹。底径 6、残高 4.5 厘米（图三七〇，9）。

（2）石器

片状带刃器

H145：1，黄褐色。正锋，直刃，双面刃，两处刃部互相垂直，刃缘有几处茬口。长 7.8、宽 7.8、厚 0.6 厘米（图三七〇，11）。

（3）玉器

凿

H145：2，白色。平面近梯形，截面呈圆角长方形，上窄下宽。顶部稍有残缺。弧刃，单面刃。平面有较多磨痕，两面均磨光。长 6.5、宽 1.6、厚约 1.3 厘米（图三七〇，10；彩版九七，3）。

54. H147

位于 TN32E36 北部，向北伸入探方北隔梁，未继续清理。开口于第 5 层下，打破第 6 层，被 F9D7 打破。

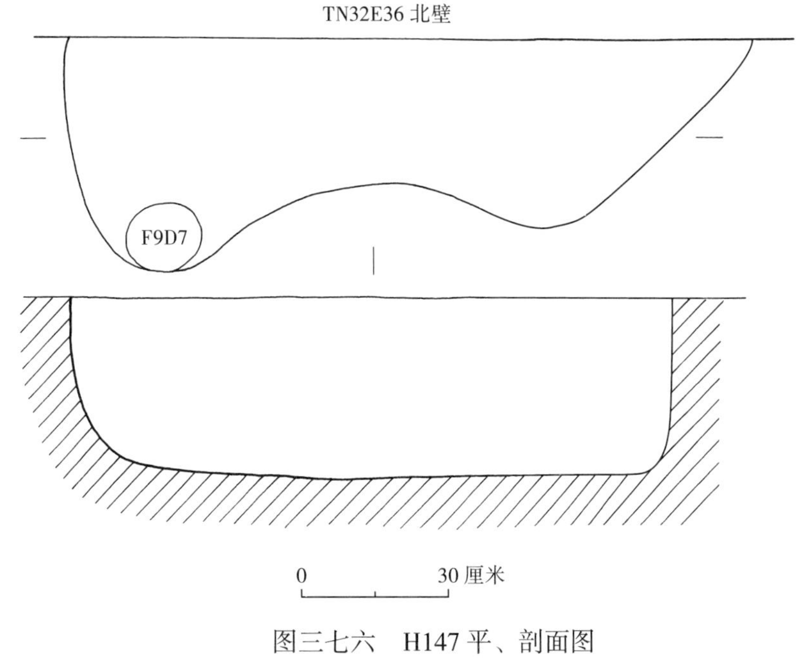

图三七六　H147 平、剖面图

平面形状不规则，弧壁，平底。残长 1.38、残宽 0.29~1.4、深 0.36 米。填土为灰褐色砂土，土质疏松，出土少量陶片（图三七六；彩版九七，4）。

55. H148

位于 TN32E36 中部偏南。开口于第 5 层下，打破第 6 层，被 F9D11 和 H119 打破。平面近圆形，弧壁，平底。直径 0.9~1、深 0.76 米。填土为灰褐色砂土，土质疏松，夹杂有石块，出土有少量陶片（图三七七）。

56. H149

位于 TN32E36 中部偏东。开口于第 5 层下，打破第 6 层，被 F9D5 和 H69、H119、H122 打破。平面呈圆形，弧壁，平底。坑口直径 0.77~0.9、深 0.9 米。填土为灰褐色砂土，土质疏松，出土少量

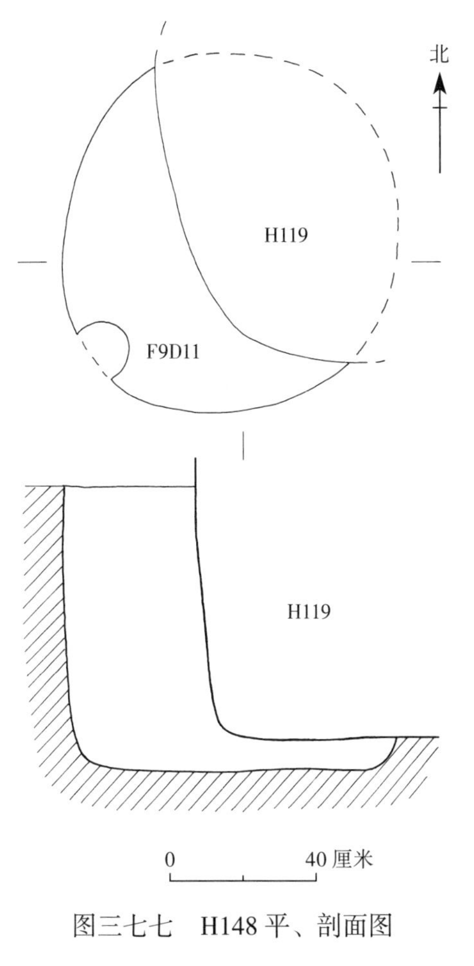

图三七七　H148 平、剖面图

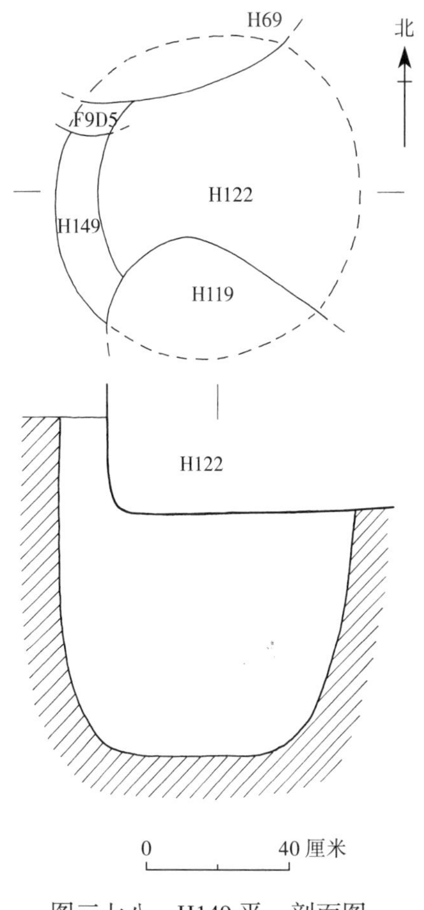

图三七八　H149 平、剖面图

陶片和石块（图三七八）。

（三）灰沟

1条。

G5

自北向南贯穿TN34E36西北部、TN34E35东南部、TN33E35中部、TN32E35西北部、TN32E34东南部、TN31E34中部和TN30E34西北部。开口于第3层下，打破第4层。平面呈长条形，弧壁，平底。残长25.72、宽0.83~1.88、深0.4米。填土为灰褐色砂土，土质疏松，夹杂红烧土颗粒和炭屑，出土有陶片和石器等，陶器器类有束颈罐、附加堆纹罐、沿面饰纹罐、长颈罐、盘口高领罐、矮领小罐、敛口罐、钵、碗、杯等，石器器类有斧、刀、球、网坠等（图三七九）。

（1）陶器

束颈罐

Ba型。

G5：5，夹砂灰白胎黄褐皮陶。方唇，侈口，卷沿，长束颈。唇部饰戳印点纹，颈下部饰刻划网格纹。口径30.4、残高6.6厘米（图三八〇，1）。

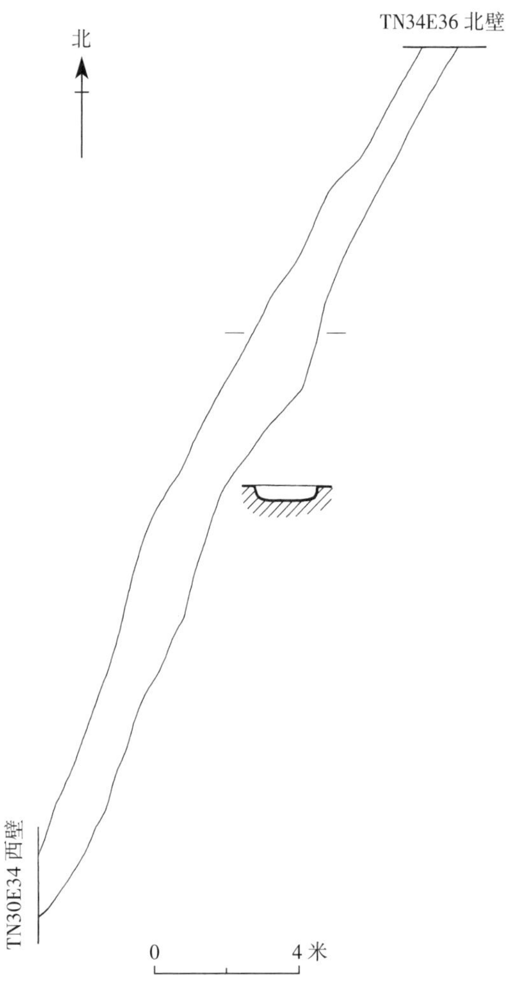

G5：7，夹砂灰褐陶。圆唇，侈口，卷沿，束颈。唇部饰戳印点纹，颈部饰刻划网格纹。残高3.4厘米（图三八〇，2）。

G5：13，夹砂灰陶，内壁黑色。方唇，侈口，卷沿，束颈。唇部饰“×”形纹，颈下部饰戳印粗点纹。残高4厘米（图三八〇，3）。

G5：42，夹砂灰陶。方唇，侈口，短束颈。唇部饰戳印点纹。口径31.6、残高4厘米（图三八〇，4）。

Bb型。

G5：32，夹砂红褐胎黑皮陶。圆唇，侈口，卷沿，长束颈。颈部满饰小方格状点线纹。残高6.8厘米（图三八〇，5）。

附加堆纹罐

Ac型。

G5：6，夹砂褐陶。方圆唇，侈口，仰折沿。颈部饰一周褶皱状附加堆纹。残高2.7厘米（图三八〇，7）。

Bb型。

G5：30，夹砂褐胎黑灰皮陶。圆唇，敞口。口外侧饰一周平滑的附加堆纹，与口部贴合形成箭头状唇。残高6.5厘米（图三八〇，8）。

图三七九　G5平、剖面图

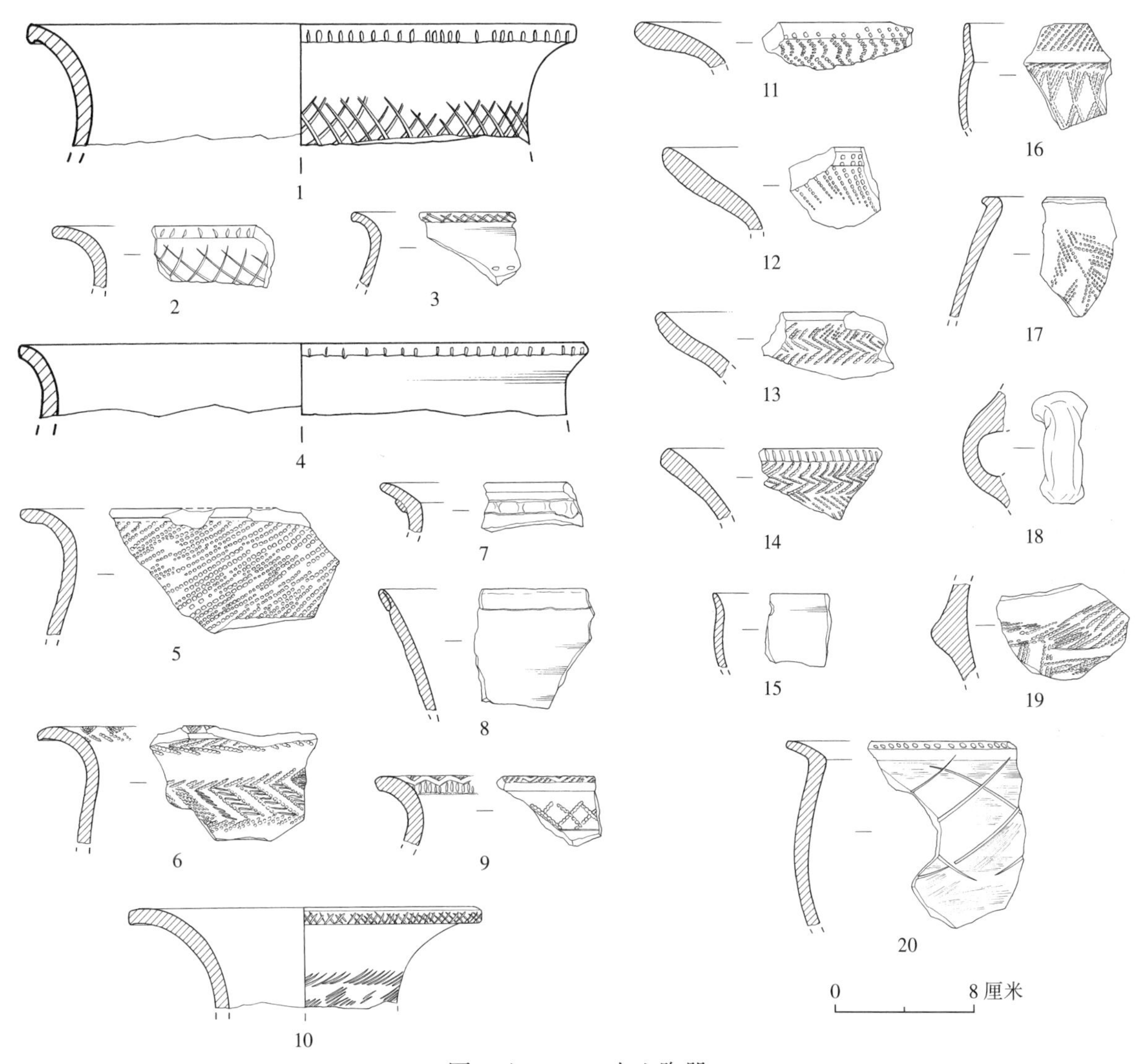

图三八〇　G5 出土陶器

1~4. Ba 型束颈罐（G5：5、7、13、42）　5. Bb 型束颈罐（G5：32）　6、9. Aa 型沿面饰纹罐（G5：51、20）　7. Ac 型附加堆纹罐（G5：6）　8. Bb 型附加堆纹罐（G5：30）　10. A 型长颈罐（G5：52）　11~13. Ab 型盘口高领罐（G5：33、25、44）　14. Ac 型盘口高领罐（G5：40）　15. C 型盆（G5：16）　16. C 型矮领小罐（G5：9）　17. D 型敛口罐（G5：4）　18. B 型器耳（G5：35）　19. A 型器鋬（G5：31）　20. D 型盆（G5：29）

沿面饰纹罐　Aa 型。

G5：20，夹砂灰胎黑灰皮陶，内壁磨光。圆唇，侈口，卷沿微外翻。沿面饰连续三角纹夹光面折线纹和一周点线状凹弦纹，颈部饰小方格状点线纹组成的网格纹。残高 3.8 厘米（图三八〇，9）。

G5：51，夹砂灰白胎黑灰皮陶。圆唇，侈口，宽卷沿外翻，短束颈，溜肩。沿面饰小方格状点线纹组成的三角纹和窄带状纹饰，沿外壁饰小方格状点线纹组成的“<”形纹，肩部饰小方格状点线纹、短线纹与光面组成的复合纹饰。残高 6.3 厘米（图三八〇，6）。

长颈罐　A 型。

G5：52，夹砂灰陶。方唇，侈口，卷沿外翻近平，长颈。唇部饰菱格纹，颈部饰短斜线纹组成的窄带状纹饰。口径 19.6、残高 5.4 厘米（图三八○，10）。

盘口高领罐

Ab 型。

G5：25，夹砂灰胎黑皮陶。圆唇，盘口，宽沿斜弧。沿外壁饰小方格状点线纹。残高 4.4 厘米（图三八○，12）。

G5：33，夹砂陶，外壁为黄褐色，内壁为灰色。圆唇，盘口，宽沿。沿外壁饰小方格状点线纹。残高 2.5 厘米（图三八○，11）。

G5：44，夹砂灰陶。圆唇，盘口，宽沿斜弧。沿外壁饰小方格状点线纹组成的折线纹。残高 3.5 厘米（图三八○，13）。

Ac 型。

G5：40，夹砂灰陶。方唇，口微盘，宽沿斜直。唇部饰戳印短线纹，沿外壁饰小方格状点线纹组成的折线纹。残高 3.9 厘米（图三八○，14）。

矮领小罐　C 型。

G5：9，夹砂灰陶。圆唇，敞口，矮领，窄溜肩。领部饰小方格状点线纹，肩部饰小方格状点线纹组成的窄带状纹饰、连续三角纹及光面菱形纹等。残高 5.8 厘米（图三八○，16）。

敛口罐　D 型。

G5：4，夹砂红褐胎灰褐皮陶。方唇，唇部外缘外凸，敛口，溜肩。肩部饰小方格状点线纹。残高 6.5 厘米（图三八○，17）。

盆

C 型。

G5：16，夹砂灰陶。圆唇，侈口，卷沿，弧腹。素面。残高 4 厘米（图三八○，15）。

D 型。

G5：29，夹砂褐陶，内壁黑色。方唇，敛口，折沿，弧腹。唇部饰戳印点纹，腹部饰刻划网格纹。残高 10 厘米（图三八○，20）。

钵

乙类 Aa 型。

G5：15，夹砂灰胎黑皮陶，器表磨光。圆唇，敞口，斜直腹。腹部饰扁乳丁纹。残高 6.2 厘米（图三八一，1）。

G5：26，夹砂灰胎黑皮陶，器表磨光。圆唇，敞口，斜弧腹。素面。残高 4.3 厘米（图三八一，2）。

乙类 Be 型。

G5：14，夹砂黑灰陶，器表磨光。方唇，直口，弧腹。唇部饰戳印点纹，腹部饰连续三角纹夹光面折线纹、凹弦纹等。残高 3.7 厘米（图三八一，3）。

碗

G5：53，夹砂黑褐陶。圆唇，敞口，斜直腹，平底。素面。口径 18、底径 10、高 8.2 厘米（图三八一，6；彩版九八，1）。

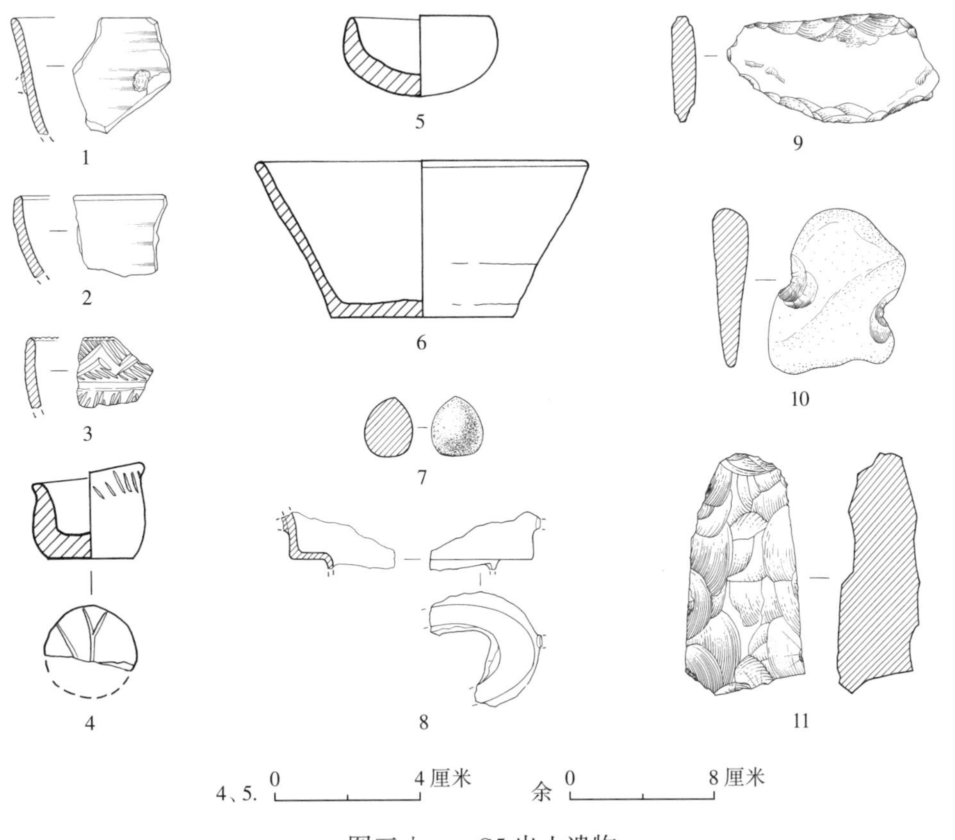

图三八一 G5出土遗物

1、2.乙类Aa型陶钵（G5：15、26） 3.乙类Be型陶钵（G5：14） 4、5.Ca型陶杯（G5：54、56） 6.陶碗（G5：53） 7.石球（G5：2） 8.陶器（G5：36） 9.石刀残件（G5：3） 10.石网坠（G5：55） 11.Cb型石斧（G5：1）

杯 Ca型。

G5：56，夹砂灰褐陶。器形不规整，捏制。尖圆唇，口近直，浅弧腹，圜底。素面。口径3.8、高2.1厘米（图三八一，5）。

G5：54，夹砂褐陶。捏制。圆唇，直口，卷沿，浅弧腹，平底。上腹部饰短线纹，底部饰压印纹。口径3、底径2.4、高2.5厘米（图三八一，4；彩版九八，2）。

器鋬 A型。

G5：31，夹砂灰陶。扁乳丁状。器表饰点线纹。残高5.2厘米（图三八〇，19）。

器耳 B型。

G5：35，夹砂灰褐陶。桥形耳。素面。残高6.2厘米（图三八〇，18）。

陶器

G5：36，夹砂褐陶，外壁磨光。残高3厘米（图三八一，8）。

（2）石器

斧 Cb型。

G5：1，灰色。平面近梯形，截面呈不规则四边形。圆顶。下半部分残缺。片疤分布较密集。残长12.2、宽6.5、厚约4.1厘米（图三八一，11；彩版九八，3）。

刀 残件。

G5：3，青灰色。直背。正面磨光，边缘满布片疤，背面粗糙未磨制。弧刃，刃部残。残长11.6、宽5.7、厚1.3厘米（图三八一，9）。

球

G5：2，褐色。直径2.5~3.2厘米（图三八一，7）。

网坠

G5：55，黄褐色。形状不规则，两侧缺口位于中部，较不对称。长8.4、宽6.8、厚2厘米（图三八一，10；彩版九八，4）。

（四）墓葬

5座。均为土坑竖穴墓。

1. M4

位于TN31E34西部，向西伸入TN31E33东隔梁。开口于第1层下，打破第2层。墓向89°[1]。墓口距地表0.29米。墓圹平面呈长方形，弧壁，平底。墓口残长1.8、宽0.7米，残深0.15米。填土为红褐色黏土，夹杂红烧土块。未发现葬具。人骨保存较差，残存有肢骨，葬式不明，性别、年龄不详。随葬陶器2件，均置于墓室东部，器类有尊形罐、壶（图三八二）。

陶器 2件。

尊形罐 1件。

M4：2，夹砂红褐陶，器表磨光。圆唇，侈口，卷沿，浅弧腹，矮台状平底。素面。口径14、

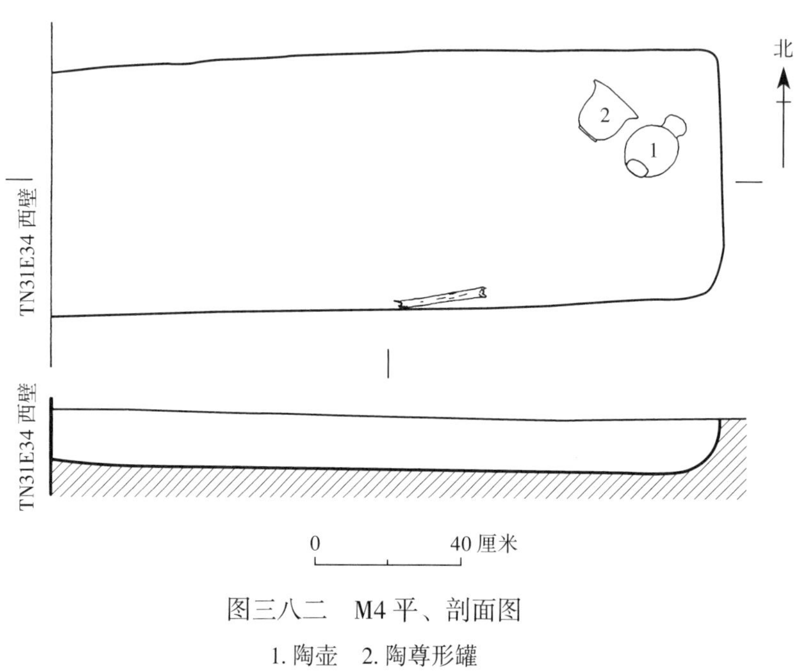

图三八二 M4平、剖面图

1. 陶壶 2. 陶尊形罐

[1] 本报告对“墓向”的统计中，墓主头向不明的墓葬取其与正北方向的最小夹角为墓向。

底径 6.3、高 10 厘米（图三八三，1；彩版九九，1）。

壶 1 件。甲类 Bg 型。

M4：1，夹砂灰陶，器表大部分磨光。圆唇，侈口，长颈，圆肩，圆鼓腹，平底。口外侧饰一周点线纹组成的带状纹饰和一周点线状凹弦纹，肩部饰两周点线状凹弦纹夹点线纹组成的带状纹饰。口径 6、底径 5.6、高 14.5 厘米（图三八三，2；彩版九九，2）。

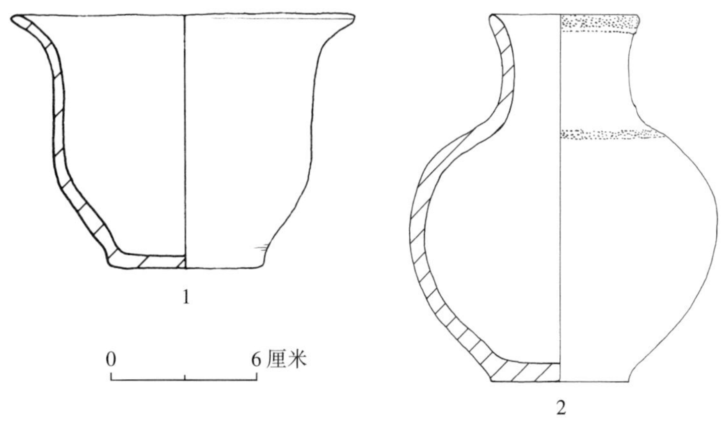

图三八三 M4 出土陶器

1. 尊形罐（M4：2） 2. 甲类 Bg 型壶（M4：1）

2. M5

位于 TN33E34 西南部，西南角伸入 TN33E33 东隔梁。开口于第 3 层下，打破第 4 层。墓向 297°。墓口距地表 0.54 米。墓圹平面呈长方形，弧壁，平底。墓口长 2.1、宽 0.55 米，残深 0.2 米。填土为灰褐色黏土，土质较疏松。未发现葬具。人骨保存较差，残存头骨和肢骨等，葬式不明，性别、年龄不详。随葬陶器 4 件，其中 1 件置于头骨右侧，3 件置于头骨左侧，器类有侈口小罐、钵、杯等（图三八四）。

陶器 4 件。

侈口小罐 1 件。Ab 型。

M5：2，夹砂褐陶。圆唇，侈口，卷沿，深腹，腹壁斜直，底残。上腹部有附加泥条装饰。口径 10.2、残高 9.5 厘米（图三八五，1；彩版九九，3）。

钵 1 件。乙类 Af 型。

M5：1，夹砂褐陶，器表磨光。圆唇，敛口，曲腹，平底。素面。口径 17.2、底径 8.4、高 9 厘

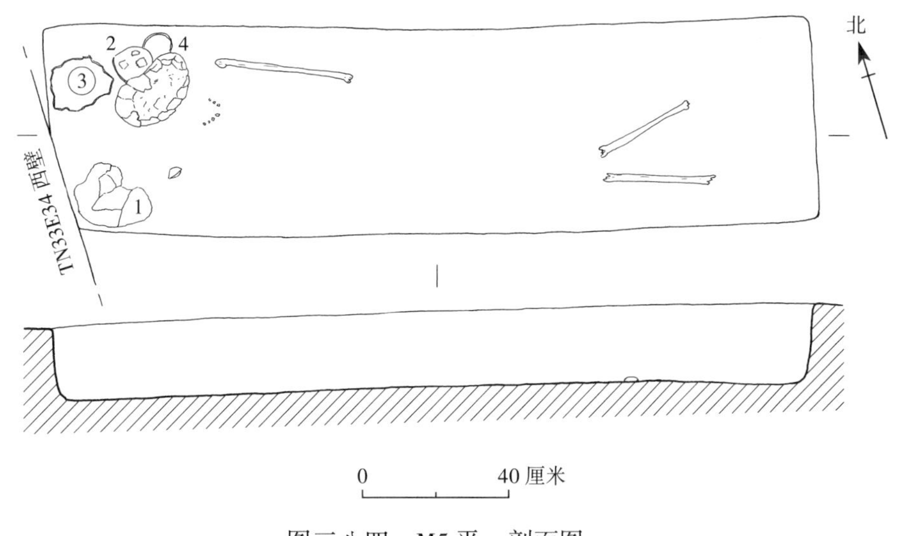

图三八四 M5 平、剖面图

1. 陶钵 2. 陶侈口小罐 3. 陶器底 4. 陶杯

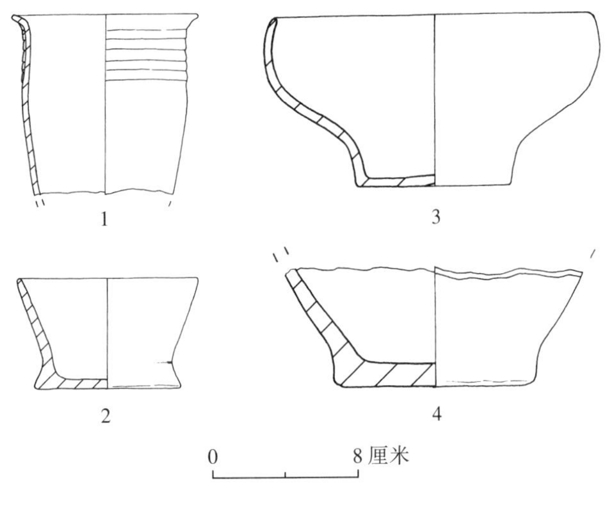

图三八五 M5出土陶器

1. Ab型侈口小罐（M5：2） 2. Aa型杯（M5：4）
3. 乙类Af型钵（M5：1） 4. 器底（M5：3）

米（图三八五，3；彩版九九，4）。

杯 1件。Aa型。

M5：4，夹砂灰陶，器表磨光。方圆唇，敞口，斜直腹，平底，底部边缘外凸。素面。口径9.8、底径7.8、高5.6厘米（图三八五，2；彩版九九，5）。

器底 1件。

M5：3，夹砂红褐胎褐皮陶，外壁磨光。矮台状平底。素面。底径11.2、残高6.3厘米（图三八五，4；彩版九九，6）。

3. M6

位于TN33E34中部。开口于第4层下，打破第5层。墓向127°。墓口距地表0.53米。墓圹平面呈长方形，弧壁，平底。墓口长1.35、宽0.55米，残深0.21米。填土为灰褐色黏土，土质较疏松。未发现葬具。人骨保存较差，残存肢骨等，葬式不明，性别、年龄不详。随葬陶器3件，其中2件完整器置于墓室西北部，墓底中部和西北部发现多块陶片，器类有矮领小罐、壶等（图三八六；彩版一〇〇，1）。

陶器 3件。

矮领小罐 1件。B型。

M6：2，夹细砂黑褐陶。圆唇，口近直，矮领，扁鼓腹，矮台状平底。唇部饰戳印点纹，颈部饰三周刻划凹弦纹，不规整，划痕较深，其中上部两周凹弦纹间夹斜向点线纹。口径5.7、底径5.8、高7.3

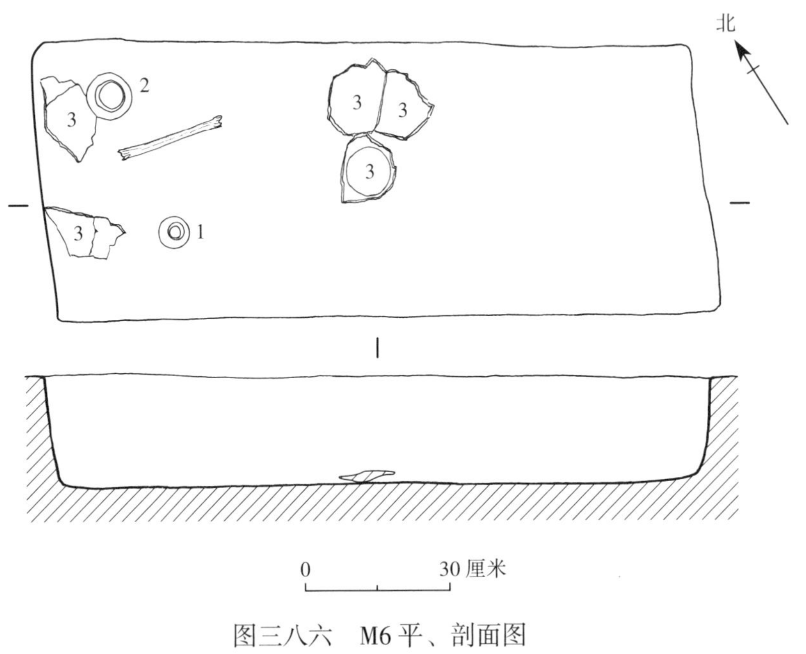

图三八六 M6平、剖面图

1. 陶壶 2. 陶矮领小罐 3. 陶器底

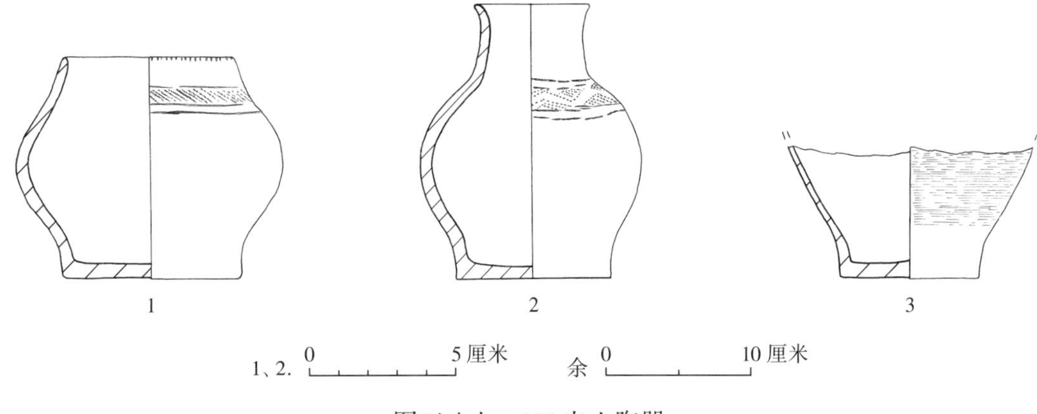

图三八七　M6出土陶器

1. B型矮领小罐（M6：2）　2. 甲类Bg型壶（M6：1）　3. 器底（M6：3）

厘米（图三八七，1；彩版一〇〇，2）。

壶　1件。甲类Bg型。

M6：1，夹砂灰褐陶。圆唇，侈口，长颈，圆肩，鼓腹，矮台状平底。肩部饰断续刻划线纹组成的四周凹弦纹，中间两周弦纹之间饰成组点线纹组成的连续三角纹夹光面折线纹。口径3.8、底径5.2、高9厘米（图三八七，2；彩版一〇〇，3）。

器底　1件。

M6：3，夹砂褐陶，器表磨光。矮台状平底。素面。无法拼对，仅识别出器底，为罐底。底径9.6、残高8.6厘米（图三八七，3；彩版一〇〇，4）。

4. M7

位于TN33E34西北部。开口于第4层下，打破第5层，东部被M6打破。墓向122°。墓口距地表0.57米。墓圹平面呈长方形，直壁，平底。墓口残长1.32、宽0.46米，残深0.2米。填土为黑褐色黏土，土质较疏松。未发现葬具。人骨腐蚀严重，残存肢骨等，葬式不明，性别、年龄不详。无随葬品（图三八八；彩版一〇一，1）。

5. M8

位于TN31E35西南部，向西伸入TN31E34东隔梁。开口于第2层下，打破第3层。墓向100°。墓口距地表0.41米。墓圹平面呈长方形，弧壁，平底。墓口残长2.61、宽0.9米，残深0.24米。填土为灰褐色黏土，夹杂红烧土块。未发现葬具。人骨被扰动到填土中，保存较差，葬式不明，性别、年龄不详。随葬陶器5件，均置于墓室中部偏西，器类有釜形罐、瓶、杯等（图三八九；彩版一〇一，2）。

陶器　5件。

釜形罐　1件。

M8：1，夹砂黑灰陶，器表磨光。圆唇，口微盘，卷沿，短束颈，斜溜肩，鼓腹微下垂，平底。上腹部饰数周戳印点纹。口径15、底径10、高17厘米（图三九〇，1；彩版一〇一，3）。

瓶　3件。A型。方唇，敞口，筒形腹，腹部斜直向外、上细下粗，平底。素面。可见泥条盘筑痕迹。

M8：2，泥质灰陶。唇部外卷与口贴合在口外侧形成一周凸棱，短束颈。口径5、底径5.6、高

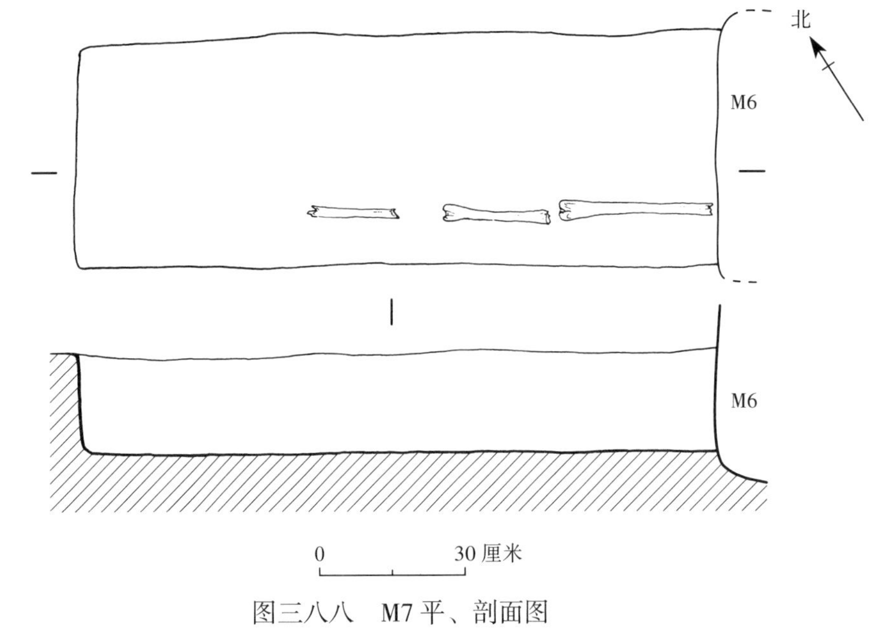

图三八八　M7 平、剖面图

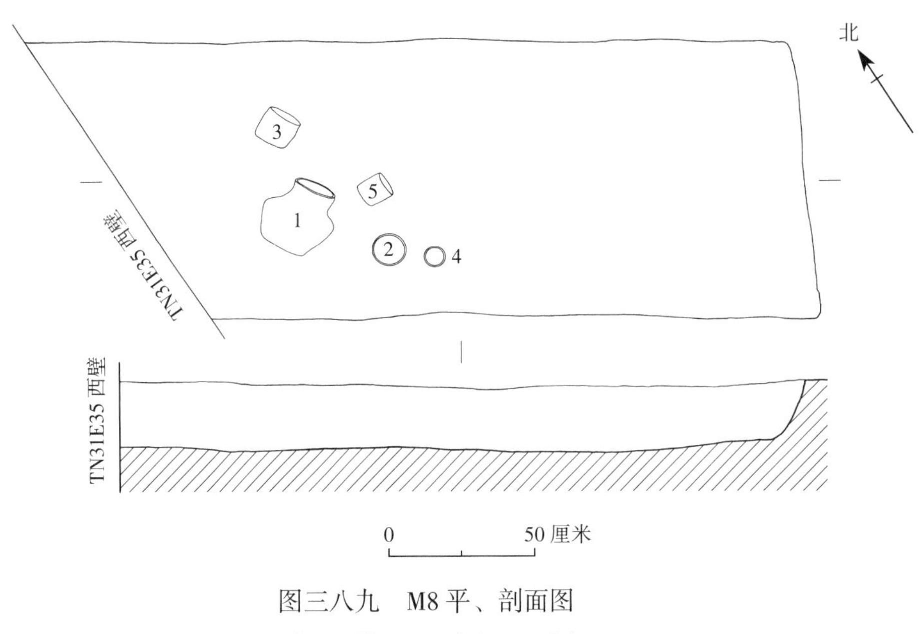

图三八九　M8 平、剖面图

1. 陶釜形罐　2~4. 陶瓶　5. 陶杯

10.4 厘米（图三九〇，2；彩版一〇一，4）。

M8：3，泥质黑陶。底径 5.4、残高 4.9 厘米（图三九〇，3）。

M8：4，泥质灰陶。底径 6.8、口部残高 2.4、底部残高 7 厘米（图三九〇，4）。

杯　1 件。Aa 型。

M8：5，泥质灰陶。方唇，敞口，浅斜腹，平底。可见泥条盘筑痕迹。口径 6.2、底径 4.3、高 4.1 厘米（图三九〇，5；彩版一〇一，5）。

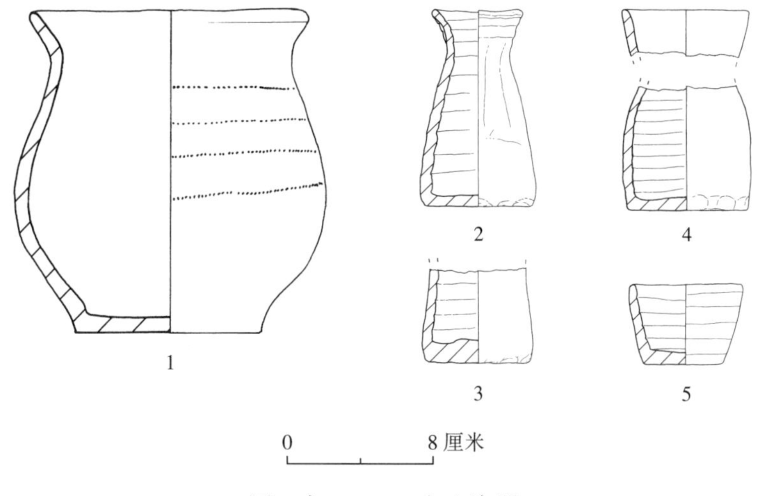

图三九〇　M8出土陶器

1. 釜形罐（M8：1）　2~4. A型瓶（M8：2、3、4）　5. Aa型杯（M8：5）

（五）特殊遗迹

4个。

1. TN30E34C1

位于TN30E34西部。叠压于第1层下，堆置于第2层层表。平面形状不规则，残长2.82、宽1.42米。器物堆积包括陶器和石器，陶器器类有束颈罐、侈口小罐、盘口高领罐、瓮、钵等，石器器类有锛、刀等（图三九一）。

（1）陶器

束颈罐　Bb型。

TN30E34C1：6，夹砂红褐陶。圆唇，侈口，卷沿，束颈，溜肩，鼓腹。颈部饰刻划网格纹和凹弦纹。

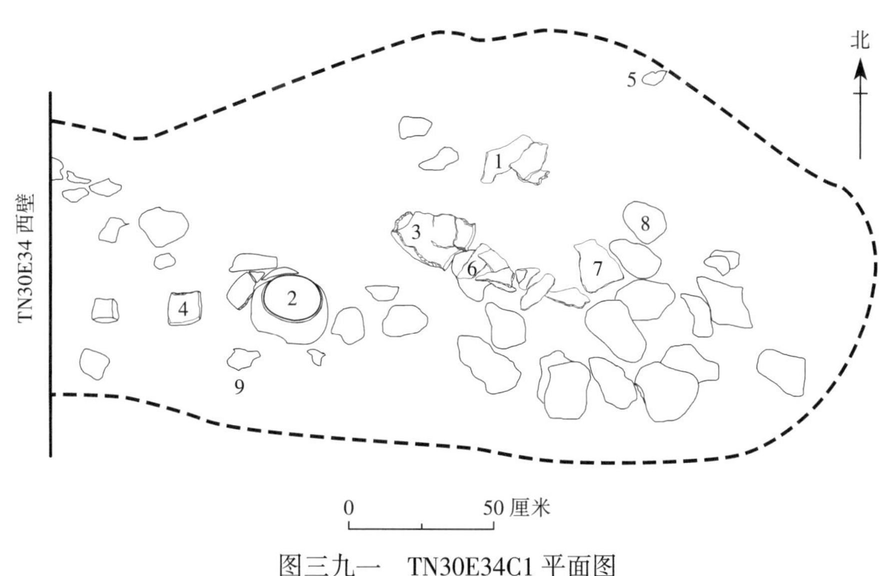

图三九一　TN30E34C1平面图

1. 陶盘口高领罐　2. 陶器底　3. 陶侈口小罐　4. 石锛　5. 石刀　6、9. 陶束颈罐　7. 陶瓮　8. 陶钵

口径27.2、残高24厘米（图三九二，1；彩版一〇二，1）。

TN30E34C1：9，夹砂红陶。圆唇，侈口，卷沿，束颈。颈部饰凹弦纹和网格纹。口径28、残高5.8厘米（图三九二，2）。

侈口小罐 Ac型。

TN30E34C1：3，夹砂灰陶。圆唇，侈口，卷沿，溜肩，弧腹，平底。素面。口径12.4、底径7.6、高15.6厘米（图三九二，4；彩版一〇二，2）。

盘口高领罐 Ac型。

TN30E34C1：1，夹砂红陶。方唇，盘口，宽沿。唇部饰戳印点纹，沿外壁饰短斜线纹。口径

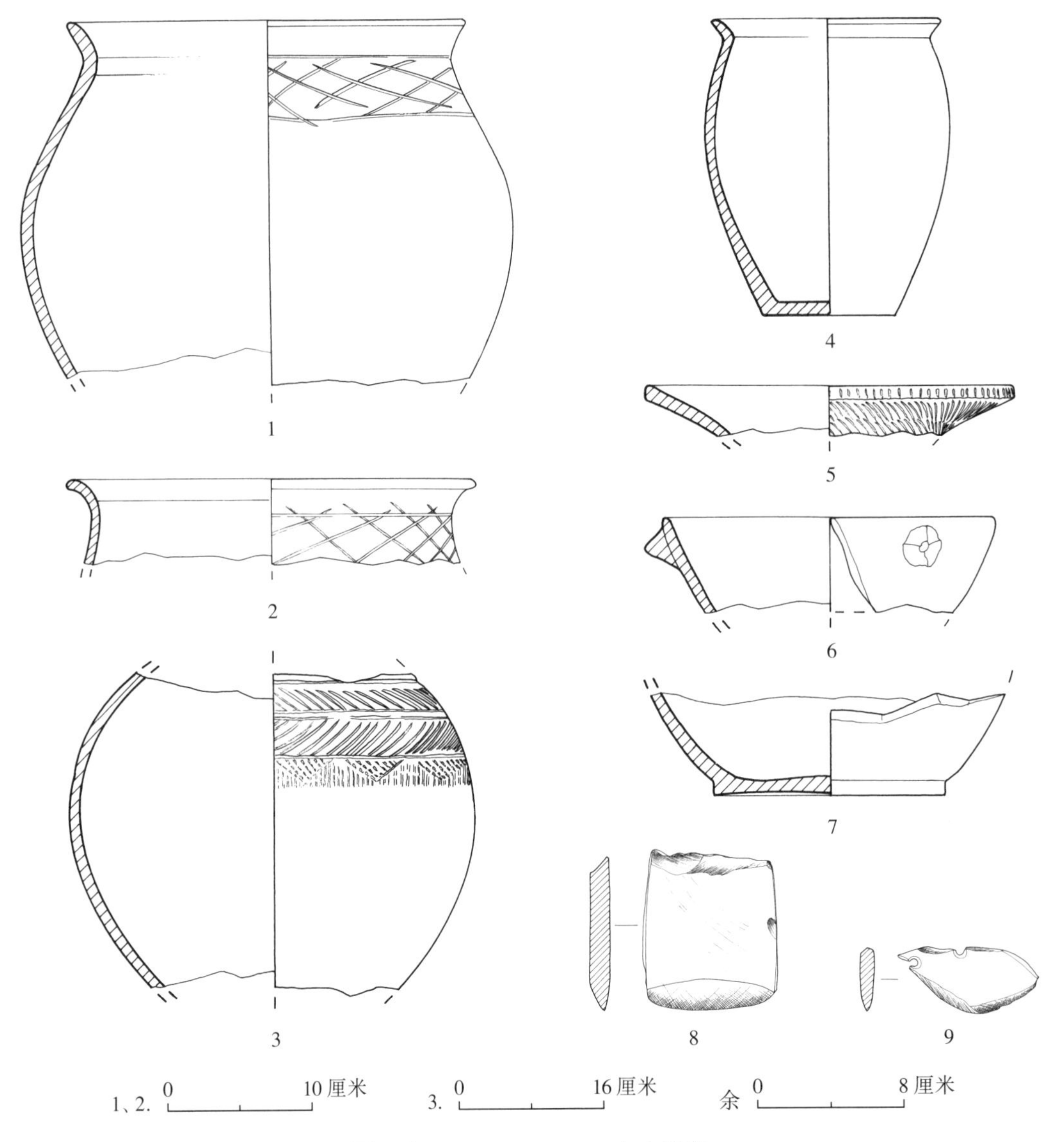

图三九二 TN30E34C1出土遗物

1、2. Bb型陶束颈罐（TN30E34C1：6、9） 3. 陶瓮（TN30E34C1：7） 4. Ac型陶侈口小罐（TN30E34C1：3） 5. Ac型陶盘口高领罐（TN30E34C1：1） 6. 乙类Aa型陶钵（TN30E34C1：8） 7. 陶器底（TN30E34C1：2） 8. 石锛残件（TN30E34C1：4） 9. 石刀残件（TN30E34C1：5）

20、残高 2.6 厘米（图三九二，5）。

瓮

TN30E34C1：7，夹砂灰褐陶。口部和底部残，圆肩，鼓腹。肩部饰凹弦纹夹短斜线纹及短线纹组成的三角纹等。残高 33 厘米（图三九二，3）。

钵　乙类 Aa 型。

TN30E34C1：8，夹砂黑灰陶。方唇，敞口，斜弧腹。上腹部有一乳丁状鋬。口径 18、残高 5 厘米（图三九二，6）。

器底

TN30E34C1：2，夹砂灰陶。平底微内凹。素面。底径 12.4、残高 5.4 厘米（图三九二，7）。

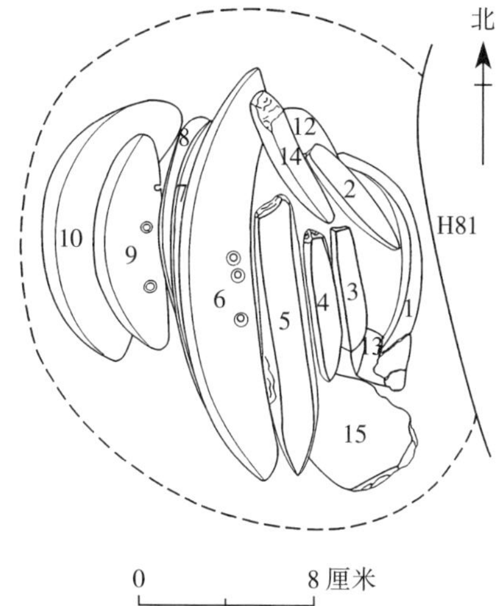

图三九三　TN30E34C2 平面图

1. 獠牙　2、14. 玉凿　3、12、13. 玉锛　4. 石锛　5. 石凿　6~10. 石刀　11. 石锛（压于 6、14 下）　15. 碎石片

（2）石器

锛　残件。

TN30E34C1：4，黄褐色。平面近长方形。上半部分残缺。两面平整，磨制较精细。偏锋，弧刃，单面刃，刃缘分布有密集的平行磨痕。残长 8.5、宽 7.3、厚 1 厘米（图三九二，8；彩版一〇二，3）。

刀　残件。

TN30E34C1：5，黑色。双孔。弧刃，刃缘较窄，刃缘有较多连续的崩疤。长 5.2、宽 4、厚约 1.2 厘米（图三九二，9；彩版一〇二，4）。

2. TN30E34C2

位于 TN30E34 中部。叠压于第 2 层下，堆置于第 3 层层表，东部被 H81 打破。平面近圆形。直径 0.23 米。器物堆积包括石器（彩版一〇三，1）、玉器和獠牙等，石器器类有锛 2 件、凿 1 件、刀 5 件，玉器器类有锛 3 件、凿 2 件，还有碎石片 5 件、獠牙 1 件、铁矿石 2 件，其中 1 件石锛，碎石片和铁矿石叠压于石刀和玉凿下。獠牙为野猪下犬齿，铁矿石磨制光滑[1]（图三九三）。

（1）石器　8 件。

锛　2 件。

B 型　1 件。

TN30E34C2：4，墨绿色蛇纹岩。平面呈梯形，截面呈长方形。两面均磨光，有光泽。弧刃，单面刃，弧度较小，刃缘分布有较密集的垂直磨痕。长 7、宽 3.9、厚约 1.3 厘米（图三九四，1；彩版一〇三，2）。

C 型　1 件。

TN30E34C2：11，黑色。平面近三角形，截面呈椭圆形。斜尖顶，顶部两侧有明显的切割痕迹。两侧均有人工切割面，有连续的片疤，两面均磨光。弧刃，单面刃，刃缘两端有较明显的崩茬。长 8.6、

［1］铁矿石检测报告见本报告附录六。

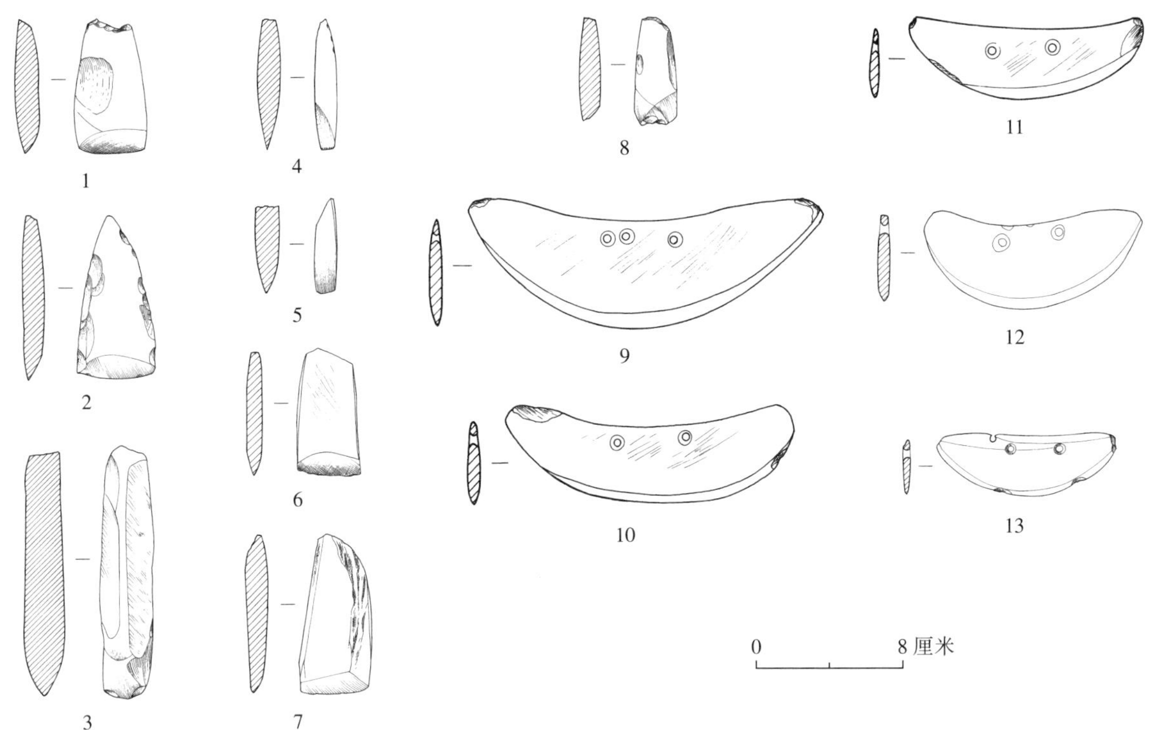

图三九四　TN30E34C2 出土遗物

1. B 型石锛（TN30E34C2：4）　2. C 型石锛（TN30E34C2：11）　3. C 型石凿（TN30E34C2：5）　4、5. 玉凿（TN30E34C2：2、14）　6~8. 玉锛（TN30E34C2：12、13、3）　9~12. 乙类 Aa 型石刀（TN30E34C2：6、7、8、10）　13. 乙类 Ab 型石刀（TN30E34C2：9）

宽 4.3、厚约 1.2 厘米（图三九四，2；彩版一〇三，3）。

凿　1 件。C 型。

TN30E34C2：5，黑色。平面呈长条形，截面近长方形。平顶。两面均磨光，中部有片切割痕迹。正锋，弧刃，双面刃，刃缘有较杂乱的垂直磨痕。长 13.3、宽 2.9、厚约 2.2 厘米（图三九四，3；彩版一〇三，4）。

刀　5 件（彩版一〇四，1）。

乙类 Aa 型　4 件。

TN30E34C2：6，灰白色。半月形。凹背，三孔，两面对钻，穿孔附近有明显的磨损痕迹。弧刃。使用位置多集中在右侧。长 19.3、宽 5.6、厚约 0.6 厘米（图三九四，9；彩版一〇四，2）。

TN30E34C2：7，绿色。半月形。凹背，双孔，两面对钻，穿孔附近及背部有明显的磨损。弧刃。长 15.7、宽约 3.9、厚约 0.6 厘米（图三九四，10；彩版一〇四，3）。

TN30E34C2：8，黑色。半月形。凹背，双孔，两面对钻，穿孔上方有明显的穿绳磨损。弧刃，使用磨痕较集中地分布在刃缘中部。器表有明显的均匀磨痕。长 12.7、宽 3.8、厚 0.5 厘米（图三九四，11；彩版一〇四，4）。

TN30E34C2：10，黑色。半月形。凹背，双孔，两面对钻，穿孔附近有明显的穿绳磨损。弧刃。器身表面有较多土壤粘结物。长 11.8、宽 4.4、厚 0.6 厘米（图三九四，12；彩版一〇四，5）。

乙类 Ab 型　1 件。

TN30E34C2：9，灰白色。直背，三孔，两面对钻。弧刃，刃缘有较多崩疤。保留有原石刀的刃部及穿孔，该器物应为多次改制。长 9.2、宽 3.2、厚约 0.4 厘米（图三九四，13；彩版一〇四，6）。

（2）玉器　5 件。

锛　3 件。

TN30E34C2：3，黑色。平面近梯形，截面呈长方形。平顶，两侧切割平整并磨光。两面均磨光。弧刃，单面刃，刃部有较大面积的崩疤。长 5.7、宽 2.25、厚约 1.2 厘米（图三九四，8；彩版一〇三，5）。

TN30E34C2：12，乳白色。平面呈梯形，截面呈等腰梯形。斜平顶。两侧面为倾斜的平面，两面一面较窄。侧面片切割，两面均磨光。偏锋，弧刃，双面刃，刃缘有较连续的茬口。长 6.8、宽 3.6、厚约 0.8 厘米（图三九四，6；彩版一〇三，6）。

TN30E34C2：13，青白色。平面近梯形，截面呈等腰梯形。斜平顶。两面上窄下宽，两面均磨光。弧刃，单面刃。长 8.5、宽 3.9、厚约 1.3 厘米（图三九四，7）。

凿　2 件。

TN30E34C2：2，青色。平面呈长条形，截面呈长方形。平顶，顶部与刃部角度反转 90°。两面均磨光，有光泽。正锋，弧刃，双面刃，刃面有密集的垂直磨痕。长 6.9、宽 1.2、厚约 1.2 厘米（图三九四，4）。

TN30E34C2：14，绿色。平面呈长条形，截面近正方形。顶部残缺。两面均磨光，有光泽。弧刃，单面刃，刃缘有较多细小的茬口。残长 5.1、宽 1.2、厚约 1.3 厘米（图三九四，5；彩版一〇三，7）。

3. TN31E34C1

位于 TN31E34 西南部。出土有石器，器类有网坠等。

石器

网坠

TN31E34C1：1，黄褐色。形状不规则。两侧缺口不对称，一侧位于中部，另一侧面积较大、相对靠下。一面有较大面积的片疤。长 7.9、宽 5.3、厚 1.6 厘米（图三九五，1；彩版一〇五，1）。

TN31E34C1：2，黄褐色。形状不规则。两侧片疤位于中部偏上。长 8.8、宽 7.9、厚 1.6 厘米（图

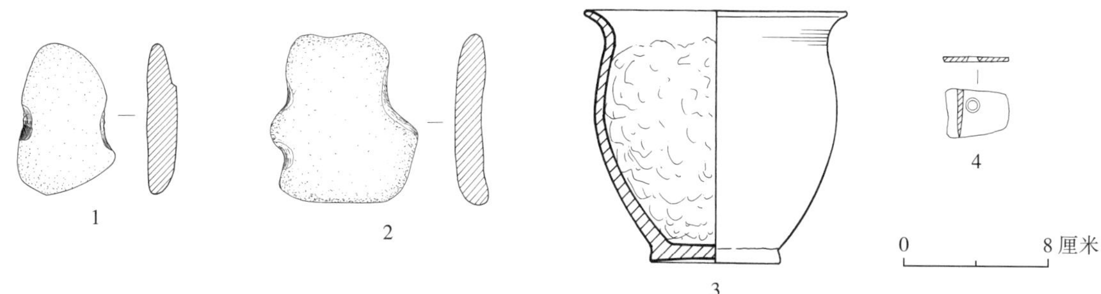

图三九五　TN31E34C1、TN34E34C1 出土遗物

1、2. 石网坠（TN31E34C1：1、2）　3. Ac 型陶侈口小罐（TN34E34C1：1）　4. 骨刀（TN34E34C1：2）

三九五，2；彩版一〇五，2）。

4. TN34E34C1

位于TN34E34东南部。出土陶器和骨器等，陶器器类有侈口小罐等，骨器器类有刀等。

（1）陶器

侈口小罐 Ac型。

TN34E34C1：1，夹砂灰褐陶。圆唇，侈口，卷沿，溜肩，平底内凹。素面。口径14.2、底径7.2、高13.2厘米（图三九五，3；彩版一〇五，3）。

（2）骨器

刀

TN34E34C1：2，灰黄色。直背，靠近背部有一圆形穿孔，单面钻。弧刃。残长2.6、宽3.3、厚0.3厘米（图三九五，4）。

五、Ⅲ区文化层

（一）第7层出土遗物

该层出土遗物以陶器为主，另有少量石器。陶器器类有无颈罐、附加堆纹罐、尊形器、盆、钵等，石器器类有斧等。

（1）陶器

无颈罐 Bb型。

TN25E38⑦：22，夹砂褐陶。圆唇，侈口，卷沿，短颈，鼓肩。唇部饰戳印点纹，肩部饰戳印窝点纹。口径17.2、残高4.4厘米（图三九六，1）。

附加堆纹罐 Ab型。

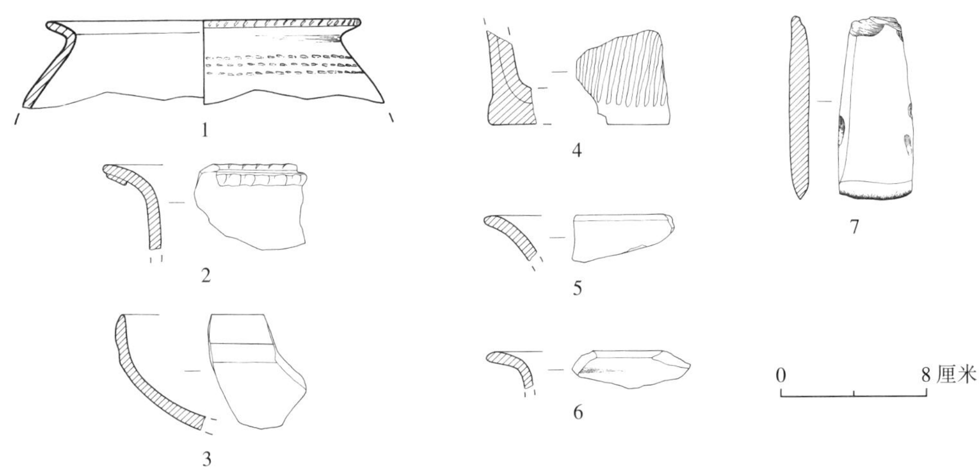

图三九六 2017年Ⅲ区第7层出土遗物

1. Bb型陶无颈罐（TN25E38⑦：22） 2. Ab型陶附加堆纹罐（TN25E38⑦：12） 3. 甲类C型陶钵（TN25E38⑦：16） 4. 陶尊形器（TN25E38⑦：28） 5、6. A型陶盆（TN25E38⑦：13、TN25E38⑦：15） 7. B型石斧（TN25E38⑦：1）

TN25E38⑦：12，夹砂黑灰陶。圆唇，侈口，卷沿，有颈。唇部饰戳印点纹，颈上部饰一周褶皱状附加堆纹。残高4.5厘米（图三九六，2）。

尊形器

TN25E38⑦：28，夹砂灰陶，胎体厚实。残存底部，腹部近底部斜直，平底。腹部和底部饰粗篮纹。残高5厘米（图三九六，4）。

盆　A型。残存口沿部分。

TN25E38⑦：13，泥质灰陶。圆唇，侈口。素面。残高2.5厘米（图三九六，5）。

TN25E38⑦：15，泥质红褐陶，器表磨光。圆唇，侈口，宽卷沿外翻。素面。残高1.9厘米（图三九六，6）。

钵　甲类C型。

TN25E38⑦：16，泥质灰陶。圆唇，直口，折肩，肩部有一道凹槽。素面。残高6厘米（图三九六，3）。

（2）石器

斧　B型。

TN25E38⑦：1，黑色。平面呈梯形，截面近长方形。平顶，顶部两面有较密集的片疤。正锋，弧刃，双面刃，刃缘分布有较密集的垂直磨痕。长9.6、宽4.1、厚约1.1厘米（图三九六，7）。

（二）第5层出土遗物

该层出土遗物以陶器为主，另有少量石器。陶器器类有束颈罐、无颈罐、附加堆纹罐、长颈罐、盘口高领罐、钵等，石器器类有刀等。

（1）陶器

束颈罐　Ba型。

TN25E37⑤：11，夹砂黑灰陶，器表磨光。方唇，侈口，沿面近唇部有一道折棱。唇部饰戳印点纹。残高3.5厘米（图三九七，1）。

TN25E38⑤：25，夹砂褐胎黑灰皮陶。圆唇，侈口，卷沿。唇部饰戳印点纹。残高3.6厘米（图三九七，2）。

TN25E38⑤：31，夹砂灰陶。圆唇，侈口，卷沿，短束颈。唇部饰戳印点纹，肩部饰戳印粗点纹。残高2.9厘米（图三九七，3）。

无颈罐

Ac型。

TN24E39⑤：12，夹砂褐陶，内壁黑色。方唇，敛口，折沿，溜肩。唇部饰戳印点纹，肩部饰戳印粗点纹和乳丁纹。器表有刮划的线纹痕迹。口径14、残高4.5厘米（图三九七，4）。

Ba型。

TN25E37⑤：13，夹砂黑灰陶。圆唇，侈口，卷沿，溜肩。唇部饰戳印点纹。口径14、残高3.3厘米（图三九七，5）。

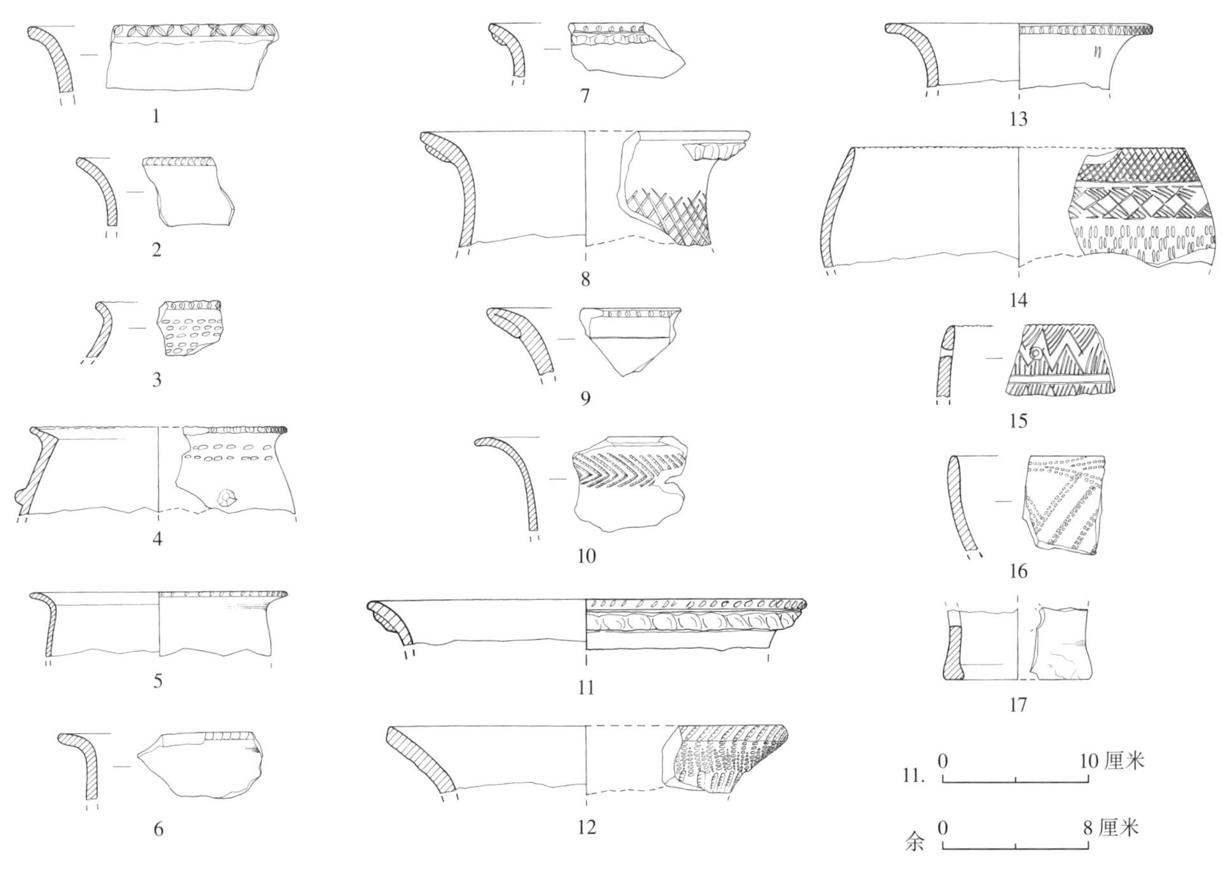

图三九七 2017年Ⅲ区第5层出土陶器

1~3. Ba型束颈罐（TN25E37⑤：11、TN25E38⑤：25、TN25E38⑤：31） 4. Ac型无颈罐（TN24E39⑤：12） 5、6. Ba型无颈罐（TN25E37⑤：13、TN25E38⑤：28） 7、8、11. Ab型附加堆纹罐（TN25E38⑤：15、TN25E38⑤：24、TN25E38⑤：21） 9. Ba型附加堆纹罐（TN25E38⑤：29） 10、13. A型长颈罐（TN25E38⑤：27、TN25E38⑤：19） 12. Ac型盘口高领罐（TN24E39⑤：17） 14. 乙类Ba型钵（TN25E38⑤：18） 15. 乙类Bd型钵（TN25E38⑤：22） 16. 乙类Be型钵（TN24E39⑤：11） 17. 器座（TN25E38⑤：11）

TN25E38⑤：28，夹砂灰白胎灰褐皮陶，内壁黑灰色。方唇，侈口，卷沿，溜肩。唇部饰戳印纹。残高3.5厘米（图三九七，6）。

附加堆纹罐

Ab型。

TN25E38⑤：15，夹砂黄褐陶，内壁灰色。圆唇，侈口，卷沿。唇部饰戳印点纹，颈部饰一周褶皱状附加堆纹。残高2.8厘米（图三九七，7）。

TN25E38⑤：21，夹砂灰褐陶。方唇，侈口。唇部饰戳印点纹，颈部饰一周褶皱状附加堆纹。口径30、残高3.2厘米（图三九七，11）。

TN25E38⑤：24，夹砂红褐陶。圆唇，侈口，卷沿，长束颈。唇部饰戳印点纹，颈上部饰一周褶皱状附加堆纹，颈下部饰刻划网格纹。口径18、残高6厘米（图三九七，8）。

Ba型。

TN25E38⑤：29，夹砂灰陶。圆唇，侈口，卷沿。唇部饰戳印点纹，唇外侧饰一周平滑的附加堆纹，与口部贴合形成箭头状唇。残高 3.6 厘米（图三九七，9）。

长颈罐　A 型。

TN25E38⑤：27，夹砂褐陶，内壁黑色。圆唇，侈口，卷沿外翻下垂，长颈。颈部饰小方格状点线纹组成的“<”形纹。残高 5 厘米（图三九七，10）。

TN25E38⑤：19，夹砂灰陶。方唇，侈口，窄卷沿外翻近平，长颈。唇部饰戳印点纹。口径 14.4、残高 3.5 厘米（图三九七，13）。

盘口高领罐　Ac 型。

TN24E39⑤：17，夹砂灰陶。方唇，盘口，宽沿斜直。唇部和沿外壁饰小方格状点线纹。口径 22、残高 3.6 厘米（图三九七，12）。

钵

乙类 Ba 型。

TN25E38⑤：18，夹砂灰白胎黑灰皮陶。圆唇，敛口，鼓腹。口外侧至腹部饰刻划菱格纹、凹弦纹、连续三角形纹夹光面方格纹、竖向长点纹等。口径 18、残高 6.3 厘米（图三九七，14）。

乙类 Bd 型。

TN25E38⑤：22，夹砂灰褐陶，内壁磨光。圆唇，口近直，上腹较竖直。口外侧饰连续三角纹夹光面折线纹和凹弦纹，还有一圆形穿孔，由外而内穿透，腹部饰凹弦纹和短线纹等。残高 3.7 厘米（图三九七，15）。

乙类 Be 型。

TN24E39⑤：11，夹砂褐胎黑皮陶。圆唇，口近直，弧腹。腹部饰小方格状点线纹。残高 5.2 厘米（图三九七，16）。

器座

TN25E38⑤：11，夹砂红褐陶。整体呈筒状，器壁上有镂孔。素面。底径 8、残高 3.8 厘米（图三九七，17）。

（2）石器

刀

乙类 Ab 型。

TN25E37⑤：1，绿色。直背，残有一孔，两面对钻。弧刃，刃面较窄，端部有较多崩疤。残长 5.4、宽 3.9、厚约 0.4 厘米（图三九八，1；彩版一〇六，1）。

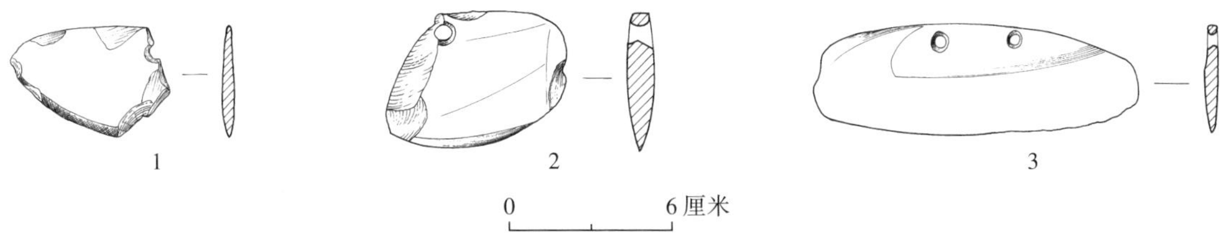

图三九八　2017 年Ⅲ区第 5 层出土石刀

1、2. 乙类 Ab 型（TN25E37⑤：1、TN25E38⑤：1）　3. 乙类 B 型（TN25E38⑤：2）

TN25E38⑤：1，黑色。直背，背部较宽且平整，仅残有一孔，双面钻孔。弧刃。有多次磨制的痕迹。残长 6.5、宽 4.9、厚 1 厘米（图三九八，2；彩版一〇六，2）。

乙类 B 型。

TN25E38⑤：2，灰色。桂叶形。双孔，两面对钻。双面刃，刃面较窄，较圆钝。刃缘有较连续的起伏，或为使用导致的磨损。长 11.9、宽 3.8、厚约 0.5 厘米（图三九八，3；彩版一〇六，3）。

（三）第 4 层出土遗物

该层出土遗物以陶器为主，另有少量石器。陶器器类有束颈罐、无颈罐、附加堆纹罐、沿面饰纹罐、盘口高领罐、矮领小罐、钵等，石器器类有斧、锛、刀、穿孔石器等。

（1）陶器

束颈罐

Aa 型。

TN25E38④：17，夹砂灰胎红褐皮陶。方唇，侈口，窄卷沿外翻下垂。唇部饰戳印点纹。口径 18、残高 4.2 厘米（图三九九，1）。

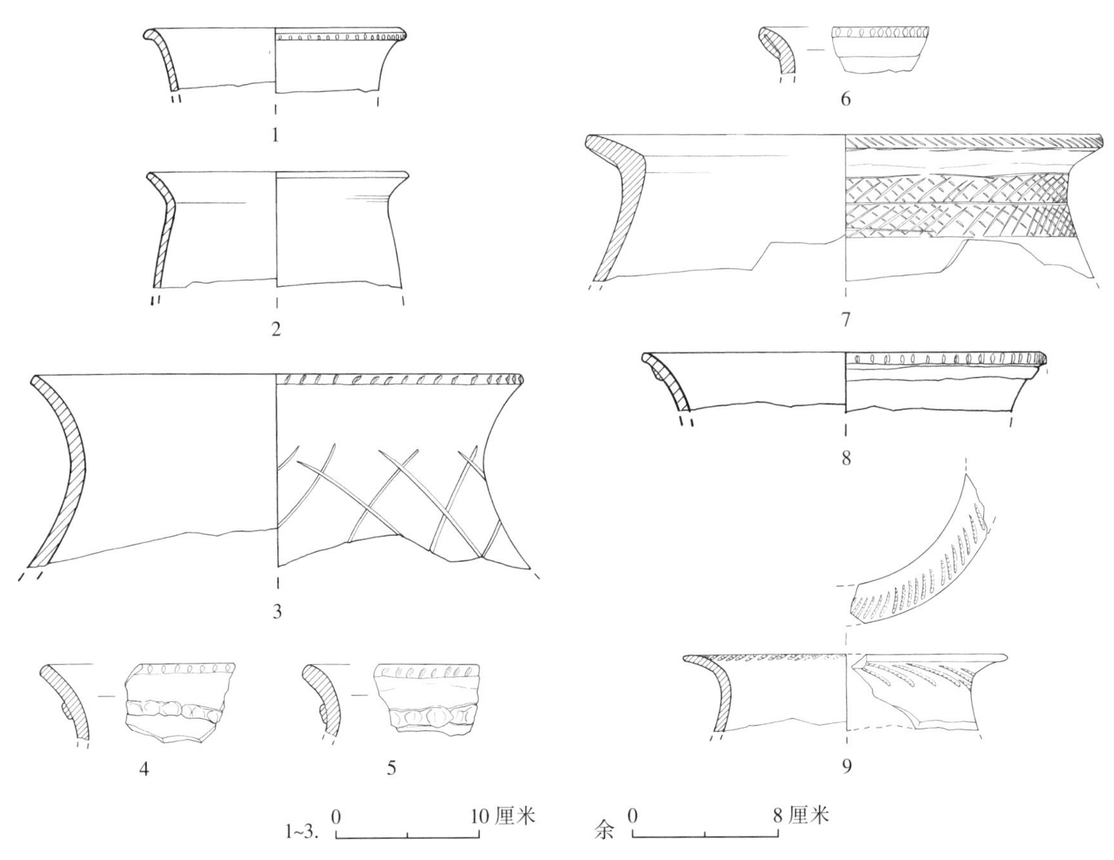

图三九九　2017 年Ⅲ区第 4 层出土陶器

1. Aa 型束颈罐（TN25E38④：17）　2. Ba 型无颈罐（TN25E39④：26）　3. Ba 型束颈罐（TN24E39④：12）　4、5. Ab 型附加堆纹罐（TN25E37④：14、TN25E38④：19）　6. Ba 型附加堆纹罐（TN25E37④：21）　7. Bc 型附加堆纹罐（TN24E39④：11）　8. Aa 型附加堆纹罐（TN25E38④：16）　9. Ab 型沿面饰纹罐（TN25E39④：27）

Ba 型。

TN24E39④：12，夹砂灰褐陶。方唇，侈口，卷沿，长束颈，溜肩。唇部饰戳印点纹，颈肩部饰刻划网格纹。口径 34、残高 12.6 厘米（图三九九，3）。

无颈罐　Ba 型。

TN25E39④：26，夹砂褐胎黑灰皮陶，内壁磨光。方唇，侈口，卷沿，溜肩。素面。口径 18、残高 7.6 厘米（图三九九，2）。

附加堆纹罐

Aa 型。

TN25E38④：16，夹砂灰褐陶。方圆唇，侈口。唇外侧饰一周平滑的附加堆纹。口径 22、残高 3 厘米（图三九九，8）。

Ab 型。

TN25E37④：14，夹砂褐陶。圆唇，侈口，有颈。唇部饰戳印点纹，颈部饰一周褶皱状附加堆纹。残高 4.2 厘米（图三九九，4）。

TN25E38④：19，夹砂灰褐陶。方唇，侈口，束颈。唇部饰戳印点纹，颈部饰一周褶皱状附加堆纹。残高 3.7 厘米（图三九九，5）。

Ba 型。

TN25E37④：21，夹砂灰陶。方唇，侈口。唇部饰戳印点纹，唇外侧饰一周平滑的附加堆纹，与口部贴合形成箭头状唇。残高 2.5 厘米（图三九九，6）。

Bc 型。

TN24E39④：11，夹砂黄褐陶。方唇，侈口，束颈。唇部饰戳印点纹，口外侧有一周平滑的带状凸起，未改变唇部形态，颈部饰三周凹弦纹间以刻划菱格纹。口径 28、残高 7.7 厘米（图三九九，7）。

沿面饰纹罐　Ab 型。

TN25E39④：27，夹砂黑灰陶，器表磨光。圆唇，侈口，卷沿上仰，束颈。沿面和颈部饰小方格状点线纹。口径 17.6、残高 4 厘米（图三九九，9）。

盘口高领罐

Aa 型。

TN25E39④：23，夹砂黑褐陶。尖圆唇，唇内侧有一道凹槽，盘口，宽沿。沿外壁饰小方格状短斜线纹。口径 24、残高 2.5 厘米（图四〇〇，1）。

TN25E39④：25，夹砂黄褐陶。尖圆唇，唇内侧有一道凹槽，盘口，宽沿。沿外壁饰小方格状点线纹。口径 24、残高 2.6 厘米（图四〇〇，2）。

TN25E39④：29，夹砂黄褐陶。尖圆唇，唇内侧有一道凹槽，盘口，宽沿。沿外壁饰小方格状点线纹。口径 22、残高 2.6 厘米（图四〇〇，3）。

Ab 型。

TN25E38④：12，夹砂灰胎黄褐皮陶。圆唇，盘口，宽沿斜弧，高领。唇部至颈部饰小方格状

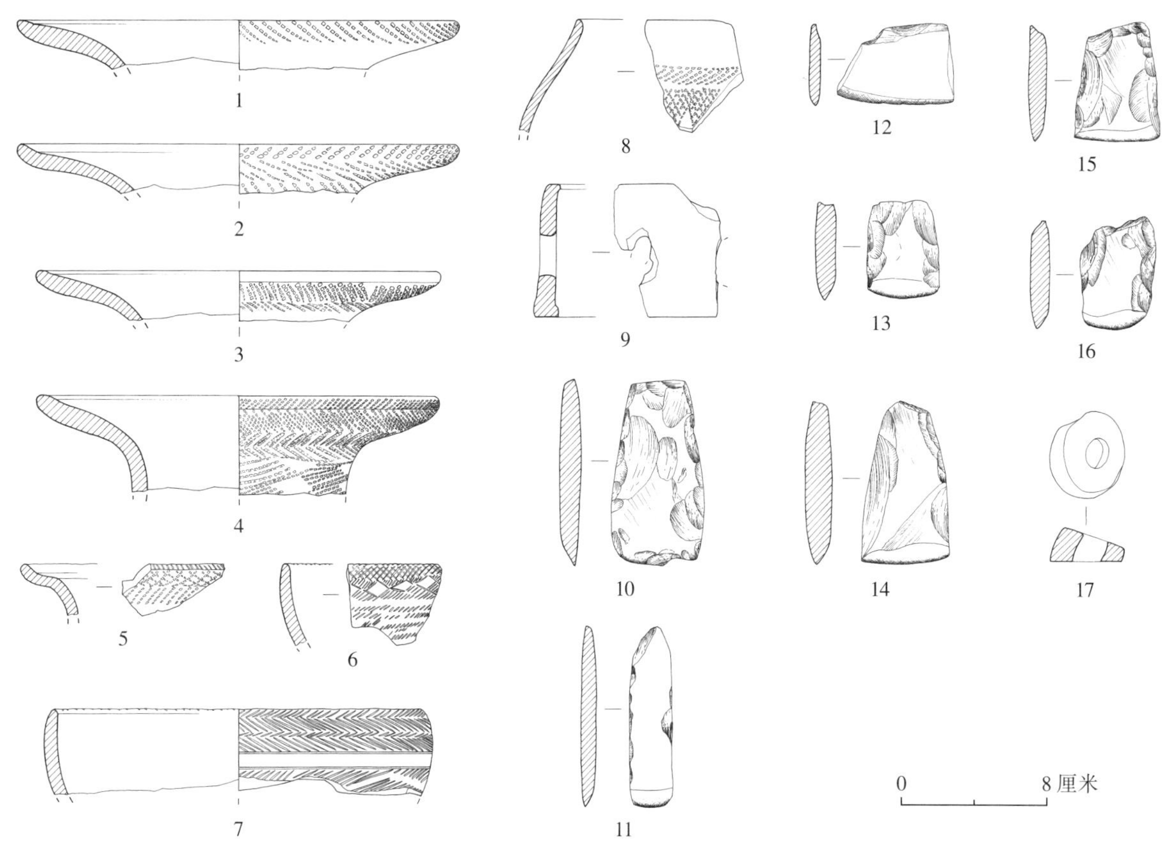

图四〇〇 2017 年Ⅲ区第 4 层出土遗物

1~3. Aa 型陶盘口高领罐（TN25E39④：23、TN25E39④：25、TN25E39④：29） 4. Ab 型陶盘口高领罐（TN25E38④：12） 5. B 型陶盘口高领罐（TN25E38④：22） 6、7. 乙类 Be 型陶钵（TN24E39④：15、TN25E38④：13） 8. A 型陶矮领小罐（TN23E39④：11） 9. 陶器座（TN25E37④：23） 10、15. B 型石锛（TN25E37④：2、TN25E38④：3） 11. C 型石锛（TN25E37④：4） 12. 石刀残件（TN25E37④：1） 13. 石锛残件（TN25E39④：1） 14. C 型斧（TN25E38④：1） 16. 石斧残件（TN25E38④：2） 17. 穿孔石器（TN25E37④：3）

点线纹组成的折线纹、菱形纹等。口径 22、残高 5.2 厘米（图四〇〇，4）。

B 型。

TN25E38④：22，夹砂灰陶。圆唇，盘口，窄沿，高领。唇部饰戳印点纹，沿外壁饰点线状菱形纹，颈部饰小方格状点线纹。残高 2.7 厘米（图四〇〇，5）。

矮领小罐 A 型。

TN23E39④：11，夹砂灰胎黑灰皮陶。圆唇，敛口，矮领，溜肩，领部与肩部分界不明显。肩部饰小方格状点线纹。残高 5.9 厘米（图四〇〇，8）。

钵 乙类 Be 型。

TN25E38④：13，夹砂灰褐陶。圆唇，直口，弧腹。唇部饰戳印点纹，口外侧饰短线纹组成的折线纹和一周凹弦纹，腹部饰一周凹弦纹，其下饰短线纹组成的三角纹、光面折线纹等组成的复合纹饰。口径 20、残高 4.5 厘米（图四〇〇，7）。

TN24E39④：15，夹砂灰褐陶。圆唇，口近直，弧腹。唇部饰戳印点纹，口外侧饰菱格纹、连续三角纹夹光面菱形纹，腹部饰短斜线纹组成的窄带状纹饰，以光面窄带间隔。残高 4.2 厘米（图四〇〇，6）。

器座

TN25E37④：23，夹砂灰黑陶。整体呈筒状，腹壁近直，器身有镂孔。残高 7 厘米（图四〇〇，9）。

（2）石器

斧

C 型。

TN25E38④：1，黑色。平面呈梯形，截面近长方形。斜尖顶。两侧有较深的片疤，两面均磨光。弧刃，单面刃，刃面分布有较均匀的磨痕。长 8.6、宽 4.8、厚约 1.4 厘米（图四〇〇，14；彩版一〇六，4）。

残件。

TN25E38④：2，灰色。平面近长方形，截面近椭圆形。顶部残缺，两面有较多片疤。单面刃，刃缘有较密集的茬口及磨痕。残长 6、宽 4.1、刃宽 1.1、厚约 1.2 厘米（图四〇〇，16）。

锛

B 型。

TN25E37④：2，黑色。平面呈梯形，截面近六边形。斜平顶。弧刃，单面刃，刃缘有较密集的垂直磨痕，端部有部分崩疤。长 10、宽 5.1、厚约 1.2 厘米（图四〇〇，10）。

TN25E38④：3，黑色。平面呈梯形，截面呈椭圆形。斜平顶，顶部有较多片疤。偏锋，弧刃，双面刃，弧度较小。长 6.3、宽 4.7、厚约 0.9 厘米（图四〇〇，15）。

C 型。

TN25E37④：4，黑色。平面呈长条形，截面近长方形。斜尖顶。两面均磨光。偏锋，直刃，双面刃，刃缘两端有几处崩疤。长 9.4、宽 2.4、厚约 0.8 厘米（图四〇〇，11）。

残件。

TN25E39④：1，黑色。平面呈长方形，截面较不规则。顶部残缺。弧刃，单面刃，两面均磨光。残长 5.3、宽 4、厚约 1.1 厘米（图四〇〇，13）。

刀　残件。

TN25E37④：1，黑色。背部残缺。弧刃，残留刃缘较窄，刃缘有连续的细小崩茬。长 6.3、宽 4.4、厚约 0.6 厘米（图四〇〇，12）。

穿孔石器

TN25E37④：3，黄褐色。上窄下宽。穿孔较小。通体磨光，磨光较好。直径 4、厚 1.3、穿孔直径约 1.6 厘米（图四〇〇，17）。

（四）第 3 层出土遗物

该层出土遗物以陶器为主，另有少量石器。陶器器类有束颈罐、侈口小罐、无颈罐、附加堆纹罐、沿面饰纹罐、长颈罐、盘口高领罐、矮领小罐、敛口罐、壶、盆、钵等，石器器类有斧、锛、刀、箭镞、网坠等。

（1）陶器

束颈罐

Ba 型。

TN24E39③：15，夹砂黑灰陶。方圆唇，侈口，卷沿，束颈。唇部饰戳印点纹，颈部饰戳印粗点纹。口径 22、残高 3.2 厘米（图四〇一，1）。

TN24E39③：16，夹砂灰胎黑皮陶。圆唇，侈口，卷沿，束颈。唇部饰戳印点纹，颈部饰刻划网格纹。口径 20、残高 4.2 厘米（图四〇一，2）。

Bb 型。

TN24E38③：32，夹砂褐陶。方圆唇，侈口，短束颈。素面。口径 20、残高 3.2 厘米（图四〇一，3）。

TN25E37③：15，夹砂黄褐陶，内壁磨光。圆唇，侈口，卷沿，束颈，溜肩。颈部至肩部饰刻

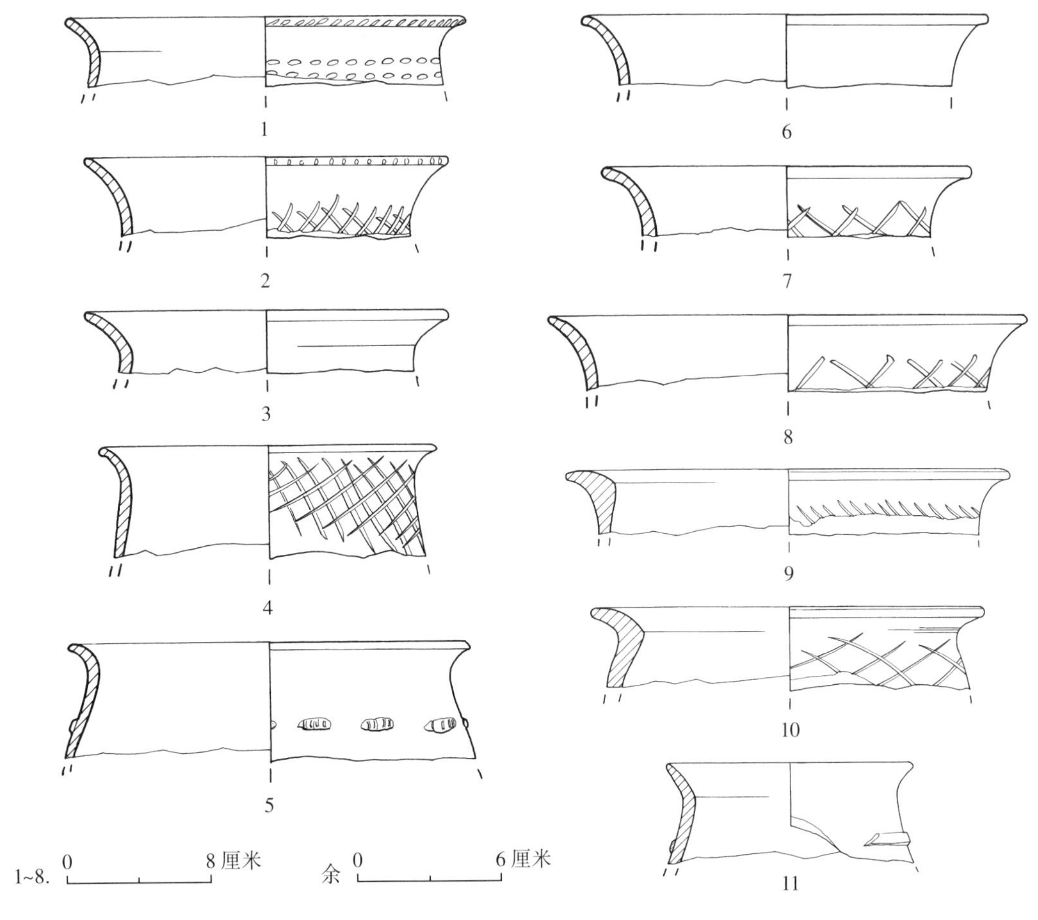

图四〇一 2017 年Ⅲ区第 3 层出土陶器

1、2. Ba 型束颈罐（TN24E39③：15、TN24E39③：16） 3~8. Bb 型束颈罐（TN24E38③：32、TN25E37③：15、TN25E39③：12、TN25E39③：13、TN25E39③：28、TN25E39③：29） 9、10. Ac 型无颈罐（TN24E39③：18、TN25E37③：16） 11. Ac 型侈口小罐（TN25E37③：26）

划网格纹。口径 18.4、残高 6 厘米（图四〇一，4）。

TN25E39 ③：12，夹砂灰褐陶。圆唇，侈口，卷沿，短束颈，溜肩。肩部饰短泥条附加堆纹。口径 22.2、残高 6.4 厘米（图四〇一，5）。

TN25E39 ③：13，夹砂灰胎黑皮陶。圆唇，侈口，卷沿，束颈。素面。口径 22、残高 3.8 厘米（图四〇一，6）。

TN25E39 ③：28，夹砂灰胎黑皮陶。方圆唇，侈口，卷沿，束颈。颈部饰刻划网格纹。口径 20、残高 3.8 厘米（图四〇一，7）。

TN25E39 ③：29，夹砂褐陶。圆唇，侈口，卷沿，束颈。颈部饰刻划网格纹。口径 26、残高 4 厘米（图四〇一，8）。

侈口小罐　Ac 型。

TN25E37 ③：26，夹砂灰黄陶。圆唇，侈口，卷沿，溜肩。肩部饰短泥条附加堆纹。口径 10、残高 4 厘米（图四〇一，11）。

无颈罐　Ac 型。

TN24E39 ③：18，夹砂褐胎灰黑皮陶。圆唇，口微敛，折沿。肩部饰刻划纹。口径 18、残高 2.6 厘米（图四〇一，9）。

TN25E37 ③：16，夹砂褐胎黑皮陶，内壁磨光。圆唇，敛口，折沿，溜肩。肩部饰刻划网格纹。口径 16、残高 3.3 厘米（图四〇一，10）。

附加堆纹罐

Aa 型。

TN25E37 ③：13，夹砂褐陶。方唇，侈口，卷沿。唇部饰戳印点纹，颈上部饰一周平滑的附加堆纹。残高 3 厘米（图四〇二，1）。

TN24E38 ③：44，夹砂灰陶。方唇，敞口，沿面斜直。唇部饰戳印点纹，沿外壁饰一周平滑的附加堆纹。残高 3.9 厘米（图四〇二，2）。

TN25E39 ③：26，夹砂灰胎黑皮陶。圆唇，侈口，卷沿，束颈。唇部饰戳印点纹，颈上部饰一周平滑的附加堆纹。口径 22、残高 4.2 厘米（图四〇二，3）。

Ab 型。

TN25E37 ③：17，夹砂灰褐陶。方唇，口微侈，短束颈。唇部饰戳印点纹，颈上部饰一周褶皱状附加堆纹。口径 24、残高 4 厘米（图四〇二，4）。

TN25E38 ③：16，夹砂灰胎黑皮陶。方唇，侈口。唇部饰戳印点纹，颈上部饰一周褶皱状附加堆纹。口径 26、残高 2.8 厘米（图四〇二，5）。

Ba 型。

TN25E37 ③：18，夹砂灰胎黄褐皮陶。方唇，侈口，卷沿。唇部饰戳印点纹，唇外侧饰一周平滑的附加堆纹，与口部贴合形成箭头状唇。口径 26、残高 4.2 厘米（图四〇二，6）。

TN24E38 ③：30，夹砂灰褐陶。圆唇，侈口，卷沿，束颈。唇外侧饰一周平滑的附加堆纹，与口部贴合形成箭头状唇。口径 18、残高 3 厘米（图四〇二，7）。

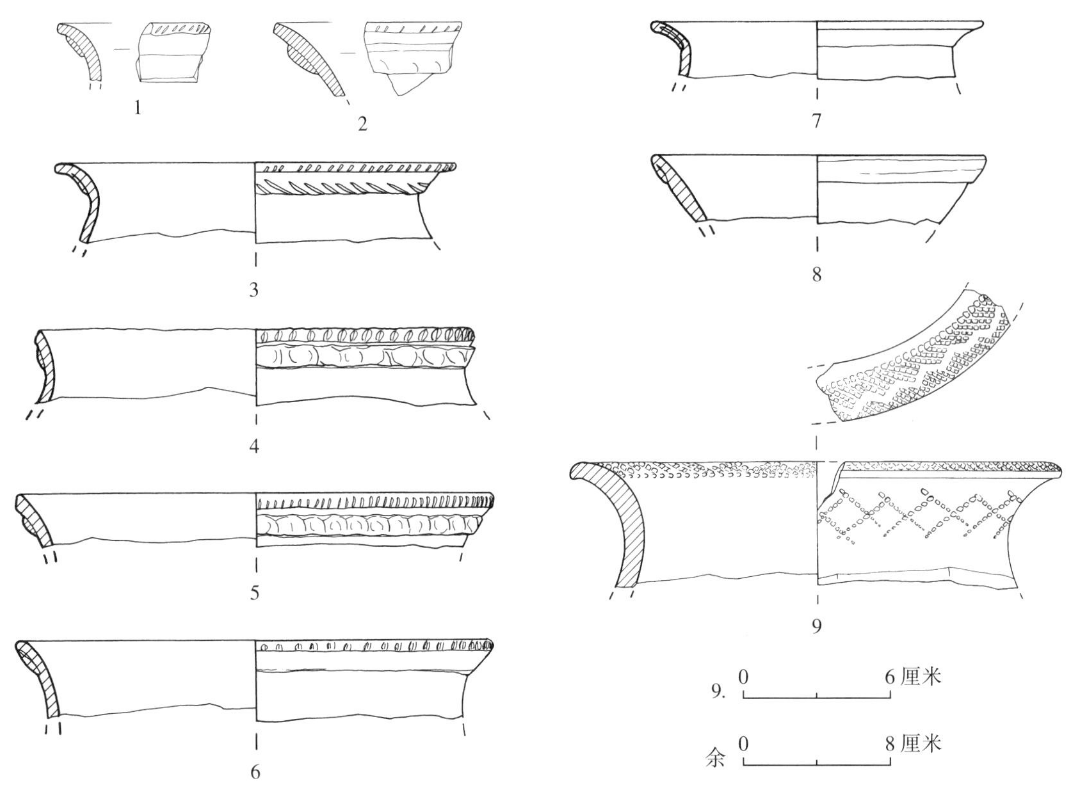

图四〇二 2017年Ⅲ区第3层出土陶器

1~3. Aa型附加堆纹罐（TN25E37③：13、TN24E38③：44、TN25E39③：26） 4、5. Ab型附加堆纹罐（TN25E37③：17、TN25E38③：16） 6、7. Ba型附加堆纹罐（TN25E37③：18、TN24E38③：30） 8. Bb型附加堆纹罐（TN24E38③：47） 9. Aa型沿面饰纹罐（TN24E38③：35）

Bb型。

TN24E38③：47，夹砂灰褐陶，内壁灰黄色。圆唇，敞口。口外侧饰一周平滑的附加堆纹，与口部贴合形成箭头状唇。口径18、残高3.6厘米（图四〇二，8）。

沿面饰纹罐 Aa型。

TN24E38③：35，夹砂褐胎黑皮陶，内壁磨光。方唇，侈口，卷沿外翻下垂，束颈。沿面饰小方格状点线纹组成的连续三角纹夹光面折线纹和一周点线状凹弦纹，颈部饰小方格状点线纹组成的“×”形纹。口径20、残高5厘米（图四〇二，9）。

长颈罐 B型。

TN25E38③：12，夹砂灰胎褐皮陶。方唇，喇叭口，长颈。颈部饰小方格状短斜线纹。口径12、残高5.5厘米（图四〇三，1）。

盘口高领罐

Ab型。

TN25E37③：29，夹砂黄褐陶，器表局部为黑灰色，内壁磨光。圆唇，唇内侧有一道凹槽，盘口，宽沿，高领。沿外壁至领部饰小方格状点线纹组成的“<”形纹等。口径20.4、残高4.4厘米（图四〇三，3）。

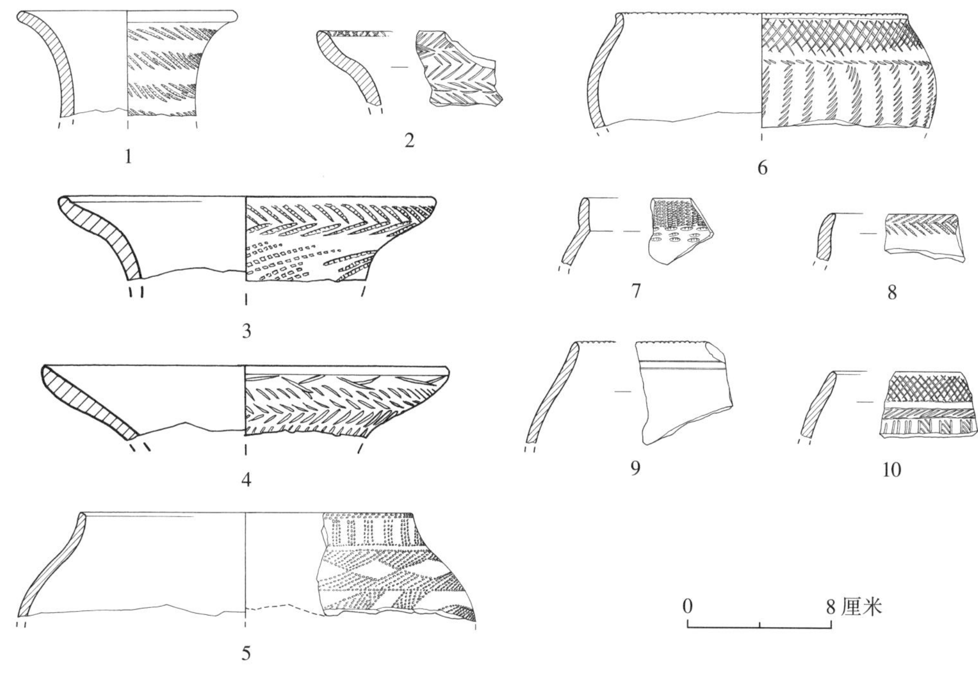

图四〇三　2017 年Ⅲ区第 3 层出土陶器

1. B 型长颈罐（TN25E38 ③ : 12）　2. B 型盘口高领罐（TN25E39 ③ : 31）　3、4. Ab 型盘口高领罐（TN25E37 ③ : 29、TN25E39 ③ : 27）　5. A 型矮领小罐（TN25E39 ③ : 24）　6. B 型矮领小罐（TN25E39 ③ : 25）　7、8. D 型矮领小罐（TN24E39 ③ : 17、TN25E37 ③ : 12）　9、10. B 型敛口罐（TN24E38 ③ : 60、TN25E37 ③ : 35）

TN25E39 ③ : 27，夹砂灰黄陶。圆唇，盘口，宽沿。沿外壁饰短线纹等。口径 22、残高 3.8 厘米（图四〇三，4）。

B 型。

TN25E39 ③ : 31，夹砂灰白胎灰皮陶，内壁橙黄色。圆唇，盘口，窄沿。唇部饰“×”形纹，沿外壁饰短线纹组成的折线纹等。口径 4 厘米（图四〇三，2）。

矮领小罐

A 型。

TN25E39 ③ : 24，夹砂灰白胎黑皮陶。圆唇，敛口，矮领，圆肩，领部与肩部分界不明显。领部至肩部饰小方格状点线纹组成的窄带状纹饰及连续三角纹夹光面菱形纹等。口径 18、残高 5.5 厘米（图四〇三，5）。

B 型。

TN25E39 ③ : 25，夹砂黑灰陶。方圆唇，口近直，矮领，溜肩，鼓腹。唇部饰戳印点纹，口外侧饰菱格纹，腹部饰短线纹。口径 16、残高 6 厘米（图四〇三，6）。

D 型。

TN24E39 ③ : 17，夹砂红褐陶。圆唇，口近直，矮领，领部外凸内凹。溜肩。领部饰小方格状点线纹，肩部饰戳印粗点纹。残高 3.5 厘米（图四〇三，7）。

TN25E37 ③ : 12，夹砂黑灰陶。圆唇，口微敛，矮领，领部外凸内凹。领部饰点线纹组成的“<”

形纹。残高 2.5 厘米（图四〇三，8）。

敛口罐 B 型。

TN24E38 ③：60，夹砂灰陶，外壁磨光。圆唇，敛口，溜肩。唇部饰戳印点纹，肩上部饰两周凹弦纹。残高 5.3 厘米（图四〇三，9）。

TN25E37 ③：35，夹砂灰陶。圆唇，敛口，溜肩。口外侧至肩部饰菱格纹、凹弦纹、凹弦纹夹短斜线纹、成组短线纹与光面组成的复合纹饰等。残高 3.5 厘米（图四〇三，10）。

壶 甲类 Bc 型。

TN25E39 ③：30，夹砂灰陶。圆唇，侈口，卷沿，短束颈，溜肩。唇部饰戳印点纹，颈部至肩部饰短线纹组成的“<”形纹和窄带状纹饰等。口径 14、残高 5 厘米（图四〇四，1）。

盆 C 型。

TN25E37 ③：32，夹砂红褐陶。圆唇，敞口，卷沿，弧腹。素面。残高 3.9 厘米（图四〇四，3）。

钵 乙类 Bg 型。

TN24E38 ③：28，夹砂黑灰陶，器表磨光。圆唇，敞口，口内侧有一道凸棱，斜弧腹。唇部饰

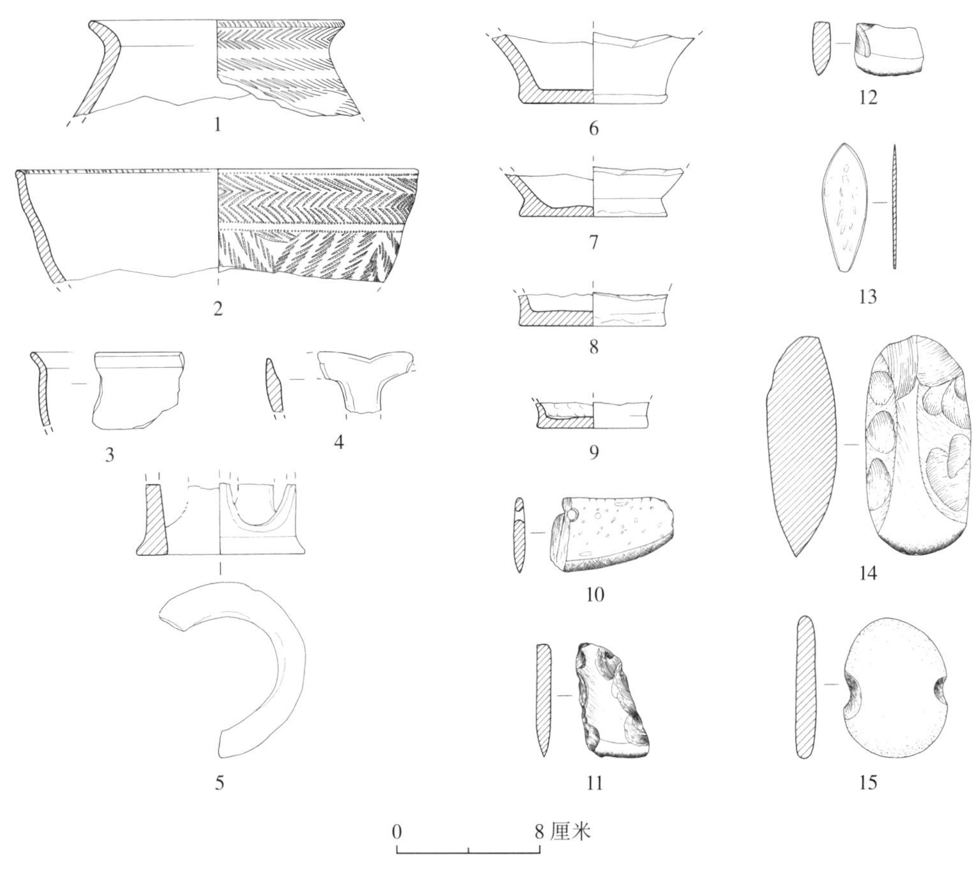

图四〇四 2017 年Ⅲ区第 3 层出土遗物

1. 甲类 Bc 型陶壶（TN25E39 ③：30） 2. 乙类 Bg 型陶钵（TN24E38 ③：28） 3. C 型陶盆（TN25E37 ③：32） 4、5. 陶器座（TN25E37 ③：23、TN25E37 ③：38） 6~9. 陶器底（TN24E38 ③：21、TN25E37 ③：37、TN25E37 ③：52、TN25E39 ③：32） 10. 乙类 Ab 型石刀（TN23E39 ③：1） 11. C 型石锛（TN25E37 ③：2） 12. 石锛残件（TN25E37 ③：4） 13. Aa 型石箭镞（TN25E37 ③：3） 14. Ca 型石斧（TN25E38 ③：1） 15. 石网坠（TN25E37 ③：1）

戳印点纹，口外侧饰点线纹组成的折线纹和一周点线状凹弦纹，腹部饰点线状凹弦纹、点线纹与光面组成的复合纹饰等。口径 22、残高 6 厘米（图四〇四，2）。

器底

TN24E38③：21，夹砂灰白胎黑灰皮陶。平底。素面。底径 8、残高 3.8 厘米（图四〇四，6）。

TN25E37③：37，夹砂黄褐陶。饼状平底。素面。底径 8、残高 2.6 厘米（图四〇四，7）。

TN25E37③：52，夹砂黄褐陶。平底。素面。底径 8、残高 1.8 厘米（图四〇四，8）。

TN25E39③：32，夹砂黄褐陶。平底。素面。底径 6、残高 1.3 厘米（图四〇四，9）。

器座

TN25E37③：23，夹砂橙黄陶。器壁上有镂孔。素面。残高 2.8 厘米（图四〇四，4）。

TN25E37③：38，夹砂橙黄陶。器壁上有镂孔。素面。底径 9.3、残高 3.2 厘米（图四〇四，5）。

（2）石器

斧　Ca 型。

TN25E38③：1，黑色。平面呈椭圆形。弧顶。弧刃，刃部锋利。器表有密集片疤。长 11.75、宽 6、厚 3.8 厘米（图四〇四，14；彩版一〇六，5）。

锛

C 型。

TN25E37③：2，黑色。平面近梯形，截面近椭圆形。斜尖顶，有较密集的片疤。弧刃，单面刃，刃缘有较连续的崩疤。长 6、宽 3.6、厚约 0.8 厘米（图四〇四，11）。

残件。

TN25E37③：4，黑色。平面呈长方形，截面呈弧角长方形。两面均磨光。弧刃，单面刃，刃缘有较密集的崩疤。残长 2.8、宽 3.8、厚约 1 厘米（图四〇四，12）。

刀　乙类 Ab 型。

TN23E39③：1，红色。直背，背部有均匀的刻槽，残有一孔，平面有很多未穿透的小孔。弧刃，单面刃，刃部有较多磨痕及茬口，端部较平直。残长 6.6、宽 3.9、厚约 0.7 厘米（图四〇四，10；彩版一〇六，6）。

箭镞　Aa 型。

TN25E37③：3，浅绿色。柳叶形。两侧刃部较窄，较锋利，刃缘分布有连续片疤及茬口。平底较窄。长 6.7、宽 2.4、厚约 0.2 厘米（图四〇四，13）。

网坠

TN25E37③：1，黑色。圆形，两侧缺口位于中部。长 7.4、宽 5.7、厚 1.1 厘米（图四〇四，15）。

（五）第 2 层出土遗物

该层出土遗物以陶器为主，另有少量石器。陶器器类有束颈罐、侈口小罐、无颈罐、沿面饰纹罐、长颈罐、盘口高领罐、敛口罐、壶、钵、纺轮等，石器器类有斧、锛、刀、箭镞、网坠等。

（1）陶器

束颈罐

Aa 型。

TN24E39②：29，夹砂黑灰陶。圆唇，侈口，窄卷沿外翻，束颈，溜肩。唇部饰戳印点纹，肩部饰竖向戳印粗点纹。口径 14、残高 6.2 厘米（图四〇五，1）。

Ba 型。

TN23E39②：28，夹砂灰白胎黑灰皮陶。圆唇，侈口，卷沿，长束颈。唇部饰“×”形纹。残高 6 厘米（图四〇五，2）。

TN24E38②：14，夹砂灰褐陶。方圆唇，侈口，卷沿，短束颈，溜肩。唇部饰戳印点纹，颈部至肩部饰刻划网格纹。口径 20、残高 4.8 厘米（图四〇五，3）。

TN24E39②：37，夹砂褐陶。圆唇，侈口，卷沿，短束颈，溜肩。唇部饰戳印点纹，肩部饰戳

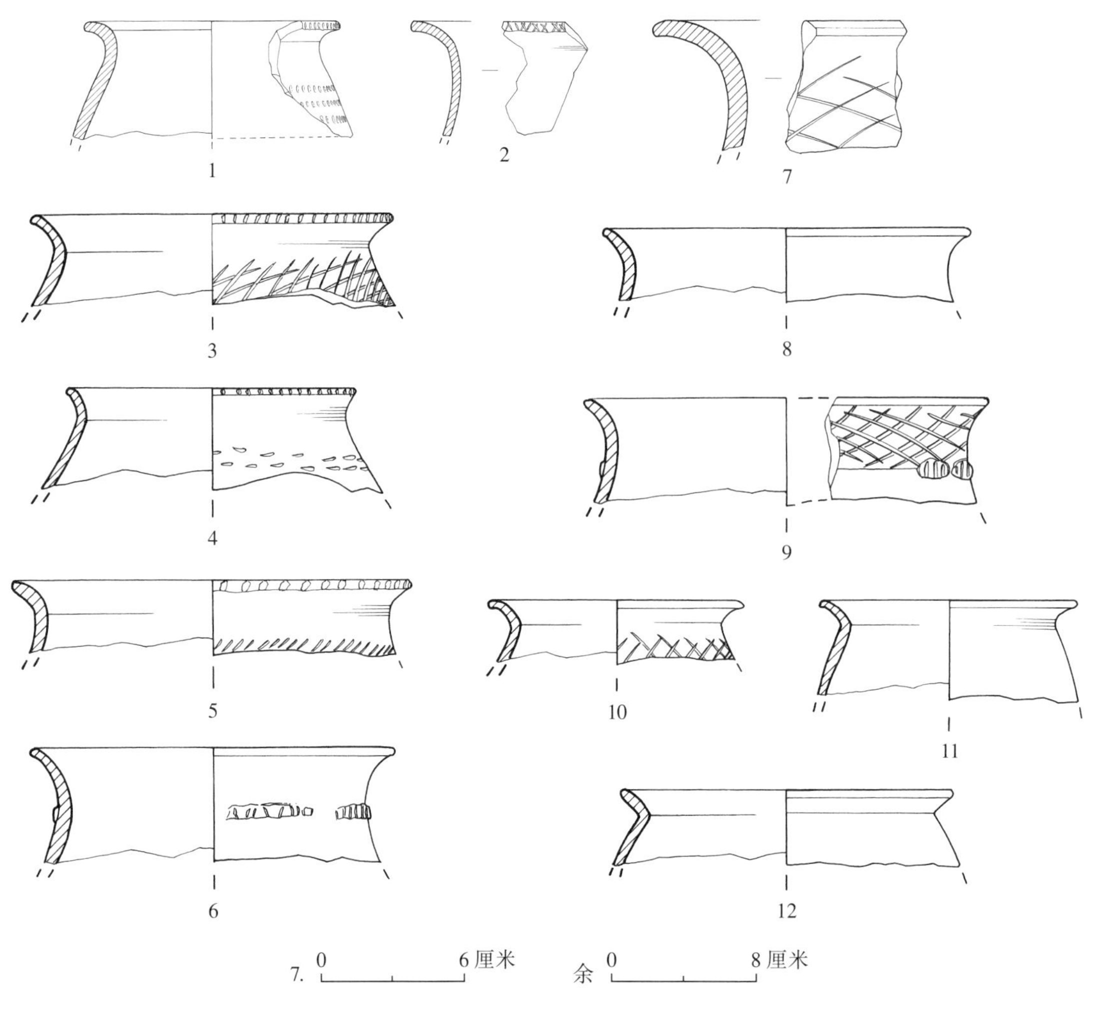

图四〇五　2017 年Ⅲ区第 2 层出土陶器

1. Aa 型束颈罐（TN24E39②：29）　2~5. Ba 型束颈罐（TN23E39②：28、TN24E38②：14、TN24E39②：37、TN24E39②：38）　6~9. Bb 型束颈罐（TN23E39②：25、TN23E39②：49、TN23E39②：52、TN25E39②：11）　10、11. Ac 型侈口小罐（TN25E37②：11、TN24E39②：40）　12. Bc 型无颈罐（TN23E39②：53）

印粗点纹。口径 16、残高 5.4 厘米（图四〇五，4）。

TN24E39②：38，夹砂褐陶，内壁黑色。方唇，侈口，卷沿，短束颈。唇部饰戳印点纹，颈部饰戳印指甲纹。口径 22、残高 4 厘米（图四〇五，5）。

Bb 型。

TN23E39②：25，夹砂灰褐陶，内壁黑色。圆唇，侈口，卷沿，束颈。颈部饰短泥条附加堆纹。口径 20、残高 6 厘米（图四〇五，6）。

TN23E39②：49，夹砂灰白胎灰皮陶。圆唇，侈口，卷沿，束颈。颈部饰刻划网格纹。残高 5.1 厘米（图四〇五，7）。

TN23E39②：52，夹砂灰褐陶，内壁磨光。圆唇，侈口，卷沿，短束颈。素面。口径 20、残高 3.8 厘米（图四〇五，8）。

TN25E39②：11，夹砂褐陶，内壁黑灰色。圆唇，侈口，卷沿，束颈。颈部饰刻划网格纹、凹弦纹和小圆饼附加堆纹。口径 22、残高 5.6 厘米（图四〇五，9）。

侈口小罐　Ac 型。

TN25E37②：11，夹砂褐陶。圆唇，侈口，卷沿近平，溜肩。颈部饰刻划网格纹。口径 14、残高 3.2 厘米（图四〇五，10）。

TN24E39②：40，夹砂黑灰陶。圆唇，侈口，卷沿，溜肩。素面。口径 14、残高 5.2 厘米（图四〇五，11）。

无颈罐　Bc 型。

TN23E39②：53，夹砂红陶，内壁黑灰色。圆唇，敞口，卷沿，溜肩。素面。口径 18、残高 4 厘米（图四〇五，12）。

沿面饰纹罐　Aa 型。

TN23E39②：18，夹砂灰胎灰褐皮陶，内壁磨光。圆唇，侈口，卷沿外翻下垂。沿部饰连续三角纹，颈部饰小方格状点线纹组成的菱格纹。残高 3 厘米（图四〇六，1）。

TN24E38②：18，夹砂灰胎黑皮陶。圆唇，侈口，宽卷沿外翻下垂。沿面饰连续三角纹。口径 14、残高 3 厘米（图四〇六，3）。

TN24E39②：22，夹砂褐陶，内壁磨光、呈黑色。圆唇，侈口，卷沿外翻下垂。沿面饰连续三角纹，颈部饰小方格状点线纹组成的“<”形纹。口径 20、残高 3.5 厘米（图四〇六，4）。

TN24E39②：42，夹砂褐陶，内壁磨光、呈黑色。圆唇，侈口，卷沿外翻。沿面饰连续三角纹，颈部饰短斜线纹。残高 3.7 厘米（图四〇六，2）。

长颈罐

B 型。

TN24E39②：39，夹砂灰陶。方唇，喇叭口，长颈。唇部饰戳印点纹。残高 5 厘米（图四〇六，7）。

C 型。

TN25E39②：20，夹砂灰陶。尖圆唇，唇内侧有一道凹槽，盘口，宽沿，长颈。素面。口径

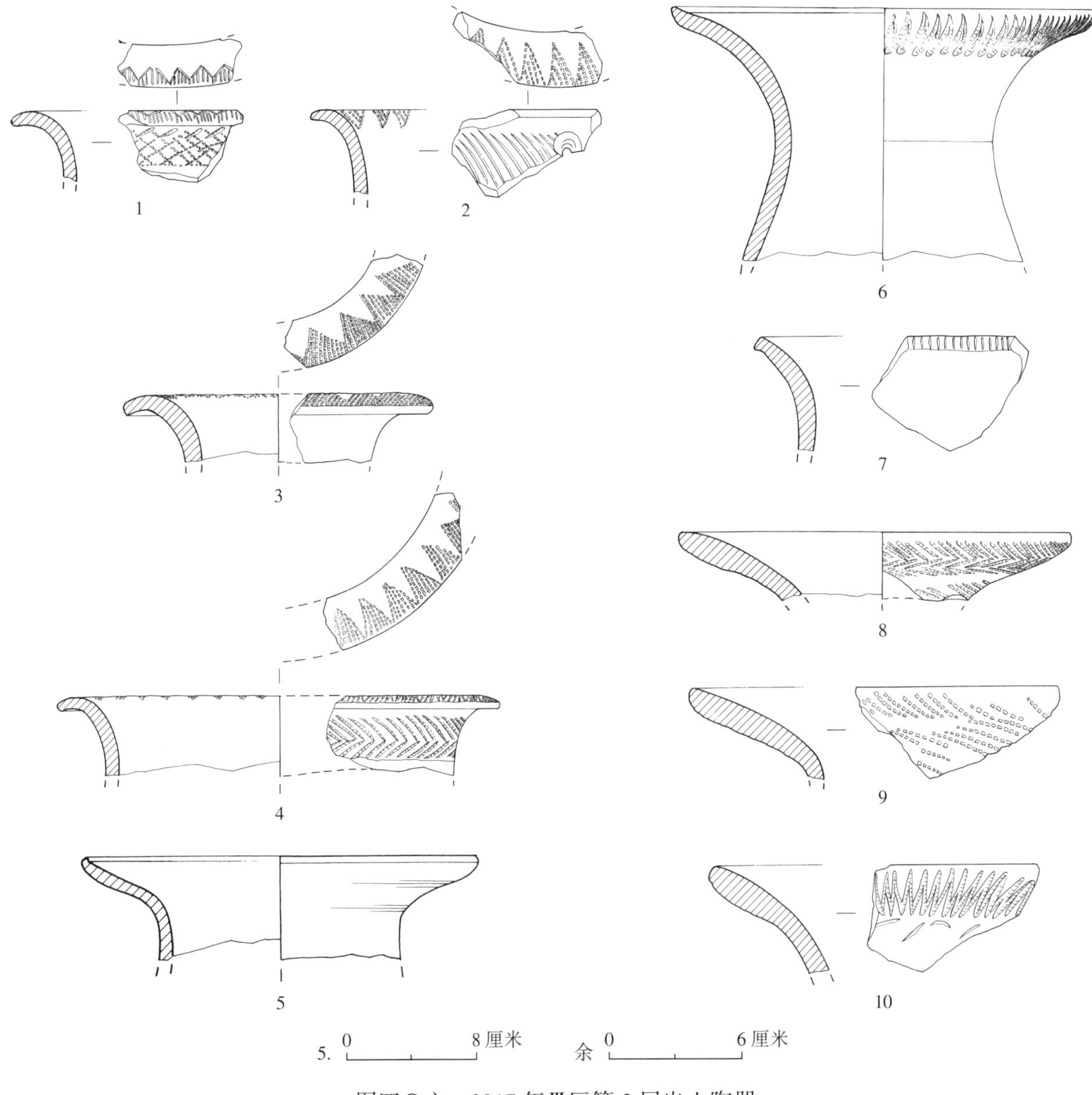

图四〇六　2017 年Ⅲ区第 2 层出土陶器

1~4. Aa 型沿面饰纹罐（TN23E39②：18、TN24E39②：42、TN24E38②：18、TN24E39②：22）　5. C 型长颈罐（TN25E39②：20）　6. Aa 型盘口高领罐（TN23E39②：21）　7. B 型长颈罐（TN24E39②：39）　8~10. Ab 型盘口高领罐（TN24E39②：43、TN25E37②：9、TN25E39②：22）

24、残高 6 厘米（图四〇六，5）。

盘口高领罐

Aa 型。

TN23E39②：21，夹砂灰胎黑灰皮陶，内壁黄褐色。尖圆唇，唇内侧有一道凹槽，盘口，高领微束。沿外壁饰小方格状点线纹。口径 19、残高 11 厘米（图四〇六，6）。

Ab 型。

TN24E39②：43，夹砂灰陶，内壁黑灰色。圆唇，盘口，宽沿。沿外壁饰小方格状点线纹组成的折线纹等。口径 17.4、残高 3 厘米（图四〇六，8）。

TN25E37 ②：9，夹砂灰陶。圆唇，盘口，宽沿。沿外壁饰小方格状点线纹。残高 4 厘米（图四〇六，9）。

TN25E39 ②：22，夹砂褐陶。圆唇，盘口，宽沿。沿外壁饰小方格状点线纹。残高 4.7 厘米（图四〇六，10）。

敛口罐

B 型。

TN25E38 ②：21，夹砂灰胎黑皮陶。圆唇，敛口，溜肩。口外侧饰小方格状点线纹，肩部饰一周点线状凹弦纹和小方格状点线纹。口径 18、残高 4.6 厘米（图四〇七，1）。

C 型。

TN23E39 ②：31，夹砂灰陶。圆唇，敛口，高领，溜肩。口外侧至肩部饰多组凹弦纹夹菱格纹。口径 12、残高 6.3 厘米（图四〇七，2）。

壶　甲类 Bd 型。

TN24E39 ②：44，夹砂灰胎黑灰皮陶。圆唇，口微侈，长颈微束。颈部饰小方格状短斜线纹、凹弦纹及小方格状点线纹组成的窄带状纹饰。口径 8、残高 7 厘米（图四〇七，3）。

钵　乙类 Be 型。

TN23E39 ②：16，夹砂黑灰陶，器表磨光。圆唇，直口，弧腹。唇部饰戳印点纹，口外侧饰刻划菱格纹和凹弦纹，腹部饰凹弦纹、连续三角纹夹光面菱形纹等。残高 4.8 厘米（图四〇七，5）。

TN23E39 ②：29，夹砂褐胎黑皮陶，内壁磨光。圆唇，直口，弧腹。口外侧饰短线纹组成的“<”形纹和一周凹弦纹，腹部饰凹弦纹、连续三角纹夹光面折线纹等。残高 5.7 厘米（图四〇七，4）。

器底

TN23E39 ②：30，夹砂灰褐陶。平底。下腹部饰小方格状点线纹组成的连续三角纹、光面三角纹、

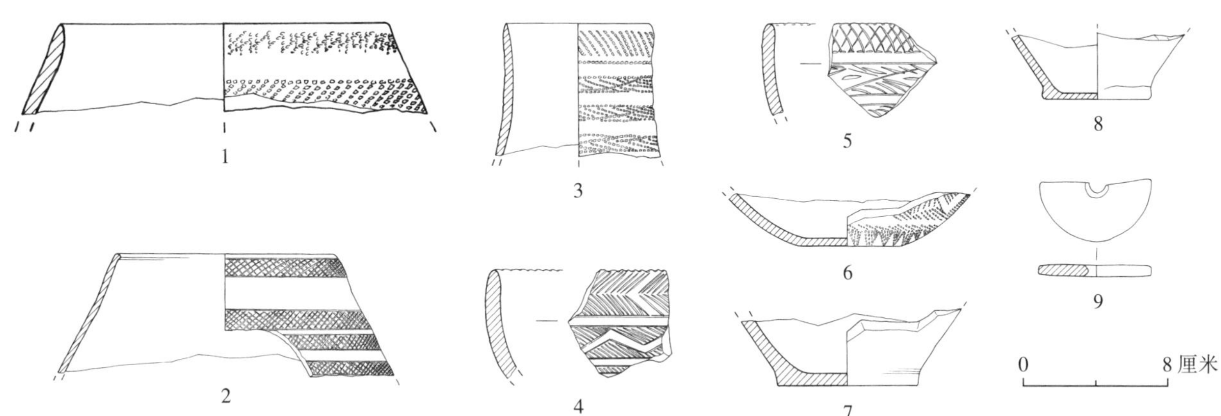

图四〇七　2017 年Ⅲ区第 2 层出土陶器

1. B 型敛口罐（TN25E38 ②：21）　2. C 型敛口罐（TN23E39 ②：31）　3. 甲类 Bd 型壶（TN24E39 ②：44）　4、5. 乙类 Be 型钵（TN23E39 ②：29、TN23E39 ②：16）　6~8. 器底（TN23E39 ②：30、TN23E39 ②：39、TN24E39 ②：17）　9. A 型纺轮（TN25E37 ②：1）

光面折线纹等，底部素面。底径 5.6、残高 2.8 厘米（图四〇七，6）。

TN23E39②：39，夹砂黑灰陶，外壁磨光。平底。素面。底径 7.8、残高 4 厘米（图四〇七，7）。

TN24E39②：17，夹砂灰胎黑皮陶。平底。素面。底径 6、残高 3.5 厘米（图四〇七，8）。

纺轮 A 型。

TN25E37②：1，夹砂灰黑陶。圆形片状。一半残缺，中部有一穿孔，两面对钻。直径 6.1、厚 0.5、穿孔直径 0.9~1.3 厘米（图四〇七，9；彩版一〇七，1）。

（2）石器

斧 Cb 型。

TN24E38②：1，绿色。平面近梯形，截面近梯形。平顶。弧背，中部起脊。偏锋，弧刃，双面刃，刃缘有较多崩疤。长 13.9、宽 6.4、厚约 5.2 厘米（图四〇八，1；彩版一〇七，2）。

锛

A 型。

TN24E39②：1，黑色。平面呈长方形，截面近圆角长方形。圆顶。正面靠上位置有明显的片疤，两面均磨光。单面刃，刃面分布有较密集的崩疤。长 6.8、宽 3、厚约 0.9 厘米（图四〇八，5）。

B 型。

TN25E39②：10，黑色。平面近梯形，截面呈椭圆形。平顶，有片疤。单面刃，刃缘有较密集的崩疤及较密集的垂直磨痕。长 8.6、宽 3.8、厚 1 厘米（图四〇八，2）。

C 型。

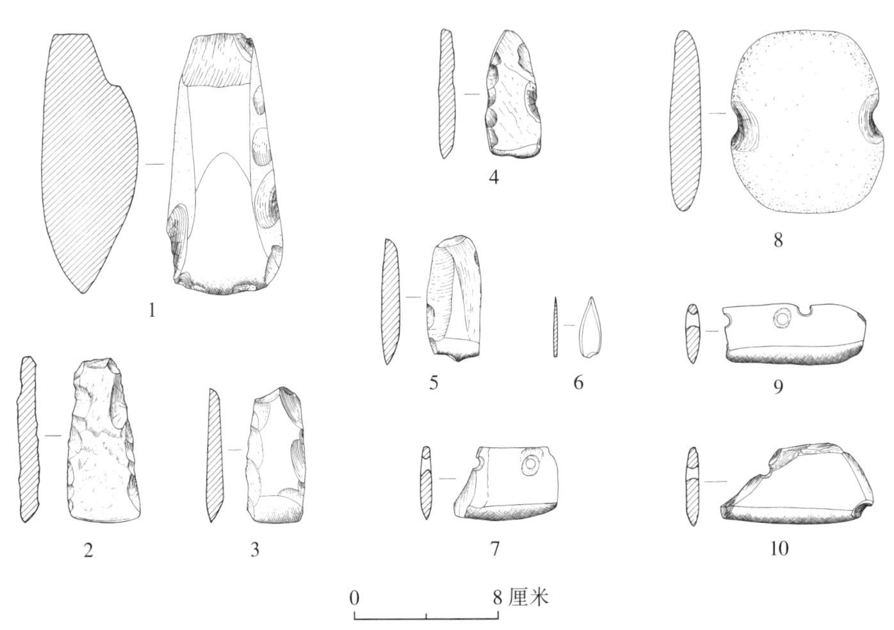

图四〇八 2017 年Ⅲ区第 2 层出土石器

1. Cb 型斧（TN24E38②：1） 2. B 型锛（TN25E39②：10） 3、4. C 型锛（TN23E39②：1、TN23E39②：9） 5. A 型锛（TN24E39②：1） 6. Ca 型箭镞（TN25E39②：2） 7. 乙类 Aa 型刀（TN25E37②：2） 8. 网坠（TN24E39②：3） 9、10. 乙类 C 型刀（TN25E37②：3、TN25E39②：1）

TN23E39②：1，黑色。平面呈长方形，截面近圆角长方形。两面磨光较好。单面刃，刃缘两侧有明显的崩疤，刃面有密集的磨痕。长7.3、宽3.4、厚约0.9厘米（图四〇八，3；彩版一〇七，3）。

TN23E39②：9，灰色。平面呈长条形，截面近长方形。斜尖顶，片疤分布较密集。单面刃，弧刃，刃缘有较密集的崩疤。长6.8、宽2.8、厚0.9厘米（图四〇八，4）。

刀

乙类Aa型。

TN25E37②：2，褐色。凹背，双孔，两面对钻，穿孔附近有明显的穿绳磨损。弧刃，布满均匀的平行磨痕，两端及刃部有较多残缺。残长5.7、宽3.8、厚约0.6厘米（图四〇八，7）。

乙类C型。

TN25E37②：3，褐色。平面近长方形。直背，三孔，其中一孔靠上，且上半部分磨损，边缘磨光，应为原石刀破损后再次改制利用，另两孔稍靠下对称分布。直刃，中部稍内凹。残长7.8、宽3.2、厚0.8厘米（图四〇八，9；彩版一〇七，4）。

TN25E39②：1，绿色。平面近长方形。直背，背部大部分残缺，仅残有一孔，穿孔较规整。直刃，两面刃面的宽度差异较大，一面较宽，一面较窄，两侧有较密集的崩疤。四周有倾斜的磨光面，刃部磨痕多呈水平方向。长8.3、宽4.3、厚0.7厘米（图四〇八，10）。

箭镞　Ca型。

TN25E39②：2，褐色。平面近五边形，截面近六边形，最宽处大致位于器身中部。平底。通体磨光。长3.1、宽1.1、厚0.1厘米（图四〇八，6）。

网坠

TN24E39②：3，灰褐色。圆形，两侧缺口大致位于中部。长9.7、宽8.5、厚1.8厘米（图四〇八，8）。

（六）第1层出土遗物

该层出土遗物以陶器为主，另有少量石器。陶器器类有束颈罐、盘口高领罐、矮领小罐等，石器器类有锛、凿、刀、箭镞等。

（1）陶器

束颈罐　Bb型。

TN25E38①：1，夹砂黄褐陶。圆唇，侈口，卷沿，束颈，溜肩，鼓腹，底残。颈部饰凹弦纹夹网格纹。口径24.4、腹径23.2、残高19.2厘米（图四〇九，1）。

TN25E38①：11，夹砂黑灰陶。圆唇，侈口，卷沿。颈部饰刻划网格纹。残高3.3厘米（图四〇九，2）。

盘口高领罐　Ac型。

TN24E38①：11，夹砂灰陶。方唇，盘口，宽沿。唇部饰戳印点纹，沿外壁饰点线纹组成的折线纹。残高3.1厘米（图四〇九，3）。

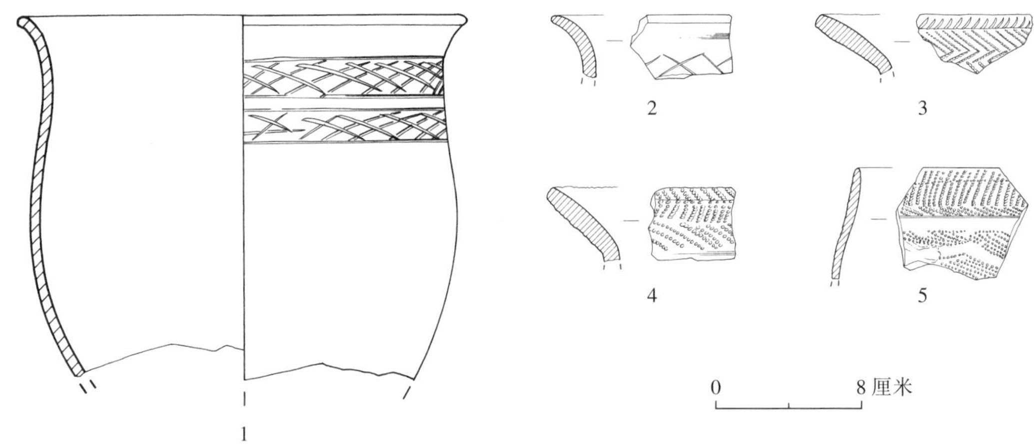

图四〇九　2017年Ⅲ区第1层出土陶器

1、2. Bb型束颈罐（TN25E38①：1、TN25E38①：11）　3、4. Ac型盘口高领罐（TN24E38①：11、TN24E39①：11）　5. B型矮领小罐（TN23E39①：15）

TN24E39①：11，夹砂灰陶。方唇，盘口，宽沿。唇部及沿外壁饰小方格状点线纹。残高3.9厘米（图四〇九，4）。

矮领小罐　B型。

TN23E39①：15，夹砂灰褐陶。尖圆唇，直口，矮领，溜肩。领部饰小方格状点线纹组成的带状纹饰，肩部饰小方格状点线纹组成的连续三角纹夹光面折线纹等。残高5.9厘米（图四〇九，5）。

（2）石器

锛

B型。

TN23E39①：16，灰色。平面呈长方形，截面呈圆角长方形。中部两侧有对称的凹口，凹口附近片疤较密集。两面均磨光。两端均有刃面，双面刃。长5.1、宽3、厚约0.7厘米（图四一〇，1）。

TN25E37①：2，绿色。平面呈长方形，截面呈弧边长方形。一侧切割平整且磨光，另一侧有较明显的切割痕迹并磨光。两面均磨光。正锋，弧刃，双面刃，刃缘分布有较密集的垂直磨痕及细小的茬口。长6.9、宽2.3、厚约0.8厘米（图四一〇，2）。

C型。

TN23E39①：2，黑色。平面近梯形，截面呈椭圆形。斜尖顶，顶部两侧有明显的切割痕迹。两侧有面积较大的片疤，两面均磨光。弧刃，单面刃，刃缘有明显崩疤及垂直于刃缘的密集磨痕。长7.8、宽4.4、厚约1.1厘米（图四一〇，3；彩版一〇七，6）。

残件。

TN25E37①：3，黑色。平面呈长方形，截面近长方形。顶部残缺。弧刃，单面刃，刃面有较多崩疤。残长4.6、宽2.1、厚约0.9厘米（图四一〇，4）。

TN25E39①：3，黑色。平面呈三角形，截面近长方形。仅残有部分刃部及一侧的下半部分。侧面有连续密集的片疤。弧刃，单面刃，刃面从左至右逐渐变宽。两面及刃部均磨光。残长6.6、宽4、

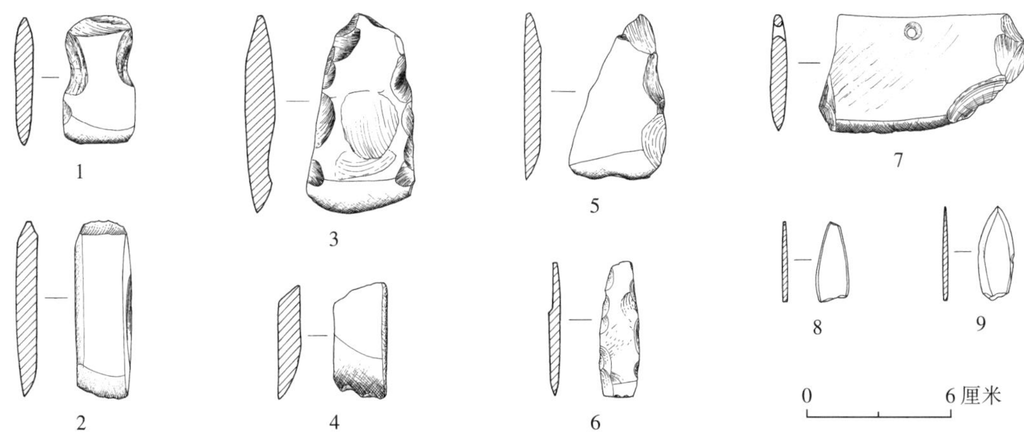

图四一〇　2017年Ⅲ区第1层出土石器

1、2. B型锛（TN23E39①：16、TN25E37①：2）　3. C型锛（TN23E39①：2）　4、5. 石锛残件（TN25E37①：3、TN25E39①：3）　6. A型凿（TN25E39①：2）　7. 乙类Ab型刀（TN25E37①：1）　8、9. 箭镞残件（TN23E39①：3、TN25E39①：1）

厚约0.7厘米（图四一〇，5；彩版一〇七，7）。

凿　A型。

TN25E39①：2，绿色。平面呈梯形，截面近椭圆形。平顶，有较多片疤。两面均磨光。直刃，单面刃，刃缘有较细小的茬口。长5.3、宽1.7、厚约0.5厘米（图四一〇，6）。

刀　乙类Ab型。

TN25E37①：1，绿色。直背，残有一孔，两面对钻。弧刃。器表多平行磨痕及较大面积的片疤。残长8、宽4.7、厚约0.6厘米（图四一〇，7；彩版一〇七，5）。

箭镞　残件。

TN23E39①：3，浅灰色。平面呈柳叶形，截面近六边形。上下均有残缺，两面较平直。刃缘较锋利，双面刃。器表磨制较光滑。残长3.1、宽1.4、厚约0.2厘米（图四一〇，8；彩版一〇七，8）。

TN25E39①：1，灰绿色。柳叶形。双面刃，刃缘有较多磨痕及细小的茬口。器身中部有方向较杂乱的磨痕。下半部分残缺，最宽处应位于中部偏上。残长3.7、宽1.5、厚约0.2厘米（图四一〇，9）。

六、Ⅲ区遗迹

遗迹包括房址、灰坑和墓葬（见附表一）。

（一）房址

2座。均为地面式建筑。

1. F18

位于TN25E38东部和TN25E39西部。开口于第5层下，打破第7层。平面呈长方形。长5.9、宽3.8米。残存北、东、南、西四排柱洞12个，大致为东西向，圆形，直壁，平底。柱洞大小和

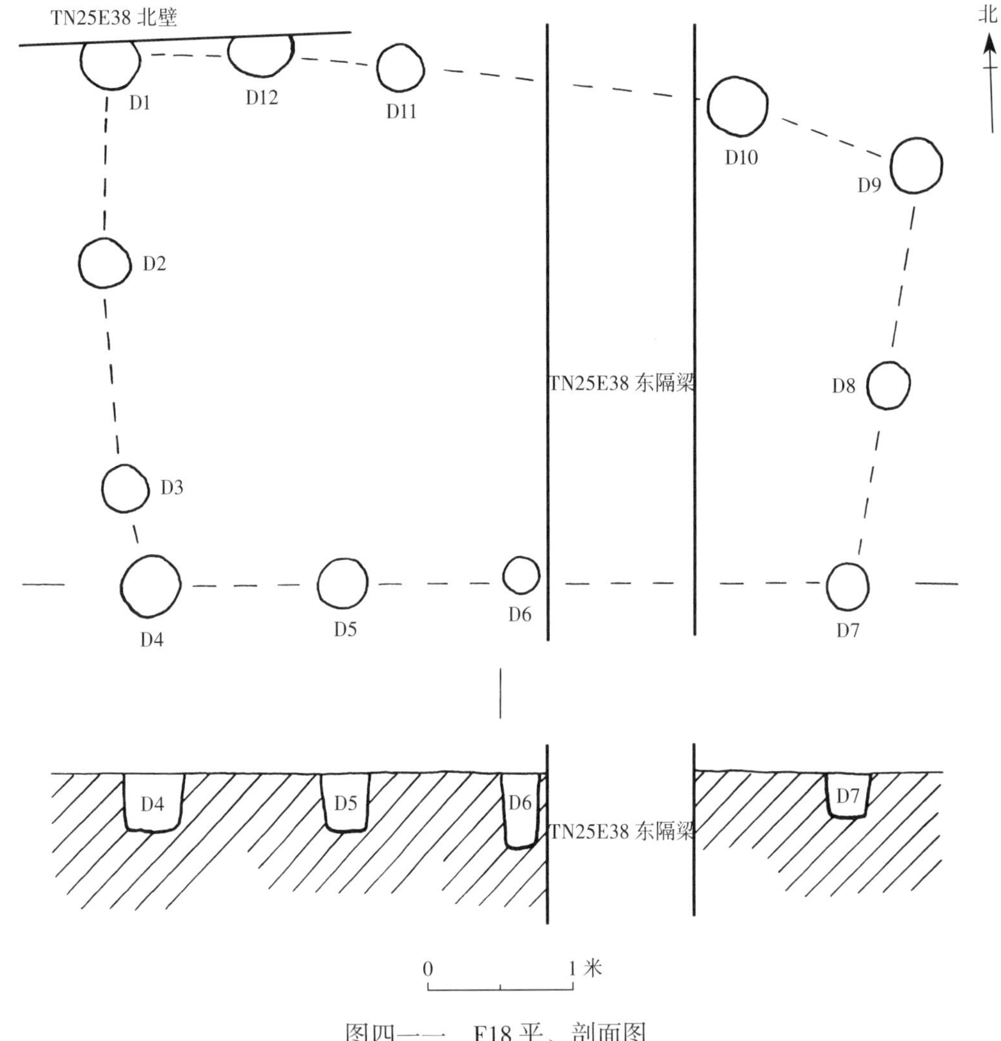

图四一一　F18 平、剖面图

深浅不一，直径 0.25~0.45、深 0.15~0.5 米。填土为灰黑色砂土，土质较疏松，出土少量陶片（图四一一）。

2. F20

位于 TN25E37 南部。开口于第 5 层下，打破第 7 层。平面呈长方形。残长 3.99、宽 1.53 米。残存北和东两排柱洞 6 个，圆形，直壁，平底。柱洞大小和深浅不一，直径 0.37~0.44、深 0.26~0.29 米。填土为灰黑色砂土，土质疏松，出土少量陶片（图四一二）。

（二）灰坑

16 个。

1. H71

位于 TN25E39 南部。开口于第 1 层下，打破第 2 层。平面近椭圆形，直壁，平底。长径 1.3、短径 1、深 0.28~0.3 米。填土为灰黑色砂土，土质疏松，夹杂红烧土，出土陶片（图四一三；彩版一

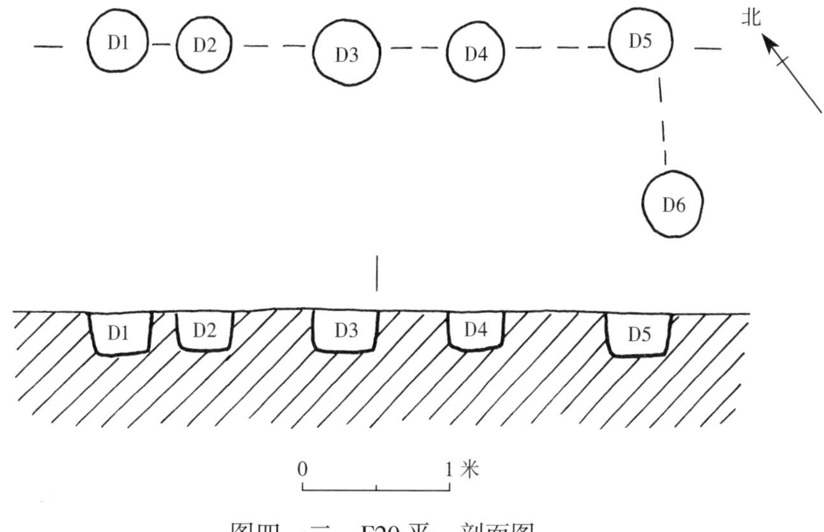

图四一二　F20平、剖面图

〇八，1）。

2. H79

位于TN25E39南部和TN24E39北部。开口于第2层下，打破第5层，北部被H71打破。平面近椭圆形，直壁，平底。残长4.2、宽2、深0.4~0.45米。填土为灰黑色黏土，夹杂红烧土、炭屑和石块，出土陶器和动物骨骼等，陶器器类有束颈罐、长颈罐、钵、器底等（图四一四；彩版一〇八，3）。

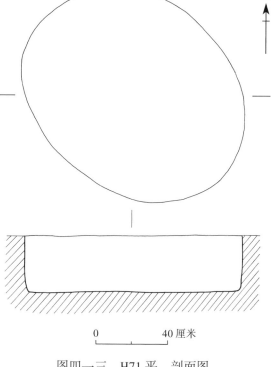

图四一三　H71平、剖面图

陶器

束颈罐

Aa型。

H79：11，夹砂灰陶。圆唇，侈口，窄卷沿外翻，短束颈，溜肩。肩部饰短泥条附加堆纹。口径18.6、残高6.7厘米（图四一五，1）。

Bb型。

H79：9，夹砂黑灰陶。圆唇，侈口，卷沿，束颈。素面。残高4.2厘米（图四一五，4）。

长颈罐

B型。

H79：1，夹砂灰胎黑灰皮陶。方唇，喇叭口，长颈。唇部饰戳印点纹。口径12.4、残高5.5厘米（图四一五，6）。

C型。

H79：6，夹砂灰黑陶。方圆唇，唇部有一道浅凹槽，盘口，宽沿。素面。口径17.6、残高3.4厘米（图

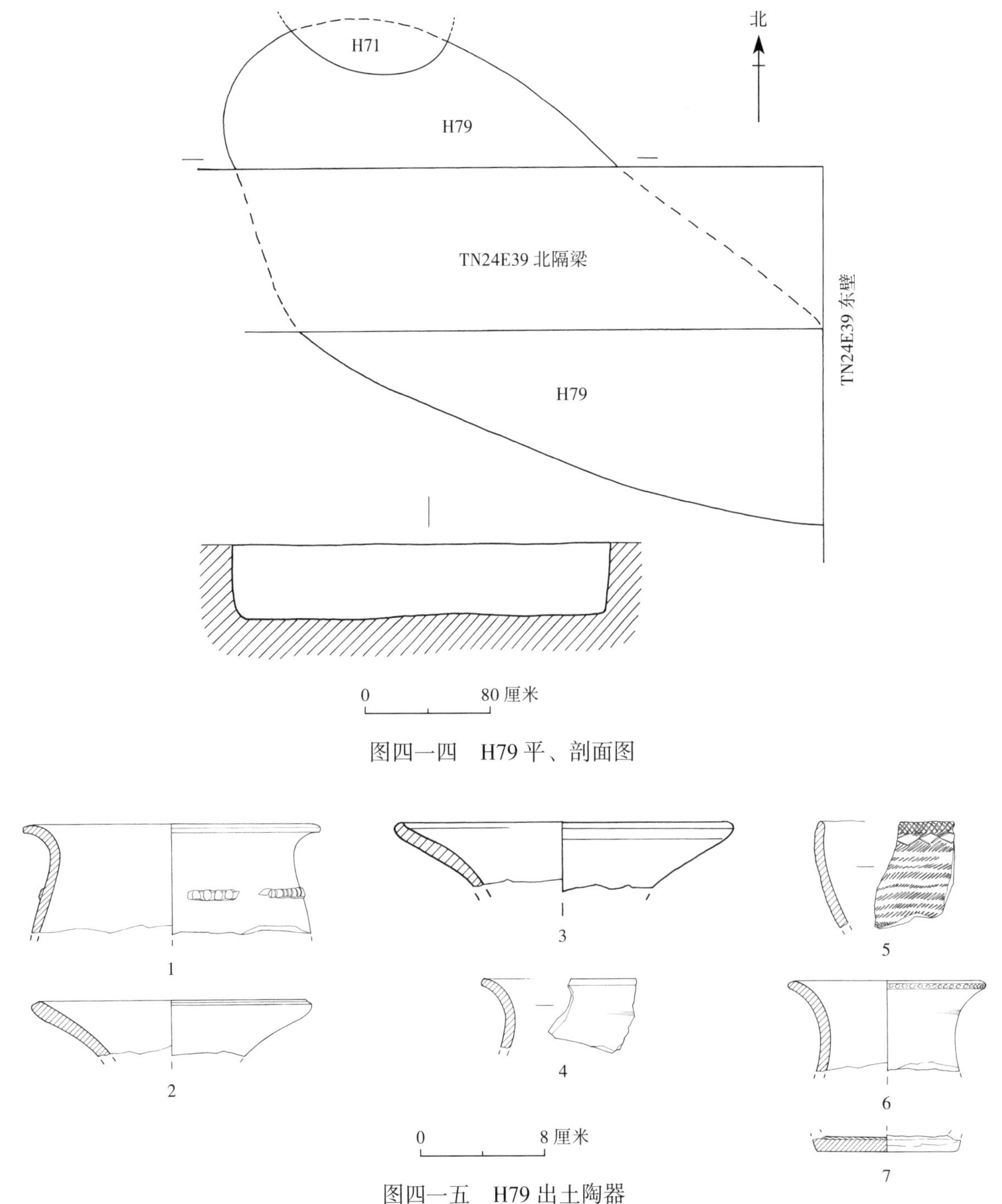

图四一四　H79 平、剖面图

图四一五　H79 出土陶器

1. Aa 型束颈罐（H79：11）　2、3. C 型长颈罐（H79：6、7）　4. Bb 型束颈罐（H79：9）　5. 乙类 Be 型钵（H79：12）　6. B 型长颈罐（H79：1）　7. 器底（H79：10）

四一五，2）。

H79：7，夹砂灰褐陶。圆唇，唇内侧有一道凹槽，盘口，宽沿。素面。口径 21.2、残高 4 厘米（图四一五，3）。

钵　乙类 Be 型。

H79：12，夹砂灰陶。圆唇，直口，弧腹。唇部饰戳印点纹，腹部饰菱格纹、连续三角纹夹光面菱形纹、短斜线纹组成的多周窄带状纹饰等。残高 6.5 厘米（图四一五，5）。

器底

H79：10，夹砂黑褐陶。平底。器底可见上下两层粘接的痕迹。素面。底径 9、残高 1 厘米（图四一五，7）。

3. H80

位于 TN24E38 西南部，向西伸出发掘区外，未继续清理。开口于第 3 层下，打破生土层。平面近圆形，直壁，平底。长 0.7、宽 0.6、深 0.45 米。填土为灰黑色黏性砂土，土质较疏松，夹杂红烧土，出土少量陶片（图四一六；彩版一〇八，2）。

4. H90

位于 TN24E38 东南部，向南伸出发掘区外，未继续清理。开口于第 3 层下，打破第 4 层。平面近椭圆形，弧壁，圜底。残长 1.2、宽 0.9、深 0.3~0.4 米。填土为灰黑色黏性砂土，土质较疏松，夹杂红烧土，出土少量陶片，器类有束颈罐等（图四一七；彩版一〇八，4）。

5. H92

位于 TN25E38 西南部，向南伸入 TN24E38 北隔梁，向西伸入 TN25E37 东隔梁，未继续清理。开口于第 3 层下，打破第 5 层。平面近圆角长方形，直壁，平底。残长 1、宽 0.6、深 0.25 米。填土为黄灰色黏性砂土，土质较致密，夹杂红烧土和石块，出土少量陶片和石器，石器器类有刀等（图四一八；彩版一〇九，1）。

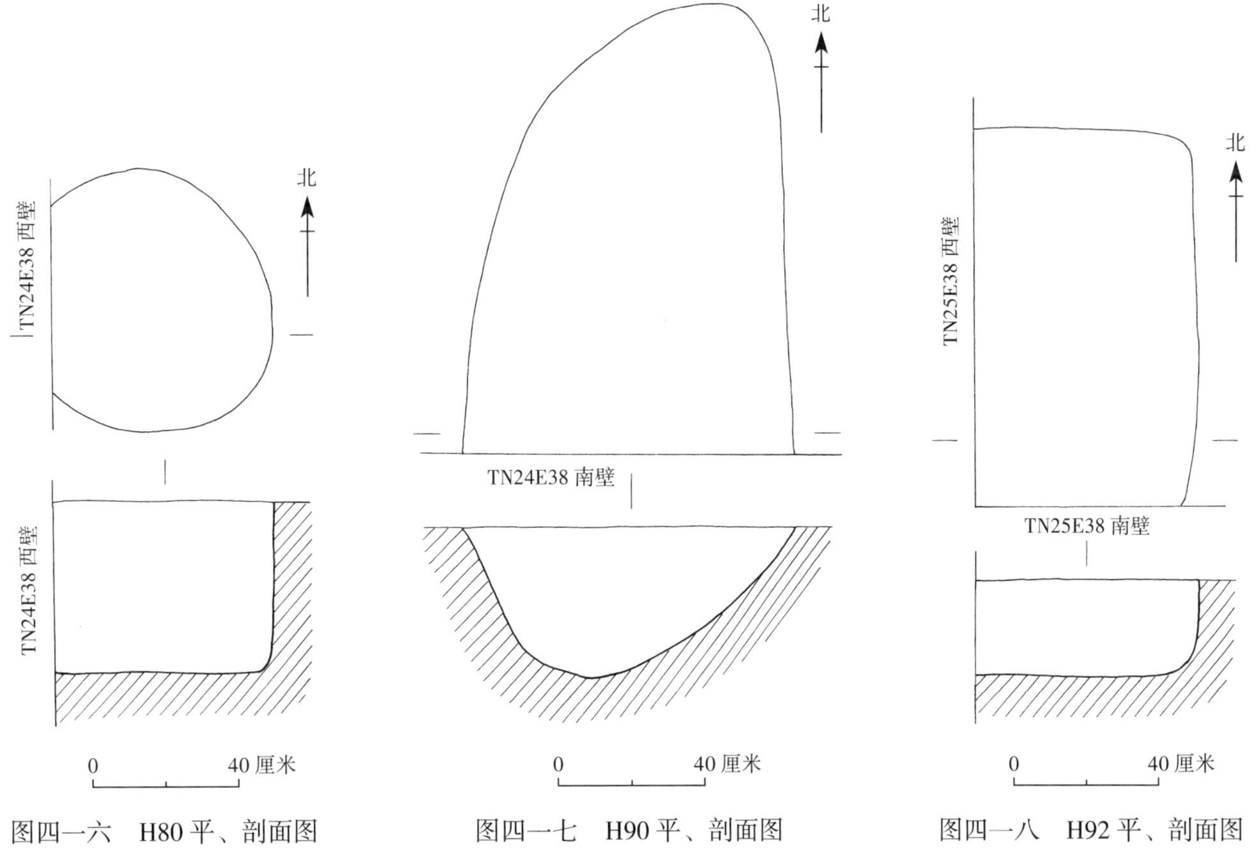

图四一六　H80 平、剖面图

图四一七　H90 平、剖面图

图四一八　H92 平、剖面图

石器

刀 乙类B型。

H92：1，绿色。桂叶形。双孔，另有一未穿透的小孔，穿孔周围有明显的穿绳磨损。弧刃，双面刃，刃缘较圆钝，刃缘部分茬口已被磨圆。长12.5、宽4.8、厚约0.7厘米（图四一九，1；彩版一〇九，2）。

6. H94

位于TN25E39中部偏南。开口于第4层下，打破生土层，西部被H71、H79打破。平面近椭圆形，弧壁，平底。长0.86、宽0.7、深0.26米。填土为灰黑色砂土，土质疏松，夹杂红烧土和石块，出土少量陶片，器类有束颈罐、沿面饰纹罐、盘口高领罐等（图四二〇）。

陶器

束颈罐 Bb型。

H94：2，夹砂黑灰陶。方唇，侈口，卷沿，短束颈。素面。残高3.3厘米（图四一九，2）。

沿面饰纹罐 Ab型。

H94：1，夹砂黑灰陶。圆唇，侈口，卷沿上仰，束颈，溜肩，鼓腹。沿面和颈部饰小方格状短斜线纹，肩部饰点线状凹弦纹和菱格纹等。口径18.6、残高9厘米（图四一九，3）。

盘口高领罐 Aa型。

H94：3，夹砂黄褐陶，内壁磨光。尖圆唇，盘口，宽沿。沿外壁饰小方格状短线纹。残高5.2厘米（图四一九，4）。

7. H95

位于TN25E37西南部。开口于第4层下，打破生土层。平面呈圆形，直壁，平底。直径0.6、深0.45~0.5米。填土为灰褐色黏性砂土，土质疏松，夹杂红烧土、炭屑和石块等，出土少量陶片、石器和骨器，石器器类有斧等（图四二一）。

石器

斧 A型。

H95：1，黑色。平面呈梯形，截面近椭圆形。平顶。正锋，弧刃，双面刃，刃面有多处较杂乱

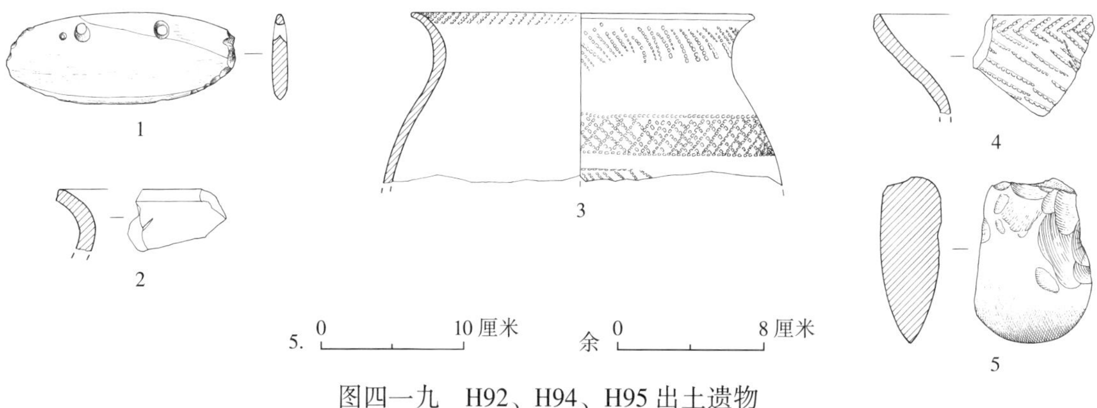

图四一九 H92、H94、H95出土遗物

1. 乙类B型石刀（H92：1） 2. Bb型陶束颈罐（H94：2） 3. Ab型陶沿面饰纹罐（H94：1） 4. Aa型陶盘口高领罐（H94：3） 5. A型石斧（H95：1）

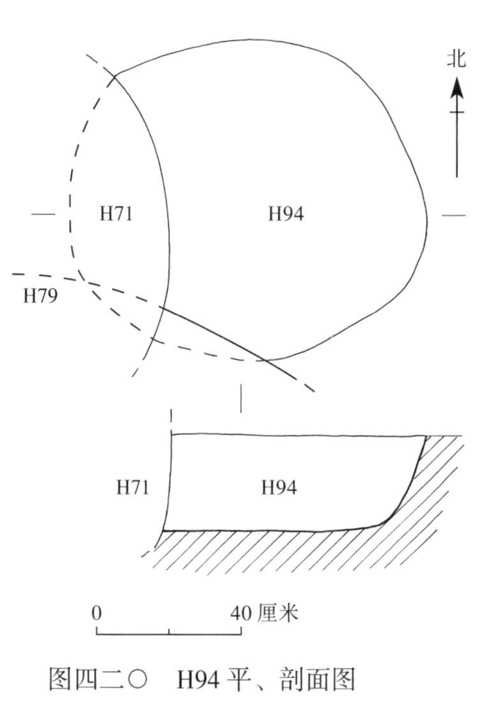

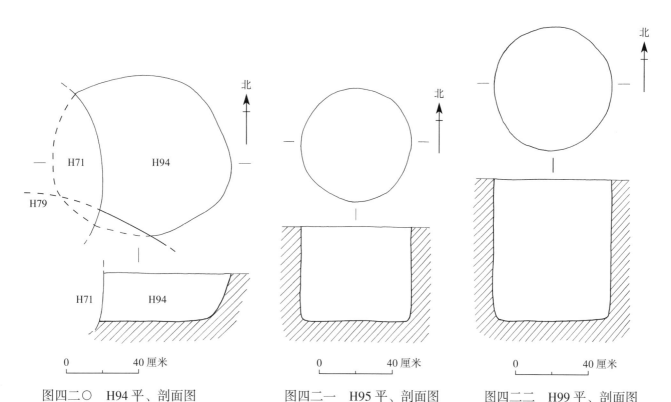

图四二〇 H94 平、剖面图

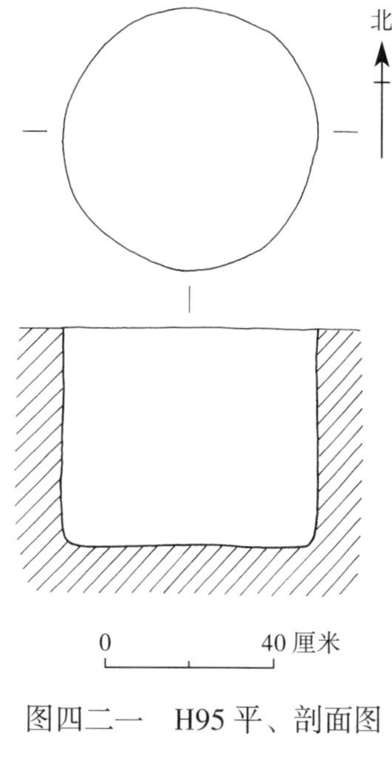

图四二一 H95 平、剖面图

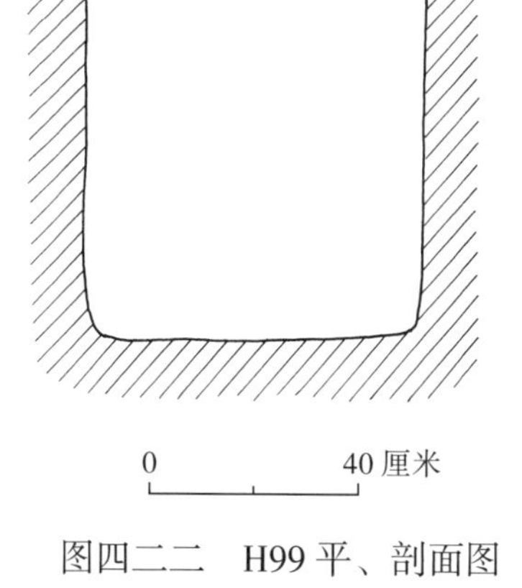

图四二二 H99 平、剖面图

的磨痕。通体磨光。长 10.9、宽 7.8、厚 4.1 厘米（图四一九，5；彩版一〇九，3）。

8. H99

位于 TN23E39 东部。开口于第 4 层下，打破生土层。平面呈圆形，直壁，平底。直径 0.65、深 0.75 米。填土为灰黑色黏性砂土，土质疏松，夹杂红烧土、炭屑和石块，出土少量陶片，器类有束颈罐等（图四二二；彩版一〇九，4）。

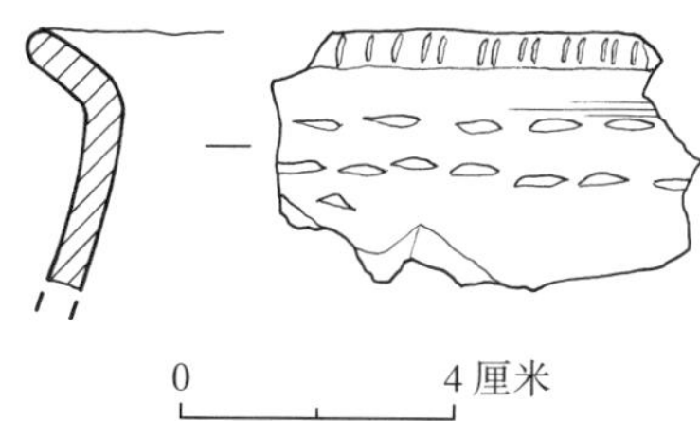

图四二三 H99 出土 Ba 型陶束颈罐（H99：2）

陶器

束颈罐 Ba 型。

H99：2，夹砂褐胎黑皮陶。方唇，侈口，卷沿，短束颈，溜肩。唇部饰戳印点纹，颈部饰戳印长点纹。残高 3.6 厘米（图四二三）。

9. H116

位于 TN23E39 南部和 TN22E39 北部。开口于第 2 层下，打破生土层。平面近椭圆形，弧壁，平底微圜。残长 4.2、宽 4.4、深 0.75~0.85 米。填土自上而下分为 6 层：第 1 层为黄褐色黏土，土质疏松，夹杂红烧土、炭屑和石块，出土陶片和石器，厚 0~0.28 米；第 2 层为灰褐色黏土，土质疏松，夹杂红烧土、炭屑和石块，出土陶片和石器，厚 0.08~0.15 米；第 3 层为灰黑色黏土，土质疏松，夹杂红烧土、炭屑和石块，出土陶片和石器，厚 0.12~0.22 米；第 4 层为黄灰色砂土，土质疏松，夹杂红烧土、炭屑、骨渣和石块，出土陶片和石器，厚 0~0.12 米；第 5 层为灰黑色黏土，土质疏松，夹

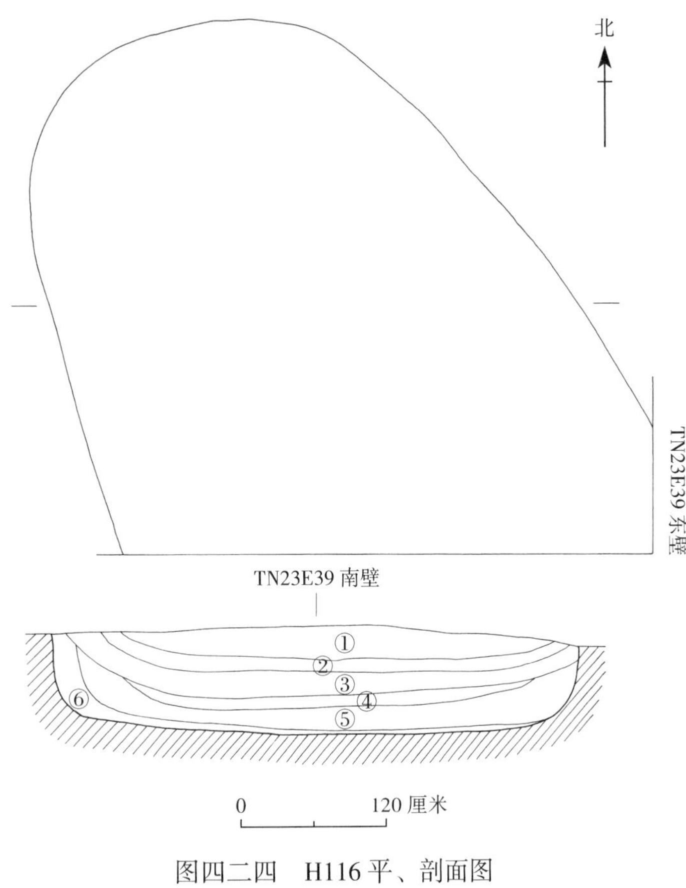

图四二四　H116 平、剖面图

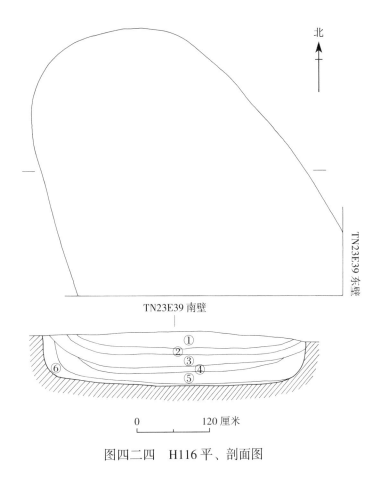

杂红烧土、炭屑、骨渣和石块，出土陶片和石器，厚 0.1~0.32 米；第 6 层为浅灰色黏土，土质疏松，夹杂红烧土、炭屑、骨渣和石块，出土陶片和石器，厚 0.02~0.22 米。出土器物以陶器为主，有少量石器，陶器器类有束颈罐、侈口小罐、长颈罐、盘口高领罐、盘口短颈罐、矮领小罐、敛口罐、瓮、盆、钵、碗、杯、纺轮等，石器器类有斧、锛、刀、箭镞、网坠、锥、穿孔石器、异形石器等（图四二四）。

（1）陶器

束颈罐

Aa 型。

H116③：22，夹砂黑灰陶。方唇，侈口，窄卷沿下垂，束颈。唇部饰戳印点纹，颈部饰点线纹组成的“<”形纹和凹弦纹。口径 16、残高 4.5 厘米（图四二五，1）。

H116③：32，夹砂黑褐陶，器表磨光。圆唇，口微侈，窄卷沿下垂，束颈，溜肩。唇部饰戳印点纹，颈部饰刻划网格纹和短泥条附加堆纹。口径 14、残高 4.7 厘米（图四二五，2）。

H116④：14，夹砂灰黄陶。尖圆唇，侈口，窄卷沿下垂，束颈。颈部饰刻划网格纹和凹弦纹。口径 20、残高 3.2 厘米（图四二五，3）。

H116④：32，夹砂灰褐陶，内壁磨光。尖圆唇，侈口，窄卷沿下垂，束颈。颈部饰刻划纹。口径 26、残高 2.4 厘米（图四二五，4）。

Ab 型。

H116①：19，夹砂黑灰陶。圆唇，侈口，宽卷沿下垂，长束颈。颈部饰刻划网格纹和凹弦纹。口径 26、残高 5 厘米（图四二五，5）。

H116③：13，夹砂黑灰陶，器表磨光。方唇，侈口，宽卷沿下垂，长束颈。唇部饰戳印点纹，颈部饰点线纹组成的“<”形纹和凹弦纹。口径 20、残高 3.7 厘米（图四二五，6）。

H116③：26，夹砂黑灰陶，内壁磨光。尖圆唇，侈口，宽卷沿下垂。素面。口径 22、残高 2.4 厘米（图四二五，7）。

Ba 型。

H116③：31，夹砂褐陶，内壁磨光，外壁有用工具刮划修整留下的成组线纹痕迹。圆唇，侈口，短束颈，溜肩，鼓腹。唇部饰戳印点纹，颈部饰三周横向戳印短线纹，其下饰横向褶皱状短泥条附加堆纹。口径 18、残高 10.4 厘米（图四二五，8）。

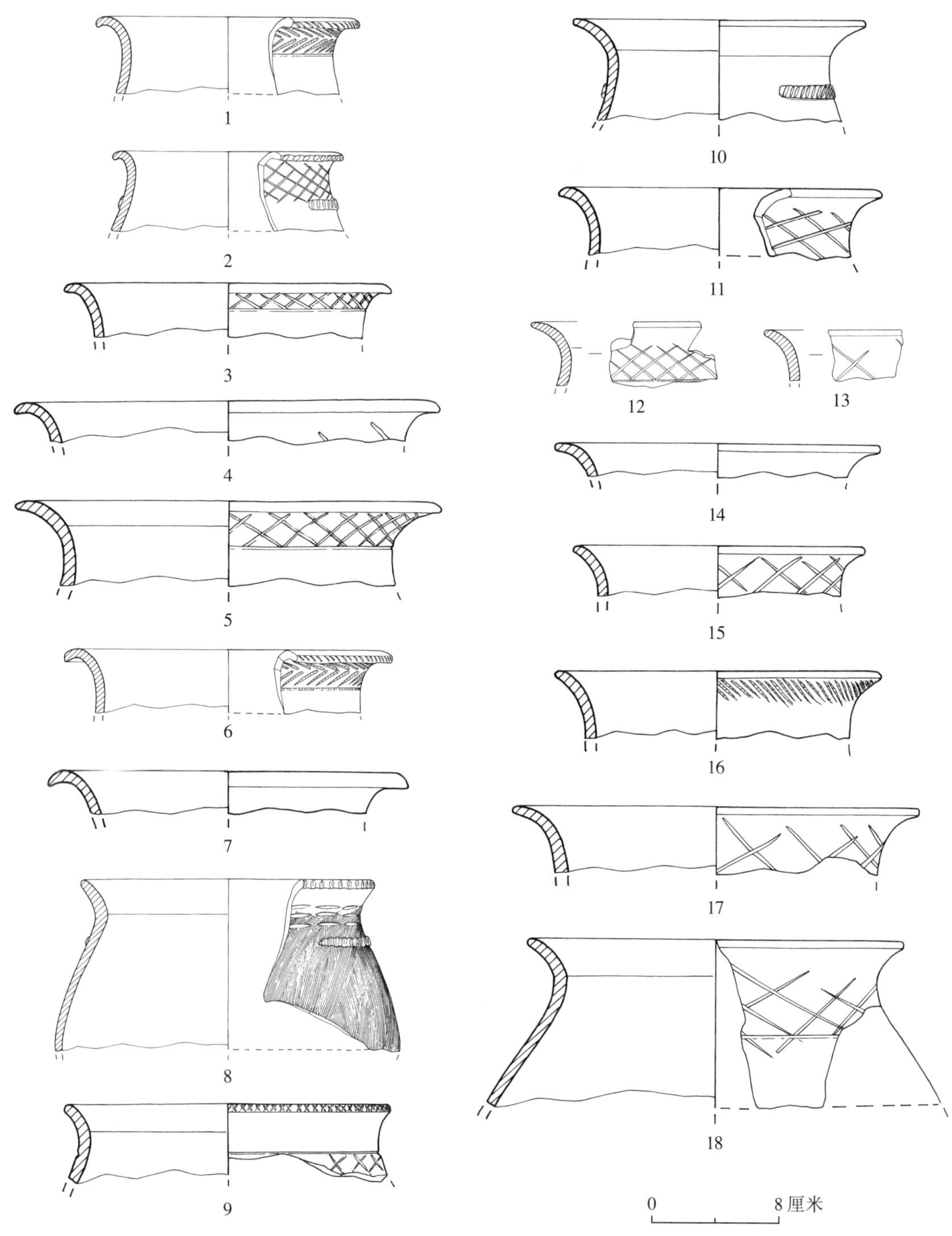

图四二五 H116出土陶束颈罐

1~4. Aa 型（H116 ③：22、H116 ③：32、H116 ④：14、H116 ④：32） 5~7. Ab 型（H116 ①：19、H116 ③：13、H116 ③：26） 8、9. Ba 型（H116 ③：31、H116 ③：34） 10~18. Bb 型（H116 ②：17、H116 ③：25、H116 ①：21、H116 ①：24、H116 ②：12、H116 ②：13、H116 ②：14、H116 ②：15、H116 ②：16）

H116 ③：34，夹砂灰褐陶。方唇，侈口，卷沿，短束颈。唇部饰刻划“×”形纹，颈下部饰刻划凹弦纹和刻划交叉纹。口径 20、残高 4.8 厘米（图四二五，9）。

Bb 型。

H116①：21，夹砂黑灰陶，内壁磨光。圆唇，侈口，卷沿，束颈。颈部饰刻划网格纹和凹弦纹。残高3.8厘米（图四二五，12）。

H116①：24，夹砂褐陶。方唇，侈口，卷沿，束颈。颈部饰刻划纹。残高3厘米（图四二五，13）。

H116②：12，夹砂黑灰陶。方唇，侈口，卷沿。素面。口径20、残高2厘米（图四二五，14）。

H116②：13，夹砂褐陶，内壁磨光。方唇，侈口，卷沿，束颈。颈部饰刻划网格纹。口径18、残高3厘米（图四二五，15）。

H116②：14，夹砂黑灰陶，器表磨光。方唇，侈口，卷沿，束颈。颈部饰点线纹。口径20、残高4厘米（图四二五，16）。

H116②：15，夹砂灰陶，内壁磨光。方唇，侈口，卷沿，束颈。颈部饰刻划网格纹。口径25、残高4厘米（图四二五，17）。

H116②：16，夹砂灰陶，内壁磨光、呈红褐色。方唇，侈口，卷沿，长束颈，溜肩。颈肩部饰刻划网格纹。口径23.2、残高10厘米（图四二五，18）。

H116②：17，夹砂灰褐陶，内壁磨光、呈黑灰色。方唇，侈口，卷沿，长束颈，溜肩。肩部饰短泥条附加堆纹。口径18、残高6厘米（图四二五，10）。

H116③：14，夹砂黑灰陶，内壁磨光。圆唇，侈口，卷沿，束颈，溜肩。颈肩部饰刻划网格纹和凹弦纹。口径24、残高5厘米（图四二六，1）。

H116③：18，夹砂灰陶，内壁磨光。方唇，侈口，卷沿，短束颈。素面。口径23、残高3.6厘米（图四二六，3）。

H116③：19，夹砂黑灰陶，内壁磨光。方唇，侈口，卷沿，短束颈，溜肩。肩部饰刻划网格纹和凹弦纹。口径18、残高4.8厘米（图四二六，4）。

H116③：24，夹砂灰陶，内壁磨光。方唇，侈口，卷沿，束颈。素面。口径24、残高5厘米（图四二六，2）。

H116③：25，夹砂灰陶。尖圆唇，口微侈，卷沿，束颈。颈部饰刻划网格纹。口径20、残高4厘米（图四二五，11）。

H116③：27，夹砂黑灰陶，内壁磨光。方唇，侈口，卷沿，短束颈。颈部饰刻划网格纹。口径18、残高3.2厘米（图四二六，5）。

H116③：28，夹砂褐胎黑灰皮陶。方唇，侈口，卷沿，短束颈，溜肩。颈肩部饰刻划凹弦纹夹网格纹。口径20、残高9厘米（图四二六，6）。

H116③：30，夹砂黑灰陶，内壁磨光。方唇，侈口，卷沿，短束颈，溜肩。肩部饰刻划网格纹。口径18、残高6厘米（图四二六，8）。

H116③：35，夹砂黑灰陶。方唇，侈口，卷沿，短束颈，溜肩，鼓腹。素面。口径22、残高11.2厘米（图四二六，9）。

H116④：13，夹砂黄褐陶，器表磨光，内壁为黑灰色。圆唇，侈口，卷沿，束颈，溜肩。肩部饰刻划网格纹。口径22、残高7.6厘米（图四二六，10）。

H116④：16，夹砂黑灰陶，内壁磨光。方唇，侈口，卷沿，短束颈。素面。口径24、残高4.6厘米（图

图四二六　H116出土Bb型陶束颈罐

1. H116③：14　2. H116③：24　3. H116③：18　4. H116③：19　5. H116③：27　6. H116③：28　7. H116⑥：12　8. H116③：30　9. H116③：35　10. H116④：13　11. H116④：16　12. H116④：31　13. H116④：33　14. H116⑥：14　15. H116④：36　16. H116④：25

四二六，11）。

H116④：22，夹砂黑陶，内壁磨光。圆唇，侈口，卷沿，鼓肩。肩部饰刻划网格纹。口径20、残高8厘米（图四二七，1）。

H116④：25，夹砂褐胎灰黑皮陶，内壁磨光。圆唇，侈口，卷沿，短束颈。颈部饰刻划网格纹。残高4厘米（图四二六，16）。

H116④：28，夹砂黑灰陶。方圆唇，侈口，卷沿。素面。口径20、残高3厘米（图四二七，3）。

H116④：31，夹砂黑陶，器表磨光。圆唇，侈口，卷沿，束颈。素面。口径26、残高3厘米（图四二六，12）。

H116④：33，夹砂橙黄陶，器表磨光。圆唇，侈口，卷沿，束颈。素面。口径20、残高4厘米（图四二六，13）。

H116④：36，夹砂灰陶，内壁磨光。方圆唇，侈口，卷沿，短束颈，溜肩。肩部饰刻划网格纹。残高4.5厘米（图四二六，15）。

H116⑥：12，夹砂灰陶，内壁磨光。圆唇，侈口，卷沿，短束颈，溜肩。肩部饰刻划网格纹。

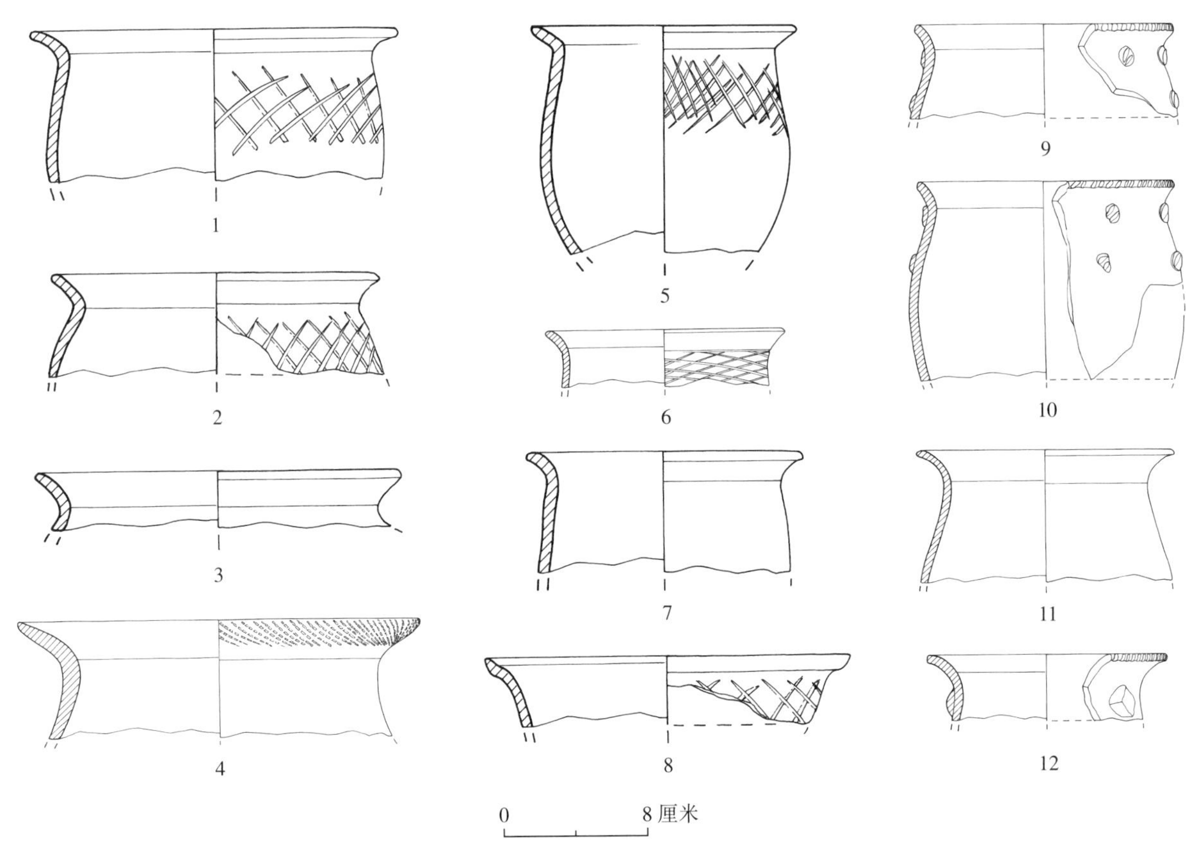

图四二七　H116出土陶器

1~3. Bb型束颈罐（H116④：22、H116⑥：13、H116④：28）　4. A型盘口短颈罐（H116④：11）　5~7. Ab型侈口小罐（H116⑥：11、H116①：12、H116④：17）　8. B型盘口短颈罐（H116⑤：11）　9、10. Ac型侈口小罐（H116①：13、H116①：18）　11、12. Ae型侈口小罐（H116④：2、H116①：17）

口径 24、残高 7.6 厘米（图四二六，7）。

H116⑥：13，夹砂黑灰陶，内壁磨光。方圆唇，侈口，卷沿，鼓肩。肩部饰刻划网格纹。口径 18、残高 5.6 厘米（图四二七，2）。

H116⑥：14，夹砂灰褐陶。圆唇，侈口，卷沿，短束颈，溜肩。肩部饰刻划网格纹。口径 20、残高 7.2 厘米（图四二六，14）。

侈口小罐

Ab 型。

H116①：12，夹砂灰黄陶。圆唇，侈口，卷沿，溜肩，肩部较竖直。肩部饰刻划凹弦纹和网格纹。口径 13、残高 3 厘米（图四二七，6）。

H116④：17，夹砂褐陶，器表磨光。圆唇，侈口，卷沿，溜肩，肩部较竖直。素面。口径 15、残高 6.4 厘米（图四二七，7）。

H116⑥：11，夹砂灰褐陶。尖圆唇，侈口，卷沿，溜肩，肩部较竖直，弧腹。肩部饰刻划网格纹。口径 14.4、残高 12 厘米（图四二七，5）。

Ac 型。

H116①：13，夹砂红褐陶。方唇，侈口，卷沿，溜肩。唇部饰戳印点纹，肩部饰小圆饼状乳丁纹，局部有压印线纹痕迹。口径 14、残高 5 厘米（图四二七，9）。

H116①：18，夹砂陶，陶色差异较大，局部为褐色，局部为黑色，内壁磨光。方唇，侈口，卷沿，溜肩。唇部饰戳印点纹，颈部和肩部饰小圆饼状乳丁纹，其上施压印纹。器表局部可见压印线纹痕迹。口径 14、残高 10.8 厘米（图四二七，10）。

Ae 型。

H116①：17，夹砂褐陶。方唇，侈口，卷沿，短束颈。唇部饰戳印点纹，颈部饰乳丁纹。口径 13、残高 3.5 厘米（图四二七，12）。

H116④：2，夹砂黑灰陶，内壁磨光。圆唇，侈口，卷沿，束颈，溜肩。素面。口径 14、残高 7 厘米（图四二七，11）。

长颈罐　C 型。

H116③：16，夹砂灰陶。方唇，浅盘口，宽沿。素面。口径 22、残高 4 厘米（图四二八，1）。

H116④：21，夹砂黑灰陶，器表磨光。圆唇，盘口，窄沿，长颈。素面。口径 13、残高 4.5 厘米（图四二八，2）。

H116⑤：12，夹砂灰陶，器表磨光。厚圆唇，盘口，宽沿，长颈。素面。口径 18、残高 5.6 厘米（图四二八，4）。

盘口高领罐

Ab 型。

H116④：12，夹砂黑灰陶，器表磨光。方唇，盘口，口内侧有一道凹槽，宽沿斜弧。沿外壁饰点线纹组成的折线纹。口径 20、残高 4.4 厘米（图四二八，5）。

Ac 型。

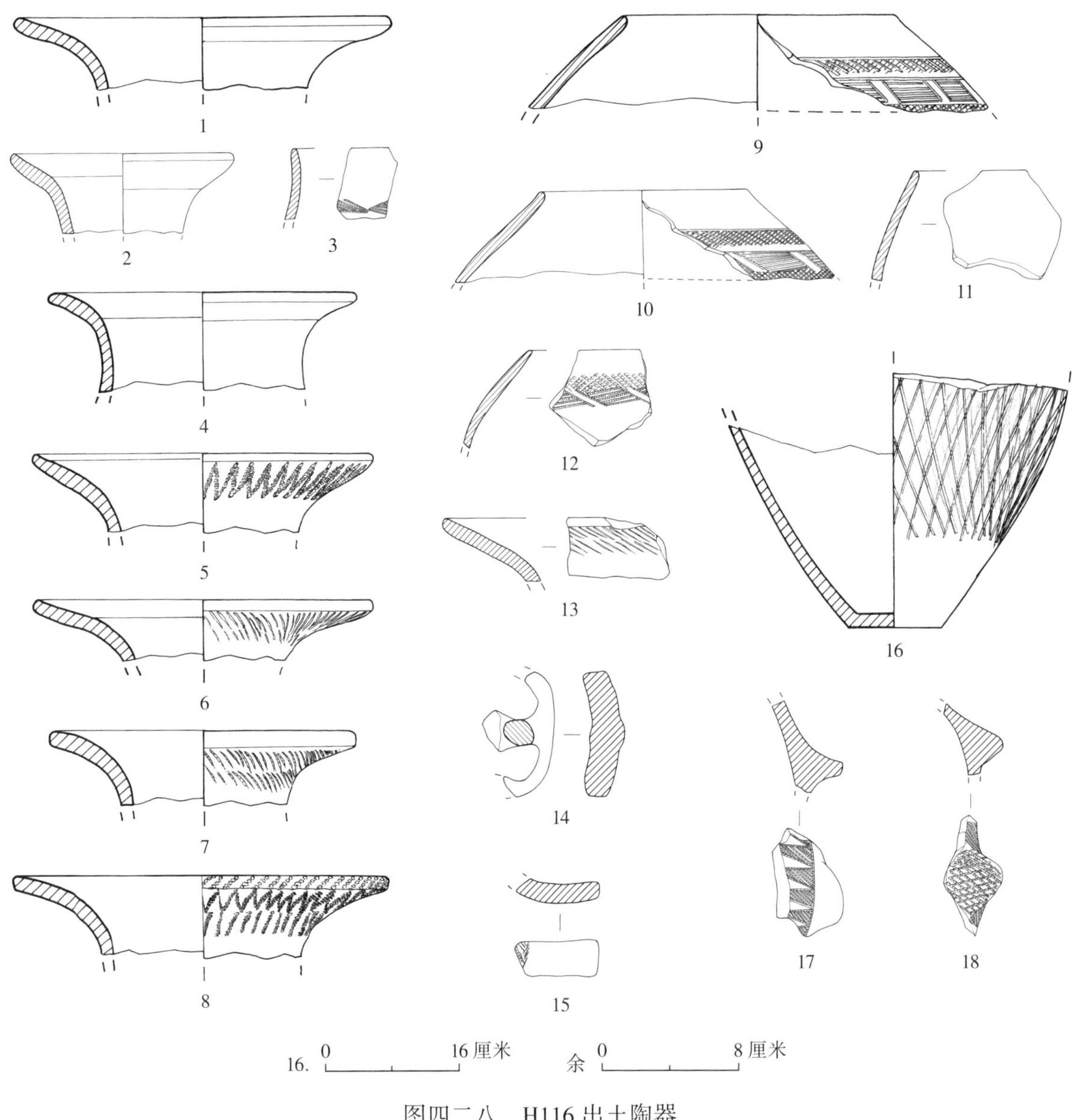

图四二八　H116出土陶器

1、2、4. C型长颈罐（H116③：16、H116④：21、H116⑤：12）　3. B型矮领小罐（H116④：35）　5. Ab型盘口高领罐（H116④：12）　6~8、13. Ac型盘口高领罐（H116④：26、H116④：15、H116④：34、H116①：16）　9、10、12. A型敛口罐（H116④：18、H116④：23、H116④：24）　11. B型敛口罐（H116④：20）　14. C型器錾（H116③：11）　15. B型器錾（H116④：38）　16. 瓮（H116④：40）　17、18. A型器錾（H116③：12、H116④：39）

H116①：16，夹砂灰黄陶，内壁磨光。方唇，浅盘口，宽沿较平直。沿外壁饰斜线纹。残高3.5厘米（图四二八，13）。

H116④：15，夹砂橙黄陶。方唇，近盘口，宽沿。沿外壁至领部饰小方格状点线纹。口径18、残高4.2厘米（图四二八，7）。

H116④：26，夹砂灰陶，内壁磨光。方唇，浅盘口，宽沿。沿外壁饰短斜线纹。口径20、残高4厘米（图四二八，6）。

H116④：34，夹砂灰陶。方唇，浅盘口，宽沿。唇部和沿外壁饰小方格状点线纹。口径22、残高 4.6 厘米（图四二八，8）。

盘口短颈罐

A 型。

H116④:11，夹砂灰褐陶。圆唇，盘口，宽沿，靠近唇部有一道浅凹痕，束颈。沿外壁饰小方格状点线纹。口径 20、残高 6.3 厘米（图四二七，4）。

B 型。

H116⑤:11，夹砂褐陶。尖圆唇，盘口，窄沿。颈部饰刻划网格纹。口径 20、残高 3.6 厘米（图四二七，8）。

矮领小罐　B 型。

H116④:35，夹砂褐陶。圆唇，直口，矮领。肩部饰点线纹组成的菱格纹。残高 4 厘米（图四二八，3）。

敛口罐

A 型。

H116④:18，夹砂褐陶，外壁磨光。圆唇，敛口，鼓肩。肩部饰凹弦纹和菱格纹，其下饰短线纹组成的几何纹饰等。口径 16、残高 5.6 厘米（图四二八，9）。

H116④:23，夹砂黑灰陶，器表磨光。圆唇，敛口，鼓肩。肩部饰凹弦纹和菱格纹，其下饰短线纹组成的几何纹饰等。口径 12、残高 5.1 厘米（图四二八，10）。

H116④:24，夹砂黑灰陶，器表磨光。圆唇，敛口，鼓肩。肩部饰一周小方格状点线纹组成的带状纹饰，其下饰小方格状点线纹组成的菱形纹等纹饰。残高 5.5 厘米（图四二八，12）。

B 型。

H116④:20，夹砂褐陶，器表磨光。圆唇，敛口，溜肩。素面。残高 6.2 厘米（图四二八，11）。

瓮

H116④:40，夹砂黑灰陶。上腹部及以上残，下腹斜收，平底，腹部饰网格纹。底径 11.2、残高 28.8 厘米（图四二八，16）。

盆　C 型。

H116①:20，夹砂灰胎黑皮陶，器表磨光。圆唇，敞口，卷沿，斜弧腹。素面。口径 22、残高 6 厘米（图四二九，1）。

钵

乙类 Ab 型。

H116③:29，夹砂灰陶。圆唇，口近直，弧腹。素面。口径 20、残高 5 厘米（图四二九，2）。

H116④:42，夹砂黑灰陶，器表磨光。圆唇，唇部外翻，敞口，斜弧腹。唇部有一半圆形饼状乳丁凸起。素面。口径 12、残高 6 厘米（图四二九，3）。

乙类 Be 型。

H116③:23，夹砂褐陶，器表磨光。方唇，直口，浅弧腹。腹部饰刻划凹弦纹夹小网格纹。口径 14、残高 4 厘米（图四二九，5）。

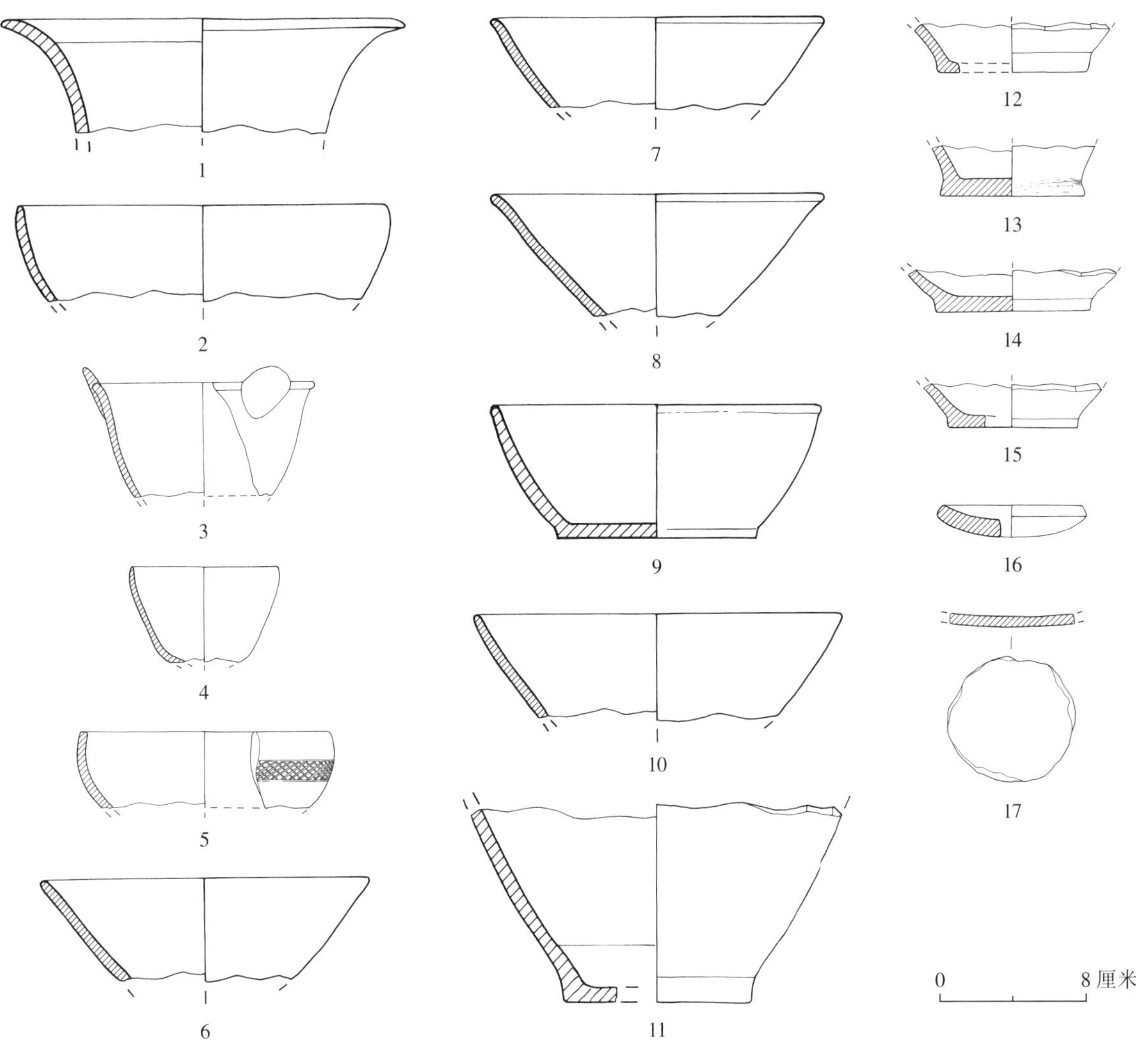

图四二九　H116出土陶器

1. C型盆（H116①：20）　2、3. 乙类Ab型钵（H116③：29、H116④：42）　4. Ab型杯（H116③：33）　5. 乙类Be型钵（H116③：23）　6~10. 碗（H116③：15、H116③：20、H116：21、H116⑥：16、H116③：17）　11~15. 器底（H116①：14、H116①：23、H116②：18、H116⑥：15、H116③：36）　16. C型纺轮（H116④：41）　17. 陶片（H116③：37）

碗

H116③：15，夹砂灰胎黑皮陶，器表磨光。圆唇，敞口，斜直腹。素面。口径18、残高5.4厘米（图四二九，6）。

H116③：17，夹砂灰胎黑皮陶，器表磨光。圆唇，敞口，斜直腹。素面。口径20、残高5.4厘米（图四二九，10）。

H116③：20，夹砂黑灰陶，器表磨光。圆唇，敞口，斜弧腹。素面。口径18、残高4.8厘米（图四二九，7）。

H116：21，夹砂黑灰陶，器表磨光。圆唇，敞口，斜直腹。素面。口径18、残高6.4厘米（图四二九，8）。

H116⑥：16，夹砂黑褐陶。圆唇，敞口，斜直腹，平底。素面。口径18、底径10.8、高7厘米（图四二九，9；彩版一一〇，1）。

杯　Ab 型。

H116③：33，夹砂褐陶。尖圆唇，敞口，斜弧腹，底残。素面。口径 8、残高 5 厘米（图四二九，4）。

器鋬

A 型。

H116③：12，夹砂黄褐陶，器表磨光。扁乳丁状。器身饰小方格状点线纹与光面形成的复合纹饰。残高 6 厘米（图四二八，17）。

H116④：39，夹砂黄褐陶。扁乳丁状。器表饰小方格状点线纹，局部交叉呈菱格状。残高 6.8 厘米（图四二八，18）。

B 型。

H116④：38，夹砂褐陶。扁长条形，有一定弧度。饰刻划短线纹。残长 3 厘米（图四二八，15）。

C 型。

H116③：11，夹砂褐陶，器表磨光。三叉形。素面。残宽 4.3、高 7 厘米（图四二八，14）。

器底

H116①：14，夹砂褐陶，内壁黑灰色。下腹斜直，平底。素面。底径 10、残高 10.3 厘米（图四二九，11）。

H116①：23，夹砂黑灰陶。平底。素面。底径 8、残高 2.5 厘米（图四二九，12）。

H116②：18，夹砂灰陶，内壁黄褐色。平底。素面。底径 7.8、残高 2.6 厘米（图四二九，13）。

H116③：36，夹砂灰陶，器表磨光。平底。素面。底径 7、残高 2.3 厘米（图四二九，15）。

H116⑥：15，夹砂灰陶。平底。素面。底径 8.4、残高 2.2 厘米（图四二九，14）。

纺轮　C 型。

H116④：41，夹砂灰褐陶。平面呈圆形，弧壁，剖面呈浅盘形，中间有圆形穿孔，孔缘两侧有凸棱。素面。直径 8 厘米（图四二九，16）。

陶片

H116③：37，夹砂褐陶，外壁磨光。近圆形。直径约 7 厘米（图四二九，17）。

（2）石器

斧

A 型。

H116③：4，黑色。平面近长方形，截面近椭圆形。弧背。两侧分布有较密集的片疤，下半部分残缺。磨光较好。残长 10.3、宽 6.2、厚约 4.1 厘米（图四三〇，1；彩版一一〇，3）。

Ca 型。

H116⑥：1，黑色。平面近长方形，中部起脊。刃缘残缺，器表崩疤较多。残长 7.8、宽 6.7、厚约 3.5 厘米（图四三〇，2；彩版一一〇，6）。

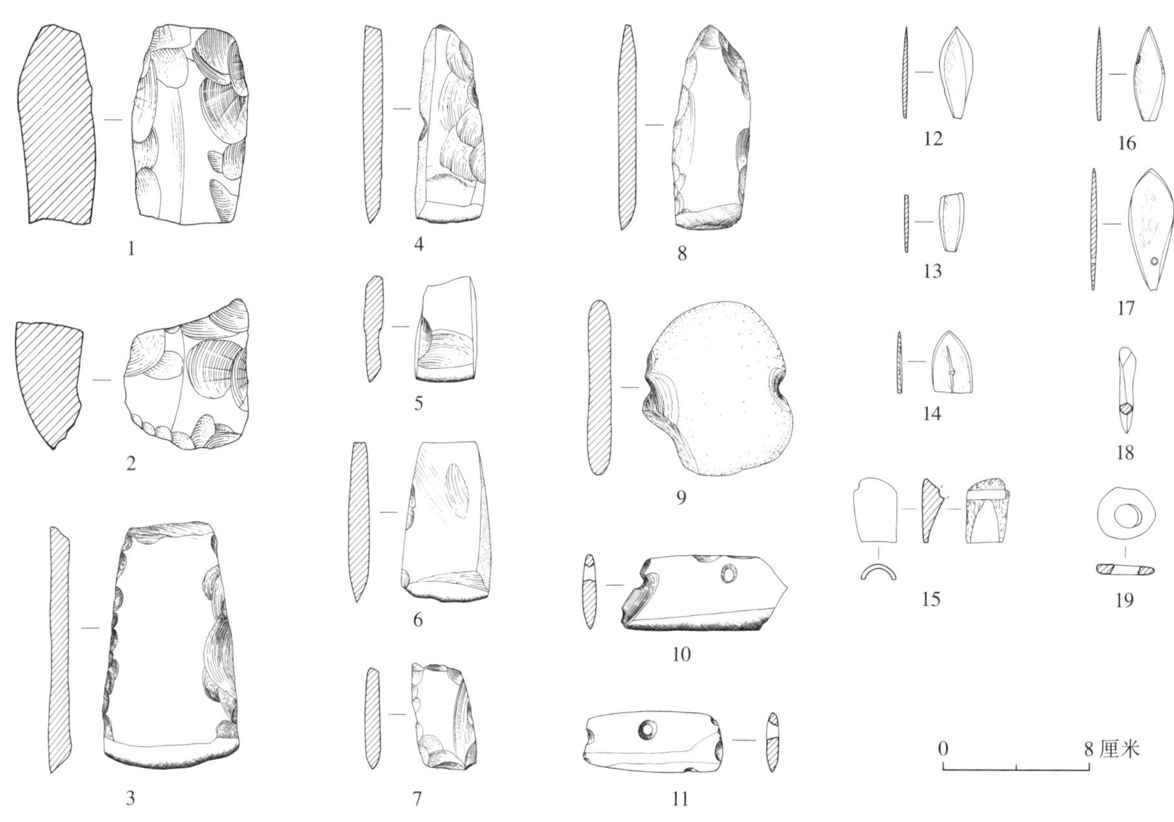

图四三〇 H116出土石器

1. A型斧（H116③：4） 2. Ca型斧（H116⑥：1） 3~6. B型锛（H116：3、7、5、6） 7. 石锛残件（H116⑤：1） 8. C型锛（H116：8） 9. 网坠（H116③：3） 10. 乙类C型刀（H116：4） 11. 甲类刀（H116：10） 12、13、16. Aa型箭镞（H116③：1、H116①：3、H116①：1） 14. A型箭镞（H116：2） 15. 异形石器（H116：1） 17. Ac型箭镞（H116②：1） 18. 锥（H116③：2） 19. 穿孔石器（H116①：2）

锛

B型。

H116：3，黑色。平面呈梯形，截面近圆角长方形。平顶。两面均磨光，正面仅刃部磨光较好。弧刃，单面刃，刃缘有多次磨制的痕迹，分布有较密集的磨痕。长13.2、宽7.5、厚约1.1厘米（图四三〇，3）。

H116：5，黑色。平面近梯形，截面近长方形。斜平顶。两侧面磨光较好，两面均磨光。弧刃，单面刃，刃缘有较密集的磨痕。长5.7、宽3.2、厚0.9厘米（图四三〇，5）。

H116：6，黑色。平面呈梯形，截面呈弧角长方形。平顶。弧刃，单面刃，刃缘分布有连续的崩疤及较杂乱的磨痕。器表磨光较好，分布有较均匀的磨痕。长8.5、宽4.9、厚约1.1厘米（图四三〇，6）。

H116：7，黑色。平面近梯形，截面近平行四边形。一侧切割较斜直，另一侧有较连续的片疤。弧刃，单面刃，刃缘有连续的崩疤及较均匀的磨痕。长10.4、宽3.9、厚约1.2厘米（图四三〇，4）。

C型。

H116：8，黑色。平面近梯形，截面呈椭圆形。尖顶，两侧均有意斜切，有连续的片疤。两面均磨光。弧刃，单面刃，背面有较密集的垂直磨痕。长10.9、宽4.1、厚约1厘米（图四三〇，8；

彩版一一〇，4）。

残件。

H116⑤：1，黑色。平面呈长方形，截面近长方形。顶部残缺，两侧有较明显的片疤。两面均磨光。直刃，双面刃，刃缘有较密集的垂直磨痕。残长5.7、宽3.1、厚约0.9厘米（图四三〇，7）。

刀

甲类。

H116：10，绿色。长方形。单孔，两面对钻。直刃，一侧中部略有缺口。残长7.7、宽3.2、厚0.6厘米（图四三〇，11；彩版一一〇，2）。

乙类C型。

H116：4，褐色。直背，双孔，两面对钻，穿孔附近有较明显的穿绳磨损。直刃，双面刃。残长8.9、宽4、厚约0.7厘米（图四三〇，10；彩版一一〇，7）。

箭镞

Aa型。

H116①：1，深灰色。柳叶形。两侧刃部均有较多细小的茬口。平底较窄。器表及刃部分布有较密集的磨痕，磨制较精细。长4.9、宽1.7、厚约0.15厘米（图四三〇，16；彩版一一〇，5）。

H116①：3，黑色。柳叶形。锋部残缺。单面刃，两侧均有刃部，刃缘分布有较密集的平行磨痕。器身中部有均匀的斜向磨痕。平底。残长3.1、宽1.3、厚约0.2厘米（图四三〇，13；彩版一一〇，8）。

H116③：1，白色。柳叶形。两侧为较锋利的刃部，刃部磨痕较杂乱且分布有细小的茬口。平底较窄。磨制较精细。长4.8、宽1.8、厚0.2厘米（图四三〇，12）。

Ac型。

H116②：1，绿色。柳叶形，最宽处位于中部偏上。双面刃。中部靠下有一穿孔，靠近铤部，两面对钻。底部较窄，凹口。长6.4、宽2.5、厚0.3厘米（图四三〇，17）。

A型。

H116：2，黑色。柳叶形。残留部分中部有穿孔，先刻槽后钻孔，两面对钻。两侧均有刃。器身中部有较多磨痕。长3.3、宽2.2、厚约0.2厘米（图四三〇，14）。

网坠

H116③：3，黄褐色。圆形，部分残缺，两侧缺口大致位于中部。长9.2、宽7.6、厚1.3厘米（图四三〇，9）。

锥

H116③：2，黑色。上部残，下部呈尖锥状。磨光较好。残长4.5、宽1厘米（图四三〇，18）。

穿孔石器

H116①：2，黄褐色。椭圆形。中间有圆形穿孔。通体磨光。直径2.9、穿孔直径1.5、厚0.3厘米（图四三〇，19）。

异形石器

H116：1，灰色。通体磨光，磨制较精细。长3.4、宽2、厚0.1厘米（图四三〇，15）。

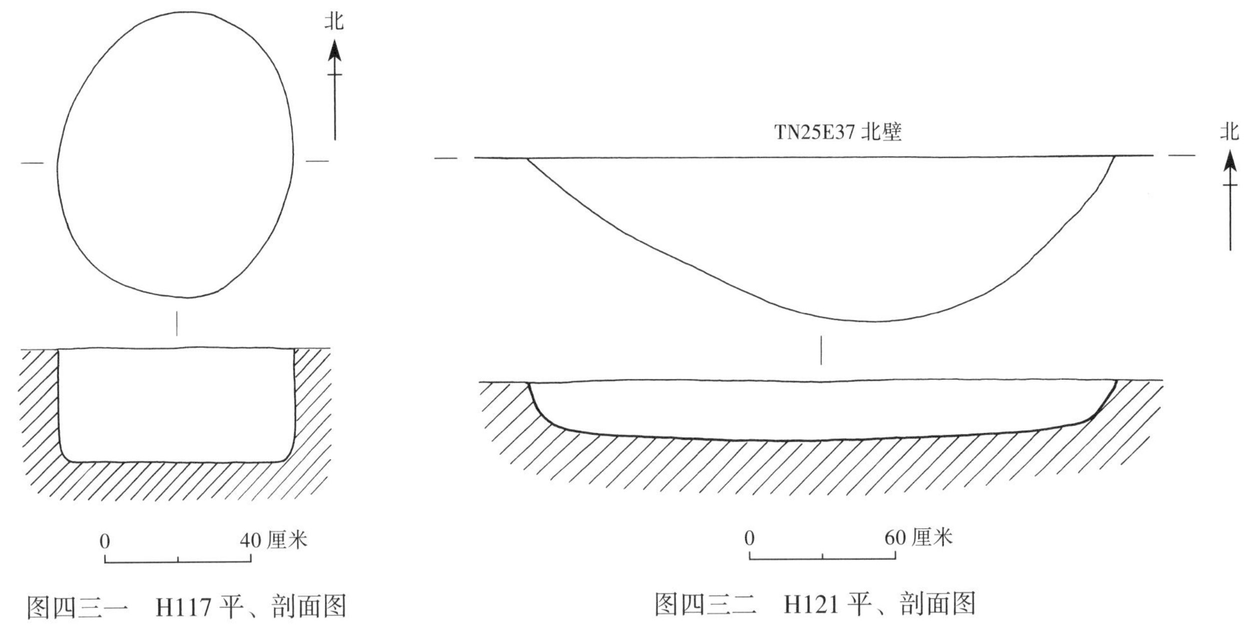

图四三一　H117 平、剖面图

图四三二　H121 平、剖面图

10. H117

位于TN25E37东部。开口于第5层下，打破生土层。平面近椭圆形，直壁，平底。长径0.75、短径0.65、深0.3米。填土为灰黑色黏性砂土，土质较疏松，夹杂红烧土、炭屑和石块，出土少量陶片，器类有束颈罐等（图四三一；彩版一〇九，5）。

11. H121

开口于TN25E37北部，向北伸入探方北隔梁，未继续清理。开口于第5层下，打破生土层。平面形状不规则，斜壁，平底。残长2.4、残宽0.65、深0.17~0.23米。填土为黄褐色黏土，土质较致密，夹杂红烧土、炭屑和石块，出土陶片，器类有束颈罐等（图四三二）。

陶器

束颈罐　Ba型。

H121：1，夹砂灰白胎褐皮陶。圆唇，侈口，卷沿，束颈，溜肩。唇部饰戳印点纹，肩部饰戳印长点状和乳丁纹。残高5.8厘米（图四三三）。

12. H125

位于TN23E39北部。开口于第4层下，打破生土层。平面呈圆形，直壁，平底。直径0.75、深0.7米。填土为灰黑色黏性砂土，土质疏松，夹杂红烧土、炭屑和石块，出土陶片（图四三四）。

13. H126

位于TN23E39北部和TN24E39南部。开口于第4层下，打破生土层。平面呈圆形，直壁，平底。直径0.74、深0.65米。填土为灰黑色黏性砂土，土质疏松，夹杂红烧土、炭屑和石块，

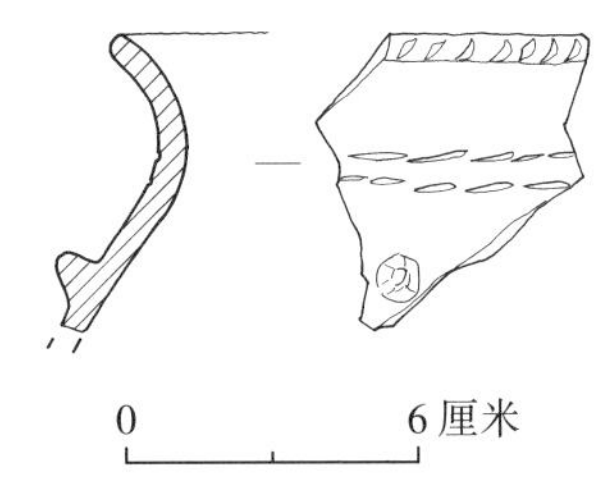

图四三三　H121 出土 Ba 型陶束颈罐（H121：1）

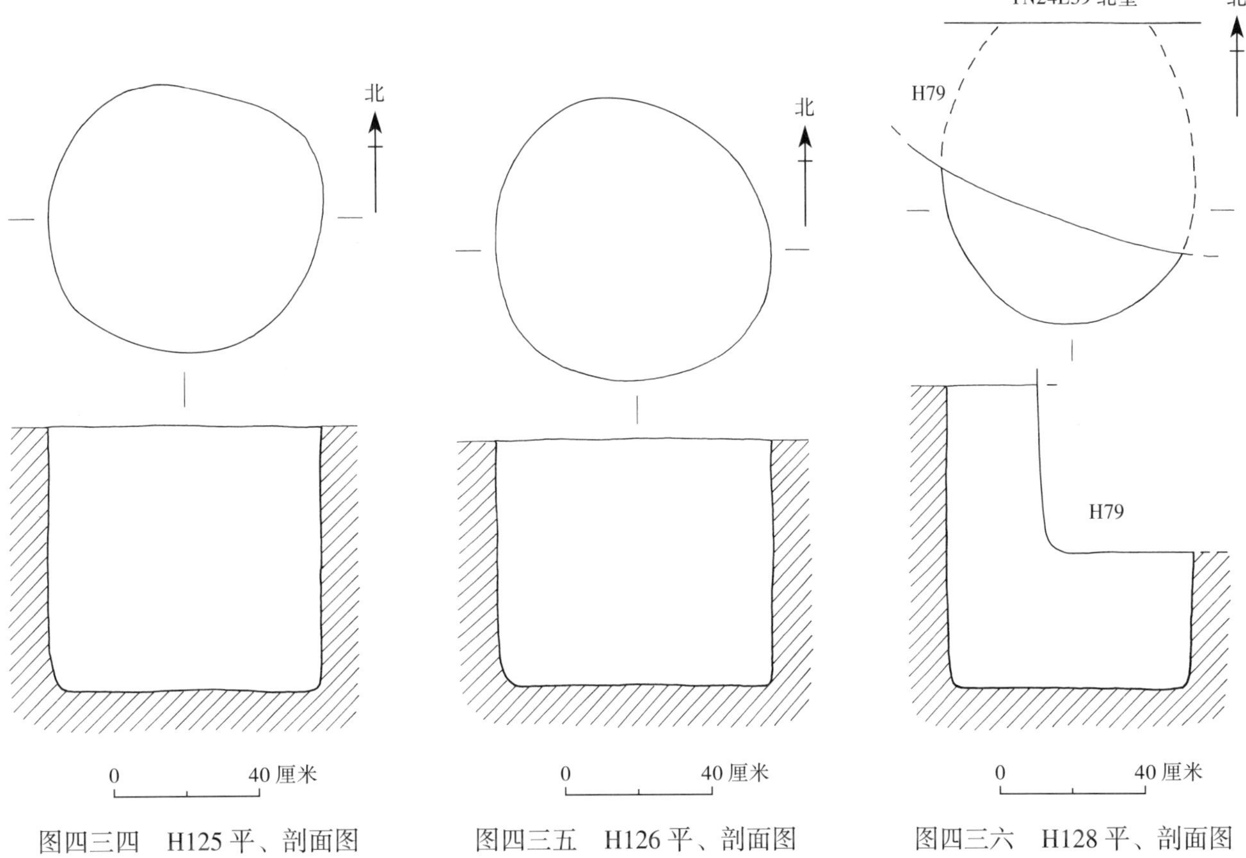

图四三四　H125 平、剖面图　　图四三五　H126 平、剖面图　　图四三六　H128 平、剖面图

出土陶器和动物骨骼等（图四三五）。

14. H128

位于 TN24E39 北部，向北伸入探方北隔梁，未继续清理。开口于第 4 层下，打破生土层，北部被 H79 打破。平面近椭圆形，直壁，平底。残长 0.8、宽 0.7、深 0.36~0.83 米。填土为灰黑色黏性砂土，土质疏松，夹杂红烧土、炭屑和石块，出土陶片和动物骨骼等（图四三六）。

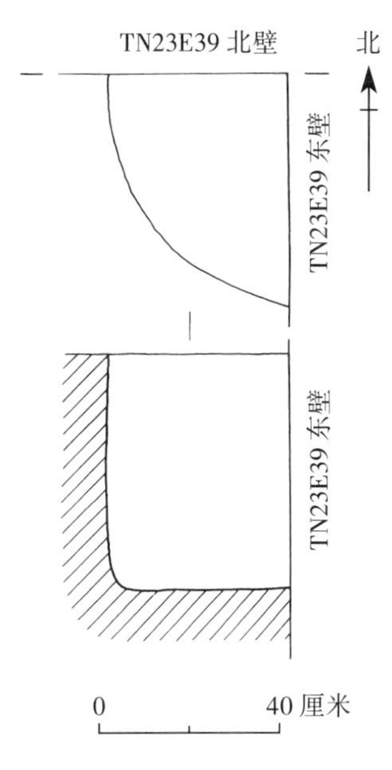

图四三七　H138 平、剖面图

15. H138

位于 TN23E39 东北部，向北、东伸出发掘区外，未继续清理。开口于第 4 层下，打破生土层。平面呈扇形，直壁，平底。残长 0.5、残宽 0.4、深 0.5 米。填土为灰黑色黏性砂土，土质较致密，夹杂红烧土、炭屑和石块，出土陶片和动物骨骼等，陶器器类有束颈罐等（图四三七；彩版一〇九，6）。

陶器

束颈罐

Aa 型。

H138：2，夹砂黄褐陶。方唇，侈口，窄卷沿外翻。唇部饰戳印点纹，颈上部饰小方格状短斜线纹。

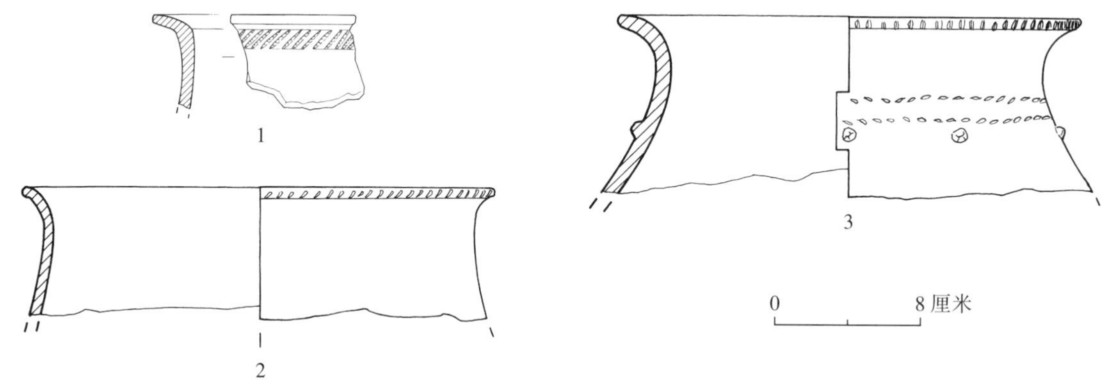

图四三八　H138出土陶束颈罐

1. Aa型（H138：2）　2、3. Ba型（H138：1、3）

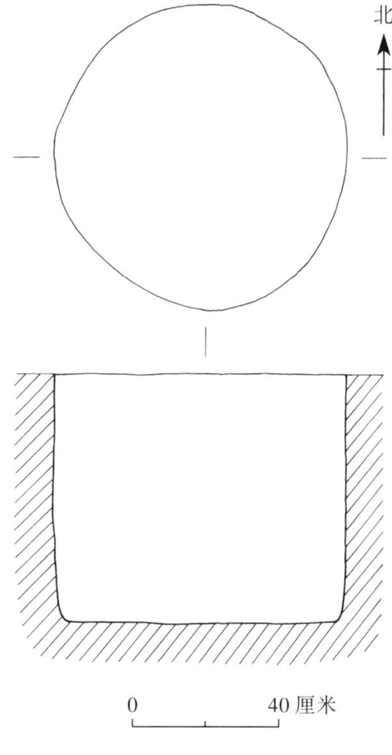

图四三九　H146平、剖面图

残高5厘米（图四三八，1）。

Ba型。

H138：1，夹砂黑灰陶。圆唇，侈口，卷沿，长颈微束。唇部饰戳印点纹。口径25.6、残高7厘米（图四三八，2）。

H138：3，夹砂灰陶。方圆唇，侈口，卷沿，长束颈。唇部饰戳印点纹，颈部饰戳印粗点纹和乳丁纹。口径24.8、残高9.6厘米（图四三八，3）。

16. H146

位于TN23E39西部。开口于第4层下，打破生土层。平面呈圆形，直壁，平底。直径0.8、深0.66米。填土为灰黑色黏性砂土，土质疏松，夹杂红烧土、炭屑和石块，出土陶片，器类有束颈罐等（图四三九）。

陶器

束颈罐　Ba型。

H146：1，夹砂褐胎黑皮陶。圆唇，侈口，卷沿，束颈。颈部饰戳印点纹。残高4.2厘米（图四四〇）。

（三）墓葬

4座，其中3座土坑墓（M1~M3），1座陶棺墓（W1）。

1. M1

位于TN23E39北部。开口于第1层下，打破第2层。墓向280°。墓口距地表0.23米。墓圹平面呈长方形，直壁，平底。墓口长1.7、宽0.5米，残深0.15米。填土为红褐色黏土，夹杂红烧土块和植物根须，出土少量陶片。未发现葬具。人骨保存较差，残存有头骨和四肢等，仰身直肢一次葬，面向上，性别、年

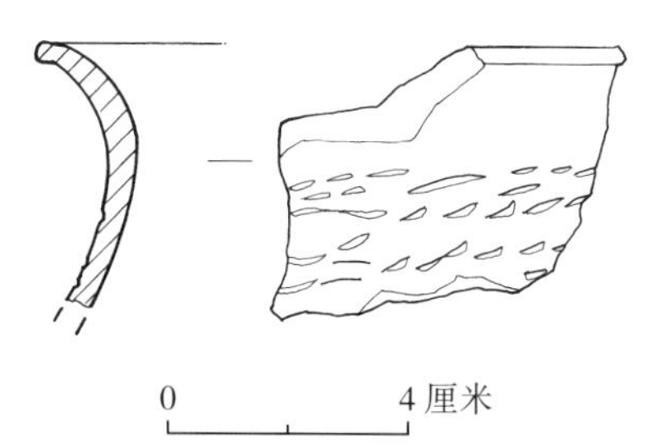

图四四〇　H146出土Ba型陶束颈罐（H146：1）

龄不详。随葬陶器 3 件，均为陶罐，其中 1 件置于墓主头部右侧，另 2 件分别置于墓主下肢骨两侧，器类有侈口小罐、敛口小罐、带把罐等（图四四一；彩版一一一，1）。

陶器　3 件。

侈口小罐　1 件。Ae 型。

M1：3，夹砂红褐胎灰褐皮陶。圆唇，侈口，卷沿，短束颈，溜肩，深鼓腹，平底。颈下部至肩部饰刻划网格纹和凹弦纹。口径 11、底径 7.2、高 13.5 厘米（图四四二，1；彩版一一一，2）。

敛口小罐　1 件。

M1：2，夹砂灰褐陶。方圆唇，敛口，溜肩，鼓腹，矮台状平底。肩部饰两周点线状凹弦纹，中间饰以成组点线纹组成的菱格纹、三角纹等复合纹饰。口径 9.6、底径 7.4、高 8.5 厘米（图四四二，2；彩版一一一，3）。

带把罐　1 件。

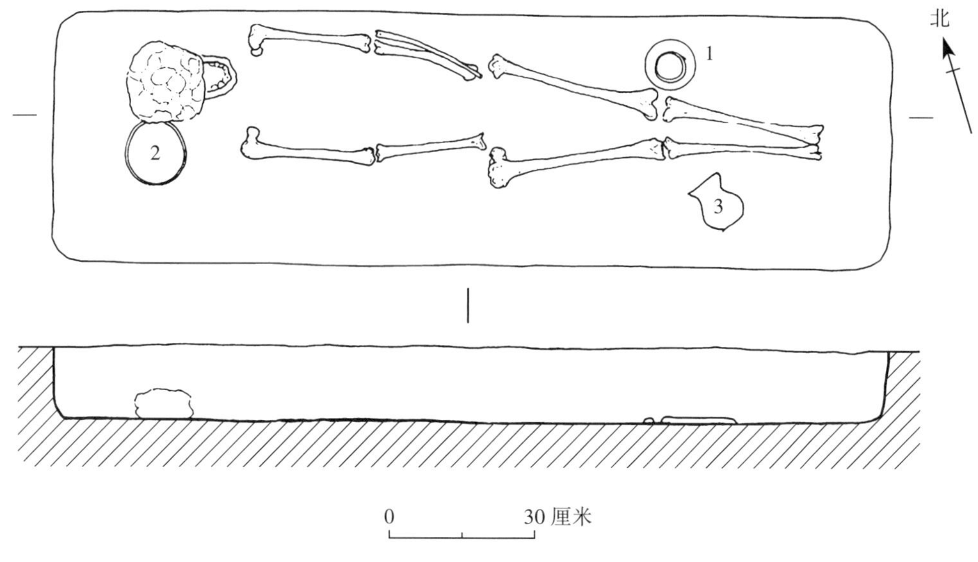

图四四一　M1 平、剖面图

1. 陶带把罐　2. 陶敛口小罐　3. 陶侈口小罐

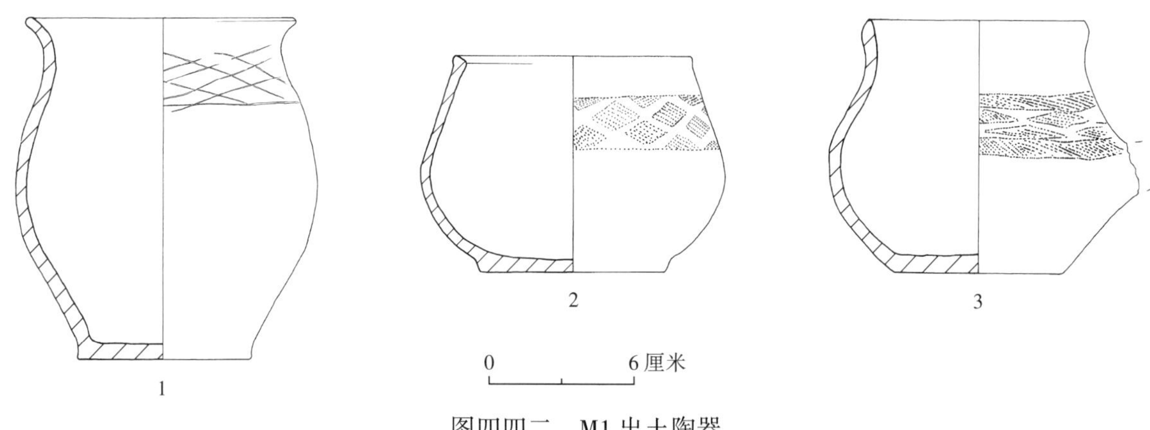

图四四二　M1 出土陶器

1. Ae 型侈口小罐（M1：3）　2. 敛口小罐（M1：2）　3. 带把罐（M1：1）

M1：1，夹砂灰陶。圆唇，口微侈，矮领，溜肩，鼓腹，腹部一侧有鋬、残缺，平底。肩部以四周点线状凹弦纹分隔为三组纹饰带，上下两组为点线纹，中间一组为成组点线纹组成的菱格纹与光面三角纹等复合纹饰。口径9、底径7、高10厘米（图四四二，3；彩版一一一，4）。

2. M2

位于TN23E39北部。开口于第1层下，打破第2层。墓向280°。墓口距地表0.21米。墓圹平面呈长方形，直壁，平底。墓口长1.8、宽0.5米，残深0.15米。填土为红褐色黏土，夹杂红烧土块。未发现葬具。人骨保存较差，残存有头骨、肋骨和肢骨等，侧身屈肢一次葬，面向西南，性别、年龄不详。随葬陶器3件，其中2件分别置于墓主头部两侧，1件置于墓主脚端，器类有侈口小罐、壶等（图四四三；彩版一一一，5）。

侈口小罐　1件。Ac型。

M2：2，夹砂灰陶。圆唇，侈口，卷沿，短颈，深弧腹，矮台状平底，底部边缘局部外凸。颈部饰刻划网格纹和一周凹弦纹。口径11、底径5.4、高11.5厘米（图四四四，1；彩版一一二，1）。

壶　2件。

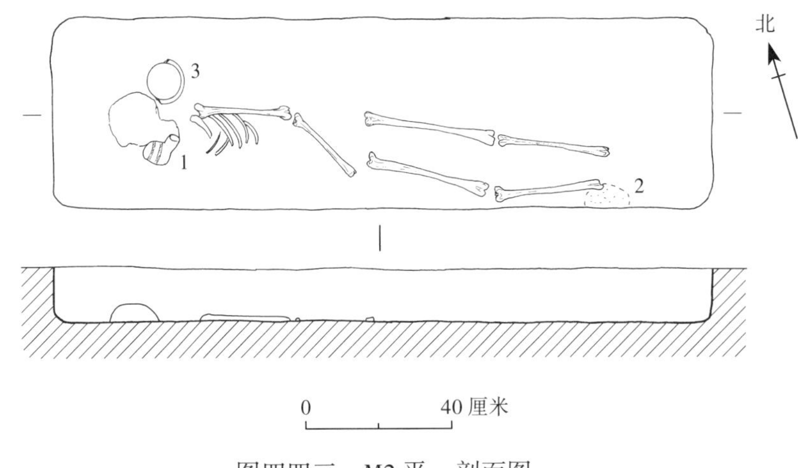

图四四三　M2平、剖面图

1、3. 陶壶　2. 陶侈口小罐

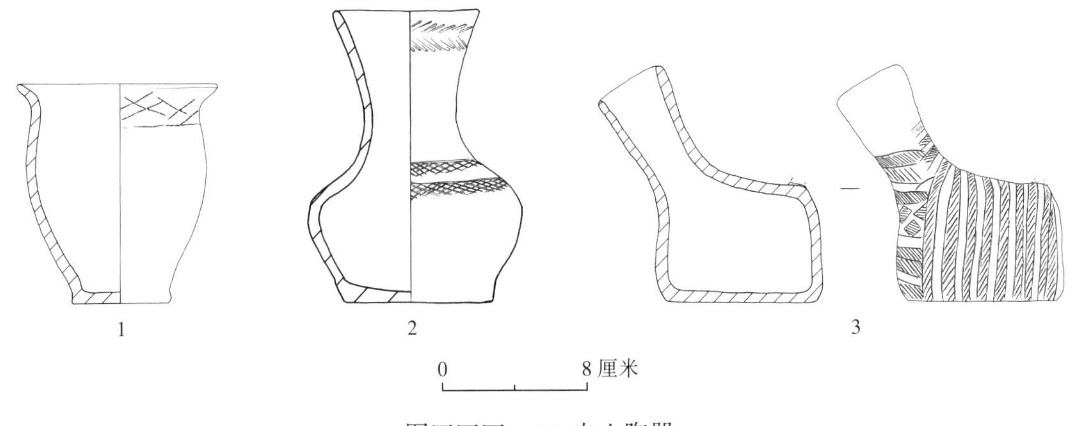

图四四四　M2出土陶器

1. Ac型侈口小罐（M2：2）　2. 甲类Bd型壶（M2：3）　3. 乙类壶（M2：1）

甲类 Bd 型。

M2：3，夹砂黑褐陶，器表磨光。圆唇，敞口，长颈，颈部上粗下细，圆肩，扁鼓腹，平底。口外侧饰戳印短斜线纹组成的“<”形纹；肩部饰两组纹饰并以光面窄带间隔，每组纹饰由上部的凹弦纹和下部的网格纹组成。口径 8、底径 8.2、高 15.6 厘米（图四四四，2；彩版一一二，2）。

乙类。

M2：1，夹砂灰褐陶，局部为黄褐色。整体作动物形，头部斜直向前伸出，圆唇，侈口，扁颈，尾部原应有鋬、残缺，椭圆形平底。后颈部及背部饰多组凹弦纹夹短斜线纹组成的带状纹饰，每组之间以光面窄带间隔；前颈及腹前部以光面窄带间隔为四个纹饰带，自上而下依次为凹弦纹夹两周短斜线纹、凹弦纹夹一周短斜线纹及成组短斜线纹组成的菱格纹、凹弦纹夹两周短斜线纹、凹弦纹夹一周短斜线纹。口径 4~4.3、底径 6.5~8.5、高 12.5 厘米（图四四四，3；彩版一一二，4）。

3. M3

位于 TN23E39 北部。开口于第 1 层下，打破第 2 层。墓向 104°。墓口距地表 0.27 米。墓圹平面呈长方形，弧壁，平底。墓口长 1.75、宽 0.5 米，残深 0.1 米。填土为红褐色，夹杂有红烧土块。未发现葬具。人骨腐蚀严重，葬式不明，性别、年龄不详。随葬陶器 3 件，其中 2 件置于墓室西端，1 件置于墓室东端，器类有鼓腹小罐、带把罐、尊形罐等（图四四五；彩版一一一，6）。

陶器

鼓腹小罐　1 件。

M3：3，夹砂灰陶。残存腹部以下部分，鼓腹，矮台状平底。素面。底径 6.6、残高 7.4 厘米（图四四六，1）。

带把罐　1 件。

M3：2，夹砂灰褐陶，器表磨光。方圆唇，直口，上腹较直，下腹弧收，腹一侧有鋬、残缺，平底。口外侧饰一周斜向细绳纹和一周点线状凹弦纹，腹部饰两周点线状凹弦纹夹细线纹与光面组成的

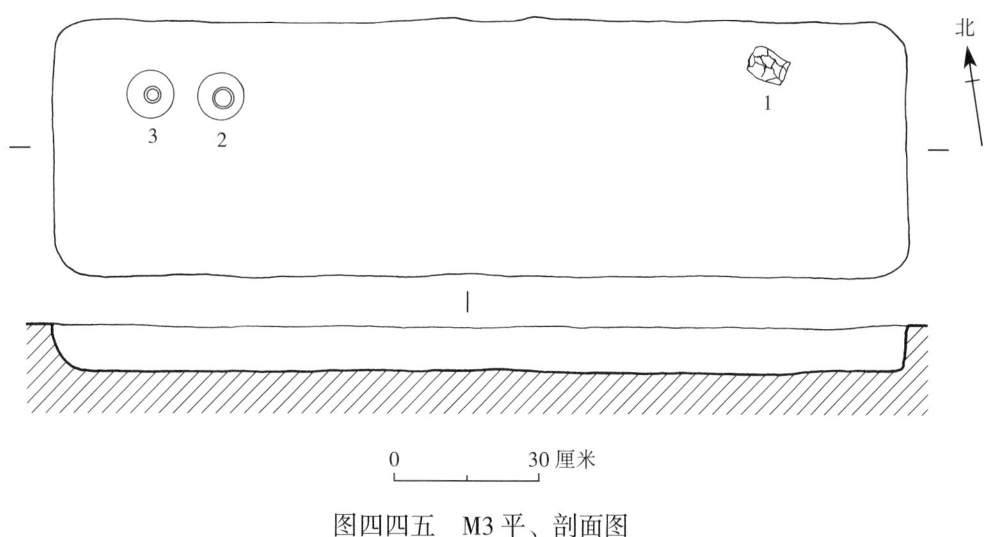

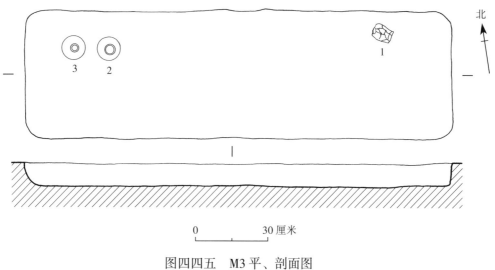

图四四五　M3 平、剖面图

1. 陶尊形罐　2. 陶带把罐　3. 陶鼓腹小罐

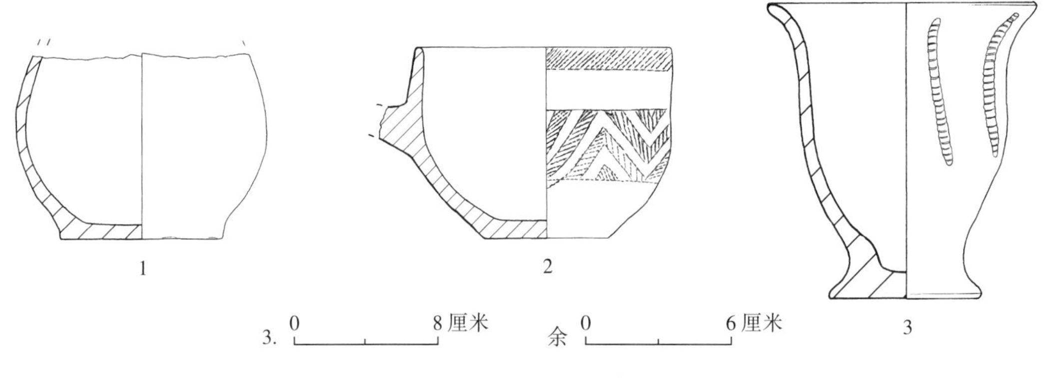

图四四六 M3出土陶器

1. 鼓腹小罐（M3：3） 2. 带把罐（M3：2） 3. 尊形罐（M3：1）

重三角纹。口径10.2、底径5、高7.5厘米（图四四六，2；彩版一一二，3）。

尊形罐 1件。

M3：1，夹砂褐陶，内壁磨光、呈黑色。圆唇，侈口，卷沿，深弧腹，平底，从外部观察，下腹部至底部相连呈假圈足状。口外侧至腹部饰数道竖向短泥条附加堆纹，其上有横向的戳印短线纹。口径14.4、底径8、高15.6厘米（图四四六，3；彩版一一二，5）。

4. W1

原H76。位于TN25E37南部。开口于第2层下，打破第3层。平面呈椭圆形，弧壁，平底。长径1.23、短径0.85、残深0.2米。瓮棺葬，葬具为一陶瓮，发现时破碎散落于底部，陶片中间发现一圆饼状卵石，推测原覆盖于瓮口。人骨保存较差，仅发现有零星骨屑。填土为灰黑色砂土，土质较疏松，

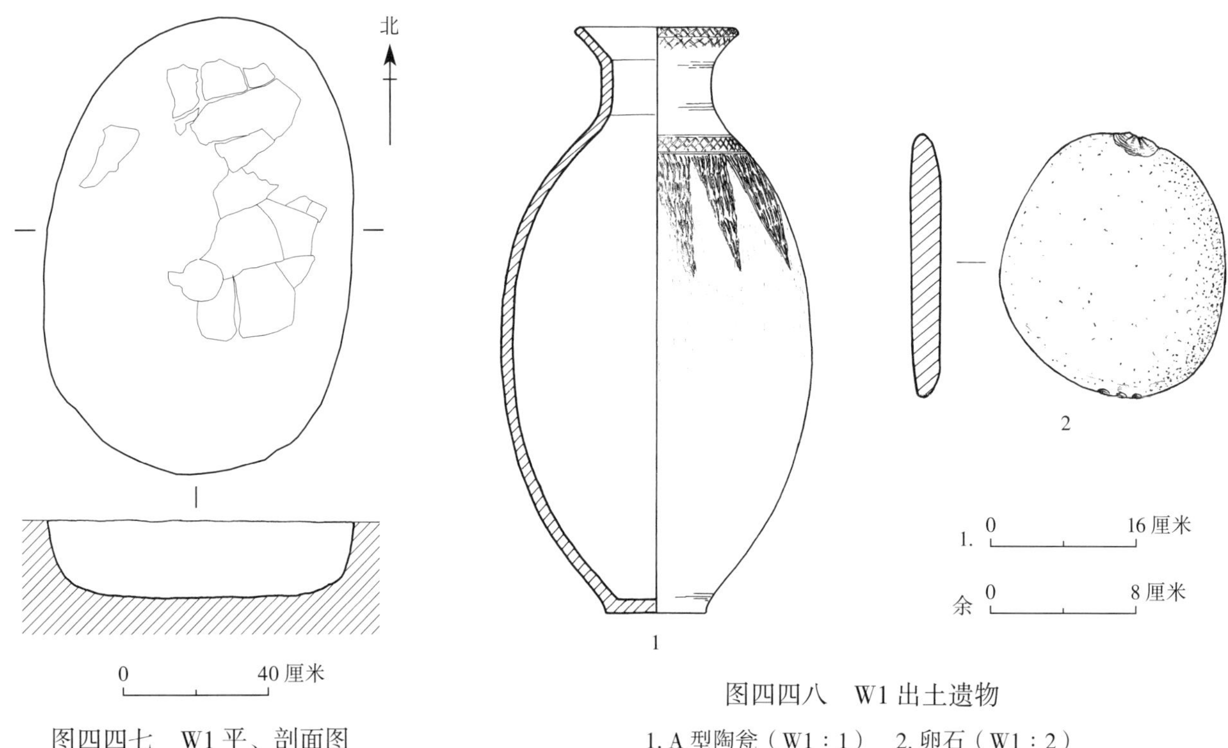

图四四七 W1平、剖面图

图四四八 W1出土遗物

1. A型陶瓮（W1：1） 2. 卵石（W1：2）

夹杂红烧土颗粒和石块等（图四四七；彩版一一二，6）。

（1）陶器

瓮　A 型。

W1：1，夹砂灰褐陶。圆唇，盘口，长颈，溜肩，蛋形深鼓腹，小平底。口外侧饰“×”形纹，颈上部饰刻划网格纹，肩部饰戳印纹、刻划纹组成的复合纹饰。口径 17.6、底径 11、高 62.4 厘米（图四四八，1；彩版一一二，7）。

（2）石块

卵石

W1：2，灰黑色。为扁平的自然卵石，未磨光。长 14、宽 12、厚约 1.7 厘米（图四四八，2）。

第四节　2018 年新石器时代遗存

一、Ⅰ区文化层

（一）第 6 层出土遗物

该层出土遗物以陶器为主，另有少量石器。陶器器类有束颈罐、无颈罐、敞口罐、附加堆纹罐、长颈罐、矮领小罐、带耳罐、盆、钵等，石器器类有斧、纺轮等。

（1）陶器

束颈罐

Aa 型。

TN30E33⑥：16，夹砂红褐陶，陶色斑驳，内壁为黑灰色。尖圆唇，口微侈，窄折沿近平，短颈。唇部饰戳印点纹，沿面上有两道凹痕，颈部饰戳印粗点纹。口径 12、残高 4.3 厘米（图四四九，1）。

Ba 型。

TN30E33⑥：11，夹砂灰陶。方唇，侈口。唇部饰戳印点纹。口径 26、残高 4.6 厘米（图四四九，10）。

TN30E33⑥：12，夹砂黑灰陶。方圆唇，侈口，卷沿，束颈。唇部饰戳印点纹，肩部饰戳印粗点纹。口径 40、残高 9 厘米（图四四九，11）。

TN30E33⑥：15，夹砂褐陶。圆唇，口微侈，短束颈。唇部饰戳印点纹，颈部饰刻划纹。口径 20、残高 3.8 厘米（图四四九，9）。

TN30E33⑥：17，夹砂黄褐陶，内壁黑灰色。方唇，口微侈。唇部饰戳印点纹。口径 26、残高 3.6 厘米（图四四九，8）。

TN30E33⑥：19，夹砂灰陶。方唇，侈口，卷沿，短束颈。唇部饰戳印点纹。残高 4.7 厘米（图四四九，5）。

TN30E33⑥：20，夹砂黑灰陶。方唇，侈口，卷沿，短束颈。唇部饰戳印点纹。口径 28.3、残高 3.6

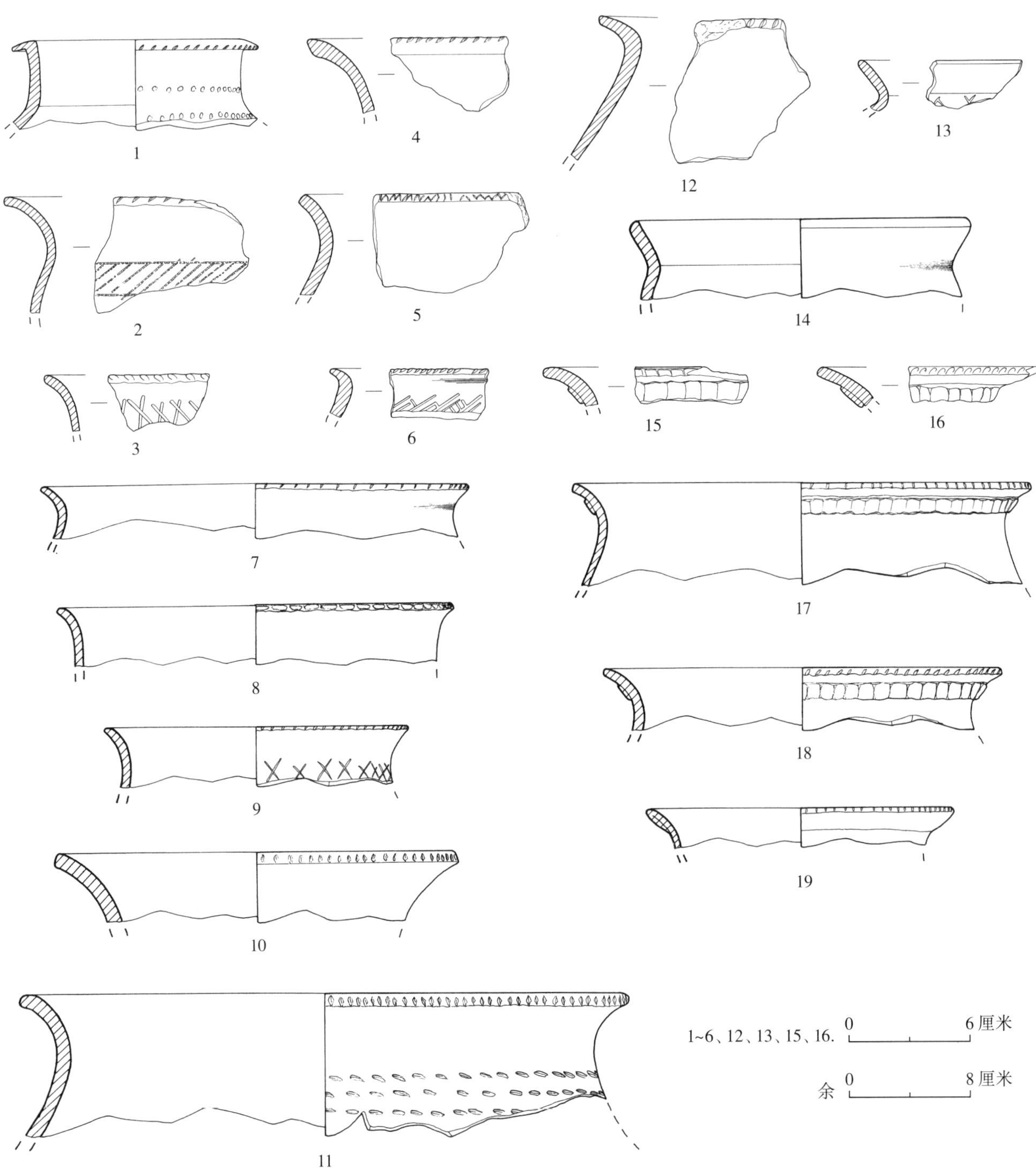

图四四九　2018年Ⅰ区第6层出土陶器

1. Aa型束颈罐（TN30E33⑥：16）　2~11. Ba型束颈罐（TN31E32⑥：13、TN31E32⑥：18、TN32E32⑥：14、TN30E33⑥：19、TN30E33⑥：24、TN30E33⑥：20、TN30E33⑥：17、TN30E33⑥：15、TN30E33⑥：11、TN30E33⑥：12）　12. Bb型无颈罐（TN30E33⑥：22）　13、14. Bd型无颈罐（TN30E33⑥：25、TN31E33⑥：12）　15~18. Ab型附加堆纹罐（TN31E32⑥：17、TN32E32⑥：12、TN31E33⑥：11-1、TN32E32⑥：11）　19. Ba型附加堆纹罐（TN31E32⑥：12）

厘米（图四四九，7）。

TN30E33⑥：24，夹砂红褐陶。圆唇，侈口，卷沿，短束颈。唇部饰戳印点纹，颈部饰刻划菱格纹。残高 2.3 厘米（图四四九，6）。

TN31E32⑥：13，夹砂灰陶。方唇，侈口，卷沿外卷较甚，束颈。唇部饰戳印点纹，颈部饰点线纹。残高 5.5 厘米（图四四九，2）。

TN31E32⑥：18，夹砂黄褐陶。方唇，侈口，卷沿。唇部饰戳印点纹，颈部饰刻划纹。残高 2.7 厘米（图四四九，3）。

TN32E32⑥：14，夹砂黄褐陶。圆唇，侈口，卷沿。唇部饰戳印点纹。残高 3.5 厘米（图四四九，4）。

无颈罐

Bb 型。

TN30E33⑥：22，夹砂灰陶，内壁黑灰色。方唇，侈口，卷沿，鼓肩。唇部饰戳印点纹。残高 6.9 厘米（图四四九，12）。

Bd 型。

TN30E33⑥：25，夹砂红褐陶。圆唇，盘口，卷沿。肩部饰刻划纹。残高 2.5 厘米（图四四九，13）。

TN31E33⑥：12，夹砂灰陶，内壁局部为黄褐色。方唇，盘口，卷沿。素面。口径 22、残高 4 厘米（图四四九，14）。

敞口罐

TN32E32⑥：15，夹砂灰陶，内壁黄褐色。方唇，敞口。素面。残高 2 厘米（图四五〇，1）。

附加堆纹罐

Ab 型。

TN31E32⑥：17，夹砂褐陶。方唇，侈口。唇部饰戳印点纹，颈部饰一周褶皱状附加堆纹。残高 1.9 厘米（图四四九，15）。

TN31E33⑥：11-1，夹砂灰白胎黑灰皮陶。方唇，侈口，卷沿，长束颈。唇部饰戳印点纹，颈上部饰一周褶皱状附加堆纹。口径 29.6、残高 6.5 厘米（图四四九，17）。

TN32E32⑥：11，夹砂褐陶。方唇，侈口，卷沿，短束颈。唇部饰戳印点纹，颈部饰一周褶皱状附加堆纹。口径 26、残高 4 厘米（图四四九，18）。

TN32E32⑥：12，夹砂褐陶。方唇，侈口。唇部饰戳印点纹，颈上部饰一周褶皱状附加堆纹。残高 1.8 厘米（图四四九，16）。

Ba 型。

TN31E32⑥：12，夹砂褐陶。圆唇，侈口，卷沿上仰，短束颈。唇部饰戳印点纹，口外侧饰一周平滑的附加堆纹，与唇部贴合形成箭头状唇。口径 20、残高 2.4 厘米（图四四九，19）。

长颈罐　B 型。

TN33E32⑥：12，夹砂灰陶。方唇，喇叭口，长颈。唇部饰刻划“×”形纹，颈部饰小方格状点线纹。残高 7 厘米（图四五〇，10）。

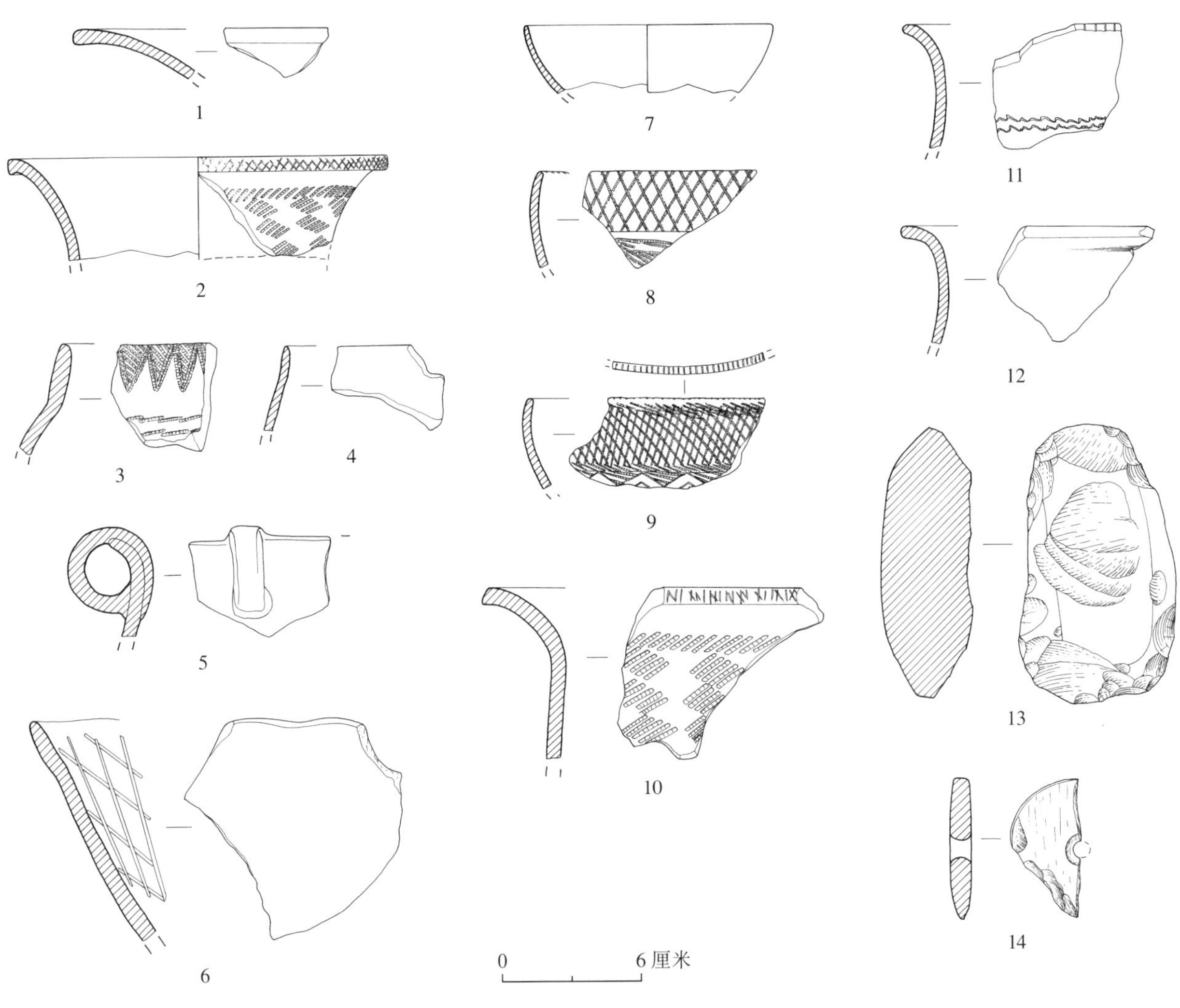

图四五〇　2018年Ⅰ区第6层出土遗物

1. 陶敞口罐（TN32E32⑥：15）　2、10. B型陶长颈罐（TN30E33⑥：13、TN33E32⑥：12）　3. A型陶矮领小罐（TN31E33⑥：15）　4. B型陶矮领小罐（TN30E33⑥：27）　5. A型陶带耳罐（TN31E32⑥：14）　6. 乙类Aa型陶钵（TN31E32⑥：11）　7. 乙类Ab型陶钵（TN30E33⑥：14）　8、9. 乙类Be型陶钵（TN30E33⑥：18、TN33E31⑥：11）　11、12. C型陶盆（TN30E33⑥：21、TN32E32⑥：13）　13. A型石斧（TN31E32⑥：1）　14. 石纺轮（TN30E33⑥：10）

TN30E33⑥：13，夹砂灰陶。方唇，唇下缘外凸，喇叭口，长颈。唇部饰刻划“×”形纹，颈部饰小方格状点线纹。口径16、残高4.2厘米（图四五〇，2）。

矮领小罐

A型。

TN31E33⑥：15，夹砂黑灰陶。圆唇，敛口，矮领，溜肩。唇部饰戳印点纹，领部饰点线纹组成的连续三角纹与光面三角纹上下交错分布，肩部饰点线纹。残高4.5厘米（图四五〇，3）。

B型。

TN30E33⑥：27，夹砂黑灰陶。圆唇，直口，矮领，溜肩。素面。残高3.4厘米（图四五〇，4）。

带耳罐　A型。

TN31E32⑥：14，夹砂灰陶。圆唇，侈口，卷沿，短束颈，口内侧至外壁颈部附一半环形耳。素面。残高4.5厘米（图四五〇，5）。

盆　C型。

TN30E33⑥：21，夹砂褐胎灰皮陶。方唇，侈口，卷沿，上腹部较直。唇部饰戳印点纹，上腹部饰水波纹。残高5厘米（图四五〇，11）。

TN32E32⑥：13，夹砂灰褐陶。圆唇，侈口，卷沿，上腹部较直。素面。残高4.8厘米（图四五〇，12）。

钵

乙类Aa型。

TN31E32⑥：11，夹砂褐陶，局部为黑灰色。圆唇，敞口，斜直腹。内壁压印网格纹。残高9厘米（图四五〇，6）。

乙类Ab型。

TN30E33⑥：14，夹砂灰褐陶。圆唇，口近直，弧腹。素面。口径10.4、残高2.8厘米（图四五〇，7）。

乙类Be型。

TN30E33⑥：18，夹砂灰胎黑灰皮陶，内壁磨光。方唇，敛口，弧腹。唇部饰戳印点纹，腹部饰点线纹组成的菱格纹、弦纹等。残高3.9厘米（图四五〇，8）。

TN33E31⑥：11，夹砂黑灰陶。圆唇，口近直，弧腹。唇部饰戳印点纹，腹部饰点线纹组成的菱格纹、连续三角纹等。残高3.7厘米（图四五〇，9）。

（2）石器

斧　A型。

TN31E32⑥：1，黑色。平面近长方形，截面不规则。圆顶，片疤分布较密集，器身中部有较密集的均匀磨痕。弧刃。长11.4、宽6.8、厚约3.8厘米（图四五〇，13；彩版一一三，1）。

纺轮

TN30E33⑥：10，灰色。圆饼形，中间有圆形穿孔，两面对钻。直径5.8、厚0.9、穿孔直径0.7~1.2厘米（图四五〇，14）。

（二）第5层出土遗物

该层出土遗物以陶器为主，另有少量石器。陶器器类有束颈罐、侈口小罐、无颈罐、附加堆纹罐、沿面饰纹罐、长颈罐、盘口高领罐、矮领小罐、小口罐、钵等，石器器类有锛、刀、箭镞、球、片状带刃器等。

（1）陶器

束颈罐

Ba型。

TN27E35⑤：11，夹砂褐陶。圆唇，侈口，卷沿。唇部饰戳印点纹。口径13、残高3.1厘米（图四五一，1）。

TN31E32⑤：11，夹砂灰褐陶，内壁黑灰色。圆唇，侈口，卷沿，长束颈。唇部饰戳印点纹，颈部饰横向戳印纹。口径16、残高6厘米（图四五一，4）。

TN31E32⑤：12，夹砂黑灰陶。方唇，侈口，卷沿，束颈，溜肩。唇部饰戳印点纹。口径15、残高6.6厘米（图四五一，5）。

TN31E32⑤：13，夹砂褐陶，内壁黑灰色。圆唇，侈口，卷沿，长颈微束。唇部饰戳印点纹。残高5.5厘米（图四五一，8）。

TN31E32⑤：18，夹砂黄褐陶。方唇，侈口，卷沿，短束颈。唇部饰戳印点纹。口径26.2、残高3.5厘米（图四五一，16）。

TN31E32⑤：22，夹砂灰褐陶。方唇，侈口，卷沿较宽，束颈。唇部饰戳印点纹，颈部饰刻划凹弦纹和网格纹。残高4.7厘米（图四五一，9）。

TN31E32⑤：23，夹砂黑灰陶。方唇，侈口，卷沿，颈部微束。唇部饰戳印点纹。残高3厘米（图四五一，6）。

TN31E32⑤：32，夹砂黑灰陶。方唇，侈口，卷沿，颈部微束。唇部饰戳印点纹。残高4.1厘米（图四五一，14）。

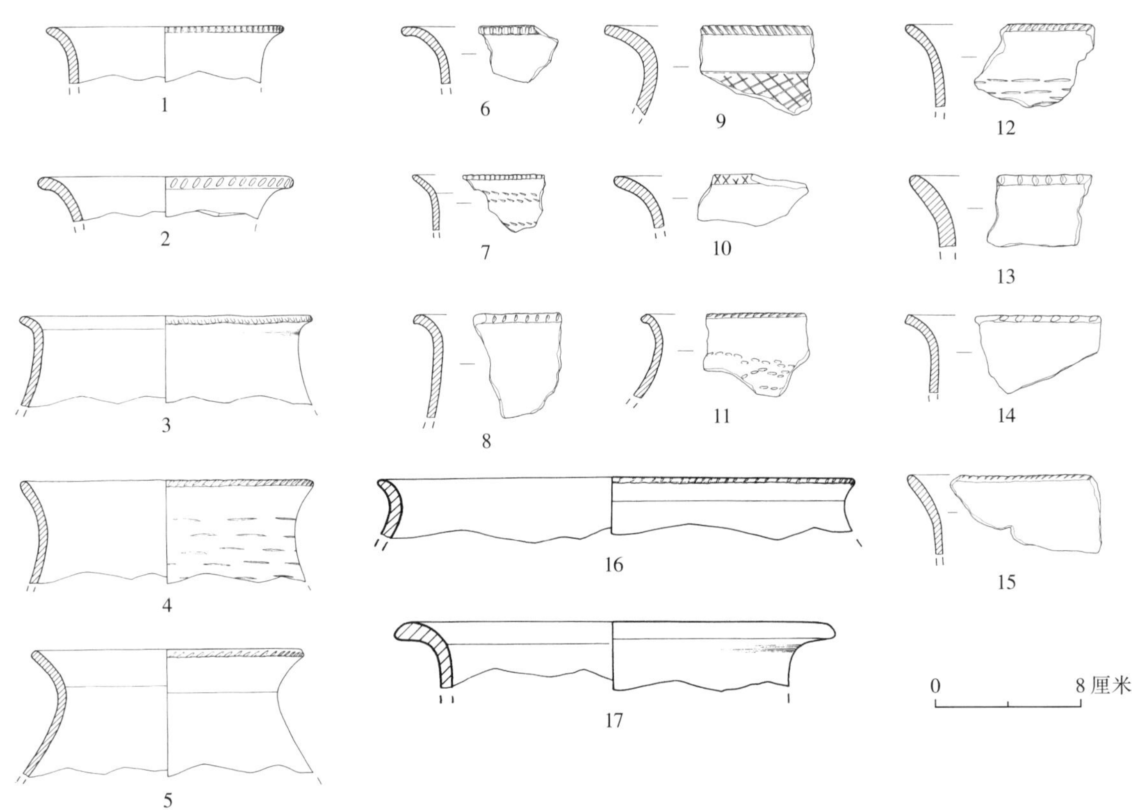

图四五一　2018年Ⅰ区第5层出土陶束颈罐

1~16. Ba型（TN27E35⑤：11、TN32E32⑤：15、TN32E32⑤：14、TN31E32⑤：11、TN31E32⑤：12、TN31E32⑤：23、TN31E32⑤：33、TN31E32⑤：13、TN31E32⑤：22、TN32E32⑤：22、TN31E33⑤：14、TN31E32⑤：34、TN32E32⑤：20、TN31E32⑤：32、TN32E32⑤：16、TN31E32⑤：18）　17. Bb型（TN31E33⑤：13）

TN31E32⑤：33，夹砂褐陶，内壁黑灰色。圆唇，侈口，卷沿。唇部和肩部饰戳印点纹。残高 2.9 厘米（图四五一，7）。

TN31E32⑤：34，夹砂黑灰陶。圆唇，侈口，卷沿。唇部和肩部饰戳印点纹。残高 4.4 厘米（图四五一，12）。

TN31E33⑤：14，夹砂黑灰陶。方唇，侈口，卷沿，束颈，溜肩。唇部和肩部饰戳印点纹。残高 4.4 厘米（图四五一，11）。

TN32E32⑤：14，夹砂褐陶，内壁黑灰色。方唇，侈口，卷沿，颈部微束，溜肩。唇部饰戳印点纹。口径 16、残高 4.9 厘米（图四五一，3）。

TN32E32⑤：15，夹砂黄褐陶。圆唇，侈口，卷沿。唇部饰戳印点纹。口径 14、残高 2.2 厘米（图四五一，2）。

TN32E32⑤：16，夹砂褐陶，内壁黑灰色。圆唇，侈口，卷沿，颈部微束。唇部饰戳印点纹。残高 4.2 厘米（图四五一，15）。

TN32E32⑤：20，夹砂灰白陶，内壁黑灰色。圆唇，侈口，卷沿。唇部饰戳印点纹。残高 3.8 厘米（图四五一，13）。

TN32E32⑤：22，夹砂黄褐陶。方唇，侈口，卷沿上仰。唇部饰“×”形纹。残高 2.8 厘米（图四五一，10）。

Bb 型。

TN31E33⑤：13，夹砂灰白陶。斜方唇，侈口，卷沿，颈部微束。素面。口径 24、残高 3.5 厘米（图四五一，17）。

侈口小罐

Ac 型。

TN33E31⑤：12，夹砂褐陶，内壁黑灰色。圆唇，侈口，卷沿，溜肩。唇部饰戳印点纹，肩部饰刻划网格纹。残高 4 厘米（图四五二，1）。

Ae 型。

TN31E32⑤：14，夹砂褐陶。圆唇，侈口，卷沿，短束颈。唇部饰戳印点纹，颈部饰刻划纹。口径 10、残高 3.2 厘米（图四五二，3）。

TN31E33⑤：16，夹砂黄褐陶。圆唇，侈口，卷沿，短束颈。唇部和肩部饰戳印点纹。残高 2.9 厘米（图四五二，2）。

无颈罐

Ac 型。

TN31E32⑤：43，夹砂褐胎黑灰皮陶。唇部残，敛口，折沿，溜肩。肩部饰三周横向戳印粗点纹。残高 3.6 厘米（图四五二，12）。

Ba 型。

TN31E32⑤：27，夹砂褐陶，内壁黑灰色。圆唇，敞口，卷沿，溜肩。唇部饰戳印点纹，肩部饰一周戳印粗点纹。残高 3.8 厘米（图四五二，13）。

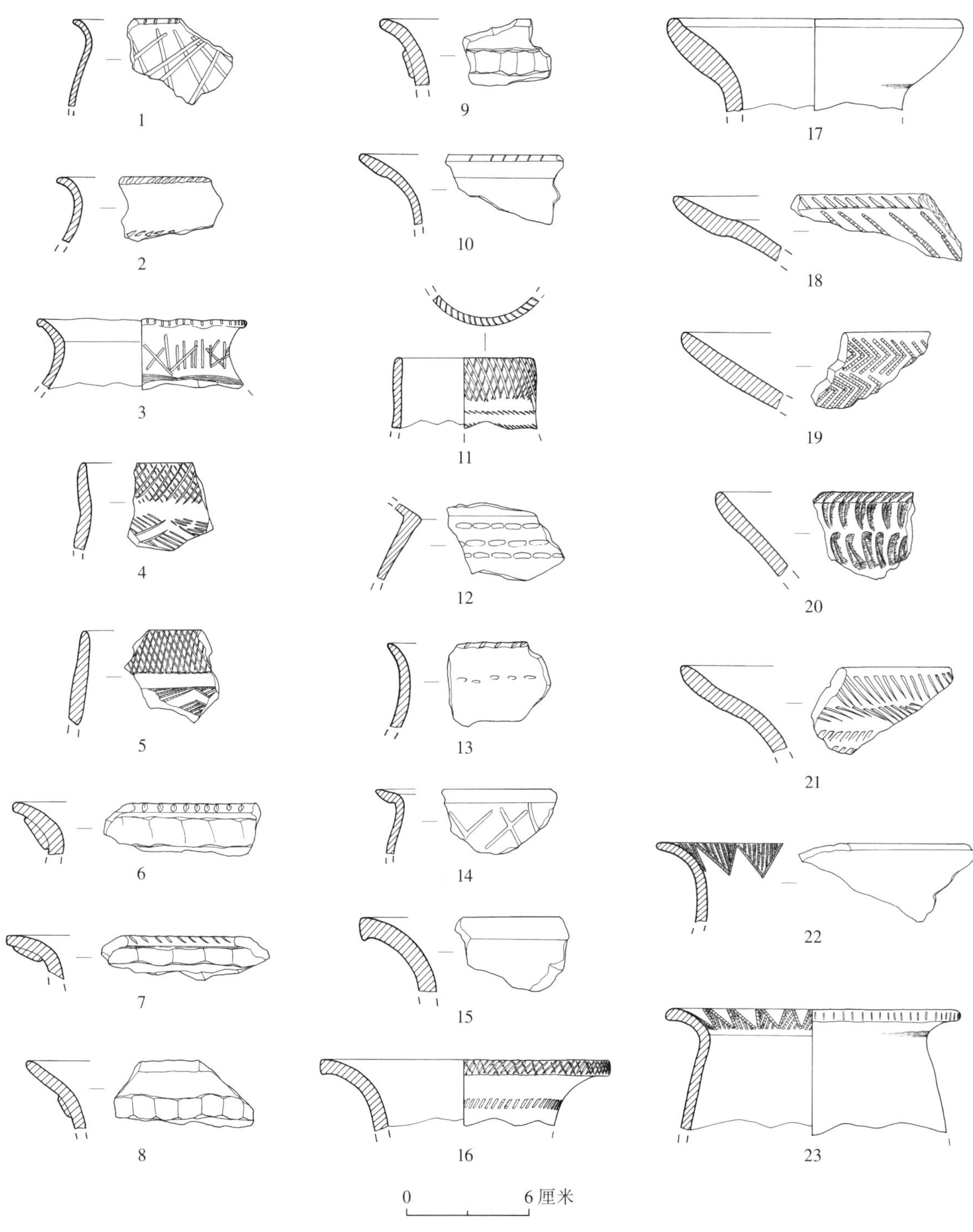

图四五二　2018 年Ⅰ区第 5 层出土陶器

1. Ac 型侈口小罐（TN33E31⑤：12）　2、3. Ae 型侈口小罐（TN31E33⑤：16、TN31E32⑤：14）　4. C 型矮领小罐（TN29E34⑤：21）　5. B 型矮领小罐（TN31E33⑤：21）　6、7. Aa 型附加堆纹罐（TN31E32⑤：19、TN32E32⑤：12）　8、9. Ab 型附加堆纹罐（TN31E32⑤：24、TN32E32⑤：23）　10. Bd 型附加堆纹罐（TN31E33⑤：15）　11. 小口罐（TN31E32⑤：38）　12. Ac 型无颈罐（TN31E32⑤：43）　13. Ba 型无颈罐（TN31E32⑤：27）　14. Bd 型无颈罐（TN27E35⑤：16）　15、16. A 型长颈罐（TN27E35⑤：12、TN32E32⑤：17）　17. C 型长颈罐（TN31E32⑤：16）　18. Aa 型盘口高领罐（TN32E32⑤：21）　19~21. Ab 型盘口高领罐（TN27E35⑤：14、TN31E32⑤：40、TN31E33⑤：12）　22、23. Ab 型沿面饰纹罐（TN27E35⑤：15、TN31E32⑤：15）

Bd 型。

TN27E35⑤：16，夹砂褐陶。圆唇，盘口，卷沿，溜肩。肩部饰刻划网格纹。残高 3.1 厘米（图四五二，14）。

附加堆纹罐

Aa 型。

TN31E32⑤：19，夹砂黄褐陶。方圆唇，侈口。唇部饰戳印点纹，颈上部饰一周较平滑的附加堆纹。残高 2.4 厘米（图四五二，6）。

TN32E32⑤：12，夹砂灰胎黄褐皮陶，内壁黑灰色。方唇，侈口。唇部饰戳印点纹，颈上部饰一周较平滑的附加堆纹。残高 2 厘米（图四五二，7）。

Ab 型。

TN31E32⑤：24，夹砂灰白胎黑皮陶。方唇，侈口。唇部饰戳印点纹，颈上部饰一周褶皱状附加堆纹。残高 3.1 厘米（图四五二，8）。

TN32E32⑤：23，夹砂灰褐陶，内壁黑灰色。方唇，侈口。颈部饰一周褶皱状附加堆纹。残高 3 厘米（图四五二，9）。

Bd 型。

TN31E33⑤：15，夹砂灰褐陶。方唇，敞口。唇部饰戳印点纹，唇外侧有一周凸起似附加堆纹，使唇部加厚。残高 3.2 厘米（图四五二，10）。

沿面饰纹罐 Ab 型。

TN31E32⑤：15，夹砂灰陶。圆唇，侈口，卷沿上仰，短束颈，溜肩。唇部饰戳印点纹，沿面饰点线纹组成的连续三角纹。口径 14、残高 5.8 厘米（图四五二，23）。

TN27E35⑤：15，夹砂黄褐陶。圆唇，侈口，卷沿上仰，颈部微束。沿面饰小方格状点线纹组成的连续三角纹。残高 3.7 厘米（图四五二，22）。

长颈罐

A 型。

TN27E35⑤：12，夹砂褐陶，内壁磨光。方唇，侈口，卷沿上仰。素面。残高 3.4 厘米（图四五二，15）。

TN32E32⑤：17，夹砂灰陶。方唇，侈口，卷沿外翻近平，长颈。唇部饰刻划“×”形纹，颈部饰小方格状点线纹。口径 14、残高 3.3 厘米（图四五二，16）。

C 型。

TN31E32⑤：16，夹砂褐胎黑皮陶，胎体厚重。厚圆唇，盘口。素面。口径 14、残高 4.2 厘米（图四五二，17）。

盘口高领罐

Aa 型。

TN32E32⑤：21，夹砂黑陶。尖圆唇，近盘口，宽沿较斜直。唇部饰短斜线纹，沿外壁饰小方格状点线纹。残高 3 厘米（图四五二，18）。

Ab 型。

TN27E35⑤：14，夹砂褐胎黑皮陶。圆唇，盘口，宽沿微弧。沿外壁饰小方格状点线纹组成的折线纹。残高 3.5 厘米（图四五二，19）。

TN31E32⑤：40，夹砂黑灰陶。圆唇，口微盘，宽沿较斜直。唇部及沿外壁饰小方格状点线纹。残高 3.9 厘米（图四五二，20）。

TN31E33⑤：12，夹砂灰白胎黑灰皮陶。圆唇，盘口，宽沿。沿外壁饰刻划短线纹和戳印纹。残高 4 厘米（图四五二，21）。

矮领小罐

B 型。

TN31E33⑤：21，夹砂灰陶。圆唇，近直口，矮领，溜肩，领部与肩部分界不明显。领部饰刻划菱格纹和点线状弦纹，肩部饰点线纹组成的连续三角纹夹光面折线纹。残高 4.3 厘米（图四五二，5）。

C 型。

TN29E34⑤：21，夹砂灰陶。圆唇，敞口，矮领，溜肩。领部饰刻划菱格纹，肩部饰短线纹组成的连续三角纹、光面折线纹等。残高 4 厘米（图四五二，4）。

小口罐

TN31E32⑤：38，夹砂橙黄陶。方唇，直口，矮领。唇部饰戳印点纹，领部饰刻划菱格纹、短线纹组成的窄带状纹饰等。口径 6.6、残高 3.2 厘米（图四五二，11）。

钵

乙类 Aa 型。

TN31E32⑤：17，夹砂黑灰陶，内壁黄褐色。圆唇，敞口，斜弧腹。素面。残高 6.7 厘米（图四五三，1）。

TN33E31⑤：11，夹砂灰陶，内壁黑灰色。圆唇，敞口，斜直腹。唇部饰戳印点纹，腹部饰一道平滑的附加堆纹。残高 5 厘米（图四五三，2）。

乙类 Ba 型。

TN31E32⑤：41，夹砂黄褐陶。尖圆唇，敛口，鼓腹。唇部饰戳印点纹，口外侧饰连续三角纹夹光面折线纹和点线状弦纹，腹部饰连续三角纹夹光面折线纹，上下为点线状弦纹。残高 4.9 厘米（图四五二，5）。

乙类 Be 型。

TN31E32⑤：30，夹砂黑灰陶，内壁磨光、呈浅褐色。方唇，口近直，弧腹。唇部饰戳印点纹，口部外侧饰点线纹组成的菱格纹和弦纹，腹部饰点线纹与光面组成的复合纹饰。残高 4.2 厘米（图四五三，4）。

乙类 Bf 型。

TN31E32⑤：20，夹砂黑灰陶，内壁磨光。方唇，敞口，弧腹，腹上部近口部有一周缓缓向内的凸棱，不明显。唇部饰戳印点纹，口外侧饰点线纹组成的菱格纹和窄带状纹饰，腹部饰点线纹与

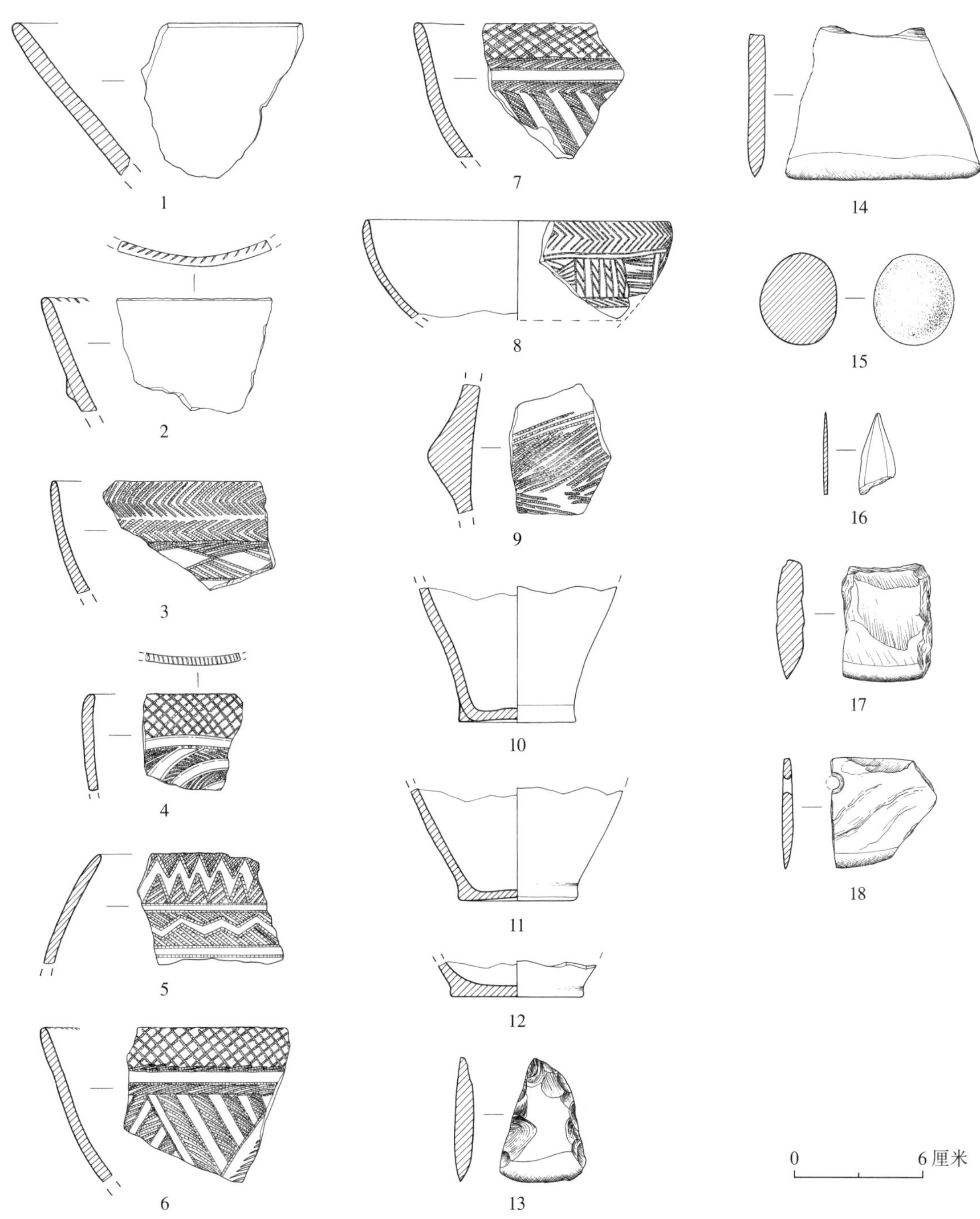

图四五三　2018年Ⅰ区第5层出土遗物

1、2. 乙类Aa型陶钵（TN31E32⑤：17、TN33E31⑤：11）　3、6~8. 乙类Bf型陶钵（TN31E32⑤：28、TN31E32⑤：20、TN31E32⑤：26、TN31E32⑤：21）　4. 乙类Be型陶钵（TN31E32⑤：30）　5. 乙类Ba型陶钵（TN31E32⑤：41）　9. A型陶器鋬（TN31E33⑤：23）　10~12. 陶器底（TN31E33⑤：24、TN32E32⑤：11、TN31E32⑤：44）　13、17. B型石锛（TN31E33⑤：1、TN27E35⑤：10）　14. 石片状带刃器（TN32E32⑤：1）　15. 石球（TN33E31⑤：1）　16. 石箭镞残件（TN33E33⑤：1）　18. 石刀残件（TN30E33⑤：10）

光面组成的复合纹饰。残高 6.8 厘米（图四五三，6）。

TN31E32 ⑤：21，夹砂灰陶。方唇，敞口，弧腹。唇部饰戳印点纹，口外侧饰小方格状点线纹组成的折线纹和弦纹，腹部饰小方格状点线纹与光面组成的复合纹饰。口径 14、残高 4.4 厘米（图四五三，8）。

TN31E32 ⑤：26，夹砂黑灰陶。方唇，敞口，弧腹，腹上部近口部有一周缓缓向内的凸棱，不明显。唇部饰戳印点纹，口外侧饰点线纹组成的菱格纹和窄带状纹饰，腹部饰点线纹与光面组成的复合纹饰。残高 6 厘米（图四五三，7）。

TN31E32 ⑤：28，夹砂灰褐陶。方唇，敞口，弧腹。唇部饰戳印点纹，腹部饰小方格状点线纹组成的折线纹、连续三角纹夹光面菱形纹等。残高 5 厘米（图四五三，3）。

器鋬 A 型。

TN31E33 ⑤：23，夹砂黑灰陶。扁乳丁状，缓缓凸起于器表。器表饰小方格状点线纹。残高 5.7 厘米（图四五三，9）。

器底

TN31E32 ⑤：44，夹砂黄褐胎黑皮陶。平底。素面。底径 6、残高 1.5 厘米（图四五三，12）。

TN31E33 ⑤：24，夹砂灰胎黑灰皮陶。下腹斜直，平底。素面。底径 5.4、残高 6 厘米（图四五三，10）。

TN32E32 ⑤：11，夹砂黑灰陶，腹部外壁磨光，外底粗糙未磨光。下腹斜收，平底。素面。底径 5.4、残高 5 厘米（图四五三，11）。

（2）石器

锛 B 型。

TN27E35 ⑤：10，黑色。顶部残。弧刃，单面刃，刃部磨制精细，器身有较多崩疤。残长 5.2、宽 4、厚约 1.1 厘米（图四五三，17）。

TN31E33 ⑤：1，黑色。平面近梯形，截面近四边形。一侧有人为切割的痕迹，两面有较多片疤。弧刃，单面刃，刃缘两端有较明显的崩疤，刃缘中部有较多细小的茬口。长 5.6、宽 4、厚约 1.1 厘米（图四五三，13）。

刀 残件。

TN30E33 ⑤：10，灰色。直背，近背部残存一孔，两面对钻。弧刃。残长 4.9、宽 4.9、厚约 0.4 厘米（图四五三，18）。

箭镞 残件。

TN33E33 ⑤：1，绿色。柳叶形，截面较规则，两面较平整。刃部较锋利，两面均有刃，刃缘分布有较密集的细小茬口。残长 3.5、宽 1.7、厚约 0.2 厘米（图四五三，16）。

球

TN33E31 ⑤：1，灰褐色。器形较规整，磨制较粗糙。直径 3.5~4 厘米（图四五三，15）。

片状带刃器

TN32E32 ⑤：1，黄褐色。平面近梯形，截面呈长方形。直刃，双面刃，仅刃部磨光，器表磨制较粗糙。长 6.9、宽 4.8~9.1、厚 1 厘米（图四五三，14）。

（三）第 4 层出土遗物

该层出土遗物以陶器为主，另有少量石器。陶器器类有束颈罐、侈口小罐、无颈罐、附加堆纹罐、沿面饰纹罐、长颈罐、盘口高领罐、矮领小罐、敛口罐、釜形罐、小口罐、带把罐、壶、瓶、盆、钵等，石器器类有斧、凿、刀、箭镞、球、网坠、砺石等。

（1）陶器

束颈罐

Aa 型。

TN32E32④：15，夹砂褐陶。圆唇，侈口，窄卷沿外翻，颈部微束。唇部饰戳印点纹。口径 14.6、残高 3.4 厘米（图四五四，1）。

Ab 型。

TN34E31④：11，夹砂陶，局部为黑灰色，局部为黄褐色。圆唇，侈口，宽卷沿外翻近平，束颈，溜肩。颈下部至肩部饰短斜线纹组成的窄带状纹饰、短斜线纹组成的竖向波折纹，凹弦纹夹短线纹组成的窄带状纹饰与光面窄带间隔形成复合纹饰。口径 20、残高 9.2 厘米（图四五四，9）。

Ba 型。

TN30E33④：12，夹砂灰胎灰褐皮陶，内壁黑灰色。圆唇，侈口，卷沿，短束颈。唇部饰戳印点纹，颈下部饰刻划纹。口径 20.4、残高 4.3 厘米（图四五四，3）。

TN31E32④：17，夹砂黄褐陶，内壁磨光。圆唇，侈口，卷沿，短束颈，溜肩。唇部饰戳印点纹，颈肩部饰刻划网格纹。残高 3.8 厘米（图四五四，21）。

TN31E32④：18，夹砂灰褐陶。圆唇，侈口，卷沿，颈部微束。唇部和颈部饰戳印点纹。残高 3.4 厘米（图四五四，14）。

TN31E33④：11，夹砂黄褐陶，内壁黑灰色。方唇，侈口，卷沿，短束颈，溜肩。唇部饰戳印点纹，肩部饰三周戳印粗点纹。残高 7.2 厘米（图四五四，10）。

TN31E33④：24，夹砂灰黄陶。方唇，侈口，卷沿，短束颈。唇部饰戳印点纹。残高 3.7 厘米（图四五四，11）。

TN32E32④：11，夹砂灰陶，陶色斑驳，局部为黄褐色。圆唇，侈口，宽卷沿，颈部微束。唇部和肩部饰戳印点纹。口径 32.4、残高 6 厘米（图四五四，7）。

TN32E32④：12，夹砂黄褐陶。方唇，侈口，卷沿上仰、微向外翻，颈部微束。唇部饰戳印点纹，颈部有戳印痕。残高 2.8 厘米（图四五四，16）。

TN32E33④：13，夹砂黄褐陶。圆唇，侈口，卷沿近唇端微下垂，束颈。唇部饰戳印点纹。口径 38.8、残高 5.8 厘米（图四五四，8）。

TN32E33④：14，夹砂黄褐陶。圆唇，侈口，卷沿。唇部饰戳印点纹。残高 4 厘米（图四五四，17）。

TN32E33④：15，夹砂灰陶。圆唇，侈口，卷沿，短束颈。唇部饰戳印点纹。口径 20、残高 4.4

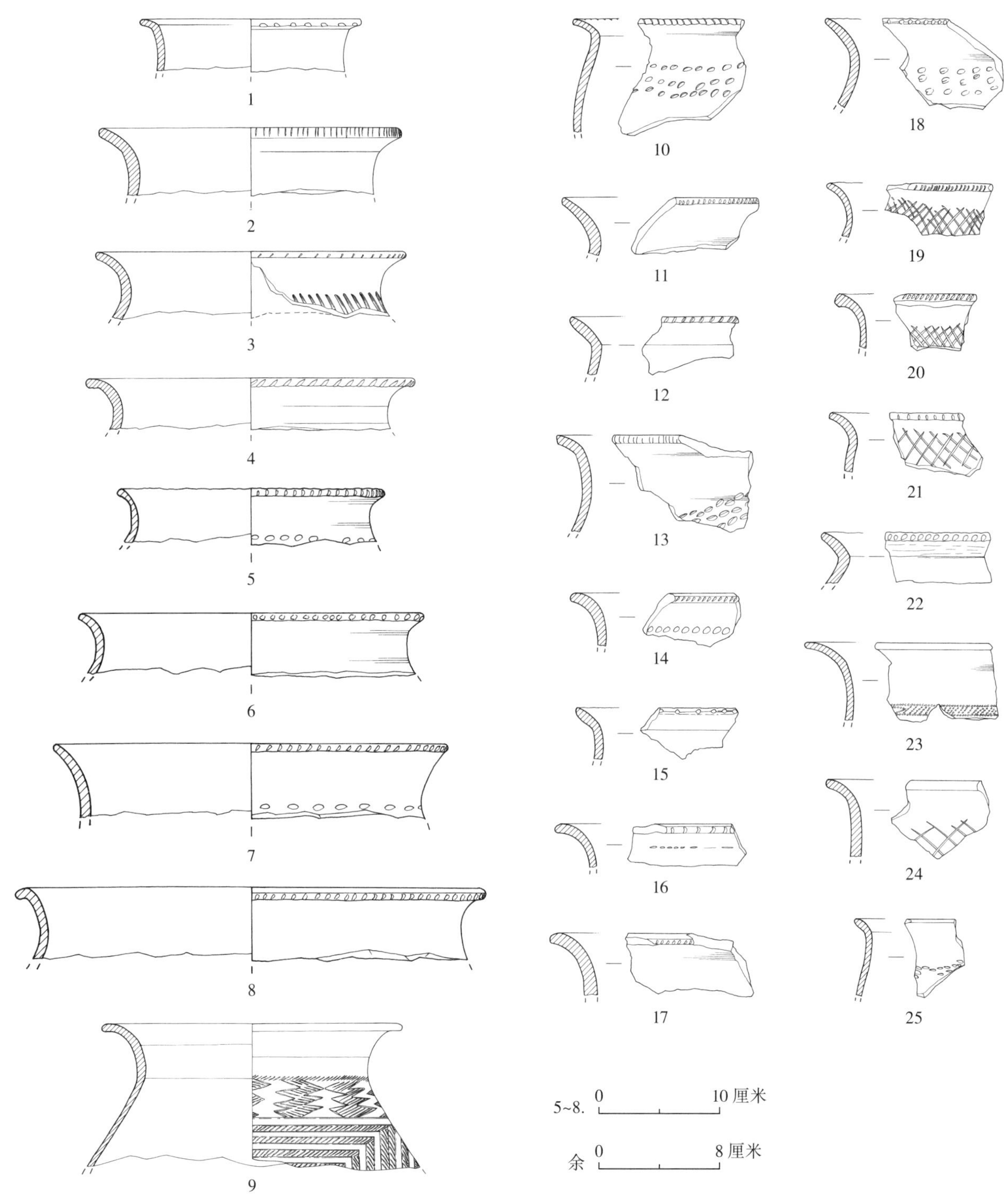

图四五四　2018年Ⅰ区第4层出土陶束颈罐

1. Aa型（TN32E32④：15）　2~8、10~22. Ba型（TN32E33④：15、TN30E33④：12、TN34E33④：21、TN33E33④：15、TN33E31④：15、TN32E32④：11、TN32E33④：13、TN31E33④：11、TN31E33④：24、TN34E33④：17、TN33E32④：11、TN31E32④：18、TN33E33④：30、TN32E32④：12、TN32E33④：14、TN33E33④：22、TN34E31④：14、TN33E32④：16、TN31E32④：17、TN33E31④：12）　9. Ab型（TN34E31④：11）　23~25. Bb型（TN34E31④：12、TN30E33④：13、TN34E33④：22）

厘米（图四五四，2）。

TN33E31④：12，夹砂灰陶，内壁黑灰色。方唇，侈口，卷沿，短束颈。唇部饰戳印点纹。残高3.2厘米（图四五四，22）。

TN33E31④：15，夹砂黄褐陶。圆唇，侈口，卷沿，短束颈。唇部饰戳印点纹。口径28.4、残高5厘米（图四五四，6）。

TN33E32④：11，夹砂灰胎黑灰皮陶。方唇，侈口，卷沿，颈部微束。唇部和肩部饰戳印点纹。残高6.1厘米（图四五四，13）。

TN33E32④：16，夹砂黑灰陶。方唇，唇下部外凸，侈口，卷沿，束颈。唇部饰戳印点纹，颈部饰刻划网格纹。残高3.5厘米（图四五四，20）。

TN33E33④：15，夹砂黄褐陶。圆唇，侈口，卷沿，短束颈。唇部和颈部饰戳印点纹。口径22、高4.5厘米（图四五四，5）。

TN33E33④：22，夹砂黄褐陶。方唇，侈口，卷沿，束颈，溜肩。唇部和颈部饰戳印点纹。残高5.8厘米（图四五四，18）。

TN33E33④：30，夹砂灰褐陶。方唇，侈口，卷沿。唇部饰戳印点纹。残高3.3厘米（图四五四，15）。

TN34E31④：14，夹砂灰黄陶。圆唇，侈口，卷沿，束颈。唇部饰戳印点纹，颈部饰刻划网格纹。残高3.4厘米（图四五四，19）。

TN34E33④：17，夹砂黄褐陶。方唇，侈口，卷沿，短束颈。唇部饰戳印点纹。残高3.7厘米（图四五四，12）。

TN34E33④：21，夹砂黑灰陶。方唇，敞口，卷沿，短束颈。唇部饰戳印点纹。口径21.6、残高3.3厘米（图四五四，4）。

Bb型。

TN30E33④：13，夹砂褐陶。圆唇，侈口，卷沿，颈部微束。颈部饰刻划网格纹。残高4.9厘米（图四五四，24）。

TN34E31④：12，夹砂灰陶，内壁黄褐色。圆唇，侈口，卷沿，颈部微束。颈部饰小方格状点线纹。残高5厘米（图四五四，23）。

TN34E33④：22，夹砂灰白陶。圆唇，侈口，卷沿，短束颈，溜肩。肩部饰戳印粗点纹。残高5厘米（图四五四，25）。

侈口小罐　Ad型。

TN34E31④：16，夹砂黑灰陶。圆唇，侈口，短束颈，鼓肩。唇部和肩部饰戳印点纹。口径11.4、残高4.6厘米（图四五五，1）。

无颈罐

Aa型。

TN31E33④：42，夹砂褐陶。圆唇，敞口，宽折沿，溜肩，弧腹，平底。肩部饰刻划网格纹，下腹外壁有轻微划痕。口径18.6、底径8.4、高18.6厘米（图四五五，3；彩版一一三，2）。

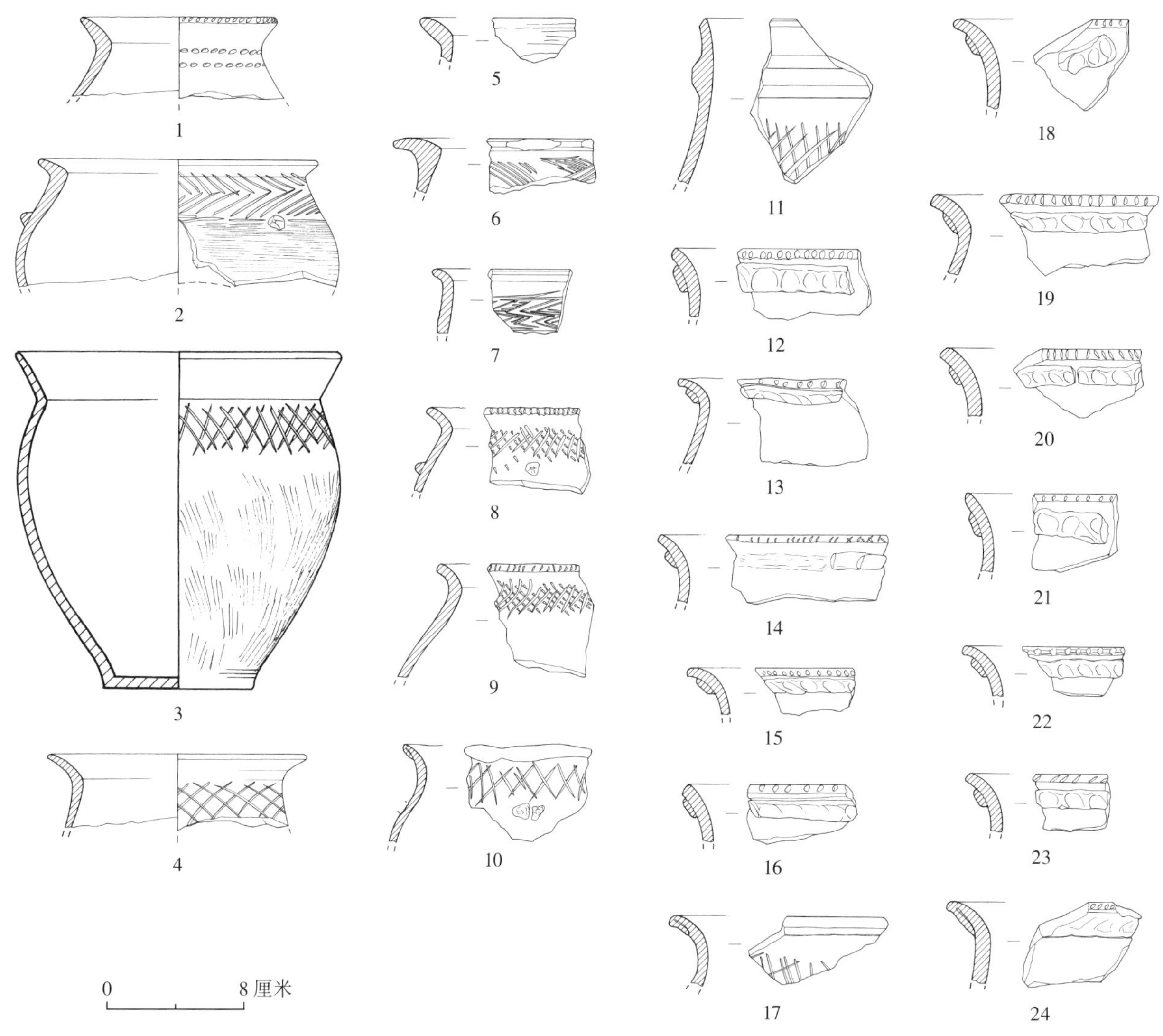

图四五五　2018 年 I 区第 4 层出土陶器

1. Ad 型侈口小罐（TN34E31 ④：16）　2、6. Ac 型无颈罐（TN33E33 ④：12、TN27E35 ④：11）　3. Aa 型无颈罐（TN31E33 ④：42）　4、5. Ab 型无颈罐（TN27E35 ④：23、TN31E32 ④：24）　7. Ba 型无颈罐（TN30E33 ④：14）　8、9. Bb 型无颈罐（TN28E34 ④：17、TN28E34 ④：19）　10、17、24. Ba 型附加堆纹罐（TN27E35 ④：21、TN31E33 ④：21、TN32E33 ④：17）　11~16. Aa 型附加堆纹罐（TN27E35 ④：25、TN28E35 ④：14、TN31E32 ④：12、TN31E32 ④：22、TN31E33 ④：22、TN34E32 ④：12）　18~23. Ab 型附加堆纹罐（TN30E33 ④：18、TN31E33 ④：13、TN31E33 ④：34、TN33E33 ④：21、TN33E33 ④：28、TN36E33 ④：12）

Ab 型。

TN27E35 ④：23，夹砂灰胎黑灰皮陶。圆唇，近盘口，折沿，溜肩。肩部饰刻划网格纹。口径 14.8、残高 4.2 厘米（图四五五，4）。

TN31E32 ④：24，夹砂黄褐陶，内壁黑灰色。圆唇，口微盘，折沿。外壁饰刻划纹。残高 2.5 厘米（图四五五，5）。

Ac 型。

TN27E35 ④：11，夹砂红褐陶。圆唇，敛口，折沿，溜肩。肩部饰短线纹。残高 3 厘米（图四五五，6）。

TN33E33④：12，夹砂褐陶。圆唇，敛口，折沿，鼓肩。肩部饰刻划“<”形纹、弦纹和乳丁纹。口径16、残高7厘米（图四五五，2）。

Ba型。

TN30E33④：14，夹砂黑灰陶，内壁磨光。圆唇，侈口，卷沿，溜肩。肩部饰点线纹组成的折线纹。残高3.6厘米（图四五五，7）。

Bb型。

TN28E34④：17，夹砂黄褐陶。方唇，侈口，卷沿，鼓肩。唇部饰戳印点纹，肩部饰刻划菱格纹和乳丁纹。残高4.6厘米（图四五五，8）。

TN28E34④：19，夹砂灰陶，局部为黄褐色。方唇，侈口，卷沿，鼓肩。唇部饰戳印点纹，肩部饰刻划菱格纹。残高6.2厘米（图四五五，9）。

附加堆纹罐

Aa型。

TN27E35④：25，夹砂灰褐陶。斜方唇，口微侈，长颈，溜肩。颈部饰一周平滑的附加堆纹，肩部饰刻划网格纹。残高9.1厘米（图四五五，11）。

TN28E35④：14，夹砂黑灰陶。圆唇，侈口。唇部饰戳印点纹，颈部饰一周平滑的附加堆纹。残高3.8厘米（图四五五，12）。

TN31E32④：12，夹砂灰陶。圆唇，侈口，卷沿，束颈。唇部饰戳印点纹，颈部饰一周平滑的附加堆纹。残高4.8厘米（图四五五，13）。

TN31E32④：22，夹砂灰陶。方唇，侈口，卷沿，束颈。唇部饰戳印点纹，颈部饰一周平滑的附加堆纹。残高3.7厘米（图四五五，14）。

TN31E33④：22，夹砂灰褐陶，内壁黑灰色。方圆唇，侈口，卷沿。唇部饰戳印点纹，颈部饰一周平滑的附加堆纹。残高2.6厘米（图四五五，15）。

TN34E32④：12，夹砂灰胎黄褐皮陶，内壁黑灰色。方唇，侈口。唇部饰戳印点纹，颈部饰一周平滑的附加堆纹。残高3.2厘米（图四五五，16）。

Ab型。

TN30E33④：18，夹砂灰褐陶。圆唇，侈口，卷沿。唇部饰戳印点纹，颈部饰褶皱状附加堆纹。残高5厘米（图四五五，18）。

TN31E33④：13，夹砂灰白胎黑灰皮陶。方唇，侈口，卷沿，束颈。唇部饰戳印点纹，颈部饰一周褶皱状附加堆纹。残高4.8厘米（图四五五，19）。

TN31E33④：34，夹砂灰白胎黑灰皮陶。方唇，侈口，卷沿。唇部饰戳印点纹，颈部饰一周褶皱状附加堆纹。残高3.8厘米（图四五五，20）。

TN33E33④：21，夹砂褐胎灰皮陶。圆唇，侈口，卷沿，颈微束。唇部饰戳印点纹，颈部饰一周褶皱状附加堆纹。残高4.4厘米（图四五五，21）。

TN33E33④：28，夹砂黄褐陶。方圆唇，侈口，卷沿。唇部饰戳印点纹，颈部饰一周褶皱状附加堆纹。残高 2.8 厘米（图四五五，22）。

TN36E33④：12，夹砂灰白胎灰皮陶。方唇，侈口，卷沿。唇部饰戳印点纹，颈部饰一周褶皱状附加堆纹。残高 3.2 厘米（图四五五，23）。

Ba 型。

TN27E35④：21，夹砂褐陶。圆唇，侈口，卷沿，颈部微束，溜肩。唇外侧饰一周平滑的附加堆纹，与唇部贴合形成箭头状唇，颈部饰刻划网格纹，局部饰乳丁纹。肩部有破损。残高 5.4 厘米（图四五五，10）。

TN31E33④：21，夹砂褐胎黑灰皮陶。方唇，敞口，卷沿，束颈。唇外侧饰一周平滑的附加堆纹，与唇部贴合形成箭头状唇。颈部饰刻划纹。残高 3.9 厘米（图四五五，17）。

TN32E33④：17，夹砂灰褐陶。方唇，侈口，束颈。唇部饰戳印点纹，唇外侧饰一周平滑的附加堆纹，与唇部贴合形成箭头状唇。残高 4.5 厘米（图四五五，24）。

沿面饰纹罐　Ab 型。

TN31E33④：12，夹砂灰胎黑皮陶，器表磨光。方唇，侈口，卷沿上仰，长颈微束。唇部饰戳印点纹，沿面饰小方格状点线纹组成的连续三角纹夹光面折线纹。残高 4.7 厘米（图四五六，1）。

TN33E31④：14，夹砂灰陶。圆唇，侈口，卷沿上仰，长束颈，溜肩。沿面饰小方格状点线纹组成的连续三角纹，颈部饰小方格状点线组成的“<”形纹，肩部饰小方格状点线纹与光面组成的复合纹饰。残高 8.9 厘米（图四五六，2）。

TN33E33④：17，夹砂灰胎黑灰皮陶，器表磨光。方唇，侈口，卷沿上仰，束颈。唇部饰戳印点纹，沿面饰小方格状点线纹组成的连续三角纹夹光面折线纹。残高 4.3 厘米（图四五六，4）。

TN33E33④：18，夹砂灰陶。方圆唇，侈口，卷沿上仰，束颈。唇部饰戳印点纹，沿面饰连续三角纹。残高 3.8 厘米（图四五六，5）。

TN33E33④：31，夹砂褐陶。圆唇，唇部背面外凸，沿面上仰。沿面饰小方格状点线纹组成的连续三角纹。残高 2 厘米（图四五六，3）。

长颈罐

A 型。

TN28E34④：11，夹砂黄褐陶。方唇，侈口，宽卷沿外翻，长颈。唇部饰刻划“×”形纹，颈部饰刻划短线纹。残高 8.9 厘米（图四五六，19）。

TN31E32④：20，夹砂黄褐陶。方唇，侈口，卷沿外翻近平，长颈。唇部饰“×”形纹，颈部饰短线纹。残高 4 厘米（图四五六，6）。

TN34E33④：11，夹砂灰陶。方唇，侈口，卷沿外翻近平，长颈。唇部饰戳印点纹，沿外壁至颈部饰小方格状点线纹组成的网格纹、弦纹和窄带状纹饰等。残高 5.2 厘米（图四五六，7）。

TN31E32④：16，夹砂黄褐陶。方唇，侈口，卷沿外翻近平，长颈。唇部饰“×”形纹，颈部饰短斜线纹。口径 18.6、残高 4.5 厘米（图四五六，11）。

TN31E33④：14，夹砂灰陶。方唇，侈口，卷沿外翻近平，长颈。唇部饰“×”形纹，颈部饰短线纹。口径 18、残高 3.5 厘米（图四五六，10）。

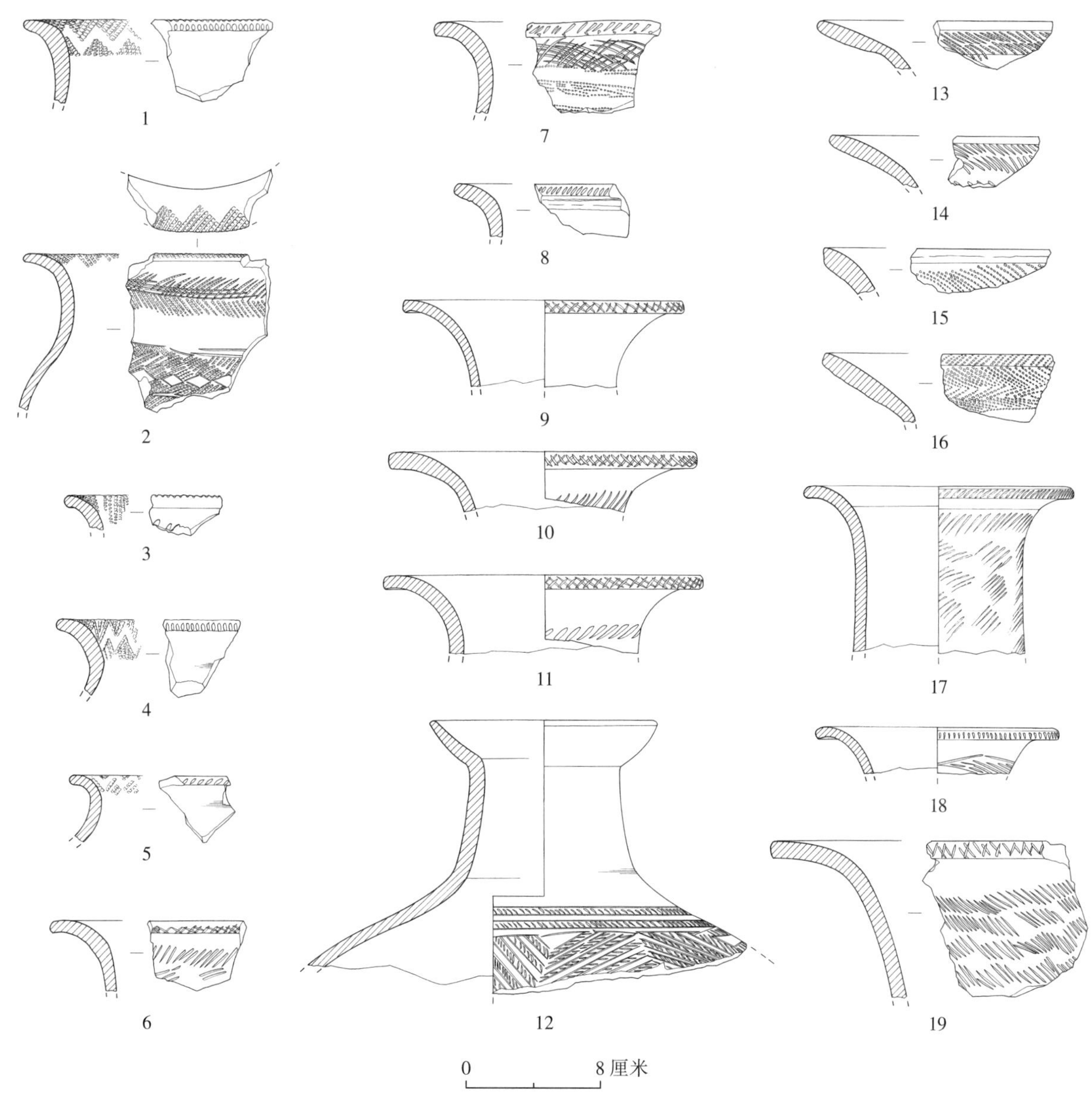

图四五六　2018 年Ⅰ区第 4 层出土陶器

1~5. Ab 型沿面饰纹罐（TN31E33 ④：12、TN33E31 ④：14、TN33E33 ④：31、TN33E33 ④：17、TN33E33 ④：18）　6、7、9~11、17~19. A 型长颈罐（TN31E32 ④：20、TN34E33 ④：11、TN32E33 ④：12、TN31E33 ④：14、TN31E32 ④：16、TN32E33 ④：11、TN34E31 ④：13、TN28E34 ④：11）　8. B 型长颈罐（TN34E32 ④：17）　12. C 型长颈罐（TN33E31 ④：11）　13、14. Ab 型盘口高领罐（TN27E35 ④：16、TN27E35 ④：28）　15、16. Ac 型盘口高领罐（TN32E32 ④：17、TN35E34 ④：11）

TN32E33 ④：11，夹砂黄褐陶。方唇，侈口，卷沿外翻近平，长颈。唇部饰“×”形纹，颈部饰短斜线纹组成的窄带状纹饰和菱形纹等。口径 16、残高 9.5 厘米（图四五六，17）。

TN32E33 ④：12，夹砂灰陶，内壁黄褐色。方唇，侈口，卷沿外翻近平。长颈。唇部饰“×”形纹。口径 16.4、残高 5 厘米（图四五六，9）。

TN34E31 ④：13，夹砂灰陶。方圆唇，侈口，卷沿外翻下垂。唇部饰戳印点纹，颈部饰短线纹组成的菱形纹。口径 14.4、残高 2.6 厘米（图四五六，18）。

B 型。

TN34E32④：17，夹砂灰胎黄褐皮陶。方唇，喇叭口，长颈。唇部饰戳印点纹。残高 3 厘米（图四五六，8）。

C 型。

TN33E31④：11，夹砂红褐陶。圆唇，盘口，窄沿，长颈，广肩。肩部饰凹弦纹夹短斜线纹、短斜线纹组成的窄带状纹饰与光面窄带间隔形成的复合纹饰等。口径 13.2、残高 15.7 厘米（图四五六，12；彩版一一三，3）。

盘口高领罐

Ab 型。

TN27E35④：16，夹砂黑灰陶。圆唇，口微盘，宽沿较斜直。沿外壁饰小方格状点线纹。残高 2.8 厘米（图四五六，13）。

TN27E35④：28，夹砂黑灰陶。圆唇，近盘口，宽沿较斜直。沿外壁饰小方格状点线纹。残高 2.9 厘米（图四五六，14）。

Ac 型。

TN32E32④：17，夹砂黄褐陶。斜方唇，唇部有一道凹槽，口微盘，宽沿较斜直。沿外壁饰点线纹。残高 2.6 厘米（图四五六，15）。

TN35E34④：11，夹砂灰胎黄褐皮陶。方唇，口微盘，宽沿较斜直。唇部至沿外壁饰小方格状点线纹组成的折线纹。残高 3.9 厘米（图四五六，16）。

矮领小罐

B 型。

TN31E33④：31，夹砂黑灰陶。圆唇，直口，矮领，溜肩。领部饰小方格状点线纹组成的折线纹，肩部饰小方格状点线纹与光面组成的复合纹饰。口径 22.8、残高 8.5 厘米（图四五七，1）。

TN33E31④：13，夹砂灰陶。圆唇，直口，矮领，溜肩，领部与肩部分界不明显。领部饰刻划菱格纹，肩部饰连续三角纹夹光面折线纹等。口径 17、残高 6.3 厘米（图四五七，3）。

TN34E31④：25，夹砂黄褐陶。圆唇，直口，矮领，溜肩。领部饰刻划菱格纹，肩部饰刻划短斜线纹。残高 3.5 厘米（图四五七，6）。

C 型。

TN31E33④：32，夹砂灰陶。尖圆唇，敞口，矮领。领部饰小方格状点线纹组成的折线纹等。残高 3.8 厘米（图四五七，2）。

敛口罐 B 型。

TN34E32④：15，夹砂黑灰陶。圆唇，敛口，溜肩。肩部饰小方格状点线纹。残高 3.7 厘米（图四五七，7）。

釜形罐

TN33E32④：12，夹砂黑灰陶，器表磨光。方唇，盘口，卷沿，溜肩。沿外壁饰小方格状点线纹组成的菱格纹。残高 4.6 厘米（图四五七，5）。

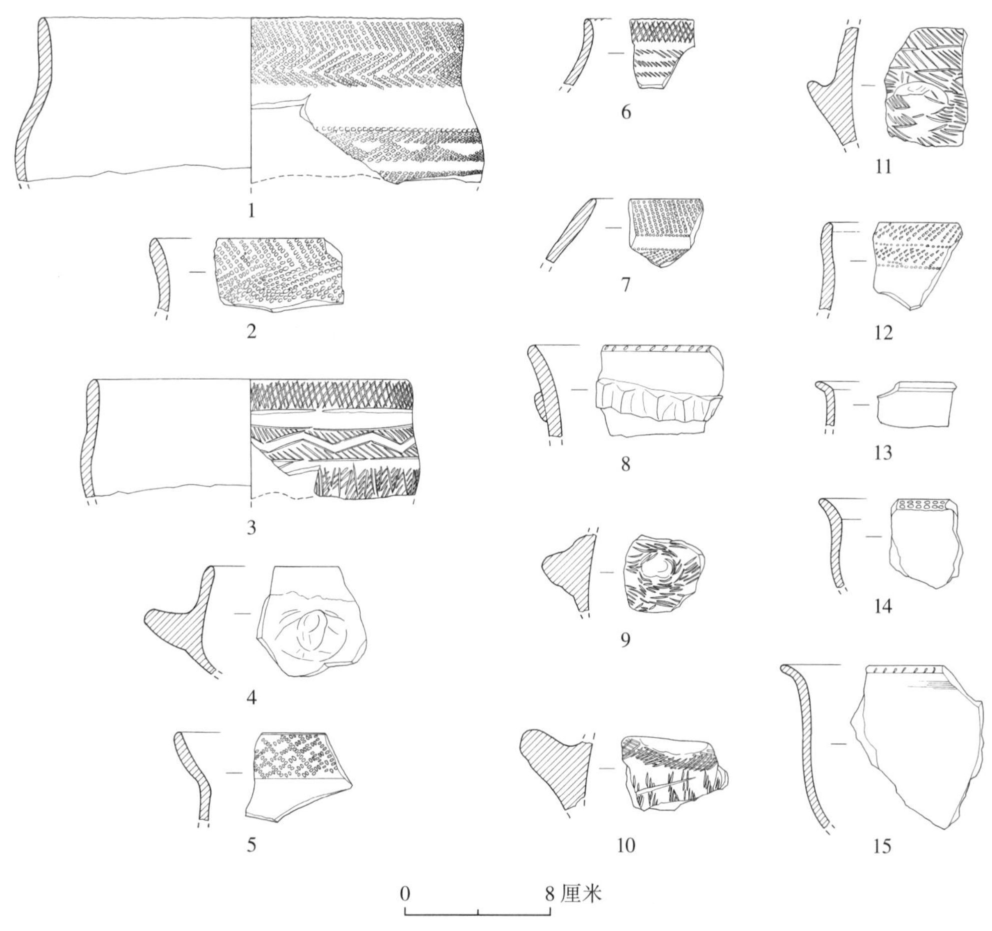

图四五七　2018 年Ⅰ区第 4 层出土陶器

1、3、6. B 型矮领小罐（TN31E33 ④：31、TN33E31 ④：13、TN34E31 ④：25）　2. C 型矮领小罐（TN31E33 ④：32）　4. 带把罐（TN27E35 ④：24）　5. 釜形罐（TN33E32 ④：12）　7. B 型敛口罐（TN34E32 ④：15）　8. 甲类 Bg 型壶（TN31E32 ④：19）　9~11. A 型器鋬（TN33E33 ④：35、TN34E32 ④：19、TN31E32 ④：25）　12. 小口罐（TN34E33 ④：26）　13. C 型瓶（TN31E32 ④：13）　14、15. C 型盆（TN27E35 ④：31、TN31E33 ④：30）

小口罐

TN34E33 ④：26，夹砂黑灰陶。圆唇，直口，口外侧略外鼓，高领。领部饰小方格状点线纹。残高 4.6 厘米（图四五七，12）。

带把罐

TN27E35 ④：24，夹砂黑灰陶。圆唇，敛口，鼓腹。腹部有一乳丁状把手。素面。残高 5.6 厘米（图四五七，4）。

壶　甲类 Bg 型。

TN31E32 ④：19，夹砂灰陶。圆唇，敞口，高领。唇部饰戳印点纹，领部饰一周褶皱状附加堆纹。残高 4.9 厘米（图四五七，8）。

瓶　C 型。

TN31E32 ④：13，夹砂褐陶，内壁黄褐色。方唇，侈口，直颈。素面。残高 2.3 厘米（图四五七，13）。

盆　C 型。

TN27E35 ④：31，夹砂褐陶。圆唇，敞口，卷沿，弧腹。唇部饰戳印点纹。残高 4.7 厘米（图四五七，14）。

TN31E33 ④：30，夹砂黑灰陶。圆唇，敞口，卷沿，弧腹。唇部饰戳印点纹。残高 8.6 厘米（图四五七，15）。

钵

乙类 Aa 型。

TN27E35 ④：26，夹砂黑灰陶。圆唇，敞口，弧腹。素面。残高 3.9 厘米（图四五八，1）。

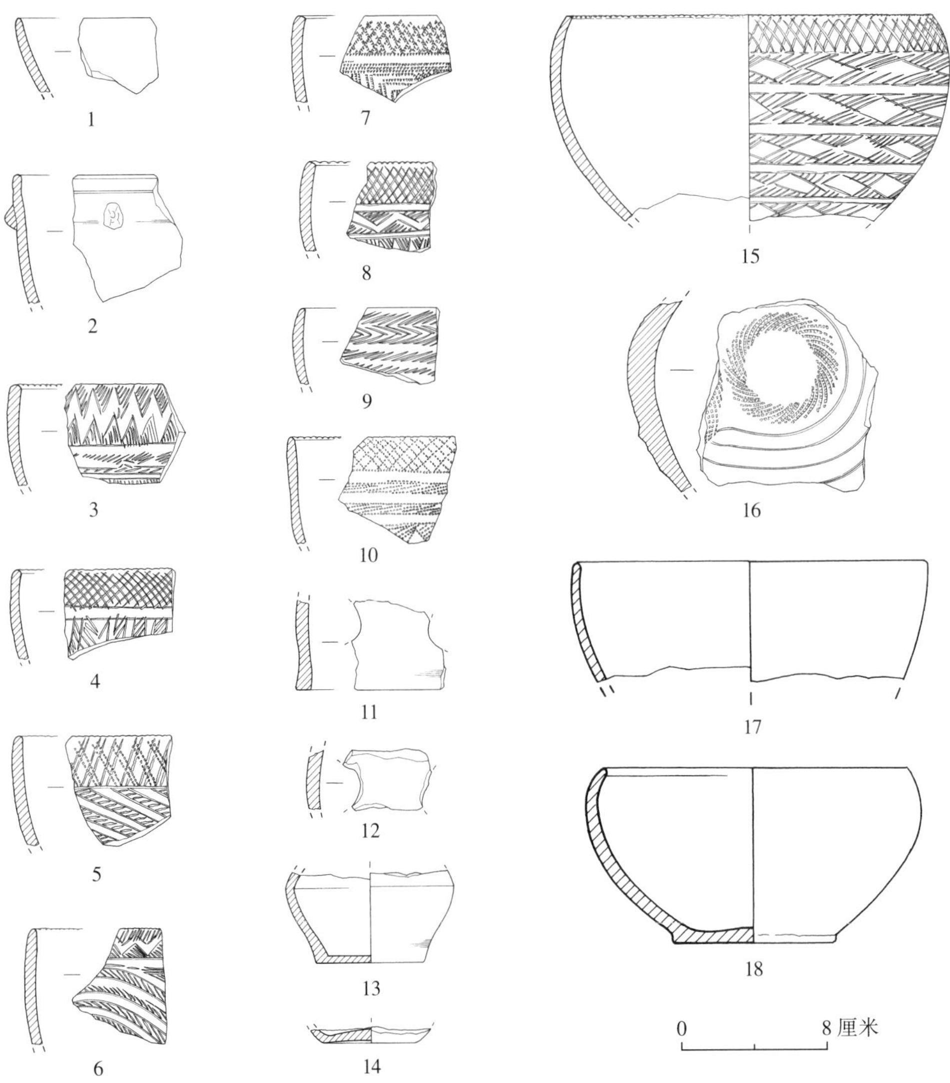

图四五八　2018 年 I 区第 4 层出土陶器

1、2. 乙类 Aa 型钵（TN27E35 ④：26、TN28E34 ④：13）　3~9. 乙类 Be 型钵（TN33E33 ④：13、TN31E33 ④：25、TN32E32 ④：13、TN33E33 ④：19、TN30E33 ④：11、TN34E31 ④：24、TN34E33 ④：15）　10. 乙类 Bg 型钵（TN34E33 ④：20）　11、12. 器座（TN33E33 ④：33、TN33E33 ④：34）　13、14. 器底（TN33E33 ④：25、TN36E33 ④：11）　15. 乙类 Bb 型钵（TN33E31 ④：12）　16. 陶片（TN34E33 ④：31）　17. 乙类 Ab 型钵（TN28E34 ④：20）　18. 乙类 Ae 型钵（TN28E34 ④：1）

TN28E34④：13，夹砂红陶。圆唇，敞口，斜直腹。上腹部饰乳丁纹。残高6.7厘米（图四五八，2）。

乙类Ab型。

TN28E34④：20，夹砂黑灰陶，器表磨光。圆唇，直口，弧腹。素面。口径19.2、残高6.4厘米（图四五八，17）。

乙类Ae型。

TN28E34④：1，夹砂褐陶，器表磨光。圆唇，敛口，鼓腹，平底。素面。口径16.8、底径8.8、高9.2厘米（图四五八，18；彩版一一三，4）。

乙类Bb型。

TN33E31④：12，夹砂黑灰陶。圆唇，敛口，腹部微鼓。唇部饰戳印点纹，口外侧饰刻划菱格纹和弦纹，腹部饰弦纹、连续三角纹夹光面菱形纹等。口径20、残高10.8厘米（图四五八，15）。

乙类Be型。

TN30E33④：11，夹砂黑灰陶，内壁磨光。圆唇，口近直，弧腹。口外侧饰点线纹组成的菱格纹、凹弦纹，腹部饰点线纹与光面组成的复合纹饰。残高4.6厘米（图四五八，7）。

TN31E33④：25，夹砂黑灰陶，内壁磨光。方唇，口近直，弧腹。唇部饰戳印点纹，口外侧饰菱格纹、凹弦纹，腹部饰短线纹与光面组成的复合纹饰。残高4.7厘米（图四五八，4）。

TN32E32④：13，夹砂黑灰陶，内壁磨光。方唇，口近直，弧腹。唇部饰戳印点纹，口外侧饰点线纹组成的菱格纹、凹弦纹，腹部饰点线纹与光面组成的复合纹饰。残高5.7厘米（图四五八，5）。

TN33E33④：13，夹砂灰褐陶。方唇，口近直，弧腹。唇部饰戳印点纹，口外侧饰连续三角纹夹光面折线纹，腹部饰短斜线纹与光面组成的复合纹饰。残高5.3厘米（图四五八，3）。

TN33E33④：19，夹砂红陶。方唇，直口，弧腹。口外侧饰连续三角纹夹光面折线纹，腹部饰短斜线纹与光面组成的涡纹等。残高6厘米（图四五八，6）。

TN34E31④：24，夹砂灰褐陶，内壁黄褐色。方唇，口近直，弧腹。唇部饰戳印点纹，口外侧饰刻划菱格纹、凹弦纹，腹部饰连续三角纹夹光面折线纹等。残高4.7厘米（图四五八，8）。

TN34E33④：15，夹砂黑灰陶，内壁磨光。圆唇，口近直，弧腹。口外侧饰折线纹、短斜线纹组成的窄带状纹饰等。残高4厘米（图四五八，9）。

乙类Bg型。

TN34E33④：20，夹砂黑灰陶，器表磨光。圆唇，敞口，腹部有一道向内的凸棱，不明显。唇部饰戳印点纹，口外侧饰点线纹组成的菱格纹，腹部饰点线纹组成的窄带状纹饰等。残高5.6厘米（图四五八，10）。

器鋬 A型。

TN31E32④：25，夹砂黄褐陶。扁乳丁状。器表饰短线纹与光面组成的复合纹饰。残高6.2厘米（图四五七，11）。

TN33E33④：35，夹砂黄褐陶。乳丁状。器表饰点线纹。残高4.1厘米（图四五七，9）。

TN34E32④：19，夹砂黄褐陶，局部磨光。扁乳丁状，顶部内凹。器表饰菱格纹和点线纹等。

残高 4.2 厘米（图四五七，10）。

器底

TN33E33④：25，夹砂褐陶。口部残，折肩，腹部斜收为平底。素面。底径 6、残高 4.8 厘米（图四五八，13）。

TN36E33④：11，夹砂黑灰陶。平底。素面。底径 5.2、残高 0.8 厘米（图四五八，14）。

器座

TN33E33④：33，夹砂黄褐陶。整体近筒状，器壁上有不规则形镂孔。残高 4.7 厘米（图四五八，11）。

TN33E33④：34，夹砂黄褐陶。器壁有镂孔。残高 3.2 厘米（图四五八，12）。

陶片

TN34E33④：31，夹砂黑灰陶。饰小方格状点线纹组成的圆圈纹。残高 10.1 厘米（图四五八，16）。

（2）石器

斧

B 型。

TN32E33④：1，黑色。平面近梯形，截面呈长方形。斜平顶。两面均磨光，正面仍残有部分较浅的片疤。弧刃，单面刃，刃缘分布有连续的茬口及较密集的垂直崩疤。长 6.8、宽 3.9、厚约 0.9 厘米（图四五九，1）。

Ca 型。

TN34E33④：1，黑色。平面近梯形，截面不规则。圆顶，一面中部起脊。正锋，弧刃，双面刃，刃缘两侧有较多崩疤及垂直于刃缘的细小磨痕。通体磨光。长 14.2、宽 6.2、厚约 4.2 厘米（图四五九，4；彩版一一三，5）。

TN36E33④：1，黑色。平面近长方形，截面近椭圆形。两侧较薄，中部起脊，脊较窄，两侧有倾斜的磨光面。双面刃。器表磨光较好，有较密集的片疤，面积较小，靠近刃面部分的磨痕较杂乱。长 10.1、宽 5.8、厚约 4 厘米（图四五九，5；彩版一一三，6）。

Cb 型。

TN30E33④：1，黑色。平面近梯形，截面较不规则。圆顶，有较多密集的片疤。两侧有倾斜的磨光面。弧刃，刃缘残缺较多，刃缘有连续的崩疤、均匀的斜向磨痕。长 10.8、宽 7.3、厚约 3.9 厘米（图四五九，3；彩版一一四，1）。

凿 C 型。

TN31E32④：2，黑色。平面呈长条形，截面近长方形。斜平顶，两面上窄下宽，有明显的切割痕迹，两面均磨光。正锋，弧刃，双面刃。长 11.8、宽 1.8、厚约 1.5 厘米（图四五九，2）。

刀

乙类 Aa 型。

TN34E31④：9，黑色。凹背，双孔，仅残有一孔，两面对钻。弧刃，双面刃，刃缘有密集的茬口，

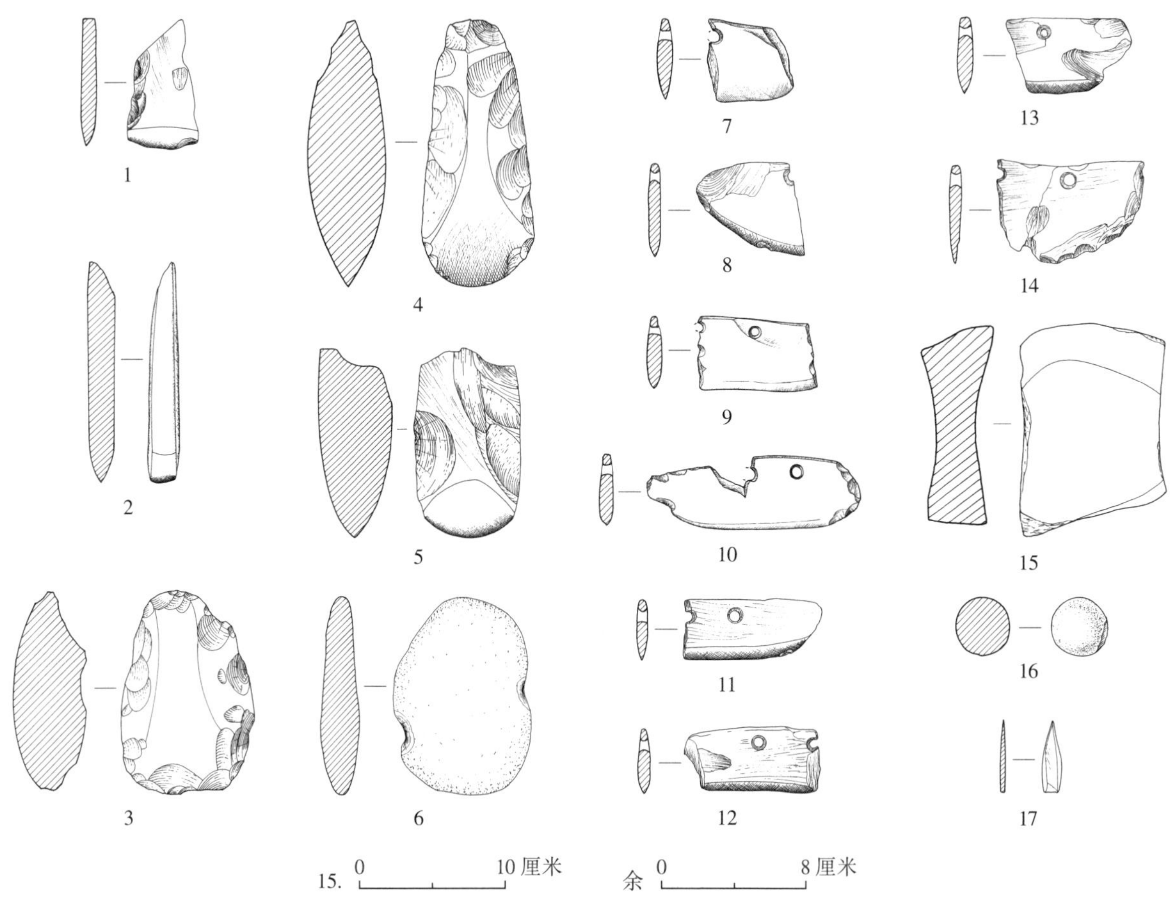

图四五九　2018年Ⅰ区第4层出土石器

1. B型斧（TN32E33④：1）　2. C型凿（TN31E32④：2）　3. Cb型斧（TN30E33④：1）　4、5. Ca型斧（TN34E33④：1、TN36E33④：1）　6. 网坠（TN32E32④：1）　7. 乙类Aa型刀（TN34E31④：9）　8. 乙类Ab型刀（TN32E33④：2）　9、10. 乙类B型刀（TN34E31④：10、TN34E31④：8）　11~13. 乙类C型刀（TN31E32④：1、TN31E32④：3、TN33E32④：2）　14. 石刀残件（TN33E32④：1）　15. 砺石（TN31E33④：43）　16. 球（TN34E33④：2）　17. Ca型箭镞（TN31E33④：1）

两端大部分残缺。通体磨光。残长5.1、宽4.4、厚0.7厘米（图四五九，7）。

乙类Ab型。

TN32E33④：2，绿色。直背，残有一孔，且已残缺，背部有较多片疤。弧刃，有几处崩疤。残长5.3、宽4.9、厚0.6厘米（图四五九，8；彩版一一四，2）。

乙类B型。

TN34E31④：8，黑色。桂叶形。两孔，中部靠上对称分布，两面对钻。弧刃，双面刃，刃缘有较密集的磨痕。器表分布有较均匀的磨痕。长11.6、宽3.8、厚0.7厘米（图四五九，10）。

TN34E31④：10，红色。直背，残有两孔，两面对钻。弧刃，双面刃，刃缘有较多细密的茬口。通体磨光，磨制较精细。残长6.6、宽3.8、厚0.8厘米（图四五九，9；彩版一一四，3）。

乙类C型。

TN31E32④：1，紫色。直背，双孔，穿孔附近有明显的穿绳磨损。直刃，端部无刃面，刃部磨痕较集中且较杂乱。残长 7.6、宽 3.1、厚 0.6 厘米（图四五九，11；彩版一一四，4）。

TN31E32 ④：3，绿色。直背，双孔。直刃，磨痕多呈水平方向。残长 7.5、宽 3.4、厚 0.7 厘米（图四五九，12；彩版一一四，5）。

TN33E32 ④：2，灰色。直背，残有一孔，两面对钻。直刃，器表分布有较多片疤。残长 6.5、宽 3.9、厚约 0.8 厘米（图四五九，13）。

残件。

TN33E32 ④：1，灰黑色。残存两孔，两面对钻。整体分布有较大面积的崩疤和磨痕。残长 7.9、宽 5.2、厚约 0.6 厘米（图四五九，14）。

箭镞 Ca 型。

TN31E33 ④：1，灰色。平面近五边形。锋部较细尖。平底。经过多次磨制，器表多均匀的磨痕。长 3.8、宽 1.05、厚约 0.3 厘米（图四五九，17；彩版一一四，6）。

球

TN34E33 ④：2，红褐色。器形较规整，磨制较精细。直径 2.9~3 厘米（图四五九，16）。

网坠

TN32E32 ④：1，黄褐色。圆形，两侧缺口大致位于中部，不对称。长 10.1、宽 7.2、厚 1.6 厘米（图四五九，6）。

砺石

TN31E33 ④：43，黄褐色。整体近长方形，相对较厚。两面均有较大面积的使用面。长 10、宽 13.3、厚 4.6 厘米（图四五九，15）。

（四）第 3 层出土遗物

该层出土遗物以陶器为主，另有少量石器。陶器器类有束颈罐、侈口小罐、无颈罐、附加堆纹罐、沿面饰纹罐、长颈罐、盘口高领罐、矮领小罐、小口罐、带耳罐、瓮、壶、钵等，石器器类有斧、锛、凿、刀、箭镞、球、网坠等。

（1）陶器

束颈罐

Ba 型。

TN28E34 ③：22，夹砂褐陶。方圆唇，侈口，卷沿，束颈。唇部饰戳印点纹。口径 15.6、残高 3.7 厘米（图四六〇，1）。

TN28E34 ③：27，夹砂褐陶。方唇，侈口，卷沿。唇部饰戳印点纹，颈部饰刻划纹。口径 24、残高 3.2 厘米（图四六〇，6）。

TN28E34 ③：42，夹砂褐陶，内壁黑灰色。方唇，侈口，卷沿，束颈。唇部饰戳印点纹，颈部饰刻划网格纹。残高 2.9 厘米（图四六〇，13）。

TN28E34 ③：47，夹砂褐陶。圆唇，侈口，卷沿，束颈。唇部饰戳印点纹。残高 2.8 厘米（图四六〇，14）。

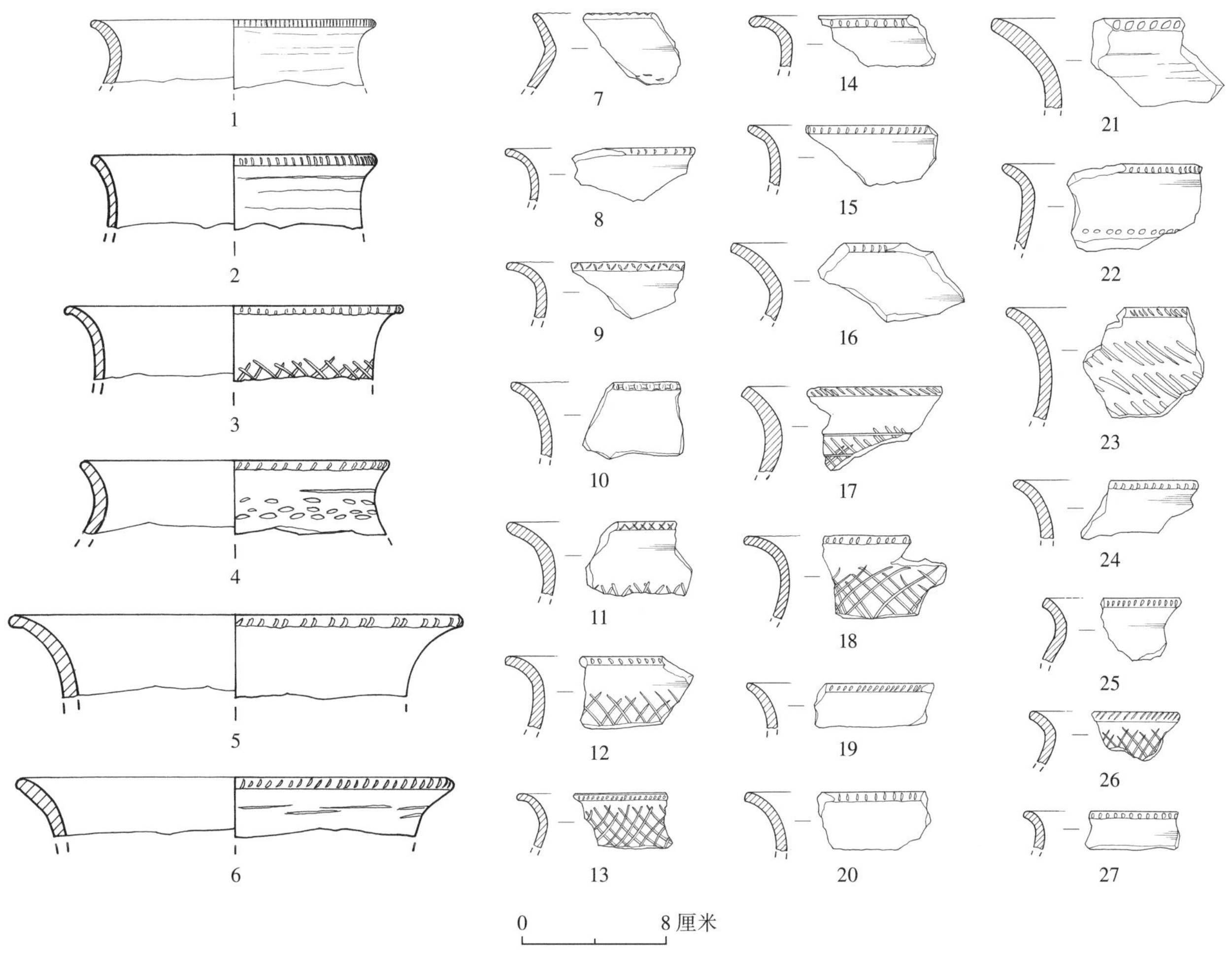

图四六〇　2018 年 I 区第 3 层出土 Ba 型陶束颈罐

1. TN28E34③：22　2. TN34E31③：11　3. TN28E35③：16　4. TN33E33③：11　5. TN35E33③：11　6. TN28E34③：27　7. TN28E35③：56　8. TN32E32③：35　9. TN31E32③：18　10. TN32E32③：12　11. TN33E33③：13　12. TN28E35③：39　13. TN28E34③：42　14. TN28E34③：47　15. TN33E31③：16　16. TN34E32③：11　17. TN33E32③：14　18. TN36E34③：12　19. TN36E33③：12　20. TN33E32③：13　21. TN28E35③：28　22. TN36E33③：17　23. TN34E31③：14　24. TN35E33③：16　25. TN28E34③：61　26. TN33E33③：22　27. TN34E33③：16

TN28E34③：61，夹砂褐陶，内壁磨光、呈黑灰色。方唇，侈口，卷沿，束颈，溜肩。唇部饰戳印点纹。残高 3.4 厘米（图四六〇，25）。

TN28E35③：16，夹砂褐陶。方唇，侈口，卷沿，束颈。唇部饰戳印点纹，颈部饰刻划纹。口径 18.4、残高 4 厘米（图四六〇，3）。

TN28E35③：28，夹砂黄褐陶。方唇，侈口，卷沿，束颈。唇部饰戳印点纹。残高 4.8 厘米（图四六〇，21）。

TN28E35③：39，夹砂褐陶，内壁黑灰色。方唇，侈口，卷沿，束颈。唇部饰戳印点纹，颈部饰刻划网格纹。残高 3.9 厘米（图四六〇，12）。

TN28E35③：56，夹砂褐陶，内壁黑灰色。方唇，侈口，卷沿，束颈。唇部和颈部饰戳印点纹。

残高 4 厘米（图四六〇，7）。

TN31E32③：18，夹砂灰陶。方唇，侈口，卷沿，束颈。唇部饰戳印点纹。残高 3 厘米（图四六〇，9）。

TN32E32③：12，夹砂灰褐陶。圆唇，侈口，卷沿，颈部微束。唇部饰戳印点纹。残高 4 厘米（图四六〇，10）。

TN32E32③：35，夹砂灰陶。方唇，侈口，卷沿，束颈。唇部饰戳印点纹。残高 2.8 厘米（图四六〇，8）。

TN33E31③：16，夹砂褐陶，内壁黑灰色。方唇，侈口，卷沿，束颈。唇部饰戳印点纹。残高 3.2 厘米（图四六〇，15）。

TN33E32③：13，夹砂黄褐陶，局部为黑灰色。圆唇，侈口，卷沿，束颈。唇部饰戳印点纹。残高 3.1 厘米（图四六〇，20）。

TN33E32③：14，夹砂灰陶。方唇，侈口，卷沿，束颈。唇部饰戳印短斜线纹，颈部饰凹弦纹和网格纹。残高 4.5 厘米（图四六〇，17）。

TN33E33③：11，夹砂灰陶。方唇，侈口，卷沿，束颈。唇部和颈部饰戳印点纹。口径 16.8、残高 4 厘米（图四六〇，4）。

TN33E33③：13，夹砂黑灰陶。圆唇，侈口，卷沿，束颈。唇部饰“×”形纹，颈部饰刻划纹。残高 3.9 厘米（图四六〇，11）。

TN33E33③：22，夹砂黑褐陶。方唇，侈口，卷沿，短束颈。唇部饰戳印点纹，颈部饰刻划网格纹。残高 2.8 厘米（图四六〇，26）。

TN34E31③：11，夹砂灰陶。圆唇，侈口，卷沿，束颈。唇部饰戳印点纹，颈外壁有泥条盘筑的痕迹。口径 15.6、残高 4 厘米（图四六〇，2）。

TN34E31③：14，夹砂灰陶。方唇，侈口，卷沿，长束颈。唇部饰戳印点纹，颈部饰短斜线纹。残高 6 厘米（图四六〇，23）。

TN34E32③：11，夹砂黄褐陶，内壁黑灰色。方唇，侈口，卷沿，束颈。唇部饰戳印点纹。残高 4.1 厘米（图四六〇，16）。

TN34E33③：16，夹砂褐陶。圆唇，侈口，卷沿，短束颈。唇部饰戳印点纹。残高 2.1 厘米（图四六〇，27）。

TN35E33③：11，夹砂灰黄陶，内壁灰色。方唇，侈口，卷沿。唇部饰戳印点纹。口径 24.8、残高 4.4 厘米（图四六〇，5）。

TN35E33③：16，夹砂黄褐陶。方唇，侈口，卷沿。唇部饰戳印点纹。残高 3.1 厘米（图四六〇，24）。

TN36E33③：12，夹砂黑灰陶。方唇，侈口，卷沿。唇部饰戳印点纹。残高 2.4 厘米（图四六〇，19）。

TN36E33③：17，夹砂褐陶。圆唇，侈口，卷沿，束颈。唇部和颈部饰戳印点纹。残高 4.6 厘米（图四六〇，22）。

TN36E34③：12，夹砂褐陶。圆唇，侈口，卷沿，束颈。唇部饰戳印点纹，颈部饰刻划网格纹。

残高 4.4 厘米（图四六〇，18）。

Bb 型。

TN28E34③：5，夹砂灰褐陶，内壁褐色。方唇，侈口，卷沿，束颈，溜肩，鼓腹。肩部饰刻划网格纹。口径 25.2、残高 21.4 厘米（图四六一，1；彩版一一五，1）。

TN28E34③：25，夹砂灰褐陶。圆唇，侈口，卷沿，束颈。颈部饰刻划纹。残高 4.9 厘米（图四六一，6）。

TN32E32③：30，夹砂橙黄陶。方唇，侈口，宽卷沿。素面。口径 23.2、残高 3.4 厘米（图四六一，2）。

TN33E31③：15，夹砂橙黄陶，内壁灰色。圆唇，侈口，卷沿，束颈。素面。口径 24.4、残高 5 厘米（图四六一，3）。

TN33E33③：23，夹砂红褐陶。方唇，侈口，卷沿，短束颈。颈部饰刻划网格纹。残高 3.3 厘米（图四六一，5）。

TN35E33③：12，夹砂黄褐陶。圆唇，侈口，卷沿，束颈。素面。残高 3.8 厘米（图四六一，4）。

TN36E34③：16，夹砂黑灰陶。圆唇，敞口，卷沿。素面。残高 4.3 厘米（图四六一，7）。

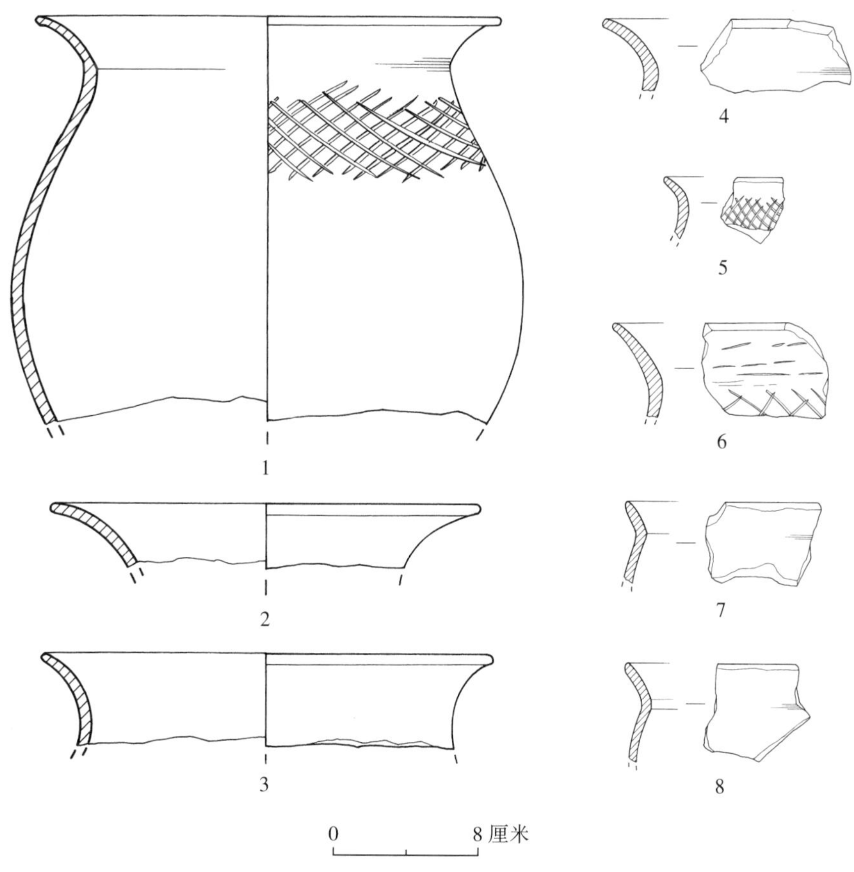

图四六一　2018 年Ⅰ区第 3 层出土 Bb 型陶束颈罐

1. TN28E34③：5　2. TN32E32③：30　3. TN33E31③：15　4. TN35E33③：12　5. TN33E33③：23　6. TN28E34③：25　7. TN36E34③：16　8. TN36E34③：19

TN36E34③：19，夹砂黑灰陶。圆唇，敞口，卷沿。素面。残高5.2厘米（图四六一，8）。

侈口小罐

Ab型。

TN32E32③：33，夹砂灰陶。圆唇，侈口，卷沿，肩近竖直。颈部饰乳丁纹。残高6.4厘米（图四六二，1）。

TN32E33③：24，夹砂褐陶。圆唇，侈口，卷沿，短束颈，溜肩，弧腹，平底。颈部饰两周凹弦纹。口径11.2、底径6.8、高10.4厘米（图四六二，10；彩版一一五，2）。

Ac型。

TN28E35③：26，夹砂褐陶，器表磨光。圆唇，侈口，卷沿，溜肩。肩部饰乳丁纹。残高4.2厘米（图四六二，8）。

TN28E35③：33，夹砂褐陶，器表磨光。圆唇，侈口，卷沿，溜肩。唇部饰戳印点纹，肩部饰刻划网格纹。残高4.1厘米（图四六二，2）。

Ad型。

TN28E34③：19，夹砂灰陶。圆唇，侈口，卷沿，短束颈，鼓肩。唇部饰戳印短线纹，颈部至肩部饰短线纹组成的折线纹和窄带状纹饰等。残高4.9厘米（图四六二，7）。

Ae型。

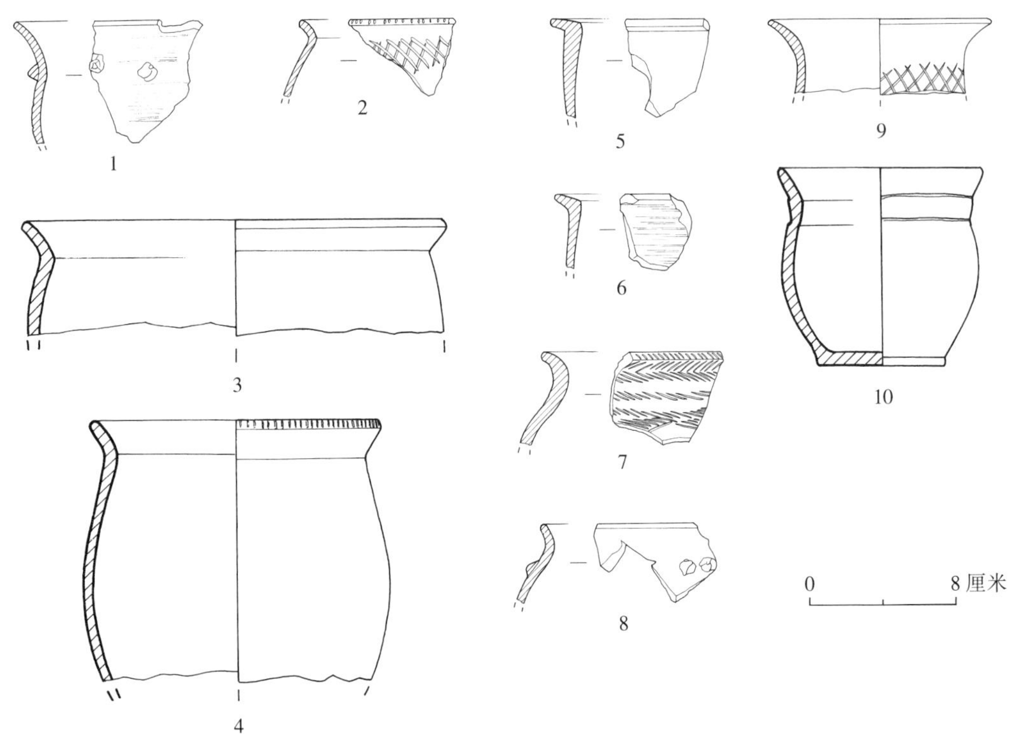

图四六二　2018年Ⅰ区第3层出土陶器

1、10. Ab型侈口小罐（TN32E32③：33、TN32E33③：24）　2、8. Ac型侈口小罐（TN28E35③：33、TN28E35③：26）　3. Bd型无颈罐（TN30E33③：11）　4. Ba型无颈罐（TN35E33③：31）　5、6. Ac型无颈罐（TN28E34③：36、TN35E33③：24）　7. Ad型侈口小罐（TN28E34③：19）　9. Ae型侈口小罐（TN33E33③：12）

TN33E33③：12，夹砂灰陶。圆唇，侈口微盘，束颈。颈部饰刻划网格纹。口径12、残高4厘米（图四六二，9）。

无颈罐

Ac型。

TN28E34③：36，夹砂褐胎黑皮陶。方圆唇，敛口，窄折沿微上仰，腹壁近直。素面。残高5.2厘米（图四六二，5）。

TN35E33③：24，夹砂褐胎黑皮陶。圆唇，敛口，窄折沿上仰，腹壁近直。腹部饰凹弦纹。残高4厘米（图四六二，6）。

Ba型。

TN35E33③：31，夹砂黑灰陶。厚圆唇，侈口，卷沿，溜肩，弧腹。唇部饰戳印点纹。口径16、腹径16.8、残高13.6厘米（图四六二，4）。

Bd型。

TN30E33③：11，夹砂灰褐陶。圆唇，盘口，卷沿，弧腹。素面。口径23.2、残高6.2厘米（图四六二，3）。

附加堆纹罐

Ab型。

TN28E35③：23，夹砂灰褐陶。方唇，侈口，卷沿。唇部饰戳印点纹，颈部饰一周褶皱状附加堆纹。残高2.1厘米（图四六四，1）。

TN28E35③：43，夹砂灰陶。方唇，侈口，卷沿。唇部饰戳印点纹，颈部饰一周褶皱状附加堆纹。残高1.9厘米（图四六四，2）。

TN32E33③：12，夹砂灰陶。方唇，侈口。唇部饰戳印点纹，颈部饰一周褶皱状附加堆纹。残高1.8厘米（图四六四，3）。

TN33E31③：14，夹砂灰褐陶。方圆唇，侈口，卷沿，长束颈。唇部饰戳印点纹，颈部饰一周褶皱状附加堆纹。残高4.8厘米（图四六四，7）。

TN34E32③：15，夹砂黄褐陶。圆唇，侈口，卷沿，束颈。唇部饰戳印点纹，颈部饰一周褶皱状附加堆纹。残高3.4厘米（图四六四，4）。

TN36E34③：22，夹砂灰白胎黑灰皮陶。圆唇，侈口，卷沿。唇部饰戳印点纹，颈部饰一周褶皱状附加堆纹。残高3.5厘米（图四六四，6）。

TN36E34③：28，夹砂灰陶。圆唇，侈口，卷沿，束颈。唇部饰戳印点纹，颈部饰一周褶皱状附加堆纹。残高3.6厘米（图四六四，5）。

Ba型。

TN32E33③：23，夹砂灰陶。方唇，口微侈，卷沿。唇外侧饰一周平滑的附加堆纹，与唇部贴合形成箭头状唇。残高3.4厘米（图四六四，13）。

TN33E31③：13，夹砂灰褐陶。方圆唇，侈口。唇部饰戳印点纹，唇外侧饰一周平滑的附加堆纹，与唇部贴合形成箭头状唇。口径29.2、残高2.4厘米（图四六四，17）。

Bb 型。

TN28E34 ③：13，夹砂黄褐陶。圆唇，敞口。唇外侧饰一周平滑的附加堆纹，与唇部贴合形成箭头状唇。残高 2.5 厘米（图四六四，9）。

TN28E34 ③：55，夹砂褐胎黑灰皮陶。圆唇，敞口。唇部饰戳印点纹，唇外侧饰一周平滑的附加堆纹，与唇部贴合形成箭头状唇。残高 2.2 厘米（图四六四，8）。

TN34E33 ③：15，夹砂黄褐陶。尖圆唇，敞口。唇外侧饰一周平滑的附加堆纹，与唇部贴合形成箭头状唇。残高 2.8 厘米（图四六四，10）。

Bc 型。

TN28E35 ③：35，夹砂褐陶。方唇，侈口，卷沿外翻近平。唇部饰戳印点纹，唇外侧饰一周褶皱状附加堆纹，未改变唇部形态。残高 2.9 厘米（图四六四，11）。

TN32E32 ③：11，夹砂灰褐陶。圆唇，唇下缘外卷，侈口，卷沿，束颈。唇外侧饰一周平滑的附加堆纹，未改变唇部形态。残高 2.8 厘米（图四六四，12）。

沿面饰纹罐

Aa 型。

TN28E34 ③：80，夹砂灰褐陶，器表磨光。方唇，侈口，卷沿外翻近平，近唇端下垂，长颈，溜肩，鼓腹，平底。沿面饰点线纹组成的连续三角纹；颈上部饰点线纹组成的交叉纹；肩部饰点线纹组成的五组带状纹饰，间以四组光面竖向折线纹；腹部饰点线纹底纹，与光面形成二方连续的旋涡纹，单个旋涡纹的外缘左上有光面三角纹。口径 24、腹围 80、底径 9.2、高 24.4 厘米（图四六三；彩版一一五，3）。

TN28E35 ③：13，夹砂红褐陶。圆唇，侈口，窄卷沿下垂。沿面饰连续三角纹夹光面折线纹和一周凹弦纹，颈部饰点线纹组成的“×”形纹。残高 2.6 厘米（图四六四，15）。

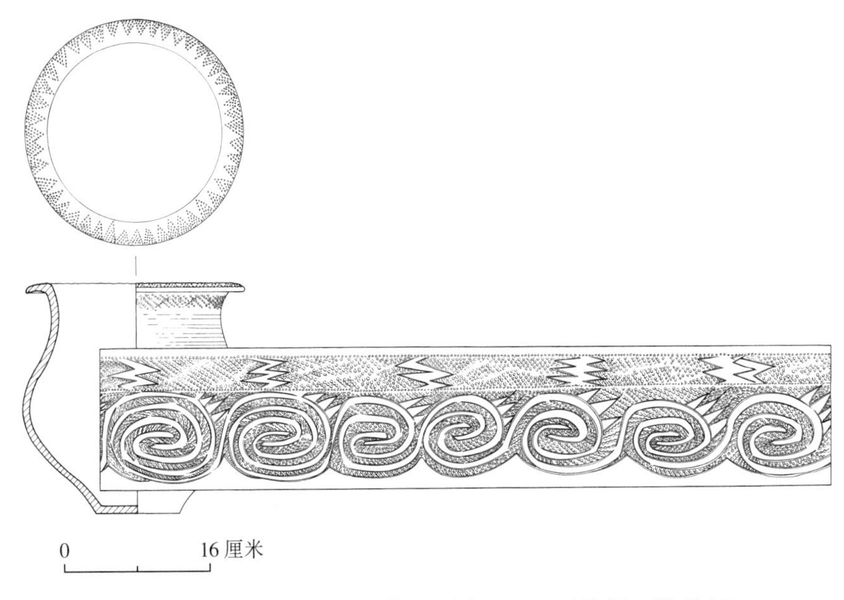

图四六三　2018 年 I 区第 3 层出土 Aa 型陶沿面饰纹罐

（TN28E34 ③：80）

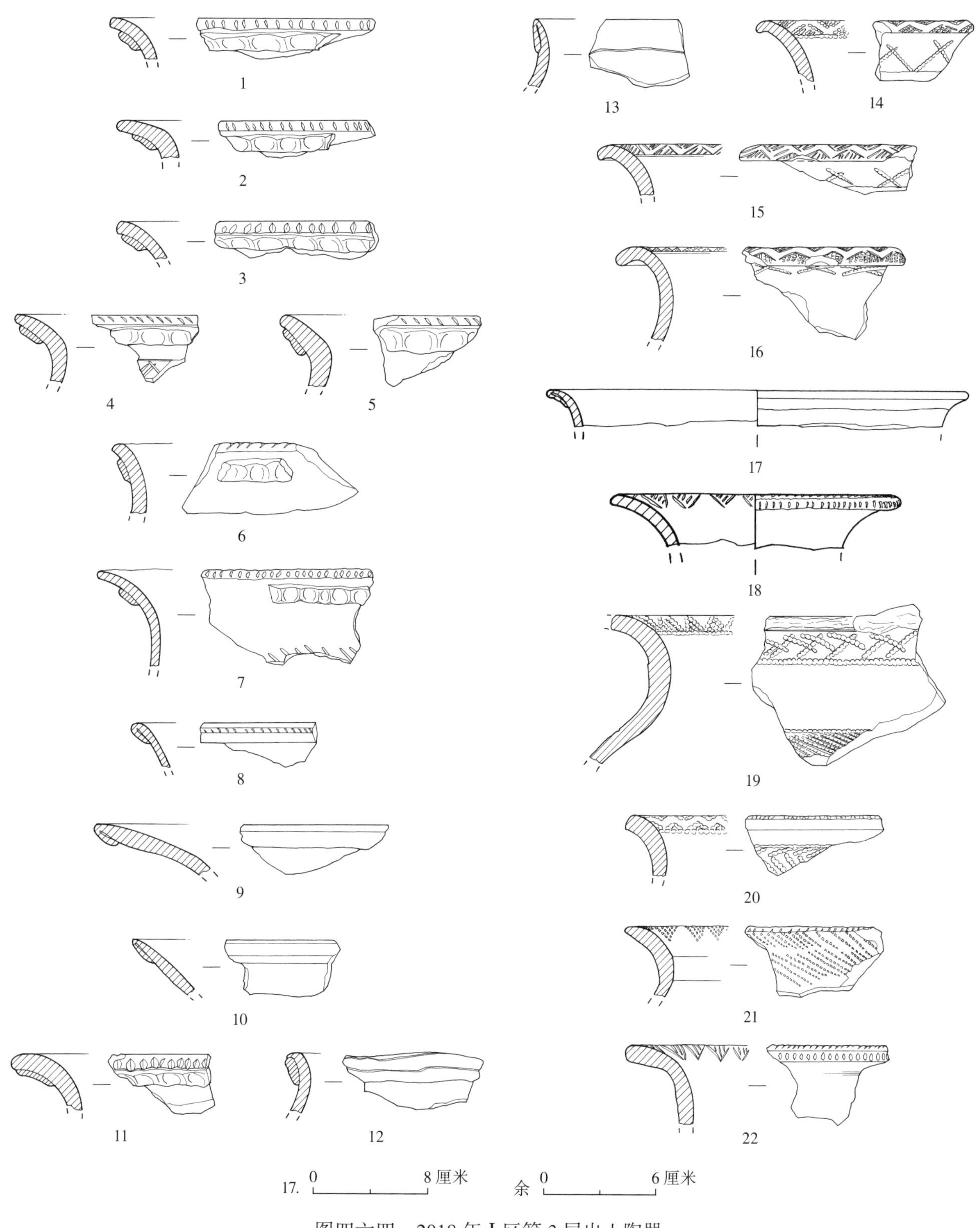

图四六四　2018年Ⅰ区第3层出土陶器

1~7. Ab型附加堆纹罐（TN28E35③：23、TN28E35③：43、TN32E33③：12、TN34E32③：15、TN36E34③：28、TN36E34③：22、TN33E31③：14）　8~10. Bb型附加堆纹罐（TN28E34③：55、TN28E34③：13、TN34E33③：15）　11、12. Bc型附加堆纹罐（TN28E35③：35、TN32E32③：11）　13、17. Ba型附加堆纹罐（TN32E33③：23、TN33E31③：13）　14~16. Aa型沿面饰纹罐（TN28E35③：50、TN28E35③：13、TN28E35③：22）　18、22. C型沿面饰纹罐（TN32E33③：15、TN35E33③：14）　19~21. Ab型沿面饰纹罐（TN36E34③：15、TN27E35③：12、TN36E31③：13）

TN28E35③：22，夹砂黑陶，器表磨光。圆唇，侈口，宽卷沿外翻下垂，束颈。沿面饰连续三角纹夹光面折线纹和一周凹弦纹，颈部饰点线纹组成的“×”形纹。残高4.7厘米（图四六四，16）。

TN28E35③：50，夹砂红褐陶。圆唇，侈口，窄卷沿外翻下垂。沿面饰连续三角纹夹光面折线纹和一周凹弦纹，颈部饰点线纹组成的“×”形纹。残高3厘米（图四六四，14）。

Ab型。

TN27E35③：12，夹砂褐陶。方唇，侈口，卷沿上仰，束颈。沿面饰连续三角纹夹光面折线纹，颈部饰小方格状点线纹。残高3厘米（图四六四，20）。

TN36E31③：13，夹砂灰陶。圆唇，侈口，卷沿上仰，束颈。沿面饰连续三角纹，沿背面至颈部饰小方格状点线纹。残高3.5厘米（图四六四，21）。

TN36E34③：15，夹砂灰胎黄褐皮陶。唇部残，卷沿，束颈。沿面饰连续三角纹夹光面折线纹和凹弦纹，颈部饰小方格状点线纹组成的“×”形纹和凹弦纹，肩部饰凹弦纹和小方格状点线纹。残高7.5厘米（图四六四，19）。

C型。

TN32E33③：15，夹砂黑灰陶。方唇，喇叭口。唇部饰戳印点纹，沿面饰连续三角纹。口径15.6、残高3厘米（图四六四，18）。

TN35E33③：14，夹砂灰黄陶。方唇，喇叭口，卷沿外翻近平，长颈。唇部饰戳印点纹，沿面饰连续三角纹。残高4厘米（图四六四，22）。

长颈罐

A型。

TN28E34③：79，夹砂灰陶。圆唇，侈口，卷沿，沿部外翻近平，长颈。唇部饰点线纹组成的三角纹，颈部饰短斜线纹组成的窄带状纹饰、菱形纹和光面菱形纹等。口径19、残高12.4厘米（图四六五，1；彩版一一五，4）。

TN28E35③：12，夹砂灰陶。方唇，侈口，宽卷沿外翻近平，长颈。唇部饰戳印点纹，颈部饰短线纹与光面组成的菱形纹等。口径26、残高4.8厘米（图四六五，10）。

TN34E33③：11，夹砂灰陶。方唇，侈口，窄卷沿外翻近平。唇部饰戳印点纹，颈部饰菱格纹等。残高3.2厘米（图四六五，4）。

TN36E34③：13，夹砂灰褐陶。圆唇，侈口，宽卷沿上仰，长颈。素面。残高7厘米（图四六五，6）。

TN36E34③：21，夹砂黄褐陶。方唇，侈口，卷沿外翻，长颈。唇部饰“×”形纹。残高4.1厘米（图四六五，5）。

B型。

TN28E34③：15，夹砂灰褐陶。方唇，喇叭口，卷沿，有颈。唇部饰戳印点纹。口径15.6、残高2.8厘米（图四六五，16）。

TN31E32③：13，夹砂黄褐陶。方唇，喇叭口。唇部饰刻划“×”形纹。口径18、残高2.8厘米（图

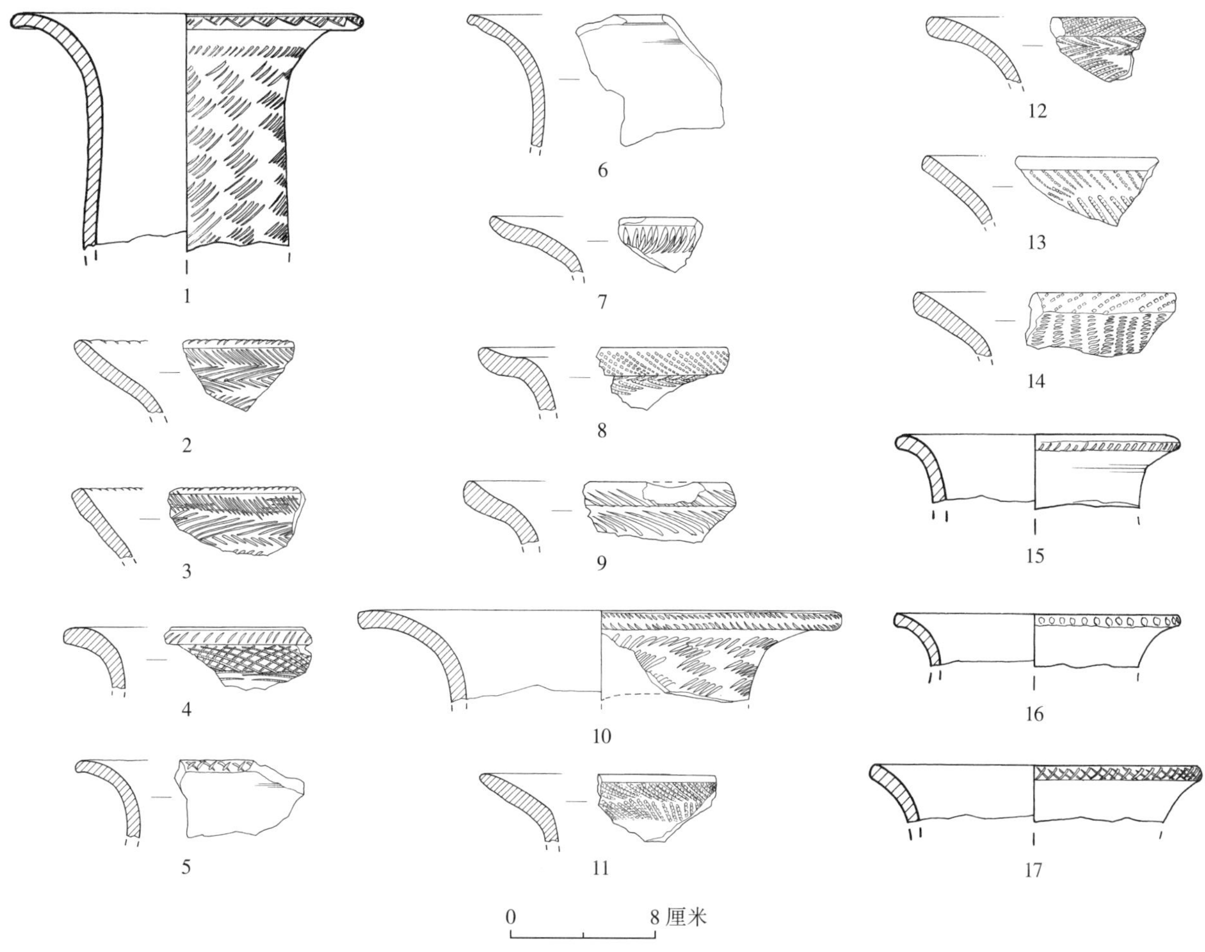

图四六五　2018 年 I 区第 3 层出土陶器

1、4~6、10. A 型长颈罐（TN28E34 ③：79、TN34E33 ③：11、TN36E34 ③：21、TN36E34 ③：13、TN28E35 ③：12）　2、3、7、11. Ab 型盘口高领罐（TN28E34 ③：28、TN28E34 ③：35、TN28E34 ③：41、TN27E35 ③：17）　8、9. B 型盘口高领罐（TN28E35 ③：15、TN28E35 ③：18）　12~14. Ac 型盘口高领罐（TN28E35 ③：40、TN28E35 ③：27、TN31E33 ③：23）15~17. B 型长颈罐（TN36E32 ③：14、TN28E34 ③：15、TN31E32 ③：13）

四六五，17）。

TN36E32 ③：14，夹砂灰胎黄褐皮陶。方唇，喇叭口，长颈。唇部饰戳印点纹。口径 15.6、残高 4 厘米（图四六五，15）。

盘口高领罐

Ab 型。

TN27E35 ③：17，夹砂灰陶，局部为灰白色。圆唇，口微盘，宽沿较斜直。沿外壁饰小方格状点线纹。残高 3.6 厘米（图四六五，11）。

TN28E34 ③：28，夹砂灰陶，内壁磨光。圆唇，浅盘口，宽沿斜弧。唇部饰戳印点纹，沿外壁饰短线纹组成的折线纹。残高 3.8 厘米（图四六五，2）。

TN28E34 ③：35，夹砂黄褐陶。圆唇，盘口，宽沿斜弧。唇部饰戳印点纹，沿外壁饰短线纹组成的折线纹。残高 3.7 厘米（图四六五，3）。

TN28E34③：41，夹砂灰胎黄褐皮陶。圆唇，浅盘口，宽沿斜弧。沿外壁饰短线纹。残高2.9厘米（图四六五，7）。

Ac型。

TN28E35③：27，夹砂灰陶。方唇，口微盘，宽沿斜直。沿外壁饰小方格状点线纹。残高3.6厘米（图四六五，13）。

TN28E35③：40，夹砂灰褐陶。方唇，口微盘，宽沿斜直。唇部至颈部饰小方格状点线纹组成的折线纹。残高3.4厘米（图四六五，12）。

TN31E33③：23，夹砂灰胎黄褐皮陶。斜方唇，近盘口，宽沿斜直。唇部和沿外壁饰小方格状点线纹。残高3.4厘米（图四六五，14）。

B型。

TN28E35③：15，夹砂灰陶。圆唇，盘口，窄卷沿。沿外壁至颈部饰小方格状点线纹。残高3.3厘米（图四六五，8）。

TN28E35③：18，夹砂灰陶。斜方唇，盘口，窄卷沿。唇部和沿外壁饰短斜线纹。残高3.2厘米（图四六五，9）。

矮领小罐

A型。

TN33E33③：15，夹砂褐胎黑灰皮陶。圆唇，敛口，矮领，领部与肩部分界不明显。颈部和肩部饰小方格状点线纹与光面组成的复合纹饰。残高4.2厘米（图四六六，1）。

B型。

TN28E34③：50，夹砂黑灰陶。圆唇，口近直，矮领，溜肩。唇部饰戳印点纹，领部饰“<”形纹和凹弦纹，肩部饰连续三角纹夹光面折线纹。残高3.1厘米（图四六六，7）。

TN28E35③：32，夹砂黄褐陶，内壁灰色。圆唇，直口，矮领，溜肩。领部饰菱格纹和凹弦纹，肩部饰凹弦纹夹短斜线纹、短线纹与光面组成的复合纹饰等。残高6.9厘米（图四六六，14）。

TN31E32③：16，夹砂灰陶。圆唇，直口，矮领，窄溜肩。素面。残高6.5厘米（图四六六，16）。

TN31E33③：18，夹砂黑灰陶。圆唇，口近直，矮领，溜肩。领部和肩部饰小方格状点线纹。残高5.1厘米（图四六六，13）。

TN31E33③：21，夹砂灰陶。圆唇，口近直，矮领，溜肩。领部饰菱格纹和凹弦纹，肩部饰连续三角纹夹光面折线纹。残高4厘米（图四六六，15）。

TN32E32③：24，夹砂黑灰陶。圆唇，口近直，矮领，溜肩，领部与肩部分界不明显。唇部饰戳印点纹，领部和肩部饰短线纹和凹弦纹。残高3.3厘米（图四六六，2）。

TN33E31③：11，夹砂灰黑陶。圆唇，直口，矮领。领部饰点线纹组成的菱格纹和一周点线状凹弦纹。残高3.3厘米（图四六六，6）。

TN34E31③：13，夹砂黄褐陶。方唇，矮领，溜肩。唇部饰戳印点纹，领部饰菱格纹，肩部饰数组短线纹组成的带状纹饰，中间以带状光面间隔。残高6.3厘米（图四六六，17）。

图四六六　2018年Ⅰ区第3层出土陶器

1. A型矮领小罐（TN33E33③：15）　2、6、7、12~17. B型矮领小罐（TN32E32③：24、TN33E31③：11、TN28E34③：50、TN36E31③：14、TN31E33③：18、TN28E35③：32、TN31E33③：21、TN31E32③：16、TN34E31③：13）　3. 甲类Ba型壶（TN34E31③：18）　4. 甲类Bh型壶（TN34E32③：13）　5、8、9. 甲类Bd型壶（TN36E32③：13、TN36E31③：18、TN36E34③：23）　10. A型带耳罐（TN28E35③：49）　11. 小口罐（TN28E35③：57）　18. C型矮领小罐（TN34E31③：20）　19. D型瓮（TN28E34③：23）

TN36E31③：14，夹砂灰陶。尖圆唇，直口，矮领，溜肩。领部饰两周凹弦纹，中间饰以光面连续三角纹夹点线纹组成的菱形纹，肩部饰点线纹。残高4.6厘米（图四六六，12）。

C型。

TN34E31③：20，夹砂灰褐陶。圆唇，敞口，矮领，溜肩，垂腹，底部残，已修复。领部饰小方格状点线纹组成的“<”形纹，腹部饰小方格状点线纹组成的窄带状纹饰和“V”形纹，与光面窄带间隔分布。口径19.2、底径6、高12.8厘米（图四六六，18；彩版一一五，5）。

小口罐

TN28E35③：57，夹砂黑灰陶。圆唇，口近直，矮领，溜肩，鼓腹，底残。领部饰斜线纹和一周点线状凹弦纹，其下饰点线状凹弦纹夹短斜线纹等；肩部饰短斜线纹组成的三角纹、菱形纹、折线纹等与光面组成复合纹饰；腹部饰凹弦纹夹短斜线纹组成的窄带状纹饰与光面窄带间隔组成复合纹饰以及凹弦纹夹菱格纹等。口径7.2、高21.2厘米（图四六六，11；彩版一一五，6）。

带耳罐 A型。

TN28E35③：49，夹砂黑褐陶。圆唇，侈口，窄卷沿，溜肩，从沿面至肩部附一半环形竖耳。唇部饰戳印点纹，肩部饰刻划网格纹。残高3.2厘米（图四六六，10）。

瓮 D型。

TN28E34③：23，夹砂灰褐陶，内壁黑灰色。方唇，敛口，溜肩，上腹部外鼓，下腹部残。肩部至腹部饰连续三角纹、菱格纹、短线纹组成的窄带状纹饰等。残高15.8厘米（图四六六，19；彩版一一六，1）。

壶

甲类Ba型。

TN34E31③：18，夹砂灰陶。圆唇，盘口，长颈。颈部饰折线纹。残高3.5厘米（图四六六，3）。

甲类Bd型。

TN36E31③：18，夹砂黄褐陶。圆唇，侈口，长束颈。唇部饰戳印点纹。残高4.2厘米（图四六六，8）。

TN36E32③：13，夹砂灰胎黄褐皮陶。方圆唇，侈口，长束颈。唇部饰戳印点纹，颈部饰点线纹。残高6.1厘米（图四六六，5）。

TN36E34③：23，夹砂褐陶，圆唇，侈口，长束颈。唇部饰压印纹。残高5.4厘米（图四六六，9）。

甲类Bh型。

TN34E32③：13，夹砂黑灰陶，器表磨光。圆唇，喇叭口，长颈。唇部饰戳印点纹，领部饰菱格纹、凹弦纹、凹弦纹夹短斜线纹等。残高5.1厘米（图四六六，4）。

钵

乙类Ad型。

TN36E31③：11，夹砂红陶。圆唇，敛口，弧腹。素面。口径20、残高6.8厘米（图四六七，1）。

乙类Bd型。

TN28E35③：19，夹砂灰胎黄褐皮陶。方唇，口近直，腹部微鼓。唇部饰戳印点纹，口外侧饰

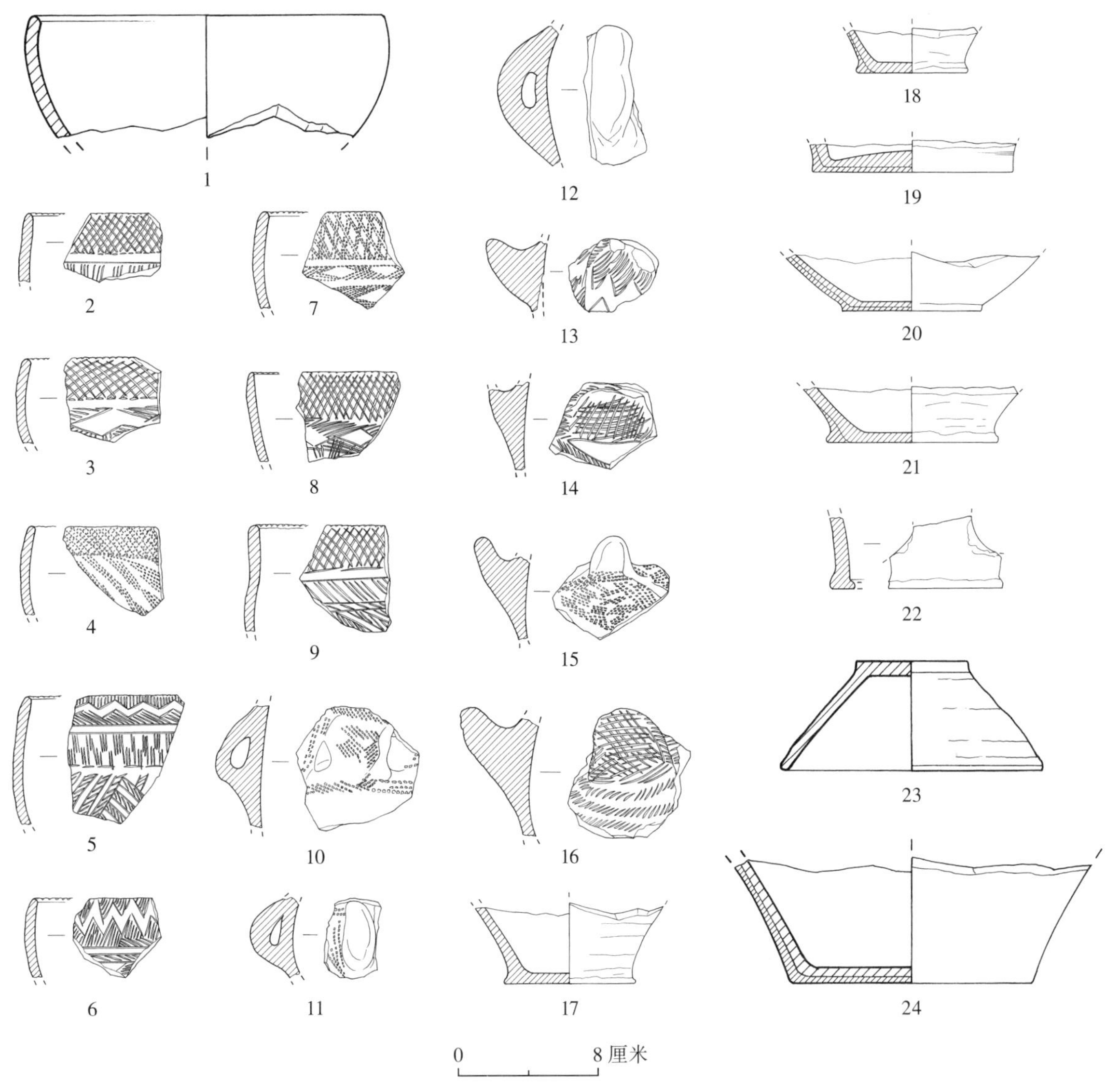

图四六七　2018 年 I 区第 3 层出土陶器

1. 乙类 Ad 型钵（TN36E31 ③：11）　2~7. 乙类 Bd 型钵（TN36E33 ③：11、TN28E35 ③：19、TN34E32 ③：14、TN33E32 ③：11、TN33E33 ③：16、TN34E33 ③：13）　8. 乙类 Be 型钵（TN33E32 ③：12）　9. 乙类 Bg 型钵（TN34E32 ③：21）　10. A 型器耳（TN36E32 ③：11）　11. C 型器耳（TN33E33 ③：24）　12. B 型器耳（TN31E33 ③：13）　13~16. Aa 型器鋬（TN32E33 ③：20、TN34E32 ③：23、TN28E34 ③：39、TN31E33 ③：14）　17~21、24. 器底（TN28E34 ③：11、TN28E35 ③：25、TN28E34 ③：12、TN28E34 ③：14、TN32E32 ③：40、TN27E35 ③：13）　22. 器座（TN32E33 ③：18）　23. 器盖（TN28E35 ③：20）

刻划菱格纹和凹弦纹，腹部饰连续三角纹夹光面菱形纹。残高 4.6 厘米（图四六七，3）。

TN33E32 ③：11，夹砂褐陶，内壁磨光。圆唇，口近直，腹部较直。口外侧饰短线纹组成的连续三角纹夹光面折线纹和凹弦纹，腹部饰凹弦纹夹成组竖向短线纹、短线纹与光面形成的复合纹饰等。残高 6.9 厘米（图四六七，5）。

TN33E33 ③：16，夹砂褐陶。圆唇，口近直，腹部微鼓。唇部饰戳印点纹，口外侧饰连续三角纹夹光面折线纹和凹弦纹，腹部饰凹弦纹夹短斜线纹、短线纹与光面组成的复合纹饰等。残高 4.3 厘米（图四六七，6）。

TN34E32③：14，夹砂灰白胎灰褐皮陶。方圆唇，口近直，腹部微鼓。唇部饰戳印点纹，口外侧饰点线纹组成的菱格纹和一周点线状凹弦纹，腹部饰点线纹与光面组成的复合纹饰。残高4.8厘米（图四六七，4）。

TN34E33③：13，夹砂黑灰陶，器表磨光。圆唇，口近直，腹部微鼓。唇部饰戳印点纹，口外侧饰点线纹组成的菱格纹和点线状凹弦纹，腹部饰点线状凹弦纹、连续三角纹夹光面菱形纹等。残高5.3厘米（图四六七，7）。

TN36E33③：11，夹砂灰胎黑皮陶。圆唇，直口，腹壁斜直。唇部饰戳印点纹，口外侧饰菱格纹和一周凹弦纹，腹部饰竖向短线纹。残高3.7厘米（图四六七，2）。

乙类Be型。

TN33E32③：12，夹砂灰陶。圆唇，口近直，弧腹。唇部饰戳印点纹，口外侧饰菱格纹，腹部饰连续三角纹夹光面菱形纹。残高5厘米（图四六七，8）。

乙类Bg型。

TN34E32③：21，夹砂灰胎黑皮陶，器表磨光。圆唇，口微敞，口内侧有一道凸棱。唇部饰戳印点纹，口外侧饰菱格纹和凹弦纹，腹部饰凹弦纹夹短斜线纹、短线纹与光面组成的复合纹饰等。残高5.8厘米（图四六七，9）。

器鋬 Aa型。

TN28E34③：39，夹砂黑灰陶。扁乳丁状。器表饰小方格状点线纹与光面组成的复合纹饰。残高5.6厘米（图四六七，15）。

TN31E33③：14，夹砂灰褐陶。扁乳丁状。器鋬饰菱格纹，器身饰短线纹。残高7厘米（图四六七，16）。

TN32E33③：20，夹砂黑灰陶。扁乳丁状。器表饰短线纹组成的菱形纹、光面折线纹等。残高4厘米（图四六七，13）。

TN34E32③：23，夹砂黑灰陶。扁乳丁状。器表饰菱格纹、短斜线纹和凹弦纹等。残高4.7厘米（图四六七，14）。

器耳

A型。

TN36E32③：11，夹砂黑灰陶。半球形宽耳。器表饰小方格状点线纹。残高6.6厘米（图四六七，10）。

B型。

TN31E33③：13，夹砂灰陶。桥形耳。素面。残高7.7厘米（图四六七，12）。

C型。

TN33E33③：24，夹砂黑灰陶。半环形耳。器身饰小方格状点线纹。残高4.4厘米（图四六七，11）。

器盖

TN28E35③：20，夹砂褐陶。敞口，圆唇，盖壁斜直。素面。顶径6.4、口径14.8、高6厘米（图四六七，23）。

器底

TN27E35③：13，夹砂灰陶，局部为黄褐色。下腹斜收为大平底。素面。底部、腹部可见二次粘接痕迹。底径14、残高6.8厘米（图四六七，24）。

TN28E34③：11，夹砂灰陶。斜腹收为平底，底部边缘外凸。素面。底径7.4、残高4.4厘米（图四六七，17）。

TN28E34③：12，夹砂灰胎黑灰皮陶。平底。素面。底部、腹部可见二次粘接痕迹，形成内外两层。底径11.4、残高1.7厘米（图四六七，19）。

TN28E34③：14，夹砂褐胎黑皮陶。下腹弧收为平底。素面。底部、腹部可见二次粘接痕迹，形成内外两层。底径8、残高2.8厘米（图四六七，20）。

TN28E35③：25，夹砂褐胎黑皮陶。平底。素面。底部、腹部可见二次粘接痕迹，形成内外两层。底径6.4、残高2.5厘米（图四六七，18）。

TN32E32③：40，夹砂黑灰陶。平底。素面。底部、腹部可见二次粘接痕迹，形成内外两层。底径9.8、残高3厘米（图四六七，21）。

器座

TN32E33③：18，夹砂黄褐陶。整体呈筒状，器壁近直，完整的一端口部为方唇，唇内缘向内凸出。器壁上有镂孔。残高3.9厘米（图四六七，22）。

（2）石器

斧

Ca型。

TN30E33③：1，黑色。平面近长方形，截面近圆形。中部起脊，弧刃。器表布满崩疤，未磨光较坑洼。长10.4、宽5.4、厚约4.7厘米（图四六八，1；彩版一一六，2）。

Cb型。

TN28E35③：58，绿色。平面近椭圆形，截面呈不规则四边形。圆顶。正锋，弧刃，刃缘分布有较杂乱的磨痕及较密集的细小茬口。通体磨光较好，有光泽。长12.7、宽4.1、厚约1.9厘米（图四六八，14；彩版一一六，3）。

TN32E32③：3，墨绿色。平面近三角形，截面不规则。圆顶，两面起脊。刃部大部分残缺，且遍布崩疤。长11.2、宽5.1、厚3.2厘米（图四六八，10；彩版一一六，4）。

TN36E34③：10，灰色。平面近三角形，截面呈不规则四边形。圆顶，有较多片疤。刃部残缺。残长17.5、宽5.4、厚约5.2厘米（图四六八，18；彩版一一六，5）。

残件。

TN28E34③：2，黑色。刃部残缺，器表分布有较多崩疤。残长9.7、宽5.2、厚约4.3厘米（图四六八，5；彩版一一六，6）。

TN33E32③：2，深灰色。正锋，弧刃，双面刃，刃缘有较多细小的茬口。器表有较多崩疤。大部分残缺。残长4、宽6.7、厚约2.2厘米（图四六八，4；彩版一一六，7）。

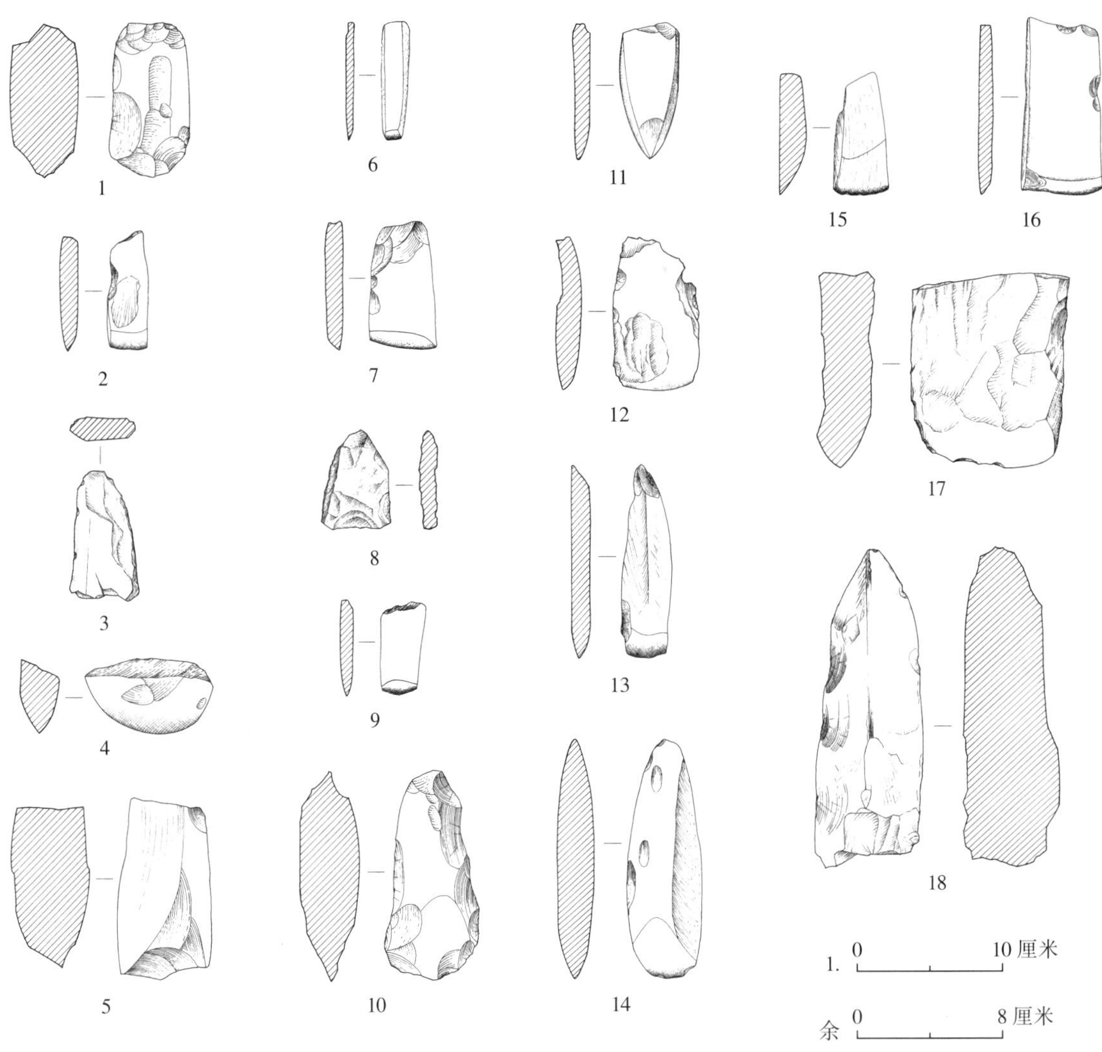

图四六八　2018 年 I 区第 3 层出土石器

1. Ca 型斧（TN30E33 ③：1）　2、7、12. B 型锛（TN34E32 ③：1、TN30E33 ③：2、TN31E33 ③：10）　3. A 型锛（TN31E32 ③：10）　4、5. 石斧残件（TN33E32 ③：2、TN28E34 ③：2）　6. A 型凿（TN30E33 ③：5）　8、13. C 型锛（TN28E34 ③：8、TN33E31 ③：1）　9. D 型凿（TN36E34 ③：3）　10、14、18. Cb 型斧（TN32E32 ③：3、TN28E35 ③：58、TN36E34 ③：10）　11. 石凿残件（TN28E34 ③：4）　15~17. 石锛残件（TN27E35 ③：10、TN27E35 ③：1、TN34E32 ③：10）

锛

A 型。

TN31E32 ③：10，黑色。平面呈三角形，截面呈弧边四边形。圆顶。两侧有连续的片疤，两面大部分磨光。刃部残缺。残长 7.2、宽 3.7、厚 1.1 厘米（图四六八，3）。

B 型。

TN30E33 ③：2，黑色。平面近梯形，截面呈圆角长方形。斜平顶，稍内凹。两侧有较多片疤，磨制较粗糙，两面均磨光。偏锋，双面刃，刃缘有密集的垂直于刃缘的磨痕及少量茬口。长 6.8、宽 3.8、厚约 1 厘米（图四六八，7；彩版一一七，1）。

TN31E33 ③：10，黑色。平面近梯形。斜平顶。两面均磨光，有部分片疤。弧刃，单面刃，刃缘有较密集的细小茬口及杂乱的磨痕。长 8.2、宽 4.7、厚 1.1 厘米（图四六八，12）。

TN34E32③：1，黑色。平面呈长条形，截面呈长方形。斜平顶，两面均磨光。直刃，单面刃，刃缘有较密集的茬口，背面有较密集的垂直于刃缘的磨痕。长 6.3、宽 2.2、厚约 1 厘米（图四六八，2）。

C 型。

TN28E34③：8，黑色。平面近三角形，截面呈四边形。斜尖顶。两面及侧面遍布崩疤。刃部残缺。残长 5.2、宽 4、厚 0.7 厘米（图四六八，8）。

TN33E31③：1，灰色。平面呈长条形，截面近长方形。斜尖顶。两侧较平整，且磨光。两面均磨光，片切割痕迹明显。弧刃，单面刃，刃面有较杂乱的磨痕，刃缘有连续的茬口。长 10.2、宽 2.7、厚约 1.2 厘米（图四六八，13；彩版一一七，2）。

残件。

TN27E35③：1，白色。平面近长方形，截面呈长方形。两侧均磨光。顶部及刃部残缺。残长 9.3、宽 4.5、厚约 0.8 厘米（图四六八，16；彩版一一七，3）。

TN27E35③：10，黑色。顶部残缺，较不规整。两面均磨光，分布有较均匀的平行磨痕。弧刃，单面刃，刃缘有连续的崩疤，背面有较密集的垂直磨痕。残长 6.5、宽 2.8、厚 1.4 厘米（图四六八，15）。

TN34E32③：10，黑色。平面近长方形，截面呈弧角长方形。偏锋，弧刃，双面刃。正面仅刃部磨光，分布有较密集的均匀磨痕。残长 10.3、宽 8.1、厚 3 厘米（图四六八，17；彩版一一七，4）。

凿

A 型。

TN30E33③：5，绿色。整体为窄长条，平面呈长条形，截面近梯形。顶部两面有凸起。直刃，单面刃，刃缘有较密集的细小茬口和垂直于刃缘的磨痕。长 6.2、宽 1.5、厚约 0.5 厘米（图四六八，6）。

D 型。

TN36E34③：3，黑色。平面呈长条形。上半部分残缺。两侧切割平整并磨光，两面均磨光。正锋，弧刃，双面刃。残长 4.9、宽 2.5、厚约 0.7 厘米（图四六八，9）。

残件。

TN28E34③：4，白色。平面形状不规则，截面近长方形。应为石斧一侧的残片改制而成。石料本身气孔较多，使用痕迹不易观察。长 7、宽 3.2、厚 0.9 厘米（图四六八，11）。

刀

甲类。

TN28E35③：3，黑色。整体相对较薄。直背，单孔，两面对钻。弧刃，双面刃，刃部及两端有较多茬口及磨痕，刃部稍内凹。长 9、宽 3.5、厚约 0.4 厘米（图四六九，1；彩版一一七，5）。

乙类 Aa 型。

TN33E31③：2，黑色。凹背，双孔。弧刃，刃部分布有较多水平磨痕。残长 11.1、宽 4.6、厚约 0.9 厘米（图四六九，3；彩版一一七，6）。

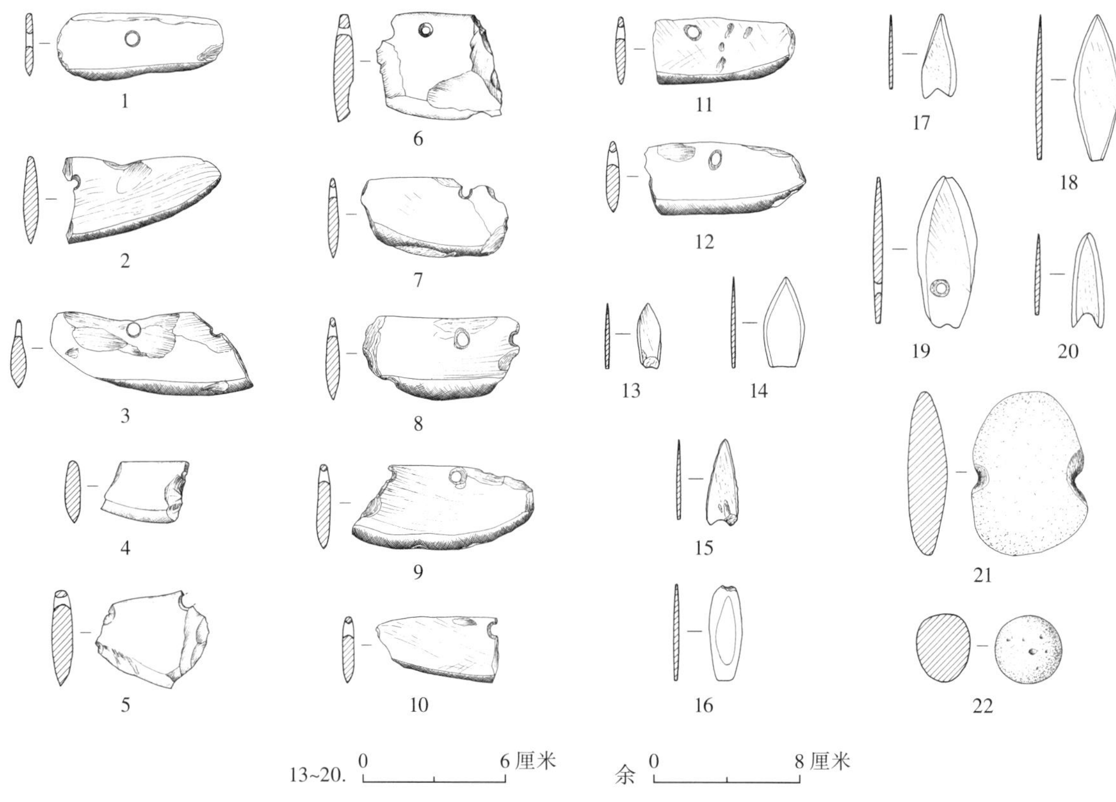

图四六九　2018年Ⅰ区第3层出土石器

1. 甲类刀（TN28E35③：3）　2、3. 乙类Aa型刀（TN33E32③：1、TN33E31③：2）　4~10. 乙类Ab型刀（TN28E34③：10、TN33E32③：10、TN33E33③：10、TN36E31③：1、TN33E33③：5、TN32E32③：1、TN33E33③：4）　11、12. 乙类C型刀（TN31E32③：1、TN33E33③：2）　13. Cb型箭镞（TN28E34③：1）　14. Ca型箭镞（TN36E32③：1）　15、17、20. Bb型箭镞（TN28E34③：82、TN33E33③：1、TN32E33③：1）　16、18. Aa型箭镞（TN32E33③：3、TN32E33③：2）　19. Ac型箭镞（TN28E34③：3）　21. 网坠（TN28E35③：1）　22. 球（TN28E34③：9）

TN33E32③：1，黑色。凹背，仅残有一孔。弧刃，刃面分布较杂乱的磨痕。残长8.5、宽4.5、厚约0.7厘米（图四六九，2）。

乙类Ab型。

TN28E34③：10，黑色。直背，残有一孔，两面对钻。正锋，弧刃，双面刃，刃缘有较杂乱的磨痕。大部分残缺，通体磨光。残长4.7、宽3.2、厚0.8厘米（图四六九，4）。

TN32E32③：1，黑色。直背，背部相对较窄，平整，双孔，有较明显的穿绳磨损。弧刃，刃缘较锋利，有较密的磨痕和崩疤。残长10、宽4.4、厚约0.6厘米（图四六九，9）。

TN33E32③：10，褐色。直背，残有一孔，两面对钻，穿孔上方有明显的穿绳磨损。正锋，弧刃，双面刃，刃缘有较多茬口及杂乱的磨痕。通体磨光，磨制较精细。残长6.2、宽5.1、厚0.9厘米（图四六九，5；彩版一一八，1）。

TN33E33③：4，黑色。直背，仅残有一孔。弧刃，刃面较窄，整体分布有较杂乱的磨痕和几处片疤。长6.8、宽3.4、厚约0.6厘米（图四六九，10；彩版一一八，4）。

TN33E33③：5，绿色。直背，双孔，有明显的穿绳磨损。弧刃，刃部分布有水平磨痕及细小的茬口。

残长 8.8、宽 4.4、厚约 0.7 厘米（图四六九，8）。

TN33E33③：10，黑色。直背，残有一孔，两面对钻，穿孔上方有明显的穿绳磨损。正锋，弧刃，双面刃，刃缘有较密集的细小茬口。通体磨光，器表分布有较杂乱的磨痕。残长 6.9、宽 5.5、厚 0.9 厘米（图四六九，6；彩版一一八，2）。

TN36E31③：1，黑色。直背，仅残有一孔。弧刃，两端及刃部分布有较多崩疤及磨痕，刃缘端部的磨痕较杂乱。残长 8、宽 4.2、厚约 0.5 厘米（图四六九，7；彩版一一八，3）。

乙类 C 型。

TN31E32③：1，青色。直背，残有一孔，穿孔斜上方有明显的穿绳磨损，穿孔附近有较明显的磨损痕迹。直刃，刃面极窄，有细小的茬口及少量磨痕，刃部有多次磨制的痕迹。残长 7.8、宽 3.5、厚约 0.5 厘米（图四六九，11；彩版一一八，5）。

TN33E33③：2，绿色。直背，残有一孔，穿孔上方有明显的穿绳磨损。直刃，端部亦有刃面，刃缘较锋利，刃部分布有较密集的磨痕和细小的茬口。残长 8.8、宽 3.7、厚约 0.7 厘米（图四六九，12；彩版一一八，6）。

箭镞

Aa 型。

TN32E33③：2，绿色。柳叶形。平底较窄。器身分布有较密集的水平磨痕及细小的崩疤，整体磨制较精细。长 5.8、宽 1.9、厚约 0.15 厘米（图四六九，18；彩版一一九，1）。

TN32E33③：3，灰色。柳叶形，较细长，最宽处位于中部。锋部残缺，铤部平直，稍窄。两侧均有刃面，刃缘有较多茬口，较钝。残长 3.8、宽 1.4、厚约 0.2 厘米（图四六九，16）。

Ac 型。

TN28E34③：3，绿色。柳叶形。锋部稍有残缺，双面刃，刃部有较密集的磨痕及崩疤。有一穿孔，位于中部偏下，两面对钻。凹底较窄。残长 6、宽 2.5、厚约 0.4 厘米（图四六九，19；彩版一一九，2）。

Bb 型。

TN28E34③：82，白色。平面近弧边三角形，整体较细长。双面刃，刃面极窄，分布有较密集的磨痕及片疤。底部内凹较宽。长 3.4、宽 0.9、厚 0.1 厘米（图四六九，15；彩版一一九，3）。

TN32E33③：1，灰色。平面近弧边三角形，整体较细长。锋部较圆钝，双面刃，刃缘分布有较杂乱的细密磨痕。底部内凹。长 3.7、宽 1.3、厚约 0.2 厘米（图四六九，20；彩版一一九，4）。

TN33E33③：1，灰色。平面近弧边三角形。锋部略有残缺，双面刃，刃面分布有较密集的磨痕。底部内凹。器身中部分布有较多密集的平行磨痕。长 3.3、宽 1.4、厚约 0.15 厘米（图四六九，17；彩版一一九，5）。

Ca 型。

TN36E32③：1，灰色。平面近五边形。锋部较锋利。平底较宽。通体磨光，器表多垂直磨痕，刃缘分布有较密集的斜向磨痕。长 3.6、宽 1.7、厚约 0.1 厘米（图四六九，14；彩版一一九，6）。

Cb 型。

TN28E34③：1，白色。平面近五边形。单面刃，锋部无刃面。凹底较窄。器表分布有较大面积的片疤，整体磨光较好。长2.6、宽0.9、厚约0.15厘米（图四六九，13；彩版一一九，7）。

球

TN28E34③：9，灰褐色。器形较规整，磨制较精细。直径2.8~3.6厘米（图四六九，22）。

网坠

TN28E35③：1，褐色。亚腰形，两侧缺口位于中部偏下。长8.5、宽6.1、厚1.7厘米（图四六九，21）。

（五）第2层出土遗物

该层出土遗物以陶器为主，另有少量石器。陶器器类有束颈罐、侈口小罐、无颈罐、附加堆纹罐、沿面饰纹罐、长颈罐、盘口高领罐、矮领小罐、圜底小罐、小口罐、壶、盆、钵、杯、纺轮等，石器器类有斧、锛、刀、箭镞、球、网坠等。

（1）陶器

束颈罐

Aa型。

TN27E35②：17，夹砂灰胎黑灰皮陶。圆唇，侈口，窄卷沿外翻，有颈。颈部饰点线纹组成的网格纹和凹弦纹。残高3.7厘米（图四七〇，1）。

TN36E32②：17，夹砂灰黄陶。圆唇，侈口，窄卷沿外翻下垂，短束颈。唇部饰戳印点纹。口径18、残高3.4厘米（图四七〇，5）。

Ba型。

TN31E32②：17，夹砂灰褐陶。圆唇，侈口，卷沿，短束颈。唇部饰戳印点纹，颈肩部饰刻划网格纹。口径20.8、残高5.5厘米（图四七〇，18）。

TN33E32②：13，夹砂褐陶。方圆唇，侈口，短束颈。唇部饰戳印点纹，颈部饰戳印粗点纹。残高3.7厘米（图四七〇，10）。

TN34E31②：15，夹砂黄褐陶。方圆唇，侈口，卷沿，短束颈。唇部饰戳印点纹。口径17.4、残高4厘米（图四七〇，6）。

TN36E31②：19，夹砂褐胎黑皮陶。方唇，侈口，卷沿，短束颈。唇部饰戳印点纹，颈部饰刻划网格纹。残高3.2厘米（图四七〇，7）。

TN36E34②：11，夹砂灰胎褐皮陶。方唇，侈口，卷沿，束颈。唇部饰戳印点纹，肩部饰数周戳印粗点纹。残高7.8厘米（图四七〇，13）。

Bb型。

TN27E35②：18，夹砂褐陶。圆唇，侈口，卷沿，沿面微隆起，有颈。素面。残高4.7厘米（图四七〇，16）。

TN27E35②：22，夹砂灰褐陶。圆唇，侈口，卷沿，束颈。颈部饰戳印纹。残高2.6厘米（图四七〇，14）。

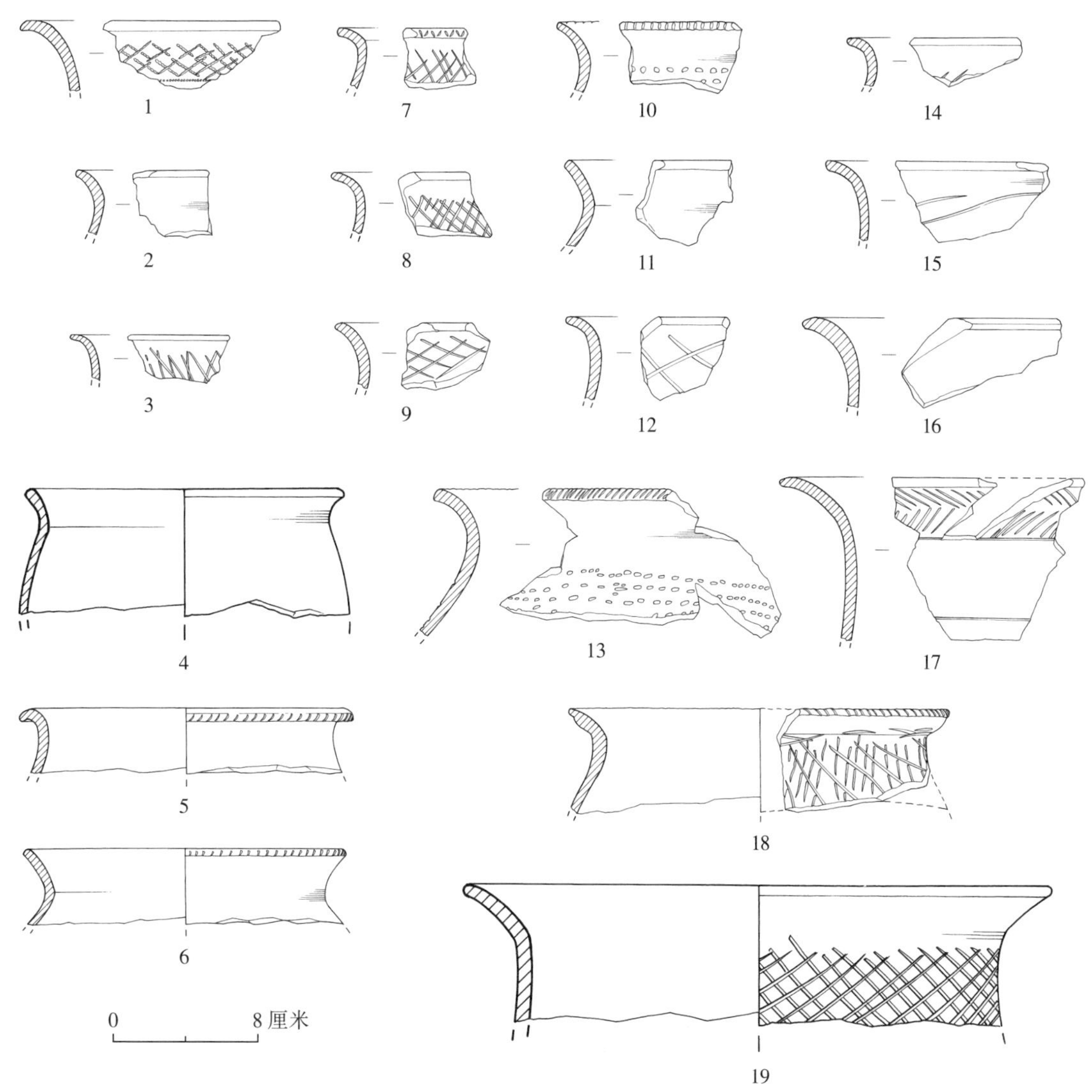

图四七〇 2018年Ⅰ区第2层出土陶束颈罐

1、5. Aa型（TN27E35②：17、TN36E32②：17） 2~4、8、9、11、12、14~17、19. Bb型（TN28E35②：36、TN28E34②：25、TN28E34②：12、TN31E32②：26、TN32E33②：16、TN28E34②：34、TN31E33②：17、TN27E35②：22、TN32E33②：11、TN27E35②：18、TN33E31②：11、TN30E33②：11） 6、7、10、13、18. Ba型（TN34E31②：15、TN36E31②：19、TN33E32②：13、TN36E34②：11、TN31E32②：17）

TN28E34②：12，夹砂灰黑陶。圆唇，侈口，卷沿，短束颈，溜肩。素面。口径17.2、残高6.6厘米（图四七〇，4）。

TN28E34②：25，夹砂褐陶。圆唇，侈口，卷沿，束颈。颈部饰刻划纹。残高2.4厘米（图四七〇，3）。

TN28E34②：34，夹砂黄褐陶。方圆唇，侈口，卷沿，束颈。素面。残高4.5厘米（图四七〇，11）。

TN28E35②：36，夹砂灰陶。圆唇，侈口，卷沿，束颈。素面。残高3.4厘米（图四七〇，2）。

TN30E33②：11，夹砂黄褐陶。圆唇，侈口，卷沿，长颈。颈部饰刻划网格纹。口径32、残高7.4厘米（图四七〇，19）。

TN31E33②：17，夹砂灰陶。圆唇，侈口，卷沿，颈部微束。颈部饰刻划网格纹。残高 4.4 厘米（图四七〇，12）。

TN31E32②：26，夹砂黄褐陶。圆唇，侈口，卷沿，束颈。颈部饰刻划网格纹。残高 3.2 厘米（图四七〇，8）。

TN32E33②：11，夹砂黄褐陶。圆唇，侈口，束颈。颈部饰刻划纹。残高 4.2 厘米（图四七〇，15）。

TN32E33②：16，夹砂黄褐陶，内壁黑灰色。圆唇，侈口，卷沿，短束颈。颈部饰刻划网格纹。残高 3.5 厘米（图四七〇，9）。

TN33E31②：11，夹砂灰胎灰黄皮陶。圆唇，侈口，卷沿，长束颈。颈部饰刻划短线纹组成的“<”形纹和凹弦纹。残高 8.5 厘米（图四七〇，17）。

侈口小罐 Ac 型。

TN34E31②：18，夹砂黑灰陶。圆唇，侈口，卷沿。颈部饰刻划网格纹。残高 3 厘米（图四七一，1）。

TN36E34②：15，夹砂灰褐陶。圆唇，侈口，卷沿。唇部饰戳印点纹，颈部饰刻划纹。残高 2.5 厘米（图四七一，2）。

无颈罐

Ab 型。

TN30E33②：20，夹砂灰褐陶。圆唇，盘口，折沿。唇部饰戳印点纹，沿外壁饰刻划纹。残高 3.2 厘米（图四七一，3）。

TN30E33②：23，夹砂褐胎黑皮陶。方唇，盘口，折沿。唇部饰戳印点纹，沿外壁饰刻划纹。残高 3.8 厘米（图四七一，4）。

TN30E33②：27，夹砂灰褐陶，内壁黑灰色。圆唇，盘口，折沿。颈部饰刻划纹。残高 3.9 厘米（图四七一，5）。

TN31E32②：24，夹砂灰褐陶，内壁黑灰色。圆唇，盘口，折沿。唇部饰戳印点纹，沿外壁饰刻划纹和窄泥条附加堆纹。残高 4.2 厘米（图四七一，6）。

Ba 型。

TN28E35②：14，夹砂褐陶。方唇，侈口，窄卷沿微仰，溜肩。肩部饰刻划折线纹等。残高 4.2 厘米（图四七一，9）。

TN31E32②：34，夹砂褐陶。方唇，侈口，卷沿，束颈。唇部饰戳印点纹。残高 2.7 厘米（图四七一，7）。

TN33E31②：13，夹砂黑褐陶。圆唇，侈口，窄卷沿上仰，溜肩，弧腹。唇部饰戳印点纹。口径 12.6、残高 6 厘米（图四七一，11）。

TN34E31②：14，夹砂灰褐陶。方唇，侈口，宽卷沿外卷近平，溜肩。肩部饰刻划网格纹。残高 5.7 厘米（图四七一，10）。

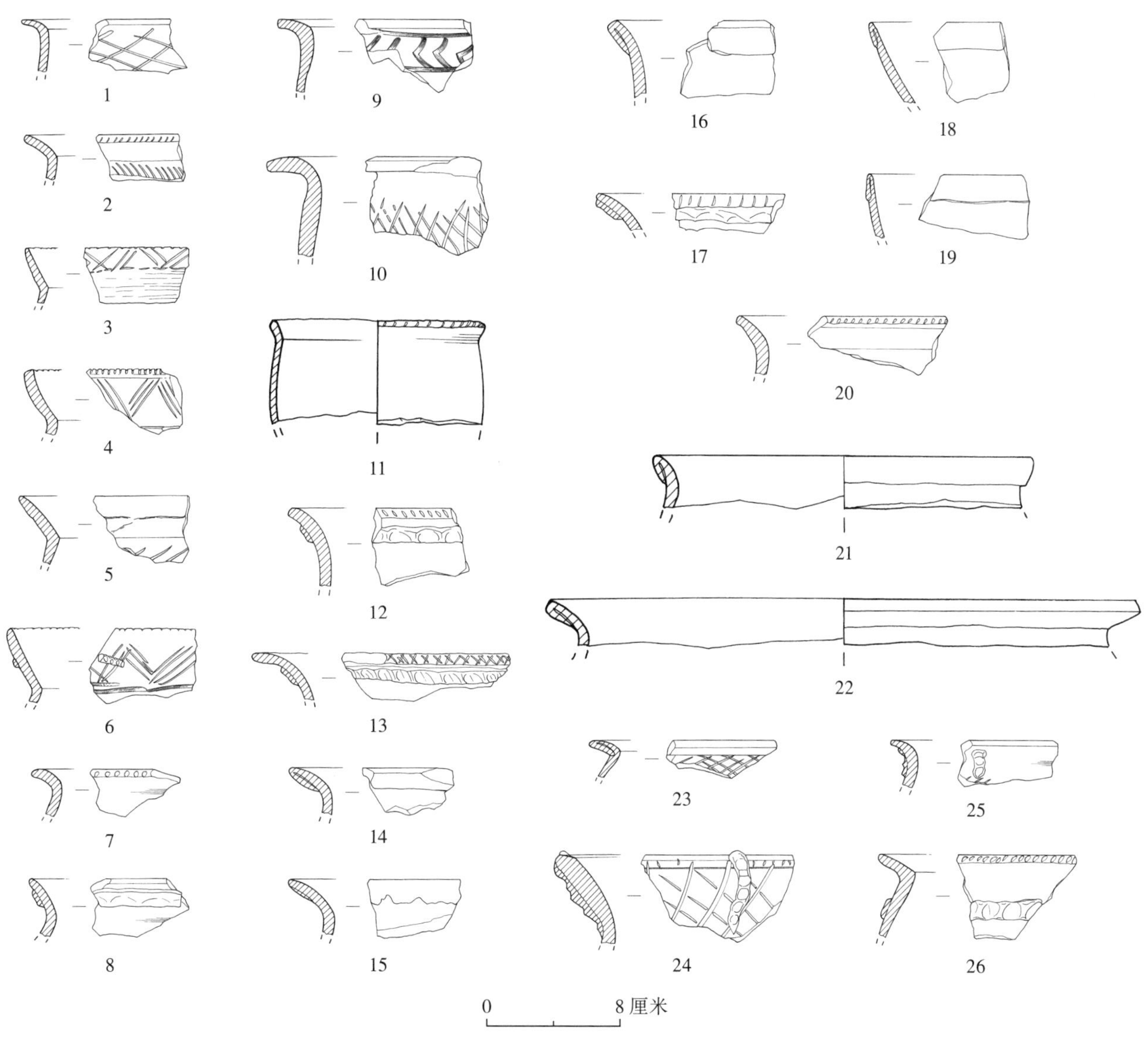

图四七一　2018年Ⅰ区第2层出土陶器

1、2. Ac型侈口小罐（TN34E31②：18、TN36E34②：15）　3~6. Ab型无颈罐（TN30E33②：20、TN30E33②：23、TN30E33②：27、TN31E32②：24）　7、9~11. Ba型无颈罐（TN31E32②：34、TN28E35②：14、TN34E31②：14、TN33E31②：13）　8. Aa型附加堆纹罐（TN31E33②：18）　12、13. Ab型附加堆纹罐（TN31E33②：29、TN35E34②：11）14~16、21、22. Ba型附加堆纹罐（TN27E35②：27、TN35E34②：18、TN36E32②：21、TN27E35②：28、TN33E33②：15）17. Bc型附加堆纹罐（TN36E31②：16）　18、19. Bb型附加堆纹罐（TN31E32②：32、TN30E33②：28）　20. Bd型附加堆纹罐（TN30E33②：15）　23. Be型附加堆纹罐（TN31E32②：38）　24、25. C型附加堆纹罐（TN34E31②：12、TN35E34②：15）　26. D型附加堆纹罐（TN30E33②：18）

附加堆纹罐

Aa型。

TN31E33②：18，夹砂灰黄陶。圆唇，侈口，卷沿，束颈。颈部饰一周平滑的附加堆纹。残高3.2厘米（图四七一，8）。

Ab型。

TN31E33②：29，夹砂灰陶。方唇。唇部饰戳印点纹，颈部饰一周褶皱状附加堆纹。残高4.5厘米（图四七一，12）。

TN35E34②：11，夹砂灰白胎黑灰皮陶。圆唇，侈口，卷沿。唇部饰“×”形纹，颈部饰一周褶皱状附加堆纹。残高2.6厘米（图四七一，13）。

Ba型。

TN27E35②：27，夹砂灰陶。尖圆唇，侈口，卷沿，短束颈。唇外侧饰一周平滑的附加堆纹，与唇部贴合形成箭头状唇。残高2.7厘米（图四七一，14）。

TN27E35②：28，夹砂灰胎灰黄皮陶。尖圆唇，侈口，卷沿，短束颈。唇外侧饰一周平滑的附加堆纹，与唇部贴合形成箭头状唇。口径22.4、残高3厘米（图四七一，21）。

TN33E33②：15，夹砂黄褐陶。方唇，侈口，卷沿，短束颈。唇外侧饰一周平滑的附加堆纹，与唇部贴合形成箭头状唇。口径35.2、残高2.6厘米（图四七一，22）。

TN35E34②：18，夹砂灰陶。圆唇，侈口，卷沿，短束颈。唇外侧饰一周平滑的附加堆纹，与唇部贴合形成箭头状唇。残高3.2厘米（图四七一，15）。

TN36E32②：21，夹砂灰陶。方唇，侈口。唇外侧饰一周平滑的附加堆纹，与唇部贴合形成箭头状唇。残高4.4厘米（图四七一，16）。

Bb型。

TN30E33②：28，夹砂褐陶。圆唇，敞口。唇外侧饰一周平滑的附加堆纹，与唇部贴合形成箭头状唇。残高3.6厘米（图四七一，19）。

TN31E32②：32，夹砂黄褐陶。尖圆唇，敞口。唇外侧饰一周平滑的附加堆纹，与唇部贴合形成箭头状唇。残高4.6厘米（图四七一，18）。

Bc型。

TN36E31②：16，夹砂黄褐陶。方唇，侈口。唇外侧饰一周平滑的附加堆纹，未改变唇部形态。残高2.2厘米（图四七一，17）。

Bd型。

TN30E33②：15，夹砂黑灰陶。方唇，侈口。唇部饰戳印点纹，唇外侧有一周平滑的凸起，似附加堆纹。残高3.4厘米（图四七一，20）。

Be型。

TN31E32②：38，夹砂灰陶。圆唇，敛口，折沿。唇外侧饰一周平滑的附加堆纹，与唇部贴合形成箭头状唇，肩部饰刻划网格纹。残高2.1厘米（图四七一，23）。

C型。

TN34E31②：12，夹砂黑灰陶。方唇，近盘口，宽沿。唇部饰戳印纹，沿外壁饰刻划网格纹和竖向附加堆纹。残高5厘米（图四七一，24）。

TN35E34②：15，夹砂褐陶。圆唇，侈口，卷沿，短束颈。颈部至肩部饰竖向附加堆纹。残高2.7厘米（图四七一，25）。

D型。

TN30E33②：18，夹砂黑陶。方唇，敛口，折沿，溜肩。唇部饰戳印点纹，肩部饰一周褶皱状附加堆纹。残高 4.7 厘米（图四七一，26）。

沿面饰纹罐

Aa 型。

TN27E35 ②：20，夹砂灰胎黑灰皮陶。圆唇，侈口，窄卷沿外翻下垂。沿面饰连续三角纹，颈部饰小方格状点线纹。残高 3.3 厘米（图四七二，1）。

TN28E35 ②：29，夹砂褐陶。圆唇，侈口，窄卷沿外翻下垂。沿面饰连续三角纹夹光面折线纹和凹弦纹，颈部饰小方格状点线纹等。残高 3.4 厘米（图四七二，2）。

TN33E33 ②：11，夹砂褐胎黑皮陶。方唇，侈口，窄卷沿外翻下垂，长颈微束。沿面饰连续三角纹，颈部饰交叉短线纹。口径 21.6、高 5.5 厘米（图四七二，4）。

TN35E34 ②：12，夹砂灰胎黄褐皮陶。圆唇，侈口，宽卷沿外翻下垂。沿面饰小方格状点线纹组成的连续三角纹，颈部饰小方格状点线纹组成的“<”形纹和弦纹。残高 3.5 厘米（图四七二，5）。

TN36E33 ②：13，夹砂褐陶。圆唇，侈口，卷沿外翻下垂，束颈。沿面饰连续三角纹夹光面折线纹，颈部饰交叉小方格状点线纹。残高 4.8 厘米（图四七二，3）。

Ab 型。

TN33E31 ②：17，夹砂黄褐陶。圆唇，侈口，卷沿。沿面饰连续三角纹夹光面折线纹和凹弦纹，颈部饰小方格状点线纹组成的网格纹。残高 3.5 厘米（图四七二，6）。

TN36E32 ②：18，夹砂灰胎褐皮陶。圆唇，侈口，卷沿上仰，束颈。沿面饰连续三角纹夹光面折线纹和凹弦纹，颈部饰交叉小方格状点线纹。残高 3.8 厘米（图四七二，7）。

长颈罐

A 型。

TN27E35 ②：25，夹砂灰陶。方唇，侈口，沿面外翻近平。唇部饰“<”形纹，沿外壁饰小方格状点线纹组成的“<”形纹。残高 2 厘米（图四七二，8）。

TN30E33 ②：13，夹砂灰胎黑灰皮陶。方唇，侈口，沿面上仰。唇部饰“×”形纹，颈部饰短线纹。残高 4 厘米（图四七二，11）。

TN33E33 ②：14，夹砂灰胎黄褐皮陶。方唇，侈口，沿面上仰，长颈。唇部饰“×”形纹，颈部饰短线纹组成的窄带状纹饰和菱格纹以及光面菱格纹等。残高 5.9 厘米（图四七二，10）。

TN36E31 ②：11，夹砂灰陶。方唇，侈口，沿面上仰，长颈。唇部饰戳印点纹，颈部饰戳印短线纹。残高 5.2 厘米（图四七二，12）。

TN36E32 ②：11，夹砂灰陶。方唇，侈口，沿面上仰，长颈。唇部饰戳印点纹，颈部饰菱格纹和凹弦纹。残高 4.4 厘米（图四七二，9）。

TN36E32 ②：13，夹砂灰陶。方圆唇，侈口，沿面外翻，长颈。唇部饰戳印点纹。口径 13.2、残高 5 厘米（图四七二，14）。

C 型。

TN33E32 ②：22，夹砂灰陶。圆唇，盘口，宽沿斜直。唇部和沿外壁饰戳印纹。口径 16、残高 5 厘米（图四七二，13）。

图四七二　2018年Ⅰ区第2层出土陶器

1~5. Aa型沿面饰纹罐（TN27E35②：20、TN28E35②：29、TN36E33②：13、TN33E33②：11、TN35E34②：12）　6、7. Ab型沿面饰纹罐（TN33E31②：17、TN36E32②：18）　8~12、14. A型长颈罐（TN27E35②：25、TN36E32②：11、TN33E33②：14、TN30E33②：13、TN36E31②：11、TN36E32②：13）　13. C型长颈罐（TN33E32②：22）　15~18. Aa型盘口高领罐（TN31E33②：21、TN28E35②：13、TN27E35②：16、TN27E35②：13）　19~21. Ab型盘口高领罐（TN28E34②：26、TN28E34②：11、TN27E35②：21）　22~28. Ac型盘口高领罐（TN31E32②：12、TN28E34②：16、TN31E33②：19、TN27E35②：14、TN30E33②：12、TN28E34②：13、TN31E32②：18）　29~32. B型盘口高领罐（TN34E31②：22、TN28E35②：11、TN34E31②：11、TN31E33②：26）

盘口高领罐

Aa 型。

TN27E35②：13，夹砂灰胎黄褐皮陶。尖圆唇，盘口，宽沿斜弧，高领。沿外壁饰刻划纹。残高 4.4 厘米（图四七二，18）。

TN27E35②：16，夹砂灰陶。尖圆唇，盘口，宽沿斜弧。唇部和沿外壁饰小方格状点线纹。残高 4.4 厘米（图四七二，17）。

TN28E35②：13，夹砂黑灰陶。尖圆唇，盘口，宽沿斜弧，高领。唇部饰短斜线纹，沿外壁饰小方格状点线纹。残高 4.5 厘米（图四七二，16）。

TN31E33②：21，夹砂褐陶。尖圆唇，宽沿较平直。唇部饰短线纹，沿外壁饰小方格状点线纹。残高 1.8 厘米（图四七二，15）。

Ab 型。

TN27E35②：21，夹砂黑灰陶。圆唇，盘口，宽沿斜弧，沿外壁外凸。沿外壁饰短斜线纹。口径 20、残高 3.8 厘米（图四七二，21）。

TN28E34②：11，夹砂灰褐陶。圆唇，盘口，宽沿斜弧，高领。唇部和沿外壁饰短斜线纹。残高 5.4 厘米（图四七二，20）。

TN28E34②：26，夹砂黄褐陶。圆唇，近盘口，宽沿斜弧。沿外壁饰短线纹。残高 4 厘米（图四七二，19）。

Ac 型。

TN27E35②：14，夹砂灰陶。方唇，口微盘，宽沿斜直。沿外壁饰小方格状点线纹。残高 2.8 厘米（图四七二，25）。

TN28E34②：13，夹砂灰陶。斜方唇，盘口，宽沿斜直。沿外壁饰小方格状点线纹。残高 3.7 厘米（图四七二，27）。

TN28E34②：16，夹砂灰胎黑灰皮陶。斜方唇，浅盘口，沿面较宽、斜直。唇部和沿外壁饰短线纹。残高 3.8 厘米（图四七二，23）。

TN30E33②：12，夹砂灰陶。斜方唇，口微盘，宽沿斜直。沿外壁饰小方格状点线纹。残高 3.8 厘米（图四七二，26）。

TN31E32②：12，夹砂黑灰陶。方唇，近盘口，宽沿斜直。唇部饰戳印纹，颈部饰“<”形纹。口径 21.2、残高 3.3 厘米（图四七二，22）。

TN31E32②：18，夹砂灰胎黑皮陶。方唇，近盘口，宽沿斜直。唇部和沿外壁饰小方格状点线纹及一周点线状凹弦纹。残高 3.2 厘米（图四七二，28）。

TN31E33②：19，夹砂灰陶。方唇，近盘口，宽沿斜直。唇部和沿外壁饰小方格状点线纹。残高 2.9 厘米（图四七二，24）。

B 型。

TN28E35②：11，夹砂灰胎褐皮陶。圆唇，盘口，窄沿斜弧，高领。唇部饰短斜线纹，沿外壁饰小方格状点线纹。口径 13.4、残高 4 厘米（图四七二，30）。

TN31E33②：26，夹砂灰陶。尖圆唇，唇内侧有一道凹槽，盘口，窄沿。沿外壁饰小方格状点线纹组成的折线纹。残高3.7厘米（图四七二，32）。

TN34E31②：11，夹砂黄褐陶。圆唇，盘口，窄沿，高领。沿外壁饰菱格纹，领部饰短线纹。口径13.4、残高5厘米（图四七二，31）。

TN34E31②：22，夹砂灰陶，内壁黄褐色。圆唇，盘口，窄沿。沿外壁饰菱格纹，领部饰短线纹。残高4.5厘米（图四七二，29）。

矮领小罐

A型。

TN30E33②：30，夹砂灰陶。圆唇，敛口，矮领，溜肩，领部与肩部分界不明显。领部饰小方格状点线纹等，肩部饰连续三角纹等。残高5.7厘米（图四七三，1）。

B型。

TN27E35②：23，夹砂灰陶。圆唇，直口，矮领，鼓肩。领部饰短斜线纹、连续三角纹、点线状凹弦纹，肩部饰凹弦纹夹短斜线纹等。残高5.4厘米（图四七三，7）。

TN28E34②：27，夹砂黑灰陶。圆唇，口近直，矮领，溜肩，领部与肩部分界不明显。领部饰小方格状点线纹，肩部饰连续三角纹夹光面折线纹等。残高4.6厘米（图四七三，10）。

TN31E32②：14，夹砂灰胎黑皮陶。圆唇，直口，矮领，溜肩，肩部附扁乳丁状鋬。领部、肩部和鋬饰点线纹，浅而不清晰。残高6.6厘米（图四七三，13）。

TN31E33②：15，夹砂黑灰陶。圆唇，直口，矮领，溜肩，领部与肩部分界不明显。领部和肩部饰小方格状点线纹，不清晰。残高4厘米（图四七三，2）。

TN34E31②：16，夹砂灰褐陶。方唇，直口，矮领。唇部饰戳印点纹。口径26.4、残高7厘米（图四七三，14）。

TN34E31②：26，夹砂灰陶。圆唇，直口，矮领，溜肩。领部饰菱格纹，肩部饰连续三角纹夹光面折线纹等。残高5.6厘米（图四七三，12）。

TN34E31②：24，夹砂黄褐陶。方唇，直口，矮领，溜肩，领部与肩部分界不明显。唇部饰戳印点纹，领部饰菱格纹和点线状凹弦纹，肩部饰凹弦纹夹短线纹等。残高6.4厘米（图四七三，11）。

C型。

TN34E31②：23，夹砂灰陶，内壁橙黄色。圆唇，敞口，矮领外弧，溜肩。领部饰菱格纹和凹弦纹，肩部饰连续三角纹夹光面菱形纹，肩部纹饰不清晰。残高4.4厘米（图四七三，6）。

圜底小罐

TN36E31②：1，夹砂红褐胎黑皮陶。器形小而不规整，捏制。圆唇，直口，矮领，鼓腹，圜底。素面。口径3、高4厘米（图四七三，8）。

小口罐

TN31E33②：28，夹砂黑陶。圆唇，敛口，矮领。领部饰短线纹。口径7.6、残高2.7厘米（图四七三，3）。

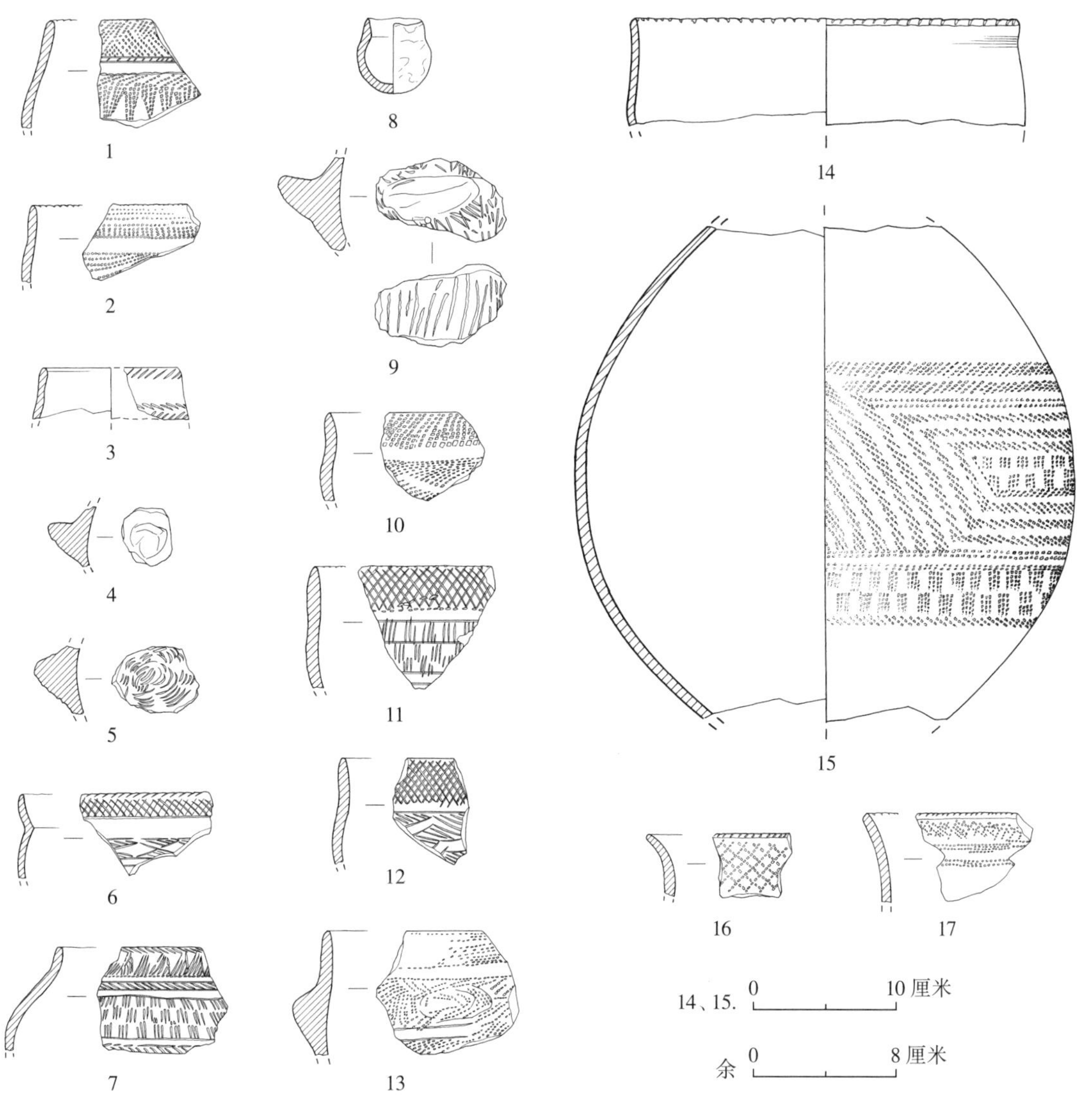

图四七三　2018 年Ⅰ区第 2 层出土陶器

1. A 型矮领小罐（TN30E33 ②：30）　2、7、10~14. B 型矮领小罐（TN31E33 ②：15、TN27E35 ②：23、TN28E34 ②：27、TN34E31 ②：24、TN34E31 ②：26、TN31E32 ②：14、TN34E31 ②：16）　3. 小口罐（TN31E33 ②：28）　4、5、9. A 型器鋬（TN28E34 ②：59、TN28E35 ②：40、TN34E31 ②：28）　6. C 型矮领小罐（TN34E31 ②：23）　8. 圜底小罐（TN36E31 ②：1）　15. 陶片（TN28E34 ②：21）　16、17. 甲类 Bd 型壶（TN31E32 ②：28、TN36E32 ②：14）

壶　甲类 Bd 型。

TN31E32 ②：28，夹砂褐陶。圆唇，侈口，长束颈。唇部饰戳印点纹。颈部饰小方格状点线纹组成的菱格纹。残高 3.3 厘米（图四七三，16）。

TN36E32 ②：14，夹砂灰胎黄褐皮陶。圆唇，侈口，长颈。唇部饰戳印点纹，领部饰小方格状点线纹。残高 4.6 厘米（图四七三，17）。

盆

C 型。

TN28E35 ②：19，夹砂灰褐陶。圆唇，敞口，卷沿，弧腹。素面。残高 6.3 厘米（图四七四，1）。

D型。

TN33E31②：12，夹砂灰陶。方唇，敛口，卷沿，弧腹。唇部饰“×”形纹。口径31.6、残高7.4厘米（图四七四，17）。

钵

乙类Aa型。

TN33E33②：12，夹砂褐胎黑灰皮陶。圆唇，敞口，斜弧腹。素面。口径19.6、残高7.6厘米（图四七四，8）。

TN36E33②：11，夹砂灰陶。圆唇，敞口，斜直腹。腹部饰一周褶皱状附加堆纹。残高6.4厘米（图四七四，4）。

乙类Ae型。

TN28E34②：19，夹砂灰陶。圆唇，敛口，鼓腹。素面。口径24、残高5厘米（图四七四，7）。

乙类Bc型。

TN33E31②：18，夹砂黑灰陶。方唇，敛口，弧腹。口外侧至腹部饰菱格纹、凹弦纹夹短斜线纹等。残高4.8厘米（图四七四，2）。

TN36E31②：13，夹砂灰陶。方唇，敛口，弧腹。唇部饰戳印点纹，口外侧饰菱格纹和凹弦纹，腹部饰凹弦纹、连续三角纹夹光面折线纹等。残高6.2厘米（图四七四，6）。

乙类Bd型。

TN34E31②：25，夹砂黄褐陶。方唇，直口，弧腹较直。口外侧饰菱格纹和凹弦纹，腹部饰凹弦纹夹短线纹等。残高5.2厘米（图四七四，3）。

乙类Be型。

TN33E33②：17，夹砂灰陶。圆唇，口近直，弧腹。腹部饰小方格状点线纹组成的弦纹和菱格纹。残高5.2厘米（图四七四，5）。

杯　D型。

TN31E32②：2，夹砂黑灰陶。方唇，敛口，深弧腹，平底，底部边缘外凸。素面。口径9.2、底径6.2、高7.4厘米（图四七四，10；彩版一二〇，1）。

器鋬　A型。

TN28E34②：59，夹砂褐陶。扁乳丁状。残高3.2厘米（图四七三，4）。

TN28E35②：40，夹砂黄褐陶。乳丁状。外壁饰短线纹。残高3.5厘米（图四七三，5）。

TN34E31②：28，夹砂黄褐陶。扁乳丁状。外壁饰点线纹，内壁饰粗绳纹。残高4.8厘米（图四七三，9）。

器底

TN28E34②：65，夹砂黑灰陶。下腹斜收为平底。素面。腹部及底部可见二次粘接痕迹。底径6.4、残高3.2厘米（图四七四，11）。

TN28E35②：42，夹砂黑灰陶。下腹斜收为平底。素面。底部可见二次粘接痕迹。底径11.2、残高5厘米（图四七四，9）。

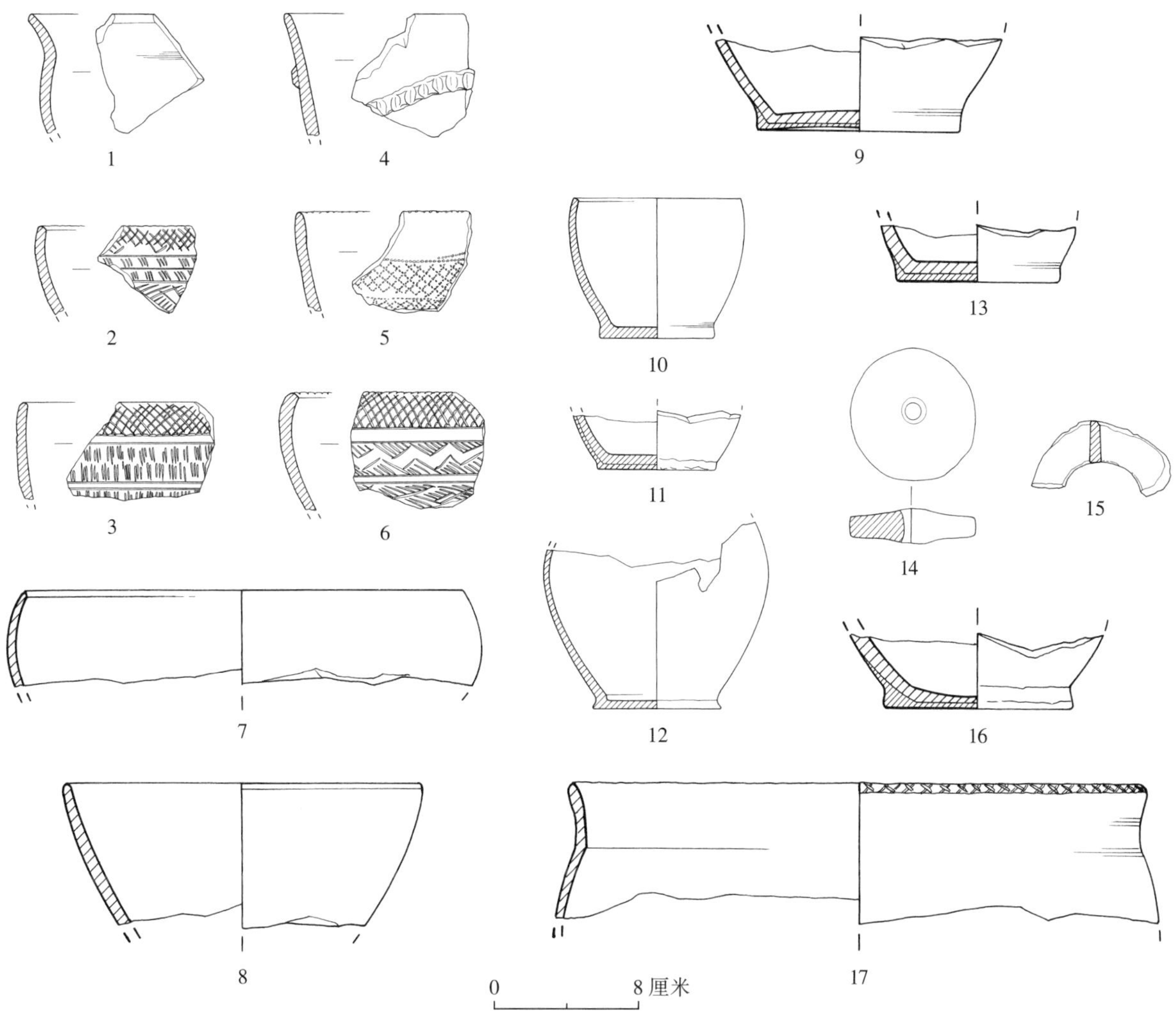

图四七四　2018 年Ⅰ区第 2 层出土陶器

1. C 型盆（TN28E35 ②：19）　2、6. 乙类 Bc 型钵（TN33E31 ②：18、TN36E31 ②：13）　3. 乙类 Bd 型钵（TN34E31 ②：25）　4、8. 乙类 Aa 型钵（TN36E33 ②：11、TN33E33 ②：12）　5. 乙类 Be 型钵（TN33E33 ②：17）　7. 乙类 Ae 型钵（TN28E34 ②：19）　9、11~13、16. 器底（TN28E35 ②：42、TN28E34 ②：65、TN28E35 ②：43、TN31E32 ②：16、TN31E32 ②：20）　10. D 型杯（TN31E32 ②：2）　14. A 型纺轮（TN33E32 ②：2）　15. 环（TN28E34 ②：32）　17. D 型盆（TN33E31 ②：12）

TN28E35 ②：43，夹砂黑褐陶。口部残，鼓腹，平底，底部边缘外凸。素面。底径 7、残高 9.8 厘米（图四七四，12；彩版一二〇，2）。

TN31E32 ②：16，夹砂灰陶。平底。素面。底部可见二次粘接痕迹，形成内外两层。底径 9、残高 3 厘米（图四七四，13）。

TN31E32 ②：20，夹砂灰白胎黑皮陶。平底。素面。底部可见二次粘接痕迹，形成内外两层。底径 10.4、残高 4 厘米（图四七四，16）。

环

TN28E34 ②：32，夹砂灰陶。外缘和孔缘均为方唇，外缘不规整。素面。内径约 4、外径约 7.5 厘米（图四七四，15）。

纺轮　A 型。

TN33E32②：2，夹砂红褐陶。圆形片状，中部有一穿孔。直径6.9、厚1.9、穿孔直径1.2厘米（图四七四，14；彩版一二〇，3）。

陶片

TN28E34②：21，夹砂灰陶。口沿残，溜肩，鼓腹。腹部饰小方格状点线纹组成的窄带状纹饰、回形纹等。为罐的腹片。腹径34、残高32.6厘米（图四七三，15）。

（2）石器

斧

A型。

TN30E33②：7，黑色。平面近长方形。两侧加工平整并磨光。正锋，弧刃，刃部遍布崩疤。长12.1、宽7.9、厚约3.4厘米（图四七五，1；彩版一二〇，4）。

B型。

TN27E35②：1，墨绿色。平面近长方形，截面近梯形。顶部残缺。正锋，弧刃，双面刃，刃缘分布有少量崩疤及较密集的垂直磨痕。残长7.9、宽3.8、厚约2.4厘米（图四七五，4；彩版一二〇，5）。

TN35E33②：1，黑色。平面呈长方形，截面近长方形。顶部残缺。两面有明显的片切割痕迹，并磨光。正锋，弧刃，双面刃。残长10、宽5.9、厚3.4厘米（图四七五，7）。

Ca型。

TN27E35②：2，灰色。平面近长方形，截面近不规则四边形。弧刃，刃缘有细小的茬口及均匀的磨痕。器表磨光较好，有较密集的片疤和线状磨痕。长17.5、宽6.2、厚约4.2厘米（图四七五，3；彩版一二〇，6）。

TN28E35②：7，灰色。平面呈长条形，截面呈不规则四边形。顶部残缺。正面中部起脊，背面自然圆弧，左侧有较多打制的片疤。正锋，弧刃，双面刃，刃面有几处崩疤及较杂乱的磨痕。残长14.6、宽4.4、厚约4.8厘米（图四七五，5；彩版一二一，1）。

TN30E33②：4，黑色。平面近长方形，截面近梯形。平顶。两面的崩疤较密集，背面较扁平，遍布片疤。偏锋，单面刃，刃缘分布有连续的细小崩疤和较杂乱的磨痕。长10.2、宽5.2、厚约3.8厘米（图四七五，2；彩版一二〇，7）。

TN33E33②：2，黑色。平面近梯形。两侧有倾斜面并经过磨光，背面自然圆弧。正锋，弧刃，双面刃，刃缘分布有细小的茬口及较多垂直于刃缘的细小磨痕。器身分布有较均匀的斜向磨痕，通体磨光。长15、宽6.3、厚约4.9厘米（图四七五，8；彩版一二〇，8）。

Cb型。

TN28E35②：2，灰色。平面近三角形，截面呈不规则四边形。顶部较细尖，两面起脊，分布有较多对称的片疤。正锋，弧刃，双面刃，刃缘分布有较密集的崩疤和杂乱的磨痕，正面崩疤面积较大且较密集。整体磨光较好。长15.7、宽6.4、厚约4.7厘米（图四七五，10）。

TN33E33②：1，灰色。平面近梯形，截面不规则。平顶，两侧有倾斜的磨光面。背面圆弧。正锋，弧刃，双面刃，刃缘分布有较多细小的茬口及较杂乱的磨痕。器表片疤较少且较浅。长12.6、宽4.9、厚约3.6厘米（图四七五，11；彩版一二一，3）。

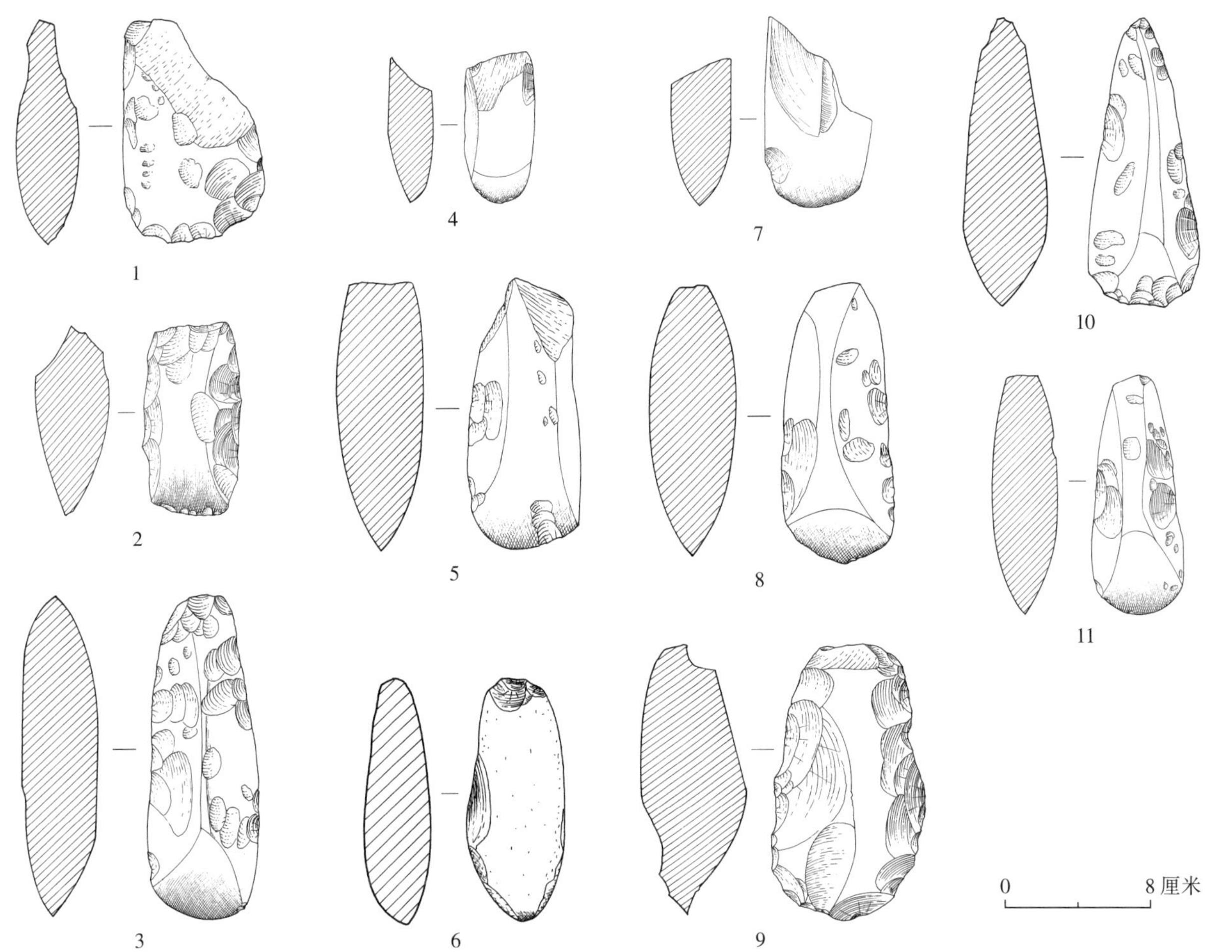

图四七五　2018年Ⅰ区第2层出土石斧

1. A型（TN30E33②：7）　2、3、5、8. Ca型（TN30E33②：4、TN27E35②：2、TN28E35②：7、TN33E33②：2）　4、7. B型（TN27E35②：1、TN35E33②：1）　6、9. 坯料（TN28E35②：9、TN27E35②：3）　10、11. Cb型（TN28E35②：2、TN33E33②：1）

坯料。

TN27E35②：3，黑色。平面呈长条形。器身遍布打制片疤。长18.5、宽10.5、厚约7厘米（图四七五，9；彩版一二一，4）。

TN28E35②：9，灰色。平面呈长条形，截面近长方形。圆顶。仅侧面有明显的加工痕迹，两面仍为自然平面，较光滑。长12.8、宽5.2、厚3.6厘米（图四七五，6）。

锛

A型。

TN30E33②：1，黑色。平面近梯形，截面近椭圆形。圆顶，两面有较明显的片疤，均磨光。刃部部分残缺，弧刃，单面刃，刃部有较密集的崩疤。长6.4、宽4.6、厚约1.1厘米（图四七六，1）。

TN31E33②：1，黑色。平面呈梯形，截面近圆角长方形。圆顶，分布有连续的片疤。两面均磨光。弧刃，单面刃。长9.6、宽4.2、厚约1.2厘米（图四七六，2）。

B型。

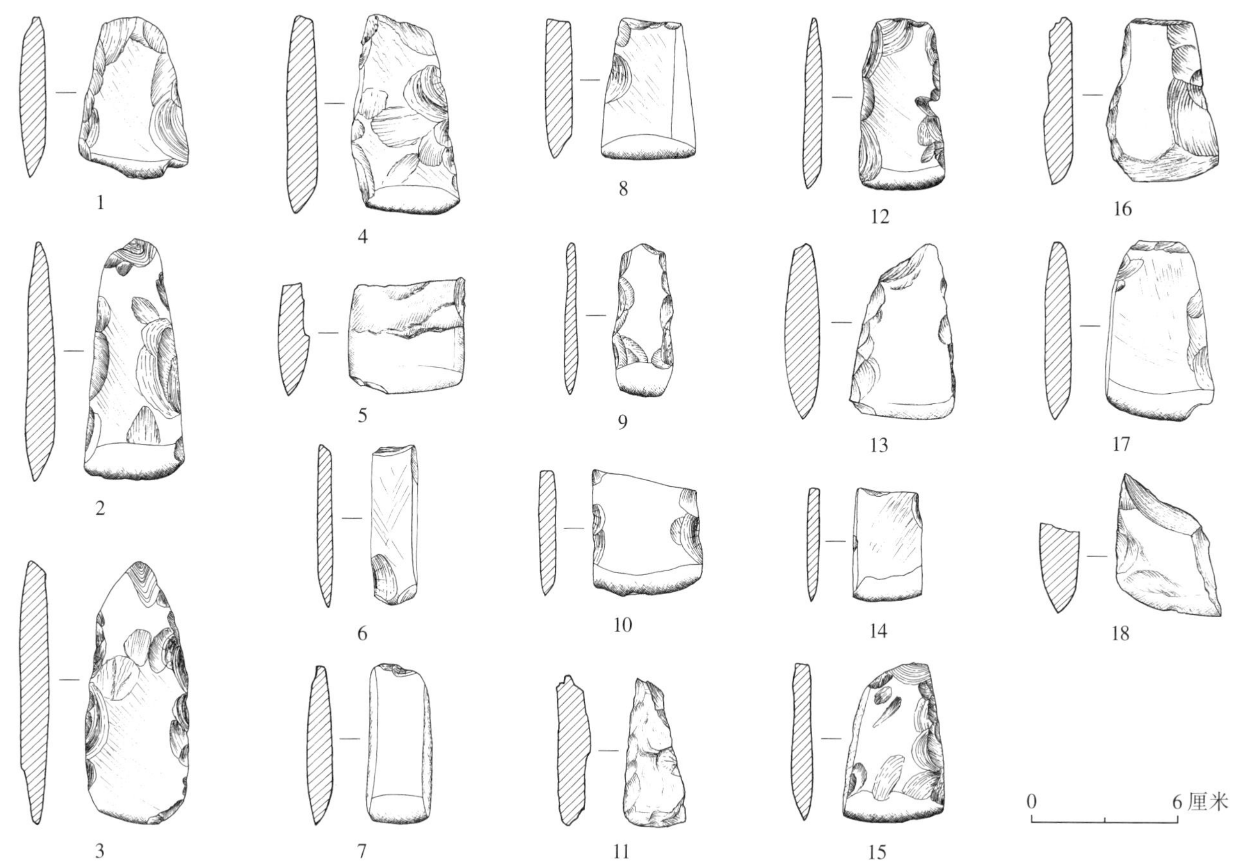

图四七六 2018年Ⅰ区第2层出土石锛

1、2. A型（TN30E33②：1、TN31E33②：1） 3. C型（TN28E35②：5） 4、6~8、11~13、15~17. B型（TN31E32②：4、TN31E32②：1、TN28E35②：3、TN28E34②：3、TN30E33②：31、TN31E32②：5、TN27E35②：9、TN34E32②：1、TN28E35②：55、TN30E33②：6） 5、9、10、14、18. 残件（TN28E34②：4、TN32E32②：1、TN30E33②：2、TN28E35②：4、TN33E32②：10）

TN27E35②：9，黑色。平面呈长方形。斜平顶。弧刃，单面刃，刃缘有较多细小的茬口及较杂乱的细小磨痕。器表均匀分布平行磨痕，磨制较精细，通体磨光。长7.1、宽4.3、厚1.2厘米（图四七六，13）。

TN28E34②：3，黑色。平面呈梯形。顶部较平直，两侧切割平整，有较小的倾斜磨光面。单面刃。通体磨光。长5.6、宽3.9、厚约1.1厘米（图四七六，8；彩版一二一，2）。

TN28E35②：3，墨绿色蛇纹岩。平面呈长条形。斜平顶。两侧有明显的片切割痕迹，两面均磨光，器表分布有较均匀的磨痕。直刃，单面刃，刃缘背面分布有较密集垂直磨痕。长6.4、宽2.8、厚约1.1厘米（图四七六，7）。

TN28E35②：55，黑色。平面呈梯形，截面呈长方形。平顶，分布有少量片疤。两侧分布有较大面积的片疤。弧刃，单面刃。长6.5、宽4.4、厚0.8厘米（图四七六，16）。

TN30E33②：6，黑色。平面呈梯形，截面近长方形。顶部较平直，一侧下半部分有较大面积的崩疤。两面均磨光，器表有较均匀的磨痕。单面刃，刃缘有较多茬口及较杂乱的磨痕。长6.9、宽4.5、厚约1厘米（图四七六，17；彩版一二一，5）。

TN30E33②：31，黑色。平面呈梯形，截面呈不规则四边形。斜平顶，两侧分布有连续的打制片疤。弧刃，单面刃。一侧残缺后，再次切割磨平，并继续使用，另一侧仍残有较连续的片疤。长5.9、宽2.4、厚1厘米（图四七六，11）。

TN31E32②：1，墨绿色。平面呈长条形，截面近梯形。平顶，两侧有明显的片切割痕迹，且磨光，仍留有较均匀的斜向磨痕。两面均磨光。弧刃，单面刃。长6.5、宽1.9、厚约0.7厘米（图四七六，6；彩版一二一，6）。

TN31E32②：4，黑色。平面近梯形。顶部有人为切割的痕迹并磨平。两侧有较密集的片疤，两面均磨光。弧刃，单面刃，刃部背面有较密集的垂直于刃缘的细小磨痕。长7.7、宽4.1、厚约1.2厘米（图四七六，4）。

TN31E32②：5，黑色。平面近梯形，截面呈椭圆形。平顶，有连续的片疤，两面均磨光。单面刃，弧刃，刃部有较密集的垂直于刃缘的磨痕及细小的茬口。长6.8、宽3.5、厚约0.8厘米（图四七六，12；彩版一二一，7）。

TN34E32②：1，黑色。平面近梯形，截面呈圆角长方形。斜平顶。两侧有较密集的片疤，两面均磨光。弧刃，单面刃，刃缘有较多崩疤及杂乱的磨痕。长6.7、宽4.2、厚约0.9厘米（图四七六，15）。

C型。

TN28E35②：5，黑色。平面近椭圆形，截面呈椭圆形。斜尖顶，顶部两侧有明显的切割痕迹。两侧分布有连续的片疤，两面均磨光。弧刃。长10.5、宽4.2、厚约1.2厘米（图四七六，3）。

残件。

TN28E34②：4，灰色。平面呈长方形，截面呈长方形。顶部大部分残缺。两面通体磨光。弧刃，刃缘分布有较密集的茬口及垂直于刃缘的细小磨痕。残长4.4、宽4.6、厚1厘米（图四七六，5；彩版一二二，1）。

TN28E35②：4，黑色。平面近长方形，截面呈弧角长方形。顶部残缺。两面均磨光且磨光较好。弧刃，单面刃，刃缘有较杂乱的磨痕。残长4.5、宽2.8、厚约0.5厘米（图四七六，14；彩版一二二，2）。

TN30E33②：2，黑色。平面呈长方形，截面近长方形，两侧面稍外弧。顶部残缺，两侧有较对称的片疤。弧刃，单面刃，刃面有两次磨制的痕迹，刃缘分布有较密集的崩疤和磨痕。残长4.8、宽4.5、厚约0.7厘米（图四七六，10）。

TN32E32②：1，黑色。平面呈长条形，截面近长方形，整体较薄，呈薄片状。顶部残缺，两侧有较连续的片疤，两面均磨光。单面刃。残长6.1、宽2.5、厚约0.5厘米（图四七六，9；彩版一二二，3）。

TN33E32②：10，黑色。平面呈四边形，截面呈长方形。两侧有较多片疤，两面均磨光。弧刃，刃缘有明显的崩疤及细小的茬口。大部分残缺。残长6、宽4.4、厚1.4厘米（图四七六，18；彩版一二二，4）。

刀

乙类Aa型。

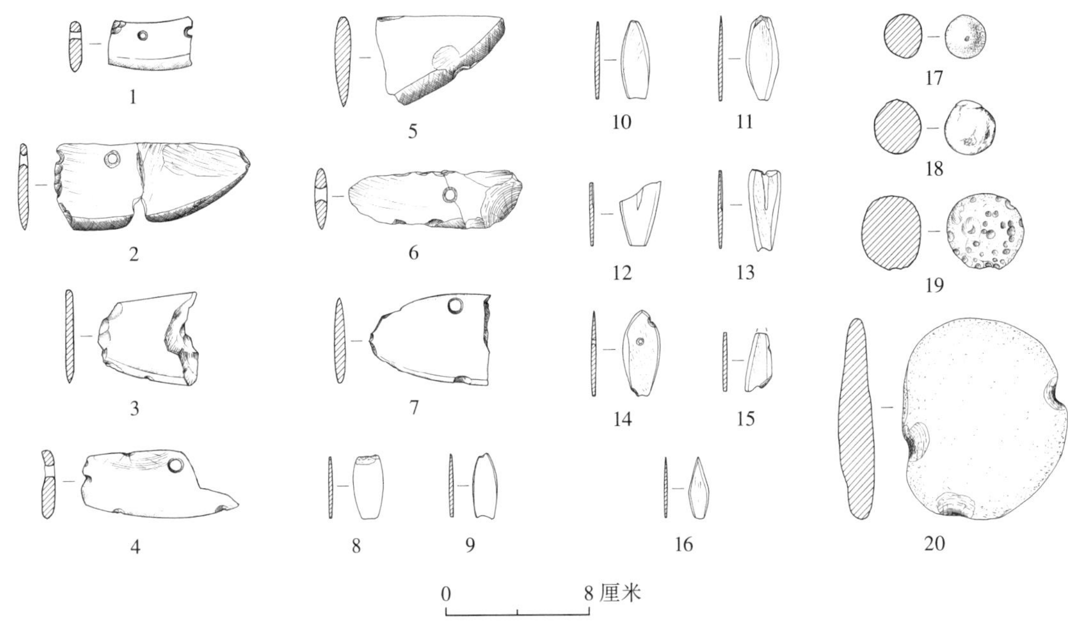

图四七七 2018年Ⅰ区第2层出土石器

1. 乙类Aa型刀（TN28E34②:1） 2~5. 乙类Ab型刀（TN30E33②:9、TN28E34②:6、TN28E35②:44、TN28E35②:8） 6. 乙类C型刀（TN27E35②:5） 7. 乙类B型刀（TN27E35②:10） 8~11. Aa型箭镞（TN28E35②:6、TN27E35②:6、TN27E35②:4、TN28E34②:66） 12~14. Ac型箭镞（TN31E33②:2、TN30E33②:8、TN28E34②:67） 15. Bb型箭镞（TN32E33②:1） 16. Ca型箭镞（TN30E33②:3） 17~19. 球（TN31E32②:3、TN28E35②:1、TN30E33②:10） 20. 网坠（TN31E33②:3）

TN28E34②:1，紫色。凹背，双孔，两面对钻。弧刃，双面刃，刃缘有较杂乱的磨痕。残长4.6、宽2.7、厚0.6厘米（图四七七，1；彩版一二二，5）。

乙类Ab型。

TN28E34②:6，紫色。背部较平直。正锋，弧刃，双面刃，刃缘有较多茬口及少量崩疤。通体磨光。残长5.8、宽4.8、厚0.4厘米（图四七七，3）。

TN28E35②:8，红褐色。直背。弧刃，刃部延伸至背部，刃部分布有较大面积的崩疤。器表分布有均匀的水平磨痕。残长7.1、宽4.8、厚0.9厘米（图四七七，5；彩版一二二，6）。

TN28E35②:44，黑色。直背，残有一孔，两面对钻。两端中部有一凹口。弧刃，双面刃，刃缘较圆钝，有较密集的磨损及细小茬口。通体磨光，器表分布有较密集的磨痕。残长8.6、宽3.5、厚0.6厘米（图四七七，4）。

TN30E33②:9，绿色。直背，双孔，两面对钻，穿孔上方有明显的穿绳磨损。弧刃。中部有较大面积的崩疤，且裂为两半。残长10.7、宽4.6、厚约0.6厘米（图四七七，2；彩版一二二，7）。

乙类B型。

TN27E35②:10，黑色。桂叶形。弧背，背部较圆弧，磨制较精细，双孔，对称靠上分布，两面对钻。双面刃，刃缘较圆钝，分布有较密集的细小茬口。残长6.8、宽4.8、厚0.5厘米（图四七七，7）。

乙类C型。

TN27E35②:5，灰色。直背，残有一孔，有明显的穿绳磨损。直刃，无明显刃面。器表分布较密集且杂乱的磨痕。整体裂为两半，石料较软较轻。残长 9.6、宽 3.1、厚约 0.6 厘米（图四七七，6；彩版一二二，8）。

箭镞

Aa 型。

TN27E35②：4，褐色。柳叶形。锋部稍有残缺。平底较宽，宽度接近整体较宽处。器身中部分布有较密集的均匀磨痕且较深。残长 4.1、宽 1.5、厚约 0.2 厘米（图四七七，10）。

TN27E35②：6，深灰色。柳叶形。锋部残缺，双面刃，刃缘较锋利，两侧的刃部有较多茬口。底部稍窄且内凹。整体磨光较好。残长 3.4、宽 1.3、厚 0.2 厘米（图四七七，9；彩版一二三，1）。

TN28E34②：66，紫色。柳叶形。上半部分较残，中部较扁平。两侧均有刃，刃缘较薄，刃缘分布有较密集的均匀磨痕及细小的茬口。平底较窄。残长 4.5、宽 1.8、厚约 0.2 厘米（图四七七，11）。

TN28E35②：6，灰色。柳叶形。上半部分残缺，无明显的刃部。平底稍窄。器表较粗糙，多磨痕。残长 3.3、宽 1.7、厚约 0.15 厘米（图四七七，8）。

Ac 型。

TN28E34②：67，黑色。柳叶形。有穿孔，两面对钻。两侧有刃，刃面多次磨制，分布有较多茬口。长 4.5、宽 1.9、厚约 0.3 厘米（图四七七，14）。

TN30E33②：8，黑色。柳叶形。上半部分残缺，两面较平直。双面刃，刃缘有较密集的磨痕及细小的茬口。有一穿孔，先两面刻槽然后钻孔。凹底，较窄。残长 4.2、宽 1.8、厚约 0.2 厘米（图四七七，13）。

TN31E33②：2，绿色。柳叶形。上半部分残缺。双面刃，刃部分布有较杂乱的磨痕。中部有穿孔，为两面刻槽后再钻孔。平底，较窄。器身的磨痕分布较集中且较杂乱。残长 3.4、宽 2.2、厚约 0.2 厘米（图四七七，12）。

Bb 型。

TN32E33②：1，灰色。平面近弧三角形。两面较平直，锋部及铤部较多残缺。双面刃，磨光较好，刃缘较锋利，刃部分布有较密集的崩疤。底部内凹。残长 3.1、宽 1.4、厚约 0.2 厘米（图四七七，15）。

Ca 型。

TN30E33②：3，绿色。平面近五边形。两面平直，正反两面两侧均有刃，锋部较锋利，细尖。中部偏下部分折角较明显，平底稍窄。通体磨光。长 3.2、宽 1.1、厚约 0.15 厘米（图四七七，16；彩版一二三，2）。

球

TN28E35②：1，红褐色。器形较规整，磨制较精细。直径 2.6~2.9 厘米（图四七七，18）。

TN30E33②：10，灰白色。器形较规整，磨制较粗糙，器表有均匀密集的小孔。直径 3.1~4.2 厘米（图四七七，19）。

TN31E32②：3，灰褐色。器形较规整，磨制较精细。直径 2~2.2 厘米（图四七七，17）。

网坠

TN31E33②：3，黄褐色。圆形，两侧缺口位于中部。长 10.4、宽 8.9、厚 1.8 厘米（图四七七，20）。

（六）第 1 层出土遗物

该层出土遗物以陶器为主，另有少量石器。陶器器类有束颈罐、侈口小罐、无颈罐、附加堆纹罐、沿面饰纹罐、长颈罐、盘口高领罐、瓮、盆、钵等，石器器类有斧、锛、凿、刀、箭镞、网坠、纺轮、砺石等。

（1）陶器

束颈罐

Ab 型。

TN31E33①：16，夹砂黑陶。尖圆唇，侈口，宽卷沿外翻，束颈，溜肩。肩部饰刻划网格纹。口径 18.9、残高 7.6 厘米（图四七八，1）。

Ba 型。

TN27E35①：12，夹砂灰陶。圆唇，侈口，卷沿，束颈。唇部饰戳印纹。残高 3.5 厘米（图四七八，8）。

Bb 型。

TN32E32①：12，夹砂褐陶。圆唇，侈口，卷沿，短束颈。素面。残高 2.6 厘米（图四七八，11）。

TN35E34①：12，夹砂褐陶。方圆唇，侈口，窄沿，短束颈。颈部饰刻划网格纹。残高 3 厘米（图四七八，2）。

侈口小罐　Ac 型。

TN33E33①：11，夹砂黄褐陶。圆唇，侈口，卷沿，溜肩。肩部饰凹弦纹和刻划网格纹。残高 4.1 厘米（图四七八，4）。

无颈罐　Ab 型。

TN30E33①：11，夹砂褐胎黑褐皮陶。方唇，盘口，折沿。唇部饰戳印点纹，沿外壁饰刻划纹。残高 3.8 厘米（图四七八，9）。

TN30E33①：13，夹砂陶，外壁为灰色，内壁为黄褐色。圆唇，盘口，宽折沿。素面。残高 4.8 厘米（图四七八，19）。

TN31E32①：11，夹砂黑灰陶。圆唇，盘口，折沿。唇部饰戳印点纹，沿外壁饰刻划纹。残高 5 厘米（图四七八，10）。

附加堆纹罐

Ab 型。

TN34E32①：13，夹砂黄褐陶。方圆唇，侈口，卷沿。唇部饰戳印点纹，颈部饰一周褶皱状附加堆纹。残高 2.5 厘米（图四七八，6）。

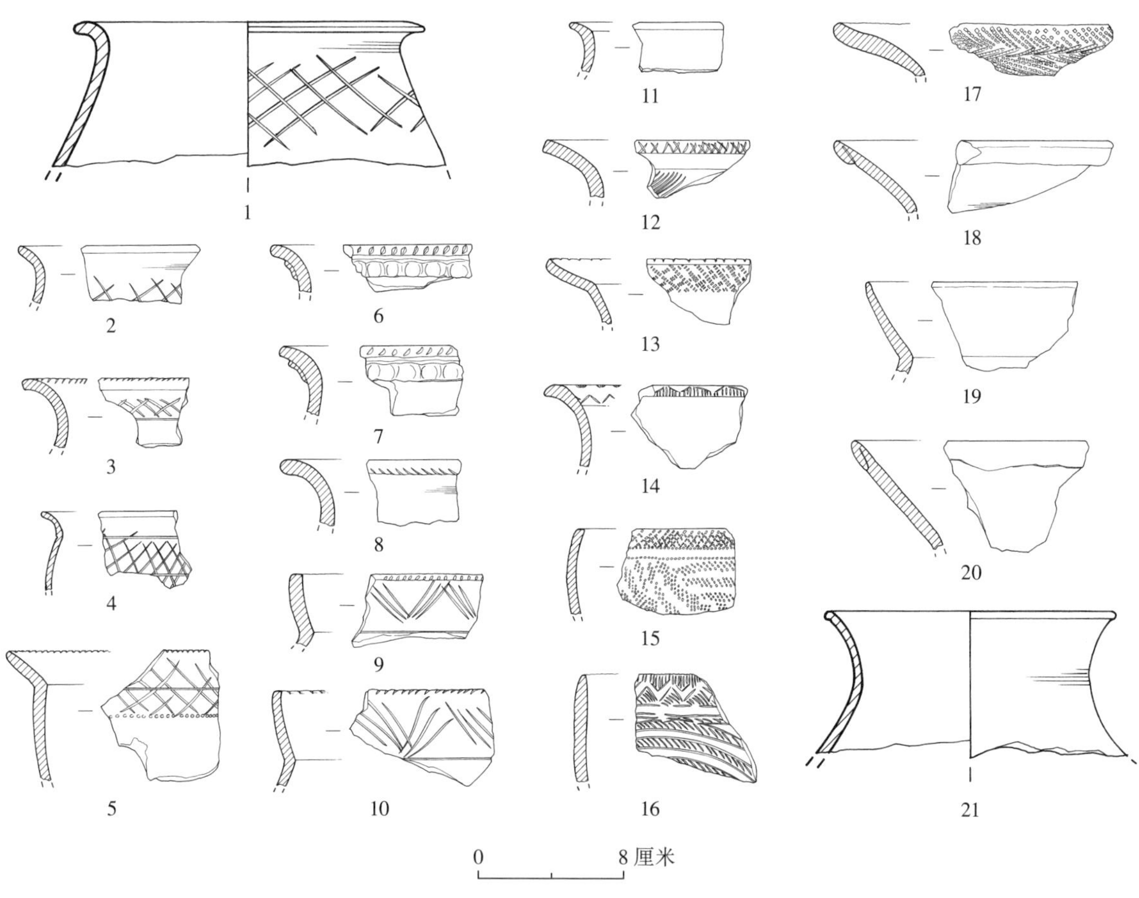

图四七八 2018 年Ⅰ区第 1 层出土陶器

1. Ab 型束颈罐（TN31E33 ①：16） 2、11. Bb 型束颈罐（TN35E34 ①：12、TN32E32 ①：12） 3、14. Ab 型沿面饰纹罐（TN35E34 ①：11、TN27E35 ①：13） 4. Ac 型侈口小罐（TN33E33 ①：11） 5. C 型盆（TN28E34 ①：17） 6、7. Ab 型附加堆纹罐（TN34E32 ①：13、TN34E32 ①：14） 8. Ba 型束颈罐（TN27E35 ①：12） 9、10、19. Ab 型无颈罐（TN30E33 ①：11、TN31E32 ①：11、TN30E33 ①：13） 12. A 型长颈罐（TN32E32 ①：13） 13. B 型盘口高领罐（TN34E32 ①：11） 15. 乙类 Bb 型钵（TN35E34 ①：14） 16. 乙类 Bd 型钵（TN35E34 ①：13） 17. Ab 型盘口高领罐（TN32E32 ①：11） 18、20. Bb 型附加堆纹罐（TN27E35 ①：14、TN34E32 ①：12） 21. Ba 型瓮（TN30E33 ①：14）

TN34E32 ①：14，夹砂灰陶。方唇，侈口，卷沿，束颈。唇部饰戳印点纹，颈部饰一周褶皱状附加堆纹。残高 3.7 厘米（图四七八，7）。

Bb 型。

TN27E35 ①：14，夹砂黄褐陶。圆唇，敞口。唇外侧饰一周平滑的附加堆纹，与口部贴合形成箭头状唇。残高 3.8 厘米（图四七八，18）。

TN34E32 ①：12，夹砂黄褐陶，内壁黑灰色。圆唇，敞口。口外侧饰一周平滑的附加堆纹，与唇部贴合形成箭头状唇。残高 5.7 厘米（图四七八，20）。

沿面饰纹罐 Ab 型。

TN27E35 ①：13，夹砂灰胎黑灰皮陶。圆唇，侈口，卷沿上仰，束颈。沿面饰点线纹组成的连续三角纹。残高 4.4 厘米（图四七八，14）。

TN35E34 ①：11，夹砂灰陶。方唇，侈口，卷沿上仰，束颈。沿面饰戳印点纹，颈部饰网格纹和凹弦纹。残高3.6厘米（图四七八，3）。

长颈罐 A型。

TN32E32①：13，夹砂黑灰陶。方唇，侈口，沿面上仰。唇部饰“×”形纹，颈部饰短线纹。残高3厘米（图四七八，12）。

盘口高领罐

Ab型。

TN32E32①：11，夹砂灰陶。圆唇，浅盘口，宽沿。沿外壁饰小方格状点线纹组成的折线纹。残高2.8厘米（图四七八，17）。

B型。

TN34E32①：11，夹砂灰陶。方圆唇，盘口，窄沿，高领。唇部饰戳印点纹，沿外壁饰小方格状点线纹组成的菱格纹。残高3.4厘米（图四七八，13）。

瓮 Ba型。

TN30E33①：14，夹砂褐胎黑皮陶。圆唇，侈口，卷沿，长束颈。素面。口径16、残高7.6厘米（图四七八，21）。

盆 C型。

TN28E34①：17，夹砂灰褐陶。圆唇，盘口，卷沿，弧腹。唇部饰戳印点纹，沿外壁至腹部饰刻划网格纹和戳印点纹。残高6.8厘米（图四七八，5）。

钵

乙类Bb型。

TN35E34①：14，夹砂灰胎黑灰皮陶。圆唇，敛口，鼓腹。口外侧饰点线纹组成的菱格纹和点线状凹弦纹，腹部饰点线状凹弦纹、点线纹与光面组成的复合纹饰。残高4.5厘米（图四七八，15）。

乙类Bd型。

TN35E34①：13，夹砂黑灰陶。尖圆唇，直口，上腹较直。口外侧饰短线纹组成的连续三角纹夹光面折线纹和凹弦纹，腹部饰短线纹与光面组成的复合纹饰。残高5.7厘米（图四七八，16）。

（2）石器

斧

B型。

TN28E34①：13，黑色。大部分残缺。侧面切平磨光，有片切割痕迹。残长6.1、宽3.7、厚2.3厘米（图四七九，1）。

TN31E33①：12，灰色。平面呈长方形，截面近长方形。顶部残缺。两面有明显的片切割痕迹。偏锋，弧刃，双面刃，刃缘较圆钝，分布有较密集的崩疤。残长7.5、宽2.7、厚2.7厘米（图四七九，2）。

Ca型。

TN35E33①：1，深灰色。平面呈长方形，截面较不规则。平顶，分布有较密集的片疤。偏锋，弧刃，

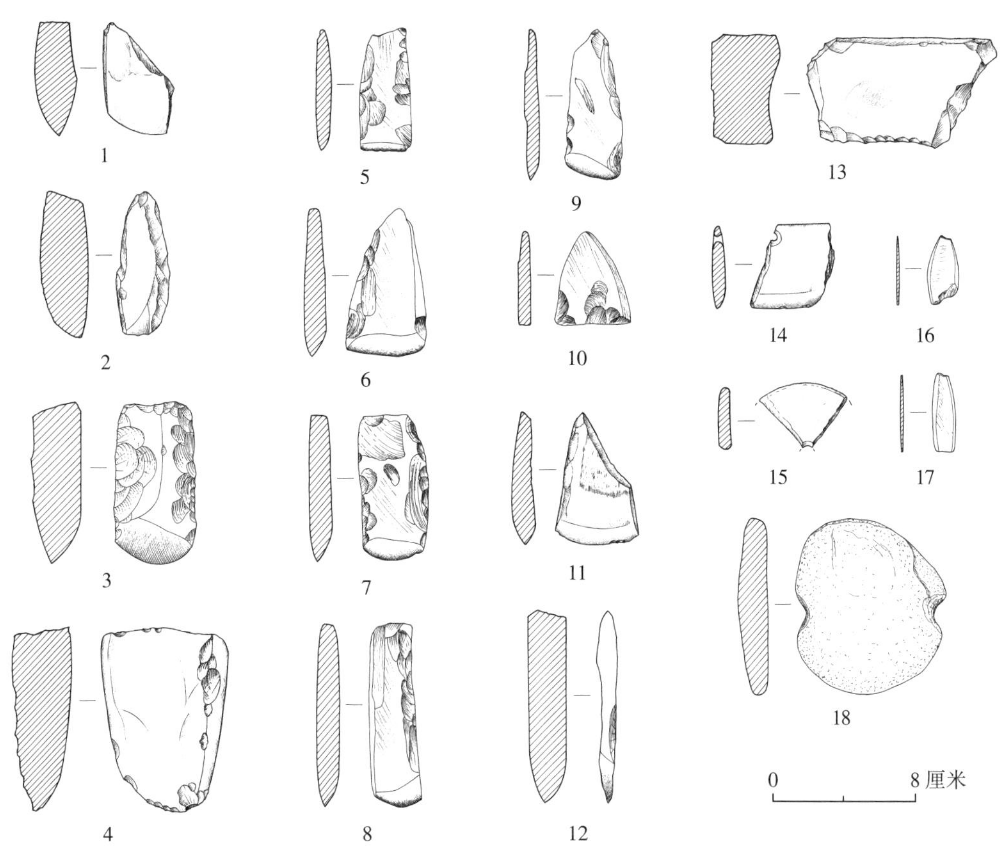

图四七九 2018年Ⅰ区第1层出土石器

1、2. B型斧（TN28E34①：13、TN31E33①：12） 3. Ca型斧（TN35E33①：1） 4. 石斧残件（TN28E34①：16） 5~8. B型锛（TN28E34①：1、TN28E35①：1、TN31E32①：1、TN34E31①：1） 9. C型锛（TN30E33①：1） 10、11. 石锛残件（TN32E32①：1、TN28E34①：14） 12. B型凿（TN33E32①：1） 13. 砺石（TN34E33①：11） 14. 乙类Ab型刀（TN28E34①：12） 15. 纺轮（TN34E31①：11） 16. 箭镞残件（TN30E33①：2-2） 17. Aa型箭镞（TN30E33①：2-1） 18. 网坠（TN32E33①：1）

双面刃，器表有垂直于刃缘的细小磨痕。磨光较好。长8.6、宽4.3、厚约2.7厘米（图四七九，3；彩版一二三，3）。

残件。

TN28E34①：16，灰色。平面近梯形，截面呈弧边长方形。顶部大部分残缺。两侧磨光，磨制较精细。两面均磨光，背面有较多片疤。弧刃，单面刃。残长10.2、宽6.6、厚约3.5厘米（图四七九，4；彩版一二三，4）。

锛

B型。

TN28E34①：1，黑色。平面呈梯形，截面近长方形。斜平顶。两侧分布有较密集的片疤，两侧及两面均磨光。直刃，单面刃，刃部背面有较多垂直磨痕。长6.5、宽2.8、厚约0.8厘米（图四七九，5）。

TN28E35①：1，黑色。平面呈不规则四边形，截面近长方形。顶部一侧有人为切割的痕迹并磨平。

两面均磨光。单面刃，刃缘有较杂乱的磨痕。长 7.8、宽 4.3、厚约 1.2 厘米（图四七九，6）。

TN31E32 ①：1，黑色。平面呈长方形，截面近长方形。顶部较平直，稍内凹。两侧有较密集的片疤，两面均磨光。弧刃，单面刃，刃缘分布有细小的崩疤及较密集的细小垂直磨痕。长 7.7、宽 3.7、厚约 1.4 厘米（图四七九，7）。

TN34E31 ①：1，黑色。平面呈长条形，截面近长方形。两侧有倾斜的平面，仍残有部分片疤，两面均磨光。偏锋，弧刃，双面刃，刃缘分布有较密集的垂直磨痕。长 9.7、宽 2.6、厚约 1.3 厘米（图四七九，8）。

C 型。

TN30E33 ①：1，黑色。平面呈长条形，截面呈长方形。两面磨制较粗糙，片疤较密集。双面刃，刃缘分布有较密集的垂直磨痕。长 7.9、宽 3.1、厚约 0.8 厘米（图四七九，9）。

残件。

TN28E34 ①：14，黑色。平面呈四边形，截面近长方形。弧刃，单面刃，刃缘有较密集的磨痕及崩疤。磨光较好。长 6.9、宽 4.5、厚 1.1 厘米（图四七九，11；彩版一二三，5）。

TN32E32 ①：1，黑色。平面呈三角形，截面近椭圆形。顶部两侧有明显的斜切痕迹，磨制较平整。两面磨光较好。长 4.9、宽 4.2、厚约 0.8 厘米（图四七九，10）。

凿　B 型。

TN33E32 ①：1，墨绿色。平面呈长条形，截面近长方形。两面磨光较好。单面刃。大部分残缺。由石斧改制为石凿，可观察到部分石斧的刃面。长 10、宽 1.1、厚约 2.1 厘米（图四七九，12）。

刀　乙类 Ab 型。

TN28E34 ①：12，黑色。直背，残有一孔，两面对钻，穿孔上方有明显的穿绳磨损。正锋，弧刃，双面刃，刃缘有较多茬口及明显的崩疤。残长 4.7、宽 4.5、厚 0.7 厘米（图四七九，14；彩版一二三，6）。

箭镞

Aa 型。

TN30E33 ①：2-1，深灰色。柳叶形。两侧均有刃，刃缘较锋利。平底稍窄。锋部及底部稍有残缺。整体磨制较精细。残长 4.2、宽 1.2、厚约 0.15 厘米（图四七九，17）。

残件。

TN30E33 ①：2-2，灰色。柳叶形。两面均有刃，锋部及底部有较多破损和崩疤。器表有较明显且杂乱的磨痕。长 3.6、宽 1.6、厚约 0.1 厘米（图四七九，16）。

网坠

TN32E33 ①：1，黄褐色。圆形，两侧缺口位于中部。长 9.2、宽 8、厚 1.5 厘米（图四七九，18）。

纺轮

TN34E31 ①：11，灰黑色。圆形片状。中部有一穿孔，两面对钻。器表磨制较精细。仅残有一角。直径 7.5、厚 0.6、穿孔直径 0.4 厘米（图四七九，15）。

砺石

TN34E33①：11，黄褐色。整体近长条形。仅一面有较明显的使用面，器表较粗糙。长10.7、宽5.7、厚3.1厘米（图四七九，13）。

二、Ⅰ区遗迹

遗迹包括房址、灰坑、灰沟、器物坑、墓葬和石刀堆积等特殊遗迹（见附表一）。

（一）房址

1座。半地穴式房屋，保存较差。

F23

位于TN34E31西北部和TN35E31西南部、中东部。开口于第3层下，打破第4层，西部被H151打破。平面形状不规则，东北—西南走向。残长6.4、宽3、深0.45米。西北部发现一圆形柱洞，沿房屋东壁发现成排的4个圆形柱洞，柱洞均为直壁，平底。柱洞填土为灰黑色砂土，较疏松，包含少量陶片。房屋南部的填土中夹杂较多红烧土，出土较多陶片，器类有束颈罐、侈口小罐、附加堆纹罐、沿面饰纹罐、钵等（图四八〇）。

陶器

束颈罐

Ab型。

F23：26，夹砂灰白胎黑灰皮陶，器表磨光。方唇，侈口，卷沿外翻微下垂。唇部饰戳印点纹。口径22.4、残高3.6厘米（图四八一，1）。

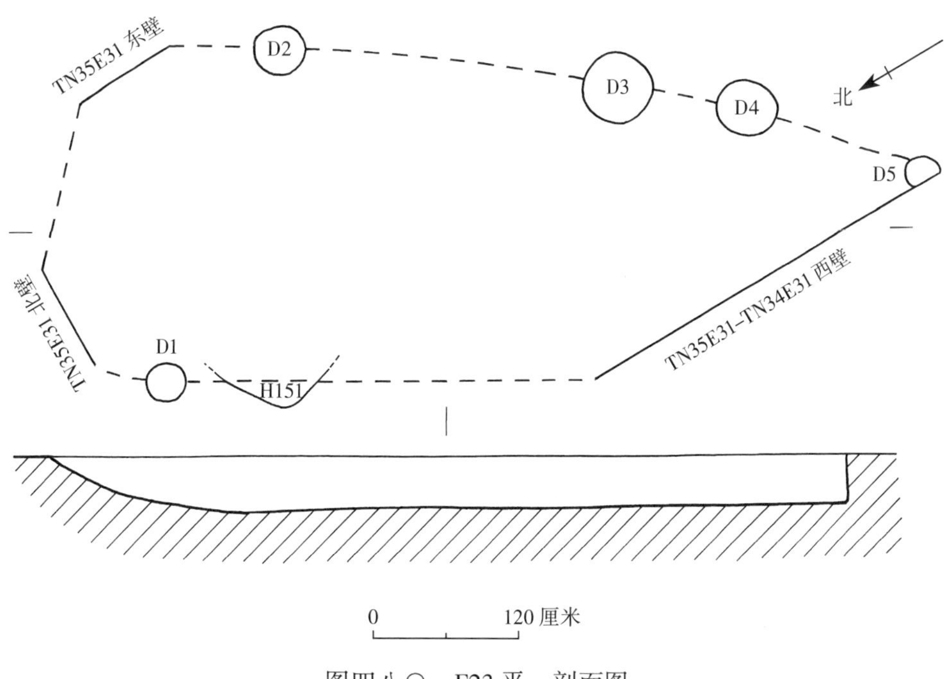

图四八〇 F23平、剖面图

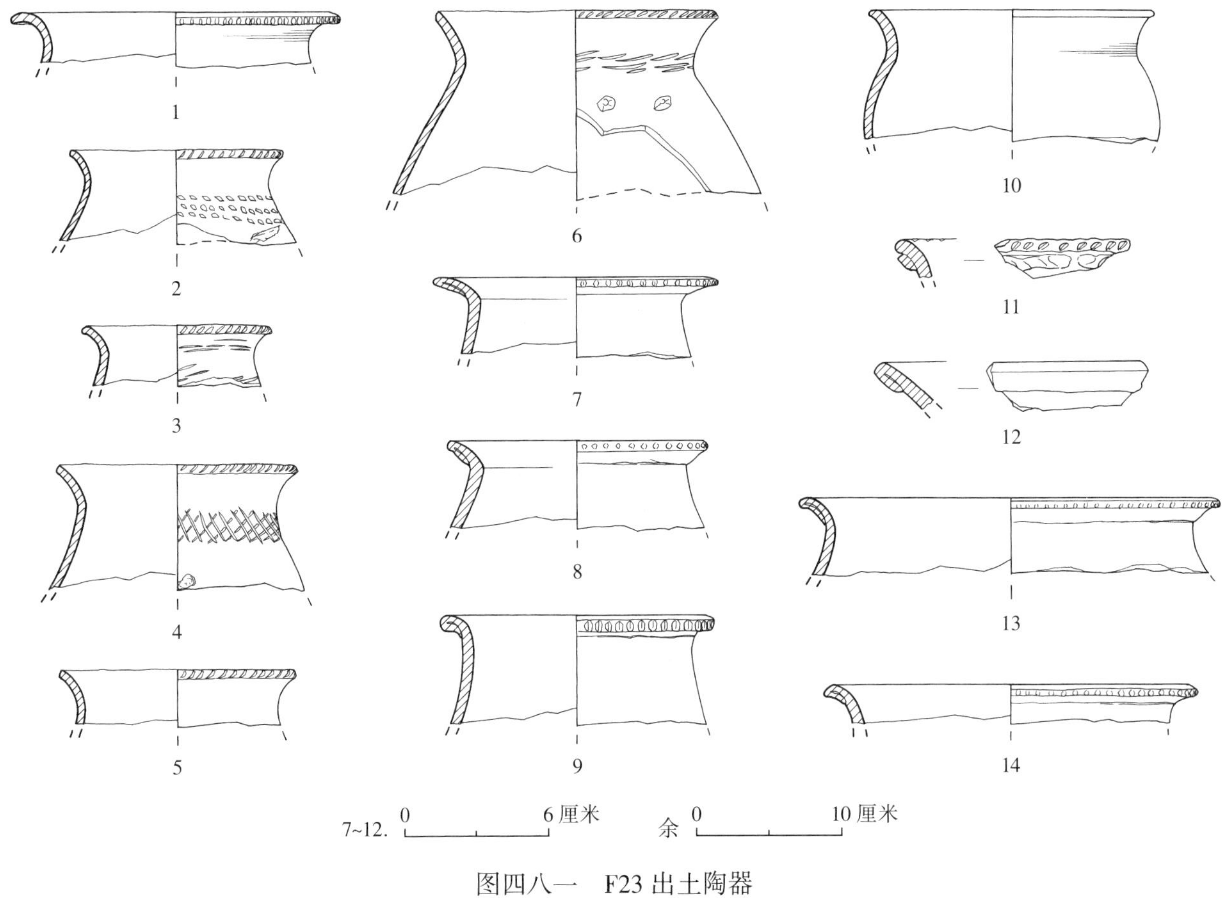

图四八一　F23 出土陶器

1. Ab 型束颈罐（F23：26）　2~6. Ba 型束颈罐（F23：6、16、25、33、51）　7~9、12. Bb 型附加堆纹罐（F23：7、32、8、17）　10. Ac 型侈口小罐（F23：50）　11. Ab 型附加堆纹罐（F23：38）　13、14. Ba 型附加堆纹罐（F23：15、36）

Ba 型。

F23：51，夹砂灰白胎黑褐皮陶。方唇，侈口，卷沿，短束颈，溜肩。唇部饰戳印点纹，肩部饰戳印横向短线纹和乳丁纹。口径 19、残高 12.4 厘米（图四八一，6）。

F23：6，夹砂褐胎黑皮陶。方圆唇，侈口，卷沿，短束颈，溜肩。唇部饰戳印点纹，肩部饰数周戳印粗点纹和扁乳丁状短泥条附加堆纹。口径 14.4、残高 6.2 厘米（图四八一，2）。

F23：16，夹砂黑灰陶。方唇，侈口，卷沿，短束颈。唇部饰戳印点纹，颈部饰戳印纹。口径 12.8、残高 4 厘米（图四八一，3）。

F23：25，夹砂灰褐陶。方唇，侈口，卷沿，短束颈，溜肩。唇部饰戳印点纹，肩部饰刻划网格纹。口径 16、残高 8.2 厘米（图四八一，4）。

F23：33，夹砂灰褐陶。方唇，侈口，卷沿，短束颈。唇部饰戳印点纹。口径 16、残高 3.8 厘米（图四八一，5）。

侈口小罐　Ac 型。

F23：50，夹砂灰白胎灰褐皮陶。圆唇，侈口，卷沿，溜肩。素面。口径 11.6、残高 4.8 厘米（图四八一，10）。

附加堆纹罐

Ab 型。

F23：38，夹砂褐陶。圆唇，侈口。唇部饰戳印点纹，颈上部饰一周褶皱状附加堆纹。残高 1.5 厘米（图四八一，11）。

Ba 型。

F23：15，夹砂褐胎黑灰皮陶。圆唇，侈口，卷沿，束颈。唇部饰戳印点纹，唇外侧饰一周平滑的附加堆纹，与口部贴合形成箭头状唇。口径 28.4、残高 5 厘米（图四八一，13）。

F23：36，夹砂褐胎黑灰皮陶。圆唇，侈口，卷沿，近唇端下垂。唇部饰戳印点纹，唇外侧饰一周平滑的附加堆纹，与口部贴合形成箭头状唇。口径 25.2、残高 2.5 厘米（图四八一，14）。

Bb 型。

F23：7，夹砂褐胎黑皮陶，器表磨光。方唇，侈口，卷沿外翻近平。唇部饰戳印点纹，口外侧饰一周平滑的附加堆纹，与唇部贴合形成箭头状唇。口径 11.6、残高 3.2 厘米（图四八一，7）。

F23：8，夹砂褐陶。方唇，唇部外卷，侈口，卷沿，短颈，溜肩。唇部饰戳印点纹，唇外侧饰一周平滑的附加堆纹，与口部贴合形成箭头状唇。口径 11.2、残高 4.2 厘米（图四八一，9）。

F23：17，夹砂灰胎褐皮陶。方唇，敞口。唇外侧饰一周平滑的附加堆纹，与口部贴合形成箭头状唇。残高 1.9 厘米（图四八一，12）。

F23：32，夹砂褐胎黑皮陶。圆唇，侈口，窄卷沿上仰，溜肩。唇部饰戳印点纹，口外侧饰一周平滑的附加堆纹，与唇部贴合形成箭头状唇。口径 10.6、残高 3.5 厘米（图四八一，8）。

沿面饰纹罐

Aa 型。

F23：2，夹砂黄褐陶，外壁及口沿内侧磨光。方唇，侈口，卷沿外翻，短颈，溜肩，鼓腹，底部残。唇部饰戳印点纹，沿面饰点线纹组成的连续三角纹，肩部饰点线纹组成的窄带状纹饰，腹部饰细密的点线纹底纹，光面形成二方连续的五个“卍”形纹。口径 20、腹围 72、残高 19.2 厘米（图四八二；彩版一二四，1）。

Ab 型。

F23：20，夹砂黄褐陶，内壁灰色。方唇，侈口，卷沿上仰。沿面饰连续三角纹夹光面折线纹，颈部饰交叉小方格状点线纹。残高 3 厘米（图四八三，1）。

钵

乙类 Aa 型。

F23：1，夹砂褐胎黑皮陶。方唇，敞口，斜弧腹，平底。唇部饰戳印点纹。口径 16、底径 6.8、高 8.6 厘米（图四八三，2；彩版一二四，2）。

F23：14，夹砂黑灰陶。方圆唇，敞口，斜弧腹。唇部饰戳印点纹。口径 15.2、残高 4.6 厘米（图四八三，3）。

乙类 Bc 型。

F23：40，夹砂黑灰陶，器表磨光。圆唇，敛口，弧腹。唇部饰戳印点纹，口外侧饰点线状菱格

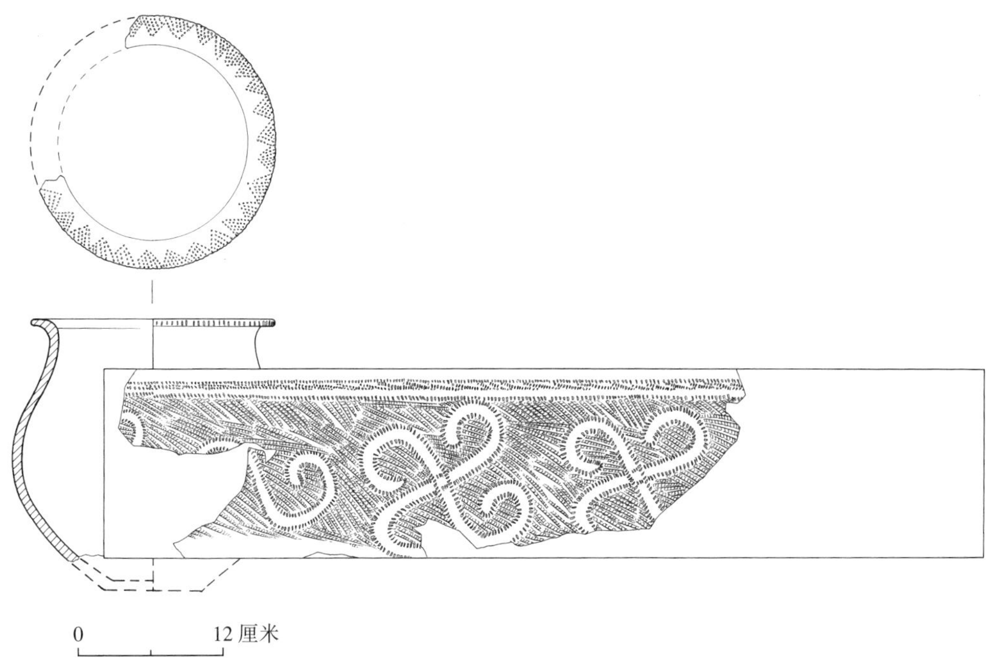

图四八二　F23出土Aa型陶沿面饰纹罐（F23：2）

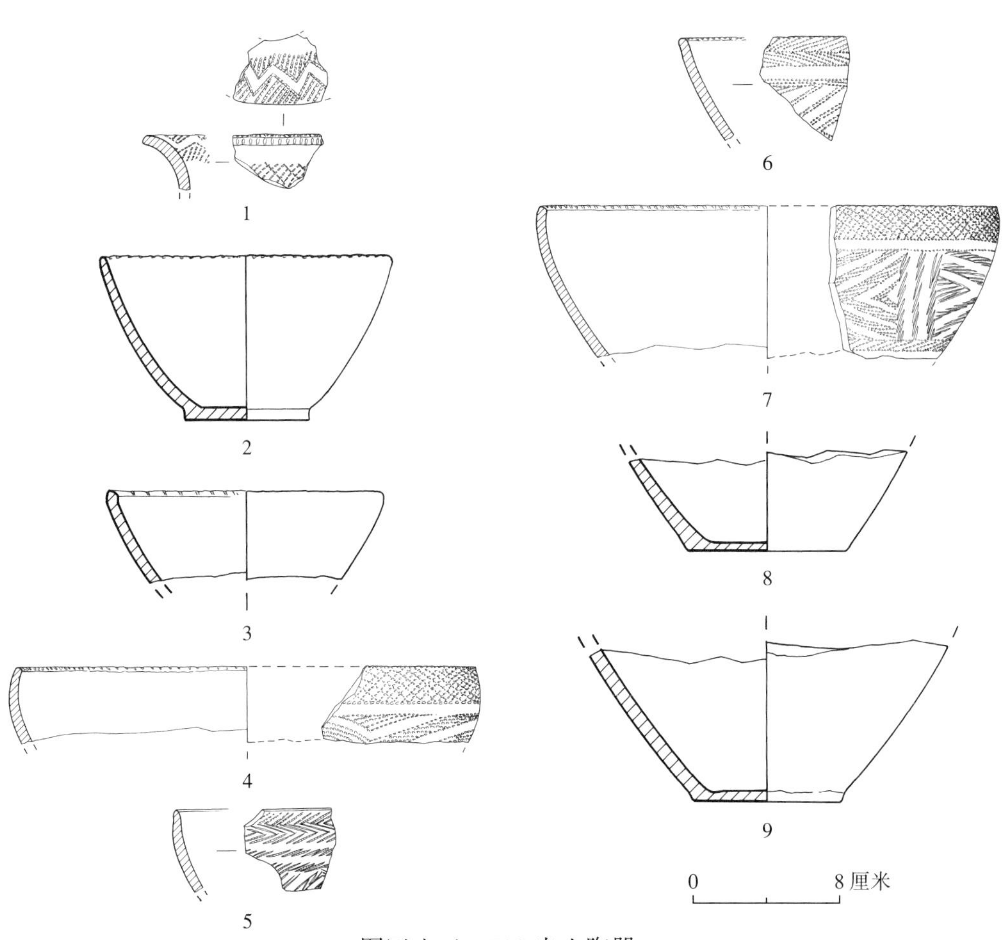

图四八三　F23出土陶器

1. Ab型沿面饰纹罐（F23：20）　2、3. 乙类Aa型钵（F23：1、14）　4. 乙类Bc型钵（F23：40）　5、7. 乙类Be型钵（F23：30、5）　6. 乙类Bf型钵（F23：4）　8、9. 器底（F23：48、45）

纹和凹弦纹，腹部饰小方格状点线纹与光面组成的复合纹饰。口径25.2、残高4厘米（图四八三，4）。

乙类Be型。

F23：5，夹砂黑灰陶，器表磨光。方唇，口近直，弧腹。唇部饰戳印点纹，口外侧饰点线状菱格纹和凹弦纹，腹部饰点线状凹弦纹、小方格状点线纹与光面交错分布形成的竖向条带纹和重三角纹等复合纹饰、小方格状短线纹组成的窄带状纹饰等。口径24.8、残高8厘米（图四八三，7）。

F23：30，夹砂黑灰陶，器表磨光。圆唇，直口，弧腹。口外侧饰点线纹组成的折线纹，腹部饰短线纹组成的窄带状纹饰及与光面形成的复合纹饰等。残高4.4厘米（图四八三，5）。

乙类Bf型。

F23：4，夹砂灰黄陶。方唇，敞口，斜直腹。唇部饰戳印点纹，口外侧及腹部饰小方格状点线纹组成的“<”形纹和窄带状纹饰等。残高5.5厘米（图四八三，6）。

器底

F23：45，夹砂黑灰陶。下腹斜弧，平底。素面。底径8、残高8.2厘米（图四八三，9）。

F23：48，夹砂灰褐陶，内壁黑灰色。下腹斜弧，平底。素面。底径8.8、残高5.2厘米（图四八三，8）。

（二）灰坑

43个。

1. H151

位于TN35E31北部偏西。开口于第1层下，打破第2层。平面近椭圆形，近直壁，平底。坑口长径0.9、短径0.65、深0.49米。填土为灰黑色砂土，土质疏松，填土中出土陶片和石片，石器器类有箭镞等（图四八四；彩版一二四，3）。

石器

箭镞　Ab型。

H151：1，灰色。柳叶形。两面均有刃，刃缘分布有较多茬口及方向较杂乱的磨痕。底部内凹，稍窄。整体磨制较粗，器表有较多磨痕。长5、宽1.6、厚约0.2厘米（图四八五，1；彩版一二四，4）。

2. H152

位于TN36E31中部。开口于第1层下，打破第2层。平面近圆形，近直壁，平底。口径1.26、深0.45米。填土为灰黑色砂土，土质疏松，出土陶片和石片（图四八六；彩版一二四，5）。

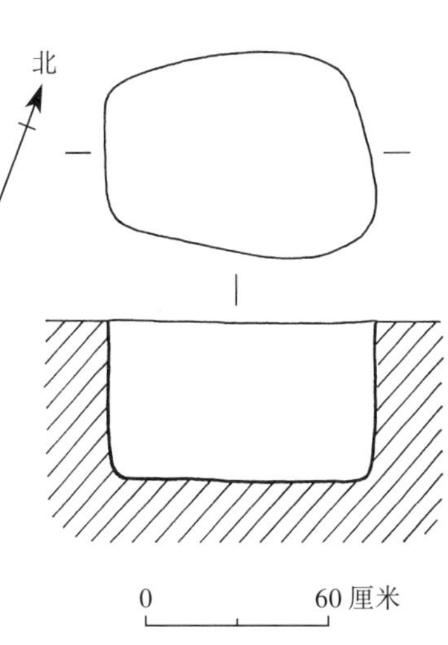

图四八四　H151平、剖面图

3. H153

位于TN35E32中部。开口于第1层下，打破第2层，被D12、D17打破。平面近圆角梯形，斜直壁，平底。长1.8、宽1.2、深0.31米。填土为灰黑色砂土，土质疏松，出土陶片（图四八七；彩版一二四，6）。

4. H155

位于TN35E32西南部。开口于第1层下，打破第2层，被D7、D9打破。平面形状不规则，弧壁，平底。长1.85、宽1.08、深0.13米。

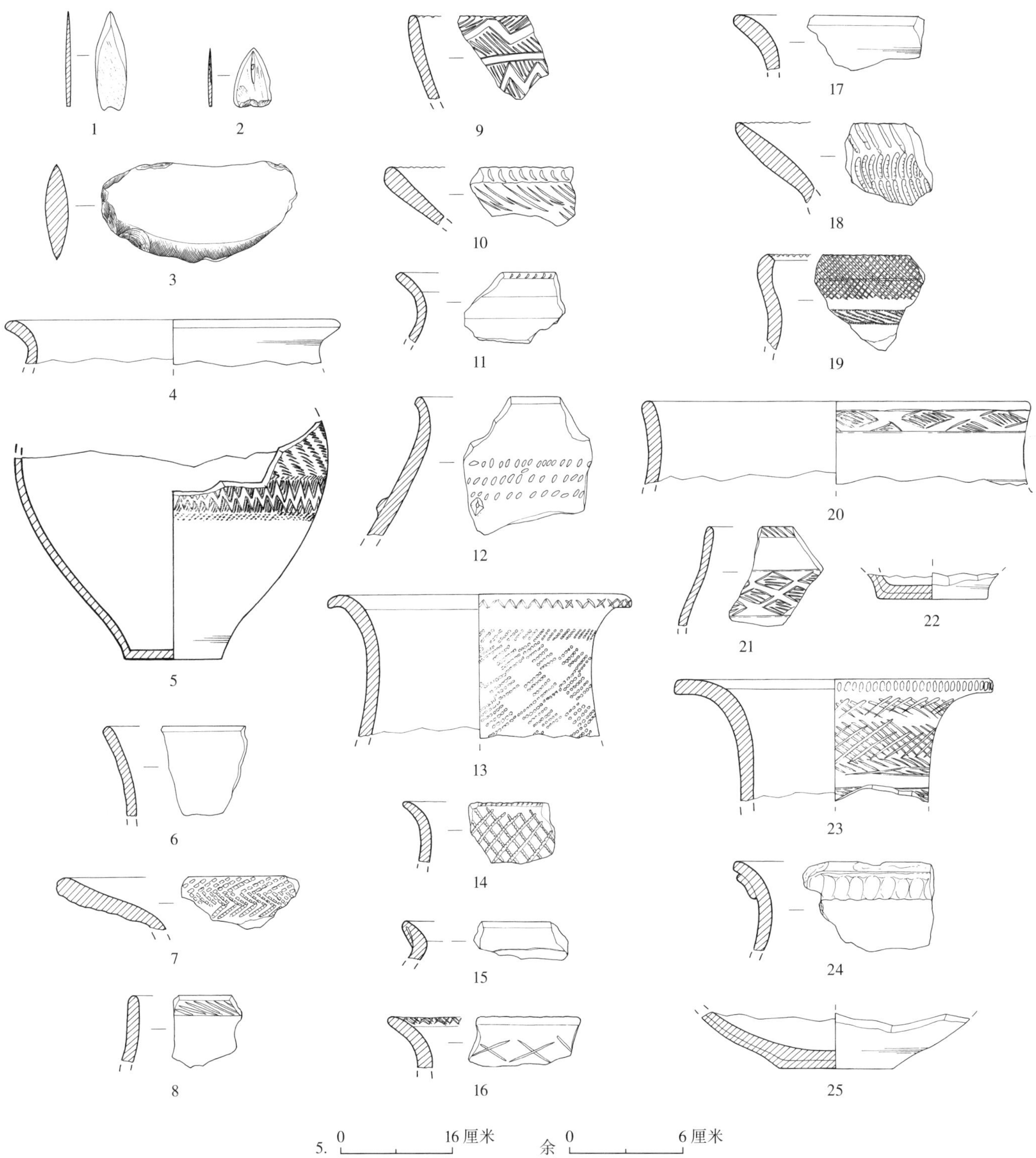

图四八五 H151、H155、H157、H160、H161、H164、H166、H167、H168 出土遗物

1. Ab 型石箭镞（H151：1） 2. Ac 型石箭镞（H161：1） 3. 石刀坯料（H155：2） 4、12. Bb 型陶束颈罐（H157：3、H164：1） 5. 陶瓮（H155：1） 6. 陶敞口罐（H157：1） 7、18. Ab 型陶盘口高领罐（H157：4、H166：14） 8. B 型陶矮领小罐（H157：5） 9. 乙类 Bf 型陶钵（H157：2） 10. Ac 型陶盘口高领罐（H160：1） 11、14. Ba 型陶束颈罐（H164：3、H166：9） 13、23. A 型陶长颈罐（H164：2、H167：1） 15. Ba 型陶附加堆纹罐（H166：6） 16. Ab 型陶沿面饰纹罐（H166：4） 17. B 型陶长颈罐（H166：10） 19. B 型陶盘口高领罐（H166：12） 20. C 型陶矮领小罐（H166：13） 21. A 型陶矮领小罐（H166：15） 22、25. 陶器底（H166：3、H168：1） 24. Ab 型陶附加堆纹罐（H168：2）

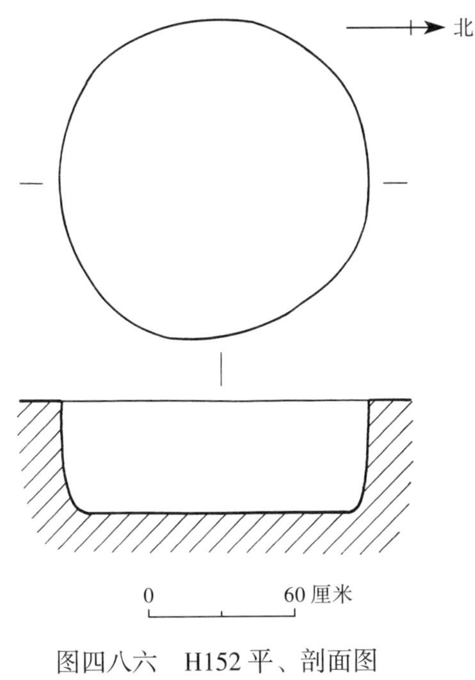

图四八六　H152 平、剖面图

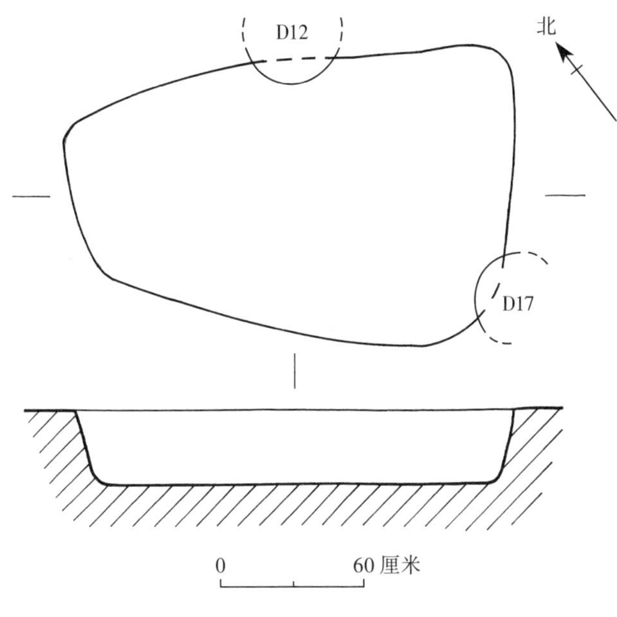

图四八七　H153 平、剖面图

填土为灰黑色砂土，土质疏松，出土陶片和石器，陶器器类有瓮等（图四八八；彩版一二五，1）。

（1）陶器

瓮

H155：1，夹砂灰陶。口沿残。鼓腹，下腹斜收为小平底。肩部饰短斜线纹，腹部饰连续三角纹夹光面折线纹和小方格状短斜线纹。底径 13.6、残高 32 厘米（图四八五，5）。

（2）石器

刀　坯料。

H155：2，灰色。整体保存较好，布满片疤，无磨制痕迹。长 10.4、宽 4.7、厚约 1.2 厘米（图四八五，3；彩版一二五，3）。

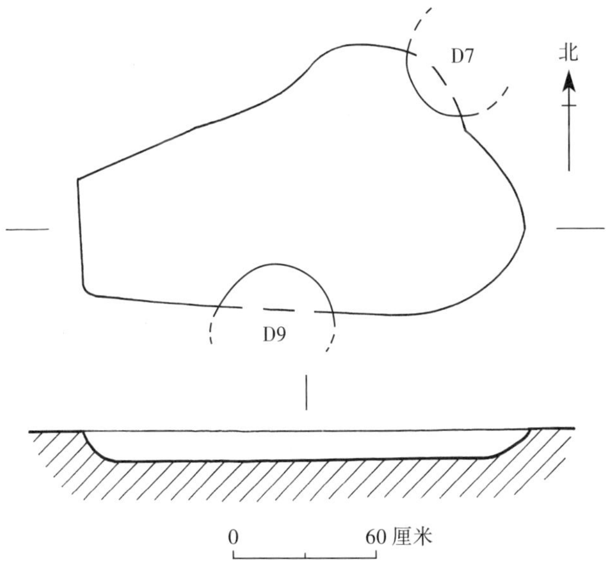

图四八八　H155 平、剖面图

5. H157

位于 TN31E33 西南部和 TN30E33 西北部，向西伸入 TN31E32 东隔梁，未继续清理。开口于第 1 层下，打破第 2 层。平面形状不规则，直壁，底部呈阶梯状。残长 2.4、残宽 1.4、深 0.1~0.4 米。填土为灰黑色砂土，土质疏松，出土大量大块陶片和少量石器，陶器器类有束颈罐、敞口罐、盘口高领罐、矮领小罐、钵等（图四八九；彩版一二五，2）。

陶器

束颈罐　Bb 型。

H157：3，夹砂灰陶。圆唇，侈口，卷沿，束颈。素面。口径 17.4、残高 2.3 厘米（图四八五，4）。

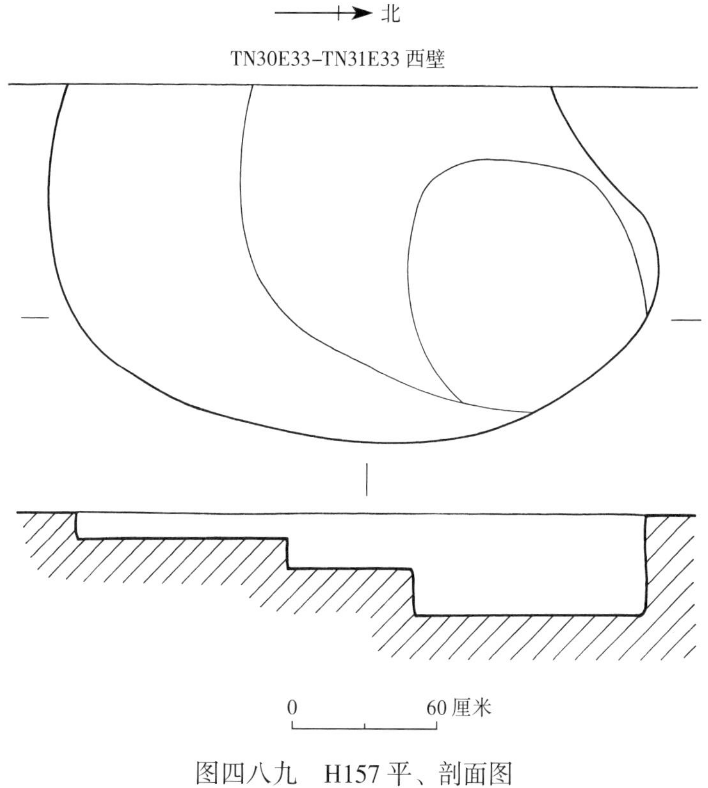

图四八九　H157 平、剖面图

敞口罐

H157：1，夹砂灰陶，内壁黄褐色。圆唇，敞口。素面。残高 4.5 厘米（图四八五，6）。

盘口高领罐　Ab 型。

H157：4，夹砂黄褐胎黑灰皮陶。圆唇，盘口，宽沿。唇部和口外壁饰小方格状点线纹组成的折线纹。残高 2.7 厘米（图四八五，7）。

矮领小罐　B 型。

H157：5，夹砂灰胎黑灰皮陶。方唇，直口，矮领。领部饰凹弦纹夹短斜线纹。残高 3.6 厘米（图四八五，8）。

钵　乙类 Bf 型。

H157：2，夹砂褐陶。圆唇，敞口，弧腹。唇部饰戳印点纹，腹部饰连续三角纹夹光面折线纹等。残高 4.3 厘米（图四八五，9）。

6. H158

位于 TN32E33 北部，向北伸入探方北隔梁，未继续清理。开口于第 1 层下，打破第 2 层，中部被 H150 打破。平面近圆形，弧壁，平底。长 1.3、残宽 1、深 0.32 米。填土为灰褐色砂土，土质疏松，出土少量陶片（图四九〇）。

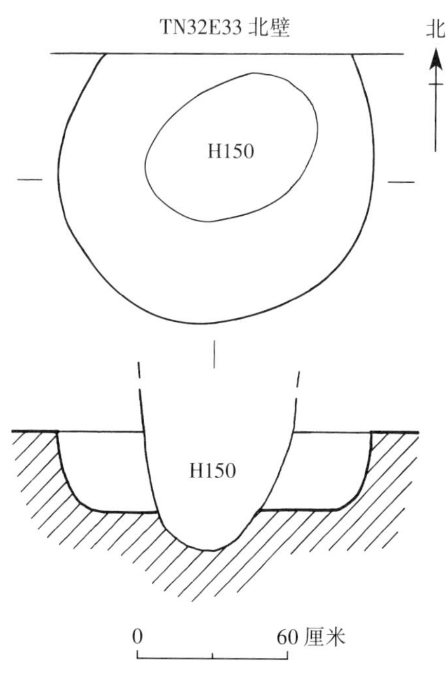

图四九〇　H158 平、剖面图

7. H159

位于 TN31E33 中部偏东。开口于第 1 层下，打破第 2 层。平面近椭圆形，剖面呈袋状，平底。长径 0.95、短径 0.7、深 0.32 米。填土为灰黑色砂土，土质较疏松，出土大量大块陶片和少量石器（图四九一；彩版一二五，4）。

8. H160

位于 TN31E33 东北部。开口于第 1 层下，打破第 2 层。平面近椭圆形，直壁，西部外弧，平底。长径 1、短径 0.7、深 0.3 米。填土为灰黑色砂土，土质较致密，出土大量陶片和少量石器，陶器器类有盘口高领罐等（图四九二；彩版一二五，5）。

陶器

盘口高领罐　Ac 型。

H160：1，夹砂灰胎褐皮陶。斜方唇，盘口。唇部饰戳印点

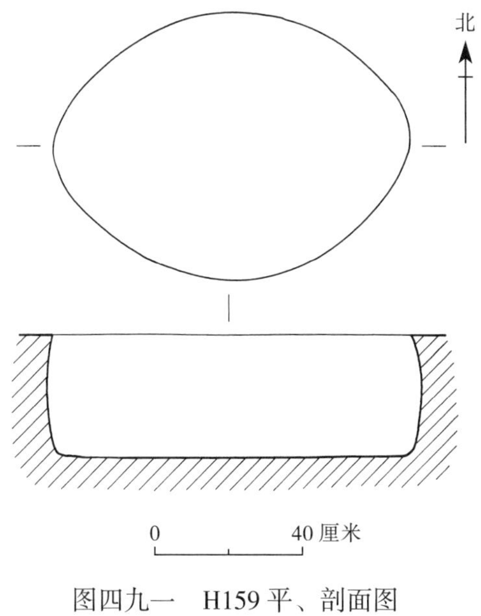

图四九一　H159 平、剖面图

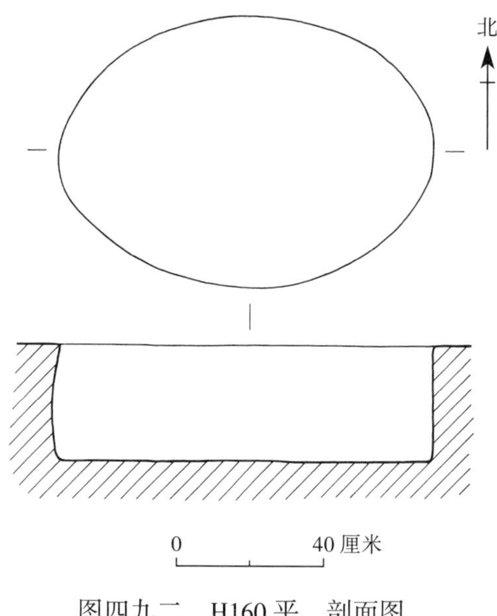

图四九二　H160 平、剖面图

纹，沿外壁饰短线纹。残高 2.9 厘米（图四八五，10）。

9. H161

位于 TN31E33 中部。开口于第 1 层下，打破第 2 层。平面呈椭圆形，剖面呈袋状，平底。长径 1.1、短径 0.8、深 0.37 米。填土为灰黑色砂土，土质较致密，出土大量陶片和少量石器，石器器类有箭镞等（图四九三；彩版一二五，6）。

石器

箭镞　Ac 型。

H161：1，绿色。柳叶形。中部有穿孔，两面均为先刻槽后钻孔。两侧均有刃。器表有几处磨痕以及茬口。下半段残缺。残长 3.1、宽 2、厚约 0.2 厘米（图四八五，2）。

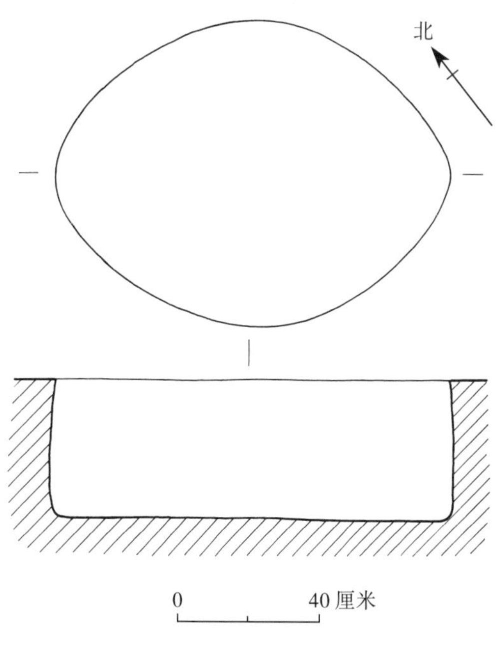

图四九三　H161 平、剖面图

10. H162

位于 TN31E33 北部。开口于第 1 层下，打破第 2 层。平面近圆形，弧壁，平底。口径 0.74~0.8、深 0.28 米。填土为灰黑色砂土，土质较疏松，出土大量陶片和少量石器（图四九四；彩版一二六，1）。

11. H163

位于 TN31E33 中南部。开口于第 1 层下，打破第 2 层。平面近圆形，近直壁，北壁略外弧，平底。直径 0.8~0.87、深 0.75 米。填土为灰黑色砂土，土质疏松，出土少量陶片和石器（图四九五；彩版一二六，2）。

12. H164

位于 TN36E31 西部，向西伸出发掘区外，未继续清理。

开口于第 3 层下，打破第 4 层。平面呈半圆形，斜直壁，平底。残长 0.95、残宽 0.4、深 0.2 米。填土为灰黑色砂土，土质疏松，出土少量陶片，器类有束颈罐、长颈罐等（图四九六；彩版一二六，3）。

陶器

束颈罐

Ba 型。

H164：3，夹砂褐陶，内壁黑色。圆唇，侈口，卷沿，束颈。唇部饰戳印点纹。残高 3.5 厘米（图四八五，11）。

Bb 型。

H164：1，夹砂黄褐陶。斜方唇，侈口，卷沿，溜肩。肩部饰戳印粗点纹和乳丁纹。残高 7 厘米（图四八五，12）。

长颈罐　A 型。

H164：2，夹砂黄褐陶。方唇，侈口，窄卷沿外翻下垂，长颈。唇部饰“×”形纹，颈部饰小方格状点线纹组成的窄带状纹饰、菱形纹及光面菱形纹等。口径 16、残高 7.3 厘米（图四八五，13）。

13. H166

位于 TN30E33 西部，向西伸出发掘区外，未继续清理。开口于第 1 层下，打破第 2 层。平面呈半椭圆形，直壁，平底。残长 0.65、宽 0.61、深 0.95 米。填土为灰黑色砂土，土质较疏松，出土大量陶片、少量石器及动物骨骼，陶器器类有束颈罐、附加堆纹罐、沿面饰纹罐、长颈罐、盘口高领罐、

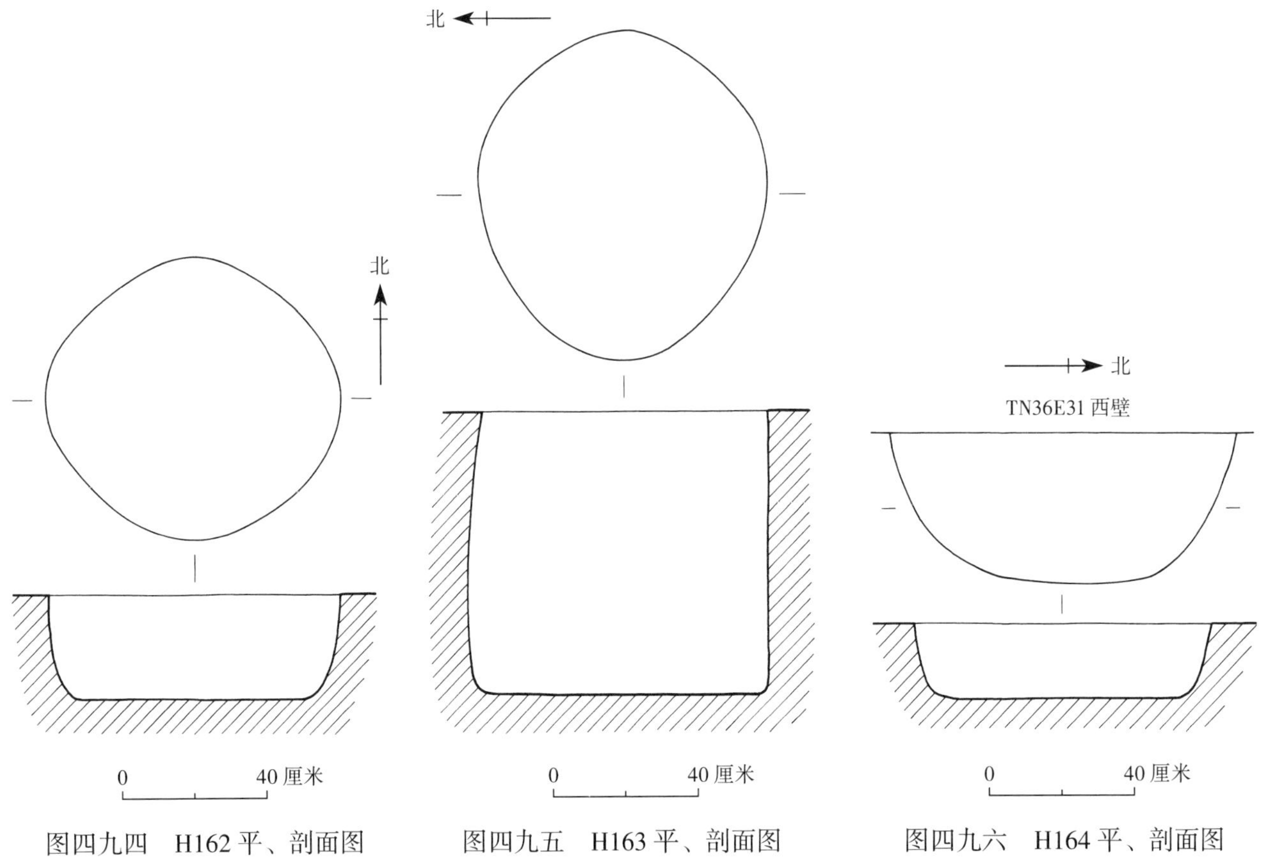

图四九四　H162 平、剖面图　　图四九五　H163 平、剖面图　　图四九六　H164 平、剖面图

矮领小罐等（图四九七）。

陶器

束颈罐　Ba 型。

H166：9，夹砂黄褐陶，内壁黑灰色。尖圆唇，侈口，卷沿，束颈。唇部饰戳印点纹，颈部饰小方格状点线纹组成的菱格纹。残高 3.1 厘米（图四八五，14）。

附加堆纹罐　Ba 型。

H166：6，夹砂褐陶。圆唇，侈口，卷沿。唇外侧饰一周平滑的附加堆纹，与口部贴合形成箭头状唇。残高 2 厘米（图四八五，15）。

沿面饰纹罐　Ab 型。

H166：4，夹砂灰陶。圆唇，侈口，卷沿。沿面饰连续三角纹和凹弦纹，颈部饰刻划"×"形纹。残高 2.6 厘米（图四八五，16）。

长颈罐　B 型。

H166：10，夹砂灰胎黑灰皮陶。圆唇，喇叭口，长颈。颈部饰短线纹。残高 2.7 厘米（图四八五，17）。

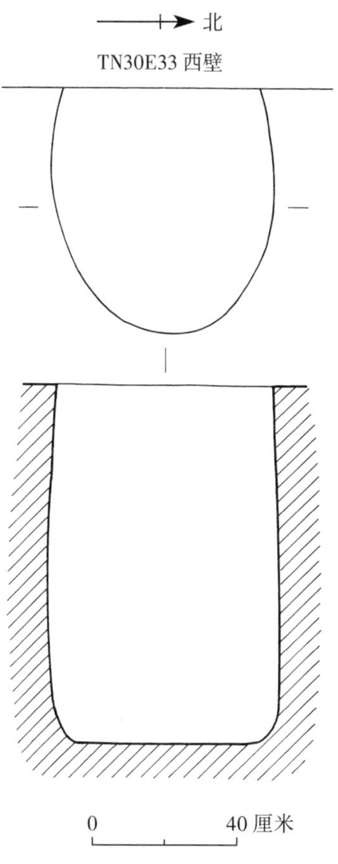

图四九七　H166 平、剖面图

盘口高领罐

Ab 型。

H166：14，夹砂灰白胎黑灰皮陶。圆唇，盘口，宽沿斜直。沿外壁饰小方格状点线纹。残高 4 厘米（图四八五，18）。

B 型。

H166：12，夹砂灰白胎黑灰皮陶，内壁磨光。方唇，盘口，窄沿。唇部饰戳印点纹，沿外壁饰小方格状点线纹组成的菱格纹，领上部饰小方格状短线纹。残高 4.8 厘米（图四八五，19）。

矮领小罐

A 型。

H166：15，夹砂灰白胎黑灰皮陶。圆唇，敛口，矮领，溜肩。领部饰短斜线纹和凹弦纹，肩部饰凹弦纹、短线纹组成的菱形纹等。残高 5 厘米（图四八五，21）。

C 型。

H166：13，夹砂黄褐陶。圆唇，敞口，矮领。领部饰短线纹组成的菱形纹、凹弦纹等。口径 20、残高 4.2 厘米（图四八五，20）。

器底

H166：3，夹砂黄褐陶，内部为黑灰色，器表磨光。平底。素面。底部可见二次粘接痕迹，形成内外两层。底径 5.8、残高 1.3 厘米（图四八五，22）。

14. H167

位于 TN34E33 东南部。开口于第 4 层下，打破生土层，被 D3 打破。平面呈圆形，弧壁，圜底。口径 0.7、深 0.34 米。填土为深灰色砂土，土质疏松，夹杂红烧土和炭屑，出土陶片，器类有长颈罐

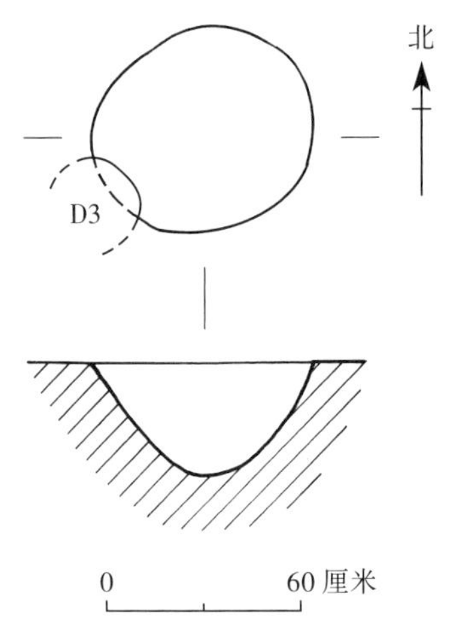

图四九八 H167 平、剖面图

等（图四九八；彩版一二六，4）。

陶器

长颈罐 A 型。

H167：1，夹砂灰胎黄褐皮陶。方唇，侈口，卷沿外翻近平，长颈。唇部饰戳印点纹，颈部饰点线纹组成的菱格纹、带状纹饰和凹弦纹等。口径 16.4、残高 6.2 厘米（图四八五，23）。

15. H168

位于 TN30E33 北部。开口于第 1 层下，打破第 2 层。平面近圆形，近直壁，平底。直径 0.8~0.9、深 0.78 米。填土为灰黑色砂土，出土大量陶片和少量石器，陶器器类有附加堆纹罐等（图四九九；彩版一二七，1）。

陶器

附加堆纹罐 Ab 型。

H168：2，夹砂黄褐陶。方唇，侈口，束颈。颈部饰一周褶皱状附加堆纹。残高 4.5 厘米（图四八五，24）。

器底

H168：1，夹砂灰胎黑皮陶，外壁磨光。平底。素面，腹部、底部可见二次粘接痕迹。底径 6、残高 2.8 厘米（图四八五，25）。

16. H169

位于 TN30E33 西部，向西伸出发掘区外，未继续清理。开口于第 1 层下，打破第 4 层，西部被 H166 打破。平面形状不规则，剖面呈袋状，平底。残长 2.6、宽 2、深 0.55 米。填土为灰黑色砂土，土质较疏松，出土大量陶片和少量石器（图五〇〇）。

17. H170

位于 TN35E33 东北部，向北伸入探方北隔梁，未继续清理。开口于第 2 层下，打破第 3 层。平面呈半椭圆形，直壁，平底。残长 0.86、宽 0.82、深 0.65 米。填土为黄褐色砂土，土质疏松，出土少量陶片，器类有钵等（图五〇一）。

陶器

钵 乙类 Ae 型。

H170：1，夹砂黄褐陶。方唇，敛口，上腹部略外鼓，下腹弧收，平底。唇部饰戳印点纹。口径 22.4、底径 8.4、高 15.4 厘米（图五〇二，1；彩版一二七，2）。

18. H171

位于 TN35E33 东北部，向北、东伸入探方北、东隔梁，

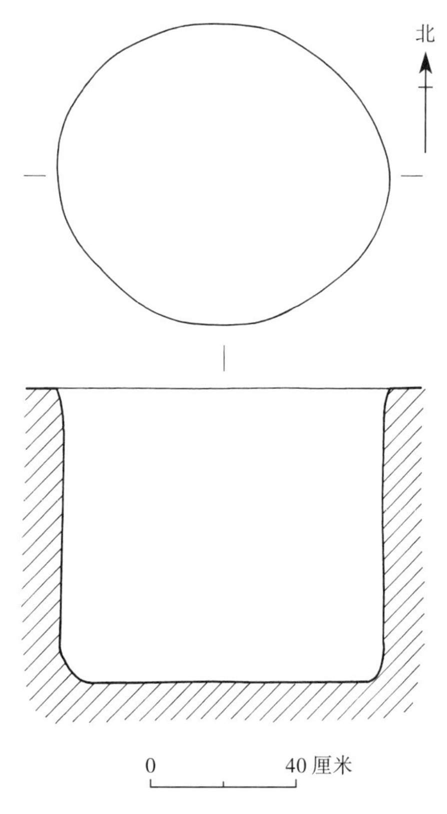

图四九九 H168 平、剖面图

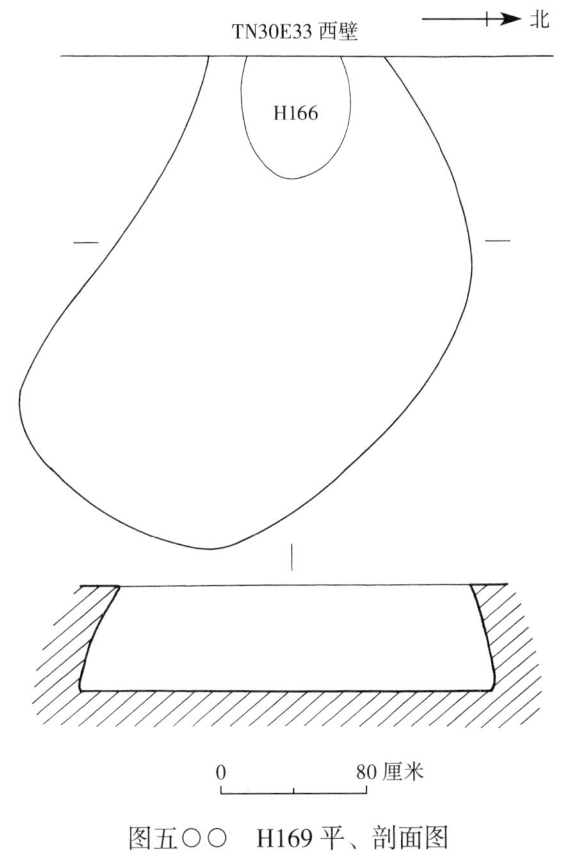

图五〇〇　H169 平、剖面图

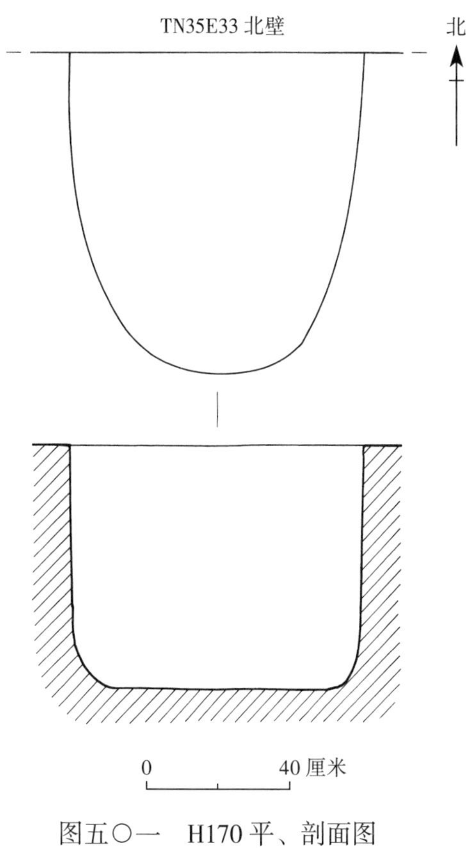

图五〇一　H170 平、剖面图

未继续清理。开口于第 3 层下，打破生土层，西北部被 H170 打破。平面呈“L”形，直壁，平底。残长 2.4、残宽 1.4、深 0.5 米。填土为黄褐色砂土，土质疏松，出土少量陶片和石器，陶器器类有无颈罐、长颈罐、钵等，石器器类有斧等（图五〇三）。

（1）陶器

无颈罐　Ac 型。

H171：5，夹砂褐陶。方唇，口微敛，窄折沿。唇部饰戳印点纹，肩部饰刻划纹。残高 2.4 厘米（图五〇二，13）。

长颈罐

A 型。

H171：2，夹砂褐陶。圆唇，侈口，窄沿外翻下垂，长颈。沿部饰戳印点纹。残高 4.9 厘米（图五〇二，2）。

B 型。

H171：1，夹砂灰陶。方唇，喇叭口，卷沿，长颈。唇部饰戳印点纹，颈部饰小方格状点线纹。口径 10.6、残高 6 厘米（图五〇二，4）。

钵　乙类 Bf 型。

H171：3，夹砂黑灰陶。圆唇，敞口，弧腹。口部外侧饰连续三角纹夹光面菱形纹，腹部饰凹弦纹夹短斜线纹。残高 4.2 厘米（图五〇二，17）。

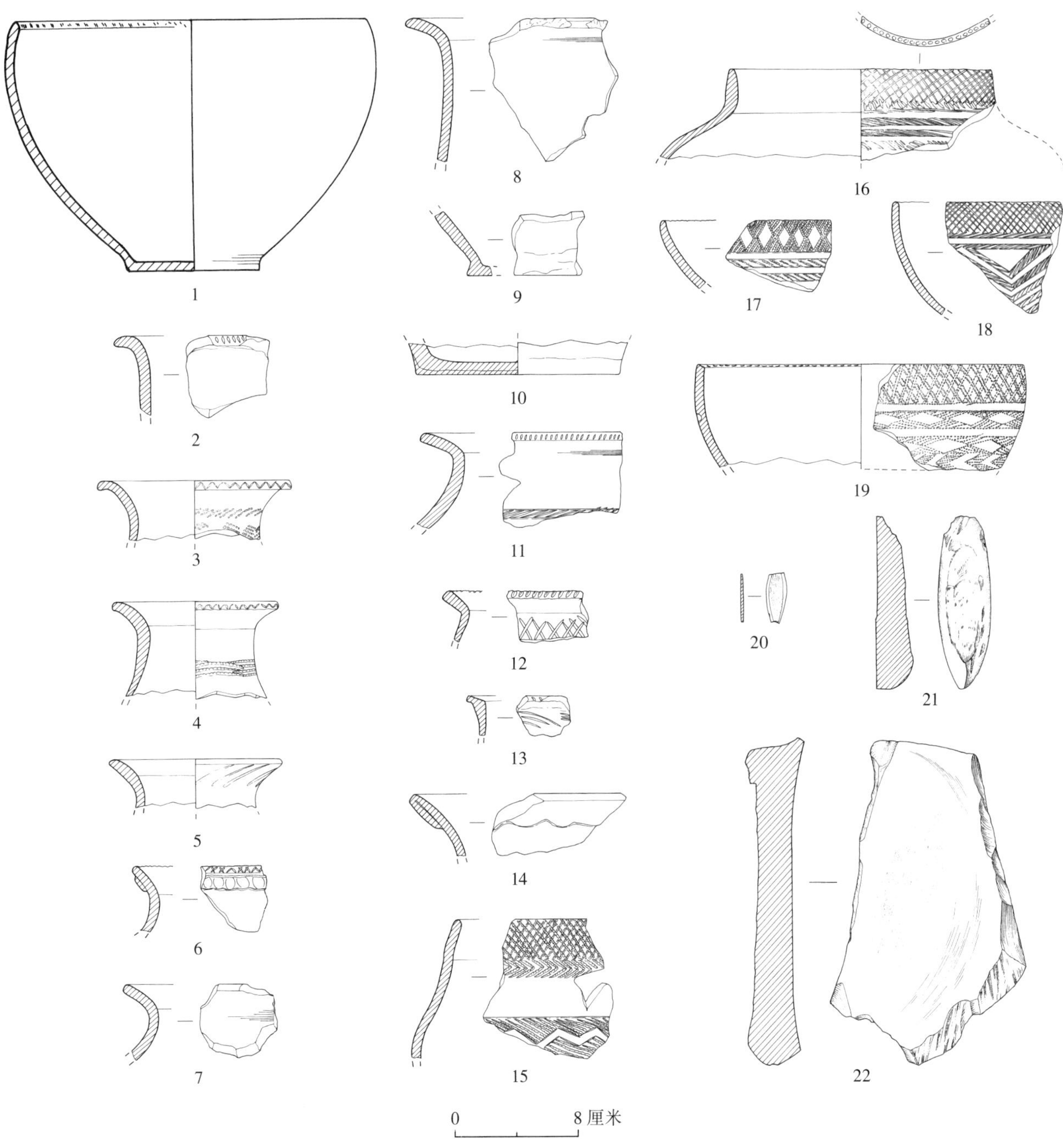

图五〇二　H170、H171、H173、H177、H178、H180、H182出土遗物

1. 乙类Ae型陶钵（H170：1）　2、3、8. A型陶长颈罐（H171：2、H180：3、H180：16）　4、5. B型陶长颈罐（H171：1、H173：3）　6. Ab型陶附加堆纹罐（H173：1）　7. Bb型陶束颈罐（H180：8）　9、10. 陶器底（H180：5、14）　11、12. Ba型陶束颈罐（H180：9、H177：2）　13. Ac型陶无颈罐（H171：5）　14. Bb型陶附加堆纹罐（H180：4）　15. C型陶敛口罐（H178：2）　16. B型陶矮领小罐（H180：10）　17. 乙类Bf型陶钵（H171：3）　18、19. 乙类Be型陶钵（H180：6、H182：1）　20. Ab型石箭镞（H177：1）　21. 石斧残件（H171：7）　22. 砺石（H180：17）

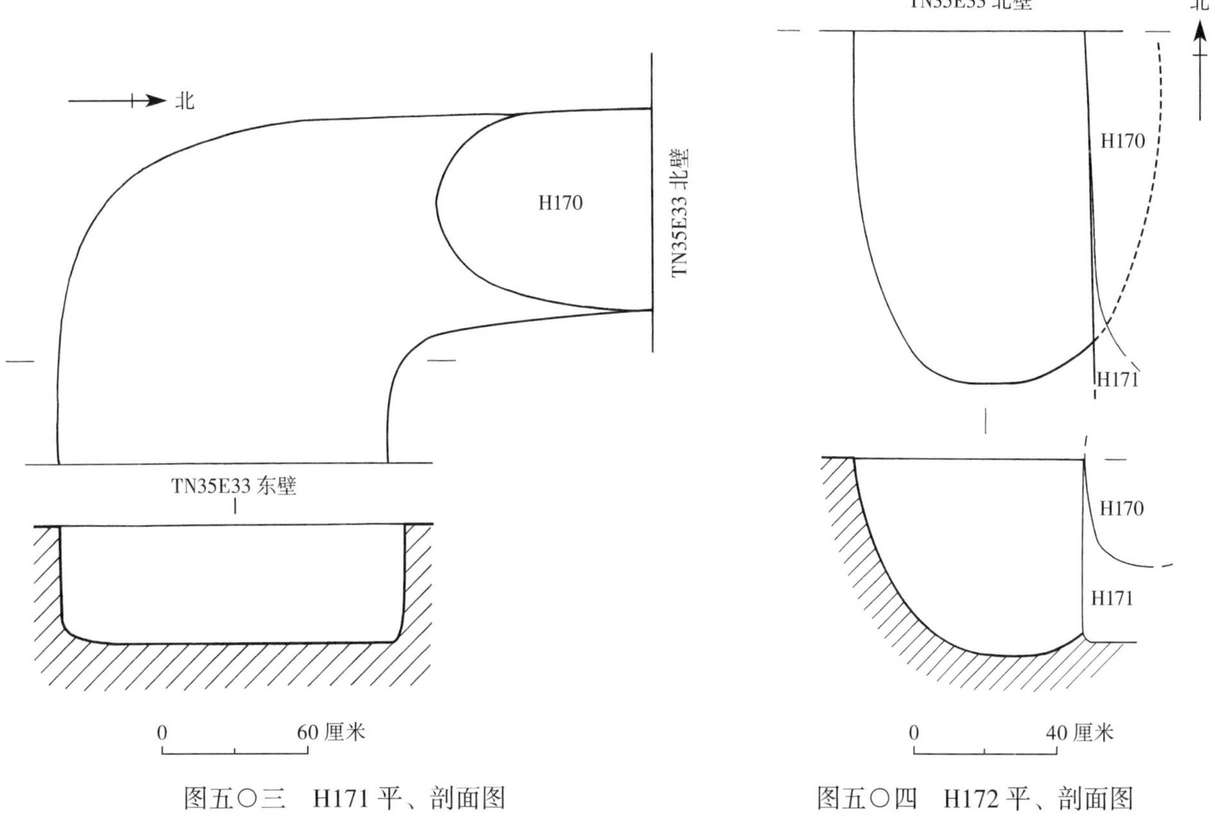

图五〇三　H171 平、剖面图

图五〇四　H172 平、剖面图

（2）石器

斧　残件。

H171∶7，青灰色。整体呈长条形。顶部残缺，正反两面磨光，侧面为破损面。弧刃。残长10.6、宽 3.3、厚约 2.3 厘米（图五〇二，21）。

19. H172

位于 TN35E33 北部，向北伸入探方北隔梁，未继续清理。开口于第 3 层下，打破生土层，东部被 H170 和 H171 打破。平面呈椭圆形，弧壁，圜底。残长 0.9、残宽 0.8、深 0.5 米。填土为黄褐色砂土，土质疏松，包含少量陶片（图五〇四）。

20. H173

位于 TN28E34 西部，向西伸出发掘区外，未继续清理。开口于第 2 层下，打破第 4 层。平面形状不规则，弧壁，平底。残长 5、残宽 1.05、深 1.28 米。填土为深褐色粗黏土，土质较疏松，夹杂少量红烧土颗粒，出土大量陶片，器类有附加堆纹罐、长颈罐等（图五〇五）。

陶器

附加堆纹罐　Ab 型。

H173∶1，夹砂灰陶，内壁磨光。方唇，侈口，卷沿，束颈。唇部饰“×”形纹，颈部饰一周褶皱状附加堆纹。残高 4 厘米（图五〇二，6）。

长颈罐　B 型。

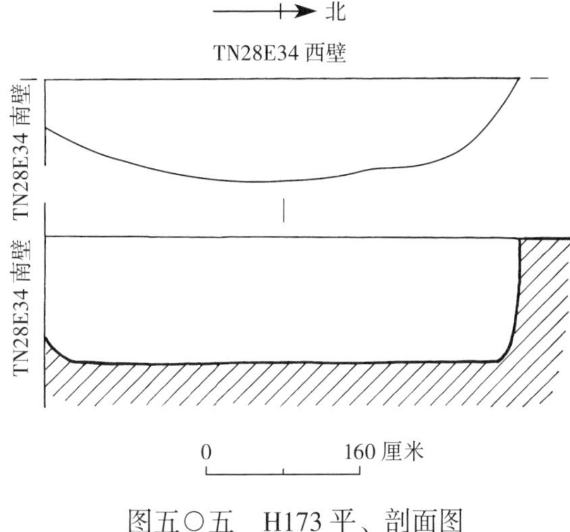

图五〇五　H173 平、剖面图

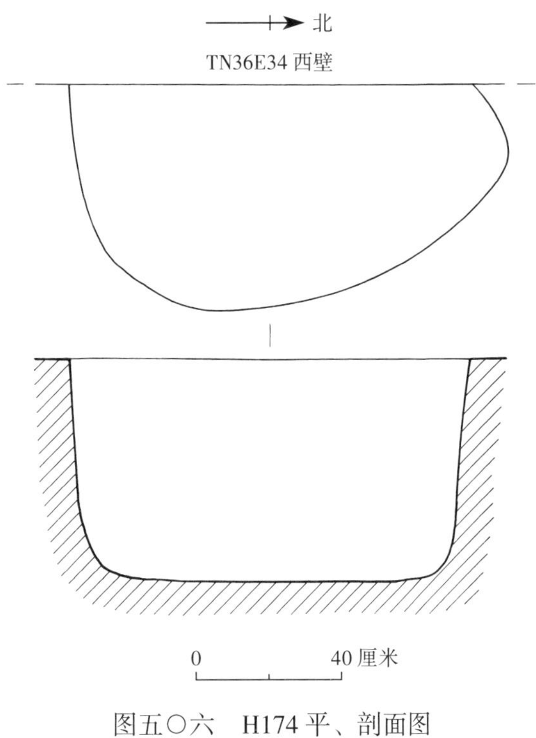

图五〇六　H174 平、剖面图

H173：3，夹砂灰胎灰黄皮陶。圆唇，喇叭口，长颈。沿外壁有划痕。口径 11、残高 3 厘米（图五〇二，5）。

21. H174

位于 TN36E34 西部，向西伸入 TN36E33 东隔梁，未继续清理。开口于第 3 层下，打破生土层。平面近椭圆形，斜壁，平底。长 1.2、残宽 0.6、深 0.6 米。填土为黄褐色砂土，土质疏松，夹杂炭屑，出土少量陶片（图五〇六）。

22. H175

位于 TN28E34 东南部。开口于第 3 层下，打破生土层，被 H156、H165 打破。平面呈半椭圆形，直壁，平底。长径 3.4、短径 3.2、深 0.52 米。填土为黑褐色粗黏土，土质较疏松，夹杂少量红烧土颗粒，出土大量陶片和石器，陶器器类有束颈罐、沿面饰纹罐、长颈罐、盘口高领罐、矮领小罐、釜形罐、带耳罐、瓮、钵等，石器器类有斧等（图五〇七；彩版一二七，3）。

（1）陶器

束颈罐　Ba 型。

H175：4，夹砂褐陶，内壁磨光。方圆唇，侈口，卷沿上仰，束颈。唇部饰戳印点纹，近肩部饰戳印粗点纹。口径 18.4、残高 5.2 厘米（图五〇八，1）。

H175：6，夹砂褐胎黑皮陶，内壁磨光。方圆唇，侈口，卷沿上仰，束颈。唇部饰戳印点纹，颈部饰戳印指甲纹。口径 12.6、残高 4.7 厘米（图五〇八，2）。

H175：15，夹砂黄褐陶。方唇，侈口，长颈。唇部饰戳印点纹，颈部饰戳印粗点纹。残高 7 厘米（图五〇八，20）。

H175：35，夹砂褐陶，局部为黑灰色。圆唇，侈口，卷沿上仰，短束颈。唇部饰戳印点纹，近肩部饰戳印纹。口径 18.8、残高 4 厘米（图五〇八，3）。

沿面饰纹罐　Aa 型。

H175：33，夹砂灰胎黄褐皮陶。圆唇，侈口，卷沿外翻近平，束颈。沿面饰成组点线纹组成的连续三角纹。残高 3.6 厘米（图五〇八，8）。

长颈罐

A 型。

H175：16，夹砂灰胎黄褐皮陶，器表磨光。方唇，侈口，宽沿外翻近平。唇部饰菱格纹，颈部饰短斜线纹。口径 19.2、残高 2 厘米（图五〇八，15）。

H175：20，夹砂黄褐陶。方唇，侈口，宽沿微上仰，长颈。唇部饰“×”形纹，颈部饰小方格状短线纹组成的窄带状纹饰和菱形纹等。口径 14、残高 8.4 厘米（图五〇八，10；彩版一二七，4）。

H175：26，夹砂黄褐陶。方唇，侈口，沿面外翻。唇部饰菱格纹，颈部饰短斜线纹。口径 16、残高 3.8 厘米（图五〇八，16）。

B 型。

H175：23，夹砂黄褐陶，器表磨光。方唇，喇叭口，长颈。唇部饰戳印点纹，颈部饰点线纹组成的窄带状纹饰、连续三角纹、光面菱形纹等。口径 13、残高 9 厘米（图五〇八，11）。

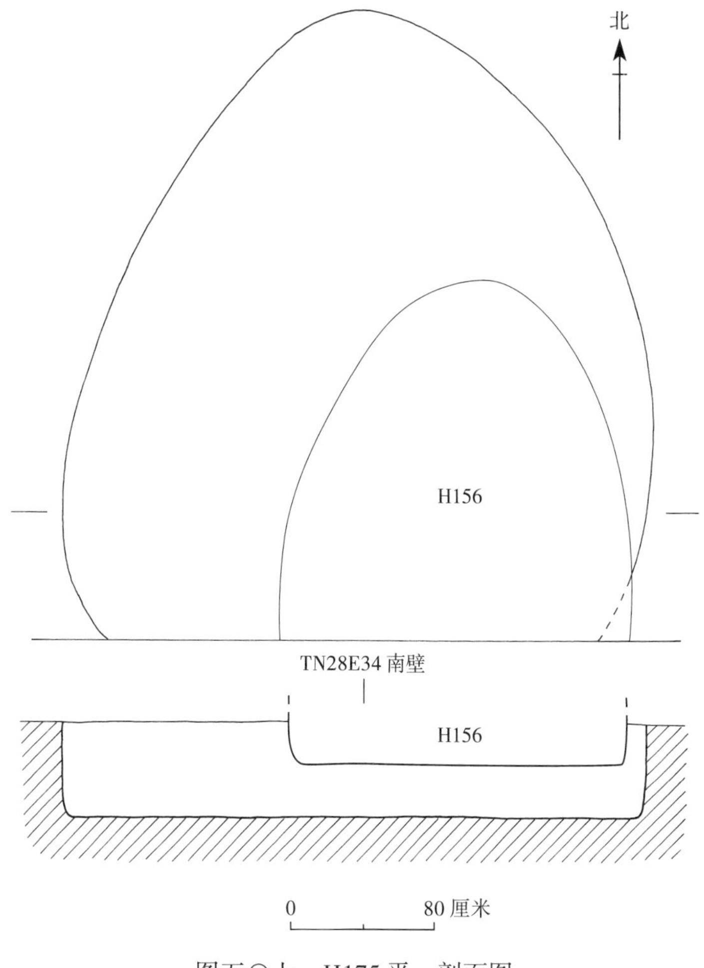

图五〇七　H175 平、剖面图

H175：40，夹砂灰胎灰黄皮陶。方唇，喇叭口。唇部饰戳印点纹，近颈部饰波浪纹。残高 3.3 厘米（图五〇八，7）。

残片。

H175：2，夹砂灰褐陶，外壁磨光。颈下部饰小方格状点线纹，并有一圆形穿孔，由外而内穿透，另有两个圆形小孔，未穿透；肩部饰四周小方格状短线纹组成的窄带状纹饰及小方格状菱格纹与光面组成的复合纹饰。残高 9.6 厘米（图五〇八，14）。

H175：12，夹砂黄褐陶。颈部饰成组小方格状点线纹组成的几何纹饰带，与光面形成复合纹饰。残高 12.8 厘米（图五〇八，19）。

H175：21，夹砂灰陶。颈部上细下粗。颈部饰成组短线纹组成的菱形纹和窄带状纹饰，与光面形成复合纹饰。残高 14.8 厘米（图五〇八，9）。

盘口高领罐

Ab 型。

H175：5，夹砂灰褐陶，内壁黄褐色。圆唇，盘口，宽沿。唇部饰戳印点纹，沿外壁饰小方格状点线纹组成的折线纹。口径 18.4、残高 4.1 厘米（图五〇八，18）。

H175：14，夹砂黄褐陶，内壁磨光。圆唇，盘口，宽沿，高领。唇部饰戳印点纹，沿外壁饰小方格状点线纹组成的折线纹及与光面组成的复合纹饰等。口径 22、残高 6.2 厘米（图五〇八，17）。

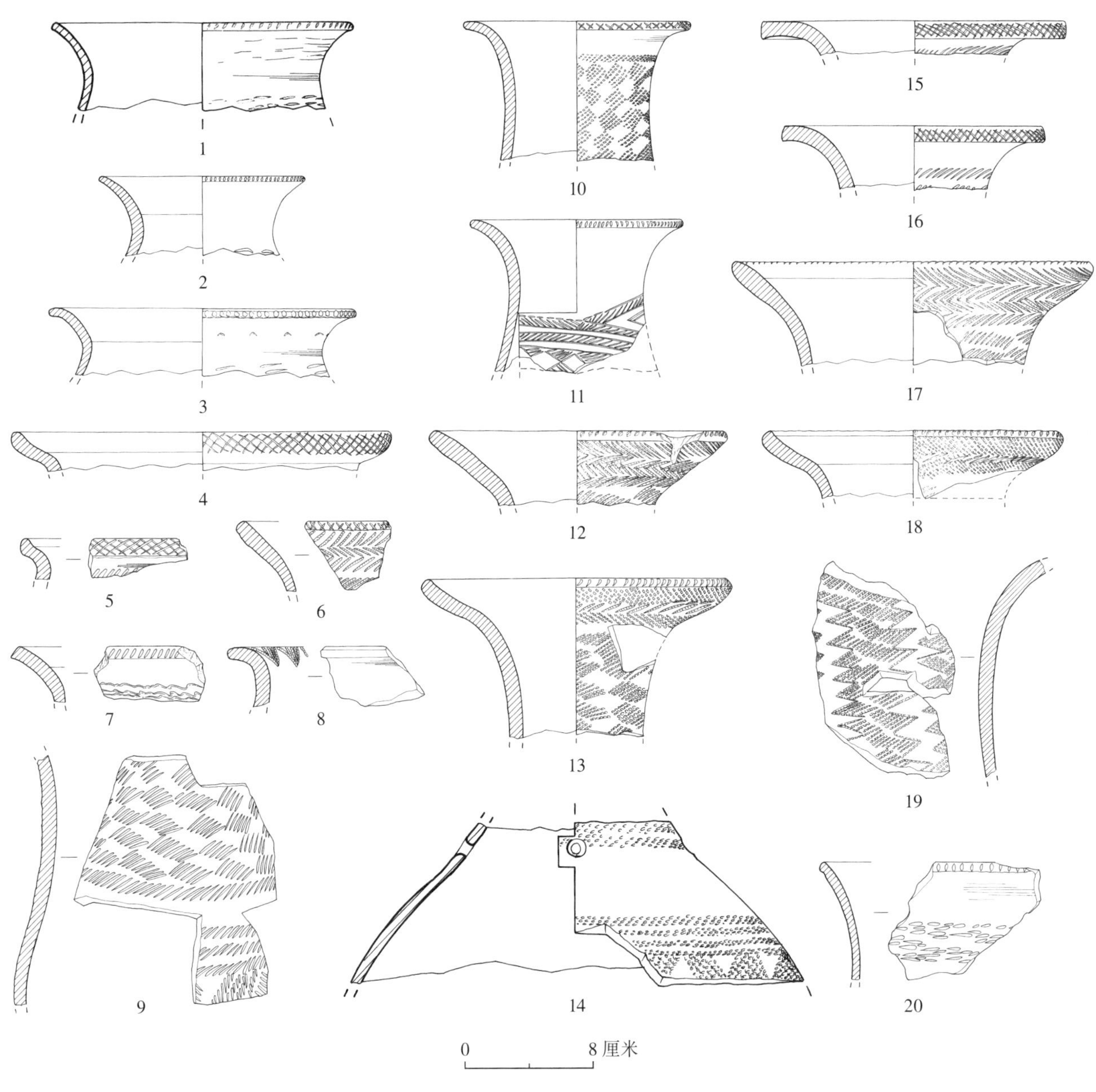

图五〇八　H175 出土陶器

1~3、20. Ba 型束颈罐（H175：4、6、35、15）　4、5. B 型盘口高领罐（H175：31、32）　6、12、17、18. Ab 型盘口高领罐（H175：30、28、14、5）　7、11. B 型长颈罐（H175：40、23）　8. Aa 型沿面饰纹罐（H175：33）　9、14、19. 长颈罐残片（H175：21、2、12）　10、15、16. A 型长颈罐（H175：20、16、26）　13. Ac 型盘口高领罐（H175：18）

H175：28，夹砂黑灰胎黄褐皮陶。圆唇，盘口，宽沿。唇部饰戳印点纹，沿外壁饰小方格状点线纹组成的折线纹及与光面组成的复合纹饰等。口径 18.2、残高 3.9 厘米（图五〇八，12）。

H175：30，夹砂灰陶。圆唇，盘口，宽沿。唇部饰“×”形纹，沿外壁饰小方格状点线纹组成的折线纹等。残高 4.2 厘米（图五〇八，6）。

Ac 型。

H175：18，夹砂黄褐陶。方唇，盘口，宽沿，高领。唇部饰戳印点纹，沿外壁饰小方格状点线纹组成的折线纹，颈部饰成组小方格状点线纹组成的菱形纹与光面菱形纹交错分布形成的复合纹饰。

口径 19.2、残高 9.6 厘米（图五〇八，13）。

B 型。

H175：31，夹砂黄褐陶，局部为灰色。圆唇，盘口，窄卷沿。沿外壁饰刻划菱格纹。口径 23.4、残高 2.3 厘米（图五〇八，4）。

H175：32，夹砂灰陶。圆唇，盘口，沿面内凹外凸，窄卷沿。沿外壁饰刻划菱格纹，颈部饰短线纹。残高 2.4 厘米（图五〇八，5）。

矮领小罐

B 型。

H175：29，夹砂灰白胎灰黑皮陶，内壁磨光。圆唇，直口，矮领，窄溜肩。领部饰小方格状点线纹和一周点线状凹弦纹，肩部饰两周点线状凹弦纹，中间饰以连续三角纹夹光面折线纹。残高 4.9 厘米（图五〇九，1）。

H175：37，夹砂黑灰陶，器表磨光。圆唇，直口，矮领，溜肩。领部饰小方格状点线纹和一周点线状凹弦纹，肩部饰小方格状点线纹。口径 17.8、残高 4.5 厘米（图五〇九，3）。

H175：38，夹砂黑灰陶，器表磨光。圆唇，直口，矮领，窄溜肩。领部饰小方格状点线纹和一周点线状凹弦纹，肩部饰点线状凹弦纹、连续三角纹夹光面折线纹等。残高 6.5 厘米（图五〇九，2）。

C型。

H175：41，夹砂褐陶。尖圆唇，敞口，矮领，溜肩。领部饰小方格状点线纹。残高 4.9 厘米（图五〇九，4）。

釜形罐

H175：8，夹砂灰胎黑皮陶，内壁褐色。圆唇，盘口，卷沿，沿部外凸内凹，溜肩。口径明显大于腹径。唇部饰戳印点纹，沿外壁饰小方格状点线纹组成的折线纹，颈肩交界处磨光，肩部饰连续三角纹夹光面折线纹、小方格状点线纹与光面组成的复合纹饰等。口径 24、残高 9.2 厘米（图五〇九，9）。

H175：36，夹砂灰白胎黑灰皮陶。圆唇，盘口，卷沿，沿部外凸内凹。沿外壁饰小方格状点线纹组成的折线纹。残高 4.5 厘米（图五〇九，8）。

H175：42，夹砂灰白胎黑灰皮陶。圆唇，盘口，卷沿。沿外壁饰小方格状点线纹组成的折线纹。残高 6.3 厘米（图五〇九，7）。

带耳罐　A 型。

H175：9，夹砂褐陶。方唇，侈口，卷沿，短束颈，溜肩，沿面至肩部附半环形竖耳。唇部饰戳印点纹，颈部饰刻划网格纹。残高 7.9 厘米（图五〇九，13）。

瓮

H175：1，夹砂黑灰陶。口部残，溜肩，蛋形深腹，下腹急收为小平底。肩部饰短线纹与光面形成的复合纹饰。底径 12.6、残高 44 厘米（图五〇九，14；彩版一二七，6）。

钵　乙类 Aa 型。

H175：13，夹砂黑灰陶，器表磨光。方唇，敞口，斜弧腹。素面。口径 27.2、残高 5 厘米（图五〇九，5）。

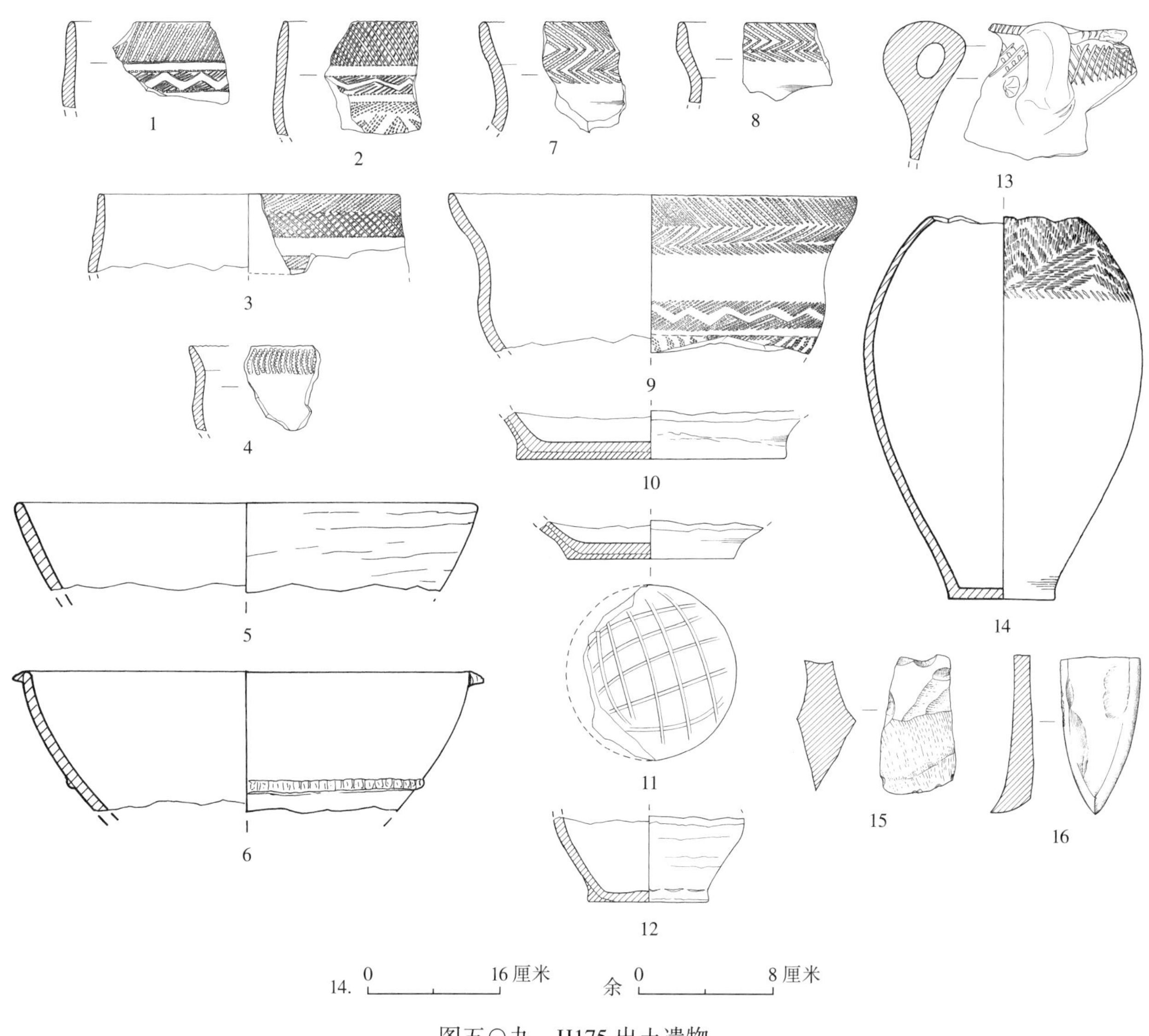

图五〇九　H175出土遗物

1~3. B型陶矮领小罐（H175：29、38、37）　4. C型陶矮领小罐（H175：41）　5、6. 乙类Aa型陶钵（H175：13、17）　7~9. 陶釜形罐（H175：42、36、8）　10~12. 陶器底（H175：19、22、3）　13. A型陶带耳罐（H175：9）　14. 陶瓮（H175：1）　15. B型石斧（H175：43）　16. 石斧残件（H175：24）

H175：17，夹砂黑灰陶，器表磨光。方唇，敞口，斜弧腹。口外侧有一鋬，边缘饰戳印点纹。腹部饰一周褶皱状窄泥条附加堆纹。口径26.8、残高8.2厘米（图五〇九，6）。

器底

H175：3，夹砂灰褐陶。下腹斜弧，平底。素面。腹部、底部可见二次粘接痕迹。底径7.2、残高4.9厘米（图五〇九，12）。

H175：19，夹砂黄褐陶，外壁磨光。平底。素面。腹部、底部可见二次粘接痕迹。底径15.8、残高2.8厘米（图五〇九，10）。

H175：22，夹砂灰胎黑皮陶，器表磨光。平底。底部饰网格纹。底部可见二次粘接痕迹。底径10、残高2.2厘米（图五〇九，11）。

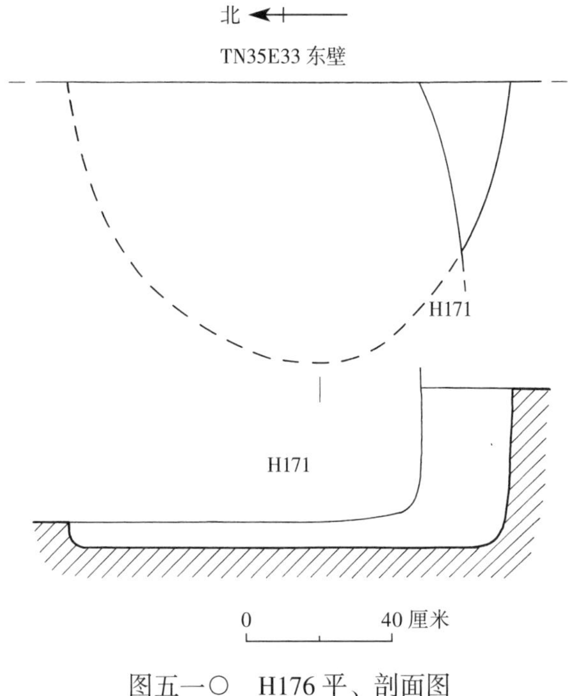

图五一〇　H176 平、剖面图

（2）石器

斧

B 型。

H175：43，乳白色。平面近长方形，截面呈长方形。右侧有较明显的切割痕迹，且有切割导致的凹槽。弧刃，刃面较斜直，刃缘分布有较杂乱的磨痕及细小的茬口。长 8、宽 4.6、厚约 3.4 厘米（图五〇九，15；彩版一二七，5）。

残件。

H175：24，黑色。顶部残。正反两面磨光较好，一侧面为破损面，另一侧面有片疤、磨制较差。弧刃。残长 9、宽 4.7、厚约 2.5 厘米（图五〇九，16）。

23. H176

位于 TN35E33 东部，向东伸入探方东隔梁，未继续清理。开口于第 3 层下，打破生土层，北部被 H171 打破。平面呈半圆形，近直壁，平底。长 1.2、残宽 0.75、深 0.42 米。填土为灰褐色砂土，土质疏松，夹杂炭屑，出土少量陶片（图五一〇）。

24. H177

位于 TN32E32 中部。开口于第 4 层下，打破生土层。平面呈椭圆形，直壁，底部凹凸不平，西高东低。长径 0.9、短径 0.8、深 0.5~0.6 米。填土为灰褐色砂土，土质疏松，夹杂炭屑，出土少量陶片和石器，陶器器类有束颈罐等，石器器类有箭镞等（图五一一；彩版一二八，1）。

（1）陶器

束颈罐　Ba 型。

H177：2，夹砂灰陶。方唇，侈口，卷沿，溜肩。唇部饰戳印点纹，肩部饰刻划网格纹。残高 3.2 厘米（图五〇二，12）。

（2）石器

箭镞　Ab 型。

H177：1，褐色。柳叶形。锋部残缺，双面刃。凹底稍窄。器表分布有密集的斜向磨痕，方向较杂乱，磨光较差。残长 3.1、宽 1.3、厚约 0.1 厘米（图五〇二，20）。

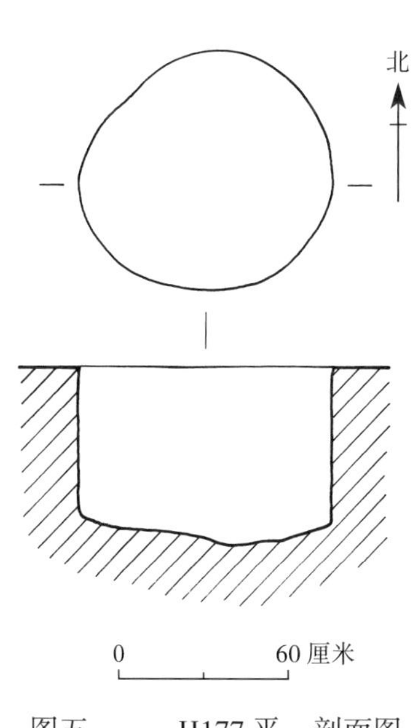

图五一一　H177 平、剖面图

25. H178

位于 TN35E34 北部，向北伸入探方北隔梁，未继续清理。开口于第 3 层下，打破生土层。平面呈半圆形，弧壁，圜底。残长 0.65、宽 0.6、深 0.6 米。填土为灰褐色砂土，土质疏松，夹杂炭屑，出土少量陶片和动物骨骼等，陶器器类有敛口罐等（图五一二）。

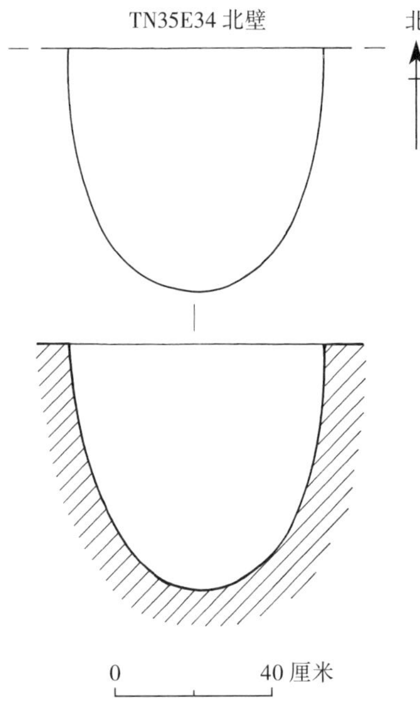

图五一二 H178 平、剖面图

陶器

敛口罐 C 型。

H178：2，夹砂灰褐陶，器表磨光。圆唇，敛口，高领，窄溜肩。领部饰菱形纹和折线纹，肩部饰连续三角纹夹光面折线纹。残高 8.5 厘米（图五〇二，15）。

26. H179

位于 TN36E31 西北部，向北伸入探方北隔梁，向西伸出发掘区外，未继续清理。开口于第 4 层下，打破生土层。平面近三角形，近直壁，平底。残长 1.8、残宽 1.1、深 0.15 米。填土为灰黑色砂土，土质疏松，出土较多陶片（图五一三；彩版一二八，2）。

27. H180

位于 TN36E33 东南部，向东伸入探方东隔梁，向南伸入 TN35E33 北隔梁，未继续清理。开口于第 3 层下，打破生土层。平面形状不规则，近直壁，平底。残长 3.1、残宽 1.76、深 0.72 米。填土为灰褐色砂土，土质疏松，夹杂少量炭屑，出土少量陶片和石器，陶器器类有束颈罐、附加堆纹罐、长颈罐、矮领小罐、钵等，石器器类有砺石等（图五一四）。

（1）陶器

束颈罐

Ba 型。

H180：9，夹砂黄褐陶，器表磨光。方唇，侈口，卷沿，短束颈。唇部饰戳印点纹，肩部饰短斜线纹。残高 5.8 厘米（图五〇二，11）。

Bb 型。

H180：8，夹砂黄褐陶，器表磨光。方唇，侈口，卷沿，短束颈。素面。残高 4.6 厘米（图五〇二，7）。

附加堆纹罐 Bb 型。

H180：4，夹砂灰陶。方唇，敞口。唇外侧饰一周平滑的附加堆纹，与口部贴合形成箭头状唇。残高 3.8 厘米（图五〇二，14）。

长颈罐 A 型。

H180：3，夹砂灰黄陶。方唇，侈口，

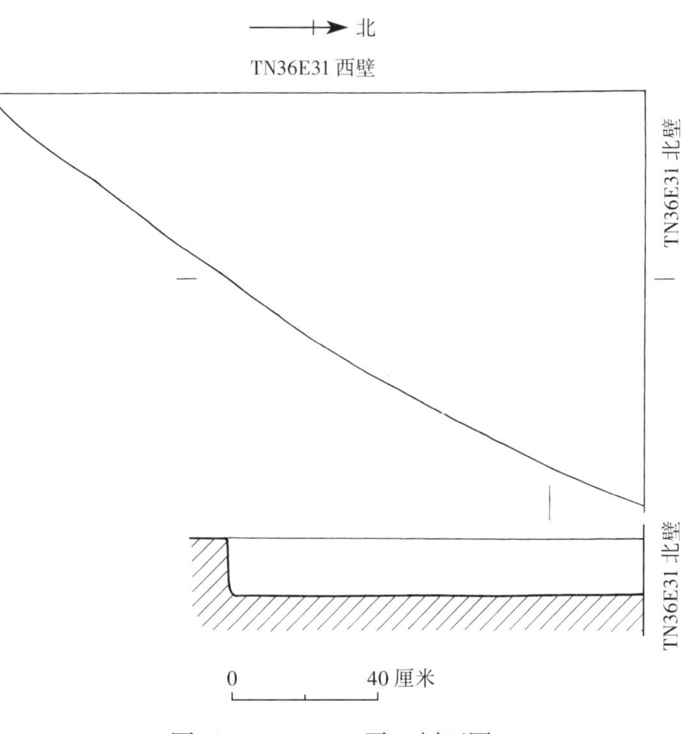

图五一三 H179 平、剖面图

窄卷沿外翻近平，长颈。唇部饰戳印“×”形纹，颈部饰小方格状点线纹。口径12.4、残高3.6厘米（图五〇二，3）。

H180：16，夹砂灰胎黄褐皮陶。圆唇，侈口，卷沿上仰，长颈。素面。残高8.8厘米（图五〇二，8）。

矮领小罐　B型。

H180：10，夹砂黄褐陶。方唇，直口，矮领，圆肩。唇部饰戳印点纹，领部饰菱格纹和短斜线纹，肩部饰短斜线纹组成的窄带状纹饰、短斜线纹与光面组成的复合纹饰等。口径16.8、残高5.5厘米（图五〇二，16）。

钵　乙类Be型。

H180：6，夹砂灰陶。方唇，直口，弧腹。唇部饰戳印点纹，口外侧饰刻划菱格纹、短斜线纹和凹弦纹，腹部饰短斜线纹与光面组成的复合纹饰。残高6.9厘米（图五〇二，18）。

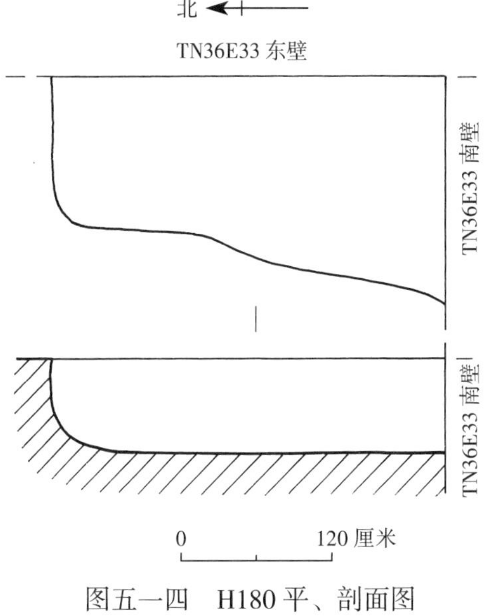

图五一四　H180平、剖面图

器底

H180：5，夹砂黄褐陶。平底。素面。残高4厘米（图五〇二，9）。

H180：14，夹砂黄褐陶。平底。素面。底部可见二次粘接痕迹，形成内外两层。底径13、残高2厘米（图五〇二，10）。

（2）石器

砺石

H180：17，褐色。一面磨光并有使用留下的凹槽，其余面均为破损面、未磨光。长20、宽12.5、厚2.1~3厘米（图五〇二，22）。

28. H181

位于TN35E34西北部，向西伸入TN35E33东隔梁，未继续清理。开口于第3层下，打破生土层。平面呈半圆形，弧壁，圜底。长0.72、宽0.45、深0.43米。填土为灰褐色砂土，土质疏松，夹杂炭屑，出土少量陶片（图五一五）。

29. H182

位于TN33E32中部偏北。开口于第4层下，打破第6层，西南部被D25和D26打破。平面近椭圆形，弧壁，圜底。长径1.15、短径1、深0.2米。填土为黄褐色砂土，土质疏松，出土陶片、石器和动物骨骼等，陶器器类有钵等（图五一六；彩版一二八，3）。

陶器

钵　乙类Be型。

H182：1，夹砂灰陶，内壁磨光。方唇，直口，弧腹。唇部饰戳印点纹，口外侧饰点线纹组成的菱格纹和一周点线状凹弦纹，腹部饰连续三角纹夹光面菱形纹、点线纹组成的“<”形纹间以光面“<”形纹等。口径20.6、残高6.4厘米（图五〇二，19）。

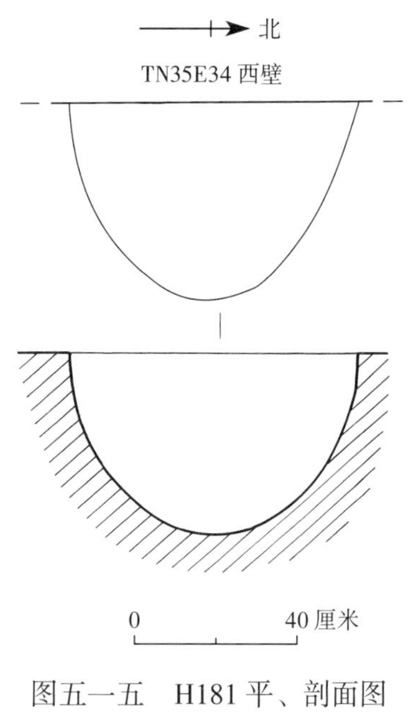

图五一五　H181 平、剖面图

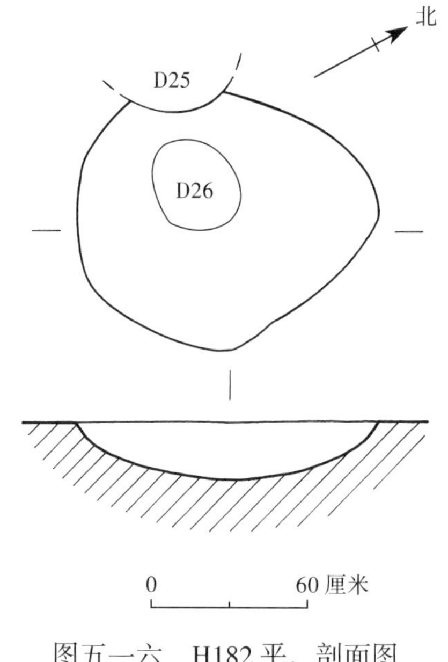

图五一六　H182 平、剖面图

30. H183

位于 TN27E35 东北角，向北、东分别伸入探方北、东隔梁，未继续清理。开口于第 3 层下，打破第 4 层。平面近半椭圆形，弧壁，平底。残长 3.98、残宽 2.34、深 0.48 米。填土为灰褐色黏土，土质较疏松，夹杂红烧土和炭屑，出土少量陶片，器类有束颈罐、无颈罐、沿面饰纹罐、矮领小罐、杯等（图五一七；彩版一二八，4）。

陶器

束颈罐

Aa 型。

H183：8，夹砂黑灰陶。圆唇，侈口，窄卷沿外翻下垂，长颈。唇部和颈部饰戳印粗点纹。口径 16、残高 3.7 厘米（图五一九，1）。

Ba 型。

H183：7，夹砂褐陶，内壁黑色。方唇，侈口，卷沿，长颈，溜肩。唇部饰戳印点纹，颈部饰戳印粗点纹，肩部饰乳丁纹。残高 6.6 厘米（图五一九，2）。

H183：9，夹砂灰褐陶，内壁黑色。圆唇，侈口，卷沿，短束颈。唇部和颈部饰戳印粗点纹。口径 12、残高 3.2 厘米（图五一九，3）。

H183：12，夹砂灰褐陶。方圆唇，侈口，卷沿，短束颈，溜肩，鼓腹。唇部饰戳印点纹，肩部饰

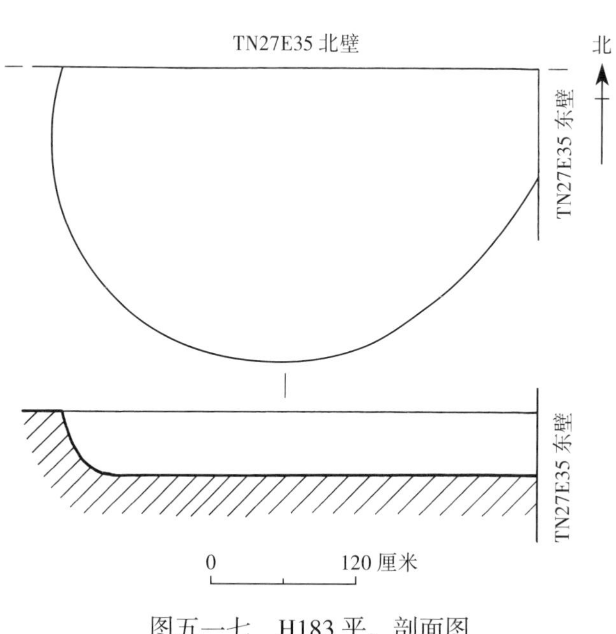

图五一七　H183 平、剖面图

戳印粗点纹，腹部饰扁乳丁状短泥条附加堆纹。残高 15.5 厘米（图五一九，7）。

H183：13，夹砂灰褐陶。方唇，侈口，卷沿，束颈，溜肩，鼓腹，平底。唇部饰戳印点纹，肩部饰戳印粗点纹和扁乳丁状短泥条附加堆纹，下腹部有多组刮划痕。口径 32、底径 12.6、高 36.8 厘米（图五一九，4）。

无颈罐　Ab 型。

H183：5，夹砂褐胎黑皮陶。圆唇，盘口，窄折沿。唇部饰戳印点纹，肩部饰戳印粗点纹。口径 15.4、残高 3.3 厘米（图五一九，18）。

沿面饰纹罐　Ab 型。

H183：10，夹砂黑灰陶，器表磨光。圆唇，侈口，卷沿上仰，长颈。沿面饰点线纹组成的连续三角纹。残高 5.5 厘米（图五一九，14）。

矮领小罐　A 型。

H183：4，夹砂灰胎黑皮陶，器表磨光。圆唇，敛口，矮领，溜肩。唇部饰戳印点纹，领部饰点线纹组成的菱格纹、凹弦纹和短斜线纹，肩部饰点线状凹弦纹和竖向线纹与光面组成的复合纹饰。残高 7.5 厘米（图五一九，16）。

杯

H183：2，夹砂灰黄陶。圆唇，敛口，溜肩。肩部有錾，残。素面。残高 2.5 厘米（图五一九，20）。

31. H184

位于 TN32E32 东部，向东伸入探方东隔梁，未继续清理。开口于第 4 层下，打破生土层，西部被 H177 打破。平面形状不规则，直壁，平底。长 2.3、宽 1.53、深 0.22 米。填土为浅灰色砂土，土质疏松，出土陶片和石器，陶器器类有束颈罐、附加堆纹罐、长颈罐、钵等(图五一八；彩版一二九，1)。

陶器

束颈罐　Ba 型。

H184：2，夹砂灰胎黑灰皮陶。圆唇，侈口，卷沿，短束颈。唇部饰戳印点纹。残高 3.5 厘米（图五一九，5）。

附加堆纹罐　Ab 型。

H184：5，夹砂灰胎黑灰皮陶。方唇，侈口，卷沿，束颈。唇部饰戳印点纹，颈部饰一周褶皱状附加堆纹。残高 4.1 厘米（图五一九，10）。

H184：6，夹砂灰胎褐皮陶。圆唇，

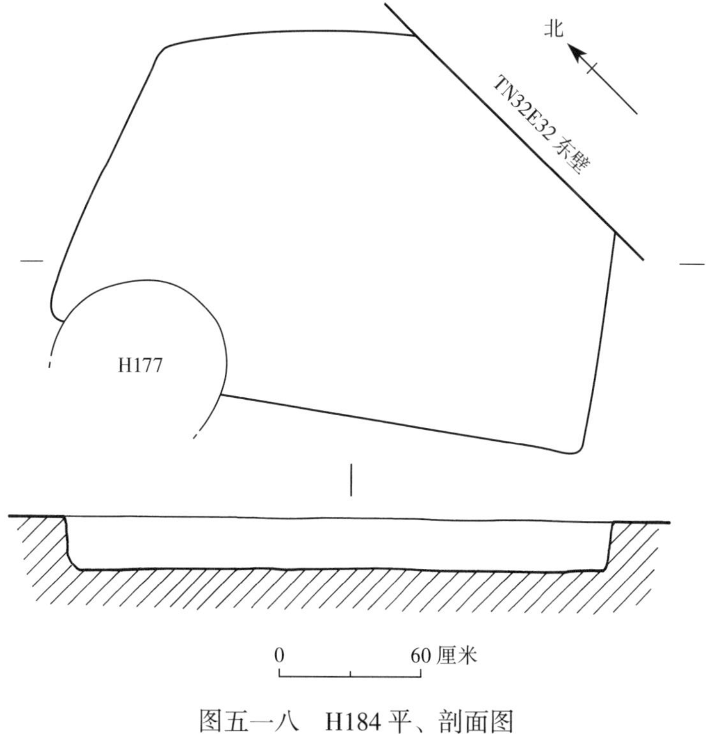

图五一八　H184 平、剖面图

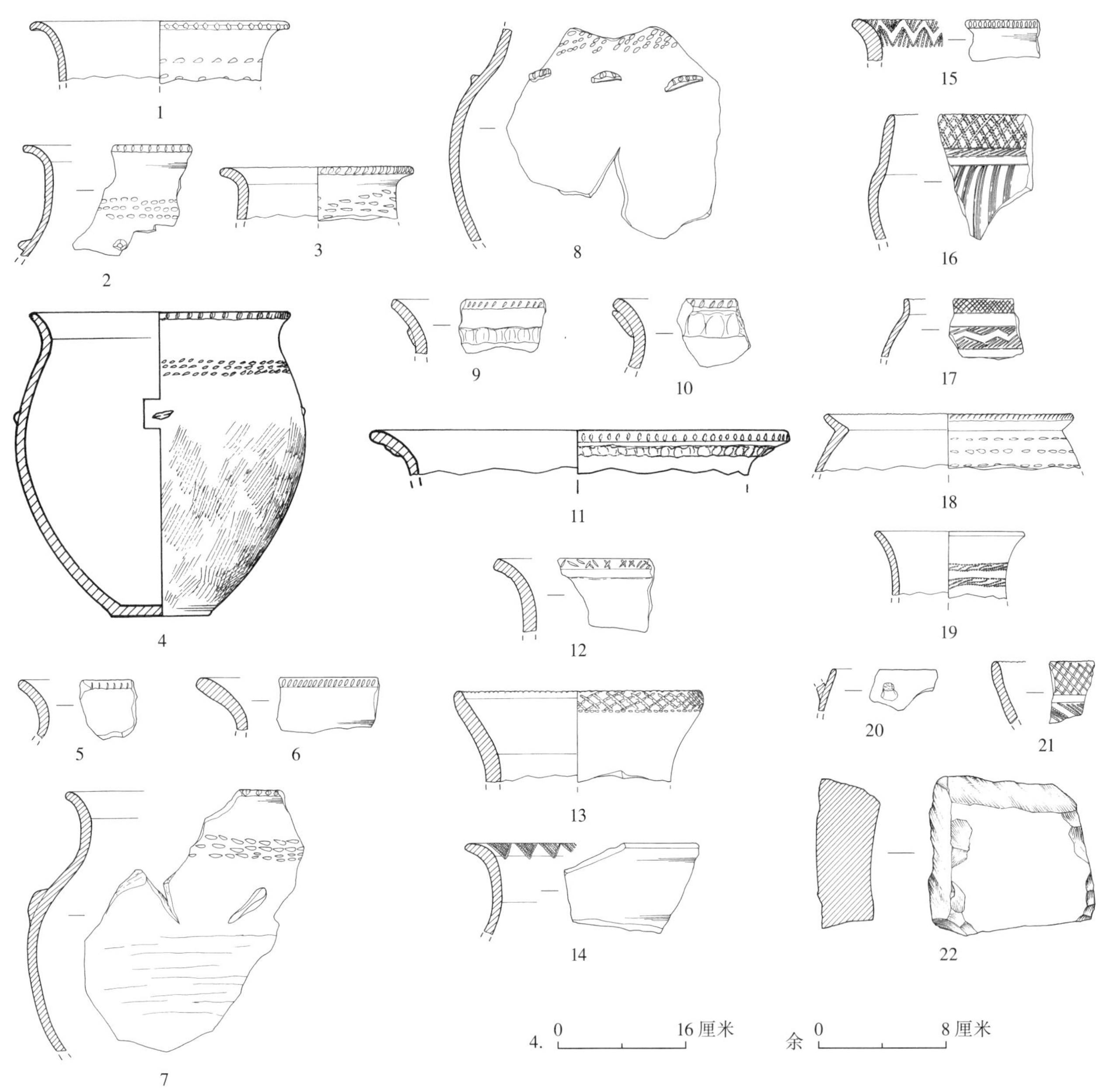

图五一九　H183、H184、H186出土遗物

1. Aa型陶束颈罐（H183：8）　2~7. Ba型陶束颈罐（H183：7、H183：9、H183：13、H184：2、H186：6、H183：12）　8. 陶束颈罐残片（H186：1）　9~11. Ab型陶附加堆纹罐（H186：2、H184：5、H184：6）　12. B型陶长颈罐（H184：1）　13. C型陶长颈罐（H184：7）　14、15. Ab型陶沿面饰纹罐（H183：10、H186：4）　16. A型陶矮领小罐（H183：4）　17. B型陶矮领小罐（H186：3）　18. Ab型陶尢颈罐（H183：5）　19. 甲类Bd型陶壶（H186：5）　20. 陶杯（H183：2）　21. 乙类Bf型陶钵（H184：3）　22. 砺石（H186：10）

侈口，卷沿。唇部饰戳印点纹，颈部饰一周褶皱状附加堆纹。口径26、残高2.6厘米（图五一九，11）。

长颈罐

B型。

H184：1，夹砂黄褐陶。方唇，喇叭口，长颈。唇部饰“×”形纹。残高4.4厘米（图五一九，

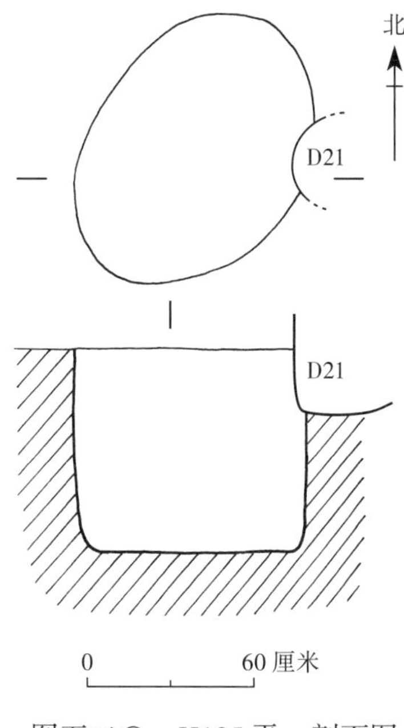

图五二〇　H185 平、剖面图

12）。

C 型。

H184：7，夹砂灰胎黄褐皮陶。圆唇，盘口，宽沿。唇部饰戳印粗点纹，口外侧饰小方格状点线纹组成的菱格纹和弦纹。口径 15.4、残高 5.5 厘米（图五一九，13）。

钵　乙类 Bf 型。

H184：3，夹砂灰陶。圆唇，敞口，弧腹。口外侧饰菱格纹、凹弦纹、点线纹等。残高 3.8 厘米（图五一九，21）。

32. H185

位于 TN33E33 东南角。开口于第 4 层下，打破第 6 层，被 D20、D21 打破。平面呈椭圆形，直壁，平底。直径 0.75~1.05、深 0.72 米。填土为灰褐色黏土，土质疏松，出土陶片和石器（图五二〇）。

33. H186

位于 TN32E33 西南角，向西伸入 TN32E32 东隔梁，向南伸入 TN31E33 北隔梁，未继续清理。开口于第 3 层下，打破生土层，被 D10 打破。平面近三角形，直壁，平底。长径 2、短径 1.6、深 0.4 米。填土为红褐色砂土，土质疏松，出土陶片、石器和动物骨骼，陶器器类有束颈罐、附加堆纹罐、沿面饰纹罐、矮领小罐、壶等，石器器类有砺石等（图五二一；彩版一二九，2）。

（1）陶器

束颈罐

Ba 型。

H186：6，夹砂灰白胎黑灰皮陶。方唇，侈口，卷沿。唇部饰戳印点纹。残高 3.1 厘米（图五一九，6）。

残片。

H186：1，夹砂灰褐陶，内壁黑色。口部残，残存肩部和腹部，溜肩。肩上部饰戳印粗点纹和短泥条附加堆纹。残高 12.7 厘米（图五一九，8）。

附加堆纹罐　Ab 型。

H186：2，夹砂灰白胎灰褐皮陶，内壁黑灰色。方唇，侈口，卷沿。唇部饰戳印点纹，颈部饰一周褶皱状附加堆纹。残高 3.3 厘米（图五一九，9）。

沿面饰纹罐　Ab 型。

H186：4，夹砂黑灰陶。方唇，侈口，卷沿上仰。唇部饰戳印点纹，沿面饰连续三角纹夹光面折线纹。残高 2.4 厘米（图五一九，15）。

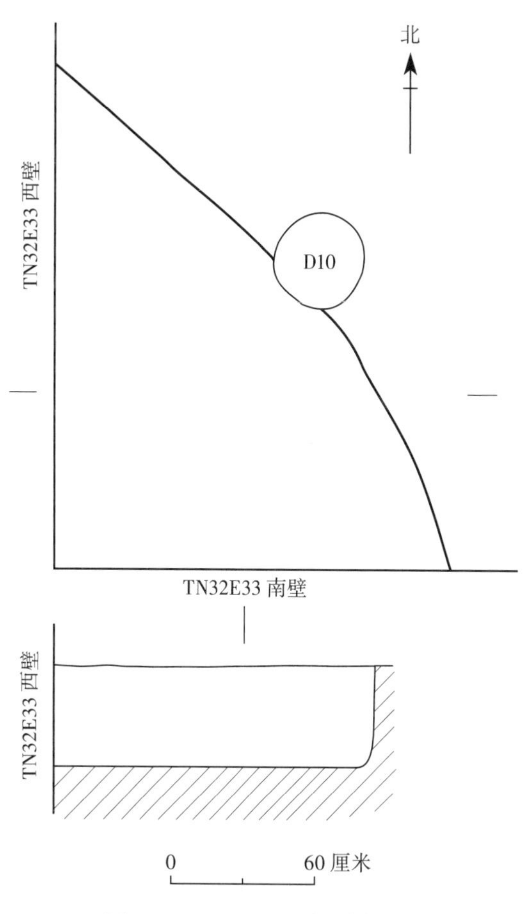

图五二一　H186 平、剖面图

矮领小罐　B 型。

H186：3，夹砂黑灰陶。圆唇，直口，矮领，鼓肩。领部饰刻划菱格纹，肩部饰凹弦纹、连续三角纹夹光面折线纹。残高 3.5 厘米（图五一九，17）。

壶　甲类 Bd 型。

H186：5，夹砂黑灰陶。方唇，侈口，长颈。领上部饰点线纹组成的窄带状纹饰。口径 9.2、残高 4 厘米（图五一九，19）。

（2）石器

砺石

H186：10，褐色。一面磨光并有使用留下的凹槽，其余面均为破损面、未磨光。长 10.3、宽 9.2、厚约 3.8 厘米（图五一九，22）。

34. H187

位于 TN32E32 东南角，向东伸入探方东隔梁，未继续清理。开口于第 4 层下，打破生土层，被 D1 和 H184 打破。平面近圆形，近直壁，平底。坑口长径 1.05、短径 0.9、坑底直径 1、深 0.54~0.58 米。填土为灰褐色黏土，土质疏松，出土陶片和石器，陶器器类有无颈罐、附加堆纹罐、矮领小罐等（图五二二；彩版一二九，3）。

陶器

无颈罐　Ad 型。

H187：2，夹砂褐陶。圆唇，侈口，折沿。唇部饰戳印点纹。残高 3.2 厘米（图五二三，1）。

附加堆纹罐

Aa 型。

H187：3，夹砂灰陶。圆唇，侈口。唇部饰戳印点纹，颈部饰一周平滑的附加堆纹。残高 2.5 厘米（图五二三，3）。

Ab 型。

H187：4，夹砂黄褐陶。方唇，侈口。唇部饰戳印点纹，颈部饰一周褶皱状附加堆纹。残高 2.5 厘米（图五二三，8）。

矮领小罐　C 型。

H187：1，夹砂黄褐陶。圆唇，敞口，矮领，窄溜肩。领部饰刻划菱格纹。残高 4.8 厘米（图五二三，14）。

35. H188

位于 TN31E33 中部偏西北。开口于第 4 层下，打破第 6 层。平面呈椭圆形，直壁，平底。长径

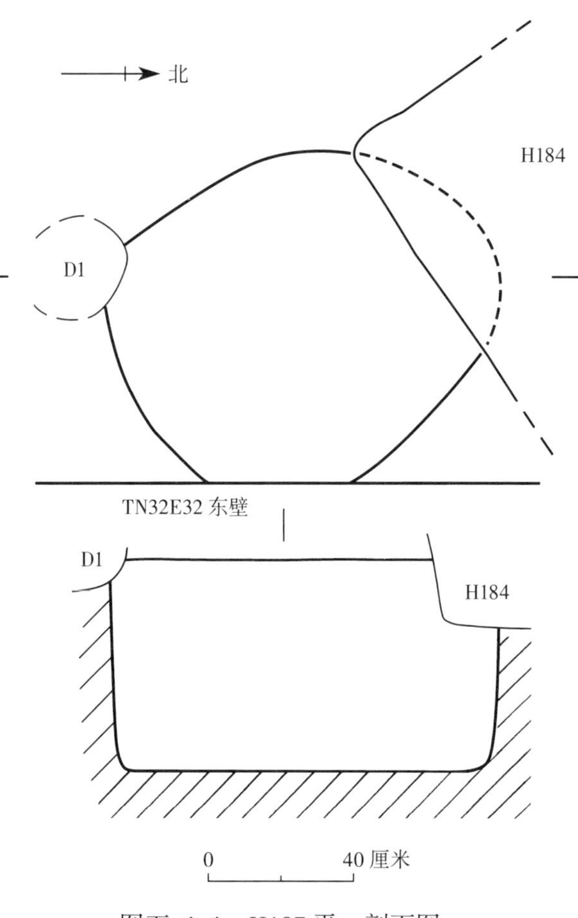

图五二二　H187 平、剖面图

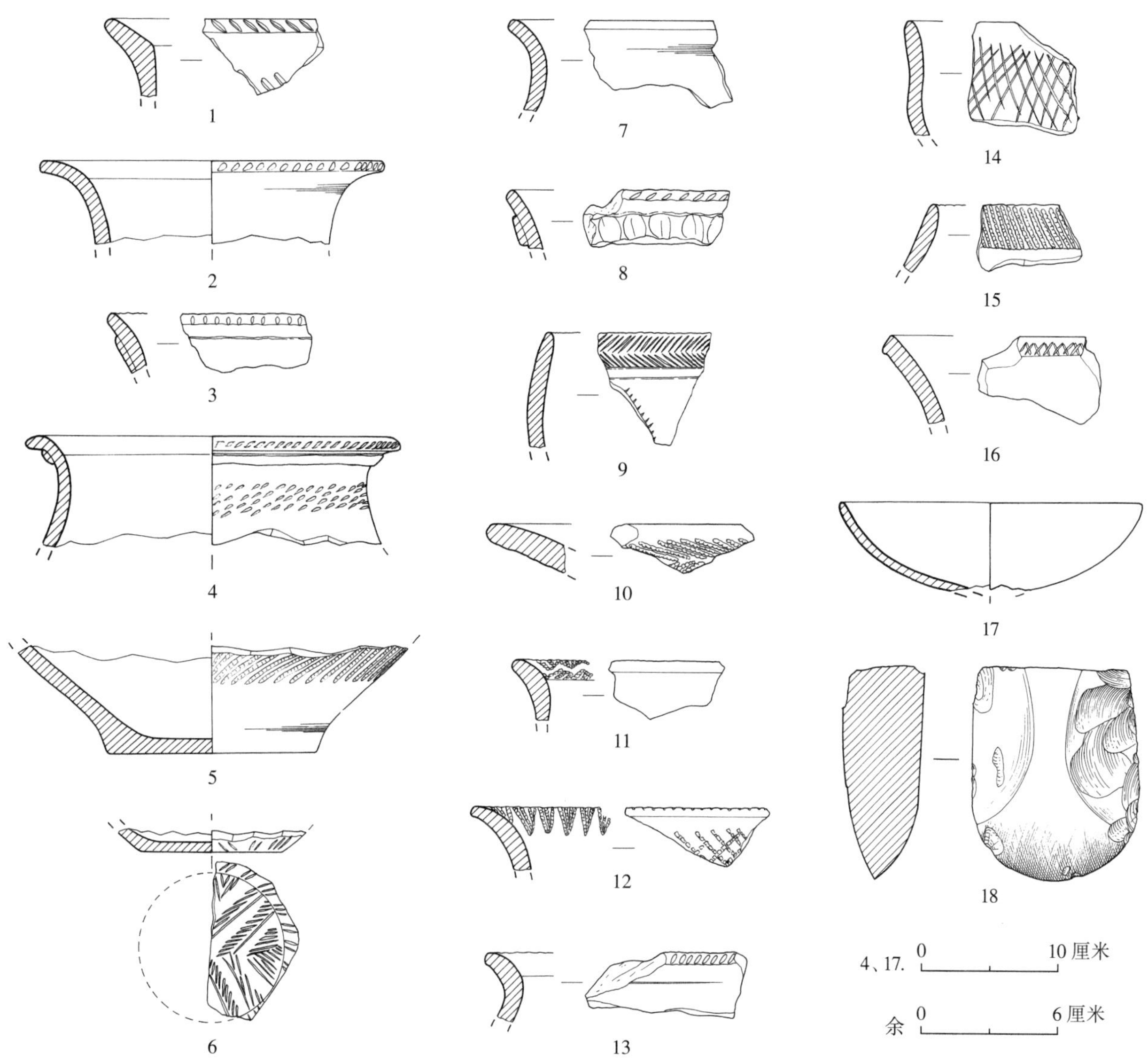

图五二三　H187、H189、H190、H191、H192、H194 出土遗物

1. Ad 型陶无颈罐（H187：2）　2、13. Ba 型陶束颈罐（H189：2、1）　3、4. Aa 型陶附加堆纹罐（H187：3、H189：4）　5、6. 陶器底（H192：3、4）　7. Bb 型陶束颈罐（H194：2）　8. Ab 型陶附加堆纹罐（H187：4）　9. 乙类 Bb 型陶钵（H191：1）　10. Ab 型陶盘口高领罐（H191：3）　11、12. Ab 型陶沿面饰纹罐（H194：1、3）　14. C 型陶矮领小罐（H187：1）　15. A 型敛口小罐（H192：7）　16. B 型陶长颈罐（H191：2）　17. 乙类 Aa 型陶钵（H192：9）　18. Ca 型石斧（H190：1）

0.98、短径 0.5、深 0.4 米。填土为灰黑色砂土，土质疏松，出土有少量陶片和石器（图五二四；彩版一二九，4）。

36. H189

位于 TN31E33 南部。开口于第 4 层下，打破第 6 层，被 D3 打破。平面呈椭圆形，直壁，平底。长径 1.5、短径 1、深 0.9 米。填土为灰黑色砂土，土质疏松，出土少量陶片和石器，陶器器类有束颈罐、附加堆纹罐等（图五二五）。

陶器

束颈罐　Ba 型。

H189：1，夹砂灰陶。方唇，侈口，卷沿，短束颈。唇部饰戳印点纹。残高 2.9 厘米（图五二三，13）。

H189：2，夹砂灰陶。方唇，侈口，卷沿。唇部饰戳印点纹。口径 14.8、残高 3.5 厘米（图五二三，2）。

附加堆纹罐　Aa 型。

H189：4，夹砂灰白胎灰黑皮陶。圆唇，侈口，卷沿，长颈。唇部饰戳印点纹，颈上部饰一周平滑的附加堆纹，颈下部饰戳印粗点纹。口径 26.8、残高 7.6 厘米（图五二三，4）。

37. H190

位于 TN30E33 南部。开口于第 4 层下，打破第 6 层。平面呈椭圆形，直壁，平底。长径 0.95、短径 0.8、深 0.45 米。填土为灰黑色砂土，土质疏松，出土少量陶片、石器和动物骨骼，石器器类有斧等（图五二六；彩版一二九，5）。

石器

斧　Ca 型。

H190：1，墨绿色。平面近长方形，截面近弧边三角形。平顶，背部有一凹槽，有较密集的片疤。正锋，弧刃，双面刃，刃缘有较细小的崩疤和垂直于刃缘的磨痕。通体磨光。长 8.8、宽 7.3、厚约 3.7 厘米（图五二三，18；彩版一二九，6）。

38. H191

位于 TN32E32 西南部。开口于第 4 层下，打破第 6 层。平面呈椭圆形，直壁，平底。长径 0.84、短径 0.74、深 0.62 米。填土为灰褐色砂土，土质疏松，出土少量陶片，器类有长颈罐、盘口高领罐、钵等（图五二七；彩版一三〇，1）。

陶器

长颈罐　B 型。

H191：2，夹砂灰白胎黑灰皮陶，器表磨光。方唇，喇叭口。唇部饰刻划“×”形纹。残高 3.6 厘米（图五二三，16）。

盘口高领罐　Ab 型。

H191：3，夹砂黄褐陶。圆唇。沿外壁饰小方格状点线纹。残高 2 厘米（图五二三，10）。

钵　乙类 Bb 型。

H191：1，夹砂黑灰陶。圆唇，敛口，腹部微鼓。唇部饰戳印点纹，口外侧饰短线纹组成的“<”形纹和凹弦纹。残高 4.8 厘米（图五二三，9）。

39. H192

位于 TN27E35 东南部。开口于第 4 层下，打破第 6 层。平面呈圆形，弧壁，平底。直径 1.5~1.55、深 1 米。填土为灰黑色黏土，土质较疏松，夹杂红烧土，出土少量陶片，器类有敛口小罐、钵等（图五二八；彩版一三〇，2）。

陶器

敛口小罐　A 型。

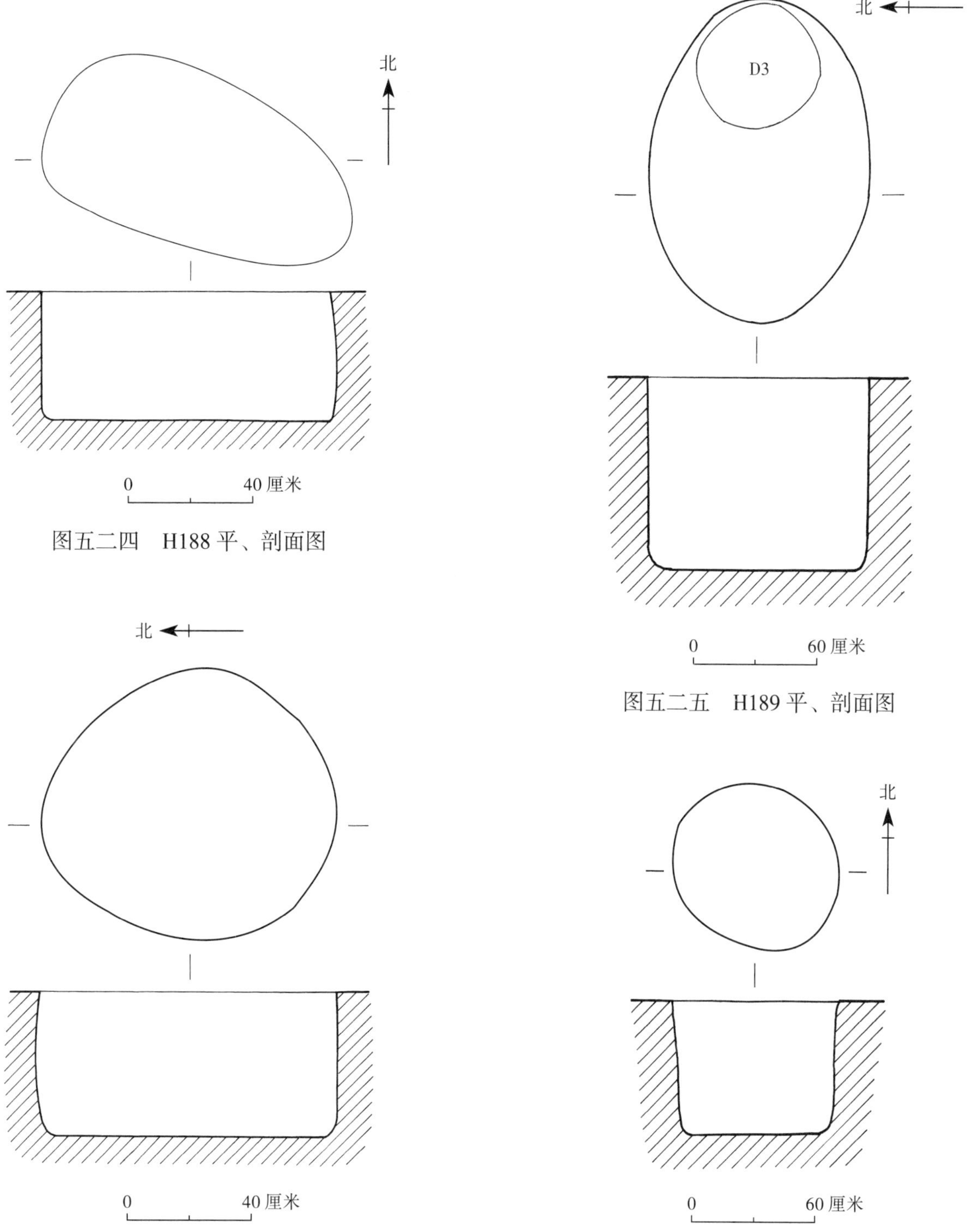

图五二四　H188 平、剖面图

图五二五　H189 平、剖面图

图五二六　H190 平、剖面图

图五二七　H191 平、剖面图

H192：7，夹砂灰陶。圆唇，敛口，矮领。领部饰小方格状点线纹。残高 2.8 厘米（图五二三，15）。

钵　乙类 Aa 型。

H192：9，夹砂灰陶。圆唇，敞口，斜弧腹。素面。口径 22、残高 6 厘米（图五二三，17）。

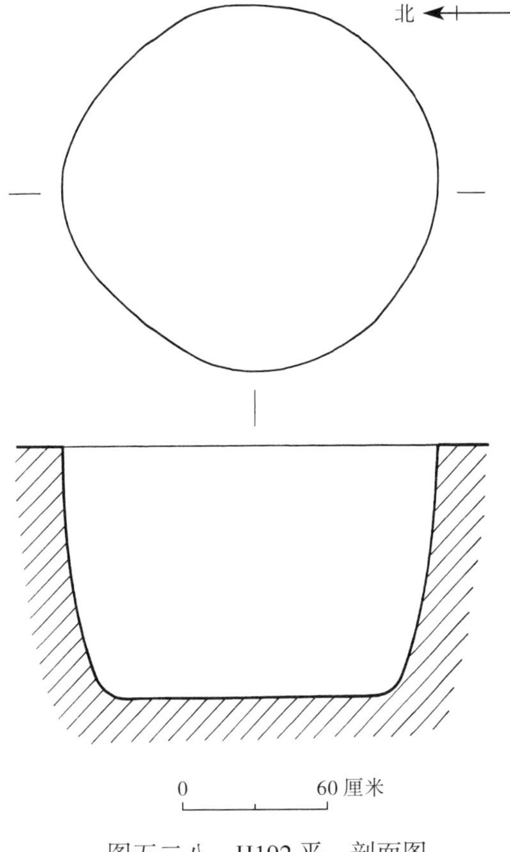

图五二八　H192 平、剖面图

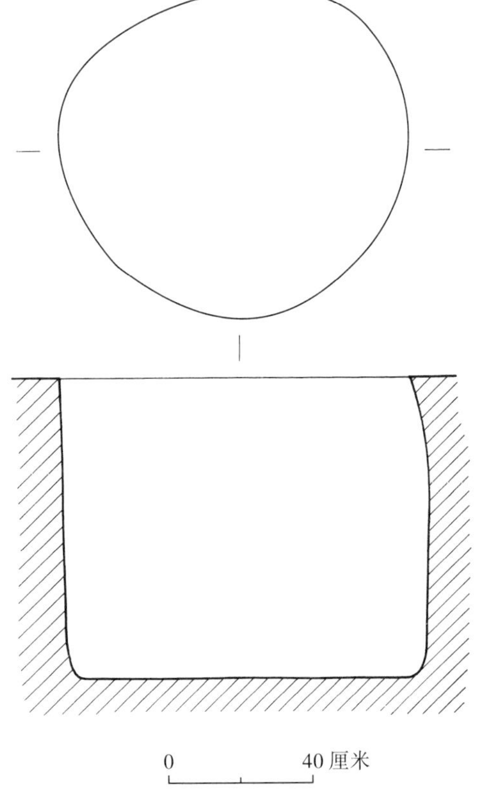

图五二九　H193 平、剖面图

器底

H192：3，夹砂灰陶。下腹斜直收为平底。下腹部饰小方格状点线纹。底径 9、残高 4.5 厘米（图五二三，5）。

H192：4，夹砂灰陶。平底。底部饰短斜线纹组成的窄带状纹饰与光面窄带交错分布形成的复合纹饰。底径 6.2、残高 0.9 厘米（图五二三，6）。

40. H193

位于 TN30E33 北部。开口于第 4 层下，打破第 6 层。平面近圆形，直壁，南壁略呈袋状，平底。直径 0.85~0.95、深 0.8 米。填土为灰黑色砂土，土质疏松，出土少量陶片（图五二九；彩版一三〇，3）。

41. H194

位于 TN30E33 东北部。开口于第 4 层下，打破第 6 层。平面呈椭圆形，直壁，平底。长径 1.55、短径 1.3、深 0.74 米。填土为灰黑色砂土，土质较疏松，出土少量陶片，器类有束颈罐、沿面饰纹罐等（图五三〇）。

陶器

束颈罐　Bb 型。

H194：2，夹砂灰白陶。方圆唇，侈口，卷沿，束颈。素面。残高 3.8 厘米（图五二三，7）。

沿面饰纹罐　Ab 型。

H194：1，夹砂灰黄陶。圆唇，侈口，卷沿上仰。沿面饰连续三角纹夹光面折线纹和凹弦纹。残高 2.5 厘米（图五二三，11）。

H194：3，夹砂黑灰胎褐皮陶。圆唇，侈口，卷沿上仰。沿面饰连续三角纹，颈部饰交叉小方格状点线纹。残高 2.6 厘米（图五二三，12）。

42. H195

位于 TN32E32 西北部，向北伸入探方北隔梁，向西伸出发掘区外，未继续清理。开口于第 4 层下，打破第 6 层。平面呈三角形，弧壁，平底。残长 1.2、残宽 0.52、深 0.28 米。填土为灰黑色砂土，土质疏松，出土少量陶片，器类有束颈罐、敞口罐、附加堆纹罐、沿面饰纹罐、长颈罐、盘口高领罐、钵等（图五三一）。

陶器

束颈罐

Ba 型。

H195：9，夹砂褐胎灰皮陶。方唇，口微侈，卷沿，短束颈。唇部饰戳印点纹。残高 3.7 厘米（图五三二，1）。

H195：20，夹砂灰褐陶。圆唇，口微侈，卷沿，短束颈。唇部饰戳印点纹。残高 3.8 厘米（图五三二，2）。

H195：26，夹砂灰白胎灰褐皮陶，内壁黑灰色。圆唇，侈口，卷沿，长颈微束。唇部饰戳印点纹，颈部饰戳印粗点纹。口径 32、残高 8 厘米（图五三二，4）。

Bb 型。

H195：5，夹砂黄褐陶。圆唇，侈口，卷沿，束颈。素面。残高 2.6 厘米（图五三二，6）。

H195：6，夹砂灰陶。圆唇，侈口，卷沿，颈部微束。素面。口径 15.6、残高 3 厘米（图五三二，8）。

H195：10，夹砂黄褐陶。圆唇，侈口，卷沿。器表磨光。素面。残高 2.5 厘米（图五三二，7）。

敞口罐

H195：21，夹砂黄褐陶。方唇，敞口。素面。口径 34、残高 4.6 厘米（图五三二，5）。

附加堆纹罐 Ab 型。

H195：13，夹砂灰褐陶。方圆唇，侈口。唇部饰戳印粗点纹，颈部饰一周褶皱状附加堆纹。残高 3.4 厘米（图五三二，13）。

H195：19，夹砂灰褐陶。圆唇，侈口，宽卷沿外翻下垂，长颈，溜肩。颈部饰一周褶皱状附加堆纹，肩部饰戳印粗点纹和乳丁纹。口径 22.4、残高 10.4 厘米（图五三二，14）。

沿面饰纹罐 Ab 型。

H195：15，夹砂褐陶。方圆唇，侈口，卷沿上仰，有颈。唇部饰戳印点纹，沿面饰刻划纹，颈部饰凹弦纹夹短斜线纹。残高 2.5 厘米（图五三二，15）。

长颈罐 A 型。

H195：2，夹砂灰陶。方唇，侈口，沿面外翻近平。唇部饰戳印点纹，颈部饰菱格纹。残高 1.9 厘米（图五三二，17）。

H195：7，夹砂黑灰陶。方唇，侈口，卷沿外翻近平，长颈。唇部饰“×”形纹，颈部饰小方格状点线纹与光面组成的菱形纹等

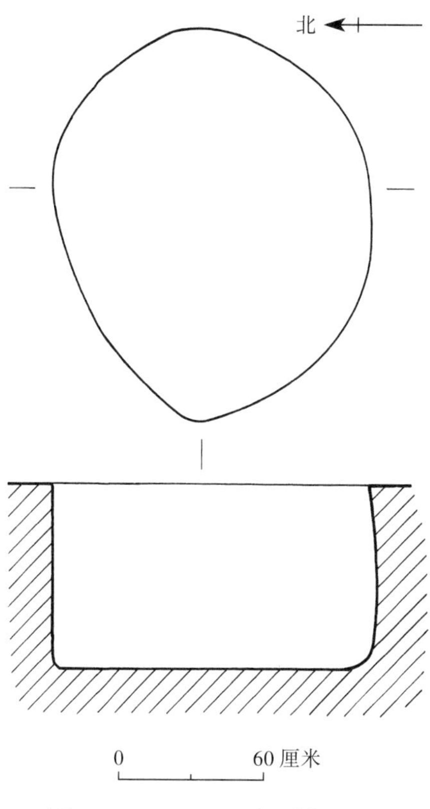

图五三〇 H194 平、剖面图

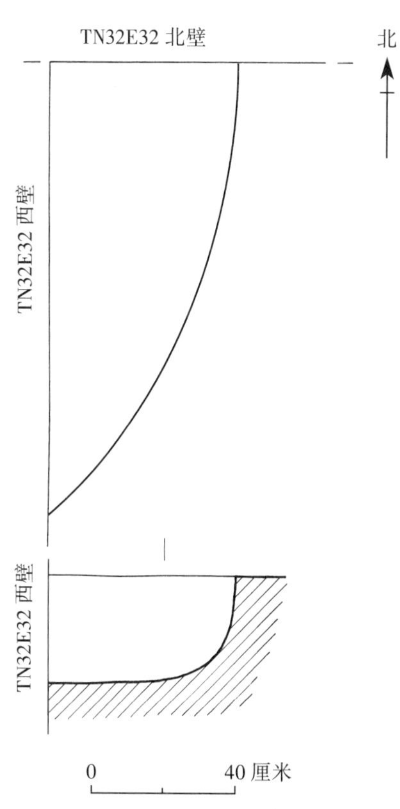

图五三一 H195 平、剖面图

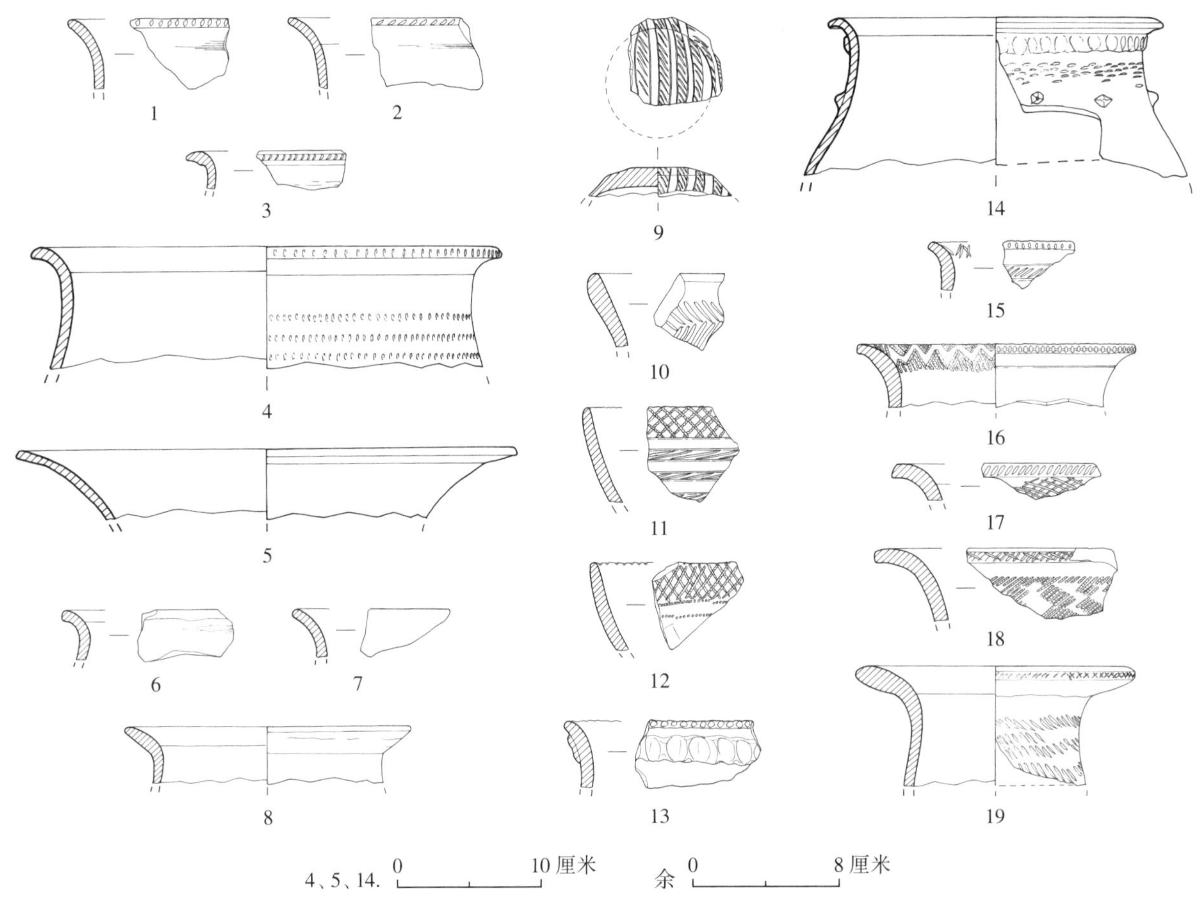

图五三二　H195、H196出土陶器

1~4. Ba型束颈罐（H195：9、H195：20、H196：2、H195：26）　5. 敞口罐（H195：21）　6~8. Bb型束颈罐（H195：5、10、6）　9. 陶片（H195：8）　10. Ab型盘口高领罐（H195：4）　11、12. 乙类Bf型钵（H195：3、14）　13、14. Ab型附加堆纹罐（H195：13、19）　15. Ab型沿面饰纹罐（H195：15）　16. C型沿面饰纹罐（H196：1）　17~19. A型长颈罐（H195：2、H195：7、H196：3）

纹饰。残高3.8厘米（图五三二，18）。

盘口高领罐　Ab型。

H195：4，夹砂黄褐陶，内壁磨光。圆唇，盘口，宽沿。沿外壁饰短线纹组成的“<”形纹。残高3.9厘米（图五三二，10）。

钵　乙类Bf型。

H195：3，夹砂黑灰陶。圆唇，敞口，弧腹。唇部饰戳印点纹，口外侧饰点线纹组成的菱格纹和一周点线状凹弦纹，腹部饰凹弦纹夹短斜线纹。残高5厘米（图五三二，11）。

H195：14，夹砂灰黄陶。方圆唇，敞口，弧腹。唇部饰戳印点纹，口外侧饰点线纹组成的菱格纹和一周点线状凹弦纹，腹部饰点线纹。残高4.6厘米（图五三二，12）。

陶片

H195：8，夹砂灰陶。饰多组凹弦纹夹短线纹，以光面窄带间隔。直径5.8、残高1.5厘米（图五三二，9）。

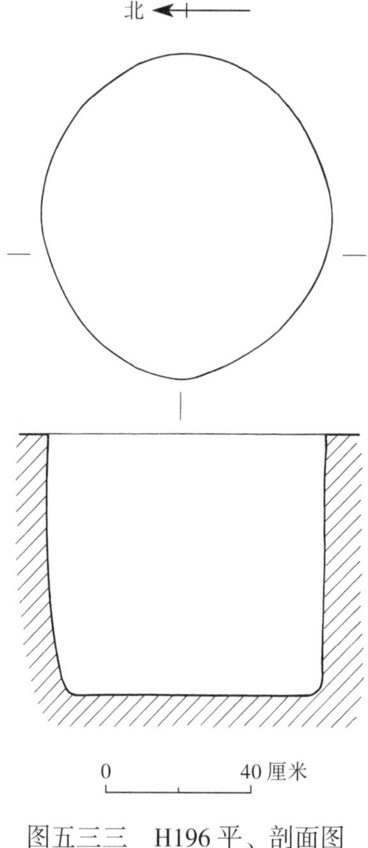

图五三三　H196平、剖面图

43. H196

位于TN31E32西南部。开口于第4层下，打破第6层。平面近圆形，近直壁，平底。直径0.8~0.86、深0.7米。填土为灰褐色砂土，土质疏松，出土少量陶片，器类有束颈罐、沿面饰纹罐、长颈罐等（图五三三；彩版一三〇，4）。

陶器

束颈罐　Ba型。

H196：2，夹砂灰陶。圆唇，侈口，卷沿，短束颈。唇部饰戳印点纹。残高2厘米（图五三二，3）。

沿面饰纹罐　C型。

H196：1，夹砂灰陶，器表磨光。方唇，喇叭口，卷沿，长颈。唇部饰戳印点纹，沿面饰连续三角纹夹光面折线纹。口径15、残高3.3厘米（图五三二，16）。

长颈罐　A型。

H196：3，夹砂黑灰胎黄褐皮陶。圆唇，侈口，沿面上仰，长颈。唇部饰"×"形纹，颈部饰长点纹。口径15、残高6.3厘米（图五三二，19）。

（三）灰沟

1条。

G8

位于TN28E35北部，向东伸入探方东隔梁。开口于第3层下，打破第6层。平面形状不规则，直壁，平底。残长6.96、宽1.96、深0.4米。填土为灰黑色黏土，结构较疏松，夹杂红烧土，出土少量陶片（图五三四；彩版一三〇，5）。

（四）器物坑

3个。

1. TN28E35K1

位于TN28E35北部。开口于第1层下，打破第2层。平面近圆形。残长0.66、宽0.45、深0.1米。堆积内分布有4件石刀，自西向东平行摆放。另在石刀周围地层中相对集中出土了1件石斧、3件石锛（图五三五；彩版一三一，1）。

石器

刀　乙类Aa型。

TN28E35K1：1，黑色。半月形。凹背，双孔，两面对钻，穿孔附近及背部有明显的穿绳磨损。弧刃，双面刃。器身分布有较密集的均匀磨痕。长17.6、宽4.4、厚约0.6厘米（图五三六，1；彩版

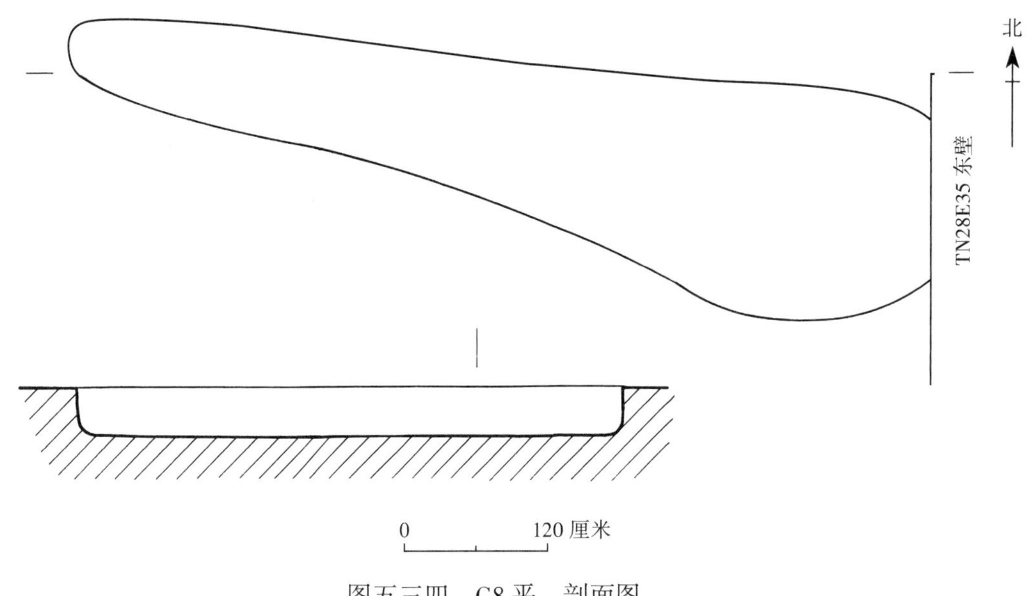

图五三四 G8 平、剖面图

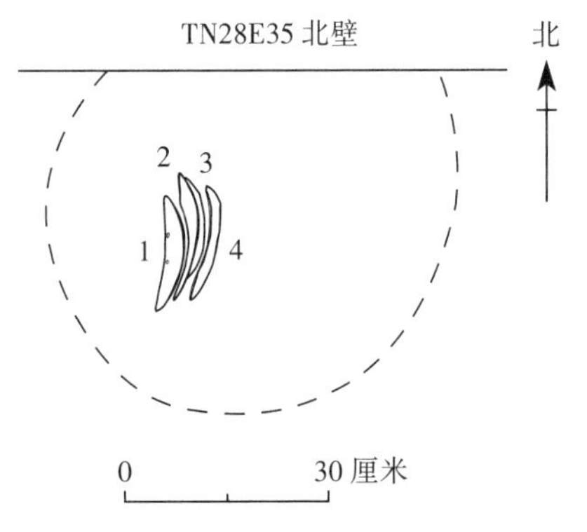

图五三五 TN28E35K1 平面图
1~4. 石刀

一三一，2）。

TN28E35K1：2，灰色。半月形。凹背，双孔，两面对钻，有明显的穿绳磨损。弧刃。磨痕相对比较集中地分布在两侧，器身中部凹凸不平。长 19.8、宽 4.3、厚约 0.4 厘米（图五三六，2；彩版一三一，3）。

TN28E35K1：3，灰色。半月形。凹背，双孔，穿孔附近有明显的穿绳磨损。弧刃，使用痕迹多分布在刃部两端，两端有较多的茬口。残长 17.2、宽 4.4、厚 0.9 厘米（图五三六，3；彩版一三一，4）。

TN28E35K1：4，绿色。半月形。凹背，双孔，钻孔较规整，穿孔附近有较小的未穿透的孔，穿绳磨损较明显。弧刃，经过多次磨制，刃面宽度变化较大，不规整，刃部磨损及茬口较明显。长 18.3、宽 4.1、厚约 0.6 厘米（图五三六，4；彩版一三一，5）。

2. TN31E32K2

位于 TN31E32 西北部，向西伸出发掘区外，未继续清理。开口于第 1 层下，打破第 2 层。平面近圆形，近直壁，平底。直径 0.6、深 0.14 米。填土为灰黑色砂土，土质较疏松，坑底发现 2 件较为完整的陶器，器类有小罐、杯等（图五三七；彩版一三二，1）。

陶器

小罐

TN31E32K2：1，夹砂红褐胎黑褐皮陶，外壁及口内侧磨光。圆唇，敞口，短束颈，溜肩，鼓腹，大平底。颈部和肩上部各饰一组刻划弦纹夹戳印点纹的复合纹饰。口径 5、底径 6.8、高 10.6 厘米（图五三八，1；彩版一三二，2）。

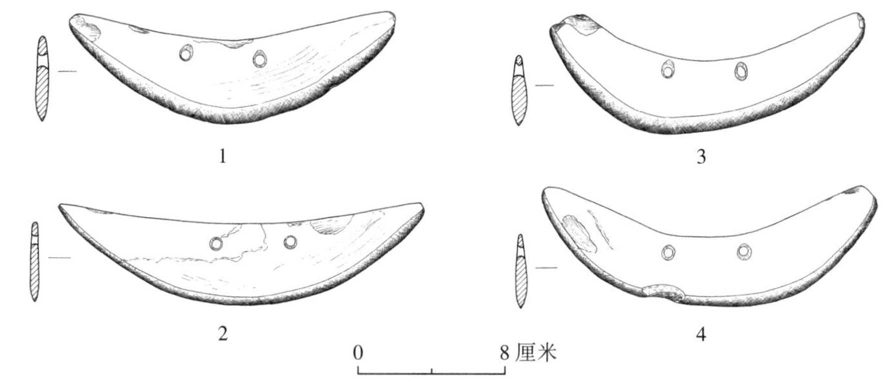

图五三六　TN28E35K1 出土乙类 Aa 型石刀

1. TN28E35K1：1　2. TN28E35K1：2　3. TN28E35K1：3　4. TN28E35K1：4

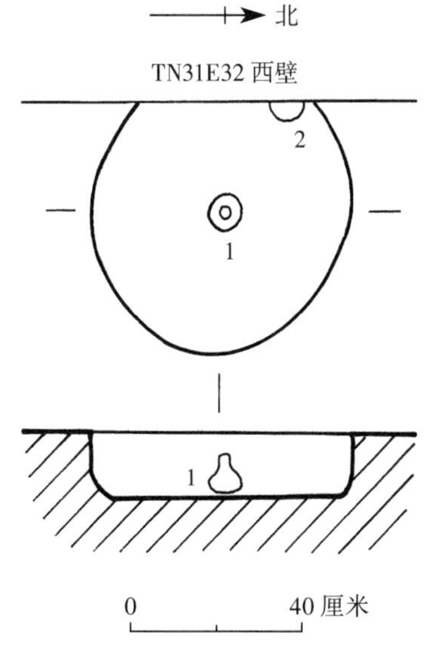

图五三七　TN31E32K2 平、剖面图

1. 陶小罐　2. 陶杯

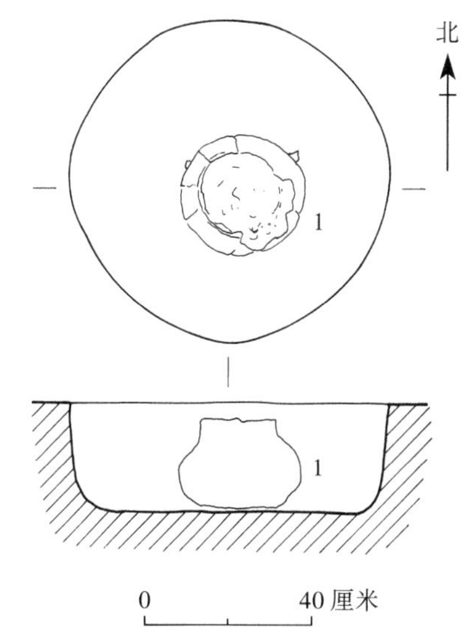

图五三九　TN36E34K3 平、剖面图

1. 陶罐

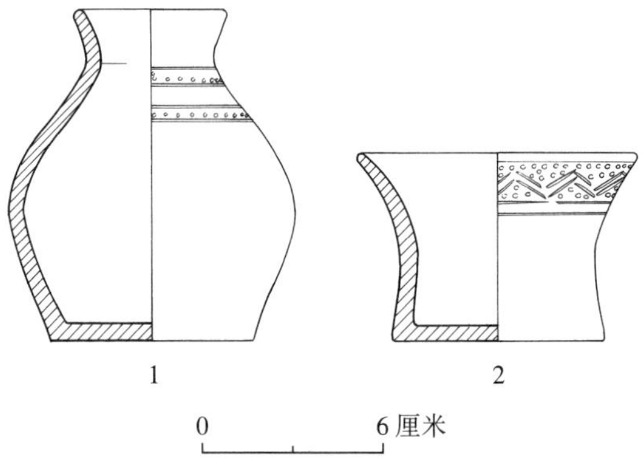

图五三八　TN31E32K2 出土陶器

1. 小罐（TN31E32K2：1）　2. Aa 型杯（TN31E32K2：2）

杯　Aa 型。

TN31E32K2：2，夹砂灰胎褐陶，外壁及口内侧磨光。圆唇，敞口，上腹斜直，下腹竖直，平底。口外侧饰戳印点纹、刻划折线纹和刻划凹弦纹组成的复合纹饰。口径 9.2、底径 7、高 6 厘米（图五三八，2；彩版一三二，3）。

3. TN36E34K3

位于 TN36E34 东北部。开口于第 2 层下，打破第 3 层。平面呈圆形，斜壁，平底。直径 0.75、残深 0.25 米。填土为黄褐色砂土，土质疏松，夹杂炭屑，中部发现 1 件较为完整的陶罐（图五三九；彩版一三二，4）。

（五）墓葬

5座，均为土坑墓。

1. M9

位于TN34E31西部。开口于第1层下，打破第2层，北部被一晚期灰坑打破。墓向64°。墓口距地表0.15米。墓圹平面呈长方形，直壁，平底。墓口长1.5、宽0.4米，残深0.05米。填土为灰褐色夹黄褐色花土，土质较黏。未发现葬具和人骨，葬式不明，性别、年龄不详。随葬陶器5件，均置于墓室南部，器类有鼓腹小罐、矮领小罐、壶等（图五四〇；彩版一三三，1）。

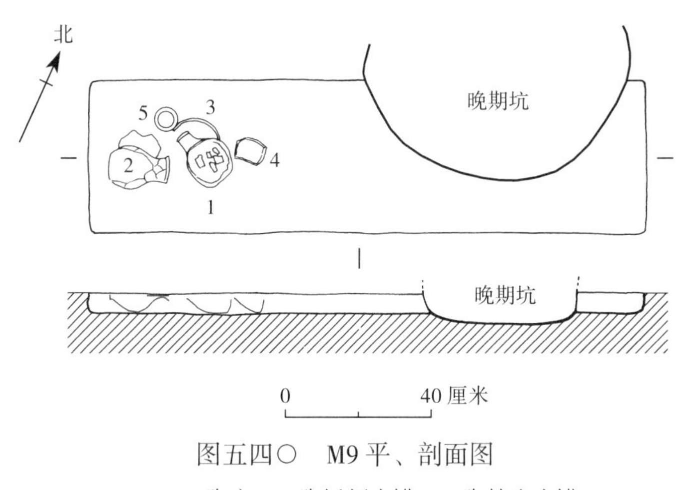

图五四〇　M9平、剖面图

1、2、5. 陶壶　3. 陶矮领小罐　4. 陶鼓腹小罐

陶器　5件。

鼓腹小罐　1件。

M9：4，夹砂红褐胎褐皮陶，器表磨光。残存腹部以下部分，鼓腹，平底，底部边缘凸出。上腹部饰两周凹弦纹。底径6.4、残高6.5厘米（图五四一，1；彩版一三三，2）。

矮领小罐　1件。C型。

M9：3，夹砂红褐胎黑褐皮陶。圆唇，敞口，矮领，溜肩，鼓腹。唇部饰戳印短斜线纹；腹部饰三组带状纹饰，每组为两周凹弦纹夹短斜线纹。口径12.3、残高8.9厘米（图五四一，3）。

壶　3件。

甲类Bc型　1件。

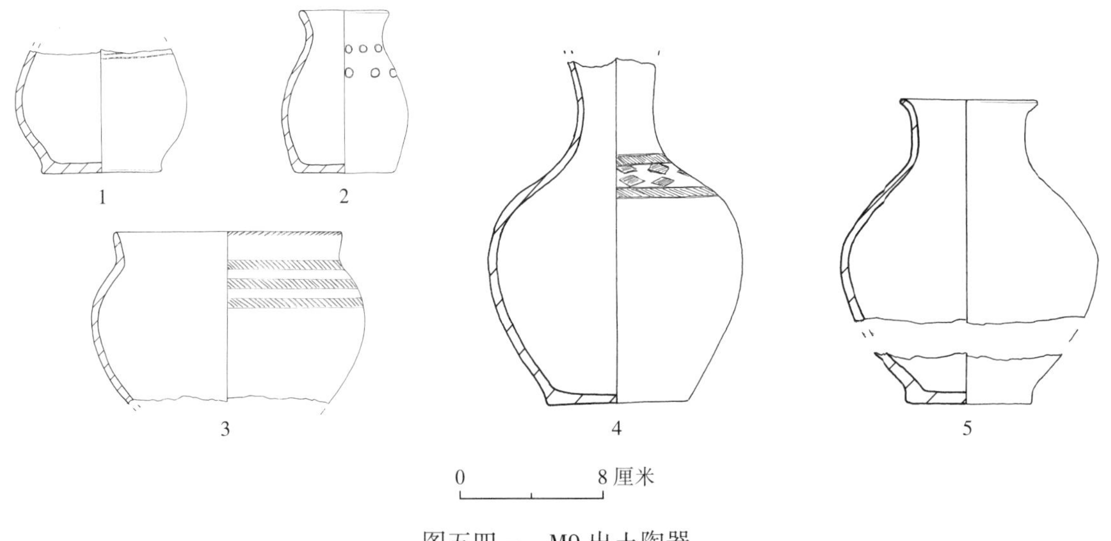

图五四一　M9出土陶器

1. 鼓腹小罐（M9：4）　2. 甲类Bc型壶（M9：5）　3. C型矮领小罐（M9：3）　4. 甲类Bd型壶（M9：1）　5. 甲类Bf型壶（M9：2）

M9：5，夹砂红褐陶，器表磨光。圆唇，敞口，卷沿，短颈微束，溜肩，鼓腹，大平底。颈部和肩部分别饰一周戳印圆圈纹。口径 5、底径 5.6、高 8.5 厘米（图五四一，2；彩版一三三，3）。

甲类 Bd 型　1 件。

M9：1，夹砂褐陶。口部残，细长颈，圆肩，鼓腹，平底。肩部以四周凹弦纹分隔为三组纹饰，上下两组为短斜线纹组成的带状纹饰，中间一组为成组短斜线组成的菱格纹。底径 7.6、残高 18 厘米（图五四一，4；彩版一三三，4）。

甲类 Bf 型　1 件。

M9：2，夹砂褐陶，器表磨光。圆唇，喇叭口，卷沿，长颈，溜肩，鼓腹，矮台状平底。素面。口径 7.4、底径 6.8、复原高 16.3 厘米（图五四一，5；彩版一三三，5）。

2. M10

位于 TN32E33 北部。开口于第 1 层下，打破第 2 层，北部被 H150 和 H158 打破。墓向 183°。墓口距地表 0.25 米。墓圹平面呈长方形，直壁，平底。墓口长 1.42、宽 0.41 米，残深 0.1 米。填土为灰褐色砂土，夹杂较多炭屑。未发现葬具。人骨保存较差，从残存肢骨推测头向南，葬式不明，性别、年龄不详。随葬陶器 6 件，均被扰动到填土中，器类有侈口小罐、矮领小罐、钵等（图五四二；彩版一三四，1）。

陶器　6 件。

侈口小罐　2 件。Ae 型。圆唇，侈口，卷沿，短束颈，平底。

M10：2，夹砂褐陶，器表磨光。深鼓腹。颈部自上而下饰刻划网格纹、凹弦纹和短泥条附加堆纹。口径 13.2、底径 6.6、高 16 厘米（图五四三，1；彩版一三五，1）。

M10：5，夹砂红褐陶，局部为灰褐色。深弧腹。颈部饰刻划网格纹和一周凹弦纹。口径 8、底径 6.8、高 9.8 厘米（图五四三，2；彩版一三五，2）。

矮领小罐　3 件。夹砂灰褐陶。矮领，溜肩，平底。

B 型。2 件。

M10：3，圆唇，直口，鼓腹。口外侧饰两周凹弦纹夹短斜线纹构成的带状纹饰，肩部饰两周凹弦纹，其间饰成组短斜线纹组成的菱格纹、三角纹等复合纹饰。口径 12.8、底径 6.8、高 13 厘米（图五四三，4；彩版一三五，3）。

M10：4，圆唇，直口，鼓腹。口外侧饰两周凹弦纹夹短斜线纹，肩部饰两周凹弦纹，其间饰以成组短斜线纹组成的菱格纹、三角纹等复合纹饰。口径 12、底径 6.6、高 11.5 厘米（图五四三，5；彩版一三五，4）。

C 型。1 件。

M10：6，尖圆唇，敞口，弧腹。口外侧饰一

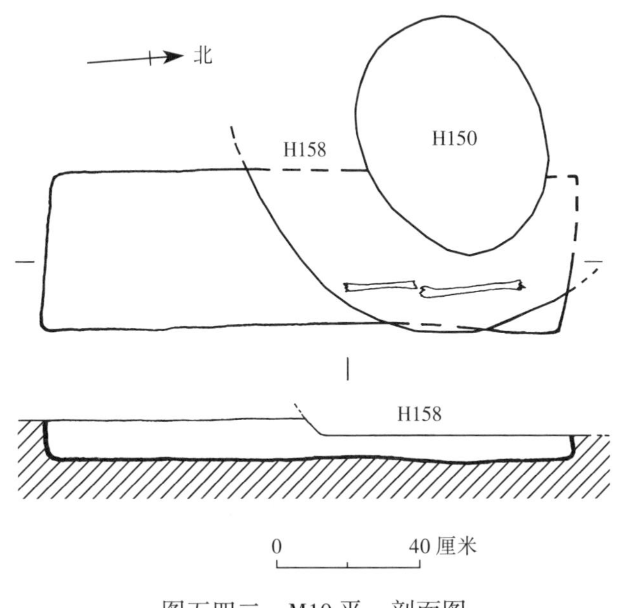

图五四二　M10 平、剖面图

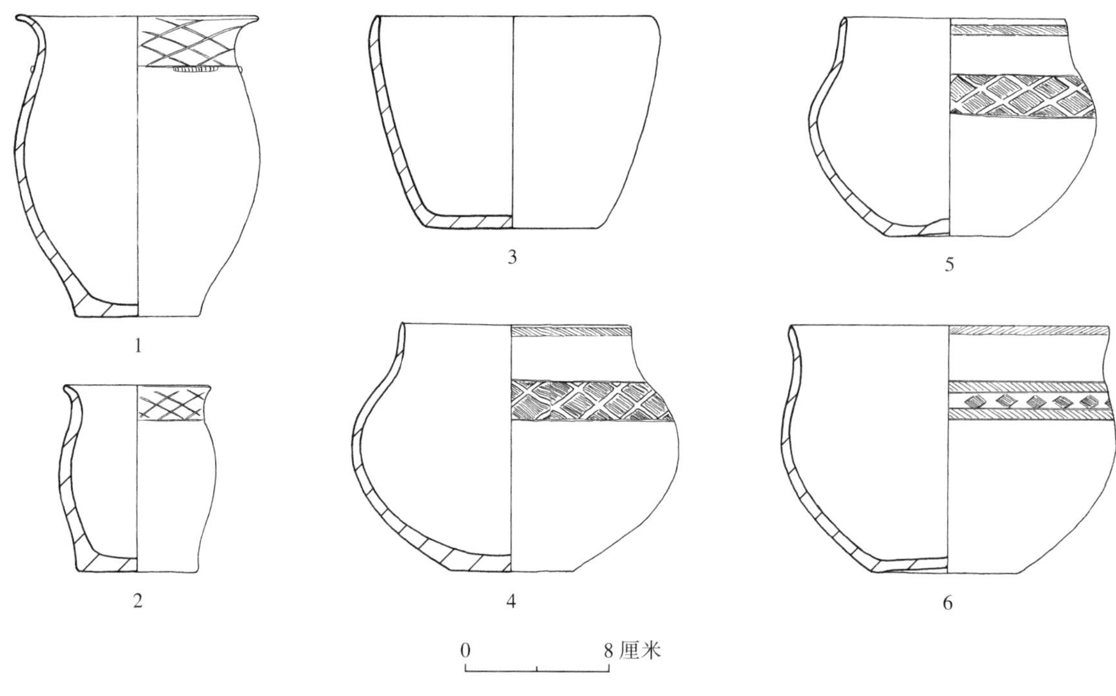

图五四三　M10出土陶器

1、2. Ae型侈口小罐（M10：2、5）　3. 乙类Ab型钵（M10：1）　4、5. B型矮领小罐（M10：3、4）　6. C型矮领小罐（M10：6）

周短斜线纹组成的带状纹饰和一周凹弦纹；肩部以四周凹弦纹分隔为三组纹饰，上下两组为短斜线纹，中间一组为成组短斜线纹组成的菱格纹与光面三角纹等复合纹饰。口径17.2、底径8、高13.2厘米（图五四三，6；彩版一三五，5）。

钵　1件。乙类Ab型。

M10：1，夹砂红陶，局部为灰色。圆唇，口近直，斜弧腹，平底。素面。口径15.2、底径9.6、高11.2厘米（图五四三，3；彩版一三五，6）。

3. M11

位于TN31E33东北部。开口于第2层下，打破第3层。墓向125°。墓口距地表0.4米。墓圹平面呈长方形，直壁，平底。墓口长0.9、宽0.45米，残深0.15米。填土为灰黑色砂土，土质疏松。未发现葬具。墓室东南部发现3具头骨，面向上，此外还存有其他部位骨骼，腐朽较为严重，推测为捡骨二次葬。随葬陶器7件，均置于人骨周围，其中2件置于墓室北部，5件置于墓室南部，器类有侈口小罐、矮领小罐、尊形罐、瓶、钵等（图五四四；彩版一三四，2）。

陶器　7件。

侈口小罐　1件。Ae型。

M11：1，夹砂褐陶，内壁磨光。圆唇，侈口，卷沿，短束颈，溜肩，腹部微鼓，矮台状平底。颈部自上而下依次饰刻划网格纹、刻划凹弦纹和短泥条附加堆纹。口径11、底径6.4、高11.5厘米（图五四五，1；彩版一三六，1）。

矮领小罐　1件。A型。

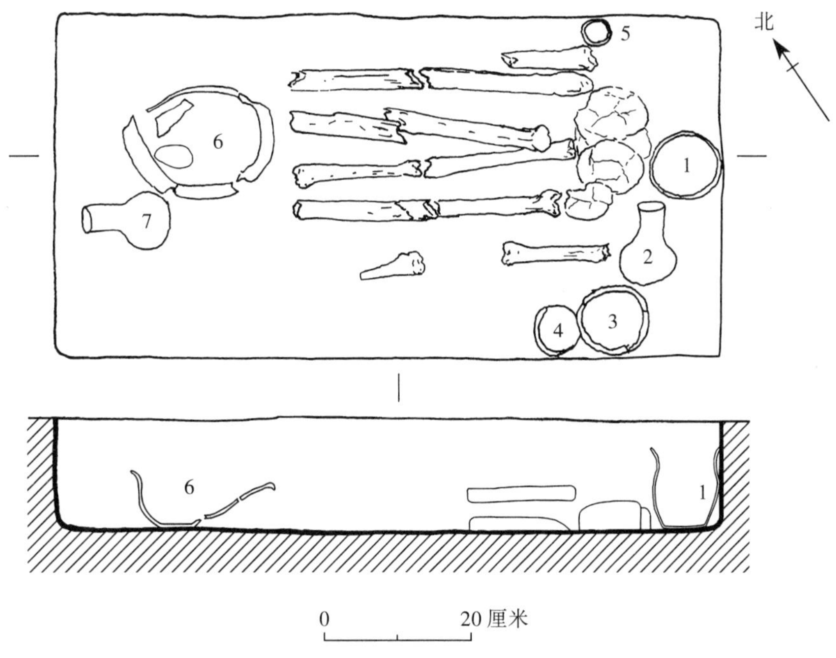

图五四四　M11平、剖面图

1.陶侈口小罐　2、5、7.陶瓶　3.陶钵　4.陶矮领小罐　6.陶尊形罐

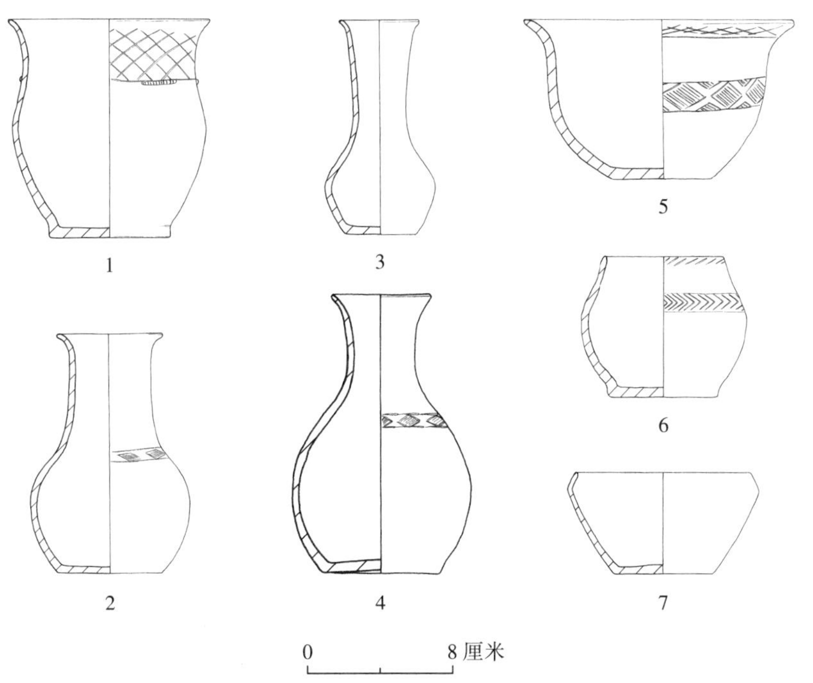

图五四五　M11出土陶器

1. Ae型侈口小罐（M11：1）　2~4. C型瓶（M11：2、5、7）　5.尊形罐（M11：6）　6. A型矮领小罐（M11：4）　7.乙类Ag型钵（M11：3）

M11：4，夹砂褐陶。圆唇，敛口，矮领，溜肩，领部与肩部无明显分界，鼓腹，平底。口外侧饰短斜线纹，肩上部饰短斜线纹组成的“<”形纹。口径6.6、底径6、高7.4厘米（图五四五，6；彩版一三六，2）。

尊形罐 1件。

M11：6，夹砂褐陶，器表局部磨光。圆唇，侈口，卷沿，浅弧腹，平底。口外侧饰刻划网格纹，其下饰一周凹弦纹；腹部饰两周凹弦纹，其间饰成组短斜线纹组成的菱格纹、三角纹等纹饰。口径14.8、底径5.5、高8.4厘米（图五四五，5；彩版一三六，4）。

瓶 3件。C型。圆唇，侈口，细长颈，溜肩，鼓腹，大平底。

M11：2，夹砂褐陶，器表磨光。肩上部饰两周断续的凹弦纹，间以成组短斜线纹组成的菱格纹。口径5.7、底径5.6、高12.6厘米（图五四五，2；彩版一三六，3）。

M11：5，夹砂黑灰陶，器表磨光。素面。口径4.4、底径3.8、高11.3厘米（图五四五，3；彩版一三六，6）。

M11：7，夹砂黑褐陶，器表磨光。肩上部饰两周断续的凹弦纹，间以成组斜短线纹组成的菱格纹。口径5.5、底径6.4、高14.6厘米（图五四五，4；彩版一三六，7）。

钵 1件。乙类Ag型。

M11：3，夹砂褐陶，器表磨光。圆唇，敛口，折肩，浅弧腹，平底。素面。口径9.8、底径4.8、高5.3厘米（图五四五，7；彩版一三六，5）。

4. M12

位于TN31E32南部。开口于第2层下，打破第3层。墓向197°。墓口距地表0.52米。墓圹平面呈长方形，直壁，平底。墓口长1.51、宽0.6米，残深0.12米。填土为灰黑色黏土，土质较疏松，夹杂少量红烧土颗粒。未发现葬具。墓室西南部发现3具头骨，头向西南，面向上，此外还残存有肢骨等，推测为捡骨二次葬。随葬陶器8件，均置于人骨周围，其中3件置于墓室北部，2件置于墓室中部肢骨西侧，1件置于墓室中部肢骨东侧，2件置于墓室西南部头骨附近，器类有侈口小罐、鼓腹小罐、钵等（图五四六；彩版一三四，3）。

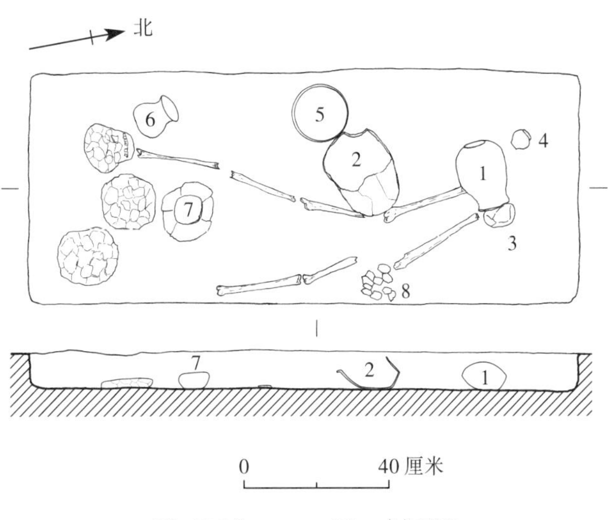

图五四六　M12平、剖面图

1~3. 陶侈口小罐　4、6. 陶鼓腹小罐　5. 陶钵　7、8. 陶罐

陶器　8件。

侈口小罐 3件。

Ae型。2件。圆唇，侈口，卷沿，短束颈，平底。

M12：1，夹砂黑褐陶，器表磨光。斜溜肩，鼓腹。颈部和腹中部分别饰数道刻划凹弦纹，上腹部饰数组斜向划纹，纹饰刻划较随意。口径9.6、底径7.8、高17.2厘米（图五四七，1；彩版一三七，1）。

M12：2，夹砂褐陶，颜色斑驳，局部为红

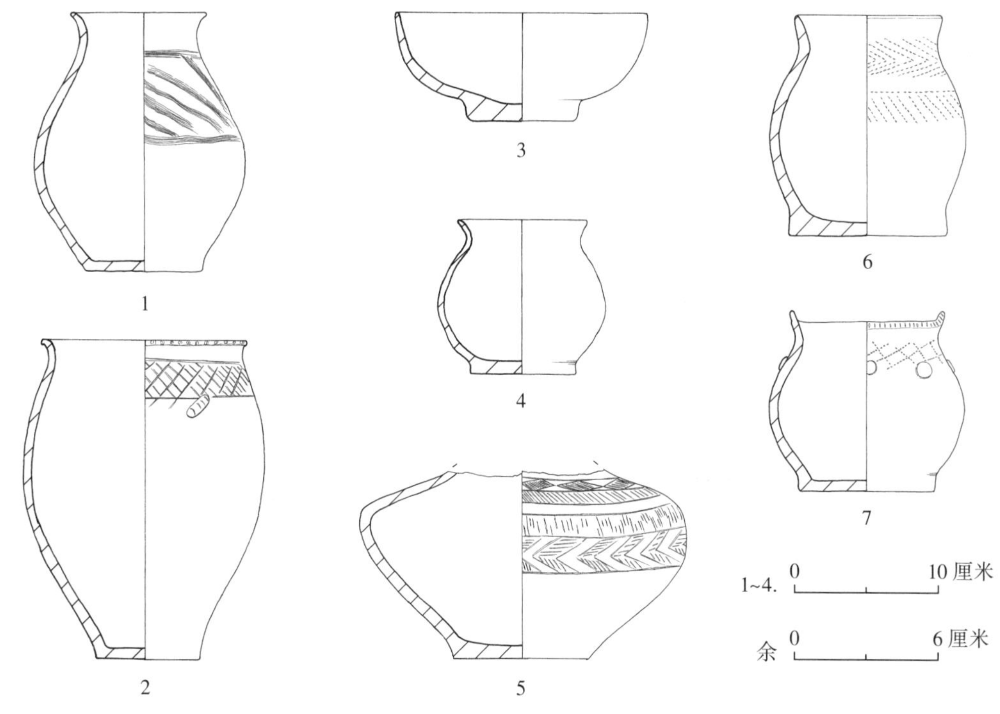

图五四七　M12 出土陶器

1、2. Ae 型侈口小罐（M12：1、2）　3. 乙类 Ab 型钵（M12：5）　4、7. 鼓腹小罐（M12：6、4）　5. 罐（M12：7）　6. C 型侈口小罐（M12：3）

褐色，局部为灰褐色，器表磨光。深弧腹。唇部饰戳印点纹形成花边口，肩上部饰刻划网格纹和两周凹弦纹，其下饰短泥条附加堆纹。口径 14、底径 7.2、高 21.2 厘米（图五四七，2；彩版一三七，2）。

C 型　1 件。

M12：3，夹砂红胎黑褐皮陶，器表磨光。短颈微束，溜肩，鼓腹。颈部饰点线纹组成的“>”形纹，肩部饰一周点线状凹弦纹和斜向点线纹。口径 6、底径 6.6、高 8.7 厘米（图五四七，6；彩版一三七，3）。

鼓腹小罐　2 件。夹砂褐陶。圆唇，侈口，卷沿，溜肩，鼓腹，平底。

M12：4，口部有两个对称的扁乳丁凸起。唇部饰戳印点纹；肩部饰点线纹交叉形成的网格纹，其下饰圆饼附加堆纹。口径 6.2、底径 5.5、高 6.7 厘米（图五四七，7；彩版一三七，4）。

M12：6，器表局部磨光。素面。口径 8.8、底径 7.2、高 10.2 厘米（图五四七，4）。

罐　2 件。

M12：7，夹砂褐陶。残存腹部以下，肩部弧折，扁鼓腹，平底。肩上部饰成组短斜线纹组成的菱格纹与光面三角纹组成的复合纹饰，其下饰两周凹弦纹夹短斜线纹；肩下部饰三周凹弦纹，分别夹饰短线纹和由短线纹组成的“<”形纹饰。底径 5.4、残高 7.4 厘米（图五四七，5；彩版一三七，5）。

M12：8，残损严重，未修复，置于墓室中部肢骨东侧。

钵　1 件。乙类 Ab 型。

M12：5，夹砂红胎黑皮陶，器表磨光。方圆唇，直口，浅弧腹，矮台状平底。素面。口径

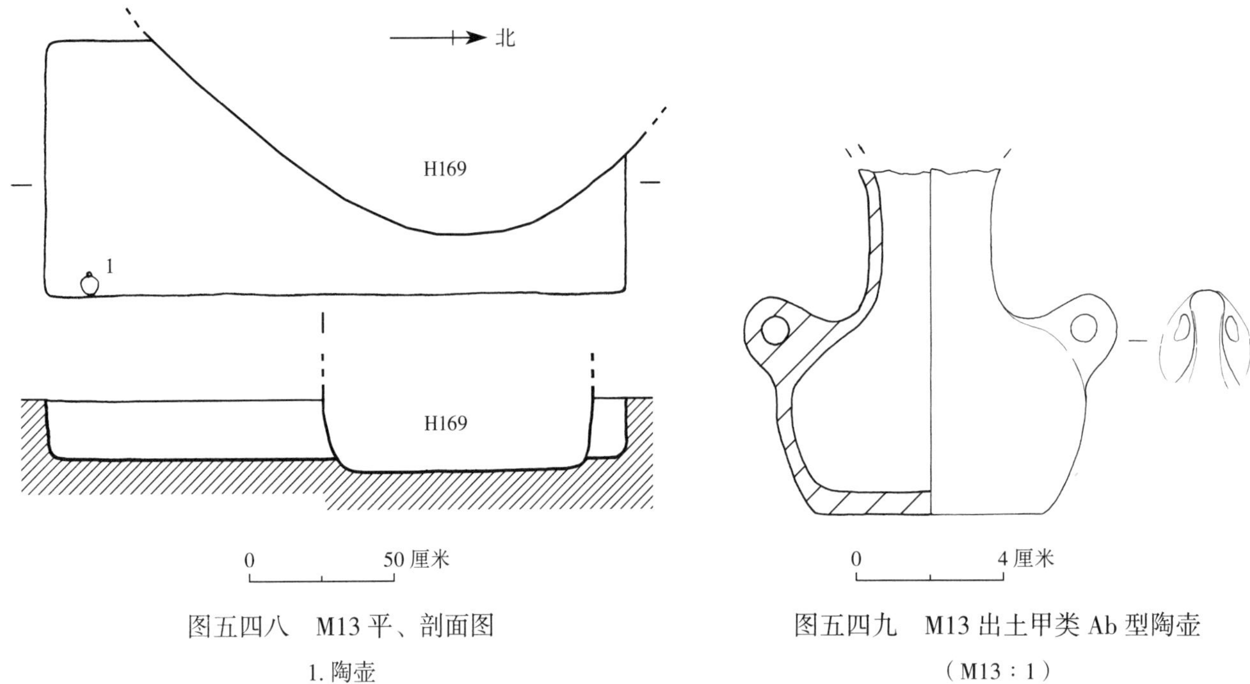

图五四八　M13 平、剖面图
1. 陶壶

图五四九　M13 出土甲类 Ab 型陶壶
（M13：1）

17.2、底径 7.2、高 7.2 厘米（图五四七，3；彩版一三七，6）。

5. M13

位于 TN30E33 南部。开口于第 3 层下，打破第 4 层，西北部被 H169 打破。墓向 0°。墓口距地表 0.48 米。墓圹平面呈长方形，直壁，平底。墓口长 1.98、宽 0.85 米，残深 0.2 米。填土为灰黑色砂土，土质较疏松，夹杂少量红烧土颗粒。未发现葬具和人骨，葬式不明，性别、年龄不详。随葬陶壶 1 件，置于墓室东南部（图五四八；彩版一三四，4）。

陶器　1 件。

壶　1 件。甲类 Ab 型。

M13：1，夹砂褐陶，外壁及颈部内壁磨光。口部残缺，细长颈，圆肩，肩部两侧各附有一半环形耳，浅腹扁鼓，平底。素面。底径 6、残高 8.9 厘米（图五四九；彩版一三六，8）。

（六）特殊遗迹

2 个。

1. TN28E34C1

位于 TN28E34 南部。出土石器，器类有锛、箭镞。

石器

锛

B 型。

TN28E34C1：3，墨绿色。平面近梯形。平顶，两侧磨光。正面有较多片疤。单面刃，刃缘有密集的垂直磨痕。长 6.7、宽 3、厚约 0.6 厘米（图五五〇，1）。

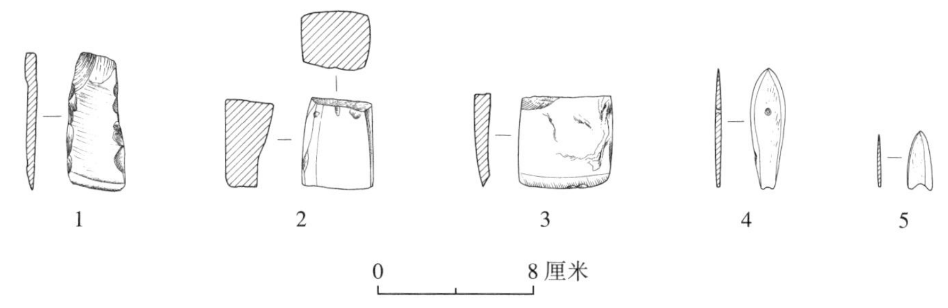

图五五〇　TN28E34C1 出土石器

1. B 型锛（TN28E34C1：3）　2、3. 石锛残件（TN28E34C1：1、5）　4. Ac 型箭镞（TN28E34C1：4）　5. Bb 型箭镞（TN28E34C1：2）

残件。

TN28E34C1：1，灰色。平面呈梯形，截面呈长方形。两侧及正面磨光，背面多片疤且磨制较粗糙。大部分残缺。残长 4.6、宽 3.8、厚 2.8 厘米（图五五〇，2；彩版一三八，1）。

TN28E34C1：5，灰色。平面呈长方形，截面呈长方形。两侧及正面均磨光。弧刃，单面刃，刃缘有几处茬口。大部分残缺。残长 4.8、宽 4.7、厚约 0.8 厘米（图五五〇，3）。

箭镞

Ac 型。

TN28E34C1：4，灰色。柳叶形。有一穿孔，两面对钻，穿孔较小。双面刃，两侧刃缘较一致，刃缘分布有较密集的杂乱磨痕及茬口。底部内凹。磨制较粗糙。长 5.9、宽 1.8、厚 0.2 厘米（图五五〇，4；彩版一三八，2）。

Bb 型。

TN28E34C1：2，灰色。平面近弧边三角形。锋部较圆钝，双面刃，刃部分布有较杂乱的磨痕。底部内凹且较宽。器身中部分布有较杂乱的磨痕。长 2.8、宽约 1.3、厚约 0.2 厘米（图五五〇，5；彩版一三八，3）。

2. TN30E33C1

位于 TN30E33 东部。出土有陶器、石器、玉器，陶器器类有束颈罐、无颈罐、长颈罐、盘口高领罐、器鋬等，石器器类有刀，玉器器类有凿。

（1）陶器

束颈罐　Bb 型。

TN30E33C1：28，夹砂灰胎黑灰皮陶。圆唇，卷沿，束颈。素面。口径 16、残高 3.6 厘米（图五五一，1）。

TN30E33C1：11，夹砂灰陶。圆唇，侈口，卷沿，短束颈，鼓肩。颈部饰刻划纹和凹弦纹，凹弦纹下饰横向褶皱状短泥条附加堆纹。口径 22、残高 11 厘米（图五五一，4）。

TN30E33C1：15，夹砂灰陶。圆唇，侈口，短束颈。颈部饰点线纹组成的折线纹。口径 16、残高 3.6 厘米（图五五一，3）。

TN30E33C1：32，夹砂灰陶，局部为黄褐色。圆唇，侈口，卷沿上仰。素面。残高 3.7 厘米（图

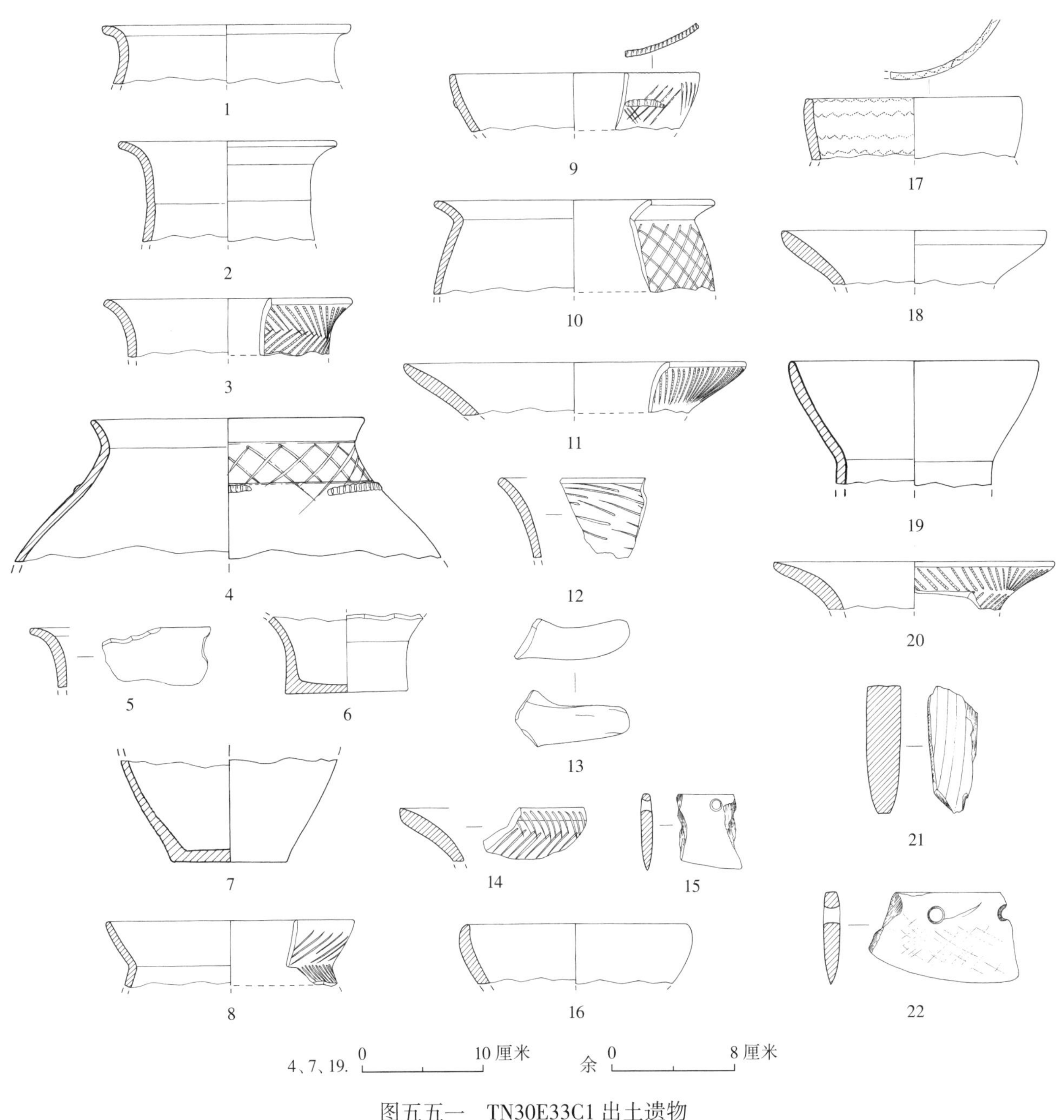

图五五一　TN30E33C1出土遗物

1、3~5. Bb型陶束颈罐（TN30E33C1：28、15、11、32）　2. A型陶长颈罐（TN30E33C1：16）　6、7. 陶器底（TN30E33C1：34、38）　8、9. Ab型陶无颈罐（TN30E33C1：26、25）　10. Bc型陶无颈罐（TN30E33C1：18）　11、12、20. Ab型陶盘口高领罐（TN30E33C1：22、23、12）　13. D型陶器鋬（TN30E33C1：35）　14. Ac型陶盘口高领罐（TN30E33C1：20）　15、22. 乙类Ab型石刀（TN30E33C1：10、9）　16、17. 陶口沿（TN30E33C1：19、17）　18、19. C型陶长颈罐（TN30E33C1：21、36）　21. 玉凿残件（TN30E33C1：1）

五五一，5）。

无颈罐

Ab型。

TN30E33C1：25，夹砂褐陶。方唇，盘口。唇部饰戳印点纹，沿外壁饰刻划线纹和窄泥条附加堆纹。口径 16、残高 3.6 厘米（图五五一，9）。

TN30E33C1：26，夹砂黄褐陶。圆唇，盘口，折沿。沿外壁饰刻划线纹，肩部饰短线纹。口径 16、残高 4.1 厘米（图五五一，8）。

Bc 型。

TN30E33C1：18，夹砂褐胎黑皮陶。圆唇，敞口，卷沿，溜肩。肩部饰刻划网格纹。口径 18、残高 5.8 厘米（图五五一，10）。

长颈罐

A 型。

TN30E33C1：16，夹砂灰陶。圆唇，侈口，卷沿上仰，长颈微束。素面。口径 14、残高 6.3 厘米（图五五一，2）。

C 型。

TN30E33C1：21，夹砂灰陶。圆唇，浅盘口，宽沿。素面。口径 17、残高 3.5 厘米（图五五一，18）。

TN30E33C1：36，夹砂黄褐陶。圆唇，盘口，宽沿。素面。口径 20、残高 10 厘米（图五五一，19；彩版一三八，4）。

盘口高领罐

Ab 型。

TN30E33C1：12，夹砂灰胎黑灰皮陶。圆唇，盘口，宽沿。沿外壁饰小方格点线纹组成的“<”形纹。口径 18、残高 3 厘米（图五五一，20）。

TN30E33C1：22，夹砂黄褐陶，局部为灰色。圆唇，盘口，宽沿较斜弧。沿外壁饰小方格状点线纹。口径 22、残高 3.2 厘米（图五五一，11）。

TN30E33C1：23，夹砂褐陶，内壁黑灰色。圆唇，盘口，宽沿。沿外壁饰刻划线纹。残高 5 厘米（图五五一，12）。

Ac 型。

TN30E33C1：20，夹砂灰陶。斜方唇，盘口，宽沿斜直。沿外壁饰短线纹组成的“<”形纹。残高 3.3 厘米（图五五一，14）。

口沿

TN30E33C1：17，夹砂褐胎黑灰皮陶。方唇，盘口。唇部及内壁饰点线纹。为罐的沿部。口径 14、残高 3.8 厘米（图五五一，17）。

TN30E33C1：19，夹砂灰陶。圆唇，盘口。素面。为罐的沿部。口径 14、残高 3.7 厘米（图五五一，16）。

器鋬　D 型。

TN30E33C1：35，夹砂黑灰陶。长锥状。素面。残长 7.3 厘米（图五五一，13）。

器底

TN30E33C1：34，夹砂灰陶，内壁灰白色。平底。素面。底径 8、残高 4.8 厘米（图五五一，6）。

TN30E33C1：38，夹砂褐陶。平底。素面。底径 9、残高 8 厘米（图五五一，7）。

（2）石器

刀 乙类 Ab 型。

TN30E33C1：9，青灰色。直背，近背部有两个圆形穿孔，两面对钻。弧刃。残长 9.7、宽 5.7、厚约 1.1 厘米（图五五一，22）。

TN30E33C1：10，红褐色。直背，近背部有一圆形穿孔，两面对钻。弧刃。残长 4、宽 4.7、厚约 0.7 厘米（图五五一，15）。

（3）玉器

凿 残件。

TN30E33C1：1，青绿色。磨光较好。残长 8、宽 3.2、厚约 2.2 厘米（图五五一，21）。

三、Ⅱ区文化层

（一）第 6 层出土遗物

该层出土遗物以陶器为主，另有少量石器。陶器器类有束颈罐、侈口小罐、无颈罐、附加堆纹罐、长颈罐、壶、钵等，石器器类有锛、网坠等。

（1）陶器

束颈罐

Ba 型。

TN29E33⑥：15，夹细砂灰褐陶，内壁黑灰色。方唇，侈口，卷沿上仰，束颈。唇部饰戳印点纹。残高 3.6 厘米（图五五二，1）。

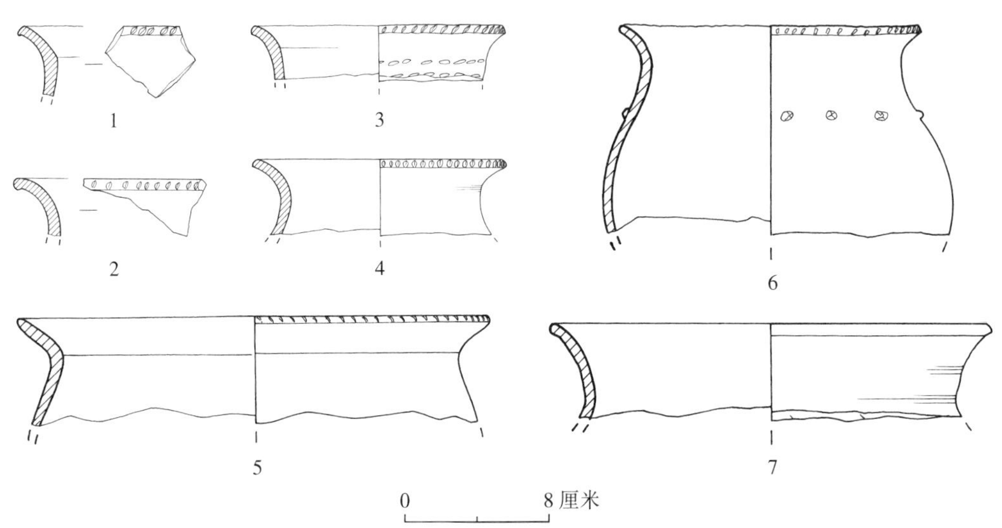

图五五二　2018 年Ⅱ区第 6 层出土陶束颈罐

1~6. Ba 型（TN29E33⑥：15、TN29E33⑥：19、TN29E33⑥：20、TN29E34⑥：13、TN29E33⑥：39、TN29E33⑥：42）
7. Bb 型（TN29E33⑥：36）

TN29E33⑥：19，夹砂褐陶。方唇，侈口，卷沿上仰，束颈。唇部饰戳印点纹。残高 3 厘米（图五五二，2）。

TN29E33⑥：20，夹砂灰褐陶。方唇，侈口，卷沿上仰。唇部和颈部饰戳印粗点纹。口径 14、残高 3 厘米（图五五二，3）。

TN29E33⑥：42，夹砂褐陶。方唇，侈口，卷沿上仰，短束颈，溜肩。唇部饰戳印点纹，肩部饰一周数个小乳丁纹。口径 16.4、残高 11.2 厘米（图五五二，6）。

TN29E34⑥：13，夹细砂灰胎黄褐皮胎，器表磨光。方唇，侈口，卷沿上仰，短束颈。唇部饰戳印点纹。口径 14、残高 4 厘米（图五五二，4）。

TN29E33⑥：39，夹砂灰褐陶。圆唇，侈口，卷沿上仰，短束颈。唇部饰戳印斜点纹。口径 26、残高 5.6 厘米（图五五二，5）。

Bb 型。

TN29E33⑥：36，夹砂灰褐陶。圆唇，侈口，卷沿上仰。素面。口径 24、残高 5 厘米（图五五二，7）。

侈口小罐　Ac 型。

TN29E33⑥：51，夹砂褐陶。圆唇，侈口，卷沿，溜肩，弧腹，最大径位于中腹，平底。唇部饰戳印点纹。口径 14、底径 8.8、高 18 厘米（图五五三，1；彩版一三九，1）。

无颈罐

Ac 型。

TN29E33⑥：34，夹砂褐胎黑皮陶。尖圆唇，敛口，窄折沿微上仰，沿面微凹，溜肩。肩部饰水波纹。口径 14、残高 3.2 厘米（图五五三，3）。

TN29E33⑥：35，夹砂褐陶，内壁黑灰色。尖圆唇，敛口，窄折沿上仰，沿面微凹，溜肩。肩

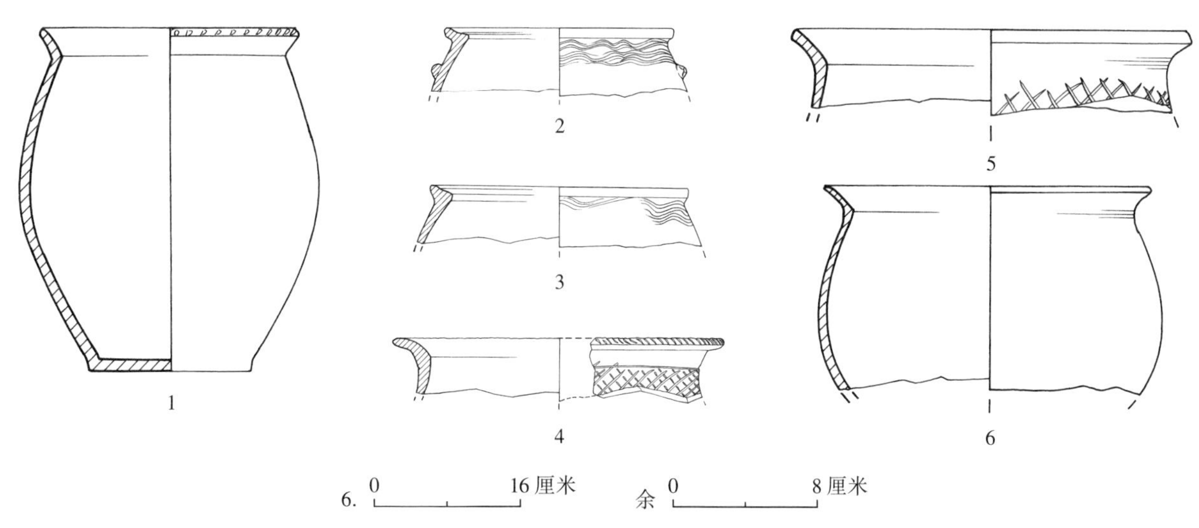

图五五三　2018 年Ⅱ区第 6 层出土陶器

1. Ac 型侈口小罐（TN29E33⑥：51）　2、3. Ac 型无颈罐（TN29E33⑥：35、TN29E33⑥：34）　4~6. Bc 型无颈罐（TN29E33⑥：26、TN29E33⑥：23、TN29E33⑥：41）

部饰水波纹并附有小乳丁纹。口径 12.4、残高 3.6 厘米（图五五三，2）。

Bc 型。

TN29E33⑥：23，夹砂灰黑陶。方唇，侈口，卷沿，溜肩。肩部饰刻划网格纹。口径 22、残高 4.4 厘米（图五五三，5）。

TN29E33⑥：26，夹细砂灰褐陶，器表磨光、呈黑灰色。圆唇，侈口，卷沿弧折，溜肩。唇部饰戳印点纹，肩部饰凹弦纹和刻划网格纹。口径 18、残高 3.4 厘米（图五五三，4）。

TN29E33⑥：41，夹砂黑褐陶。圆唇，侈口，卷沿上仰，溜肩。素面。口径 36、残高 21.6 厘米（图五五三，6；彩版一三九，2）。

附加堆纹罐 Aa 型。

TN29E33⑥：38，夹砂灰胎黑皮陶。圆唇，侈口，卷沿，束颈。唇部饰戳印点纹，颈上部饰一周较平滑的附加堆纹，颈下部饰凹弦纹和刻划网格纹。口径 28、残高 4 厘米（图五五四，1）。

长颈罐

A 型。

TN29E34⑥：14，夹砂灰胎红褐皮陶，器表磨光。方唇，侈口，沿面外翻近平，长颈。唇部饰刻划"×"形纹，颈部饰短斜线纹。口径 18、残高 3.6 厘米（图五五四，3）。

B 型。

TN29E33⑥：32，夹砂灰胎灰褐皮陶。方唇，喇叭口。唇部饰刻划"×"形纹，颈部饰短斜线纹。口径 28、残高 4.2 厘米（图五五四，2）。

壶 甲类 Bf 型。

TN29E33⑥：27，夹砂灰胎黑灰皮陶，器表磨光。圆唇，口微侈，长直颈。唇部饰戳印点纹，颈下部饰小方格状点线纹。口径 10、残高 5 厘米（图五五四，4）。

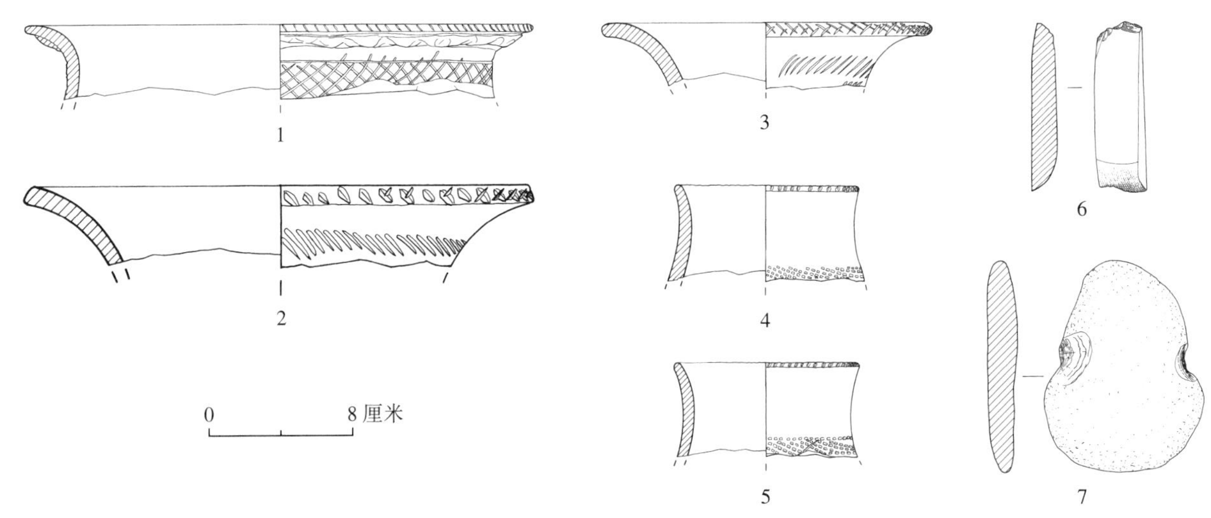

图五五四　2018 年Ⅱ区第 6 层出土遗物

1. Aa 型陶附加堆纹罐（TN29E33⑥：38）　2. B 型陶长颈罐（TN29E33⑥：32）　3. A 型陶长颈罐（TN29E34⑥：14）　4、5. 甲类 Bf 型陶壶（TN29E33⑥：27、TN29E33⑥：33）　6. 石锛（TN29E33⑥：2）　7. 石网坠（TN29E33⑥：1）

TN29E33⑥：33，夹砂黄褐陶，器表磨光。圆唇，口微侈，长直颈。唇部饰戳印点纹，颈下部饰小方格状点线纹。口径 10、残高 5 厘米（图五五四，5）。

钵

乙类 Aa 型。

TN29E34⑥：15，夹砂褐胎黑灰皮陶，器表磨光。圆唇，敞口，斜弧腹。腹上部饰乳丁纹。口径 18、残高 5.6 厘米（图五五五，1）。

乙类 Bb 型。

TN29E33⑥：37，夹砂褐胎黑皮陶，器表磨光。敛口，圆唇，上腹微鼓。口外侧饰光面连续三角纹夹短线纹组成的折线纹，其下饰短斜线纹组成的窄带状纹饰等。口径 17、残高 4.5 厘米（图五五五，5）。

乙类 Be 型。

TN29E33⑥：43，夹砂黑灰陶，器表磨光。圆唇，直口，弧腹。唇部饰戳印点纹，口外侧饰点线状菱格纹和凹弦纹，腹部饰凹弦纹夹短斜线纹等。口径 21、残高 8.2 厘米（图五五五，7；彩版一三九，3）。

TN29E33⑥：50，夹砂灰陶。方唇，直口，弧腹。唇部饰戳印点纹，口外侧饰菱格纹和凹弦纹，腹部饰短斜线纹组成的窄带状纹饰、短线纹与光面组成的旋涡纹等。残高 11 厘米（图五五五，6）。

乙类 Bf 型。

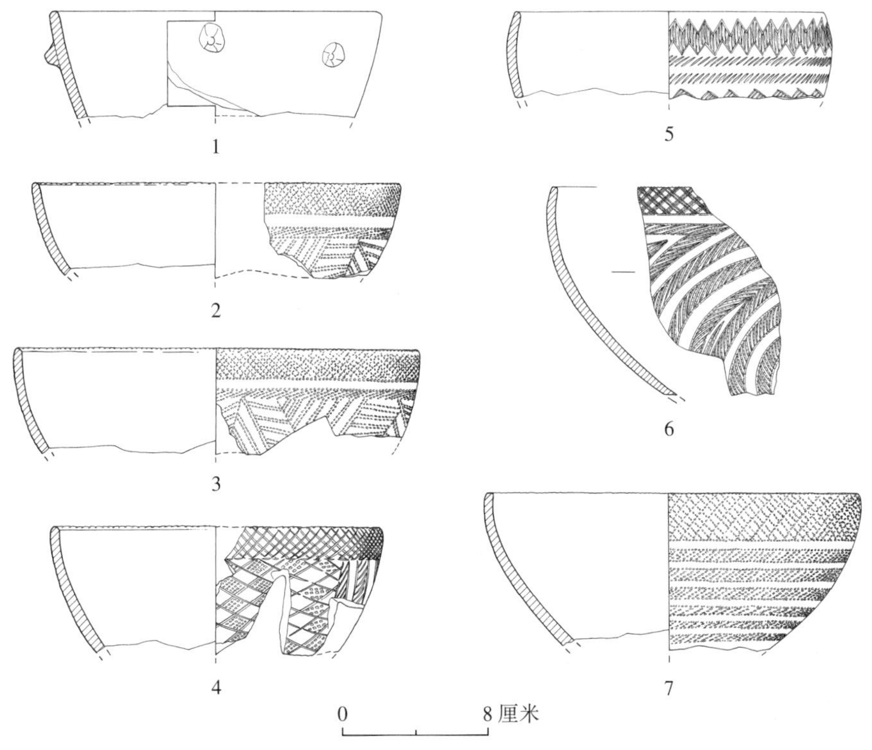

图五五五　2018 年Ⅱ区第 6 层出土陶钵

1. 乙类 Aa 型（TN29E34⑥：15）　2~4. 乙类 Bf 型（TN29E33⑥：28、TN29E33⑥：30、TN29E33⑥：29）　5. 乙类 Bb 型（TN29E33⑥：37）　6、7. 乙类 Be 型（TN29E33⑥：50、TN29E33⑥：43）

TN29E33⑥：28，夹细砂黑灰陶，器表磨光。方唇，敞口，弧腹。唇部饰戳印点纹，腹部饰点线纹组成的菱格纹、弦纹、窄带状纹饰及与光面组成的复合纹饰。口径20、残高5厘米（图五五五，2）。

TN29E33⑥：29，夹砂黑陶。圆唇，敞口，弧腹。唇部饰戳印点纹，腹部饰小菱格纹、弦纹、大菱格纹等，大菱格填充小方格状点线纹或为光面，两者相间分布。口径18、残高6.8厘米（图五五五，4）。

TN29E33⑥：30，夹细砂黑灰陶，器表磨光。方唇，敞口，弧腹。唇部饰戳印点纹，腹部饰点线纹组成的菱格纹、弦纹、窄带状纹饰及与光面组成的复合纹饰。口径22、残高5.6厘米（图五五五，3）。

（2）石器

锛

TN29E33⑥：2，褐色。平面呈长方形，截面近平行四边形。斜平顶，两面均磨光，背面磨制平整。单面刃，刃部有残缺。残长9、宽2.7、厚约1.4厘米（图五五四，6）。

网坠

TN29E33⑥：1，黄褐色。亚腰形，两侧缺口位于中部偏上。长11.1、宽8.7、厚1.7厘米（图五五四，7）。

（二）第5层出土遗物

该层出土遗物以陶器为主，另有少量石器。陶器器类有束颈罐、无颈罐、附加堆纹罐、沿面饰纹罐、长颈罐、盘口高领罐、矮领小罐、盆、钵等，石器器类有锛、刀等。

（1）陶器

束颈罐

Ba型。

TN29E33⑤：17，夹砂褐陶，内壁磨光、呈黑色。圆唇，侈口，卷沿，短束颈。唇部饰戳印点纹，沿面上有刮划痕迹，肩部饰刻划纹。残高2.1厘米（图五五六，1）。

TN29E33⑤：19，夹砂褐陶。方唇，侈口，卷沿，溜肩。唇部饰戳印点纹，肩部饰乳丁纹。残高5.7厘米（图五五六，10）。

TN29E33⑤：23，夹砂黄褐陶。圆唇，口微侈，卷沿，短束颈。唇部饰戳印点纹，颈部饰刻划网格纹。残高3.4厘米（图五五六，2）。

TN29E34⑤：19，夹砂灰陶。圆唇，侈口，卷沿，颈部微束。唇部饰戳印点纹。口径18.4、残高2.4厘米（图五五六，6）。

TN29E34⑤：20，夹砂褐陶，陶色斑驳，局部为红褐色，局部为黑色。方唇，口微侈，短束颈。唇部饰戳印点纹，颈部饰刻划网格纹。口径10、残高4厘米（图五五六，8）。

TN29E35⑤：31，夹砂黄褐陶。圆唇，侈口，卷沿。唇部饰戳印点纹。口径14、残高3.4厘米（图五五六，9）。

Bb型。

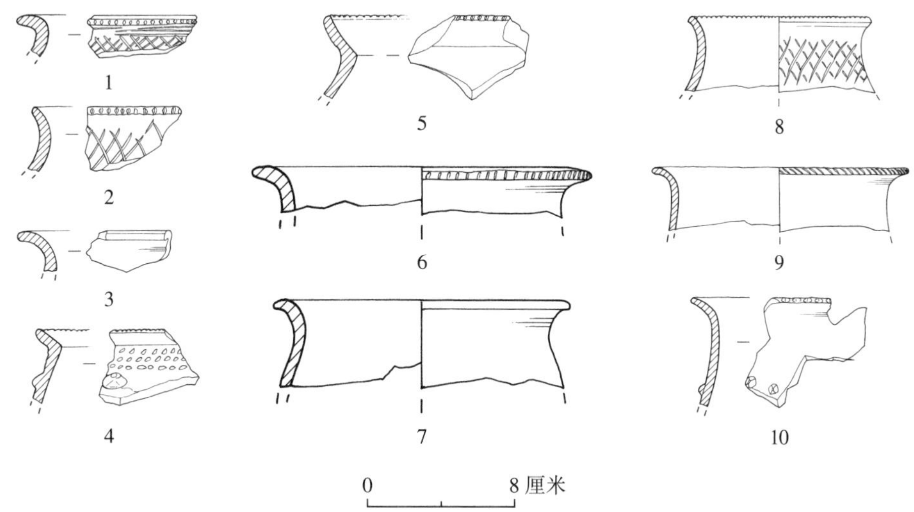

图五五六 2018年Ⅱ区第5层出土陶器

1、2、6、8~10. Ba型束颈罐（TN29E33⑤：17、TN29E33⑤：23、TN29E34⑤：19、TN29E34⑤：20、TN29E35⑤：31、TN29E33⑤：19） 3、7. Bb型束颈罐（TN29E35⑤：25、TN29E34⑤：12） 4. Ac型无颈罐（TN29E35⑤：17） 5. Ab型无颈罐（TN29E34⑤：16）

TN29E34⑤：12，夹砂黑灰陶。圆唇，侈口，卷沿，短束颈。素面。口径16、残高4.6厘米（图五五六，7）。

TN29E35⑤：25，夹砂灰陶。圆唇，侈口，卷沿，短束颈。素面。残高2.1厘米（图五五六，3）。

无颈罐

Ab型。

TN29E34⑤：16，夹砂红褐陶，内壁褐色。方唇，盘口，折沿。唇部饰戳印点纹。残高4.4厘米（图五五六，5）。

Ac型。

TN29E35⑤：17，夹砂红褐陶。圆唇，敛口，窄折沿，溜肩。唇部饰戳印点纹，肩部饰戳印粗点纹和乳丁纹。残高3.9厘米（图五五六，4）。

附加堆纹罐 Ab型。

TN29E35⑤：15，夹砂黄褐陶，胎体较厚。方唇，侈口，卷沿。唇部饰戳印点纹，颈部饰一周褶皱状附加堆纹和刻划网格纹。残高3.6厘米（图五五七，1）。

沿面饰纹罐

Aa型。

TN29E33⑤：11，夹砂褐胎黑皮陶，外壁磨光。圆唇，侈口，卷沿外翻下垂，束颈。沿面饰小方格状点线纹组成的连续三角纹夹光面折线纹、弦纹，颈部饰小方格状斜线纹。残高4厘米（图五五七，2）。

TN29E33⑤：12，夹砂褐陶。内壁磨光。方唇，侈口，卷沿外翻下垂。沿面饰短线纹组成的连续三角纹夹光面折线纹、弦纹，颈部饰点线纹交叉组成的网格纹。口径20、残高4厘米（图五五七，3）。

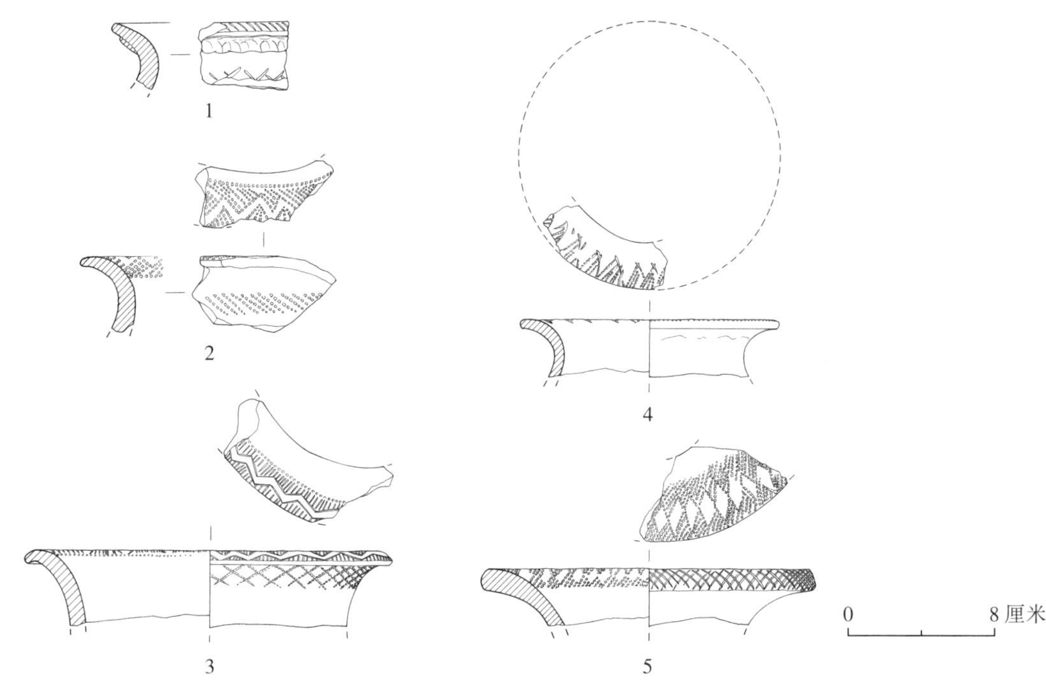

图五五七　2018年Ⅱ区第5层出土陶器

1. Ab型附加堆纹罐（TN29E35⑤：15）　2、3. Aa型沿面饰纹罐（TN29E33⑤：11、TN29E33⑤：12）　4. Ab型沿面饰纹罐（TN29E34⑤：15）　5. C型沿面饰纹罐（TN29E34⑤：17）

Ab型。

TN29E34⑤：15，夹砂灰黑陶。圆唇，侈口，卷沿，束颈。沿部饰小方格状点线纹组成的连续三角纹。口径14、残高3厘米（图五五七，4）。

C型。

TN29E34⑤：17，夹砂橙黄陶，内壁灰色。方唇，喇叭口，卷沿外翻近平。唇部饰刻划菱格纹，沿面饰点线纹组成的连续三角纹夹光面菱形纹。口径18、残高3厘米（图五五七，5）。

长颈罐

A型。

TN29E35⑤：34，夹砂褐胎黑皮陶，胎体厚重。圆唇，侈口，卷沿外翻近平，长颈。唇部饰戳印点纹，颈部饰小方格状点线纹。口径16.8、残高5.5厘米（图五五八，1）。

TN29E33⑤：21，夹砂灰陶，内壁黑灰色，胎体较厚。方唇，侈口，卷沿上仰。唇部饰戳印纹，颈部饰小方格状点线纹。口径14、残高2.8厘米（图五五八，2）。

TN29E34⑤：11，夹砂黄褐陶，陶色斑驳，局部为黑灰色，内壁为黑灰色。方唇，侈口，卷沿上仰，长颈。唇部饰戳印点纹。口径16、残高4.6厘米（图五五八，4）。

TN29E34⑤：14，夹砂黄褐陶。圆唇，侈口，卷沿上仰。唇部饰戳印点纹，颈部饰小方格状点线纹。口径18、残高2.8厘米（图五五八，3）。

B型。

TN29E34⑤：13，夹砂黄褐陶，局部磨光。方唇，喇叭口，长颈。唇部饰刻划“×”形纹，颈

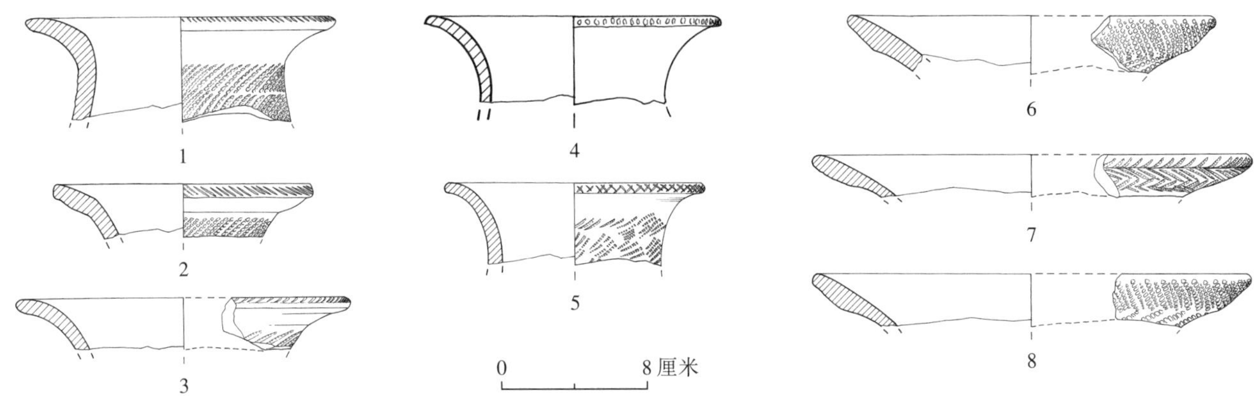

图五五八　2018 年Ⅱ区第 5 层出土陶器

1~4. A 型长颈罐（TN29E35⑤：34、TN29E33⑤：21、TN29E34⑤：14、TN29E34⑤：11）　5. B 型长颈罐（TN29E34⑤：13）　6~8. Ab 型盘口高领罐（TN29E33⑤：13、TN29E33⑤：14、TN29E33⑤：16）

部饰小方格状点线纹组成的菱形纹等。口径 14、残高 4.4 厘米（图五五八，5）。

盘口高领罐　Ab 型。

TN29E33⑤：13，夹砂黄褐陶。圆唇，盘口，宽沿外壁有一道折棱。沿外壁饰小方格状点线纹。口径 20、残高 3 厘米（图五五八，6）。

TN29E33⑤：14，夹砂灰陶，内壁黑灰色。圆唇，近盘口，宽沿。沿外壁饰小方格状点线纹组成的折线纹。口径 24、残高 2.2 厘米（图五五八，7）。

TN29E33⑤：16，夹砂黄褐陶。圆唇，盘口，宽沿，沿外壁有一道折棱。沿外壁饰小方格状点线纹。口径 24、残高 2.8 厘米（图五五八，8）。

矮领小罐　A 型。

TN29E33⑤：15，夹砂褐陶。圆唇，敛口，矮领，溜肩。领部饰小方格状点线纹组成的“<”形纹，肩部饰小方格状点线纹组成的窄带状纹饰、弦纹及与光面组成的复合纹饰。残高 6.4 厘米（图五五九，1）。

盆　C 型。

TN29E34⑤：24，夹砂灰陶，局部为黑灰色。方唇，敞口，卷沿，弧腹。唇部饰戳印点纹，沿外壁饰一周较平滑的附加堆纹。残高 4.7 厘米（图五五九，4）。

钵　乙类 Bc 型。

TN29E35⑤：23，夹砂灰陶。方唇，敛口，弧腹。唇部饰戳印点纹，腹部饰点线纹组成的菱格纹、三角纹、弦纹等。口径 20、残高 4.5 厘米（图五五九，7）。

器耳　A 型。

TN29E34⑤：23，夹砂灰胎黄褐皮陶。半球形，两侧穿孔。器耳及腹部饰戳印小方格状点线纹。残高 3.4 厘米（图五五九，2）。

器底

TN29E34⑤：18，夹砂橙黄陶。平底，底部外缘凸出。素面。底径 7.6、残高 2.4 厘米（图五五九，

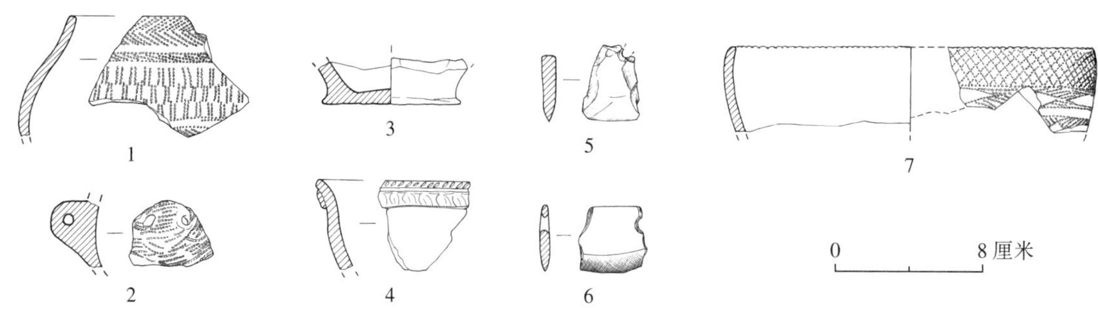

图五五九　2018 年Ⅱ区第 5 层出土遗物

1. A 型陶矮领小罐（TN29E33⑤：15）　2. A 型陶器耳（TN29E34⑤：23）　3. 陶器底（TN29E34⑤：18）　4. C 型陶盆（TN29E34⑤：24）　5. A 型石锛（TN29E33⑤：10）　6. 石刀残件（TN29E35⑤：1）　7. 乙类 Bc 型陶钵（TN29E35⑤：23）

3）。

（2）石器

锛　A 型。

TN29E33⑤：10，黑灰色。平面呈梯形。顶部残，上部有一圆形穿孔，两面对钻。弧刃，双面刃。残长 4、宽 3、厚约 0.7 厘米（图五五九，5）。

刀　残件。

TN29E35⑤：1，灰绿色。直背，背部较圆弧且较窄，残有一孔，两面对钻，穿孔上方有明显的穿绳磨损。双面刃，刃缘分布有连续的茬口及崩疤。整体磨制较光滑，器表无明显的磨痕，仅刃部有连续的崩疤。大部分残缺。残长 3.7、宽 3.5、厚约 0.6 厘米（图五五九，6）。

（三）第 4 层出土遗物

该层出土遗物以陶器为主，另有少量石器。陶器器类有束颈罐、侈口小罐、无颈罐、附加堆纹罐、沿面饰纹罐、盘口高领罐、盘口短颈罐、矮领小罐、瓮、钵、纺轮等，石器器类有锛、刀、箭镞、杵等。

（1）陶器

束颈罐

Ab 型。

TN29E35④：14，夹砂橙黄陶。方唇，侈口，宽卷沿外翻下垂，短束颈。唇部饰戳印点纹。口径 18、残高 2.6 厘米（图五六〇，1）。

Bb 型。

TN29E33④：19，夹砂褐陶。圆唇，侈口。素面。口径 22、残高 3.6 厘米（图五六〇，4）。

TN29E35④：15，夹砂褐胎黑皮陶。圆唇，侈口，窄卷沿，长颈微束。素面。口径 18、残高 5 厘米（图五六〇，3）。

侈口小罐

Aa 型。

TN29E33④：13，夹砂灰陶。圆唇，侈口，卷沿，沿外侧向外隆弧形成一道缓缓的凸起，束颈。

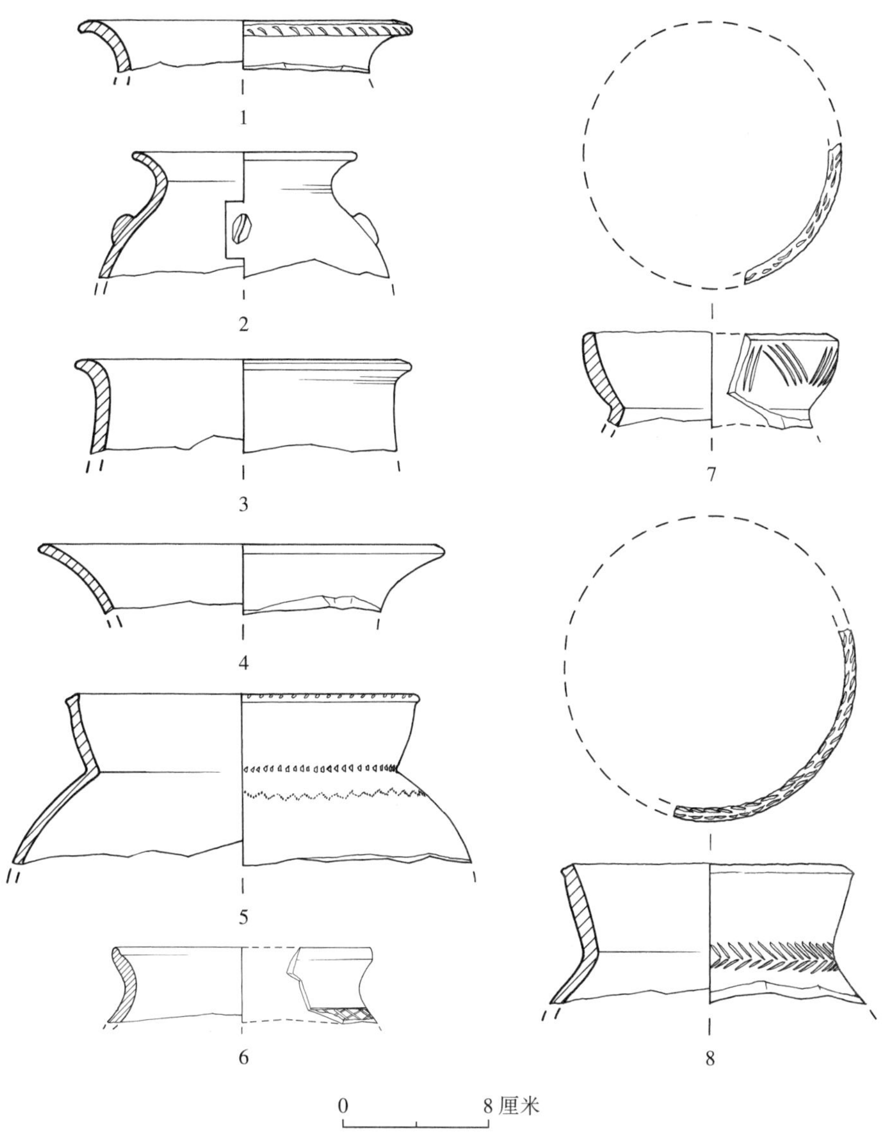

图五六〇　2018 年Ⅱ区第 4 层出土陶器

1. Ab 型束颈罐（TN29E35 ④：14）　2. Ad 型侈口小罐（TN29E33 ④：24）　3、4. Bb 型束颈罐（TN29E35 ④：15、TN29E33 ④：19）　5、7. Ab 型无颈罐（TN29E33 ④：17、TN29E33 ④：18）　6. Aa 型侈口小罐（TN29E33 ④：13）　8. Aa 型无颈罐（TN29E33 ④：25）

肩部饰凹弦纹和菱格纹。口径 14、残高 4.2 厘米（图五六〇，6）。

Ad 型。

TN29E33 ④：24，夹砂灰褐陶。圆唇，侈口，卷沿，短束颈，鼓肩。肩部饰乳丁纹。口径 12、残高 6.6 厘米（图五六〇，2）。

无颈罐

Aa 型。

TN29E33 ④：25，夹砂褐胎黑皮陶。方唇，敞口，宽折沿较竖直，鼓肩。唇部饰戳印点纹，肩部饰刻划“>”形纹。口径 16、残高 7.2 厘米（图五六〇，8）。

Ab 型。

TN29E33④：17，夹砂黑灰陶。方唇，盘口，折沿，鼓肩。唇部饰戳印点纹，折沿处饰点纹，肩部饰点线状水波纹。口径 19.2、残高 9.2 厘米（图五六○，5）。

TN29E33④：18，夹砂黄褐陶。方唇，盘口，折沿。唇部饰戳印点纹，沿外壁饰成组刻划线纹。口径 14、残高 5 厘米（图五六○，7）。

附加堆纹罐

Aa 型。

TN29E35④：27，夹砂灰黄胎黑皮陶。圆唇，侈口，宽沿。唇部饰戳印点纹，颈部饰一周平滑的附加堆纹。口径 24、残高 3.4 厘米（图五六一，1）。

Ba 型。

TN29E33④：12，夹砂灰黄陶。侈口，卷沿较斜直，短束颈。唇外侧饰一周平滑的附加堆纹，与唇部贴合形成箭头状唇，颈部饰戳印纹。口径 18、残高 4.2 厘米（图五六一，3）。

沿面饰纹罐

Aa 型。

TN29E35④：23，夹砂灰陶。方唇，侈口，沿面外翻近平。唇部饰刻划“×”形纹，沿面饰短线纹组成的连续三角纹。残高 1.8 厘米（图五六一，11）。

Ab 型。

TN29E34④：2，夹砂褐陶。圆唇，侈口，卷沿上仰，束颈。沿面饰小方格状点线纹组成的连续三角纹，颈部饰小方格状点线纹，局部有交叉。残高 4.8 厘米（图五六一，12）。

盘口高领罐

Aa 型。

TN29E34④：37，夹砂褐陶，内壁磨光、呈黑色。尖圆唇，近盘口，宽沿。沿外壁饰小方格状点线纹组成的“<”形纹。口径 18、残高 3.2 厘米（图五六一，4）。

Ab 型。

TN29E34④：41，夹砂黄褐陶，局部为灰色。圆唇，近盘口，宽沿。沿外壁饰小方格状点线纹。口径 22、残高 4 厘米（图五六一，5）。

Ac 型。

TN29E35④：29，夹砂橙黄陶。斜方唇，近盘口，宽沿。唇部饰刻划“×”形纹，沿外壁饰短线纹组成的“<”形纹。口径 24、残高 3.8 厘米（图五六一，6）。

盘口短颈罐 A 型。

TN29E34④：42，夹砂黑皮陶，最内为灰胎，其外为褐胎，胎体厚实。方唇，唇内侧有一道凹槽，盘口，卷沿，短束颈。唇部饰戳印点纹，肩部饰波浪纹。口径 18、残高 7 厘米（图五六一，7）。

矮领小罐

A 型。

TN29E34④：20，夹砂橙黄陶。圆唇，敛口，矮领，溜肩。领部和肩部饰小方格状点线纹与光

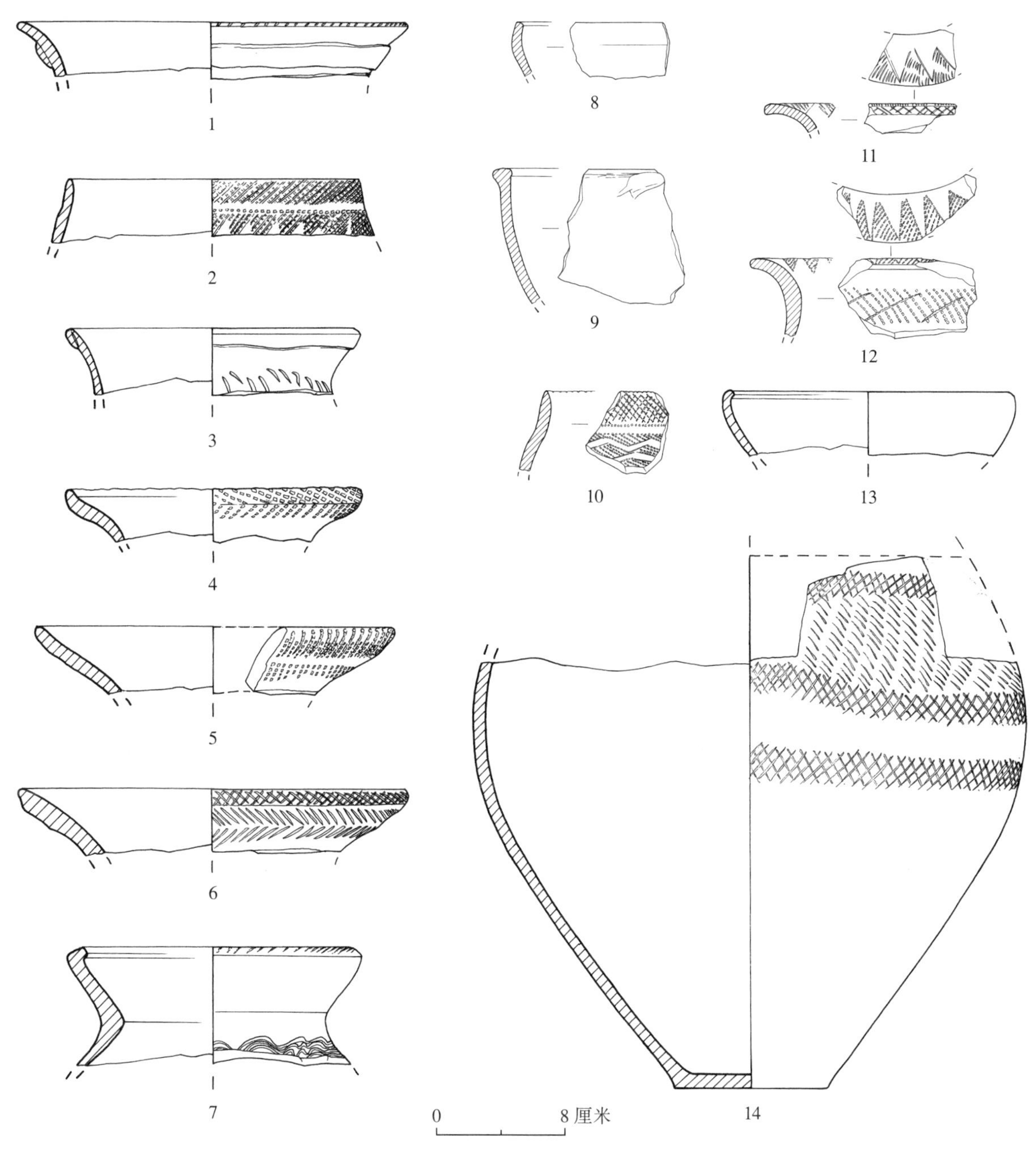

图五六一　2018年Ⅱ区第4层出土陶器

1. Aa型附加堆纹罐（TN29E35④：27）　2. A型矮领小罐（TN29E34④：20）　3. Ba型附加堆纹罐（TN29E33④：12）　4. Aa型盘口高领罐（TN29E34④：37）　5. Ab型盘口高领罐（TN29E34④：41）　6. Ac型盘口高领罐（TN29E35④：29）　7. A型盘口短颈罐（TN29E34④：42）　8、13. 乙类Ad型钵（TN29E34④：21、TN29E35④：18）　9. 乙类Ab型钵（TN29E34④：43）　10. B型矮领小罐（TN29E34④：28）　11. Aa型沿面饰纹罐（TN29E35④：23）　12. Ab型沿面饰纹罐（TN29E34④：2）　14. 瓮（TN29E34④：44）

面组成的复合纹饰。口径18、残高3.4厘米（图五六一，2）。

B型。

TN29E34④：28，夹砂黑灰陶。圆唇，直口，矮领，溜肩，领部与肩部分界不明显。领部饰菱格纹和弦纹，肩部饰小方格状弦纹、连续三角纹、菱形纹和光面折线纹等。残高4.7厘米（图五六一，10）。

瓮

TN29E34④：44，夹砂灰陶。口部残，鼓腹，下腹斜收，平底。肩部饰网格纹和短斜线纹等。底径9.6、残高31.6厘米（图五六一，14）。

钵

乙类Ab型。

TN29E34④：43，夹砂灰陶，器表磨光。口近直，弧腹。口外侧有一扁乳丁状凸起。残高8厘米（图五六一，9）。

乙类Ad型。

TN29E34④：21，夹砂褐陶，内壁磨光。圆唇，敛口，腹部微鼓。素面。残高3.4厘米（图五六一，8）。

TN29E35④：18，夹砂黑灰陶。圆唇，敛口，腹部微鼓。素面。口径18、残高3.8厘米（图五六一，13）。

器盖

TN29E34④：31，夹砂褐陶，器表磨光。圆唇，腹壁斜直。素面。残高3.6厘米（图五六二，1）。

器底

TN29E33④：27，夹砂黄褐陶，内壁局部为灰色。下腹斜弧，平底。下腹部有刮划痕迹。底径9.2、

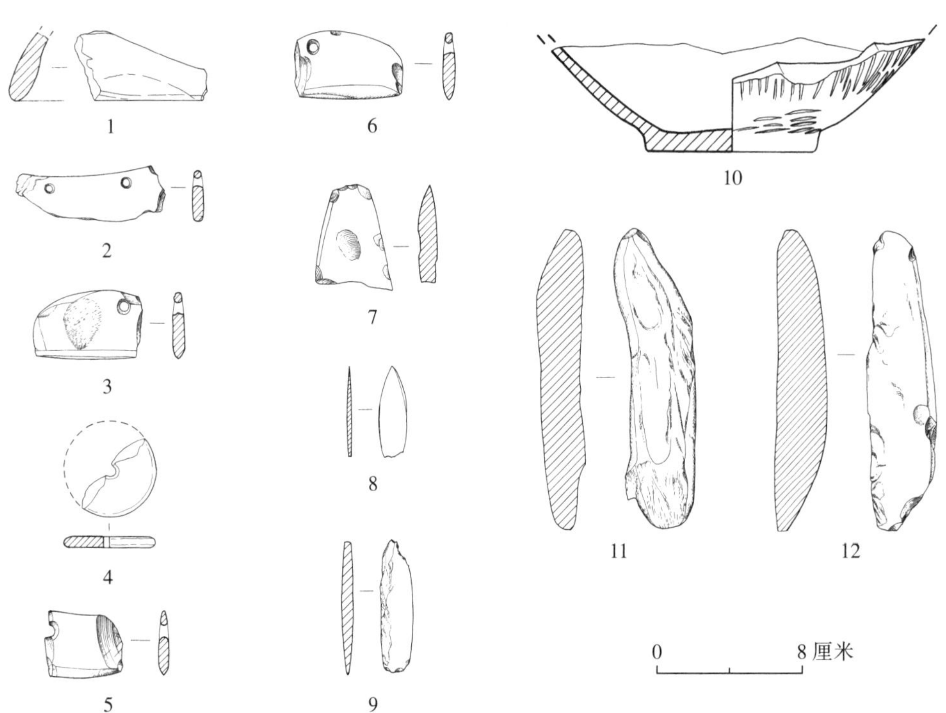

图五六二　2018年Ⅱ区第4层出土遗物

1. 陶器盖（TN29E34④：31）　2、5. 石刀残件（TN29E33④：3、TN29E35④：1）　3、6. 乙类C型石刀（TN29E35④：4、TN29E35④：4-1）　4. A型陶纺轮（TN29E33④：10）　7. 石锛残件（TN29E35④：2）　8. A型石箭镞（TN29E35④：3）　9、11、12. 石杵（TN29E34④：1、TN29E33④：2、TN29E33④：1）　10. 陶器底（TN29E33④：27）

残高 6 厘米（图五六二，10）。

纺轮　A 型。

TN29E33④：10，夹砂黄褐陶。圆饼形，中间有穿孔。素面。直径 5、厚 0.6 厘米（图五六二，4）。

（2）石器

锛　残件。

TN29E35④：2，黑色。平面近梯形，上窄下宽，截面近长方形。两面均磨光。弧刃，单面刃，刃缘有较密集的崩疤。残长 5.6、宽 4.2、厚约 1 厘米（图五六二，7；彩版一三九，4）。

刀

乙类 C 型。

TN29E35④：4，灰黑色。弧背，残有一孔，两面对钻。直刃。平面分布有较多片疤，大部分残缺。残长 5.9、宽 3.6、厚约 0.6 厘米（图五六二，3）。

TN29E35④：4-1，灰黑色。弧背，仅残有一孔，两面对钻。直刃，刃部有较明显的崩疤及均匀的斜向磨痕。残长 6、宽 3.6、厚约 0.7 厘米（图五六二，6）。

残件。

TN29E33④：3，灰白色。弧背，两孔，两面对钻。刃部残缺。残长 8.2、宽 2.7、厚约 0.6 厘米（图五六二，2；彩版一三九，5）。

TN29E35④：1，灰黑色。背部残有一孔。刃缘有较多细小的茬口，两侧有较多崩疤。大部分残缺。残长 4.2、宽 3.6、厚约 0.5 厘米（图五六二，5；彩版一三九，6）。

箭镞　A 型。

TN29E35④：3，灰黑色。柳叶形，截面近梭形，两侧极薄，最宽处大致位于器身中部。锋部较短。磨光程度较差。残长 4.8、宽 1.7、厚约 0.25 厘米（图五六二，8）。

杵

TN29E33④：1，褐色。整体中部较宽，两端较窄。两侧有部分片疤，通体磨光，磨制较精细。长 15.8、宽 3.7、厚 2.7 厘米（图五六二，12）。

TN29E33④：2，黄褐色。截面近长方形。一角略有残缺。通体磨光，磨制较粗糙。长 15.9、宽 3.7、厚 2.2 厘米（图五六二，11）。

TN29E34④：1，褐色。长条形。部分残缺。长 7.1、宽 1.8、厚 0.5 厘米（图五六二，9）。

（四）第 3 层出土遗物

该层出土遗物以陶器为主，另有少量石器。陶器器类有束颈罐、侈口小罐、无颈罐、附加堆纹罐、沿面饰纹罐、盘口高领罐、盘口短颈罐、矮领小罐、敛口罐等，石器器类有斧、锛、凿、刀、纺轮等。

（1）陶器

束颈罐

Ba 型。

TN29E35③：14，夹砂黑灰陶。方唇，侈口，卷沿上仰，束颈。唇部饰戳印点纹，沿外壁饰短

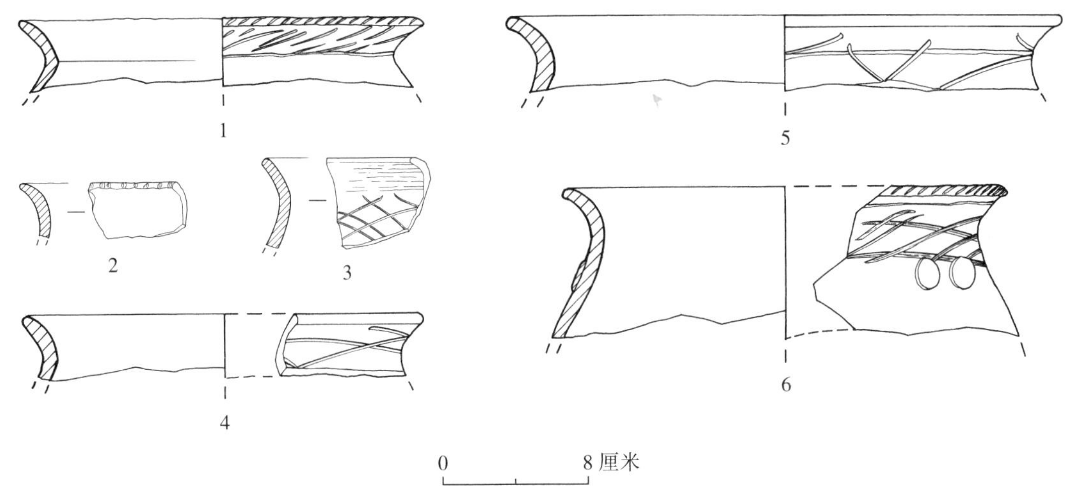

图五六三 2018年Ⅱ区第3层出土陶束颈罐

1、2、6. Ba型（TN29E35③：14、TN29E35③：26、TN29E35③：30） 3~5. Bb型（TN29E34③：27、TN29E35③：28、TN29E35③：25）

斜线纹和凹弦纹。口径22、残高3.6厘米（图五六三，1）。

TN29E35③：26，夹砂褐陶。圆唇，口微侈，卷沿较斜直，短束颈。唇部饰戳印点纹。残高2.9厘米（图五六三，2）。

TN29E35③：30，夹砂黑灰陶。方唇，侈口，卷沿上仰，束颈，溜肩。唇部饰戳印点纹，颈部饰刻划线纹和弦纹，肩部饰小圆饼附加堆纹。口径24、残高8厘米（图五六三，6）。

Bb型。

TN29E34③：27，夹砂灰褐陶，内壁黑灰色。圆唇，口微侈，卷沿，短束颈。颈部饰刻划网格纹。残高4.8厘米（图五六三，3）。

TN29E35③：25，夹砂黑灰陶。圆唇，侈口，卷沿上仰，束颈。颈部饰刻划凹弦纹和网格纹。口径30、残高4厘米（图五六三，5）。

TN29E35③：28，夹砂褐陶，内壁黑灰色。方唇，侈口，卷沿上仰，短束颈。颈部饰刻划网格纹。口径22、残高3.4厘米（图五六三，4）。

侈口小罐 Ae型。

TN29E35③：29，夹砂灰胎褐皮陶。圆唇，侈口，卷沿，束颈，溜肩。肩部饰乳丁纹。口径10、残高3.6厘米（图五六四，1）。

无颈罐

Ab型。

TN29E34③：3，夹砂黑灰胎灰皮陶。圆唇，盘口，宽折沿上仰，溜肩。唇面饰戳印点纹。口径20、残高6厘米（图五六四，5）。

TN29E34③：7，夹砂黄褐陶。圆唇，盘口，宽折沿上仰，窄溜肩。外壁折沿处和肩部各饰一周戳印点纹。残高5.4厘米（图五六四，2）。

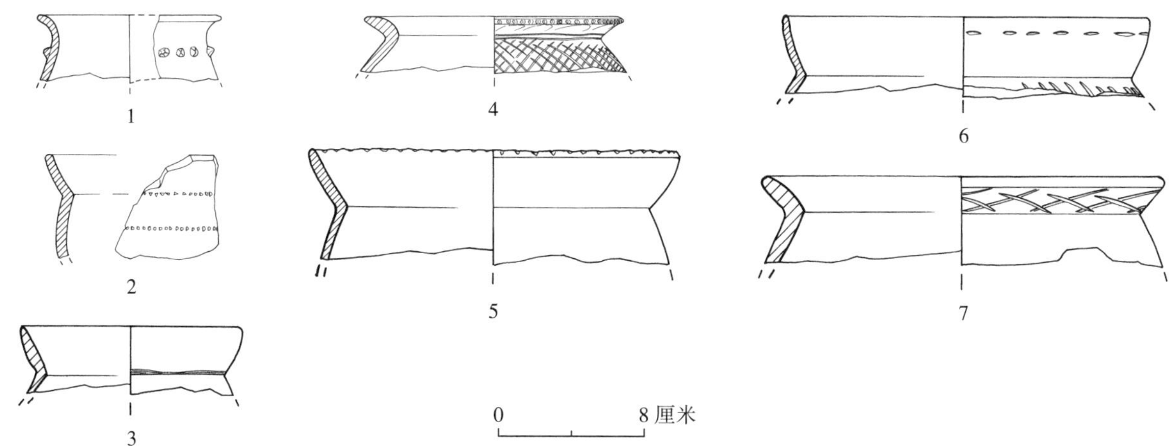

图五六四　2018年Ⅱ区第3层出土陶器

1. Ae型侈口小罐（TN29E35③：29）　2、3、5、6. Ab型无颈罐（TN29E34③：7、TN29E35③：19、TN29E34③：3、TN29E34③：40）　4. Bb型无颈罐（TN29E35③：12）　7. Ac型无颈罐（TN29E35③：20）

TN29E34③：40，夹砂灰陶，内壁黄褐色。圆唇，盘口，宽折沿上仰。沿外壁和肩部饰戳印纹。口径20、残高4.2厘米（图五六四，6）。

TN29E35③：19，夹细砂黑灰陶。尖圆唇，盘口，折沿。外壁折沿处有一道凹痕。素面。口径12、残高3.6厘米（图五六四，3）。

Ac型。

TN29E35③：20，夹砂灰褐陶。圆唇，敛口，折沿，溜肩。沿外壁饰刻划网格纹。口径22、残高4.6厘米（图五六四，7）。

Bb型。

TN29E35③：12，夹砂红褐陶，内壁黑灰色。圆唇，侈口，卷沿，鼓肩。唇部饰戳印点纹，肩上部有断续的凹弦纹，肩部饰刻划网格纹。沿外壁有手指按压的痕迹。口径14、残高3厘米（图五六四，4）。

附加堆纹罐　Bb型。

TN29E35③：15，夹砂红褐陶。圆唇，敞口，斜直腹。唇外侧饰一周平滑的附加堆纹。残高3厘米（图五六五，1）。

沿面饰纹罐

Ab型。

TN29E35③：18，夹砂褐陶。方圆唇，侈口，卷沿上仰。沿面饰小方格状点线纹组成的连续三角纹，颈部饰交叉小方格状点线纹。残高3厘米（图五六五，2）。

C型。

TN29E35③：31，夹砂黑灰陶，胎体较厚。圆唇，喇叭口，卷沿较宽，短束颈。沿面饰点线纹组成的连续三角纹夹光面菱形纹，沿外壁至颈部饰小方格状点线纹。口径16、残高5厘米（图五六五，3）。

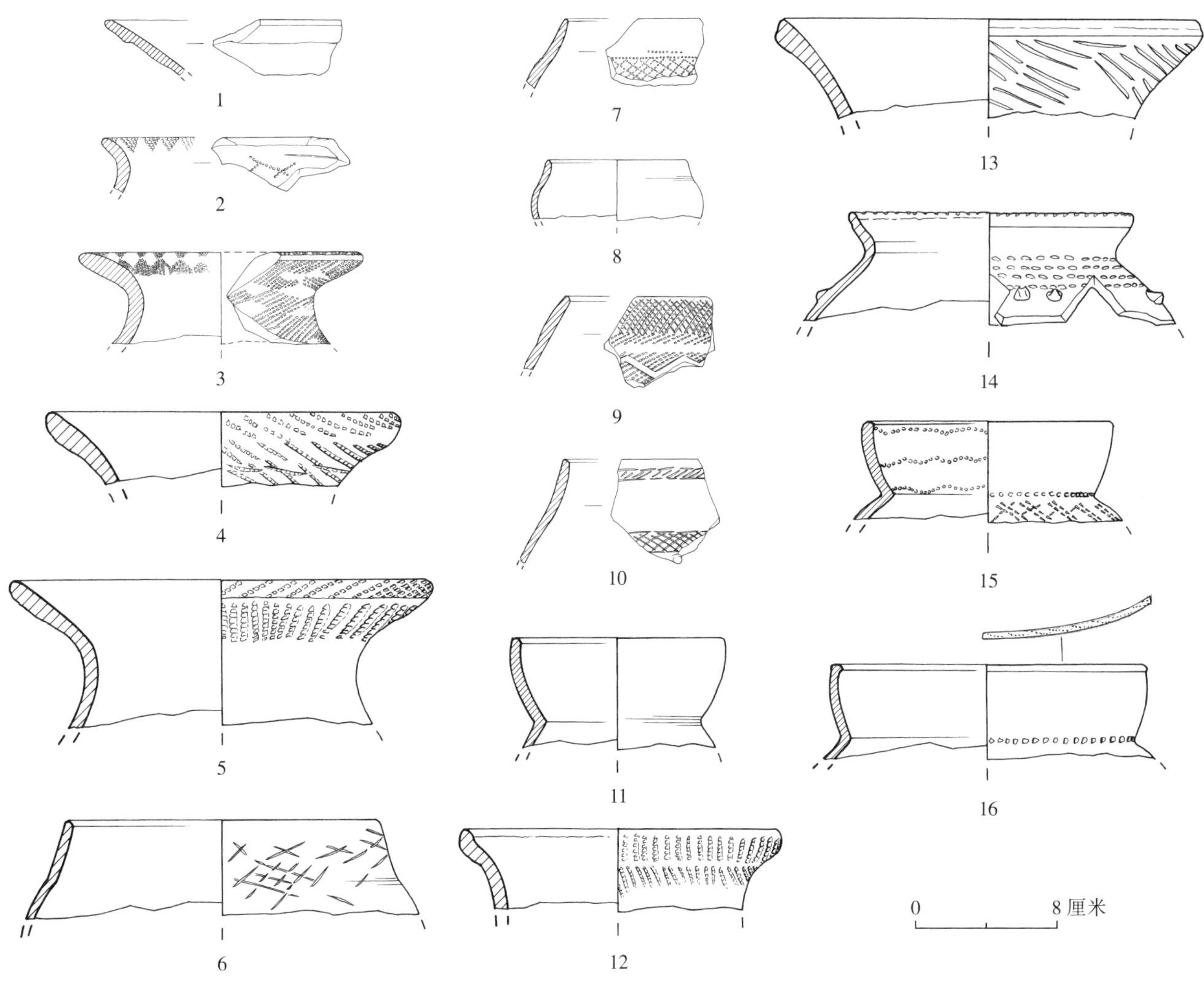

图五六五　2018年Ⅱ区第3层出土陶器

1. Bb型附加堆纹罐（TN29E35③：15）　2. Ab型沿面饰纹罐（TN29E35③：18）　3. C型沿面饰纹罐（TN29E35③：31）　4、5. Ab型盘口高领罐（TN29E34③：12、TN29E35③：32）　6~8、10. A型矮领小罐（TN29E34③：6、TN29E35③：33、TN29E34③：14、TN29E35③：16）　9. B型敛口罐（TN29E34③：22）　11、15、16. A型盘口短颈罐（TN29E33③：11、TN29E35③：23、TN29E34③：26）　12. B型盘口高领罐（TN29E35③：17）　13. Ac型盘口高领罐（TN29E34③：1）　14. B型盘口短颈罐（TN29E35③：11）

盘口高领罐

Ab型。

TN29E34③：12，夹砂灰陶。圆唇，近盘口，宽沿较斜直，沿外壁向外弧折。沿外壁饰小方格状点线纹。口径20、残高4厘米（图五六五，4）。

TN29E35③：32，夹砂黄褐陶。圆唇，近盘口，宽卷沿较斜直，高领。唇部和沿外壁饰小方格状点线纹。口径24、残高8厘米（图五六五，5）。

Ac型。

TN29E34③：1，夹砂灰陶。方唇，近盘口，宽沿斜直。沿外壁饰短线纹。口径24、残高5.4厘米（图五六五，13）。

B 型。

TN29E35 ③ : 17，夹砂灰陶，外壁为灰黄色。圆唇，唇内侧有一道凹槽，浅盘口，窄沿，高领。沿外壁饰小方格状点线纹。口径 18.4、残高 4.4 厘米（图五六五，12）。

盘口短颈罐

A 型。

TN29E33 ③ : 11，夹细砂灰胎褐皮陶，内壁磨光。圆唇，盘口，宽折沿。口内侧有两道戳印痕，口外侧有浅刻划痕。口径 12、残高 6 厘米（图五六五，11）。

TN29E34 ③ : 26，夹砂黑灰陶。方唇，盘口，宽折沿较竖直。唇部、折沿处饰点纹。口径 18、残高 5.2 厘米（图五六五，16）。

TN29E35 ③ : 23，夹砂红褐胎黑灰皮陶，器表磨光。方唇，盘口，宽折沿较竖直。沿内壁饰点线状水波纹，外壁折沿处饰点纹，肩部饰点线纹。口径 14、残高 5.4 厘米（图五六五，15）。

B 型。

TN29E35 ③ : 11，夹砂黑褐陶。方唇，盘口，窄卷沿，沿外壁有一道缓平的凸棱，短束颈，鼓肩。唇部饰戳印点纹，肩部饰戳印粗点纹和小乳丁纹。口径 16、残高 6 厘米（图五六五，14）。

矮领小罐　A 型。

TN29E34 ③ : 6，夹砂灰陶。尖圆唇，敛口，矮领，溜肩。领部饰刻划纹，浅而不清晰。口径 18、残高 5.2 厘米（图五六五，6）。

TN29E34 ③ : 14，夹砂黑褐陶。圆唇，敛口，矮领，溜肩。素面。口径 8、残高 3.3 厘米（图五六五，8）。

TN29E35 ③ : 33，夹砂黑灰陶。圆唇，敛口，矮领，溜肩。肩部饰点线纹组成的菱格纹和弦纹。残高 3.8 厘米（图五六五，7）。

TN29E35 ③ : 16，夹砂黄褐陶。圆唇，敛口，矮领，溜肩。领上部饰凹弦纹夹短斜线纹，领下部饰凹弦纹夹菱格纹。残高 5.7 厘米（图五六五，10）。

敛口罐　B 型。

TN29E34 ③ : 22，夹砂灰胎灰褐皮陶。厚圆唇，敛口，溜肩。口外侧饰小方格状点线纹，肩部饰小方格状点线纹组成的连续三角纹和光面折线纹等。残高 5 厘米（图五六五，9）。

（2）石器

斧　残件。

TN29E35 ③ : 1，黑色。平面近长方形，截面较不规则。中部布满崩疤，两侧倾斜且磨光。残缺较甚。残长 6.8、宽 5.3、厚约 4 厘米（图五六六，1；彩版一四〇，1）。

锛

A 型。

TN29E35 ③ : 7，绿色。平面呈梯形，截面呈弧边长方形。圆顶。两面及侧面磨光较好。弧刃，单面刃，刃面较斜直，刃缘有较密集的垂直磨痕。长 7、宽 4、厚约 1.2 厘米（图五六六，6）。

B 型。

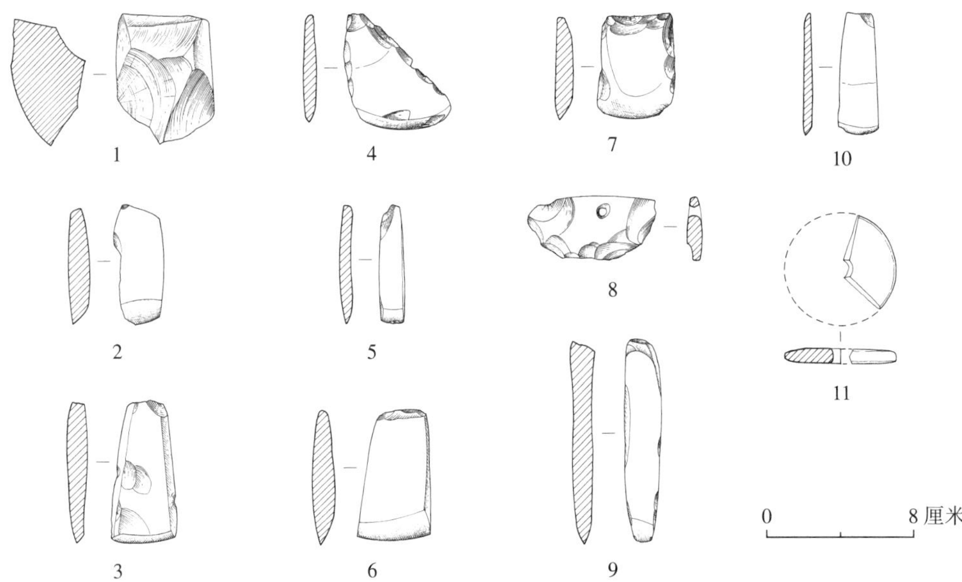

图五六六 2018 年Ⅱ区第 3 层出土石器

1. 石斧残件（TN29E35 ③：1） 2、3、7、10. B 型锛（TN29E35 ③：3、TN29E35 ③：6、TN29E33 ③：2、TN29E33 ③：1） 4. 石锛残件（TN29E35 ③：2） 5. A 型凿（TN29E35 ③：5） 6. A 型锛（TN29E35 ③：7） 8. 石刀残件（TN29E35 ③：8） 9. C 型凿（TN29E35 ③：10） 11. 纺轮（TN29E35 ③：9）

TN29E33 ③：1，黑色。平面近梯形，截面呈长方形。两侧切割平整并磨光。单面刃，正面仅刃部磨光，其余各面均磨光。长 6.5、宽 2.2、厚约 0.5 厘米（图五六六，10；彩版一四〇，2）。

TN29E33 ③：2，黑色。平面近长方形，截面近椭圆形。平顶。两侧有较密集的片疤，两面均磨光。弧刃。长 5.5、宽 4、厚约 1 厘米（图五六六，7）。

TN29E35 ③：3，白色。平面近长方形，截面呈圆角长方形。斜平顶。两侧切割平整，两面均磨光，器表分布有较均匀的磨痕。弧刃，单面刃，刃缘有较密集的垂直磨痕。仅一侧稍有残缺。长 6.4、宽 2.7、厚约 1.1 厘米（图五六六，2；彩版一四〇，3）。

TN29E35 ③：6，黑色。平面近梯形，截面较不规则。平顶。两面均磨光。单面刃，刃线与刃缘大致平行。长 7.6、宽 3.6、厚约 1 厘米（图五六六，3）。

残件。

TN29E35 ③：2，灰色。平面呈三角形，截面不规则。侧面有较连续的片疤，另一侧残缺，两面磨光。偏锋，弧刃，双面刃。大部分残缺。残长 6.4、宽 5.6、厚约 0.6 厘米（图五六六，4）。

凿

A 型。

TN29E35 ③：5，黑色。平面呈长条形，截面近长方形。斜平顶，顶部较斜直。两面均磨光。弧刃，单面刃，刃缘有细小的茬口及较密集的垂直磨痕。长 6.4、宽 1.3、厚约 0.6 厘米（图五六六，5）。

C 型。

TN29E35 ③：10，黑色，平面近长条形，截面呈长方形。中部有明显的片切割痕迹。正锋，弧刃，双面刃。长 10.8、宽 2、厚约 1.5 厘米（图五六六，9）。

刀 残件。

TN29E35③：8，灰黑色。弧背，残有一孔，穿孔上方有明显的穿绳磨损。两端及器表遍布崩疤。大部分残缺。残长7、宽3.4、厚约0.8厘米（图五六六，8；彩版一四〇，4）。

纺轮

TN29E35③：9，灰色。圆饼形，中间有圆形穿孔，两面对钻。半径3、厚约0.8厘米（图五六六，11）。

（五）第2层出土遗物

该层出土遗物以陶器为主，另有少量石器。陶器器类有束颈罐、无颈罐、盘口短颈罐、矮领小罐等，石器器类有斧、锛、刀、箭镞等。

（1）陶器

束颈罐

Aa型。

TN29E33②：22，夹砂灰陶。方唇，侈口，窄卷沿外翻下垂，束颈。唇部饰戳印点纹。口径16、残高4厘米（图五六七，1）。

Bb型。

TN29E33②：14，夹砂灰褐陶。圆唇，侈口，短束颈。颈部饰刻划网格纹。残高2.8厘米（图五六七，7）。

TN29E35②：16，夹砂褐胎黑灰皮陶。圆唇，侈口，卷沿，束颈，溜肩。肩部饰刻划交叉纹和乳丁纹。残高6.7厘米（图五六七，8）。

无颈罐

Ab型。

TN29E33②：12，夹砂褐陶。圆唇，盘口，折沿，溜肩。唇部饰戳印点纹，沿外壁及肩部饰刻划折线纹。口径18、残高6.8厘米（图五六七，2）。

Ac型。

TN29E34②：14，夹砂褐胎黑灰皮陶。圆唇，敛口，窄折沿上仰，溜肩。肩部饰刻划纹。口径24、残高4.6厘米（图五六七，3）。

盘口短颈罐 B型。

TN29E33②：17，夹砂褐胎黑皮陶。方唇，盘口，窄卷沿。唇部饰戳印点纹，颈部饰戳印粗点纹和刻划网格纹。残高4厘米（图五六七，5）。

TN29E34②：12，夹砂灰褐陶。圆唇，唇内侧有一道浅凹槽，近盘口，短束颈。素面。残高3.5厘米（图五六七，4）。

矮领小罐 A型。

TN29E33②：13，夹砂灰黄陶。圆唇，敛口，矮领。领部饰短线纹组成的菱形纹与光面形成的复合纹饰及凹弦纹。残高3.2厘米（图五六七，6）。

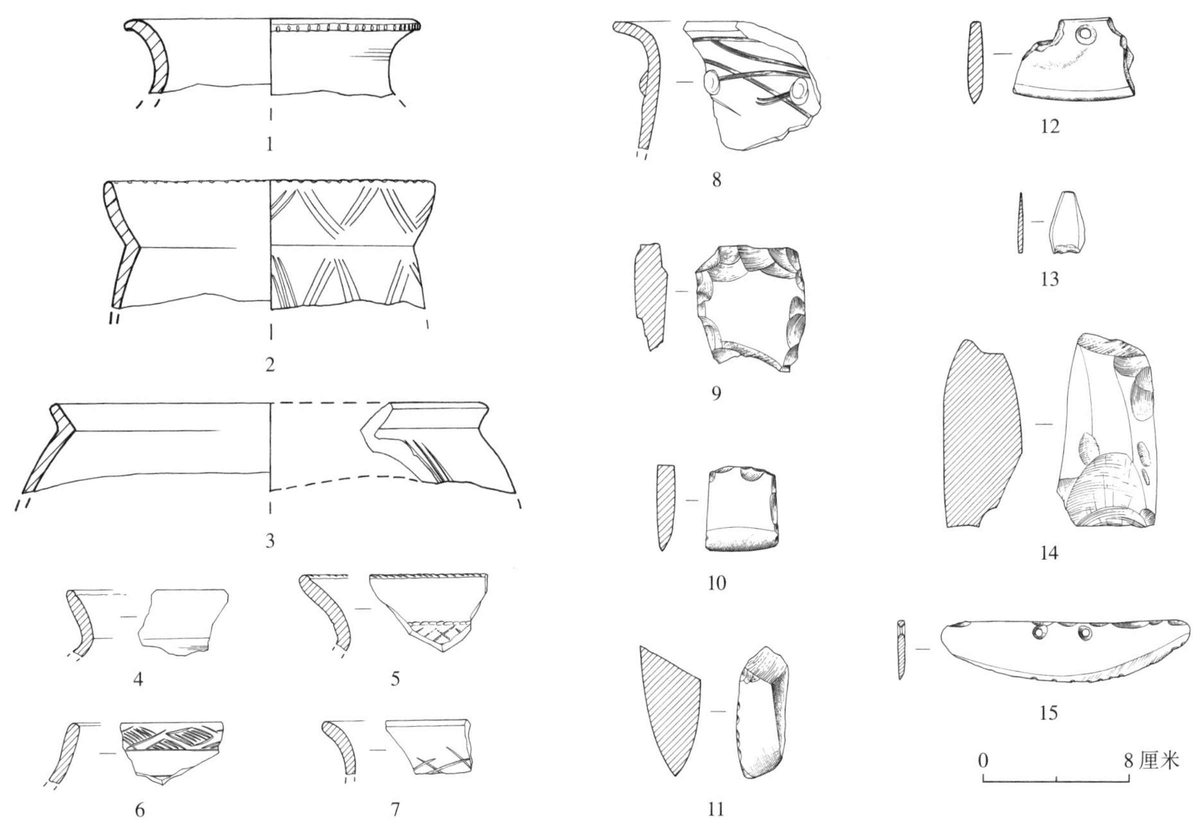

图五六七 2018年Ⅱ区第2层出土遗物

1. Aa型陶束颈罐（TN29E33②：22） 2. Ab型陶无颈罐（TN29E33②：12） 3. Ac型陶无颈罐（TN29E34②：14） 4、5. B型陶盘口短颈罐（TN29E34②：12、TN29E33②：17） 6. A型陶矮领小罐（TN29E33②：13） 7、8. Bb型陶束颈罐（TN29E33②：14、TN29E35②：16） 9、10. 石锛残件（TN29E33②：3、TN29E33②：2） 11. B型石斧（TN29E35②：2） 12. 石刀残件（TN29E33②：9） 13. 石箭镞残件（TN29E35②：1） 14. Ca型石斧（TN29E33②：1） 15. 乙类Ab型石刀（TN29E35②：9）

（2）石器

斧

B型。

TN29E35②：2，灰色。平面近长方形。上半部分残缺，两侧切割平整并磨光。正锋，弧刃，双面刃，刃缘有较明显的茬口。残长6.8、宽2.6、厚约3.1厘米（图五六七，11）。

Ca型。

TN29E33②：1，褐色。平面呈梯形，截面近椭圆形。顶部较斜直。两面仍残有部分较深的片疤，器表有较密集的均匀磨痕。部分残缺。残长10.3、宽5.4、厚约4厘米（图五六七，14）。

锛 残件。

TN29E33②：2，黑色。平面近长方形，截面呈圆角长方形。上半部分残缺。两面均磨光。弧刃，单面刃，刃缘有较密集的垂直磨痕。残长4.6、宽3.9、厚约0.9厘米（图五六七，10；彩版一四〇，5）。

TN29E33②：3，黑色。平面近长方形，截面近椭圆形。两侧仍残有较连续的片疤，两面磨光，有较多崩疤。大部分残缺。残长 6.8、宽 5.9、厚约 1.8 厘米（图五六七，9）。

刀

乙类 Ab 型。

TN29E35②：9，灰色。直背，中部靠上对称分布双孔，穿孔上方有明显的穿绳磨损。正锋，弧刃，双面刃，刃缘有密集的崩茬及较杂乱的磨痕。长 13.6、宽 3.2、厚约 0.5 厘米（图五六七，15）。

残件。

TN29E33②：9，灰褐色。直背，近背部有一圆形穿孔，两面对钻。弧刃。残长 6.5、宽 4.3、厚约 0.7 厘米（图五六七，12）。

箭镞　残件。

TN29E35②：1，深灰色。上下两部分均残缺，截面较规则，近六边形，整体较宽扁。双面刃，刃部较锋利。整体形状更接近 A 型。残长 3.2、宽 1.9、厚约 0.25 厘米（图五六七，13）。

（六）第 1 层出土遗物

该层出土遗物以陶器为主，另有少量石器。陶器器类有束颈罐、附加堆纹罐、沿面饰纹罐、长颈罐、盘口短颈罐、矮领小罐、壶等，石器器类有斧、锛、刮削器等。

（1）陶器

束颈罐

Aa 型。

TN29E34①：18，夹砂灰褐陶。圆唇，窄卷沿外翻下垂。唇部饰戳印点纹。残高 2.5 厘米（图五六八，1）。

Ba 型。

TN29E34①：29，夹砂褐胎黑皮陶。圆唇，侈口，卷沿上仰。唇部饰戳印点纹，沿外壁饰刻划纹。口径 28、残高 3.2 厘米（图五六八，4）。

Bb 型。

TN29E34①：28，夹砂灰黑陶。圆唇，侈口，卷沿。颈部饰刻划纹。残高 3.8 厘米（图五六八，6）。

附加堆纹罐　Aa 型。

TN29E34①：26，夹砂灰褐陶。圆唇，侈口，卷沿。唇部饰戳印点纹，颈部饰一周平滑的附加堆纹。残高 2.3 厘米（图五六八，5）。

沿面饰纹罐　Aa 型。

TN29E34①：15，夹砂黑灰陶。圆唇，侈口，卷沿外翻微下垂。唇部饰戳印点纹，沿面和颈部饰戳印纹。口径 24、残高 2.4 厘米（图五六八，8）。

长颈罐　A 型。

TN29E34①：27，夹砂灰陶。方唇，侈口，卷沿外翻近平，长颈。唇部饰刻划“×”形纹，颈部饰小方格状短线纹。口径 16、残高 3.2 厘米（图五六八，10）。

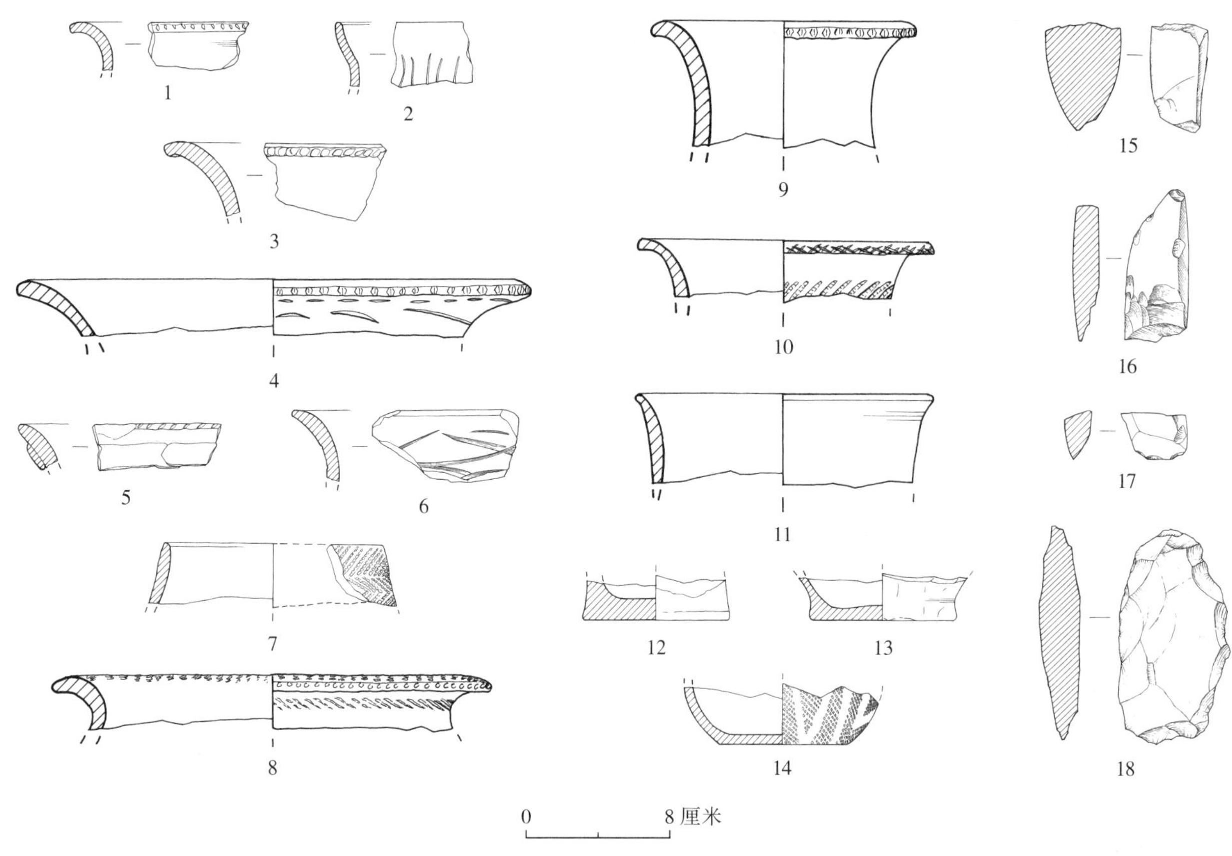

图五六八 2018 年Ⅱ区第 1 层出土遗物

1. Aa 型陶束颈罐（TN29E34①：18） 2. B 型陶盘口短颈罐（TN29E34①：20） 3、9、10. A 型陶长颈罐（TN29E34①：30、TN29E34①：31、TN29E34①：27） 4. Ba 型陶束颈罐（TN29E34①：29） 5. Aa 型陶附加堆纹罐（TN29E34①：26） 6. Bb 型陶束颈罐（TN29E34①：28） 7. A 型陶矮领小罐（TN29E34①：21） 8. Aa 型陶沿面饰纹罐（TN29E34①：15） 11. 甲类 Bf 型陶壶（TN29E34①：25） 12~14. 陶器底（TN29E33①：11、TN29E34①：23、TN29E34①：22） 15. 石斧残件（TN29E34①：9） 16. B 型石锛（TN29E34①：1） 17. 石锛残件（TN29E34①：2） 18. 石刮削器（TN29E34①：10）

TN29E34①：30，夹砂黄褐陶。方唇，侈口，卷沿外翻近平，长颈。唇部饰戳印点纹。残高 3.8 厘米（图五六八，3）。

TN29E34①：31，夹砂灰胎黑灰皮陶。方唇，侈口，卷沿外翻近平，沿面隆弧，长颈。唇部饰戳印点纹。口径 14.4、残高 6.6 厘米（图五六八，9）。

盘口短颈罐 B 型。

TN29E34①：20，夹砂黄褐陶，内壁黑灰色。圆唇，盘口。颈部饰刻划斜线纹。残高 3.4 厘米（图五六八，2）。

矮领小罐 A 型。

TN29E34①：21，夹砂黄褐陶。圆唇，敛口，矮领。领部饰小方格状点线纹组成的几何纹饰。口径 12、残高 3.3 厘米（图五六八，7）。

壶 甲类 Bf 型。

TN29E34①：25，夹砂灰胎黑皮陶。圆唇，喇叭口，长颈。素面。口径 16、残高 4.8 厘米（图五六八，11）。

器底

TN29E33①：11，夹砂黑灰陶。平底，底内壁凹凸不平。素面。底径8、残高2.3厘米（图五六八，12）。

TN29E34①：22，夹砂橙红陶。平底。腹壁饰小方格状点线纹，底部素面。底径7.2、残高3.1厘米（图五六八，14）。

TN29E34①：23，夹砂黑陶，内壁灰色。平底。素面。底径8、残高2.5厘米（图五六八，13）。

（2）石器

斧 残件。

TN29E34①：9，黑灰色。残存部分刃部，双面刃。器表磨制精细。残长5.6、宽3.1、厚约4厘米（图五六八，15）。

锛

B型。

TN29E34①：1，黑色。平面呈梯形，截面近长方形。斜平顶。两侧有倾斜平面，有部分片疤，两面均磨光。刃部残缺，分布有较多崩疤。残长7.7、宽3.4、厚约1.3厘米（图五六八，16）。

残件。

TN29E34①：2，褐色。平面呈长方形，截面近六边形。正反两面、两侧均有倾斜磨光面，侧面残有少量崩疤。弧刃，单面刃，刃缘有较多磨损。大部分残缺。残长2.5、宽3.5、厚约1.5厘米（图五六八，17）。

刮削器

TN29E34①：10，灰色。器表满布打制片疤，未见明显磨制痕迹。刃缘锋利。长11.2、宽6.1、厚约2.1厘米（图五六八，18）。

（七）其他

为回填坑和柱洞出土遗物。

石器

斧 残件。

TN29E34回填坑：4，黑色。两面均磨光，片疤较多。弧刃，双面刃，刃缘有较密集的崩疤。大部分残缺。残长7.5、宽4.8、厚约3.8厘米（图五六九，1）。

锛

A型。

TN29E34回填坑：3，黑色。平面呈长方形，截面近长方形。圆顶。两面磨制较粗糙。弧刃，单面刃，刃缘有较多崩疤。器表片疤较多。长7.7、宽3.5、厚约0.9厘米（图五六九，7；彩版一四一，1）。

B型。

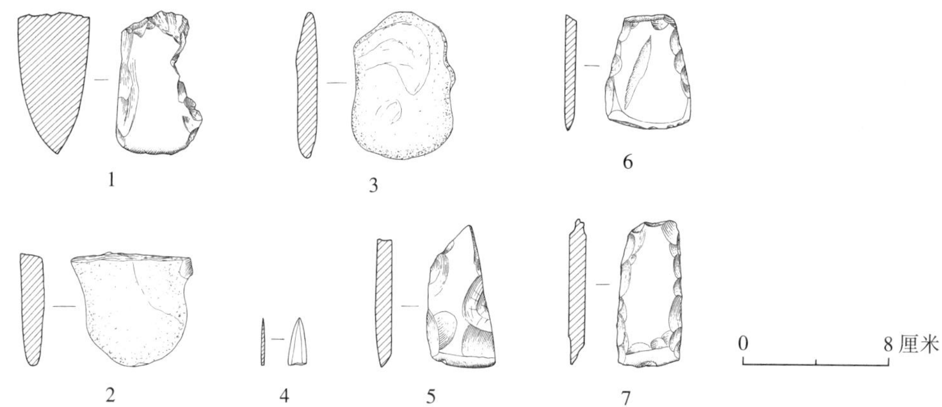

图五六九 TN29E34 回填坑、TN29E35 ③ D1 出土石器

1. 石斧残件（TN29E34 回填坑：4） 2、3. 网坠（TN29E35 ③ D1：1、TN29E34 回填坑：6） 4. 箭镞残件（TN29E34 回填坑：1） 5、6. B 型锛（TN29E34 回填坑：2、5） 7. A 型锛（TN29E34 回填坑：3）

TN29E34 回填坑：2，灰色。平面近梯形，截面呈圆角长方形。斜平顶。两侧及背面有部分片疤，两侧及两面磨光，正面磨光较粗糙。弧刃，单面刃。长 7.5、宽 3.5、厚约 1 厘米（图五六九，5；彩版一四一，2）。

TN29E34 回填坑：5，黑色。平面呈梯形，截面近椭圆形。平顶。两侧的片疤较密集，两面磨光。弧刃，单面刃，刃缘有较密集的垂直磨痕。长 6.2、宽 4.6、厚约 0.6 厘米（图五六九，6）。

箭镞 残件。

TN29E34 回填坑：1，黑色。近三角形。双面刃，刃部较锋利，两侧刃缘较薄。长 2.5、宽 1、厚约 0.15 厘米（图五六九，4）。

网坠

TN29E34 回填坑：6，黄褐色。长方形，两侧缺口位于中部。一侧片疤较大。长 7.8、宽 5.5、厚 1.2 厘米（图五六九，3）。

TN29E35 ③ D1：1，黑色。形状不规则，部分残缺。两侧片疤对称分布。长 5.9、宽 6.7、厚 1.2 厘米（图五六九，2）。

四、Ⅱ区遗迹

仅有灰坑遗迹（见附表一）。

灰坑

3 个。

1. H197

位于 TN29E35 中部。开口于第 2 层下，打破第 3 层。平面形状不规则，弧壁，平底。长径 1.68、短径 0.94、深 0.4 米。填土为灰黑色砂土，土质较疏松，出土少量陶片、动物骨骼和石器，石器均为刀（图五七〇；彩版一四二，1）。

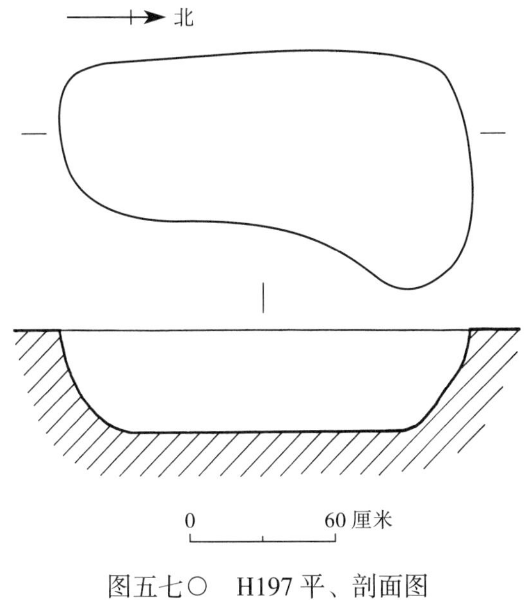

图五七〇　H197 平、剖面图

石器

刀

乙类 Aa 型。

H197：2，灰黑色。凹背，双孔，两面对钻，穿孔附近有一未穿透的小孔。弧刃，双面刃，刃缘有几处细小的茬口。两端残缺。磨光较好。残长 9.1、宽 4.1、厚约 0.7 厘米（图五七二，1；彩版一四一，3）。

乙类 Ab 型。

H197：1，灰白色。直背，残有一孔，两面对钻。弧刃，双面刃，较锋利。整体分布有较多崩疤及较均匀的磨痕。残长 6.7、宽 3.6、厚约 0.7 厘米（图五七二，2；彩版一四一，4）。

2. H200

位于 TN29E35 东北部。开口于第 4 层下，打破第 5 层。平面近圆形，弧壁，平底。长径 0.72、短径 0.65、深 0.4 米。填土为灰黑色砂土，土质疏松，出土少量陶片和 1 件石锛（图五七一；彩版一四二，2）。

石器

锛　B 型。

H200：1，黑色。平面近梯形，截面呈长方形。两侧磨平磨光，较平整。两面均磨光。正锋，弧刃。长 10.1、宽 4、厚约 3.2 厘米（图五七二，3）。

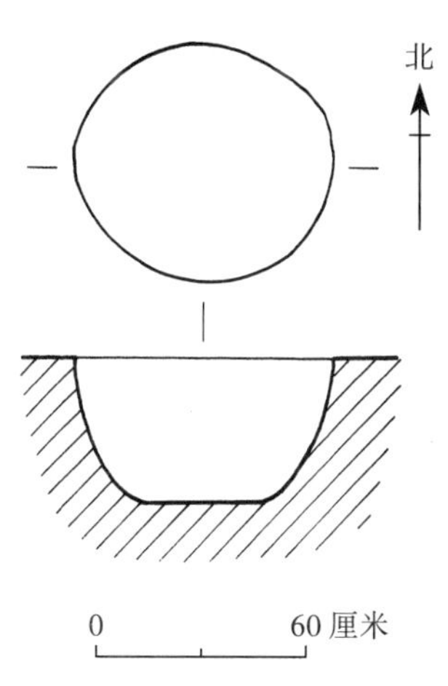

图五七一　H200 平、剖面图

3. H201

位于 TN29E33 西北部，向北伸入 TN30E33 南部，向西伸出发掘区外，未继续清理。开口于第 5 层下，打破第 6 层。平面呈扇形，弧壁，平底。残长 0.9、残宽 0.6、深 0.34 米。填土为灰黑色砂土，土质疏松，出土较多陶片和动物骨骼，器类有侈口小罐、小口罐等（图五七三；彩

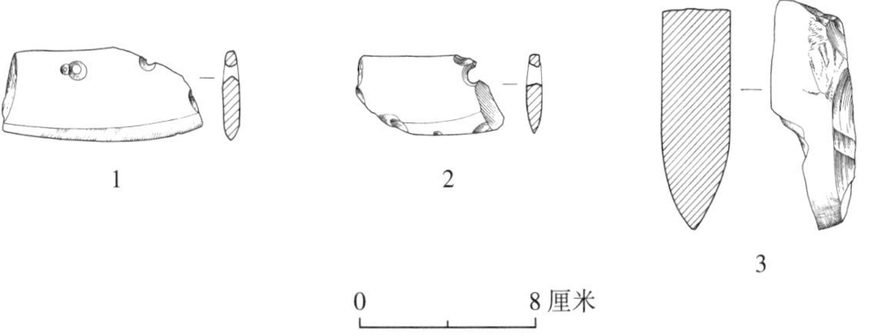

图五七二　H197、H200 出土石器

1. 乙类 Aa 型刀（H197：2）　2. 乙类 Ab 型刀（H197：1）　3. B 型锛（H200：1）

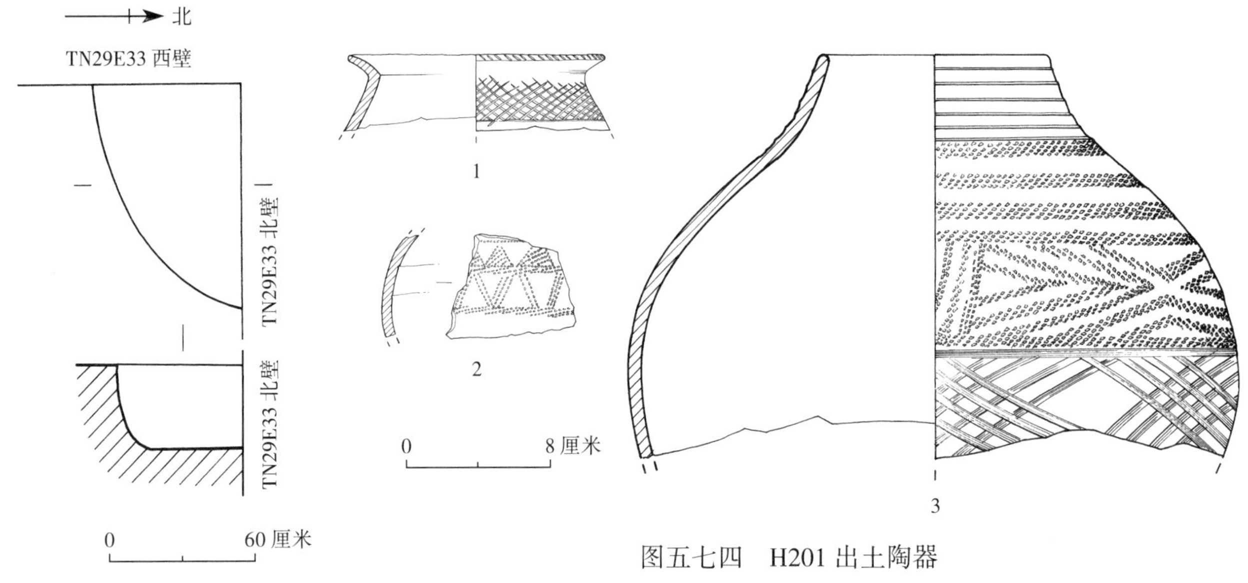

图五七三　H201 平、剖面图

图五七四　H201 出土陶器

1. B 型侈口小罐（H201∶12）　2. 纹饰陶片（H201∶13）　3. 小口罐（H201∶11）

版一四二，3）。

陶器

侈口小罐　B 型。

H201∶12，夹砂灰褐陶。方唇，侈口，仰折沿，溜肩。唇部饰戳印点纹，颈部饰刻划网格纹和一周凹弦纹。口径 14、残高 4.1 厘米（图五七四，1）。

小口罐

H201∶11，夹砂黑灰陶。圆唇，敛口，矮领，鼓肩，鼓腹。领部饰数周凸弦纹，肩部饰多组点线状短线纹组成的窄带状纹饰；腹上部饰小方格状点线纹组成的窄带状纹饰与光面间隔形成的复合纹饰，腹下部饰多组划纹，局部交叉形成网格纹。口径 12.4、残高 21.2 厘米（图五七四，3）。

纹饰陶片

H201∶13，夹砂灰胎黑皮陶，内壁褐色。外壁饰小方格状点线纹组成的连续三角纹、折线纹和弦纹等。内壁可见泥条盘筑痕迹。残高 5.4 厘米（图五七四，2）。

第五节　2019 年新石器时代遗存

一、Ⅰ区文化层

（一）第 3 层出土遗物

该层出土遗物以陶器为主，另有少量石器。陶器器类有束颈罐、侈口小罐、无颈罐、附加堆纹罐、长颈罐、盘口高领罐、矮领小罐、釜形罐、壶、钵等，石器器类有斧、锛、凿、刀、箭镞等。

（1）陶器

束颈罐

Aa 型。

TN22E41③：11，夹砂黑灰陶。尖圆唇，口微侈，窄卷沿下垂，短束颈。颈部饰刻划网格纹、凹弦纹。残高 4 厘米（图五七五，1）。

TN22E41③：18，夹砂灰黄陶，内壁磨光、呈黑灰色。尖圆唇，侈口，窄卷沿下垂，束颈，溜肩。颈部饰刻划网格纹、凹弦纹和戳印点纹。残高 6 厘米（图五七五，2）。

Ab 型。

TN20E41③：20，夹砂褐陶。圆唇，侈口，宽卷沿微下垂，束颈。唇部有一道凹痕，颈部饰刻划网格纹。口径 22、残高 4 厘米（图五七五，3）。

TN21E41③：11，夹砂黑灰陶。圆唇，侈口，宽卷沿外翻下垂，束颈，溜肩。颈上部饰刻划网格纹和凹弦纹；肩部以四周凹弦纹分为三周纹饰，上下各饰一周点线纹组成的带状纹饰，中间饰点线纹组成的菱格纹与光面组成的复合纹饰。口径 24、残高 11 厘米（图五七五，4）。

Ba 型。

TN21E41③：14，夹砂褐陶，内壁磨光。方圆唇，侈口，宽卷沿上仰，长束颈。唇部饰戳印纹。口径 20、残高 6 厘米（图五七五，5）。

TN21E41③：17，夹砂黑灰陶。圆唇，侈口，宽卷沿上仰，长束颈。唇部饰戳印点纹。口径 24、残高 4.2 厘米（图五七五，6）。

TN22E41③：16，夹砂灰陶。圆唇，唇部外卷，侈口，宽卷沿上仰，短束颈。唇部饰戳印点纹，颈部饰刻划网格纹。口径 16、残高 3 厘米（图五七五，7）。

Bb 型。

TN20E40③：12，夹砂灰黄陶。圆唇，口微侈，卷沿较斜直，束颈。素面。口径 14、残高 3 厘米（图五七五，8）。

TN20E40③：13，夹砂灰黑陶。圆唇，口微侈，卷沿较斜直，短束颈。颈上部饰小方格状点线纹组成的“<”形纹。口径 16、残高 4 厘米（图五七五，9）。

TN20E40③：15，夹砂黄褐陶。圆唇，口微侈，卷沿较斜直，颈部微束。素面。口径 15、残高 3.5 厘米（图五七五，10）。

TN20E40③：19，夹砂橙黄陶。圆唇，侈口，宽卷沿上仰，束颈。素面。口径 14、残高 3.3 厘米（图五七五，11）。

TN20E41③：15，夹砂灰褐陶。方圆唇，侈口，宽卷沿上仰，束颈。颈部饰刻划网格纹、凹弦纹和短泥条附加堆纹。口径 16、残高 9.2 厘米（图五七五，12）。

TN20E41③：19，夹砂黑灰陶，局部为黄褐色。圆唇，侈口，宽卷沿上仰，长颈微束。颈部饰刻划网格纹和凹弦纹。口径 14、残高 7.3 厘米（图五七五，13）。

TN20E41③：23，夹砂灰陶。圆唇，侈口，宽卷沿上仰，束颈。颈部饰刻划网格纹。口径 30、残高 5.6 厘米（图五七五，14）。

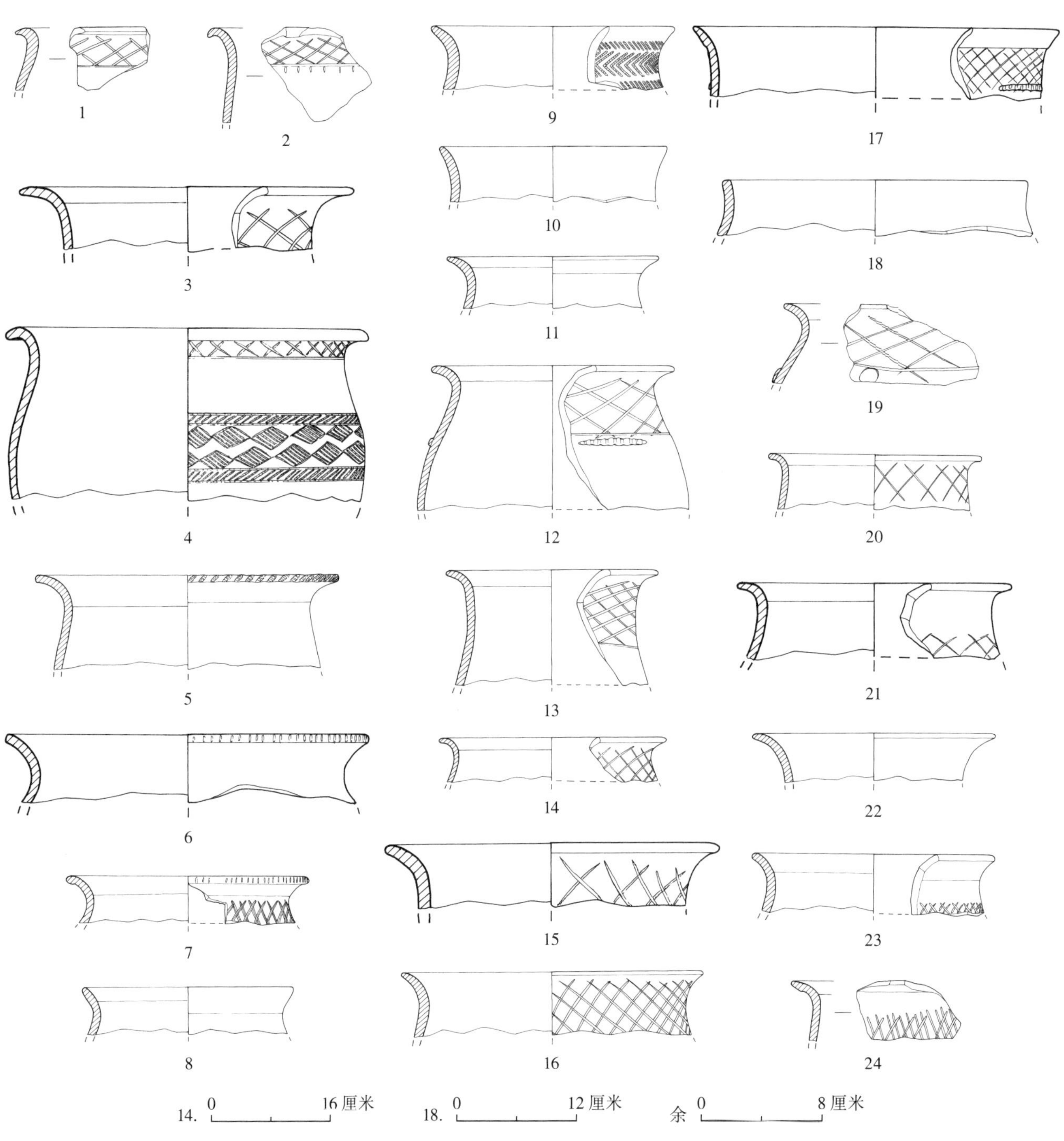

图五七五 2019年Ⅰ区第3层出土陶束颈罐

1、2. Aa型（TN22E41③：11、TN22E41③：18） 3、4. Ab型（TN20E41③：20、TN21E41③：11） 5~7. Ba型（TN21E41③：14、TN21E41③：17、TN22E41③：16） 8~24. Bb型（TN20E40③：12、TN20E40③：13、TN20E40③：15、TN20E40③：19、TN20E41③：15、TN20E41③：19、TN20E41③：23、TN20E41③：24、TN20E41③：28、TN21E40③：15、TN21E40③：16、TN21E40③：21、TN21E41③：13、TN21E41③：15、TN21E41③：19、TN22E41③：12、TN22E41③：14）

TN20E41③：24，夹砂黑褐陶。圆唇，侈口，宽卷沿上仰。颈部饰刻划网格纹。口径22、残高4厘米（图五七五，15）。

TN20E41③：28，夹砂褐陶。圆唇，口微侈，卷沿较斜直，短束颈。颈部饰刻划网格纹。口径20、残高4厘米（图五七五，16）。

TN21E40③：15，夹砂褐陶。尖圆唇，口微侈，卷沿较斜直，颈部微束。颈部饰刻划凹弦纹、网格纹和短泥条附加堆纹。口径24、残高4.4厘米（图五七五，17）。

TN21E40③：16，夹砂黑灰陶。方唇，口微侈，卷沿较斜直。素面。口径30、残高5.6厘米（图五七五，18）。

TN21E40③：21，夹砂灰陶。圆唇，侈口，宽卷沿上仰，束颈。颈部饰刻划网格纹、凹弦纹和圆饼状附加堆纹。残高5.1厘米（图五七五，19）。

TN21E41③：13，夹砂黑灰陶。圆唇，侈口，宽卷沿上仰，束颈。颈部饰刻划网格纹。口径14、残高3.5厘米（图五七五，20）。

TN21E41③：15，夹砂灰陶。圆唇，口微侈，宽卷沿上仰，束颈，溜肩。肩部饰刻划网格纹。口径18、残高4.8厘米（图五七五，21）。

TN21E41③：19，夹砂黑灰陶。圆唇，侈口，宽卷沿上仰，束颈。素面。口径16、残高3厘米（图五七五，22）。

TN22E41③：12，夹砂灰胎黑皮陶。圆唇，口微侈，卷沿较斜直，束颈。颈部饰刻划网格纹。口径16、残高3.9厘米（图五七五，23）。

TN22E41③：14，夹砂褐胎黑皮陶。圆唇，侈口，宽卷沿上仰，束颈。颈部饰刻划纹。残高3.8厘米（图五七五，24）。

侈口小罐

Aa型。

TN20E41③：12，夹砂黑灰陶。尖圆唇，侈口，口外侧隆起外鼓，卷沿，长束颈，溜肩。口外侧隆起处饰“×”形纹，肩部饰菱格纹等纹饰。口径15.6、残高5.5厘米（图五七六，1）。

TN20E41③：16，夹砂褐陶。尖圆唇，侈口，口外侧隆起外鼓，卷沿，长束颈，溜肩。口外侧隆起处饰“×”形纹，颈部磨光，肩部饰点线纹。口径13、残高5.6厘米（图五七六，2）。

Ac型。

TN20E41③：14，夹砂黑灰陶。圆唇，侈口，卷沿，溜肩。素面。口径12、残高4.7厘米（图五七六，3）。

TN21E40③：12，夹砂红褐陶，内壁黑灰色。圆唇，侈口，卷沿，溜肩。素面。口径12、残高4厘米（图五七六，4）。

B型。

TN20E41③：27，夹砂黑灰陶。圆唇，侈口，折沿，溜肩。素面。口径12、残高4.3厘米（图五七六，5）。

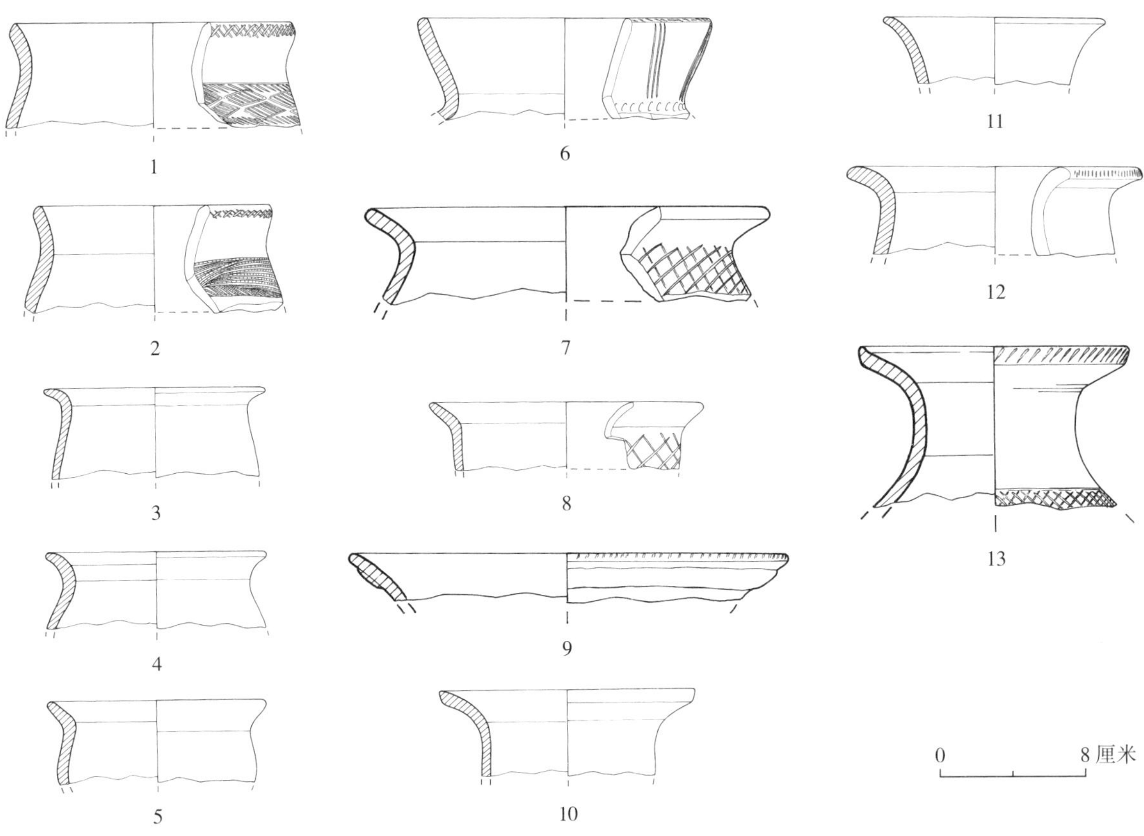

图五七六　2019年Ⅰ区第3层出土陶器

1、2. Aa型侈口小罐（TN20E41③：12、TN20E41③：16）　3、4. Ac型侈口小罐（TN20E41③：14、TN21E40③：12）　5. B型侈口小罐（TN20E41③：27）　6. Aa型无颈罐（TN20E41③：17）　7. Ab型无颈罐（TN20E40③：17）　8. Ba型无颈罐（TN22E41③：21）　9. Aa型附加堆纹罐（TN20E40③：22）　10、13. C型长颈罐（TN20E41③：31、TN20E41③：3）　11. B型长颈罐（TN21E40③：11）　12. A型长颈罐（TN22E41③：17）

无颈罐

Aa型。

TN20E41③：17，夹砂褐陶，内壁磨光。方唇，敞口，宽折沿上仰。沿外壁饰竖向刻划纹，折沿处饰戳印纹。口径16、残高5.3厘米（图五七六，6）。

Ab型。

TN20E40③：17，夹砂灰陶。方唇，口微盘，折沿，溜肩。肩部饰刻划网格纹。口径22、残高5厘米（图五七六，7）。

Ba型。

TN22E41③：21，夹砂红褐陶。圆唇，侈口，卷沿，溜肩。肩部饰刻划网格纹。口径15、残高3.5厘米（图五七六，8）。

附加堆纹罐　Aa型。

TN20E40③：22，夹砂黄褐陶。方唇，敞口。唇部饰戳印点纹，颈部饰一周平滑的附加堆纹。口径24、残高2.4厘米（图五七六，9）。

长颈罐

A 型。

TN22E41③：17，夹砂红褐陶。圆唇，侈口，卷沿，长颈。唇部饰戳印点纹。口径 16、残高 4.6 厘米（图五七六，12）。

B 型。

TN21E40③：11，夹砂黄陶。圆唇，喇叭口，长颈。素面。口径 12、残高 3.5 厘米（图五七六，11）。

C 型。

TN20E41③：3，夹砂黑灰陶。斜方唇，口微盘，长颈。唇部饰刻划短斜线纹，颈部近肩部饰凹弦纹和菱格纹。口径 14.6、残高 8.4 厘米（图五七六，13）。

TN20E41③：31，夹砂黑灰陶。方唇，近盘口，长颈。素面。口径 14、残高 4.5 厘米（图五七六，10）。

盘口高领罐 Ab 型。

TN20E40③：11，夹砂黑灰陶，局部呈褐色。圆唇，近盘口，宽卷沿较斜，高领，溜肩。颈部饰小方格状斜线纹，肩部饰弦纹、菱格纹、点线纹等纹饰。口径 22、残高 19.2 厘米（图五七七，1；彩版一四三，1）。

TN20E40③：16，夹砂灰黑陶。圆唇，盘口，窄沿。唇部至沿外壁饰小方格状点线纹组成的折线纹。口径 16、残高 4 厘米（图五七七，4）。

TN21E40③：13，夹砂黄褐陶。圆唇，盘口，宽沿斜弧。沿外壁饰小方格状点线纹。口径 16、残高 4.6 厘米（图五七七，3）。

TN21E41③：21，夹砂灰黄陶。圆唇，盘口，宽沿较平直。沿外壁饰短斜线纹、波折纹等。口径 12、残高 2.5 厘米（图五七七，2）。

矮领小罐 B 型。

TN22E41③：15，夹砂黑灰陶。圆唇，直口，矮领，领部与肩部分界较明显。领部和肩部饰小方格状点线纹。口径 16、残高 3.2 厘米（图五七七，5）。

釜形罐

TN21E41③：12，夹砂黑灰陶。圆唇，盘口，口内侧有一道凹槽，卷沿，束颈，溜肩。沿外壁饰凹弦纹和“<”形纹，颈部磨光，肩部饰凹弦纹、短斜线纹和菱格纹等纹饰。口径 20.4、残高 8 厘米（图五七七，6；彩版一四三，2）。

壶

甲类 Bd 型。

TN20E40③：24，夹砂黑灰陶。圆唇，侈口，长颈。素面。口径 10、残高 3 厘米（图五七七，7）。

甲类 Be 型。

TN20E41③：18，夹砂黄褐陶。圆唇，直口，长直颈。颈上部和下部分别饰一周凹弦纹夹点线纹组成的带状纹饰。口径 14、残高 7 厘米（图五七七，8）。

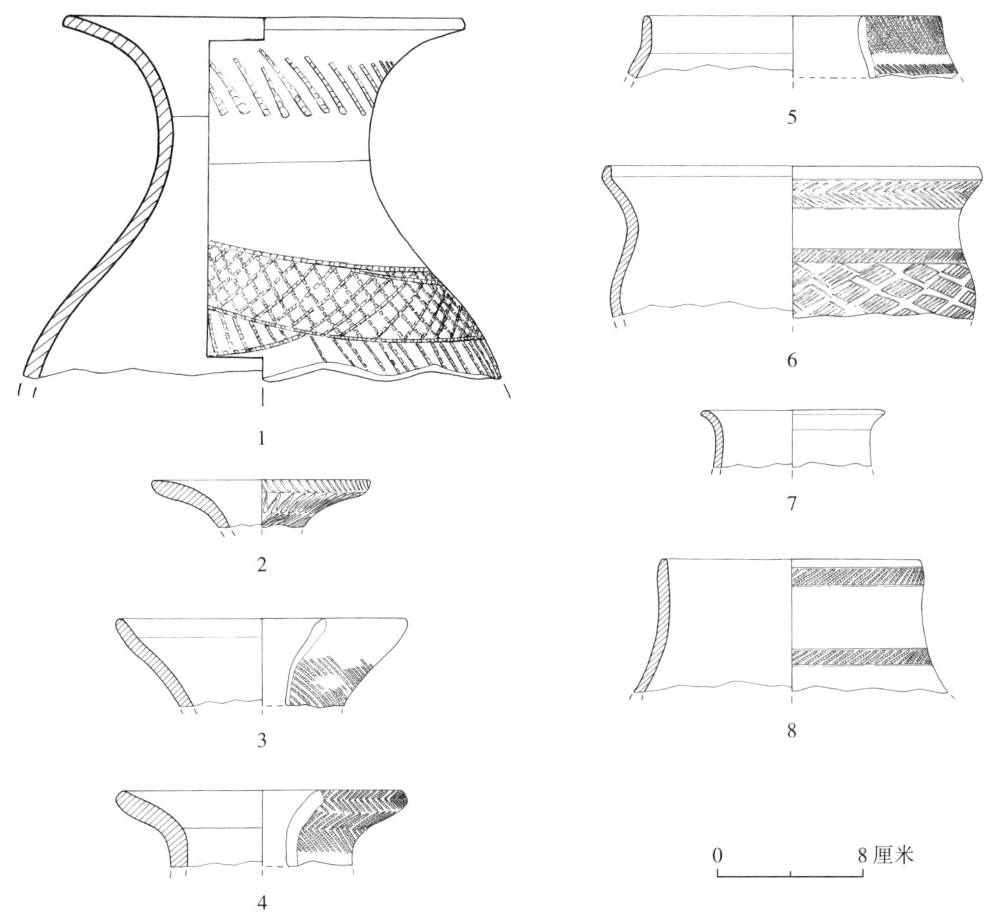

图五七七　2019 年Ⅰ区第 3 层出土陶器

1~4. Ab 型盘口高领罐（TN20E40 ③：11、TN21E41 ③：21、TN21E40 ③：13、TN20E40 ③：16）　5. B 型矮领小罐（TN22E41 ③：15）　6. 釜形罐（TN21E41 ③：12）　7. 甲类 Bd 型壶（TN20E40 ③：24）　8. 甲类 Be 型壶（TN20E41 ③：18）

钵

乙类 Aa 型。

TN21E41 ③：22，夹砂褐陶。圆唇，敞口，斜弧腹。素面。口径 20、残高 6 厘米（图五七八，1）。

TN20E41 ③：21，夹砂黑灰陶。圆唇，敞口，斜弧腹。素面。口径 15、残高 4 厘米（图五七八，2）。

TN21E40 ③：17，夹砂黑灰陶。圆唇，敞口，斜弧腹。素面。口径 11、残高 3.3 厘米（图五七八，3）。

乙类 Be 型。

TN20E40 ③：20，夹砂灰陶。圆唇，直口，斜弧腹。腹部饰小网格纹、小方格状弦纹、连续三角纹夹光面折线纹等。残高 4.5 厘米（图五七八，4）。

TN21E40 ③：18，夹砂黑灰陶。尖圆唇，直口，弧腹。腹部饰小方格状点线纹组成的折线纹。口径 14、残高 4 厘米（图五七八，10）。

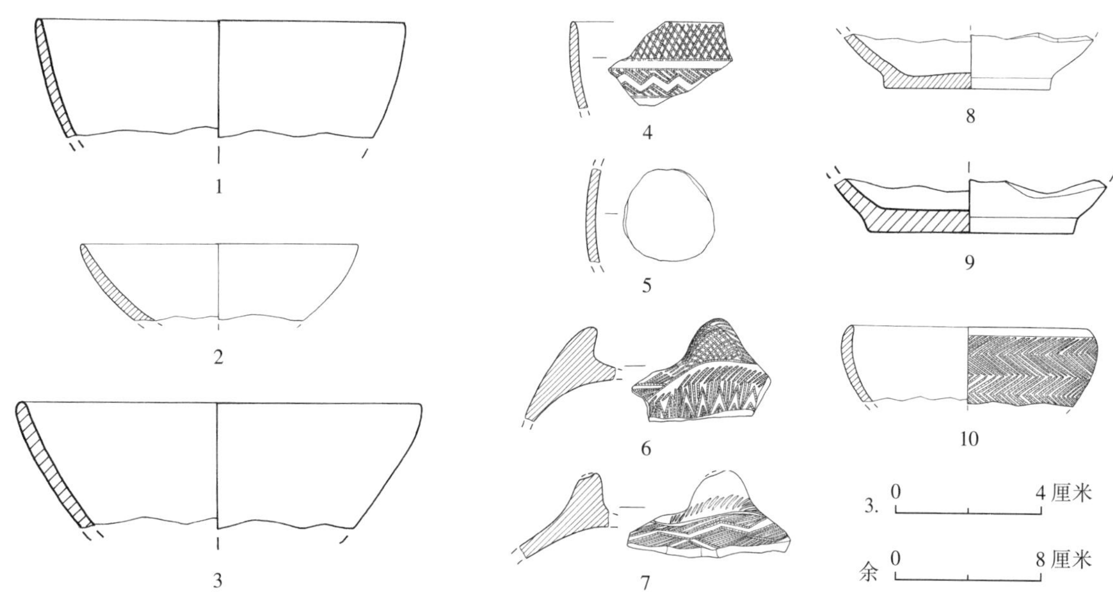

图五七八　2019 年Ⅰ区第 3 层出土陶器

1~3. 乙类 Aa 型钵（TN21E41 ③：22、TN20E41 ③：21、TN21E40 ③：17）　4、10. 乙类 Be 型钵（TN20E40 ③：20、TN21E40 ③：18）　5. 陶片（TN20E41 ③：32）　6、7. A 型器鋬（TN21E41 ③：23、TN20E41 ③：33）　8、9. 器底（TN20E41 ③：35、TN20E41 ③：34）

器鋬　A 型。

TN20E41 ③：33，夹砂灰陶。扁乳丁状，上翘。器身饰成组点线纹组成的连续三角纹、菱格纹和光面折线纹等纹饰。残高 4.5 厘米（图五七八，7）。

TN21E41 ③：23，夹砂灰陶。扁乳丁状，上翘。器身饰小方格状点线纹等纹饰。残高 5.3 厘米（图五七八，6）。

器底

TN20E41 ③：34，夹砂黑灰陶。平底。素面。底径 11.6、残高 2.8 厘米（图五七八，9）。

TN20E41 ③：35，夹砂黑灰陶。平底。素面。底径 9.2、残高 2.8 厘米（图五七八，8）。

陶片

TN20E41 ③：32，夹砂黑灰陶，器表磨光。近圆形。素面。直径 4.9 厘米（图五七八，5）。

（2）石器

斧

B 型。

TN20E41 ③：5，墨绿色。平面呈长方形，截面近长方形。偏锋，弧刃，双面刃。器表磨光较好。残长 7、宽 4.2、厚 2.6 厘米（图五七九，1）。

TN21E40 ③：3，墨绿色。平面呈长方形，截面近弧边四边形。顶部残缺。两侧磨平磨光，有较明显的片切割痕迹。正锋，弧刃，双面刃。残长 6.5、宽 1.9、厚 2 厘米（图五七九，3）。

TN22E41 ③：8，绿色。平面呈长方形，截面近长方形。顶部残缺。两侧面打制后磨光。偏锋，弧刃，双面刃。器表有明显的片切割痕迹。残长 7.6、宽 3.7、厚 2.1 厘米（图五七九，2）。

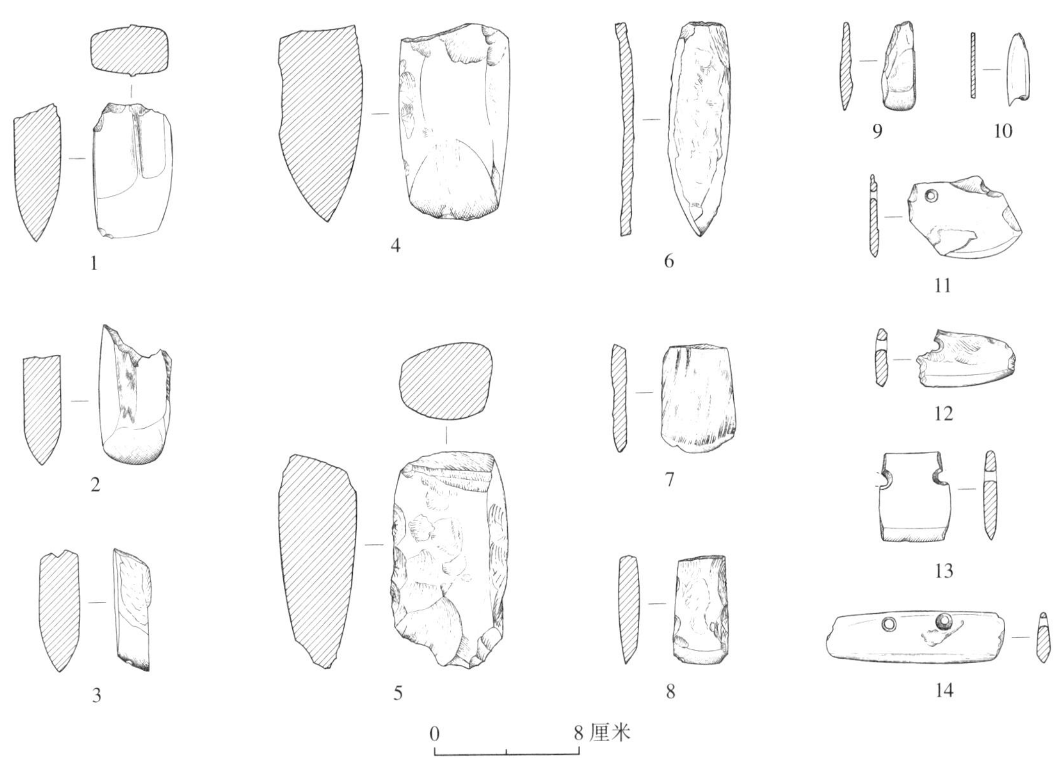

图五七九　2019 年Ⅰ区第 3 层出土石器

1~3. B 型 斧（TN20E41 ③：5、TN22E41 ③：8、TN21E40 ③：3） 4、5. Ca 型 斧（TN21E41 ③：3、TN22E41 ③：3） 6. 石斧残件（TN21E40 ③：1） 7、8. B 型锛（TN22E41 ③：2、TN22E41 ③：5） 9. A 型凿（TN22E41 ③：1） 10. Ab 型箭镞（TN20E41 ③：2） 11. 乙类 Aa 型刀（TN21E40 ③：2） 12. 乙类 Ab 型刀（TN22E41 ③：7） 13、14. 乙类 C 型刀（TN22E41 ③：4、TN22E41 ③：6）

Ca 型。

TN21E41 ③：3，深灰色。平面呈长方形，截面呈弧边三角形。顶部残缺。两侧打制后磨光。偏锋，弧刃，双面刃，刃缘有较多崩疤。残长 10.2、宽 6.1、厚 4.2 厘米（图五七九，4）。

TN22E41 ③：3，灰色。平面呈长方形，截面呈四边形。平顶。两侧残有较大面积的片疤，两面大部分磨光。偏锋，弧刃，双面刃，刃部有较密集的崩疤。长 11.2、宽 6.1、厚 4.2 厘米（图五七九，5）。

残件。

TN21E40 ③：1，灰色。残留有密集的崩疤。大部分残缺，仅为石斧剥落的一块残片。残长 11.4、宽 3.4、厚 0.6 厘米（图五七九，6）。

锛　B 型。

TN22E41 ③：2，黑色。平面呈长方形，截面较不规则。平顶。两侧分布有较多片疤，两面均磨光。弧刃，单面刃，刃缘分布有较多崩疤。长 5.8、宽 4、厚约 0.8 厘米（图五七九，7）。

TN22E41 ③：5，黑色。平面近长方形，截面呈弧边长方形。平顶。两侧分布有较多片疤，两面均磨光。直刃，单面刃，刃缘两侧有较明显的崩疤。长 5.7、宽 2.9、厚约 1.1 厘米（图五七九，8）。

凿　A 型。

TN22E41 ③：1，白色。平面呈梯形，截面不规则。斜平顶。大部分磨光，有片疤。弧刃，单面刃，刃缘有明显的磨损及茬口。长 4.6、宽 1.8、厚 0.6 厘米（图五七九，9）。

刀

乙类 Aa 型。

TN21E40③：2，黄色。半月形。凹背，双孔，两面对钻。弧刃，双面刃。器表有部分片疤，分布有较密集的均匀磨痕，两面磨光。残长 6.2、宽 4.4、厚约 0.4 厘米（图五七九，11；彩版一四三，3）。

乙类 Ab 型。

TN22E41③：7，紫色。半月形。直背，背部有较明显的片疤且较圆弧，残有一孔。双面刃。器表磨光较好，分布有较均匀的平行磨痕。大部分残缺。残长 5.3、宽 3、厚 0.5 厘米（图五七九，12；彩版一四三，4）。

乙类 C 型。

TN22E41③：4，灰色。直背，残有两孔。两面均磨光。直刃，双面刃，刃面分布有较杂乱的水平磨痕。大部分残缺。残长 4、宽 4.9、厚 0.7 厘米（图五七九，13；彩版一四三，5）。

TN22E41③：6，绿色。直背，双孔，两面对钻。两面均磨光。直刃，双面刃，刃面中部有较杂乱的磨痕。长 9.6、宽 2.7、厚约 0.7 厘米（图五七九，14；彩版一四三，6）。

箭镞　Ab 型。

TN20E41③：2，灰色。柳叶形。双面刃，刃缘较锋利，刃缘有明显的崩疤及茬口。凹底。通体磨光，器表多竖向的垂直磨痕。长 3.8、宽 1.2、厚 0.2 厘米（图五七九，10）。

（二）第 2 层出土遗物

该层出土遗物以陶器为主，另有少量石器。陶器器类有束颈罐、侈口小罐、无颈罐、附加堆纹罐、沿面饰纹罐、长颈罐、盘口高领罐、矮领小罐、钵等，石器器类有斧、锛、刀、箭镞等。

（1）陶器

束颈罐

Aa 型。

TN21E40②：15，夹砂橙黄陶。尖圆唇，侈口，窄卷沿下垂，短束颈。颈部饰刻划网格纹和凹弦纹。口径 20、残高 3.5 厘米（图五八〇，1）。

TN22E40②：22，夹砂褐陶。尖圆唇，口微侈，窄卷沿下垂，束颈。颈部饰刻划网格纹。残高 2.6 厘米（图五八〇，2）。

Ba 型。

TN22E40②：37，夹砂黑灰陶。方唇，侈口，卷沿较斜直，束颈。唇部饰戳印点纹，颈部饰点线纹组成的折线纹。口径 30、残高 5 厘米（图五八〇，5）。

TN21E41②：13，夹砂黄褐陶。方唇，侈口，卷沿较斜直，束颈。唇部饰戳印点纹。口径 18、残高 3.2 厘米（图五八〇，3）。

TN22E41②：11，夹砂灰白胎灰皮陶，内壁局部为黄褐色。圆唇，侈口，卷沿上仰，短束颈。唇部饰戳印点纹，颈部饰戳印纹。口径 22、残高 4 厘米（图五八〇，4）。

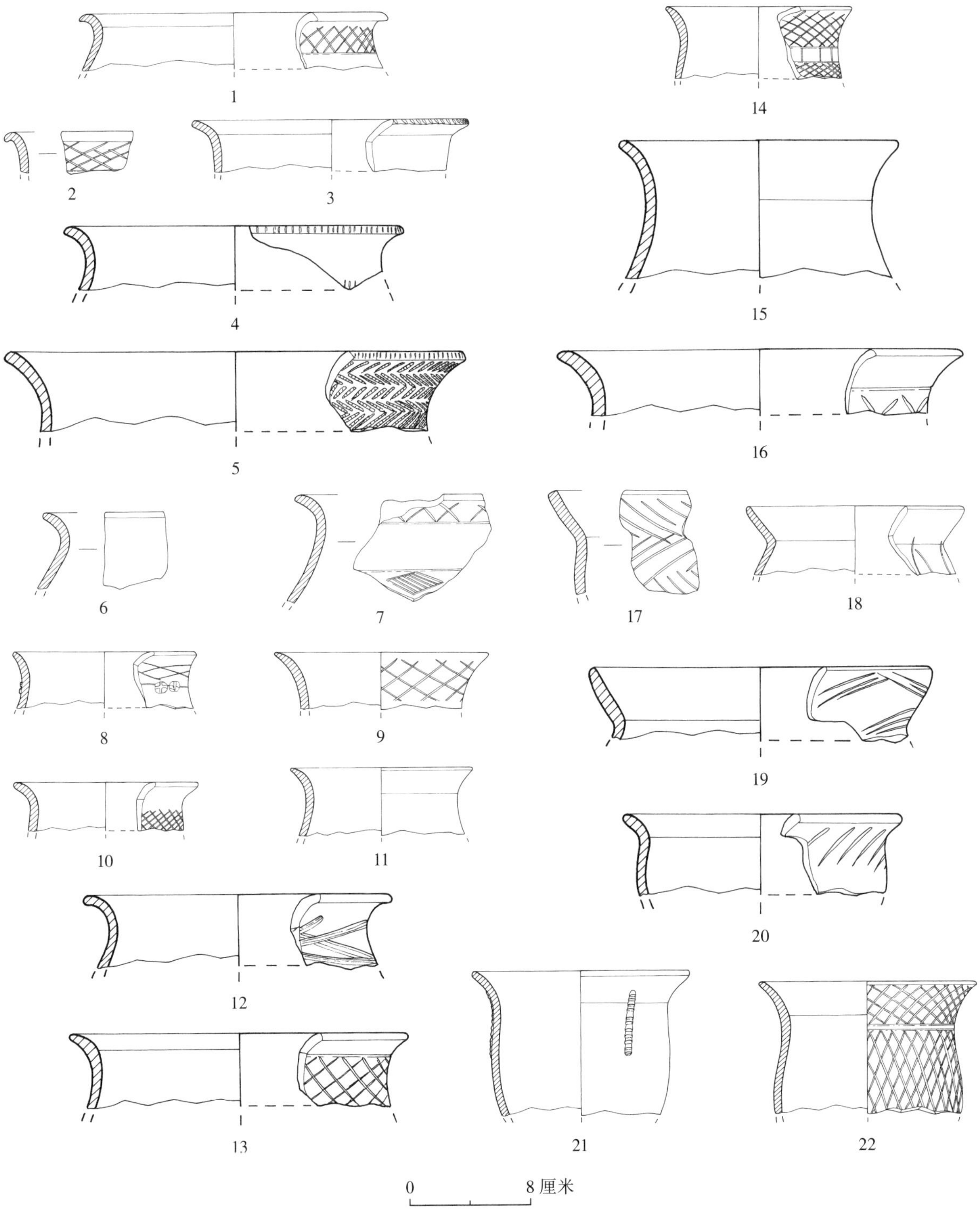

图五八○ 2019年Ⅰ区第2层出土陶器

1、2. Aa型束颈罐（TN21E40②：15、TN22E40②：22） 3~5. Ba型束颈罐（TN21E41②：13、TN22E41②：11、TN22E40②：37） 6~16. Bb型束颈罐（TN20E40②：12、TN22E40②：30、TN22E39②：23、TN21E41②：11、TN22E41②：20、TN20E40②：15、TN20E40②：17、TN22E41②：16、TN21E41②：12、TN22E40②：26、TN20E40②：16） 17~19. Ab型无颈罐（TN22E41②：17、TN20E41②：12、TN20E41②：13） 20~22. Ba型无颈罐（TN22E41②：13、TN22E40②：31、TN22E40②：32）

Bb 型。

TN22E39②：23，夹砂橙黄陶，内壁灰色。圆唇，口微侈，卷沿较斜直，短束颈。颈部饰刻划纹和圆饼状附加堆纹，附加堆纹上有戳印痕。口径 12、残高 3.5 厘米（图五八〇，8）。

TN20E40②：15，夹砂灰褐陶。尖圆唇，侈口，卷沿较斜直，短束颈。素面。口径 12、残高 4.2 厘米（图五八〇，11）。

TN20E40②：16，夹砂灰陶。圆唇，侈口，卷沿较斜直，束颈。颈部饰刻划弦纹和网格纹。口径 26、残高 4 厘米（图五八〇，16）。

TN20E40②：17，夹砂黑灰陶。圆唇，侈口，卷沿上仰，短束颈。颈部饰划纹。口径 20、残高 4.4 厘米（图五八〇，12）。

TN20E40②：12，夹砂灰褐陶，内壁黑灰色。圆唇，侈口，卷沿上仰，短束颈，溜肩。素面。残高 4.7 厘米（图五八〇，6）。

TN22E40②：26，夹砂灰陶。圆唇，侈口，卷沿较斜直，长束颈。素面。口径 18、残高 8.8 厘米（图五八〇，15）。

TN21E41②：11，夹砂灰褐陶。尖圆唇，侈口，沿面较斜直。颈部饰刻划网格纹。口径 14、残高 3.5 厘米（图五八〇，9）。

TN21E41②：12，夹砂褐陶。圆唇，口微侈，卷沿，沿部较斜直，短束颈。颈部饰刻划网格纹、凹弦纹、竖向短线纹等。口径 12、残高 4.5 厘米（图五八〇，14）。

TN22E41②：16，夹砂灰褐陶。圆唇，侈口，卷沿较斜直，束颈。颈部饰刻划凹弦纹和网格纹。口径 22、残高 4.6 厘米（图五八〇，13）。

TN22E41②：20，夹砂灰褐陶。圆唇，侈口，卷沿较斜直，短束颈。颈部饰刻划网格纹。口径 12、残高 3 厘米（图五八〇，10）。

TN22E40②：30，夹砂灰胎灰黄皮陶。圆唇，侈口，卷沿上仰，束颈，溜肩。颈上部饰刻划“×”形纹和凹弦纹，肩部饰刻划凹弦纹和菱格纹。残高 6.7 厘米（图五八〇，7）。

侈口小罐　Ac 型。

TN22E40②：27，夹砂褐胎黑皮陶。厚圆唇，侈口，卷沿，溜肩。肩部饰刻划网格纹。口径 10、残高 4.5 厘米（图五八一，1）。

无颈罐

Ab 型。

TN20E41②：12，夹砂橙黄陶。圆唇，盘口，折沿，溜肩。肩部饰刻划纹。口径 14、残高 4.2 厘米（图五八〇，18）。

TN20E41②：13，夹砂褐胎黑皮陶。厚圆唇，盘口，折沿。沿外壁饰刻划纹。口径 22、残高 4.6 厘米（图五八〇，19）。

TN22E41②：17，夹砂褐胎黑皮陶。方唇，盘口，折沿，溜肩。沿外壁至肩部饰刻划纹。残高 6.5 厘米（图五八〇，17）。

Ba 型。

TN22E40②：31，夹砂橙黄陶，外壁局部为黑灰色。圆唇，侈口，卷沿，弧腹。肩部饰竖向短泥条附加堆纹。口径14、残高9厘米（图五八〇，21）。

TN22E40②：32，夹砂褐陶，内壁磨光。圆唇，侈口，卷沿，弧腹。沿外壁至腹部饰刻划网格纹和凹弦纹。口径14、残高8.2厘米（图五八〇，22）。

TN22E41②：13，夹砂褐陶。厚圆唇，侈口，卷沿，弧腹。肩部饰刻划纹。口径18、残高5厘米（图五八〇，20）。

附加堆纹罐

Bc型。

TN20E40②：18，夹砂灰陶。方圆唇，侈口。口外侧有一周平滑的附加堆纹，未改变唇部形态，颈部饰刻划纹。口径26、残高6厘米（图五八一，3）。

Bd型。

TN22E41②：18，夹砂灰陶。侈口，卷沿，束颈。唇部外侧有一周凸起似附加堆纹，使唇部加厚。素面。残高4厘米（图五八一，2）。

沿面饰纹罐 Ab型。

TN20E40②：13，夹砂灰黄陶。圆唇，侈口，卷沿微仰。沿面饰连续三角纹。口径16、残高2.8厘米（图五八一，4）。

长颈罐

B型。

TN21E40②：14，夹砂橙黄陶。方唇，喇叭口，宽沿，有颈。唇部饰小方格状短斜线纹，外壁饰刻划网格纹和凹弦纹。口径18、残高4.2厘米（图五八一，5）。

C型。

TN20E40②：19，夹砂灰陶。圆唇，盘口，宽沿，长颈。沿外壁饰刻划纹。口径20、残高6.4厘米（图五八一，7）。

TN21E40②：12，夹砂橙黄陶。方唇，盘口，宽沿，长颈。沿外壁饰刻划网格纹。口径22、残高5.6厘米（图五八一，9）。

TN21E41②：17，夹砂黑灰陶，胎体较厚、较轻，胎质较差。圆唇，近盘口，宽沿。沿外壁饰戳印纹。口径17、残高5厘米（图五八一，6）。

TN22F40②：13，夹砂灰陶。圆唇，浅盘口，宽沿。素面。口径20、残高3厘米（图五八一，8）。

盘口高领罐

Ab型。

TN22E39②：14，夹砂灰胎红褐皮陶。圆唇，盘口，宽沿斜弧。唇部饰戳印点纹，沿外壁饰短线纹组成的几何纹饰。口径16、残高4厘米（图五八一，10）。

Ac型。

TN22E39②：15，夹砂灰陶。斜方唇，浅盘口，宽沿较斜直。唇部和沿外壁饰小方格状点线纹。口径20、残高3.2厘米（图五八一，11）。

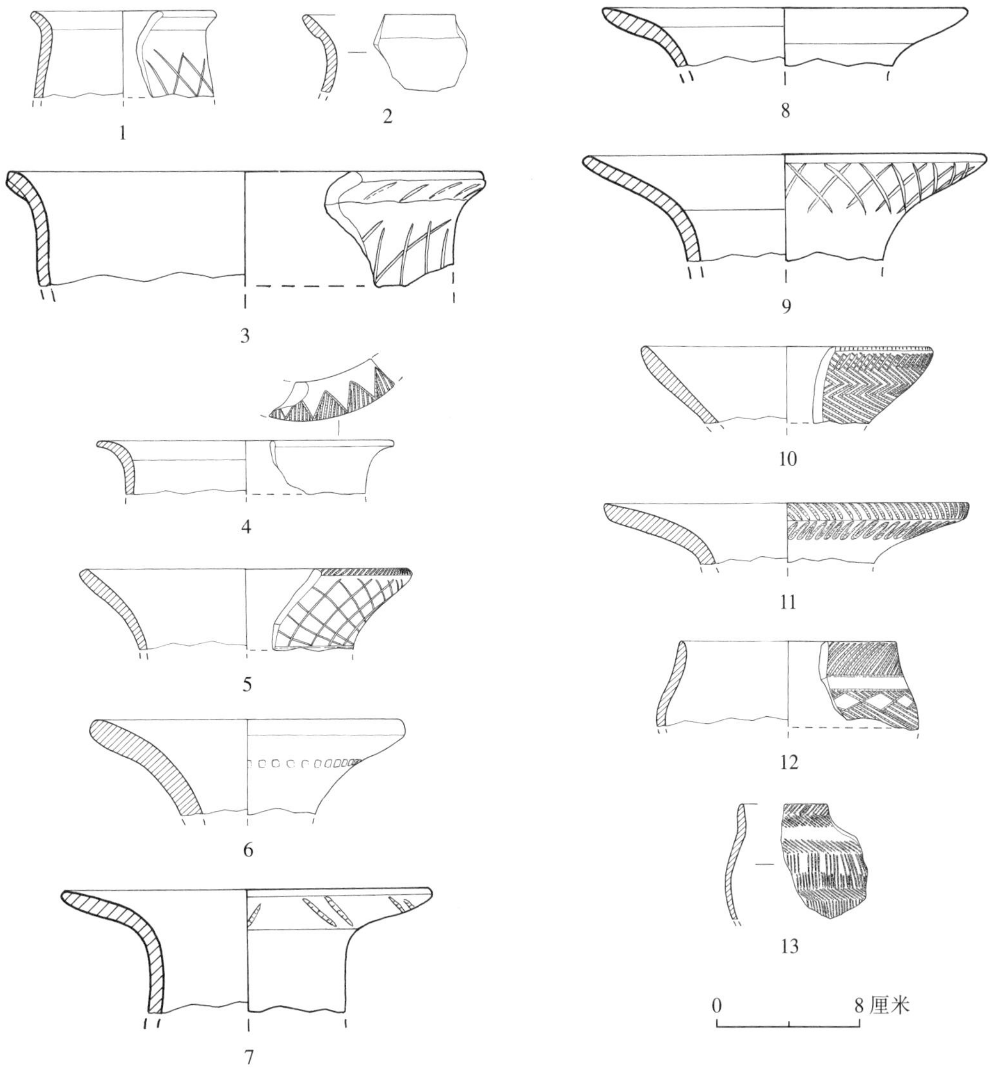

图五八一　2019年Ⅰ区第2层出土陶器

1. Ac型侈口小罐（TN22E40②：27）　2. Bd型附加堆纹罐（TN22E41②：18）　3. Bc型附加堆纹罐（TN20E40②：18）　4. Ab型沿面饰纹罐（TN20E40②：13）　5. B型长颈罐（TN21E40②：14）　6~9. C型长颈罐（TN21E41②：17、TN20E40②：19、TN22E40②：13、TN21E40②：12）　10. Ab型盘口高领罐（TN22E39②：14）　11. Ac型盘口高领罐（TN22E39②：15）　12、13. B型矮领小罐（TN22E40②：17、TN20E40②：14）

矮领小罐　B型。

TN20E40②：14，夹砂褐陶，领部为灰色，腹部微黄褐色。尖圆唇，口近直，矮领，溜肩。领部饰小方格状点线纹组成的"<"形纹，肩部饰小方格状点线纹与光面组成的复合纹饰。残高6厘米（图五八一，13）。

TN22E40②：17，夹砂灰陶。尖圆唇，口近直，矮领，溜肩，领部与肩部分界不明显。领部饰小方格状点线纹组成的带状纹饰和凹弦纹，肩部饰连续三角纹夹光面菱形纹等纹饰。口径12、残高4.5厘米（图五八一，12）。

钵

乙类Aa型。

TN22E40②：39，夹砂黑褐陶。圆唇，敞口，斜弧腹。素面。口径20、残高7.9厘米（图五八二，1）。

乙类Ab型。

TN22E40②：40，夹砂灰褐陶。圆唇，直口，口部有一半圆形扁乳丁状凸起，弧腹。素面。口径20.4、残高9.6厘米（图五八二，2）。

乙类Bf型。

TN22E40②：19，夹砂灰胎黑皮陶。斜方唇，敞口，斜弧腹。腹部饰凹弦纹、连续三角纹夹光面折线纹、成组短斜线纹与光面组成的复合纹饰。口径16、残高3.5厘米（图五八二，3）。

器鋬 A型。

TN22E39②：25，夹砂灰褐陶。扁乳丁状。外壁饰小方格状点线纹。残高5.5厘米（图五八二，4）。

器底

TN21E40②：11，夹砂黑灰陶。肩部以上残，深弧腹，平底。素面。底径8.4、残高17厘米（图五八二，5；彩版一四四，1）。

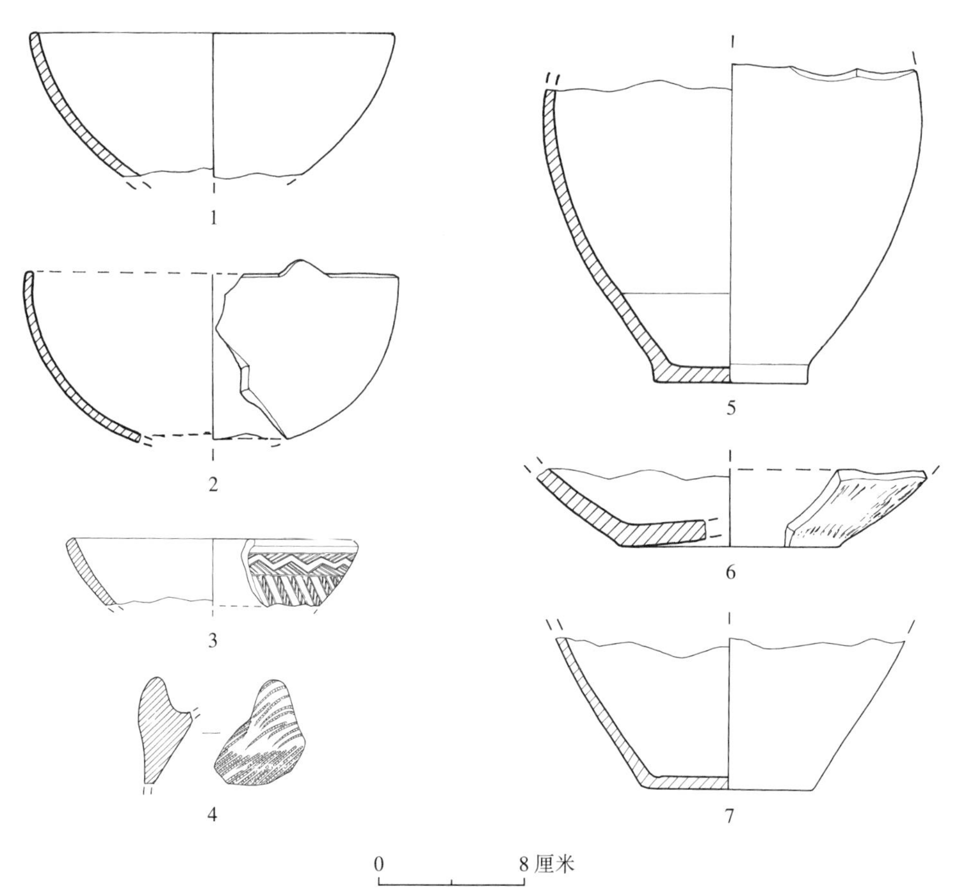

图五八二 2019年Ⅰ区第2层出土陶器

1. 乙类Aa型钵（TN22E40②：39） 2. 乙类Ab型钵（TN22E40②：40） 3. 乙类Bf型钵（TN22E40②：19） 4. A型器鋬（TN22E39②：25） 5~7. 器底（TN21E40②：11、TN22E40②：12、TN22E41②：23）

TN22E40②：12，夹砂灰陶。平底微内凹。近底处饰刻划纹。底径12、残高4厘米（图五八二，6）。

TN22E41②：23，夹砂褐胎黑皮陶。下腹斜直内收，平底。素面。底径9.2、残高8厘米（图五八二，7）。

（2）石器

斧　Ca型。

TN20E41②：2，黑色。平面呈长方形，截面近梯形。平顶，侧面磨平。长9.8、宽5.2、厚3.9厘米（图五八三，1）。

TN22E41②：1，灰色。平面呈长方形，截面近梯形。偏锋，弧刃，双面刃，刃缘有连续的崩疤。通体磨光，器表有均匀的磨痕。长10.3、宽5.1、厚4.4厘米（图五八三，2；彩版一四四，2）。

锛

B型。

TN21E40②：2，黑色。平面呈长条形，截面近长方形。斜平顶。两面均磨光，中部仍残有部分片疤。弧刃，单面刃，刃缘分布有较多崩疤。长7.9、宽2.8、厚约0.7厘米（图五八三，3）。

TN22E39②：1，黑色。平面呈长方形。斜平顶。斜弧刃，单面刃，刃部有细小茬口和较杂乱的磨痕。通体磨光，器表分布有较均匀的平行磨痕。长5.6、宽2.6、厚约0.8厘米（图五八三，4）。

TN22E40②：1，黑色。平面近梯形，截面呈弧边长方形。斜平顶。两面均磨光，有较明显的片疤，器表光滑。弧刃，单面刃，刃缘一侧有明显的崩疤。长6.8、宽3.8、厚约1.1厘米（图五八三，5）。

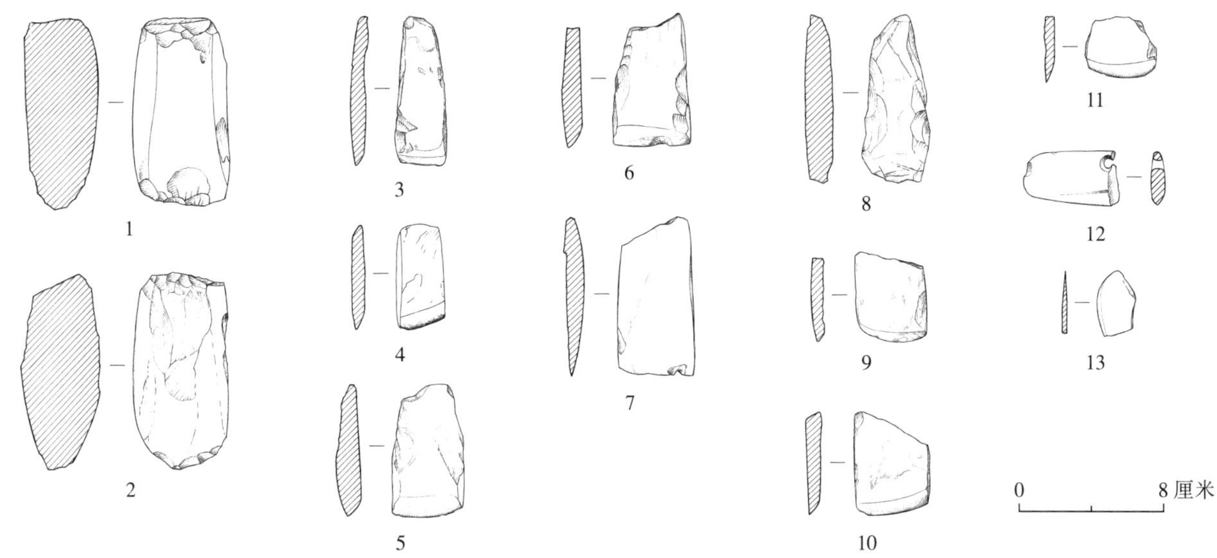

图五八三　2019年Ⅰ区第2层出土石器

1、2. Ca型斧（TN20E41②：2、TN22E41②：1）　3~7. B型锛（TN21E40②：2、TN22E39②：1、TN22E40②：1、TN22E40②：4、TN20E41②：3）　8. C型锛（TN22E41②：3）　9~11. 石锛残件（TN21E40②：1、TN21E41②：1、TN22E40②：5）　12. 甲类刀（TN22E40②：2）　13. C型箭镞（TN22E39②：2）

TN22E40②：4，灰色。平面近梯形，截面呈长方形。斜平顶。两侧残有部分片疤，侧面大体切割平整并磨光，两面均磨光。弧刃，单面刃，刃缘有较密集的片疤及细小的茬口。长7.2、宽4.3、厚约1厘米（图五八三，6）。

TN20E41②：3，绿色。平面呈长方形，截面近长方形。斜平顶。两侧有片切割痕迹，两面均磨光。弧刃，单面刃，刃缘有较多崩疤。长8.4、宽4.2、厚约0.9厘米（图五八三，7）。

C型。

TN22E41②：3，黑色。平面呈长方形，截面近圆角长方形。斜尖顶。两面大部分磨光，有连续的片疤。刃部残缺。残长8.6、宽3.7、厚约1.4厘米（图五八三，8）。

残件。

TN21E40②：1，黑色。平面呈长方形，截面近长方形。上半部分残缺。两面均磨光，有部分片疤，打制，磨平磨光。弧刃，单面刃，刃缘有较多崩疤。残长4.7、宽3.8、厚约0.55厘米（图五八三，9；彩版一四四，3）。

TN21E41②：1，黑色。平面呈长方形，截面近长方形。上半部分残缺。两面磨制较精细。弧刃，单面刃，靠近刃部有较多平行磨痕。残长5.5、宽4.2、厚0.6厘米（图五八三，10；彩版一四四，4）。

TN22E40②：5，黑色。平面呈长方形，截面近长方形。两面均磨光，器表有连续的片疤。弧刃，单面刃。顶部及两侧面大部分残缺。残长3.2、宽4、厚0.6厘米（图五八三，11）。

刀 甲类。

TN22E40②：2，灰色。直背，单孔，两面对钻。直刃，双面刃，刃部分布有较杂乱的水平磨痕。器表分布有较多磨痕，磨光较好。残长5.3、宽2.9、厚0.7厘米（图五八三，12）。

箭镞 C型。

TN22E39②：2，黑色。五边形。单面刃，刃面较钝，且刃缘有较明显的茬口。部分残缺。残长3.4、宽2.1、厚0.2厘米（图五八三，13）。

（三）采集

陶器

无颈罐

Aa型。

TN21E41北隔梁：12，夹砂褐陶。圆唇，敞口，宽折沿上仰。口外侧有一道凹痕，可能是泥条盘筑留下的制作痕迹。折沿处饰刻划网格纹。口径18、残高7.3厘米（图五八五，1）。

Ad型。

TN21E41北隔梁：11，夹砂黄褐陶。厚圆唇，侈口，窄沿弧折上仰。唇部饰戳印短斜线纹，肩部饰凹弦纹。口径26、残高4厘米（图五八五，2）。

二、Ⅰ区遗迹

遗迹包括房址、灰坑、灰沟、特殊遗迹等（见附表一）。

（一）房址

1 座。为半地穴式建筑。

F24

位于 TN22E41 东南部，向东伸入探方东隔梁，向南伸入 TN21E41 北隔梁，未继续清理。开口于第 3 层下，打破生土层，被 H208 叠压。平面呈长方形，残长 1.96、残宽 1.48、深 0.1 米。北部发现柱洞 2 个，圆形，直壁，平底。柱洞直径 0.35~0.38、深 0.2~0.24 米。填土为灰褐色砂土，土质较疏松，出土陶片和石器，陶器器类有束颈罐、釜形罐等，石器器类有锛等（图五八四；彩版一四五，1）。

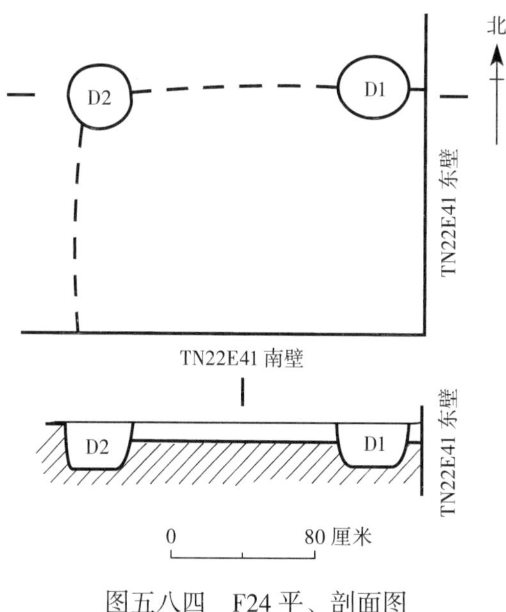

图五八四　F24 平、剖面图

（1）陶器

束颈罐

Aa 型。

F24：11，夹砂灰陶，内壁磨光。尖圆唇，口微侈，窄卷沿下垂，短束颈。颈部饰刻划网格纹。口径 20、残高 3.2 厘米（图五八五，6）。

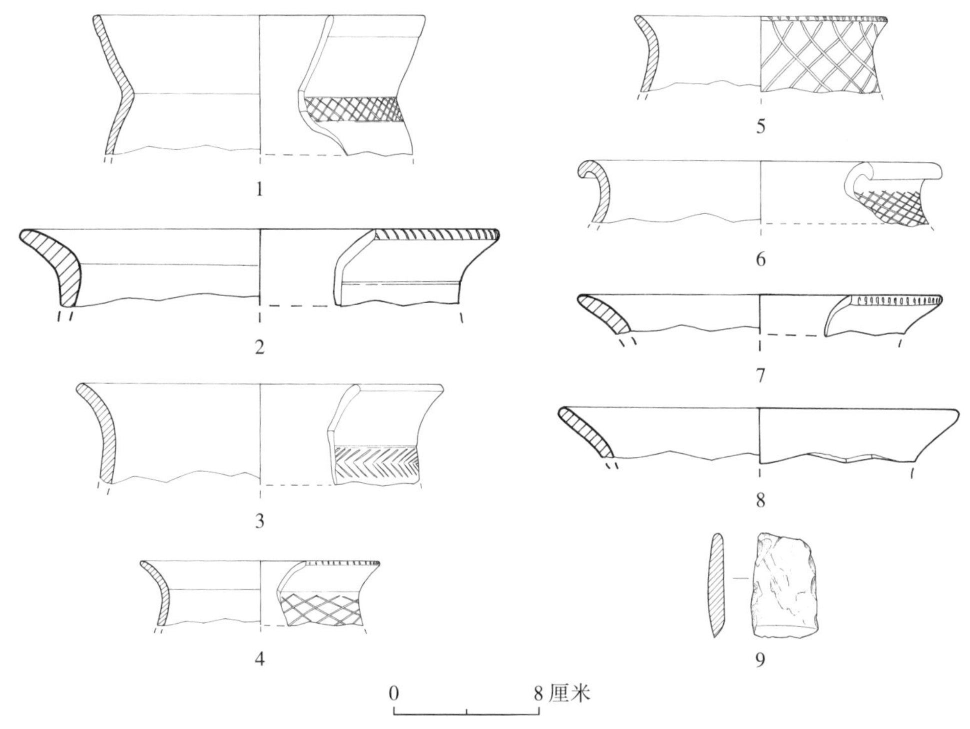

图五八五　2019 年Ⅰ区采集及 F24 出土遗物

1. Aa 型陶无颈罐（TN21E41 北隔梁：12）　2. Ad 型陶无颈罐（TN21E41 北隔梁：11）　3. Bb 型陶束颈罐（F24：19）　4、5. Ba 型陶束颈罐（F24：15、18）　6. Aa 型陶束颈罐（F24：11）　7、8. 陶釜形罐（F24：16、17）　9. B 型石锛（F24：1）

Ba 型。

F24：15，夹砂褐陶。圆唇，侈口，卷沿，短束颈。唇部饰戳印点纹，颈部饰刻划网格纹。口径13、残高3.4厘米（图五八五，4）。

F24：18，夹砂红褐陶，外壁黑色。圆唇，侈口，卷沿，短束颈。唇部饰戳印点纹，颈部饰刻划网格纹。口径14、残高4厘米（图五八五，5）。

Bb 型。

F24：19，夹砂灰陶。圆唇，侈口，卷沿，短束颈。肩部饰凹弦纹和“<”形纹。口径20、残高5.2厘米（图五八五，3）。

釜形罐

F24：16，夹砂褐陶，内壁磨光。圆唇，口微盘。唇部饰戳印点纹。口径20、残高2厘米（图五八五，7）。

F24：17，夹砂褐胎黑皮陶。厚圆唇，口微盘。素面。口径22、残高2.8厘米（图五八五，8）。

（2）石器

锛 B型。

F24：1，黑色。平面呈梯形，截面呈弧边四边形。斜平顶。两面均磨光，中部有部分片疤。弧刃，单面刃，刃缘有较密集的崩疤。长5.6、宽3.7、厚约1厘米（图五八五，9）。

（二）灰坑

6个。

1. H203

位于TN21E40北部。开口于第2层下，打破第3层。平面形状不规则，直壁，底部凹凸不平，边缘较平整，中间下凹。长径1.02、短径0.8、深0.22~0.26米。填土为灰黑色砂土，土质疏松，出土少量陶片（图五八六；彩版一四五，2）。

2. H206

位于TN20E41东南角，向东、南伸出发掘区外，未继续清理。开口于第1层下，打破第2层。平面形状不规则，弧壁，平底。残长1.56、残宽1.32、深0.4米。填土为灰黑色砂土，土质疏松，出土大量陶片和少量石器（图五八七；彩版一四五，3）。

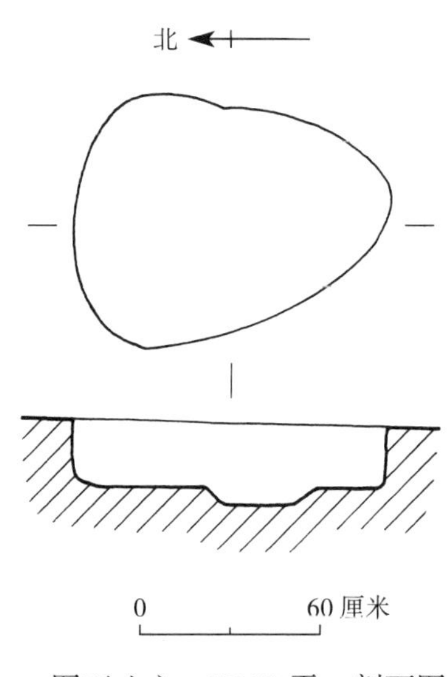

图五八六　H203平、剖面图

3. H208

位于TN22E41东南部和TN21E41东北部，TN21E41北隔梁部分未清理，向东伸出发掘区外，未继续清理。开口于第3层下，打破生土层。平面近半圆形，弧壁，平底。长5.7、残宽3.37、深0.42米。填土为灰黑色砂土，土质疏松，出土较多陶片和少量石器，陶器器类有束颈罐、侈口小罐、无颈罐、长颈罐、釜形罐等，石器器类有斧、锛、刀、箭镞、坠饰等。并且发现动物骨骼、炭样等样本（图五八八；彩版一四五，4）。

（1）陶器

束颈罐

Aa 型。

H208：19，夹砂褐陶，内壁磨光。尖圆唇，口微侈，窄卷沿下垂，短束颈，溜肩。颈部饰刻划网格纹、凹弦纹和戳印点纹。口径 20、残高 6 厘米（图五八九，1）。

H208：20，夹砂褐陶。尖圆唇，口微侈，窄卷沿下垂，短束颈，溜肩。颈部饰刻划网格纹和戳印点纹。口径 20、残高 5.6 厘米（图五八九，2）。

Bb 型。

H208：13，夹砂灰黑陶。尖圆唇，侈口，卷沿较宽，短束颈。颈部饰刻划纹。口径 24、残高 3 厘米（图五八九，3）。

H208：14，夹砂灰陶。圆唇，侈口，卷沿，短束颈。沿外壁至肩部饰凹弦纹和刻划交叉纹。口径 16、残高 3 厘米（图五八九，4）。

H208：16，夹砂黑灰陶。斜方唇，侈口，卷沿较宽，束颈。颈部饰凹弦纹。口径 26、残高 3 厘米（图五八九，5）。

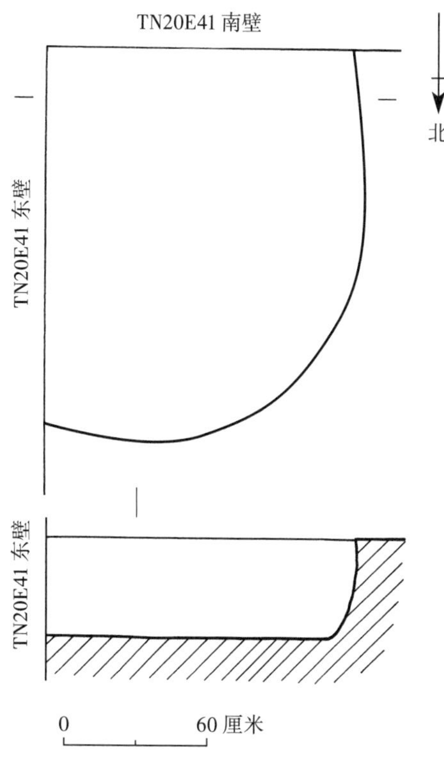

图五八七　H206 平、剖面图

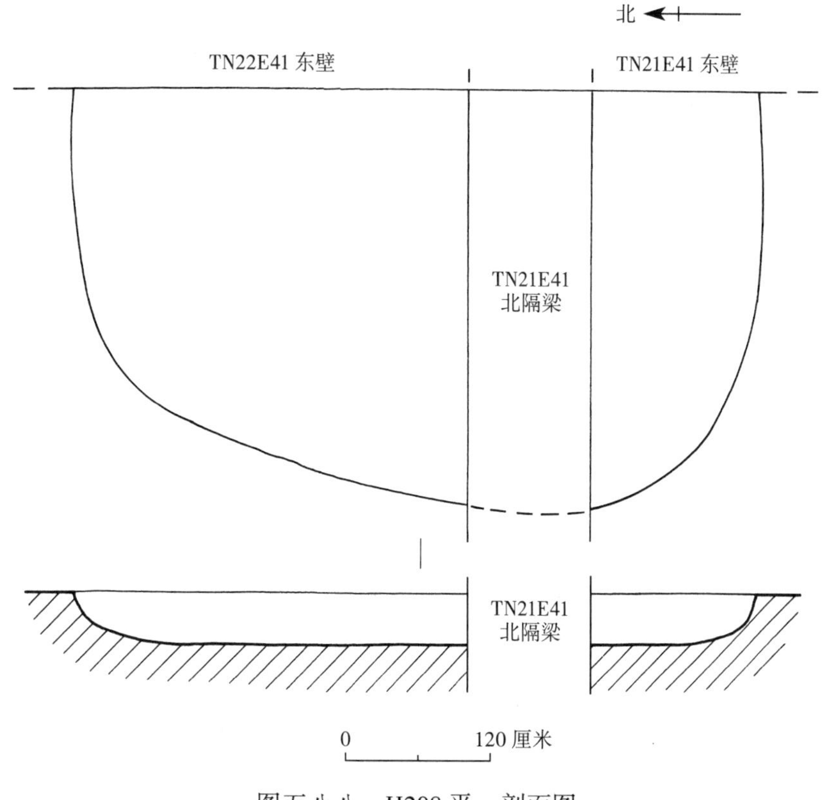

图五八八　H208 平、剖面图

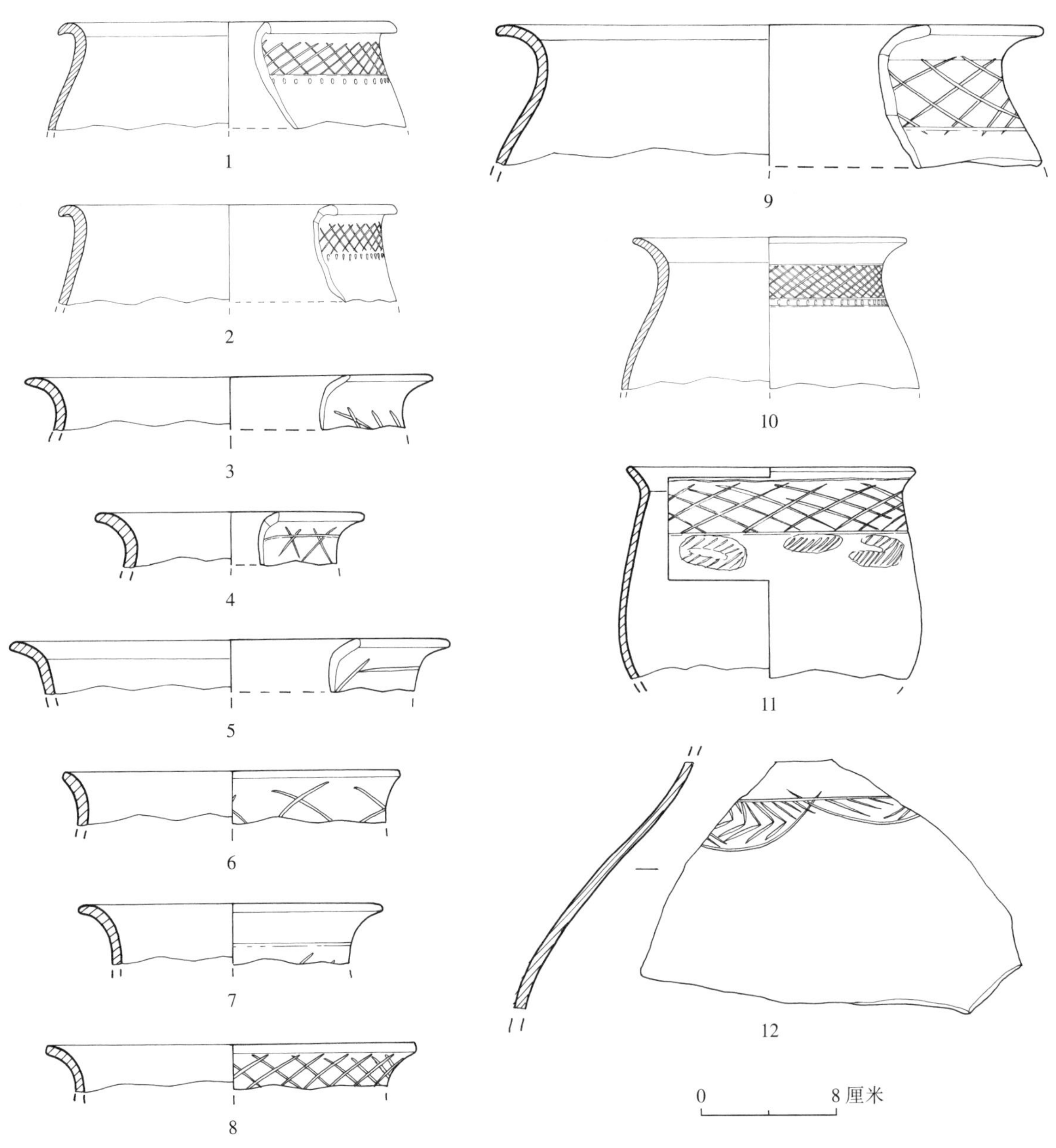

图五八九　H208出土陶器

1、2. Aa型束颈罐（H208：19、20）　3~11. Bb型束颈罐（H208：13、14、16、17、18、23、26、27、29）　12. 陶片（H208：30）

H208：17，夹砂灰陶。圆唇，口微侈，卷沿，短束颈。颈部饰刻划纹。口径20、残高3厘米（图五八九，6）。

H208：18，夹砂黑灰陶。圆唇，侈口，卷沿，长束颈。颈部饰刻划凹弦纹等。口径18、残高3.4厘米（图五八九，7）。

H208：23，夹砂褐陶。圆唇，侈口，卷沿，短束颈。颈部饰刻划网格纹。口径22、残高2.6厘米（图五八九，8）。

H208：26，夹砂灰褐陶。方唇，侈口，宽卷沿外翻，长束颈，溜肩。颈下部至肩部饰刻划网格纹和凹弦纹。口径 32、残高 8 厘米（图五八九，9）。

H208：27，夹砂黑灰陶。圆唇，侈口，宽卷沿上仰，长束颈，溜肩。颈部以三周凹弦纹划分为两个纹饰带，上部纹饰带饰一周刻划菱格纹，下部纹饰带内饰戳印点纹分隔形成的方格纹。口径 16、残高 8.6 厘米（图五八九，10）。

H208：29，夹砂黑灰陶。圆唇，侈口，卷沿，短束颈，溜肩。肩部饰凹弦纹、网格纹和窄泥条附加堆纹。口径 16.6、残高 12 厘米（图五八九，11；彩版一四六，1）。

侈口小罐　B 型。

H208：15，夹砂黑褐陶，器表磨光。方唇，侈口，窄折沿上仰，溜肩。肩部饰刻划凹弦纹和网格纹。口径 12、残高 4 厘米（图五九〇，1）。

无颈罐

Aa 型。

H208：11，夹砂灰陶。圆唇，敞口，高领，折沿。素面。口径 9、残高 6.4 厘米（图五九〇，2）。

Ba 型。

H208：12，夹砂黑灰陶。方圆唇，敞口，卷沿，溜肩，腹壁较直。肩部饰刻划网格纹和附加堆纹。残高 4 厘米（图五九〇，3）。

H208：21，夹砂灰陶。圆唇，敞口，卷沿，肩部较竖直，弧腹。肩部饰刻划网格纹和小乳丁纹。口径 10、残高 6.5 厘米（图五九〇，4）。

H208：24，夹砂褐陶。圆唇，敞口，卷沿，腹壁较直。口外侧至腹部饰刻划凹弦纹、网格纹和

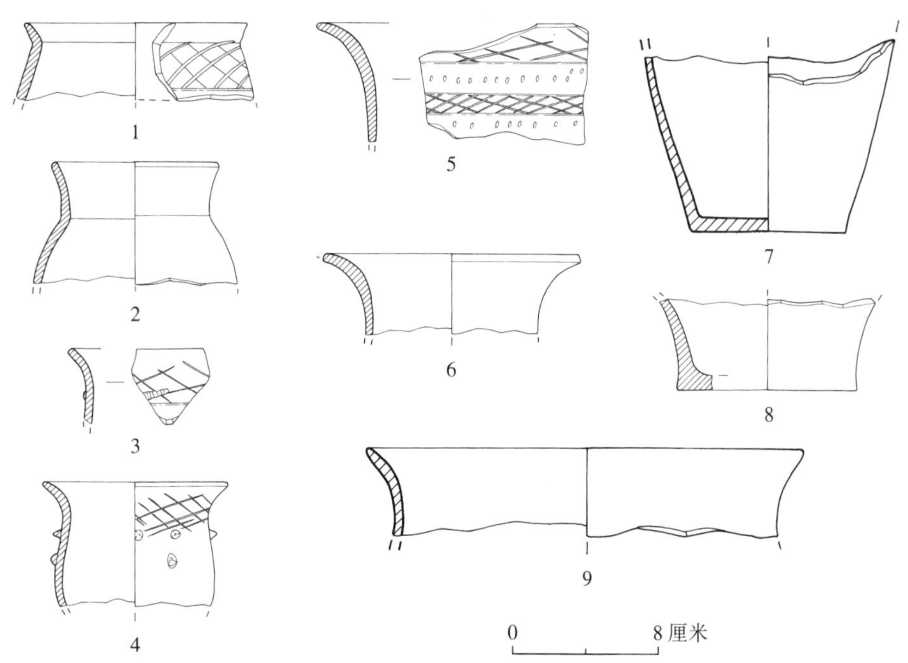

图五九〇　H208 出土陶器

1. B 型侈口小罐（H208：15）　2. Aa 型无颈罐（H208：11）　3~5. Ba 型无颈罐（H208：12、21、24）　6. B 型长颈罐（H208：22）　7、8. 器底（H208：31、28）　9. 釜形罐（H208：25）

戳印点纹等纹饰。残高 6.3 厘米（图五九〇，5）。

长颈罐 B 型。

H208：22，夹砂褐胎黑灰皮陶，器表磨光。方唇，喇叭口，长颈。素面。口径 14、残高 4.2 厘米（图五九〇，6）。

釜形罐

H208：25，夹砂红陶。圆唇，口微盘，颈微束。素面。口径 24、残高 4.6 厘米（图五九〇，9）。

器底

H208：28，夹砂黄褐陶。平底。素面。底径 10、残高 4.8 厘米（图五九〇，8）。

H208：31，夹砂灰褐陶。深腹，下腹斜直，平底。素面。底径 8.4、残高 10.2 厘米（图五九〇，7）。

陶片

H208：30，夹砂灰陶。饰凹弦纹、弧线纹和“>”形纹。为罐或瓮类器物的肩部。残高 14.5 厘米（图五八九，12）。

（2）石器

斧 Ca 型。

H208：5，灰色。平面呈梯形，截面近椭圆形。圆顶。两侧打制后磨平磨光，片疤较浅。偏锋，弧刃，双面刃，刃缘有较多崩疤。长 12.7、宽 6.4、厚 4.7 厘米（图五九一，1）。

锛

B 型。

H208：4，黑色。平面近梯形，截面近椭圆形。斜平顶，有较多片疤。弧刃，单面刃，刃缘有较

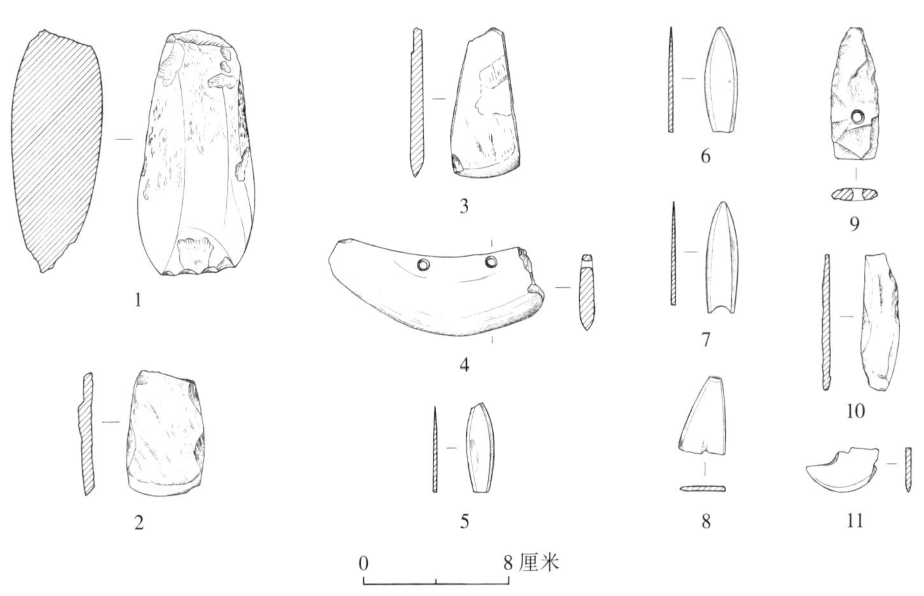

图五九一 H208 出土石器

1. Ca 型斧（H208：5） 2. B 型锛（H208：4） 3. C 型锛（H208：1） 4. 乙类 Aa 型刀（H208：33） 5、6. Aa 型箭镞（H208：2、10） 7. Ab 型箭镞（H208：9） 8. Ac 型箭镞（H208：34） 9、10. 箭镞半成品（H208：3、8） 11. 坠饰（H208：32）

密集的茬口及细小磨痕。长 6.7、宽 4.3、厚 0.6 厘米（图五九一，2）。

C 型。

H208：1，黑色。斜尖顶。两面磨制较粗糙。弧刃，单面刃，刃缘分布有较多崩疤。长 8、宽 3.8、厚约 0.7 厘米（图五九一，3）。

刀　乙类 Aa 型。

H208：33，紫色。凹背，双孔，两面对钻。弧刃，双面刃，刃面有较杂乱的磨痕。通体磨光，器表分布有较均匀的磨痕。残长 11.7、宽 4.1、厚 0.7 厘米（图五九一，4；彩版一四六，2）。

箭镞

Aa 型。

H208：2，黑色。柳叶形。锋部略有残缺，双面刃，刃缘有较多细小的茬口。平底较窄。磨制较精细，器表有较多杂乱的磨痕。残长 4.7、宽 1.5、厚 0.2 厘米（图五九一，5）。

H208：10，绿色。柳叶形。锋部略有残缺，双面刃，刃缘较钝。平底稍窄。器表较光滑，器表残有部分水平磨痕。长 5.8、宽 1.7、厚 0.2 厘米（图五九一，6）。

Ab 型。

H208：9，灰色。柳叶形。双面刃，刃缘较锋利，刃部有较明显的茬口及杂乱的磨痕。底部内凹，相对较宽。通体磨光，器表有较多均匀磨痕。长 5.8、宽 1.6、厚 0.2 厘米（图五九一，7）。

Ac 型。

H208：34，绿色。柳叶形。双面刃，刃缘较锋利，刃缘有较细密的磨痕。中部有一穿孔，两面先刻槽后钻孔。平底较窄。通体磨光，器表有较多均匀磨痕。大部分残缺。残长 4.1、宽 2.6、厚 0.2 厘米（图五九一，8）。

半成品。

H208：3，黑色。柳叶形，最宽处位于底部。两侧及平面布满片疤，未加工出刃部。中部偏下有穿孔，两面对钻。平底稍宽。磨制较粗糙，器表有较多较浅的片疤。长 6.9、宽 2.5、厚 0.5 厘米（图五九一，9）。

H208：8，绿色。柳叶形，最宽处位于中部。两侧有连续的片疤，未加工出刃部。平底较窄。器表磨制较粗糙，有较多片疤。长 7.2、宽 2.1、厚 0.4 厘米（图五九一，10）。

坠饰

H208：32，灰色。中部靠上有一穿孔，两面对钻，穿孔已破损。一角略有残缺。通体磨光，磨制较精细。残长 4、宽 2.3、厚 0.2 厘米（图五九一，11）。

4. H210

位于 TN20E40 西部，向西伸出发掘区外，未继续清理。开口于第 2 层下，打破第 3 层。平面形状不规则，斜壁，平底。残长 1.4、残宽 0.6、深 0.3 米。填土为灰黑色砂土，土质疏松，出土大量陶片，器类有无颈罐、钵等（图五九二；彩版一四六，3）。

陶器

无颈罐　Bc 型。

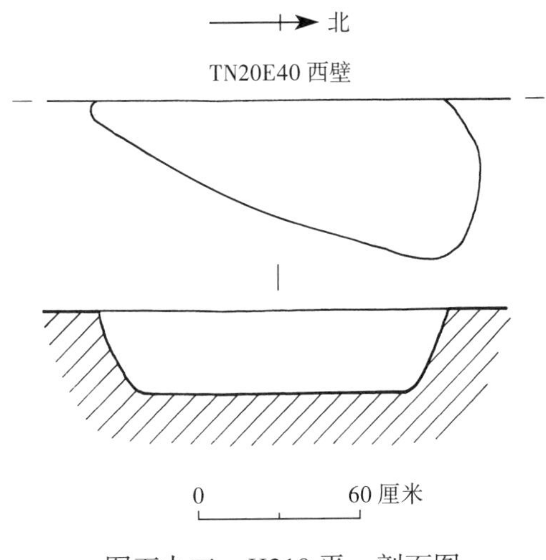

图五九二　H210 平、剖面图

H210：11，夹砂灰褐陶。圆唇，侈口，卷沿较宽，短束颈，溜肩。肩部饰戳印点纹。口径 16、残高 6 厘米（图五九三，1）。

钵

乙类 Be 型。

H210：14，夹砂黑灰陶，器表磨光。圆唇，直口，弧腹。腹部饰点线纹组成的带状纹饰、点线状弦纹、点线纹与光面组成的复合纹饰。口径 10、残高 3.6 厘米（图五九三，3）。

乙类 Bf 型。

H210：1，夹砂褐陶。圆唇，敞口，斜弧腹，平底。上腹部饰小方格状点线纹组成的折线纹和弦纹，下腹部饰小方格状点线纹组成的弦纹、两两一组的点线纹组成三周戳印纹饰，底部饰小方格状点线纹。口径 17.2、底径 8.2、高 6.4 厘米（图五九三，2）。

5. H212

位于 TN20E41 东北部。开口于第 2 层下，打破第 3 层。平面形状不规则，弧壁，平底。长 1.35、宽 1.09、深 0.34 米。填土为灰黑色砂土，土质疏松，出土大量陶片，器类有矮领小罐等（图五九四）。

陶器

矮领小罐　C 型。

H212：12，夹砂褐胎黑皮陶。斜方唇，敞口，矮领，溜肩。肩部饰刻划网格纹。残高 4.3 厘米（图五九三，4）。

6. H215

位于 TN21E40 西北部和 TN22E39 南部，向西、南伸出发掘区外，未继续清理。开口于第 2 层下，打破第 3 层。平面近椭圆形，直壁，平底。长径 1.78、短径 1.26、深 0.72 米。填土为灰黑色砂土，土质疏松，出土少量陶片和石器，陶器器类有束颈罐、侈口小罐、无颈罐、长颈罐、矮领小罐等，石器器类有锛、刀等（图五九五；彩版一四六，4）。

（1）陶器

束颈罐

Aa 型。

H215：12，夹砂黑灰陶。尖圆唇，侈口，窄卷沿下垂，短束颈，溜肩。肩部饰短泥条附加堆纹。口径 24、残高 10 厘米（图五九三，5）。

Ba 型。

H215：17，夹砂灰陶。圆唇，侈口，卷沿较宽，短束颈。唇部饰戳印点纹。口径 22、残高 3 厘米（图五九三，6）。

Bb 型。

H215：15，夹砂灰陶。尖圆唇，侈口，卷沿较宽，束颈。颈部饰刻划纹。口径 22、残高 2.6 厘

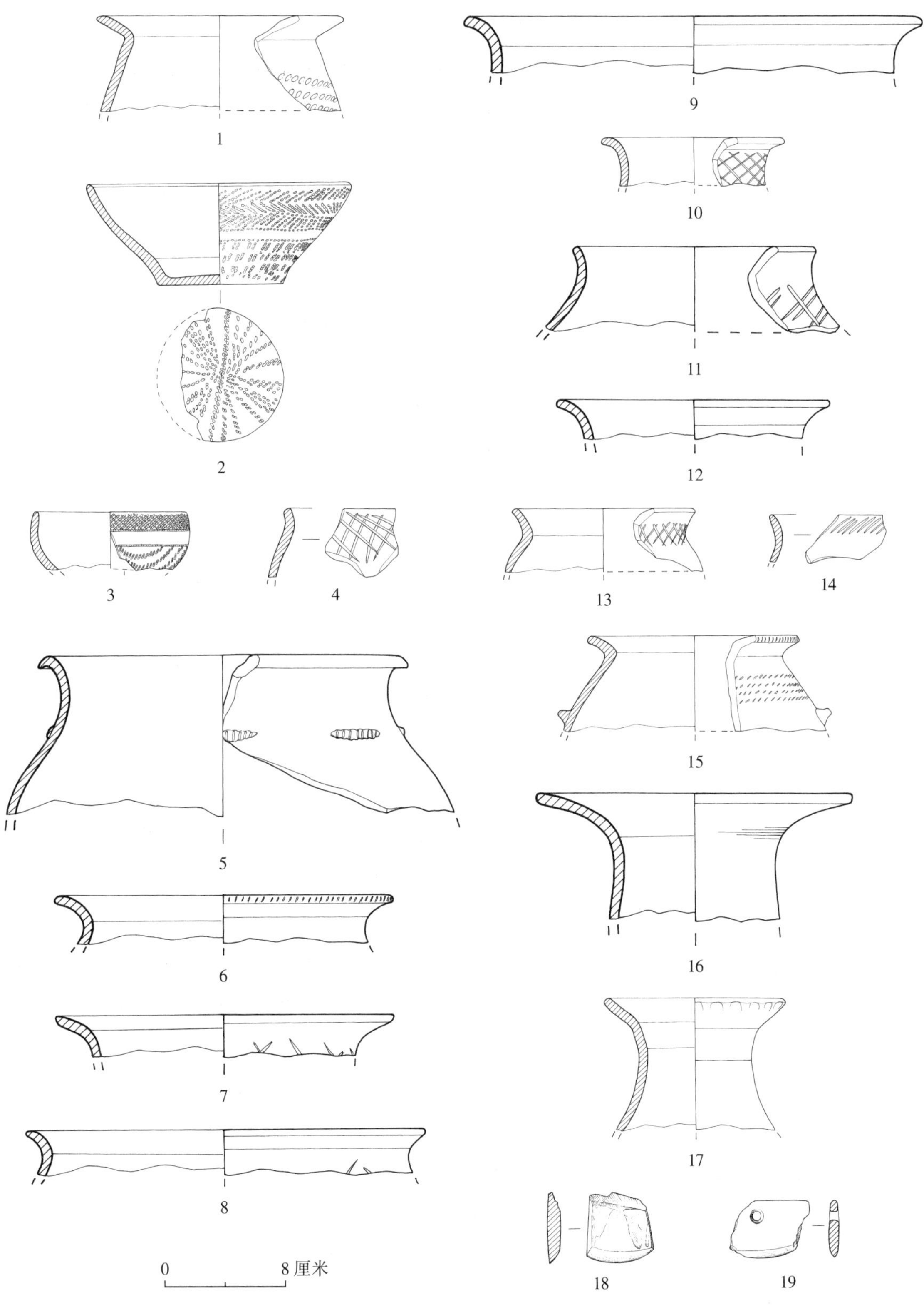

图五九三　H210、H212、H215出土遗物

1. Bc型陶无颈罐（H210：11）　2. 乙类Bf型陶钵（H210：1）　3. 乙类Be型陶钵（H210：14）　4. C型陶矮领小罐（H212：12）　5. Aa型陶束颈罐（H215：12）　6. Ba型陶束颈罐（H215：17）　7~12. Bb型陶束颈罐（H215：15、16、18、20、19、22）　13. Ac型陶侈口小罐（H215：21）　14. C型陶矮领小罐（H215：25）　15. Bb型陶无颈罐（H215：14）　16、17. C型陶长颈罐（H215：11、13）　18. 石锛残件（H215：2）　19. 石刀残件（H215：1）

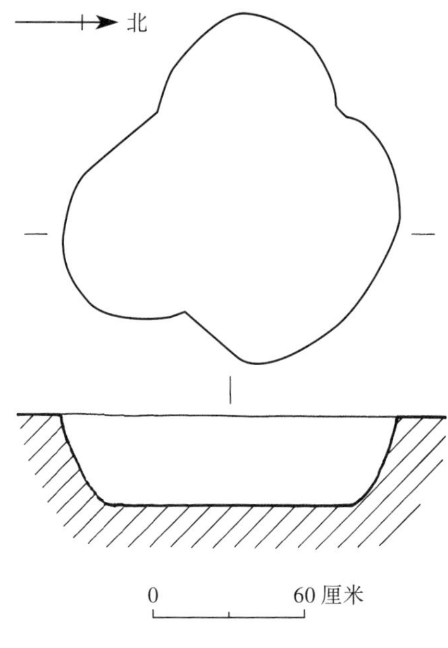

图五九四 H212平、剖面图

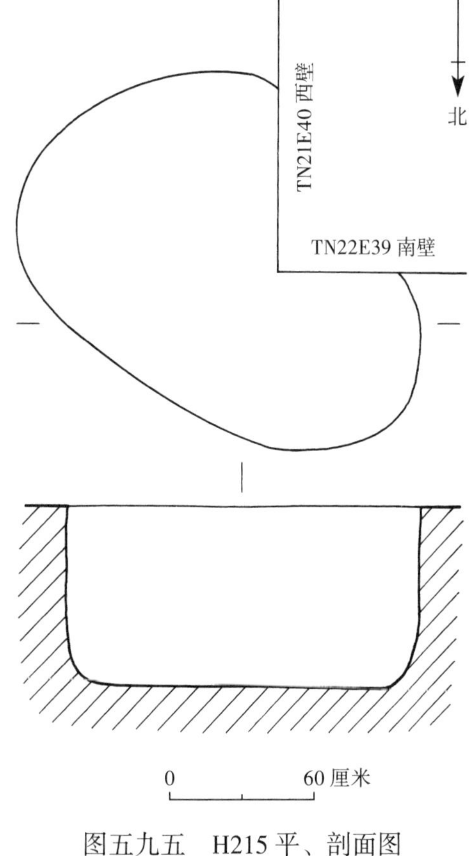

图五九五 H215平、剖面图

米（图五九三，7）。

H215：16，夹砂灰褐陶。圆唇，侈口，卷沿较窄，短束颈。颈肩部饰刻划纹。口径26、残高2.8厘米（图五九三，8）。

H215：18，夹砂灰黄陶。圆唇，侈口，卷沿较斜直，束颈。素面。口径30、残高3.6厘米（图五九三，9）。

H215：19，夹砂灰褐陶。圆唇，口微侈，卷沿较斜直，短束颈，溜肩。肩部饰刻划纹。口径16、残高5.4厘米（图五九三，11）。

H215：20，夹砂黑灰陶。圆唇，侈口，窄卷沿，束颈。颈部饰刻划网格纹。口径12、残高3厘米（图五九三，10）。

H215：22，夹砂黑灰陶。圆唇，侈口，卷沿。素面。口径18、残高2.4厘米（图五九三，12）。

侈口小罐 Ac型。

H215：21，夹砂灰陶。圆唇，侈口，卷沿，溜肩。卷沿处饰刻划网格纹。口径12、残高4厘米（图五九三，13）。

无颈罐 Bb型。

H215：14，夹砂灰褐陶。方唇，侈口，卷沿较宽，鼓肩。唇部饰戳印点纹，肩部饰乳丁纹和戳印点纹。口径14、残高6厘米（图五九三，15）。

长颈罐 C型。

H215：11，夹砂黑灰陶。方唇，口微盘，宽卷沿较平直，长颈。素面。口径20.8、残高8厘米（图五九三，16；彩版一四六，5）。

H215：13，夹砂黑灰陶。方唇，盘口，窄沿，长颈。素面。口径12、残高8.4厘米（图五九三，17）。

矮领小罐 C型。

H215：25，夹砂灰陶。圆唇，敞口，矮领。领部饰短斜线纹。残高3厘米（图五九三，14）。

（2）石器

锛 残件。

H215：2，黑色。平面近长方形，截面不规则。上半部分残缺。弧刃，单面刃，刃缘背面分布有较密集的垂直磨痕及较杂乱的磨痕。残长4.4、宽4.4、厚约0.7厘米（图五九三，18；彩版一四六，6）。

刀　残件。

H215：1, 灰色。直背，残有一孔，两面对钻，穿孔上方有较明显的穿绳磨损。两面磨光，器表分布有较多平行磨痕。弧刃，双面刃，刃部的磨痕较杂乱。残长 5.8、宽 3.6、厚约 0.6 厘米（图五九三，19；彩版一四六，7）。

（三）灰沟

1 条。

G9

位于 TN20E40 东北部、TN20E41 西北部和东南部。开口于第 2 层下，打破第 3 层。沟口平面呈长条形，西北—东南向延伸，较为规整，弧壁，平底。残长 6.02、宽 1.7~2、深 1.8 米。填土可分为 4 层：第 1 层为灰褐色土，土质较致密，夹杂大量红烧土颗粒、炭屑，出土大量陶片、动物骨骼以及石器等，厚 0.4~0.7 米；第 2 层为灰黑色土（偏黑），土质较疏松，夹杂少量红烧土颗粒、炭屑，出土陶片、动物骨骼，发现石箭镞和石杵，厚 0.2~0.5 米；第 3 层为灰黑色土（偏红），土质较致密，夹杂红烧土颗粒、炭屑，出土陶片、动物骨骼，发现石箭镞、石刀、石球、石锛，厚 0~0.54 米；第 4 层为灰黑色夹黑色灰烬土，土质疏松，夹杂炭屑、烧土，出土陶片、动物骨骼、石器，发现陶罐、石锛、石刀、石球，厚 0~0.62 米。出土器物以陶器为主，有少量石器，陶器器类有束颈罐、侈口小罐、无颈罐、附加堆纹罐、沿面饰纹罐、长颈罐、盘口高领罐、矮领小罐、敛口罐、瓮、壶、钵、盘等，石器器类有锛、刀、箭镞、球、杵等（图五九六；彩版一四七，1）。

（1）陶器

束颈罐

Ba 型。

G9 ①：13，夹砂黄褐陶，内壁灰黑色。圆唇，侈口，卷沿。唇部饰戳印点纹。口径 24、残高 3 厘米（图五九七，1）。

G9 ③：21，夹砂褐陶，内壁磨光。方唇，侈口，卷沿，短束颈，溜肩。唇部饰戳印点纹，颈部饰刻划纹和乳丁纹。残高 4 厘米（图五九七，3）。

G9 ④：19，夹砂黑灰陶。方圆唇，侈口，卷沿，短束颈。唇部饰戳印点纹，颈部饰刻划网格纹。残高 4 厘米（图五九七，2）。

G9 ④：23，夹砂黑灰陶，器表磨光。圆唇，侈口，卷沿，短束颈。唇部饰戳印点纹，颈部饰刻划网格纹。口径 18、残高 3.5 厘米（图五九七，4）。

Bb 型。

G9 ②：11，夹砂灰褐陶。斜方唇，侈口，卷沿，短束颈。颈部饰刻划网格纹和凹弦纹。残高 3.4 厘米（图五九七，5）。

G9 ②：16，夹砂褐陶，内壁磨光。方唇，侈口，卷沿。唇部外侧加厚，颈部有刻划痕。残高 2.2 厘米（图五九七，6）。

G9 ②：17，夹砂灰陶。方唇，侈口，卷沿较宽，短束颈。素面。口径 24、残高 4.4 厘米（图

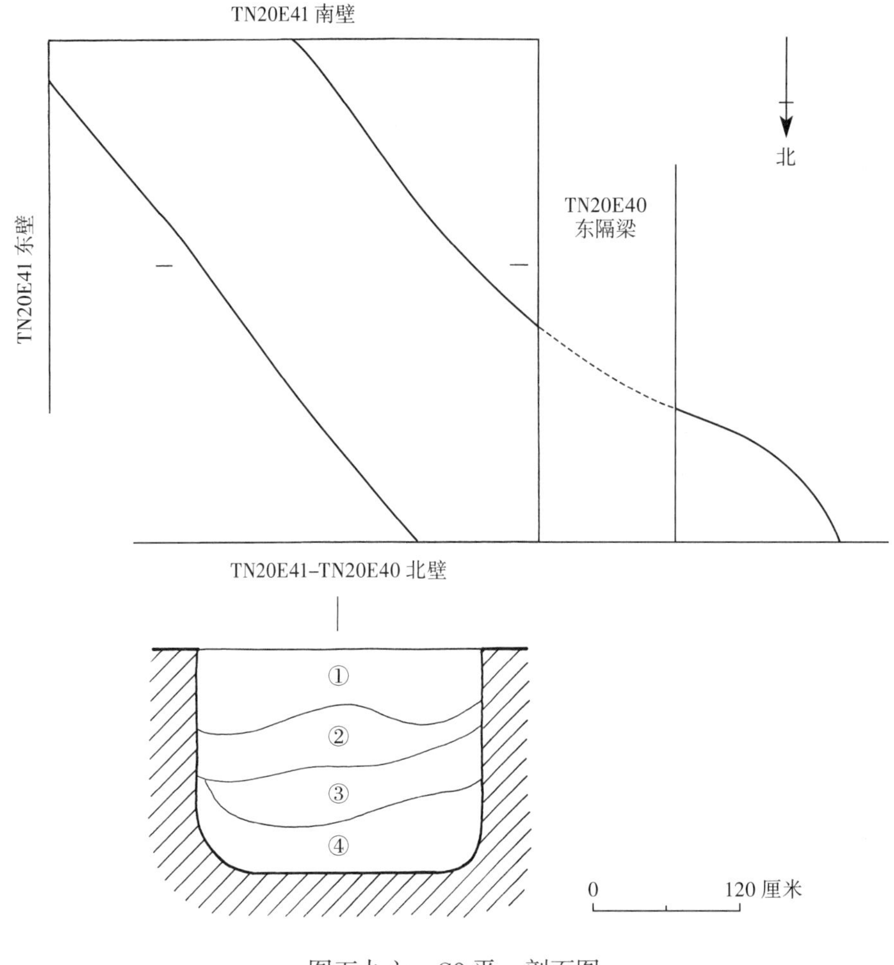

图五九六　G9 平、剖面图

五九七，7）。

G9③：12，夹砂褐陶，内壁磨光、呈黑色。圆唇，口微侈，卷沿较窄，短束颈，溜肩。颈部饰刻划网格纹、凹弦纹和戳印短线纹。口径 16、残高 7.4 厘米（图五九七，8）。

G9③：16，夹砂灰陶，内壁黑色。方圆唇，侈口，卷沿，短束颈，溜肩。颈部至肩上部饰刻划网格纹、凹弦纹和乳丁纹。残高 5 厘米（图五九七，9）。

G9③：18，夹砂黑灰陶。圆唇，侈口，卷沿，短束颈。素面。颈部外壁有泥条盘筑的痕迹。口径 12、残高 3.3 厘米（图五九七，10）。

G9③：20，夹砂黑褐陶。圆唇，口微侈，卷沿较斜直，束颈。颈部饰刻划纹。口径 12、残高 3.5 厘米（图五九七，12）。

G9③：22，夹砂褐陶。圆唇，侈口，卷沿较宽，短束颈，窄溜肩。颈部至肩上部饰刻划网格纹和凹弦纹。口径 16、残高 6.6 厘米（图五九七，13）。

G9③：26，夹砂黑灰陶。方圆唇，侈口，卷沿，短束颈。颈部饰刻划网格纹。残高 4 厘米（图五九七，11）。

G9④：12，夹砂黑灰陶。方唇，侈口，卷沿。素面。口径 18、残高 3.6 厘米（图五九七，16）。

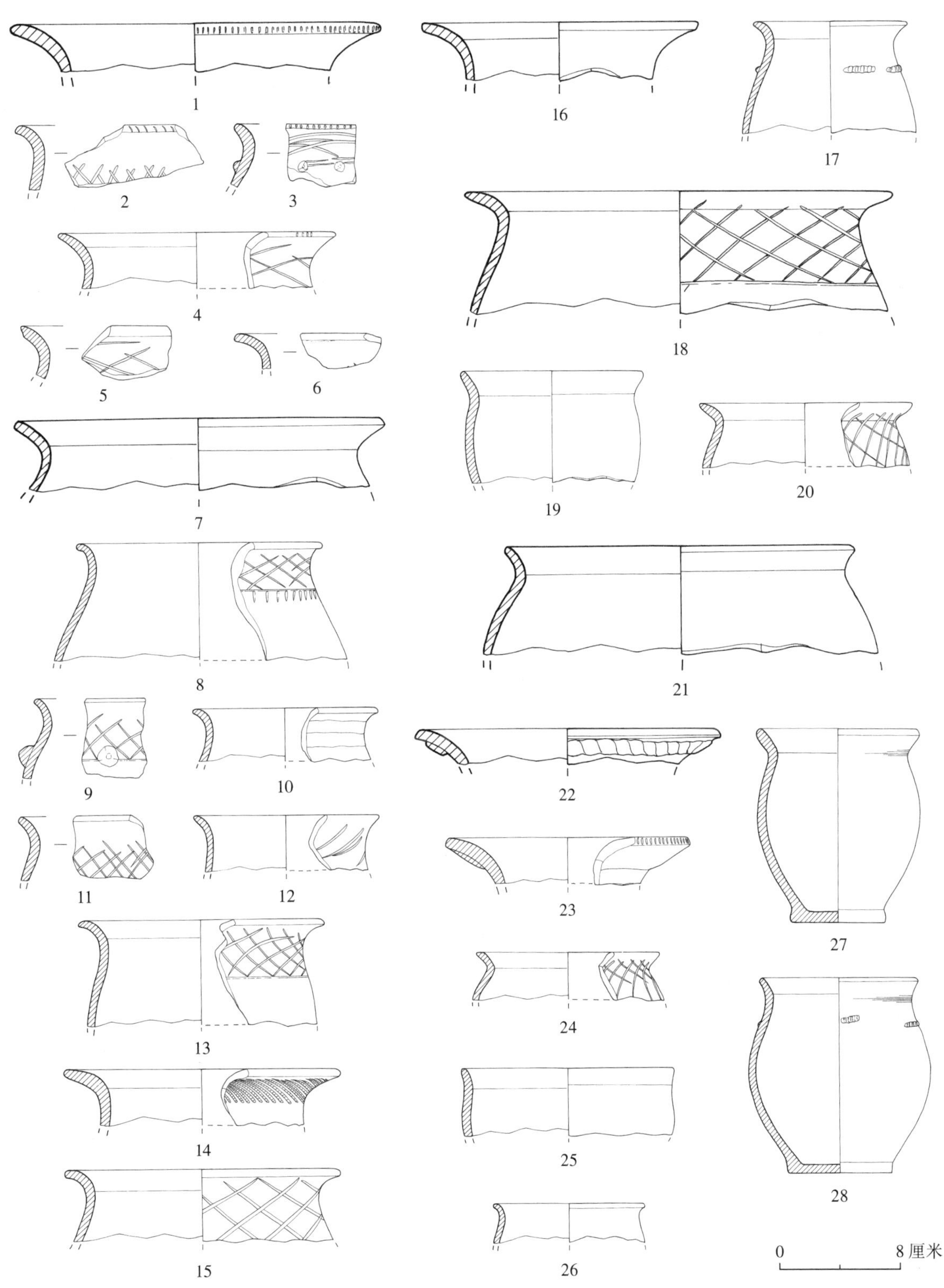

图五九七　G9出土陶器

1~4. Ba 型束颈罐（G9①：13、G9④：19、G9③：21、G9④：23）　5~18. Bb 型束颈罐（G9②：11、G9②：16、G9②：17、G9③：12、G9③：16、G9③：18、G9③：26、G9③：20、G9③：22、G9④：14、G9④：13、G9④：12、G9④：15、G9④：16）　19~21. Ba 型无颈罐（G9④：21、G9④：28、G9②：14）　22. Ab 型附加堆纹罐（G9④：18）　23. Ba 型附加堆纹罐（G9④：31）　24. Ac 型无颈罐（G9①：12）　25. Ab 型侈口小罐（G9④：24）　26~28. Ac 型侈口小罐（G9④：26、G9④：3、G9④：4）

G9④：13，夹砂灰褐陶，内壁黑色，胎局部为灰色，局部为褐色。方圆唇，侈口，卷沿较宽，短束颈，溜肩。颈部饰刻划网格纹。口径18、残高4.5厘米（图五九七，15）。

G9④：14，夹砂黑灰陶，器表磨光。厚圆唇，侈口，宽卷沿，束颈。颈部饰点线纹。口径18、残高3.5厘米（图五九七，14）。

G9④：15，夹砂灰褐陶。圆唇，侈口，卷沿，短束颈，溜肩。肩部饰短泥条附加堆纹。口径10、残高7厘米（图五九七，17）。

G9④：16，夹砂黑灰陶，内壁磨光。尖圆唇，侈口，卷沿较宽，短束颈，溜肩。肩部饰刻划网格纹。口径28、残高7.6厘米（图五九七，18）。

侈口小罐

Ab型。

G9④：24，夹砂黑灰陶。圆唇，口微侈，肩部较竖直，弧腹。素面。口径14、残高4.2厘米（图五九七，25）。

Ac型。

G9④：3，夹砂褐陶。圆唇，侈口，卷沿，溜肩，深弧腹，平底。素面。口径10.6、底径6.2、高12.2厘米（图五九七，27；彩版一四七，2）。

G9④：4，夹砂黑褐陶。圆唇，侈口，卷沿，溜肩，深弧腹，平底。肩部饰短泥条附加堆纹。口径10.4、底径6.8、高12.3厘米（图五九七，28；彩版一四七，4）。

G9④：26，夹砂红褐陶。圆唇，口微侈，卷沿，短束颈。素面。口径10、残高2.5厘米（图五九七，26）。

无颈罐

Ac型。

G9①：12，夹砂黑陶。方唇，敛口，窄折沿，溜肩。肩部饰刻划网格纹。口径12、残高3厘米（图五九七，24）。

Ba型。

G9②：14，夹砂灰褐陶。圆唇，侈口，卷沿，溜肩。素面。口径22.8、残高6.8厘米（图五九七，21）。

G9④：21，夹砂黑灰陶。圆唇，侈口，卷沿，溜肩，弧腹。素面。口径12、残高7厘米（图五九七，19）。

G9④：28，夹砂褐胎黑灰皮陶。圆唇，侈口，卷沿，溜肩。肩部饰刻划网格纹。口径14、残高4厘米（图五九七，20）。

附加堆纹罐

Ab型。

G9④：18，夹砂灰褐陶，内壁磨光。方唇，侈口。颈部饰一周褶皱状附加堆纹。口径20、残高2.2厘米（图五九七，22）。

Ba型。

G9④：31，夹砂灰褐陶。方唇，侈口。唇部饰戳印点纹，颈部饰一周平滑的附加堆纹，与口部贴合形成箭头状唇。口径16、残高2.9厘米（图五九七，23）。

沿面饰纹罐　Aa型。

G9③：19，夹砂黑灰陶，器表磨光。方唇，侈口，宽卷沿下垂。沿面饰连续三角纹，颈部饰小方格状点线纹组成的"<"形纹。口径20、残高2.8厘米（图五九八，1）。

长颈罐

B型。

G9④：22，夹砂灰陶。方圆唇，喇叭口，长颈。唇部有凹痕，沿外壁至颈部饰刻划短线纹，局部呈折线状。口径16、残高4.7厘米（图五九八，6）。

C型。

G9②：12，夹砂黑灰陶，内壁磨光。方唇，盘口，长颈。素面。口径18、残高4.8厘米（图五九八，7）。

G9②：13，夹砂黑灰陶。圆唇，盘口。素面。口径24、残高3厘米（图五九八，8）。

盘口高领罐

Ab型。

G9③：14，夹砂灰陶。厚圆唇，浅盘口，宽沿。唇部至沿外壁饰小方格状点线纹组成的折线纹。残高3厘米（图五九八，3）。

G9③：23，夹砂褐胎黑皮陶，器表磨光。厚圆唇，浅盘口，宽沿较平直，高领。唇部饰戳印短线纹，近颈部饰刻划线纹。口径20、残高5.2厘米（图五九八，5）。

G9④：20，夹砂黑灰陶，器壁磨光。圆唇，浅盘口，沿面斜弧，高领。唇部和沿外壁饰点线纹和凹弦纹。残高5.7厘米（图五九八，4）。

Ac型。

G9③：11，夹砂灰陶。斜方唇，浅盘口。唇部饰短斜线纹，沿外壁饰小方格状点线纹。口径20、残高3厘米（图五九八，2）。

矮领小罐

B型。

G9③：13，夹砂灰陶。圆唇，直口，矮领，溜肩，领部与肩部分界不明显。领部饰小方格状点线纹，肩部饰成组小方格状点线纹组成的连续三角纹、光面折线纹等。残高3.1厘米（图五九八，10）。

G9③：17，夹砂灰陶。圆唇，直口，矮领，溜肩，领部与肩部分界不明显。领部饰成组小方格状点线纹组成的连续三角纹夹光面折线纹和一周小方格状弦纹，肩部饰成组小方格状点线纹组成的连续三角纹夹光面菱形纹等纹饰。残高5.4厘米（图五九八，9）。

G9④：17，夹砂灰褐陶，器表磨光。方唇，直口，矮领，溜肩，鼓腹。领部饰小方格状点线纹组成的菱格纹和凹弦纹，肩部饰成组竖向短线纹与光面形成的带状纹饰、短斜线纹组成的带状纹饰以及成组短线纹与光面形成的复合纹饰等，不同纹饰带之间以凹弦纹间隔。口径16、残高8.5厘米（图五九八，12）。

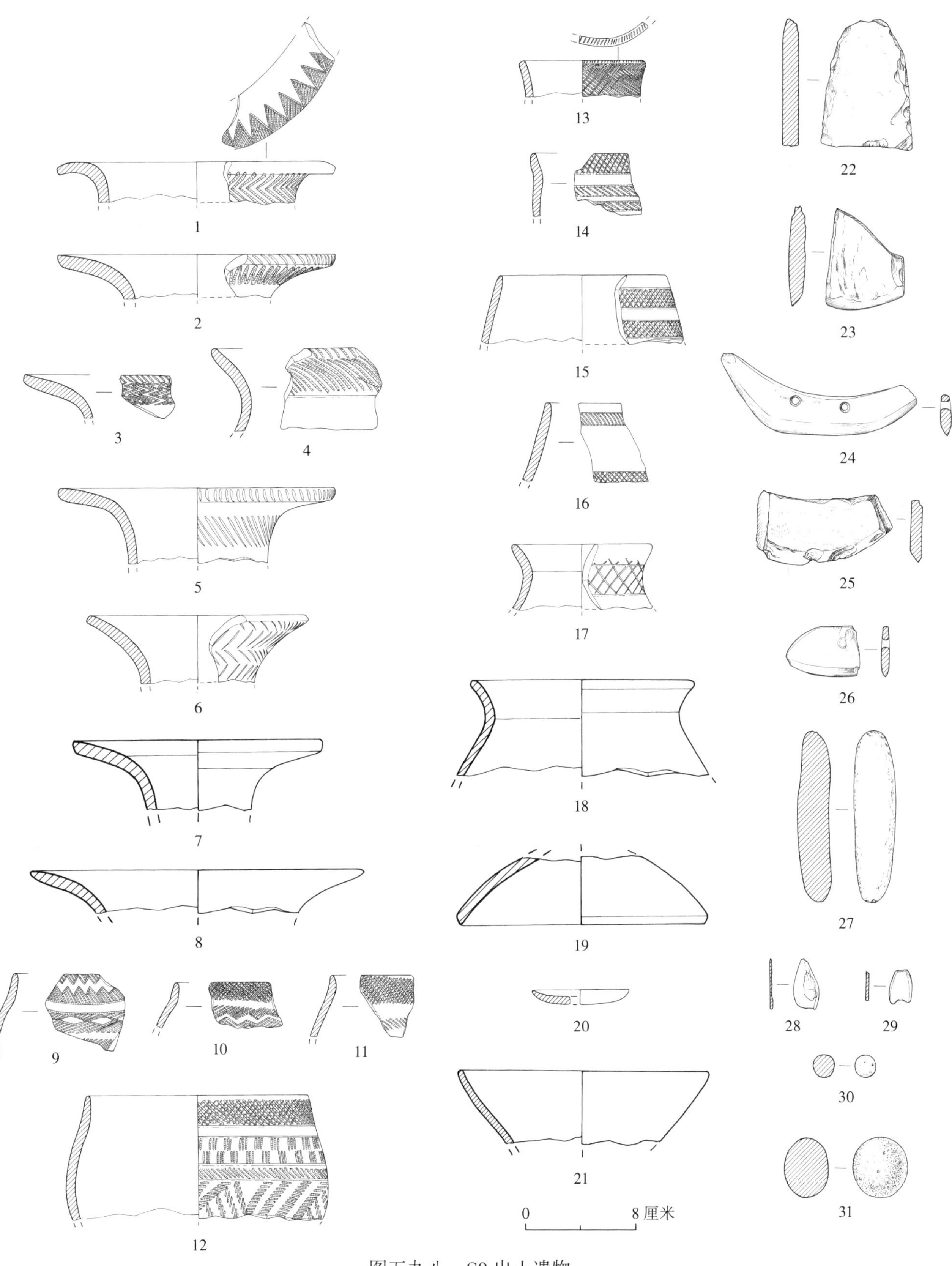

图五九八　G9 出土遗物

1. Aa 型陶沿面饰纹罐（G9③：19）　2. Ac 型陶盘口高领罐（G9③：11）　3~5. Ab 型陶盘口高领罐（G9③：14、G9④：20、G9③：23）　6. B 型陶长颈罐（G9④：22）　7、8. C 型陶长颈罐（G9②：12、G9②：13）　9~12. B 型陶矮领小罐（G9③：17、G9③：13、G9④：33、G9④：17）　13、14. C 型陶矮领小罐（G9③：24、G9④：29）　15、16. B 型陶敛口罐（G9②：15、G9③：15）　17. 甲类 Bc 型陶壶（G9④：30）　18. Ba 型陶瓮（G9④：11）　19. 陶器盖（G9④：25）　20. 陶盘（G9①：11）　21. 乙类 Ab 型陶钵（G9④：27）　22. A 型石锛（G9③：3）　23. 石锛残件（G9④：5）　24、25. 乙类 Aa 型石刀（G9④：2、G9④：6）　26. 乙类 Ab 型石刀（G9③：2）　27. 石杵（G9②：2）　28. A 型石箭镞（G9③：1）　29. Bb 型石箭镞（G9②：1）　30、31. 石球（G9③：4、G9④：1）

G9④：33，夹砂黑灰陶。圆唇，直口，矮领，溜肩，领部与肩部分界不明显。领部饰小方格状点线纹，近肩部饰点线纹。残高4.2厘米（图五九八，11）。

C型。

G9③：24，夹砂黑灰陶。方唇，敞口，矮领。唇部饰戳印点纹，颈部饰小方格状点线纹组成的“<”形纹，局部交叉呈菱格状。口径9、残高2.5厘米（图五九八，13）。

G9④：29，夹砂灰白胎灰皮陶。圆唇，敞口，卷沿，窄溜肩。领部饰点线纹组成的菱格纹和凹弦纹，肩部饰凹弦纹夹斜短线纹组成的窄带状纹饰。残高4.3厘米（图五九八，14）。

敛口罐 B型。

G9②：15，夹砂灰黑陶，器表磨光。尖圆唇，敛口，溜肩。肩上部饰两组相同纹饰，每组以凹弦纹夹菱格纹。口径12、残高4.7厘米（图五九八，15）。

G9③：15，夹砂黑灰陶，器表磨光。方圆唇，敛口，溜肩。口外侧饰凹弦纹夹短斜线纹，肩部饰凹弦纹和菱格纹。残高5.4厘米（图五九八，16）。

瓮 Ba型。

G9④：11，夹砂褐胎黑皮陶。圆唇，侈口，短束颈，鼓肩。素面。口径16、残高6.8厘米（图五九八，18）。

壶 甲类Bc型。

G9④：30，夹砂褐陶。圆唇，侈口，短束颈。颈部饰刻划凹弦纹夹网格纹。口径10、残高4.5厘米（图五九八，17）。

钵 乙类Ab型。

G9④：27，夹砂黑灰陶。圆唇，敞口，斜直腹。素面。口径18、残高5厘米（图五九八，21）。

器盖

G9④：25，夹砂灰胎黑皮陶，器表磨光。斜方唇，敞口，弧壁。素面。口径18、残高4.6厘米（图五九八，19）。

盘

G9①：11，夹砂褐陶。整体呈浅盘状，边缘薄、中间厚。圆唇，弧壁，小平底。素面。口径7、高1厘米（图五九八，20）。

（2）石器

锛

A型。

G9③：3，黑色。平面近梯形，截面呈长方形。圆顶，中部略有残缺。两侧仍残有连续的片疤，片疤较浅且相对较窄。两面磨光，磨制较精细。下半部分残缺，断口处较平整。残长9.1、宽6.5、厚1.2厘米（图五九八，22）。

残件。

G9④：5，黑色。两侧磨制较精细，残有部分片疤。两面均磨光，正面中部分布有较多片疤，磨制较粗糙。弧刃，单面刃，刃缘有较多崩疤及垂直于刃缘的细小磨痕，较杂乱。上半部分残缺。残长 6.9、宽 5.6、厚 1 厘米（图五九八，23）。

刀

乙类 Aa 型。

G9④：2，黑色。凹背，双孔，两面对钻。弧刃，双面刃，刃部有较杂乱的磨痕及茬口。器表分布有均匀的平行磨痕。残长 14.3、宽 3.1、厚 0.8 厘米（图五九八，24；彩版一四七，3）。

G9④：6，黑色。半月形。凹背，背部有明显的片疤。偏锋，弧刃，双面刃，刃缘有较多崩疤。器表分布有均匀的水平磨痕。残长 9.9、宽 4.8、厚约 0.8 厘米（图五九八，25；彩版一四七，5）。

乙类 Ab 型。

G9③：2，黑色。半月形。直背，残有一孔。两面均磨光，器表有较多平行磨痕。弧刃，双面刃，刃面有较多杂乱的水平磨痕。大部分残缺。残长 5.3、宽 3.4、厚约 0.5 厘米（图五九八，26；彩版一四七，6）。

箭镞

A 型。

G9③：1，褐色。柳叶形。双面刃，刃缘及锋部有较多茬口。底部部分残缺。通体磨光，器表中部有较密集的平行磨痕。残长 3.5、宽 1.8、厚 0.2 厘米（图五九八，28）。

Bb 型。

G9②：1，黑色。三角形。锋部残缺，双面刃，刃缘较锋利。凹底较宽。整体相对较短，残长 2.3、宽 1.6、厚 0.2 厘米（图五九八，29）。

球

G9③：4，褐色。器形较规整，磨制较粗糙。直径 1.5 厘米（图五九八，30）。

G9④：1，灰褐色。器形较规整，磨制较粗糙。直径 3.2~4 厘米（图五九八，31）。

杵

G9②：2，褐色。器形较规整，整体磨制较粗糙。长 12、宽 3、厚 2.2 厘米（图五九八，27）。

（四）特殊遗迹

5 个。

1. TN20E40C1

位于 TN20E40 中部。出土有陶片，器类有碗等。

陶器

碗

TN20E40C1：1，夹砂黑灰陶，器表磨光。圆唇，敞口，斜直腹，腹部较深，平底。素面。口径 21.6、底径 9.2、高 8 厘米（图五九九，1；彩版一四四，5）。

2. TN20E41C1

位于 TN20E41 东北部。出土有陶片，器类有束颈罐、盘口高领罐、钵等。

陶器

束颈罐

Ba 型。

TN20E41C1：13，夹砂褐陶，内壁磨光、呈黑色。方唇，侈口，卷沿，束颈，溜肩。唇部饰戳印点纹。口径 22、残高 7.8 厘米（图五九九，2）。

Bb 型。

TN20E41C1：12，夹砂橙黄陶。圆唇，侈口，卷沿，束颈。素面。残高 3.5 厘米（图五九九，3）。

盘口高领罐　Ab 型。

TN20E41C1：14，夹砂灰陶。厚圆唇，浅盘口，宽沿。唇部饰短斜线纹，沿外壁饰戳印短线纹。口径 18、残高 3.2 厘米（图五九九，4）。

钵　乙类 Aa 型。

TN20E41C1：1，夹砂黑灰陶。圆唇，敞口，斜弧腹，平底。素面。口径 24、底径 9.2、高 10 厘米（图五九九，5；彩版一四四，6）。

3. TN21E40C1

位于 TN21E40 北部。出土有陶片和石器，陶器器类有长颈罐、盘口高领罐等，石器器类有锛等。

（1）陶器

长颈罐　C 型。

TN21E40C1：12，夹砂黑灰陶。圆唇，盘口，窄沿，长颈。沿外壁饰刻划圆圈纹。口径 13、残高 3 厘米（图五九九，6）。

盘口高领罐　Ab 型。

TN21E40C1：11，夹砂灰陶，内壁黑灰色。圆唇，盘口，宽沿较斜直。口外壁饰刻划短线纹组成的折线纹。口径 18、残高 3.3 厘米（图五九九，7）。

（2）石器

锛　B 型。

TN21E40C1：1，绿色。平顶，顶部有较密集的片疤。两侧仍残有较连续的片疤。弧刃，单面刃，刃缘有较密集的崩疤及较杂乱的磨痕。通体磨光，磨制较精细。长 8.8、宽 4.7、厚 1.6 厘米（图五九九，22）。

4. TN21E40C2

位于 TN21E40 西部。出土有陶片和石器，陶器器类有束颈罐、侈口小罐、盘口高领罐、带耳罐、钵等，石器器类有斧、凿、箭镞等。

（1）陶器

束颈罐　Bb 型。

TN21E40C2：16，夹砂黑灰陶。圆唇，侈口，卷沿，短束颈，溜肩。素面。口径 14、残高 5 厘米（图五九九，9）。

TN21E40C2：17，夹砂褐陶。圆唇，侈口，卷沿，短束颈。素面。口径 18、残高 4 厘米（图

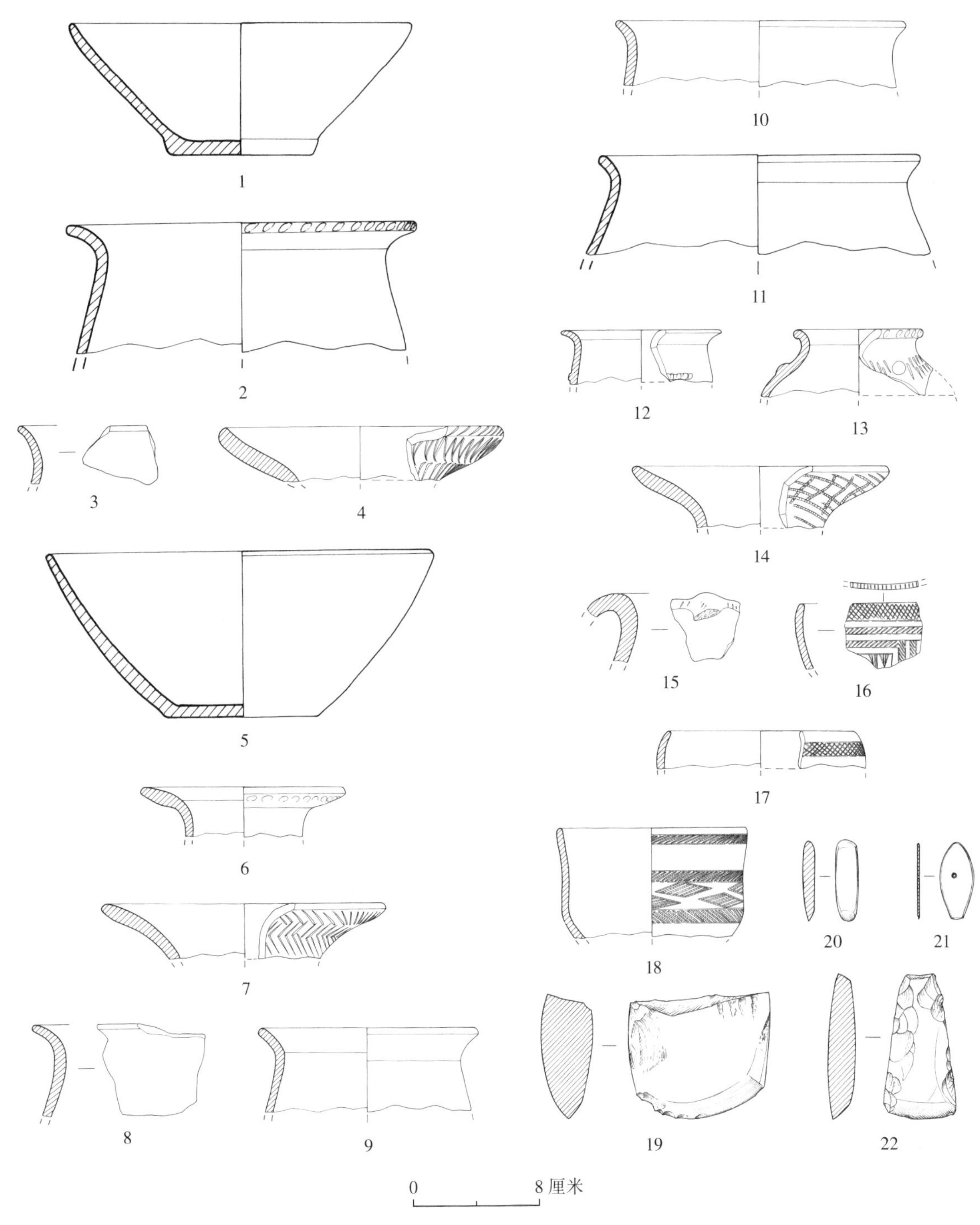

图五九九 TN20E40C1、TN20E41C1、TN21E40C1、TN21E40C2出土遗物

1. 陶碗（TN20E40C1：1） 2. Ba型陶束颈罐（TN20E41C1：13） 3、8~11. Bb型陶束颈罐（TN20E41C1：12、TN21E40C2：19、TN21E40C2：16、TN21E40C2：17、TN21E40C2：18） 4、7. Ab型陶盘口高领罐（TN20E41C1：14、TN21E40C1：11） 5. 乙类Aa型陶钵（TN20E41C1：1） 6. C型陶长颈罐（TN21E40C1：12） 12. Ac型陶侈口小罐（TN21E40C2：12） 13. Ad型陶侈口小罐（TN21E40C2：13） 14. Ac型陶盘口高领罐（TN21E40C2：21） 15. A型陶带耳罐（TN21E40C2：15） 16. 乙类Be型陶钵（TN21E40C2：14） 17. 乙类Bb型陶钵（TN21E40C2：11） 18. 乙类Bh型陶钵（TN21E40C2：20） 19. A型石斧（TN21E40C2：2） 20. A型石凿（TN21E40C2：1） 21. Ac型石箭镞（TN21E40C2：3） 22. B型石锛（TN21E40C1：1）

五九九，10）。

TN21E40C2：18，夹砂黑灰陶。圆唇，侈口，卷沿，短束颈，溜肩。素面。口径20、残高6厘米（图五九九，11）。

TN21E40C2：19，夹砂灰陶。圆唇，侈口，卷沿，短束颈，溜肩。素面。残高5.5厘米（图五九九，8）。

侈口小罐

Ac型。

TN21E40C2：12，夹砂黑灰陶，内壁磨光。尖圆唇，侈口，卷沿，溜肩。肩部饰短泥条附加堆纹。口径10、残高3.2厘米（图五九九，12）。

Ad型。

TN21E40C2：13，夹砂灰褐陶。方唇，侈口，卷沿，短束颈，鼓肩。唇部饰戳印点纹，颈肩部饰戳印纹和乳丁纹。口径8、残高4厘米（图五九九，13）。

盘口高领罐　Ac型。

TN21E40C2：21，夹砂灰黄陶。方唇，盘口，宽沿斜弧。沿外壁饰点线纹组成的网格纹。口径16、残高3.7厘米（图五九九，14）。

带耳罐　A型。

TN21E40C2：15，夹砂黑灰陶。侈口，圆唇，短颈。口部至肩部附竖耳。素面。残高4.1厘米（图五九九，15）。

钵

乙类Bb型。

TN21E40C2：11，夹砂黑灰陶。圆唇，敛口，腹部微鼓。腹部饰菱格纹和凹弦纹。口径11.7、残高2.3厘米（图五九九，17）。

乙类Be型。

TN21E40C2：14，夹砂灰陶。圆唇，直口，弧腹。唇部饰戳印点纹，腹部饰刻划菱格纹、凹弦纹、短斜线纹组成的窄带状纹饰及与光面组成的复合纹饰等。残高3.9厘米（图五九九，16）。

乙类Bh型。

TN21E40C2：20，夹砂灰陶。圆唇，敞口，弧腹，下腹部弧折。口外侧饰点线状弦纹夹短斜线纹，腹部饰点线状短斜线纹、菱格纹与光面形成的复合纹饰等。口径12、残高6.6厘米（图五九九，18）。

（2）石器

斧　A型。

TN21E40C2：2，黑色。平面呈长方形，截面呈弧边四边形。顶部残缺。两侧面切平磨光，有较密集的均匀磨痕。正锋，弧刃，双面刃，刃缘有较密集的磨痕及崩疤。器表多磨痕。残长7.1、宽8.6、厚3.1厘米（图五九九，19）。

凿　A型。

TN21E40C2：1，灰褐色。平面呈长条形，截面近弧边长方形。圆顶，顶部亦有刃面，刃缘有细密的磨痕。弧刃，双面刃，刃缘有较杂乱的磨痕，相对较圆钝。长 4.9、宽 1.4、厚 0.6 厘米（图五九九，20）。

箭镞　Ac 型。

TN21E40C2：3，绿色。柳叶形，最宽处位于中部偏上。双面刃，刃缘较锋利，下半部分无刃部且相对较厚，刃部有较多崩疤及茬口。穿孔位于中部偏上，穿孔较小，两面对钻。长 4.7、宽 2.1、厚 0.15 厘米（图五九九，21）。

5. TN22E40C1

位于 TN22E40 东部。出土有陶片，器类有束颈罐、无颈罐、附加堆纹罐、盘口高领罐、矮领小罐、钵等。

陶器

束颈罐

Ba 型。

TN22E40C1：4，夹砂红褐陶。方唇，侈口，卷沿，短束颈。唇部饰戳印点纹。口径 28、残高 4.6 厘米（图六〇〇，1）。

TN22E40C1：15，夹砂橙黄陶，内壁黑灰色。圆唇，侈口，卷沿，束颈。唇部饰戳印点纹，颈部饰数周戳印点纹。口径 16、残高 4.9 厘米（图六〇〇，2）。

Bb 型。

TN22E40C1：2，夹砂褐陶。圆唇，侈口，卷沿，束颈。素面。口径 30、残高 5 厘米（图六〇〇，4）。

TN22E40C1：17，夹砂灰陶。圆唇，侈口，卷沿，束颈。素面。口径 26、残高 3 厘米（图六〇〇，3）。

无颈罐　Bb 型。

TN22E40C1：1，夹砂褐陶，内壁黑色。方唇，侈口，卷沿较宽，鼓肩。唇部饰戳印点纹，颈部饰戳印点纹和乳丁纹。口径 18、残高 8.4 厘米（图六〇〇，6）。

TN22E40C1：7，夹砂灰褐陶。方唇，侈口，卷沿较宽，鼓肩。唇部饰戳印点纹，肩部饰戳印点纹和乳丁纹。口径 18、残高 5.8 厘米（图六〇〇，5）。

附加堆纹罐　Ab 型。

TN22E40C1：5，夹砂黄褐陶。圆唇，侈口，卷沿，有颈。唇部饰戳印点纹，颈上部饰一周褶皱状附加堆纹，颈下部饰刻划网格纹。口径 24、残高 4 厘米（图六〇〇，8）。

TN22E40C1：6，夹砂灰褐陶。方唇，侈口，卷沿，颈微束，溜肩。颈部饰一周褶皱状附加堆纹，肩部饰戳印点纹。口径 30、残高 7.8 厘米（图六〇〇，7）。

盘口高领罐

Ac 型。

TN22E40C1：14，夹砂黑灰陶，内壁磨光。斜方唇，浅盘口，宽沿。沿外壁饰点线纹。口径 20、残高 2 厘米（图六〇〇，9）。

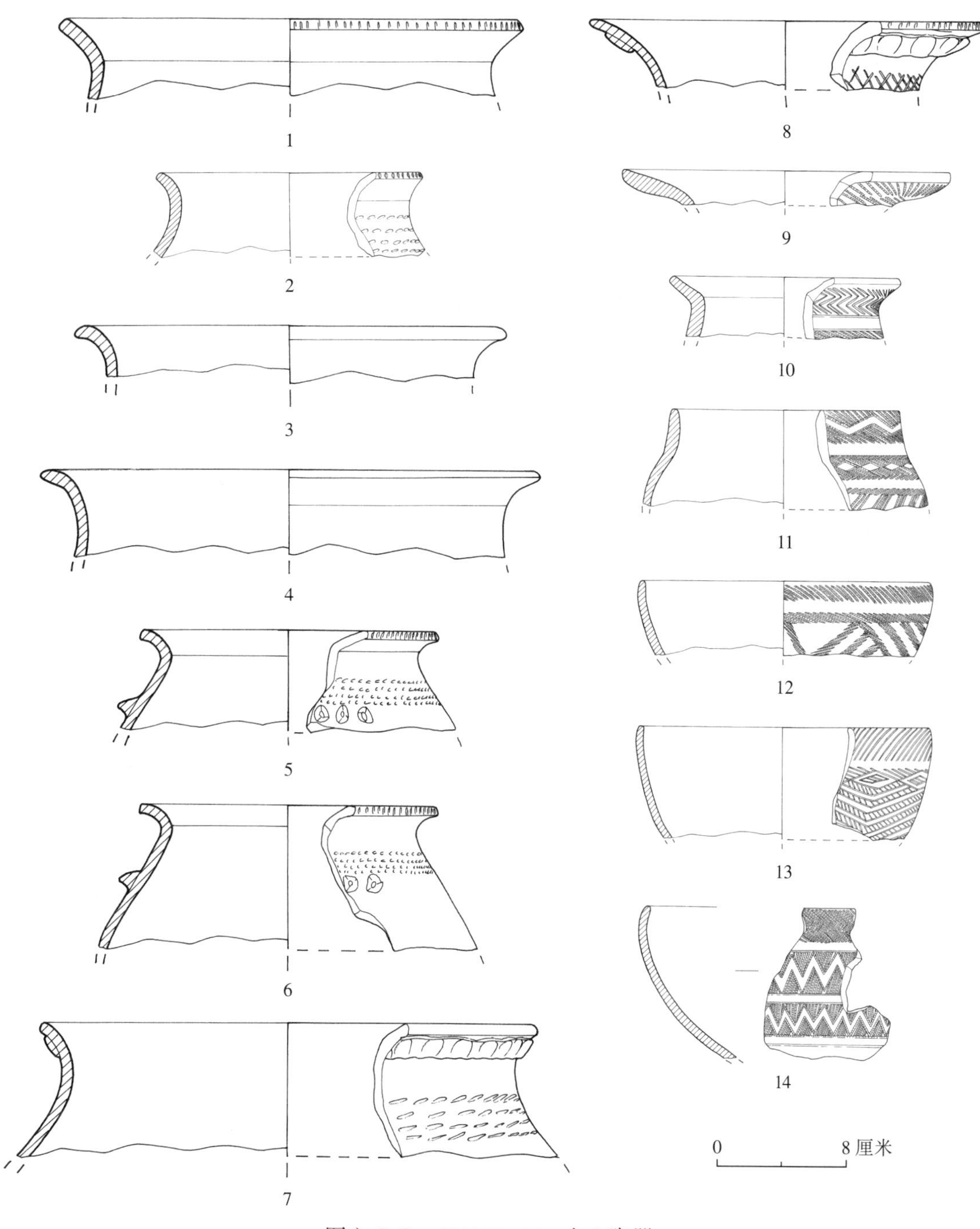

图六〇〇　TN22E40C1 出土陶器

1、2. Ba 型束颈罐（TN22E40C1：4、15）　3、4. Bb 型束颈罐（TN22E40C1：17、2）　5、6. Bb 型无颈罐（TN22E40C1：7、1）　7、8. Ab 型附加堆纹罐（TN22E40C1：6、5）　9. Ac 型盘口高领罐（TN22E40C1：14）　10. B 型盘口高领罐（TN22E40C1：12）　11. B 型矮领小罐（TN22E40C1：10）　12、13. 乙类 Be 型钵（TN22E40C1：3、9）　14. 乙类 Bc 型钵（TN22E40C1：11）

B 型。

TN22E40C1：12，夹砂灰黄陶。方唇，盘口，窄沿，高领。沿外壁至领部饰小方格状点线纹组成的折线纹、凹弦纹等纹饰。口径 14、残高 3.5 厘米（图六〇〇，10）。

矮领小罐　B 型。

TN22E40C1：10，夹砂黑灰陶。圆唇，直口，矮领，溜肩，领部与肩部分界明显。领部饰连续三角纹夹光面折线纹，肩部饰短斜线纹组成的窄带状纹饰、连续三角纹夹光面菱格纹等纹饰。口径14、残高5.7厘米（图六〇〇，11）。

钵

乙类Bc型。

TN22E40C1：11，夹砂黑灰陶。圆唇，敛口，弧腹。腹部饰小方格状点线纹组成的折线纹、小方格点线状凹弦纹、连续三角纹夹光面折线纹等纹饰。残高8.8厘米（图六〇〇，14）。

乙类Be型。

TN22E40C1：3，夹砂黑灰陶。圆唇，口近直，弧腹。腹部饰小方格状点线纹组成的带状纹饰、小方格状点线纹与光面组成的复合纹饰等。口径18、残高4.4厘米（图六〇〇，12）。

TN22E40C1：9，夹砂褐陶。圆唇，直口，弧腹。腹部饰刻划斜线纹、弦纹、连续三角纹夹菱格纹、成组短线纹与光面组成的复合纹饰等。口径18、残高6.5厘米（图六〇〇，13）。

三、Ⅱ区文化层

（一）第6层出土遗物

该层出土遗物以陶器为主，另有少量石器。陶器器类有束颈罐、无颈罐、附加堆纹罐、长颈罐、钵等，石器器类有锛、锥等。

（1）陶器

束颈罐

Aa型。

TN22E28⑥：20，夹砂褐陶。圆唇，侈口，窄卷沿外翻。唇部饰戳印点纹，颈部饰刻划纹。口径14、残高1.6厘米（图六〇一，1）。

Ba型。

TN22E28⑥：13，夹砂红褐陶。方唇，侈口，卷沿，束颈。唇部饰戳印点纹。口径20、残高3.4厘米（图六〇一，3）。

TN22E29⑥：17，夹砂灰陶。圆唇，侈口，卷沿。唇部饰戳印纹。残高2.5厘米（图六〇一，2）。

Bb型。

TN25E33⑥：13，夹砂褐陶。方唇，口微侈，卷沿较斜直，短束颈。素面。口径22、残高4厘米（图六〇一，4）。

无颈罐

Ad型。

TN22E28⑥：11，夹砂灰黄陶。方唇，侈口，宽折沿。唇部饰戳印短斜线纹，颈部饰刻划网格纹。口径26、残高3.6厘米（图六〇一，5）。

TN22E29⑥：18，夹砂灰陶。方唇，侈口，宽折沿。唇部饰戳印短斜线纹，肩部饰刻划凹弦纹

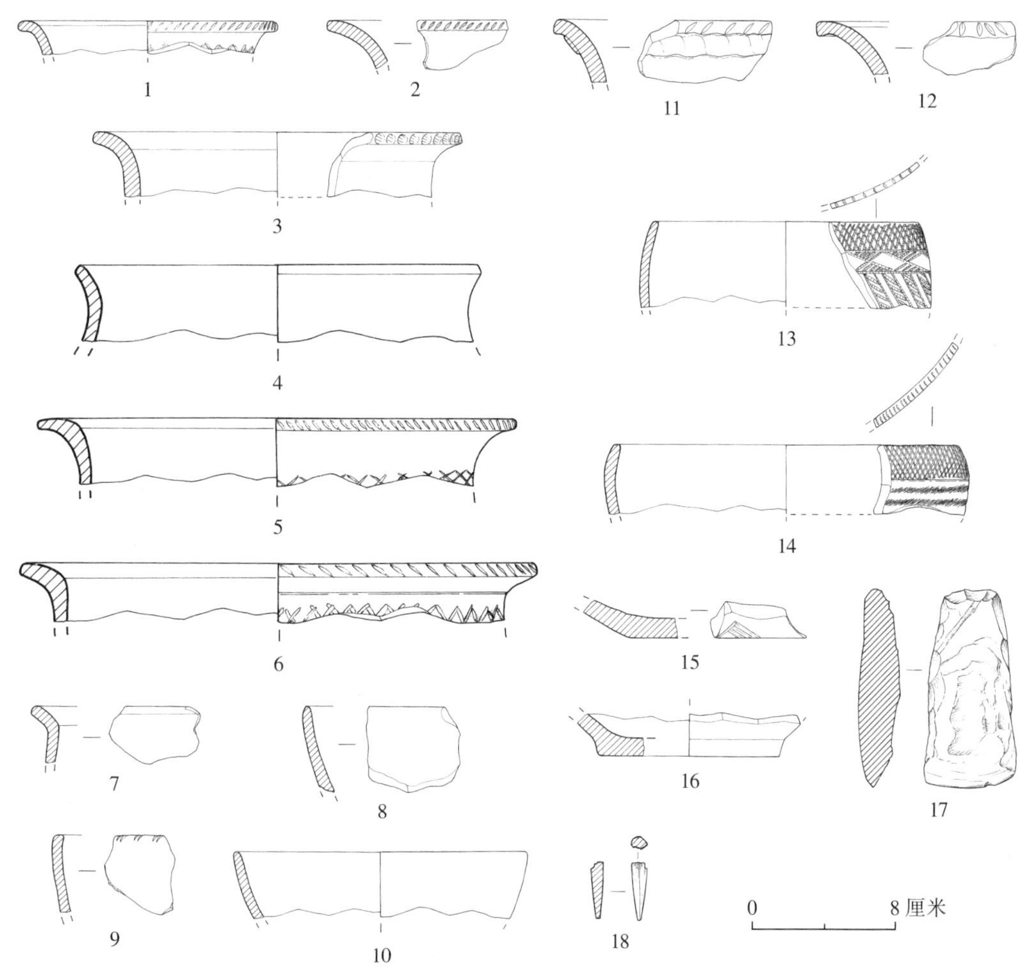

图六〇一　2019 年Ⅱ区第 6 层出土遗物

1. Aa 型陶束颈罐（TN22E28 ⑥：20）　2、3. Ba 型陶束颈罐（TN22E29 ⑥：17、TN22E28 ⑥：13）　4. Bb 型陶束颈罐（TN25E33 ⑥：13）　5、6. Ad 型陶无颈罐（TN22E28 ⑥：11、TN22E29 ⑥：18）　7. Ba 型陶无颈罐（TN22E28 ⑥：21）　8~10. 陶口沿（TN22E28 ⑥：16、TN22E28 ⑥：22、TN22E28 ⑥：17）　11. Ab 型陶附加堆纹罐（TN22E28 ⑥：12）　12. A 型陶长颈罐（TN22E29 ⑥：15）　13、14. 乙类 Bb 型陶钵（TN22E28 ⑥：18、TN22E28 ⑥：15）　15、16. 陶器底（TN25E34 ⑥：13、TN25E34 ⑥：16）　17. B 型石锛（TN22E28 ⑥：3）　18. 石锥（TN22E28 ⑥：1）

和网格纹。口径 28、残高 3 厘米（图六〇一，6）。

Ba 型。

TN22E28 ⑥：21，夹砂黑灰陶。圆唇，侈口，卷沿。素面。残高 3 厘米（图六〇一，7）。

附加堆纹罐　Ab 型。

TN22E28 ⑥：12，夹砂灰陶。方唇，侈口，有颈。唇部饰戳印点纹，颈部饰一周褶皱状附加堆纹。残高 3.2 厘米（图六〇一，11）。

长颈罐　A 型。

TN22E29 ⑥：15，夹砂灰陶。方唇，侈口，沿面外翻近平。唇部饰戳印点纹。残高 2.8 厘米（图六〇一，12）。

钵　乙类 Bb 型。

TN22E28⑥：15，夹砂褐陶，器表磨光。方唇，敛口，腹部微鼓。唇部饰戳印点纹，腹部饰刻划菱格纹、凹弦纹、点线纹组成的窄带状纹饰等。口径19.2、残高3.6厘米（图六〇一，14）。

TN22E28⑥：18，夹砂灰褐陶。圆唇，敛口，腹部微鼓。唇部饰戳印点纹，腹部饰刻划菱格纹、连续三角纹夹菱格纹、成组点线纹组成的带状纹饰与光面组成的复合纹饰等。口径14.8、残高4.5厘米（图六〇一，13）。

口沿

TN22E28⑥：16，夹砂灰胎黑灰皮陶。圆唇，盘口。素面。为罐的沿部。残高4.5厘米（图六〇一，8）。

TN22E28⑥：17，夹砂褐陶。厚圆唇，盘口。素面。为罐的沿部。口径16、残高3.4厘米（图六〇一，10）。

TN22E28⑥：22，夹砂褐陶。方唇，浅盘口。唇部饰戳印点纹。为罐的沿部。残高4厘米（图六〇一，9）。

器底

TN25E34⑥：13，夹砂灰陶。平底。腹部近底部有戳印和压印纹。残高1.9厘米（图六〇一，15）。

TN25E34⑥：16，夹砂灰胎黑灰皮陶。平底。素面。底径10、残高2.2厘米（图六〇一，16）。

（2）石器

锛 B型。

TN22E28⑥：3，黑色。平面呈梯形，截面呈弧角长方形。斜平顶，有较密集的片疤。弧刃，单面刃，刃缘有较多崩疤及较密集的均匀磨痕。长10.6、宽4.9、厚约2厘米（图六〇一，17）。

锥

TN22E28⑥：1，灰色。上宽下窄。器表分布有较密集的片疤，未磨光。长3.1、宽0.8、厚0.6厘米（图六〇一，18）。

（二）第5层出土遗物

该层出土遗物以陶器为主，另有少量石器。陶器器类有束颈罐、附加堆纹罐、沿面饰纹罐、长颈罐、盘口高领罐、矮领小罐、带耳罐、壶、钵等，石器器类有斧、锛、刀、杯等。

（1）陶器

束颈罐

Ba型。

TN22E29⑤：19，夹砂黑灰陶。方唇，侈口，卷沿上仰，短束颈。唇部饰戳印点纹。残高4.3厘米（图六〇二，1）。

TN22E29⑤：21，夹砂黑灰陶。圆唇，侈口，卷沿较斜直，短束颈。唇部和颈部饰戳印纹。口径22、残高4厘米（图六〇二，4）。

TN25E33⑤：16，夹砂黄褐陶。方唇，侈口，卷沿较斜直，短束颈。唇部饰戳印点纹，颈部饰

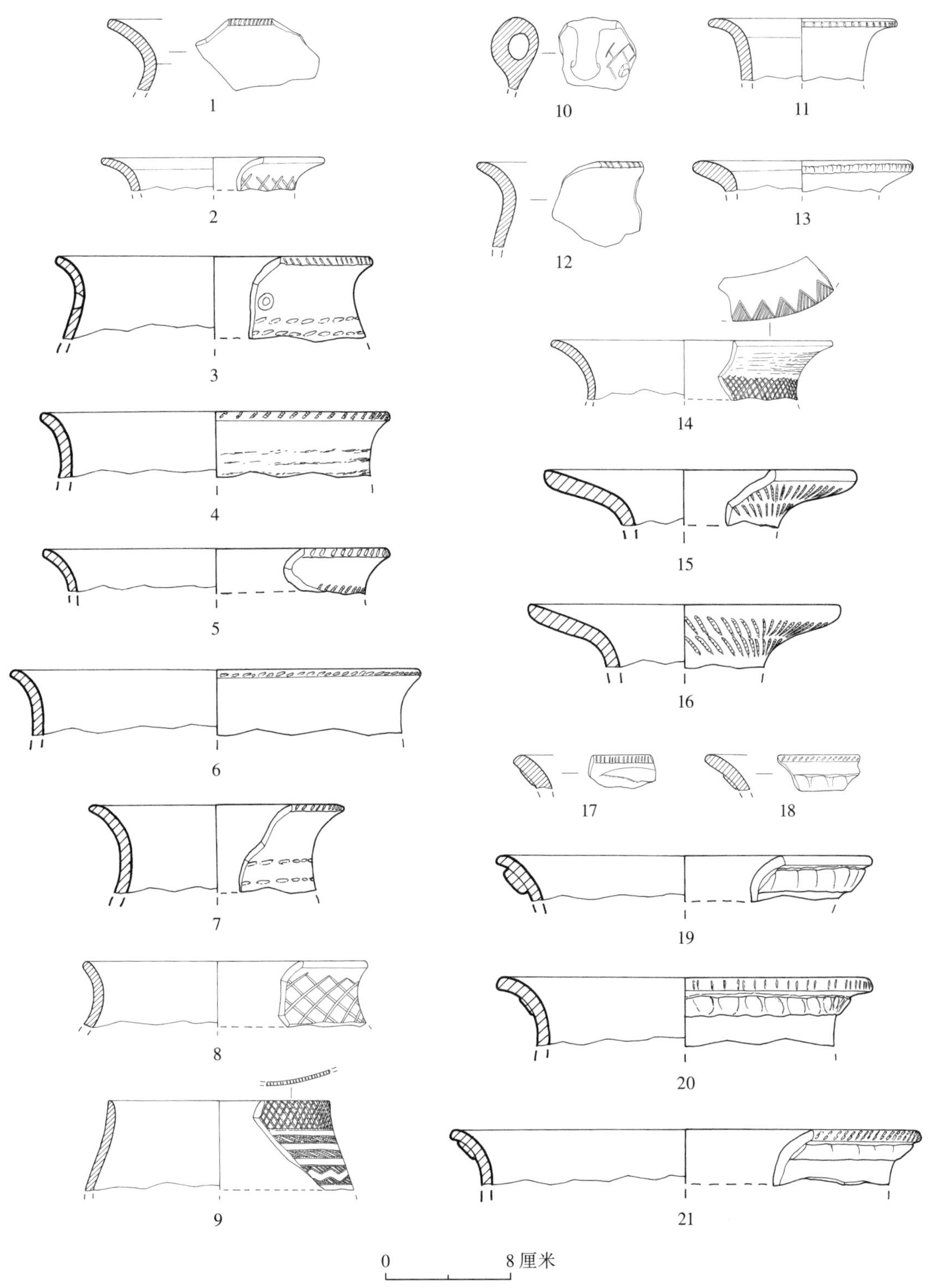

图六〇二　2019年Ⅱ区第5层出土陶器

1、3~6、12. Ba型束颈罐（TN22E29⑤：19、TN25E33⑤：23、TN22E29⑤：21、TN25E33⑤：16、TN25E33⑤：34、TN25E34⑤：17）　2、7、8. Bb型束颈罐（TN22E28⑤：19、TN25E33⑤：18、TN22E28⑤：15）　9. B型矮领小罐（TN22E29⑤：14）　10. A型带耳罐（TN25E33⑤：28）　11. A型长颈罐（TN25E33⑤：17）　13. 口沿（TN25E34⑤：14）　14. Ab型沿面饰纹罐（TN22E29⑤：20）　15、16. Ab型盘口高领罐（TN22E28⑤：18、TN22E28⑤：11）　17、19、21. Aa型附加堆纹罐（TN22E28⑤：16、TN25E34⑤：16、TN25E33⑤：20）　18、20. Ab型附加堆纹罐（TN22E29⑤：15、TN22E28⑤：12）

小方格状点线纹。口径 22、残高 2.8 厘米（图六〇二，5）。

TN25E33⑤：23，夹砂灰陶，内壁黑灰色。方唇，侈口，卷沿，短束颈，溜肩。唇部饰戳印点纹，肩部饰戳印纹，颈部有圆形小穿孔，由外而内穿透。口径 20、残高 5 厘米（图六〇二，3）。

TN25E33⑤：34，夹砂褐陶。方唇，口微侈，卷沿较斜直，短束颈。唇部饰戳印点纹。口径 26、残高 4 厘米（图六〇二，6）。

TN25E34⑤：17，夹砂灰胎黑灰皮陶，器表磨光。圆唇，侈口，卷沿，束颈。唇部饰戳印点纹。残高 5.2 厘米（图六〇二，12）。

Bb 型。

TN22E28⑤：15，夹砂灰陶。圆唇，口微侈，卷沿较斜直，短束颈。颈部饰刻划网格纹。口径 18、残高 4 厘米（图六〇二，8）。

TN22E28⑤：19，夹砂黑灰陶。圆唇，侈口，卷沿上仰，束颈。颈部饰刻划网格纹。口径 14、残高 2 厘米（图六〇二，2）。

TN25E33⑤：18，夹砂灰褐陶。圆唇，侈口，卷沿上仰，长束颈，溜肩。唇部和肩部饰戳印点纹。口径 16、残高 5.4 厘米（图六〇二，7）。

附加堆纹罐

Aa 型。

TN22E28⑤：16，夹砂褐陶。方唇，侈口。唇部饰戳印纹，颈部饰一周平滑的附加堆纹。残高 2 厘米（图六〇二，17）。

TN25E34⑤：16，夹砂红褐陶。圆唇，侈口。颈部饰一周平滑的附加堆纹。口径 24、残高 2.6 厘米（图六〇二，19）。

TN25E33⑤：20，夹砂灰陶。方唇，侈口，卷沿，束颈。唇部饰戳印纹，颈部饰一周平滑的附加堆纹。口径 30、残高 3.4 厘米（图六〇二，21）。

Ab 型。

TN22E28⑤：12，夹砂褐陶。方唇，侈口，卷沿，束颈。唇部饰戳印点纹，颈部饰一周褶皱状附加堆纹。口径 24、残高 4.2 厘米（图六〇二，20）。

TN22E29⑤：15，夹砂红褐陶。厚圆唇，侈口。唇部饰戳印点纹，颈部饰一周褶皱状附加堆纹。残高 2.2 厘米（图六〇二，18）。

沿面饰纹罐 Ab 型。

TN22E29⑤：20，夹砂褐陶。方唇，侈口，卷沿上仰，长颈。沿面饰连续三角纹，颈部饰刻划菱格纹。口径 18、残高 3.6 厘米（图六〇二，14）。

长颈罐 A 型。

TN25E33⑤：17，夹砂灰褐陶。圆唇，侈口，窄卷沿微外翻，长颈。唇部饰戳印点纹。口径 12、残高 3.8 厘米（图六〇二，11）。

盘口高领罐 Ab 型。

TN22E28⑤：11，夹砂黑灰陶，器表磨光，内壁褐色。圆唇，盘口，宽沿。沿外壁饰小方格状点线纹。口径 20、残高 3.8 厘米（图六〇二，16）。

TN22E28 ⑤：18，夹砂褐陶。圆唇，盘口，宽沿较斜直。沿外壁饰小方格状点线纹。口径 20、残高 3.4 厘米（图六〇二，15）。

矮领小罐　B 型。

TN22E29 ⑤：14，夹砂灰陶。圆唇，近直口，矮领，溜肩。唇部饰戳印点纹，颈部饰点线纹组成的菱格纹、凹弦纹，肩部饰凹弦纹夹短斜线纹等。口径 14、残高 5.5 厘米（图六〇二，9）。

带耳罐　A 型。

TN25E33 ⑤：28，夹砂灰陶。圆唇，侈口，短颈，口部至肩部附半环形竖耳。肩部饰刻划网格纹和乳丁纹。残高 4.4 厘米（图六〇二，10）。

壶　甲类 Be 型。

TN25E34 ⑤：13，夹砂灰陶。方唇，口近直，有领。唇部饰戳印点纹，口外侧饰小方格状点线纹和弦纹。残高 4.4 厘米（图六〇三，1）。

钵

乙类 Bb 型。

TN22E29 ⑤：16，夹砂黑灰陶，器表磨光。圆唇，敛口，腹部微鼓。唇部饰戳印点纹，腹部饰刻划菱格纹、凹弦纹、凹弦纹夹短斜线纹等，腹上部有一圆形小穿孔，由外而内穿透。口径 16、残高 4.2 厘米（图六〇三，5）。

TN22E29 ⑤：17，夹砂褐陶，内壁磨光。圆唇，敛口，腹部微鼓。唇部饰戳印点纹，腹部饰刻划菱格纹、凹弦纹、连续三角纹夹光面折线纹等。口径 18、残高 6.2 厘米（图六〇三，6）。

TN25E33 ⑤：24，夹砂黑灰陶。圆唇，敛口，腹部微鼓。唇部饰戳印点纹，腹部饰刻划菱格纹、凹弦纹、成组的戳印短线纹与光面组成的复合纹饰。口径 14、残高 4.5 厘米（图六〇三，4）。

TN25E33 ⑤：27，夹砂灰陶，胎体较厚。圆唇，敛口，腹部微鼓。腹部饰小方格状点线纹组成的带状纹饰、凹弦纹、小方格状点线纹与光面组成的复合纹饰等。口径 10、残高 4.5 厘米（图六〇三，3）。

乙类 Bc 型。

TN25E33 ⑤：26，夹砂黑灰陶，器表磨光。方唇，敛口，弧腹。唇部饰戳印点纹，腹部饰点线状刻划菱格纹、点线状弦纹、连续三角纹夹光面折线纹等。口径 20、残高 6.8 厘米（图六〇三，12）。

乙类 Be 型。

TN22E28 ⑤：13，夹砂黑灰陶，内壁磨光。方唇，口近直，弧腹。唇部饰戳印点纹，腹部饰刻划菱格纹、凹弦纹、成组短斜线纹与光面组成的复合纹饰等，腹上部有一圆形小穿孔，由内而外穿透。口径 16、残高 5.2 厘米（图六〇三，7）。

TN22E28 ⑤：17，夹砂黑灰陶，器表磨光。圆唇，直口，弧腹。唇部饰戳印点纹，腹部饰刻划菱格纹、凹弦纹、连续三角纹夹光面折线纹等。残高 5.3 厘米（图六〇三，10）。

TN25E33 ⑤：25，夹砂黑灰陶，器表磨光。方唇，直口，弧腹。唇部饰戳印点纹，腹部饰点线状菱格纹、弦纹、点线纹组成的带状纹饰及与光面组成的复合纹饰等。口径 17.2、残高 4 厘米（图六

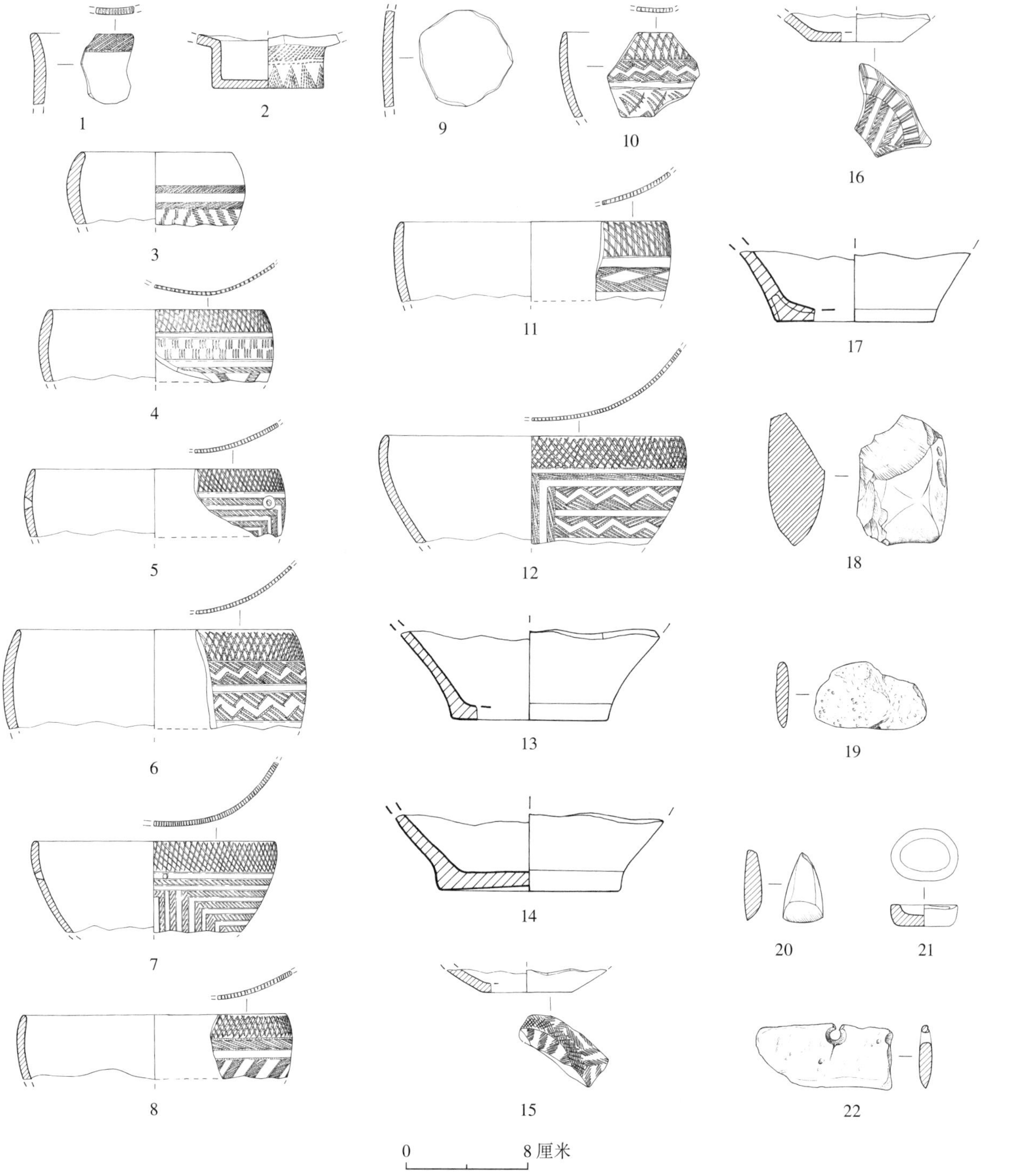

图六〇三 2019年Ⅱ区第5层出土遗物

1. 甲类Be型陶壶（TN25E34⑤：13） 2. 陶器（TN25E33⑤：1） 3~6. 乙类Bb型陶钵（TN25E33⑤：27、TN25E33⑤：24、TN22E29⑤：16、TN22E29⑤：17） 7、8、10、11. 乙类Be型陶钵（TN22E28⑤：13、TN25E33⑤：25、TN22E28⑤：17、TN25E34⑤：19） 9. 陶片（TN22E29⑤：11） 12. 乙类Bc型陶钵（TN25E33⑤：26） 13~17. 陶器底（TN25E33⑤：32、TN25E33⑤：33、TN25E33⑤：29、TN25E33⑤：30、TN25E33⑤：31） 18. 石斧残件（TN22E28⑤：22） 19. 石刀残件（TN22E28⑤：20） 20. B型石锛（TN22E28⑤：21） 22. 乙类Ab型石刀（TN22E29⑤：2） 21. 石杯（TN25E34⑤：1）

〇三，8）。

TN25E34⑤：19，夹砂黄褐陶，器表磨光。圆唇，直口，弧腹。唇部饰戳印点纹，腹部饰刻划菱格纹、凹弦纹、连续三角纹夹光面菱格纹等。口径17.2、残高5厘米（图六〇三，11）。

器底

TN25E33⑤：29，夹砂灰陶。平底。底部饰刻划纹和戳印纹。底径6、残高1.4厘米（图六〇三，15）。

TN25E33⑤：30，夹砂黑灰陶，器表磨光。平底。底部饰短斜线纹、凹弦纹与光面形成的复合纹饰。底径6、残高1.7厘米（图六〇三，16）。

TN25E33⑤：31，夹砂褐陶。平底，底部与腹部分制后再粘接。素面。底径10、残高4.2厘米（图六〇三，17）。

TN25E33⑤：32，夹砂灰陶，外壁磨光。平底。素面。底径10、残高5.4厘米（图六〇三，13）。

TN25E33⑤：33，夹砂灰褐陶。平底微内凹。素面。底径12、残高4.8厘米（图六〇三，14）。

口沿

TN25E34⑤：14，夹砂褐陶。方唇，侈口，宽沿。唇部饰戳印点纹。为罐的口沿。口径14、残高1.9厘米（图六〇二，13）。

陶器（器形不明）

TN25E33⑤：1，夹砂灰陶。浅直腹，平底。腹部饰小方格状短斜线纹、弦纹和连续三角纹。底径7.2、残高3.4厘米（图六〇三，2）。

陶片

TN22E29⑤：11，夹砂黑灰陶，器表磨光。近圆形。素面。直径约6厘米（图六〇三，9）。

（2）石器

斧　残件。

TN22E28⑤：22，黑色。平面呈长方形，截面近弧边长方形。正锋，弧刃，双面刃，刃缘分布有连续的片疤。通体磨光，器表有杂乱的磨痕。大部分残缺。残长8.1、宽5.7、厚3.6厘米（图六〇三，18；彩版一四八，1）。

锛　B型。

TN22E28⑤：21，墨绿色。斜平顶。单面刃，刃缘有较多茬口及较杂乱的磨痕。通体磨光，磨制较精细，器形较规整。长4.4、宽2.6、厚1.1厘米（图六〇三，20）。

刀

乙类Ab型。

TN22E29⑤：2，灰色。半月形。直背，残有一孔，背部有较明显的片疤。两面大致磨光，器表分布有较密集的平行磨痕。双面刃，刃缘有较多磨痕。残长8.8、宽4、厚约0.8厘米（图六〇三，22；彩版一四八，2）。

残件。

TN22E28⑤：20，灰色。弧刃，刃缘有较多茬口及磨痕。器表有较密集的磨痕，磨制较粗糙。

大部分残缺。长 7.1、宽 4.1、厚 0.9 厘米（图六〇三，19；彩版一四八，3）。

杯

TN25E34⑤：1，红褐色。整体呈椭圆形，浅腹，平底。口部长径 4.3、短径 3.3、高 1.3 厘米（图六〇三，21）。

（三）第 4 层出土遗物

该层出土遗物以陶器为主，另有少量石器。陶器器类有束颈罐、侈口小罐、无颈罐、附加堆纹罐、沿面饰纹罐、长颈罐、盘口高领罐、矮领小罐、带耳罐、壶、钵等，石器器类有斧、锛、箭镞、球、砺石、杯等。

（1）陶器

束颈罐

Ab 型。

TN25E34④：31，夹砂黄褐陶。方唇，侈口，宽卷沿微下垂。唇部饰戳印点纹。口径 26、残高 2.2 厘米（图六〇四，1）。

Ba 型。

TN22E28④：17，夹砂褐陶。圆唇，侈口，宽卷沿上仰，长束颈。唇部饰戳印点纹，颈部饰刻划网格纹。口径 20、残高 3.9 厘米（图六〇四，2）。

TN22E29④：13，夹砂红胎褐皮陶。圆唇，侈口，卷沿上仰，短束颈。唇部饰戳印点纹，沿外壁饰刻划网格纹。口径 14、残高 2.5 厘米（图六〇四，3）。

TN22E29④：24，夹砂黄褐陶，内壁灰色。方唇，侈口，卷沿，沿部微上仰，束颈。唇部饰戳印点纹。残高 3.1 厘米（图六〇四，4）。

TN22E29④：27，夹砂橙黄陶。圆唇，侈口，卷沿上仰，长束颈。唇部饰戳印点纹。口径 20、残高 4.5 厘米（图六〇四，5）。

TN22E29④：28，夹砂褐陶。方圆唇，侈口，沿面较斜直，束颈。唇部饰戳印点纹，颈部饰刻划网格纹。口径 26、残高 3.2 厘米（图六〇四，6）。

TN25E34④：16，夹砂褐陶，内壁黑灰色。方圆唇，侈口，宽卷沿上仰，长束颈。唇部和颈部饰戳印点纹。口径 22、残高 4 厘米（图六〇四，7）。

TN25E34④：17，夹砂灰陶。厚圆唇，侈口，卷沿，短束颈。唇部饰戳印点纹，颈部饰刻划网格纹。口径 14、残高 4.2 厘米（图六〇四，8）。

TN25E34④：24，夹砂褐胎黑灰皮陶。方唇，侈口，卷沿上仰，长束颈。唇部饰戳印点纹，颈部饰刻划网格纹。口径 12、残高 3.5 厘米（图六〇四，9）。

TN25E34④：27，夹砂灰褐陶。圆唇，侈口，卷沿，束颈。唇部饰戳印点纹，颈部饰刻划网格纹。口径 18、残高 2.9 厘米（图六〇四，16）。

Bb 型。

TN22E28④：13，夹砂黑灰陶。圆唇，侈口，卷沿，束颈。颈部饰点线纹。口径 20、残高 4.3

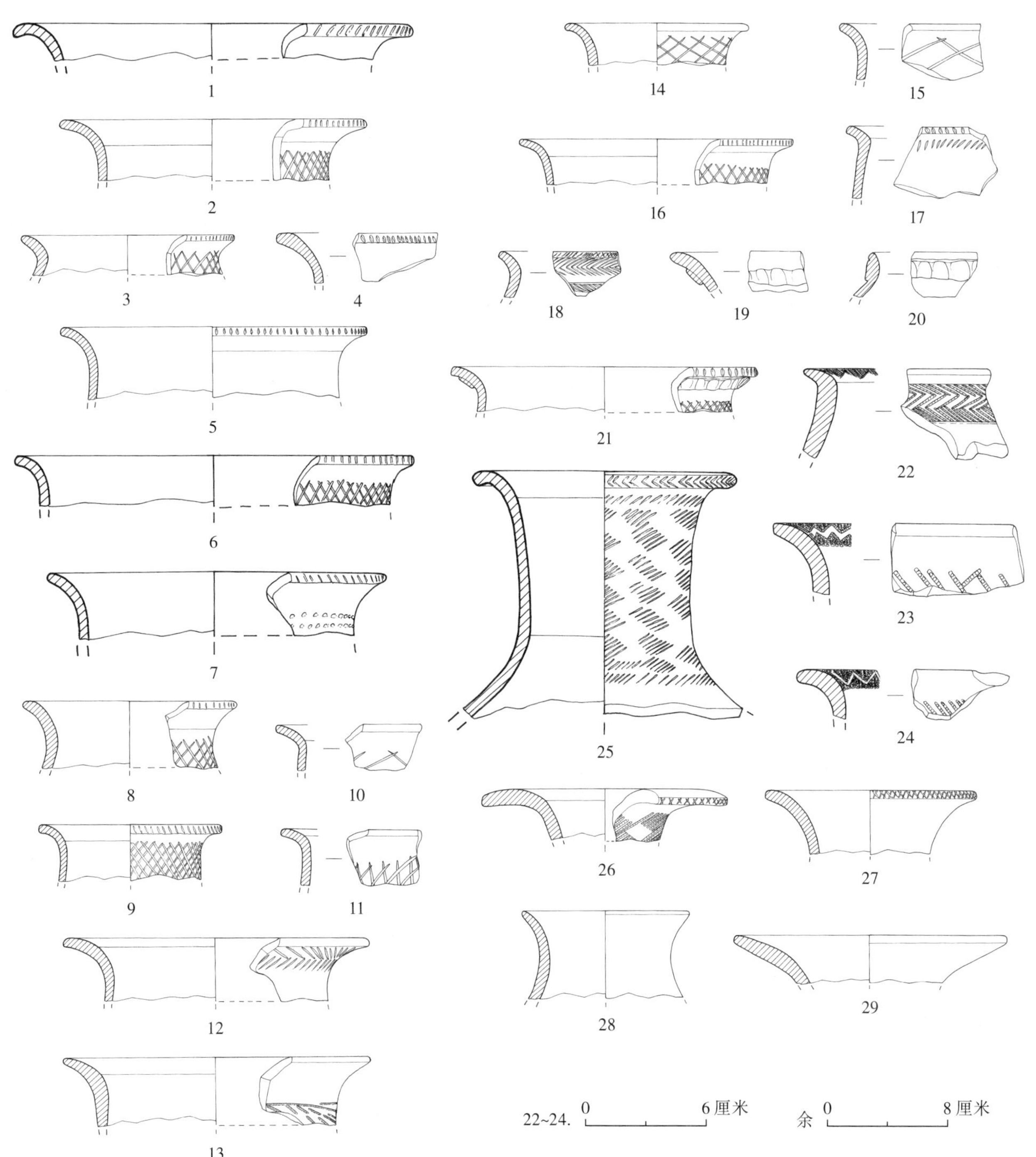

图六〇四　2019年Ⅱ区第4层出土陶器

1. Ab型束颈罐（TN25E34④：31）　2~9、16. Ba型束颈罐（TN22E28④：17、TN22E29④：13、TN22E29④：24、TN22E29④：27、TN22E29④：28、TN25E34④：16、TN25E34④：17、TN25E34④：24、TN25E34④：27）　10~15. Bb型束颈罐（TN22E29④：12、TN25E34④：21、TN22E29④：29、TN22E28④：13、TN25E33④：12、TN25E34④：26）　17. Ac型无颈罐（TN22E28④：12）　18. Ac型侈口小罐（TN25E34④：32）　19~21. Ab型附加堆纹罐（TN22E29④：15、TN25E33④：15、TN25E34④：20）　22、23. Ab型沿面饰纹罐（TN22E29④：19、TN22E28④：20）　24. Aa型沿面饰纹罐（TN25E34④：34）　25、26. A型长颈罐（TN25E34④：12、TN25E34④：23）　27、28. B型长颈罐（TN22E29④：25、TN25E34④：11）　29. C型长颈罐（TN25E34④：19）

厘米（图六〇四，13）。

TN22E29④：12，夹砂灰褐陶。圆唇，侈口，卷沿上仰，束颈。颈部饰刻划纹。残高2.9厘米（图六〇四，10）。

TN22E29④：29，夹砂灰陶。方圆唇，侈口，宽卷沿上仰，长束颈。颈部饰短斜线纹组成的“>”形纹。口径20、残高4厘米（图六〇四，12）。

TN25E33④：12，夹砂黑灰陶。圆唇，侈口，卷沿上仰，束颈。颈部饰刻划网格纹。口径12、残高2.6厘米（图六〇四，14）。

TN25E34④：21，夹砂褐陶，内壁磨光。厚圆唇，侈口，卷沿上仰，束颈。颈部饰刻划网格纹。残高3.5厘米（图六〇四，11）。

TN25E34④：26，夹砂褐陶。厚圆唇，侈口，卷沿上仰，束颈。颈部饰刻划网格纹。残高3.5厘米（图六〇四，15）。

侈口小罐 Ac型。

TN25E34④：32，夹砂灰陶，器表磨光。圆唇，侈口，卷沿，溜肩。唇部饰戳印短线纹，沿外壁至肩部饰短线纹组成的“<”形纹和窄带状纹饰。残高2.8厘米（图六〇四，18）。

无颈罐 Ac型。

TN22E28④：12，夹砂褐陶。方唇，敛口，窄折沿上仰，溜肩。唇部饰戳印点纹，肩上部饰戳印短线纹。残高4.5厘米（图六〇四，17）。

附加堆纹罐 Ab型。

TN22E29④：15，夹砂褐陶。厚圆唇，侈口。颈部饰一周褶皱状附加堆纹。残高2.5厘米（图六〇四，19）。

TN25E33④：15，夹砂红褐陶。方圆唇，口微侈，卷沿，短颈。颈部饰一周褶皱状附加堆纹。残高2.8厘米（图六〇四，20）。

TN25E34④：20，夹砂红褐陶。方唇，侈口，卷沿，颈微束。唇部饰戳印点纹，颈部饰一周褶皱状附加堆纹，肩部饰刻划网格纹。口径20、残高2.8厘米（图六〇四，21）。

沿面饰纹罐

Aa型。

TN25E34④：34，夹砂黑灰陶。厚圆唇，侈口，卷沿外翻下垂。沿面饰连续三角纹夹光面折线纹和一周点线状凹弦纹，颈部饰小方格状点线纹。残高2.3厘米（图六〇四，24）。

Ab型。

TN22E28④：20，夹砂黑灰陶。方唇，侈口，卷沿。唇面上有一周凹弦纹，沿面饰连续三角纹夹光面折线纹和一周点线状凹弦纹，颈部饰交叉的小方格状点线纹。残高3.4厘米（图六〇四，23）。

TN22E29④：19，夹砂灰褐陶。尖圆唇，卷沿较窄、上仰，束颈。沿面饰连续三角纹，肩部饰点线纹组成的折线纹。残高4.2厘米（图六〇四，22）。

长颈罐

A型。

TN25E34④：12，夹砂灰黄陶。方唇，侈口，卷沿外翻下垂，长颈。唇部饰“<”形纹，颈部饰短斜线纹、短斜线纹与光面组成的菱格纹等。口径17.2、残高15.4厘米（图六〇四，25；彩版一四八，5）。

TN25E34④：23，夹砂灰陶。方唇，侈口，宽卷沿外翻下垂，长颈。唇部饰“×”形纹，颈部饰小方格状点线纹与光面形成的复合纹饰。口径16、残高3.2厘米（图六〇四，26）。

B型。

TN22E29④：25，夹砂橙黄陶。方唇，喇叭口，宽沿，长颈。唇部饰“×”形纹。口径14、残高4厘米（图六〇四，27）。

TN25E34④：11，夹砂橙黄陶，器表磨光。圆唇，喇叭口，长束颈。素面。口径11、残高5.5厘米（图六〇四，28）。

C型。

TN25E34④：19，夹砂灰陶。厚圆唇，口微盘。素面。口径18、残高3厘米（图六〇四，29）。

盘口高领罐

Aa型。

TN22E29④：17，夹砂灰陶。尖圆唇，浅盘口，宽沿近唇端微凹，沿面较平直。唇部饰戳印短斜线纹，沿外壁饰短线纹。口径14、残高2.7厘米（图六〇五，1）。

Ab型。

TN25E34④：15，夹砂灰陶。圆唇，浅盘口，宽沿斜弧，高领。沿外壁至领部饰小方格状点线纹组成的“<”形纹、光面菱格纹等纹饰。口径14、残高5.2厘米（图六〇五，2）。

Ac型。

TN22E28④：19，夹砂褐陶。方唇，浅盘口，宽沿较平直。唇部至沿外壁饰小方格状点线纹。口径20、残高2.2厘米（图六〇五，4）。

TN22E29④：18，夹砂灰胎红褐皮陶。方唇，浅盘口，宽沿较平直。沿外壁饰点线纹组成的“<”形纹。口径16、残高3.3厘米（图六〇五，3）。

矮领小罐

A型。

TN25E34④：18，夹砂黑灰陶。圆唇，敛口，矮领，溜肩，领部与肩部分界不明显。领部饰小方格状点线纹，肩部饰小方格状点线纹与光面形成的复合纹饰。残高4.8厘米（图六〇五，11）。

B型。

TN22E28④：21，夹砂灰黑陶。圆唇，直口，矮领，领部与肩部分界不明显。领部饰点线纹交叉形成的菱格纹。残高3.1厘米（图六〇五，10）。

TN25E33④：16，夹砂黑灰陶。圆唇，直口，矮领，溜肩，领部与肩部分界不明显。领部饰小方格状点线纹组成的“<”形纹和弦纹，肩部饰小方格状弦纹、小方格状短斜线纹与光面组成的复合纹饰。残高7.8厘米（图六〇五，12）。

带耳罐 A型。

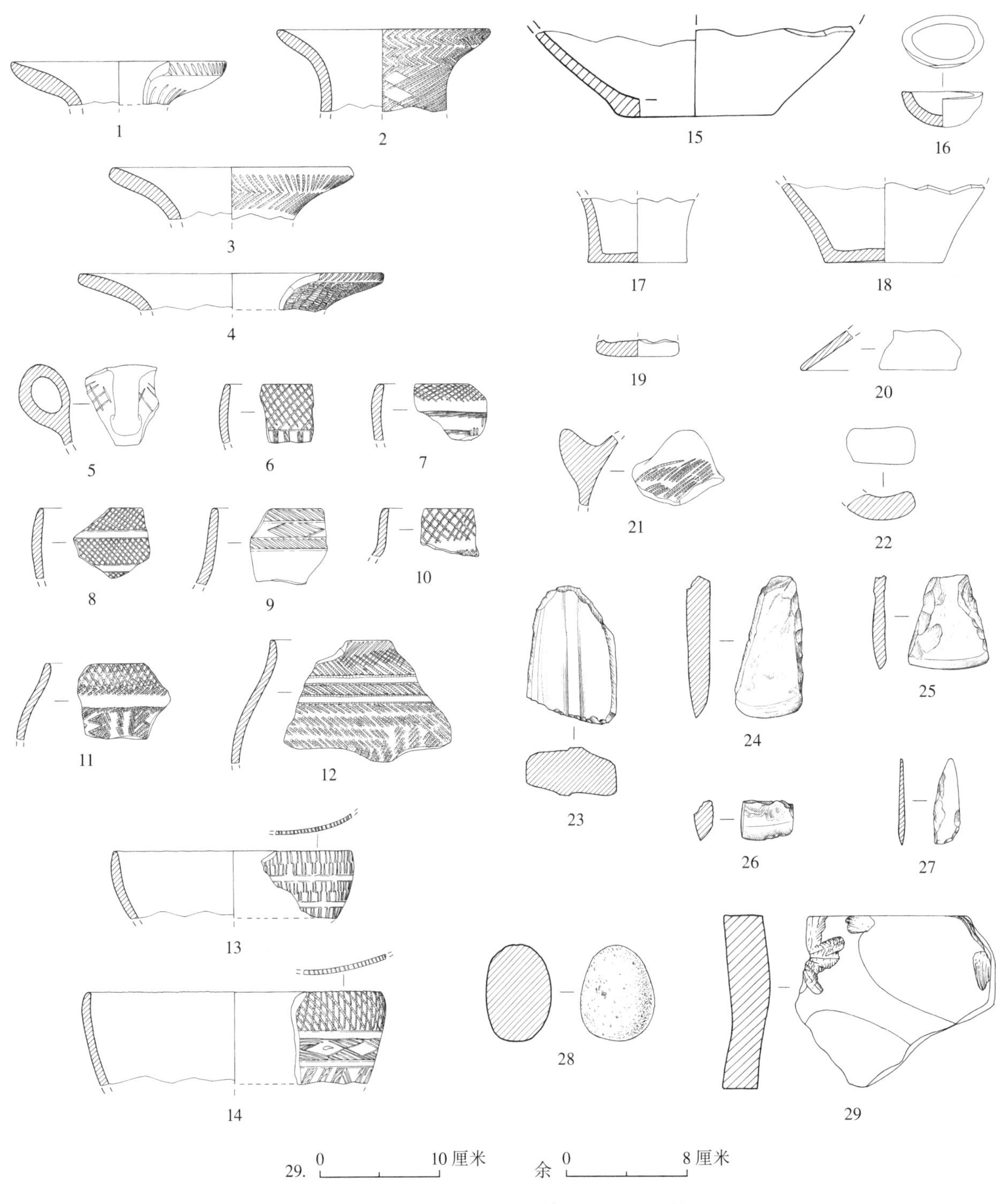

图六〇五　2019年Ⅱ区第4层出土遗物

1. Aa型陶盘口高领罐（TN22E29④：17）　2. Ab型陶盘口高领罐（TN25E34④：15）　3、4. Ac型陶盘口高领罐（TN22E29④：18、TN22E28④：19）　5. A型陶带耳罐（TN22E29④：26）　6~8、14. 乙类Be型陶钵（TN22E29④：11、TN25E33④：17、TN22E29④：14、TN25E34④：14）　9. 甲类Be型陶壶（TN25E33④：19）　10、12. B型陶矮领小罐（TN22E28④：21、TN25E33④：16）　11. A型陶矮领小罐（TN25E34④：18）　13. 乙类Bf型陶钵（TN25E34④：35）　15、17~19. 陶器底（TN25E33④：21、TN25E33④：20、TN22E29④：30、TN25E34④：36）　16. 石杯（TN25E33④：3）　20. 陶器盖（TN25E34④：22）　21. Aa型陶器鋬（TN25E34④：30）　22. B型陶器鋬（TN25E34④：38）　23. B型石斧（TN22E28④：1）　24. A型石锛（TN25E33④：1）　25. B型石锛（TN25E33④：2）　26. 石锛残件（TN22E29④：4）　27. Ba型石箭镞（TN25E34④：39）　28. 石球（TN22E29④：5）　29 砺石（TN22E29④：2）

TN22E29④：26，夹砂黑灰陶。圆唇，敞口，卷沿，短束颈，溜肩，口部至肩部附竖向半环形耳。肩部饰刻划网格纹。残高5.2厘米（图六〇五，5）。

壶　甲类Be型。

TN25E33④：19，夹砂灰陶。厚圆唇，直口，高领。领部饰凹弦纹、短斜线纹组成的带状纹饰和菱格纹等。残高4.8厘米（图六〇五，9）。

钵

乙类Be型。

TN22E29④：11，夹砂褐陶。方圆唇，直口。唇部饰戳印点纹，腹部饰点线状刻划菱格纹、凹弦纹、短线纹与光面组成的复合纹饰等。残高3.7厘米（图六〇五，6）。

TN22E29④：14，夹砂黑灰陶。圆唇，直口。腹部饰刻划菱格纹、凹弦纹等。残高4.4厘米（图六〇五，8）。

TN25E33④：17，夹砂灰黑陶。方唇，直口。唇部饰小方格状点线纹，腹部饰刻划菱格纹、短线纹与光面组成的复合纹饰等。残高3.5厘米（图六〇五，7）。

TN25E34④：14，夹砂黄褐陶。圆唇，直口，弧腹。唇部饰戳印点纹，腹部饰刻划菱格纹、弦纹、连续三角纹夹光面菱格纹、成组短斜线纹与光面组成的复合纹饰等。口径20、残高5.8厘米（图六〇五，14）。

乙类Bf型。

TN25E34④：35，夹砂灰黑陶。方唇，微口，弧腹。唇部饰戳印点纹，腹部饰数组戳印短线纹组成的带状纹饰、凹弦纹等。口径16、残高4.2厘米（图六〇五，13）。

器鋬

Aa型。

TN25E34④：30，夹砂黑灰陶。扁乳丁状。下部饰小方格状短线纹。残高4.8厘米（图六〇五，21）。

B型。

TN25E34④：38，夹砂红褐陶。扁长条形，有一定弧度。素面。残长4.5厘米（图六〇五，22）。

器盖

TN25E34④：22，夹砂黄褐陶。方圆唇，敞口。素面。残高2.5厘米（图六〇五，20）。

器底

TN22E29④：30，夹砂灰褐陶。下腹斜收，平底内凹。素面。底径7.8、残高5厘米（图六〇五，18）。

TN25E33④：20，夹砂灰陶。腹部近底部较竖直，平底。素面。底径6.5、残高4厘米（图六〇五，17）。

TN25E33④：21，夹砂灰胎黑灰皮陶。平底。素面。底径10、残高5.4厘米（图六〇五，15）。

TN25E34④：36，夹砂褐陶。平底。素面。底径5.4、残高1厘米（图六〇五，19）。

（2）石器

斧　B型。

TN22E28④：1，墨绿色。残存平面形状为长方形，截面呈长方形。两面有明显的片切割痕迹。通体磨光，有较均匀的磨痕。大部分残缺。残长8.6、宽6、厚3.3厘米（图六〇五，23）。

锛

A型。

TN25E33④：1，黑色。平面近梯形，截面呈平行四边形。圆顶，有较密集的片疤。两面均磨光。弧刃，单面刃，刃缘有较密集的细小茬口。长8.9、宽4.4、厚约1.6厘米（图六〇五，24）。

B型。

TN25E33④：2，黑色。平面呈梯形，截面近长方形。平顶。两侧有连续的片疤。弧刃，单面刃。器表有均匀的平行磨痕。长5.9、宽5.4、厚0.7厘米（图六〇五，25）。

残件。

TN22E29④：4，黑色。平面呈长方形，截面近弧边长方形。两面均磨光。弧刃，单面刃，刃缘分布有较多崩疤。大部分残缺。残长2.6、宽3.3、厚约1.2厘米（图六〇五，26；彩版一四八，4）。

箭镞　Ba型。

TN25E34④：39，绿色。三角形。底部有较大面积的片疤，部分残缺。大部分磨光。残长5.4、宽1.7、厚0.4厘米（图六〇五，27）。

球

TN22E29④：5，白色。器形较规整，磨制较粗糙。直径4.9~6.1厘米（图六〇五，28）。

砺石

TN22E29④：2，红褐色。整体呈片状，相对较薄，器形较规整。仅一面有较明显的使用面。长16.5、宽13.6、厚2.8厘米（图六〇五，29）。

杯

TN25E33④：3，红褐色。椭圆形口，浅弧腹，圜底。口长径5.3、短径3.3、高2.2厘米（图六〇五，16）。

（四）第3层出土遗物

该层出土遗物以陶器为主，另有少量石器。陶器器类有束颈罐、侈口小罐、无颈罐、附加堆纹罐、沿面饰纹罐、盘口高领罐、矮领小罐、小口罐、瓮、钵等，石器器类有斧、锛、刀、球等。

（1）陶器

束颈罐

Ab型。

TN22E29③：11，夹砂褐陶。厚圆唇，侈口，宽卷沿外翻，长束颈，溜肩。颈下部饰三周凹弦纹，肩部饰短泥条附加堆纹。口径22、残高6厘米（图六〇六，1）。

Bb型。

TN22E29③：13，夹砂黑灰陶。圆唇，侈口，卷沿，短颈微束，溜肩。肩部饰刻划网格纹。口径16、残高4.5厘米（图六〇六，3）。

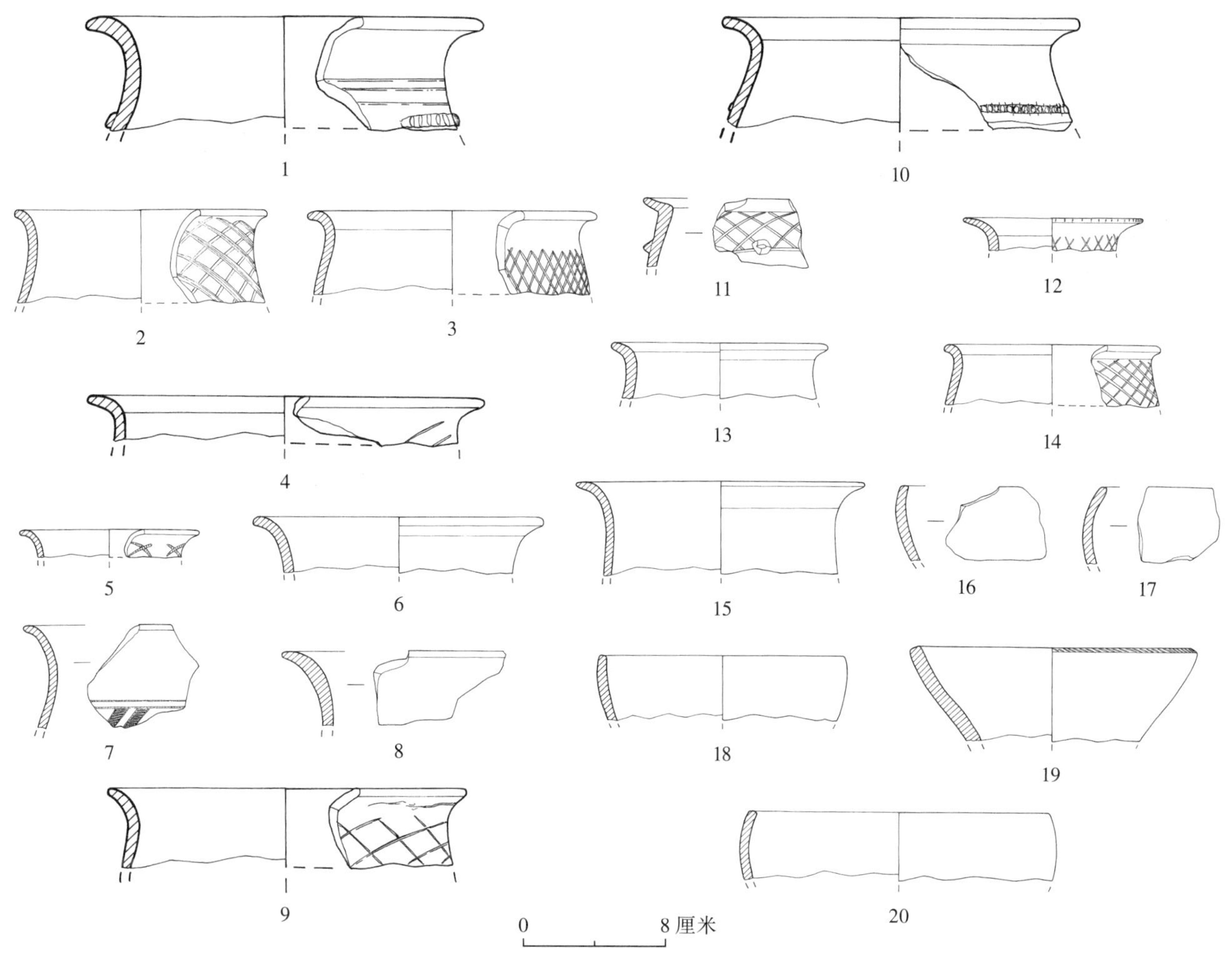

图六〇六　2019年Ⅱ区第3层出土陶器

1. Ab型束颈罐（TN22E29③：11）　2~10. Bb型束颈罐（TN22E29③：15、TN22E29③：13、TN22E29③：16、TN22E29③：17、TN22E29③：18、TN22E29③：19、TN25E33③：16、TN25E33③：15、TN25E33③：17）　11. Ac型无颈罐（TN22E29③：22）　12~14. Ac型侈口小罐（TN25E34③：15、TN22E28③：13、TN22E28③：16）　15. Ba型无颈罐（TN22E28③：12）　16~20. 口沿（TN25E33③：21、TN25E33③：18、TN25E33③：19、TN22E28③：15、TN25E33③：20）

TN22E29③：15，夹砂橙黄陶。圆唇，口微侈，卷沿较斜直，长束颈。颈部饰刻划网格纹。口径14、残高5厘米（图六〇六，2）。

TN22E29③：16，夹砂灰陶。圆唇，侈口，卷沿，束颈。颈部饰刻划纹。口径22、残高2.4厘米（图六〇六，4）。

TN22E29③：17，夹砂灰陶。方圆唇，侈口，卷沿，束颈。颈部饰点线纹组成的交叉纹。口径10、残高1.6厘米（图六〇六，5）。

TN22E29③：18，夹砂灰陶。方圆唇，侈口，卷沿上仰，束颈。素面。口径16、残高3厘米（图六〇六，6）。

TN22E29③：19，夹砂黑灰陶。圆唇，侈口，卷沿，长束颈。颈部饰两周凹弦纹，其下饰点线纹与光面组成的复合纹饰。残高5.6厘米（图六〇六，7）。

TN25E33③：15，夹砂灰白陶，内壁磨光。圆唇，侈口，卷沿上仰，短束颈。颈部饰刻划网格纹。

口径 20、残高 4.2 厘米（图六〇六，9）。

TN25E33③：16，夹砂灰胎黑灰皮陶。方圆唇，侈口，卷沿，束颈。素面。残高 4 厘米（图六〇六，8）。

TN25E33③：17，夹砂褐陶。方唇，侈口，宽卷沿，短束颈，溜肩。肩部饰附加堆纹，其上饰刻划短线纹。口径 20、残高 6 厘米（图六〇六，10）。

侈口小罐 Ac 型。

TN22E28③：13，夹砂黑灰陶。圆唇，侈口，卷沿，溜肩。素面。口径 12、残高 3 厘米（图六〇六，13）。

TN22E28③：16，夹砂褐陶。圆唇，侈口，卷沿，溜肩。颈部饰刻划网格纹。口径 12、残高 3.2 厘米（图六〇六，14）。

TN25E34③：15，夹砂褐陶。圆唇，侈口，卷沿。唇部饰戳印点纹，颈部饰刻划网格纹。口径 10、残高 1.8 厘米（图六〇六，12）。

无颈罐

Ac 型。

TN22E29③：22，夹砂褐胎黑皮陶。圆唇，敛口，窄折沿，溜肩。肩部饰刻划网格纹、凹弦纹和乳丁纹。残高 3.7 厘米（图六〇六，11）。

Ba 型。

TN22E28③：12，夹砂褐陶。圆唇，侈口，卷沿，溜肩。素面。口径 16、残高 5 厘米（图六〇六，15）。

附加堆纹罐

Ab 型。

TN25E34③：16，夹砂灰陶。方唇，侈口，卷沿外翻近平。唇部饰戳印点纹，颈部饰一周褶皱状附加堆纹。口径 22、残高 2.4 厘米（图六〇七，1）。

Bd 型。

TN22E28③：17，夹砂灰陶。方唇，唇外侧有一周凸起似附加堆纹，敞口。素面。口径 16、残高 1.7 厘米（图六〇七，2）。

沿面饰纹罐 Ab 型。

TN25E34③：28，夹砂灰陶。圆唇，侈口，卷沿，沿面上仰。沿面饰连续三角纹夹光面菱格纹，沿外壁饰戳印点线纹组成的“<”形纹饰。残高 3.5 厘米（图六〇七，3）。

盘口高领罐

Aa 型。

TN25E34③：21，夹砂灰褐陶。尖圆唇，近盘口，宽沿，高领。唇部和沿外壁饰小方格状点线纹。口径 22.4、残高 6.2 厘米（图六〇七，4）。

Ac 型。

TN22E29③：12，夹砂黑灰陶。斜方唇，盘口，宽沿，沿面较平直。唇部饰小方格状短斜线纹，沿外壁饰小方格状点线纹。口径 20、残高 3.5 厘米（图六〇七，7）。

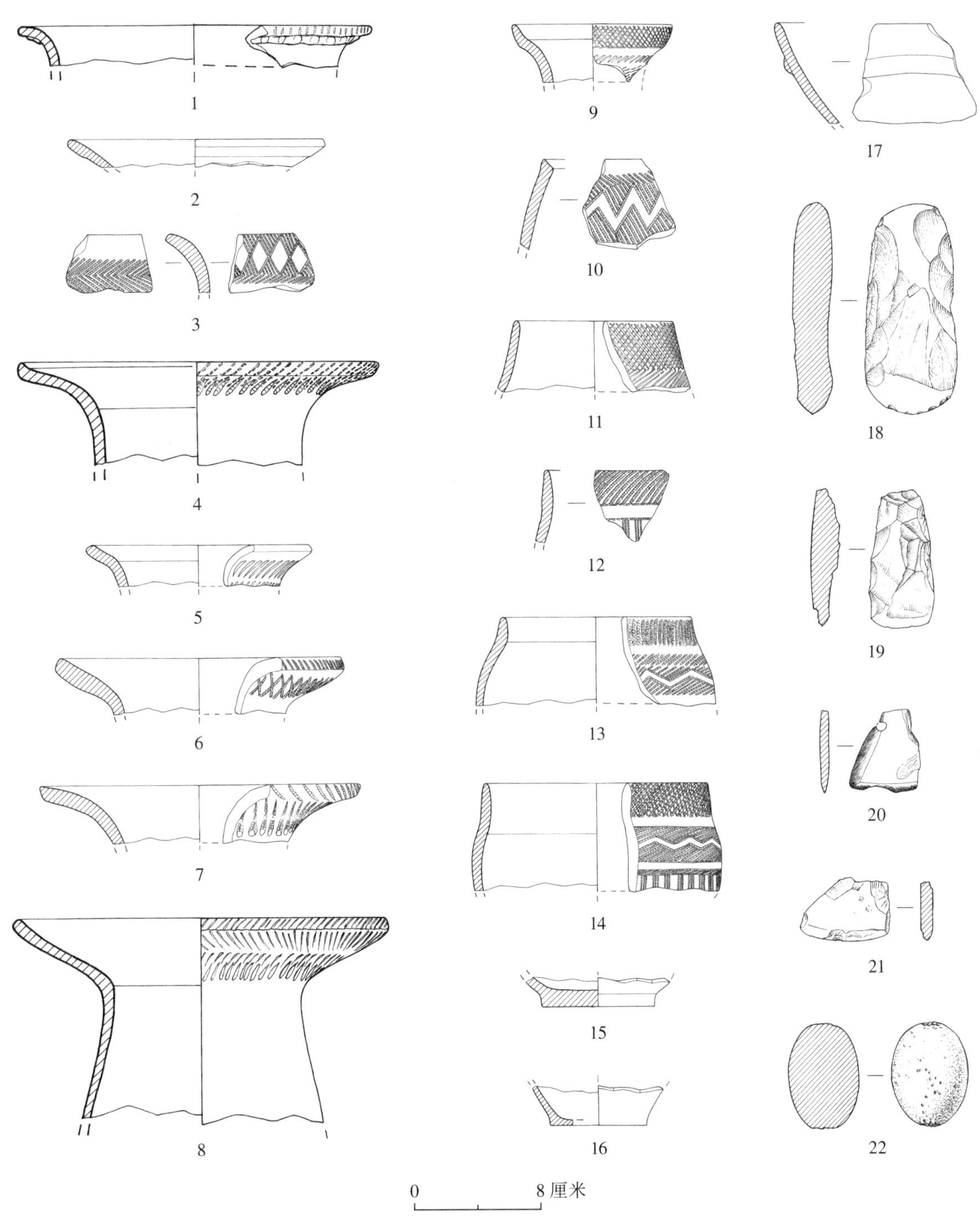

图六〇七 2019年Ⅱ区第3层出土遗物

1. Ab型陶附加堆纹罐（TN25E34③：16） 2. Bd型陶附加堆纹罐（TN22E28③：17） 3. Ab型陶沿面饰纹罐（TN25E34③：28） 4. Aa型陶盘口高领罐（TN25E34③：21） 5、9. B型陶盘口高领罐（TN25E34③：19、TN25E34③：14） 6~8. Ac型陶盘口高领罐（TN25E34③：29、TN22E29③：12、TN25E33③：22） 10. D型瓮（TN25E34③：18） 11. 小口罐（TN25E34③：12） 12~14. B型陶矮领小罐（TN25E33③：11、TN22E29③：14、TN25E34③：22） 15、16. 陶器底（TN22E28③：18、TN25E34③：20） 17. 乙类Aa型陶钵（TN25E34③：23） 18. 石斧半成品（TN25E34③：2） 19. B型石锛（TN22E28③：20） 20、21. 石刀残件（TN22E28③：10、TN22E28③：19） 22. 石球（TN25E34③：1）

TN25E33③：22，夹砂灰陶。斜方唇，盘口，宽沿，沿面外弧，高领。唇部至沿外壁饰刻划短线纹。口径23.6、残高12.4厘米（图六〇七，8；彩版一四八，6）。

TN25E34③：29，夹砂灰胎黑灰皮陶。方唇，盘口，宽沿斜弧。唇部饰点线纹，沿外壁饰点线纹交叉形成的菱格纹。口径18、残高3.4厘米（图六〇七，6）。

B型。

TN25E34③：14，夹砂灰陶。圆唇，盘口，窄卷沿，长颈。沿外壁饰刻划菱格纹，颈部饰戳印纹。口径10、残高3.5厘米（图六〇七，9）。

TN25E34③：19，夹砂灰陶。方唇，盘口，窄沿。颈部饰短斜线纹。口径14、残高2.5厘米（图六〇七，5）。

矮领小罐 B型。

TN22E29③：14，夹砂黑灰陶。圆唇，直口，矮领，溜肩，领部与肩部分界较明显。唇部饰戳印点纹，领部饰小方格状点线纹，肩部饰小方格状短斜线纹组成的窄带状纹饰、连续三角纹夹光面折线纹等。口径12、残高5.3厘米（图六〇七，13）。

TN25E33③：11，夹砂灰陶。圆唇，直口，矮领，领部与肩部分界不明显。口外侧饰小方格状点线纹，肩部饰小方格状点线纹与光面组成的复合纹饰。残高4.3厘米（图六〇七，12）。

TN25E34③：22，夹砂黑灰陶。圆唇，直口，矮领，溜肩，领部与肩部分界较明显。领部饰小方格状点线纹，肩部饰连续三角纹夹光面折线纹等纹饰。口径14、残高6.5厘米（图六〇七，14）。

小口罐

TN25E34③：12，夹砂黑灰陶。圆唇，敛口，领部较高。领部饰刻划小方格纹和短斜线纹。口径10、残高4.2厘米（图六〇七，11）。

瓮 D型。

TN25E34③：18，夹砂灰黑陶。斜方唇，敛口，溜肩。肩部饰小方格状点线纹组成的窄带状纹饰、连续三角纹夹光面折线纹等。残高5.4厘米（图六〇七，10）。

钵 乙类Aa型。

TN25E34③：23，夹砂黑褐陶。圆唇，敞口，斜弧腹。上腹部饰一周平滑的附加堆纹。残高6厘米（图六〇七，17）。

口沿

TN22E28③：15，夹砂褐陶。方唇，盘口。唇部饰压印短斜线纹。为罐的沿部。口径16、残高5厘米（图六〇六，19）。

TN25E33③：18，夹砂褐陶。圆唇，盘口。素面。为罐的沿部。残高4.1厘米（图六〇六，17）。

TN25E33③：19，夹砂灰陶。方唇，盘口。素面。为罐的沿部。口径14、残高3.5厘米（图六〇六，18）。

TN25E33③：20，夹砂灰陶。圆唇，盘口。素面。为罐的沿部。口径17、残高3.6厘米（图六〇六，20）。

TN25E33③：21，夹砂灰褐陶。方唇，盘口。素面。为罐的沿部。残高4厘米（图六〇六，16）。

器底

TN22E28③：18，夹砂灰陶。平底。素面。底径7、残高1.7厘米（图六〇七，15）。

TN25E34③：20，夹砂灰陶。平底。素面。底径6、残高2.4厘米（图六〇七，16）。

（2）石器

斧　半成品。

TN25E34③：2，灰色。平面呈长方形，截面近椭圆形。圆顶，无加工痕迹。两侧有连续的片疤。器表多打制片疤，刃部未进行加工。长12.8、宽5.8、厚2.4厘米（图六〇七，18）。

锛　B型。

TN22E28③：20，黑色。平面近梯形，截面呈椭圆形。斜平顶，有较密集的片疤。弧刃，单面刃，刃部有较密集的崩疤及平行磨痕。长8.5、宽4.2、厚约1.7厘米（图六〇七，19）。

刀　残件。

TN22E28③：10，黑色。背部较平齐，残有一孔，两面对钻。双面刃。通体磨光。大部分残缺。残长4.3、宽5、厚0.5厘米（图六〇七，20）。

TN22E28③：19，灰色。背部残缺，无穿孔。弧刃，双面刃，刃缘有较密集的茬口。大部分残缺。残长5.7、宽3.8、厚0.7厘米（图六〇七，21）。

球

TN25E34③：1，白色。器形较规整，磨制较粗糙。直径5~6.5厘米（图六〇七，22）。

（五）第2层出土遗物

该层出土遗物以陶器为主，另有少量石器。陶器器类有束颈罐、侈口小罐、沿面饰纹罐、长颈罐等，石器器类有斧、锛、凿、刀、箭镞等。

（1）陶器

束颈罐　Bb型。

TN25E33②：12，夹砂褐陶。圆唇，侈口，卷沿，束颈。颈部饰刻划网格纹和凹弦纹。口径24、残高4.2厘米（图六〇八，1）。

TN25E33②：13，夹砂灰陶。圆唇，侈口，卷沿较斜直，短束颈。颈下部饰刻划纹。口径22、残高4.4厘米（图六〇八，2）。

TN25E33②：14，夹砂灰陶。圆唇，侈口。颈部饰刻划网格纹。口径26、残高3.2厘米（图六〇八，3）。

TN25E34②：12，夹砂褐陶。圆唇，口微侈，卷沿，束颈。颈部饰刻划纹。口径14、残高2.5厘米（图六〇八，6）。

TN25E34②：13，夹砂黑灰陶。圆唇，侈口，卷沿，长束颈。颈部饰刻划凹弦纹和网格纹。口径12、残高3厘米（图六〇八，5）。

TN25E34②：14，夹砂黄褐陶，内壁灰色。圆唇，侈口，卷沿，长束颈。颈部饰刻划凹弦纹等。残高4厘米（图六〇八，4）。

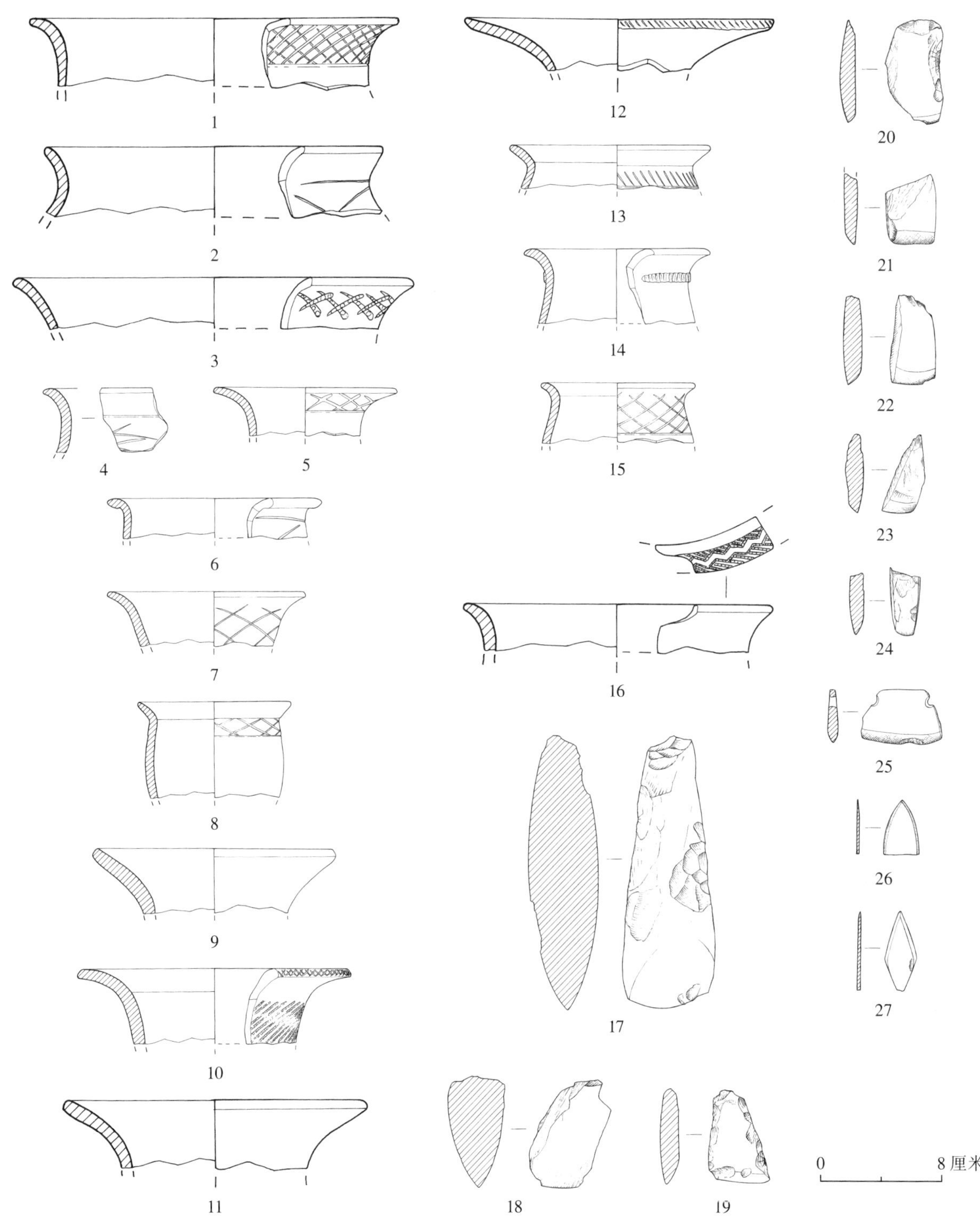

图六〇八 2019年Ⅱ区第2层出土遗物

1~7. Bb型陶束颈罐（TN25E33②：12、TN25E33②：13、TN25E33②：14、TN25E34②：14、TN25E34②：13、TN25E34②：12、TN25E34②：17） 8. Ab型陶侈口小罐（TN25E34②：19） 9、11、12. C型陶长颈罐（TN22E28②：16、TN25E33②：16、TN25E33②：17） 10. A型陶长颈罐（TN22E28②：13） 13、15. Ac型陶侈口小罐（TN22E28②：12、TN25E34②：18） 14. Ae型陶侈口小罐（TN25E33②：11） 16. Ab型陶沿面饰纹罐（TN25E34②：16） 17. Ca型石斧（TN22E28②：1） 18. B型石斧（TN22E29②：2） 19、20. A型石锛（TN22E28②：2、TN22E28②：17） 21、22. B型石锛（TN22E28②：10、TN22E29②：1） 23. 石锛残件（TN22E29②：3） 24. A型石凿（TN22E29②：4） 25. 乙类Ab型石刀（TN25E34②：9） 26. A型石箭镞（TN25E34②：1） 27. Cb型石箭镞（TN22E28②：3）

TN25E34②：17，夹砂灰褐陶。圆唇，侈口，卷沿。肩部饰刻划网格纹。口径13.2、残高3.4厘米（图六〇八，7）。

侈口小罐

Ab型。

TN25E34②：19，夹砂灰陶。圆唇，侈口，窄卷沿斜立，肩部较竖直，弧腹。肩部饰刻划凹弦纹和网格纹。口径10、残高6厘米（图六〇八，8）。

Ac型。

TN22E28②：12，夹砂灰陶。圆唇，侈口，卷沿较宽，短束颈。颈部饰刻划纹。口径13.2、残高2.7厘米（图六〇八，13）。

TN25E34②：18，夹砂灰胎黑皮陶。厚圆唇，侈口，窄卷沿，溜肩。肩部饰刻划网格纹和凹弦纹。口径10、残高3.8厘米（图六〇八，15）。

Ae型。

TN25E33②：11，夹砂黄褐陶。圆唇，侈口，卷沿，束颈，溜肩。颈部饰短泥条附加堆纹。口径12、残高4.7厘米（图六〇八，14）。

沿面饰纹罐　Ab型。

TN25E34②：16，夹粗砂灰胎黑皮陶。圆唇，侈口，卷沿，沿面上仰。沿面饰连续三角纹夹光面折线纹和一周凹弦纹。口径20、残高3厘米（图六〇八，16）。

长颈罐

A型。

TN22E28②：13，夹砂灰陶。圆唇，侈口，卷沿上仰，长颈。唇部饰“×”形纹，颈部饰小方格状点线纹。口径18、残高4.7厘米（图六〇八，10）。

C型。

TN22E28②：16，夹砂红褐陶。方唇，盘口，宽沿。素面。口径16、残高4厘米（图六〇八，9）。

TN25E33②：16，夹砂灰陶。方唇，喇叭口，宽沿。素面。口径20、残高4.2厘米（图六〇八，11）。

TN25E33②：17，夹砂灰胎黑皮陶。圆唇，口微盘，宽沿。唇外侧饰戳印短斜线纹。口径20、残高3.2厘米（图六〇八，12）。

（2）石器

斧

B型。

TN22E29②：2，黑色。平面呈长方形，截面呈四边形。两面有明显的片切割痕迹。正锋，弧刃，双面刃，刃缘有较细密的垂直磨痕。残长6.7、宽4、厚3.6厘米（图六〇八，18）。

Ca型。

TN22E28②：1，灰色。平面呈梯形，截面近四边形。圆顶，两侧打制后磨光。正锋，弧刃，双面刃，刃缘有几处崩疤及较密集的茬口。通体磨光。长16.8、宽5.9、厚4.2厘米（图六〇八，17）。

锛

A 型。

TN22E28 ②：2，黑色。平面近梯形，截面呈长方形。圆顶，有较连续的片疤。直刃，单面刃，刃缘分布有较密集的垂直磨痕。长 6.1、宽 4、厚约 1.1 厘米（图六〇八，19；彩版一四八，7）。

TN22E28 ②：17，灰色。平面呈长方形，截面不规则。圆顶，有较明显的片疤。两面均磨光。弧刃，单面刃，刃缘有较多茬口。部分残缺。残长 6.5、宽 3.4、厚 1 厘米（图六〇八，20）。

B 型。

TN22E29 ②：1，黑白相间。平面近长方形。斜平顶。弧刃，单面刃，刃缘有较多细小的茬口及较杂乱的磨痕。通体磨光，磨制较精细。长 5.5、宽 2.8、厚 1.2 厘米（图六〇八，22）。

TN22E28 ②：10，黑色。平面近长方形，截面近四边形。上部残缺。单面刃，刃缘分布有较密集的垂直磨痕。残长 4.4、宽 3.2、厚 0.9 厘米（图六〇八，21）。

残件。

TN22E29 ②：3，黑色。平面呈三角形，截面近长方形。侧面切割相对较平整，磨制较粗糙。弧刃，单面刃。残长 5、宽 2.5、厚约 1.1 厘米（图六〇八，23）。

凿 A 型。

TN22E29 ②：4，绿色。平面呈长方形，截面近长方形。两侧面切割平整且磨光。上部残缺。弧刃，单面刃，刃部背面有较密集的细小垂直磨痕。残长 4.4、宽 1.9、厚 0.9 厘米（图六〇八，24）。

刀 乙类 Ab 型。

TN25E34 ②：9，灰黑色。直背，背部较平齐，残有两孔，两面对钻。弧刃，双面刃，刃部有较明显的崩疤。整体磨光。大部分残缺。残长 5.2、宽 3.3、厚 0.7 厘米（图六〇八，25）。

箭镞

A 型。

TN25E34 ②：1，黑色。柳叶形。锋部较圆尖，双面刃，刃缘较锋利，靠近锋部的刃缘有细小的茬口。长 3.4、宽 2.2、厚 0.15 厘米（图六〇八，26）。

Cb 型。

TN22E28 ②：3，紫色。五边形。锋部较细尖，双面刃，刃缘较锋利，刃缘有较细密的茬口。底部内凹，相对较窄。中间转折较明显。长 4.9、宽 2、厚 0.2 厘米（图六〇八，27）。

四、Ⅱ区遗迹

遗迹包括灰坑、墓葬、特殊遗迹（见附表一）。

（一）灰坑

8 个。

1. H204

位于 TN22E29 东南部。开口于 3 层下，打破第 4 层。平面近椭圆形，近直壁，底部凹凸不平，边缘较平整，中间下凹。长径 1.24、短径 0.94、深 0.2~0.3 米。填土为灰黑色砂土，土质疏松，夹杂红烧土，出土零星陶片和少量碎骨，器类有束颈罐、矮领小罐等（图六〇九；彩版一四九，1）。

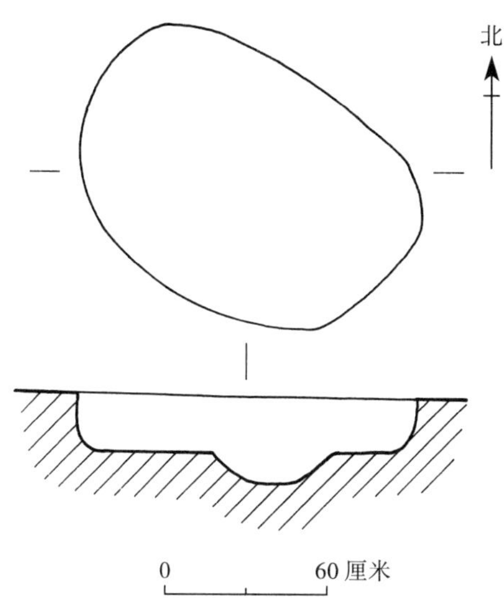

图六〇九　H204 平、剖面图

陶器

束颈罐　Ba 型。

H204：14，夹砂黄褐陶，内壁灰色。方唇，侈口，宽卷沿外翻，束颈。唇部和颈部饰戳印点纹。口径 14、残高 2 厘米（图六一〇，1）。

矮领小罐　B 型。

H204：11，夹砂灰黄陶，内壁磨光。圆唇，直口，矮领，肩部相对较宽，领部与肩部分界明显。领部饰小方格状线纹，肩部饰小方格状线纹组成的带状纹饰。口径 14、残高 5 厘米（图六一〇，4）。

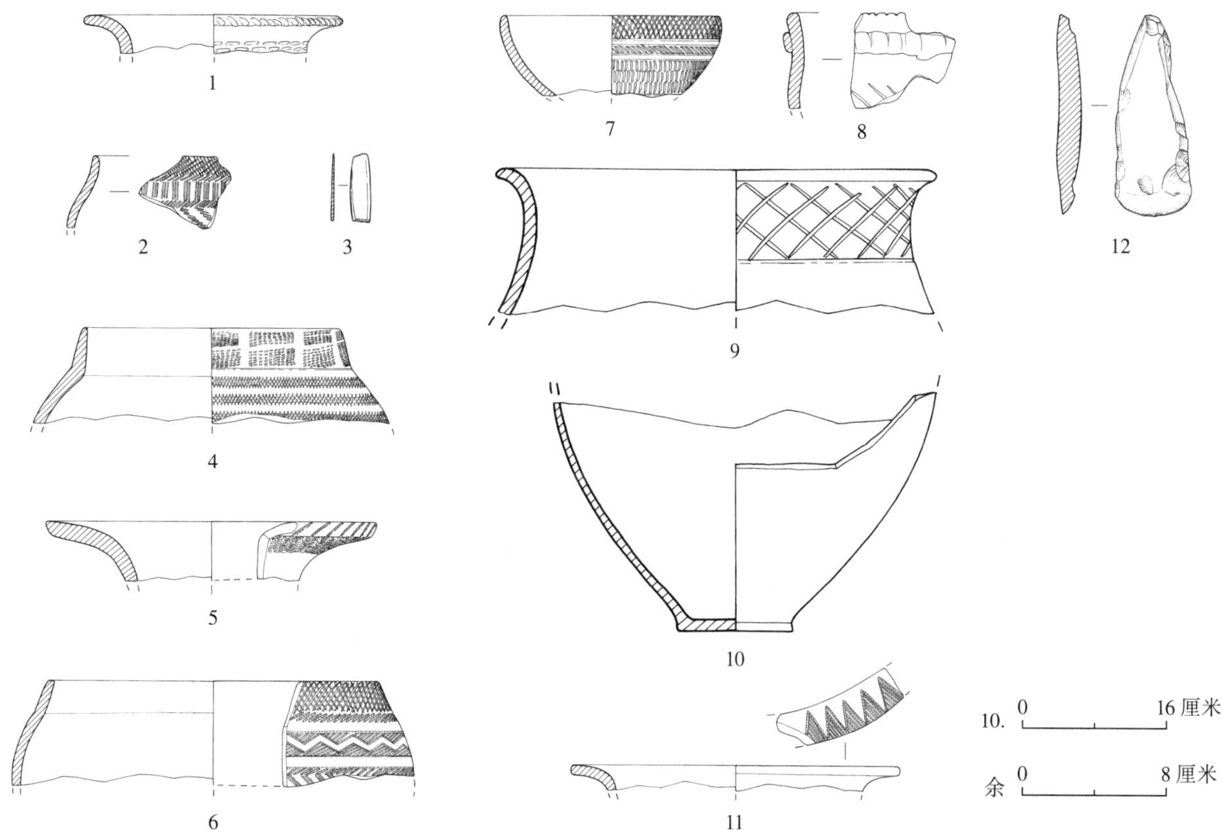

图六一〇　H204、H205、H207、H209、H211、H213、H214、H216 出土遗物

1. Ba 型陶束颈罐（H204：14）　2、4. B 型陶矮领小罐（H204：12、11）　3. 石箭镞残件（H205：1）　5. Ac 型陶盘口高领罐（H205：17）　6. A 型陶矮领小罐（H205：18）　7. 乙类 Be 型陶钵（H209：12）　8. 陶片（H214：13）　9. Bb 型陶束颈罐（H216：11）　10. 陶瓮（H213：1）　11. Aa 型陶沿面饰纹罐（H207：11）　12. C 型石锛（H211：1）

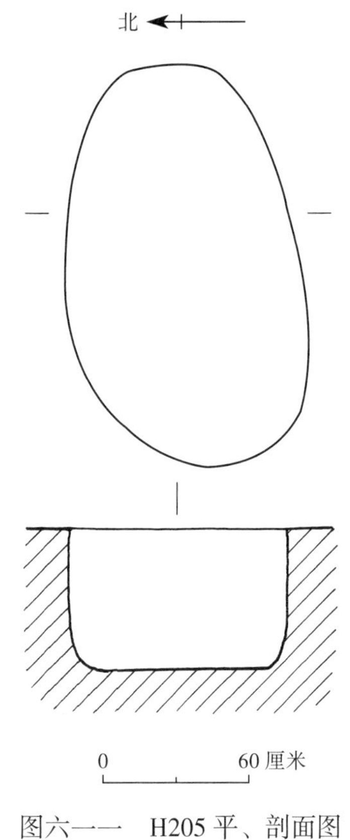

图六一一 H205 平、剖面图

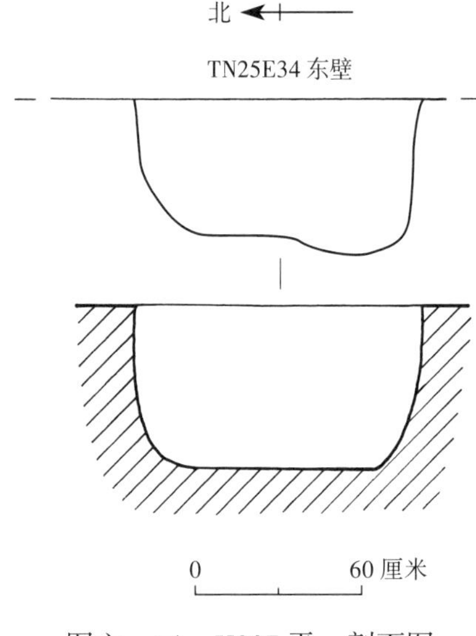

图六一二 H207 平、剖面图

H204：12，夹砂黑灰陶，器表磨光。方唇，直口，矮领，溜肩。唇部饰戳印点纹，领部饰刻划菱格纹和短斜线纹组成的一周窄带状纹饰，肩部饰短线纹与光面组成的复合纹饰。残高 3.8 厘米（图六一〇，2）。

2. H205

位于 TN25E34 中部偏东。开口于 3 层下，打破第 4 层。平面近椭圆形，近直壁，平底。长径 1.6、短径 0.96、深 0.56 米。填土为灰黑色砂土，土质疏松，出土少量陶片、动物骨骼和石器，陶器器类有盘口高领罐、矮领罐等，石器器类有箭镞等（图六一一；彩版一四九，2）。

（1）陶器

盘口高领罐 Ac 型。

H205：17，夹砂黑灰陶，器表磨光。斜方唇，浅盘口，沿面较平直。唇部和沿外壁饰小方格状点线纹。口径 18、残高 3.1 厘米（图六一〇，5）。

矮领小罐 A 型。

H205：18，夹砂灰褐陶。圆唇，敛口，矮领，溜肩。领部饰刻划菱格纹，肩部饰弦纹、连续三角纹夹光面折线纹等。口径 18、残高 5.5 厘米（图六一〇，6）。

（2）石器

箭镞 残件。

H205：1，绿色。柳叶形，最宽处大致位于中部。双面刃，刃缘较锋利。锋部及底部残缺。器表磨制较粗糙，中部有较密集的均匀平行磨痕。残长 3.7、宽 1.1、厚 0.15 厘米（图六一〇，3）。

3. H207

位于 TN25E34 东南部，向东伸出发掘区外，未继续清理。开口于 3 层下，打破第 4 层。平面形状不规则，弧壁，平底。长 1、残宽 0.54、深 0.56 米。填土为灰黑色砂土，土质疏松，夹杂红烧土，出土有少量陶片，器类有沿面饰纹罐等（图六一二；彩版一四九，3）。

陶器

沿面饰纹罐 Aa 型。

H207：11，夹砂红陶。方唇，侈口，卷沿外翻近平。沿部饰成组点线纹组成的连续三角形纹。口径 18、残高 1.3 厘米（图六一〇，11）。

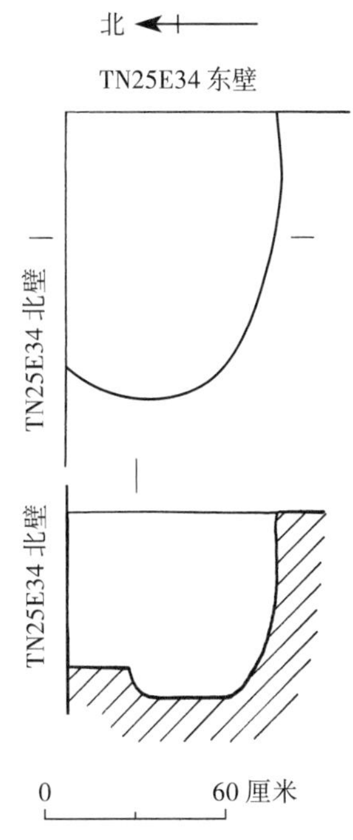

图六一三　H209 平、剖面图

4. H209

位于 TN25E34 东北角，向北、东伸出发掘区外，未继续清理。开口于第 4 层下，打破第 5 层。平面呈扇形，弧壁，底部不平，南部下凹。残长 0.9、残宽 0.7、深 0.48~0.6 米。填土为红烧土，土质致密，包含少量陶片和碎骨，陶器器类有钵等（图六一三；彩版一四九，4）。

陶器

钵　乙类 Be 型。

H209：12，夹砂黑灰陶，内壁磨光。圆唇，口近直，弧腹。腹部自上而下依次饰刻划菱格纹与凹弦纹、凹弦纹夹短斜线纹、成组短线纹组成的带状纹饰等。口径 12、残高 4.2 厘米（图六一〇，7）。

5. H211

位于 TN25E34 东部。开口于第 4 层下，打破第 5 层，西部被 H205 打破。平面近圆形，近直壁，平底。直径 0.66、深 0.46 米。填土为灰黑色砂土，土质较疏松，出土少量陶片、石器和碎骨，石器器类有锛等（图六一四；彩版一四九，5）。

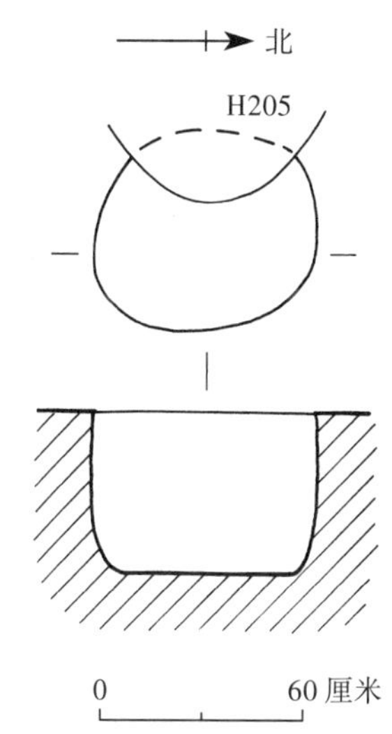

图六一四　H211 平、剖面图

石器

锛　C 型。

H211：1，黑色。平面近长方形，截面呈圆角长方形。斜尖顶。两面均磨光，有较大面积的片疤。弧刃，单面刃，刃缘有几处崩疤及较密集的细小茬口。长 10.5、宽 4、厚约 1.1 厘米（图六一〇，12）。

6. H213

位于 TN22E28 东部。开口于第 4 层下，打破第 5 层。平面呈椭圆形，直壁，平底。长径 0.52、短径 0.42、深 0.11 米。填土为灰黑色黏土，土质较致密，夹杂大块红烧土块，出土少量陶片，器类有瓮等（图六一五；彩版一四九，6）。

陶器

瓮

H213：1，夹砂灰褐陶。肩部以上残，下腹弧收，平底。素面。底径 12.8、残高 25.4 厘米（图六一〇，10）。

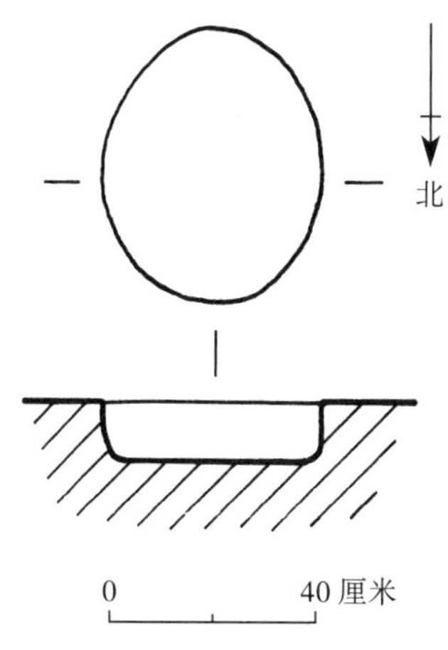

图六一五　H213 平、剖面图

7. H214

位于 TN25E34 中部。开口于第 4 层下，打破第 5 层。平面近圆形，弧壁，平底。直径 0.97~1.12、深 0.52 米。填土为灰黑色砂土，土质较疏松，出土少量陶片、石器和碎骨（图六一六；彩版一五〇，1）。

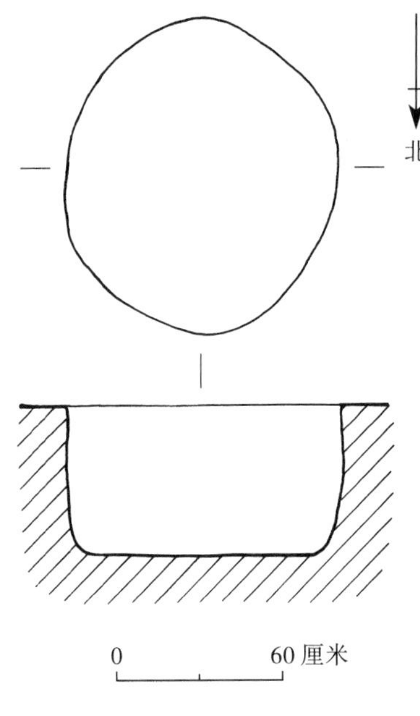

图六一六　H214 平、剖面图

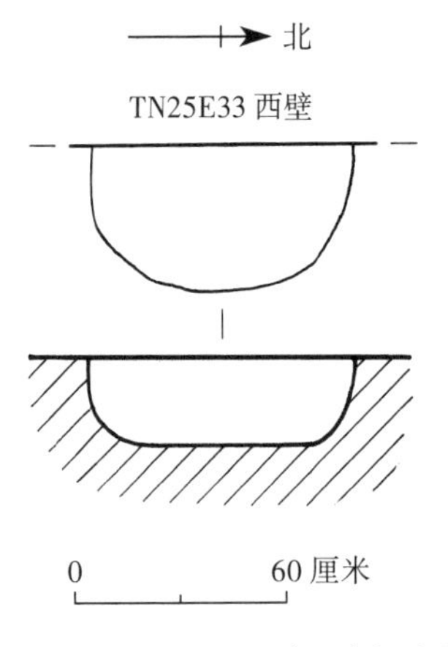

图六一七　H216 平、剖面图

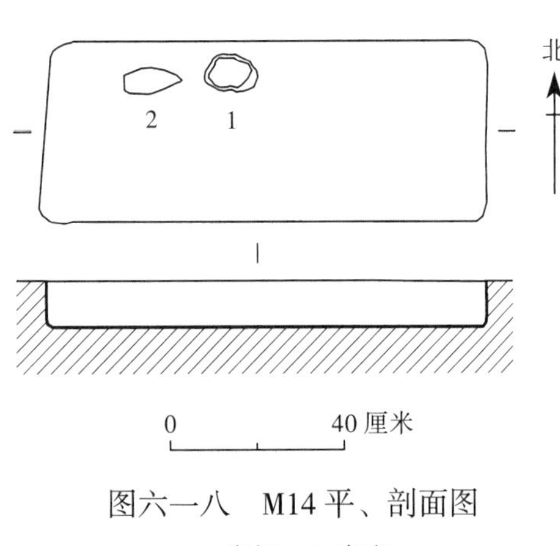

图六一八　M14 平、剖面图
1. 陶杯　2. 陶壶

陶器

陶片

H214∶13，夹砂灰陶，内壁红色，胎体轻巧，陶质较差。厚圆唇，口微敞。唇部饰戳印点纹，口外侧饰一周褶皱状附加堆纹，其下饰刻划纹。残高 5 厘米（图六一〇，8）。

8. H216

位于 TN25E33 西南部，向西伸出发掘区外，未继续清理。开口于第 4 层下，打破第 5 层。平面呈半圆形，弧壁，平底。口径 0.74、深 0.24 米。填土为灰黑色砂土，土质较疏松，出土少量陶片，器类有束颈罐等（图六一七）。

陶器

束颈罐　Bb 型。

H216∶11，夹砂褐陶，内壁磨光。圆唇，侈口，卷沿，长束颈。颈部饰刻划网格纹和凹弦纹。口径 24、残高 7.2 厘米（图六一〇，9）。

（二）墓葬

1 座。土坑竖穴墓。

M14

位于 TN25E34 北部。开口于第 2 层下，打破第 3 层。墓向 90°。墓口距地表 0.45 米。墓圹平面呈长方形，直壁，平底。墓口长 1.02、宽 0.4 米，残深 0.1 米。填土为灰褐色夹黄褐色花土。未发现人骨和葬具，葬式不明，性别、年龄不详。随葬陶器 2 件，置于墓室西北部，器类有壶、杯等（图六一八；彩版一五〇，2）。

陶器

壶　1 件。甲类 Ac 型。

M14∶2，夹砂红褐陶。圆唇，侈口，束颈，溜肩，肩部两侧各附有一桥形竖耳，一高一低，鼓腹，平底。口外侧饰短斜线纹，肩部以五周凹弦纹间隔为四组带状纹饰，上下两组为短斜线纹，中间两组为成组短斜线纹组成的菱格纹。口径 6、底径 6.6、高 9.8 厘米（图六一九，1；彩版一五〇，3）。

杯　1 件。B 型。

M14∶1，夹砂黑灰陶。圆唇，侈口，卷沿，弧腹，平底。

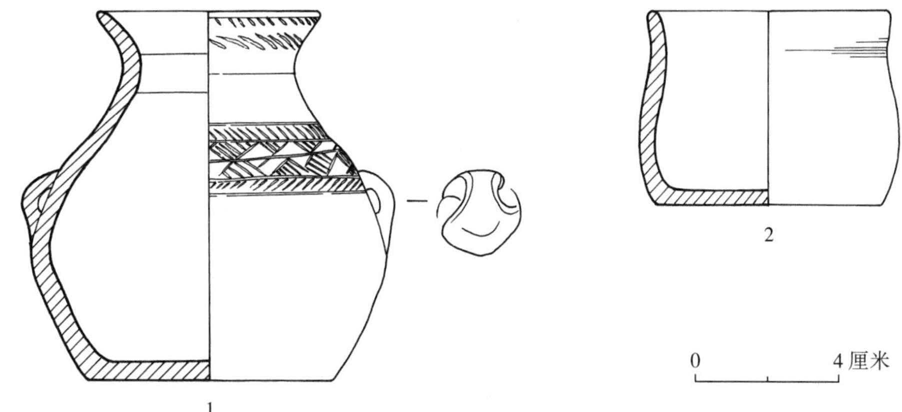

图六一九　M14出土陶器

1. 甲类Ac型壶（M14：2）　2. B型杯（M14：1）

素面。口径6.5、底径6.3、高5.1厘米（图六一九，2；彩版一五〇，4）。

（三）特殊遗迹

1个。

TN22E28–TN22E29C1

位于TN22E28东部和TN22E29西部，向南、北伸出发掘区外，未继续清理。开口于第5层下，打破第6层。平面呈长条形，南北延伸。出土较多陶器，器类有束颈罐、侈口小罐、无颈罐、附加堆纹罐、沿面饰纹罐、长颈罐、钵、器盖等。

陶器

束颈罐　Ba型。

TN22E28–TN22E29C1：18，夹砂灰褐陶。方圆唇，侈口，卷沿较宽，长束颈，溜肩。唇部饰戳印点纹，颈部饰戳印纹。口径28、残高8厘米（图六二〇，1）。

TN22E28–TN22E29C1：20，夹砂黄褐陶，内壁灰色。方圆唇，侈口，卷沿较宽，长束颈，溜肩。肩部饰戳印纹。口径22、残高6厘米（图六二〇，2）。

TN22E28–TN22E29C1：34，夹砂褐陶。方唇，侈口，卷沿，束颈。唇部饰戳印点纹，颈部饰刻划网格纹。残高3.4厘米（图六二〇，3）。

TN22E28–TN22E29C1：28，夹砂褐陶。方唇，侈口，卷沿，束颈。唇部饰戳印点纹，颈部饰刻划网格纹。口径12、残高4.4厘米（图六二〇，4）。

TN22E28–TN22E29C1：29，夹砂褐陶，器表磨光。方圆唇，侈口，卷沿，束颈。唇部饰戳印点纹。口径20、残高3厘米（图六二〇，6）。

TN22E28–TN22E29C1：31，夹砂黑灰陶。圆唇，口微侈，卷沿，短束颈。唇部饰戳印点纹，颈部饰刻划凹弦纹和网格纹。口径16、残高3.4厘米（图六二〇，5）。

TN22E28–TN22E29C1：33，夹砂黑褐陶，内壁磨光。方圆唇，侈口，卷沿，短束颈。唇部和颈部饰戳印点纹。口径14、残高3.5厘米（图六二〇，7）。

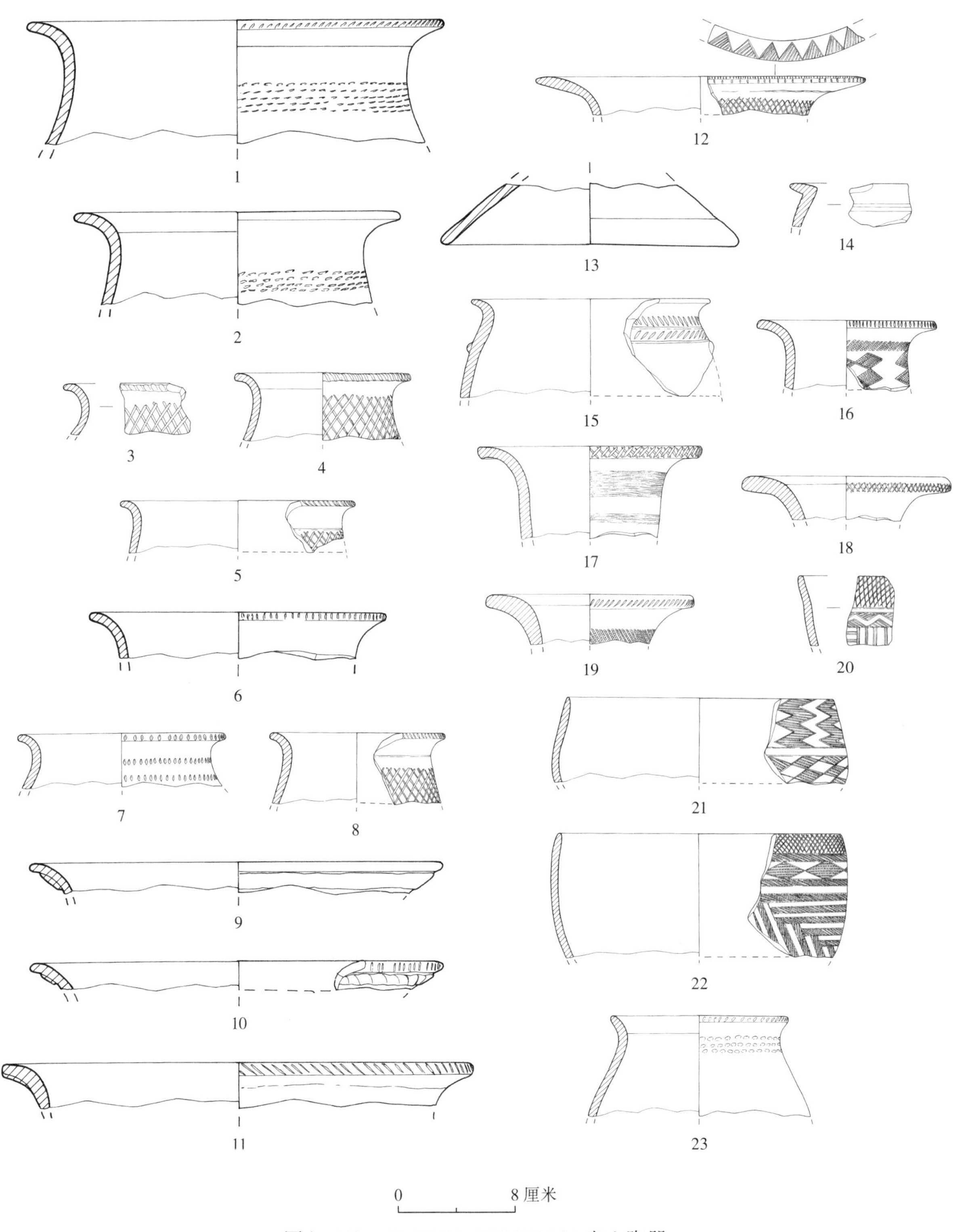

图六二〇 TN22E28-TN22E29C1出土陶器

1~8. Ba型束颈罐（TN22E28-TN22E29C1：18、20、34、28、31、29、33、35） 9. Aa型附加堆纹罐（TN22E28-TN22E29C1：26） 10. Ab型附加堆纹罐（TN22E28-TN22E29C1：25） 11. Ba型附加堆纹罐（TN22E28-TN22E29C1：24） 12. Ab型沿面饰纹罐（TN22E28-TN22E29C1：19） 13. 器盖（TN22E28-TN22E29C1：16）14、15. Ac型无颈罐（TN22E28-TN22E29C1：36、21） 16~19. A型长颈罐（TN22E28-TN22E29C1：17、11、27、22） 20. 乙类Bg型钵（TN22E28-TN22E29C1：30） 21. 乙类Ba型钵（TN22E28-TN22E29C1：23） 22. 乙类Bd型钵（TN22E28-TN22E29C1：13） 23. Ac型侈口小罐（TN22E28-TN22E29C1：15）

TN22E28-TN22E29C1：35，夹砂黑灰陶。方唇，侈口，卷沿，束颈，溜肩。唇部饰戳印点纹，颈部饰凹弦纹，肩部饰刻划网格纹。口径12、残高4.6厘米（图六二〇，8）。

侈口小罐 Ac型。

TN22E28-TN22E29C1：15，夹砂灰陶。圆唇，侈口，卷沿较窄，溜肩。唇部和肩部饰戳印点纹。口径12、残高6.5厘米（图六二〇，23）。

无颈罐 Ac型。

TN22E28-TN22E29C1：21，夹砂褐陶。圆唇，敛口，窄折沿，溜肩。肩部饰戳印短斜线纹、凹弦纹和小乳丁纹。口径16、残高6.4厘米（图六二〇，15）。

TN22E28-TN22E29C1：36，夹砂褐胎黑皮陶，内壁磨光。圆唇，敛口，窄折沿，溜肩。肩部饰划纹。残高2.8厘米（图六二〇，14）。

附加堆纹罐

Aa型。

TN22E28-TN22E29C1：26，夹砂褐胎黑皮陶。方唇，侈口。颈部饰一周平滑的附加堆纹。口径28、残高2厘米（图六二〇，9）。

Ab型。

TN22E28-TN22E29C1：25，夹砂黄褐陶。方圆唇，侈口。唇部饰戳印点纹，颈部饰一周褶皱状附加堆纹。口径28、残高1.8厘米（图六二〇，10）。

Ba型。

TN22E28-TN22E29C1：24，夹砂灰陶，器表磨光。厚方唇，侈口。唇部饰短斜线纹，口外侧饰一周平滑的附加堆纹，与口部贴合形成箭头状唇。口径32、残高3.1厘米（图六二〇，11）。

沿面饰纹罐 Ab型。

TN22E28-TN22E29C1：19，夹砂灰褐陶，内壁磨光。圆唇，侈口，卷沿微仰。唇部饰戳印点纹，沿面饰连续三角纹，颈部饰网格纹。口径22、残高2.5厘米（图六二〇，12）。

长颈罐 A型。

TN22E28-TN22E29C1：11，夹砂褐胎黑皮陶，器表磨光。方唇，侈口，窄卷沿外翻近平，长颈。唇部饰“×”形纹，肩部饰划纹。口径15、残高6厘米（图六二〇，17）。

TN22E28-TN22E29C1：17，夹砂黑灰陶，器表磨光。方唇，侈口，窄沿上仰，长颈。唇部饰戳印点纹，颈部饰小方格状点线纹组成的窄带状纹饰、菱格纹等。口径12、残高4.5厘米（图六二〇，16）。

TN22E28-TN22E29C1：22，夹砂灰褐陶，器表磨光。厚方唇，侈口，窄卷沿微仰。唇部饰戳印点纹，颈部饰小方格状点线纹。口径14、残高3.2厘米（图六二〇，19）。

TN22E28-TN22E29C1：27，夹砂灰黑陶。方唇，侈口，沿面微仰。唇部饰“×”形纹。口径14、残高2.8厘米（图六二〇，18）。

钵

乙类Ba型。

TN22E28-TN22E29C1：23，夹砂黑灰陶，器表磨光。尖圆唇，敛口，鼓腹。腹部饰刻划纹、压印纹与光面组成的“之”形纹饰和刻划凹弦纹、成组短线纹与光面组成的菱格纹等。口径18、残高5.5厘米（图六二〇，21）。

乙类Bd型。

TN22E28-TN22E29C1：13，夹砂黑灰陶，器表磨光。方唇，口近直，弧腹近直。唇部饰戳印点纹，腹部饰刻划小网格纹、点线纹组成的窄带状纹饰和弦纹、连续光面三角纹夹成组点线纹组成的菱格纹、点线纹与光面组成的复合纹饰等。口径19.2、残高8厘米（图六二〇，22）。

乙类Bg型。

TN22E28-TN22E29C1：30，夹砂黄褐陶。方唇，敞口，口内侧有一道凸棱。唇部饰戳印点纹，腹部饰刻划小网格纹、凹弦纹、连续三角纹夹光面折线纹、成组线纹与光面组成的复合纹饰等。残高4.5厘米（图六二〇，20）。

器盖

TN22E28-TN22E29C1：16，夹砂褐陶，器表磨光。厚圆唇，敞口，腹壁斜直。素面。口径20、残高4厘米（图六二〇，13）。

第四章　青铜时代遗存

皈家堡遗址青铜时代遗存原生堆积发现较少，堆积形态主要为灰坑，仅见 3 个（H156、H165、H202）；另有个别探方的地层堆积。皈家堡遗址青铜遗存主要集中分布于该遗址的三个区域：一为中部，即 2017 年Ⅰ区，该区地层堆积中青铜时代遗物均被现代机挖扰动，主要集中于该区南部，未见同时期遗迹现象；二为西北部偏南，即 2018 年发掘区东南部；三为东南边缘，即 2016 年和 2019 年部分探方。青铜时代遗存均叠压于耕土层下，相互之间未见有叠压或打破关系。

第一节　典型器物类型分析

遗物仅发现有陶器，常见有矮领罐、束颈小口罐、带耳罐、乳丁、豆、瓮、圈足、叶脉纹器底等，其中以矮领罐、大乳丁、豆、圈足和叶脉纹器底最具代表性。

矮领罐　根据口部、沿部和颈部形态差异，分为三型。

A 型　侈口，窄卷沿，矮颈。标本 H202：19（图六二一，1）。

B 型　敞口，宽卷沿外翻，矮颈。标本 H202：31（图六二一，2）。

C 型　喇叭口，长颈。标本 H202：15（图六二一，3）。

束颈小口罐　小口，束颈。根据口部和腹部形态差异，分为三型。

A 型　敞口，卷沿，鼓肩，弧腹。器表施陶衣。标本 H202：23（图六二二，1）。

B 型　侈口，折沿，无肩，桶形腹。标本 H202：28（图六二二，2）。

C 型　侈口，折沿，弧肩。标本 TN21E40②：22（图六二二，3）。

带耳罐　根据耳部形态差异，分为两型。

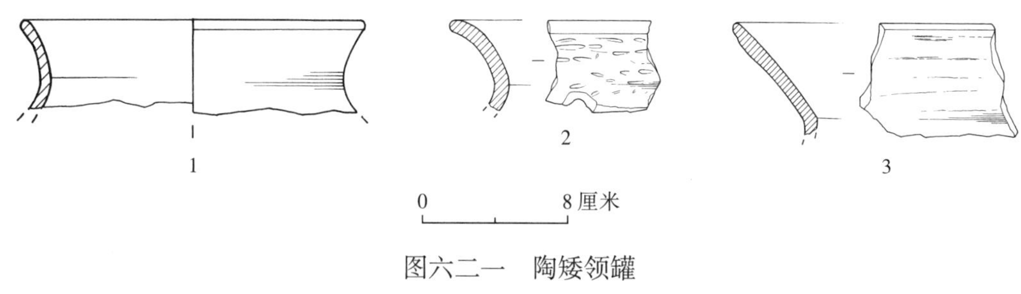

图六二一　陶矮领罐

1. A 型（H202：19）　2. B 型（H202：31）　3. C 型（H202：15）

A 型　环耳。标本 TN28E34 ②：69（图六二三，1）。

B 型　桥形耳。标本 TN14E22 ②：8（图六二三，2）。

器耳　根据耳部形态差异，分为两型。

A 型　环耳。标本 TN31E32 ②：21（图六二四，1）。

B 型　桥形耳。标本 TN12E24 ②：8（图六二四，2）。

乳丁　根据乳丁大小和形态差异，分为两型。

A 型　乳丁较大，呈鹰钩状，乳丁上翘，依附腹部残片。此类器物体量普遍较大，胎壁较厚，可能为瓮或大罐类。标本 TN15E22 ①：11（图六二五，1）。

B 型　乳丁较小，呈锥状。仅存肩部腹片，胎壁较薄。此类器物体形普遍相对较小，可能为罐类。标本 TN12E24 ②：10（图六二五，2）。

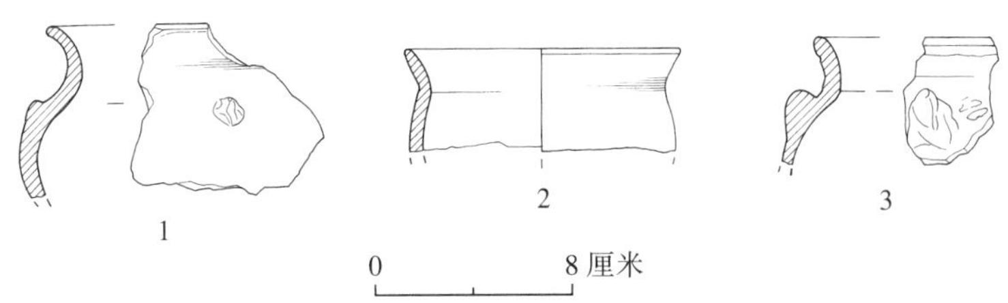

图六二二　陶束颈小口罐

1. A 型（H202：23）　2. B 型（H202：28）　3. C 型（TN21E40 ②：22）

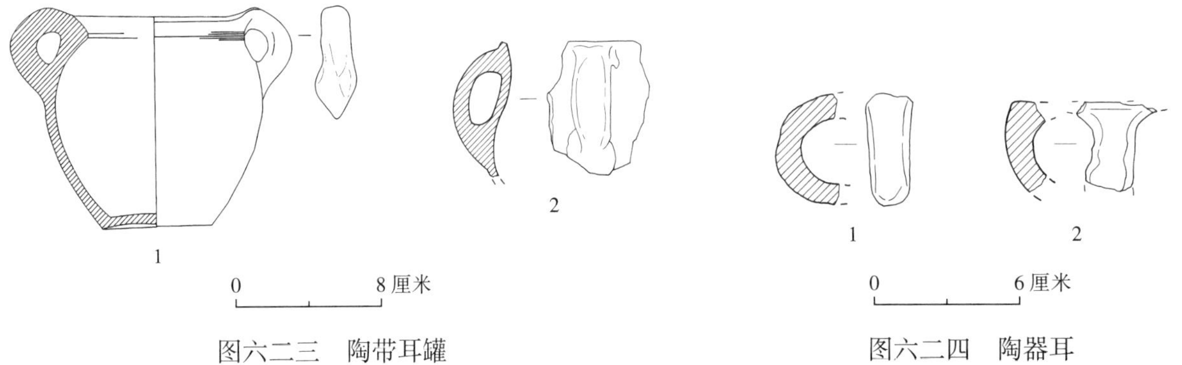

图六二三　陶带耳罐

1. A 型（TN28E34 ②：69）　2. B 型（TN14E22 ②：8）

图六二四　陶器耳

1. A 型（TN31E32 ②：21）　2. B 型（TN12E24 ②：8）

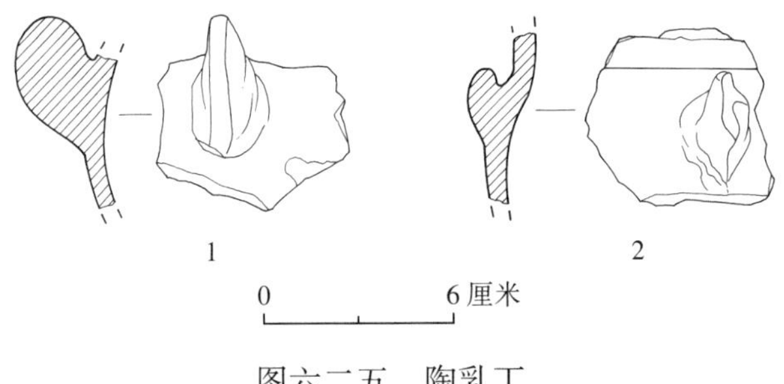

图六二五　陶乳丁

1. A 型（TN15E22 ①：11）　2. B 型（TN12E24 ②：10）

钵形器　根据口部形态差异，分为两型。

A 型　侈口。短颈，浅腹，圜底。根据腹部形态差异，分为两亚型。

Aa 型　鼓腹。标本 TN12E24②：31（图六二六，1）。

Ab 型　弧腹。标本 H156：24（图六二六，2）。

B 型　敛口。标本 TN25E33①：11（图六二六，3）。

豆　均为黑陶，绝大部分为泥质黑皮陶，表面磨光处理，因埋藏原因部分器物表面陶衣脱落。大部分仅存口部，仅有少量可复原器物，数量最多、器形丰富。根据口部形态差异，分为两型。

A 型　敞口。颈部与肩部区分明显。根据肩部形态差异，分为两亚型。

Aa 型　折肩。标本 H202：14（图六二七，1）。

Ab 型　弧肩，束颈明显。标本 H202：25（图六二七，2）。

B 型　侈口。根据肩部形态差异，分为四亚型。

Ba 型　折肩。标本 H202：26（图六二七，3）。

Bb 型　鼓肩。标本 H202：13（图六二七，4）。

Bc 型　弧肩。标本 H202：12（图六二七，5）。

Bd 型　圆肩。标本 H202：11（图六二七，6）。

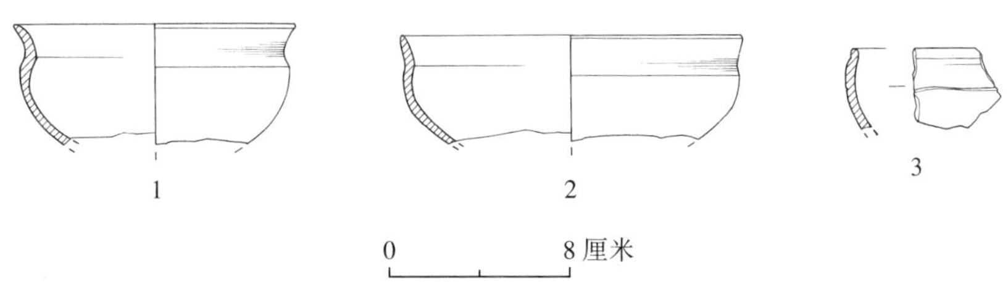

图六二六　陶钵形器

1. Aa 型（TN12E24②：31）　2. Ab 型（H156：24）　3. B 型（TN25E33①：11）

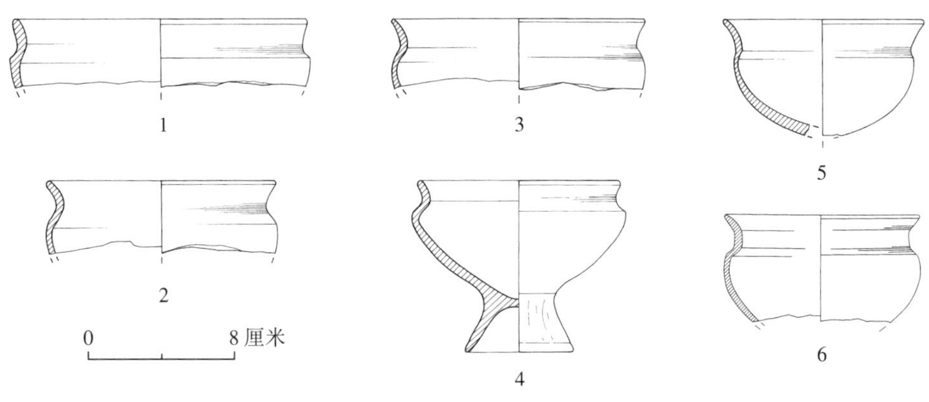

图六二七　陶豆

1. Aa 型（H202：14）　2. Ab 型（H202：25）　3. Ba 型（H202：26）　4. Bb 型（H202：13）　5. Bc 型（H202：12）　6. Bd 型（H202：11）

瓮　仅存口沿，不见颈部以下部分。器物胎壁较厚，喇叭口，高领。标本H202：18（图六二八）。

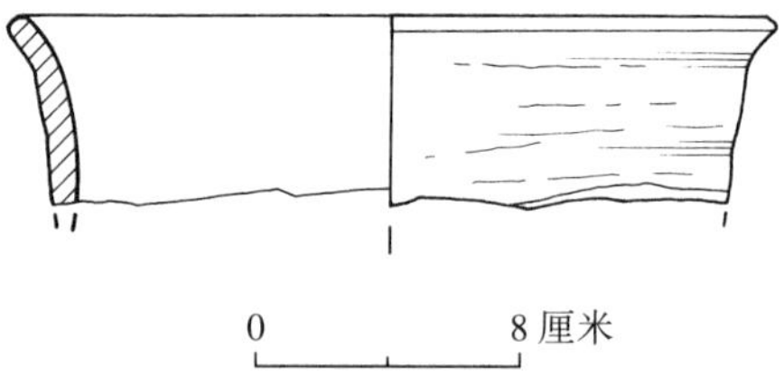

图六二八　陶瓮（H202：18）

圈足　根据圈足高矮差异，分为两型。

A型　高圈足。根据足部形态差异，分为三亚型。

Aa型　喇叭状。标本H202：36（图六二九，1）。

Ab型　杯状。标本H202：33（图六二九，2）。

Ac型　柱状。标本H156：6（图六二九，3）。

B型　矮圈足。根据足部形态差异，分为四亚型。

Ba型　喇叭状。标本H156：22（图六二九，4）。

Bb型　盘状。标本TN12E23③：12（图六二九，5）。

Bc型　杯状。标本H156：4（图六二九，6）。

Bd型　碗状。标本H156：12（图六二九，7）。

器底　均为平底，底部留有明显的叶脉纹痕迹。根据底径差异，分为三型。

A型　底径大于10厘米，此类器底普遍较厚。标本TN25E33①：16（图六三〇，1）。

B型　底径大于5厘米，小于10厘米。标本TN25E33①：17（图六三〇，2）。

C型　底径小于5厘米。标本TN13E22①：9（图六三〇，3）。

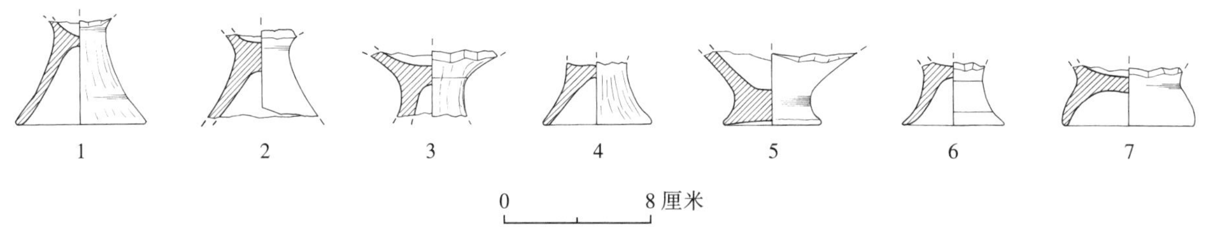

图六二九　陶圈足

1. Aa型（H202：36）　2. Ab型（H202：33）　3. Ac型（H156：6）　4. Ba型（H156：22）　5. Bb型（TN12E23③：12）　6. Bc型（H156：4）　7. Bd型（H156：12）

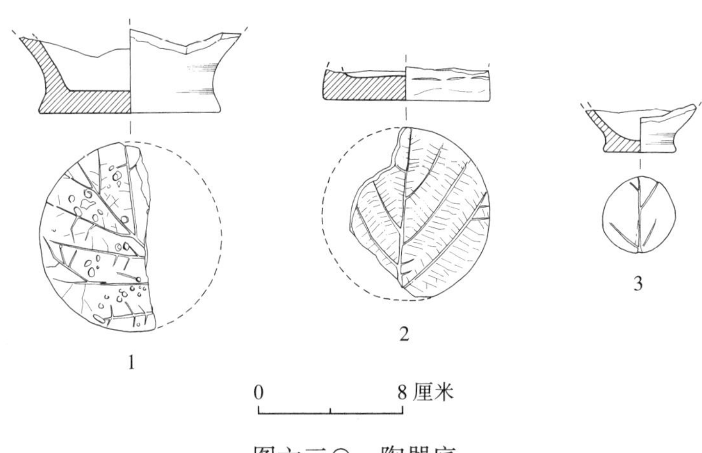

图六三〇　陶器底

1. A型（TN25E33①：16）　2. B型（TN25E33①：17）　3. C型（TN13E22①：9）

第二节　2016年青铜时代遗存

2016年发现的青铜时代遗存仅见于本年度发掘区东部个别探方，不见原生堆积，出土遗物仅为可辨识的陶器底。

陶器

器底　B型。

TN29E39②：8，夹砂褐胎黄褐陶。底部叶脉纹的中脉、侧脉及细脉清晰。残高3.1厘米（图六三一，1）。

TN28E39②：42，夹砂褐胎灰褐皮陶。底部叶脉纹的中脉、侧脉及细脉清晰。底径9.8、残高3.7厘米（图六三一，2）。

TN28E36②：1，夹砂红褐陶，陶胎中杂有较多石英砂粒。平底略内凹，边缘不规整，遗留明显泥片包裹加固痕迹。器底饰叶脉纹。底部遗留有明显的叶脉纹痕迹，叶脉的中脉、侧脉及细脉清晰。底径9.4、残高2.3厘米（图六三一，3）。

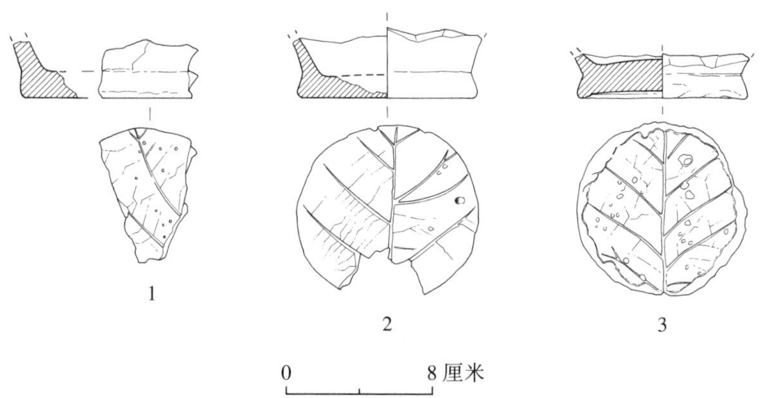

图六三一　2016年出土B型陶器底

1. TN29E39②：8　2. TN28E39②：42　3. TN28E36②：1

第三节　2017年青铜时代遗存

2017年发现的青铜时代遗存集中在发掘区Ⅰ区的南部，该区域地层堆积较薄，耕土层下仅有3层文化堆积，均被挖掘机扰动，其下即为生土或砂砾层，生土面上往往遗留有明显的挖掘机齿痕。该区没有发现该时期的原生遗迹，仅见青铜时代遗物，均为陶器，常见器形有矮领罐、乳丁、钵形器、豆、器底等。

文化层

（一）第 3 层出土遗物

该层出土陶器器类有矮领罐、乳丁、圈足、器底等。

陶器

矮领罐　B 型。

TN13E22 ③：15，夹砂褐陶，内壁黑色。圆唇，敞口，卷沿，矮领。素面。残高 1.8 厘米（图六三二，1）。

乳丁　A 型。

TN13E22 ③：12，夹砂灰褐陶。呈鹰钩状，附在腹部残片上。残长 8.5、高 5.5 厘米（图六三二，2）。

圈足

Bb 型。

TN12E23 ③：12，泥质黑皮陶，外壁磨光。盘状矮圈足。足径 5.2、残高 3.7 厘米（图六三二，4）。

Bc 型。

TN13E22 ③：10，泥质褐皮陶，外壁磨光。杯状矮圈足。足径 4.9、残高 3.2 厘米（图六三二，5）。

器底　A 型。

TN13E22 ③：13，夹砂灰陶。平底。底部饰叶脉纹。底径 11.6、残高 2.3 厘米（图六三二，3）。

（二）第 2 层出土遗物

该层出土陶器器类有矮领罐、带耳罐、器耳、乳丁、钵形器、豆等。

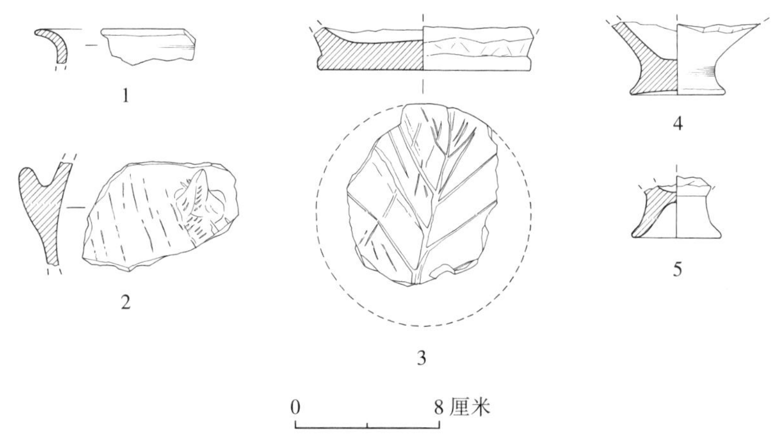

图六三二　2017 年第 3 层出土陶器

1. B 型矮领罐（TN13E22 ③：15）　2. A 型乳丁（TN13E22 ③：12）　3. A 型器底（TN13E22 ③：13）　4. Bb 型圈足（TN12E23 ③：12）　5. Bc 型圈足（TN13E22 ③：10）

陶器

矮领罐

A型。

TN14E22②：45，夹砂灰胎红褐皮陶，器表磨光。圆唇，卷沿，直领。素面。口径13、残高5.6厘米（图六三三，1）。

B型。

TN12E23②：4，夹砂灰胎灰褐皮陶。圆唇，束颈。素面。残高4.1厘米（图六三三，2）。

带耳罐　B型。

TN14E22②：8，夹砂褐胎灰褐皮陶。圆唇，侈口，溜肩，弧腹，桥形耳从唇部连接至肩部。素面。残高7厘米（图六三三，3）。

器耳　B型。

TN12E24②：8，夹砂灰褐陶。残存口部一段，桥形耳。残高3.5、耳厚1.1厘米（图六三三，4）。

乳丁

A型。

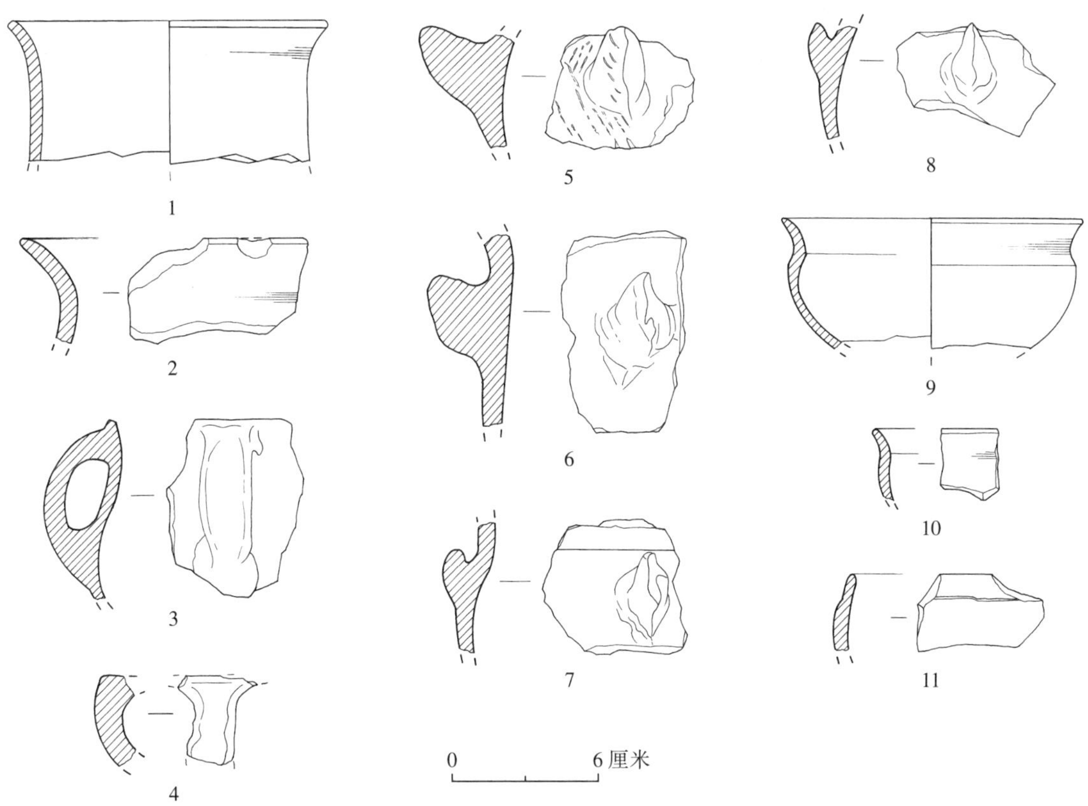

图六三三　2017年第2层出土陶器

1. A型矮领罐（TN14E22②：45）　2. B型矮领罐（TN12E23②：4）　3. B型带耳罐（TN14E22②：8）　4. B型器耳（TN12E24②：8）　5、6. A型乳丁（TN12E24②：9、TN12E24②：12）　7、8. B型乳丁（TN12E24②：10、TN12E24②：11）　9. Aa型钵形器（TN12E24②：31）　10. Ab型钵形器（TN12E24②：14）　11. B型钵形器（TN16E22③：18）

TN12E24②：9，夹砂灰黑陶。呈鹰钩状，乳丁上翘。残宽5.5、高4.8厘米（图六三三，5）。

TN12E24②：12，夹砂红褐陶。呈鹰钩状，乳丁上翘。残宽4.8、高8厘米（图六三三，6）。

B型。

TN12E24②：10，夹砂红褐陶。乳丁偏小，呈锥状。残宽5.3、高5.2厘米（图六三三，7）。

TN12E24②：11，夹砂灰褐陶。乳丁偏小，呈锥状。残宽6.6、高4.6厘米（图六三三，8）。

钵形器

Aa型。

TN12E24②：31，泥质黑皮陶。圆唇，侈口，弧腹。素面。口径12、高5厘米（图六三三，9）。

Ab型。

TN12E24②：14，泥质黑皮陶。圆唇，微卷沿，弧腹。素面。残高2.8厘米（图六三三，10）。

B型。

TN16E22③：18，夹细砂红褐胎黑皮陶，器表磨光。圆唇，唇外侧有一周凹痕。素面。残高3厘米（图六三三，11）。

豆

Aa型。

TN12E23②：6，泥质红胎黑皮陶。圆唇，矮领，束颈。素面。残高2.3厘米（图六三四，1）。

TN12E24②：6，泥质红胎黑皮陶。圆唇，矮领，束颈。素面。残高2.5厘米（图六三四，2）。

Bb型。

TN12E24②：28，夹砂灰黑陶，器表局部磨光。尖圆唇，圆肩，鼓腹。素面。残高3.2厘米（图六三四，3）。

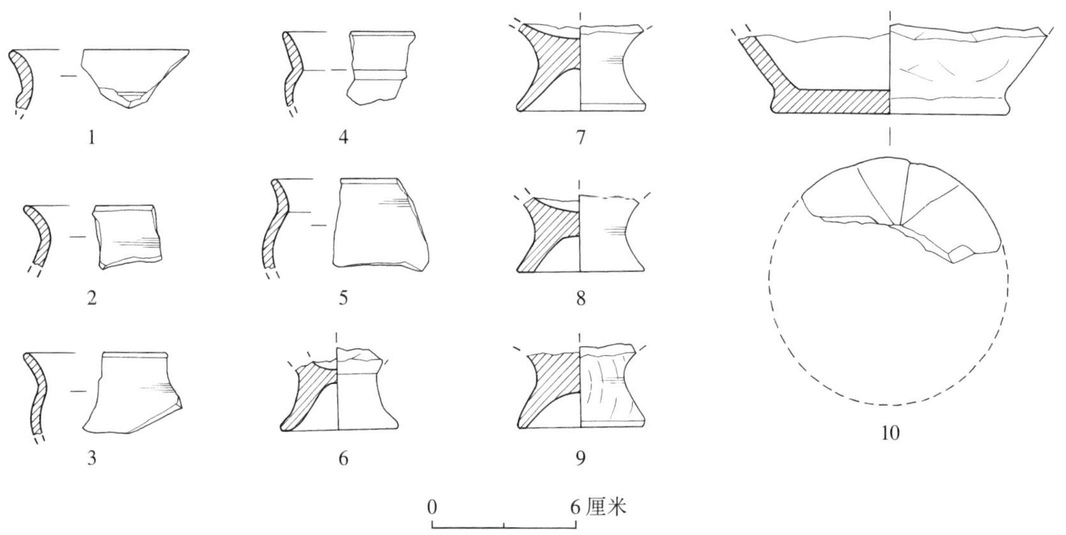

图六三四　2017年第2层出土陶器

1、2. Aa型豆（TN12E23②：6、TN12E24②：6）　3、4. Bb型豆（TN12E24②：28、TN14E24②：4）　5. Bc型豆（TN14E24②：5）　6~9. Ba型圈足（TN13E22②：10、TN13E23②：4、TN13E23②：2、TN14E24②：6）　10. B型器底（TN12E24②：13）

TN14E24②：4，泥质黑皮陶，局部磨光。尖圆唇，侈口，高领，折肩，弧腹。素面。残高2.8厘米（图六三四，4）。

Bc型。

TN14E24②：5，泥质黑皮陶，器表磨光。圆唇，侈口，卷沿，弧肩，矮领。素面。残高3.5厘米（图六三四，5）。

圈足 Ba型。

TN13E22②：10，泥质黑陶。喇叭状矮圈足。素面。足径4.8、残高3.3厘米（图六三四，6）。

TN13E23②：2，夹砂黑褐陶。喇叭状矮圈足。素面。足径5.3、残高3.4厘米（图六三四，8）。

TN13E23②：4，泥质黑皮陶。喇叭状矮圈足。素面。足径5.2、残高3厘米（图六三四，7）。

TN14E24②：6，夹砂黑褐陶。喇叭状矮圈足。圈足外壁有戳印痕。足径5.2、残高3.2厘米（图六三四，9）。

器底 B型。

TN12E24②：13，夹砂灰黑陶。平底，呈矮台状。底面饰叶脉纹。底径9.8、残高3.5厘米（图六三四，10）。

（三）第1层出土遗物

该层出土陶器器类有矮领罐、乳丁、豆等。

陶器

矮领罐 B型。

TN12E23①：3，夹砂红褐陶。圆唇，卷沿，领部较矮。素面。口径11.4、残高2厘米（图六三五，1）。

乳丁 A型。

TN13E23①：14，夹砂红褐陶。乳丁较大，呈鹰钩状。残长7.3、高7.7厘米（图六三五，3）。

TN15E22①：11，夹细砂灰褐陶，器表磨光。乳丁较大，呈鹰钩状。残长5.8、高5.8厘米（图六三五，2）。

豆 Ba型。

TN12E23①：2，夹砂黑灰陶，颈部磨光。圆唇。肩部有一道折痕。素面。残高3.1厘米（图六三五，4）。

TN13E22①：6，夹砂黑灰陶，肩部磨光。圆唇。肩部有一道折痕。素面。残高2.5厘米（图六三五，5）。

TN13E22①：7，泥质黑灰陶。尖圆唇。肩部有一道折痕。素面。口径10、残高2.8厘米（图六三五，6）。

圈足

Aa型。

TN12E24①：5，夹砂红褐陶。圈足略高，足部较粗。圈足从外向内包裹底部痕迹明显。足径7.7、

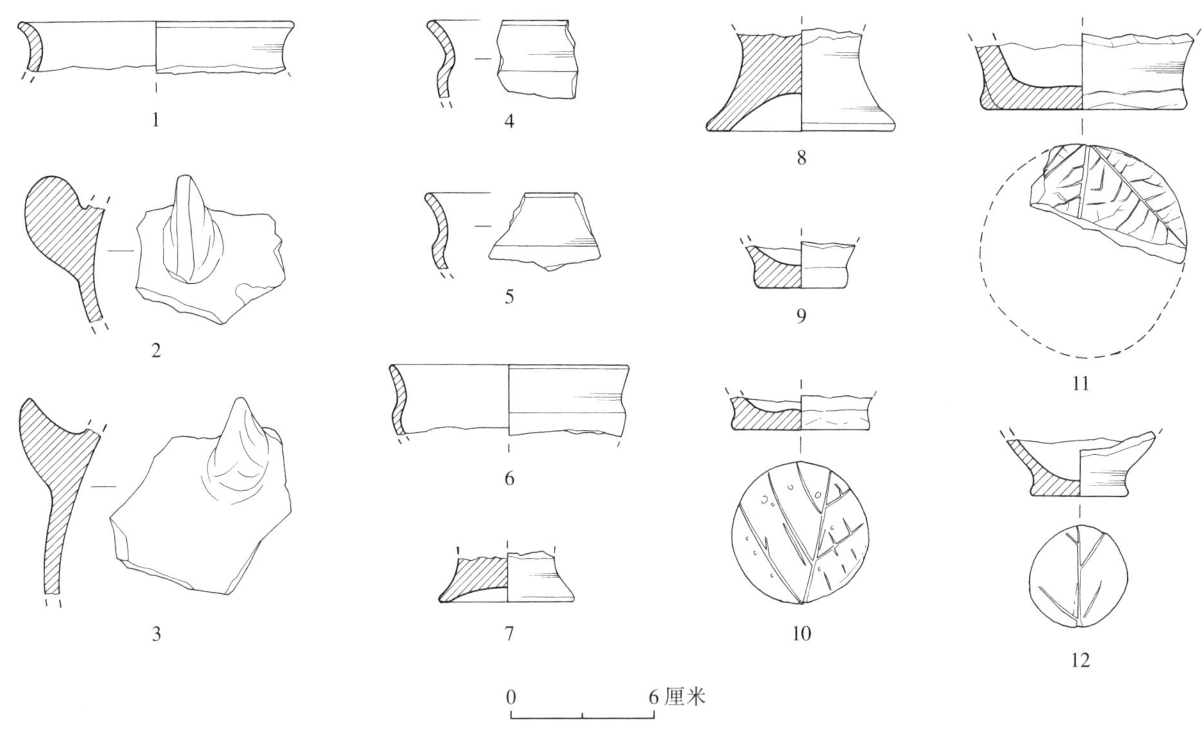

图六三五　2017年第1层出土陶器

1. B型矮领罐（TN12E23①：3）　2、3. A型乳丁（TN15E22①：11、TN13E23①：14）　4~6. Ba型豆（TN12E23①：2、TN13E22①：6、TN13E22①：7）　7. Bc型圈足（TN12E24①：4）　8. Aa型圈足（TN12E24①：5）　9、12. C型器底（TN13E22①：8、TN13E22①：9）　10、11. B型器底（TN14E23①：3、TN13E23①：11）

残高4厘米（图六三五，8）。

Bc型。

TN12E24①：4。泥质黑皮陶，外壁磨光，内壁未处理。足径5.6、残高2厘米（图六三五，7）。

器底

B型。

TN13E23①：11，夹砂灰褐陶。平底，起台。底面饰叶脉纹。底径8.4、残高3厘米（图六三五，11）。

TN14E23①：3，夹砂红褐胎灰黄皮陶。底部饰叶脉纹。底径5.6、残高1.4厘米（图六三五，10）。

C型。

TN13E22①：9，夹砂红褐陶。平底，呈矮台状。底部有叶脉纹痕迹。底径4、残高2.7厘米（图六三五，12）。

TN13E22①：8，夹砂红褐陶。平底，呈矮台状。底部有叶脉纹痕迹，不清晰。此类器底较小，胎地略厚，呈捉手状，鉴于底部杂有植物茎秆痕迹，暂且归为器底，未纳入器盖捉手。底径3.8、残高1.8厘米（图六三五，9）。

第四节　2018 年青铜时代遗存

2018 年发现有青铜时代原生堆积，尽管原生堆积地层分布有限，遗迹仅见 2 个灰坑，但为此前发现遗物提供了层位学根据。本年度原生地层仅见于发掘区东南部。该层堆积特征为整体土质为黑灰色砂土，土质疏松，包含大量炭屑和少量碎陶片及石块，红烧土颗粒少见。

一、文化层

第 2 层出土遗物

该层出土陶器器类有带耳罐、器耳、钵形器、圈足等。

陶器

带耳罐　A 型。

TN28E34 ②：69，夹砂灰黑陶。圆唇，侈口，短颈，环耳从唇部内侧连接至肩部，鼓肩，弧腹，底内凹。素面。口径 9.2、底径 6、通高 12 厘米（图六三六，1）。

器耳　A 型。

TN31E32 ②：11，夹砂红褐陶。残高 4.5 厘米（图六三六，3）。

钵形器　B 型。

TN28E34 ②：31，夹砂黑陶。圆唇，短颈，弧腹，唇部和腹部相交处微内凹。素面。残高 4 厘米（图六三六，2）。

圈足　Aa 型。

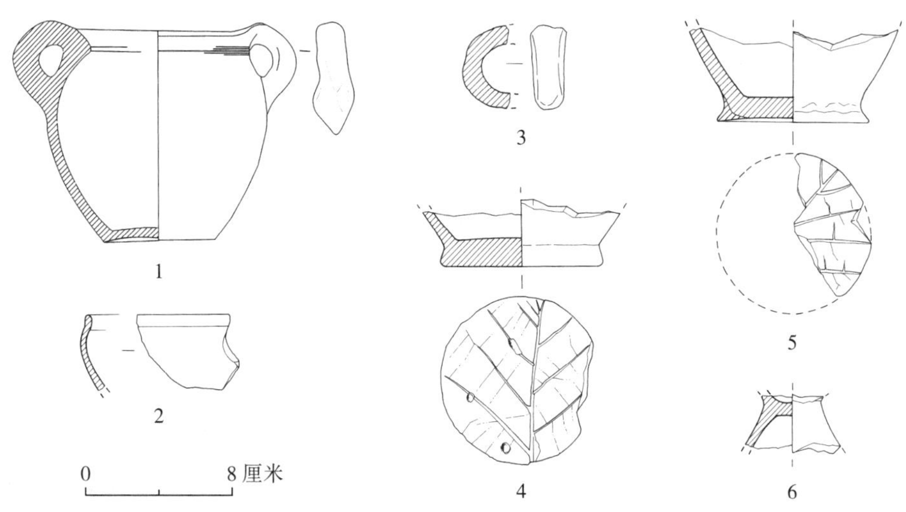

图六三六　2018 年第 2 层出土陶器

1. A 型带耳罐（TN28E34 ②：69）　2. B 型钵形器（TN28E34 ②：31）　3. A 型器耳（TN31E32 ②：11）　4、5. B 型器底（TN29E33 ②：51、TN28E34 ②：63）　6. Aa 型圈足（TN28E34 ②：58）

TN28E34②：58，泥质黑皮陶。残高3厘米（图六三六，6）。

器底 B型。

TN29E33②：51，夹砂灰褐陶，陶胎中杂有较多石英砂粒。平底。器底饰叶脉纹。底部有明显的叶脉纹痕迹，叶脉的中脉和侧脉清晰，细脉模糊。底径8.8、残高3.5厘米（图六三六，4）。

TN28E34②：63，夹砂红褐陶，陶胎中杂有较多石英砂粒。平底略内凹，边缘不规整，遗留明显泥片包裹加固痕迹。器底饰叶脉纹。底部有明显的叶脉纹痕迹，叶脉的中脉、侧脉及细脉清晰。底径8.5、残高5厘米（图六三六，5）。

二、遗迹

遗迹仅有灰坑2个（见附表一）。

灰坑

2个。

1. H156

位于TN28E34东南角，向南伸出发掘区外，未继续清理。开口于第1层下，打破第4层。平面呈椭圆形，斜壁，圜底。长径1.73、短径1.6、深约0.6米。填土为灰褐色砂土，土质疏松，夹杂炭屑、红烧土、石块等，出土大量陶片和少量石器，陶器器类有乳丁、钵形器、豆等，石器器类有斧、锛、凿、箭镞等（图六三七；彩版一五一，1）。

（1）陶器

乳丁 A型。

H156：10，夹砂红褐陶，陶胎细腻。仅存依附器腹部一端，另一端残断，断面呈圆形。残长4.5、高4.3厘米（图六三八，1）。

H156：11，夹砂红褐陶，陶胎细腻。仅存依附器腹部一端，另一端残断，断面呈圆形，残断较甚，形态不可辨。残长5、高5.3厘米（图六三八，2）。

钵形器 Ab型。

H156：24，泥质褐胎黑皮陶，内外壁均磨光。尖圆唇，弧腹。肩部凸棱不明显。素面。口径15、残高4.5厘米（图六三八，7）。

豆

Aa型。

H156：19，泥质褐胎黑皮陶，内外壁均磨光。圆唇，卷沿。肩部凸棱不明显。素面。残高3.3厘米（图六三八，3）。

Ab型。

H156：17，泥质褐胎黑皮陶，内外壁均磨光。圆唇，卷沿。素面。残高3.1厘米（图六三八，4）。

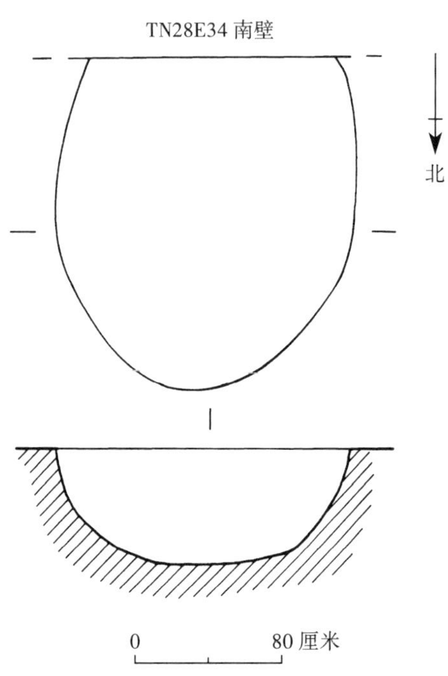

图六三七　H156平、剖面图

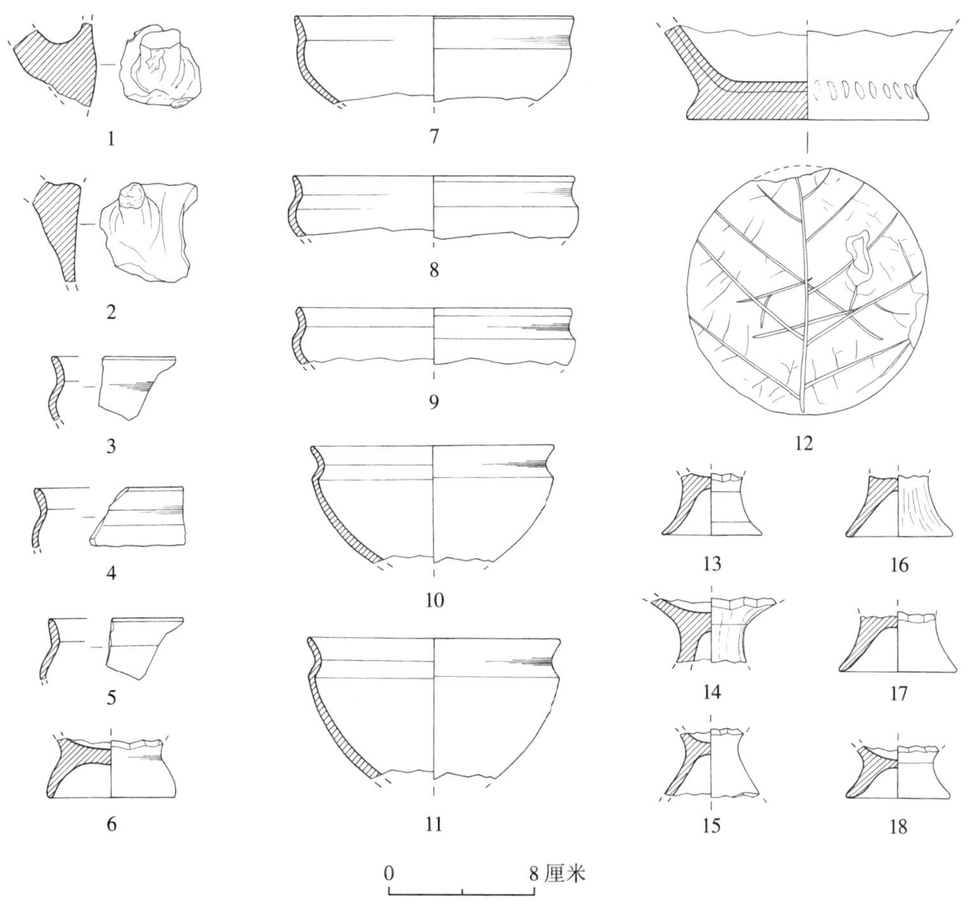

图六三八　H156出土陶器

1、2. A型乳丁（H156：10、11）　3. Aa型豆（H156：19）　4. Ab型豆（H156：17）　5. Bc型豆（H156：20）　6. Bd型圈足（H156：12）　7. Ab型钵形器（H156：24）　8、9. Bb型豆（H156：15、18）　10、11. Ba型豆（H156：16、14）　12. A型器底（H156：25）　13. Bc型圈足（H156：4）　14. Ac型圈足（H156：6）　15. Aa型圈足（H156：5）　16、17. Ba型圈足（H156：22、8）　18. Bb型圈足（H156：9）

Ba型。

H156：14，泥质褐胎黑皮陶，颈部磨光。尖圆唇，弧腹。素面。口径13.6、残高7.4厘米（图六三八，11；彩版一五一，2）。

H156：16，夹砂褐胎黑皮陶，颈部磨光。尖圆唇，弧腹，底残，底部陶胎厚重。素面。口径13.1、残高6.2厘米（图六三八，10）。

Bb型。

H156：15，泥质褐胎黑皮陶，内外壁均磨光。圆唇，卷沿。肩部凸棱不明显。素面。口径15.2、残高3.2厘米（图六三八，8）。

H156：18，泥质褐胎黑皮陶，内外壁均磨光。近方唇，卷沿，束颈，弧腹。素面。口径14.8、残高3厘米（图六三八，9）。

Bc型。

H156：20，泥质褐胎黑皮陶，内外壁均磨光。圆唇，折沿。素面。残高3.2厘米（图六三八，5）。

圈足

Aa 型。

H156：5，夹砂黑灰陶，器表磨光。足部残。残高 3.6 厘米（图六三八，15）。

Ac 型。

H156：6，泥质灰褐胎黑皮陶，外壁磨光。足部外壁遗留明显的纵向刮痕。残高 3.4 厘米（图六三八，14）。

Ba 型。

H156：22，泥质灰褐胎黑皮陶，内外壁均磨光。足部外壁遗留明显的纵向刮痕。足径 5.8、残高 3.2 厘米（图六三八，16）。

H156：8，泥质灰褐胎黑皮陶，内外壁均磨光。素面。足径 6.4、残高 3.2 厘米（图六三八，17）。

Bb 型。

H156：9，夹砂灰胎黑灰皮陶。素面。足径 5.6、残高 2.7 厘米（图六三八，18）。

Bc 型。

H156：4，泥质灰褐胎黑皮陶，外壁磨光。素面。足径 5.4、残高 3.3 厘米（图六三八，13）。

Bd 型。

H156：12，夹砂褐胎褐红皮陶。足部内敛呈碗状。足径 7、残高 3 厘米（图六三八，6）。

器底　A 型。

H156：25，夹砂灰黄胎褐红皮陶。大平底，底部陶胎厚实，呈台状。陶胎中杂有较多石英砂粒。底部边沿不甚规整，有一圈褶皱。底部叶脉纹非人工有意识制作。叶脉中脉、侧脉及网状细脉清晰可见。底径 13.2、残高 4.7 厘米（图六三八，12）。

（2）石器

斧　残件。

H156：1，褐色。平面形状不规则，截面近椭圆形。大部分残缺。长 6.9、宽 5.7、厚约 4.2 厘米（图六三九，1；彩版一五一，3）。

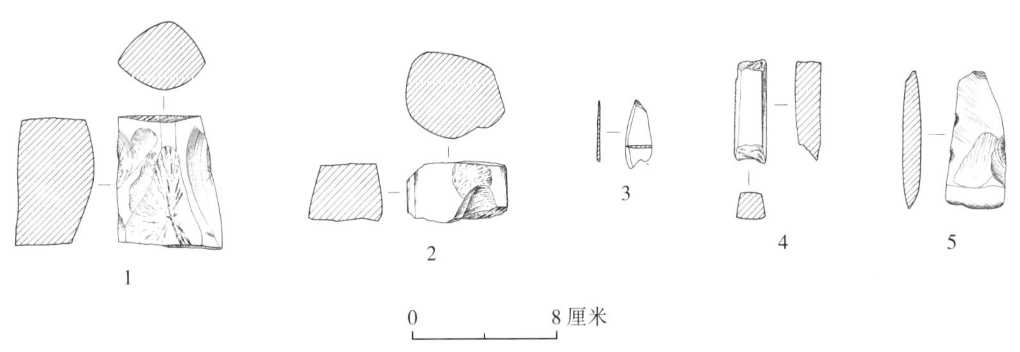

图六三九　H156 出土石器

1、2. 石斧残件（H156：1、2）　3. Bb 型箭镞（H156：21）　4. 石凿残件（H156：23）　5. C 型锛（H156：3）

H156：2，褐色。平面形状不规则，截面近椭圆形。平面磨光较好。大部分残缺。长 3.2、宽 5.6、厚约 4.8 厘米（图六三九，2）。

锛　C 型。

H156：3，黑色。平面呈梯形，截面呈长方形。斜尖顶。两面磨光。弧刃，单面刃，刃面分界较明显，刃缘有较多茬口及垂直于刃缘的细密磨痕。长 7.2、宽 3.3、厚约 1 厘米（图六三九，5）。

凿　残件。

H156：23，灰黑色。平面呈长方形，截面近长方形。平顶。两面及侧面切割平整且磨光，磨制较精细。大部分残缺。长 5.6、宽 1.8、厚 1.2 厘米（图六三九，4）。

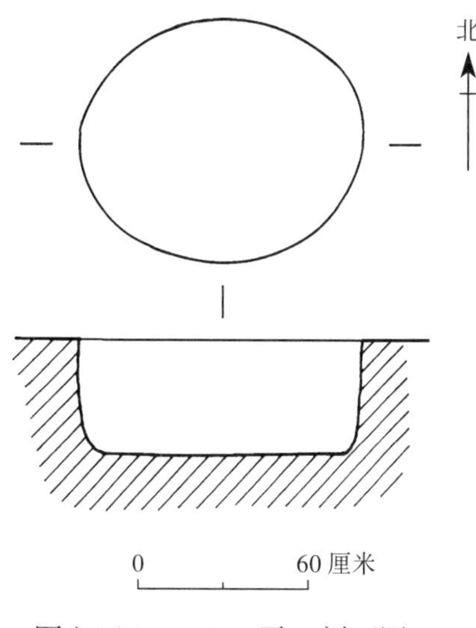

图六四〇　H165 平、剖面图

箭镞　Bb 型。

H156：21，黄褐色。三角形。双面刃，刃缘较锋利，两侧刃部较圆弧。底部内凹。一侧及锋部残缺，保存较差。长 3.5、宽 1.5、厚 0.15 厘米（图六三九，3）。

2. H165

位于 TN28E34 东南部。开口于第 1 层下，打破第 2 层。平面近椭圆形，直壁，近平底。长径 1、短径 0.8、深 0.4 米。填土为黑褐色砂土，土质疏松，夹杂少量炭屑和红烧土颗粒，出土陶片以青铜时代遗物多见，器类有矮领罐等，石器器类有球等（图六四〇；彩版一五一，4）。

（1）陶器

矮领罐　A 型。

H165：2，夹砂灰黑胎黄褐皮陶。厚圆唇，广溜肩。外壁遗留有横向刮痕。残高 5.8 厘米（图六四一，1）。

圈足　Bc 型。

H165：1，泥质黑皮陶，内外壁磨光。足径 6、残高 3.8 厘米（图六四一，2）。

（2）石器

球

H165：3，灰褐色。器形较规整，磨制较精细。体量较小，直径 1.3 厘米（图六四一，3）。

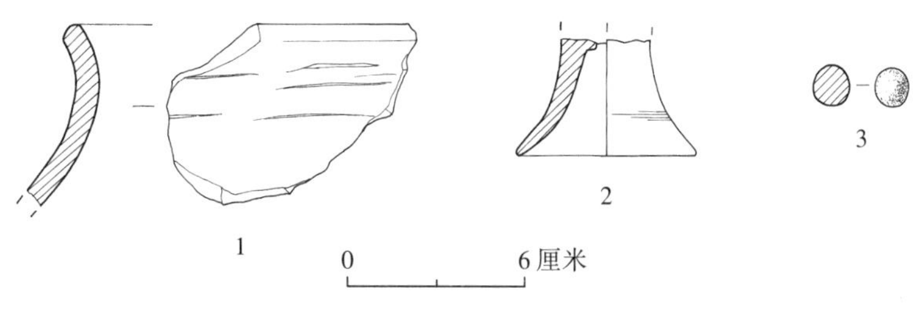

图六四一　H165 出土遗物

1. A 型陶矮领罐（H165：2）　2. Bc 型陶圈足（H165：1）　3. 石球（H165：3）

第五节　2019年青铜时代遗存

一、文化层

（一）第2层出土遗物

该层出土陶器器类有矮领罐、束颈小口罐、乳丁、瓮、圈足等。

陶器

矮领罐

A型。

TN22E39②：16，夹砂褐红陶。圆唇，口微侈。短颈。颈部饰戳印点纹。残高3.4厘米（图六四二，1）。

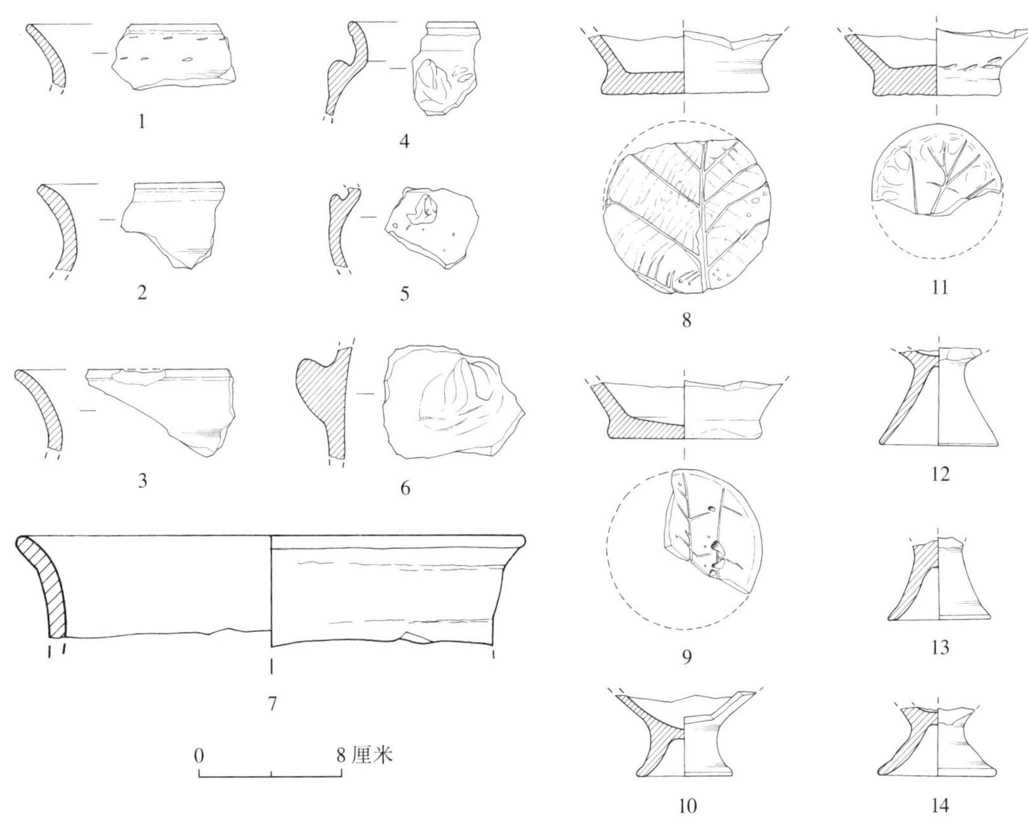

图六四二　2019年第2层出土陶器

1. A型矮领罐（TN22E39②：16）　2、3. B型矮领罐（TN22E39②：20、TN21E40②：17）　4. C型束颈小口罐（TN21E40②：22）　5. A型束颈小口罐（TN22E39②：24）　6. A型乳丁（TN22E39②：26）　7. 瓮（TN22E39②：22）　8、9、11. B型器底（TN22E39②：28、TN25E33②：18、TN22E39②：27）　10. Bc型圈足（TN21E40②：25）　12、13. Aa型圈足（TN21E40②：26、TN21E40②：24）　14. Ba型圈足（TN25E33②：19）

B 型。

TN21E40 ②：17，夹砂褐红陶，陶胎中杂有大量石英砂粒。圆唇略薄，侈口，卷沿，矮颈。残高 4.3 厘米（图六四二，3）。

TN22E39 ②：20，夹砂褐胎褐红皮陶，内壁灰色。圆唇，卷沿，短颈。残高 4.5 厘米（图六四二，2）。

束颈小口罐　体量较小，乳丁装饰于颈部与肩部之间，乳丁上翘，呈乳头状。

A 型。

TN22E39 ②：24，夹砂红褐陶，内壁黑色。残存肩部一段，紧靠颈部有一小乳丁。残高 4.1 厘米（图六四二，5）。

C 型。

TN21E40 ②：22，夹砂灰褐陶，陶胎中杂有大量石英砂粒。圆唇，溜肩，肩部有一上翘小乳丁。残高 4.8 厘米（图六四二，4）。

乳丁　A 型。

TN22E39 ②：26，夹砂褐红陶。仅存器物腹部一段，其上有一上翘的角状乳丁，乳丁为成型后附加，表面未作磨光处理，遗留有较多缝隙沙眼。长 7.8、残高 5.9 厘米（图六四二，6）。

瓮

TN22E39 ②：22，夹砂褐胎褐红皮陶，内壁灰褐色。厚圆唇，侈口，卷沿，器壁厚重。唇部内外壁制作不太规整，有圆形饼状凸出现象；颈部外壁有贴片后刮抹现象，贴片痕迹明显，内壁刮抹规整。口径 28、残高 5.9 厘米（图六四二，7）。

圈足

Aa 型。

TN21E40 ②：24，夹砂褐胎黑皮陶。喇叭状高圈足。足径 5.6、残高 4.3 厘米（图六四二，13）。

TN21E40 ②：26，泥质黑灰陶，内外壁均磨光。喇叭状高圈足。足径 6.4、残高 5.1 厘米（图六四二，12）。

Ba 型。

TN25E33 ②：19，夹砂褐陶，陶胎中杂有较多石英砂粒。陶衣因保存较差脱落。喇叭状矮圈足。足径 6.4、残高 3.5 厘米（图六四二，14）。

Bc 型。

TN21E40 ②：25，夹砂黑灰陶。杯状矮圈足。足径 5.2、残高 4.4 厘米（图六四二，10）。

器底　B 型。平底内凹。底部饰有叶脉纹。

TN22E39 ②：27，夹砂灰褐陶。底部略薄，底部边沿有褶皱。底部饰叶脉纹。底径 7、残高 3.5 厘米（图六四二，11）。

TN22E39 ②：28，夹砂灰褐陶，底部陶胎中杂有石英砂粒。底部厚重。底部饰叶脉纹。底径 9、残高 3.3 厘米（图六四二，8）。

TN25E33 ②：18，夹砂褐陶，内壁黑色。底部饰叶脉纹。底径 8.2、残高 3 厘米（图六四二，9）。

（二）第1层出土遗物

该层出土陶器器类有钵形器、豆、圈足等。

陶器

钵形器　B型。

TN25E33①：11，泥质褐胎黑皮陶，器表磨光。尖圆唇，矮领，圆鼓肩。肩部饰一道凹弦纹。残高3.4厘米（图六四三，1）。

豆　Bd型。

TN21E40①：11，泥质褐胎黑皮陶，器表磨光。尖圆唇，长颈。肩部饰一道凹弦纹。口径10.2、残高3.8厘米（图六四三，2）。

圈足

Ba型。

TN21E40①：13，夹砂黑褐陶，器表磨光。喇叭状。足径6、残高4.2厘米（图六四三，5）。

TN25E33①：12，泥质黑灰陶，内外壁磨光。喇叭状。足径5.2、残高2.3厘米（图六四三，4）。

Bb型。

TN25E33①：14，夹砂黑灰陶。足部不甚规整，内壁粗糙。盘状。足径4.4、残高2.1厘米（图六四三，8）。

Bc型。

TN25E33①：15，夹砂黑灰陶，外壁磨光。器形较为规整。杯状。足径4.4、残高2.7厘米（图六四三，3）。

器底　均为平底，底部外壁遗留有清晰的叶脉纹。这2件器底外壁叶脉纹清晰，表明这些陶器底部叶脉纹并非人为有意施划，而可能是器物拉坯成型后晾晒过程中，因放置树叶垫底而遗留。此外，此类垫底的树叶均为网状叶脉的双子叶植物。由叶脉来推测树叶种类以及采摘时间，或许还可推测陶

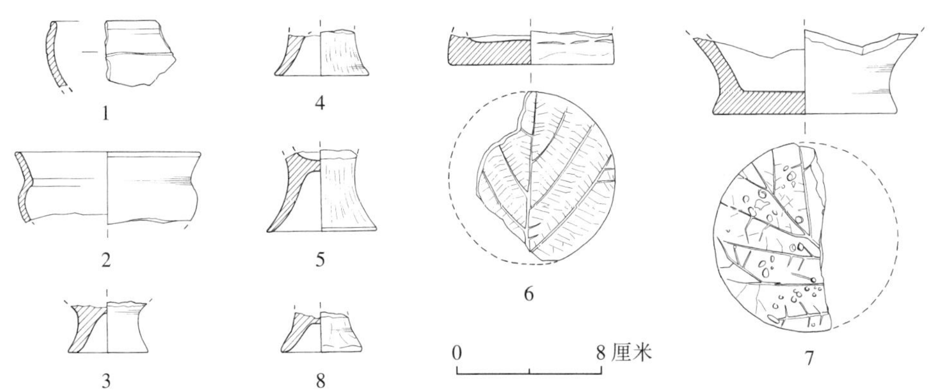

图六四三　2019年第1层出土陶器

1. B型钵形器（TN25E33①：11）　2. Bd型豆（TN21E40①：11）　3. Bc型圈足（TN25E33①：15）　4、5. Ba型圈足（TN25E33①：12、TN21E40①：13）　6. B型器底（TN25E33①：17）　7. A型器底（TN25E33①：16）　8. Bb型圈足（TN25E33①：14）

器制作时间？

A 型。

TN25E33 ①：16，夹砂红陶，内部灰色，火候较高。底部较厚，不甚平整，有几个小坑窝。底部叶脉的主脉和侧脉清晰，细脉呈网状。底径 10、残高 4.4 厘米（图六四三，7）。

B 型。

TN25E33 ①：17，夹砂黑灰陶，内部褐色。底部略薄。底部外壁叶脉纹清晰可见，叶脉的中脉和侧脉深凹，细脉呈轮胎印纹。底径 9、残高 1.7 厘米（图六四三，6）。

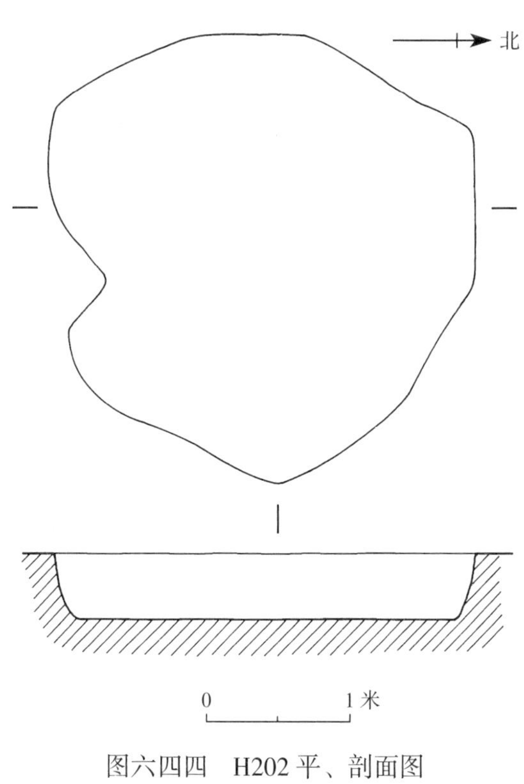

图六四四　H202 平、剖面图

二、遗迹

遗迹仅有灰坑 1 个（见附表一）。

灰坑

1 个。

H202

位于 TN22E39 东南、TN21E39 东北。开口于第 1 层下，打破第 2 层。平面形状不规则，斜壁，平底。长径 2.96、短径 2.8、深约 0.44 米。填土为灰黑色砂土，土质疏松，夹杂炭屑、动物骨骼，出土陶片、石器等，以陶片居多，陶器器类有矮领罐、束颈小口罐、乳丁、豆、瓮、圈足等，石器器类有刀、网坠等（图六四四；彩版一五二，1）。

（1）陶器

矮领罐

A 型。

H202：19，夹砂灰褐陶，内壁浅黄色。圆唇，束颈。素面。口径 18.8、残高 4.8 厘米（图六四五，1）。

H202：20，夹砂褐红陶。厚圆唇。素面。残高 2.6 厘米（图六四五，2）。

H202：22，夹砂灰褐陶。厚圆唇。口部内外壁不甚规整，泥质贴片处理粗糙，遗留有许多纵向刮痕。残高 4.2 厘米（图六四五，4）。

H202：24，夹砂红陶。圆唇。素面。残高 3.8 厘米（图六四五，3）。

B 型。

H202：17，夹砂灰褐陶，内壁磨光。残高 4.6 厘米（图六四五，6）。

H202：31，夹砂灰褐陶，内壁磨光。厚圆唇，敞口。口外壁不甚规整，泥质贴片处理粗糙，遗留有许多纵向刮痕。残高 4.7 厘米（图六四五，5）。

C 型。

H202：15，夹砂灰陶，器表经过刮磨处理。圆方唇，宽折沿，束颈。残高 5.8 厘米（图六四五，

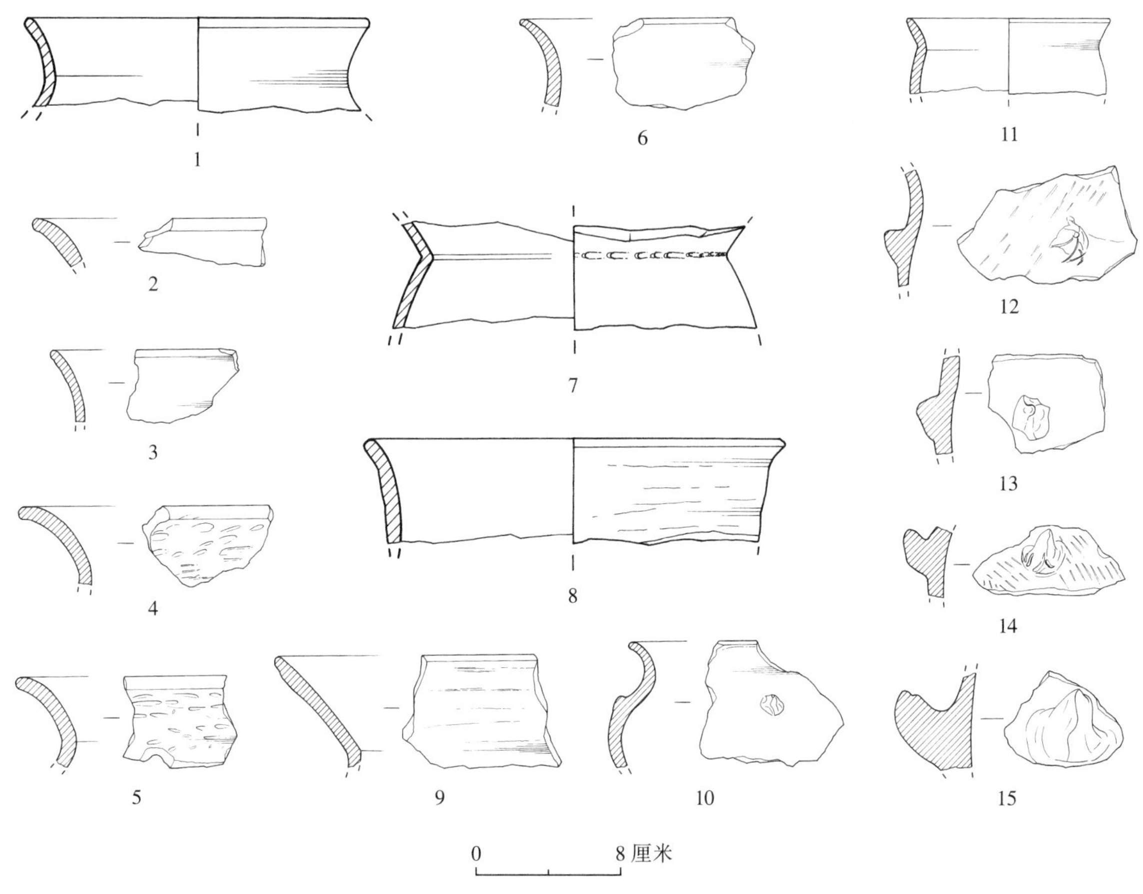

图六四五　H202出土陶器

1~4. A型矮领罐（H202：19、20、24、22）　5、6. B型矮领罐（H202：31、17）　7、9. C型矮领罐（H202：16、15）　8. 瓮（H202：18）　10. A型束颈小口罐（H202：23）　11. B型束颈小口罐（H202：28）　12~14. B型乳丁（H202：43、40、41）　15. A型乳丁（H202：42）

9）。

H202：16，夹砂灰黄陶。残存颈部，束颈。颈部与腹部交界处有一周捺窝状纹饰。残高5.6厘米（图六四五，7）。

束颈小口罐

A型。

H202：23，夹砂黑褐陶，胎土细腻，几近泥质陶。内壁磨光、呈黑色，沿部褐色，腹部黑色，十分光滑。圆唇，鼓腹。肩部饰有锥状小乳丁。残高6.5厘米（图六四五，10）。

B型。

H202：28，夹砂褐陶，胎质细腻，含砂重。尖圆唇。肩部与颈部分界不明显。口径11、残高4厘米（图六四五，11）。

乳丁

A型。

H202：42，夹砂红陶。器体厚重，体量较大。呈鹰钩状。残长6.5、高5.1厘米（图六四五，15）。

B 型。

H202：40，夹砂褐陶，内壁黑灰色。较小，呈锥状。残长 6.2、高 5.2 厘米（图六四五，13）。

H202：41，夹砂灰褐陶。较小，呈锥状。残长 8.4、高 3.7 厘米（图六四五，14）。

H202：43，夹砂灰褐陶，内壁磨光、呈浅黄色。较小，呈锥状。残长 9.6、高 6.1 厘米（图六四五，12）。

豆

Aa 型。

H202：14，泥质黑皮陶，内壁磨光发亮。尖圆唇，卷沿，微束颈。口径 16、残高 3.6 厘米（图六四六，1）。

H202：21，泥质褐胎黑皮陶，内外壁均磨光。尖圆唇，微束颈。口径 12.2、残高 3.2 厘米（图六四六，3）。

H202：27，泥质黑皮陶，内外壁均磨光。圆唇，短颈。口径 15.6、残高 3.4 厘米（图六四六，2）。

H202：41，泥质黑皮陶，内外壁均磨光。尖圆唇，微束颈。口径 13、残高 3.9 厘米（图六四六，4）。

Ab 型。

H202：25，夹砂褐皮陶，内壁磨光。圆唇，口微敞，卷沿，短束颈，圆肩。口径 12.4、残高 3.8 厘米（图六四六，5）。

Ba 型。

H202：26，泥质黑皮陶，内外壁均磨光。尖唇，侈口，卷沿，微束颈。口径 13.8、残高 3.7 厘米（图六四六，9）。

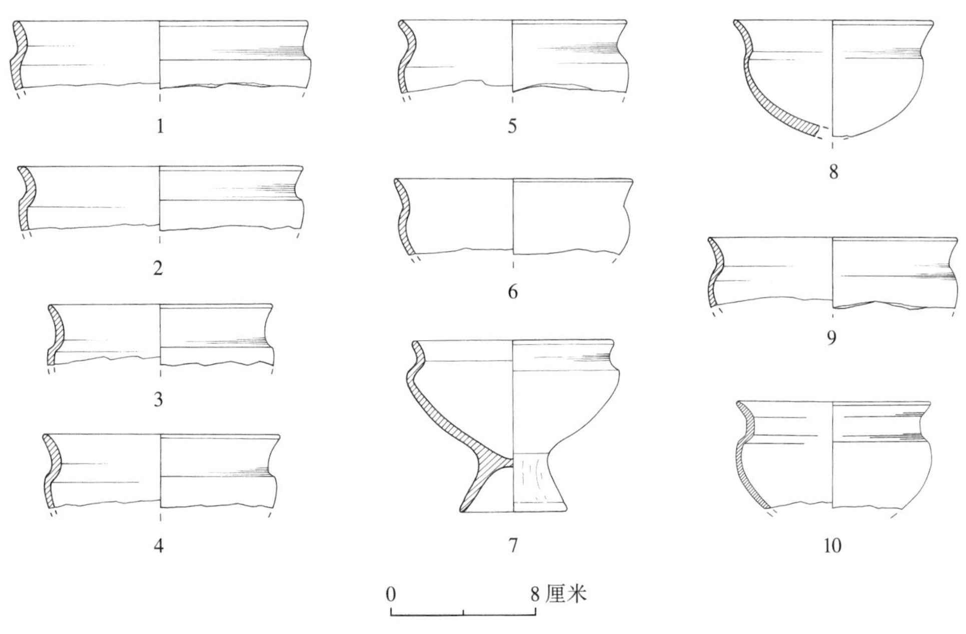

图六四六　H202 出土陶豆

1~4. Aa 型（H202：14、27、21、41）　5. Ab 型（H202：25）　6、9. Ba 型（H202：34、26）　7. Bb 型（H202：13）　8. Bc 型（H202：12）　10. Bd 型（H202：11）

H202：34，泥质黑皮陶，内外壁均磨光。尖圆唇，口微侈，卷沿，束颈。口径13、残高4厘米（图六四六，6）。

Bb型。

H202：13，泥质黑褐陶，内壁磨光。圆唇，卷沿，束颈，浅腹。口径11、足径5.8、高9厘米（图六四六，7；彩版一五二，2）

Bc型。

H202：12，泥质黑皮陶，内外壁均磨光。尖圆唇，下腹部斜收，底部残。口径11、残高6.1厘米（图六四六，8）。

Bd型。

H202：11，泥质褐胎黑皮陶，内壁磨光，颈部仅外壁磨光。尖圆唇，折沿，下腹部斜收，底、圈足残。口径10.8、残高5.7厘米（图六四六，10）。

瓮

H202：18，夹砂灰褐陶，内壁磨光。圆唇，侈口，长颈。唇部内外壁制作不太规整，有附加贴片现象；颈部外壁有刮抹痕迹，内壁刮抹规整。器壁略厚。口径23.2、残高5.6厘米（图六四五，8）。

圈足

Aa型。足部粗阔，呈大喇叭状。

H202：36，泥质褐皮陶，器底内部、圈足内外壁均磨光。足径7、残高5.4厘米（图六四七，1）。

H202：37，泥质黑灰褐陶，外壁磨光。残高4.4厘米（图六四七，2）。

H202：38，泥质黑灰陶，外壁磨光。足径6.4、残高5.9厘米（图六四七，3）。

Ab型。足部纤细，喇叭口略收呈杯状。

H202：33，泥质褐陶，内外壁均磨光。残高4.5厘米（图六四七，4）。

Ba型。足部外壁遗留有纵向刮抹的痕迹。

H202：29，泥质黑褐陶，外壁磨光。足径6、残高3.1厘米（图六四七，6）。

H202：32，泥质黑灰陶，外壁磨光。足径5.4、残高3.8厘米（图六四七，7）。

H202：39，泥质黑褐陶，器表磨光。足径6、残高4.7厘米（图六四七，5）。

Bb型。

H202：30，泥质黑灰陶，外壁磨光。足径5.2、残高2.9厘米（图六四七，8）。

Bc型。

H202：35，泥质褐陶。陶衣脱落。足径4.4、残高3.2厘米（图六四七，9）。

器底

A型。

H202：46，夹砂褐灰陶，陶胎中杂有大量石英砂粒。大平底，底部陶胎较厚，器体可能厚重。底部叶脉纹清晰，在晾晒之后，底部边缘遗留有二次修补痕迹，叶脉纹器底边缘上依附有不见叶脉纹的泥片。底径10.1、厚2厘米（图六四七，17）。

B型。

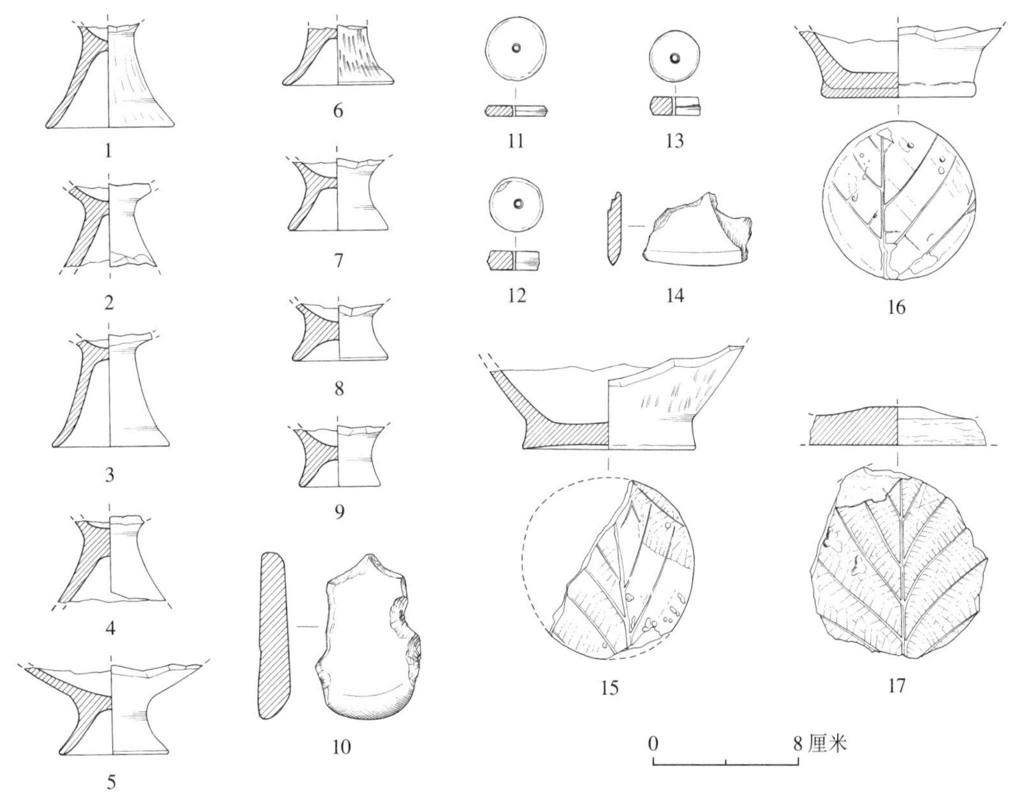

图六四七　H202 出土遗物

1~3. Aa 型陶圈足（H202：36、37、38）　4. Ab 型陶圈足（H202：33）　5~7. Ba 型陶圈足（H202：39、29、32）　8. Bb 型陶圈足（H202：30）　9. Bc 型陶圈足（H202：35）　10. 石网坠（H202：1）　11~13. 陶纺轮（H202：8、47、48）　14. 石刀（H202：7）　15、16. B 型陶器底（H202：44、45）　17. A 型陶器底（H202：46）

H202：44，夹砂灰黑陶，底内部、内壁呈红色、黑灰色。底边和底面不甚规整。底部遗留叶脉纹的中脉和侧脉相对清晰，网状细脉不甚清楚。底径 9.4、残高 5.5 厘米（图六四七，15）。

H202：45，夹砂黄褐陶，器底内部灰色。底边不规则，器底成形后，经过再包裹处理，即所谓地包天。底部叶脉纹仅中脉和侧脉清晰可见。底径 8.4、残高 3.7 厘米（图六四七，16）。

纺轮　圆形片状，中部有一穿孔。

H202：8，褐色。直径 3.3、厚 0.7 厘米（图六四七，11；彩版一五二，3）。

H202：47，红褐色。直径 3、厚 1 厘米（图六四七，12；彩版一五二，4）。

H202：48，红褐色。直径 2.7、厚 1 厘米（图六四七，13；彩版一五二，5）。

（2）石器

刀

H202：7，红色。上半部分残缺。弧刃，双面刃。残长 5.8、残宽 4、厚 0.7 厘米（图六四七，14）。

网坠

H202：1，红褐色。形状不规则，两侧缺口位于中部。缺口附近有较多片疤。长 8.6、宽 5.6、厚 1.7 厘米（图六四七，10；彩版一五二，6）。

第五章　历史时期遗存

历史时期遗存堆积主要为灰坑，计有 26 个，其次为灰沟，计有 4 条，未发现原生地层堆积。历史时期遗存目前分布于 2016 年发掘区的西北部，2017 年发掘区Ⅰ区南部、Ⅱ区西南部以及 2018 年发掘区中部。集中分布于遗址两个区域：一为遗址中部，即 2017 年Ⅰ区的东南部；二为遗址东北部。

第一节　典型器物类型分析

一、陶器

陶器颜色主要分为红褐和灰褐两大类，另有少量黄褐及灰黑陶，其中灰黑陶最少见。陶胎中杂有大量石英砂粒，红褐陶表面修整规整，灰褐陶表面相对粗糙，石英砂粒清晰可见，灰褐陶表面普遍遗留有明显的烟炱痕迹。陶器出土数量相对较少，器形也较为单一，主要是釜，另有少量高领罐。陶质陶色以夹砂灰褐陶多见，其次为夹砂红褐陶，灰黑陶最少。纹饰以绳纹最多见，另有少量短线纹，绳纹饰于颈、腹部或底部，短线纹多成组饰于颈部。

釜　根据器物形态差异，分为两类。

甲类　罐形釜。束颈是此类釜最突出的特征，其次为方唇、厚胎；质地为夹砂红褐陶；沿外壁少见纹饰，颈部与沿部交界处多见短线纹等也是其重要特点。根据沿部宽窄差异，分为两型。

A 型　窄沿。根据口部形态差异，分为三亚型。

Aa 型　盘口，方唇。根据沿部变化，可分两式。

Ⅰ式，沿部较短、平折。标本 H8∶1（图六四八，1）、H68∶1（图六四八，2）。

Ⅱ式，沿部略长，宽仰折沿。标本 H199∶13（图六四八，3）、H199∶11（图六四八，4）。

Ab 型　碗口，口沿内凹呈碗状，方唇，唇部内侧凸出。根据沿部变化，可分两式。

Ⅰ式，沿部较短、平折。标本 H1∶1（图六四八，5）、H8∶5（图六四八，6）、H1∶2（图六四八，7）。

Ⅱ式，沿部略宽、仰折。标本 H198∶13（图六四八，8）、H199∶12（图六四八，9）、H198∶11（图六四八，10）、H198∶15（图六四八，11）。

Ac 型　喇叭口，窄沿。标本 H154∶4（图六四八，12）。

B 型　宽沿，体型较大；火候较高，胎体相对较薄；器物内壁均有明显抹光处理痕迹，器表多有

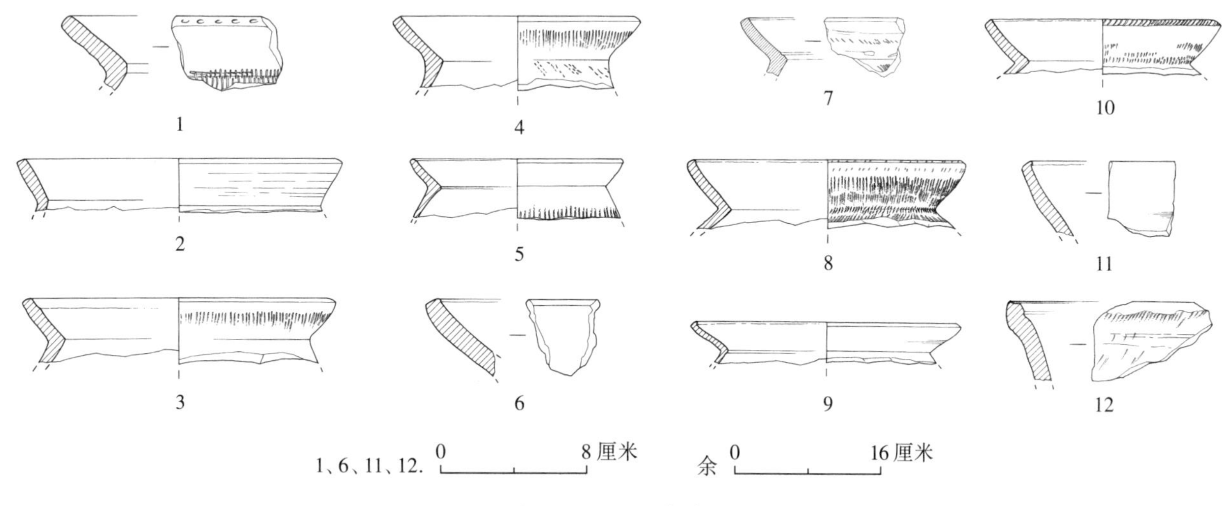

图六四八　甲类陶釜

1、2. Aa型Ⅰ式（H8：1、H68：1）　3、4. Aa型Ⅱ式（H199：13、11）　5~7. Ab型Ⅰ式（H1：1、H8：5、H1：2）　8~11. Ab型Ⅱ式（H198：13、H199：12、H198：11、H198：15）　12. Ac型（H154：4）

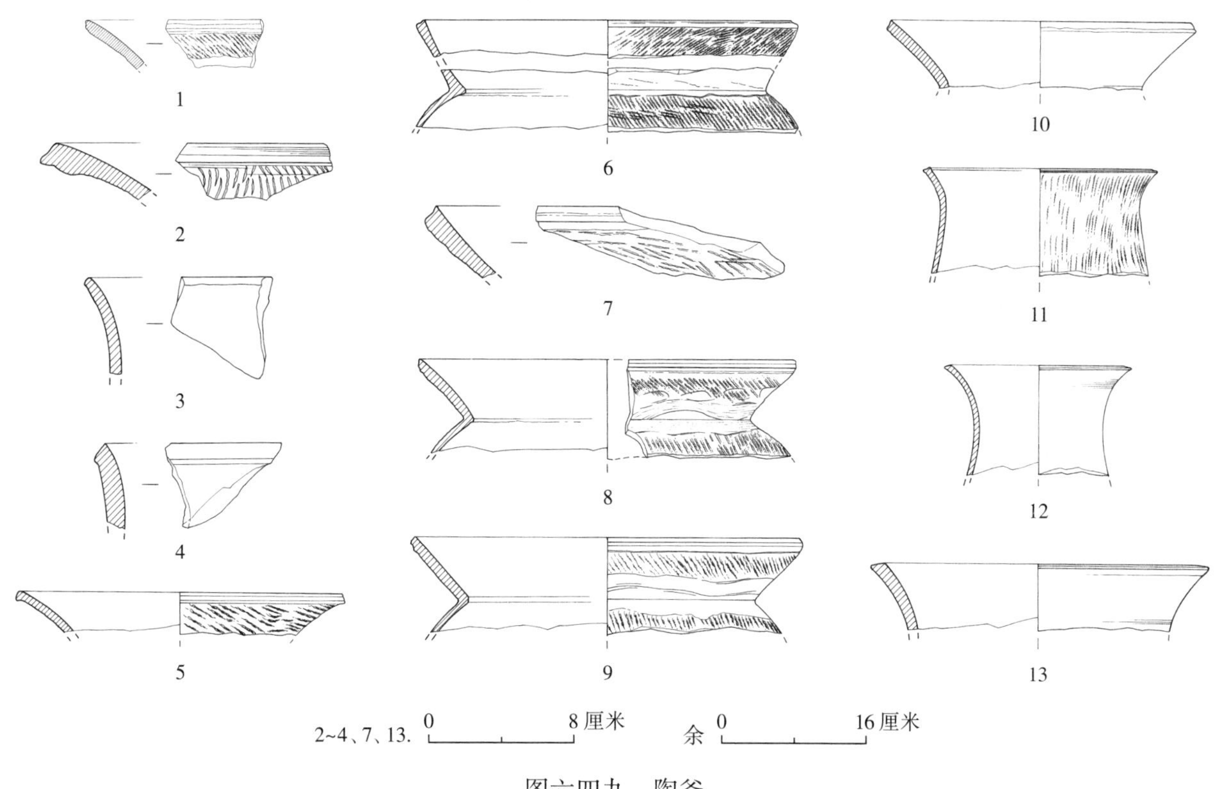

图六四九　陶釜

1~5. 甲类Ba型（H59：4、H61：3、H59：5、H68：4、H59：2）　6~10. 甲类Bb型（H59：1、H59：7、H62：2、H62：4、H62：3）　11~13. 乙类（H62：1、H59：3、H61：2）

烟炱痕迹；多为灰褐陶，另有少量黄褐陶。根据口部形态差异，分为两亚型。

Ba型　喇叭口，宽沿外翻，方唇，唇部外凸使唇部中部形成凹槽。此类器物体量较大。标本H59：4（图六四九，1）、H61：3（图六四九，2）、H59：5（图六四九，3）、H68：4（图六四九，4）、

H59：2（图六四九，5）。

Bb型 盘口，宽沿斜直，唇部中部凸起。标本H59：1（图六四九，6）、H59：7（图六四九，7）、H62：2（图六四九，8）、H62：4（图六四九，9）、H62：3（图六四九，10）。

乙类 长颈釜。长颈，无肩，子母口，斜方唇，唇部内凸是此类陶釜的特征。标本H62：1（图六四九，11）、H59：3（图六四九，12）、H61：2（图六四九，13）。

器底 均为釜形器的器底。根据底部形态差异，分为两型。

A型 扁腹，圜底。标本G7：1（图六五〇，1）。

B型 圜底近平，底部平缓。标本H8：9（图六五〇，2）、H1：3（图六五〇，3）。

腹片 胎体厚重，杂有较大砂砾。多为釜腹部残片，表面遗留有明显的烟炱痕迹。饰有纵向绳纹。标本H59：6（图六五一，1）、H60：1（图六五一，2）、TN29E36①：3（图六五一，3）、TN29E36①：2（图六五一，4）。

高领罐 胎体厚重，小口。根据口部形态差异，分为三型。

A型 侈口，领部略高。标本TN29E36①：4（图六五二，1）。

B型 敛口，矮领。标本TN13E24①：11（图六五二，2）。

C型 近直口，矮领。标本H59：11（图六五二，3）。

纺轮 夹砂灰褐陶。呈帽形，上窄下宽，体量略大。标本TN32E38①：11（图六五三）。

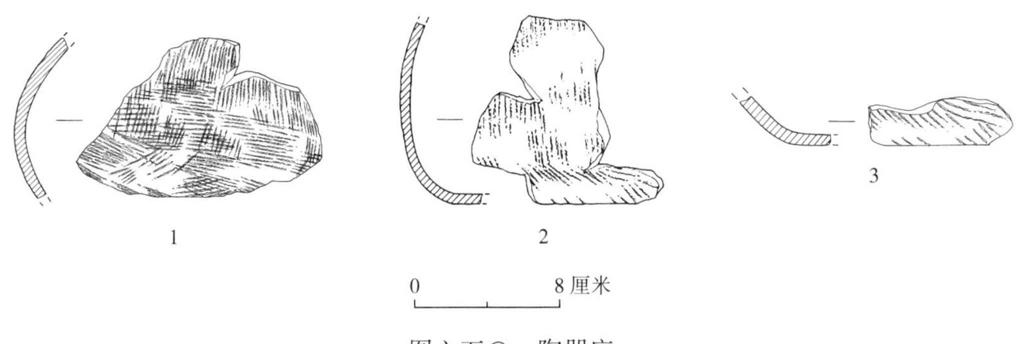

图六五〇 陶器底

1. A型（G7：1） 2、3. B型（H8：9、H1：3）

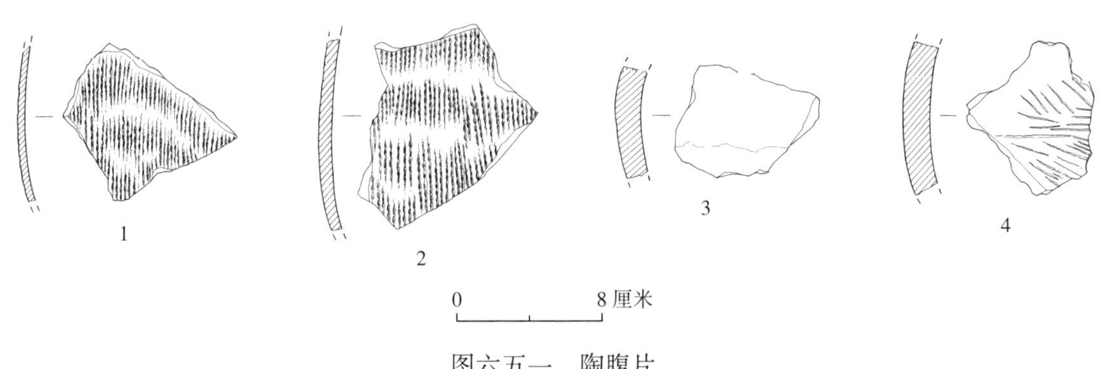

图六五一 陶腹片

1. H59：6 2. H60：1 3. TN29E36①：3 4. TN29E36①：2

二、瓷器

出土数量不多，较为残碎，可辨器形仅有碗。

碗　圆唇，近直口。标本 H72：2（图六五四）。

圈足　矮圈足。素面。标本 H72：1（图六五五）。

器底　平底。标本 TN16E22 ①：18（图六五六，1）、TN35E32 ①：11（图六五六，2）。

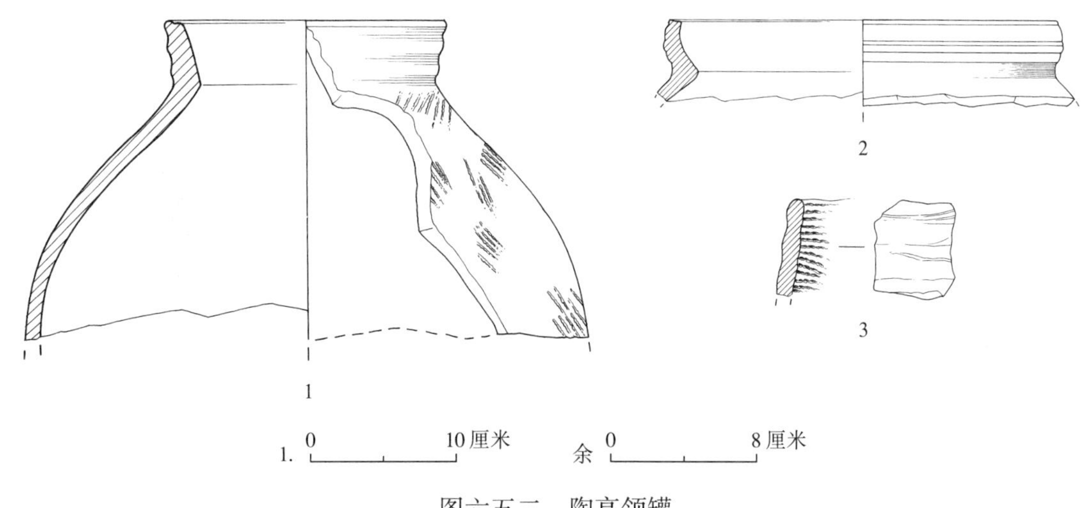

图六五二　陶高领罐

1. A 型（TN29E36 ①：4）　2. B 型（TN13E24 ①：11）　3. C 型（H59：11）

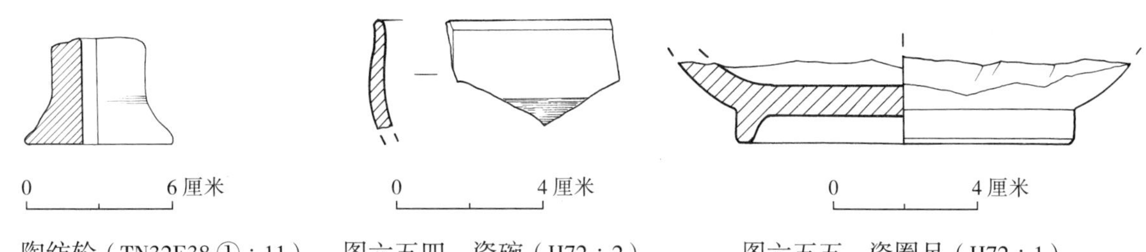

图六五三　陶纺轮（TN32E38 ①：11）　图六五四　瓷碗（H72：2）　图六五五　瓷圈足（H72：1）

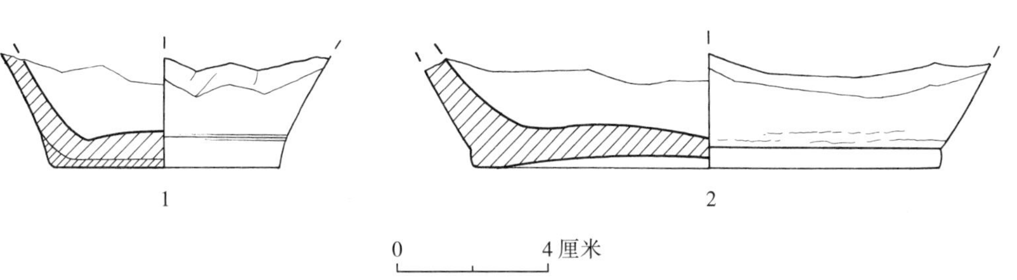

图六五六　瓷器底

1. TN16E22 ①：18　2. TN35E32 ①：11

三、铁器

数量非常少，仅见箭镞、烧结物和不明铁器等，器表布满铁锈。

箭镞 三角形锋，长铤。表面锈蚀严重。标本 TN30E34①：2（图六五七）。

烧结物（炉渣） 均为小块黑色玻璃质烧结物。平面形状不规则，断面呈蜂窝状。标本 H59：8（图六五八，1）、H59：10（图六五八，2）。

铁器 器形不明，表面锈蚀严重，残断。平面呈三角形。标本 H59：9（图六五九）。

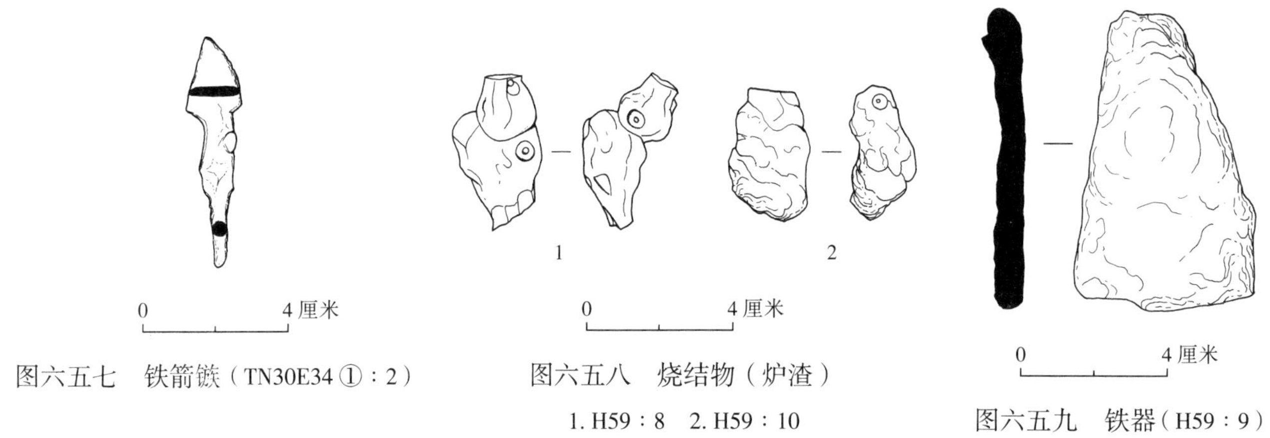

图六五七 铁箭镞（TN30E34①：2）

图六五八 烧结物（炉渣）

1. H59：8 2. H59：10

图六五九 铁器（H59：9）

第二节 2016年历史时期遗存

一、文化层

第1层出土遗物

该层出土陶器器类有釜（腹片）、高领罐等。

陶器

腹片

TN29E36①：2，夹砂红褐陶。近底部腹片，表面饰细绳纹。残高 8.1 厘米（图六六〇，1）。

TN29E36①：3，夹砂红褐陶。近底部腹片。残高 5.7 厘米（图六六〇，2）。

高领罐 A型。

TN29E36①：4，夹砂红褐陶，胎体厚重，杂有较大砂砾。厚方唇，唇面上有一道浅凹槽，溜肩，卵形腹。领外壁有两道平行凸棱，肩部以下饰模糊不清的斜向绳纹。口径 19.2、残高 22 厘米（图六六〇，3）。

二、遗迹

遗迹包括灰坑 4 个、灰沟 2 条（见附表一）。

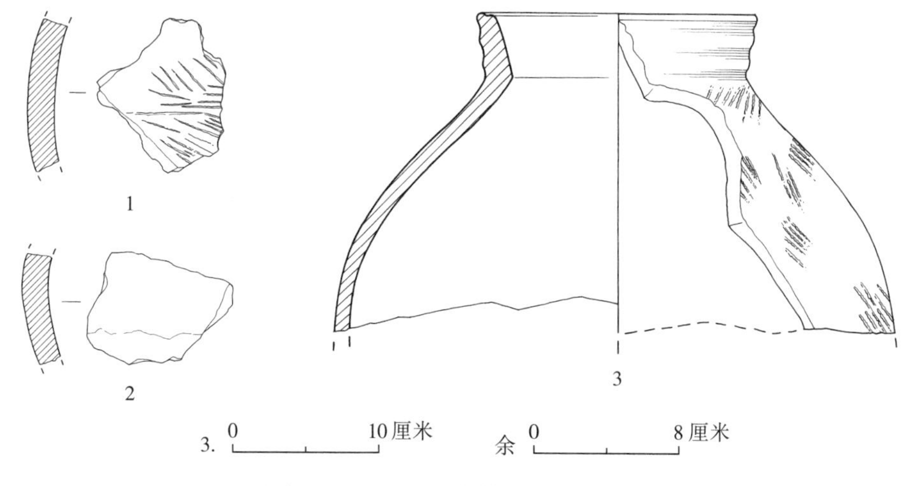

图六六〇　2016年第1层出土陶器

1、2. 腹片（TN29E36①：2、TN29E36①：3）　3. A型高领罐（TN29E36①：4）

（一）灰坑

4个。

1. H1

位于TN29E37西南，向西伸入TN29E36东隔梁，未继续清理。开口于第1层下，打破第2层。平面近椭圆形，斜壁，平底，口小底大。长径0.8、短径0.64、深0.2米。填土为灰黑色砂土，土质疏松，夹杂大量碎石块，出土较多灰褐色绳纹釜陶片和少量新石器时代陶片，陶器器类有釜等，石器器类有砺石等（图六六一；彩版一五三，1）。

（1）陶器

釜　甲类Ab型Ⅰ式。

H1：1，夹砂红褐陶。口沿内壁微凹，宽仰折沿，斜肩。肩部饰纵向绳纹。口径23.2、残高6.2厘米（图六六二，1）。

H1：2，夹砂红褐陶，胎土中杂有砂砾。口沿内壁微凹，宽仰折沿，斜肩。肩部饰纵向绳纹。残高6厘米（图六六二，2）。

器底　B型。

H1：3，夹砂红褐陶。肩部以上不存。上腹部饰纵向绳纹，近底部饰斜向绳纹，底部不饰纹。器物内外壁火候不均，外壁遗留有明显的烟炱痕迹。残高2.5厘米（图六六二，3）。

（2）石器

砺石

H1：4，褐色。整体呈片状，相对较薄，器形较不规整。一面较扁平且无使用面，另一面一侧有几道使用导致的凹槽。长11.6、宽10.3、厚1.9厘米（图六六二，4）。

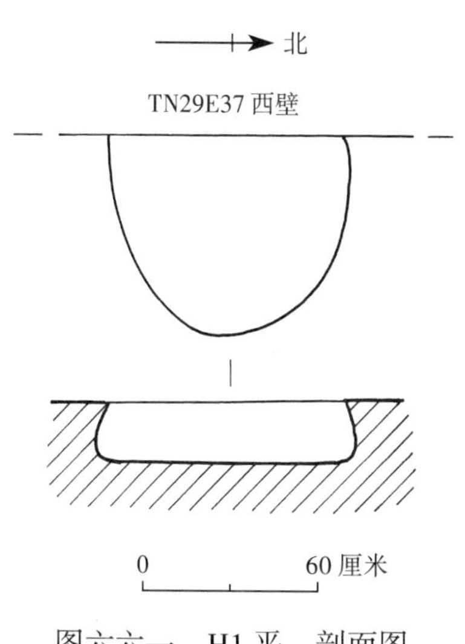

图六六一　H1平、剖面图

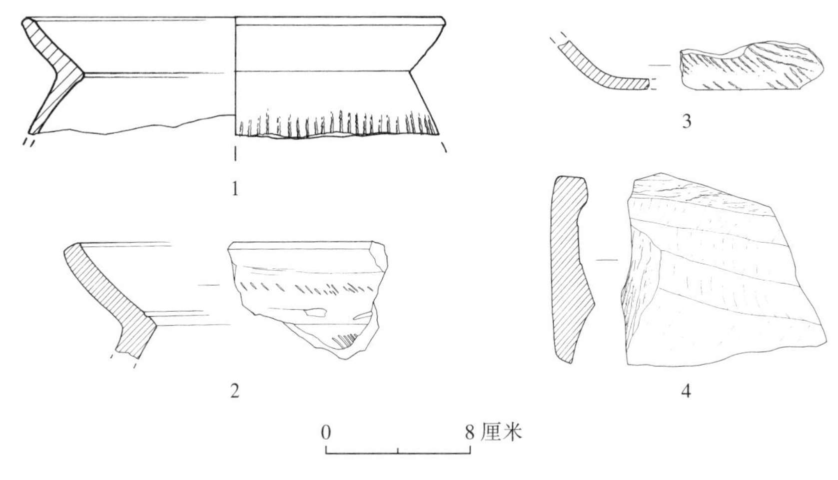

图六六二　H1出土遗物

1、2.甲类Ab型Ⅰ式陶釜（H1：1、2）　3.B型陶器底（H1：3）　4.砺石（H1：4）

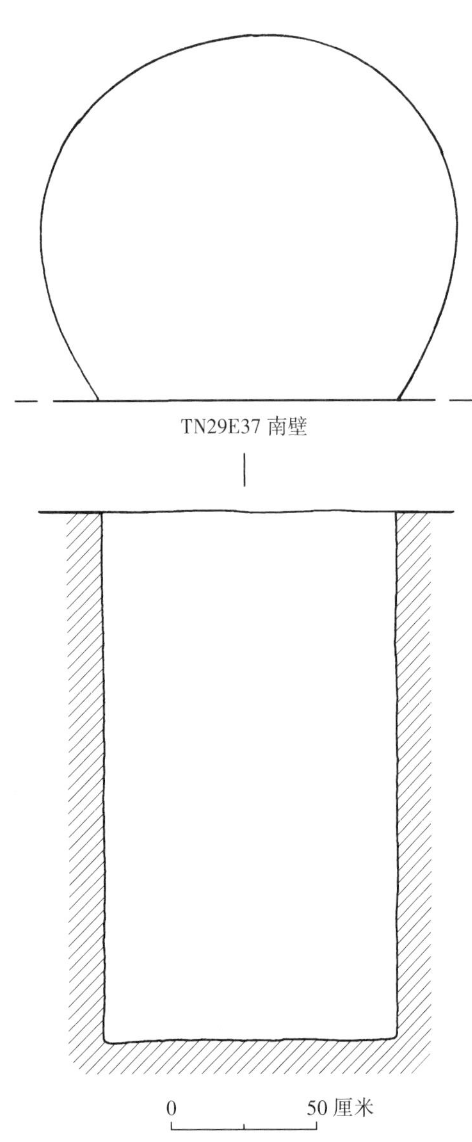

图六六三　H8平、剖面图

2. H8

位于TN29E37西南角，向南伸入TN28E37北隔梁，未继续清理。开口于第1层下，打破生土层。平面呈圆形，直壁，平底。长径1.44、短径1.22、深1.76米。填土为灰黑色砂土，土质疏松，夹杂大量碎石块，出土较多灰褐色绳纹釜陶片、少量新石器时代陶片及绿釉瓷片，陶器器类有釜等（图六六三；彩版一五三，2）。

陶器

釜

甲类Aa型Ⅰ式。

H8：1，夹砂褐胎黑灰皮陶。口部较厚实。唇部饰戳印点纹。口部下方近颈部饰有短绳纹。残高3.9厘米（图六六四，1）。

甲类Ab型Ⅰ式。

H8：5，夹砂红褐陶。折沿，内壁微凹。素面。残高4厘米（图六六四，2）。

器底　B型。

H8：9，夹砂灰褐陶。腹部饰纵向绳纹，底部不施纹，外壁表面呈蜂窝状。器物内外壁火候不均，外壁遗留有明显的烟炱痕迹。残高10厘米（图六六四，3）。

3. H20

位于TN27E37东部。开口于第1层下，打破第2层。平面呈不规则圆角方形，弧壁，平底。长1.35、宽1.06、

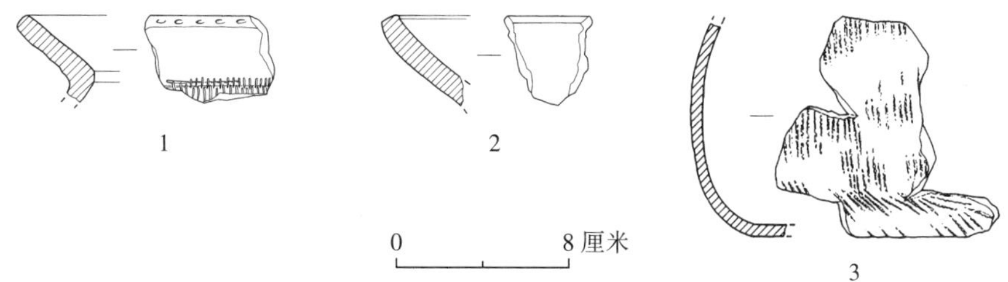

图六六四　H8 出土陶器

1. 甲类 Aa 型Ⅰ式釜（H8：1）　2. 甲类 Ab 型Ⅰ式釜（H8：5）　3. B 型器底（H8：9）

深 0.53 米。填土为灰黑色砂土，土质疏松，夹杂大量碎石块，出土少量夹砂红褐陶片和石器，陶器器类有纺轮等，石器器类有刀等（图六六五；彩版一五三，3）。

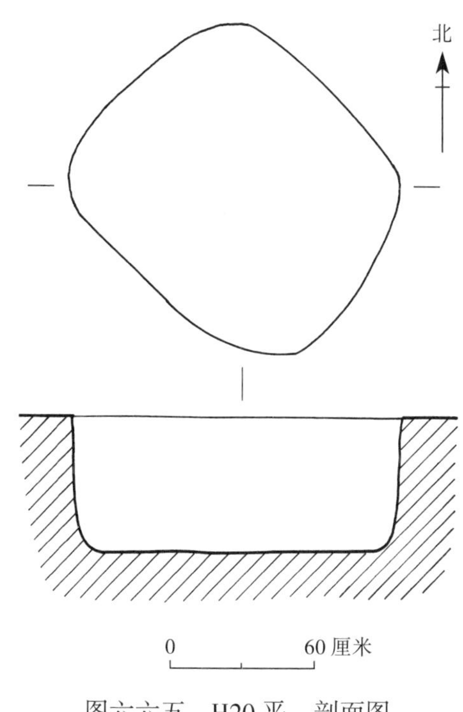

图六六五　H20 平、剖面图

陶器

纺轮

H20：2，夹砂灰黄陶。圆形片状，中部有一穿孔。直径 6.8、厚 0.5、穿孔直径 0.9 厘米（图六六六，1；彩版一五三，4）。

石器

刀　乙类 B 型。

H20：1，灰色。桂叶形。双孔，穿孔旁有未穿透的小孔，穿孔周围有明显的穿绳磨损。弧刃，双面刃，有较多崩疤及茬口。长 12.1、宽 4.8、厚约 0.7 厘米（图六六六，2）。

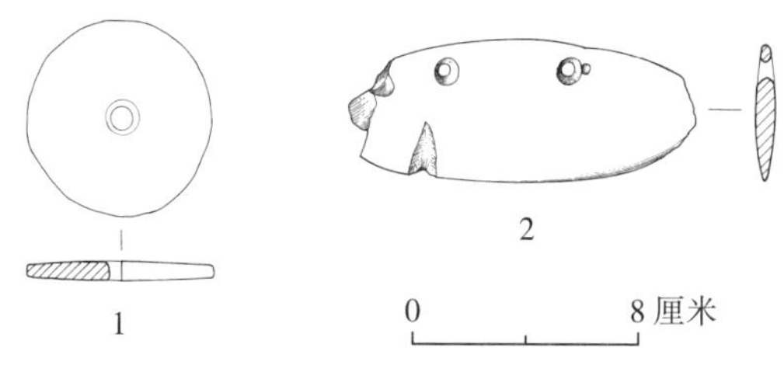

图六六六　H20 出土遗物

1. 陶纺轮（H20：2）　2. 乙类 B 型石刀（H20：1）

4. H27

位于 TN30E37 西南角，向西伸入 TN30E36 东隔梁，向南伸入 TN29E36 和 TN29E37 北隔梁，未继续清理。开口于第 1 层下，打破生土层。平面形状不规则，直壁，平底。残长 0.5、残宽 0.4、深 0.86 米。填土为灰黑色砂土，土质疏松，出土较多灰褐陶片和石器等（图六六七；彩版一五三，5）。

（二）灰沟

2 条。

1. G1

位于 TN26E38 中南部，向南伸入 TN25E38 北隔梁，未继续清理。开口于第 1 层下，打破第 2 层。平面呈长条形，弧壁，平底。残长 3.6、宽 1.46、深 0.14 米。填土为灰黑色砂土，土质疏松，出土少

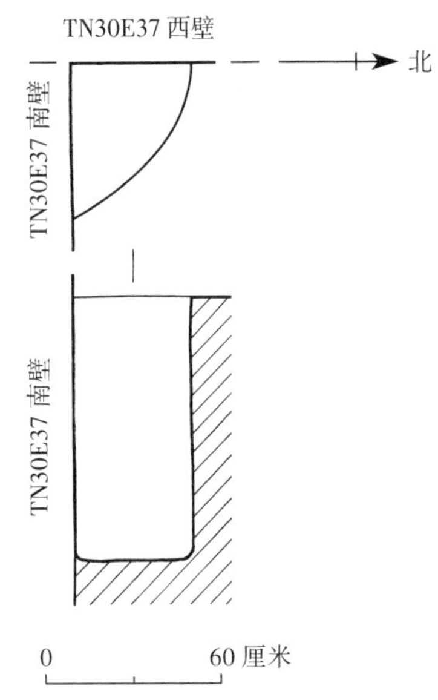

图六六七　H27 平、剖面图

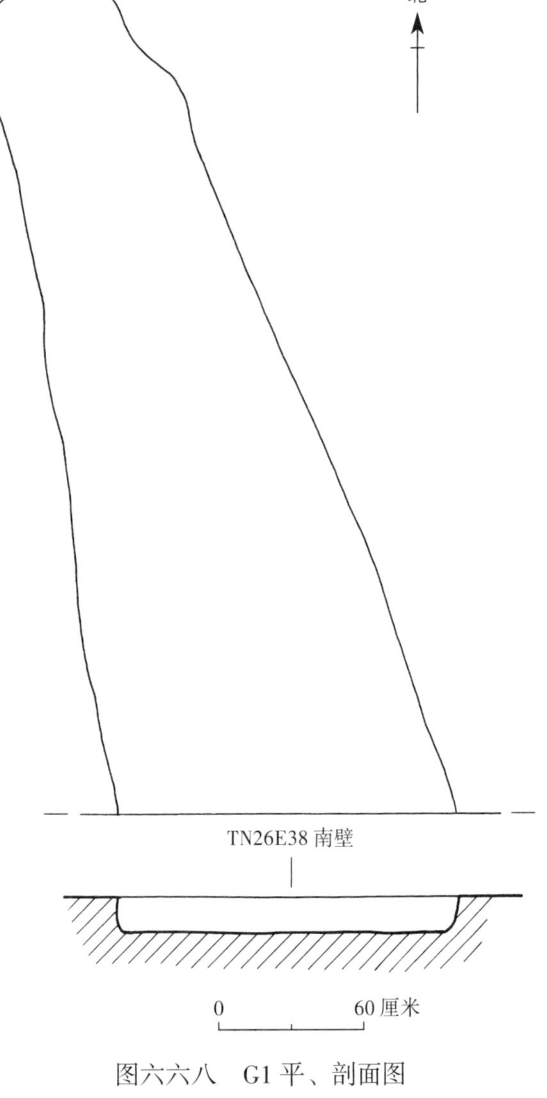

图六六八　G1 平、剖面图

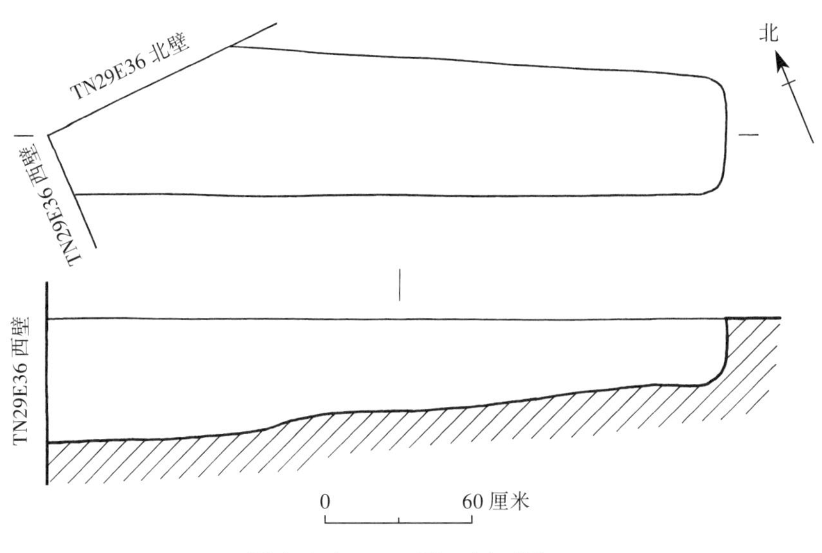

图六六九　G2 平、剖面图

量红褐绳纹陶片（图六六八；彩版一五三，6）。

2. G2

位于 TN29E36 西北部，向北伸入探方北隔梁，向西伸入 TN29E35 东隔梁，未继续清理。开口于第 1 层下，打破第 2 层。沟口平面呈长条状，沟底东高西低，沟内填土随地势呈坡状堆积。残长 2.8、宽 0.48~0.6、残深 0.26~0.5 米。填土为灰黑色砂土，土质疏松，夹杂少量红烧土颗粒、炭屑和大量砾石，出土少量夹砂红褐绳纹碎陶片（图六六九）。

第三节　2017 年历史时期遗存

一、Ⅰ区文化层

第 1 层出土遗物

该层出土遗物以陶器为主，另有少量瓷器。陶器器类有高领罐等，瓷器器类有器底等。

（1）陶器

高领罐　B 型。

TN13E24 ①：11，夹砂红褐陶。方唇内凹，束颈，广肩。领部有一道凸棱。口径 21.6、残高 4.5 厘米（图六七〇，1）。

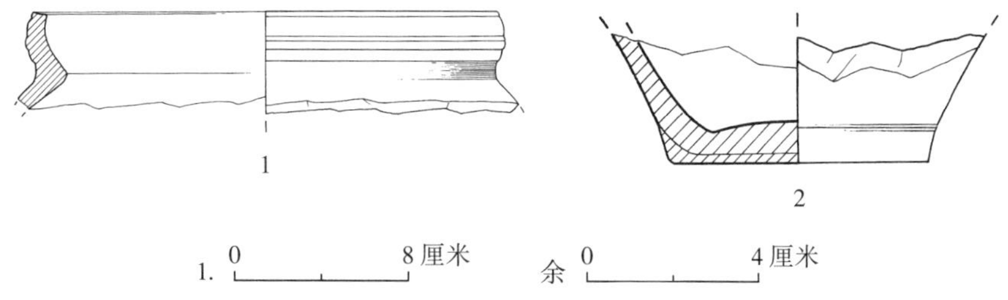

图六七〇　2017年Ⅰ区第1层出土遗物

1. B型陶高领罐（TN13E24①：11）　2. 瓷器底（TN16E22①：18）

（2）瓷器

器底

TN16E22①：18，外部呈砖红色，内部施黄褐釉。平底。底径6、残高2.8厘米（图六七〇，2）。

二、Ⅰ区遗迹

遗迹仅有灰坑8个（见附表一）。

灰坑

8个。

1. H58

位于TN12E22西北部。开口于第1层下，打破第2层。平面呈不规则椭圆形，弧壁，平底，底部凹凸不平。长径1.6、短径1.36、深0.16米。填土为灰黑色砂土，土质疏松，夹杂少量石块，出土较多青灰色绳纹釜陶片、少量新石器时代陶片以及大量动物骨骼（图六七一；彩版一五四，1）。

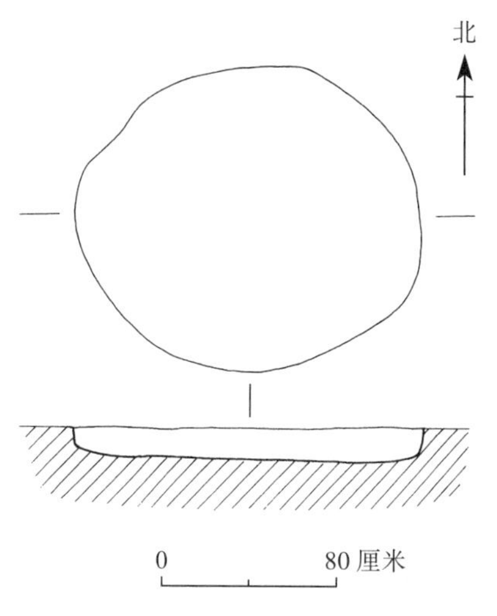

图六七一　H58平、剖面图

2. H59

位于TN12E22东北部，向东伸入探方东隔梁，未继续清理。开口于第2层下，打破第3层。平面呈椭圆形，上部为直壁，下部为弧壁，平底。长径1.84、短径0.78、深1.16米。填土为灰褐色砂土，土质疏松，出土少量灰褐陶片和铁器等，陶器器类有釜、高领罐等，铁器器类有烧结物等（图六七二；彩版一五四，2）。

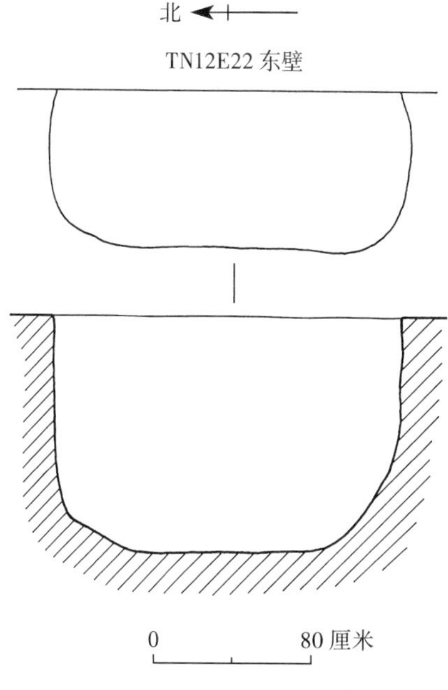

图六七二　H59平、剖面图

（1）陶器

釜

甲类Ba型。

H59：2，夹砂灰黑陶。宽沿，胎体厚实。外壁饰斜向粗绳纹。

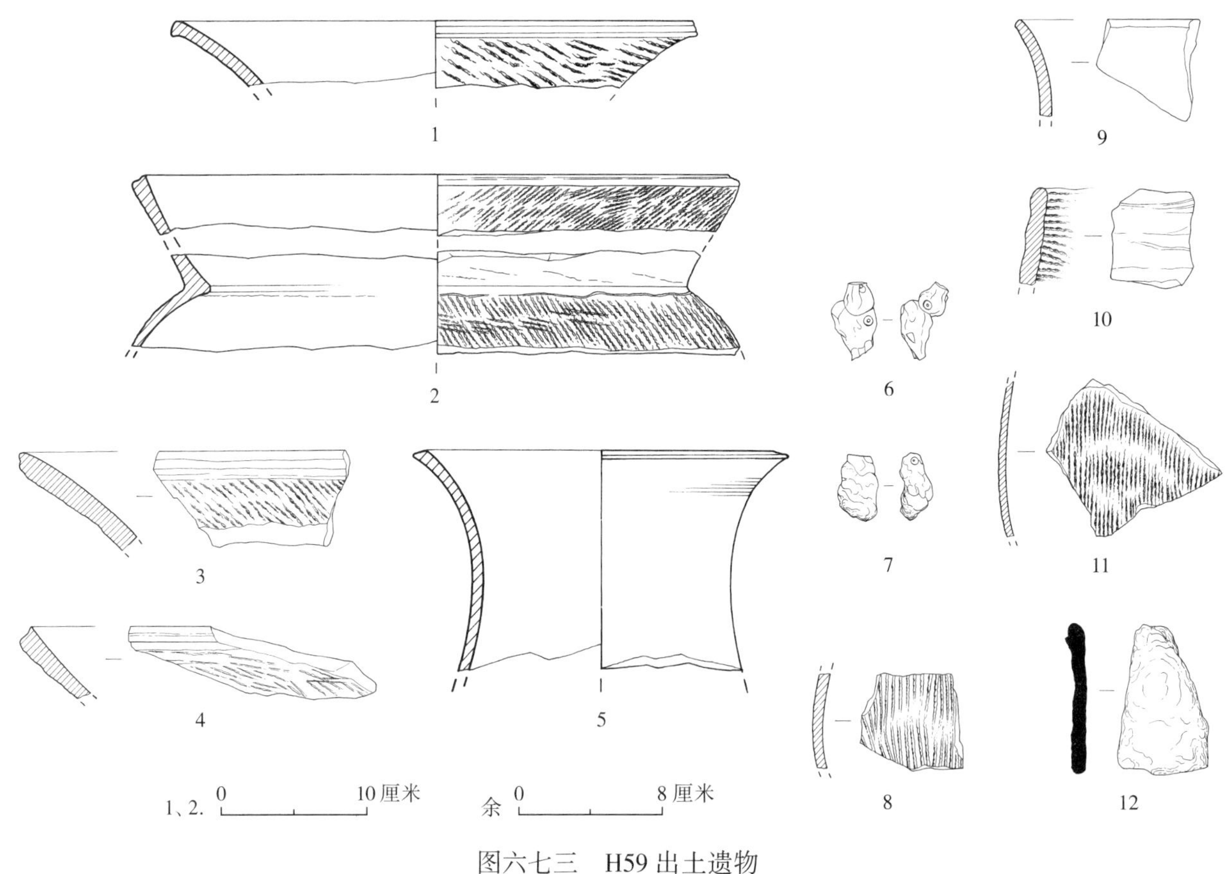

图六七三　H59 出土遗物

1、3、9. 甲类 Ba 型陶釜（H59：2、4、5）　2、4. 甲类 Bb 型陶釜（H59：1、7）　5. 乙类陶釜（H59：3）　6、7. 烧结物（H59：8、10）　8、11. 陶腹片（H59：16、6）　10. C 型陶高领罐（H59：11）　12. 铁器（H59：9）

口径 35.6、残高 4.4 厘米（图六七三，1）。

H59：4，夹砂红褐陶，胎土中杂有大量石英砂粒。斜方唇，宽沿，胎体厚实。沿外壁饰斜向粗绳纹。残高 5.1 厘米（图六七三，3）。

H59：5，夹砂灰黑陶，胎土中杂有大量石英砂粒。素面。残高 5.3 厘米（图六七三，9）。

甲类 Bb 型。

H59：1，夹砂灰褐陶。口部胎体较厚，器身胎体较薄。口沿残，折沿，束颈，弧肩。沿外壁和器身饰粗绳纹。口径 41.6，残高 12 厘米（图六七三，2）。

H59：7，夹砂灰黑陶，胎土中杂有大量石英砂粒。唇部外壁饰斜向绳纹。残高 4 厘米（图六七三，4）。

乙类。

H59：3，夹砂灰黑陶，胎土中杂有大量石英砂粒。尖圆唇，口沿外翻。素面。口径 20.4、残高 11.6 厘米（图六七三，5）。

腹片　胎体厚重，杂有较大砂粒。多为釜腹部残片，表面遗留有明显的烟炱痕迹。饰纵向绳纹。

H59：6，夹砂灰黑陶，胎土中杂有大量石英砂粒。残长 9.6、高 8.3 厘米（图六七三，11）。

H59：16，夹砂灰黑陶。残长 5.4、高 5 厘米（图六七三，8）。

高领罐　C型。

H59∶11，夹砂灰褐陶，胎土中杂有大量石英砂粒。厚圆唇，唇部制作不规则，有起伏。领部外壁有两道平行凹陷，内壁为横向绳纹，且有贴片痕迹。残高5.3厘米（图六七三，10）。

（2）铁器

烧结物（炉渣）　均为小块黑色玻璃质烧结物，平面形状不规则，断面呈蜂窝状。

H59∶8，长4、厚2.2厘米（图六七三，6）。

H59∶10，长3.5、厚2厘米（图六七三，7）。

铁器

H59∶9，器形不明，表面锈蚀严重，残断。平面呈三角形。长7.9、宽5、厚约0.8厘米（图六七三，12）。

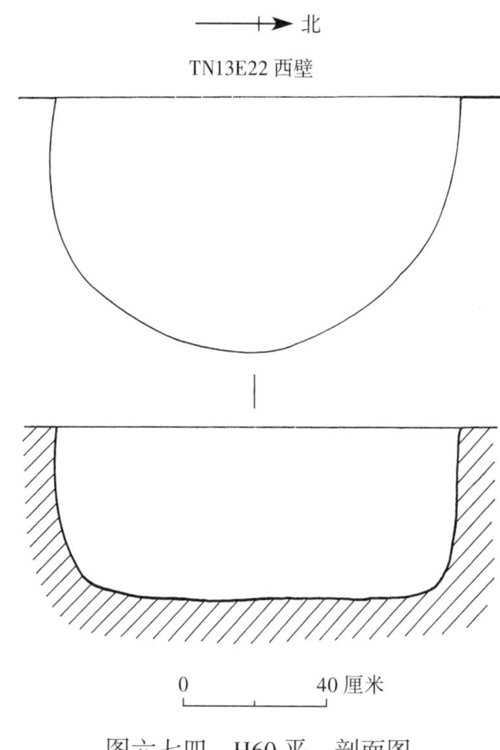

图六七四　H60平、剖面图

3. H60

位于TN13E22西北部，向西伸出发掘区外，未继续清理。开口于第2层下，打破第3层。平面呈椭圆形，弧壁，平底。长径1.11、短径0.66、深0.46米。填土为灰黑色砂土，土质疏松，除西壁外，其余三壁有大量石块填充，出土较多灰褐陶片和少量动物骨骼等，陶器器类有釜（腹片）等（图六七四；彩版一五四，3）。

陶器

腹片　胎体厚重，杂有较大砂粒。表面遗留有明显的烟炱痕迹。饰纵向绳纹。

H60∶1，夹砂灰黑陶，胎土中杂有大量石英砂粒。残长9.7、高10厘米（图六七六，1）。

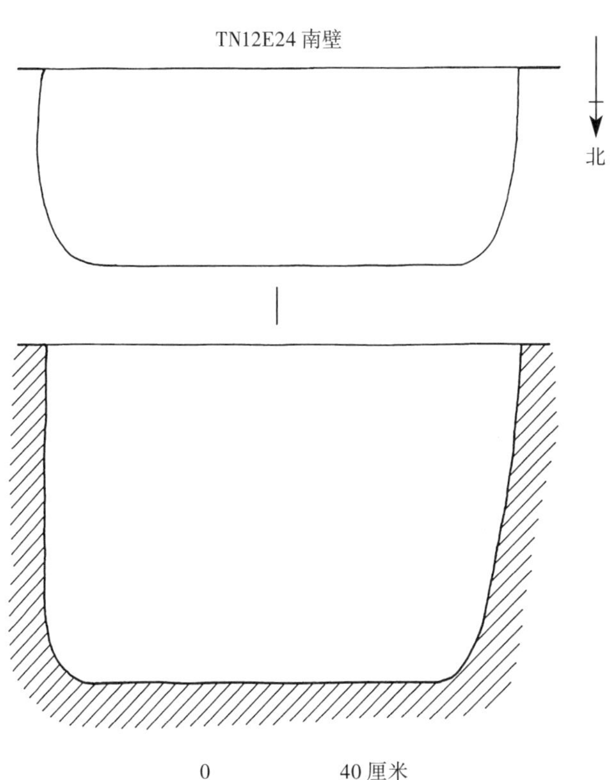

图六七五　H61平、剖面图

4. H61

位于TN12E24南部，向南伸出发掘区外，未继续清理。开口于第2层下，打破第3层。平面呈圆角方形，直壁，平底。长径1.3、短径0.52、深0.9米。填土为灰黑色砂土，土质疏松，坑底杂有较多碎石，出土少量青灰绳纹陶片和动物骨骼等，陶器器类有釜（图六七五；彩版一五四，4）。

陶器

釜

甲类Ba型。

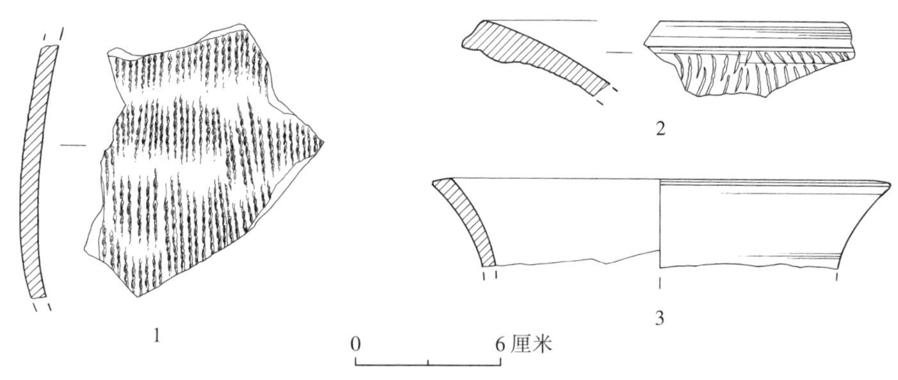

图六七六　H60、H61出土陶器

1. 腹片（H60：1）　2. 甲类Ba型釜（H61：3）　3. 乙类釜（H61：2）

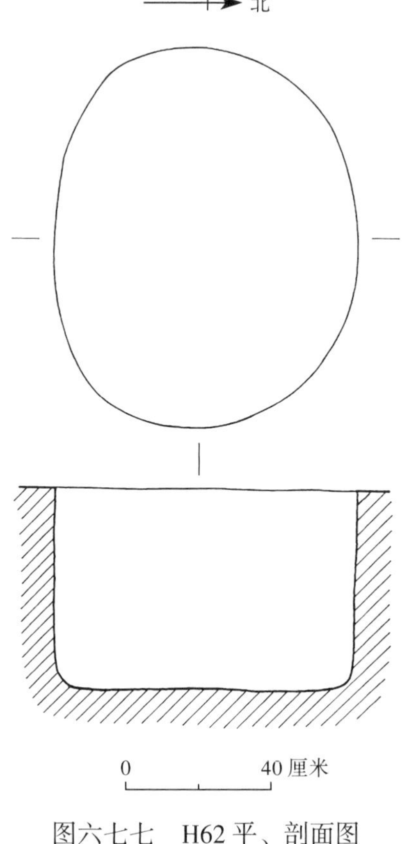

图六七七　H62平、剖面图

H61：3，夹砂灰褐陶，胎土中杂有大量石英砂粒。唇面上有一道凹槽。沿外壁饰粗绳纹。残高2.9厘米（图六七六，2）。

乙类。

H61：2，夹砂灰褐陶，陶胎中杂有大量石英砂粒。方尖唇，唇外缘略凸出，窄沿。素面。口径18.4、残高3.5厘米（图六七六，3）。

5. H62

位于TN12E24西北部。开口于第2层下，打破第3层。平面呈椭圆形，直壁，平底。长径1.03、短径0.81、深0.53米。填土为灰黑色砂土，土质疏松，出土少量青灰绳纹陶片和少量石块等，陶器器类有釜等（图六七七；彩版一五五，1）。

陶器

釜

甲类Bb型。

H62：2，夹砂黑褐陶，胎体厚重。斜方唇，宽沿，束颈。颈部和口部结合处饰短粗绳纹。口径42.4、残高10厘米（图六七八，1）。

H62：3，夹砂灰褐陶，胎土中杂有大量石英砂粒，胎体厚实。口沿外壁不甚规整。素面。口径33.6、残高7厘米（图六七八，3）。

H62：4，夹砂黑褐陶，胎体厚重。斜方唇，唇部有一道凹槽，宽沿，束颈。颈部和肩部饰短粗绳纹，接合部有涂泥片加固处理痕迹。口径40.8、残高10.4厘米（图六七八，2）。

乙类。

H62：1，夹砂浅灰陶，陶胎中杂有大量石英砂粒。方唇，唇部有凹槽。颈部饰纵向绳纹。口径25.6、残高11.4厘米（图六七八，4）。

6. H63

位于TN13E24西南部，向西伸入TN13E23东隔梁，未继续清理。开口于第2层下，打破第3层。

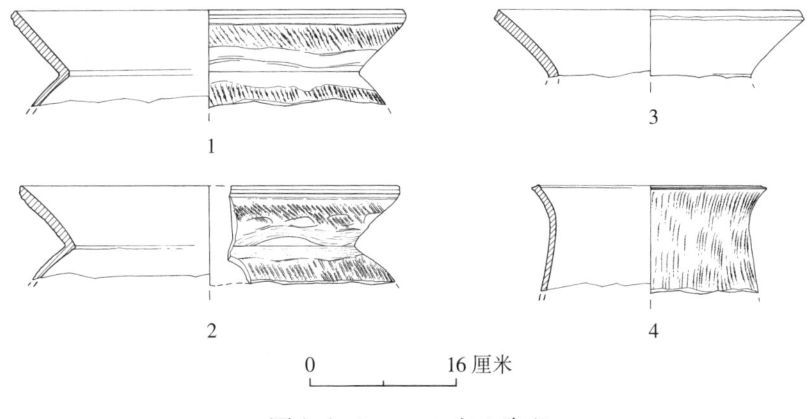

图六七八　H62 出土陶釜

1~3. 甲类 Bb 型（H62：2、4、3）　4. 乙类（H62：1）

平面呈椭圆形，直壁，下部为弧壁，平底。长径 1.05、短径 0.37、深 0.9 米。填土为灰褐色砂土，土质疏松，出土少量陶片和石块等（图六七九；彩版一五五，2）。

7. H64

位于 TN15E24 东南部。开口于第 2 层下，打破第 3 层。平面呈圆形，口大底小，直壁，壁面规整，经过有意修整，平底，坑底打破砂砾层，修整规整。长径 1.4、短径 1.38、深 1.06 米。填土为灰褐色砂土，土质疏松，夹杂少量红烧土块。出土大量青灰绳纹陶片、少量夹砂灰褐陶片及动物骨骼等，另发现残铜片和绿釉烧结物，动物骨骼可辨有下颌骨、牙齿及腿骨。该坑形制规整，坑壁和底部涂抹光滑，明显遗留有人为修整痕迹，其功能可能为窖藏。该坑出土大理国时期陶片和残碎瓷片，无可复原辨识之物（图六八〇；彩版一五五，3）。

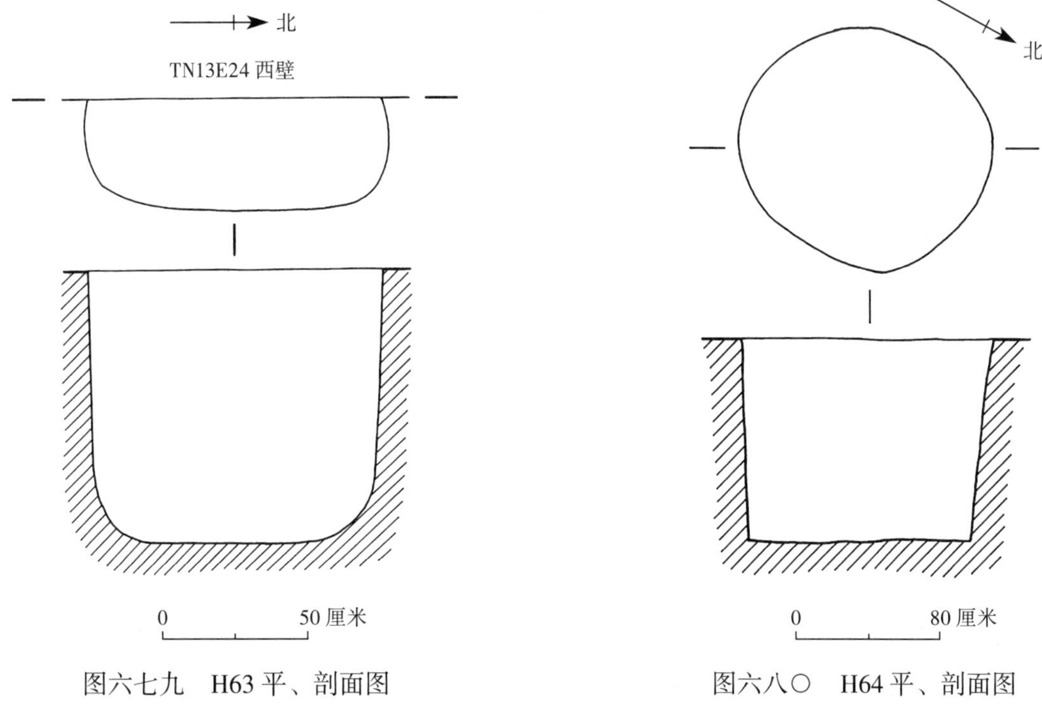

图六七九　H63 平、剖面图

图六八〇　H64 平、剖面图

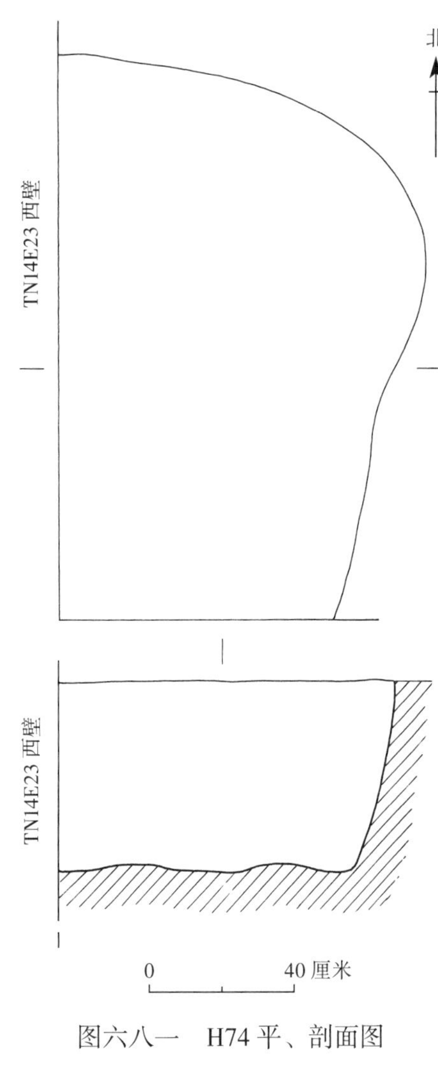

图六八一　H74 平、剖面图

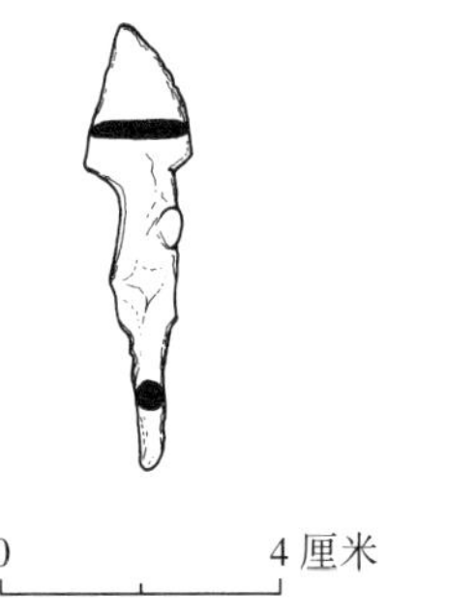

图六八二　2017 年Ⅱ区第 1 层出土铁箭镞（TN30E34 ①：2）

8. H74

位于 TN14E23 西南部，向西伸入 TN14E22 东隔梁，向南伸入 TN13E23 北隔梁，未继续清理。开口于第 1 层下，打破第 2 层。平面近半圆形，弧壁，底部凹凸不平。残长 1.5、残宽 1、深 0.5 米。填土为灰黑色砂土，土质疏松，出土较多灰褐陶片（图六八一）。

三、Ⅱ区文化层

第 1 层出土遗物

该层出土遗物较少，仅有铁箭镞等。

铁器

箭镞

TN30E34 ①：2，三角形锋，长铤。表面锈蚀严重。长 6、宽 0.2~1、锋厚 0.2、铤厚 0.3 厘米（图六八二）。

四、Ⅱ区遗迹

遗迹仅灰坑 8 个（见附表一）。

灰坑

8 个。

1. H66

位于 TN33E34 西北部，向西伸入 TN33E33 东隔梁，未继续清理。开口于第 1 层下，打破第 2 层。平面近椭圆形，直壁，平底。残长 2.23、宽 1.44、深 0.41 米。填土为灰褐色砂土，土质疏松，填土甚少，夹杂大量石块，出土少量灰褐陶片，器类有釜等（图六八三；彩版一五六，1）。

2. H67

位于 TN32E34 中部偏西。开口于第 1 层下，打破第 2 层。平面呈圆形，直壁，平底。直径 1.3、深 0.35 米。填土为灰褐色砂土，土质疏松，出土少量夹砂灰褐陶片（图六八四；彩版一五六，2）。

3. H68

位于 TN33E35 中部。开口于第 1 层下，打破第 2 层。平面呈不规则椭圆形， 弧壁，平底。长径 1.79、短径 1.28、深 0.19 米。填土为灰褐色砂土，土质疏松，填土甚少，夹杂大量石块，出土少量陶

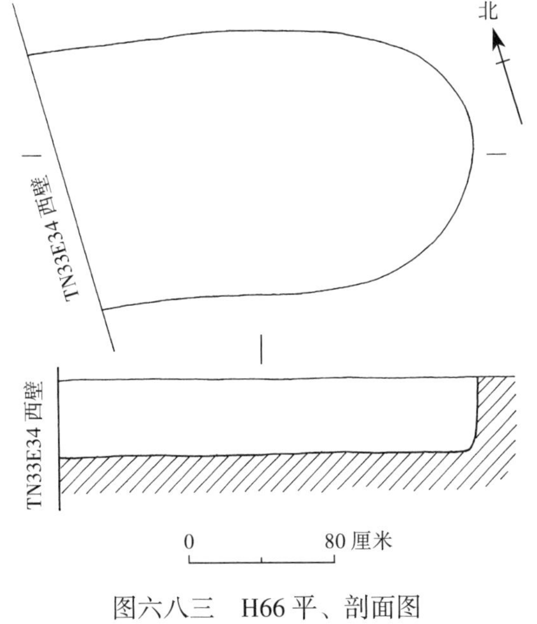

图六八三　H66 平、剖面图

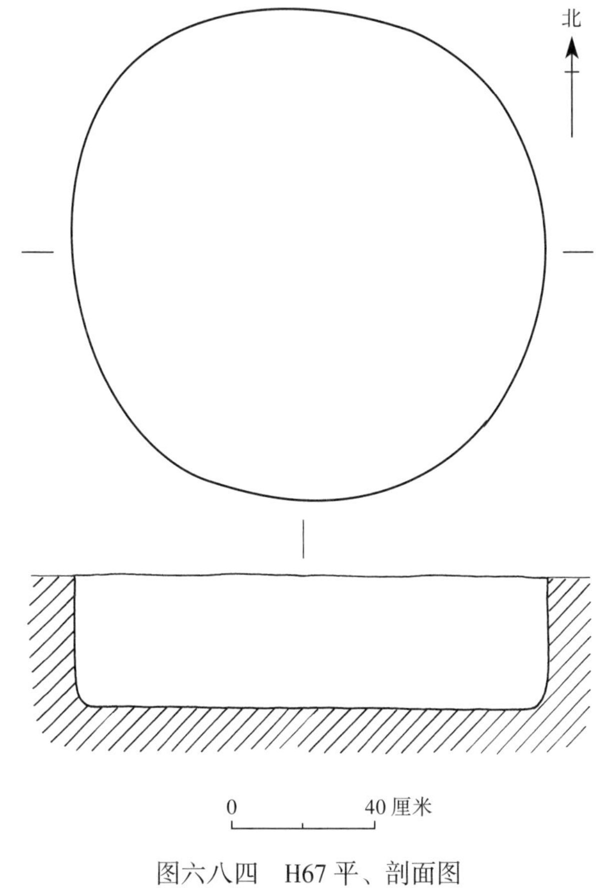

图六八四　H67 平、剖面图

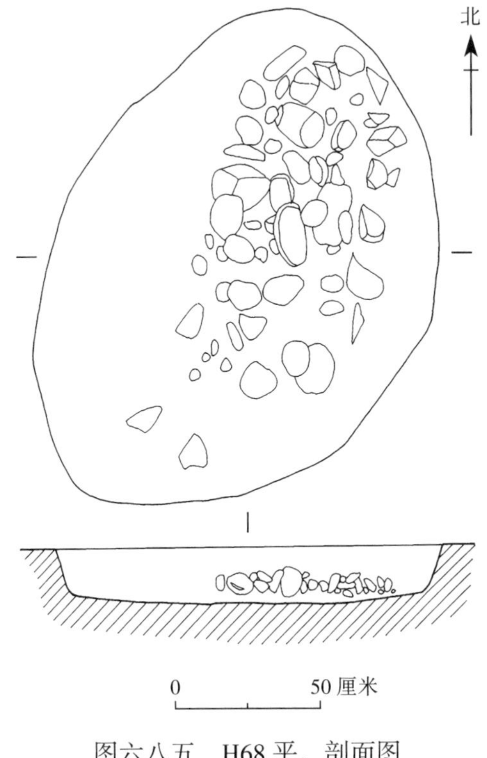

图六八五　H68 平、剖面图

片，器类有釜等（图六八五；彩版一五六，3）。

陶器

釜

甲类 Aa 型Ⅰ式。

H68∶1，夹砂红陶，胎土中杂有大量石英砂粒。斜方唇，宽折沿。口径 35.2、残高 5.6 厘米（图六八六，1）。

甲类 Ba 型。

H68∶4，夹砂灰褐陶，胎土中杂有少量石英砂粒，胎土质地细腻，火候略高。斜方唇，唇部外侧凸棱凸出。残高 4.5 厘米（图六八六，2）。

4. H69

位于TN32E36北部，向北伸入探方北隔梁，未继续清理。开口于第1层下，打破第2层。平面近圆形，弧壁，平底，底部略有起伏。直径 1~1.4、深 0.3 米。填土为灰黑色砂土，土质疏松，出土较多夹砂灰褐陶片和少量石器等（图六八七；彩版一五六，4）。

5. H70

位于 TN30E34 西南部。开口于第 1 层下，打破第 2 层。平面呈椭圆形，弧壁，平底。长径 1.23、

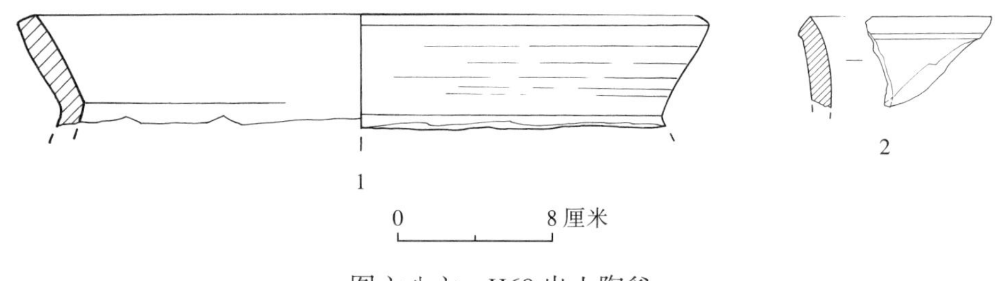

图六八六　H68出土陶釜

1. 甲类Aa型Ⅰ式（H68：1）　2. 甲类Ba型（H68：4）

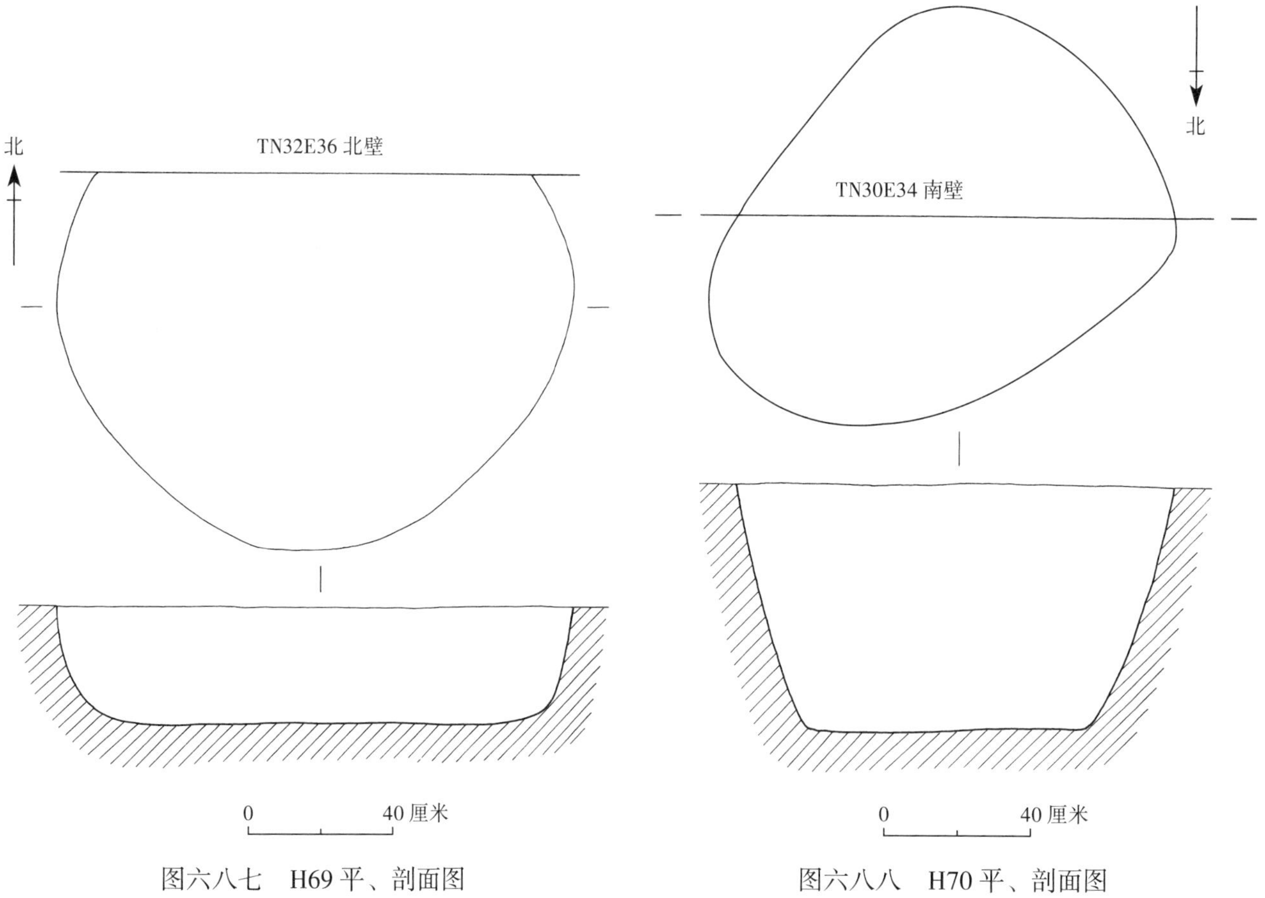

图六八七　H69平、剖面图

图六八八　H70平、剖面图

短径0.9、深0.65米。填土为灰黑色砂土，土质疏松，出土少量夹砂灰褐陶片等（图六八八；彩版一五七，1）。

6. H75

位于TN32E35西部。开口于第1层下，打破第2层。平面呈椭圆形，弧壁，平底。长径1.35、短径1、深0.33米。填土为灰褐色砂土，土质疏松，夹杂有石块，出土少量夹砂灰褐陶片（图六八九；彩版一五七，2）。

7. H77

位于TN33E35南部，向南伸入TN32E35北隔梁，未继续清理。开口于第1层下，打破第2层。平面呈不规则椭圆形，弧壁，平底。残长1.32、残宽0.5~1、深0.3米。填土为灰褐色砂土，土质疏松，

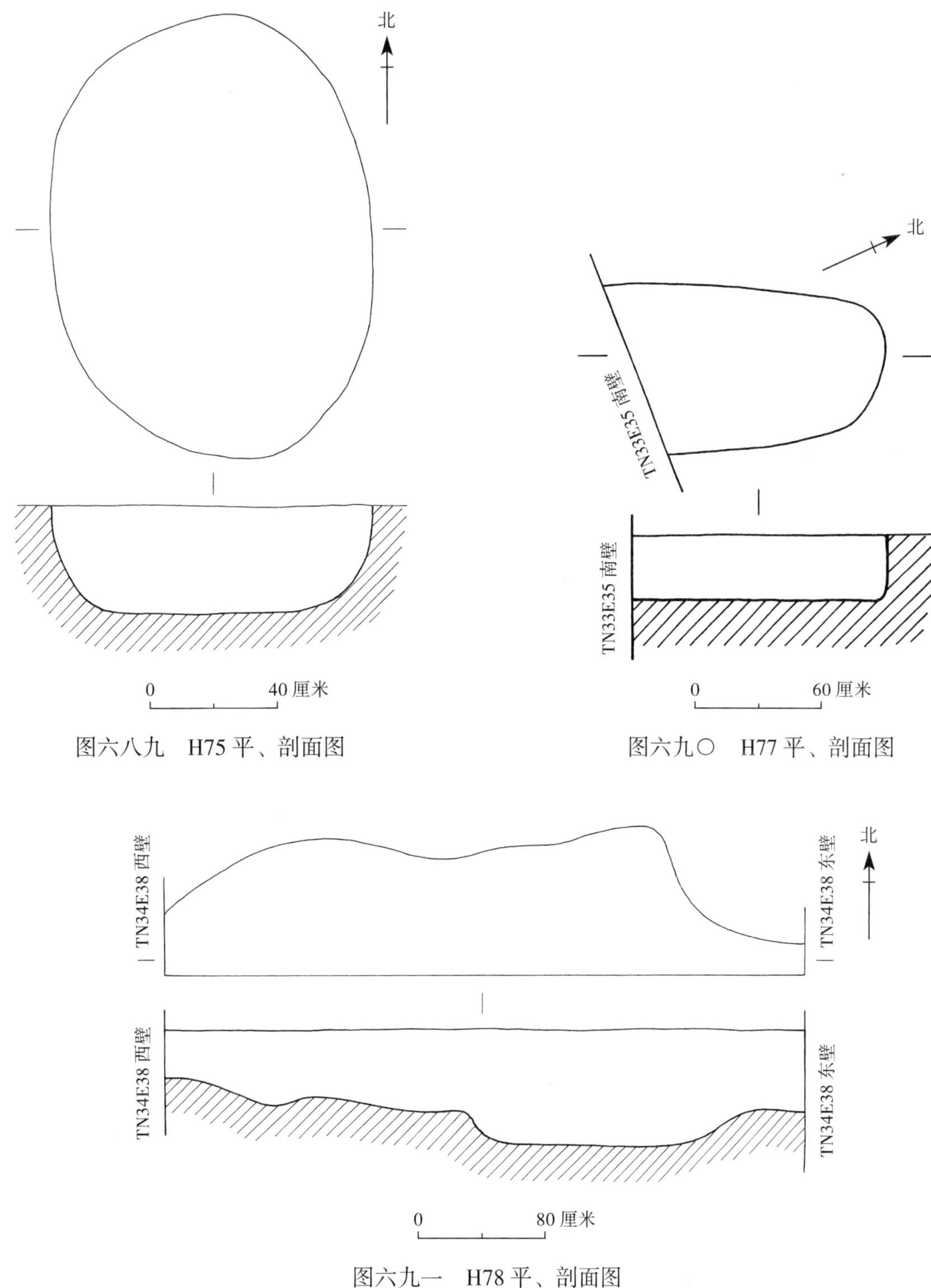

图六八九　H75 平、剖面图

图六九〇　H77 平、剖面图

图六九一　H78 平、剖面图

夹杂石块，出土少量夹砂灰褐陶片（图六九〇；彩版一五七，3）。

8. H78

位于 TN34E38 南部，向东伸入探方东隔梁，向南伸入 TN33E38 北隔梁，向西伸入 TN34E37 东隔梁，未继续清理。开口于第 1 层下，打破第 2 层。平面形状不规则，斜壁，底部起伏不平。长 4、宽 0.92、深 0.72 米。坑内填土为黑褐色细砂土，土质较为疏松，夹杂炭屑和红烧土，出土有陶片等（图六九一；彩版一五七，4）。

五、Ⅲ区文化层

第1层出土遗物

该层出土遗物仅有瓷器底等。

瓷器

器底

TN35E32①：11，平底内凹。底径12.4、残高2.9厘米（图六九二）。

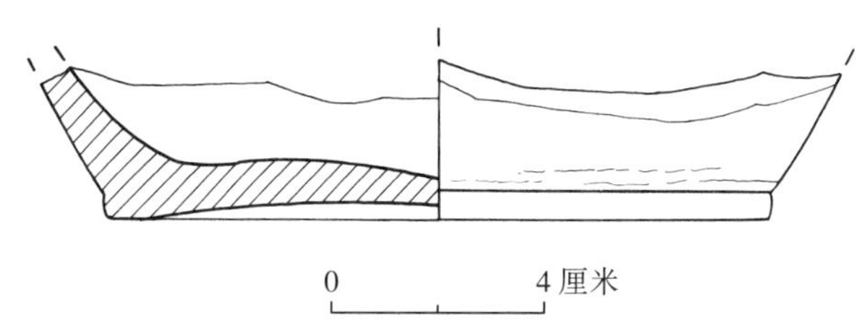

图六九二　2017年Ⅲ区第1层出土瓷器底（TN35E32①：11）

六、Ⅲ区遗迹

遗迹仅灰坑2个（见附表一）。

灰坑

2个。

1. H72

位于TN24E39东南部，向东伸入探方东隔梁，向南伸入TN23E39北隔梁，未继续清理。开口于第1层下，打破第2层。平面近扇形，弧壁，平底。残长1.76、残宽1.4、深0.15米。填土为灰黑色砂土，土质疏松，夹杂红烧土和炭屑，出土少量灰褐陶片、瓷片等，瓷器器类有碗、圈足（图六九三；彩版一五八，1）。

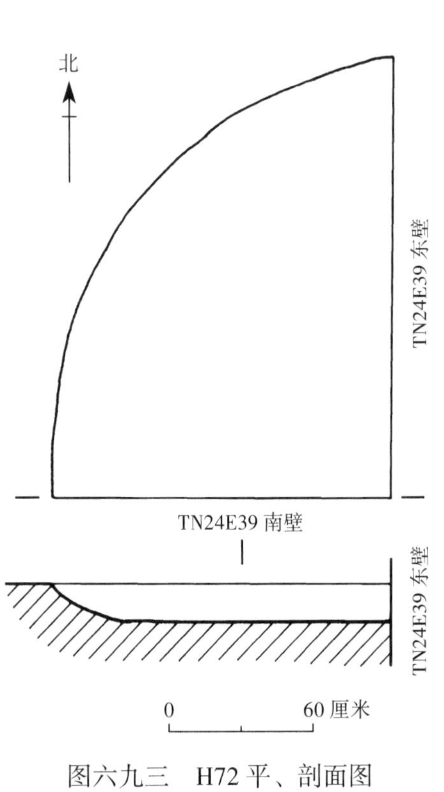

图六九三　H72平、剖面图

瓷器

碗

H72：2，口部内外施绿釉，其下为化妆土。圆唇，近直口，薄胎。釉面整齐光滑。残高2.8厘米（图六九四，1）。

圈足

H72：1，表面施淡白釉。矮圈足。素面无纹。足径9.2、残高2厘米（图六九四，2）。

2. H73

位于TN25E37东部，向东伸入探方东隔梁，未继续清理。开口于第1层下，打破第2层。平面呈半圆形，弧壁，平底。长径1.96、短径0.72、深0.28米。填土为灰黑色砂土，土质疏松，出土少量陶片和少量石器，陶器器类有纺轮等，石器器类有刀等。灰坑底部有一层黑灰，出土少量烧灼过的人骨和牙齿，可能为大理国时期的火葬墓（图六九五；彩版一五八，2）。

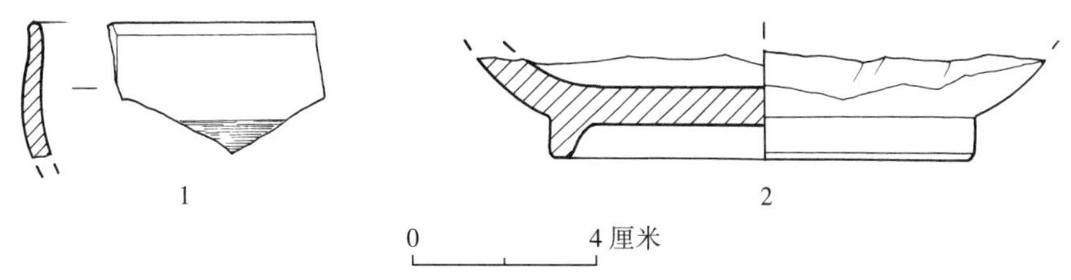

图六九四　H72 出土瓷器

1. 碗（H72：2）　2. 圈足（H72：1）

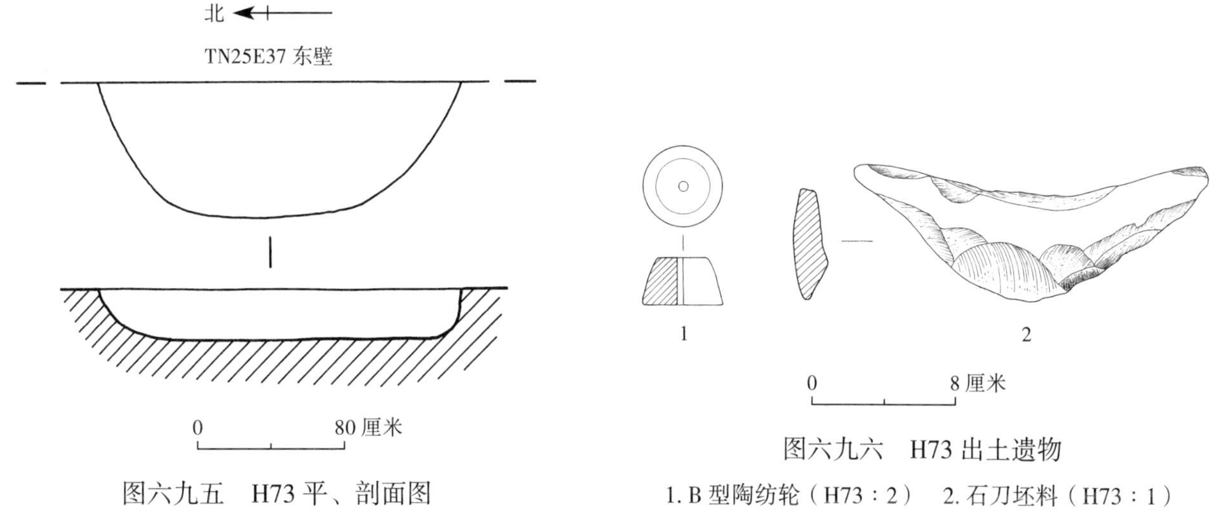

图六九五　H73 平、剖面图

图六九六　H73 出土遗物

1. B 型陶纺轮（H73：2）　2. 石刀坯料（H73：1）

（1）陶器

纺轮　B 型。

H73：2，黄褐陶。算珠形，上窄下宽，中部有一穿孔。直径 4.1、厚 2.5、穿孔直径 0.5 厘米（图六九六，1；彩版一五八，3）。

（2）石器

刀　坯料。

H73：1，褐色。布满打制的片疤，仍较厚，未磨光。长 19.4、宽 5.8、厚约 1.9 厘米（图六九六，2；彩版一五八，4）。

第四节　2018 年历史时期遗存

一、Ⅰ区遗迹

遗迹包括灰坑 2 个、灰沟 2 条（见附表一）。

（一）灰坑

2 个。

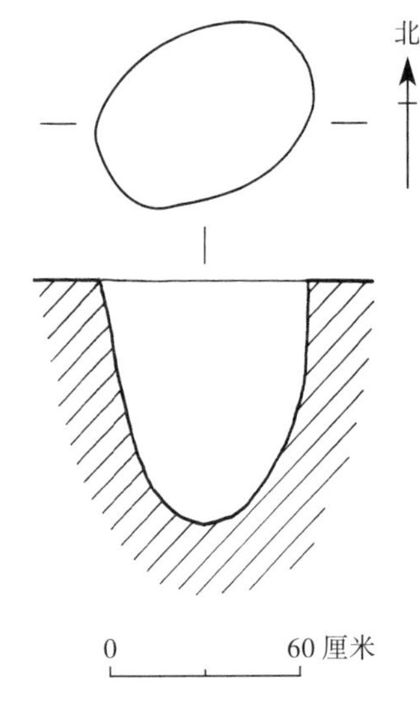

图六九七　H150平、剖面图

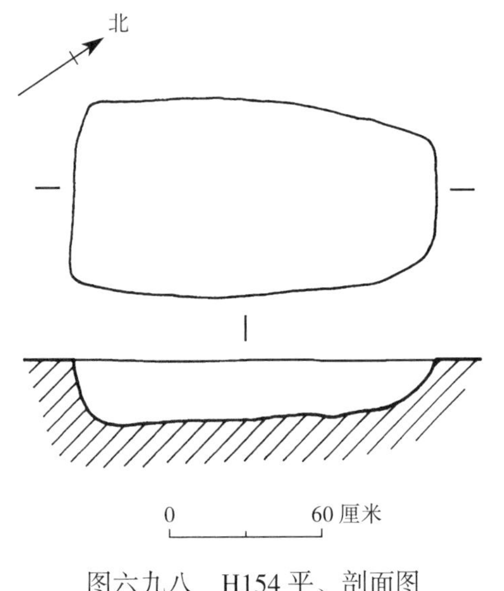

图六九八　H154平、剖面图

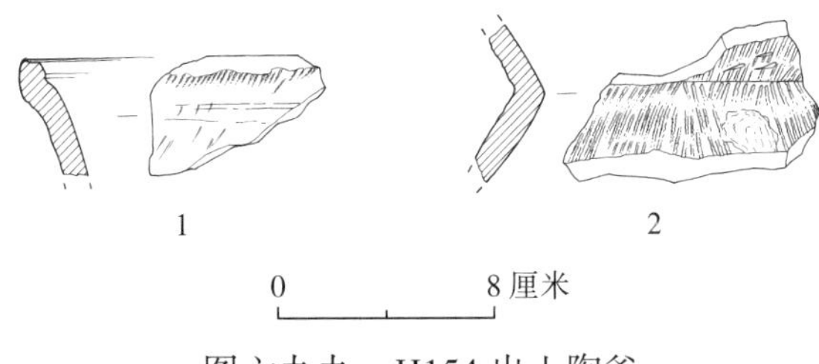

图六九九　H154出土陶釜

1. 甲类Ac型（H154：4）　2. 颈部残片（H154：3）

1. H150

位于TN32E33西北部。开口于第1层下，打破第2层。平面近圆形，弧壁，圜底。直径0.5~0.71、深0.72米。填土为黑灰色黏土，土质疏松，夹杂炭屑，出土少量陶片（图六九七；彩版一五九，1）。

2. H154

位于TN36E33东南部。开口于第1层下，打破第2层。平面呈圆角长方形，弧壁，平底。长1.43、宽0.73、深0.25米。填土为黄褐色砂土，土质疏松，出土少量陶片，器类有釜等（图六九八；彩版一五九，2）。

陶器

釜

甲类Ac型。

H154：4，夹砂灰褐陶，陶胎中杂有少量石英砂粒。仅存沿部，圆唇。外壁饰短绳纹。残高4.2厘米（图六九九，1）。

颈部残片。

H154：3，夹砂褐陶，内壁黑灰色，陶胎中杂有少量石英砂粒。仅存颈部与口部接合部，盘口，宽沿。外壁饰绳纹。残高5.7厘米（图六九九，2）。

（二）灰沟

2个。

1. G6

位于TN35E31中部和西南部，向南伸入TN34E31北隔梁，未继续清理。开口于第1层下，打破第2层。平面近梯形，较为规整，近直壁，圜底。残长4.4、宽0.8、残深0.2米。填土为灰黑色砂土，土质疏松，坡状堆积，出土少量夹砂褐陶片（图七〇〇；彩版一五九，3）。

2. G7

位于TN33E33北部，向北、东伸入探方北、东隔梁，未继续清理。开口于第1层下，打破第2层。平面呈不规则长条形，斜壁，平底。残长3.7、宽0.44~0.8、深0.68米。填土为灰黑色砂土，土质疏松，夹杂红烧土颗粒和大量炭屑，坡状堆积，出土少量陶片、石器、动物骨骼等，陶器器类有釜、罐、壶等。除少量釜形陶片外，遗物多为新石器时代晚期陶

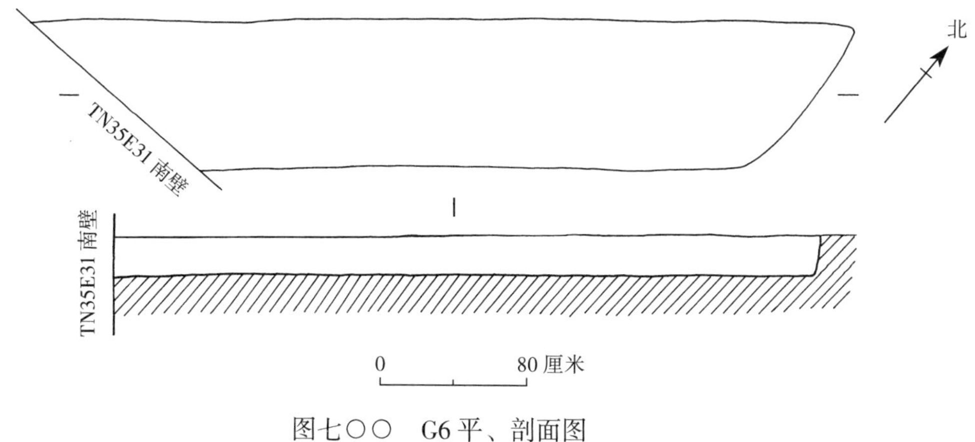

图七〇〇　G6 平、剖面图

片（图七〇一；彩版一五九，4）。

（1）G7 出土新石器时代晚期陶器

侈口小罐

Ab 型。

G7：6，夹砂褐陶。圆唇，侈口，卷沿，溜肩较竖直，弧腹，平底。素面。口径 8.2、底径 5.4、高 7.2 厘米（图七〇二，1；彩版一五九，5）。

C 型。

G7：5，夹砂褐陶。圆唇，口微侈，矮领，折肩，下腹斜收，平底。领下部饰凹弦纹夹短斜线纹。口径 8、底径 4.8、高 8 厘米（图七〇二，2；彩版一五九，6）。

矮领小罐　B 型。

G7：4，夹砂褐胎黑灰皮陶。圆唇，直口，矮领，溜肩。唇部饰戳印点纹，口外侧饰一周平滑的附加堆纹，肩部饰凹弦纹、凹弦纹夹短斜线纹等。残高 3.9 厘米（图七〇二，3）。

壶　甲类 Bd 型。

G7：3，夹砂褐胎黑皮陶。圆唇，口微侈，长颈微束，溜肩，鼓腹，底残。唇部饰戳印点纹，颈下部饰凹弦纹、凹弦纹夹短斜线纹等。口径 4.2、残高 9.3 厘米（图七〇二，4；彩版一五九，7）。

G7：7，夹砂黑褐陶，内壁褐色。口部残，溜肩，圆鼓腹，底残。颈肩部以四周凹弦纹分为三个纹饰带，上下为短斜线纹组成的窄带状纹饰，中间为短斜线纹组成的菱形纹与光面形成的复合纹饰。残高 11.6 厘米（图七〇二，6）。

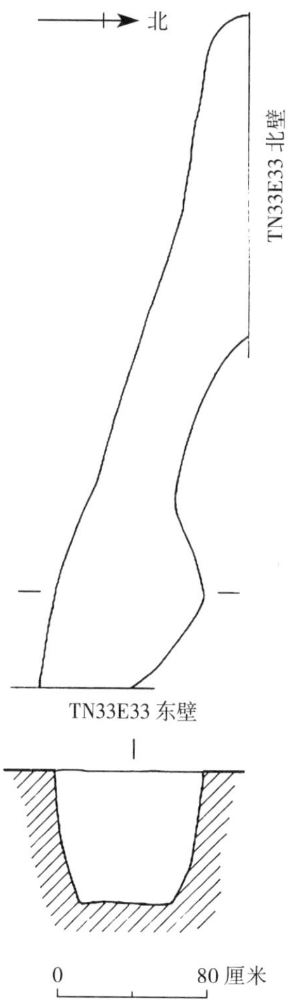

图七〇一　G7 平、剖面图

陶片

G7：2，夹砂灰褐陶。器形较小，口部残，鼓腹，平底。腹部有成组的刮划痕。为罐的腹部。底径 5、残高 5.2 厘米（图七〇二，7）。

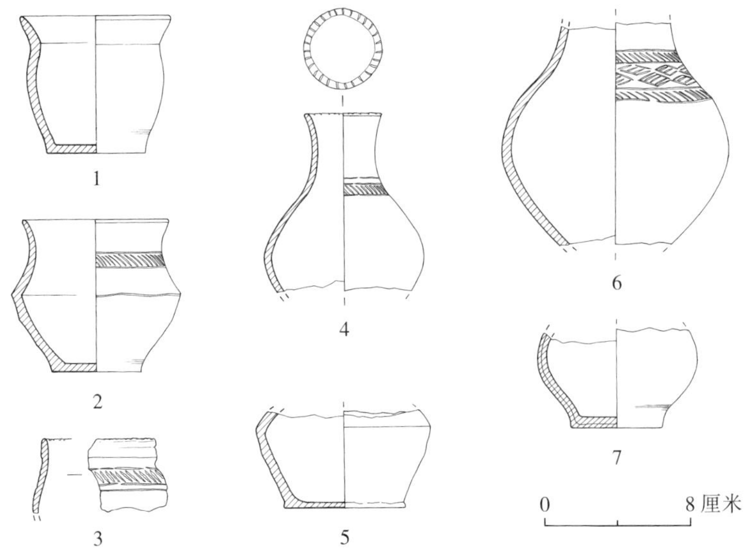

图七〇二 G7出土新石器时代晚期陶器

1. Ab型侈口小罐（G7：6） 2. C型侈口小罐（G7：5） 3. B型矮领小罐（G7：4） 4、6. 甲类Bd型壶（G7：3、7） 5、7. 陶片（G7：8、2）

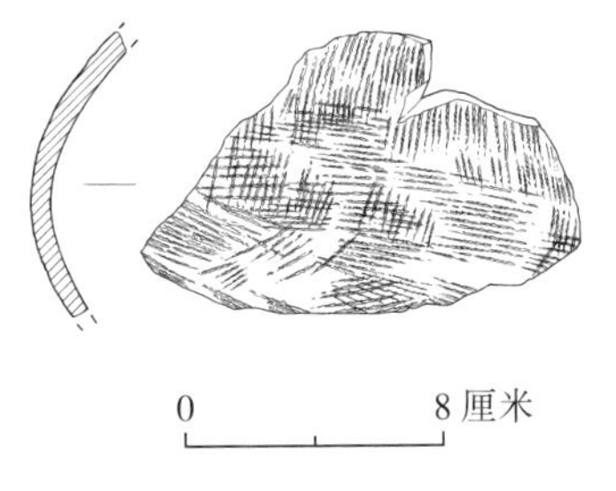

图七〇三 G7出土历史时期A型陶器底（G7：1）

G7：8，夹砂灰褐陶。器形较小，口部残，折肩，鼓腹，平底。素面。为罐的腹部。底径6.6、残高5.2厘米（图七〇二，5）。

（2）G7出土历史时期陶器

器底 A型。

G7：1，夹砂灰黑陶。仅存口部以下部分，为腹与底的接合部，扁圜底。底部和腹部均饰绳纹，绳纹呈交错状。残高8.5厘米（图七〇三）。

二、Ⅱ区遗迹

遗迹仅发现灰坑2个（见附表一）。

灰坑

2个。

1. H198

位于TN29E33东部和TN29E34西部。开口于第1层下，打破第2层，被H70打破。平面形状不规则，斜壁，圜底。长2.24、宽1.2~1.6、深0.42米。填土为灰黑色砂土，土质疏松，出土较多陶片和少量石器等，陶器器类有釜等，石器器类有锛、凿等（图七〇四；彩版一六〇，1）。

（1）陶器

釜 甲类Ab型Ⅱ式。

H198：11，夹砂灰黑胎灰褐皮陶，胎体厚重。唇部饰压印斜向短线纹，口沿与颈部接合处饰纵向短绳纹。器物外壁遗留有明显的烟炱痕迹。口径25.6、残高5.8厘米（图七〇五，1）。

H198：13，夹砂红褐胎灰褐皮陶，胎体厚重。口沿内折，折沿。颈部与口沿接合处饰绳纹。器物外壁遗留有明显的烟炱痕迹。口径30.4、残高7.2厘米（图七〇五，2）。

H198：15，夹砂黑灰陶。仅存沿部，唇面上缘内勾。器体较薄。残高4厘米（图七〇五，3）。

（2）石器

锛

B型。

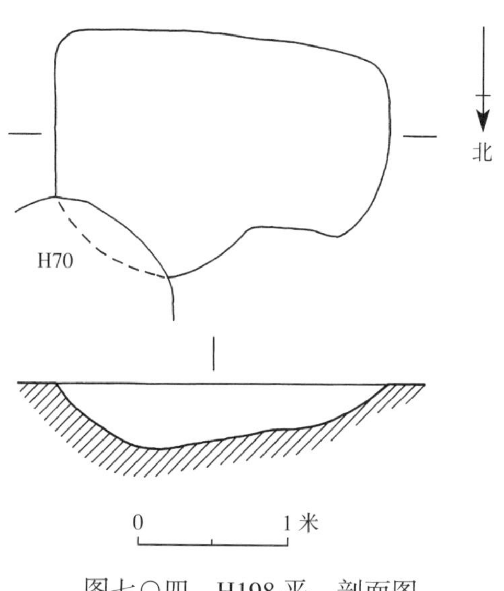

图七〇四　H198平、剖面图

H198：1，黑色。平面呈梯形，截面近长方形。斜平顶，顶部两面有较明显的片疤。两面均磨光。刃部残缺。长4.5、宽2.4、厚约0.4厘米（图七〇五，7；彩版一六〇，2）。

H198：4，黑色。平面近梯形，截面较不规则。斜平顶。两面均磨光，残有较多片疤。直刃，单面刃，刃缘有较密集的磨痕及细小茬口。长9.5、宽4.1、厚约1.2厘米（图七〇五，4）。

残件。

H198：2，黑色。残存平面呈长方形，截面近长方形。弧刃，单面刃，刃部中间较宽至两侧逐渐变窄，刃缘有较密集的茬口。器表有较密集的片疤，磨制较粗糙。长4.2、宽2.6、厚约1.1厘米（图七〇五，5；彩版一六〇，3）。

凿　B型。

H198：3，黑色。平面呈长条形，截面近长方形。斜平顶，顶部磨光，斜切平直。两面及侧面切割平整且磨光。弧刃，刃部有较多垂直于刃缘的细小磨痕及崩疤。长7、宽2.3、厚0.8厘米（图七〇五，6）。

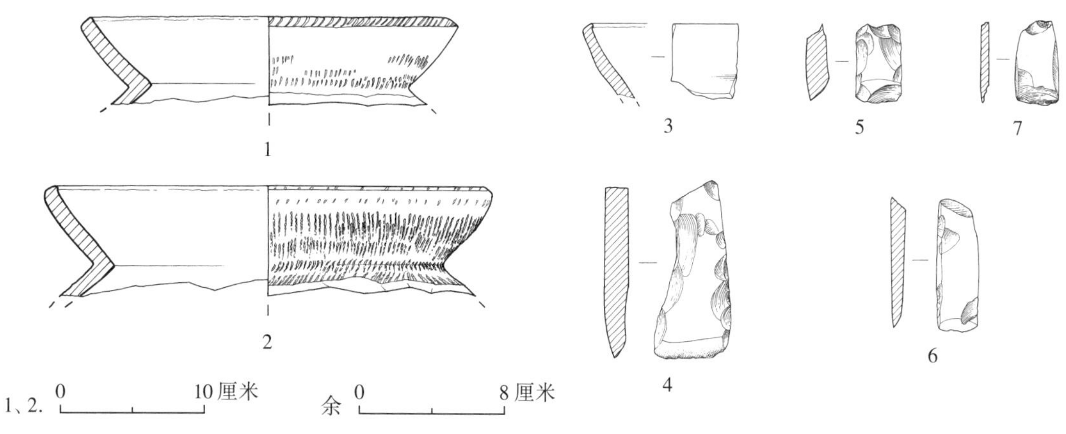

图七〇五　H198出土遗物

1~3. 甲类Ab型Ⅱ式陶釜（H198：11、13、15）　4、7. B型石锛（H198：4、1）　5. 石锛残件（H198：2）　6. B型石凿（H198：3）

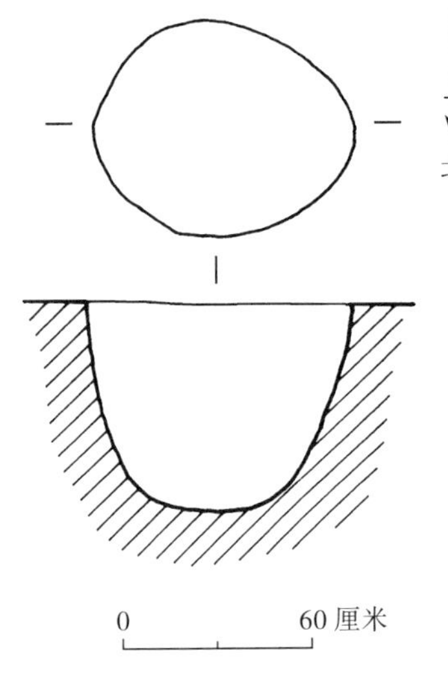

图七〇六　H199平、剖面图

2. H199

位于TN29E33东部。开口于第1层下，打破第2层。平面近椭圆形，斜壁，圜底。长径0.84、短径0.66、深0.64米。填土为黑灰色砂黏土，土质疏松，夹杂大量炭屑，出土陶片、石器、动物骨骼等，陶器器类有釜等（图七〇六；彩版一六〇，4）。

陶器

釜

甲类Aa型Ⅱ式。

H199：13，夹砂红褐胎灰褐皮陶。沿外壁饰绳纹。器物外壁遗留有明显的烟炱痕迹。口径34、残高7厘米（图七〇七，1）。

H199：11，夹砂红褐胎褐皮陶，胎体厚重。沿外壁和肩部饰绳纹。器物外壁遗留有明显的烟炱痕迹。口径26.8、残高7.8厘米（图七〇七，3）。

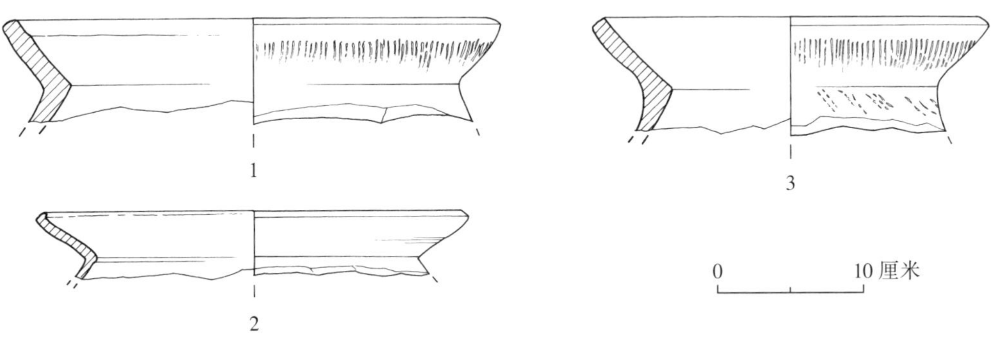

图七〇七　H199出土陶釜

1、3. 甲类Aa型Ⅱ式（H199：13、11）　2. 甲类Ab型Ⅱ式（H199：12）

甲类Ab型Ⅱ式。

H199：12，夹砂褐胎灰褐皮陶，陶衣部分脱落。斜方唇，唇部内卷呈一道凸棱。器物内外壁均遗留有烟炱痕迹。口径29.6、残高4.2厘米（图七〇七，2）。

第六章　分期与年代

第一节　分期

皈家堡遗址是迄今为止盐源盆地调查发现的古代遗址中保存状况相对较好、文化内涵较为丰富的遗址之一。该遗址文化堆积相对较厚，并发现有新石器时代、青铜时代和历史时期等不同时期遗存叠压打破的现象，文化发展延续时间长、内容丰富，该遗址相关遗存的年代序列的建立对构建盐源盆地古代文化的发展脉络、了解盐源盆地古代文化的内涵与时代特征具有重要意义。

皈家堡遗址的发掘历时四个年度，每个年度发掘区的布设位置、文化堆积的保存状况、遗存的文化面貌和时代特征等都有一定差异。要构建皈家堡遗址古代文化的发展序列，需要厘清各个年度相关遗存的文化特征和时代特征。下文将对各个年度相关遗存的分期情况分别进行分析，在此基础上提出皈家堡遗址的分期方案。

一、2016 年遗存的分期

2016年发掘区位于遗址的东北部，地层统一划分为6层。根据层位关系和典型单位出土遗物特征，可将该年度遗存分为四期。

（一）第一期

包括第 6 层，以 TN26E38 ⑥、TN27E36 ⑥、TN31E36 ⑥、TN31E39 ⑥为代表，未发现同时期遗迹现象。该期的分布范围较小，出土遗物较少，包括陶器和石器两类。陶器以泥质灰陶和夹砂黄褐陶为主，夹砂褐陶次之，少数为黑皮陶，泥质陶陶胎细腻、火候较高，典型器物包括侈口高领罐、小罐、折腹盆、敛口或直口浅腹钵、尊形器、簸箕形器等，侈口高领罐和折腹盆上常见戳印窝点纹，小罐的颈肩部饰有细绳纹，钵均为素面，尊形器的唇部和外壁通体饰粗篮纹。这一时期还发现一定数量的细绳纹和交错绳纹陶片。石器的数量和种类较少，仅发现有斧、凿、箭镞和球，均为体量较小的小型石器。

（二）第二期

包括第 3~5 层、大部分探方的第 2 层、开口于第 2~5 层下的遗迹和开口于第 1 层下的部分遗迹。

该期分布范围较广，在各个探方均有发现，遗迹丰富，包括房址、灰坑、器物坑和石刀堆积等特殊遗迹，出土遗物较多，可分为四段。

第 1 段，包括第 5 层和开口于第 4 层下的 H33、H40 和 H42 等。出土遗物较第一期丰富，但数量仍然较少，包括陶器和石器两类。陶器均为夹砂陶，以黑灰色系为主，包括黑灰陶、灰陶和灰褐陶，少量为红褐陶。纹饰包括戳印点纹、“×”形纹、刻划网格纹、菱格纹、凹弦纹、短线纹以及与光面组成的复合纹饰等，复合纹饰包括连续三角纹夹光面折线纹、锯齿纹、折线纹等。器类和数量有限，包括束颈罐、侈口小罐、无颈罐、附加堆纹罐、沿面饰纹罐、长颈罐、壶、钵、器盖、器底、纺轮等，除束颈罐和钵的数量相对较多外，其他器类数量极少。束颈罐多在唇部饰连续的较密集的戳印点纹或“×”形纹形成花边口，口部外侈程度一般较大。钵除个别为素面外，多饰有繁缛纹饰，以菱格纹和细密的点线纹为特点，此类钵的唇部均饰有戳印点纹。石器的数量较少，多为斧、凿、球等小型石器，新发现有砺石。

第 2 段，包括第 4 层、开口于第 4 层下的 H47 等。出土遗物的数量和器类明显增加。陶器均为夹砂陶，仍为黑灰色系，包括黑灰陶、灰陶、灰褐陶、黑褐陶，有少量灰胎或褐胎黑皮陶、灰胎褐皮陶，褐陶的数量明显增加，黄褐陶和红褐陶的数量也有所增加。纹饰仍常见戳印点纹、“×”形纹、刻划网格纹、菱格纹、凹弦纹等，附加堆纹的数量明显增加。该段还常见短线纹组成的连续三角纹、菱形纹、窄带状纹饰以及与光面组成的其他复合纹饰。细密的点线纹仍有发现，但小方格状点线纹是该段纹饰的一大特点，小方格状点线纹还组成菱格纹、连续三角纹、“<”形纹、折线纹、窄带状纹饰以及与光面组成的其他复合纹饰。器类和器型丰富。部分器类延续自第 1 段的同类器，其类型较第 1 段更为多样，束颈罐唇部仍流行花边装饰，口部外侈程度较第 1 段变小，器形上增加了宽沿外翻的类型，颈部流行刻划网格纹和戳印粗点纹；侈口小罐中新增侈口短束颈者，与束颈罐的形态和纹饰特征相近，只是器形相对较小；无颈罐则出现了敛口折沿和侈口卷沿溜肩等新的器形特征；附加堆纹罐多在颈部饰平滑的或褶皱状附加堆纹，口外侧也有饰附加堆纹者但数量极少，附加堆纹罐的唇部也常饰有戳印点纹，有的较为密集，有的相对稀疏；素面钵的数量较第 1 段增加，但仍明显少于饰纹钵，饰纹钵的类型十分丰富，以直口弧腹和敞口弧腹者最为常见，唇部仍盛行戳印点纹，部分素面钵的唇部也饰戳印点纹。除第 1 段所见器类外，新增加了矮领小罐、带耳罐、敞口罐、盆等器类。带耳罐既有带桥形竖耳者也有带横耳者；敞口罐胎体较薄、沿面斜直。石器除斧、箭镞、球和砺石外，新增锛、刀、纺轮等器类，以锛和刀的数量最多，纺轮次之，其中石刀有半月形双孔刀和桂叶形双孔刀，以前者居多。

第 3 段，包括第 3 层及开口于第 3 层下的 H14、H30、H41 和 F2 等。出土遗物的数量较第 2 段增加。除陶器和石器外，该段出土少量玉器残片。陶器均为夹砂陶，仍为黑灰色系，包括黑灰陶、灰陶、灰褐陶、灰黄陶，有一定数量的黑皮陶和灰白陶，褐陶也较多，红黄色系如红陶、橙黄陶、黄褐陶、红褐陶的数量较第 2 段明显增加。纹饰特征与第 2 段接近，常见戳印点纹、刻划网格纹、菱格纹、凹弦纹、附加堆纹等，其中附加堆纹既有成周的长泥条附加堆纹，也有短泥条状、小圆饼状和乳丁状的附加堆纹，个别器物上见有刻划细线纹。小方格状点线纹或短线纹组成的连续三角纹、“<”形纹、菱形纹、窄带状纹饰以及点线状的凹弦纹等依旧盛行。流行前一段常见的束颈罐、侈口小罐、无颈罐、附加堆纹罐、

沿面饰纹罐、长颈罐、矮领小罐、钵等器类，在类型和纹饰特征上与前一段有所差异。束颈罐常见宽沿或窄沿外翻的形态，唇部饰纹饰者明显减少，而以唇部素面者居多，颈肩部除刻划网格纹和凹弦纹外，还常见短泥条附加堆纹和小圆饼状附加堆纹。短束颈的侈口小罐数量较多，口部外侈程度较小，唇部和颈肩部的纹饰特征与束颈罐的相同。敛口折沿的无颈罐数量明显增加。附加堆纹罐仍以颈部饰附加堆纹者居多，但口外侧饰附加堆纹者数量增加，唇部饰戳印点纹的做法仍较为常见。长颈罐新出现盘口的形态，其整体器形与盘口高领罐接近，但多为素面或饰简单纹饰。矮领罐新出现领部外弧内凹、窄溜肩的类型。素面钵仍发现较多，仅个别唇部饰戳印点纹，饰纹钵仍以直口弧腹者居多，出现口内侧有凸棱的器形，唇部饰戳印点纹者仍多于唇部素面者。新出现敛口罐、带把罐、小口罐、瓶、碗、器座等器类，数量较少，其中敞口斜直腹碗、带把罐等器物与皈家堡墓葬出土器物多有相似。石器器类多样，数量明显增加。斧、锛、凿、刀、箭镞、球、纺轮、砺石等基本延续第 2 段的特征，数量较多，其中直背直刃的长方形双孔刀、带穿孔的柳叶形箭镞、底部内凹的柳叶形箭镞为本段新出现，还发现有箭镞的坯料。除此之外，新出现铲、杵、网坠等器物，但数量较少。

第 4 段，包括第 2 层及开口于第 2 层下的 H17、TN26E36C1、TN27E37C2 和开口于第 1 层下的 H2、TN28E36K1 等。该段出土陶器的数量较第 3 段减少，石器则较第 3 段增加。陶器的陶质、陶色基本延续第 3 段的特点，红黄色系如橙黄陶、黄褐陶、红陶、红褐陶的数量仍较多。纹饰特征也与第 3 段接近，短线纹组成的疏朗的菱格纹具有特点。第 3 段的典型器类继续流行，但不见器座。束颈罐除个别外，唇部基本不饰纹，颈肩部纹饰特征与第 3 段相近。侈口小罐新出现折沿的形态。附加堆纹罐中颈部饰附加堆纹者唇部仍流行戳印点纹，而口外侧饰附加堆纹者唇部素面，新出现了饰竖向附加堆纹的罐。沿面饰纹罐的数量较第 3 段增加。盘口高领罐的盛行是该段的特点之一，以宽沿盘口者居多，少数为窄沿，沿外壁多满饰小方格状点线纹或短线纹。素面钵的唇部不饰纹，饰纹钵的唇部饰戳印点纹的也较少。新出现釜形罐等器类，釜形罐的数量相对较多。器物坑出土陶器体量偏小。石器基本延续了第 3 段的器类，另发现有一件坠饰。斧、锛、凿、刀、箭镞的数量仍然较多，新出现平面近弧三角形的箭镞，球和网坠的数量显著增加是该段的特点之一。

（三）第三期

未发现原生堆积，仅 TN28E39 ②出土少量叶脉纹器底。

（四）第四期

包括开口于第 1 层下的 H1、H8、H20、H27、G1 和 G2。该期出土少量陶器和石器。陶器均为夹砂陶，以红褐陶和灰褐陶为主，少量为黑灰陶。纹饰多见绳纹，多饰于颈肩部、腹部或底部。器类单一，包括釜和高领罐等。石器包括斧、刀、砺石、纺轮等，与第二期常见的石器器类和形态接近，可能是晚期单位混入的早期遗物。

二、2017 年遗存的分期

2017 年的发掘分为四个区。其中第Ⅰ区位于遗址中部，地表种植有玉米、苹果等作物，机械深耕对原始堆积扰动严重，故其堆积基本为扰动后的次生堆积，耕作未覆盖的间隙局部有原生堆积，地层出土遗物不具有分期意义，仅 G3 出土遗物较为丰富，可与Ⅱ区和Ⅲ区遗存对比后确定其期别。第Ⅳ区位于遗址东部的河漫滩上，未出土遗物。第Ⅱ区和Ⅲ区发现丰富的遗存，根据这两个区的层位关系和出土遗物特征，将该年度相关遗存分为四期。

（一）第一期

包括第Ⅱ区和第Ⅲ区的第 6~7 层以及开口于第 6 层下的 F21、H140 和 H145 等。该期分布范围有限，仅发现少量半地穴式房屋和灰坑，出土遗物相对较少，包括陶器和玉、石器。陶器有夹砂黄褐陶、夹砂灰陶、夹砂褐胎黑皮陶、泥质灰陶、泥质红陶等，以夹砂黄褐陶和泥质灰陶居多，纹饰多见粗篮纹、戳印窝点纹、压印线纹、附加堆纹、细绳纹和交错绳纹等，典型器物包括侈口高领罐、矮领罐、附加堆纹罐、尊形器、折肩钵、敛口或直口浅腹钵、折腹盆等。口外侧饰附加堆纹的尊形器、折肩钵等器物仅见于第 7 层，敛口或直口的浅弧腹钵多见于第 6 层。此外，出土有细石叶、玉凿和石箭镞、纺轮等少量小型石器。

（二）第二期

包括第Ⅱ区和第Ⅲ区的第 3~5 层、大部分探方的第 2 层、开口于第 2~5 层下的遗迹以及开口于第 1 层下的部分遗迹。该期分布范围较广，各个探方均有发现，遗迹和遗物丰富，除房址和灰坑外，还发现有灰沟、墓葬和器物堆积等特殊遗迹，可分为四段。

第 1 段，包括Ⅱ区和Ⅲ区的第 5 层。出土遗物数量相对较少，包括陶器和石器。陶器均为夹砂陶，以黑灰色系为主，包括黑灰陶、灰陶和灰褐陶等，褐陶次之，红褐陶或黄褐陶较少。纹饰包括戳印点纹、刻划凹弦纹、网格纹、菱格纹、长泥条附加堆纹和乳丁纹、镂孔等，常见短线纹、细密的点线纹和小方格状点线纹等与光面组成的复合纹饰，如连续三角纹、连续三角纹夹光面折线纹或光面菱形纹、菱格纹、“<”形纹等，其中小方格状点线纹的方格小而规整。典型器物包括束颈罐、侈口小罐、无颈罐、附加堆纹罐、沿面饰纹罐、长颈罐、矮领小罐、敛口罐、钵、杯、器盖、器座等，其中束颈罐和侈口小罐唇部流行戳印点纹，钵多为直口弧腹并饰有繁缛纹饰，杯为捏制的直口浅弧腹杯。石器包括斧、锛、凿、刀、箭镞和砍砸器，以凿和刀的数量居多，刀多为半月形双孔刀，少数为桂叶形双孔刀。

第 2 段，包括Ⅱ区和Ⅲ区的第 4 层及开口于第 4 层下的 F10、H98、H103、H106、H135、H136 等。出土遗物较丰富，陶器和石器的数量和类型都明显增加。陶器除个别为泥质陶外，大多为夹砂陶，仍以黑灰色系为主，包括黑灰陶、黑陶、灰陶、灰褐陶、灰白陶、灰黄陶等，褐陶数量仍较多，黄褐陶的数量增加。纹饰包括戳印点纹、刻划网格纹、菱格纹、凹弦纹、“<”形纹、附加堆纹、镂孔等，流行短线纹或小方格状点线纹与光面组成的复合纹饰，复合纹饰的类型与第 1 段相近，还见有凹弦纹夹短线纹，其中尤以小方格状点线纹数量最多，方格变大并出现长方形的小方格，纹饰多粗糙，深浅不一。典型器物除第 1 段的束颈罐、侈口小罐、无颈罐、附加堆纹罐、沿面饰纹罐、长颈罐、矮领小罐、敛口罐、钵、杯、器座外，新增盘口高领罐、盘口短颈罐、小口罐、敞口罐、壶、盆等器类。

侈口罐仍然盛行唇部饰戳印点纹，新出现了沿面外翻的器形。长颈罐中新出现盘口长颈罐。盘口高领罐以宽沿居多，个别为窄沿，沿外壁满饰小方格状点线纹。矮领小罐中有少量领部外凸内凹者。钵仍多饰有繁缛纹饰，以直口弧腹者居多，素面钵的数量较少。不见捏制的直口杯，代之以敞口斜直腹杯和直口深弧腹并饰有繁缛纹饰的杯。新出现双耳圆鼓腹壶、长颈或无颈的橄榄形腹壶等。石器除斧、锛、凿、刀、箭镞外，还发现有球、网坠和砺石，但数量较少。刀的数量最多，除第1段已经使用的半月形和桂叶形双孔刀外，还出土较多直背直刃的长方形双孔刀。

第3段，包括Ⅱ区和Ⅲ区的第3层、开口于第3层下的G5等。遗存丰富，陶器的陶质、陶色、纹饰和典型器类与第2段基本相同，黄褐陶的数量增加，一些器物的器形和纹饰也有所变化。束颈罐中唇部素面者增多，折沿无颈罐、盘口长颈罐的数量显著增加，矮领小罐领部外凸内凹的特征突出，钵仍以饰繁缛纹饰者为主，素面钵少见，新出现口内侧有棱的饰纹钵。石器中斧、锛、凿、刀、箭镞等数量多、类型丰富，网坠的数量激增并成为石器的主要器类，此外还发现少量砺石、牛角形器和片状带刃器等。

第4段，包括Ⅱ区和Ⅲ区的第2层，开口于第2层下的H79、H116，开口于第1层下的F8、TN30E34C1和墓葬等。遗存丰富，陶器的陶质、陶色、纹饰和典型器类与第3段基本相同，不见器座，一些器类的器型和纹饰有所变化。束颈罐唇部以素面居多，沿部外翻者增多，颈部有的饰短泥条或小圆饼状附加堆纹。折沿盘口无颈罐数量明显增多。附加堆纹罐中新增颈肩部饰竖向附加堆纹和肩部饰横向附加堆纹两种类型。长颈罐中盘口者居多。新增筒腹瓶。墓葬出土陶器体型普遍较小，除侈口小罐、矮领小罐等少数器物与居址接近外，动物形壶、敞口长颈壶、带把罐、敛口鼓腹罐、尊形罐、曲腹素面钵等都具有特点，纹饰常见戳印点纹、刻划网格纹、凹弦纹、竖向长条状附加堆纹等，点线纹组成的菱格纹具有特色。该期石器仍以网坠最多，其次为斧、锛、刀和箭镞，少量为纺轮、砺石和圆形石片。

（三）第三期

未发现原生堆积，仅第Ⅰ区南部发现有陶豆、矮领罐、钵形器、乳丁、圈足和叶脉纹器底等遗物，陶质有泥质黑皮陶、夹砂灰褐陶和夹砂红褐陶等，泥质黑皮陶数量多，器表多作磨光处理，除器底饰叶脉纹外，多素面。

（四）第四期

包括第Ⅰ区开口于第2层下的H59、H60、H61、H62，第Ⅱ区开口于第1层下的H68和第Ⅲ区开口于第1层下的H72等。该期仅发现有灰坑一类遗迹。遗物包括陶器、瓷器和铁器。陶器均为夹砂陶，以红褐陶和灰褐陶为主，少量为黑灰陶。纹饰多见绳纹，多饰于颈肩部、腹部或底部。器类单一，多见釜，高领罐较少。瓷器数量少，有碗和圈足。铁器发现有器形不明的残件和烧结物。

三、2018年遗存的分期

2018年两区的文化面貌整体较为接近，根据层位关系和出土器物特征，将该年度遗存分为三期。

（一）第一期

包括Ⅰ区和Ⅱ区的第2~5层、开口于第2~4层下的遗迹及开口于第1层下的部分遗迹。该期分布范围较广，在各个探方均有发现，遗迹和遗物较丰富，遗迹包括房址、灰坑、灰沟、器物坑、墓葬和器物堆积等特殊遗迹，可分为三段。

第1段，包括Ⅰ区第6层。遗物相对较少，包括陶器和石器。陶器除混杂的早期泥质陶浅腹钵、泥质陶器底外，均为夹砂陶，以黑灰色系为主，包括黑灰陶、灰陶、灰褐陶、黑皮陶等，褐陶数量也较多，有少量黄褐陶和红褐陶。纹饰盛行戳印点纹、刻划网格纹、水波纹、附加堆纹等，其中网格纹的格子较小，短线纹与光面组成的复合纹饰较少，细密的点线纹与光面组成的复合纹饰较常见，包括连续三角纹、菱格纹等。典型器物包括束颈罐、无颈罐、附加堆纹罐、长颈罐、矮领小罐、敛口罐、带耳罐、钵等，束颈罐和附加堆纹罐唇部流行戳印点纹。石器仅发现少量斧、纺轮等。

第2段，包括Ⅰ区第3~5层、Ⅱ区第5~6层，Ⅰ区开口于第3层下的F23、H175，开口于第4层下的H177、H190、H192、H195、H196，Ⅱ区开口于第5层下的H201等。出土遗物丰富。陶器特征基本沿袭第1段，新增沿面饰纹罐、盘口高领罐、小口罐、器座等器类，纹饰和一些器物的器形特征具有特点。除较细密的点线纹外，流行小方格状点线纹与光面组成的复合纹饰，方格相对较大，盘口高领罐上的小方格多制作粗糙，呈圆点状或长方形状，小方格状点线纹的两端粗细和深浅不一。罐的肩部有饰乳丁纹者。Ⅱ区发现少量水波纹。束颈罐唇部仍流行戳印点纹，同时唇部素面者增加，沿面外翻的形态也增多。出土少量盘口折沿无颈罐、敛口折沿无颈罐。附加堆纹罐以颈部饰附加堆纹者为主，口外侧饰附加堆纹的罐从早到晚有增多的趋势。长颈罐新出现盘口长颈者。钵素面者较少，而以饰繁缛纹饰者居多，多见直口或敞口弧腹钵，出现口内侧有凸棱者。石器数量明显增加，尤以Ⅰ区第3层最为明显，以斧、锛、凿、刀、箭镞为主，球和砺石等较少。Ⅰ区第4层和Ⅱ区第6层开始出现网坠，但数量较少。

第3段，包括Ⅰ区第2层、Ⅱ区第2~4层及Ⅰ区开口于第1层下的H166、TN28E35K1、TN31E32K2和墓葬等。器物特征与第2段基本相同。陶器纹饰少量为短线纹组成的菱格纹，不见器座，新增盘口短颈罐等器类。Ⅰ区束颈罐唇部素面者居多，颈肩部多见刻划网格纹；附加堆纹罐中口外侧饰附加堆纹者数量明显增多，新增颈肩部饰竖向附加堆纹和肩部饰横向附加堆纹两种形态；沿面饰纹罐的沿面多外翻；窄沿的盘口高领罐增多。该区TN28E35K1和墓葬出土陶器体量普遍偏小。Ⅱ区出土较多盘口罐，包括盘口高领罐、盘口短颈罐、盘口折沿无颈罐等，尤以第3层最为突出，盘口折沿无颈罐常于沿外壁和肩部饰刻划短线纹组成的折线纹，钵的数量少且多素面。

（二）第二期

包括Ⅰ区的TN28E34②及开口于第1层下的H156、H165等。陶器以泥质或夹砂黑皮陶为主，夹砂黄褐陶和红褐陶次之。除器底上饰叶脉纹外，其余多素面。典型器物包括豆、钵形器、矮领罐、带耳罐、乳丁、器耳、圈足、叶脉纹器底等。

（三）第三期

包括开口于第 1 层下的 H154、H198、H199、G7 等。出土陶器以夹砂灰褐陶为主，常见绳纹，仅发现釜和器底。

四、2019 年遗存的分期

2019 年两区的文化面貌整体较为接近，根据层位关系和出土器物特征，将该年度遗存分为两期。

（一）第一期

包括Ⅰ区第 3 层、第 2 层的部分遗物，开口于第 2~3 层下的遗迹以及开口于第 1 层下的部分遗迹；Ⅱ区第 3~6 层、第 2 层的部分遗物，开口于第 2~4 层下的遗迹。该期分布范围较广，各个探方均有发现，可分为两段。

第 1 段，包括Ⅱ区第 6 层。遗存不丰富，未发现遗迹现象，仅地层出土少量陶器和石器。陶器均为夹砂陶，以褐陶为主，黑灰陶、灰陶和灰褐陶次之，黄褐陶较少。纹饰流行戳印点纹、刻划网格纹、菱格纹、短线纹与光面组成的连续三角纹夹光面菱形纹等复合纹饰、附加堆纹等。典型器物包括束颈罐、无颈罐、附加堆纹罐、长颈罐、钵等，以束颈罐为主，束颈罐唇部流行戳印点纹。石器仅发现锛和锥。

第 2 段，包括Ⅰ区第 3 层、第 2 层的部分遗物、开口于第 2~3 层下的遗迹以及开口于第 1 层下的部分遗迹，Ⅱ区第 3~5 层、第 2 层的部分遗物、开口于第 2~4 层下的遗迹，典型遗迹单位包括 F24、H208、H215、G9 等。遗存丰富，发现有房址、灰坑、灰沟、墓葬和器物堆积等特殊遗迹。陶器除第 1 段已有器物外，新增沿面饰纹罐、盘口高领罐、矮领小罐、敛口罐、带耳罐、釜形罐等。束颈罐的唇部多素面，颈肩部有的饰小圆饼状或短泥条状附加堆纹，沿面外翻的形态也较为常见。无颈罐新增高领折沿的形态，盘口折沿无颈罐的数量较多。附加堆纹罐中发现较多口外侧饰纹者。长颈罐新增盘口的形态且数量较多。盘口高领罐以宽沿居多，并发现少量窄沿。石器数量相对较多，除斧、锛、凿、刀、箭镞、砺石、球、杵外，还发现有杯，属于容器。

（二）第二期

包括Ⅰ区开口于第 1 层下的 H202 以及 TN22E39 ②、TN21E40 ②、TN25E33 ②等单位的部分器物。典型陶器包括豆、乳丁纹瓮、矮领罐、束颈小口罐、叶脉纹器底、圈足等，除器底的叶脉纹外，多为素面。

五、皈家堡遗址的分期

在各个年度遗存分期的基础上，可建立皈家堡遗址整体的年代框架，共分为四期。

（一）第一期

包括 2016 年第一期和 2017 年第一期。该期遗存的分布范围较小，原生堆积仅发现于 2016 年和 2017 年Ⅱ、Ⅲ发掘区内的部分探方，2019 年Ⅱ区等发掘区的晚期遗存中也混杂有属于该期的遗物。遗存相对较少，主要为地层堆积，堆积较薄，另发现少量半地穴式房址和灰坑。出土陶器中泥质陶和夹砂陶的比例相当，以泥质灰陶和夹砂黄褐陶为主，少量泥质黑皮陶、红皮陶和夹砂灰陶，泥质陶陶胎细腻、火候较高。典型器物包括侈口高领罐、小罐、折腹盆、尊形器、钵等，侈口高领罐的颈部和折腹盆的腹部常饰戳印窝点纹，小罐颈部饰戳印窝点纹和绳纹，尊形器外壁通体饰粗篮纹，有的在口外侧饰一周附加堆纹，钵多为素面，多见直口或敛口浅弧腹钵，个别为直口折肩钵。此外，陶片上还常饰细绳纹以及细绳纹交错形成的网格纹。该期出土少量细石器和玉、石器，细石器仅细石叶一类，石器为斧、凿、箭镞、球等小型石器，玉器仅凿一类。

（二）第二期

包括 2016 年第二期、2017 年第二期、2018 年第一期和 2019 年第一期遗存。该期遗存分布广泛，在各个探方均有发现。地层堆积较厚，遗迹丰富，除房址和灰坑外，还发现有灰沟、墓葬、器物坑和石刀堆积等，出土器物特征较为一致。该期虽然堆积较厚，但纹饰和器形的早晚变化并不明显，仅在器物组合上有一些差异，据此大致可分为四段。

第 1 段，包括 2016 年第二期第 1 段、2017 年第二期第 1 段和 2018 年第一期第 1 段，以 2016 年第 5 层及 2017 年Ⅱ、Ⅲ区第 5 层为代表。该段遗存相对不丰富，仅在一些探方内有发现，分布范围有限，遗迹和遗物的数量相对较少。陶器包括 Ba 型束颈罐，Ac 型、Ae 型侈口小罐，Ab 型、Ac 型、Ba 型、Bc 型无颈罐，Aa 型、Ab 型、Ba 型、Bb 型附加堆纹罐，Aa 型、Ab 型沿面饰纹罐，A 型、B 型长颈罐，A 型、B 型矮领小罐，A 型敛口罐，乙类 Aa 型、Bb 型、Be 型、Bf 型钵，Ca 型杯，器盖，器座，纺轮等。束颈罐以 Ba 型为主，唇部流行戳印点纹装饰。侈口小罐以 Ae 型居多，整体形态与束颈罐接近，仅体量较小。该期混杂有侈口高领罐、折腹盆、尊形器、泥质陶钵等第一期的陶器，主要见于第 5 层中，属于晚期单位出土早期遗物。石器以斧、锛、凿、刀、箭镞为主，球和砺石的数量较少，不见网坠。不同年度的文化面貌也存在一定差异，2016 年的陶器器类相对单一，不见附加堆纹罐、长颈罐、器座等器物。

第 2 段，包括 2016 年第二期第 2 段和 2017 年第二期第 2 段，以 2016 年第 4 层和 2017 年Ⅱ、Ⅲ区第 4 层为代表。分布范围与第 1 段大致相同，遗存较第 1 段略丰富，仍以地层堆积和灰坑为主。陶器特征基本同于第 1 段。小方格状点线纹的数量明显增加，方格变大并出现长方格，纹饰制作粗糙，深浅不一。束颈罐出现沿面外翻的形态。敞口罐陶胎薄，沿面斜直。石器仍以斧、锛、凿、刀、箭镞为主，新增网坠，但数量较少。

第 3 段，包括 2016 年第二期第 3 段、2017 年第二期第 3 段、2018 年第一期第 2 段、2019 年第一期第 1 段，以 2016 年第 3 层和 2017 年Ⅱ区、Ⅲ区第 3 层为代表。该段遗存十分丰富，在各个探方均有分布，包括地层堆积和房址、灰坑、灰沟等遗迹。陶器器类和类型与第 2 段基本相同，一些器物的器形和纹饰有所变化。其中束颈罐唇部素面者增多，颈肩部除刻划网格纹、凹弦纹和戳印点纹外，还常见短泥条附加堆纹和小圆饼状附加堆纹；盘口折沿无颈罐和敛口折沿无颈罐的数量较多，少数罐上饰有水波纹；沿面饰纹罐仍以侈口、卷沿、长颈的形态最为常见，新增折沿的类型，数量极少；盘口高领罐的数量明显增加；钵仍以饰复合纹饰者多见，新增腹内壁有一道凸棱的形态，另有一定数量的敞口素面钵。石器数量激增，以网坠最多，锛和刀次之，斧、箭镞、球再次之，另有少量凿、砺石、纺轮等，网坠、锛和刀的数量较前段急剧增加。

第4段，包括2016年第二期第4段、2017年第二期第4段、2018年第一期第3段和2019年第一期第2段。该段遗存也十分丰富，在各个探方均有分布，包括地层堆积和房址、灰坑、灰沟、器物坑、墓葬、石刀堆积等遗迹。居址出土陶器组合与第3段基本相同，不见器座，新增少量饰纵向细泥条附加堆纹的罐和肩部饰横向附加堆纹的罐，饰凹弦纹夹戳印点纹的釜形罐具有特点。土坑墓和器物坑出土陶器体量普遍偏小，除侈口小罐、矮领小罐等少数器物与前三段有承袭关系外，带把罐、敛口鼓腹罐、尊形罐、动物形壶、敞口长颈壶、曲腹素面钵等基本不见于前三段及同时期居址遗存中，筒腹瓶与2017Ⅱ②出土同类器相似。石器数量较第3段有小幅上涨，以锛最多，网坠和刀次之，球、斧再次之，另有一定数量的箭镞、砺石，凿和纺轮较少，锛和球的数量和比例较前段明显上升。

第二期的四段之间陶器群的典型器类、纹饰特征和器形变化并不明显，反映出它们之间是连续发展的。前两段遗存相对较少，第2段较第1段的器物组合发生明显变化，如陶盘口高领罐和石网坠的出现是第3、4段这两类器物流行的肇始，可将第1段和第2段分别作为第二期的早段和中段。后两段遗存丰富，是皈家堡遗址新石器时代文化发展的鼎盛时期，这两段的器物特征十分接近，仅少数单位的器物组合有差异，可将这两段合并作为第二期晚段。

（三）第三期

包括2016年第三期、2017年第三期、2018年第二期和2019年第二期。属于该期的原生堆积发现较少，仅H156、H165和H202三个灰坑，另外个别探方的地层出土有属于该期的遗物。出土遗物以陶器为主，数量较少，以泥质黑皮陶为主，夹砂红褐陶和灰褐陶次之；多素面，纹饰常见叶脉纹；器形单一，以豆为主，此外还发现有矮领罐、瓮、钵形器、圈足、叶脉纹器底、大乳丁、器耳等，以豆、矮领罐、圈足、叶脉纹器底和大乳丁最具代表性。

（四）第四期

包括2016年第四期、2017年第四期和2018年第三期。该期未发现原生的地层堆积，仅个别探方的地层中出土属于该期的遗物，发现有灰坑和灰沟类遗迹。出土遗物以陶器为主，另发现少量瓷器和铁器。陶器均为夹砂陶，陶胎中夹杂有大量石英砂粒；陶色有红褐和灰褐两大类；纹饰以绳纹最为多见，施于器物的颈肩部、腹部或底部，另有少量短线纹，多成组施于器物的颈部；器类单一，以釜为主，另有少量高领罐等。瓷器发现有瓷碗、圈足和器底。铁器仅见箭镞和不明铁器，器表布满铁锈，另出土少量玻璃质烧结物。

第二节 年代

皈家堡第一期遗存与金沙江中游的会理猴子洞早期遗存[1]、李家坪早期遗存[2]、河头地早期遗存[3]及永胜堆子第一期遗存[4]和澜沧江中游的大理银梭岛第一期遗存[5]等具有相似性。它们都发现有数量较多的泥质陶，流行绳纹；皈家堡第一期的侈口高领罐和钵与这几处遗存中的同类器相似，附加堆纹罐在银梭岛和堆子第一期遗存中有发现，底部内凹的石箭镞与河头地早期遗存、银梭岛第一期遗存的同类器相似。这些相似性反映出它们在年代上接近。猴子洞早期遗存的年代在距今5000~4800年，银梭岛第一期遗存的年代在距今5000~4900年。皈家堡第一期遗存有多个测年数据，其中2016TN31E39⑥的测年最早，以公元前3019~前2901年最为集中，代表了该期遗存的年代上限；2016TN26E38⑥、2017TN32E37⑥、2017TN32E37⑦的测年接近，大致在公元前2900~前2580年；2016TN27E36⑥的测年集中在公元前2625~前2495年；F21的测年集中在公元前2580~前2450年，代表了该期遗存的年代下限（附表二）。综上，皈家堡第一期遗存的年代在距今5000~4500年，其年代上限与猴子洞早期遗存和银梭岛第一期遗存接近，其年代下限晚于这些遗存。

皈家堡第二期第1段颈部饰附加堆纹的长颈罐与银梭岛第二期HYT23⑰：W5相似。皈家堡第二期第2段开始流行的盘口高领罐与银梭岛第二期的同类器器形和纹饰都接近，都盛行点线纹，其中皈家堡TN25E38④：12与银梭岛HYT24⑰：W3相似；喇叭口长颈罐与银梭岛第二期的同类器也相似，其中皈家堡H102：15与银梭岛HYT23⑭：14相似。皈家堡第二期早、中段的年代与银梭岛第二期应大致相当，后者的年代在距今4600~4400年。

皈家堡第二期第3段敞口长颈壶（TN31E34③：39）与会理饶家地TN0106②[6]、元谋大墩子T10⑧[7]出土同类器相似，口微盘的长颈壶与饶家地TN0106②出土同类器接近，敞口素面钵与西昌横栏山2004H3[8]、2014H8[9]等单位出土的敞口钵类似。皈家堡第二期第3、4段常见的盘口折沿

[1] 刘化石、高寒：《石棺葬文化研究获突破性新材料——会理县猴子洞遗址发掘取得重要收获》，《中国文物报》2018年10月16日第6版。

[2] 四川省文物考古研究院、凉山彝族自治州博物馆、会理县文物管理所：《四川会理县李家坪遗址新石器时代遗存发掘简报》，《四川文物》2020年第2期。

[3] 四川省文物考古研究院、凉山彝族自治州博物馆、会理县文物管理所：《四川会理县河头地遗址Ⅱ区2018年度先秦时期遗存发掘简报》，《四川文物》2019年第3期。该遗址材料均来自此文献。

[4] 现藏云南省文物考古研究所。该遗址材料均来自此处。

[5] 万娇：《苍洱地区史前文化》，文物出版社，2013年。该遗址材料均来自此文献。

[6] 成都文物考古研究院、凉山彝族自治州博物馆、会理县文物管理所等：《2012年会理县饶家地遗址发掘报告》，《成都考古发现（2015）》，科学出版社，2017年，第53~90页。该遗址材料均来自此文献。

[7] 云南省博物馆：《元谋大墩子新石器时代遗址》，《考古学报》1977年第1期。该遗址材料均来自此文献。

[8] 成都文物考古研究所、凉山彝族自治州博物馆、西昌市文物管理所：《四川西昌市大兴横栏山遗址调查试掘简报》，《成都考古发现（2004）》，科学出版社，2006年，第20~38页。该遗址2004年材料均来自此文献。

[9] 成都文物考古研究所、凉山彝族自治州博物馆、西昌市文物管理所：《西昌市横栏山遗址2014年度试掘简报》，《成都考古发现（2014）》，科学出版社，2016年，第89~114页。该遗址2014年材料均来自此文献。

罐和敛口折沿罐与饶家地、大墩子、董家坡（2010H3）[1]等遗址出土的同类器接近，侈口、束颈、沿面下垂的沿面饰纹罐与西昌大厂[2]、董家坡[3]等遗址出土的同类器相似，侈口卷沿斜弧腹盆与董家坡出土同类器接近。此外，皈家堡第二期晚段的墓葬和器物坑出土陶器与西昌礼州[4]、新庄[5]、会理河头地、永胜枣子坪[6]等遗址墓葬出土同类器相似。横栏山 2004H3、2014H8 一类遗存的年代在距今 4200~4000 年，董家坡新石器时代遗存的年代为距今 4400~4000 年，饶家地 TN0106 ②一类遗存的年代在距今 3900~3600 年，皈家堡第二期晚段与这些遗存的年代接近。

皈家堡第二期遗存有多个测年数据，其中 2016 ⑤的测年在距今 4580~4460 年，2016 ④、2017 Ⅱ④ ~ ⑤、H103 的测年集中在距今 4470~4200 年，推测皈家堡第二期早、中段的绝对年代应在距今 4600~4200 年，与银梭岛第二期的年代大致相当。2017 Ⅱ② ~ ③、G5 的测年集中在距今 4200~4000 年，2018 Ⅰ② ~ ③、H175 的测年集中在距今 4000~3700 年，M12 的测年集中在距今 4300~4100 年，推测皈家堡第二期晚段遗存的绝对年代应在距今 4200~3700 年，与横栏山偏晚阶段、饶家地偏晚阶段等遗存的年代大致相当。考虑到皈家堡第一期遗存的年代下限在距今 4500 年，将第二期遗存的年代推定为距今 4500~3700 年比较合理。

皈家堡第三期遗存同安宁河流域青铜时代早期遗存中的高坡文化[7]有较为亲近的渊源关系，一些同类器具有相似性，其中豆与新庄出土圈足豆、羊耳坡出土圈足杯[8]接近，瓮与高坡出土乳丁纹罐[9]相似，叶脉纹器底在这些遗址中也均有发现。同时，该期陶器与昭鲁盆地野石山遗存[10]的同类器亦非常接近。高坡文化和野石山遗存的年代为商代中期至西周早期，即距今 3400~2900 年。皈家

[1] 成都文物考古研究所、凉山彝族自治州博物馆、德昌县文物管理所：《2010 年德昌县董家坡遗址发掘简报》，《成都考古发现（2010）》，科学出版社，2012 年，第 316~351 页。

[2] 四川省文物考古研究院、凉山彝族自治州博物馆、西昌市文物管理所：《四川西昌市大厂遗址 M1、M2 发掘简报》，《四川文物》2017 年第 1 期。该遗址材料均来自此文献。

[3] 成都文物考古研究所、凉山州博物馆、德昌县文管所：《2009 年四川德昌县董家坡遗址发掘简报》，《南方民族考古（第七辑）》，科学出版社，2011 年，第 495~526 页。

[4] 礼州遗址联合考古发掘队：《四川西昌礼州新石器时代遗址》，《考古学报》1980 年第 4 期。该遗址材料均来自此文献。

[5] 四川省文物考古研究院、凉山彝族自治州博物馆、西昌市文物管理所：《四川西昌市新庄遗址先秦时期土坑墓发掘简报》，《四川文物》2018 年第 4 期。该遗址材料均来自此文献。

[6] 云南省文物考古研究所、西北大学文化遗产学院、吉林大学边疆考古研究中心等：《云南永胜县枣子坪遗址发掘报告》，《边疆考古研究（第 16 辑）》，科学出版社，2014 年，第 31~60 页。该遗址材料均来自此文献。

[7] 周志清：《公元前十三世纪至公元前九世纪昭鲁盆地与安宁河流域之间的文化互动——以高坡遗存为例》，《滇东黔西青铜时代的居民》，科学出版社，2014 年，第 76~93 页。

[8] 四川省文物考古研究院、凉山彝族自治州博物馆、西昌市文物管理所：《四川西昌市羊耳坡遗址槽子田墓地 2016~2017 年度发掘简报》，《四川文物》2018 年第 1 期。该遗址材料均来自此文献。

[9] 成都文物考古研究所、凉山彝族自治州博物馆、冕宁县文物管理所：《2010 年凉山彝族自治州冕宁县高坡遗址调查简报》，《成都考古发现（2010）》，科学出版社，2012 年，第 303~315 页；成都文物考古研究所、凉山彝族自治州博物馆、冕宁县文物管理所等：《2011 年凉山彝族自治州冕宁县高坡遗址发掘简报》，《成都考古发现（2011）》，科学出版社，2013 年，第 317~330 页。该遗址材料均来自此文献。

[10] 游有山：《鲁甸野石新石器时代遗址调查报告》，《云南文物（第 18 期）》，1985 年；云南省文物考古研究所、昭通市文物管理所、鲁甸县文物管理所：《云南鲁甸县野石山遗址发掘简报》，《考古》2009 年第 8 期；刘旭、孙华：《野石山遗存的初步分析》，《考古》2009 年第 8 期。该遗址材料均来自此文献。

堡第三期中 TN28E34 ②、H165 的测年数据在距今 2900~2600 年，其年代上限为西周中晚期，下限在春秋中期，以西周晚期至春秋早期这个期间段置信度最高，即距今 2800~2700 年。皈家堡第三期遗存上承高坡文化的年代下限，从测年数据上其与高坡文化在时间上存在缺环，不见高坡文化中常见的鸭嘴形器流、泥质蒜头单耳或双耳黑陶罐等器物。与皈家堡邻近的道座庙遗址[1]出土有与高坡文化类似的大乳丁纹罐，其年代在距今 3300~2900 年。道座庙和皈家堡共同流行 A 型乳丁，不排除皈家堡第三期遗存的年代上限可早至商代中期的可能性。

皈家堡第四期遗存，根据典型器物的差异，可分为三组。

A 组以 G7 为代表，典型器物为绳纹呈交错分布的黑灰陶扁腹釜，遗迹与遗物少见，伴出大量新石器时代遗物。G7 的测年数据以公元 766~890 年最为集中，相当于唐代中晚期，为南诏晚期。

B 组以 H1、H8、H20、H68、H72、H198、H199、G1、G2 等为代表，典型器物为 A 型罐形釜，另有少量高领罐。以夹砂红褐陶为主，胎体较厚；沿部少见绳纹装饰，唇部或颈部可见成组短线纹装饰。H8 和 H20 的测年数据集中在公元 981~1162 年，相当于北宋晚期至南宋初期，即大理国早期。

C 组以 H59、H61、H62、H64 等为代表，典型器物包括 B 型罐形釜、长颈釜，伴出少量青瓷和化妆土瓷器。陶釜以灰褐陶为主，另有少量黄褐陶，沿部和肩、腹部外壁遍施绳纹，唇部流行斜方唇，表面烟炱痕迹明显，器形体量较大；高领罐施纵向细绳纹，颈部刮磨痕迹明显。测年数据显示该期的年代在公元 1410~1450 年，相当于元末明初。

综合来看，第四期的延续时间较长，上限在唐代中晚期，下限在元末明初。第四期遗存属于南诏大理国时期的遗存，尽管部分遗存延续至元末明初，但仍保留有浓厚的大理国遗风。

综上，皈家堡第一期和第二期遗存为新石器时代，第三期遗存为青铜时代早期，第四期遗存为历史时期。

[1] 凉山彝族自治州博物馆、盐源县文物管理所、成都文物考古研究院：《2015 年盐源盆地考古调查简报》，《成都考古发现（2015）》，科学出版社，2017 年，第 116~132 页。

“考古中国”重大项目　甲编第002号
成都—凉山区域考古合作成果

皈家堡遗址发掘报告

成都文物考古研究院
凉山彝族自治州博物院　编著
盐源县文物管理所

文物出版社

Excavation Report of the Guijiabao Site in Yanyuan

(Ⅲ)

by

Chengdu Institute of Cultural Relics and Archaeology
Liangshan Yi Autonomous Prefecture Museum
Yanyuan County Cultural Relics Management Office

Cultural Relics Press

第七章　文化面貌与特征

第一节　遗迹

第一期遗迹有少量房址和灰坑。房址为带门道的半地穴式建筑，平面形状不规则，房屋中部的大量石块可能具有特殊功能。灰坑平面呈圆形或不规则形，坑壁加工粗糙，填土中夹杂红烧土颗粒，出土陶片多破碎，应该是垃圾坑。

第二期遗迹丰富，包括房址、灰坑、灰沟、器物坑、墓葬和器物堆置的特殊遗迹。

房址保存不佳，地面以上结构不存，分为半地穴式和地穴式两种。半地穴式房址的分布以2016年发掘区最为集中；平面多呈长方形，少量为方形或不规则形，个别房址带有斜坡门道，多个房址内发现有红烧土集中堆积的现象；房屋面积较小，多在10平方米以内。地面式房址集中分布于2017年Ⅱ区和Ⅲ区，其他发掘区相对较少；平面以长方形居多，多数仅残存柱洞，建筑方式是直接在地面挖洞立柱，少数房址则先挖基槽，再在基槽内立柱，房址的内部结构不清楚，少量房址发现使用垫土；从残存面积来看，最小者不足3平方米，最大者接近30平方米，面积在15平方米以上者约为四分之一。

灰坑是数量最多、分布最广的一类遗迹。平面以圆形、椭圆形和不规则形居多，另有长方形、梯形等。坑壁一般未经修整，底部凹凸不平者较常见，一些灰坑底部呈阶梯状。填土结构疏松，包含的陶片大多较小，应为垃圾坑。少量为袋状坑，可能为窖藏。

灰沟数量较少，一般呈长条状，多为南北走向，出土遗物较丰富。

器物坑数量少，多开口于第1层下，个别开口于第2层下，也是第二期晚段新出现的遗迹类型。平面呈圆形，较浅，坑口略高于器物，坑内放置一组完整陶器或一组石器，陶器体量一般较小，与墓葬出土陶器特征接近，个别器物坑内还发现有牙齿。这些器物坑应具有特殊意义，不排除放置陶器者为墓葬的可能。

墓葬是第二期晚段新出现的遗迹类型，分为长方形土坑竖穴墓和陶棺墓，以前者为主。土坑竖穴墓分布于遗址东部，其中大多位于发掘区的西北部，少数位于发掘区东南部。它们多开口于耕土层下，少数开口于第2~4层等新石器时代文化层下，均打破新石器时代文化层。这些开口于新石器时代文化层下的墓葬，发现于人骨露头或器物群堆置的“地面”上，由于开口距地表较浅而受到晚期活动的扰动，均已至墓底，推测现存开口层位并不代表其原始层位，其开口层位应当较晚。墓向以东西向为主，少数南北向墓葬集中分布于发掘区西北部。无葬具，人骨多腐蚀不存，可辨的葬法既有一次葬，也有二次葬，葬式有仰身直肢葬、侧身屈肢葬等。除 M7 外，均有随葬品，随葬品多置于墓室两端或一端，少数置于墓室中部。随葬品均为陶器，各墓葬出土陶器的特征较为接近。由于墓葬确认时已至墓底，墓葬开口层位存在被晚期活动扰动的现象，部分墓葬出土器物可能无法完整反映原有的组合关系。陶棺墓仅一座，以陶瓮为葬具，瓮口覆盖一卵石，仅发现零星骨屑。

石刀堆积也是第二期晚段新出现的遗迹类型，除个别开口于第 1 层下外，其余开口于第 2 层下。此类遗迹以石刀作为堆积主体，间杂有石斧、玉凿、玉锛、石锛及獠牙等。其并未发现明确边界，既不属于有明确边界的灰坑类堆积或墓葬，亦不属于地层堆积，其以堆积物范围为遗存边界，遗物系人为有序叠放，并非随意丢弃或放置。此类遗迹相对集中分布，其中 2016 年 2 处石刀堆积均处于探方西南至东北对角线上，该区域不见建筑遗存或其他，作为储存石器依托的聚落空间不存在，石刀堆积中或其周围未见人骨遗骸，其属于墓葬的可能性不大。从整个遗址的空间分布来看，石刀堆积刚好居于该遗址墓葬西南与西北两个墓区之间。石刀堆积中出土石器均为完整器，器表磨制精细，表面遗留有明显的使用痕迹；石器以石刀为主，摆放较整齐，并有一定的规律，如石刀平行渐次摆放，同一堆积中同类器物方向统一；除被扰动的 TN28E35K1 外，其余三处石刀堆积的石器数量均为 5 件或 5 的倍数。由上可知，皈家堡遗址的石刀堆积除了器物集中放置外，特定的分布空间、统一的用器制度、特殊的堆积形态凸显出该堆积乃是当时居民有意识行为的遗留，并非随意而为之。石刀堆积中仅见与农作和木作相关的石器，不见渔猎和加工工具，其可能是农业资源兴衰的象征。与石刀共存的玉器、獠牙等在中国古代具有祭祀功能。综合来看，石刀堆积是皈家堡新石器时代居民特殊的祭祀形式，其祭祀对象可能为土地，它有着统一的用器制度，皈家堡石刀堆积不属于“预期返回”的储存策略。石刀堆积之处可能是当时墓区分界的标识，可能是承载着人神之间沟通的石刀堆积祭祀仪式——墓祭，是农业祭祀仪式活动的遗留。

第三期遗迹仅见少量灰坑，平面呈椭圆形或不规则形，一般不深，填土中普遍出土陶片、炭屑和红烧土颗粒，个别灰坑伴出有动物骨骼，填土包含物基本为生活垃圾。

第四期遗迹主要为灰坑，另有少量灰沟。这些遗迹开口于耕土层下，相互之间没有叠压或打破关系。灰坑平面以椭圆形居多，另有圆形、方形及不规则形等。根据填土中石块的多寡可分两大类，一类为积石坑，坑中杂有大量石块，普遍较浅，填土较少，含有大量炭屑，出土遗物相对较少，这类灰坑形制规整，平底修整明显，袋状坑是常见形制，其功能可能为窖藏；另一类为非积石坑，此类坑内少见石块，形制相对不规整，壁面和底部未见修整痕迹，往往打破砂砾层，灰坑较深，填土含砂重，结构疏松，除了陶器外，往往伴出动物骨骼、瓷器等，大多为生活垃圾，部分较深灰坑可能有水井之功用。这些灰坑的发现改变了对当地大理国遗存的文化内涵的认识。既往将大理国时期出土陶釜的遗存几乎都归为火葬墓，而目前皈家堡大理国时期灰坑中多未见人骨遗骸出土，出土遗物多为生活垃圾，还可见有意识用石块填埋的现象以及打破冰期形成的漂砾层的深坑，大理国时期火葬墓纵使挖坑埋置，亦未见深坑埋置现象，因此皈家堡大理国时期遗存大部分可能属于窖藏、水井、垃圾坑等。

第二节 遗物

一、陶器

第一期陶器分为泥质陶和夹砂陶，两者比例相当。泥质陶陶胎细腻，火候较高，陶色纯正，以灰陶为主，少量红陶和黑皮陶，素面陶居多，纹饰多见细绳纹、戳印窝点纹和短泥条附加堆纹，少量器表有刮削细线纹，器形有钵、侈口高领罐、折腹盆等。夹砂陶部分掺有细石颗粒、石英（或云母），陶色斑驳，多见黄褐陶，还有灰陶、褐陶等，纹饰有篮纹、细绳纹、附加堆纹等，器形包括尊形器、侈口高领罐、附加堆纹罐、绳纹小罐等。

第二期陶器几乎全为夹砂陶，陶色不纯，色彩斑驳，常见内外壁或内外壁与陶胎颜色不同的现象，以黑灰色系为主，包括黑灰陶、灰陶、灰褐陶和褐陶等，红黄色系次之，包含少量红褐陶和黄褐陶。纹饰发达，施纹方法有戳印、压印、刻划、堆塑等，主要包括戳印点纹、圆圈纹、点线纹、刻划网格纹、菱格纹、凹弦纹、水波纹、附加堆纹（包括长条状附加堆纹、短泥条附加堆纹、小圆饼状附加堆纹、小乳丁状附加堆纹等）等。流行戳印纹、刻划纹与光面组成的复合纹饰，种类多样，包括连续三角纹、连续三角纹夹光面折线纹、连续三角纹夹光面菱形纹、菱格纹、折线纹、“<”形纹、回形纹、旋涡纹、“卍”形纹等，以矮领小罐、壶、瓶等器物的颈肩部和钵的腹部最为常见。罐和钵类器物的唇部盛行戳印点纹，形成花边口。罐的沿面上饰连续三角纹等纹饰的做法具有特点。器类多样，均为平底器，以罐和钵为大宗，此外还有瓮、壶、瓶、钵、碗、盆、器座和纺轮等。均为手制，泥条盘筑或直接捏制。

第三期陶器分为泥质陶和夹砂陶，两者比例大致相当。泥质陶基本为黑陶，其中绝大部分为黑皮陶，器表磨光处理，因埋藏原因部分器物表面陶衣脱落。夹砂陶以黑灰陶和红褐陶最为多见，此外还有灰陶、灰褐陶、黑褐陶、黄褐陶等。素面陶居多，纹饰多为叶脉纹和乳丁纹。叶脉纹常饰于器底外壁，可见树叶的中脉、侧脉和细脉，从一些器底观察，陶器底部叶脉纹并非人为有意施划，而可能是器物拉坯成型后晾晒过程中，器物底部因放置树叶垫底而遗留。此外，此类垫底的树叶均为网状叶脉的双子叶植物。乳丁纹常饰于罐或瓮的肩部，另有少量捺窝状纹饰、凹弦纹等，常饰于器物的颈肩部。器形单一，常见有豆、瓮、矮领罐、圈足、叶脉纹器底、大乳丁、带耳罐等，其中以豆、矮领罐、圈足、叶脉纹器底和大乳丁最具代表性。

第四期陶器均为夹砂陶，主要分为红褐陶和灰褐陶两大类，另有少量黄褐陶和灰黑陶，其中灰黑陶最少见。陶胎中杂有大量石英砂粒，红褐陶表面修整规整，灰褐陶表面相对粗糙，石英砂粒清晰可见，灰褐陶表面普遍遗留有明显的烟炱痕迹。纹饰以绳纹最多见，常饰于器物的颈肩部、腹部或底部，除少数为交错绳纹外，大多为纵向或斜向绳纹，绳纹有粗细之分，另有少量短线纹，饰于釜的唇部或颈部。陶器可辨器形仅有釜、高领罐、纺轮等，以釜居多，大部分为腹片。

二、石器

皈家堡遗址出土石器丰富，主要见于新石器时代遗存中，又以第二期遗存为主，尤其是第二期晚段遗存。石器可分为打制和磨制两类，以磨制石器为主。打制石器数量少，有砍砸器和细石叶，一些坯料上也仅见打制痕迹。磨制石器以斧、锛、凿、刀、箭镞、球为主，纺轮、砺石等也相对较多，铲、杵、坠饰等较少，出土石器以完整器和残件为主，另出土少量的坯料。斧、锛、凿、箭镞等器物从早到晚均有出土，延续时间长，形制变化不明显；网坠等器物出现时间晚，具有较强的时代指向性。另外还发现有数量较多的碎石块。

第一期石器的数量和类型较少，包括磨制的梯形斧、梯形或长条形凿、底部内凹的箭镞、球和纺轮等，体量较小。该期发现少量细石叶和玉凿等。

第二期石器数量多、类型丰富，各类石器的各个类型在该期都有发现，同一器类在各段的类型差异不明显。第二期早、中段遗存出土石器数量多于第一期，但仍较少。早段以刀和凿居多，斧、锛和箭镞次之，还发现极个别的砺石。中段以刀和锛为主，还发现少量斧、凿、砺石、箭镞和球，新增网坠，仅零星可见。第二期晚段石器数量激增，以网坠和锛为主，斧、刀和箭镞次之，凿、砺石和纺轮等较少。在该期的不同阶段，斧、锛、凿等木作类工具始终相对较多，在所有石器中占比相当稳定；砺石和纺轮等加工工具始终很少；刀在各段的占比都较高，反映出农业在当地生业活动中一直占有重要地位，从早到晚数量持续上升，所占比例从早段到中段有略微上升，至晚段则有明显下降。第二期晚段网坠的数量和比例显著上升，箭镞的数量也有明显增加，反映出该段渔猎活动成为当地居民十分重要的生业方式。

第三期仅 H156 和 H202 出土极少量斧、锛、凿、刀和箭镞等磨制石器，保存较差，多为残件，锛和箭镞的形制与第二期同类器相同。

第四期仅 H1、H20 和 H198 出土少量斧、锛、凿、刀、砺石、纺轮等石器，多为残件，形制与第二期同类器相同。

皈家堡各期遗存出土石器尽管在数量、类型和组合上存在差异，但在制作技术上具有较强的延续性[1]。其中，石刀厚度较均匀，基本在 0.1~0.25 厘米，其制作过程为先挑选合适的石片作为原料，打制成型，然后再磨制平面及刃部，最后两面钻孔，石刀上见有多次利用的痕迹。石斧多选取长条状的块状岩石为原料，不同类型的石斧在制作上有明显差异。A 型石斧在选择合适坯料的基础上，首先在两侧及刃部位置打薄成型，为装柄方便，在两面的顶部打制较深的片疤，然后进行刃部、两面及侧面的磨制；B 型石斧在加工时首先对石料的两面进行切割，两侧面与器物中部等宽，然后磨制刃部和器身；C 型石斧的制作流程大致是先挑选近三角形或长方形的块状石料，在两面顶部、两侧以及刃部打薄成型，然后磨光磨平。石锛的制作是先挑选体量合适的黑色片状石料，然后将两侧及刃部打薄，再磨制器表和刃部。石凿的个体形态差异明显，多由斧或锛改制而来。箭镞的制作是先将石料两面打薄，然后通过穿孔、磨制等方法加工使用部位。石球大多器形规整，磨制较光滑，少部分磨制较粗糙，器形不规则且不对称。网坠的制作仅是挑选宽扁的片状砾石，然后在两侧中部对称的位置打制凹口便于使用，器表保留有砾石的自然面，无磨制痕迹。砺石是挑选不同粒度的砾石，器表未经过修整，

[1] 皈家堡遗址石器加工的相关分析参见李艳江：《皈家堡遗址出土石器综合整理研究》，北京大学硕士学位论文，2019 年。

平面有较明显的研磨面，凹面内有明显的磨损且较光滑。纺轮大多呈薄片状，磨制较精细，中部钻孔。在这些器物中，斧、锛、刀和箭镞的形态特征较为稳定，制作技术较为成熟，石器生产的标准化程度较高，石凿多由其他器物改制而来，形态差异较大，是对石器资源利用的一类权宜性工具，石球和网坠选料随机，制作简单随意，标准化程度较低。从遗址内并未发现石器的原料、加工过程中产生的石片和碎石块以及废料来看，皈家堡遗址的石器可能并不是在遗址内部制作的，而是在遗址周围的山地或河流等地方初步加工后再在遗址内完成磨光或改制等步骤。

三、玉器

玉器数量少、器形单一，仅见于第一期和第二期晚段遗存中。第一期玉器出土于房址或灰坑内，器形均为凿，白色，平面呈梯形，单面弧刃，磨光较好。第二期玉器出土于石刀堆积等特殊遗迹内，器形有锛和凿，色泽不统一，有青色、绿色和黑色等，两侧多切割平整。

四、骨器

骨器数量极少，仅见于第二期晚段遗存中，器形有骨刀和骨饰件，器表打磨光滑。

五、其他

第二期晚段遗存中发现一件孔雀石标本，经过科学分析，其为一件天然的孔雀石[1]。

第四期遗存中有少量瓷器、铁器和玻璃质烧结物等。瓷器有青瓷和化妆土瓷器，器形仅见碗，另有少量器底。铁器锈蚀严重，可辨有箭镞和残铁器。

[1] 见本报告附录五。

第八章　各期遗存的文化属性

皈家堡聚落的使用时间较长，各期遗存的文化面貌差异较大；绝对年代上，第一期与第二期早晚衔接，第二、三和四期之间则都有较长的时间间隔；各期在空间分布上也存在差异。文化面貌和时空分布的差异反映出各期遗存在文化属性上的区分，它们应属于不同的考古学文化。

第一节　第一期遗存

皈家堡第一期遗存的分布范围较小，遗迹和出土遗物较少。该期早晚虽有500年左右的时间跨度，但文化面貌较为统一，出土遗物器形单一，遗物无明显的早晚变化，该期遗存应该属于连续发展的同一考古学文化。

皈家堡第一期陶器中泥质陶与夹砂陶比例相当，泥质陶陶胎细腻，火候高，与皈家堡第二期基本为夹砂陶的特征截然不同，具有鲜明的时代特征。其泥质陶的特征与猴子洞早期遗存、河头地早期遗存和银梭岛第一期一致；其泥质陶与夹砂陶两种陶系的区分也与银梭岛一期相近。皈家堡第一期的泥质陶或夹细砂陶中发现较多饰绳纹的陶片，有的绳纹交叉形成方格状，有的粗绳纹交错成蜂窝状，盛行绳纹以及绳纹的形态与猴子洞早期遗存、李家坪早期遗存、河头地早期遗存、银梭岛第一期、堆子第一期等相同。此外，皈家堡、猴子洞和银梭岛等都发现少量附加堆纹，常饰于口外侧或颈部，不与绳纹组合使用。皈家堡第一期常见钵、侈口高领罐与上述遗存中的同类器相似，皈家堡第一期与银梭岛第一期都发现有折腹的盆钵类器物。除陶器外，皈家堡第一期与银梭岛第一期均发现少量细石器。

皈家堡第一期遗存与猴子洞早期遗存、李家坪早期遗存、河头地早期遗存、堆子第一期和银梭岛第一期等文化面貌接近，应属于同一考古学文化。该文化主要分布于金沙江中游及其周边地区，目前主要发现于金沙江中游的盐源盆地、城河流域及澜沧江中游的苍洱地区，年代在距今5000~4500年。

第二节　第二期遗存

皈家堡第二期遗存与第一期遗存的差异显著，除附加堆纹罐等少数器物可能存在早晚承袭关系外，它们在陶器的陶系、纹饰、典型器物以及石器等方面都明显不同。皈家堡第一期占相当比重的泥质陶不见于第二期；第一期以灰陶和黄褐陶为主，泥质陶火候高，陶色纯净单一，而第二期以黑灰色系为主，颜色斑驳，内外壁与胎体不同颜色的情况十分常见，纯正的灰陶数量较少，红黄色系的陶器始终不占主要地位。第一期盛行的绳纹在第二期几乎不见，代之以刻划和戳印的各种纹饰。第一期典型的浅腹钵、尊形器等也不见于第二期，除附加堆纹罐外，第二期的典型器物也不见于第一期。第一期出土有细石器和少量小型石器，第二期出土石器的种类和数量都极大丰富，不见细石器，石器种类和数量的差异反映出当地生业形态的转变。第二期和第一期文化面貌上的巨大差异，反映出文化性质应当发生了变化，新的文化取代了当地原本的文化。

皈家堡第二期遗存堆积厚、分布范围广、延续时间长，该期遗存虽可分为几段，但各段之间的差异多是陶色占比变化、器类的增减和同类器类型的变化等，在陶器的陶质、纹饰和基本器物组合等方面具有很强的共性特征，早晚稳定发展，未有质的改变。陶器基本为夹砂陶，罐和钵始终是其主要器类，束颈罐、附加堆纹罐、长颈罐、矮领小罐、钵等器物自早至晚都参与了器物组合的构成，其中一些器物的器形早晚变化不大；纹饰最为鲜明的特点是盛行戳印纹、刻划纹与光面组成的复合纹饰，其中又以小方格状点线纹组成的繁缛纹饰最为突出，此类纹饰常见于长颈罐、矮领小罐、壶、瓶和钵类器物上，束颈罐上则流行刻划网格纹、凹弦纹、小乳丁状或小圆饼状附加堆纹和短泥条附加堆纹，口外侧或颈部饰一周附加堆纹的罐或瓮也贯穿该期的始终，此类器物可能承袭自皈家堡第一期遗存中的附加堆纹罐，沿面饰连续三角纹的宽沿鼓腹罐在该期各段也都有发现。整体来看，皈家堡第二期各段的文化面貌较为一致，应是同一考古学文化连续发展的过程。

与皈家堡第二期类似的遗存见于雅砻江下游的云南永胜枣子坪[1]、堆子等遗址，它们在文化面貌上具有很强的相似性。陶器方面，以夹砂陶黑灰色系为主，都发现少量黄褐陶、红褐陶和红陶等，纹饰都流行戳印点纹、点线纹、刻划网格纹、弦纹、水波纹、附加堆纹等；多为平底器，共有束颈罐、附加堆纹罐、矮领小罐、细长颈壶等器类。石器方面，磨制石器器类相同，都发现有斧、锛、凿、刀、箭镞、球、纺轮、网坠、砺石等，梯形或长方形的斧、半月形穿孔刀、底部内凹的柳叶形箭镞、“山”字形饰件等具有特色。葬俗一致，它们都发现有长方形土坑竖穴墓，流行随葬陶器，葬式有单人仰身直肢葬、二次葬和少数合葬墓。皈家堡第二期遗存与枣子坪新石器时代遗存、堆子第二期遗存的文化面貌基本一致，应属于同一考古学文化。枣子坪出土的釜、匜、直口折沿钵等器物不见于皈家堡第二期，这些器物可能受到来自南方的白羊村类型[2]的影响。

以皈家堡第二期为代表的一类遗存，最突出的特点是陶器盛行戳印纹、刻划纹及其组成的复合纹饰，即“衬花”工艺传统[3]。此类装饰传统在金沙江中游及其周邻地区十分流行，安宁河流域的西昌礼州、大厂、新庄，金沙江中游的元谋大墩子、永仁菜园子与磨盘地[4]、宾川白羊村，澜沧江

[1] 云南省文物考古研究所、西北大学文化遗产学院、吉林大学边疆考古研究中心等：《云南永胜县枣子坪遗址发掘报告》，《边疆考古研究（第16辑）》，科学出版社，2014年，第31~60页。

[2] 云南省博物馆：《云南宾川白羊村遗址》，《考古学报》1981年第3期。

[3] 王仁湘：《西南地区史前陶器衬花工艺探讨》，《四川文物》2008年第1期；王仁湘：《史前中国的艺术浪潮——庙底沟文化彩陶研究》，文物出版社，2011年，第410~424页。

[4] 云南省博物馆：《云南永仁菜园子新石器时代遗址调查》，《考古》1985年第11期；云南省文物考古研究所、中国社会科学院考古研究所云南工作队、成都市文物考古研究所等：《云南永仁菜园子、磨盘地遗址2001年发掘报告》，《考古学报》2003年第2期。

中游的永平新光[1]、大理银梭岛，澜沧江上游的昌都卡若[2]等遗址都有发现。皈家堡第二期典型的附加堆纹罐、矮领小罐、敛口罐等在这些遗址也有发现，它们在葬俗上也有一定的相似性。这些共有的文化特征反映出皈家堡第二期一类遗存应该与金沙江中游及其周边地区的其他新石器时代遗存属于同一个新石器文化圈，即“金沙江中游新石器文化圈”。

第三节 第三期遗存

皈家堡第三期遗存的文化面貌单一，地层堆积和遗迹出土陶器没有明显差异，它们应该属于同一考古学文化。陶器数量较少，泥质黑皮陶占比较高，器表作磨光处理，夹砂陶也较多，陶色有褐陶、灰褐陶、黑陶、红褐陶等。素面陶居多，纹饰多见叶脉纹和乳丁纹，叶脉纹常饰于器底。器类单一，多为平底器和圈足器，以豆为代表，其他还有瓮、矮领罐、带耳罐等。

与皈家堡第三期文化面貌接近的遗存在盐源盆地仅见于道座庙遗址，叶脉纹器底、带耳器是皈家堡与道座庙共有的器物。它们与安宁河中上游地区以冕宁高坡为代表的青铜时代早期文化遗存接近。高坡遗址出土陶器以夹砂红褐陶为主，泥质陶以黑皮陶多见，素面陶居多，纹饰以叶脉纹和乳丁纹最为常见，皈家堡第三期出土陶器的陶质、陶色和纹饰特征与高坡遗存接近。从器形上看，皈家堡的豆、叶脉纹器底、肩部饰乳丁纹的罐或瓮与高坡的同类器相似。皈家堡第三期遗存应与高坡遗址青铜时代早期遗存属于同一考古学文化，即高坡文化。

同时，皈家堡第三期遗存与高坡青铜时代早期遗存在文化面貌和年代上也存在一定差异，如皈家堡不见高坡典型的鸭嘴形器流、泥质蒜头单耳或双耳黑陶罐等器物，年代上皈家堡第三期遗存集中在西周晚期至春秋早期，晚于高坡，它们之间文化面貌上的差异可能是时代上的差异。它们可能是同一考古学文化不同发展阶段的遗存。

第四节 第四期遗存

皈家堡第四期遗存出土陶器器形单一，以釜为主，根据釜的形态及其伴出器物可将该期遗存分为年代上前后相继的三组，它们在文化面貌和文化属性上存在差异。

A组以饰交错绳纹的夹砂黑灰陶扁腹釜为代表，遗迹和遗物非常少见，属于南诏晚期遗存。

B组与C组在文化面貌上有共同特点，遗迹以灰坑为主，都出土有罐形釜和高领罐，它们都属于大理国时期遗存，代表了当地大理国时期文化发展的两个阶段。以B组为代表的大理国早期遗存，主要分布于发掘区的东北部，灰沟主要见于该组。该组遗存中灰坑的坑口和坑壁形制较为规整，普遍较浅，且少见打破砾石层的深坑，填土中多杂有石块，填土包含物中以动物遗骸为特征的生活垃圾较

[1] 云南省文物考古研究所、大理州文物管理所、永平县文物管理所：《云南永平新光遗址发掘报告》，《考古学报》2002年第2期。

[2] 西藏自治区文物管理委员会：《西藏昌都卡若遗址试掘简报》，《文物》1979年第9期；西藏自治区文物管理委员会、四川大学历史系：《昌都卡若》，文物出版社，1985年。

少发现，部分灰坑发现有人骨遗骸，可能属于火葬墓，大部分灰坑可能主要是窖藏。该组出土陶器以窄沿罐形釜为代表，以夹砂红褐陶为主，沿部少见绳纹装饰，唇部或颈部可见成组短线纹装饰。以C组为代表的大理国晚期遗存，主要分布于发掘区的西南部。该组遗存的灰坑普遍较深，打破砾石层，包含物中生活垃圾较多，其功能可能并非火葬墓，主要是垃圾坑、窖藏或水井。该组出土陶器以宽沿罐形釜、长颈釜为代表，以夹砂灰褐陶为主，陶釜沿部和肩、腹部外壁遍饰绳纹，唇部流行斜方唇，表面烟炱痕迹明显，器形体量较大，高领罐饰纵向细绳纹，颈部刮磨痕迹明显。C组部分遗存延续至元末明初，但仍然保留浓厚的大理国遗风，该现象是大理国控制的核心区域固有传统之遗风。

第九章　与周邻文化的关系

皈家堡遗址所在的盐源盆地，地处青藏高原东南缘、横断山区中段，该地区自古以来就是自甘青地区南下云贵高原的南北向文化交流和人群迁徙通道的重要节点，当地的古代文化与甘青地区、川西高原及云贵高原西部地区有密切联系，表现出兼收并蓄、复杂多样的特征。

第一节　第一期遗存

金沙江中游及其周邻地区以皈家堡第一期为代表的一类遗存与同时期川西高原的新石器时代遗存有一定相似性，前者的一些文化特征可能受到后者的影响。与皈家堡第一期遗存大致同时或稍早时候，川西高原发现有营盘山文化、罕额依一期遗存和麦坪遗存。其中，营盘山文化主要分布于岷江上游和大渡河上游地区，大渡河中游也有少量发现，典型遗址包括茂县营盘山、汶川姜维城[1]、马尔康哈休、金川刘家寨[2]等。罕额依一期遗存仅见于大渡河上游的罕额依遗址[3]。麦坪遗存分布于大渡河中游地区，典型遗址包括汉源麦坪、龙王庙[4]等。

皈家堡第一期遗存与营盘山文化在器物上有一些共性特征。两者的陶器中泥质灰陶占相当比重，还有泥质红陶和泥质黑皮陶，泥质陶火候高，流行绳纹和附加堆纹装饰，皈家堡第一期典型的侈口高领罐、浅腹钵、绳纹器底等与营盘山等遗址出土同类器接近，皈家堡第一期的折腹盆可能与营盘山遗存的折腹盆钵类器物有一定联系。两者都发现有燧石细石器，营盘山文化晚期盛行器体小巧的斧、锛、凿类石器，与皈家堡第一期常见小型石器的特征一致。营盘山文化的年代在距今 5300~4600 年，

[1] 四川省文物考古研究所、阿坝州文物管理所、汶川县文物管理所：《四川汶川县姜维城新石器时代遗址发掘报告》，《四川文物》2004 年增刊；四川省文物考古研究所、阿坝州文物管理所、汶川县文化体育局：《四川汶川县姜维城新石器时代遗址发掘简报》，《考古》2006 年第 11 期。

[2] 四川省文物考古研究院、阿坝藏族羌族自治州文物管理所、金川县文化体育局等：《四川金川县刘家寨遗址调查简报》，《四川文物》2012 年第 5 期；四川省文物考古研究院、阿坝藏族羌族自治州文物管理所、金川县文物管理所：《四川金川县刘家寨遗址 2011 年发掘简报》，《考古》2021 年第 3 期。

[3] 四川省文物考古研究所、甘孜藏族自治州文化局：《丹巴县中路乡罕额依遗址发掘简报》，《四川考古报告集》，文物出版社，1998 年，第 59~77 页。

[4] 四川省文物考古研究院、雅安市文物管理所、汉源县文物管理所：《四川汉源县龙王庙遗址 2008 年发掘简报》，《四川文物》2013 年第 5 期；四川省文物考古研究院、雅安市文物管理所、汉源县文物管理所：《四川汉源龙王庙遗址 2009 年发掘简报》，《东方考古（第 8 集）》，科学出版社，2011 年，第 406~442 页。

其年代上限早于皈家堡第一期遗存。皈家堡第一期遗存可能受到了营盘山文化的影响，而它们又明显受到了来自西北地区新石器时代文化的影响。皈家堡第一期遗存与营盘山文化多见泥质陶、盛行绳纹和附加堆纹、常见高领罐和浅腹钵等器物特征与甘肃天水西山坪与师赵村[1]、武山傅家门[2]、东乡林家[3]等遗址的马家窑文化马家窑类型遗存以及甘肃秦安大地湾第四期晚段[4]、武都大李家坪第三期[5]等仰韶晚期文化遗存有一定相似性，它们是甘青地区马家窑文化或仰韶晚期文化向南扩张的产物。尽管如此，皈家堡第一期遗存和营盘山文化具有鲜明的本土文化特征，与甘青地区的新石器时代文化存在明显差异，它们应是受到甘青地区文化影响的本地文化类型。

同时，皈家堡第一期遗存与营盘山文化也存在明显差异。皈家堡第一期遗存的绳纹与附加堆纹分别使用，附加堆纹饰于口外侧或颈部，而营盘山文化常见绳纹与附加堆纹的组合纹饰，尤以绳纹上再饰附加堆纹的箍带状纹饰为特色，除颈部外，常见于腹部，两者的纹饰风格不同。皈家堡第一期遗存器类单一，不见彩陶、尖底器和圈足器等器物，未见营盘山文化典型的小口瓶、带嘴锅、绳纹花边口沿罐、人塑像等。皈家堡第一期遗存流行半地穴式房屋，而营盘山文化流行木骨泥墙的地面式建筑，未见半地穴式建筑。这些差异可能是时代和分布地域上的不同造成的。皈家堡第一期遗存与营盘山文化应属于明显受到了西北地区新石器时代文化影响的分布于不同地域并具有密切联系的两支不同的考古学文化。

此外，皈家堡第一期的高领罐、钵与大渡河中游的麦坪遗存相似，后者也盛行绳纹并发现少量细石器。越西东栅子遗址[6]发现有与皈家堡、麦坪类似的遗存，该遗址位于大渡河中游越西河沿岸，该河与雅砻江流域的安宁河同源。甘青地区文化可能沿岷江上游、大渡河上中游经越西河进入雅砻江流域再继续向南传播。

在生业方式上，皈家堡第一期采用稻粟黍混作农业[7]，其农业方式应自甘青地区经川西地区引入。甘青地区既发现有粟黍旱作农业，也发现有稻粟黍混作农业。甘青地区的旱作农业开始时间较早，大地湾第一期发现有中国最早之一的黍的实物[8]，大地湾二期、四期和林家[9]发现有粟和黍。西山

[1] 中国社会科学院考古研究所：《师赵村与西山坪》，中国大百科全书出版社，1999年。

[2] 中国社会科学院考古研究所甘青工作队：《武山傅家门遗址的发掘与研究》，《考古学集刊（第16集）》，科学出版社，2006年，第380~458页。

[3] 甘肃省文物工作队、临夏回族自治州文化局、东乡族自治县文化馆：《甘肃东乡林家遗址发掘报告》，《考古学集刊（第四集）》，中国社会科学出版社，1984年，第111~161页。

[4] 甘肃省文物考古研究所：《秦安大地湾——新石器时代遗址发掘报告》，文物出版社，2006年。

[5] 北京大学考古学系、甘肃省文物考古研究所：《甘肃武都县大李家坪新石器时代遗址发掘报告》，《考古学集刊（第13集）》，中国大百科全书出版社，2000年，第1~36页。

[6] 成都文物考古研究院、凉山彝族自治州博物馆、越西县文物管理所：《越西县东栅子遗址调查简报》，《成都考古发现（2018）》，科学出版社，2020年，第1~17页。

[7] Huan Xiujia, Deng Zhenhua, Zhou Zhiqing, et al., 2022. The emergence of rice and millet farming in the Zang-Yi corridor of southwest China dates back to 5300 years ago. *Frontiers in Earth Science*.

[8] 刘长江：《大地湾遗址植物遗存鉴定报告》，《秦安大地湾——新石器时代遗址发掘报告》，文物出版社，2006年，第914~916页。

[9] 甘肃省文物工作队、临夏回族自治州文化局、东乡族自治县文化馆：《甘肃东乡林家遗址发掘报告》，《考古学集刊（第四集）》，中国社会科学出版社，1984年，第111~161页。

坪五期的植硅体分析反映出甘青地区在距今5000年已采用了稻粟黍混作农业[1]。在横断山区，营盘山采用粟黍旱作农业[2]，哈休发现有粟[3]。

整体来看，金沙江中游及其周边地区以皈家堡第一期为代表的一类遗存在器物特征和作物类型等方面与同时期岷江上游、大渡河上中游地区的新石器时代文化有一定相似性，它们可能存在共同的文化渊源，都受到了甘青地区新石器时代晚期文化的影响。同时，皈家堡第一期一类遗存具有自身的文化特征，与川西高原的营盘山文化、麦坪遗存属于不同的考古学文化，它们之间存在交流和联系。

在新石器时代晚期，甘青地区的新石器时代文化自北向南影响了横断山区北段和中段地区，从岷江上游到大渡河上中游再到金沙江中游，其影响最南在澜沧江中游的洱海之滨，相关遗存的年代上限由早及晚，影响范围由小变大，甘青地区新石器时代文化的相关因素由多变少，影响逐渐减弱。岷江上游地区受甘青地区文化影响最早，波西2002G1出土有庙底沟文化典型的弧边三角纹彩陶、重唇口小口瓶、细泥红陶敛口钵等遗物[4]。岷江上游和大渡河上中游地区的营盘山文化发现有彩陶、尖底瓶，最具甘青地区文化特质。大渡河中游的麦坪遗存和金沙江中游的皈家堡第一期一类遗存不见彩陶和尖底瓶，年代晚于出土彩陶的遗存，分布范围更加靠南，地方文化色彩更加浓厚。甘青地区新石器文化因素在横断山区中段的出现与异化反映出甘青地区新石器文化沿横断山区由北而南传播过程的复杂性，可能存在着不同的方式、路径[5]。距今5500年发生的降温事件可能是导致甘青地区人口南迁和文化南传的重要原因[6]。

第二节 第二期遗存

皈家堡第二期遗存与同时期金沙江中游及其周边地区的其他新石器时代遗存在器物特征、丧葬习俗和农业类型等方面有较多共性特征，它们共同组成了金沙江中游新石器文化圈。

这一阶段，金沙江中游及其周边地区的多个遗址都发现有新石器时代遗存，典型遗址包括安宁

[1] Li Xiaoqiang, Zhou Xinying, Zhang Hongbin, et al., 2007a. The record of cultivated rice from archaeobiological evidence in northwestern China 5000 years ago. *Chinese Science Bulletin*, 52(10):1372-1378; Li Xiaoqiang, Zhou Xinying, Zhou Jie, et al., 2007b. The earliest archaeobiological evidence of the broadening agriculture in China recorded at Xishanping site in Gansu Province. *Science in China Series D-Earth Sciences*, 50(11):1707-1714；李小强、张宏宾、周新郢等：《甘肃西山坪遗址5000年水稻遗存的植物硅酸体记录》，《植物学通报》2008年第1期。

[2] 赵志军、陈剑：《四川茂县营盘山遗址浮选结果及分析》，《南方文物》2011年第3期。

[3] 陈剑、陈学志：《大渡河上游史前文化寻踪》，《中华文化论坛》2006年第3期。

[4] 成都文物考古研究所、阿坝藏族羌族自治州文物保管所、茂县羌族博物馆：《四川茂县波西遗址2002年的试掘》，《成都考古发现（2004）》，科学出版社，2006年，第1~12页。

[5] 周志清：《横断山区新石器时代文化的互动——兼论西南丝绸之路形成的史前基础与文化交流》，《中华文化论坛》2021年第3期。

[6] 吴文祥、周扬、胡莹：《甘青地区全新世环境变迁与新石器文化兴衰》，《中原文物》2009年第4期。

河流域的西昌横栏山、礼州、大厂、新庄，德昌董家坡[1]、汪家坪[2]，雅砻江下游的永胜枣子坪、堆子，金沙江中游北岸的会理猴子洞、李家坪、河头地、饶家地[3]，金沙江中游南岸的元谋大墩子、永仁菜园子与磨盘地、宾川白羊村，澜沧江中游的永平新光、大理银梭岛，澜沧江上游的卡若等。

陶器方面，皈家堡第二期遗存的纹饰特征与上述相关遗存相似，其中最突出的特点是盛行以刻划纹和戳印纹组成的几何纹饰，尤以刻划线内填充点线纹或短线纹等组成的几何纹饰最具代表性，以金沙江中游干流南北两岸核心区的同质性最强，边缘地区发生一定异化。皈家堡第二期罐类器物在沿面饰连续三角纹的做法见于大厂、董家坡、菜园子、磨盘地等遗址。皈家堡第二期罐类器物口外侧或颈部饰附加堆纹的做法在这些遗存中也普遍可见。皈家堡第二期与这些遗存都常见唇部饰戳印点纹或短线纹等纹饰形成的锯齿状花边口。除纹饰外，皈家堡第二期的敛口罐、矮领小罐、动物形壶等器类在这些遗存中也有发现。

石器方面，皈家堡第二期常见的梯形斧锛、半月形穿孔石刀和底部内凹的箭镞在该文化圈内普遍可见。

葬俗方面，土坑墓是该文化圈最常见的墓葬形式。皈家堡第二期的长方形土坑竖穴墓，无葬具，流行随葬陶器并常置于墓坑两端，与礼州、大厂、新庄、枣子坪等遗址的墓葬特征一致。皈家堡第二期的单人一次葬见于河头地、枣子坪、大墩子、白羊村等遗址，二次葬则见于白羊村等遗址。此外，皈家堡、大墩子和白羊村都发现有瓮棺葬。

在生业形态上，皈家堡第二期采用稻粟黍混作农业，这是金沙江中游及其周边地区新石器时代晚期作物结构的重要特征[4]，横栏山[5]、白羊村[6]和大墩子[7]等也采用了此农业模式。

皈家堡第二期遗存与这些遗存的共性具有鲜明的时代和地域特征，反映出金沙江中游及其周边地区的新石器时代文化在距今4500年之后有趋同的趋势，是金沙江中游新石器文化圈形成的基础。尽管如此，该文化圈内诸文化类型的文化面貌也存在一定差异，存在明显的分区，主要包括以皈家堡

[1] 成都文物考古研究所、凉山彝族自治州博物馆、德昌县文物管理所：《2010年德昌县董家坡遗址发掘简报》，《成都考古发现（2010）》，科学出版社，2012年，第316~351页；成都文物考古研究所、凉山州博物馆、德昌县文管所：《2009年德昌县董家坡遗址发掘简报》，《南方民族考古（第七辑）》，科学出版社，2011年，第495~526页。

[2] 成都文物考古研究所、凉山州博物馆、德昌县文管所：《四川凉山州德昌县汪家坪遗址调查简报》，《成都考古发现（2007）》，科学出版社，2009年，第215~228页。

[3] 成都文物考古研究院、凉山彝族自治州博物馆、会理县文物管理所等：《2012年会理县饶家地遗址发掘报告》，《成都考古发现（2015）》，科学出版社，2017年，第53~90页。

[4] 邓振华：《粟黍的起源与早期南传》，《中国社会科学报》2019年6月14日第5版。

[5] 姜铭、胡婷婷、补琦等：《西昌市横栏山遗址2011年及2013年度浮选结果简报》，《一个考古学文化交汇区的发现——凉山考古四十年》，科学出版社，2015年，第696~707页；成都文物考古研究所、凉山彝族自治州博物馆、西昌市文物管理所：《西昌市横栏山遗址2014年浮选结果及初步研究》，《成都考古发现（2014）》，科学出版社，2016年，第115~134页。

[6] Dal Martello Rita, Min Rui, Stevens Chris, et al., 2018. Early agriculture at the crossroads of China and Southeast Asia: archaeobotanical evidence and radiocarbon dates from Baiyangcun, Yunnan. *Journal of Archaeological Science: Reports*, 20, 711-721.

[7] 金和天、刘旭、闵锐等：《云南元谋大墩子遗址浮选结果及分析》，《江汉考古》2014年第3期。

第二期为代表的分布于盐源盆地的皈家堡文化区，以大墩子和菜园子、磨盘地为代表的分布于城河流域和龙川江流域的大墩子文化区，以横栏山为代表的分布于安宁河流域的横栏山文化区，以新光、银梭岛为代表的分布于洱海以西澜沧江中游的文化区和以白羊村为代表的分布于洱海以东金沙江中游的文化区等。其中，皈家堡文化区向北对安宁河流域的文化产生了影响，大厂、董家坡等出土陶罐沿面上饰连续三角纹的做法与皈家堡第二期相同，皈家堡第二期墓葬与礼州、大厂的土坑墓共见有敞口斜腹的碗、杯等器物，体量较小、形制接近，皈家堡和礼州土坑墓都发现有带把罐，大厂 M2 出土陶壶与皈家堡的长颈罐在形制和体量上接近，敛口罐的形制和装饰风格也与皈家堡的一致。该文化区还向南影响了金沙江中游南北沿岸地区，枣子坪出土侈口小罐、壶、矮领小罐与皈家堡的同类器相似，该遗址出土半月形穿孔刀、底部内凹的箭镞、“山”字形饰件与皈家堡的同类器也十分接近。

金沙江中游新石器文化圈的分布范围较广，该文化圈对文化圈外的周邻地区产生了一定影响，其辐射范围北至凉山北部的大渡河中游、雅砻江上游，即横断山区北段以南，东北界与大渡河中游新石器时代基于马家窑文化影响的麦坪遗存重叠，并与成都平原宝墩文化相望；东至金沙江下游、昭鲁盆地（贵州高原）及珠江以西；西至澜沧江中、下游地区，西北可至藏东[1]，金沙江中游与澜沧江中下游在洱海地区存在重叠；南至横断山区南段澜沧江下游、元江以北，与珠江上游地区在滇池和滇中三湖地区存在重叠现象。该区域文化因素具有明显的基于环太平洋新石器底层文化的影响，即以有肩有段石器和几何形纹（拍印、刻划、彩绘等）陶器及圜底器传统等为主要物化表征的华南与东南亚新石器文化传统[2]。

第三节　第三期遗存

皈家堡第三期遗存属于高坡文化的范畴，类似遗存在川西南地区有广泛分布，以安宁河中上游地区最为丰富，在盐源盆地和城河流域也有发现，它们的文化面貌整体接近，属于同一考古学文化。安宁河中上游地区以冕宁高坡遗址为代表，冕宁赵家湾[3]、喜德四合村[4]及西昌新庄、大洋堆[5]、槽子田等遗址也有发现；城河流域见于粪箕湾墓地[6]和马鞍子遗址[7]。这些遗存的共同特征强烈，

[1] 既往研究认为卡若遗存属于马家窑文化影响的产物，但通过近年新发掘与新的测年数据，可知该文化遗存的年代不超过距今 5000 年，主体遗存的年代在距今 4500 年之后，陶器纹饰特征与金沙江中游新石器文化圈有诸多联系。

[2] 吴梦洋、朱芝兰、马天行：《关于华南与东南亚民族考古的几个问题》，《南方文物》2013 年第 3 期。

[3] 成都文物考古研究所、凉山州博物馆、冕宁县文物管理所：《2010 年四川省冕宁县赵家湾遗址调查简报》，《成都考古发现（2009）》，科学出版社，2011 年，第 280~287 页。

[4] 王恒杰：《四川凉山彝族自治州喜德县的新石器时代遗址》，《考古》1979 年第 1 期。

[5] 西昌市文物管理所、四川省文物考古研究所、凉山彝族自治州博物馆：《四川西昌市经久大洋堆遗址的发掘》，《考古》2004 年第 10 期。

[6] 四川省文物考古研究院、会理县文物管理所、凉山彝族自治州博物馆等：《会理粪箕湾水坪梁子墓地》，科学出版社，2018 年。

[7] 成都文物考古研究院、凉山彝族自治州博物馆、会理县文物管理所等：《2017 年会理县马鞍子遗址调查简报》，《成都考古发现（2016）》，科学出版社，2018 年，第 78~116 页。

陶器以夹砂红褐陶和泥质黑陶（黑皮陶）为主；素面居多，纹饰多见叶脉纹、乳丁纹和附加堆纹等；基本为平底器和圈足器，典型器物包括叶脉纹器底、肩部饰乳丁纹的罐或瓮、折肩圈足碗（或称为钵形器）、杯形口双大耳罐、杯形口单大耳罐、鸭嘴形器流、豆（或称为簋）等；一些遗址还出土少量的铜兵器和工具。

同时，这些遗存在器物特征、堆积性质和年代等方面也存在一定差异。高坡和赵家湾年代接近，在商代中期至西周早期，遗存基本为地层堆积，陶器以夹砂红褐陶为主，高坡出土的鸭嘴形器流具有特色。大洋堆早、中期遗存属于高坡文化，早期为土坑墓，出土陶器均为泥质黑陶，火候较高，器表磨光，典型器物有杯形口双大耳罐、杯形口单大耳罐、直颈双耳罐、带流杯、簋、敞口斜腹豆等；中期为器物坑，分布密集，坑内置有一件或两件罐，个别坑内两件大陶罐口沿处还放置有一到四件陶器，陶器以夹砂褐陶为主，红陶次之，肩部饰乳丁纹的罐与高坡的相似。皈家堡第三期遗存与槽子田墓地的年代接近，前者在西周晚期至春秋早期，后者在西周中晚期至战国中晚期之间，出土陶器中均有大量的泥质或夹砂黑陶，两者共有豆等器物，槽子田墓地的陶器器类较皈家堡第三期更为丰富，陶带流壶、圈足杯、觚形杯和铜器等都不见于皈家堡遗址。这些遗存之间的差异可能是年代和地域上的差异造成的。

高坡文化在滇东黔西地区也有分布，昭鲁盆地的野石山遗存应属于高坡文化，以鲁甸野石山[1]和马厂[2]两个遗址为代表，年代在公元前1300~前900年。出土陶器有夹砂陶和泥质陶，大型器物多为夹砂陶，小型器物多为泥质陶，纹饰简单，素面居多，少量饰乳丁纹、弦纹或篦点纹，其典型的肩部饰乳丁纹的罐、折肩圈足碗、鸭嘴形器流、杯形口双大耳罐、杯形口单大耳罐等器物也是高坡、大洋堆等高坡遗存的核心器物。野石山遗存的文化面貌与安宁河流域的高坡遗存高度一致，它们属于同一文化体系。同时，它们也存在一定差异，野石山遗存中的细长颈小平底瓶、折沿罐、带流杯等器物不见于高坡遗存，这些恰恰是鸡公山文化的核心器群。野石山遗存与鸡公山文化都分布于昭鲁盆地，前者主要分布于昭鲁盆地的西南部边缘地区，未深入黔西地区，后者分布于昭鲁盆地及其邻近的黔西北地区，二者联系密切，鸡公山文化中的杯形口双大耳罐、杯形口单耳罐、乳丁纹缸等器物可能受到了野石山遗存的影响，而野石山遗存中的细长颈小平底瓶等因素则来自鸡公山文化。

高坡遗存和野石山遗存应是高坡文化的两个类型。这两个类型中的带耳陶器在川西和滇西地区有广泛分布，其渊源于西北地区带耳陶器的文化传统，是西北地区古代族群南下交融的重要实物。野石山遗存带耳陶器的器形和体量与大洋堆同类器的差异较大，而与高坡遗址出土同类器相近。鸡公山文化二期遗存出土双大耳罐的形制和体量与大洋堆早期遗存的同类器物相近，鸡公山文化中的此类器物应为舶来品，非本地产物，除了川西南外其他地区未见，其可能是来自川西南地区的产品。高坡文化在安宁河上中游地区和昭鲁盆地的发现，说明两地之间很早就有文化联系，金沙江及其支流的河谷

[1] 云南省文物考古研究所、昭通市文物管理所、鲁甸县文物管理所：《云南鲁甸县野石山遗址发掘简报》，《考古》2009年第8期；游有山：《鲁甸野石新石器时代遗址调查报告》，《云南文物（第18期）》，1985年。

[2] 云南省文物工作队：《云南昭通马厂和闸心场遗址调查简报》，《考古》1962年第10期；云南省文物考古研究所：《鲁甸马厂的一批文物》，《云南文物》2002年第2期；昭通市文物管理所：《昭通田野考古》，云南人民出版社，2012年，第32~38页。

为两地之间古代文化的交流提供了重要通道[1]。

第四节 第四期遗存

皈家堡第四期是南诏大理国时期的遗存，类似遗存在盐源盆地的打柴坡、元家山等地点有发现[2]，其中打柴坡采集的夹砂红褐陶绳纹釜与皈家堡第四期B组遗存陶釜接近。安宁河流域的西昌近郊也发现有大理国时期遗存，但主要是火葬墓，与皈家堡第四期的遗迹性质差异明显；西昌沙坪站遗址发现的大理国时期遗存中有灰坑等遗迹[3]。

皈家堡第四期的遗迹以灰坑为主，其性质属于窖藏、水井、垃圾坑等，这些灰坑的发现改变了对当地大理国时期遗存文化内涵的认识。以往凉山地区发现的南诏大理国时期遗存较为单一，基本是火葬墓和佛教岩画，以火葬墓为主。火葬墓主要分布在西昌近郊，多属于大理国时期，部分晚至元代，主要有北山火葬墓群、小山火葬墓群、丧坡火葬墓群、杨家坟山火葬墓群、新村火葬墓群等，西昌的火葬墓与云南的火葬墓可能属于一个文化传统，两地火葬墓习俗消失的时间不同，这可能与两地汉化的程度密切相关[4]。

第五节 横断山区中段文化交流格局[5]

盐源盆地地处青藏高原东缘、横断山区中段北部，是历史上从黄河上游甘青地区经川西高原南下进入云贵高原的文化走廊和民族走廊的重要节点。皈家堡遗址新石器时代遗存具有鲜明的时代和地域特征，第一期遗存与中国西北地区的新石器文化有着渊源关系，第二期遗存与滇西北地区的新石器文化有着密切联系。它的发现与研究凸显了盐源盆地在川西南、滇西北地区新石器时代文化发展过程中的重要地位，为认识中国西北与西南地区在距今5000年前后的文化互动与人群迁徙提供了个案。它的发现与研究还揭示出地处青藏高原东缘、横断山区南部的“川西南走廊”—“川滇通道”，即由中国西北经川西南至滇西北的通道，在距今5000年前就已经开辟，这条通道为后世“南方丝绸之路”的开通奠定了基础，凸显了川西南地区在中国先秦考古研究中的重要地位，揭示出中国西北和西南地区古代文化交流与人群互动的复杂性与多元性。

横断山区以北的甘青河湟地区为马家窑原生文化核心区，以彩陶、尖底瓶及夹砂陶上盛行绳纹

[1] 周志清：《公元前十三世纪至公元前九世纪昭鲁盆地与安宁河流域之间的文化互动——以高坡遗存为例》，《滇东黔西青铜时代的居民》，科学出版社，2014年，第76~93页。

[2] 凉山彝族自治州博物馆、盐源县文物管理所、成都文物考古研究院：《2015年盐源盆地考古调查简报》，《成都考古发现（2015）》，科学出版社，2017年，第116~132页。

[3] 闫雪、姜铭、周志清等：《大理国时期西昌地区的作物种类——引沙坪站遗址植物考古证据》，《成都考古研究（三）》，科学出版社，2017年，第516~521页。

[4] 刘弘：《西昌市北山宋代火葬墓》，《中国考古学年鉴（1986）》，文物出版社，1988年。

[5] 此部分内容参见周志清：《横断山区新石器时代文化的互动——兼论西南丝绸之路形成的史前基础与文化交流》，《中华文化论坛》2021年第3期。此处有所简化和省略。

与附加堆纹等为最突出的特征。横断山区北段为其南部边缘区，该地区新石器时代文化的彩陶、尖底瓶、夹砂陶上盛行绳纹与附加堆纹、粟黍旱作农业等因素具有西北新石器文化的特质，其影响最南可达横断山区中段北缘的大渡河中游地区。横断山区中段具有甘青地区文化特征的遗存发现较少，但仍具有鲜明的文化与时代特征，其中高领罐、敛口钵、折腹盆、细绳纹泥质陶片等受到马家窑文化或仰韶文化的影响，同时也有许多异化，颈部饰附加堆纹的夹砂细绳纹瓮、通体饰粗篮纹的夹砂红陶尊形器等具有地域特色。截至目前，马家窑文化最典型的彩陶和尖底瓶在横断山区中段及南段众多新石器时代遗址中均未发现，这当不是发现的偶发性因素，可能反映出西北马家窑文化圈自北而南扩散过程中在横断山区中段的异化。如果横断山区北段的新石器时代遗存属于马家窑原生文化圈，那么，既有马家窑文化因素又明显异化的横断山区中段距今5000~4800年的新石器文化遗存可能属于受马家窑文化影响的次生文化遗存。距今4800年以后，横断山区中段开始形成具有其自身风格特征的新石器时代文化。距今4500~3700年，以金沙江中游新石器文化圈为代表，横断山区形成了独具地域与时代特征的新石器文化传统，其文化影响一度向北扩散至大渡河中游地区。

横断山区中段的圜底器可能受到横断山区南段根基于东部珠江和元江流域以及大陆东南亚新石器时代至青铜时代的圜底器文化传统的影响，其分布呈现出由南而北时代逾晚的特征。目前横断山区中段的新石器时代圜底器最北见于枣子坪遗址，止步于横断山区中段南部，这可能与商周时期川西南地区以高坡文化为代表的早期青铜文化的崛起有关。

商周时期，以十二桥文化为代表的古蜀文化也大举西进，一度深入大渡河中游，但止步于大渡河中游的汉源、石棉一线，未能进入大凉山腹地。尽管高坡文化已向北深入到大凉山腹地，大渡河中游商周时期遗存却未受到高坡文化的影响。大渡河构成了商周时期十二桥文化与高坡文化难以逾越的屏障和文化扩散的拉锯地带，即大相岭、大渡河北岸地区成为十二桥文化的西南界，与其对峙的南岸则是高坡文化的北界。

东周时期，以石棺葬为代表的文化传统席卷了整个横断山区，可能曾一度影响至东南亚北部地区[1]，目前主流观点认为该文化传统可能受到西北地区石棺葬文化传统的影响。尽管横断山区商周时期的文化面貌目前仍存在诸多空白，来自西北或中原经由西北而来的陶器和青铜兵器、工具、装饰品等线索的广泛发现，表明商周时期来自西北地区的青铜文化仍然是横断山区青铜时代文化形成的根基。

通过以上分析，在不同时段，来自南、北的两种不同文化在横断山区中段汇集与扩散，并形成拉锯发展之势。

南北向扩散是横断山区新石器时代文化交流与人群移动的主要向度。距今5000年左右，横断山区呈现出由北而南的文化扩散态势，开启了当地新石器化进程。距今4500年后，随着横断山区中段以金沙江中游新石器文化圈为代表的新石器时代晚期文化的崛起和扩散，横断山区的文化发展与人群

[1] 在2008年西昌举行的“藏彝羌走廊暨中国西部石棺葬文化研讨会”上，来自香港中文大学的卢智基介绍了《越南北部发现的“石棺葬”》。参见陈剑：《石棺葬文化研究的新视野——藏彝羌走廊暨中国西部石棺葬文化研讨会综述》，《中华文化论坛》2010年第1期。

迁徙呈现出以中段为中心由南而北扩散的态势，向北其前锋直达大渡河中游，未能进入川西平原和川西北高原地区，止步于川西南山地。崛起于成都平原的宝墩文化目前在川西南山地亦未发现其踪迹，大相岭成为阻隔彼此之间文化扩散的自然地理障碍。横断山区南段的圜底器文化传统进入金沙江沿江地区，但未进入川西南腹地。

商周时期，新石器时代晚期以来南北向文化交流为主的趋势开始变化，出现东西向文化互动的趋势。以成都平原为核心的古蜀文化圈向西扩散至大渡河地区，川西南高坡文化也北上深入大凉山腹地，但二者并未发生交集，大渡河成为一道天堑，将其阻隔于大渡河中游。这一时期，横断山区的南北文化交流仍占主导地位，该区域的早期青铜文化具有鲜明的西北青铜文化的底色[1]。春秋晚期以前，由北而南的文化互动和扩散，深刻影响了东周时期的西南夷青铜文化。春秋晚期至战国早期，随着西南夷地区青铜文化传统格局的形成与固化，横断山区的西南夷文化亦发生了南北双向的文化扩散，来自滇文化的因素深入横断山区中段北部的大凉山区域[2]，西北地区青铜文化的影响仍然占据主导地位[3]，在战国晚期至西汉中期形成西南地区青铜文化的高峰。西汉晚期至东汉初期，随着汉文化南向经略，西南夷逐渐退出历史舞台。

商周时期来自西北的青铜文化深刻影响了横断山区的青铜文化，西南夷青铜文化传统是在西北青铜文化影响下与当地文化传统交融形成的产物。汉代打破了横断山区距今 5000 年以来西北高地自北而南的文化扩散态势，西汉时期，随着横断山区逐步被纳入中央政府贡纳体系，以成都为桥头堡南北向扩散的汉文化迅速影响整个横断山区，其涟漪波及整个东南亚大陆北部。唐宋时期，横断山区南北文化互动态势依然突出，形成南北对峙之势。元代彻底打破这一格局，南北纵贯、东西并列的横断山区被统一纳入中央政府行政体系。自汉以来以成都为基地由北而南的政治、文化、经济等影响延续至今。

横断山区是中国西南地区南北文化交流的大动脉。距今 5000~2200 年，该区域自北而南的文化交流与人群移动是西北高地与西南山地互动的主流。西汉以来的南北文化互动则是以川西平原的成都为中心向南北形成文化辐射。不同时期和不同文化传统的南北互动拓宽了横断山区古代文化的历史厚度，强化了横断山区自古以来根基于中原文化传统底色的多元一体格局。南北纵贯、东西并列的横断山脉中的河谷是横断山区文化交流与人群交融的走廊，深刻影响了中国古代的“西南丝绸之路”。

---

[1] 周志清：《中国西南早期青铜时代刍议》，《成都考古研究（三）》，科学出版社，2016 年，第 127~145 页；周志清：《西南地区青铜时代墓葬随葬石范习俗管窥》，《江汉考古》2016 年第 6 期；田剑波、左志强、周志清：《试论金沙遗址出土早期铜戈》，《江汉考古》2018 年第 4 期。

[2] 周志清、王楠：《滇风北渐——滇文化因素在川西高原的扩散》，《成都文物》2011 年第 3 期；周志清、补琦、刘灵鹤等：《凉山州金阳县木纳沟墓地出土的青铜器》，《成都文物》2014 年第 3 期。

[3] 周志清、补琦、刘灵鹤等：《浅议川滇西部青铜文化中“北方草原文化”遗物及其文化因素》，《考古与文物》2007 年增刊。

第一〇章　问题与展望

皈家堡遗址经过多次发掘，收获了一批具有鲜明时代和地域特征的文化遗存，丰富了当地新石器时代至历史时期的文化内涵。但是，我们还不能对其文化全貌形成完整的认识，这一方面是由于发掘面积有限，难免以偏概全，另一方面是由于现代活动对古代遗存的破坏严重，部分发掘区的文化堆积扰动严重，早晚遗物混杂，对认识当地文化发展的阶段性变化及各阶段的文化面貌等问题造成困扰。同时，盐源盆地先秦时期文化特别是新石器时代文化此前处于空白地带，周边地区目前翔实的考古报告与研究也较为匮乏，对认识皈家堡遗址的文化属性与内涵、时代特征等造成了极大困难。

皈家堡遗址发现的新石器时代偏早阶段的遗存不够丰富，分布范围有限且多为地层堆积，独立的遗迹单位相对较少，地层与遗迹内出土遗物存在不均衡的现象，对认识其文化面貌和早晚演变造成了困难。与之类似的遗存在周边地区发现也相对较少，它们或保存较差，或资料公布有限，不利于开展对比研究、探索文化发展的源流等问题。新石器时代偏晚阶段的遗存虽然十分丰富，但保存状况较差，扰动严重，遗物的共存关系和早晚演变不甚清楚，一些问题还需未来在获取更多资料的基础上进一步探讨。例如，房屋建筑多保存较差，无法复原其全貌和内部结构，需要思考不同阶段房屋建筑形式的演变以及聚落形态的差异等问题；居址和墓葬出土遗物差异较大，墓葬与居址的关系还有待探讨。皈家堡遗址新石器时代的早晚两期遗存之间有着明显的断裂，早期遗存具有浓厚的西北地区新石器文化因素，而晚期遗存则是仅见西南山地新石器文化因素，需要思考早期遗存是如何转变为晚期遗存的。

目前，相关研究已经从皈家堡遗址单体的微观研究开始扩展至川西南、滇西北地区以及中国西北地区的新石器文化，跳出区域行政区划的桎梏，从宏观层面关注皈家堡新石器文化的个案意义。近年来滇西北和金沙江中游川滇交界地区一系列考古新发现与报告的刊布，为该项研究的深入提供了基础，拓展了研究的空间。囿于长期受制于行政地理区划的影响，川滇交界资料刊布与研究过程中对该区域作为一个文化圈的整体观察关注不够，而皈家堡新石器时代遗存所凸显出的文化多元性和地处人群移动走廊的节点，为南北文化交流与族群互动研究提供了重要的考古资料。基于此，皈家堡因其独特的地理区位和丰富而深厚的文化遗存更是凸显了其特有的意义。

皈家堡遗址新石器遗存具有鲜明的地域特色与时代特征，其与川西南、滇西北地区的新石器文化有着密切关联。无论文化面貌和内涵，还是时代特征，彼此同属一个文化圈——金沙江中游新石器文化圈，它们有着相近的文化因素和时代特征。皈家堡新石器时代遗存的发现与研究，极大地拓展了金沙江中游新石器文化圈的内涵与外延。而该遗址新石器文化中的早期文化遗存同川西北和中国西北地区的新石器文化有着紧密联系，此类文化遗存在皈家堡遗址的发现，将滇西北、川西南至川西北再至中国西北地区紧密勾连起来，为距今5000年以来中国西北与西南地区古代文化交流与人群迁徙提供了关键性考古资料，凸显了盐源盆地在新石器时代晚期南北文化与人群交流的走廊中的重要地位，并为青铜时代的广泛交流奠定了基础，同时也开启了“南方丝绸之路”的先河。

皈家堡遗址青铜时代遗存的发现，增加了该遗址文化内涵的历时性厚度，为认识该地区青铜时代文化内涵与年代序列提供了实物资料。该阶段遗存的文化与时代特征同安宁河中上游地区以高坡遗址为代表的青铜时代早期遗存一致，反映出两地在商周时期有着密切的文化交流，属于同一青铜文化圈。

皈家堡遗址大理国时期遗存为研究大理国时期的历史与社会生活增添了资料，确认此类遗存并非仅见火葬墓，普遍常见水井、窖藏，而大量打破砂砾层的水井的存在，是否表明北宋晚期至南宋早期该地可能缺水严重，还要考虑同时期居住遗址分布于何处的问题。

附表

附表一　皈家堡遗址遗迹登记表

1. 房址登记表

遗迹编号	发掘年份	探方	层位关系	形制	结构	尺寸 （长 × 宽 - 深，单位：米）	时代	备注
F1	2016	TN28E37	③→ F1 →⑤	不规则形	半地穴式	1.46 × 0.96–0.12	新石器时代晚期	
F2	2016	TN29E39	③→ F2 →生土层	方形	半地穴式，地穴东部发现有红色烧结面	3.16 × 3.14–0.3	新石器时代晚期	
F3	2016	TN26E38	③→ F3 →④	长方形	半地穴式	4.0 × 2.2–0.26	新石器时代晚期	
F5	2016	TN30E36、TN30E37	④、H27 → F5 →⑥	圆角长方形	半地穴式	3.5 × 0.98–0.2	新石器时代晚期	
F6	2016	TN27E36、TN28E36	③→ F6 →⑤	长方形	半地穴式	6.18 × 2.8–0.24	新石器时代晚期	
F7	2016	TN28E38	③、H17 → F7 →⑤	不规则形	地面式，仅残存柱洞	1.06 × 1	新石器时代晚期	
H17	2016	TN28E38、TN28E39	②→ H17 →③	方形	半地穴式，带斜坡门道	4 × 4.05–0.53	新石器时代晚期	
F8	2017	TN34E35	①→ F8 →②	半椭圆形	地面式，有垫土，残存柱洞	2.34 × 2.3–0.06	新石器时代晚期	
F9	2017	TN32E36	④→ F9 →⑤	长方形	地面式，残存成排柱洞	3.4 × 1.72	新石器时代晚期	
F10	2017	TN33E35、TN32E35	④→ H108 → F10 →⑤	长方形	地面式，有基槽和柱洞	2.75 × 2.1	新石器时代晚期	
F11	2017	TN33E35、TN34E35	④→ F11 →⑥	长方形	地面式，残存成排柱洞	5.0 × 3.85	新石器时代晚期	
F12	2017	TN34E34	④→ F12 →⑥	长方形	地面式，残存成排柱洞	4.76 × 2.02	新石器时代晚期	
F13	2017	TN33E34、TN34E34	④、H115 → F13 →生土层	长方形	地面式，带基槽	7.15 × 3.9–0.24	新石器时代晚期	
F14	2017	TN33E34、TN34E34	④→ F14 →生土层	长方形	地面式，残存成排柱洞	3.99 × 2.91	新石器时代晚期	
F15	2017	TN33E38	④→ F15 →⑥	长方形	地面式，残存成排柱洞	3.5 × 1.5	新石器时代晚期	

遗迹编号	发掘年份	探方	层位关系	形制	结构	尺寸（长×宽-深，单位：米）	时代	备注
F16	2017	TN32E38	④→F16→⑥	长方形	地面式，残存成排柱洞	3.3×1.0	新石器时代晚期	
F17	2017	TN32E38	④→F17→⑥	不规则形	地面式，残存成排柱洞	2.43×1.13	新石器时代晚期	
F18	2017	TN25E38、TN25E39	⑤→F18→⑦	长方形	地面式，残存成排柱洞	5.9×3.8	新石器时代晚期	
F19	2017	TN33E37、TN33E36	④→F19→⑤	长方形	地面式，残存成排柱洞	4.83×4.1	新石器时代晚期	
F20	2017	TN25E37	⑤→F29→⑦	长方形	地面式，残存成排柱洞	3.99×1.53	新石器时代晚期	
F21	2017	TN33E35	⑥→F21→生土层	不规则形	半地穴式，带斜坡门道	2.94×2.33–0.15	新石器时代晚期	
F22	2017	TN31E34、TN31E35	⑥→F22→生土层	圆角长方形	地面式，有垫土，残存柱洞	5.3×1.99–0.12	新石器时代晚期	
F23	2018	TN34E31、TN35E31	③→F23→④；H151→F23	不规则形	半地穴式	6.4×3–0.45	新石器时代晚期	
F24	2019	TN22E41	③→H208→F24→生土层	长方形	半地穴式	1.96×1.48–0.1	新石器时代晚期	

2. 灰坑登记表

遗迹编号	发掘年度	探方	层位关系	形制	尺寸（长×宽-深，单位：米）	时代	备注
H1	2016	TN29E37	①→H1→②	近椭圆形	0.8×0.64–0.2	大理国时期	
H2	2016	TN28E36	①→H2→③	近圆形	1.27×1.47–（0.32~0.49）	新石器时代晚期	
H3	2016	TN28E37	①→H3→⑥	扇形	1.28×0.7–（0.52~0.68）	新石器时代晚期	
H4	2016	TN28E38	①→H4→②	近扇形	1.28×1.03–（0.38~0.42）	新石器时代晚期	
H5	2016	TN31E36	①→H5→②	圆形	0.32×0.32–0.62	新石器时代晚期	
H6	2016	TN29E36	③→H6→⑤	半椭圆形	2.16×0.75–0.27	新石器时代晚期	
H7	2016	TN29E38	①→H7→③	扇形	0.79×0.66–0.2	新石器时代晚期	
H8	2016	TN29E37	①→H8→生土层	圆形	1.44×1.22–1.76	大理国时期	

遗迹编号	发掘年度	探方	层位关系	形制	尺寸（长 × 宽 - 深，单位：米）	时代	备注
H9	2016	TN28E36	③→ H9 →⑤	近圆形	1 × 1–0.26	新石器时代晚期	
H10	2016	TN29E39	③→ H10 →生土层	半圆形	0.75–0.34	新石器时代晚期	
H11	2016	TN28E37	②→ H11 →③	不规则形	1.36 × 0.72–（0.2~0.35）	新石器时代晚期	
H12	2016	TN31E39	③→ H12 →⑤	近圆形	0.6 × 0.6–0.36	新石器时代晚期	
H13	2016	TN30E36	②→ H13 →③	半椭圆形	0.68–0.4	新石器时代晚期	
H14	2016	TN31E39	③→ H12 → H14 →⑤	不规则形	4 × 2.5–（0.14~0.4）	新石器时代晚期	
H15	2016	TN31E36	②→ H15 →③	半椭圆形	0.8 × 0.5–0.29	新石器时代晚期	
H16	2016	TN29E37	③→ H16 →⑤	不规则圆角长方形	2.5 × 1.16–0.3	新石器时代晚期	
H18	2016	TN27E38	②→ H18 →③	不规则圆角方形	2.1 × 1.56–0.21	新石器时代晚期	
H19	2016	TN31E36	③→ H19 →④	近圆形	0.9 × 1–0.3	新石器时代晚期	
H20	2016	TN27E37	①→ H20 →②	不规则圆角方形	1.35 × 1.06–0.53	大理国时期	
H21	2016	TN29E37	③→ H16 → H21 →⑤；H8 → H21	长条状	1.5 × 0.62–（0.2~0.24）	新石器时代晚期	
H23	2016	TN28E36	③→ H23 →⑥	不规则形	1.8 × 1.66–0.2	新石器时代晚期	
H24	2016	TN30E38	③→ H24 →⑤	近圆形	0.74 × 0.69–0.14	新石器时代晚期	
H25	2016	TN30E39	③→ H25 →⑤	近圆形	0.66 × 0.66–（0.4~0.44）	新石器时代晚期	
H26	2016	TN28E36	③→ H26 →⑤	不规则形	1.3 × 1.16–2.2	新石器时代晚期	
H27	2016	TN30E37	①→ H27 →生土层	不规则形	0.5 × 0.4–0.86	大理国时期	
H28	2016	TN27E37	④→ H28 →⑤	近半圆形	0.84 × 0.64–0.15	新石器时代晚期	
H29	2016	TN28E36	③→ H23 → H29 →生土层	近圆形	1.0 × 0.88–0.4	新石器时代晚期	
H30	2016	TN30E38	③→ H30 →⑤	近半圆形	0.62 × 0.6–（0.1~0.11）	新石器时代晚期	
H31	2016	TN27E37	④→ H28 → H31 →⑤	不规则形	2.57 × 1.43–（0.18~0.22）	新石器时代晚期	
H32	2016	TN29E37	③→ H21 → H32 →⑥；H8 → H32	弧边长条形	4 × 1.39–（0.2~0.32）	新石器时代晚期	

遗迹编号	发掘年度	探方	层位关系	形制	尺寸 （长 × 宽 - 深，单位：米）	时代	备注
H33	2016	TN30E36	④→ H33 →⑥	不规则圆角四边形	1.14 × 0.4–0.4	新石器时代晚期	
H34	2016	TN28E37	③→ H34 →⑤	不规则形	1.6 × 0.7–0.4	新石器时代晚期	
H35	2016	TN27E38	④→ H35 →生土层；H18 → H35	不规则形	1.25 × 1.2–（0.25~0.3）	新石器时代晚期	
H36	2016	TN30E39、TN31E39	③→ H36 →⑤	不规则形	5.8 × 0.9–（0.2~0.58）	新石器时代晚期	
H37	2016	TN26E36	③→ H37 →⑤	近四边形	0.95 × 0.56–0.5	新石器时代晚期	
H38	2016	TN26E37	④→ H38 →生土层	圆形	0.8 × 0.8–0.21	新石器时代晚期	
H39	2016	TN26E37	④→ H39 →生土层	圆形	0.86 × 0.8–0.23	新石器时代晚期	
H40	2016	TN31E37	④→ H40 →生土层	椭圆形	0.8 × 0.6–0.3	新石器时代晚期	
H41	2016	TN31E37	③→ H41 →④	近椭圆形	3.61 × 2.25–0.32	新石器时代晚期	
H42	2016	TN26E39	④→ H42 →⑤	不规则形	2.36 × 0.7–0.14	新石器时代晚期	
H43	2016	TN26E39	④→ H43 →⑤	近圆形	1.0 × 0.84–0.15	新石器时代晚期	
H44	2016	TN28E39	③→ H44 →生土层	近圆形	0.9 × 0.9–（0.15~0.17）	新石器时代晚期	
H45	2016	TN27E38	④→ H45 →生土层	三角形	2.2 × 0.42–（0.23~0.33）	新石器时代晚期	
H46	2016	TN31E37	④→ H40 → H46 →生土层； H41 → H46	梯形	2.53 × 1.6–0.3	新石器时代晚期	
H47	2016	TN30E37	④→ H47 →⑤	近半圆形	2.7 × 1.66–（0.2~0.44）	新石器时代晚期	
H48	2016	TN30E37	⑥→ H48 →生土层	圆角长方形	0.9 × 0.72–（0.14~0.3）	新石器时代晚期	
H49	2016	TN30E38	③→ H30 → H49 →⑤	近圆形	0.8 × 0.8–0.12	新石器时代晚期	
H50	2016	TN28E36	③→ H26 → H50 →生土层	不规则形	1.66 × 1.25–（0.45~0.72）	新石器时代晚期	
H51	2016	TN26E39	④→ H51 →⑤	近椭圆形	1.98 × 1.2–0.2	新石器时代晚期	
H52	2016	TN27E39	③→ H52 →④	扇形	2.66 × 1.56–（0.17~0.34）	新石器时代晚期	
H53	2016	TN31E36	④→ H53 →⑥	近圆形	0.76 × 0.76–0.5	新石器时代晚期	
H54	2016	TN31E36	⑥→ H54 →生土层	椭圆形	0.8 × 0.6–（0.2~0.5）	新石器时代晚期	

遗迹编号	发掘年度	探方	层位关系	形制	尺寸 （长 × 宽 - 深，单位：米）	时代	备注
H55	2016	TN26E39	④→ H55 →⑤	近圆形	0.61 × 0.61–0.18	新石器时代晚期	
H56	2016	TN30E36	④→ H56 →⑥	近圆形	1.05 × 1.2–0.26	新石器时代晚期	
H57	2016	TN27E37	①→ H20 → H57 →②	半圆形	0.64 × 0.34–0.2	新石器时代晚期	
H58	2017	TN12E22	①→ H58 →②	不规则椭圆形	1.6 × 1.36–0.16	元末明初	
H59	2017	TN12E22	②→ H59 →③	椭圆形	1.84 × 0.78–1.16	元末明初	
H60	2017	TN13E22	②→ H60 →③	椭圆形	1.11 × 0.66–0.46	元末明初	
H61	2017	TN12E24	②→ H61 →③	圆角方形	1.3 × 0.52–0.9	元末明初	
H62	2017	TN12E24	②→ H62 →③	椭圆形	1.03 × 0.81–0.53	元末明初	
H63	2017	TN13E24	②→ H63 →③	椭圆形	1.05 × 0.37–0.9	元末明初	
H64	2017	TN15E24	②→ H64 →③	圆形	1.4 × 1.38–1.06	元末明初	
H66	2017	TN33E34	①→ H66 →②	近椭圆形	2.23 × 1.44–0.41	大理国时期	
H67	2017	TN32E34	①→ H67 →②	圆形	1.3 × 1.3–0.35	大理国时期	
H68	2017	TN33E35	①→ H68 →②	不规则椭圆形	1.79 × 1.28–0.19	大理国时期	
H69	2017	TN32E36	①→ H69 →②	近圆形	1.4 × 1.0–0.3	大理国时期	
H70	2017	TN30E34	①→ H70 →②	椭圆形	1.23 × 0.9–0.65	大理国时期	
H71	2017	TN25E39	①→ H71 →②	近椭圆形	1.3 × 1.0–（0.28~0.3）	新石器时代晚期	
H72	2017	TN24E39	①→ H72 →②	近扇形	1.76 × 1.4–0.15	大理国时期	
H73	2017	TN25E37	①→ H73 →②	半圆形	1.96 × 0.72–0.28	大理国时期	
H74	2017	TN14E23	①→ H74 →②	近半圆形	1.5 × 1.0–0.5	元末明初	
H75	2017	TN32E35	①→ H75 →②	椭圆形	1.35 × 1.0–0.33	大理国时期	
H77	2017	TN33E35	①→ H77 →②	不规则椭圆形	1.32 ×（0.5~1）–0.3	大理国时期	
H78	2017	TN34E38	①→ H78 →②	不规则形	4 × 0.92–0.72	大理国时期	

遗迹编号	发掘年度	探方	层位关系	形制	尺寸（长×宽-深，单位：米）	时代	备注
H79	2017	TN25E39、TN24E39	②→H79→⑤；H71→H79	近椭圆形	4.2×2.0-（0.4~0.45）	新石器时代晚期	
H80	2017	TN24E38	③→H80→生土层	近圆形	0.7×0.6-0.45	新石器时代晚期	
H81	2017	TN30E34	②→H81→③	圆角长方形	1.6×1.0-0.42	新石器时代晚期	
H82	2017	TN31E35	②→H82→③	圆形	0.5×0.45-0.65	新石器时代晚期	
H83	2017	TN30E35	②→H83→③	圆形	1.07×1.12-0.9	新石器时代晚期	
H84	2017	TN30E35	②→H83→H84→③	不规则形	1.8×1.9-0.5	新石器时代晚期	
H85	2017	TN34E36	②→H85→③	不规则形	1.64×1.0-0.2	新石器时代晚期	
H86	2017	TN34E38	③→H86→④	近圆形	0.78×0.78-0.57	新石器时代晚期	
H87	2017	TN34E38	③、H91→H87→④	圆形	1.04-1.3	新石器时代晚期	
H88	2017	TN33E37	③→H88→⑤	不规则形	2.1×1.11-0.31	新石器时代晚期	
H89	2017	TN32E35	③→H89→④	圆角长方形	0.87×0.62-0.1	新石器时代晚期	
H90	2017	TN24E38	③→H90→④	近椭圆形	1.2×0.9-（0.3~0.4）	新石器时代晚期	
H91	2017	TN34E38	②→H91→④	长条形	3×0.4-0.4	新石器时代晚期	
H92	2017	TN25E38	③→H92→⑤	近圆角长方形	1×0.6-0.25	新石器时代晚期	
H93	2017	TN33E34	③→M5→H93→④	椭圆形	0.8×0.59-0.1	新石器时代晚期	
H94	2017	TN25E39	④→H94→生土层；H71、H79→H94	近椭圆形	0.86×0.7-0.26	新石器时代晚期	
H95	2017	TN25E37	④→H95→生土层	圆形	0.6×0.6-（0.45~0.5）	新石器时代晚期	
H96	2017	TN34E37	④→H96→⑥	不规则形	2.1×1.3-0.3	新石器时代晚期	
H97	2017	TN34E37	④→H97→⑥	不规则形	2.2×1.15-0.3	新石器时代晚期	
H98	2017	TN32E34、TN32E35	④→H98→生土层	近椭圆形	4.3×3.6-0.42	新石器时代晚期	
H99	2017	TN23E39	④→H99→生土层	圆形	0.65×0.65-0.75	新石器时代晚期	
H100	2017	TN34E37	④→H100→⑥	椭圆形	1.11×0.66-0.63	新石器时代晚期	

遗迹编号	发掘年度	探方	层位关系	形制	尺寸（长 × 宽 - 深，单位：米）	时代	备注
H101	2017	TN32E38、TN33E38	④→ H101 →⑥	近圆角方形	2.8 × 2.45–0.2	新石器时代晚期	
H102	2017	TN30E34、TN30E35	④→ H102 →⑤	不规则形	4.8 × 4.4–0.46	新石器时代晚期	
H103	2017	TN30E34、TN30E35、TN29E34	④→ H102 → H103 →⑤；H142 → H103	不规则形	5.35 × 4.35–0.54	新石器时代晚期	
H104	2017	TN33E34、TN32E34	④→ M6 → H104 →⑤	椭圆形	2.3 × 1.98–0.3	新石器时代晚期	
H105	2017	TN32E38	④→ H101 → H105 →⑥	圆形	0.75 × 0.57–0.3	新石器时代晚期	
H106	2017	TN33E34	④→ H106 →⑤	椭圆形	1.28 × 0.95–0.5	新石器时代晚期	
H107	2017	TN33E38、TN33E37	④→ H107 →生土层	椭圆形	1.83 × 1.08–0.22	新石器时代晚期	
H108	2017	TN33E35	④→ H108 →⑤；G5 → H108	圆形	0.5 × 0.43–0.5	新石器时代晚期	
H109	2017	TN33E35	④→ H109 →⑤	圆形	0.72 × 0.7–0.35	新石器时代晚期	
H110	2017	TN33E38	④→ H110 →生土层	长条形	2.4 × 0.5–0.2	新石器时代晚期	
H111	2017	TN32E35	④→ H111 →⑥	近圆形	0.7 × 0.6–（0.2~0.35）	新石器时代晚期	
H112	2017	TN34E38	③→ H112 →④	圆形	0.8 × 0.8–0.5	新石器时代晚期	
H113	2017	TN32E34、TN31E34	④→ H113 →生土层	不规则形	2.2 × 1.2–0.21	新石器时代晚期	
H114	2017	TN34E35	②→ H114 →生土层	半圆形	1.6 × 2.0–0.8	新石器时代晚期	
H115	2017	TN34E34	④→ H115 →生土层	圆形	1.6 × 1.6–0.7	新石器时代晚期	
H116	2017	TN23E39、TN22E39	②→ H116 →生土层	近椭圆形	4.2 × 4.4–（0.75~0.85）	新石器时代晚期	
H117	2017	TN25E37	⑤→ H117 →生土层	椭圆形	0.75 × 0.65–0.3	新石器时代晚期	
H118	2017	TN33E37	④→ H118 →⑤	椭圆形	0.6 × 0.6–0.3	新石器时代晚期	
H119	2017	TN32E36	④→ H119 →⑤	椭圆形	1.36 × 0.98–0.76	新石器时代晚期	

遗迹编号	发掘年度	探方	层位关系	形制	尺寸（长×宽－深，单位：米）	时代	备注
H120	2017	TN34E36	④→H120→⑤	近圆形	0.57×0.55–0.35	新石器时代晚期	
H121	2017	TN25E37	⑤→H121→生土层	不规则形	2.4×0.65–（0.17~0.23）	新石器时代晚期	
H122	2017	TN32E36、TN32E37	④→H119→H122→⑤	不规则形	4.75×2.7–0.48	新石器时代晚期	
H123	2017	TN33E35、TN33E36	④→F11→H123→⑤	不规则形	3.77×2.11–0.32	新石器时代晚期	
H124	2017	TN34E35	④→H124→生土层	圆形	0.82×0.82–0.41	新石器时代晚期	
H125	2017	TN23E39	④→H125→生土层	圆形	0.75×0.75–0.7	新石器时代晚期	
H126	2017	TN23E39、TN24E39	④→H126→生土层	圆形	0.74×0.74–0.65	新石器时代晚期	
H127	2017	TN32E37	④→H127→⑤	近圆角长方形	0.90×0.71–0.65	新石器时代晚期	
H128	2017	TN24E39	④→H128→生土层；H79→H128	近椭圆形	0.8×0.7–（0.36~0.83）	新石器时代晚期	
H129	2017	TN33E34	④→M7→H129→⑤	半椭圆形	1.20×0.34–0.36	新石器时代晚期	
H130	2017	TN32E37	④→H127→H130→⑤	近圆角方形	1.17×1.1–0.5	新石器时代晚期	
H131	2017	TN32E37	④→H127→H131→⑤	圆角长方形	0.96×0.45–0.34	新石器时代晚期	
H132	2017	TN30E35	④→H132→⑤	椭圆形	1.13×0.77–0.6	新石器时代晚期	
H133	2017	TN31E34	④→H113→H133→⑤；G5→H133	不规则形	3.4×（0.85~1.84）–（0.24~0.4）	新石器时代晚期	
H134	2017	TN32E34	④→H113→H134→生土层	不规则形	1.4×1.1–0.3	新石器时代晚期	
H135	2017	TN33E34、TN32E34	④→H135→⑤	半圆形	1.82×0.7–0.3	新石器时代晚期	
H136	2017	TN33E34	④→H135→H136→⑤	半圆形	0.5×0.6–0.25	新石器时代晚期	
H137	2017	TN32E37	⑤→H137→⑥；H130→H137	近圆形	0.83×0.75–0.5	新石器时代晚期	
H138	2017	TN23E39	④→H138→生土层	扇形	0.5×0.4–0.5	新石器时代晚期	
H139	2017	TN32E35	⑥→H139→生土层；H98→H139	不规则形	2.73×1.35–0.2	新石器时代晚期	
H140	2017	TN32E35	⑥→H140→⑦；H139、H145→H140	不规则形	3.2×2.22–0.11	新石器时代晚期	

遗迹编号	发掘年度	探方	层位关系	形制	尺寸（长×宽－深，单位：米）	时代	备注
H141	2017	TN33E37	⑤→H141→⑥；H88→H141	椭圆形	0.80×0.67–0.65	新石器时代晚期	
H142	2017	TN29E34	③→H142→④	椭圆形	1.52×1.14–1.0	新石器时代晚期	
H143	2017	TN32E36	⑤→H143→⑥；F9D8、D9→H143	近椭圆形	1.05×1–0.6	新石器时代晚期	
H144	2017	TN30E35	④→H102、H132→H144→⑤	近椭圆形	0.85×0.54–0.16	新石器时代晚期	
H145	2017	TN32E35	⑥→H145→生土层	圆形	0.8×0.8–0.1	新石器时代晚期	
H146	2017	TN23E39	④→H146→生土层	圆形	0.8×0.8–0.66	新石器时代晚期	
H147	2017	TN32E36	⑤→H147→⑥；F9D7→H147	不规则形	1.38×（0.29~1.4）–0.36	新石器时代晚期	
H148	2017	TN32E36	⑤→H148→⑥；F9D11、H119→H148	近圆形	0.9×1–0.76	新石器时代晚期	
H149	2017	TN32E36	⑤→H149→⑥；F9D5、H69、H119、H122→H149	圆形	0.9×0.77–0.9	新石器时代晚期	
H150	2018	TN32E33	①→H150→②	近圆形	0.71×0.5–0.72	大理国时期	
H151	2018	TN35E31	①→H151→②	近椭圆形	0.9×0.65–0.49	新石器时代晚期	
H152	2018	TN36E31	①→H152→②	近圆形	1.26×1.26–0.45	新石器时代晚期	
H153	2018	TN35E32	①→H153→②	圆角梯形	1.8×1.2–0.31	新石器时代晚期	
H154	2018	TN36E33	①→H154→②	圆角长方形	1.43×0.73–0.25	大理国时期	
H155	2018	TN35E32	①→H155→②	不规则形	1.85×1.08–0.13	新石器时代晚期	
H156	2018	TN28E34	①→H156→④	椭圆形	1.73×1.6–0.6	青铜时代	
H157	2018	TN31E33、TN30E33	①→H157→②	不规则形	2.4×1.4–（0.1~0.4）	新石器时代晚期	
H158	2018	TN32E33	①→H150→H158→②	近圆形	1.3×1–0.32	新石器时代晚期	
H159	2018	TN31E33	①→H159→②	近椭圆形	0.95×0.7–0.32	新石器时代晚期	
H160	2018	TN31E33	①→H160→②	近椭圆形	1×0.7–0.3	新石器时代晚期	
H161	2018	TN31E33	①→H161→②	椭圆形	1.1×0.8–0.37	新石器时代晚期	

遗迹编号	发掘年度	探方	层位关系	形制	尺寸 （长 × 宽 - 深，单位：米）	时代	备注
H162	2018	TN31E33	①→ H162 →②	近圆形	0.8 × 0.74–0.28	新石器时代晚期	
H163	2018	TN31E33	①→ H163 →②	近圆形	0.87 × 0.8–0.75	新石器时代晚期	
H164	2018	TN36E31	③→ H164 →④	半圆形	0.95 × 0.4–0.2	新石器时代晚期	
H165	2018	TN28E34	①→ H165 →②	近椭圆形	1 × 0.8–0.4	青铜时代	
H166	2018	TN30E33	①→ H166 →②	半椭圆形	0.65 × 0.61–0.95	新石器时代晚期	
H167	2018	TN34E33	④→ H167 →生土层	圆形	0.7 × 0.7–0.34	新石器时代晚期	
H168	2018	TN30E33	①→ H168 →②	近圆形	0.9 × 0.8–0.78	新石器时代晚期	
H169	2018	TN30E33	①→ H166 → H169 →④	不规则形	2.6 × 2–0.55	新石器时代晚期	
H170	2018	TN35E33	②→ H170 →③	半椭圆形	0.86 × 0.82–0.65	新石器时代晚期	
H171	2018	TN35E33	③→ H171 →生土层；H170 → H171	“L”形	2.4 × 1.4–0.5	新石器时代晚期	
H172	2018	TN35E33	③→ H171 → H172 →生土层；H170 → H172	椭圆形	0.9 × 0.8–0.5	新石器时代晚期	
H173	2018	TN28E34	②→ H173 →④	不规则形	5 × 1.05–1.28	新石器时代晚期	
H174	2018	TN36E34	③→ H174 →生土层	近椭圆形	1.2 × 0.6–0.6	新石器时代晚期	
H175	2018	TN28E34	③→ H175 →生土层；H156、H165 → H175	半椭圆形	3.4 × 3.2–0.52	新石器时代晚期	
H176	2018	TN35E33	③→ H171 → H176 →生土层	半圆形	1.2 × 0.75–0.42	新石器时代晚期	
H177	2018	TN32E32	④→ H177 →生土层	椭圆形	0.9 × 0.8–（0.5~0.6）	新石器时代晚期	
H178	2018	TN35E34	③→ H178 →生土层	半圆形	0.65 × 0.6–0.6	新石器时代晚期	
H179	2018	TN36E31	④→ H179 →生土层	近三角形	1.8 × 1.1–0.15	新石器时代晚期	
H180	2018	TN36E33	③→ H180 →生土层	不规则形	3.1 × 1.76–0.72	新石器时代晚期	
H181	2018	TN35E34	③→ H181 →生土层	半圆形	0.72 × 0.45–0.43	新石器时代晚期	
H182	2018	TN33E32	④→ H182 →⑥	近椭圆形	1.15 × 1–0.2	新石器时代晚期	
H183	2018	TN27E35	③→ H183 →④	近半椭圆形	3.98 × 2.34–0.48	新石器时代晚期	

遗迹编号	发掘年度	探方	层位关系	形制	尺寸（长 × 宽 - 深，单位：米）	时代	备注
H184	2018	TN32E32	④→ H177 → H184 →生土层	不规则形	2.3 × 1.53–0.22	新石器时代晚期	
H185	2018	TN33E33	④→ H185 →⑥	椭圆形	1.05 × 0.75–0.72	新石器时代晚期	
H186	2018	TN32E33	③→ H186 →生土层	近三角形	2 × 1.6–0.4	新石器时代晚期	
H187	2018	TN32E32	④→ H184 → H187 →生土层	近圆形	1.05 × 0.9–（0.54~0.58）	新石器时代晚期	
H188	2018	TN31E33	④→ H188 →⑥	椭圆形	0.98 × 0.5–0.4	新石器时代晚期	
H189	2018	TN31E33	④→ H189 →⑥	椭圆形	1.5 × 1.0–0.9	新石器时代晚期	
H190	2018	TN30E33	④→ H190 →⑥	椭圆形	0.95 × 0.8–0.45	新石器时代晚期	
H191	2018	TN32E32	④→ H191 →⑥	椭圆形	0.84 × 0.74–0.62	新石器时代晚期	
H192	2018	TN27E35	④→ H192 →⑥	圆形	1.55 × 1.5–1.0	新石器时代晚期	
H193	2018	TN30E33	④→ H193 →⑥	近圆形	0.95 × 0.85–0.8	新石器时代晚期	
H194	2018	TN30E33	④→ H194 →⑥	椭圆形	1.55 × 1.3–0.74	新石器时代晚期	
H195	2018	TN32E32	④→ H195 →⑥	三角形	1.2 × 0.52–0.28	新石器时代晚期	
H196	2018	TN31E32	④→ H196 →⑥	近圆形	0.86 × 0.8–0.7	新石器时代晚期	
H197	2018	TN29E35	②→ H197 →③	不规则形	1.68 × 0.94–0.4	新石器时代晚期	
H198	2018	TN29E33、TN29E34	①→ H70 → H198 →②	不规则形	2.24 ×（1.2~1.6）–0.42	大理国时期	
H199	2018	TN29E33	①→ H199 →②	近椭圆形	0.84 × 0.66–0.64	大理国时期	
H200	2018	TN29E35	④→ H200 →⑤	近圆形	0.72 × 0.65–0.4	新石器时代晚期	
H201	2018	TN29E33	⑤→ H201 →⑥	扇形	0.9 × 0.6–0.34	新石器时代晚期	
H202	2019	TN22E39、TN21E39	①→ H202 →②	不规则形	2.96 × 2.8–0.44	青铜时代	
H203	2019	TN21E40	②→ H203 →③	不规则形	1.02 × 0.8–（0.22~0.26）	新石器时代晚期	
H204	2019	TN22E29	③→ H204 →④	近椭圆形	1.24 × 0.94–（0.2~0.3）	新石器时代晚期	
H205	2019	TN25E34	③→ H205 →④	近椭圆形	1.6 × 0.96–0.56	新石器时代晚期	

遗迹编号	发掘年度	探方	层位关系	形制	尺寸 （长 × 宽 - 深，单位：米）	时代	备注
H206	2019	TN20E41	①→ H206 →②	不规则形	1.56 × 1.32–0.4	新石器时代晚期	
H207	2019	TN25E34	③→ H207 →④	不规则形	1 × 0.54–0.56	新石器时代晚期	
H208	2019	TN22E41、TN21E41	③→ H208 →生土层	近半圆形	5.7 × 3.37–0.42	新石器时代晚期	
H209	2019	TN25E34	④→ H209 →⑤	扇形	0.9 × 0.7–（0.48~0.6）	新石器时代晚期	
H210	2019	TN20E40	②→ H210 →③	不规则形	1.4 × 0.6–0.3	新石器时代晚期	
H211	2019	TN25E34	④→ H205 → H211 →⑤	近圆形	0.66 × 0.66–0.46	新石器时代晚期	
H212	2019	TN20E41	②→ H212 →③	不规则形	1.35 × 1.09–0.34	新石器时代晚期	
H213	2019	TN22E28	④→ H213 →⑤	椭圆形	0.52 × 0.42–0.11	新石器时代晚期	
H214	2019	TN25E34	④→ H214 →⑤	近圆形	1.12 × 0.97–0.52	新石器时代晚期	
H215	2019	TN21E40、TN22E39	②→ H215 →③	近椭圆形	1.78 × 1.26–0.72	新石器时代晚期	
H216	2019	TN25E33	④→ H216 →⑤	半圆形	0.74 × 0.74–0.24	新石器时代晚期	

3. 灰沟登记表

遗迹编号	发掘年度	探方	层位关系	形制	尺寸 （长 × 宽 - 深，单位：米）	时代	备注
G1	2016	TN26E38	①→ G1 →②	长条形	3.6 × 1.46–0.14	大理国时期	
G2	2016	TN29E36	①→ G2 →②	长条形	2.8 ×（0.48~0.6）–（0.26~0.5）	大理国时期	
G3	2017	TN13E22、TN14E22、TN15E22、TN16E22	③、H60 → G3 →④	长条形	16.2 ×（1.0~1.8）–0.35	新石器时代晚期	
G4	2017	TN15E22、TN16E22	③→ G4 →④	长条形	9 ×（0.54~0.71）–0.35	新石器时代晚期	
G5	2017	TN30E34、TN31E34、TN32E34、TN32E35、TN34E36、TN34E35、TN33E35	③→ G5 →④	长条形	25.72 ×（0.83~1.88）–0.4	新石器时代晚期	
G6	2018	TN35E31	①→ G6 →②	梯形	4.4 × 0.8–0.2	大理国时期	

遗迹编号	发掘年度	探方	层位关系	形制	尺寸（长 × 宽 – 深，单位：米）	时代	备注
G7	2018	TN33E33	①→ G7 →②	不规则长条形	3.7 ×（0.44~0.8）–0.68	南诏晚期	
G8	2018	TN28E35	③→ G8 →⑥	不规则形	6.96 × 1.96–0.4	新石器时代晚期	
G9	2019	TN20E40、TN20E41	②→ G9 →③	长条形	6.02 ×（1.7~2）–1.8	新石器时代晚期	

4. 器物坑登记表

遗迹编号	发掘年度	探方	层位关系	形制	尺寸（长 × 宽 – 深，单位：米）	出土遗物	时代	备注
K1	2016	TN28E36	①→ K1 →②	近圆形	0.97 × 0.94–（0.11~0.15）	陶鼓腹小罐 1、壶 2；石块 1；牙齿若干	新石器时代晚期	
K1	2018	TN28E35	①→ K1 →②	近圆形	0.66 × 0.45–0.10	石刀 4	新石器时代晚期	
K2	2018	TN31E32	①→ K2 →②	近圆形	0.6 × 0.6–0.14	陶小罐 1、杯 1	新石器时代晚期	
K3	2018	TN36E34	②→ K3 →③	圆形	0.75 × 0.75–0.25	陶罐 1	新石器时代晚期	

5. 墓葬登记表

墓号	发掘年度	探方	层位关系	墓向（度）	墓葬形制	尺寸（长 × 宽 – 深，单位：米）	葬具	葬式	随葬品	时代
M1	2017	TN23E39	①→ M1 →②	280	长方形土坑竖穴墓	1.7 × 0.5–0.15	无	仰身直肢，一次葬	陶侈口小罐 1、敛口小罐 1、带把罐 1	新石器时代晚期
M2	2017	TN23E39	①→ M2 →②	280	长方形土坑竖穴墓	1.8 × 0.5–0.15	无	侧身屈肢，一次葬	陶侈口小罐 1、壶 2	新石器时代晚期
M3	2017	TN23E39	①→ M3 →②	104	长方形土坑竖穴墓	1.75 × 0.5–0.1	无	不明	陶鼓腹小罐 1、带把罐 1、尊形罐 1	新石器时代晚期
M4	2017	TN31E34	①→ M4 →②	89	长方形土坑竖穴墓	1.8 × 0.7–0.15	无	不明	陶尊形罐 1、壶 1	新石器时代晚期
M5	2017	TN33E34	③→ M5 →④	297	长方形土坑竖穴墓	2.1 × 0.55–0.2	无	不明	陶侈口小罐 1、钵 1、杯 1、器底 1	新石器时代晚期

墓号	发掘年度	探方	层位关系	墓向（度）	墓葬形制	尺寸（长×宽－深，单位：米）	葬具	葬式	随葬品	时代
M6	2017	TN33E34	④→M6→⑤	127	长方形土坑竖穴墓	1.35×0.55–0.21	无	不明	陶矮领小罐1、壶1、器底1	新石器时代晚期
M7	2017	TN33E34	④→M6→M7→⑤	122	长方形土坑竖穴墓	1.32×0.46–0.2	无	不明	无	新石器时代晚期
M8	2017	TN31E35	②→M8→③	100	长方形土坑竖穴墓	2.61×0.9–0.24	无	不明	陶釜形罐1、瓶3、杯1	新石器时代晚期
M9	2018	TN34E31	①→M9→②	64	长方形土坑竖穴墓	1.5×0.4–0.05	无	不明	陶鼓腹小罐1、矮领小罐1、壶3	新石器时代晚期
M10	2018	TN32E33	①→H150→H158→M10→②	183	长方形土坑竖穴墓	1.42×0.41–0.1	无	不明	陶侈口小罐2、矮领小罐3、钵1	新石器时代晚期
M11	2018	TN31E33	②→M11→③	125	长方形土坑竖穴墓	0.9×0.45–0.15	无	二次葬	陶侈口小罐1、矮领小罐1、尊形罐1、瓶3、钵1	新石器时代晚期
M12	2018	TN31E32	②→M12→③	197	长方形土坑竖穴墓	1.51×0.6–0.12	无	二次葬	陶侈口小罐3、鼓腹小罐2、罐2、钵1	新石器时代晚期
M13	2018	TN30E33	③→M13→④；H169→M13	0	长方形土坑竖穴墓	1.98×0.85–0.2	无	不明	陶壶1	新石器时代晚期
M14	2019	TN25E34	②→M14→③	90	长方形土坑竖穴墓	1.02×0.4–0.1	无	不明	陶壶1、杯1	新石器时代晚期
W1（原H76）	2017	TN25E37	②→W1→③	0	瓮棺葬	1.23×0.85–0.2	陶瓮1、卵石1	不明	无	新石器时代晚期

附表二　皈家堡遗址测年数据登记表

1. 北京大学加速器质谱（AMS）碳 -14 测试报告

Lab 编号	样品	样品原编号	出土单位	碳 -14 年代（BP）	树轮校正后年代	
					1δ（68.2%）	2δ（95.4%）
BA170213	黍	2016SYG1	2016SYGTN27E36 ②（FX156）	3870 ± 25	2453BC （17.2%） 2419BC 2406BC （16.5%） 2377BC 2350BC （34.5%） 2294BC	2463BC （93.1%） 2284BC 2248BC （2.3%） 2234BC
BA170214	黍	2016SYG2	2016SYGTN27E36 ②（FX156）	3795 ± 25	2285BC （32.8%） 2247BC 2235BC （28.8%） 2199BC 2162BC （6.6%） 2152BC	2296BC （95.4%） 2140BC
BA170215	黍	2016SYG3	2016SYGTN27E37 ③（FX36）	3900 ± 25	2462BC （43.2%） 2401BC 2382BC （25.0%） 2348BC	2469BC （87.3%） 2333BC 2325BC （8.1%） 2300BC
BA170216	黍	2016SYG4	2016SYGTN27E37 ③（FX36）	3730 ± 35	2198BC （22.7%） 2163BC 2152BC （16.3%） 2126BC 2091BC （29.2%） 2044BC	2276BC （2.9%） 2254BC 2210BC （92.5%） 2028BC
BA170217	黍	2016SYG5	2016SYGTN27E37 ④（FX51）	3895 ± 25	2460BC （68.2%） 2346BC	2467BC （95.4%） 2299BC
BA170218	黍	2016SYG6	2016SYGTN27E37 ④（FX75）	3945 ± 25	2547BC （3.3%） 2541BC 2489BC （44.2%） 2453BC 2419BC （7.3%） 2407BC 2377BC （13.4%） 2351BC	2565BC （10.8%） 2533BC 2495BC （84.6%） 2346BC
BA170219	木炭	2016SYG7	2016SYGTN27E36 ⑤（FX132）	4070 ± 25	2831BC （6.1%） 2821BC 2631BC （55.7%） 2571BC 2514BC （6.4%） 2503BC	2849BC （10.8%） 2812BC 2740BC （0.4%） 2734BC 2693BC （0.3%） 2688BC 2680BC （70.1%） 2561BC 2536BC （13.7%） 2492BC
BA170220	木炭	2016SYG8	2016SYGTN27E36 ⑤（FX132）	4095 ± 35	2848BC （15.8%） 2813BC 2692BC （0.8%） 2690BC 2679BC （51.6%） 2577BC	2865BC （20.7%） 2804BC 2761BC （71.1%） 2566BC 2523BC （3.6%） 2497BC
BA170221	木炭	2016SYG9	2016SYGTN27E36 ⑥（FX116）	4050 ± 30	2620BC （39.8%） 2564BC 2532BC （28.4%） 2495BC	2835BC （4.5%） 2817BC 2666BC （90.9%） 2476BC
BA170222	木炭	2016SYG10	2016SYGTN27E36 ⑥（FX119）	4055 ± 30	2625BC （44.4%） 2565BC 2532BC （23.8%） 2496BC	2836BC （5.8%） 2816BC 2671BC （89.6%） 2481BC
BA170223	黍	2016SYG11	2016SYGTN31E37 ③（FX42）	3875 ± 40	2455BC （17.3%） 2418BC 2408BC （50.9%） 2297BC	2469BC （86.3%） 2274BC 2255BC （9.1%） 2209BC
BA170224	粟	2016SYG12	2016SYGTN31E37 ③（FX42）	样品无法满足实验需要		
BA170225	黍	2016SYG13	2016SYGH40（FX70）	3980 ± 25	2561BC （35.6%） 2536BC 2492BC （32.6%） 2471BC	2571BC （53.3%） 2513BC 2504BC （42.1%） 2464BC
BA170226	粟	2016SYG14	2016SYGH40（FX70）	4150 ± 25	2866BC （14.3%） 2837BC 2815BC （5.2%） 2804BC 2776BC （48.7%） 2672BC	2875BC （18.6%） 2831BC 2821BC （76.8%） 2631BC
BA170227	黍	2016SYG15	2016SYGH41（FX106）	4305 ± 35	3005BC （7.3%） 2990BC 2930BC （60.9%） 2887BC	3015BC （95.4%） 2882BC

Lab 编号	样品	样品原编号	出土单位	碳-14年代（BP）	树轮校正后年代	
					1δ（68.2%）	2δ（95.4%）
BA170228	黍	2016SYG16	2016SYGH41（FX106）	4090±30	2836BC（12.0%）2816BC 2671BC（56.2%）2577BC	2860BC（19.3%）2808BC 2754BC（6.6%）2721BC 2703BC（66.1%）2568BC 2519BC（3.4%）2499BC
BA170229	黍	2016SYG17	2016SYGTN26E37④（FX43）	4040±35	2619BC（6.2%）2607BC 2599BC（2.5%）2594BC 2586BC（23.6%）2549BC 2538BC（35.9%）2490BC	2835BC（3.5%）2817BC 2665BC（91.9%）2472BC
BA170230	粟	2016SYG18	2016SYGH1（FX151）	4480±40	3331BC（45.3%）3214BC 3186BC（10.9%）3156BC 3127BC（11.9%）3095BC	3349BC（87.3%）3082BC 3069BC（8.1%）3026BC
BA170231	小麦	2016SYG19	2016SYGH8（FX68）	1010±25	995AD（68.2%）1029AD	981AD（89.6%）1045AD 1095AD（5.1%）1120AD 1142AD（0.7%）1147AD
BA170232	黍	2016SYG20	2016SYGH26（FX83）	4410±25	3092BC（58.0%）3011BC 2978BC（5.9%）2966BC 2951BC（4.4%）2943BC	3262BC（1.3%）3254BC 3099BC（94.1%）2924BC
BA170233	黍	2016SYG21	2016SYGG1（FX19）	4200±35	2887BC（19.8%）2860BC 2808BC（39.1%）2756BC 2720BC（9.3%）2704BC	2897BC（27.6%）2836BC 2816BC（67.8%）2671BC
BA170234	小麦	2016SYG22	2016SYGG2（FX8）	1750±25	248AD（14.5%）264AD 275AD（53.7%）330AD	232AD（92.6%）358AD 365AD（2.8%）380AD
BA170235	黍	2016SYG23	2016SYGK1（FX9）	4110±30	2851BC（18.5%）2813BC 2742BC（5.0%）2729BC 2694BC（37.6%）2619BC 2608BC（3.7%）2599BC 2594BC（3.3%）2586BC	2865BC（24.1%）2804BC 2762BC（71.3%）2575BC
BA170236	黍	2016SYG24	2016SYGH17②（FX38）	4150±25	2866BC（14.3%）2837BC 2815BC（5.2%）2804BC 2776BC（48.7%）2672BC	2875BC（18.6%）2831BC 2821BC（76.8%）2631BC
BA170237	荞麦属	2016SYG25	2016SYGH20（FX120）	1005±25	995AD（68.2%）1033AD	985AD（85.3%）1046AD 1092AD（8.6%）1121AD 1140AD（1.5%）1148AD
BA170238	稻谷	2016SYG26	2016SYGH33（FX58）	4165±25	2873BC（11.6%）2853BC 2812BC（38.6%）2744BC 2726BC（18.0%）2696BC	2879BC（19.4%）2834BC 2818BC（74.8%）2664BC 2646BC（1.2%）2639BC
BA170239	黍	2016SYG27	2016SYGH44（FX104）	4045±25	2618BC（7.2%）2608BC 2598BC（2.5%）2594BC 2585BC（20.4%）2563BC 2534BC（38.2%）2494BC	2831BC（1.8%）2821BC 2631BC（93.6%）2480BC
BA170240	黍	2016SYG28	2016SYGH42（FX138）	4170±25	2876BC（12.1%）2855BC 2812BC（39.4%）2746BC 2725BC（16.7%）2697BC	2881BC（19.8%）2835BC 2817BC（75.6%）2666BC
BA170241	黍	2016SYG29	2016SYGTN31E38⑥（FX135）	4185±35	2882BC（14.7%）2856BC 2811BC（39.1%）2747BC 2725BC（14.4%）2698BC	2891BC（22.9%）2833BC 2819BC（70.9%）2662BC 2648BC（1.5%）2637BC

Lab 编号	样品	样品原编号	出土单位	碳 -14 年代（BP）	树轮校正后年代	
					1δ（68.2%）	2δ（95.4%）
BA170242	黍	2016SYG30	2016SYGTN31E39⑥（FX130）	4340±25	3010BC（27.1%）2980BC 2941BC（41.1%）2905BC	3019BC（95.4%）2901BC
BA170243	黍	2016SYG31	2016SYGTN26E38⑥（FX131）	4120±25	2854BC（20.4%）2812BC 2746BC（9.5%）2726BC 2697BC（38.3%）2625BC	2864BC（25.9%）2806BC 2760BC（69.5%）2580BC
BA170244	黍	2016SYG32	2016SYGTN27E36③C1（FX52）	4025±25	2575BC（17.0%）2559BC 2536BC（51.2%）2491BC	2618BC（2.0%）2609BC 2582BC（93.4%）2474BC
BA170245	粟	2016SYG33	2016SYGTN27E36③C1（FX52）	样品无法满足实验需要		
BA170246	黍	2016SYG34	2016SYGH33（FX58）	3965±25	2559BC（24.8%）2536BC 2491BC（43.4%）2465BC	2571BC（39.5%）2513BC 2503BC（51.8%）2453BC 2419BC（1.5%）2407BC 2376BC（2.6%）2351BC
BA170247	小麦	2016SYG35	2016SYGH20（FX114）	925±25	1045AD（42.8%）1098AD 1120AD（25.4%）1154AD	1032AD（95.4%）1162AD
BA170248	黍	2016SYG36	2016SYGH20（FX114）	3980±25	2561BC（35.6%）2536BC 2492BC（32.6%）2471BC	2571BC（53.3%）2513BC 2504BC（42.1%）2464BC
BA170249	稻谷	2016SYG37	2016SYGH20（FX114）	4365±25	3011BC（29.4%）2977BC 2971BC（38.8%）2921BC	3082BC（3.8%）3068BC 3026BC（91.6%）2909BC
BA170250	黍	2016SYG38	2016SYGTN27E38⑤（FX99）	3980±25	2561BC（35.6%）2536BC 2492BC（32.6%）2471BC	2571BC（53.3%）2513BC 2504BC（42.1%）2464BC
BA170251	花椒属	2016SYG39	2016SYGTN28E37⑥（FX109）	3975±25	2560BC（31.7%）2536BC 2491BC（36.5%）2469BC	2571BC（49.9%）2512BC 2504BC（45.5%）2461BC
BA181418	人骨	2018SAT77	2018SYGM12	3770±30	2275BC（12.0%）2256BC 2209BC（56.2%）2140BC	2290BC（89.4%）2131BC 2086BC（6.0%）2051BC
BA190375	黍	2018SYG1	2018SYGTN28E34②（FX13）	2550±25	796BC（60.5%）756BC 679BC（5.1%）671BC 604BC（2.7%）598BC	800BC（64.4%）747BC 685BC（8.5%）666BC 642BC（22.5%）554BC
BA190376	黍	2018SYG2	2018SYGTN31E32②（FX21）	3560±25	1941BC（68.2%）1884BC	2010BC（1.2%）2000BC 1976BC（83.9%）1874BC 1844BC（6.3%）1816BC 1799BC（3.9%）1779BC
BA190377	黍	2018SYG3	2018SYGTN31E32④（FX2）	3695±25	2134BC（45.3%）2076BC 2064BC（22.9%）2036BC	2194BC（3.6%）2176BC 2145BC（90.0%）2019BC 1994BC（1.7%）1982BC
BA190378	黍	2018SYG4	2018SYGTN31E32⑤（FX47）	3645±25	2108BC（2.0%）2105BC 2036BC（66.2%）1959BC	2132BC（16.9%）2086BC 2051BC（78.5%）1940BC
BA190379	黍	2018SYG5	2018SYGTN32E32③（FX42）	3615±25	2021BC（26.8%）1992BC 1984BC（41.4%）1941BC	2034BC（95.4%）1900BC
BA190380	粟	2018SYG6	2018SYGTN32E33③（FX14）	3580±30	1964BC（68.2%）1889BC	2028BC（94.2%）1878BC 1838BC（1.2%）1828BC
BA190381	小麦	2018SYG7	2018SYGG7（FX65）	1205±25	774AD（3.7%）778AD 789AD（64.5%）869AD	720AD（5.1%）740AD 766AD（90.3%）890AD

Lab 编号	样品	样品原编号	出土单位	碳 -14 年代（BP）	树轮校正后年代	
					1δ（68.2%）	2δ（95.4%）
BA190382	黍	2018SYG8	2018SYGF23（FX25）	3740 ± 25	2199BC （36.9%） 2159BC 2154BC （17.7%） 2133BC 2080BC （13.6%） 2060BC	2270BC （1.5%） 2260BC 2206BC （65.2%） 2115BC 2100BC （28.6%） 2038BC
BA190383	黍	2018SYG9	2018SYGH150（FX56）	3825 ± 25	2297BC （68.2%） 2206BC	2432BC （0.8%） 2422BC 2403BC （2.9%） 2380BC 2349BC （90.1%） 2197BC 2166BC （1.6%） 2151BC
BA190384	黍	2018SYG10	2018SYGH156（FX32）	3535 ± 25	1918BC （39.5%） 1876BC 1842BC （17.0%） 1820BC 1796BC （11.7%） 1781BC	1942BC （51.3%） 1859BC 1854BC （44.1%） 1772BC
BA190385	黍	2018SYG11	2018SYGH157（FX7）	3640 ± 25	2032BC （68.2%） 1960BC	2130BC （12.6%） 2087BC 2049BC （82.8%） 1926BC
BA190386	≥ 1/2 稻	2018SYG12	2018SYGH165（FX22）	2540 ± 25	794BC （47.6%） 752BC 682BC （9.3%） 668BC 612BC （11.3%） 592BC	798BC （50.3%） 744BC 686BC （11.3%） 665BC 644BC （33.8%） 551BC
BA190387	麦类碎块	2018SYG13	2018SYGH165（FX22）	2575 ± 25	798BC （68.2%） 776BC	808BC （92.2%） 754BC 680BC （1.7%） 670BC 606BC （1.4%） 596BC
BA190388	粟	2018SYG14	2018SYGH165（FX22）	3640 ± 25	2032BC （68.2%） 1960BC	2130BC （12.6%） 2087BC 2049BC （82.8%） 1926BC
BA190389	< 1/2 稻	2018SYG15	2018SYGH166（FX43）	3505 ± 25	1882BC （10.7%） 1869BC 1846BC （57.5%） 1775BC	1896BC （95.4%） 1749BC
BA190390	黍	2018SYG16	2018SYGH170（FX23）	3945 ± 25	2547BC （3.3%） 2540BC 2489BC （44.2%） 2453BC 2418BC （7.3%） 2406BC 2376BC （13.4%） 2350BC	2564BC （10.8%） 2532BC 2495BC （84.6%） 2346BC
BA190391	黍	2018SYG17	2018SYGH170 陶罐内（FX6）	4070 ± 25	2831BC （6.1%） 2821BC 2631BC （55.7%） 2570BC 2514BC （6.4%） 2503BC	2849BC （10.8%） 2812BC 2740BC （0.4%） 2734BC 2693BC （0.3%） 2688BC 2680BC （70.1%） 2561BC 2536BC （13.7%） 2492BC
BA190392	粟	2018SYG18	2018SYGH171（FX1）	3205 ± 35	1502BC （68.2%） 1440BC	1601BC （2.3%） 1584BC 1542BC （93.1%） 1411BC
BA190393	黍	2018SYG19	2018SYGH175（FX24）	3440 ± 30	1862BC （6.0%） 1851BC 1772BC （62.2%） 1691BC	1878BC （15.4%） 1838BC 1828BC （8.9%） 1792BC 1785BC （71.1%） 1664BC
BA190394	黍	2018SYG20	2018SYGH177（FX27）	3435 ± 25	1766BC （68.2%） 1691BC	1876BC （10.7%） 1841BC 1820BC （4.0%） 1796BC 1781BC （80.6%） 1662BC
BA190395	黍	2018SYG21	2018SYGH183（FX46）	3455 ± 25	1876BC （10.7%） 1841BC 1820BC （4.0%） 1796BC 1781BC （80.6%） 1662BC	1879BC （22.9%） 1837BC 1830BC （72.5%） 1691BC
BA190396	黍	2018SYG22	2018SYGH190（FX74）	3535 ± 25	1918BC （39.5%） 1876BC 1842BC （17.0%） 1820BC 1796BC （11.7%） 1781BC	1942BC （51.3%） 1859BC 1854BC （44.1%） 1772BC

Lab 编号	样品	样品原编号	出土单位	碳 -14 年代（BP）	树轮校正后年代	
					1δ（68.2%）	2δ（95.4%）
BA190397	黍	2018SYG23	2018SYGH192（FX70）	3515±25	1888BC（15.1%）1870BC 1846BC（29.5%）1810BC 1804BC（23.6%）1776BC	1912BC（95.4%）1756BC
BA190398	黍	2018SYG24	2018SYGH195（FX78）	3325±25	1642BC（37.1%）1604BC 1584BC（29.5%）1544BC 1538BC（1.5%）1535BC	1682BC（2.1%）1673BC 1666BC（93.3%）1528BC
BA190399	黍	2018SYG25	2018SYGH196（FX77）	3365±30	1690BC（68.2%）1622BC	1744BC（92.6%）1608BC 1581BC（2.8%）1561BC
BA190400	黍	2018SYG26	2018SYGH168（FX3）	3245±25	1599BC（9.0%）1586BC 1534BC（46.8%）1495BC 1477BC（12.4%）1458BC	1610BC（16.4%）1574BC 1566BC（79.0%）1448BC
BA190401	黍	2017SYG1	2017SYGTN30E34②（FX145）	3810±20	2286BC（68.2%）2206BC	2334BC（1.2%）2325BC 2300BC（90.3%）2196BC 2168BC（3.9%）2148BC
BA190402	黍	2017SYG2	2017SYGTN30E34③（FX107）	4045±25	2618BC（7.2%）2608BC 2598BC（2.5%）2594BC 2584BC（20.4%）2563BC 2534BC（38.2%）2494BC	2831BC（1.8%）2821BC 2630BC（93.6%）2480BC
BA190403	粟	2017SYG3	2017SYGTN30E34④（FX167）	3770±35	2278BC（14.6%）2251BC 2229BC（3.6%）2221BC 2210BC（49.9%）2138BC	2295BC（85.7%）2121BC 2094BC（9.7%）2042BC
BA190404	黍	2017SYG4	2017SYGTN30E34⑤（FX165）	3770±20	2269BC（6.4%）2260BC 2206BC（16.2%）2190BC 2181BC（45.6%）2142BC	2284BC（16.9%）2247BC 2234BC（78.5%）2135BC
BA190405	黍	2017SYG5	2017SYGTN31E34⑥（FX176）	3810±20	2286BC（68.2%）2206BC	2334BC（1.2%）2325BC 2300BC（90.3%）2196BC 2168BC（3.9%）2148BC
BA190406	黍	2017SYG6	2017SYGTN31E35⑥（FX91）	3820±25	2292BC（20.7%）2266BC 2261BC（47.5%）2206BC	2401BC（1.8%）2382BC 2348BC（90.5%）2196BC 2171BC（3.2%）2147BC
BA190407	黍	2017SYG7	2017SYGTN32E37③（FX63）	3715±20	2187BC（1.6%）2184BC 2141BC（16.7%）2121BC 2094BC（50.0%）2042BC	2196BC（11.6%）2170BC 2146BC（83.8%）2034BC
BA190408	黍	2017SYG8	2017SYGTN32E37④（FX99）	4135±25	2860BC（14.1%）2832BC 2820BC（5.3%）2808BC 2756BC（18.1%）2720BC 2704BC（23.1%）2658BC 2652BC（7.6%）2634BC	2872BC（95.4%）2620BC
BA190409	黍	2017SYG9	2017SYGTN32E37⑤（FX8）	3910±20	2466BC（26.3%）2433BC 2422BC（16.0%）2403BC 2380BC（25.9%）2349BC	2470BC（93.5%）2338BC 2320BC（1.9%）2310BC
BA190410	碎种	2017SYG10	2017SYGTN32E37⑥（FX104）	4195±25	2881BC（17.3%）2863BC 2806BC（45.5%）2758BC 2717BC（5.5%）2710BC	2890BC（24.7%）2848BC 2814BC（70.7%）2678BC

Lab 编号	样品	样品原编号	出土单位	碳 -14 年代（BP）	树轮校正后年代	
					1δ（68.2%）	2δ（95.4%）
BA190411	黍	2017SYG11	2017SYGTN32E37 ⑦（FX182）	4205 ± 25	2886BC（24.2%）2865BC 2805BC（44.0%）2760BC	2896BC（31.3%）2851BC 2814BC（51.4%）2741BC 2728BC（12.6%）2694BC
BA190412	黍	2017SYG12	2017SYGTN33E35 ②（FX151）	3825 ± 20	2295BC（20.5%）2272BC 2258BC（47.7%）2207BC	2346BC（95.4%）2199BC
BA190413	黍	2017SYG13	2017SYGTN33E35 ③（FX129）	4035 ± 20	2578BC（18.1%）2563BC 2534BC（50.1%）2494BC	2620BC（4.3%）2606BC 2600BC（1.6%）2593BC 2586BC（89.5%）2485BC
BA190414	黍	2017SYG14	2017SYGTN33E35 ④（FX124）	3925 ± 25	2472BC（31.1%）2436BC 2420BC（13.7%）2404BC 2378BC（23.4%）2350BC	2484BC（93.1%）2336BC 2323BC（2.3%）2307BC
BA190415	黍	2017SYG15	2017SYGTN33E35 ⑤（FX147）	4085 ± 20	2832BC（10.1%）2820BC 2632BC（58.1%）2578BC	2850BC（16.0%）2812BC 2742BC（0.8%）2732BC 2694BC（0.6%）2687BC 2680BC（75.9%）2570BC 2514BC（2.0%）2502BC
BA190416	黍	2017SYG16	2017SYGTN33E35 ⑥（FX190）	3945 ± 20	2488BC（55.5%）2454BC 2418BC（5.9%）2408BC 2374BC（2.6%）2368BC 2363BC（4.2%）2354BC	2562BC（7.6%）2534BC 2493BC（64.2%）2432BC 2425BC（10.0%）2399BC 2382BC（13.7%）2347BC
BA190417	黍	2017SYG17	2017SYGTN33E36 ②（FX44）	3680 ± 20	2131BC（47.1%）2086BC 2051BC（21.1%）2029BC	2138BC（91.1%）2017BC 1996BC（4.3%）1980BC
BA190418	黍	2017SYG18	2017SYGTN33E37 ②（FX157）	3725 ± 20	2194BC（15.8%）2176BC 2144BC（14.5%）2128BC 2088BC（37.9%）2046BC	2194BC（15.8%）2176BC 2144BC（14.5%）2128BC 2088BC（37.9%）2046BC
BA190419	黍	2017SYG19	2017SYGG5（FX2）	3740 ± 20	2198BC（40.8%）2162BC 2152BC（18.0%）2134BC 2077BC（9.4%）2064BC	2205BC（70.4%）2121BC 2094BC（25.0%）2042BC
BA190420	木炭	2017SYG20	2017SYGF8（FX108）	3765 ± 20	2204BC（68.2%）2141BC	2281BC（12.0%）2248BC 2231BC（81.1%）2132BC 2078BC（2.2%）2062BC
BA190421	黍	2017SYG21	2017SYGF21 西部陶片处（FX206）	3955 ± 20	2550BC（9.5%）2538BC 2490BC（58.7%）2460BC	2566BC（21.2%）2524BC 2498BC（66.4%）2449BC 2420BC（3.1%）2404BC 2378BC（4.8%）2349BC
BA190422	黍	2017SYG22	2017SYGF21 西部中间（FX203）	3965 ± 20	2557BC（18.9%）2536BC 2491BC（49.3%）2464BC	2568BC（36.0%）2520BC 2500BC（59.4%）2458BC
BA190423	稻	2017SYG23	2017SYGF21 东北角（FX204）	3900 ± 20	2461BC（42.4%）2402BC 2382BC（25.8%）2348BC	2468BC（90.6%）2336BC 2324BC（4.8%）2306BC
BA190424	黍	2017SYG24	2017SYGF21 石堆处（FX205）	4065 ± 20	2622BC（60.4%）2571BC 2512BC（7.8%）2504BC	2622BC（60.4%）2571BC 2512BC（7.8%）2504BC
BA190425	黍	2017SYG25	2017SYGF21 东部（FX195）	3980 ± 20	2560BC（33.7%）2536BC 2492BC（34.5%）2471BC	2569BC（51.6%）2517BC 2500BC（43.8%）2466BC
BA190426	唇形科?	2017SYG26	2017SYGF21 东南角（FX202）	4120 ± 25	2854BC（20.4%）2812BC 2746BC（9.5%）2726BC 2696BC（38.3%）2625BC	2864BC（25.9%）2806BC 2760BC（69.5%）2580BC

Lab 编号	样品	样品原编号	出土单位	碳 -14 年代（BP）	树轮校正后年代	
					1δ（68.2%）	2δ（95.4%）
BA190427	小麦	2017SYG27	2017SYGH59（FX171）	505 ± 20	1414AD（68.2%）1432AD	1407AD（95.4%）1440AD
BA190428	燕麦属	2017SYG28	2017SYGH60（FX164）	985 ± 20	1016AD（56.5%）1042AD 1106AD（11.7%）1118AD	996AD（64.2%）1050AD 1084AD（25.2%）1125AD 1136AD（6.0%）1151AD
BA190429	小麦	2017SYG29	2017SYGH61（FX170）	480 ± 20	1425AD（68.2%）1440AD	1425AD（68.2%）1440AD
BA190430	≥ 1/2 稻	2017SYG30	2017SYGH62（FX169）	2705 ± 30	894BC（27.0%）866BC 856BC（41.2%）816BC	908BC（95.4%）807BC
BA190431	小麦	2017SYG31	2017SYGH64（FX163）	455 ± 25	1430AD（68.2%）1450AD	1417AD（95.4%）1462AD
BA190432	黍	2017SYG32	2017SYGH68（FX111）	3975 ± 40	2568BC（38.3%）2518BC 2499BC（29.9%）2464BC	2580BC（89.4%）2391BC 2386BC（6.0%）2346BC
BA190433	黍	2017SYG33	2017SYGH99（FX59）	3885 ± 25	2456BC（25.6%）2416BC 2410BC（42.6%）2341BC	2464BC（95.4%）2294BC
BA190434	黍	2017SYG34	2017SYGH102（FX126）	3860 ± 25	2452BC（13.4%）2419BC 2406BC（14.0%）2377BC 2350BC（40.8%）2286BC	2460BC（86.8%）2277BC 2252BC（6.4%）2228BC 2221BC（2.2%）2210BC
BA190435	黍	2017SYG35	2017SYGH103（FX57）	3870 ± 25	2452BC（17.2%）2419BC 2406BC（16.5%）2377BC 2350BC（34.5%）2294BC	2463BC（93.1%）2284BC 2248BC（2.3%）2234BC
BA190436	黍	2017SYG36	2017SYGH127（FX67）	3885 ± 25	2456BC（25.6%）2416BC 2410BC（42.6%）2341BC	2464BC（95.4%）2294BC
BA190437	黍	2017SYG37	2017SYGH135（FX90）	3635 ± 30	2032BC（68.2%）1950BC	2131BC（12.3%）2086BC 2051BC（83.1%）1912BC
BA190438	黍	2017SYG38	2017SYGH139（FX196）	3720 ± 25	2193BC（10.9%）2177BC 2144BC（16.1%）2122BC 2093BC（41.3%）2042BC	2198BC（19.1%）2163BC 2152BC（76.3%）2035BC
BA190439	黍	2017SYG39	2017SYGH140（FX181）	3700 ± 25	2136BC（17.2%）2114BC 2099BC（51.0%）2038BC	2196BC（5.9%）2170BC 2146BC（89.0%）2022BC 1989BC（0.5%）1985BC
BA192697	< 1/2 稻	2019SYG1	2019SYGH202（FX03）	2950 ± 70	1260BC（68.3%）1050BC	1390BC（6.2%）1336BC 1322BC（88.2%）978BC 951BC（1.1%）936BC
BA192698	黍	2019SYG2	2019SYGH202（FX03）	2970 ± 60	1281BC（63.6%）1108BC 1094BC（2.5%）1083BC 1066BC（2.2%）1058BC	1390BC（7.9%）1336BC 1322BC（87.5%）1012BC
BA192699	黍	2019SYG3	2019SYGH209（FX04）	3915 ± 40	2468BC（42.3%）2394BC 2389BC（26.0%）2344BC	2562BC（2.9%）2536BC 2492BC（91.8%）2286BC 2246BC（0.7%）2238BC
BA192700	黍	2019SYG4	2019SYGH210（FX06）	3930 ± 30	2470BC（46.3%）2402BC 2381BC（22.0%）2348BC	2561BC（3.9%）2538BC 2492BC（86.2%）2336BC 2326BC（5.3%）2298BC
BA192701	粟	2019SYG5	2019SYGH215（FX09）	3860 ± 30	2451BC（12.2%）2421BC 2406BC（14.2%）2376BC 2351BC（37.6%）2286BC 2247BC（4.2%）2236BC	2460BC（80.5%）2276BC 2256BC（15.0%）2206BC

Lab 编号	样品	样品原编号	出土单位	碳 -14 年代（BP）	树轮校正后年代	
					1δ（68.2%）	2δ（95.4%）
BA192702	黍	2019SYG6	2019SYGH211（FX10）	3975 ± 35	2568BC（35.8%）2527BC 2497BC（32.5%）2462BC	2577BC（90.5%）2402BC 2380BC（4.9%）2348BC
BA192703	黍	2019SYG7	2019SYGTN25E34 ④（FX13）	4055 ± 30	2626BC（41.7%）2566BC 2532BC（26.5%）2495BC	2840BC（4.5%）2814BC 2670BC（90.9%）2472BC
BA192704	黍	2019SYG8	2019SYGG9（FX17）	4110 ± 30	2848BC（18.9%）2811BC 2744BC（6.1%）2730BC 2694BC（3.4%）2685BC 2678BC（29.7%）2620BC 2606BC（10.1%）2582BC	2866BC（24.9%）2802BC 2772BC（14.6%）2714BC 2708BC（55.9%）2573BC
BA192705	碎种	2019SYG9	2019SYGTN25E34 ⑥（FX18）	4025 ± 35	2575BC（68.3%）2476BC	2662BC（0.7%）2653BC 2630BC（94.7%）2464BC
BA192706	黍	2019SYG10	2019SYGG9 ③（FX22）	4380 ± 70	3258BC（1.1%）3254BC 3098BC（67.2%）2904BC	3332BC（17.2%）3214BC 3189BC（4.7%）3149BC 3136BC（73.6%）2889BC
BA192707	粟	2019SYG11	2019SYGG9 ③（FX22）	4065 ± 35	2832BC（3.9%）2820BC 2664BC（5.7%）2649BC 2634BC（41.1%）2566BC 2530BC（17.5%）2496BC	2848BC（9.5%）2810BC 2744BC（2.3%）2728BC 2696BC（83.7%）2474BC
BA192708	黍	2019SYG12	2019SYGH208（FX23）	3940 ± 30	2476BC（48.1%）2402BC 2382BC（20.1%）2348BC	2566BC（10.2%）2531BC 2496BC（82.8%）2340BC 2321BC（2.5%）2304BC
BA192709	粟	2019SYG13	2019SYGTN25E34 ⑤ C1（FX27）	4155 ± 40	2872BC（13.8%）2838BC 2816BC（7.3%）2798BC 2783BC（47.2%）2669BC	2882BC（94.2%）2622BC 2594BC（1.2%）2585BC
BA192710	黍	2019SYG14	2019SYGTN22E39 ②扩方（FX28）	4455 ± 45	3328BC（34.7%）3221BC 3184BC（8.5%）3154BC 3111BC（11.8%）3073BC 3066BC（13.2%）3025BC	3341BC（90.0%）3010BC 2982BC（5.5%）2934BC
BA192711	黍	2019SYG15	2019SYGTN25E34 ③下 H205（FX31）	4025 ± 30	2574BC（15.6%）2556BC 2544BC（48.9%）2488BC 2482BC（3.8%）2476BC	2623BC（7.7%）2592BC 2586BC（87.8%）2468BC
BA192712	黍	2019SYG16	2019SYGTN25E34 ⑤（FX32）	3885 ± 30	2456BC（22.7%）2416BC 2410BC（39.0%）2340BC 2318BC（6.5%）2306BC	2466BC（93.8%）2285BC 2248BC（1.7%）2236BC
BA192713	黍	2019SYG17	2019SYGH214（FX33）	3885 ± 35	2456BC（60.8%）2340BC 2320BC（7.4%）2305BC	2468BC（90.5%）2282BC 2251BC（3.3%）2231BC 2221BC（1.7%）2209BC
BA192714	黍	2019SYG18	2019SYGTN25E34 ③（FX34）	3850 ± 30	2402BC（9.4%）2381BC 2348BC（38.9%）2280BC 2252BC（19.9%）2208BC	2456BC（72.9%）2270BC 2260BC（22.6%）2204BC
BA192715	粟	2019SYG19	2019SYGTN22E41 ③（FX37）	3865 ± 35	2454BC（15.3%）2418BC 2408BC（17.3%）2372BC 2356BC（35.6%）2288BC	2462BC（81.8%）2276BC 2256BC（13.6%）2206BC
BA192716	黍	2019SYG20	2019SYGTN25E34 ②（FX40）	3850 ± 30	2402BC（9.4%）2381BC 2348BC（38.9%）2280BC 2252BC（19.9%）2208BC	2456BC（72.9%）2270BC 2260BC（22.6%）2204BC

Lab 编号	样品	样品原编号	出土单位	碳 -14 年代（BP）	树轮校正后年代	
					1δ（68.2%）	2δ（95.4%）
BA192717	黍	2019SYG21	2019SYGG9②（FX42）	样品无法满足实验需要		
BA192718	黍	2019SYG22	2019SYGG9②（FX42）	样品无法满足实验需要		
BA192719	黍	2019SYG23	2019SYGG9④（FX45）	3855 ± 35	2449BC（9.7%）2422BC 2405BC（11.8%）2377BC 2350BC（34.4%）2282BC 2251BC（8.2%）2230BC 2221BC（4.2%）2210BC	2459BC（75.9%）2270BC 2260BC（19.5%）2204BC
BA192720	粟	2019SYG24	2019SYGG9④（FX45）	3900 ± 45	2463BC（63.9%）2341BC 2318BC（4.4%）2308BC	2556BC（1.1%）2542BC 2488BC（0.5%）2482BC 2476BC（87.4%）2276BC 2256BC（6.4%）2206BC
BA192721	黍	2019SYG25	2019SYGTN21E40②（FX54）	3425 ± 30	1863BC（4.0%）1854BC 1767BC（59.3%）1682BC 1652BC（5.0%）1642BC	1873BC（9.9%）1845BC 1818BC（2.9%）1801BC 1776BC（82.7%）1624BC
BA192722	黍	2019SYG26	2019SYGTN25E34H207（FX56）	3915 ± 35	2466BC（43.7%）2400BC 2384BC（24.6%）2346BC	2557BC（1.3%）2542BC 2488BC（94.1%）2288BC
BA192723	黍	2019SYG27	2019SYGH204（FX59）	3815 ± 30	2296BC（68.3%）2200BC	2434BC（0.5%）2426BC 2404BC（3.2%）2378BC 2350BC（82.4%）2191BC 2182BC（9.3%）2142BC

注：所用碳 -14 半衰期为 5568 年，BP 为距 1950 年的年代。

样品无法满足实验需要，即有如下原因：送测样品无测量物质；样品成分无法满足制样需要；样品中碳含量不能满足测量需要。

树轮校正所用曲线为 IntCal 13 atmospheric curve（Reimer et al 2013），所用程序为 OxCal v4.2.4 Bronk Ramsey（2013）; r : 5.

1. Reimer P.J., Bard E., Bayliss A., Beck J.W., 2013. IntCal 13 and Marine13 radiocarbon age calibration curves 0–50,000 years cal BP, Radiocarbon 55,1869–1887.

2. Christopher Bronk Ramsey 2015，https://c14.arch.ox.ac.uk/oxcal/OxCal.html.

2.Beta 实验室放射性碳测年报告

Lab 编号	样品	出土单位	碳 -14 年代（BP）	树轮校正后年代	
				1δ（68.2%）	2δ（95.4%）
Beta-572653	稻	2018SYGH165（FX22）	2790 ± 30	1230BC（68.2%）1127BC	1280BC（94.7%）1076BC 1065BC（0.7%）1058BC
Beta-576618	黍	2017SYGTN32E37③（FX63）	3880 ± 30	2409BC（39.4%）2336BC 2455BC（20.7%）2418BC 2323BC（8.2%）2308BC	2467BC（94.1%）2286BC 2247BC（1.3%）2236BC
Beta-576619	黍	2017SYGTN32E37④（FX99）	3870 ± 30	2351BC（33.3%）2293BC 2454BC（18%）2419BC 2407BC（16.9%）2376BC	2465BC（89.6%）2278BC 2251BC（4.4%）2229BC 2220BC（1.4%）2211BC

Lab 编号	样品	出土单位	碳 -14 年代（BP）	树轮校正后年代	
				1δ（68.2%）	2δ（95.4%）
Beta-576620	粟	2017SYGTN32E37⑤（FX8）	3760 ± 30	2208BC（61%）2136BC 2273BC（7.2%）2258BC	2287BC（83.1%）2124BC 2091BC（12.3%）2043BC
Beta-576621	黍	2017SYGTN32E37⑦（FX182）	4140 ± 30	2712BC（23.2%）2660BC 2759BC（19.6%）2717BC 2864BC（14%）2833BC 2650BC（5.9%）2635BC 2819BC（5.5%）2806BC	2874BC（95.4%）2621BC
Beta-576622	黍	2017SYGF21（FX195）	4140 ± 30	2712BC（23.2%）2660BC 2759BC（19.6%）2717BC 2864BC（14%）2833BC 2650BC（5.9%）2635BC 2819BC（5.5%）2806BC	2874BC（95.4%）2621BC
Beta-576623	黍、稻	2017SYGF21（FX204）	4120 ± 30	2698BC（36.7%）2624BC 2856BC（21.3%）2811BC 2747BC（10.2%）2725BC	2777BC（70.3%）2579BC 2866BC（25.1%）2804BC
Beta-576624	黍	2017SYGH156（FX32）	3580 ± 30	1965BC（68.2%）1889BC	2027BC（94.1%）1878BC 1839BC（1.3%）1828BC
Beta-576625	稻	2017SYGH202（FX32）	2900 ± 30	1123BC（68.2%）1024BC	1134BC（78.8%）1004BC 1207BC（16.6%）1141BC

注：所用碳 -14 半衰期为 5568 年，BP 为距 1950 年的年代。

树轮校正所用曲线为 IntCal 13 atmospheric curve（Reimer et al 2013）。

1. Reimer, et al., 2013, Radiocarbon55（4）.

2. Bronk Ramsey C., 2009. Bayesian analysis of radiocarbon dates. Radiocarbon, 51（1）, 337-360.

附录一

皈家堡遗址 2015 年度调查试掘简报

成都文物考古研究院
凉山彝族自治州博物馆
盐源县文物管理所

盐源县位于青藏高原的东南缘，县境中部是一个断陷盆地，即盐源盆地，地理坐标为北纬27°66′10″~28°16′3″、东经100°42′09″~ 102°03′44″，海拔2500~2800米。盆地面积1049平方千米，盆底面积444平方千米。盐源盆地属盐源—丽江台缘褶断带，是经印支、燕山，特别是喜马拉雅运动的强烈影响形成的山间盆地。盆地内起伏小，较平坦，阶地发育，多呈平顶状和延缓状。地势由北向南、由东向西逐渐降低。盆地内土层深厚，以红壤、潮土、红褐壤为主。盆地四周均为重峦叠嶂、沟壑纵横的高山地区。

盐源盆地底部的行政乡自西向东有梅雨镇、下海乡、干海乡、盐井镇、双河乡、卫城镇。清水河自盆地东部山峦流出，蜿蜒穿过坝子中部，其间汇聚百吉河、大河、马鹿塘河等若干较小的河流及周围山涧流下的溪流，至梅雨后称之为梅雨河。在盆地内部，梅雨河略呈横置的“S”形，近年来气候干旱，河流上游几乎干涸。盆地内为河谷地带和低山缓坡，十分宽阔，地势平坦，起伏较小，现已被改造为农田，种植苹果、花椒、烤烟等经济作物。

西汉武帝元鼎六年（公元前111年），在今川南、滇北、滇西北建越嶲郡，下辖定筰等十五县。今盐源为定筰县地。此后至南齐建元元年（479年）越嶲郡改獠郡，属县皆废。北周武帝天和三年（568年），置定筰镇。隋炀帝大业八年（612年），改嶲州为越嶲郡，定筰县隶之。唐高祖武德二年（619年），以定筰镇置昆明县，是年又置昆明军等。太宗贞观年间置羁縻州，州县皆废，后为南诏所据。玄宗开元年间，攻南诏拔昆明城及盐城。唐王朝、南诏、吐蕃间替控制。唐德宗贞元十年（794年），南诏驱吐蕃独占昆明城，更名为香城郡。大理文德元年（938年），大理国分设九府四郡，改南诏香城郡为贺头甸。大理天定三年（1254年），忽必烈灭大理。至元十二年（1275年）置定昌总管府，隶罗罗斯宣尉司。明初，在今盐源设盐井卫，隶属四川行都指挥使司。清设盐源县，隶属宁远府。

20世纪80年代前，盐源泸沽湖及柏林山曾发现零星青铜器。1980年11月于轿顶山发现大量陶、石器[1]。80年代末盗墓活动猖獗。此后凉山彝族自治州博物馆与盐源县文物管理所多次对盐源县境内文物进行了考古调查。21世纪初出版《老龙头墓地与盐源青铜器》报告，对过往考古发掘及征集资料进行详细报道[2]。此后又报道一批缴获和征集的文物[3]。

盐源皈家堡遗址位于盐源盆地杨柳河西岸二级阶地，隶属凉山彝族自治州盐源县双河乡杨柳桥村二组（图一）。地理坐标为北纬27°26′57.9″、东经101°36′1.7″，海拔2399米。南距省道S307约420米，西北距老龙头墓地直线距离约3.5千米。遗址北、东为河滩，西为冲沟，南为低洼地，地表平坦，现种植有玉米、苹果树等。

2015年春调查发现该遗址，采集有大量陶、石器等遗物。为了解皈家堡遗址内涵、年代及保存状况，2015年10月中下旬成都文物考古研究所、凉山彝族自治州博物馆、盐源县文物管理所联合对该遗址进行了考古钻探及发掘，试掘地点位于遗址东北咀部，布置规格为5米×5米的连续探沟两条，方向为25°（图二），发现2个灰坑，出土有大量陶、石器等遗物。现将情况简报如下。

一、地层堆积

此次发掘区的地层经过统一划分，根据土质土色及包含物的不同，将地层划为5层。以TG2南

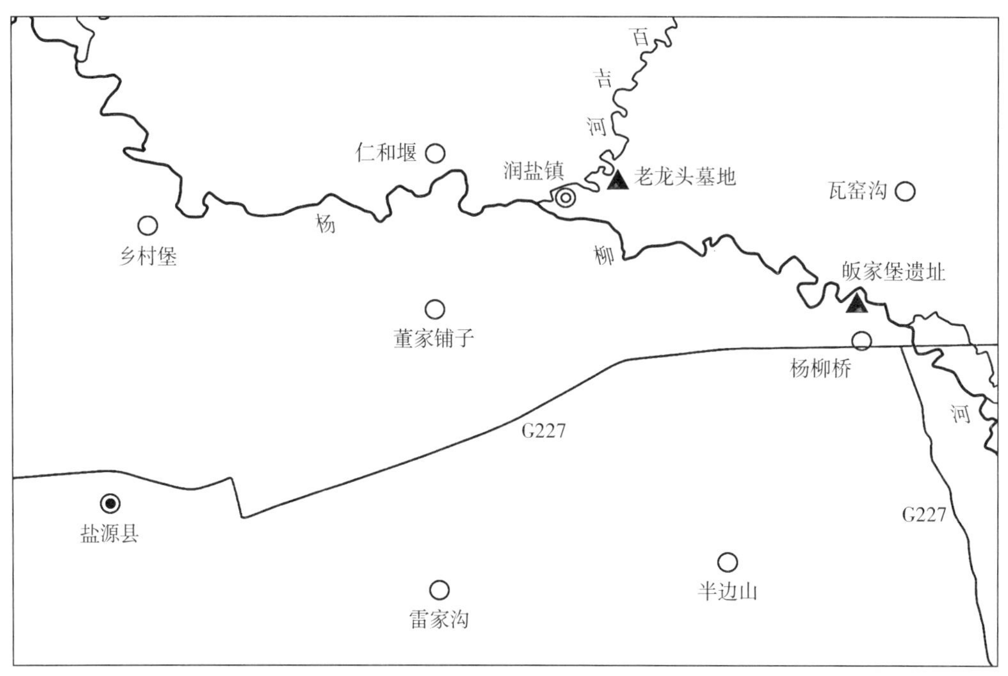

图一　皈家堡遗址位置示意图

[1] 四川凉山彝族自治州博物馆、四川盐源县文化馆：《四川盐源县轿顶山发现新石器时代遗址》，《考古》1984年第9期。

[2] 凉山彝族自治州博物馆、成都文物考古研究所：《老龙头墓地与盐源青铜器》，文物出版社，2009年。

[3] 成都文物考古研究所、凉山州博物馆、盐源县文物管理所等：《盐源地区近年新出土青铜器及相关遗物报告》，《成都考古发现（2009）》，科学出版社，2011年。

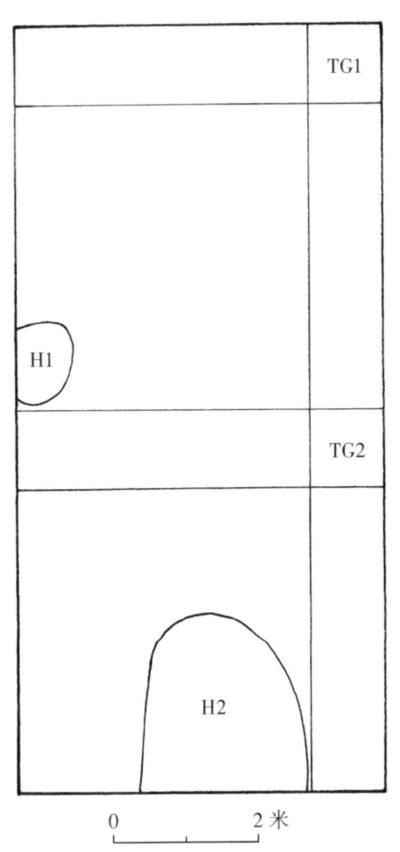

图二　探沟分布及遗迹平面图

壁剖面为例说明如下（图三）：

第1层：灰黑色腐殖土，湿润松软。厚0.2~0.25米。包含现代作物根系，出土有少量瓷片、瓦块，为现代耕土层。

第2层：灰黑色砂土，土质疏松，土壤颗粒较大。距地表深0.2~0.25、厚0~0.2米。堆积分布于探方东南部，在发掘区内该层堆积呈坡状，东南高、西北低。夹杂少量红烧土颗粒及炭屑，出土少量遗物，主要为陶、石器，陶器以夹砂灰褐陶为主，可辨器形有罐等，为新石器时代堆积。H1开口于该层下。

第3层：黄褐色土，含泥量较上层大，土质较细腻、松软。距地表深0.25~0.4、厚0.8~0.15米。在发掘区内该层堆积呈坡状，东南高、西北低。夹杂较多红烧土颗粒及炭屑，出土较多遗物，主要为陶、石器，陶器以夹砂灰褐陶为主，可辨器形有罐、钵等，为新石器时代堆积。

第4层：灰黄色土，含泥量大，土质细腻、松软。距地表深0.35~0.5、厚0.1~0.35米。夹杂少量烧土颗粒及炭屑，出土较多陶片，以夹砂陶居多，陶色主要为褐陶系，有灰褐、深褐、红褐色等，纹饰以戳印、刻划为主，可辨器形有罐、钵等，出土石器有凿、锛等，为新石器时代堆积。

第5层：土色较斑驳，以灰黄色土为主，含泥量大，土质松软、细腻。距地表深0.65~0.9、厚0.1~0.2米。土质较纯净，出土陶片较少，以夹砂陶居多，陶色主要为褐陶系，有灰褐、深褐、红褐色等，纹饰以戳印、刻划为主，可辨器形有罐、钵等，出土石器有斧、锛、网坠，为新石器时代堆积等。H2开口于该层下。

第5层以下为纯净黄色黏土。

二、遗迹与遗物

此次考古试掘面积小，仅发现2个灰坑，灰坑平面皆为椭圆形，弧壁。

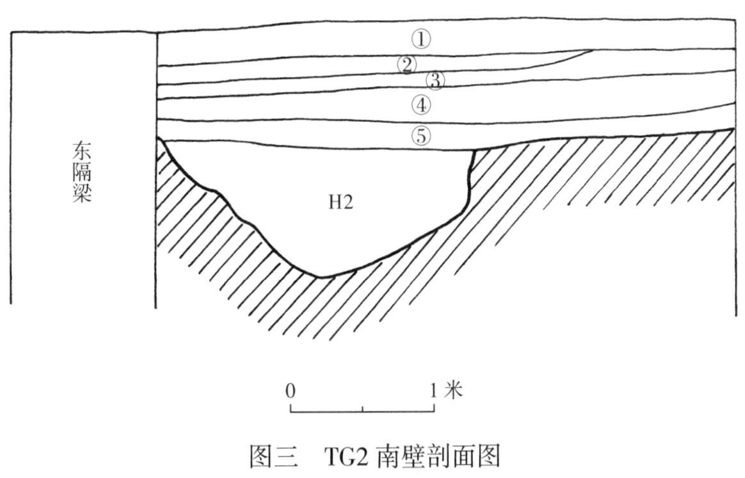

图三　TG2南壁剖面图

遗址出土遗物非常丰富，主要为陶、石器。陶器以夹砂灰褐陶为主，少量黄褐陶、红陶，泥质陶多磨光，数量极少。陶器纹饰非常发达，种类多样。依据施纹方式的不同，可分为戳印、刻划、堆塑、压印四种。戳印纹主要呈点状，有粗细之分，戳印细点规整呈线状，可能与施纹工具有关，戳印纹大多施于罐类唇、口沿内侧、颈、肩等部位以及钵类器表。刻划纹因施纹方式不同呈现出差别，有的深浅一致，用力均匀，有的深浅不一，粗细不均，呈剔刺状，一般施于罐、钵器表。堆塑纹主要有附加堆纹、乳丁纹等。压印纹主要为压印绳纹，仅见于部分罐类唇面。戳印点纹或刻划纹与光面构成图案的复合纹饰颇具特征，构图多为网格、圆涡、波折、三角等形状，审美或在纹饰或在光面留白外。陶器种类主要为罐、钵、纺轮等。石器多数磨制精良，种类有斧、锛、凿、网坠、纺轮等。因陶器多残片，分类仅对大宗陶器暂作类型划分，不作式的区别。

陶罐数量最多，依据沿部、领颈部差异分为三型：A 型高领长颈罐、B 型矮领束颈罐、C 型无领短颈罐。A 型罐依据器表有无装饰分两亚型：Aa 型器表施纹，Ab 型器表光素。B 型罐依据口沿形态分为两亚型：Ba 型为卷沿，Bb 型为折沿。

钵依据器表有无装饰分为两型：A 型饰纹钵、B 型素面钵。A 型钵依据口部形态分为两亚型：Aa 型敞口钵、Ab 型敛口钵。B 型钵依据口部形态分为两亚型：Ba 型敞口钵、Bb 型敛口钵。

下面依层位关系从早及晚将遗迹与遗物标本分述如下。

（一）第 5 层下遗迹与遗物

H2 位于 TG2 东南角。开口于第 5 层下。坑口平面呈椭圆形，斜壁，壁面凹凸不平，锅底。坑口距地表深 0.85、最大径约 2.35、深约 1 米（图四）。填土为黑褐色，含较多红烧土及黑灰，土质疏松。出土较多遗物，陶器皆为夹砂陶，陶色以黑褐为主，其次为黄褐，少量橙黄。陶器素面占多数，纹饰主要为戳点纹，少量刻划纹、附加堆纹（图五）。陶器可辨器形有各类罐、钵等。

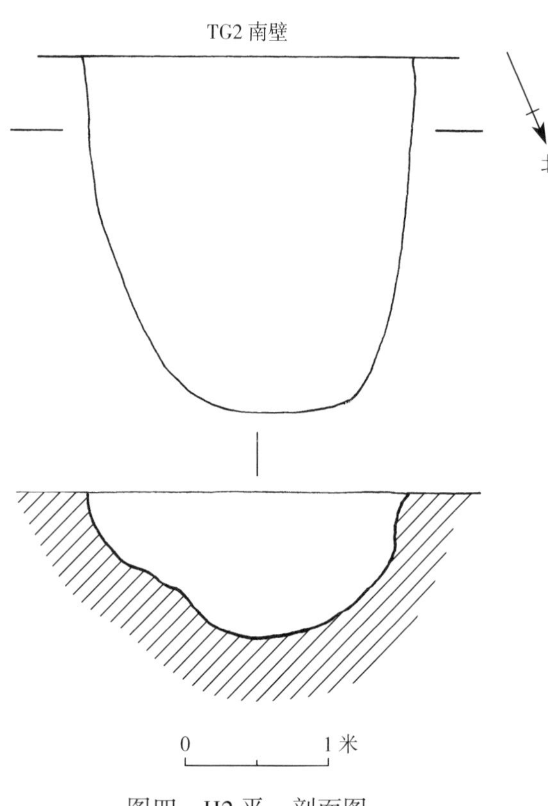

图四 H2 平、剖面图

Aa 型罐 1 件。H2：8，夹砂黄褐陶。敞口，圆唇。唇部饰戳印短线纹，口沿外侧饰压印细线纹。口径 12、残高 2.5 厘米（图六，1）。

Ab 型罐 2 件。H2：5，夹砂黑褐陶。敞口，圆唇。素面。口径 15.4、残高 2.5 厘米（图六，2）。H2：1，夹砂灰陶，陶胎很厚。方圆唇。素面。残高 5.7 厘米（图六，4）。

Ba 型罐 5 件。H2：6，夹砂黑褐陶。圆唇。唇部及颈部饰戳印点纹。口径 18.5、残高 3.2 厘米（图六，3）。H2：7，夹砂灰陶，陶胎较厚。圆唇。唇部饰戳印点纹，颈部有刻划短线纹。残高 5.8 厘米（图六，5）。H2：4，夹砂黄褐陶，陶胎较厚。圆唇。唇部饰刻划交叉纹。残高 2.4 厘米（图六，6）。H2：3，夹砂黑褐陶，陶胎较厚。圆唇。素面。残高 2.1 厘米（图六，7）。H2：2，夹砂黄褐陶，陶胎较厚。圆唇。唇部饰戳印点纹，口沿内侧饰戳印点构成的三角纹。残高 2.8 厘米（图六，8）。

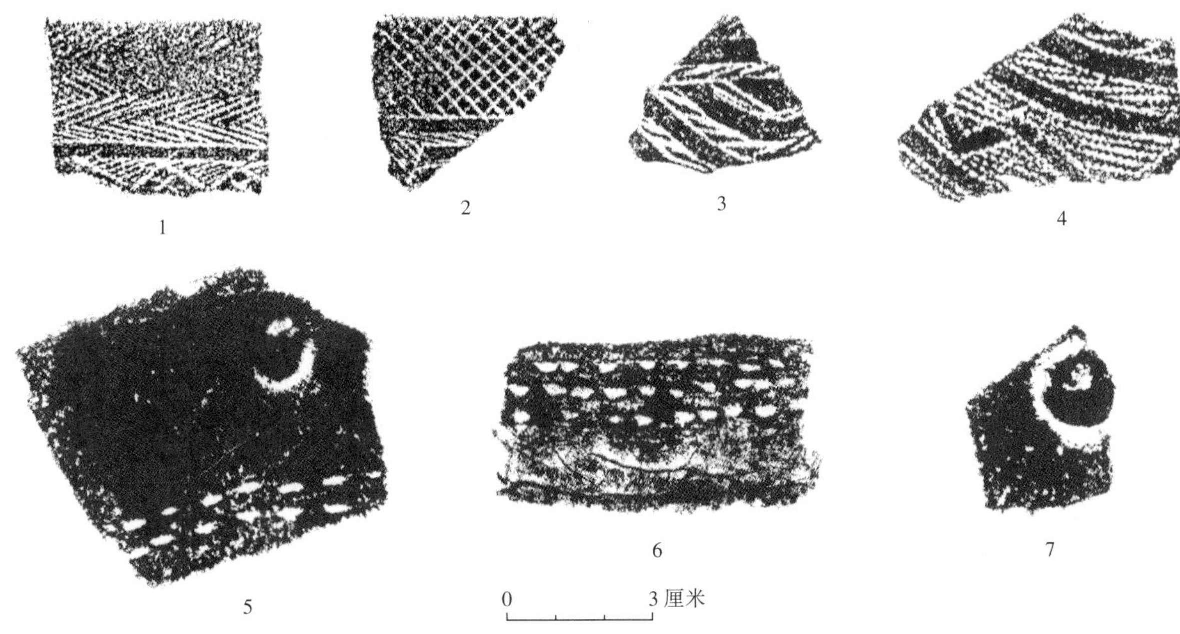

图五　H2出土陶器纹饰拓片

1、4、6. 戳印点纹（H2：15、H2：18、H2：19）　2、3. 刻划纹（H2：14、H2：17）　5. 乳丁纹+戳印点纹（H2：16）　7. 乳丁纹（H2：20）

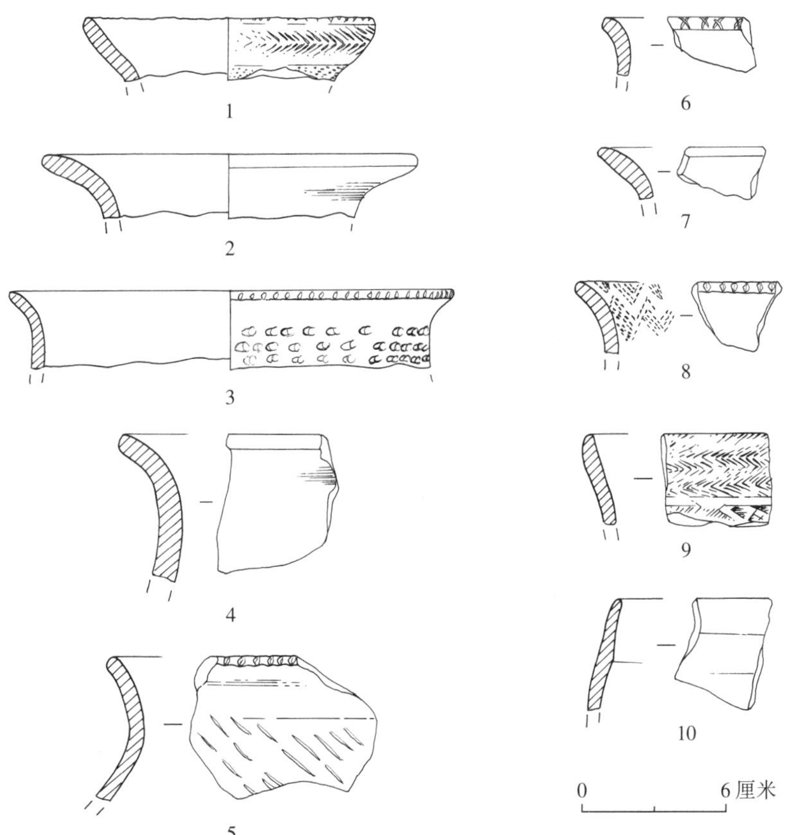

图六　H2出土陶罐

1. Aa型（H2：8）　2、4. Ab型（H2：5、H2：1）　3、5~8. Ba型（H2：6、H2：7、H2：4、H2：3、H2：2）　9、10. C型（H2：9、H2：13）

C型罐　2件。H2：9，夹砂黑褐陶。敞口，尖圆唇。口沿外侧饰戳印点构成的折线纹。残高3.8厘米（图六，9）。H2：13，夹砂黄褐陶。侈口，尖圆唇。素面。残高4.5厘米（图六，10）。

Ab型钵　2件。H2：10，夹砂橙黄陶。敛口，圆唇。口沿外侧饰刻划网格纹及其他线条纹饰。残高3.5厘米（图七，1）。H2：12，夹砂灰陶，陶胎较厚。敛口，圆唇。唇部饰戳印点纹，口沿外侧饰压印细线纹。残高2.5厘米（图七，2）。

Ba型钵　1件。H2：11，夹砂黑褐陶，陶胎较厚。敞口，圆唇。素面。残高2.6厘米（图七，3）。

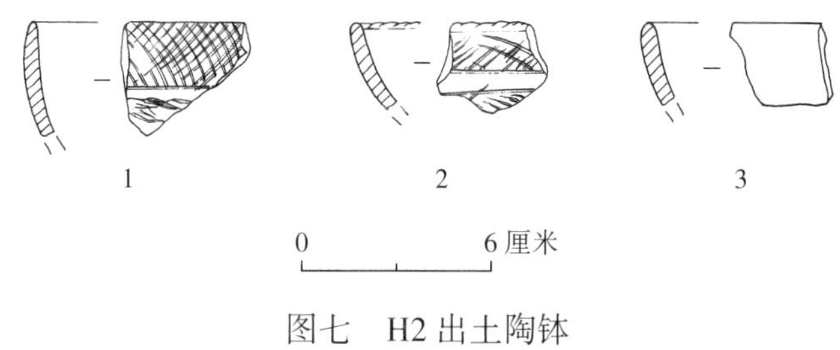

图七　H2出土陶钵

1、2. Ab型（H2：10、H2：12）　3. Ba型（H2：11）

（二）第5层出土遗物

第5层出土陶器中夹砂陶占绝大多数，少量泥质磨光陶。陶色以黑褐为主，其次为黄褐，少量橙黄。素面占大多数，纹饰主要为戳印点纹，少量刻划纹、附加堆纹、乳丁纹（图八）。

Ba型罐　20件。TG2⑤：7，夹砂黄褐陶。圆唇。唇部饰戳印条状纹，颈部饰戳印点纹。口径25.2、残高5厘米（图九，1）。TG2⑤：6，夹砂黄褐陶。尖圆唇。唇部饰戳印点纹。口径24.6、残高4.6厘米（图九，2）。TG2⑤：13，夹砂灰陶。尖圆唇。唇部饰戳印点纹。口径24、残高2.8厘米（图九，3）。TG2⑤：9，夹砂灰陶。圆唇。唇部及颈部均饰戳印点纹。口径20.4、残高2.8厘米（图九，4）。TG2⑤：8，夹砂灰陶。圆唇。素面。口径24.4、残高3.6厘米（图九，5）。TG2⑤：26，夹砂黄褐陶。尖圆唇。唇部饰刻划交叉纹。口径18、残高1.4厘米（图九，6）。TG2⑤：3，夹砂黄褐陶。尖圆唇。口沿内侧饰刻划波浪纹，外侧为戳印点构成的菱格纹。口径29.2、残高3厘米（图九，7）。TG2⑤：10，夹砂黄褐陶。圆唇。唇部饰戳印点纹。残高2厘米（图九，8）。TG2⑤：11，夹砂灰陶。圆唇。唇部饰戳印点纹。残高1.4厘米（图九，9）。TG2⑤：12，夹砂黄褐陶。尖圆唇。唇部饰戳印点纹。残高2.5厘米（图九，10）。TG2⑤：5，夹砂黄褐陶。尖圆唇。唇部饰戳印点纹。口径18.8、残高3.2厘米（图九，11）。TG2⑤：4，夹砂黄褐陶。尖圆唇。唇部饰戳印点纹。残高2厘米（图九，12）。TG2⑤：2，夹砂黄褐陶。圆唇。唇部饰戳印点纹，颈部饰附加堆纹。残高5厘米（图一○，1）。TG2⑤：1，夹砂黄褐陶。尖圆唇。唇部饰戳印点纹，颈部饰附加堆纹。口径21.6、残高3.2厘米（图一○，2）。TG2⑤：17，夹砂灰陶，陶胎较厚。圆唇。素面。残高3厘米（图一○，3）。TG2⑤：21，夹砂黄褐陶。尖圆唇。唇部饰戳印点纹。残高2厘米（图一○，5）。TG2⑤：18，夹砂灰陶。圆唇。唇部饰戳印点纹。残高2.5厘米（图一○，7）。TG2⑤：19，夹砂灰陶。陶胎较厚，

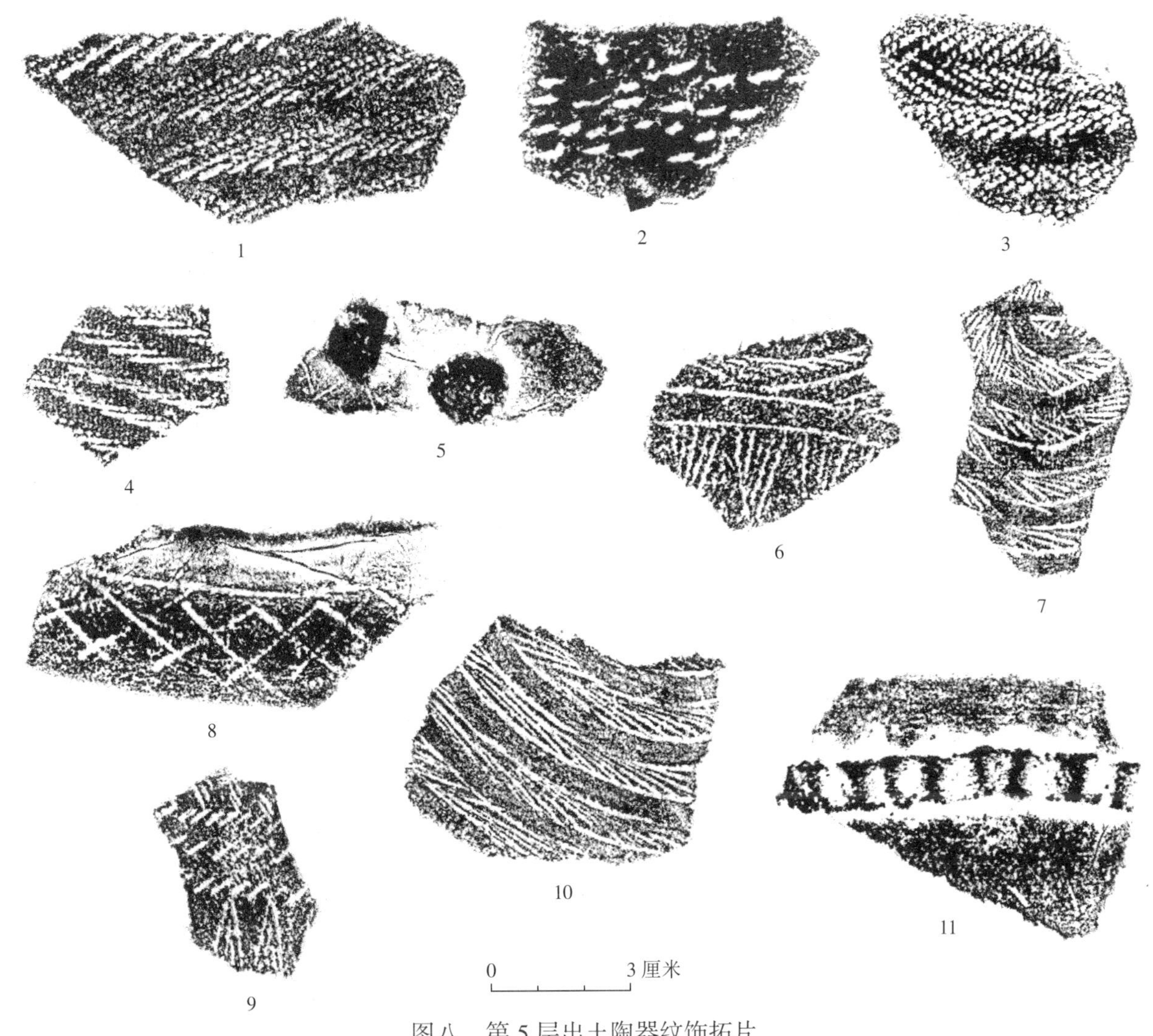

图八　第5层出土陶器纹饰拓片

1~4、6、8、9. 戳印点纹（TG2⑤：26、TG2⑤：28、TG2⑤：33、TG2⑤：35、TG2⑤：32、TG2⑤：29、TG2⑤：67）5. 乳丁纹（TG2⑤：27）　7、10. 刻划纹（TG2⑤：30、TG2⑤：31）　11. 附加堆纹（TG2⑤：36）

圆唇。素面。残高3.9厘米（图一〇，8）。TG2⑤：27，夹砂灰陶。圆唇。唇部饰戳印点纹。残高4.2厘米（图一〇，9）。TG2⑤：16，夹砂黄褐陶。圆唇。唇部饰戳印点纹。残高3.6厘米（图一〇，10）。

C型罐　1件。TG2⑤：14，夹砂黄褐陶。敛口，尖圆唇。口沿外侧饰戳印点纹。残高5.2厘米（图一〇，6）。

Aa型钵　2件。TG2⑤：20，夹砂黑褐陶。敛口，尖唇。口沿外侧饰戳印点纹。残高3厘米（图一〇，4）。TG2⑤：15，夹砂黄褐陶。敛口，尖圆唇。唇部饰戳印点纹，口沿外侧有戳印点构成的交错线条纹。残高2.5厘米（图一〇，11）。

纺轮　1件。TG2⑤：23，夹砂黑褐陶。直径6.2、厚0.9厘米（图一一，1）。

器底　1件。TG2⑤：25，夹砂黑褐陶。底径7.8、残高1.5厘米（图一一，4）。

纹饰陶片　2件。TG2⑤：22，夹砂黑褐陶。饰乳丁纹和刻划波折纹。残长7厘米（图一一，2）。

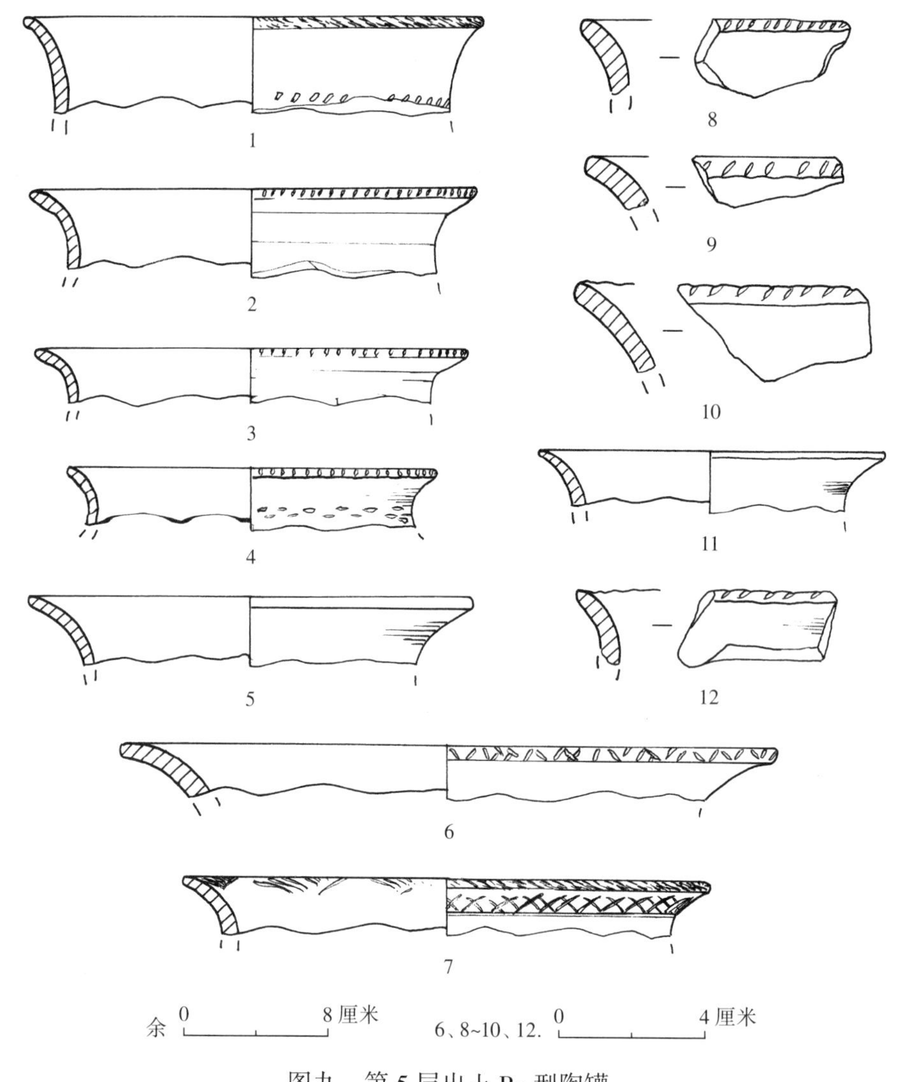

图九　第 5 层出土 Ba 型陶罐

1. TG2 ⑤ : 7　2. TG2 ⑤ : 6　3. TG2 ⑤ : 13　4. TG2 ⑤ : 9　5. TG2 ⑤ : 8　6. TG2 ⑤ : 26　7. TG2 ⑤ : 3　8. TG2 ⑤ : 10　9. TG2 ⑤ : 11　10. TG2 ⑤ : 12　11. TG2 ⑤ : 5　12. TG2 ⑤ : 4

TG2 ⑤ : 24，夹砂灰陶。饰刻划线条纹，不规整。残高 4.6 厘米（图一一，3）。

（三）第 4 层出土遗物

第 4 层出土陶器皆为夹砂陶，陶色仍以黑褐为主，黄褐、橙黄较少。素面占多数，纹饰主要为戳印点纹，少量刻划纹、附加堆纹、乳丁纹（图一二）。

1. 陶器

Aa 型罐　3 件。TG1 ④ : 1，夹砂黄褐陶。喇叭口，圆唇，高领。唇部及口沿外部均饰戳印点纹。口径 20.8、残高 9.6 厘米（图一三，1）。TG1 ④ : 2，夹砂黄褐陶。喇叭口，方圆唇。唇部及口沿外部均饰戳印点纹。口径 22、残高 4.6 厘米（图一三，2）。TG1 ④ : 13，夹砂黄褐陶，陶胎较厚。喇叭口，方圆唇。唇部及口沿外侧均饰刻划纹。残高 2.2 厘米（图一三，3）。

Ab 型罐　1 件。TG2 ④ : 8，夹砂灰陶。圆唇。素面。残高 4.5 厘米（图一三，4）。

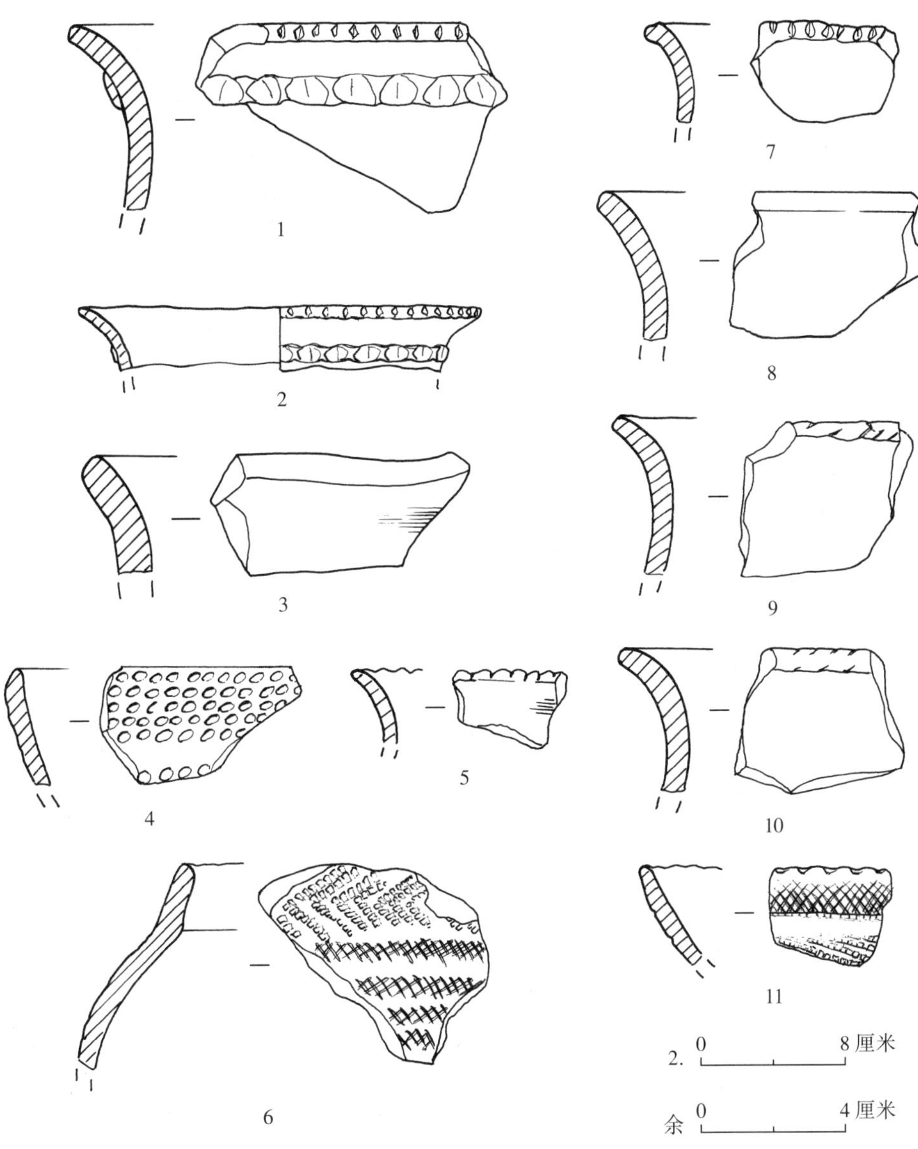

图一〇　第5层出土陶器

1~3、5、7~10. Ba 型 罐（TG2⑤：2、TG2⑤：1、TG2⑤：17、TG2⑤：21、TG2⑤：18、TG2⑤：19、TG2⑤：27、TG2⑤：16）　4、11. Aa 型钵（TG2⑤：20、TG2⑤：15）　6. C 型罐（TG2⑤：14）

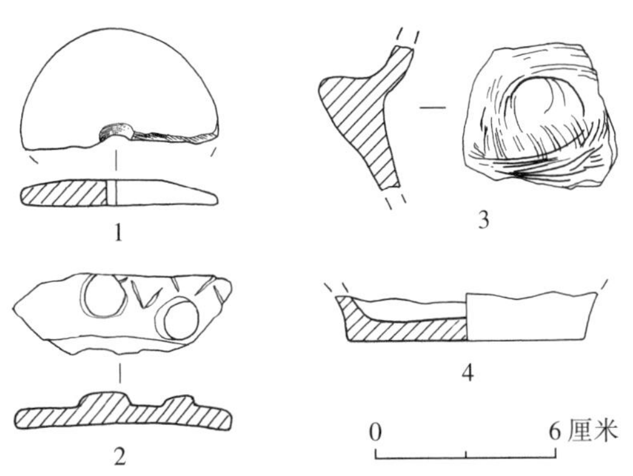

图一一　第5层出土陶器

1. 纺轮（TG2⑤：23）　2、3. 纹饰陶片（TG2⑤：22、TG2⑤：24）　4. 器底（TG2⑤：25）

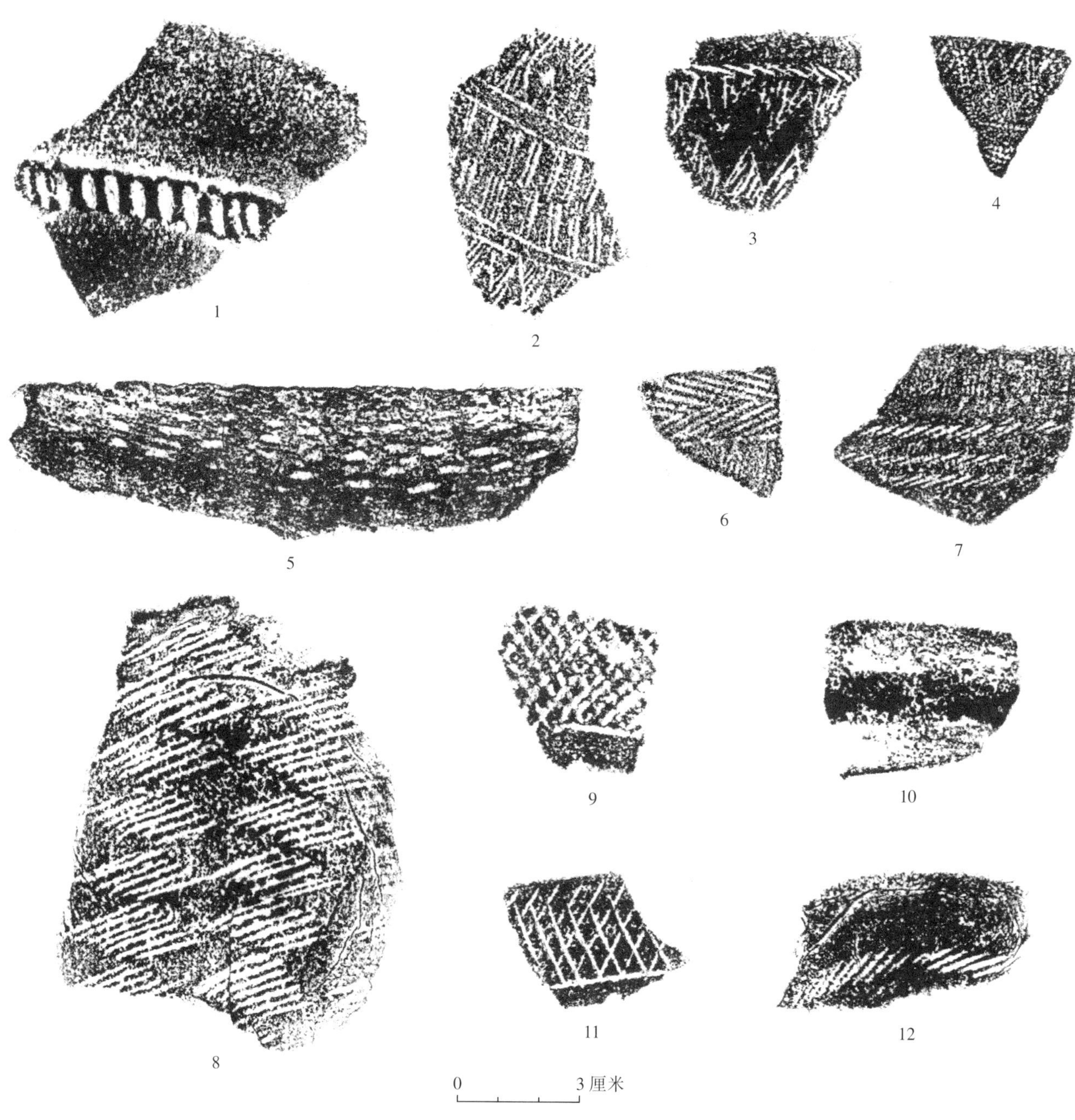

图一二 第4层出土陶器纹饰拓片

1、10. 附加堆纹（TG2④：43、TG2④：51） 2、3、11、12. 刻划纹（TG2④：50、TG1④：47、TG1④：46、TG2④：33） 4~9. 戳印点纹（TG1④：31、TG2④：35、TG1④：28、TG2④：36、TG2④：41、TG1④：51）

Ba型罐 18件。TG2④：7，夹砂黑褐陶。圆唇。唇部及颈部均饰戳印点纹。口径19.2、残高5.2厘米（图一三，5）。TG2④：9，夹砂灰陶。圆唇。唇部及颈部均饰戳印点纹。残高5厘米（图一三，6）。TG2④：6，夹砂橙黄陶。喇叭口，圆唇。口径16.8、残高5.6厘米（图一三，7）。TG1④：6，夹砂黑褐陶。喇叭口，方圆唇。唇部及颈部饰刻划纹。口径14、残高3厘米（图一三，8）。TG2④：15，夹砂黑褐陶。圆唇。唇部饰刻划网格纹，口沿内侧饰戳印点纹。残高2.1厘米（图一三，9）。TG2④：13，夹砂灰陶。圆唇。唇部饰戳印点纹，颈部饰附加堆纹。残高3厘米（图

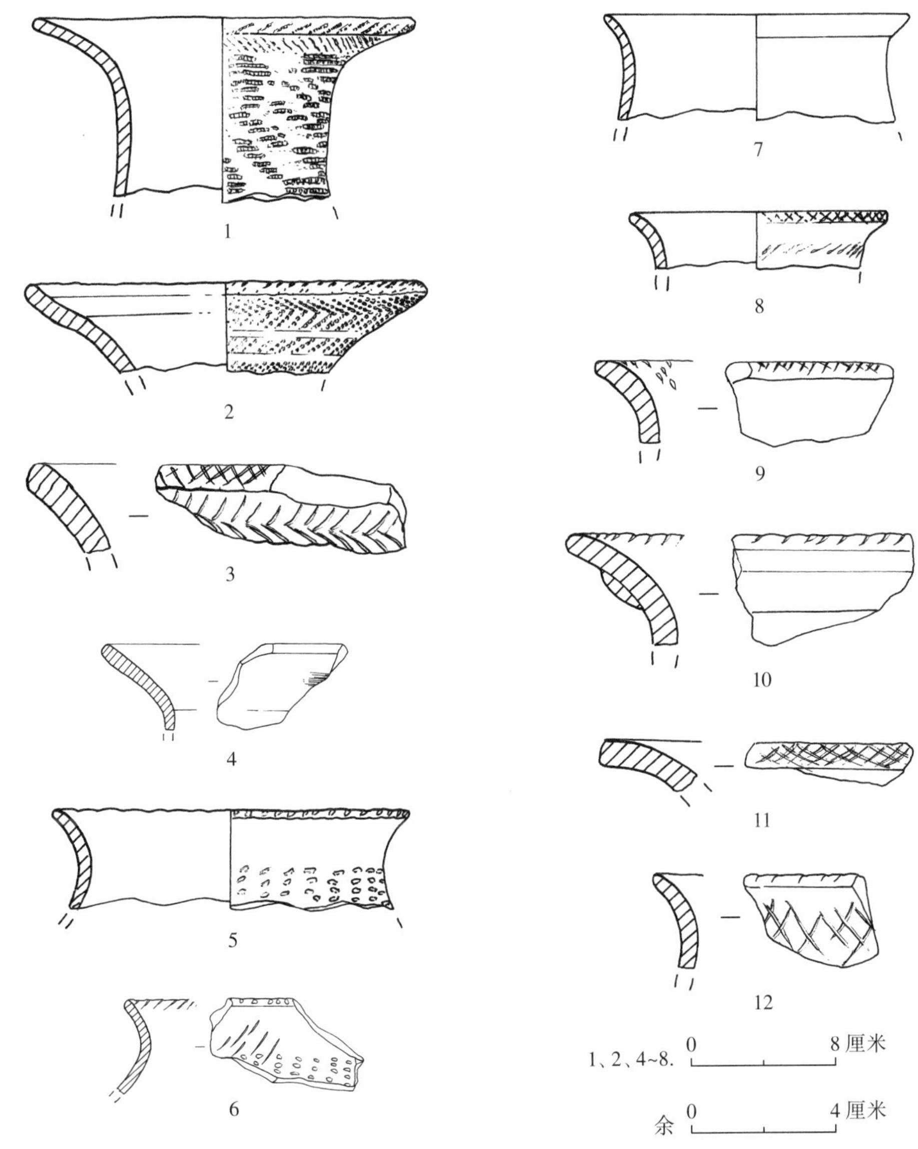

图一三　第 4 层出土陶罐

1~3. Aa 型（TG1 ④ : 1、TG1 ④ : 2、TG1 ④ : 13）　4. Ab 型（TG2 ④ : 8）　5~12. Ba 型（TG2 ④ : 7、TG2 ④ : 9、TG2 ④ : 6、TG1 ④ : 6、TG2 ④ : 15、TG2 ④ : 13、TG2 ④ : 10、TG1 ④ : 9）

一三，10）。TG2 ④ : 10，夹砂灰陶。方圆唇。唇部饰刻划网格纹。残高 1.2 厘米（图一三，11）。TG1 ④ : 9，夹砂黄褐陶。喇叭口，卷沿，方圆唇。唇部及颈部饰刻划纹。残高 2.5 厘米（图一三，12）。TG1 ④ : 8，夹砂橙黄陶。喇叭口，方圆唇。颈部饰刻划网格纹。残高 4 厘米（图一四，1）。TG2 ④ : 17，夹砂黑褐陶。方圆唇。唇部饰戳印点纹。残高 4.2 厘米（图一四，2）。TG2 ④ : 20，夹砂黄褐陶。圆唇。唇部饰戳印点纹。残高 2.2 厘米（图一四，3）。TG1 ④ : 5，夹砂灰陶。圆唇。唇面饰交错划纹。残高 1.6 厘米（图一四，4）。TG2 ④ : 11，夹砂黄褐陶。圆唇。素面。残高 3 厘米（图一四，5）。TG2 ④ : 14，夹砂黄褐陶。圆唇。唇部饰戳印点纹。残高 2.2 厘米（图一四，6）。TG1 ④ : 3，夹砂黑褐陶。喇叭口，方圆唇。素面。残高 1 厘米（图一四，7）。TG1 ④ : 4，夹砂橙黄陶。方圆唇。素面。残高 2 厘米（图一四，8）。TG2 ④ : 12，夹砂灰陶。圆唇。唇部饰戳印点纹，

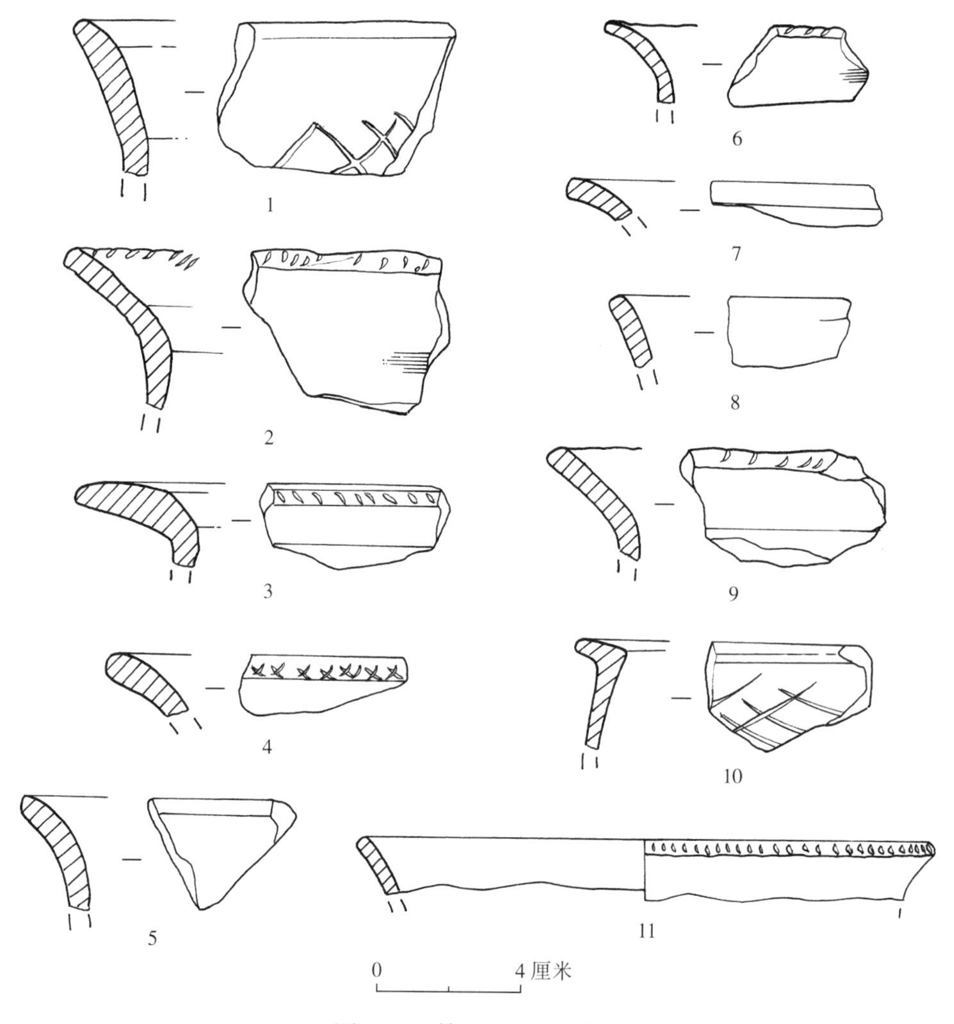

图一四 第4层出土陶罐

1~9、11. Ba型（TG1④：8、TG2④：17、TG2④：20、TG1④：5、TG2④：11、TG2④：14、TG1④：3、TG1④：4、TG2④：12、TG1④：10） 10. Bb型（TG1④：13）

颈部有抹平附加堆纹。残高3厘米（图一四，9）。TG1④：10，夹砂黄褐陶。喇叭口，方圆唇。唇部饰戳印点纹。口径15.2、残高1.8厘米（图一四，11）。

Bb型罐 1件。TG1④：13，夹砂黄褐陶。敛口，平折沿，尖圆唇。颈部饰刻划菱格纹。残高2.8厘米（图一四，10）。

C型罐 2件。TG2④：16，夹砂橙黄陶。圆唇。唇部饰戳印点纹。残高2厘米（图一五，1）。TG2④：21，夹砂黄褐陶。敛口，尖圆唇。外壁饰凹弦纹夹短线纹。残高4.1厘米（图一五，2）。

Aa型钵 1件。TG1④：7，夹砂黄褐陶。敞口，方圆唇。口部外侧饰附加堆纹。口径19.2、残高7厘米（图一五，3）。

Ab型钵 7件。TG2④：1，夹砂黄褐陶。敛口，平底。唇部戳印较浅的锯齿纹，器身外部饰戳印细点纹，从上至下依次为菱格纹、条带纹、波浪纹、条带纹、波浪纹。口径21、底径5.6、高12厘米（图一五，4）。TG2④：23，夹砂灰陶。敛口，尖圆唇。口沿外侧饰压印细线纹。残高5.2厘米（图一五，5）。TG2④：19，夹砂灰陶。敛口，尖圆唇。口沿外侧饰压印细线纹。残高2厘米（图

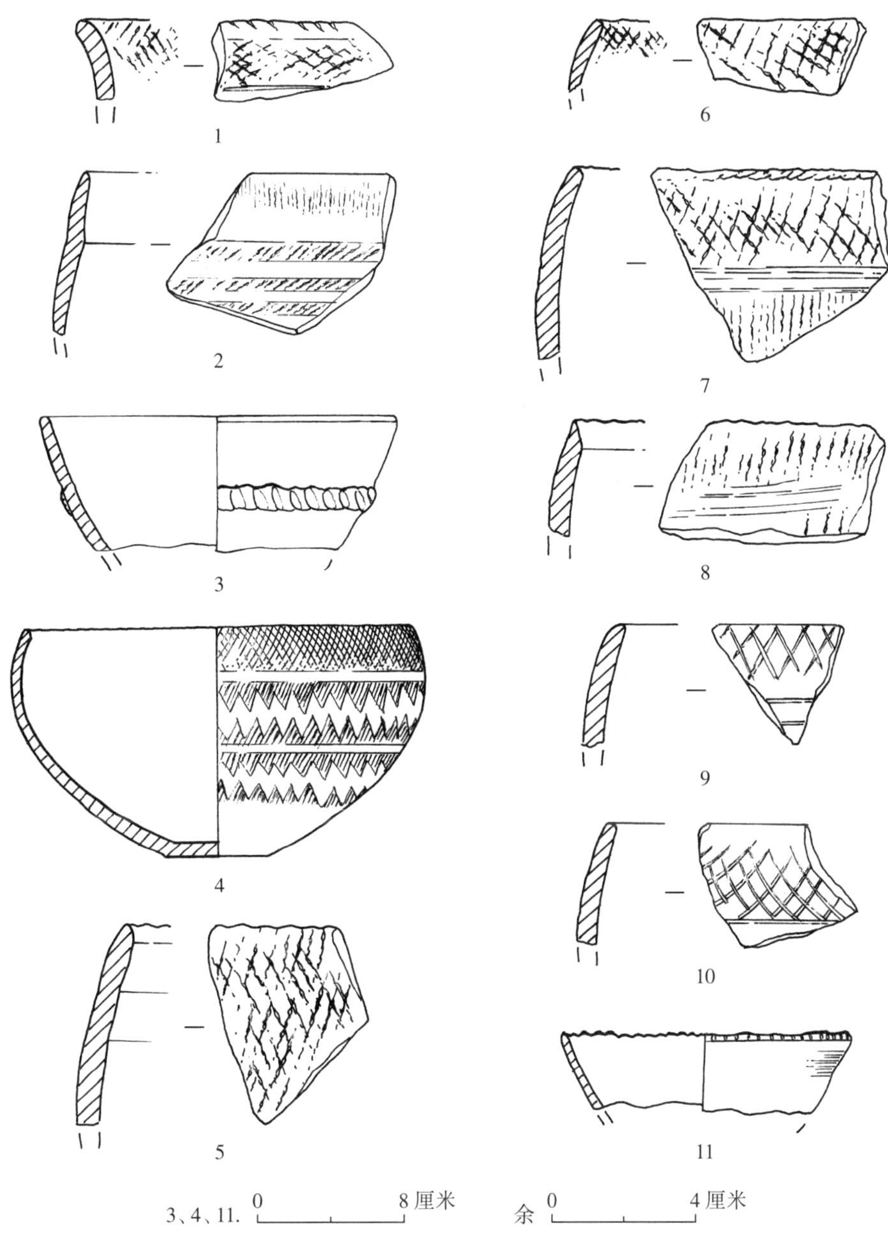

图一五　第4层出土陶器

1、2. C型罐（TG2④：16、TG2④：21）　3. Aa型钵（TG1④：7）　4~10. Ab型钵（TG2④：1、TG2④：23、TG2④：19、TG2④：24、TG2④：26、TG2④：25、TG1④：11）　11. Ba型钵（TG2④：18）

一五，6）。TG2④：24，夹砂灰陶。敛口，尖圆唇。口沿外侧饰刻划网格纹及细线纹。残高5.1厘米（图一五，7）。TG2④：26，夹砂灰陶。敛口，尖圆唇。口沿外侧饰刻划细线纹。残高3.2厘米（图一五，8）。TG2④：25，夹砂灰陶。敛口，尖圆唇。口沿外侧饰压印网格纹。残高3.2厘米（图一五，9）。TG1④：11，夹砂黄褐陶。直口，方圆唇。口部外侧饰刻划菱格纹。残高3.1厘米（图一五，10）。

Ba型钵　1件。TG2④：18，夹砂黑褐陶。敞口，尖圆唇。唇部饰戳印点纹。口径15.6、残高4.2厘米（图一五，11）。

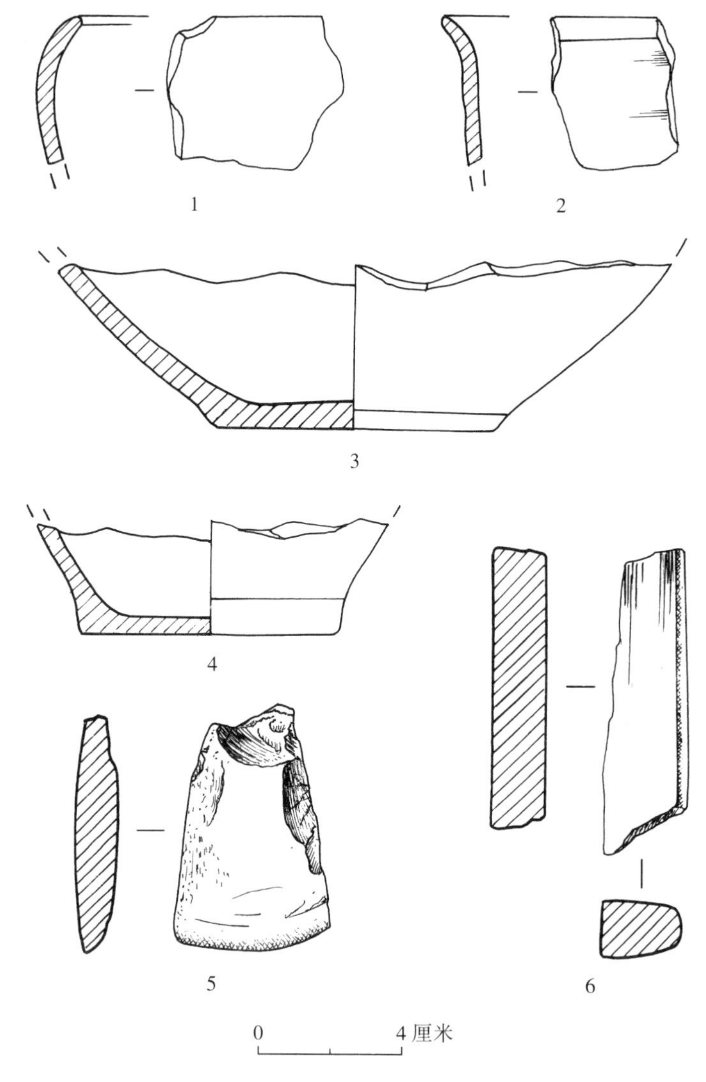

图一六 第4层出土器物

1. Bb型陶钵（TG1④：12） 2. 陶壶（TG2④：22） 3、4. 陶器底（TG2④：4、TG2④：5） 5. 石锛（TG2④：27） 6. 石凿（TG2④：3）

Bb型钵 1件。TG1④：12，夹砂黑褐陶。敛口，尖圆唇。素面。残高4.1厘米（图一六，1）。

壶 1件。TG2④：22，夹砂黑褐陶。尖圆唇。素面。残高4厘米（图一六，2）。

器底 2件。TG2④：4，泥质橙黄陶。平底。素面。底径7.8、残高4.4厘米（图一六，3）。TG2④：5，夹砂橙黄陶。平底。素面。底径7.2、残高3.1厘米（图一六，4）。

2. 石器

锛 1件。TG2④：27，灰黑色石质。梯形，偏锋。长6.2、宽4.5、厚1.11厘米（图一六，5）。

凿 1件。TG2④：3，灰黑色石质。通体磨制。长8.2、宽2、厚1.5厘米（图一六，6）。

（四）第3层出土遗物

第3层出土陶器皆为夹砂陶，陶色以褐色居多，以黑褐为主，多数陶色较斑驳。素面占多数，纹饰主要为戳印点纹，少量刻划纹、附加堆纹等（图一七）。

1. 陶器

Ba型罐 12件。TG1③：7，夹砂黑褐陶。喇叭口，卷沿，圆唇。唇部饰戳印点纹，口沿外侧饰附加堆纹，颈部饰刻划菱格纹。残高4.8厘米（图一八，1）。TG1③：8，夹砂黄褐陶。喇叭口，圆唇。颈部饰刻划菱格纹及附加乳丁纹。残高4.8厘米（图一八，2）。TG1③：11，夹砂灰陶。喇叭口，方圆唇。唇部饰戳印点纹。残高2.9厘米（图一八，3）。TG1③：14，夹砂橙黄陶。陶胎较厚，喇叭口，方圆唇。唇部饰刻划短线纹。残高4.6厘米（图一八，4）。TG1③：17，夹砂黄褐陶。喇叭口，方圆唇。领部饰刻划菱格纹。残高1.9厘米（图一八，5）。TG1③：15，夹砂橙黄陶。敞口，方圆唇。素面。残高2.4厘米（图一八，6）。TG1③：16，夹砂黑褐陶。陶胎较厚，喇叭口，圆唇。唇部饰戳印短线纹。残高3厘米（图一八，7）。TG1③：13，夹砂黄褐陶。喇叭口，圆唇。唇部饰戳印点纹。残高3厘米（图一八，8）。TG1③：19，夹砂橙黄陶。直口，方圆唇。唇部饰戳印短线纹。残高3.7厘米（图一八，9）。TG1③：18，夹砂黑褐陶。侈口，方圆唇。口部外侧饰戳印点纹。残高2.8厘米（图一八，10）。TG1③：1，夹砂黄褐陶。喇叭口，卷沿，尖圆唇。颈部饰刻划网格纹。口径32.8、残高6.6厘米（图一九，1）。TG1③：2，夹砂橙黄陶。喇叭口，卷沿，圆唇。颈部饰刻划菱格纹。口径25.6、残高12.2厘米（图一九，2）。

C型罐 3件。TG1③：9，夹砂黄褐陶。直口，圆唇。口部外侧饰戳印点线纹。残高2.8厘米（图二〇，1）。TG1③：12，夹砂黄褐陶。直口，尖圆唇。口部外侧饰戳印点构成的两段波浪纹。口径14、残高4.2厘米（图二〇，2）。TG1③：10，夹砂黄褐陶。直口，圆唇。口部外侧饰戳印点纹。残高3.5厘米（图二〇，3）。

Aa型钵 1件。TG1③：5，夹砂黄褐陶。敞口，圆唇。口部外侧饰戳印点构成的线条纹。口径20.8、残高3.6厘米（图二〇，4）。

Ab型钵 1件。TG1③：4，夹砂黑褐陶。敛口，圆唇。口部外侧饰戳印点纹。残高5.1厘米（图二〇，5）。

Ba型钵 1件。TG1③：6，夹砂黑褐陶。敞口，方圆唇。素面。口径24、残高3.6厘米（图二〇，6）。

壶 1件。TG1③：3，夹砂黑褐陶。喇叭口，卷沿，圆唇。唇部饰戳印点纹。口径14.4、残高7厘米（图一九，3）。

器鋬 1件。TG1③：20，夹砂黑褐陶。饰戳印点纹。残长8.1厘米（图二一，1）。

2. 石器

斧 1件。TG1③：21，灰黑色石质。梯形，偏锋，刃部有大量崩损片疤。长7.5、宽4、厚1.1厘米（图二一，6）。

网坠 4件。TG1③：23，褐色石质。半椭圆形，两侧有打制的凹槽。长6.5、宽6.5、厚1.5厘米（图二一，3）。TG1③：24，褐色石质。不规则椭圆形，仅一面被打磨，两侧有打制的凹槽。长12、宽8.2、厚2.2厘米（图二一，2）。TG1③：25，褐色石质。椭圆形，两侧有打制的凹槽。长8.4、宽7、厚1.5厘米（图二一，4）。TG1③：22，褐色石质。半椭圆形，两侧有打制的凹槽。长7.4、宽7.4、厚1.8

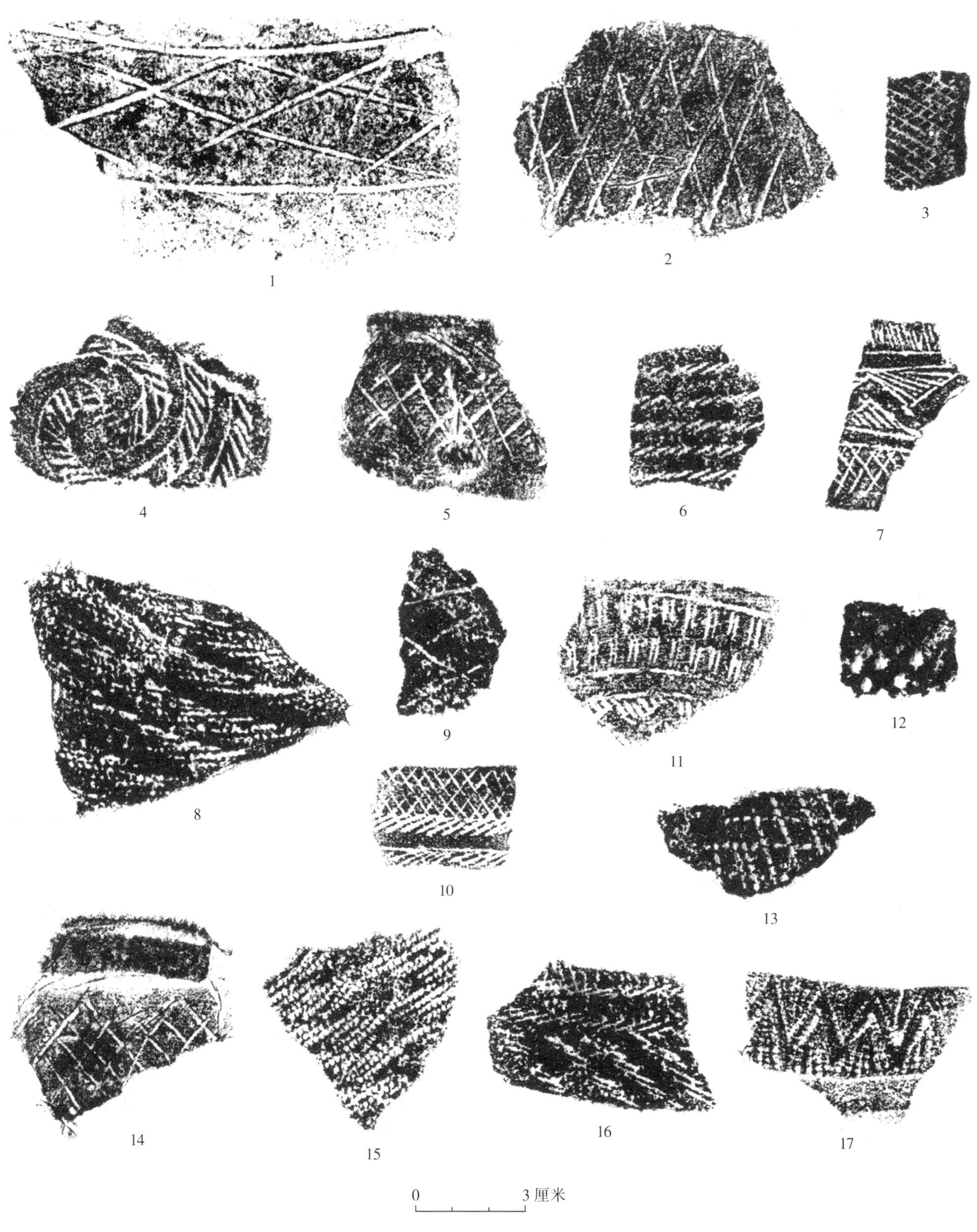

图一七　第3层出土陶器纹饰拓片

1~3、5、7、9~11. 刻划纹（TG1③：33、TG1③：28、TG1③：30、TG2③：1、TG1③：29、TG1③：27、TG1③：4、TG1③：3）　4、6、8、12、13、15~17. 戳印点纹（TG1③：37、TG1③：39、TG2③：2、TG1③：38、TG2③：4、TG1③：26、TG2③：5、TG2③：23）　14. 附加堆纹+网格划纹（TG1③：2）

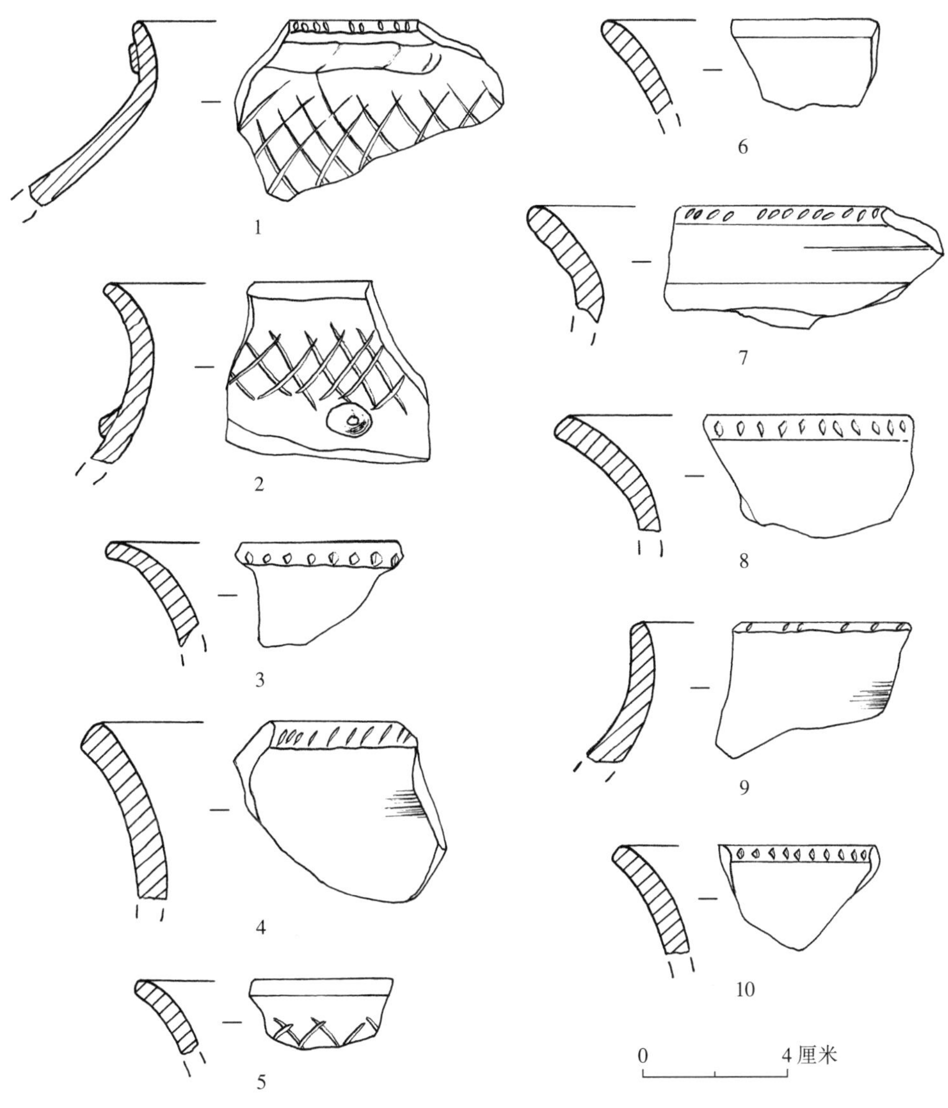

图一八　第3层出土Ba型陶罐

1. TG1③：7　2. TG1③：8　3. TG1③：11　4. TG1③：14　5. TG1③：17　6. TG1③：15　7. TG1③：16　8. TG1③：13　9. TG1③：19　10. TG1③：18

厘米（图二一，5）。

（五）第2层下遗迹与遗物

H1　位于TG1西南部，开口于第2层下。坑口平面近椭圆形，弧壁，平底。坑口距地表深0.3、最大径约1.1、深约0.12米（图二二）。填土为黑褐色，土质疏松，含少量烧土及炭屑。出土陶器多为夹砂灰褐陶，器形不可辨。

（六）第2层出土遗物

第2层出土陶器磨圆度较高，可能不是原生堆积。出土陶器皆为夹砂陶，陶色以黑褐为主，其次为黄褐，少量橙黄。素面占多数，纹饰主要为戳印点纹（图二三），少量刻划纹、附加堆纹。

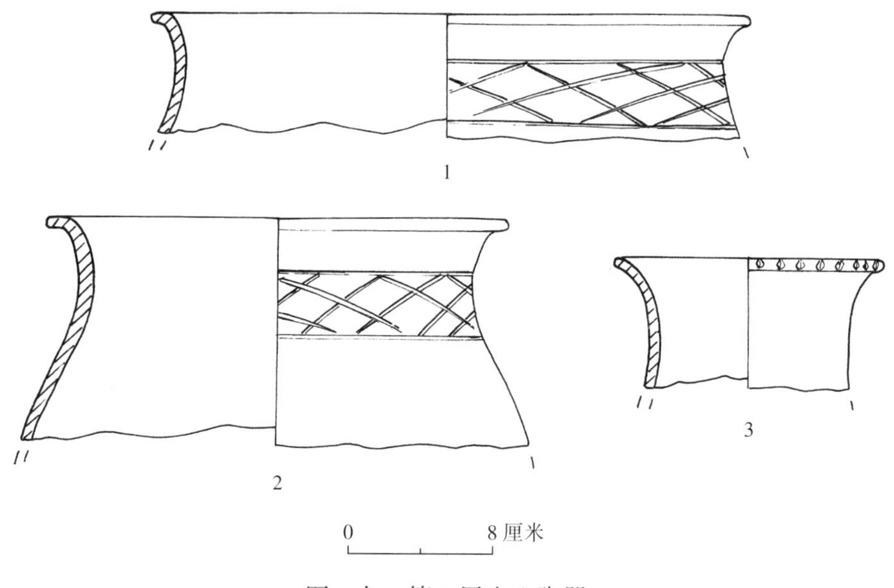

图一九 第3层出土陶器

1、2. Ba型罐（TG1③：1、TG1③：2） 3. 壶（TG1③：3）

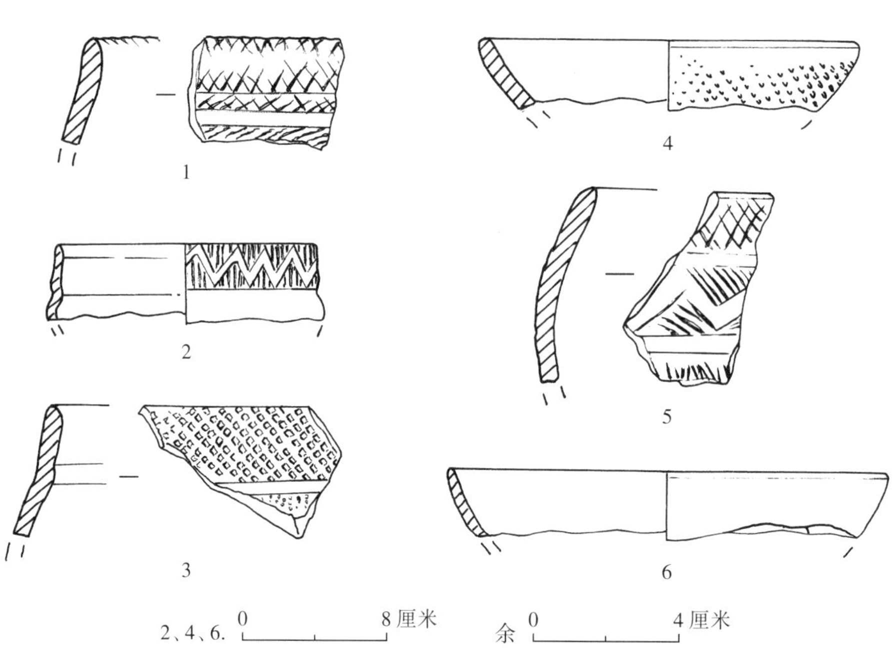

图二〇 第3层出土陶器

1~3. C型罐（TG1③：9、TG1③：12、TG1③：10） 4. Aa型钵（TG1③：5） 5. Ab型钵（TG1③：4） 6. Ba型钵（TG1③：6）

Aa型罐 2件。TG1②：8，夹砂黄褐陶。喇叭口，方圆唇。唇部及口沿外侧隐约可见压印细线纹。残高3.5厘米（图二四，1）。TG1②：6，夹砂黄褐陶。敞口，方圆唇。唇部及口沿外侧饰戳印点构成的线条纹。口径22.4、残高2.2厘米（图二四，2）。

Ab型罐 1件。TG1②：1，夹砂灰陶。喇叭口，方圆唇。素面。口径20.4、残高1.4厘米（图二四，3）。

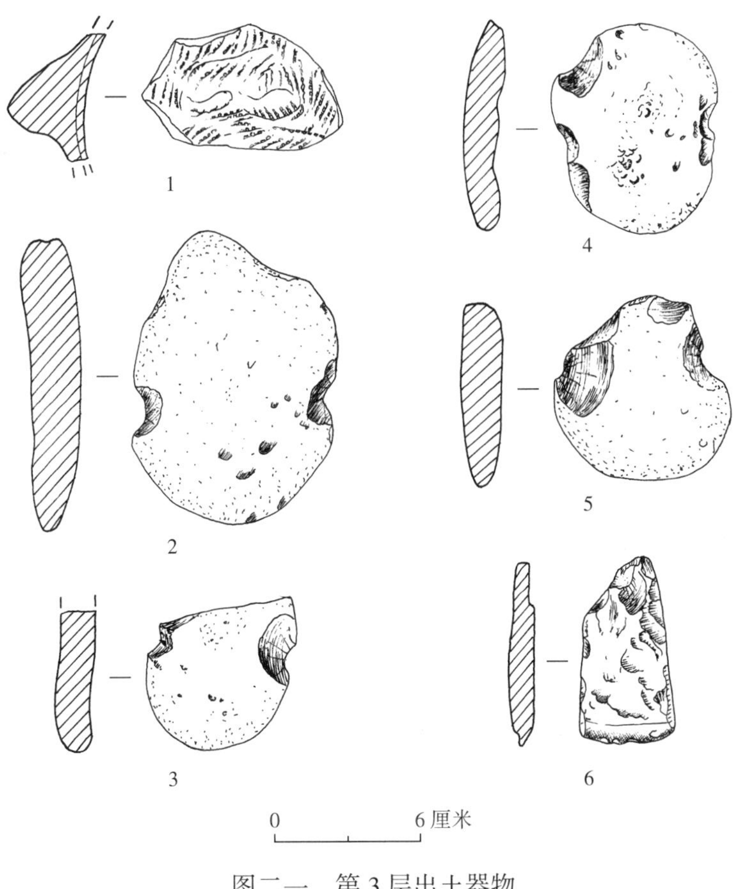

图二一　第3层出土器物

1. 陶器錾（TG1③：20）　2~5. 石网坠（TG1③：24、TG1③：23、TG1③：25、TG1③：22）　6. 石斧（TG1③：21）

Ba型罐　4件。TG1②：9，夹砂黄褐陶，陶胎较厚。喇叭口，圆唇。唇部饰刻划菱格纹。残高2.8厘米（图二四，4）。TG1②：2，夹砂黄褐陶。喇叭口，圆唇。口沿外侧饰戳印点构成的菱格纹。残高3厘米(图二四，5)。TG1②：11，夹砂橙黄陶。喇叭口，尖圆唇。颈部饰交错刻划纹。残高3厘米（图二四，6）。TG1②：7，夹砂黄褐陶。喇叭口，方圆唇。唇部及颈部饰戳印点纹。残高3.5厘米（图二四，7）。

C型罐　1件。TG1②：3，夹砂黄褐陶。直口，圆唇。口沿外侧饰戳印点构成的波浪纹。残高4.1厘米（图二四，8）。

北

TG1西壁

0　60厘米

图二二　H1平、剖面图

Ba型钵　3件。TG1②：4，夹砂黑褐陶。敞口，圆唇。素面。口径20.8、残高5厘米（图二五，1）。TG1②：10，夹砂黄褐陶。敞口，圆唇。素面。口径21.2、残高2.4厘米（图二五，2）。TG1②：5，夹砂黑褐陶。敞口，圆唇。素面。残高2.5厘米（图二五，3）。

器錾　1件。TG1②：11，夹砂黄褐陶。饰戳印点纹。残高5.3厘米（图二五，4）。

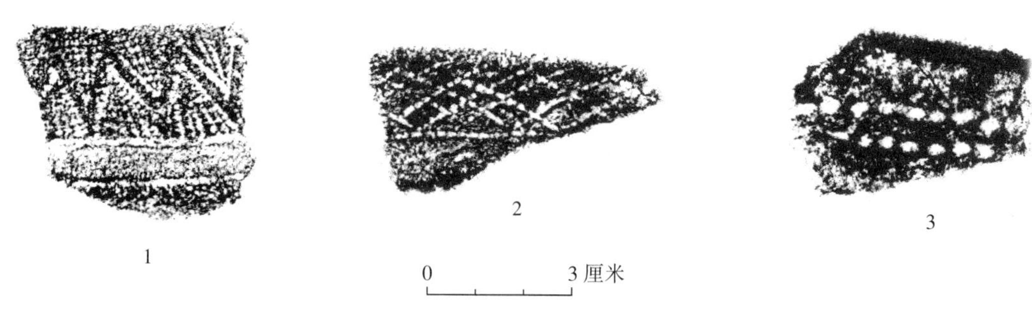

图二三　第2层出土陶器戳印点纹

1. TG1②：3　2. TG1②：2　3. TG1②：7

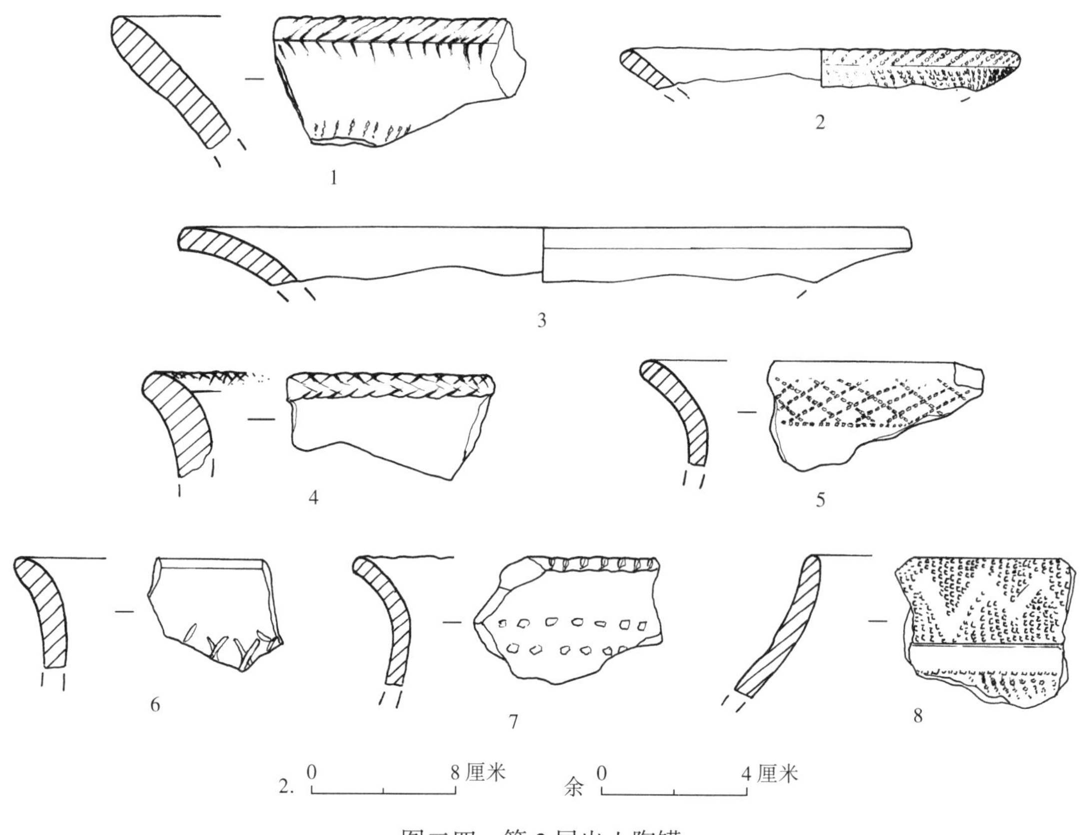

图二四　第2层出土陶罐

1、2. Aa型（TG1②：8、TG1②：6）　3. Ab型（TG1②：1）　4~7. Ba型（TG1②：9、TG1②：2、TG1②：11、TG1②：7）　8. C型（TG1②：3）

（七）采集遗物

因近年来农耕生产活动频繁，遗址地表采集有丰富陶器、石器。遗址东、南部地表分布最多。陶器纹饰除了试掘所见纹饰外，还有叶脉纹、粗绳纹（图二六）。陶、石器器类及形制与试掘遗物一致。现将采集遗物介绍如下。

1. 陶器

Aa型罐　6件。尖圆唇。C：45，夹砂褐陶。唇部以下饰折线纹。口径22、残高2.8厘米（图

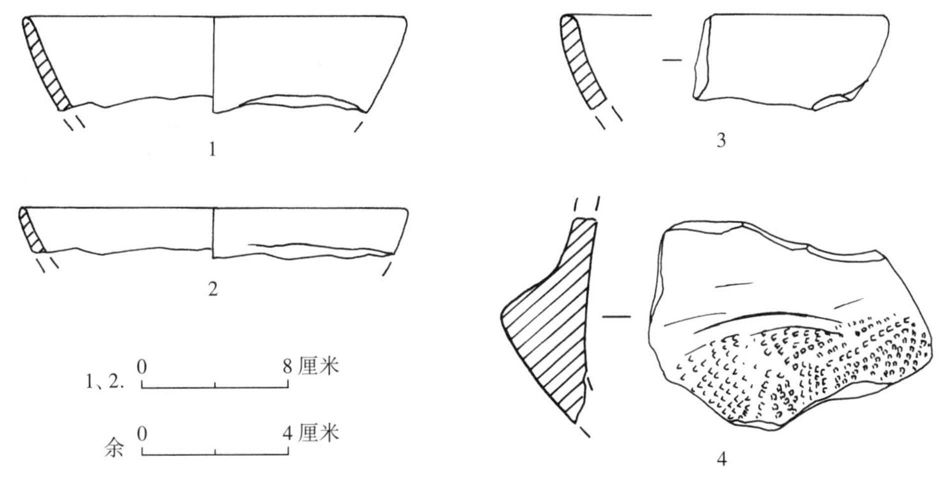

图二五　第2层出土陶器

1~3. Ba型钵（TG1②：4、TG1②：10、TG1②：5）　4. 器鋬（TG1②：11）

二七，1）。C：44，夹砂灰褐陶。沿外饰“X”形纹，沿部以下饰戳印斜线纹。口径17.4、残高3.4厘米（图二七，2）。C：30，夹砂灰白陶。颈部饰斜线纹。残高2.6厘米（图二七，3）。C：47，夹砂灰褐陶。唇部以下饰刻划斜线纹。残高3厘米（图二七，4）。C：43，夹砂灰褐陶。唇部以下饰折线纹。残高4厘米（图二七，5）。C：46，夹砂黑陶。唇部以下饰压印纹。残高3.2厘米（图二七，6）。

Ba型罐　16件。C：29，泥质黑陶。斜沿，圆唇，束颈。素面。口径17.6、残高4.7厘米（图二七，7）。C：42，夹砂灰褐陶。尖圆唇。素面。残高1.6厘米（图二七，8）。C：56，夹砂灰褐陶。素面。残高2.8厘米（图二七，9）。C：55，夹砂黑陶，斜方唇。素面。残高3.2厘米（图二七，10）。C：32，夹砂褐陶，火候不均。尖圆唇。沿部以下饰刻划斜网格纹、弦纹、戳印点纹。残高7厘米（图二七，11）。C：34，夹砂灰褐陶。束颈，溜肩。素面。残高6.4厘米（图二七，12）。C：37，夹砂灰褐陶。方圆唇，束颈。唇部饰戳印点纹，肩部饰斜网格纹。残高3.8厘米（图二七，13）。C：40，泥质黑陶，施黑衣。侈口，方圆唇。素面。口径24、残高3厘米（图二八，1）。C：32，夹砂褐陶，火候不均。圆唇。沿部以下饰刻划斜网格纹、点线纹。残高3.4厘米（图二八，2）。C：26，夹砂黑陶。敞口，圆唇。素面。口径16、残高5.6厘米（图二八，3）。C：33，夹砂褐陶。圆唇。唇部饰压印纹。残高4厘米（图二八，4）。C：31，夹砂灰褐陶。圆唇，束颈。唇、肩部饰压印纹，外沿下饰细网格纹。口径10.4、残高3.8厘米（图二八，5）。C：39，夹砂黑陶。圆唇。颈部饰网格划纹、弦纹。残高2.2厘米（图二八，6）。C：40，泥质黑陶，施黑衣。侈口，圆唇。素面。残高4厘米（图二八，7）。C：52，夹砂灰褐陶。圆唇。素面。残高2.1厘米（图二八，8）。C：36，夹砂灰褐陶。尖圆唇。颈部饰网格划纹。残高5.4厘米（图二八，9）。

Bb型罐　1件。C：27，泥质褐陶。敛口，折沿，圆唇。颈部以下饰数周弦纹。口径17.6、残高3.4厘米（图二九，1）。

Ab型钵　2件。C：35，夹砂灰褐陶。唇部以下饰网格纹、弦纹、折线纹。残高4厘米（图

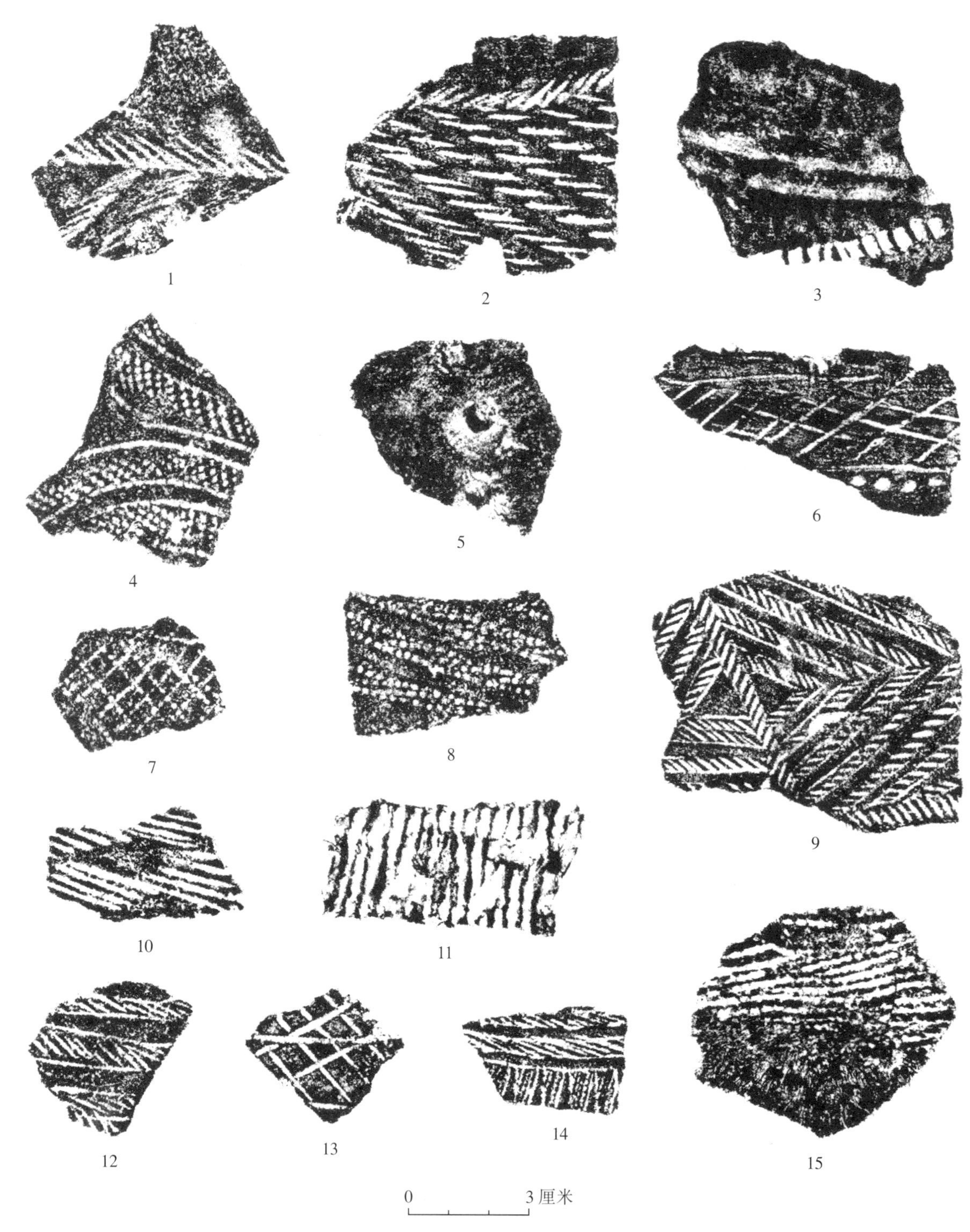

图二六　采集陶器纹饰拓片

1、2、6、9、12~14. 刻划纹（C：64、C：59、C：61、C：58、C：69、C：67、C：68）　3. 附加堆纹（C：54）　4、7、8、10、15. 戳印点纹（C：60、C：63、C：53、C：65、C：57）　5. 乳丁纹（C：62）　11. 绳纹（C：66）

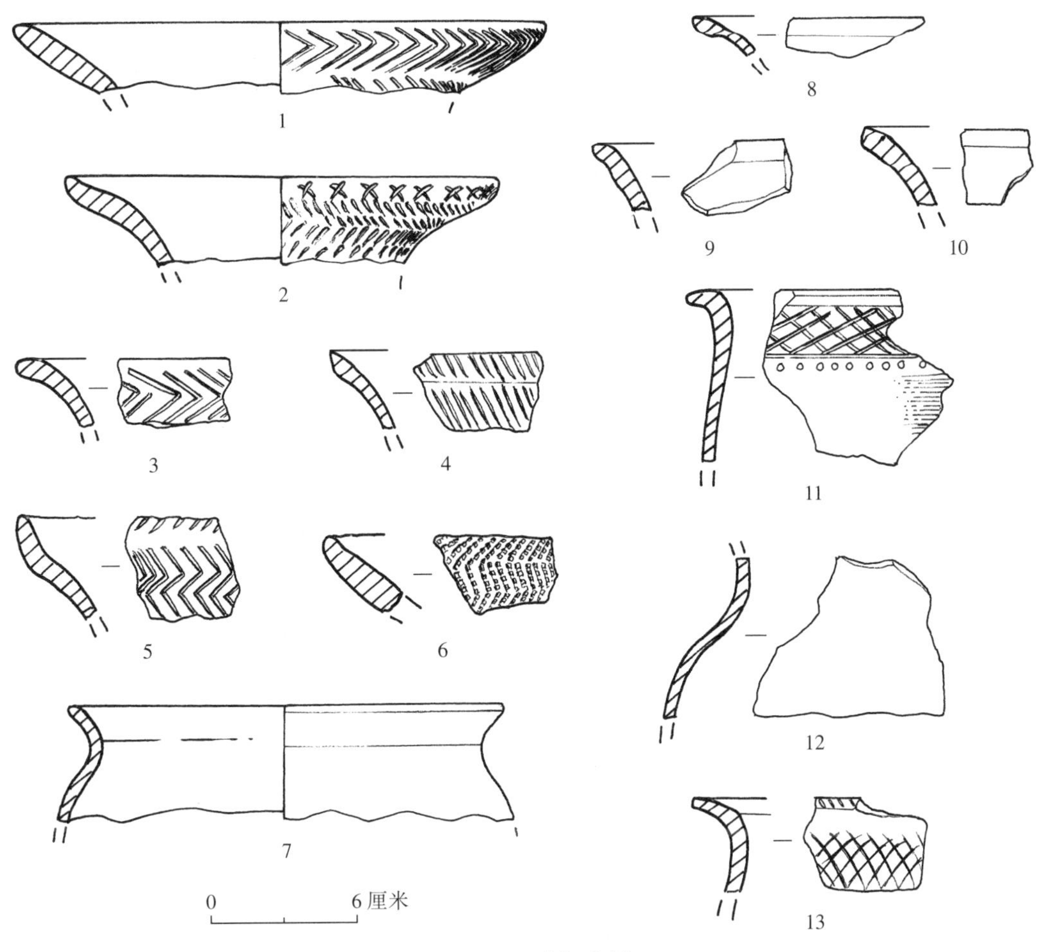

图二七　采集陶罐

1~6. Aa 型（C：45、C：44、C：30、C：47、C：43、C：46）　7~13. Ba 型（C：29、C：42、C：56、C：55、C：32、C：34、C：37）

二九，2）。C：41，夹砂黑陶。唇部饰刻划纹，自上而下为双线交错斜线纹、三角斜线。残高 4.6 厘米（图二九，3）。

器座　1 件。C：28，夹砂灰褐陶。口小底大，中部有折棱。素面。上部直径 22、下部直径 24、高 4 厘米（图二九，4）。

器底　4 件。C：51，夹砂黑陶。平底内凹。素面。底径 16、残高 2.8 厘米（图二九，5）。C：72，夹砂黑陶。下腹内收，足外撇，平底。素面。底径 9.6、残高 3.4 厘米（图二九，6）。C：50，泥质灰褐陶。下腹内收，足外撇，平底内凹。素面。底径 7.6、残高 3 厘米（图二九，7）。C：49，泥质褐陶。平底。底部饰叶脉纹。底径 8.8、残高 2.4 厘米（图二九，8）。

2. 石器

斧　5 件。C：3，青灰色石质。打制，刃部和器身有多处崩疤痕迹。残长 14、宽 6.4、厚 4.1 厘米（图三〇，1）。C：8，灰黑色石质。磨制，刃残，器身有多处崩疤痕迹。残长 14.2、宽 5.8、厚 4.2 厘米（图三〇，2）。C：4，青灰色石质。磨制，刃部和器身有多处崩疤痕迹。残长 12.4、宽 7、厚 4.8 厘米（图三〇，4）。C：9，灰黑色石质。磨制，刃部较锋利，器身有多处崩疤痕迹。残长 14.7、宽 6.6、厚 4.4

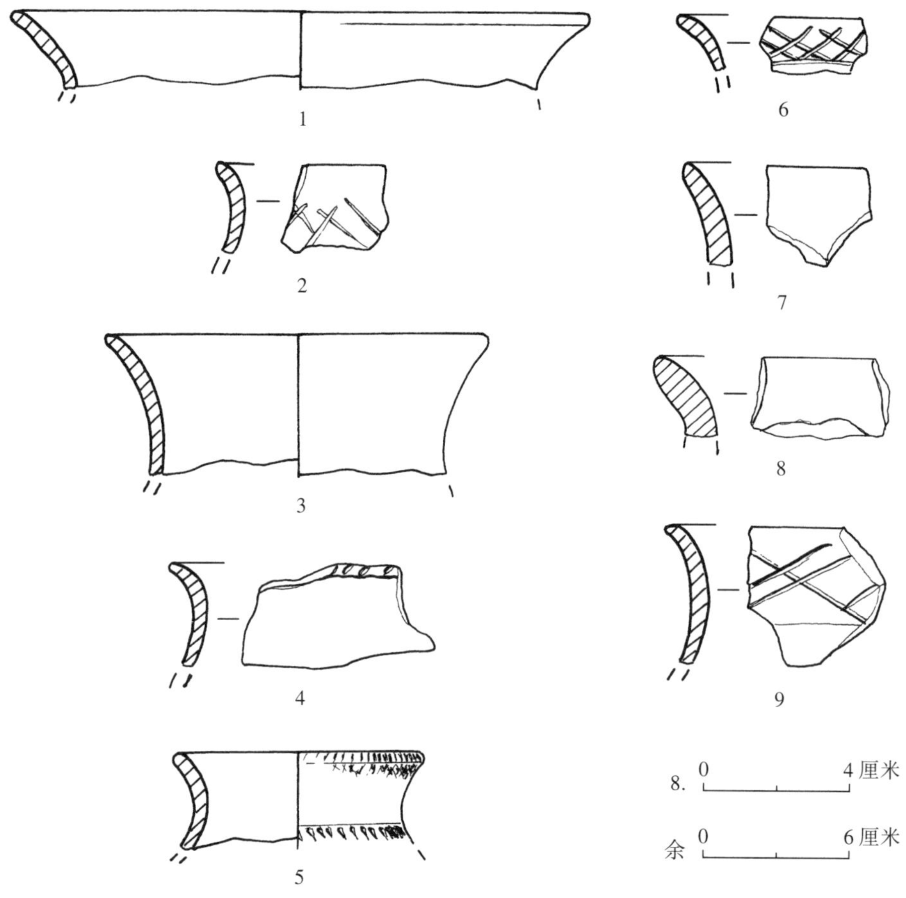

图二八 采集Ba型陶罐

1. C∶40 2. C∶32 3. C∶26 4. C∶33 5. C∶31 6. C∶39 7. C∶40 8. C∶52 9. C∶36

厘米（图三〇，6）。C∶6，青灰色石质。磨制，刃部较锋利，器身有多处崩疤痕迹。残长10.2、宽5.4、厚3.5厘米（图三〇，7）。

锛 5件。C∶12，灰黑色石质。通体磨制。残长4.7、宽3.6、厚1.7厘米（图三一，1）。C∶11，灰黑色石质。磨制，上部残。残长2.4、宽3.8、厚0.8厘米（图三一，2）。C∶2，灰褐色石质。尖部有打制痕迹。残长7.9、 宽4.5、厚1.7厘米（图三一，3）。C∶10，灰黑色石质。打制，器身有多处崩疤痕迹。残长8.5、宽4.3、厚1.9厘米（图三一，4）。C∶13，灰黑色石质。通体磨制，顶部略残。残长5.7、宽3.6、厚0.8厘米（图三一，5）。

凿 1件。C∶16，灰褐色石质。磨制，两侧均残。残长6.5、残宽1.6、厚2.3厘米（图三二，1）。

网坠 4件。C∶20，灰褐色石质。半圆形，两侧各有一处打制凹痕。长7.4、宽4.8、厚2.2厘米（图三二，2）。C∶21，灰褐色石质。椭圆形，两侧各有一处打制凹痕。长9.8、宽6、厚1.4厘米（图三二，3）。C∶19，青灰色石质。略呈圆形，两侧各有一处打制凹痕。长7.7、宽7.4、厚1.6厘米（图三二，4）。C∶18，灰褐色石质。半圆形，两侧各有一处打制凹痕。长10.9、宽6.5、厚1.3厘米（图三二，5）。

刀 2件。C∶15，灰黑色石质。磨制，一侧残，直背，弧刃。残长5.4、残宽3.6、厚0.7厘米（图

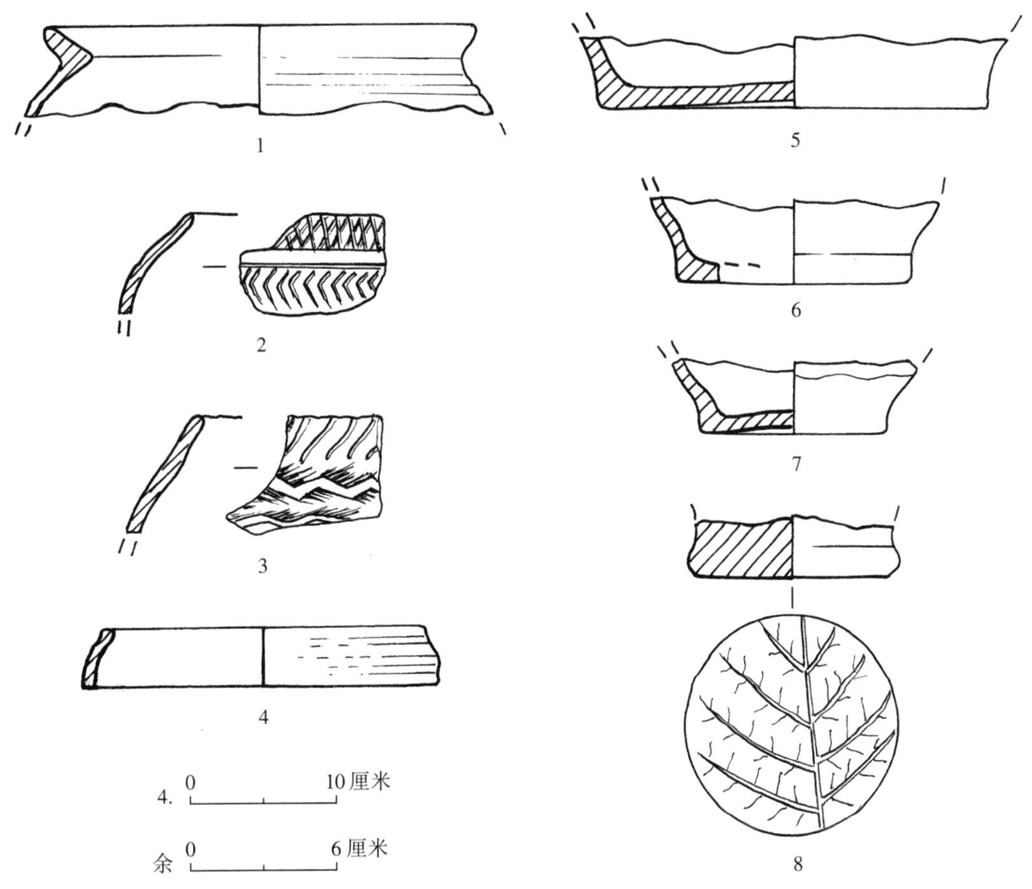

图二九　采集陶器

1. Bb型罐（C：27）　2、3. Ab型钵（C：35、C：41）　4. 器座（C：28）　5~8. 器底（C：51、C：72、C：50、C：49）

三二，6）。C：14，青灰色石质。磨制，一侧残，直背，刃略弧。残长6.7、宽3.2、厚0.6厘米（图三二，7）。

盘状器　1件。C：70，灰褐色石质。长11.6、宽10.3、厚2.1厘米（图三〇，3）。

杵　1件。C：22，青灰色石质。有使用痕迹。长19.9、宽9、厚3厘米（图三〇，5）

石器　1件。C：17，青灰色石质。三侧有刃，双面加工，刃部加工痕迹似为切割，未经磨制。器形不明。残长5.4、残宽7.8、厚1厘米（图三二，8）。

三、结语

皈家堡遗址出土陶器以夹砂陶为大宗，泥质磨光陶极少。素面陶居多，施纹方式以戳印最为常见，其次为刻划、堆塑，压印数量最少。陶罐数量最多，形制多样，其他器类还有钵、器座等。石器大多为磨制，磨制精良，器类有斧、锛、凿、刀、纺轮等，以斧、锛数量最多。

皈家堡遗址不同单位出土陶器组合基本为罐、钵组合，多数器形相差不大，纹饰风格少有变化，这表明该遗址延续性较强。依据层位关系、器物组合及形制特征，仍看出一定的早晚差别：一是第5层及开口于该层下的H2所见Ba型罐中颈部附加堆纹褶皱明显，第2~4层所见附加堆纹褶皱不明

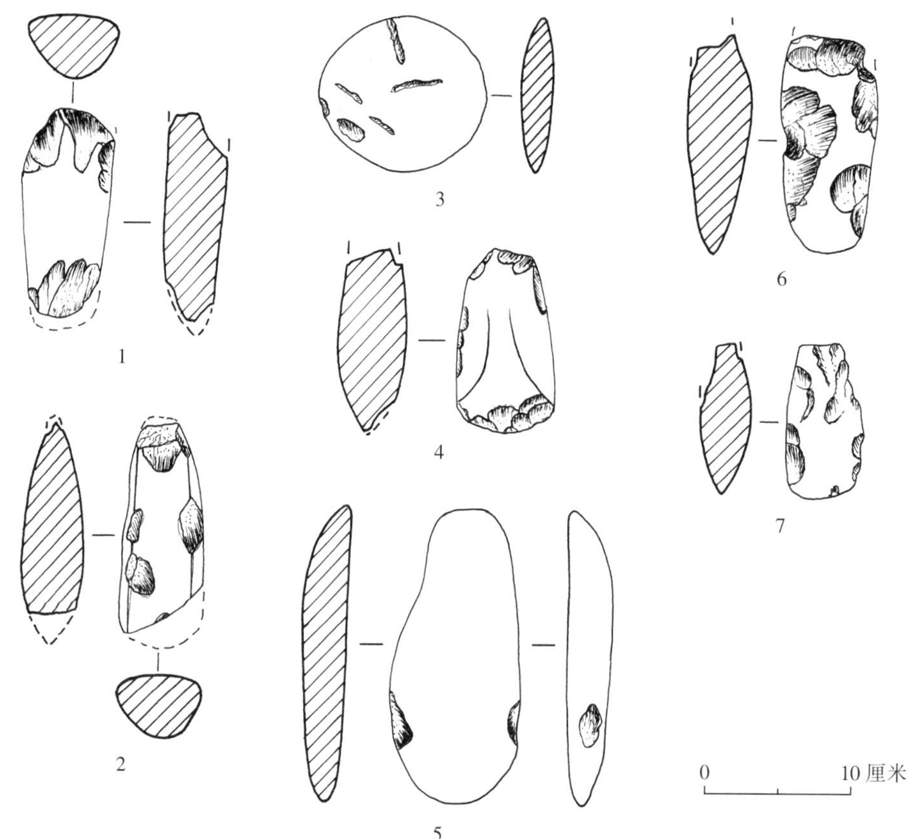

图三〇　采集石器

1、2、4、6、7. 斧（C：3、C：8、C：4、C：9、C：6）　3. 盘状器（C：70）　5. 杵（C：22）

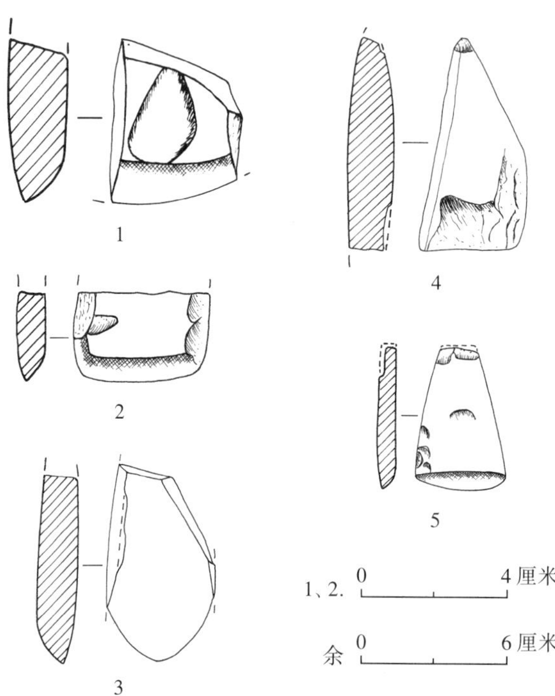

图三一　采集石锛

1. C：12　2. C：11　3. C：2　4. C：10　5. C：13

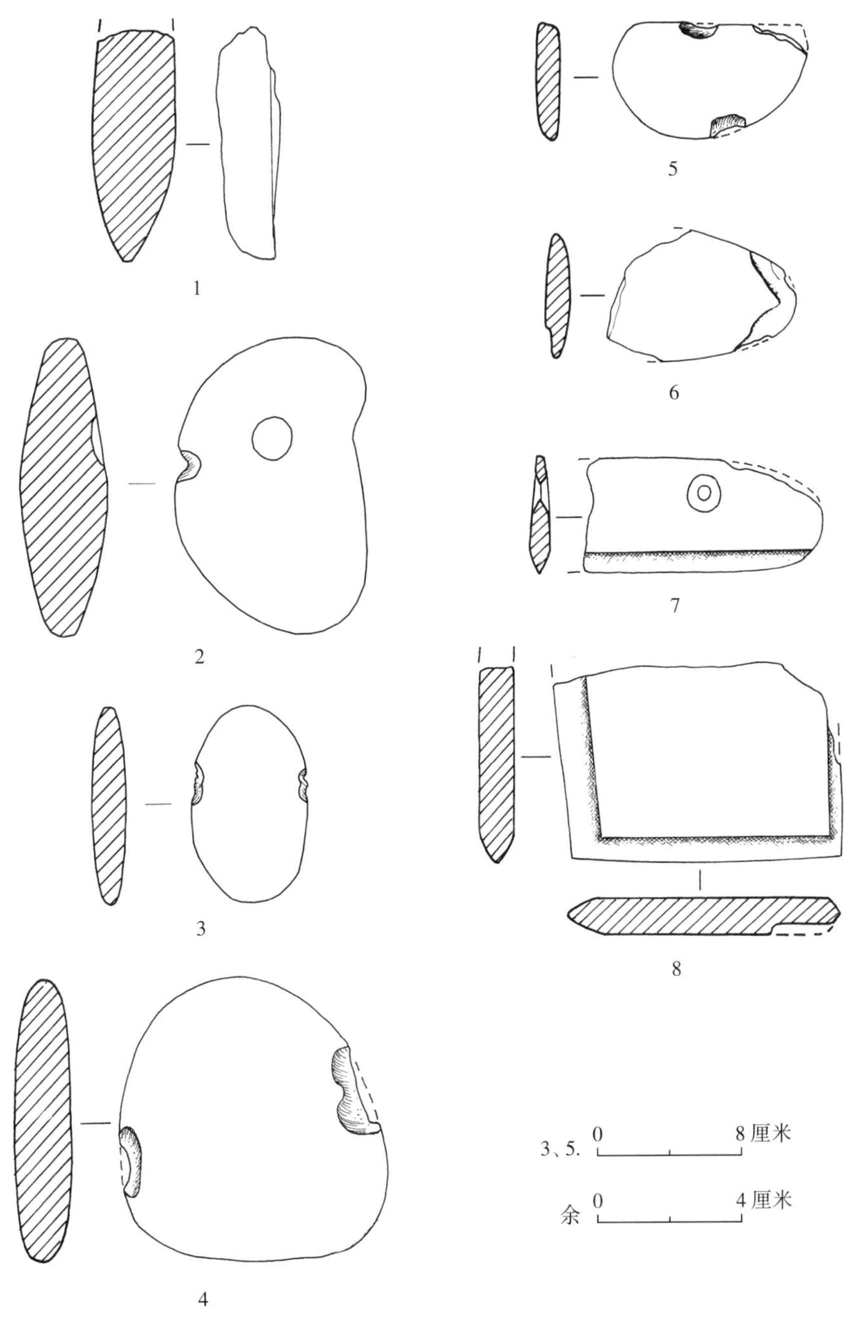

图三二　采集石器

1. 凿（C：16）　2~5. 网坠（C：20、C：21、C：19、C：18）　6、7. 刀（C：15、C：14）　8. 石器（C：17）

显，甚至为抹平泥条；二是第2~4层新出少量Bb型罐，这不见于第5层及H2。据此暂将此次发掘遗存分为早、晚两段，早段单位包括H2、第5层，晚段单位包括第4层、第3层、H1及第2层。从H2、第4层、第3层出土的黍碳-14测年来看，H2测年范围大体为距今4800~4500年，第4、3层的测年范围大体为距今4500~4300年（表一）。除此以外，采集遗物有粗绳纹、叶脉纹陶片。粗绳纹纹饰接近大理银梭岛第一期同类纹饰，叶脉纹则常见于川西南等地青铜时代至早期铁器时代，推测皈家堡遗址可能还存在更多时期遗存。

表一 北京大学加速器质谱(AMS)碳-14测试报告

Lab 编号	样品	样品原编号	出土地点	碳-14年代（BP）	树轮校正后年代	
					1δ（68.2%）	2δ（95.4%）
BA152213	黍	2015SYG1	皈家堡遗址 2015SYGH2	4200±25	2884BC（20.6%）2864BC 2806BC（44.5%）2760BC 2717BC（3.1%）2712BC	2893BC（27.9%）2851BC 2814BC（53.1%）2741BC 2729BC（14.4%）2694BC
BA152214	黍	2015SYG2	皈家堡遗址 2015SYGH2	4045±25	2618BC（7.2%）2608BC 2598BC（2.5%）2594BC 2585BC（20.4%）2563BC 2534BC（20.6%）2494BC	2831BC（1.8%）2821BC 2631BC（1.3%）2480BC
BA152215	黍	2015SYG3	皈家堡遗址 2015SYGH2	4080±25	2833BC（9.7%）2819BC 2661BC（6.2%）2649BC 2635BC（52.3%）2574BC	2852BC（14.8%）2812BC 2744BC（2.0%）2727BC 2696BC（72.8%）2567BC 2522BC（5.8%）2497BC
BA152216	黍	2015SYG4	皈家堡遗址 2015SYGH2	3870±45	2456BC（16.7%）2419BC 2409BC（51.5%）2292BC	2469BC（82.4%）2267BC 2261BC（13.0%）2206BC
BA152217	黍	2015SYG9	皈家堡遗址 2015SYGTG1④	3870±30	2454BC（18.0%）2419BC 2407BC（16.9%）2376BC 2351BC（33.3%）2293BC	2465BC（89.7%）2278BC 2251BC（4.3%）2229BC 2220BC（1.4%）2211BC
BA152218	黍	2015SYG11	皈家堡遗址 2015SYGTG1③	3915±25	2469BC（27.3%）2432BC 2424BC（16.3%）2402BC 2381BC（24.6%）2384BC	2474BC（91.7%）2336BC 2324BC（3.7%）2307BC

北京大学加速器质谱实验室、第四纪年代测定实验室，2016年6月。

皈家堡遗址陶器纹饰以戳印点纹或刻划纹与光面构成的复合纹饰最具特征，与德昌董家坡[1]、滇西元谋大墩子[2]、宾川白羊村[3]、永仁菜园子、永仁磨盘地[4]、永平新光[5]等遗址具有强烈的共性，戳印点纹、网格划纹在安宁河流域、滇西新石器时代遗存中常见。Aa型长颈罐目前在德昌董家坡、会理饶家地[6]、会理莲塘等遗址有同类器出土，滇西地区少见。Ba型罐近口部饰附加堆纹的做法常见于川西山地、安宁河流域，滇西地区仅在永平新光遗址有所出土。Bb型罐在德昌董家坡遗址第2层、永仁菜园子、永仁磨盘地遗址有所见。C型罐目前在永平新光等滇西诸新石器时代遗址多见。Ab型钵是皈家堡遗址常出的典型器类，几乎不见于安宁河流域，且与滇西同类器形制差别较大。

[1] 成都文物考古研究所、凉山州博物馆、德昌县文管所：《2009年四川德昌县董家坡遗址发掘简报》，《南方民族考古（第七辑）》，科学出版社，2011年；成都文物考古研究所、凉山彝族自治州博物馆、德昌县文物管理所：《2010年德昌县董家坡遗址发掘简报》，《安宁河流域古文化调查与研究》，科学出版社，2012年。

[2] 云南省博物馆：《元谋大墩子新石器时代遗址》，《考古学报》1977年第1期。

[3] 云南省博物馆：《云南宾川白羊村遗址》，《考古学报》1981年第3期。

[4] 云南省文物考古研究所、中国社会科学院考古研究所云南工作队、成都市文物考古研究所等：《云南永仁菜园子、磨盘地遗址2001年发掘报告》，《考古学报》2003年第2期。

[5] 云南省文物考古研究所、大理州文物管理所、永平县文物管理所：《云南永平新光遗址发掘报告》，《考古学报》2002年第2期。

[6] 成都文物考古研究院、凉山彝族自治州博物馆、会理县文物管理所等：《2012年会理县饶家地遗址发掘报告》，《成都考古发现（2015）》，科学出版社，2017年。

总体而言皈家堡遗址出土遗存具有地域特色，同时与滇西地区共性更多，可能属于同一文化系统。

H1、H2、TG1第4层植物考古工作显示皈家堡遗址作物结构主要为粟、黍两种旱作作物[1]。遗址出土的网坠暗示该遗址可能还存在一定的渔猎经济。

皈家堡遗址面积大，堆积厚，遗存内涵丰富，时代特征突出，是目前川西南地区堆积最好的新石器时代遗址。它的发掘与研究对于促进盐源盆地乃至金沙江中游北岸先秦时期区域系统调查与聚落结构研究具有重要意义。由于本次发掘揭露的面积有限，而且发掘位置位于遗址边缘部位，这严重阻碍了我们对该遗址文化面貌等的深入认识，迫切需要在该遗址做进一步的考古发掘工作。

附记：本次调查与试掘人员有凉山彝族自治州博物馆补琦、黄云松、孙策、刘灵鹤、胡婷婷，盐源县文物管理所李田、陈友仁，成都文物考古研究所刘祥宇、潘绍池、李彦川、周志清，西南民族大学谭培阳，冕宁县文物管理所卢自刚，德昌县文物管理所王勇等。

绘图：钟雅莉、逯德军

拓片：严彬

执笔：左志强、孙策、刘祥宇、补琦、
刘灵鹤、胡婷婷、卢自刚、王勇

[原载《成都考古发现（2015）》，科学出版社，2017年。收入本书时有所修改]

[1] 成都文物考古研究所、凉山彝族自治州博物馆、盐源县文物管理所：《2015年盐源县皈家堡遗址、道座庙遗址出土植物遗存分析报告》，《成都考古发现（2014）》，科学出版社，2016年。

附录二

皈家堡遗址出土动物遗存的鉴定与初步分析

李志鹏[1]、戴玲玲[2]、杨梦菲[1]、刘灵鹤[3]、胡婷婷[3]、陈睿[4]
（1. 中国社会科学院考古研究所　2. 辽宁师范大学　3. 凉山彝族自治州博物院　4. 成都文物考古研究院）

皈家堡遗址位于四川省凉山彝族自治州西南部盐源县润盐镇杨柳桥村二组，地理坐标为北纬27°26′57.9″、东经101°36′1.7″，海拔2399米。该遗址地处盐源盆地东部、杨柳河西岸的二级台地之上。

盐源县地处青藏高原东南缘，大部分地区属于川西南山地褶皱高山地带，系横断山脉的南延部分，以四面环山、盆地居中为地貌总特征，地貌形态可分为平原、台地、丘陵和高山四个部分。盐源盆地为县境中部的断陷盆地，属盐源—丽江台缘褶断带，是经印支、燕山，特别是喜马拉雅山造山运动的强烈影响，形成的山间盆地。盆地四周均为重峦叠嶂、沟壑纵横的高山地区，这些高山一般海拔在2800~4000米，一些山峰如柏林山、小高山、红岩子、跑马梁子的海拔都在3600~4200米[1]。盆地近东西向展布，属封闭型自流盆地，盆地内东高西低，西部为汇水区。盆地内河流属雅砻江—金沙江水系，水系受构造控制而成环状、放射状或树枝状，河流虽多，但都源短水少，旱季断流，雨季易发洪水。盐源盆地海拔一般为2300~2700米，盆地内起伏小，较平坦，地貌多为平顶状台地和圆缓状浅丘，阶地发育，岗地、台地广布，地势较平缓，由北向南、由东向西，逐渐降低，在0°~25°坡度范围面积占盐源盆地总面积的90.57%[2]。盆地中南部为“盐源坝子”，坝子内有发育完整的四级河流阶地和大型冲洪积扇，区内多见河流侵蚀而形成的垄岗台地，海拔多在2250~2550米。根据区域地质资料，一、二阶地形成于全新世，其余阶地和洪积扇多为更新世堆积物。遗址所在台地以下的东、南、北侧均为杨柳河一级阶地和河漫滩；一、二级阶地高差约3~5米；台地西侧为一废弃河道，目前仅有少许水流由南向北汇入杨柳河，该河道把皈家堡所在台地和其西侧的廖家院子所在台地分割开来。

---

［1］《盐源县志》编纂委员会：《盐源县志》，四川民族出版社，2000年，第131~149页。

［2］范敏、黄洁、刘智等：《基于遥感数据的西南地区第四纪残坡积层分布与利用——以四川省盐源盆地为例》，《国土资源遥感》2010年第S1期。

从遗址区附近杨柳河的流向观察，皈家堡遗址地处杨柳河的南岸。该遗址附近杨柳河南岸（堆积岸）一侧的一、二级阶地宽度达 900 米，而杨柳河北岸（侵蚀岸）一侧的一、二级阶地宽度仅 200 米，由此推测遗址附近杨柳河段河道在历史上应由南向北迁徙摆动，据此可判断遗址区以前距离河流更近，且附近古河道数量可能更多，这就为古人取水提供了更为便利的条件，同时遗址位于二级阶级之上可以避免洪水的侵袭，而该区域二级阶地之上遗址分布较为密集。另外，遗址所在台地西北约 200 米即为两河交汇之处，两河汇合的地理位置也为古人用水提供了良好的条件，这也是该区域古人选址的特点之一，在野外调查中发现不少遗址的选址也具有类似特征。

2014 年原成都文物考古研究所在制定"成都文物考古研究所十三五发展规划"时，就"成都—凉山区域考古合作"项目"十三五"期间的考古工作规划展开讨论，鉴于盐源盆地特殊的地缘优势和丰富的古代文化遗存，特别提出强化盐源盆地古遗址，特别是新石器遗址的调查与发掘，以图构建川西南地区史前考古学文化谱系与年代框架，厘清该区域的考古学文化渊源与发展范式，以期探索中国西北与西南地区古代文化交流途径与族群互动范式，凸显横断山区在中国古代南北文化交流与互动中扮演的重要角色。经过前期规划与设计，2015 年制定了《盐源盆地古遗址考古调查与发掘工作规划（2016~2020 年）》的课题，由成都文物考古研究所、凉山彝族自治州博物馆和盐源县文物管理所组成的联合考古队开始围绕这一课题展开考古调查，调查线路主要沿盐源盆地境内盐井河、白洁河、干梅子河、龙洞河、大河等几条主要河流进行，发现了一系列新遗址，并对新发现的皈家堡遗址进行了 2016~2018 年三个年度的连续发掘。皈家堡遗址发掘中共收集动物骨骼 2041 件，出土单位包括灰坑、灰沟、房址、地层等。这些动物骨骼中 45 件缺少分期信息，其余 1996 件分别属于新石器时代晚期（1821 件）、南诏时期（12 件）、大理国时期（72 件）和元末明初（91 件）。联合考古队在具体田野工作中，注意堆积中"地面"的控制以及对最小堆积单位（context）的发掘与遗物收集，同时结合土质干燥、光照强、小型易碎遗物拣选容易被忽略的特点，在收集遗物时进行了湿筛法的尝试，即按照堆积顺序选取探方 4 米 ×1 米范围堆积填土，置入 0.5 厘米 ×0.5 厘米的网筛中用水筛选，发现许多日常发掘拣选中不易发现的遗存，极大地丰富了动物考古资料内容。

李志鹏主持了该遗址动物遗存的鉴定、分析与动物考古研究。动物骨骼部位和种属的鉴定参照古代和现生的动物骨骼标本以及相关的动物骨骼图谱，例如《动物骨骼图谱》[1]、《哺乳动物大型管状骨检索表》[2]、《哺乳动物骨骼和牙齿鉴定方法指南》[3]等；完整的骨骼和牙齿的测量参照《考古遗址出土动物骨骼测量指南》[4]，动物的牙齿萌出和磨耗状态参照 Grant[5]等学者提出的标准。通过我们对皈家堡遗址的鉴定和初步分析，对于该遗址新石器时代到元末明初先民对动物的开发利用状况、生业经济等有了一定的认识。

---

[1] 伊丽莎白·施密德著，李天元译：《动物骨骼图谱》，中国地质大学出版社，1991 年。

[2] B·格罗莫娃著，刘后贻等译：《哺乳动物大型管状骨检索表》，科学出版社，1960 年。

[3] 西蒙·赫森著，侯彦峰、马萧林译：《哺乳动物骨骼和牙齿鉴定方法指南》，科学出版社，2012 年。

[4] 安格拉·冯登德里施著，马萧林、侯彦峰译：《考古遗址出土动物骨骼测量指南》，科学出版社，2007 年。

[5] Annie Grant, 1982. The use of toothwear as aguide to the age of domestic ungulates. In: B. Wilson, C. Grigson, S. Payne (Eds.), *Ageing and sexing animal bones from archaeological sites*. British Archaeological Reports, British Series, Oxford, pp. 91-108.

一、遗址动物群

鉴定结果显示，皈家堡遗址的动物群或先民利用的动物种属包括猪（图一，1）、狗（图一，2）、印度野牛（图一，3）、水牛（图一，4）、黄牛（图一，5）、羊（图一，6）、豪猪（图二，1）、大型鹿科动物（图二，2）、中型鹿科动物（图二，3）、小型鹿科动物（图二，4）、鸡（图二，5）等，另有少量啮齿目（图二，6）、食肉目、鸟等骨骼有的难以鉴定至属或种，留待未来进一步的鉴定、分析确定。以下为鉴定的动物种属目录：

哺乳纲 Mammalia

偶蹄目 Artiodactyla

猪科 Suidae

猪属 *Sus*

家猪 *Sus scrofa domestica*

食肉目 Carnivora

犬科 Canidae

犬属 *Canis*

狗 *Canis lupus familiaris*

牛科 Bovidae

牛属 *Bos*

印度野牛 *Bos gaurus*

黄牛 *Bos taurus*

水牛属 *Bubalus*

水牛 *Bubalus bubalis*

羊亚科 Caprinae

鹿科 Cervidae

啮齿目 Rodenti

豪猪科 Hystricidae

豪猪属 *Hystrix*

豪猪 *Hystrix* sp.

鸡形目 Galliformes

雉科 Phasianidae

雉属 *Phasianus*

原鸡属 *Gallus*

家鸡 *Gallus gallus domesticus*

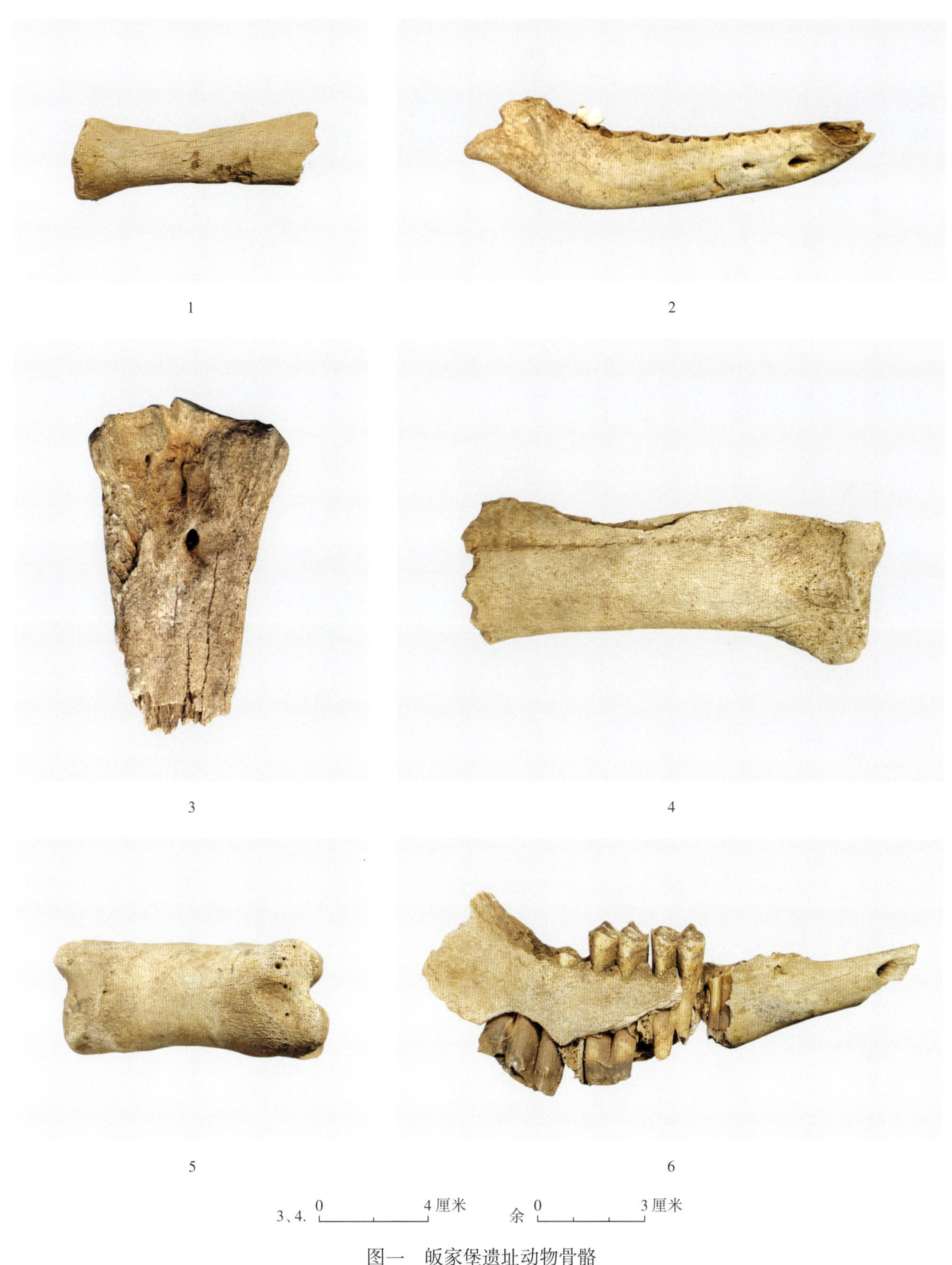

图一　皈家堡遗址动物骨骼

1. 猪桡骨（2017SYGH94：11）　2. 狗（2017SYGH26）　3. 印度野牛跖骨（2018TN27E37⑤）　4. 水牛掌骨（2017TN12E24H62）　5. 黄牛第 1 指骨或趾骨（2017SYGH59）　6. 羊下颌骨（2017SYGH94：12）

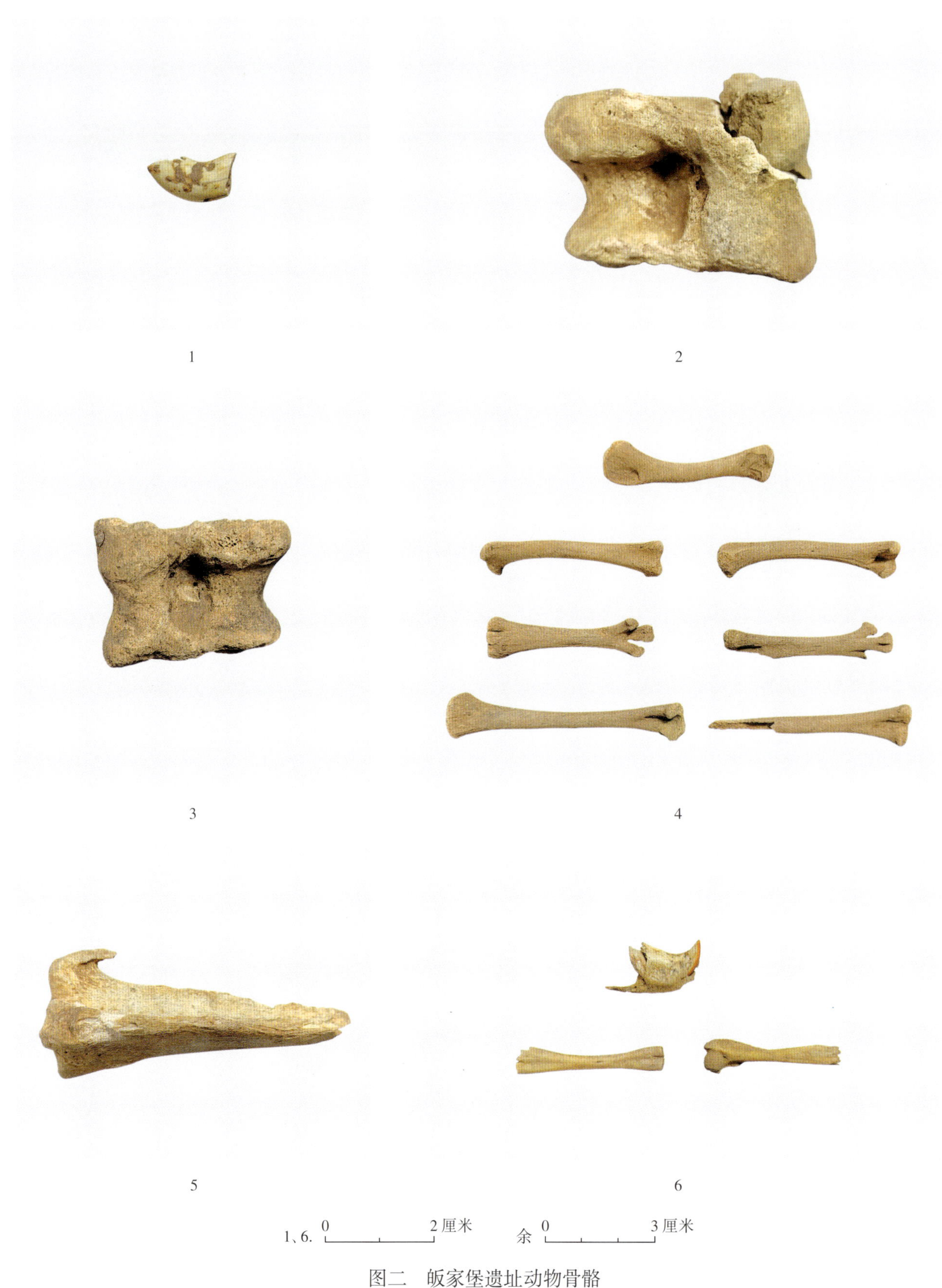

图二　岈家堡遗址动物骨骼

1. 豪猪牙齿（2018TN27E35②）　2. 大型鹿科动物距骨（2017SYGH39）　3. 中型鹿科动物距骨（2017TN33E34②）　4. 小型鹿科动物胫骨（2017SYGH26）　5. 鸡（2018TN12E24H61）　6. 啮齿动物（2018TN12E24H61）

二、新石器时代晚期先民对动物的开发与利用

新石器时代晚期的动物遗存包括魬家堡第一期与第二期的动物遗存。魬家堡第一期遗存的年代在距今5000~4500年，第二期遗存的年代推定为距今4500~3700年。已鉴定的新石器时代晚期动物骨骼标本有1821件，可鉴定至种属或部位的骨骼数量为252件，种属包括猪、牛、羊、鹿、狗、豪猪，其中鹿科动物按照尺寸分为大、中、小三种。另有少量食肉动物和鸟类骨骼无法鉴定至属或种。

从动物骨骼的可鉴定标本数（NISP）和最小个体数（MNI）统计结果（表一，图三）可以看出，在可鉴定标本数方面，牛的骨骼最多，所占比例最高，其次是鹿科动物，再次为猪，羊亚科等其他动物的数量和所占比例均较少；在最小个体数方面，鹿科动物的个体数和所占比例最高，其次为牛和猪，羊亚科等其他动物较少。

表一　魬家堡遗址新石器时代晚期动物骨骼量化统计

种属	NISP	MNI	NISP%	MNI%
猪	41	2	16.27	15.38
牛	98	2	38.89	15.38
羊亚科	5	1	1.98	7.69
大型鹿科动物	6	1	2.38	7.69
中型鹿科动物	25	1	9.92	7.69
小型鹿科动物	19	2	7.54	15.38
鹿科动物	49		19.44	
狗	1	1	0.40	7.69
豪猪	1	1	0.40	7.69
食肉动物	3	1	1.19	7.69
鸟	4	1	1.59	7.69
合计	252	13	100	100

魬家堡遗址新石器时代晚期收集的猪骨破损较为严重，以游离齿为主，肢骨较少，我们仅能从死亡年龄、牙齿尺寸两个方面尝试探讨猪群的属性。死亡年龄方面：仅一件右侧桡骨近端根据其骨骺未愈合的状态，推断死于1岁以前；1件右侧上颌骨，根据dp4和M1的磨耗情况推断其死亡年龄在0.5~1岁；2件游离M2和M3的磨耗程度均较轻，推断其死于1岁以前。在牙齿尺寸方面，3件下颌M3的长度值分别为33.56、33.41、33.5mm，均小于国内学者提出的野猪下颌M3的尺寸范围（39mm）[1]。根据以上两方面，我们认为魬家堡遗址的猪群应该是以家猪为主，均为未成年个体，

［1］罗运兵：《中国古代猪类驯化、饲养与仪式性使用》，科学出版社，2012年。

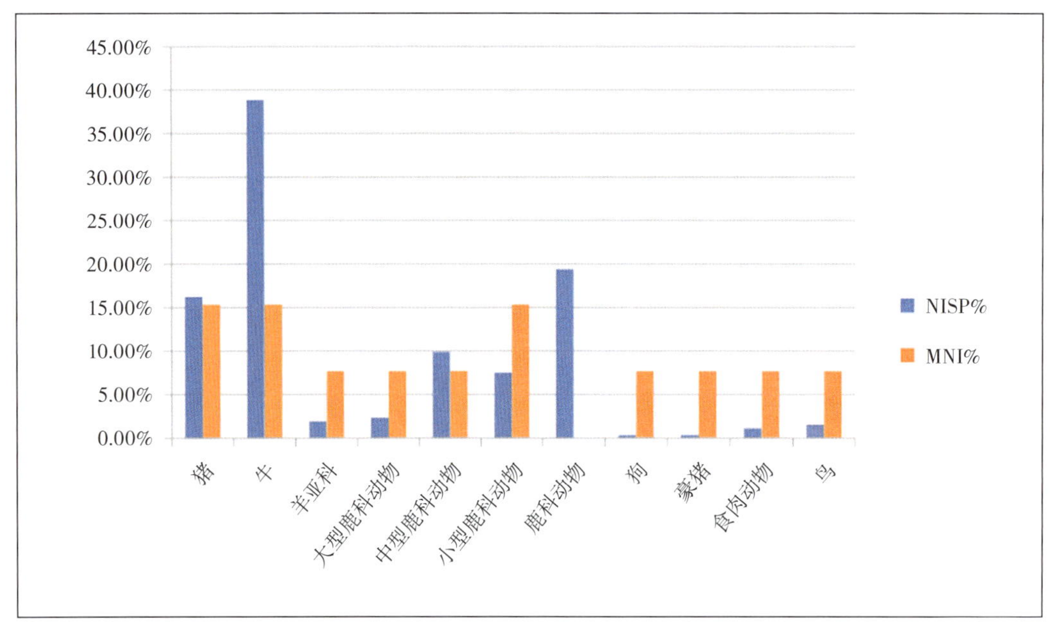

图三 㱇家堡遗址新石器时期哺乳类动物骨骼量化统计柱状图

家养环境以肉食开发为主要的家猪屠宰模式。

狗仅发现一件下颌骨，保存有下颌第 3 前臼齿和第 2 臼齿，从形态和牙齿尺寸来看应为家犬。

㱇家堡遗址新石器时代晚期出土的牛骨数量较多，在所有动物骨骼中所占的比例最高。该遗址的牛骨与黄牛的骨骼形态特征和尺寸差别较大，保存较好的骨骼与印度野牛的骨骼形态特征较为接近，但一些较为破损的牛骨形态特征目前还不好把握，我们未来将做进一步的多学科考古分析来确定。盐源县的邻近地区如云南丽江、楚雄现代均有印度野牛分布[1]，在新石器时代晚期盐源地区有印度野牛是非常有可能的。综合考虑上述情况，目前把该遗址新石器时代的牛暂定为印度野牛。

㱇家堡遗址新石器时代晚期出土的羊骨数量较少，仅发现几件。盐源当地有野生羊亚科动物[2]，而目前野生羊亚科动物与家养的绵羊、山羊区分较为困难，该遗址新石器时代晚期的羊到底是家羊还是野生亚科动物，我们未来将做进一步的多学科考古分析来确定，目前暂定为羊，种属上只鉴定到羊亚科。

总体来看，新石器时代晚期，㱇家堡遗址的家养动物最少有狗和猪两种，羊的家养和野生还有待分析，牛很可能为野牛，其他均可确定为野生动物。遗址利用的动物以野生动物为主。从发现的动物种类可知，这一时期，㱇家堡遗址所在地区野生动物种类丰富，为人们提供了较为充足的肉食等自然资源。

三、南诏国时期先民对动物的开发与利用

这一时期仅收集了 12 件哺乳动物骨骼碎块，且较难确定种属，故不作讨论。

[1] 丁晨晨、胡一鸣、李春旺等：《印度野牛在中国的分布及其栖息地适宜性分析》，《生物多样性》2018 年第 9 期，第 951~961 页。

[2]《盐源县志》编纂委员会：《盐源县志》，四川民族出版社，2000 年，第 211 页。

四、大理国时期先民对动物的开发与利用

这一时期收集动物骨骼共72件，仅5件可鉴定至种属，包括猪和鹿两种，其中鹿科动物按照尺寸可以分为大型和小型两类。从量化统计上看（表二，图四），可鉴定标本数是以猪为主，占比为60%，而最小个体数则是鹿科动物所占比例高于猪。由此可见，这一时期，虽然存在家猪饲养，但是野生动物的狩猎在人们的肉食来源中仍占据非常重要地位。由于该时期遗址的动物骨骼数量有限，样本量太少，这样的量化统计并不具有代表性。

表二　皈家堡遗址大理国时期动物骨骼量化统计

种属	NISP	MNI	NISP%	MNI%
猪	3	1	60.00	33.33
大型鹿科动物	1	1	20.00	33.33
小型鹿科动物	1	1	20.00	33.33
合计	5	3	100	100

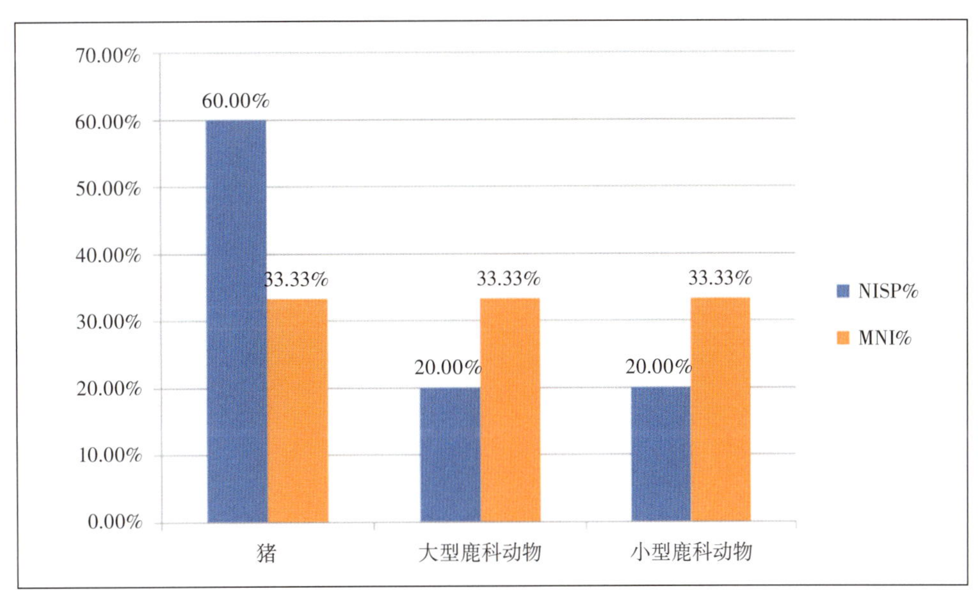

图四　皈家堡遗址大理国时期哺乳类动物骨骼量化统计柱状图

五、元末明初先民对动物的开发与利用

这一时期收集动物骨骼共91件，其中22件可以鉴定至种属，包括猪、黄牛、水牛、羊、鸡、鹿、啮齿目。根据量化统计的结果（表三，图五）可以看出，在可鉴定标本数中，以鸡的数量最多，所占比例最高，其次为水牛、黄牛，再次为猪，羊、野生的鹿科和啮齿类动物的数量较少；最小个体数方面，各种动物的最小个体数均为1。

这一时期收集的鸟类骨骼共7件，均出于H61中，骨骼部位为左和右侧跗跖骨、左和右侧股骨、左

表三 皈家堡遗址元末明初动物骨骼量化统计

种属	NISP	MNI	NISP%	MNI%
猪	4	1	18.18	14.29
牛 （黄牛、水牛）	6	2	27.27	28.57
羊	1	1	4.55	14.29
鸡	7	1	31.82	14.29
小型鹿科动物	1	1	4.55	14.29
啮齿动物	3	1	13.64	14.29
合计	22	7	100	100

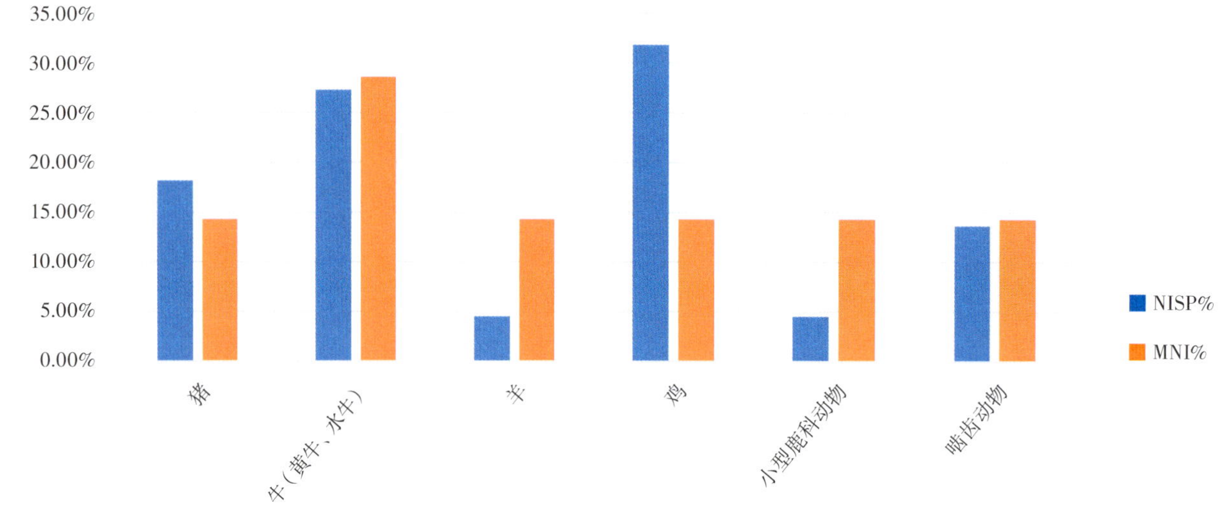

图五 皈家堡遗址元末明初哺乳类动物骨骼量化统计柱状图

和右侧胫骨、肱骨和不明肢骨，其骨骼形态与家鸡非常相似。由此，可以初步认为当时已经饲养鸡等家禽。

从动物的骨骼形体特征和尺寸来看，水牛、黄牛、猪、羊均与家养动物接近，我们初步确定这些动物为家养动物。

综上可知，元末明初，皈家堡遗址的古人以饲养牛（水牛、黄牛）、猪、羊等家畜和鸡等家禽作为获取肉食资源的主要途径，野生动物在人们的肉食结构所占的比例非常低。

附记：湖北省文物考古研究院罗运兵研究员、郑州大学李凡博士（讲师）、暨南大学杨杰老师、宁夏文物考古研究所侯富任馆员参加了皈家堡遗址动物遗存及相关信息的前期调研工作，原中国国家博物馆研究员安家瑗参与了皈家堡遗址动物遗存的鉴定，特此致谢！

本课题得到了中国社会科学院创新课题“中原与边疆：动物考古学比较研究”“古代动物的驯养与开发利用——动物考古的多学科研究”的资助。

附录三

皈家堡遗址2017年度出土植物种子遗存鉴定结果报告

成都文物考古研究院植物考古实验室

一、遗址背景

皈家堡遗址位于四川省凉山彝族自治州盐源县润盐镇杨柳桥村二组，地处盐源盆地东南边缘杨柳河西岸的二级台地上，地理坐标为北纬27°26′57.9″，东经101°36′1.7″，海拔2399米。

2015年3月，由成都文物考古研究所、凉山彝族自治州博物馆及盐源县文物管理所组成的联合考古队在盐源县开展考古调查时发现该遗址，同年10月，联合考古队通过系统钻探和试掘，确认遗址平面呈不规则形，现存面积3万平方米。2016~2019年，联合考古队对皈家堡遗址进行了三次正式考古发掘，发现新石器时代、商周时期和唐宋时期的文化堆积。

2017年10~12月的第二次发掘是皈家堡遗址历次发掘中发掘规模最大的一次。该年度布设5米×5米探方40个，2米×5米探沟1条，实际发掘面积1035平方米，清理地层7层，发现房址、灰坑、灰沟、器物坑、窖藏和墓葬等遗迹100余个。

二、采样和浮选

为了解皈家堡聚落的生计方式，发掘人员在2017年度的发掘过程中，采用针对性采样法在发掘区采集了浮选样品207份，并在当地使用小水桶法对土样进行了浮选。浮选样品用80目筛网收集，在当地阴干后，被送往成都文物考古研究院植物考古实验室进行处理。

三、鉴定结果

在实验室，我们首先在江南SZ6060显微镜下拣选出浮选样品中>0.5mm的炭化植物种子，并观察种子的形态、表面纹饰和尺寸等特征；然后，与《杂草种子图鉴》[1]、《植物考古——种子和果实研究》[2]等书籍中的描述和照片进行对比，识别和鉴定种子样品的种属；最后，使用KEYENCE VHX-7000超景深显微镜拍摄典型种子样品的照片。

目前实验室已完成了来自73个单位的79份浮选样品中种子遗存的初步鉴定工作（表一）。这73个单位涵盖了地层、灰坑、灰沟和房址等多种遗迹类型，年代均属于新石器时代。

表一 2017年度已鉴定样品单位统计表

分期		地层	灰坑	灰沟	房址	红烧土堆积	柱洞	合计
第一期		7	2					9
第二期	早段	13	14	1	1	1		30
	晚段	24	9				1	34

根据地层和遗迹的叠压打破关系以及出土遗物情况，结合植物遗存的碳-14年代测定结果，发掘者将皈家堡遗址新石器时代文化堆积划分为两期，第二期堆积可分为早、晚两段。第一期绝对年代为距今5000~4500年，第二期绝对年代为距今4500~3700年。

参考遗址新石器时代文化堆积分期结果，本报告按照第一期、第二期早段和第二期晚段三个时间段，公布上述73个单位出土植物种子遗存的初步鉴定结果，以期为研究者从历时性角度探讨皈家堡遗址新石器时代的生计方式提供基础数据。

（一）第一期

第一期的9个单位共采集土样107升，浮选出土>0.5mm种子325粒。经初步鉴定，325粒种子中，因破损严重无法鉴定种属的碎种有5粒，其余320粒种子属于9个种类，分别是粟（*Setaria italica*）、黍（*Panicum miliaceum*）、狗尾草属（*Setaria*）、马唐属（*Digitaria*）、黍亚科（Panicoideae）、藜属（*Chenopodium*）、蓼属（*Polygonum*）、紫苏（*Perilla frutescens*）和香薷属（*Elsholtzia*）。除种子遗存外，浮选出土植物中还发现了粟的胚部，共计5粒（图一，表二）。

（二）第二期

1. 早段

第二期早段的30个单位共采集土样300余升，浮选出土>0.5mm种子7662粒。经初步鉴定，7662粒种子中，因破损严重无法鉴定的碎种有199粒，形态完整但未能通过对比图谱鉴定出结果的未知种子有5粒，其余7458粒种子分属于18个种类，分别是稻（*Oryza sativa*）、粟（*Setaria italica*）、黍（*Panicum miliaceum*）、狗尾草属（*Setaria*）、马唐属（*Digitaria*）、黍亚科（Panicoideae）、

[1] 关广清、张玉茹、孙国友等：《杂草种子图鉴》，科学出版社，2000年。
[2] 刘长江、靳桂云、孔昭宸：《植物考古——种子和果实研究》，科学出版社，2008年。

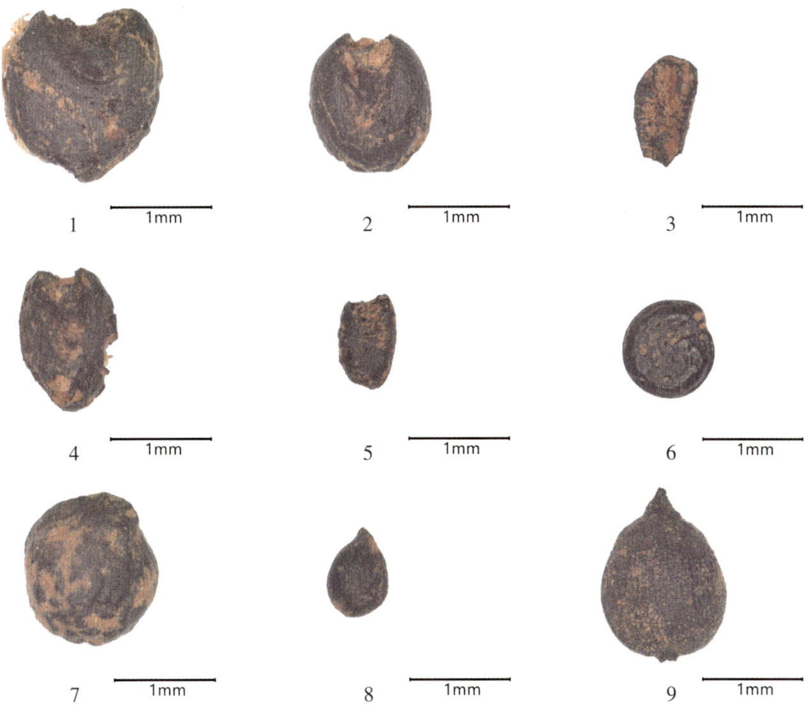

图一　第一期单位出土炭化种子照片

1. 黍（TN33E34⑥）　2. 粟（TN33E34⑥）　3. 粟胚（TN33E34⑥）　4. 狗尾草属（TN33E34⑥）　5. 马唐属（TN33E34⑥）　6. 藜属（TN33E34⑥）　7. 紫苏（H140）　8. 香薷属（H140）　9. 蓼属（TN33E34⑥）

表二　第一期单位出土炭化种子鉴定结果表

科	属 / 种	TN31E34⑥	TN32E35⑥	TN32E36⑥	TN33E34⑥	TN33E36⑥	TN25E38⑦	TN34E38⑦	H140	H145
禾本科（Gramineae）	粟（*Setaria italica*）	1		1	19	6	4	11		5
	粟胚				5					
	黍（*Panicum miliaceum*）	6	5	8	23	14	12	7	4	8
	狗尾草属（*Setaria*）	2			3	1			1	
	马唐属（*Digitaria*）				7	1				
	黍亚科（Panicoideae）	4	1	3	17	2	2	7	3	2
藜科（Chenopodiaceae）	藜属（*Chenopodium*）			1	23	51	1		6	33
蓼科（Polygonaceae）	蓼属（*Polygonum*）		2		4	5				
唇形科（Labiatae）	紫苏（*Perilla frutescens*）				1				1	
	香薷属（*Elsholtzia*）					1			1	

画眉草属（*Eragrostis*）、藜属（*Chenopodium*）、酸模属（*Rumex*）、蓼属（*Polygonum*）、豇豆属（*Vigna*）、豆科（Leguminosae）、紫苏（*Perilla frutescens*）、香薷属（*Elsholtzia*）、藨草属（*Scirpus*）、马鞭草（*Verbena officinalis*）、菊科（Compositae）和锦葵科（Malvaceae）。这一时期浮选出土粟和黍种子的胚部分别有9粒和5粒（图二，表三）。

2. 晚段

第二期晚段的34个单位共采集土样300余升，浮选出土>0.5mm种子7858粒。经初步鉴定，7858粒种子中，因破损严重无法鉴定种属的碎种有242粒，形态完整但未能通过对比图谱鉴定出结果的未知种子有3粒，其余7613粒种子属于18个种类，分别是稻（*Oryza sativa*）、粟（*Setaria italica*）、黍（*Panicum miliaceum*）、稗属（*Echinochloa*）、狗尾草属（*Setaria*）、马唐属（*Digitaria*）、黍亚科（Panicoideae）、画眉草属（*Eragrostis*）、藜属（*Chenopodium*）、酸模属（*Rumex*）、蓼属（*Polygonum*）、紫苏（*Perilla frutescens*）、香薷属（*Elsholtzia*）、藨草属（*Scirpus*）、飘拂草属（*Fimbristylis*）、马鞭草（*Verbena officinalis*）、锦葵科（Malvaceae）和茄科（Solanaceae）。这一时期浮选出土稻、粟和黍种子的胚部分别有1粒、10粒和9粒（图三，表四）。

关于上述鉴定结果，需要作出说明的是：在鉴定过程中，我们发现有一定数量的粟和黍的种子呈现出不成熟形态特点，也有一些疑似黍属、疑似狗尾草属和疑似稗属的种子未能定性，这些种子都有待于再做进一步的分类和鉴定。另外，还发现了一些种子碎块应该属于粟、黍、狗尾草属、稗属以及疑似黍属、疑似狗尾草属和疑似稗属，但是由于碎块失去了大部分特征部位，无法鉴定至种或属。我们暂时将这两类种子全部归入了黍亚科。

图二　第二期早段单位出土炭化种子照片

1. 黍（G5）　2. 黍胚（TN32E37⑤）　3. 粟（H96）　4. 粟胚（H96）　5. 稻（TN33E37④）　6. 狗尾草属（G5）　7. 马唐属（TN31E34⑤）　8. 画眉草属（G5）　9. 藜属（G5）　10. 酸模属（TN33E34④）　11. 蓼属（H104）　12. 豇豆属（H111）　13. 紫苏（TN30E34④）　14. 香薷属（TN30E34④）　15. 藨草属（H104）　16. 马鞭草（TN30E34④）　17. 菊科（TN33E34④）　18. 锦葵科（H144）

图三　第二期晚段单位出土炭化种子照片

1. 黍（TN30E34②）　2. 黍胚（H105）　3. 粟（TN30E34②）　4. 粟胚（TN34E36③）　5. 稻（H87）　6. 稻胚（H87）　7. 稗属（TN34E36③）　8. 狗尾草属（TN30E34③）　9. 马唐属（TN34E36③）　10. 画眉草属（TN34E36③）　11. 藜属（TN30E34②）　12. 酸模属（TN33E35②）　13、14. 蓼属（TN30E34②、TN34E36③）　15. 紫苏（TN32E38②）　16. 香薷属（TN32E38②）　17. 藨草属（H92）　18. 飘拂草属（TN30E34②）　19. 马鞭草（H93）　20. 锦葵科（TN30E34③）　21. 茄科（TN32E38②）

表三　第二期早段单位出土炭化种子鉴定结果表（一）

科	属 / 种	TN30E34④	TN33E34④	TN33E35④	TN33E36④	TN33E37④	TN33E38④	TN34E34④	TN34E35④	TN30E34⑤
禾本科（Gramineae）	稻（*Oryza sativa*）				1	1				
	粟（*Setaria italica*）	81	92	107	17	36	12	21	2	25
	粟胚		1	1						1
	黍（*Panicum miliaceum*）	128	121	115	44	33	16	50	5	55
	黍胚									
	狗尾草属（*Setaria*）	9	5	2	5	2		2		2
	马唐属（*Digitaria*）	1	3							
	黍亚科（Panicoideae）	85	125	85	9	12	9	14		13
	画眉草属（*Eragrostis*）									1
藜科（Chenopodiaceae）	藜属（*Chenopodium*）	8	1	1	9		2	1	1	1
蓼科（Polygonaceae）	酸模属（*Rumex*）		1							
	蓼属（*Polygonum*）									1
豆科（Leguminosae）	豇豆属（*Vigna*）									
	豆科其他（Leguminosae）									
唇形科（Labiatae）	紫苏（*Perilla frutescens*）	1								
	香薷属（*Elsholtzia*）	5	3			1	2	1	3	18
莎草科（Cyperaceae）	藨草属（*Scirpus*）			4						
马鞭草科（Verbenaceae）	马鞭草（*Verbena officinalis*）	1								
菊科（Compositae）			1							
锦葵科（Malvaceae）		1								

表三　第二期早段单位出土炭化种子鉴定结果表（二）

科	属 / 种	TN31E34 ⑤	TN32E35 ⑤	TN32E36 ⑤	TN32E37 ⑤	G5	F9 ⑥	TN24E39 ④下西北角烧土	H96	H97
禾本科（Gramineae）	稻（*Oryza sativa*）							1		
	粟（*Setaria italica*）	145	78	148	174	574	55	26	39	8
	粟胚			1					1	
	黍（*Panicum miliaceum*）	776	63	390	343	277	66	21	35	22
	黍胚	1	1		1					1
	狗尾草属（*Setaria*）	2			4	11	5	1	2	1
	马唐属（*Digitaria*）	4				1				
	黍亚科（Panicoideae）	48	13	43	69	158	11	23	20	2
	画眉草属（*Eragrostis*）		1			1				
藜科（Chenopodiaceae）	藜属（*Chenopodium*）	6	4	3	5	3	9	7		
蓼科（Polygonaceae）	酸模属（*Rumex*）									
	蓼属（*Polygonum*）						1			
豆科（Leguminosae）	豇豆属（*Vigna*）		1							
	豆科其他（Leguminosae）		1							
唇形科（Labiatae）	紫苏（*Perilla frutescens*）					1				
	香薷属（*Elsholtzia*）	1		8	1				1	
莎草科（Cyperaceae）	藨草属（*Scirpus*）									
马鞭草科（Verbenaceae）	马鞭草（*Verbena officinalis*）									
菊科（Compositae）										
锦葵科（Malvaceae）										

表三　第二期早段单位出土炭化种子鉴定结果表（三）

科	属 / 种	H101	H104	H108	H109	H110	H111	H119	H122	H132	H137	H141	H144
禾本科（Gramineae）	稻（*Oryza sativa*）				1		1		2			1	
	粟（*Setaria italica*）	148	16	239	95	39	72	25	56	60	14	24	21
	粟胚						1			2	1		
	黍（*Panicum miliaceum*）	66	29	148	118	19	92	95	138	106	23	60	146
	黍胚							1					
	狗尾草属（*Setaria*）	4		21		1	7		2	4		8	
	马唐属（*Digitaria*）	2		2	1		1			1			
	黍亚科（Panicoideae）	25	10	109	43	29	29	25	20	33	13	18	8
	画眉草属（*Eragrostis*）		1	1					1				1
藜科（Chenopodiaceae）	藜属（*Chenopodium*）	1		9	14		7			6	2		
蓼科（Polygonaceae）	酸模属（*Rumex*）		1										
	蓼属（*Polygonum*）		1		1				2	1			
豆科（Leguminosae）	豇豆属（*Vigna*）				2		1						
	豆科其他（Leguminosae）												
唇形科（Labiatae）	紫苏（*Perilla frutescens*）	1											
	香薷属（*Elsholtzia*）					1	3		1	1			
莎草科（Cyperaceae）	藨草属（*Scirpus*）		1										
马鞭草科（Verbenaceae）	马鞭草（*Verbena officinalis*）												
菊科（Compositae）													
锦葵科（Malvaceae）							1						1

表四　第二期晚段单位出土炭化种子鉴定结果表（一）

科	属 / 种	TN24E39 ②	TN30E34 ②	TN32E36 ②	TN32E38 ②	TN33E35 ②	TN33E37 ②	TN34E34 ②	TN34E35 ②	TN34E37 ②
禾本科（Gramineae）	稻（*Oryza sativa*）		2							
	稻胚									
	粟（*Setaria italica*）	17	103	18	5	31	17	1	3	62
	粟胚			1						
	黍（*Panicum miliaceum*）	18	278	26	10	48	68	3	5	42
	黍胚								1	
	稗属（*Echinochloa*）									
	狗尾草属（*Setaria*）	1		2			2			1
	马唐属（*Digitaria*）			1						
	黍亚科（Panicoideae）	9	91	12	4	14	13	2	4	25
	画眉草属（*Eragrostis*）									
藜科（Chenopodiaceae）	藜属（*Chenopodium*）	6	18	1	1	3	4			
蓼科（Polygonaceae）	酸模属（*Rumex*）					1				
	蓼属（*Polygonum*）	1	1			2	1			
唇形科（Labiatae）	紫苏（*Perilla frutescens*）				1					
	香薷属（*Elsholtzia*）	1		2	5					
莎草科（Cyperaceae）	藨草属（*Scirpus*）									
	飘拂草属（*Fimbristylis*）		1							
马鞭草科（Verbenaceae）	马鞭草（*Verbena officinalis*）									
锦葵科（Malvaceae）			1							
茄科（Solanaceae）					1					

表四　第二期晚段单位出土炭化种子鉴定结果表（二）

科	属 / 种	TN23E39③	TN25E38③	TN25E39③	TN29E34③	TN30E34③	TN30E35③	TN32E38③	TN33E34③	TN33E35③
禾本科（Gramineae）	稻（*Oryza sativa*）					1		1		
	稻胚									
	粟（*Setaria italica*）	62	35	67	5	31	19	13	32	31
	粟胚			1						
	黍（*Panicum miliaceum*）	106	47	361	5	42	59	11	38	48
	黍胚			2						
	稗属（*Echinochloa*）		1							
	狗尾草属（*Setaria*）	4	7	5	1	6	4	3	6	25
	马唐属（*Digitaria*）	12	1	3	1			3		
	黍亚科（Panicoideae）	70	28	67		23	27	7	14	16
	画眉草属（*Eragrostis*）									
藜科（Chenopodiaceae）	藜属（*Chenopodium*）	3	21	15		16		1	2	59
蓼科（Polygonaceae）	酸模属（*Rumex*）									
	蓼属（*Polygonum*）	3		1		2				
唇形科（Labiatae）	紫苏（*Perilla frutescens*）									
	香薷属（*Elsholtzia*）	1	4	1		2			1	2
莎草科（Cyperaceae）	藨草属（*Scirpus*）									
	飘拂草属（*Fimbristylis*）									
马鞭草科（Verbenaceae）	马鞭草（*Verbena officinalis*）									
锦葵科（Malvaceae）		1		1		1				
茄科（Solanaceae）										

表四　第二期晚段单位出土炭化种子鉴定结果表（三）

科	属 / 种	TN33E36 ③	TN33E37 ③	TN33E38 ③	TN34E36 ③	TN34E37 ③	TN34E38 ③	TN15E24 ③下 D1
禾本科（Gramineae）	稻（*Oryza sativa*）				2			
	稻胚							
	粟（*Setaria italica*）	23	60	13	684	56	67	85
	粟胚				1			
	黍（*Panicum miliaceum*）	45	164	8	562	87	76	89
	黍胚		1					
	稗属（*Echinochloa*）				1			
	狗尾草属（*Setaria*）	2	8		39	2	15	
	马唐属（*Digitaria*）	1	2		3			
	黍亚科（Panicoideae）	25	61	14	844	24	31	21
	画眉草属（*Eragrostis*）				4			
藜科（Chenopodiaceae）	藜属（*Chenopodium*）	13	4		14	1	95	
蓼科（Polygonaceae）	酸模属（*Rumex*）							
	蓼属（*Polygonum*）	1			1	1	4	
唇形科（Labiatae）	紫苏（*Perilla frutescens*）							9
	香薷属（*Elsholtzia*）	2	2	9		3	1	
莎草科（Cyperaceae）	藨草属（*Scirpus*）							
	飘拂草属（*Fimbristylis*）							
马鞭草科（Verbenaceae）	马鞭草（*Verbena officinalis*）							
锦葵科（Malvaceae）								
茄科（Solanaceae）								

表四　第二期晚段单位出土炭化种子鉴定结果表（四）

科	属 / 种	H83	H84	H86	H87	H92	H93	H105	H107	H114
禾本科（Gramineae）	稻（*Oryza sativa*）				1		1			
	稻胚				1					
	粟（*Setaria italica*）	113	40	53	40	73	79	73	7	6
	粟胚	1	2	1			1	2		
	黍（*Panicum miliaceum*）	140	114	54	61	400	78	64	9	35
	黍胚	1		1				3		
	稗属（*Echinochloa*）									
	狗尾草属（*Setaria*）	3	3	3	1		15	2		2
	马唐属（*Digitaria*）			1	1		3	3		1
	黍亚科（Panicoideae）	60	23	10	8	41	108	42	1	22
	画眉草属（*Eragrostis*）				1		2			
藜科（Chenopodiaceae）	藜属（*Chenopodium*）	1		5	1	5	6	3		5
蓼科（Polygonaceae）	酸模属（*Rumex*）									
	蓼属（*Polygonum*）				1			1		
唇形科（Labiatae）	紫苏（*Perilla frutescens*）	1								
	香薷属（*Elsholtzia*）			2	3	7	2	7		7
莎草科（Cyperaceae）	藨草属（*Scirpus*）					5				
	飘拂草属（*Fimbristylis*）									
马鞭草科（Verbenaceae）	马鞭草（*Verbena officinalis*）						1			
锦葵科（Malvaceae）										
茄科（Solanaceae）				1						

附录四

皈家堡遗址微植物遗存分析报告

郇秀佳[1] 李艳江[2, 3] 邓振华[2, 3] 周志清[4] 闫雪[4] 郝晓晓[5] 补琦[6]
（1. 临沂大学资源环境学院 2. 北京大学中国考古学研究中心 3. 北京大学考古文博学院 4. 成都文物考古研究院 5. 武汉大学历史学院 6. 凉山彝族自治州博物院）

盐源皈家堡遗址发现于2015年，随后成都文物考古研究所等单位在此进行了系统的田野调查和小规模试掘，并在2016~2018年进行了三次较为系统的发掘。根据已有的考古调查和发掘成果，遗址总面积约为30000平方米，历次发掘发现了丰富的房址、灰坑、墓葬等遗迹和大量的陶器、石器等文化遗物。

皈家堡遗址的文化遗存包括新石器时代、青铜时代和历史时期三个大的阶段，其中新石器时代又可以进一步分为前、后两段。根据已有的碳－14测年结果，新石器早段的绝对年代为距今5000~4500年，晚段为距今4500~3700年。此外，值得注意的是，H1出土的粟和TN22E39②出土的黍，直接测年结果的上限可达距今5300年，虽然这两个样品均出自晚期单位，但无疑暗示我们人类在当地活动的开始时间很可能比现在的认识略早。遗址青铜时代的绝对年代大约为距今3200~2700年，与新石器时代之间有500年的间断，历史时期则更晚。

就当前的发掘成果和研究认识来看，皈家堡遗址无疑是川西南地区最早的新石器时代遗址之一，且人类活动的延续时间较长，无论对于探讨史前人群在藏彝走廊地区的生业经济和环境适应，还是农业向西南地区的传播等问题，都具有十分重要的地位。有鉴于此，本研究对皈家堡遗址出土石器的残留物和不同类型遗迹单位的土样分别进行了淀粉粒和植硅体分析，以期推进对遗址史前时期石器功能、生业经济乃至区域范围内的生业经济转变和农业传播等问题的认识。

一、样品采集与分析

1. 石器表面残留物采集与实验室处理

皈家堡遗址出土的石器较为丰富，主要包括刀、锛、斧、凿和箭镞等，综合考虑遗址的石器类型和基于形制初步推断的功能与潜在加工对象，淀粉粒残留物分析主要集中在可能用于谷物收割等行为的石刀，同时也对部分斧、锛、凿等石器进行了取样，以做对比分析。具体提取方式为首先使用纯净水冲洗石器表面浮土，并将之收集至试管作为埋藏环境的表面土样，用于排除埋藏过程中产生的污染。之后再用超声波清洗仪对石器刃部和背部等不同部位分别进行取样，以期识别石器使用部位和非使用部位的残留物差异。依据此原则，本研究共计对历次发掘中获得的 92 件石器进行了表面残留物的提取，包括 50 件刀、23 件锛、8 件斧、4 件箭镞以及 7 件凿 / 石坠等石器，共采集样品 253 份。

石器表面残留物的水样全部带回实验室做进一步的处理和淀粉粒提取与鉴定分析。对于肉眼可见杂质明显较多的样品，首先在试管内加 5% 的双氧水去除其他有机质，待反应完成后，振荡均匀，再加纯净水洗至中性。然后加入 10% 的 HCl 去除碳酸盐等，同样待反应完全后加纯净水洗至中性。之后将试管放进烘干机低温烘干，去除多余的水分。接着在样品中加入比重为 1.85 的多钨酸钠溶液，振荡均匀后离心，提取淀粉粒。对于肉眼观察较为纯净的水样，则直接低温烘干后，加入重液离心，提取淀粉粒。最后使用纯净水洗去多钨酸钠后，制作玻片，在偏光显微镜下放大400或600倍进行观察。

2. 遗迹单位植硅体分析土样采集与实验室处理

皈家堡遗址发掘期间系统采集了154份新石器时代的植硅体分析土样，其中早段16份、晚段138份，遗迹类型包括文化层、房址、灰坑和灰沟等。所有土样均送至实验室进行了植硅体的提取和鉴定分析。

植硅体的提取采用湿式灰化法，具体流程相比于此前的研究略有改进[1]。首先，每个样品称取约 2 克土样，先后加入 30% H_2O_2 和 15% HCl 去除有机质和碳酸盐，之后加入 $ZnBr_2$（比重为 2.35 g/cm^3）重液进行植硅体浮选，最后用中性树胶制作玻片。植硅体的统计和鉴定是在光学显微镜下放大 400 倍进行的，每个样品鉴定植硅体 400 粒以上，植硅体类型的判断主要参考已发表的鉴定标准和相关文献进行[2]。此外，对于包含水稻植硅体的样品，我们还对边缘鱼鳞纹清晰的水稻扇型植硅体进行了进一步观察和边缘鱼鳞纹数量的统计，每个样品统计 50 粒以上，用以计算具有≥ 9 个鱼鳞纹的扇型植硅体比例[3]。

---

[1] Lu H. Y., Liu Z. X., Wu N. Q., et al., 2002. Rice domestication and climatic change: phytolith evidence from east China. *Boreas*, 31(4): 378–385; Piperno D. R., 1988. *Phytolith analysis: an archaeological and geological perspective*. Academic Press, London.

[2] Ge Y., Lu H. Y., Zhang J. P., et al., 2018. Phytolith analysis for the identification of barnyard millet (*Echinochloa* sp.) and its implications. *Archaeological and Anthropological Sciences*, 10(1): 61–73; Ge Y, Lu H. Y., Wang C., et al., 2020. Phytoliths in selected broad-leaved trees in China. *Scientific Reports*, 10(1): 15577; Ge Y., Lu H. Y., Zhang J. P., et al., 2020. Phytoliths in inflorescence bracts: preliminary results of an investigation on common panicoideae plants in China. *Frontiers in Plant Science*, 10: 1736; Lu H. Y., Wu N. Q., Yang X. D., et al., 2006. Phytoliths as quantitative indicators for the reconstruction of past environmental conditions in China I: phytolith-based transfer functions. *Quaternary Science Reviews*, 25(9): 945–959; Lu H. Y., Wu N. Q., Liu K.B., et al., 2007. Phytoliths as quantitative indicators for the reconstruction of past environmental conditions in China Ⅱ: palaeoenvironmental reconstruction in the Loess Plateau. *Quaternary Science Reviews*, 26(5): 759–772; Lu H. Y., Zhang J. P., Wu N. Q., et al., 2009. Phytoliths analysis for the discrimination of foxtail millet (*Setaria italica*) and common millet (*Panicum miliaceum*). *Plos One*, 4(2): e4448; 王永吉，吕厚远：《植物硅酸体研究及应用》，海洋出版社，1993 年。

[3] Huan X. J., Lu H. Y., Wang C., et al., 2015. Bulliform phytolith research in wild and domesticated rice paddy soil in south China. *Plos One*, 10(10): e0141255; 郇秀佳、吕厚远、王灿等：《水稻扇型植硅体野生—驯化特征研究进展》，《古生物学报》2020 年第 59 卷第 4 期，第 467~478 页；王灿、吕厚远：《水稻扇型植硅体研究进展及相关问题》，《第四纪研究》2012 年第 32 卷第 2 期，第 269~281 页。

二、分析结果

1. 石器残留物分析结果

皈家堡遗址石器残留物中发现的淀粉粒数量非常少，来自92件石器的253份样品中，仅25件石器样品中发现有淀粉粒（附表一），而且大多仅1~2粒，个别石器表面发现有团簇状的淀粉粒（图一，1、2）。就石器类别而言，虽然17件发现淀粉粒的石器为刀，但仍有8件为斧、锛、凿等预判可能不用于直接加工谷物的石器上也有所发现。淀粉粒的发现部位，同样表现出一定的随机性，除刃部外，也见于表土样品或背部，特别是一些石器仅表土或背部发现淀粉粒，刃部反而未发现。这些现象总体上与国内已发表的一些同类研究较为类似，并未表现出石器使用部位淀粉粒聚集，非使用部位明显稀少的特征，因此本研究认为不适用于据此推测石器的功能和加工对象。

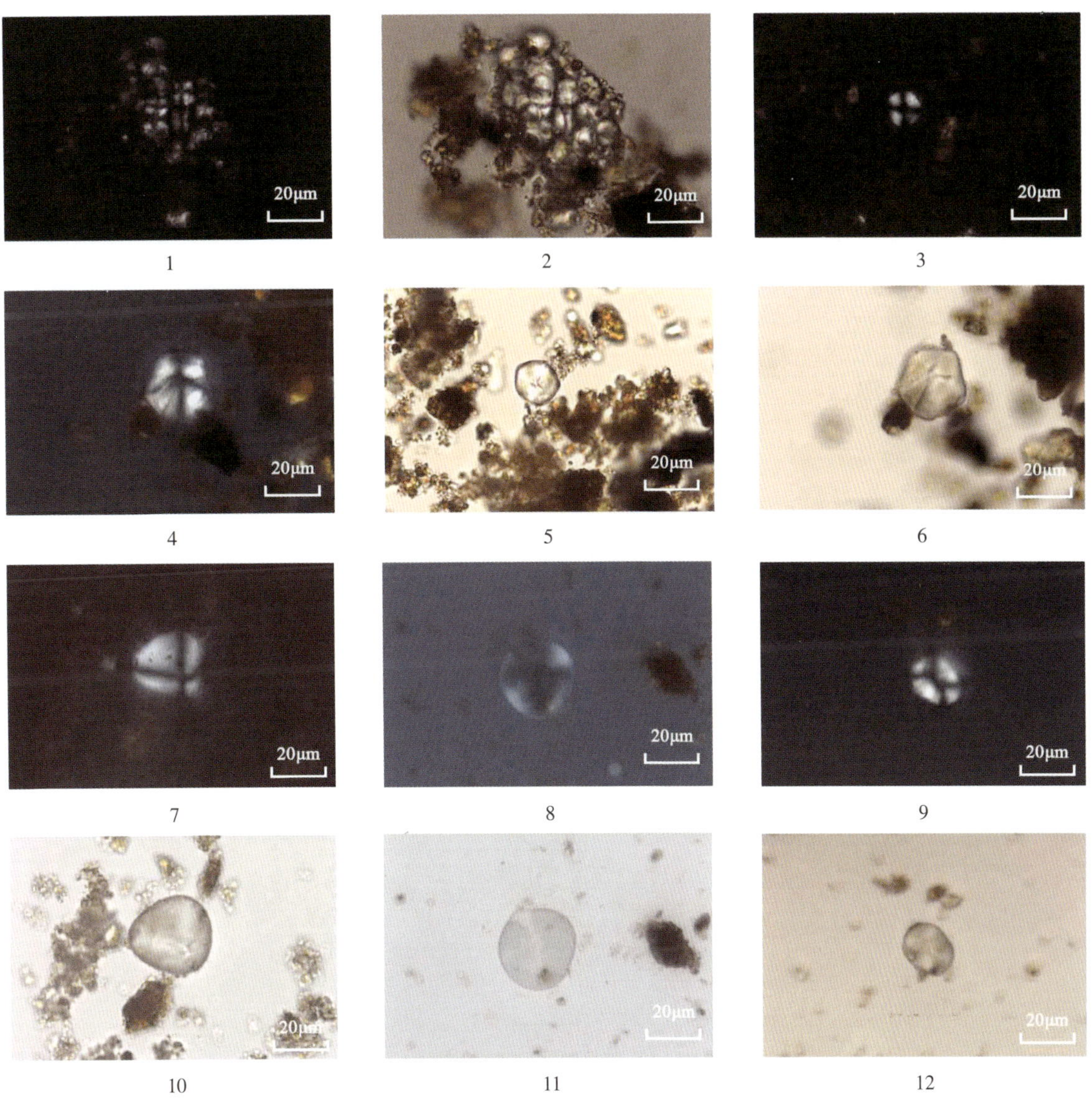

图一　皈家堡遗址石器表面残留淀粉粒

1~6. 黍亚科　7、10. 块根块茎类　8、11. 小麦族　9、12. 豆科已发现的淀粉粒，大部分表现出较为典型的黍亚科特征（图一，1~6），为多面体或近球形，脐点居中开放，有比较深的裂隙，从测量数据看，一些淀粉粒可以被进一步鉴定为粟或黍。除此之外，还见有极少量的小麦族（图一，8、11）、块根块茎类（图一，7、10）和豆类淀粉粒（图一，9、12）。

2. 遗迹土样植硅体分析结果

皈家堡遗址的154个样品中都含有丰富的植硅体，共鉴定出26个类型，其中5个类型来自农作物，包括水稻的双峰型、并排哑铃型和扇型，黍稃片表皮长细胞 η 型和粟稃片表皮的 Ω 型（图二）。其他主要的植硅体类型还有光滑棒型、刺棒型、方型、帽型、尖型、长方型、哑铃型和长鞍型。

从植硅体组合来看，皈家堡遗址各样品中光滑棒型、刺棒型、方型、长方型、帽型、尖型和哑

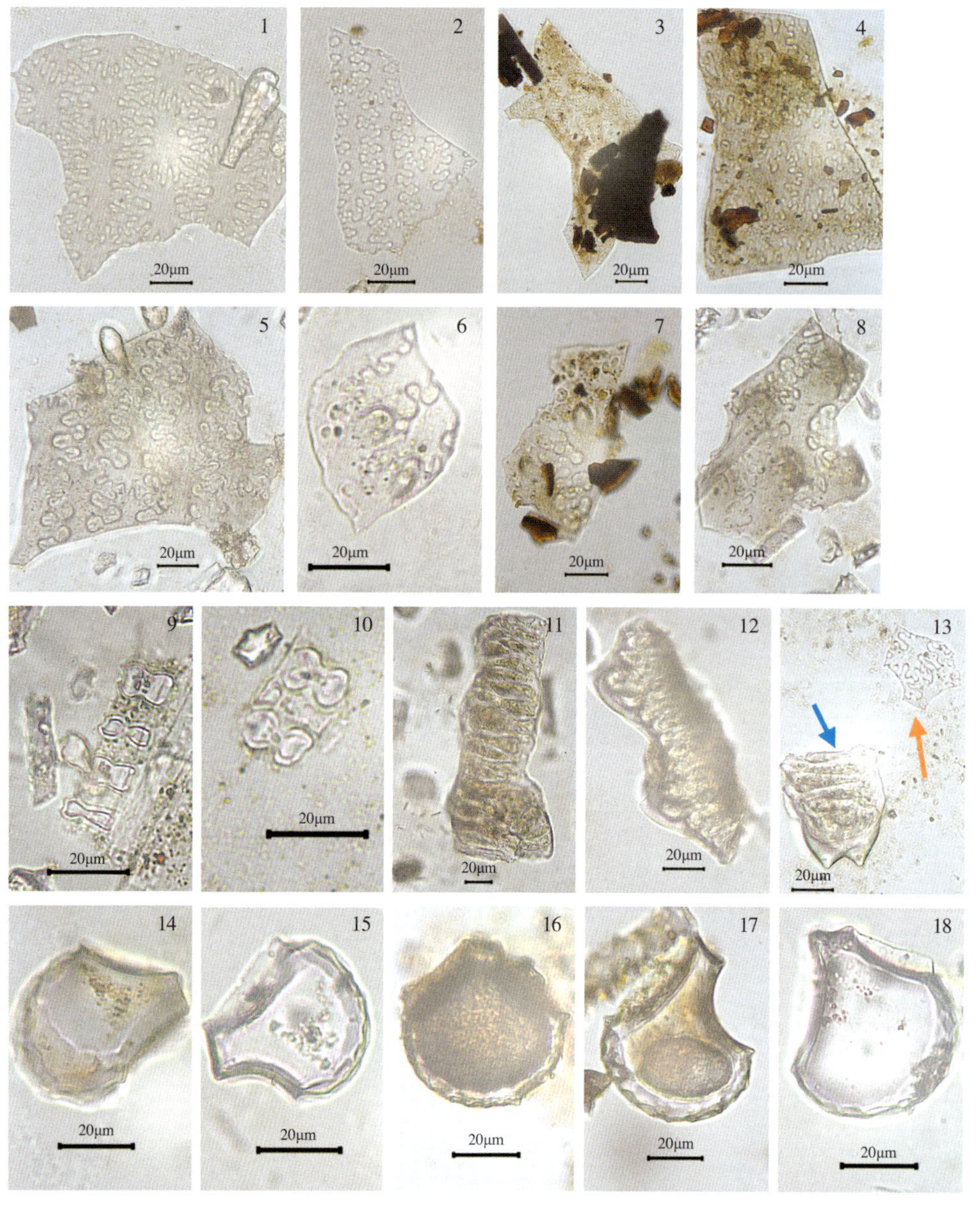

图二　皈家堡遗址主要作物的植硅体类型

1~4. 黍 η 型　5~8. 粟 Ω 型　9、10. 水稻并排哑铃型　11、12. 水稻双峰型　13. 水稻双峰型（蓝色箭头）和黍 η 型（橘色箭头）
14、15. 具有 <9 个纹饰的水稻扇型　16~18. 具有 ≥ 9 个纹饰的水稻扇型

铃型含量普遍很高，农作物植硅体比重相对较低（图三）。水稻扇型植硅体在各个样品中都有较为丰富的发现，但双峰型植硅体在新石器早段样品中并未发现，晚段的部分样品中所占比重较高，暗示其形成可能与水稻脱壳的作物加工活动有关[1]。黍也较为普遍地见于大部分样品，但百分比含量明显低于水稻。不过，相比之下，粟的含量更低，而且仅见于晚段样品中。

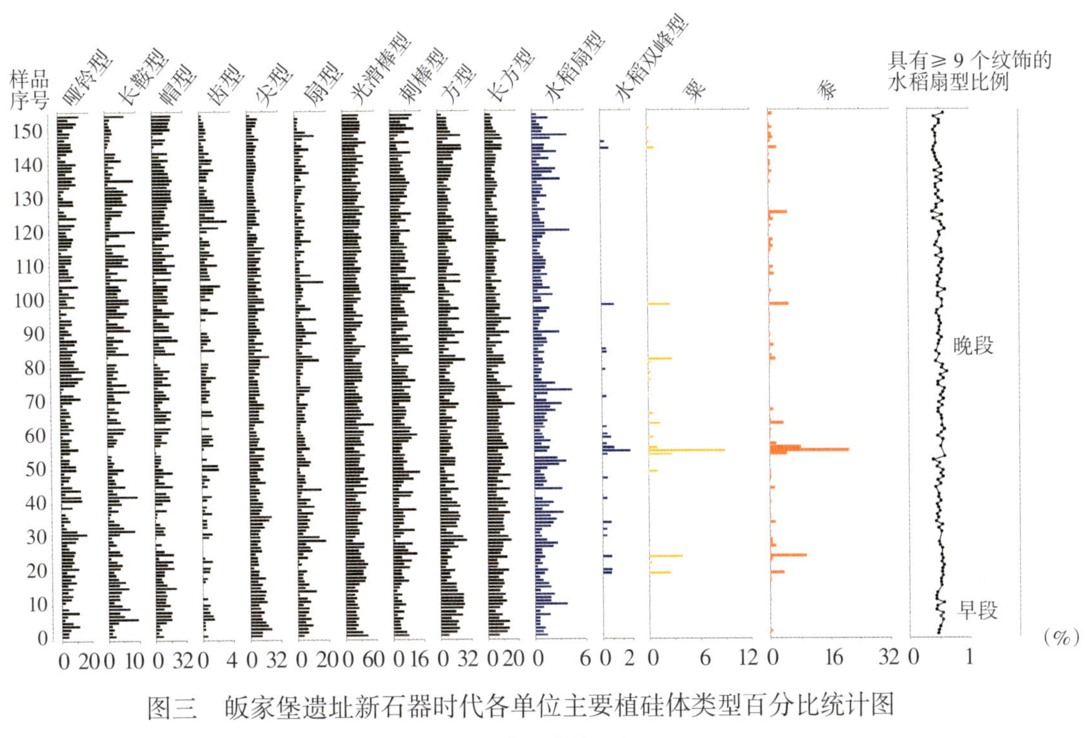

图三　皈家堡遗址新石器时代各单位主要植硅体类型百分比统计图
（样品号参见附表二）

根据植硅体的保存状况，本研究进一步对139个样品中的水稻扇型植硅体边缘鱼鳞纹进行了观察和计数，其中早段样品14个、晚段125个（见图三，附表二）。每个样品中统计观察至少50个鱼鳞纹清晰可数的扇型植硅体，结果显示，早段具有≥9个鱼鳞纹的水稻扇型植硅体比例是49.40±4.44%，晚段是50.63±4.63%。

三、相关问题的讨论

1. 皈家堡遗址的石器功能与植物资源利用模式

皈家堡遗址出土的石器数量丰富，且包括了数量较多、不同形制的石刀，本研究最初的计划是以此为基础，从残留物分析的角度探讨这批石器的功能及与之相关的植物资源利用等问题。然而，从分析结果来看，残留物的数据很难提供明确的石器加工对象相关的信息。总体上来看，可能用于作物收割和其他加工步骤的石刀上出土的淀粉粒与斧、锛、凿等木作工具上发现的淀粉粒种类和数量均未表现出明显的差异，这种组合模式的形成似乎更多应当从淀粉粒的保存机制等角度考虑，而非各类器物的原始功能。当然，从一些石刀表面出土更可能来自茎秆部位的黍亚科淀粉粒的现象来看，部分石

[1] Harvey E. L., Fuller D.Q., 2005. Investigating crop processing using phytolith analysis: the example of rice and millets. *Journal of Archaeological Science*, 32(5): 739–752.

刀用于作物收割是可能的，只是证据过于薄弱，并不能在形制推测基础上提供更有力的证据。

就植物资源利用模式而言，淀粉粒表现出非常单一的组合，黍亚科淀粉粒占有绝对优势，小麦族和块根块茎类的数量极少。如果这一数据可靠的话，可以推测皈家堡遗址史前人群对野生植物资源的利用程度应当不高。当然，对比淀粉粒和植硅体数据所体现的植物资源构成，一个非常明显的差异是水稻的利用，稻米淀粉粒的缺失应当与其个体较小、保存和鉴定难度很大都有关。

各采样单位中植硅体的保存状况明显较好，鉴定出的26种植硅体类型中，有5种来自农作物，包括了稻、粟和黍。从植硅体组合来看，大部分单位表现出以稻作为主的特征（见图三），但也有个别样品中粟、黍的植硅体比重非常高。考虑到可鉴定的水稻植硅体包括双峰型、并排哑铃型和扇型3种，这无疑会在某种程度上提高水稻在植硅体组合中所占的比重，因此直接的数量比较不能反映3种农作物在史前时期的种植和消费比例。不过，如果进行遗址间的比较，无疑可以看出，皈家堡遗址史前时期的稻作利用规模仍然是非常大的，即使未形成绝对的比重优势，应当也不低于粟、黍。

2. 西南地区稻旱混作农业的形成

藏彝走廊自古以来便是我国西南地区众多族群频繁迁徙流动的区域，也是历史上西北与西南地区各民族之间沟通往来的重要通道[1]。近年来的考古学研究表明，沿藏彝走廊的人群迁徙和文化交流在史前时期就已经开始[2]，整个西南地区的新石器化进程便是通过这些人群的迁徙和技术传播实现的[3]。在这一至为关键的历史进程中，农业的出现无疑处在中心地位。

皈家堡遗址新石器时代早段样品中就已经发现丰富的水稻扇型植硅体以及典型的黍 η 型植硅体，确认了稻旱混作农业的出现。水稻扇型植硅体的纹饰数量分析结果表明，在早段具有≥9个纹饰的扇型比例为49.40±4.44%（见图三），与晚段样品（50.63±4.63%）和现代稻田中的比例接近[4]，可知其均源自驯化稻。考虑到该阶段已有的碳-14测年结果，尤其是稻米的直接测年结果（BA170249, 5030~4856 cal. BP, 95.4%置信区间），可以确定距今5000年前水稻和黍已经开始在藏彝走廊南部被栽培。

这种稻旱混作的农业策略在皈家堡遗址新石器时代晚段得到了延续，几乎所有样品中都发现了水稻、黍和粟的植硅体（见图三）。虽然各类农作物的植硅体在不同样品中的含量差别很大，但是总体来讲，水稻和黍的含量要高于粟。不过，考虑到不同植硅体保存概率的差别，这一时期具体的作物组合究竟如何，仍需要大植物遗存和人骨稳定同位素分析等其他证据的进一步确认。这里还需要说明的一个问题是，在遗址的新石器早段并没有发现粟的植硅体，但大植物遗存和直接测年确认当时粟已经出现，造成这一现象的原因应当与粟的植硅体更难保存有关[5]，同时本研究中早段的样品数量偏

[1] 费孝通：《关于我国民族的识别问题》，《中国社会科学》1980年第1期。

[2] 霍巍：《论横断山脉地带先秦两汉时期考古学文化的交流与互动》，《藏学学刊（第二辑）》，中国藏学出版社，2005年，第155~169页。

[3] 邓振华：《粟黍的起源与早期传播》，《考古学研究（十三）》，科学出版社，第172~214页。

[4] Huan X. J., Lu H. Y., Wang C., et al., 2015. Bulliform phytolith research in wild and domesticated rice paddy soil in south China. *Plos One*, 10(10): e0141255; 郇秀佳、吕厚远、王灿等：《水稻扇型植硅体野生—驯化特征研究进展》，《古生物学报》2020年第59卷第4期，第467~478页。

[5] Huan X. J., Deng Z. H., Xiang J., et al., 2022. New evidence supports the continuous development of rice cultivation and early formation of mixed farming in the Middle Han River Valley, China, *The Holocene*, 32(9): 924~934.

少可能也在一定程度上影响了粟的发现概率。

总体来讲，通过皈家堡遗址的植硅体分析，目前可以确认，距今5000~3700年稻、粟和黍已经在藏彝走廊南部地区出现。结合其他稍晚阶段遗址的发现，我们认为这些作物在新石器时代是以作物组合的形式同时传入藏彝走廊及西南地区的其他区域的，这与前人认为的通过不同批次、不同来源传入的假说有所不同[1]。基于这一认识，反观营盘山遗址的证据，西南地区最初的农业是否确实为单纯的旱作农业，仍然有必要进一步研究。营盘山遗址的植物考古分析，仅采集了9个单位的45升土样，样品代表性不足，可能会造成结果的偏差[2]。不可忽视的另一个影响因素是，同一区域内遗址因小环境的差异，作物结构可能会出现明显的差异，这在藏彝走廊地区表现得尤为明显。

关于西南地区水稻的来源，从长江中游传入的假说，没有明确的证据支持距今4500年之前长江中游已经对四川盆地产生影响或存在交流。实际上，即使到了距今4000年，西南地区除了极少数陶器风格可能受到长江中游地区的影响外，并没有发现其他相关的证据[3]。另一方面，甘肃南部并非之前所想的那样是单纯的旱作农业区。已有的证据显示，天水西山坪遗址明确出土有距今5300~4800年的粟、黍、稻的植硅体和炭化种子[4]，甘肃礼县的考古调查也在几处仰韶中期和马家窑文化时期遗址中发现有炭化水稻[5]。因此，目前可以确认，在农业向西南地区传播之前，稻、粟、黍三种农作物均已在甘肃南部地区出现，只是囿于自然条件等原因，当地稻作所占的比重很低，甚至很不普遍。当这些人群向南迁徙时，在自然条件更为适合的区域，稻作农业的规模才相应得到了提升。

此外，对于整个西南地区混作农业的出现，另一个值得关注的区域是汉水上游。根据当前对汉水中游地区早期农业的研究，稻旱混作农业最晚在仰韶早期就已经形成[6]，汉水上游地区的情况应当与之大体类似，只是因为相关研究的缺失，目前没有明确的证据。近年来宣汉罗家坝遗址的相关发现表明，很可能存在一条沿嘉陵江联通陕南和西南地区的交流通道，只是具体情形尚不明朗[7]。今后这些区域针对性研究的开展，无疑将进一步推动对西南地区农业化进程的认识。

3. 藏彝走廊早期作物结构的区域多样性

随着人口流动和新技术的传播，对外来因素的接受、适应和转化是藏彝走廊地区非常重要的文化特质之一，这一点在当地的农耕策略中也有明显的体现。横断山区有7座大山和6条大河，可划分

---

[1] Guedes J. D. A., 2011. Millets, rice, social complexity, and the spread of agriculture to the Chengdu Plain and southwest China. *Rice*, 4: 104–113.

[2] 赵志军、陈剑：《四川茂县营盘山遗址浮选结果及分析》，《南方文物》2011年第3期，第60~67页。

[3] 江章华、王毅、张擎：《成都平原先秦文化初论》，《考古学报》2002年第1期，第1~22页。

[4] Li X.Q., Zhou X. Y., Zhang H.B., et al. 2007. The record of cultivated rice from archaeobiological evidence in northwestern China 5000 years ago. *Chinese Science Bulletin*, 52(10): 1372–1378; Li X. Q., Zhou X. Y., Zhou J. et al., 2007. The earliest archaeobiological evidence of the broadening agriculture in China recorded at Xishanping site in Gansu Province. *Science China Earth Sciences*, 50(11): 1707–1714.

[5] 吉笃学：《中国北方现代人扩散与农业起源的环境考古学观察——以甘宁地区为例》，兰州大学博士学位论文，2007年。

[6] Deng Z. H., Qin L., Gao Y., et al., 2015. From early domesticated rice of the middle Yangtze Basin to millet, rice and wheat agriculture: archaeobotanical macro-remains from Baligang, Nanyang Basin, Central China (6700–500BC). *Plos One*, 10(10): e0139885.

[7] 李水城：《罗家坝遗址史前考古学文化源流蠡测》，《四川文物》2018年第3期，第33~37页。

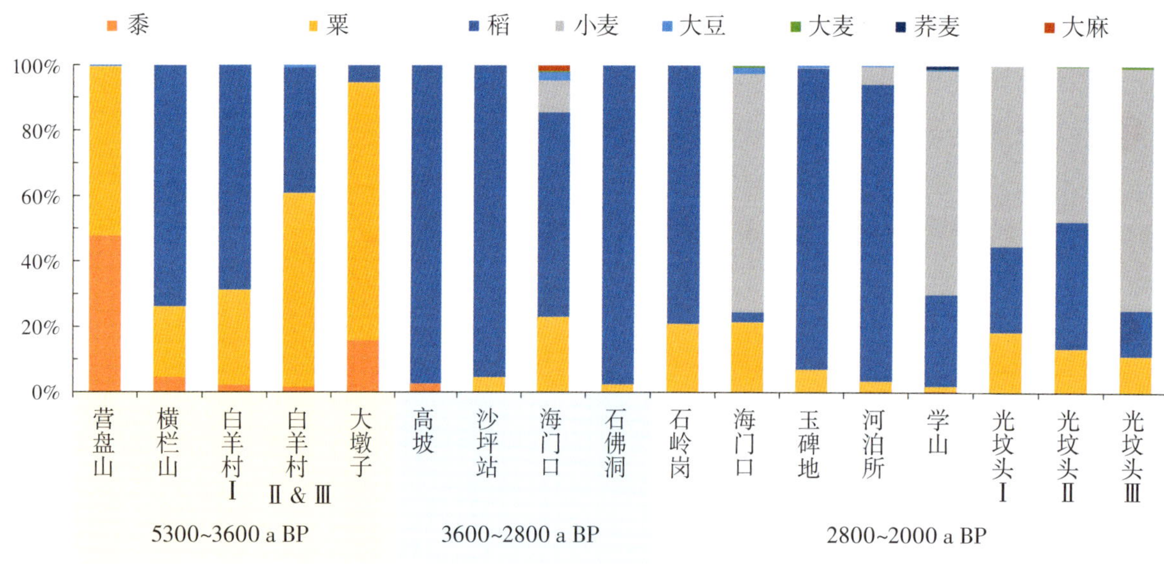

图四　藏彝走廊地区各时期不同遗址作物结构统计图

为13个地貌带，包括从热带到高原寒带的19个气候带[1]。这种特殊的地貌和环境条件，造就了当地农业模式的区域多样性，而且不同时期还有新的农作物不断加入，进一步丰富了当地的农业结构，使得混作农业体系得以广泛存在并长期延续。

尽管在西南地区进行过系统浮选的4处新石器时代遗址中大多发现有粟、黍和水稻，但不同遗址中各类作物所占的比重差异较大（图四）。营盘山遗址只发现了粟和黍，二者比例几乎相同[2]，而白羊村遗址一期（4600~4300 cal. BP），水稻则占有明显的主导地位，粟的比重也较高，黍仅占所有作物遗存的2.21%[3]。这种模式与横栏山遗址相似，但该遗址出土的植物遗存有限，数据的代表性略显不足[4]。相比之下，在白羊村遗址二期和三期（4200~4050 cal. BP），一个明显的转变是粟成为当地最为重要的作物，水稻则居于次要地位。元谋大墩子遗址（4000~3600 cal. BP）的作物结构则是以粟为主，黍也很重要，水稻所占比例相对较低[5]。此外，营盘山和白羊村遗址还发现有野大豆，存在小规模利用的可能性。总体而言，几处遗址的作物结构存在明显的差别。

青铜时代早期的植物考古证据仍然较为有限，较为系统的大植物遗存分析主要见于4处遗址。与前一时期不同的是，水稻较为普遍地成为这些遗址最主要的作物，占所有作物遗存的比重大致在

[1] 李炳元：《横断山区地貌区划》，《山地研究》1989年第7卷第1期，第13~20页；张谊光：《横断山区气候区划》，《山地研究》1989年第7卷第1期，第21~28页。

[2] 赵志军、陈剑：《四川茂县营盘山遗址浮选结果及分析》，《南方文物》2011年第3期，第60~67页。

[3] Dal Martello R., Min R., Stevens C., et al., 2018. Early agriculture at the crossroads of China and Southeast Asia: archaeobotanical evidence and radiocarbon dates from Baiyangcun, Yunnan. *Journal of Archaeological Science: Reports*, 20: 711–721.

[4] 姜铭、胡婷婷、补琦等：《西昌市横栏山遗址2011年及2013年度浮选结果简报》，《成都考古研究（三）》，科学出版社，2016年，第503~515页；成都文物考古研究所、凉山彝族自治州博物馆、西昌市文物管理所：《西昌市横栏山遗址2014年浮选结果及初步研究》，《成都考古发现（2014）》，科学出版社，2016年，第115~139页。

[5] 金和天、刘旭、闵锐等：《云南元谋大墩子遗址浮选结果及分析》，《江汉考古》2014年第3期，第109~114页。

62.5%~97.7%。粟的比例在海门口遗址早期超过 22.88%[1]，而在石佛洞和沙坪站则不到 5%[2]。黍在这一时期总体上罕见，仅在冕宁高坡和海门口遗址分别发现 1 粒和 2 粒[3]。这一时期农业结构的另一个重要变化是小麦和大麦的出现，特别是海门口遗址发现了 261 粒小麦和 7 粒大麦。尽管小麦和大麦在约距今 5000 年已经传入新疆西北部[4]，但目前河西走廊和中原地区最早的证据仅为约距今 4000 年[5]和距今 3600 年[6]。因此，藏彝走廊地区实际上是我国较早接受小麦和大麦的区域之一，相比之下，同时期的成都平原目前并没有发现小麦的明确证据，表现出明显的区域差异。此外，海门口遗址在这一阶段还发现了少量的大麻和荞麦，显示出青铜时代早期以来当地作物结构进一步多样化的趋势。

到了青铜时代晚期，小麦的重要性大大提高，除石岭岗外，几乎所有遗址都发现了小麦，而且在海门口[7]、光坟头[8]和澄江学山[9]遗址的作物组合中占有主导地位。尽管如此，这些遗址的作物组合仍然存在一定的差别。粟在海门口遗址晚期作物组合中的比重仅次于小麦，水稻和黍所占的比重很低。然而，光坟头遗址和澄江学山遗址中，水稻所占比例明显地高于粟。此外，河泊所[10]、玉碑地[11]和石岭岗[12]的植物遗存均表现出水稻为主的种植模式，粟的比例在不同遗址之间略有差别。相比之下，黍、大麦和大豆在这些遗址中很少发现，当地居民可能只是出于风险缓冲的目的进行了小规模的种植。

总体而言，通过藏彝走廊不同时期所有遗址作物模式的比较，不难看出混作农业和区域多样性

---

[1] 薛轶宁：《云南剑川海门口遗址植物遗存初步研究》，北京大学硕士学位论文，2010 年；Xue Y., Dal Martello R., Qin L., et al., 2022. Post-Neolithic broadening of agriculture in Yunnan, China: archaeobotanical evidence from Haimenkou. *Archaeological Research in Asia*, 30: 100364.

[2] 成都文物考古研究所、凉山彝族自治州博物馆、西昌市文物管理所：《2014 年西昌市沙坪站遗址出土植物遗存分析报告》，《成都考古发现（2014）》，科学出版社，2016 年，第 155~162 页；赵志军：《石佛洞遗址植物遗存分析报告》，《耿马石佛洞》，文物出版社，2010 年，第 368~373 页。

[3] 姜铭、耿平、刘灵鹤等：《冕宁县高坡遗址 2011 年度浮选结果鉴定简报及初步分析》，《成都考古发现（2011）》，科学出版社，2013 年，第 317~330 页；Xue Y., Dal Martello R., Qin L., et al., 2022. Post-Neolithic broadening of agriculture in Yunnan, China: archaeobotanical evidence from Haimenkou. *Archaeological Research in Asia*, 30: 100364.

[4] Zhou X. Y., Yu J. J., Spengler R. N., et al., 2020. 5,200-year-old cereal grains from the eastern Altai Mountains redate the trans-Eurasian crop exchange. *Nature Plants*, 6: 78–87.

[5] Dodson J. R., Li X. Q., Zhou X. Y., et al., 2013. Origin and spread of wheat in China. *Quaternary Science Reviews*, 72: 108–111.

[6] Deng Z. H., Fuller D. Q., Chu X., et al., 2020. Assessing the occurrence and status of wheat in late Neolithic central China: the importance of direct AMS radiocarbon dates from Xiazhai. *Vegetation History and Archaeobotany*, 29: 61–73.

[7] 薛轶宁：《云南剑川海门口遗址植物遗存初步研究》，北京大学硕士学位论文，2010 年。

[8] 李小瑞、刘旭：《云南江川光坟头遗址植物遗存浮选结果及分析》，《农业考古》2016 年第 3 期，第 20~27 页。

[9] 王祁、蒋志龙、杨薇等：《云南澄江学山遗址植物遗存浮选结果及初步研究》，《中国农史》2019 年第 2 期，第 3~11 页。

[10] 杨薇、蒋志龙、姚辉芸等：《云南滇池地区石寨山文化时期的农业结构研究——以晋宁河泊所遗址植物遗存分析为例》，《中国农史》2021 年第 2 期，第 36~47 页。

[11] 杨薇、蒋志龙、陈雪香：《云南东川玉碑地遗址（2013 年度）植物遗存浮选结果及初步分析》，《中国农史》2020 年第 1 期，第 3~11 页。

[12] Li H. M., Zuo X. X., Kang L. H., et al., 2016. Prehistoric agriculture development in the Yunnan-Guizhou Plateau, Southwest China: archaeobotanical evidence. *Science China Earth Sciences*, 59(8): 1562–1573.

是该地区农业活动的主要特征。在新石器时代，粟、黍和水稻都是主要作物，它们的比例在不同的遗址之间有很大的差异。约距今 3600 年前后随着小麦的引入，这种外来作物在青铜时代与粟、水稻一起成为当地最为重要的作物，黍和新传入的大麦所占比重则十分有限。当地先民同时还小规模地利用了大豆、大麻和荞麦，形成了一种更加多样化的农业模式。

四、结语

本研究试图通过石器表面残留物分析和遗迹单位中的植硅体分析，从微植物遗存的角度，探索皈家堡遗址史前时期的石器功能和植物资源利用状况。然而，石器表面残留淀粉粒的分析虽然有所收获，但数量很少，且综合出土石器类型和部位等来看，很难为判断石器功能和加工对象提供确凿的证据。

遗址各遗迹单位的植硅体分析，同时结合农作物遗存的直接测年，表明在距今 5000 年之前皈家堡遗址已经出现水稻、粟和黍三种农作物，为理解西南地区农业的形成和早期发展提供了新的证据。基于这一发现，本研究修正了之前对西南地区混作农业形成过程的假说，认为水稻应是与粟、黍一起以作物组合的形式在距今约 5000 年甚至更早阶段同时传入该地区的，而不是从西北地区和长江中游分别传入。

对藏彝走廊地区其他新石器时代至青铜时代遗址出土农作物遗存的对比分析，进一步揭示了混作农业在当地的普遍性。区域多样性是藏彝走廊地区早期农业的另一特点，这可能与对复杂的地貌特征和环境条件的适应有关。随着距今 3600 年左右麦类作物的传入，当地作物结构变得更加复杂，开始了当地农业发展历史的一个新时代。

附表一 皈家堡遗址石器表面残留淀粉粒统计表

<table>
<tr><th>石器编号</th><th>器类</th><th>取样部位</th><th>长轴</th><th>短轴</th><th>淀粉粒描述</th></tr>
<tr><td rowspan="4">TN26E36C1：1</td><td rowspan="4">刀</td><td>刃部中心</td><td>11.81</td><td>11.63</td><td>黍亚科</td></tr>
<tr><td>刃部中心</td><td>4.95</td><td>3.94</td><td>黍亚科</td></tr>
<tr><td>刃边</td><td>10.63</td><td>10.01</td><td>黍亚科</td></tr>
<tr><td>刃边</td><td>12.97</td><td>11.32</td><td>黍亚科</td></tr>
<tr><td>TN27E37③</td><td>锛</td><td>表土</td><td>26.26</td><td>20.43</td><td>小麦族</td></tr>
<tr><td rowspan="2">TN27E37C2：1</td><td rowspan="2">刀</td><td>刃边</td><td>10.14</td><td>9.94</td><td>黍亚科</td></tr>
<tr><td>刃边</td><td>24.33</td><td>20.47</td><td>黍亚科</td></tr>
<tr><td>TN27E37C2：11</td><td>斧</td><td>刃部</td><td>21.2</td><td>14.17</td><td>黍亚科</td></tr>
<tr><td>TN27E37C2：4</td><td>刀</td><td>石刀边</td><td>20.47</td><td>16.09</td><td>黍亚科</td></tr>
<tr><td rowspan="2">TN28E37②：3</td><td rowspan="2">锛</td><td>表土</td><td>23.85</td><td>13.5</td><td>块根块茎类</td></tr>
<tr><td>表土</td><td>28.29</td><td>27.22</td><td>小麦族</td></tr>
<tr><td>TN30E37③</td><td>凿</td><td>表土</td><td>25.97</td><td>20.92</td><td>黍亚科</td></tr>
</table>

续附表一

石器编号	器类	取样部位	长轴	短轴	淀粉粒描述
TN31E37 ④	刀	表土	25	19	黍亚科
		刃部	14.93	14.76	黍亚科
		刃部	13	11.05	黍亚科
TN31E39 ③：2	锛	表土	17.23	15.3	小麦族
		背部	18.47	11.39	黍亚科
		背部	15.2	14.12	黍亚科
F21：1	凿	背部	17.34	12.79	黍亚科－茎秆
TN14E23 ①：2	刀	表土	15.9	15.66	黍亚科－黍
		表土	16.1	15.49	黍亚科－粟
TN15E24 ①：1	刀	背部	18.01	17.24	黍亚科－粟
		背部	23.72	23.49	黍亚科－茎秆
TN23E39 ③：1	刀	表土	17.97	17.34	黍亚科－粟
		表土	18.25	16.1	黍亚科－粟
		表土	21.51	16.34	黍亚科
		表土	16.38	14.8	黍亚科
TN25E37 ②：3	刀	背部	12.73	11.16	黍亚科－黍
TN25E38 ⑤：1	刀	刃部	14.4	11.08	不定
TN30E34C1：5	刀	刃部	14.7	13.5	黍亚科－粟
TN30E34C2：6	刀	背部	43.06		不定
TN30E34C2：7	刀	表土	15.23	11.66	黍亚科
		刃部－1	15.72	11.29	黍亚科－粟
TN30E34C2：9	刀	刃部－1	7.59	7.07	黍亚科－黍
TN31E35 ②：1	斧	表土	16.67	13.4	黍亚科
TN32E38 ⑥：1	刀	背部	20.74	15.35	黍亚科－粟
TN33E36 ②：2	刀	背部	16.08	14.22	黍亚科
TN33E37 ④：1	刀	表土	13.23	10.01	黍亚科－黍
		表土	15.6	12.9	黍亚科－粟
		表土	25.22	24.69	块根块茎类
		刃部	21.3	11.22	豆科
TN33E38 ⑤：1	斧	表土	13.15	10.34	黍亚科－粟
TN34E38 ②：1	斧	表土	11.7	9.49	黍亚科

附表二　皈家堡遗址各

序号	单位	稻扇型≥9	稻扇型< 9	稻双峰型	稻并排哑铃型	粟Ω型	黍η型	其他稃壳	早熟禾麦类	哑铃型
1	F21 东北角	2	3				0			15
2	F21 东部	1	2				2			14
3	F21 东南角	1	3				0.1			19
4	F21 石堆处	1	1				0			41
5	F21 西部陶片处	1	1				0			25
6	F21 西部中间位置	1	1							7
7	H140	5	2				0			15
8	H145	1	1				0			38
9	TN25E38 ⑦	2	1				0			13
10	TN31E34 ⑥	7	5				0			1
11	TN32E35 ⑥	3	3				1			8
12	TN32E37 ⑥	2	4							20
13	TN32E37 ⑦	4	4							25
14	TN32E38 ⑥	1	1							13
15	TN33E34 ⑥	4	2							24
16	TN33E36 ⑥	1	4							12
17	F8	2	1	0		0	1			30
18	F9 ①	1	1	0		0	1			20
19	F9 ②	2	2	2		9	13			31
20	F9 ③	4	1	2		0	0			11
21	F9 ④	0.1	1	0		0	0.1			34
22	F9 ⑤	2	1	0		1	1			22
23	F9 ⑥	1	1	0		0	2			26
24	F19D6	3	1	2		13	32			25
25	G3	1	2	0		0	1			28
26	G5	3	0	0		0.1	0			32
27	H79	3	4				5			16
28	H80	4	4				2			11
29	H80 ③	2	3				2			33
30	H82	1	2	1			0.1			39
31	H83	1	1				1			53

注：表中 0.1 表示镜下统计 300 余粒时未发现，但浏览整个玻片时有少量发现。

出土植硅体数量统计表

多铃型	短鞍型	长鞍型	帽型	齿型	尖型	扇型	盾型	光滑棒型	刺棒型	方型	长方型	硅藻	合计
1		8	27	2	41	13		142	27	28	24	2	335
1		4	10	0	39	22	2	105	21	53	39	2	317
0		6	19	1	73	21	0	63	13	63	45	2	329.1
		4	14	1	66	34	0	84	13	58	35	0	352
		11	37	1	54	17	3	66	12	62	47	0	337
0		32	56	5	42	29	0	84	17	37	24	2	337
0		20	61	5	43	19	1	83	8	87	36	0	385
0		12	55	3	48	23	0	64	18	52	16	0	331
0		21	26	2	32	22	1	78	9	70	23	0	300
		14	47	3	27	11	0	70	20	77	30	0	312
		6	34	0	57	27		54	14	76	39	0	322
		12	34	2	45	19		66	7	74	30	1	316
0		12	42	0	54	4		62	16	82	39	0	344
		13	32	0	51	36	2	72	6	53	24	0	304
0		21	69	0	34	15	0	57	10	50	29	0	315
	1	11	36	0	39	22	2	80	13	50	33	0	304
	1	17	24	1	25	13	1	116	25	20	31	9	317
0	0	11	20	2	52	11	1	130	18	36	23	8	335
1	0	9	33	0	32	13	0	122	16	34	35	0	354
0	0	6	30	3	30	19	1	111	14	48	44	4	328
	0	12	59	3	12	1	0	120	26	16	19	8	311.2
0	0	15	42	0	29	8	0	142	19	25	22	1	330
0	0	9	58	4	26	3	0	113	30	22	19	2	316
	0	3	11	1	27	22	1	98	15	40	42	0	336
1	0	16	65	0	18	12	1	103	43	24	28	11	354
6	0	13	33	0	43	33	2	90	27	35	33	2	352.1
1		2	3	0	35	26		114	20	59	32	0	320
0		8	19	0	23	16		106	29	41	29	3	295
0		6	0	0	38	64		48	4	97	54	1	352
0		4	3	3	37	50		67	14	83	47	0	351.1
0		12	33	4	29	12		85	18	42	25	0	316

续附表二

序号	单位	稻扇型≥9	稻扇型＜9	稻双峰型	稻并排哑铃型	粟 Ω 型	黍 η 型	其他稃壳	早熟禾麦类	哑铃型
32	H84	2	1	1			0			36
33	H86	4	2				0			11
34	H87	4	4	2			5			6
35	H88	5	4				1			20
36	H90	4	2				1			14
37	H92	7	4				0.1			9
38	H93	2	1				0			0
39	H94	4	2				0.1			25
40	H96	4	3				1			2
41	H97	1	2	1		0	0.1			43
42	H98	0.1	0.1	0.1		0.1	0.1			42
43	H98 ①	0.1	0.1				0.1			9
44	H98 ②	7	5				5			47
45	H98 ③	2	1				0.1			20
46	H99	4	1				0.1			5
47	H100	2	2	1		0	1			16
48	H101	3	1	0		0.1	1			21
49	H102	1	1	0		3	1			6
50	H103	3	2	0		0	0			33
51	H104	6	4	0		0	0.1			34
52	H105	6	6	0		0	0			18
53	H106	4	5	0		0.1	0			19
54	H107	0.1	0	1		8	13			4
55	H108	1	4	6		29	68			20
56	H109	3	4	3		4	31			44
57	H110	2	1	1		0	6			20
58	H111	4	2	0		0	0			17
59	H112	2	2	2		2	1			25
60	H113	2	1	1		0	0.1			5
61	H114 ①	2	0.1	0		0	1			17
62	H114 ②	2	2	1		0	0			28

多铃型	短鞍型	长鞍型	帽型	齿型	尖型	扇型	盾型	光滑棒型	刺棒型	方型	长方型	硅藻	合计
1		30	30	0	37	19		94	39	20	37	2	349
0		16	32	2	48	24	2	73	10	56	33	0	313
0		13	18	2	47	23	0	118	20	59	35	2	358
2		7	2	2	68	28	1	81	19	68	36	0	344
0		2	5	0	72	20	0	76	20	67	34	0	317
1		3	8	4	33	33	2	92	17	61	47	1	322.1
		11	38	1	39	9	2	130	39	27	22	4	325
1		4	1	2	47	38	0	100	10	72	41	6	353.1
1		14	24	0	42	19	0	94	11	55	41	4	315
0	1	12	50	2	28	27	2	65	10	39	32	4	319.1
5	4	31	49	4	24	7	1	80	30	23	20	31	351.5
0		10	38	0	35	10	0	133	34	36	19	2	326.3
2		6	2	0	36	57	0	63	12	69	53	0	364
0		16	51	2	17	10	0	114	13	16	17	1	280.1
0		9	34	1	56	19	0	101	19	51	34	1	335.1
	1	7	12	3	33	16	0	137	33	23	20	1	308
0	1	5	30	2	29	18	0	95	29	50	51	16	352.1
0	0	9	51	0	22	6	0	98	39	15	20	9	281
0	0	17	28	7	46	5	0	122	19	14	28	0	324
0	0	6	14	7	38	27	1	91	19	53	38	3	341.1
0	1	7	21	0	30	28	2	92	24	52	30	19	336
0	0	4	22	2	50	18	1	95	19	52	33	0	324.1
	1	4	18	0	44	13	3	115	19	21	28	0	292.1
0	0	0	5	0	19	10	0	92	13	32	23	0	322
2	0	0	2	1	61	32	0	71	20	51	53	1	383
0	0	7	20	5	29	20	2	128	16	39	43	2	341
0	3	9	40	3	30	16	0	100	26	28	32	2	312
0	0	11	25	5	37	18	0	104	35	41	33	3	346
0	0	6	23	4	25	13	3	112	40	35	34	4	308.1
0	0	15	42	0	22	8	0	107	26	24	23	4	291.1
1	0	19	53	3	15	7	2	86	32	43	24	3	321

续附表二

序号	单位	稻扇型≥9	稻扇型<9	稻双峰型	稻并排哑铃型	粟Ω型	黍η型	其他稃壳	早熟禾麦类	哑铃型
63	H119	3	1	0		5	13			19
64	H121	3	2	0		0.1	1			23
65	H122	3	1	0		0	0.1			11
66	H123	3	2	0		2	0			22
67	H124	4	4	0		0	3			18
68	H125	4	2							13
69	H127	4	6							5
70	H128	2	3							25
71	H132	0.1	1	1		0.1				42
72	H133	3	3			0.1				32
73	H134	8	5							3
74	H135	2	3							8
75	H136	3	5							31
76	H137	1	2		0.1	1				37
77	H138	1	1		0	0.1				48
78	H141	2	1		2	1				25
79	H142	3	1	1			0.1			67
80	H144	1	1				1			42
81	H146	3	1			1	1			29
82	TN23E39③	2	2			10	6			35
83	TN24E38③	1	1				2			25
84	TN24E38③下西南角灰坑	2	2	1			0.1			26
85	TN24E39②	1	1	1			1			39
86	TN24E39④下西北角烧土	1	3				4			17
87	TN25E37③	2	4				1			36
88	TN25E37③层下西南角灰坑	3	2				0			35
89	TN25E37⑤	1	2				1			9
90	TN25E38②	6	5				0.1			28
91	TN25E38③	1	1				0.1			21
92	TN25E38④	1	2				0.1			14

多铃型	短鞍型	长鞍型	帽型	齿型	尖型	扇型	盾型	光滑棒型	刺棒型	方型	长方型	硅藻	合计
1	0	0	0	0	21	8	2	201	23	26	34	0	357
2	0	14	36	0	48	19	0	71	14	56	23	0	312.1
0	0	10	53	0	33	16	0	100	21	42	27	4	321.1
0	0	3	42	5	34	18	0	123	24	23	26	0	327
0	0	12	55	4	33	11	0	99	23	22	23	14	325
1		8	20	0	48	18	0	90	21	53	32	0	310
1		1	13	0	47	22	0	76	11	61	56	3	306
1		15	29	3	30	6	0	116	31	35	31	2	329
0		8	49	2	21	6	0	110	30	16	25	3	314.2
		8	45	4	41	18	0	106	33	47	25	0	365.1
		21	28	3	31	25	1	63	19	44	35	1	287
		7	13	2	34	30	0	86	32	54	55	4	330
		20	55	2	31	8	0	64	17	49	28	1	314
0		5	26	4	29	7	0	106	38	34	21	10	321.1
1		11	47	6	19	8	0	114	27	20	15	0	318.1
3		7	31	2	37	14	1	113	24	37	26	0	326
1		15	66	3	29	12		128	32	29	14	2	403.1
2		9	23	3	37	15		115	30	39	26	7	351
0		10	13	3	38	14		108	11	45	39	4	320
0		0	2	0	43	51	0	62	7	97	40	0	357
3		2	7	0	74	35	2	77	13	58	38	1	339
0		22	68	0	19	12	0	92	33	15	14	18	324.1
1		10	41	6	46	7	0	107	31	35	13	1	341
2		13	37	1	25	14	0	139	37	21	21	1	336
2		8	20	3	56	35	1	63	16	75	37	0	359
1		17	79	4	20	14	0	77	27	27	7	6	319
0		7	56	3	25	19	0	62	29	49	27	5	295
2		1	2	3	48	47	2	55	9	92	53	0	353.1
1		28	57	0	43	21	1	89	22	48	21	0	354.1
0	2	22	61	0	34	19	0	127	32	36	30	18	398.1

续附表二

序号	单位	稻扇型≥9	稻扇型<9	稻双峰型	稻并排哑铃型	粟Ω型	黍η型	其他稃壳	早熟禾麦类	哑铃型
93	TN25E38⑤	2	1				1			28
94	TN25E39②	1	3				1			26
95	TN25E39③	1	1				1			4
96	TN29E34②	3	2				0			15
97	TN29E34③	4	2				0.1			3
98	TN29E34④	0	0	3		9	18	27	3	36
99	TN30E34②	2	1				0.1			16
100	TN30E34③	2	1			0.1	0.1			15
101	TN30E34④	3	5				1			34
102	TN30E34⑤	1	1				2			23
103	TN30E35③	4	2				0			7
104	TN31E34③	2	2				0.1			43
105	TN31E34④	2	2				0			1
106	TN31E34⑤	1	2				0			26
107	TN31E35③	4	2				5			34
108	TN31E35⑤	1	2				1			20
109	TN31E37③	3	2				4			21
110	TN32E34③	3	2				0			14
111	TN32E34⑤	1	4				0			26
112	TN32E35③	2	2				0.1			26
113	TN32E35④	2	1				1			30
114	TN32E35⑤	1	1				2			5
115	TN32E36②	2	1				4			20
116	TN32E36③	2	1				2			26
117	TN32E36④	1	1				4			30
118	TN32E36⑤	1	3				0.1			31
119	TN32E37④	1	4				0			18
120	TN32E37⑤	8	7				0			17
121	TN32E38②	3	2				2			29
122	TN32E38③	3	2				0			36
123	TN32E39③	1	2				4			2

多铃型	短鞍型	长鞍型	帽型	齿型	尖型	扇型	盾型	光滑棒型	刺棒型	方型	长方型	硅藻	合计
1		13	36	0	26	14	0	125	28	33	34	2	344
1		3	12	2	36	42	1	67	11	71	54	0	331
0		18	52	0	24	6	0	114	28	30	26	5	310
0		21	68	7	32	9	0	75	23	37	18	1	311
0		11	29	3	54	30	0	61	22	65	28	0	312.1
2		16	15	0	28	21	0	67	17	42	33	0	337
0		22	46	0	49	5	2	79	21	31	20	0	294.1
1		23	44	4	52	11	1	106	16	17	20	1	314.2
0		13	52	2	36	16	2	70	20	54	32	0	340
0		13	36	6	29	15	0	121	44	41	20	1	353
1		15	45	5	43	15	1	93	27	22	20	1	301
2		14	52	9	31	12	0	105	35	21	14	1	343.1
1		5	12	0	45	63	0	84	16	81	36	0	348
2		21	59	4	21	9	1	83	39	27	11	2	308
0		6	5	4	50	34	0	84	13	77	25	1	344
1		12	58	3	31	9	1	100	24	25	18	11	317
0		4	49	3	45	10	0	117	27	31	21	0	337
1		23	73	7	28	9	0	71	16	48	18	0	313
0		17	33	2	38	18	0	90	29	36	23	1	318
4		23	41	3	43	4	2	73	23	41	22	0	309.1
0		20	74	6	26	12	0	91	26	28	17	4	338
0		8	32	4	45	19	1	117	21	36	28	3	323
1		7	40	2	59	8	0	113	29	33	19	1	339
1		20	53	4	21	13	1	96	22	24	21	1	308
2		1	8	4	32	35	0	98	16	65	46	2	345
		4	32	1	34	11	0	114	15	46	28	2	322.1
0		15	55	0	30	18		101	17	36	28	4	327
1		33	65	3	12	15		75	35	49	23	1	344
1		6	39	8	19	20		104	16	56	29	0	334
0		6	60	1	44	9		114	13	29	21	1	339
0		5	28	11	29	20	1	105	25	52	26	2	313

续附表二

序号	单位	稻扇型≥9	稻扇型<9	稻双峰型	稻并排哑铃型	粟Ω型	黍η型	其他稃壳	早熟禾麦类	哑铃型
124	TN33E34②	1	2				2			43
125	TN33E34③	1	1				14			16
126	TN33E34④	2	3				1			13
127	TN33E34⑤	1	1				0			3
128	TN33E35②	1	2				0			33
129	TN33E35③	1	1				0.1			32
130	TN33E35③红烧土部分	3	2				0			10
131	TN33E35④	1	2				0.1			6
132	TN33E35⑤	1	3				0			12
133	TN33E36②	2	2				0.1			25
134	TN33E36③	1	1				2			37
135	TN33E36④	5	5				0			28
136	TN33E37②	3	1				1			38
137	TN33E37③	3	5				3			17
138	TN33E37④	4	5				1			30
139	TN33E38③	2	1				2			31
140	TN33E38④	1	1				2			39
141	TN34E34②	2	4				0			16
142	TN34E34③	1	2				1			6
143	TN34E34④	3	6				0			18
144	TN34E35②	3	2	2		3	8			34
145	TN34E35④	2	3				0			29
146	TN34E36②	0.1	0.1	1		1	2			29
147	TN34E36③	4	3				4			15
148	TN34E36④	8	6				3			26
149	TN34E36⑤	3	1				1			26
150	TN34E37②	2	3			1	4			13
151	TN34E37④	2	1				1			33
152	TN34E38②	1	1							41
153	TN34E38③	3	3							21
154	TN34E38④	1	1				4			47

多铃型	短鞍型	长鞍型	帽型	齿型	尖型	扇型	盾型	光滑棒型	刺棒型	方型	长方型	硅藻	合计
2		8	45	7	36	18	1	96	21	53	28	7	370
0		15	39	2	24	4		108	31	23	7	12	297
0		18	41	6	43	14		104	15	35	25	0	320
1		7	48	6	29	12		127	16	31	16	1	299
0		23	49	6	23	21		80	25	46	16	0	325
2		19	68	6	31	5		93	17	37	14	3	329.1
0		16	58	3	24	8		89	26	31	22	4	296
0		21	55	2	23	12		101	21	24	16	0	284.1
1		19	63	3	21	15	1	83	27	44	21	1	315
1		13	52	2	25	23		96	30	35	28	3	337.1
3		3	57	0	20	2		110	32	21	25	0	314
0		28	63	3	23	12		56	25	36	19	5	308
1		6	58	3	23	10		101	26	46	14	21	352
1		9	57	4	29	32		88	18	49	23	12	350
0		4	42	6	32	16		100	22	46	15	7	330
0		10	45	1	32	24		85	19	54	21	8	335
1		4	31	5	30	10		134	23	21	23	1	326
0		16	51	5	23	13	0	86	13	49	22	6	306
1		9	21	2	26	16	1	114	18	42	21	1	282
1		11	50	4	22	10	1	82	33	53	17	4	315
1		1	1	2	31	32	0	88	14	88	39	0	349
0		3	7	2	34	15	3	102	11	81	37	0	329
1		4	41	1	24	5	0	153	33	19	19	0	333.2
1		6	45	3	41	17	0	100	8	36	37	13	333
1		6	5	2	29	43	0	79	15	83	34	2	342
0		8	39	3	19	23	1	106	25	45	25	5	330
		8	71	3	22	7		125	46	41	21	4	371
0		5	53	2	29	5		110	27	31	15	3	317
1		4	59	2	34	7		113	19	33	14	3	332
0		5	60	1	36	7		92	31	31	17	3	310
4		21	67	1	12	1		107	39	15	13	7	340

附录五

皈家堡遗址出土孔雀石标本检测分析报告

杨颖东　周志清

（成都文物考古研究院）

皈家堡遗址位于四川省凉山彝族自治州西南部盐源县的润盐镇杨柳桥村二组，地处盐源盆地东南边缘杨柳河西岸的二级阶地之上，地理位置为北纬27°26′57.9″，东经101°36′1.7″，海拔2399米。遗址平面呈不规则状，现存面积30000平方米。该遗址于2015年调查发现[1]，在国家文物局批准下，由成都文物考古研究所（后改为成都文物考古研究院）、凉山彝族自治州博物馆及盐源县文物管理所组成的联合考古队自2016年至2019年对该遗址进行了四次考古发掘，发掘面积总计2000多平方米。该遗址遗迹现象丰富，发现有灰坑、灰沟、墓葬、器物坑、建筑遗存等，同时出土了大量遗物。多次发掘厘清了遗址主体遗存属于新石器时代晚期，另发现有少量青铜时代和大理国时期遗存[2]。

本文分析的样品标本来自2016年发掘的H41，该坑位于TN31E37东北部。开口于第3层下，打破第4层至生土层。该坑平面形状近椭圆形，孔雀石出土于坑底（图一），出土遗物以新石器晚期常见的附加堆纹罐、钵等陶器为主，未见青铜时代遗物，该坑植物遗存的测年数据上限不晚于距今5000年，下限当为距今4500年（表一）。分析标本编号为H41∶54，大致呈薄片型，绿色，长2.5、厚约0.4厘米，从中间断裂成两块（图二）。盐源盆地东周时期存在着独具区域特色的青铜文化，位于该遗址西北直线距离为3.5千米的老龙头墓地便是盐源盆地非常具有代表性的青铜时代墓地，目前盐源盆地内先后发现了10余处青铜时代墓地，这些墓地出土了大量战国至汉代具有鲜明区域与时代特征的青铜器[3]，极大地丰富了西南夷文化内涵研究。面对H41出土的这件标本有两个问题：第一，这件标本材质是什么？这是个基本问题；第二，一般的孔雀石多呈块状，由于它是薄片型，表面光滑，

---

［1］成都文物考古研究院、凉山彝族自治州博物馆、盐源县文物管理所：《盐源县皈家堡遗址2015年度调查试掘简报》，《成都考古发现（2015）》，科学出版社，2017年，第18~52页；周志清、孙策、田建波等：《四川盐源皈家堡遗址》，《2018年中国考古重要发现》，文物出版社，2019年，第36~39页。

［2］周志清、孙策、田建波等：《四川盐源皈家堡遗址》，《2018年中国考古重要发现》，文物出版社，2019年，第36~39页。

［3］凉山彝族自治州博物馆、成都文物考古研究所：《老龙头墓地与盐源青铜器》，文物出版社，2009年，第6页。

图一　H41 底部孔雀石

图二　孔雀石标本 H41：54

表一　皈家堡遗址出土植物遗存加速器质谱（AMS）碳 –14 测试报告

Lab 编号	样品	出土单位	碳 –14 年代（BP）	树轮校正后年代	
				1δ（68.2%）	2δ（95.4%）
BA170227	黍	2016SYG15（H41）	4305 ± 35	3005BC （7.3%） 2990BC 2930BC （60.9%） 2887BC	3015BC （95.4%） 2882BC
BA170228	黍	2016SYG16 （H41）	4090 ± 30	2836BC （12.0%） 2816BC 2671BC （56.2%） 2577BC	2860BC （19.3%） 2808BC 2754BC （6.6%） 2721BC 2703BC （66.1%） 2568BC 2519BC （3.4%） 2499BC

注：所用碳 –14 半衰期为 5568 年，BP 为距 1950 年的年代。树轮校正所用曲线为 IntCal 13 atmospheric curve (Reimer et al 2013)，所用程序为 OxCal v4.2.4。

送样人：闫雪　测定日期：2017 年 7 月　测试单位：北京大学考古文博学院

会是矿化的铜器残片吗？为回答这两个问题，我们对其进行了检测分析，主要通过显微镜形貌结构观察、X 射线衍射矿物成分及显微共聚焦拉曼光谱微区成分分析三种方法相结合进行。

针对第一个问题，取样制成粉末样品，通过 X 射线衍射仪（仪器型号：伊诺思 XRD–Terra，工作电压：15kV）进行物相分析，经过分析，结果为孔雀石 $CuCO_3 \cdot Cu(OH)_2$（图三）。同时也经过拉曼光谱多点扫描分析（仪器型号：HORIBA XploRA plus、波长 532nm、能量参数 50%、50 倍物镜），二者结果相同（图四）。表明该绿色薄片型标本的材质为孔雀石。

针对第二个问题，这会不会是一件薄片铜器经过长期埋藏后完全矿化而形成？对此我们将断面部位打磨成平面后依次在光学显微镜及电子显微镜下进行了观察，光学显微镜下发现标本内部类似夹心饼干一样的结构，中心部位颜色较深呈墨绿色、光滑平整、结构致密，两边颜色较浅呈浅绿色、纤维状、结构稍显疏松，但是颜色深浅交界处没有明显分层（图五、七、八）；另外还发现了许多条带状、网状的灰褐色夹杂物纹理，这些夹杂物纹理通常很自然地穿过深浅两色区域，后在扫描电镜下仔细观察，发现夹杂物形如鳞片状、层状的结构，能谱数据显示主要是含钙镁的硅酸盐类（图六），

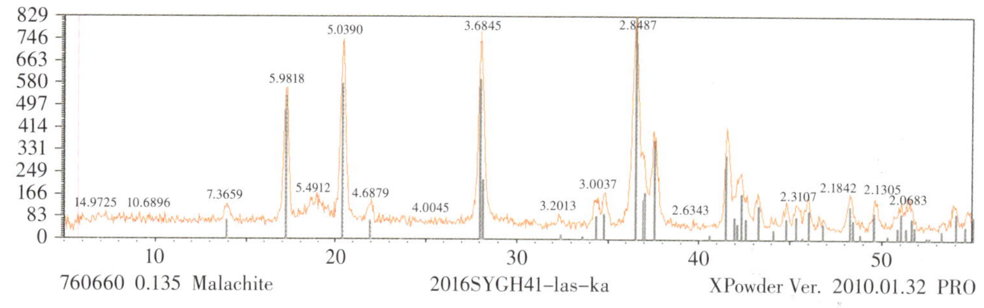

图三　皈家堡遗址孔雀石标本 X 射线衍射图（Malachite）

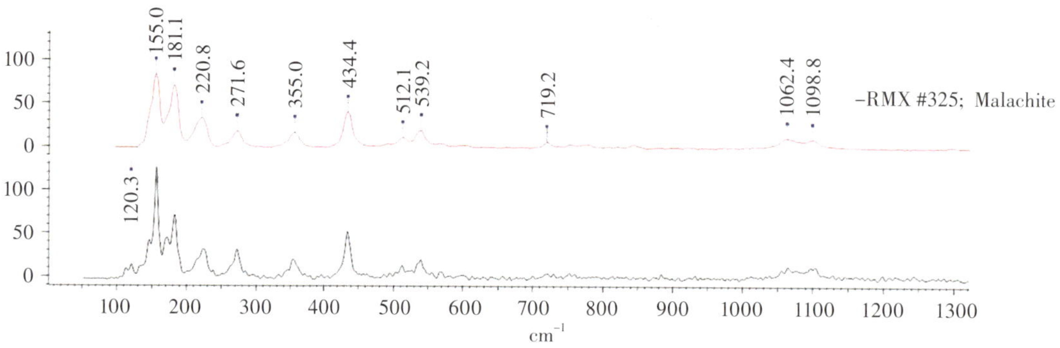

图四　皈家堡遗址孔雀石标本拉曼光谱图

上方为孔雀石 Malachite 标样拉曼光谱参考曲线，下方为该标本拉曼光谱实测曲线

图五　标本截面全貌（放大 13 倍）

拉曼光谱微区分析出该种夹杂物为透闪石（Tremolite）矿物（图九）；另外还发现较多的白色岩石颗粒被包裹其中，能谱数据显示这种白色颗粒主要含石英、氧化铝、氧化钙（图一〇）。综上，铜器包括其矿化之后内部是不可能看到透闪石之类非金属矿物的纹理夹杂物，或称脉石矿物，里面也不存在包裹岩石颗粒的现象，说明是这件孔雀石自身就带有的天然固有特征。这件标本内部结构并不均匀，

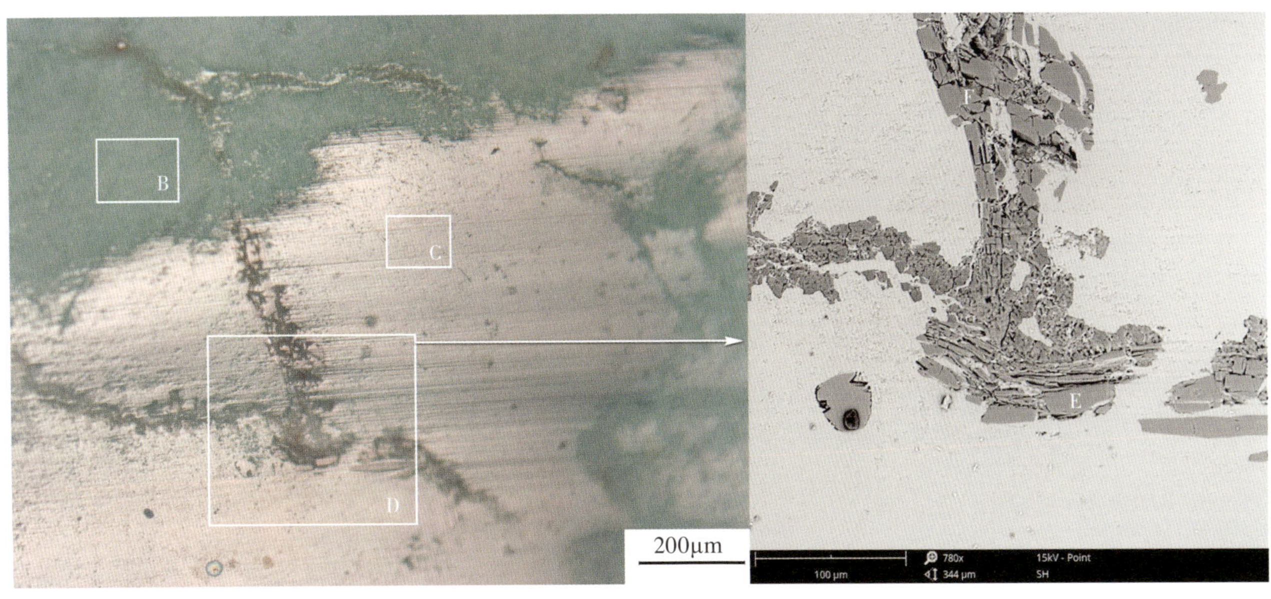

图六　孔雀石内部夹杂物微区图

左图为 A 区 100 倍光学放大、右图为 D 区 780 倍背散射电子像

B 区：Cu 43.88、O 42.58、C 13.54；C 区：Cu 51.38、O 44.26、C 4.36；E 点：SiO_2 58.55、MgO 24.51、CaO 9.63、Fe_2O_3 4.47、Al_2O_3 2.84；F 点：SiO_2 59.79、MgO 19.74、CaO 11.97、Fe_2O_3 5.08、Al_2O_3 3.41（均为重量百分比 %）

图七　B 区背散射电子像（纤维状疏松结构）

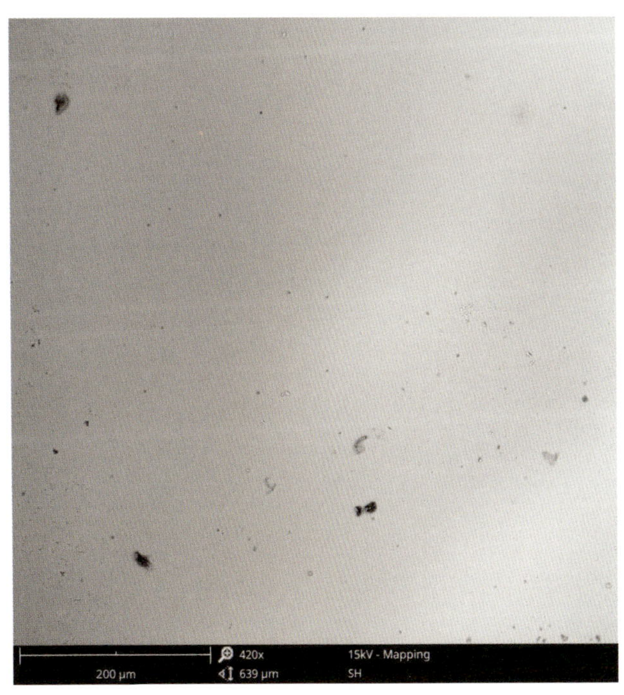

图八　C 区背散射电子像（光滑致密结构）

中心结晶度和紧密程度好于两边，可能是由于在灰坑埋藏过程中，从外向内结构慢慢发生疏松变化，也可能是天然形成时就如此，估计前者的可能稍大。

最后可以确定，这是一件天然的孔雀石［Malachite、$CuCO_3 \cdot Cu(OH)_2$］标本。在新石器时代晚期的皈家堡聚落里，当时居民可能因为该石块特殊的颜色与质地对其产生关注，由于出土样品较少，

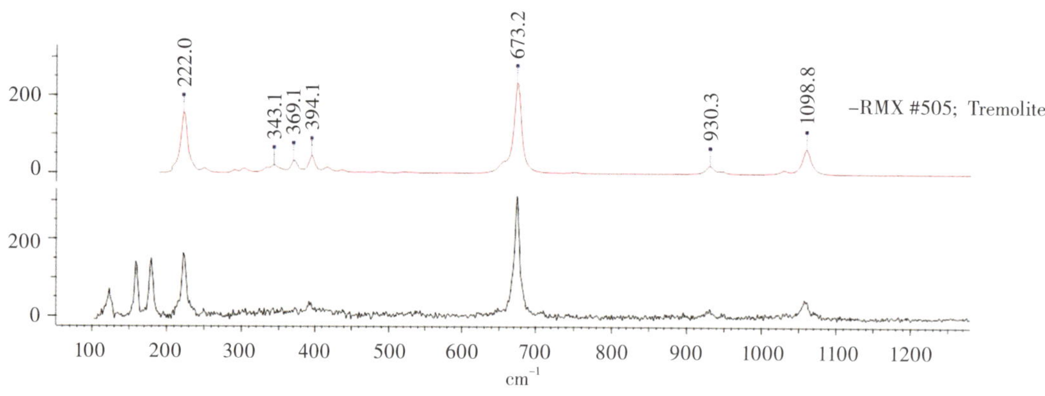

图九　皈家堡遗址孔雀石标本夹杂物纹理 E 点拉曼光谱图（透闪石 Tremolite）

上方为透闪石标样拉曼光谱参考曲线，下方为夹杂物拉曼光谱实测曲线

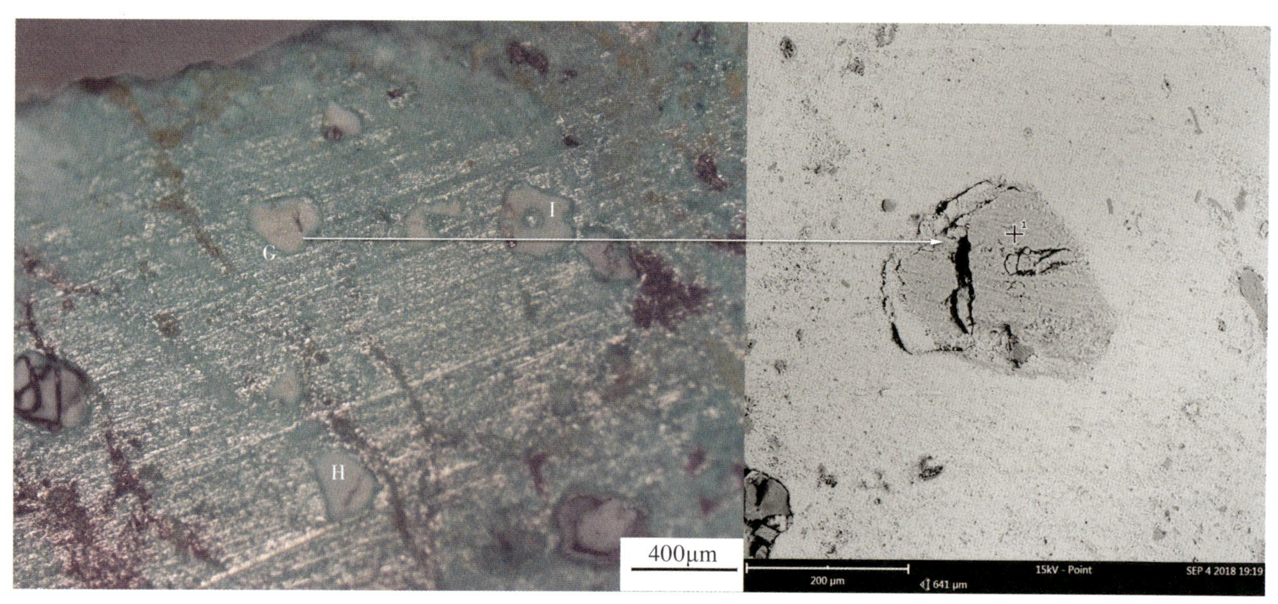

图一〇　孔雀石内部纹理及包裹的岩石颗粒

左图为光学放大 50 倍（条带纹理、夹杂颗粒）、右图为 G 点颗粒背散射电子像

G 颗粒：SiO_2 89.33、Al_2O_3 7.06、CaO 3.61；H 颗粒：SiO_2 89.25、Al_2O_3 6.93、CaO 2.94、MgO 0.88；I 颗粒：SiO_2 90.15、Al_2O_3 7.08、CaO 2.77（均为重量百分比 %）

相关出土背景信息缺失，且无铜器矿化之结构，我们推测当时皈家堡的居民可能尚未达到将其作为冶铜原料的认识程度。鉴于材料限制和认识局限，对于该样品的认识或解读尚需材料的丰富与理论或方法的突破。

附录六

皈家堡遗址两件石器检测报告

杨颖东、向　川

（成都文物考古研究院）

一、石器基本情况

2017 年，在盐源皈家堡遗址出土两件石器：TN30E34C2：17，不规则块状，长 4.5、厚 2 厘米（图一，左）；TN30E34C2：18，不规则块状，长 5、厚 3.5 厘米（图一，右）。两件石器形状特征相似、外观黑亮、手感沉重，与同遗址出土的其他石器不同，因此有必要进行科学鉴定，确定材质，为考古研究提供参考。

图一　石器形貌

二、检测结果

由于两件石器比较完整，无法取样，因此都选用无损检测方法，具体是用便携式 X 射线荧光能谱（仪器型号：Niton XL3t950 型）检测表面元素成分，用显微共聚焦拉曼光谱仪（仪器型号：HORIBA XploRA plus）检测结构。

（1）X 射线荧光能谱检测结果，以铁（Fe）元素为主。

石器 TN30E34C2：17 元素成分：Al 2.3%、Si 3.1%、P 0.1%、Cl 0.1%、K 0.2%、Ca 0.2%、Mn 0.2%、**Fe 76%**、Co 0.3%。

石器 TN30E34C2：18 元素成分：Si 5.4%、K 0.2%、Ca 0.2%、**Fe 70.1%**、Co 0.2%。

（2）用拉曼光谱仪显微镜功能微观观察，发现两件石器表面部分都有红色物质（图二）。对石器表面红色和黑亮部位经多点拉曼光谱仪扫描分析，均与赤铁矿标准拉曼图谱一致（图三），所以为赤铁矿。

图二　石器表面显微照片（放大500倍、明场）

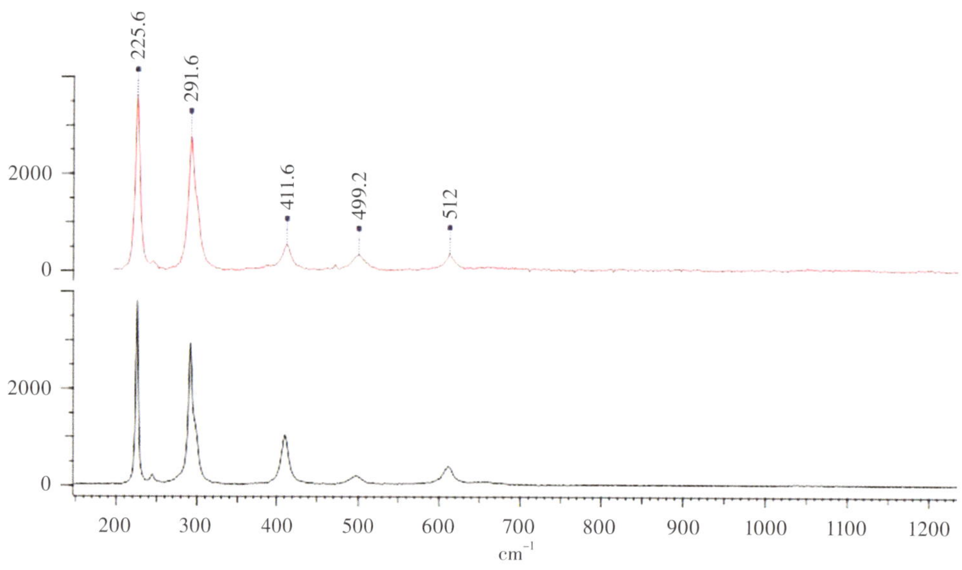

图三　石器TN30E34C2：17拉曼光谱检测图谱（赤铁矿 Fe_2O_3）

（红色曲线为赤铁矿 Hematite 标准拉曼图谱，黑色曲线为该标本实测拉曼图谱）

三、检测结论

两块石器为铁矿石，类型为赤铁矿（Fe_2O_3）。常见赤铁矿（Hematite）一般呈红色，另有资料显示，显晶质赤铁矿呈铁黑至钢灰色，隐晶质者呈暗红至鲜红色；条痕樱红色[1]。可见本遗址出土这两件应属于显晶质结晶岩赤铁矿。

[1] 秦善、王长秋：《矿物学基础》，北京大学出版社，2006年，第72页。

后 记

皈家堡遗址是近年盐源盆地最为重要的考古新发现，该遗址文化遗存涵盖新石器时代、青铜时代和历史时期三个时期，以新石器时代遗存为主体，其文化内涵丰富，地域和时代特征鲜明。皈家堡遗址的发现与发掘，填补了盐源盆地新石器时代文化的空白，展现了金沙江中游新石器晚期独特的文化面貌，彰显了横断山区在中国南北文化交流与族群交融中扮演着极其重要的角色；商周时期遗存的发现丰富了该地区青铜时代的文化内涵；南诏、大理国时期遗存为盐源盆地唐宋时期的历史与社会研究增添了重要的实物资料。《皈家堡遗址发掘报告》是近年来西南地区新石器时代考古重要成果之一。

在本书付梓出版之际，感谢国家社科基金办、国家文物局、四川省文物局、成都市文物局、凉山彝族自治州文化广电和旅游局长期以来对本项目发掘与整理工作的大力支持。《皈家堡遗址发掘报告》是“成都—凉山区域考古合作”项目的阶段性成果，得到了成都文物考古研究院、凉山彝族自治州博物院、盐源县文物管理所一贯的支持与帮助。

由成都文物考古研究院与武汉大学历史学院、北京大学考古文博学院、四川大学历史文化学院、中国科学技术大学等单位组成的整理团队的研究成果为国家社科基金项目“盐源皈家堡遗址的整理与研究（19BKG005）”得以优秀结项提供了重要支撑，同时也为本书的出版奠定了坚实的基础。

报告绘图由钟雅莉、陈睿、孙志辉、李艳江完成；拓片由戴福尧、唐建芳拓制；发掘现场照片由周志清、左志强、孙策、田剑波、杨波、白铁勇拍摄；出土器物照片由周志清、田剑波拍摄。

本报告第一章由成都文物考古研究院周志清、凉山彝族自治州博物院刘灵鹤撰写，第二、三、六至一〇章由武汉大学历史学院郝晓晓、成都文物考古研究院周志清、北京大学考古文博学院李艳江撰写，第四、五章由成都文物考古研究院周志清、田剑波撰写。附录作者在概述已述及，本记不再赘述。

特别致谢文物出版社乔汉英对本书的辛苦编辑及史语所林圭侦博士提供的英文翻译。最后，向历年参加皈家堡遗址调查、发掘与整理的团队所有成员致以诚挚的谢意，正是你们的坚持与奉献，才终能静等花开。

编　者

皈家堡遗址发掘区

2016年发掘区

2016年工作现场

2016年工作现场

2016年工作现场

2016年工作现场

2016年工作现场

1. 清洗土样

2. 浮选

3. 考古进校园

2016年整理、宣传

2017年发掘区Ⅱ区

1. Ⅱ区、Ⅲ区

2. Ⅲ区

2017年发掘区Ⅱ区、Ⅲ区

2017年工作现场

2017年工作现场

2017年工作现场

2017年工作现场

2017年工作现场

2017年工作现场

2018年春季发掘区

2018年秋季发掘区

2018年春季工作现场

2018年春季工作现场

2018年春季工作现场

2018年春季工作现场

2018年秋季工作现场

2018年秋季工作现场

2018年秋季工作现场

1. 2019年发掘区

2. Ⅰ区

3. Ⅱ区

2019年发掘区

2019年工作现场

2019年工作现场

2019年工作现场

2016年探方地层

1. TN30E34东壁

2. TN30E35西壁

2017年Ⅱ区探方地层

1. TN32E32南壁

2. TN29E35南壁

2018年Ⅰ区探方地层

1. TN22E40东壁剖面

2. TN22E41东壁剖面

2019年Ⅰ区探方地层

1. TN22E28–TN22E29北壁剖面

2. TN25E34北壁剖面

2019年Ⅱ区探方地层

1. 甲类A型陶钵（TN31E36⑥：1）

2. Cb型石斧（TN26E38⑥：25）

3. 甲类B型陶钵（TN27E36⑥：3）

4. A型石凿（TN27E37⑥：1）

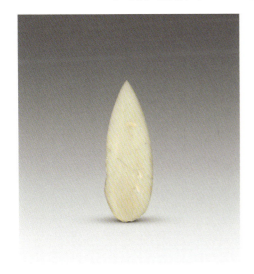

5. Ba型石箭镞（TN27E36⑥：1）

6. 乙类Aa型陶钵（TN30E36⑤：1）

2016年新石器时代第5、6层出土陶器、石器

1. Ba型陶束颈罐（TN29E39④：2）

2. B型陶带耳罐（TN31E39④：1）

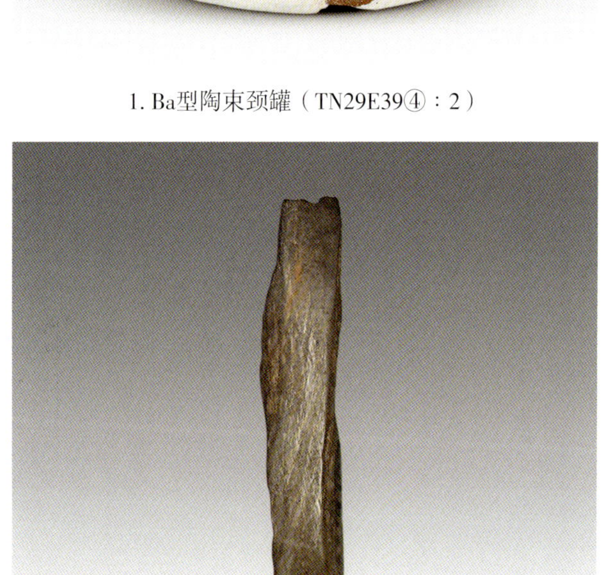

3. C型石锛（TN27E39④：19）

4. 乙类Ab型石刀（TN26E38④：98）

5. 乙类B型石刀（TN31E37④：1）

6. Aa型石箭镞（TN30E37④：2）

7. 石纺轮（TN26E39④：1）

2016年新石器时代第4层出土陶器、石器

1. Ae型侈口小罐（TN27E37③：51）

2. C型矮领小罐（TN26E36③：83）

3. C型矮领小罐（TN26E37③：54）

4. 甲类Bd型壶（TN31E39③：1）

5. 碗（TN29E39③：65）

6. 碗（TN30E37③：76）

2016年新石器时代第3层出土陶器

彩版三八

1. A型斧（TN30E38③：39）

2. 石斧残件（TN30E37③：2）

3. B型锛（TN30E38③：40）

4. 乙类Aa型刀（TN27E38③：3）

2016年新石器时代第3层出土石器

1. 乙类Ab型刀（TN29E36③：3）

4. 纺轮（TN28E37③：1）

2. 乙类Ab型刀（TN31E37③：62）

3. 乙类C型刀（TN31E37③：59）

5. 纺轮（TN31E36③：1）

2016年新石器时代第3层出土石器

1. B型陶敛口罐（TN28E39②：51）

2. B型石斧（TN26E39②：64）

3. B型石斧（TN31E37②：31）

4. Ca型石斧（TN29E39②：6）

5. Cb型石斧（TN30E36②：1）

6. 石纺轮（TN28E39②：58）

2016年新石器时代第2层出土陶器、石器

1. B型锛（TN26E39②：2）

2. B型锛（TN28E37②：1）

3. 乙类Ab型刀（TN28E38②：37）

4. 乙类Ab型刀（TN28E39②：55）

2016年新石器时代第2层出土石器

1. Aa型箭镞（TN27E39②：81）

2. Ab型箭镞（TN26E38②：58）

3. Ab型箭镞（TN29E37②：1）

4. Bb型箭镞（TN28E36②：4）

5. Cb型箭镞（TN27E36②：1）

6. A型斧（TN26E36①：1）

2016年新石器时代第1、2层出土石器

1. F1

2. F2

3. H17

4. H2

2016年新石器时代房址、灰坑

1. H3

2. H4

3. H9

4. H11

5. Aa型箭镞（H5：2）

6. 乙类Ab型刀（H9：1）

2016年新石器时代灰坑及出土石器

1. H12

2. H13

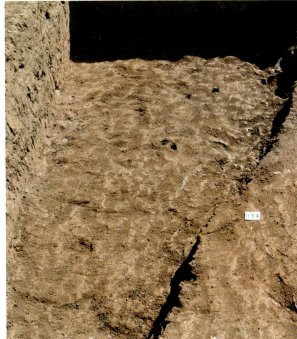

3. H14

4. H15

2016年新石器时代灰坑

1. H16　2. H18　3. H19　4. H21　5. H23　6. H24

2016年新石器时代灰坑

1. H25　2. H26

3. H28　4. H29

5. H30　6. Bb型束颈罐（H30：1）

2016年新石器时代灰坑及H30出土陶器

彩版四八

1. H31

2. H32

3. 乙类Bb型钵（H33：1）

5. H35

4. H34

2016年新石器时代灰坑及H33出土陶器

1. H36

2. H37

3. H38

4. H40

5. H42

2016年新石器时代灰坑

1. H41

2. 乙类Be型钵（H41：50）

3. H43

4. H44

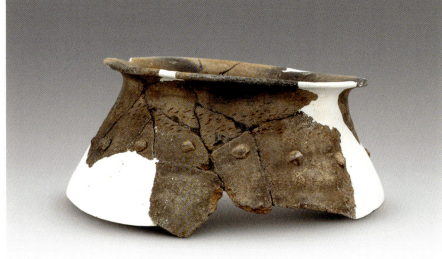

5. Bb型束颈罐（H44：1）

2016年新石器时代灰坑及H41、H44出土陶器

1. H45

2. H46

3. H47

4. H48

5. H49

6. Cb型箭镞（H49：1）

2016年新石器时代灰坑及H49出土石器

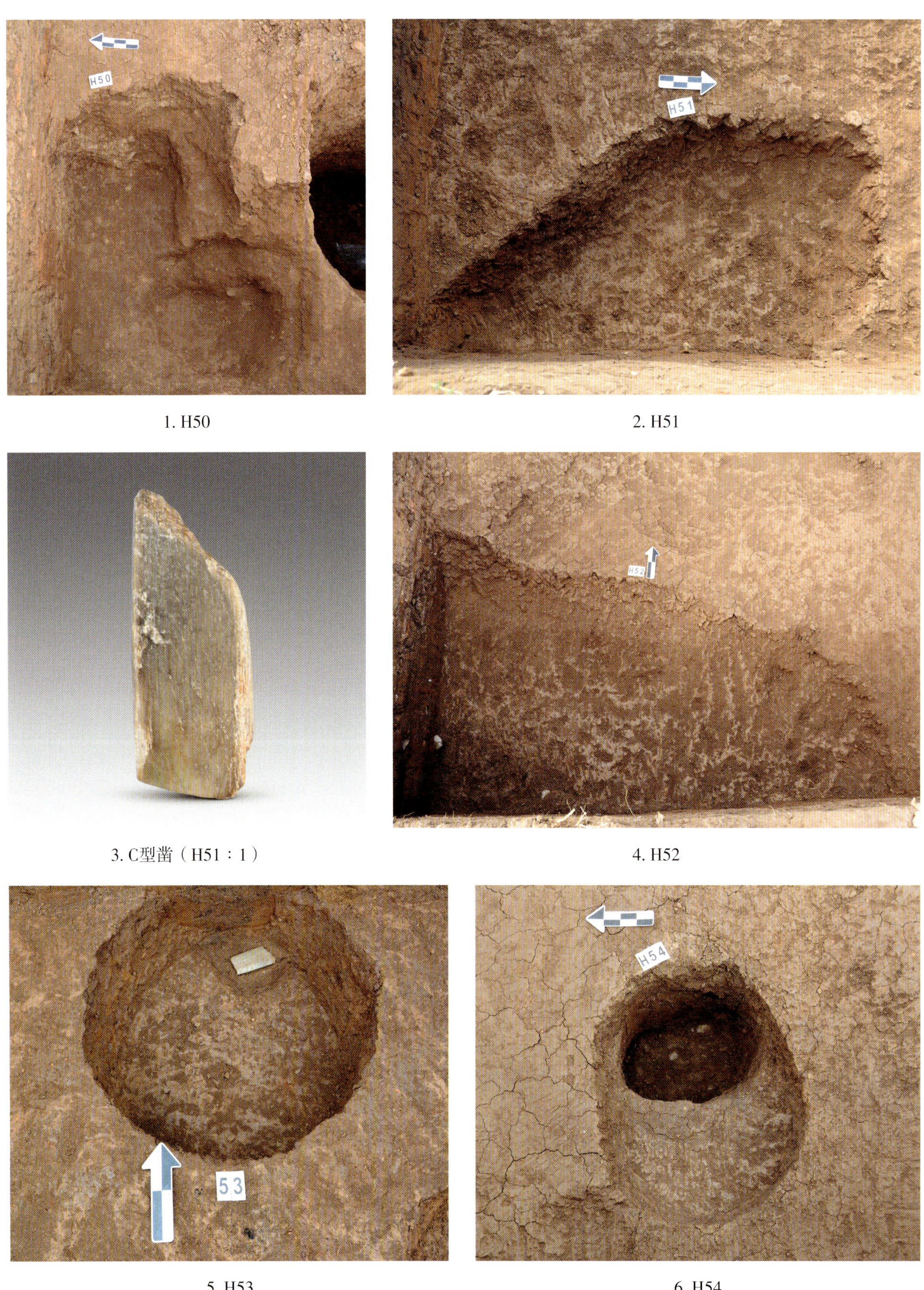

1. H50

2. H51

3. C型凿（H51：1）

4. H52

5. H53

6. H54

2016年新石器时代灰坑及H51出土石器

1. H55　2. H56

3. H57　6. TN28E36K1

4. A型侈口小罐（H57：2）　5. 甲类Ba型壶（H57：1）　7. 壶（TN28E36K1：2）

2016年新石器时代灰坑、器物坑及出土陶器

1. TN26E36C1

2. TN26E36C1：1

3. TN26E36C1：2

4. TN26E36C1：3

5. TN26E36C1：4

6. TN26E36C1：5

2016年新石器时代TN26E36C1及其出土乙类Aa型石刀

1. Ac型陶盘口高领罐（TN26E38C1：1）

2. Bb型陶束颈罐（TN27E37C1：1）

3. Bb型陶束颈罐（TN27E37C1：2）

4. B型陶矮领小罐（TN28E36C1：1）

5. A型石斧（TN27E37C2：11）

6. A型石斧（TN27E37C2：12）

2016年新石器时代特殊遗迹出土陶器、石器

1. 乙类Aa型（TN27E37C2：2）

2. 乙类Aa型（TN27E37C2：3）

3. 乙类Aa型（TN27E37C2：4）

4. 乙类Aa型（TN27E37C2：5）

5. 乙类Aa型（TN27E37C2：6）

6. 乙类Aa型（TN27E37C2：8）

7. 乙类Aa型（TN27E37C2：10）

8. 乙类Ab型（TN27E37C2：1）

2016年新石器时代TN27E37C2出土石刀

1. 乙类C型刀（TN16E23③：1）

2. Aa型箭镞（TN15E22③：16）

3. A型斧（TN12E22②：35）

4. A型斧（TN14E22②：48）

5. Ca型斧（TN14E22②：50）

6. Cb型斧（TN16E24②：1）

7. 石斧残件（TN12E24②：2）

8. 石斧残件（TN16E22②：5）

2017年新石器时代Ⅰ区第2、3层出土石器

1. B型锛（TN12E24②：4）

2. B型锛（TN16E22②：4）

6. 网坠（TN14E22②：49）

3. 乙类Ab型刀（TN13E23②：5）

4. 乙类Ab型刀（TN15E23②：1）

5. 石刀坯料（TN15E22②：1）

7. 纺轮（TN16E22②：3）

2017年新石器时代Ⅰ区第2层出土石器

1. A型陶纺轮（TN13E22①：1）

2. A型石斧（TN16E22①：1）

3. 石斧残件（TN16E22①：5）

4. 石锛残件（TN12E23①：1）

5. 乙类Ab型石刀（TN13E23①：13）

6. 乙类Ab型石刀（TN13E24①：1）

2017年新石器时代Ⅰ区第1层出土陶器、石器

1. 乙类Ab型刀（TN14E23①：1）

2. 乙类Ab型刀（TN14E23①：2）

3. 乙类Ab型刀（TN14E24①：2）

4. 乙类C型刀（TN15E23①：13）

5. 乙类C型刀（TN15E24①：1）

6. 纺轮（TN12E24①：1）

2017年新石器时代Ⅰ区第1层出土石器

1. Ab型陶盘口高领罐（G3：32）

3. Ca型石斧（G3：1）

2. C型陶盆（G3：11）

4. 石斧残件（G3：6）

5. 石斧残件（G3：110）

2017年新石器时代Ⅰ区G3出土陶器、石器

1. 陶尊形器（TN32E38⑥：2）

2. Ab型石箭镞
（TN32E34⑥：1）

3. 石纺轮
（TN33E36⑥：1）

4. A型陶敛口罐（TN30E34⑤：17）

5. A型石斧（TN33E38⑤：1）

6. B型石锛
（TN32E34⑤：1）

7. B型石锛
（TN32E36⑤：2）

2017年新石器时代Ⅱ区第5、6层出土陶器、石器

1. A型凿（TN30E34⑤：1）

2. A型凿（TN30E34⑤：2）

3. C型凿（TN32E36⑤：1）

4. C型凿（TN33E37⑤：2）

5. 乙类Ab型刀（TN32E37⑤：1）

6. 乙类C型刀（TN33E34⑤：1）

7. 乙类C型刀（TN34E36⑤：2）

8. 砍砸器（TN33E38⑤：22）

2017年新石器时代Ⅱ区第5层出土石器

1. Ac型侈口小罐（TN34E34④：17）

3. 乙类Bd型钵（TN34E35④：2）

2. 乙类壶（TN33E35④：24）

4. 乙类Be型钵（TN34E35④：18）

5. Aa型杯（TN34E35④：4）

6. Cb型杯（TN33E35④：1）

2017年新石器时代Ⅱ区第4层出土陶器

1. A型锛（TN30E34④：3）

2. B型锛（TN29E39④：1）

3. B型锛（TN31E34④：1）

4. 石锛残件（TN32E36④：1）

5. B型凿（TN33E34④：1）

6. 乙类Ab型刀（TN33E37④：1）

7. 乙类Ab型刀（TN30E34④：2-1）

8. 乙类C型刀（TN34E36④：1）

2017年新石器时代Ⅱ区第4层出土石器

1. 石球（TN32E35④：1）

2. 石网坠（TN30E34④：1）

3. 石网坠（TN30E35④：1）

4. 石网坠（TN33E36④：1）

5. 石鸟首形器（TN32E34④：1）

6. Ab型陶束颈罐（TN34E37③：17）

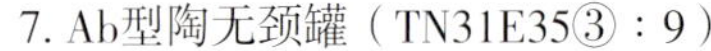

7. Ab型陶无颈罐（TN31E35③：9）

8. A型陶长颈罐（TN33E38③：51）

2017年新石器时代Ⅱ区第3、4层出土陶器、石器

1. B型陶瓶（TN32E38③：43）

3. A型石斧（TN31E35③：7）

4. Cb型石斧（TN32E34③：57）

2. 陶器座（TN33E34③：2）

5. 石斧残件（TN33E38③：1）

6. Cb型石斧（TN32E35③：5）

7. Cb型石斧（TN32E37③：1）

2017年新石器时代Ⅱ区第3层出土陶器、石器

1. TN30E34③：7
2. TN31E34③：1
3. TN31E35③：11
4. TN32E38③：1
5. TN33E34③：1
6. TN33E36③：2
7. TN34E37③：2

2017年新石器时代Ⅱ区第3层出土B型石锛

1. 石锛残件（TN31E35③：2）

2. A型凿（TN33E34③：3）

3. C型凿（TN32E38③：2）

4. C型凿（TN33E38③：52）

5. D型凿（TN31E35③：10）

6. 乙类C型刀（TN33E34③：4）

7. 乙类Ab型刀（TN33E38③：2）

8. 乙类C型刀（TN33E36③：1）

2017年新石器时代Ⅱ区第3层出土石器

1. TN30E34③：1　2. TN30E34③：2　3. TN30E34③：3

4. TN30E34③：4　5. TN30E34③：9　6. TN30E34③：14

7. TN30E35③：1　8. TN31E34③：3

2017年新石器时代Ⅱ区第3层出土石网坠

1. TN31E34③：4

2. TN31E34③：5

3. TN31E34③：6

4. TN31E34③：7

5. TN31E34③：8

6. TN31E34③：10

7. TN31E34③：9

8. TN31E34③：11

2017年新石器时代Ⅱ区第3层出土石网坠

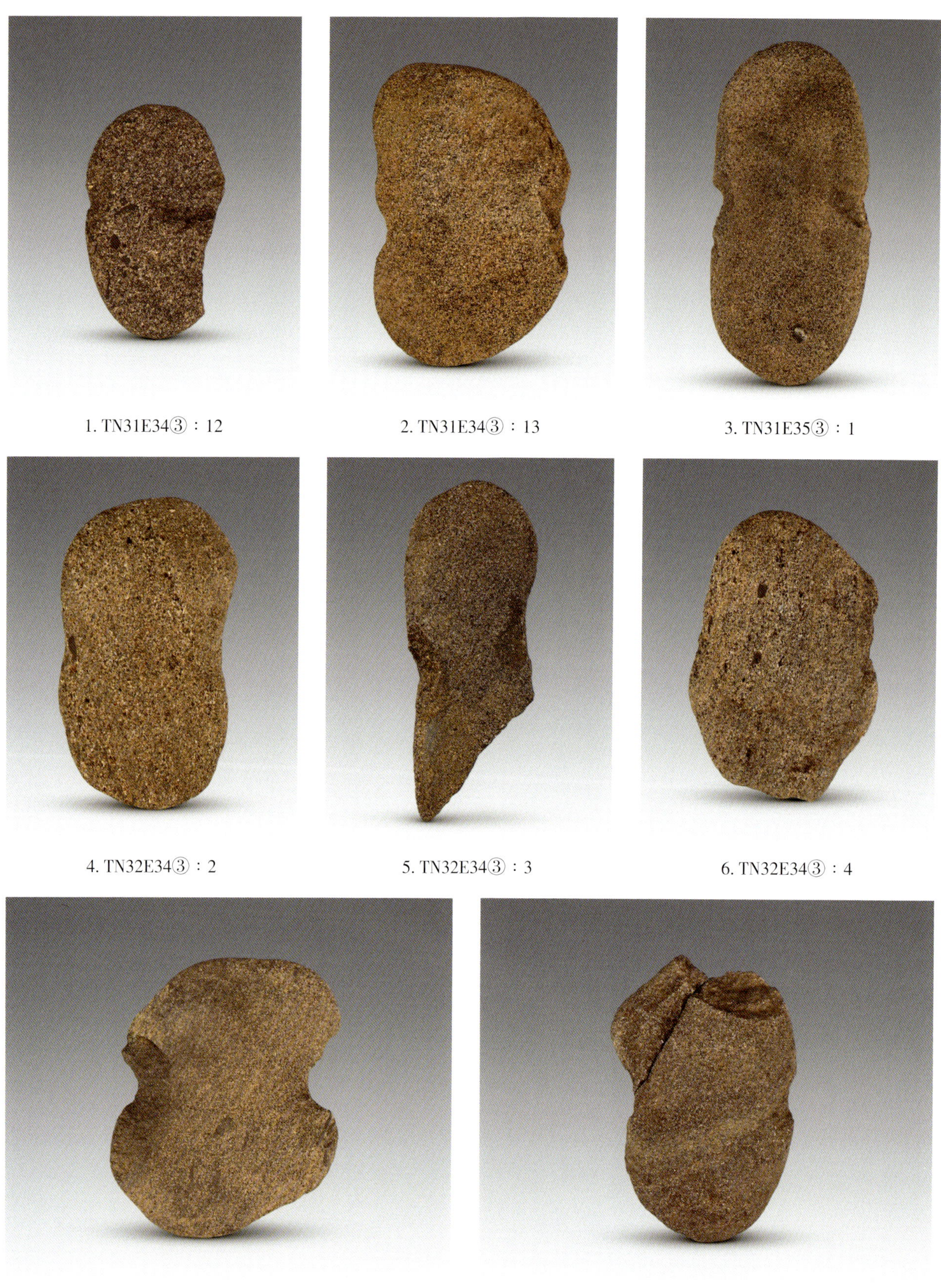

1. TN31E34③：12

2. TN31E34③：13

3. TN31E35③：1

4. TN32E34③：2

5. TN32E34③：3

6. TN32E34③：4

7. TN32E34③：5

8. TN32E34③：7

2017年新石器时代Ⅱ区第3层出土石网坠

1. 网坠（TN32E34③：58）

2. 网坠（TN32E35③：1）

3. 网坠（TN32E35③：4）

4. 纺轮（TN32E37③：2）

5. 纺轮（TN34E37③：4）

6. 片状带刃器（TN31E35③：5）

2017年新石器时代Ⅱ区第3层出土石器

1. Ba型陶瓮（TN33E36②：12）

4. Aa型陶杯（TN33E34②：3）

2. A型陶瓶（TN32E35②：5）

5. A型石斧（TN32E36②：2）

3. 乙类Ac型陶钵（TN32E38②：51）

6. A型石斧（TN33E35②：2）

2017年新石器时代Ⅱ区第2层出土陶器、石器

1. B型斧（TN31E35②：1）

2. Ca型斧（TN34E38②：1）

3. Cb型斧（TN30E35②：2）

4. Cb型斧（TN32E35②：2）

5. 石斧残件（TN30E35②：1）

6. A型锛（TN32E34②：1）

2017年新石器时代Ⅱ区第2层出土石器

1. TN31E34②：2
2. TN32E36②：1
3. TN32E38②：36
4. TN33E34②：2
5. TN33E34②：5
6. TN33E36②：3

2017年新石器时代Ⅱ区第2层出土B型石锛

1. 石锛残件（TN29E34②：1）

2. 石锛残件（TN30E35②：10）

3. 石锛残件（TN32E36②：3）

4. 石锛残件（TN34E38②：21）

5. 石锛坯料（TN33E35②：3）

6. 乙类Aa型刀（TN33E36②：2）

2017年新石器时代Ⅱ区第2层出土石器

1. 乙类Ab型刀（TN31E35②：10）

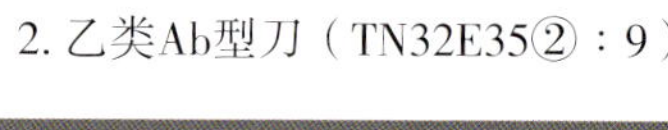

2. 乙类Ab型刀（TN32E35②：9）

3. 乙类Ab型刀（TN34E34②：1）

4. 石刀残件（TN34E36②：1）

5. Ba型箭镞（TN33E34②：1）

6. 箭镞坯料（TN33E35②：1）

2017年新石器时代Ⅱ区第2层出土石器

1. TN30E34②：1
2. TN30E34②：3
3. TN30E35②：3
4. TN31E34②：3
5. TN31E34②：4
6. TN31E35②：2
7. TN31E35②：3
8. TN31E35②：4

2017年新石器时代Ⅱ区第2层出土石网坠

1. TN31E35②：5　2. TN31E35②：6　3. TN31E35②：7　4. TN31E35②：8　5. TN32E34②：2　6. TN32E34②：3　7. TN32E34②：4　8. TN32E35②：1

2017年新石器时代Ⅱ区第2层出土石网坠

1. 网坠（TN32E35②：23）

2. 网坠（TN32E35②：6）

3. 网坠（TN32E35②：7）

4. 网坠（TN32E35②：8）

5. 网坠（TN33E34②：4）

6. 纺轮（TN32E38②：1）

2017年新石器时代Ⅱ区第2层出土石器

1. 陶瓮（TN34E38①：11）

2. A型陶纺轮（TN32E34①：1）

3. A型石斧（TN34E35①：1）

4. A型石斧（TN34E35①：14）

5. A型石斧（TN34E36①：2）

6. C型石斧（TN34E37①：1）

2017年新石器时代Ⅱ区第1层出土陶器、石器

1. B型（TN32E36①：1）
2. B型（TN33E35①：1）
3. B型（TN33E35①：2）
4. B型（TN33E36①：1）
5. B型（TN34E35①：2）
6. B型（TN34E36①：1）
7. C型（TN33E36①：2）
8. 残件（TN34E38①：1）

2017年新石器时代Ⅱ区第1层出土石锛

1. C型凿（TN30E35①：2）

2. 石凿残件（TN31E35①：1）

3. 乙类B型刀（TN34E35①：13）

4. Ca型箭镞（TN30E34①：1）

5. 箭镞残件（TN32E34①：3）

6. 网坠（TN31E34①：1）

7. 网坠（TN32E34①：2）

2017年新石器时代Ⅱ区第1层出土石器

1. F8

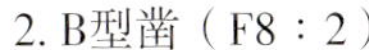

2. B型凿（F8：2）

3. F9

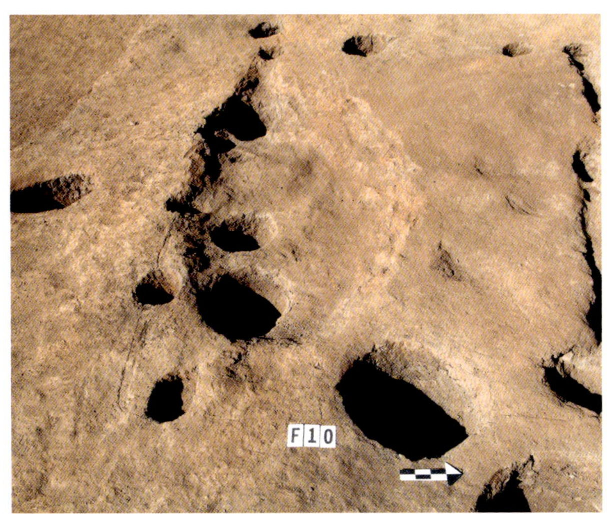

4. F10

5. F21

2017年新石器时代Ⅱ区房址及F8出土石器

1. A型盆（F21：2）

2. 甲类A型钵（F21：8）

3. 甲类A型钵（F21：9）

4. 甲类B型钵（F21：4）

2017年新石器时代Ⅱ区F21出土陶器

1. H81　2. C型锛（H81：10）

3. H82　4. 网坠（H82：1）

5. H83　6. H84

2017年新石器时代Ⅱ区灰坑及H81、H82出土石器

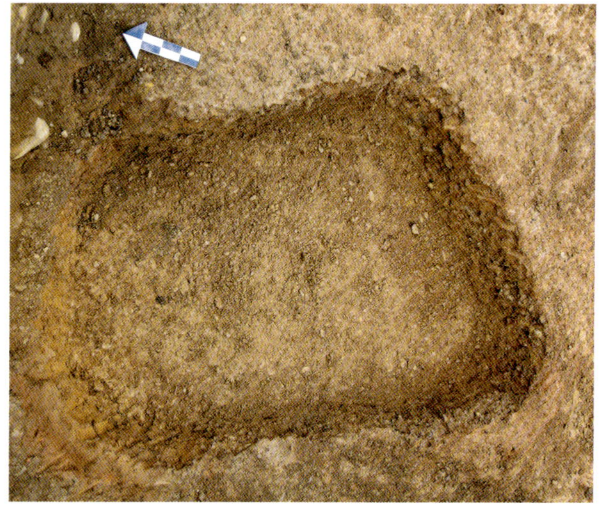

1. H85

2. H87

3. H88

4. Aa型杯（H88：2）

2017年新石器时代Ⅱ区灰坑及H88出土陶器

1. H89

2. H96

3. H97

4. H98

2017年新石器时代Ⅱ区灰坑

1. Ba型陶束颈罐（H98②：11）

2. A型陶纺轮（H98①：1）

3. 乙类Be型陶钵（H98②：1）

4. 乙类Ab型石刀（H98①：2）

5. Ab型石箭镞（H98②：2）

2017年新石器时代Ⅱ区H98出土陶器、石器

1. H100

2. H102

3. A型陶长颈罐（H103：14）

4. A型陶长颈罐（H103：20）

5. B型石锛（H103：1）

2017年新石器时代Ⅱ区灰坑及H103出土陶器、石器

1. H104

3. C型侈口小罐（H105：1）

2. H105

4. H106

5. Aa型杯（H106：2）

2017年新石器时代Ⅱ区灰坑及H105、H106出土陶器

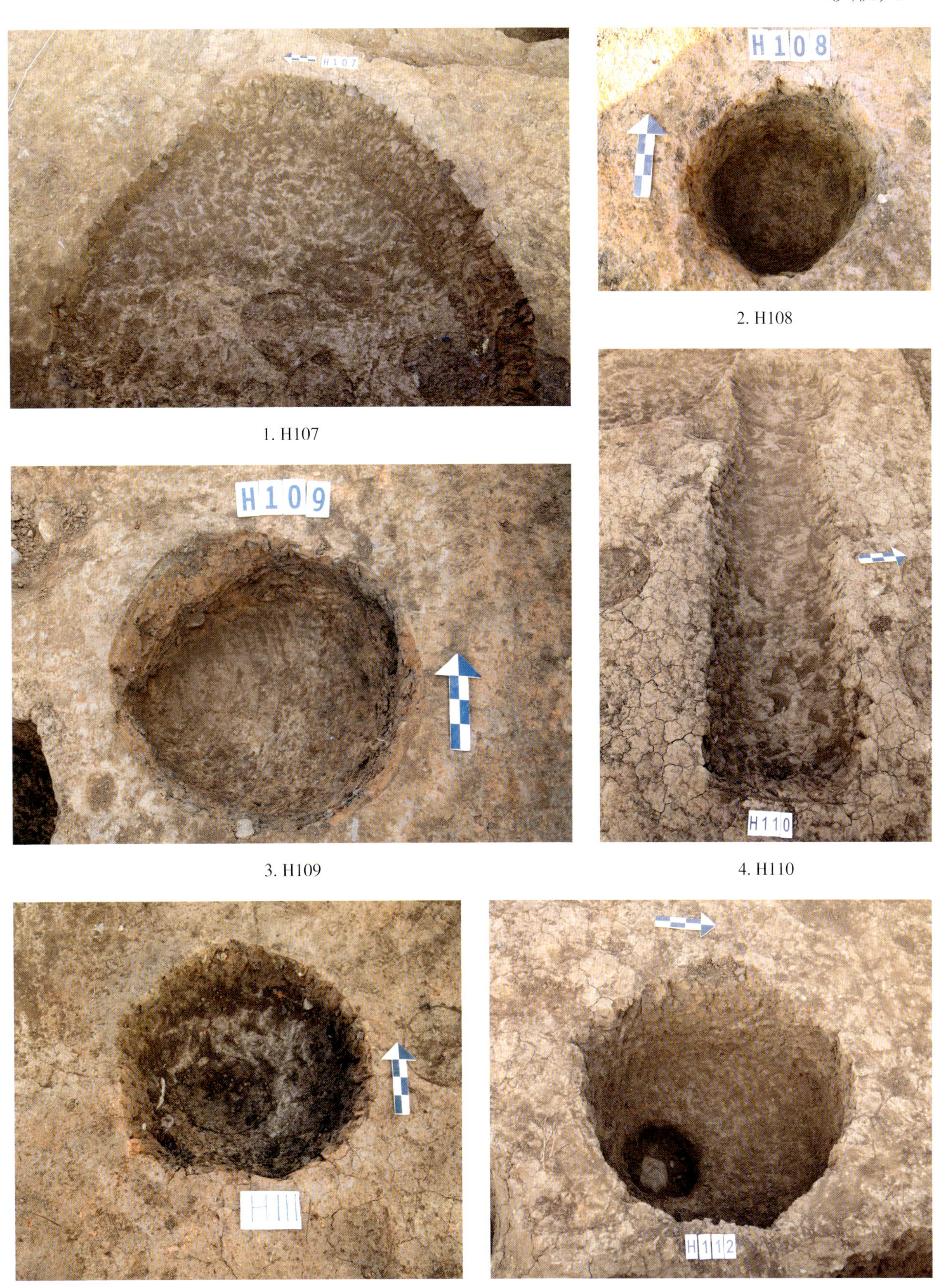

1. H107

2. H108

3. H109

4. H110

5. H111

6. H112

2017年新石器时代Ⅱ区灰坑

1. H118

2. H120

3. H134

4. H135、H136

2017年新石器时代Ⅱ区灰坑

1. 甲类Aa型壶（H136：2）

2. 甲类Ba型壶（H136：4）

3. 甲类Bb型壶（H136：6）

4. 乙类Bf型钵（H136：7）

2017年新石器时代Ⅱ区H136出土陶器

1. H139

2. H140

3. H141

4. H142

2017年新石器时代Ⅱ区灰坑

1. H143

2. H144

3. 凿（H145：2）

4. H147

2017年新石器时代Ⅱ区灰坑及H145出土玉器

1. 陶碗（G5：53）

2. Ca型陶杯（G5：54）

3. Cb型石斧（G5：1）

4. 石网坠（G5：55）

2017年新石器时代Ⅱ区G5出土陶器、石器

1. 尊形罐（M4：2）

2. 甲类Bg型壶（M4：1）

3. Ab型侈口小罐（M5：2）

4. 乙类Af型钵（M5：1）

5. Aa型杯（M5：4）

6. 器底（M5：3）

2017年新石器时代Ⅱ区M4、M5出土陶器

1. M6

2. B型矮领小罐（M6：2）

3. 甲类Bg型壶（M6：1）

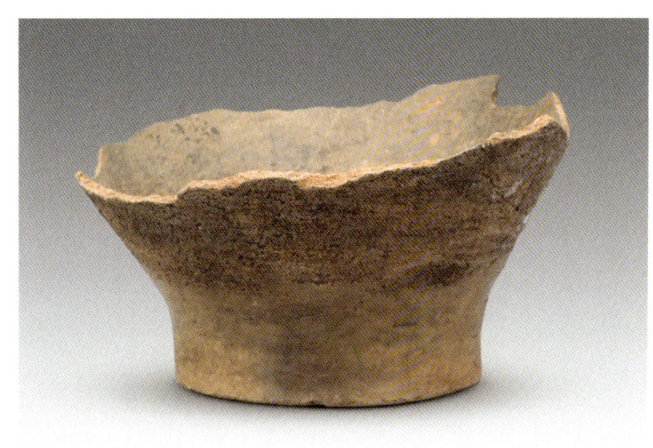

4. 器底（M6：3）

2017年新石器时代Ⅱ区M6及其出土陶器

1. M7

2. M8

3. 釜形罐（M8：1）

4. A型瓶（M8：2）

5. Aa型杯（M8：5）

2017年新石器时代Ⅱ区墓葬及M8出土陶器

1. Bb型陶束颈罐（TN30E34C1：6）

3. 石锛残件（TN30E34C1：4）

2. Ac型陶侈口小罐（TN30E34C1：3）

4. 石刀残件（TN30E34C1：5）

2017年新石器时代Ⅱ区TN30E34C1出土陶器、石器

1. TN30E34C2石器堆积

2. B型石锛（TN30E34C2：4）

3. C型石锛（TN30E34C2：11）

4. C型石凿（TN30E34C2：5）

5. B型玉锛（TN30E34C2：3）

6. B型玉锛（TN30E34C2：12）

7. 玉凿（TN30E34C2：14）

2017年新石器时代Ⅱ区TN30E34C2及其出土石器、玉器

1. 石刀组合

3. 乙类Aa型（TN30E34C2：7）

4. 乙类Aa型（TN30E34C2：8）

5. 乙类Aa型（TN30E34C2：10）

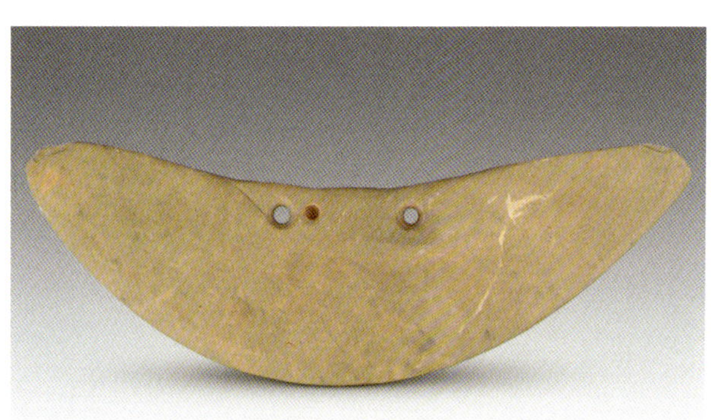

2. 乙类Aa型（TN30E34C2：6）

6. 乙类Ab型（TN30E34C2：9）

2017年新石器时代Ⅱ区TN30E34C2出土石刀

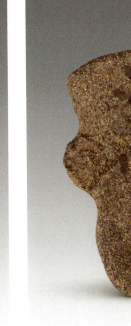

1. 石网坠（TN31E34C1：1）

2. 石网坠（TN31E34C1：2）

3. Ac型陶侈口小罐（TN34E34C1：1）

2017年新石器时代Ⅱ区TN31E34C1、TN34E34C1出土陶器、石器

1. 乙类Ab型刀（TN25E37⑤：1）

2. 乙类Ab型刀（TN25E38⑤：1）

3. 乙类B型刀（TN25E38⑤：2）

4. C型斧（TN25E38④：1）

5. Ca型斧（TN25E38③：1）

6. 乙类Ab型刀（TN23E39③：1）

2017年新石器时代Ⅲ区第3～5层出土石器

1. A型陶纺轮（TN25E37②：1）

2. Cb型石斧（TN24E38②：1）

3. C型石锛（TN23E39②：1）

4. 乙类C型石刀（TN25E37②：3）

5. 乙类Ab型石刀（TN25E37①：1）

6. C型石锛（TN23E39①：2）

7. 石锛残件（TN25E39①：3）

8. 石箭镞残件（TN23E39①：3）

2017年新石器时代Ⅲ区第1、2层出土陶器、石器

1. H71

2. H80

3. H79

4. H90

2017年新石器时代Ⅲ区灰坑

1. H92

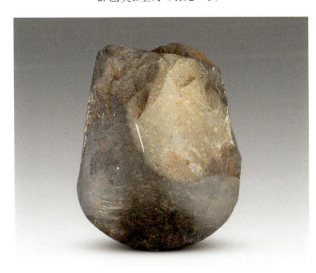

2. 乙类B型刀（H92：1）

3. A型斧（H95：1）

4. H99

5. H117

6. H138

2017年新石器时代Ⅲ区灰坑及H92、H95出土石器

1. 陶碗（H116⑥：16）

2. 甲类石刀（H116：10）

3. A型石斧（H116③：4）

4. C型石锛（H116：8）

5. Aa型石箭镞（H116①：1）

6. Ca型石斧（H116⑥：1）

7. 乙类C型石刀（H116：4）

8. Aa型石箭镞（H116①：3）

2017年新石器时代Ⅲ区H116出土陶器、石器

1. M1

2. Ae型侈口小罐（M1：3）

3. 敛口小罐（M1：2）

4. 带把罐（M1：1）

5. M2

6. M3

2017年新石器时代Ⅲ区墓葬及M1出土陶器

1. Ac型侈口小罐（M2：2）

2. 甲类Bd型壶（M2：3）

3. 带把罐（M3：2）

4. 乙类壶（M2：1）

5. 尊形罐（M3：1）

6. W1

7. A型瓮（W1：1）

2017年新石器时代Ⅲ区墓葬及M2、M3、W1出土陶器

1. A型石斧（TN31E32⑥：1）

2. Aa型陶无颈罐（TN31E33④：42）

3. C型陶长颈罐（TN33E31④：11）

4. 乙类Ae型陶钵（TN28E34④ ：1）

5. Ca型石斧（TN34E33④：1）

6. Ca型石斧（TN36E33④：1）

2018年新石器时代Ⅰ区第4、6层出土陶器、石器

1. Cb型斧（TN30E33④：1）

2. 乙类Ab型刀（TN32E33④：2）

3. 乙类B型刀（TN34E31④：10）

4. 乙类C型刀（TN31E32④：1）

5. 乙类C型刀（TN31E32④：3）

6. Ca型箭镞（TN31E33④：1）

2018年新石器时代Ⅰ区第4层出土石器

1. Bb型束颈罐（TN28E34③：5）

2. Ab型侈口小罐（TN32E33③：24）

3. Aa型沿面饰纹罐（TN28E34③：80）

4. A型长颈罐（TN28E34③：79）

5. C型矮领小罐（TN34E31③：20）

6. 小口罐（TN28E35③：57）

2018年新石器时代Ⅰ区第3层出土陶器

1. D型陶瓮（TN28E34③：23）

2. Ca型石斧（TN30E33③：1）

3. Cb型石斧（TN28E35③：58）

4. Cb型石斧（TN32E32③：3）

5. Cb型石斧（TN36E34③：10）

6. 石斧残件（TN28E34③：2）

7. 石斧残件（TN33E32③：2）

2018年新石器时代Ⅰ区第3层出土陶器、石器

1. B型锛（TN30E33③：2）

2. C型锛（TN33E31③：1）

3. 石锛残件（TN27E35③：1）

4. 石锛残件（TN34E32③：10）

5. 甲类刀（TN28E35③：3）

6. 乙类Aa型刀（TN33E31③：2）

2018年新石器时代Ⅰ区第3层出土石器

1. 乙类Ab型（TN33E32③：10）

2. 乙类Ab型（TN33E33③：10）

3. 乙类Ab型（TN36E31③：1）

4. 乙类Ab型（TN33E33③：4）

5. 乙类C型（TN31E32③：1）

6. 乙类C型（TN33E33③：2）

2018年新石器时代Ⅰ区第3层出土石刀

1. Aa型（TN32E33③：2）

2. Ac型（TN28E34③：3）

3. Bb型（TN28E34③：82）

4. Bb型（TN32E33③：1）

5. Bb型（TN33E33③：1）

6. Ca型（TN36E32③：1）

7. Cb型（TN28E34③：1）

2018年新石器时代Ⅰ区第3层出土石箭镞

1. D型陶杯（TN31E32②：2）

2. 陶器底（TN28E35②：43）

3. A型陶纺轮（TN33E32②：2）

4. A型石斧（TN30E33②：7）

5. B型石斧（TN27E35②：1）

6. Ca型石斧（TN27E35②：2）

7. Ca型石斧（TN30E33②：4）

8. Ca型石斧（TN33E33②：2）

2018年新石器时代Ⅰ区第2层出土陶器、石器

1. Ca型斧（TN28E35②：7）

2. B型锛（TN28E34②：3）

3. Cb型斧（TN33E33②：1）

4. 石斧坯料（TN27E35②：3）

5. B型锛（TN30E33②：6）

6. B型锛（TN31E32②：1）

7. B型锛（TN31E32②：5）

2018年新石器时代Ⅰ区第2层出土石器

1. 石锛残件（TN28E34②：4）

2. 石锛残件（TN28E35②：4）

3. 石锛残件（TN32E32②：1）

4. 石锛残件（TN33E32②：10）

5. 乙类Aa型刀（TN28E34②：1）

6. 乙类Ab型刀（TN28E35②：8）

7. 乙类Ab型刀（TN30E33②：9）

8. 乙类C型刀（TN27E35②：5）

2018年新石器时代Ⅰ区第2层出土石器

1. Aa型箭镞（TN27E35②：6）

2. Ca型箭镞（TN30E33②：3）

3. Ca型斧（TN35E33①：1）

4. 石斧残件（TN28E34①：16）

5. 石锛残件（TN28E34①：14）

6. 乙类Ab型刀（TN28E34①：12）

2018年新石器时代Ⅰ区第1、2层出土石器

1. Aa型陶沿面饰纹罐（F23：2）

2. 乙类Aa型陶钵（F23：1）

4. Ab型石箭镞（H151：1）

5. H152

3. H151

6. H153

2018年新石器时代Ⅰ区灰坑及F23、H151出土陶器、石器

1. H155

2. H157

3. 石刀坯料（H155：2）

4. H159

5. H160

6. H161

2018年新石器时代Ⅰ区灰坑及H155出土石器

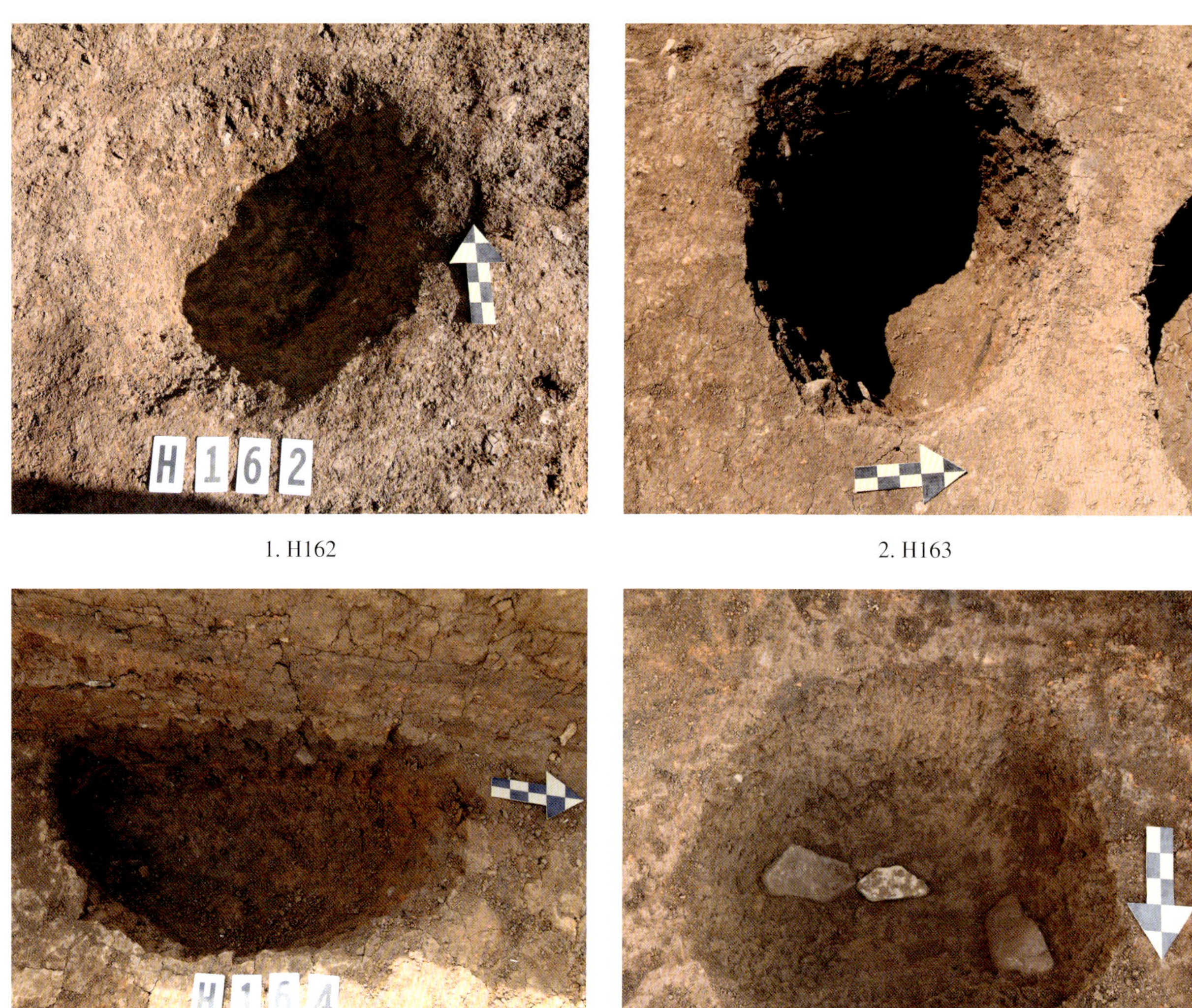

1. H162　2. H163　3. H164　4. H167

2018年新石器时代Ⅰ区灰坑

1. H168

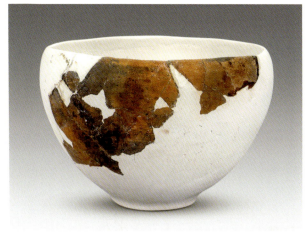

2. 乙类Ae型陶钵（H170：1）

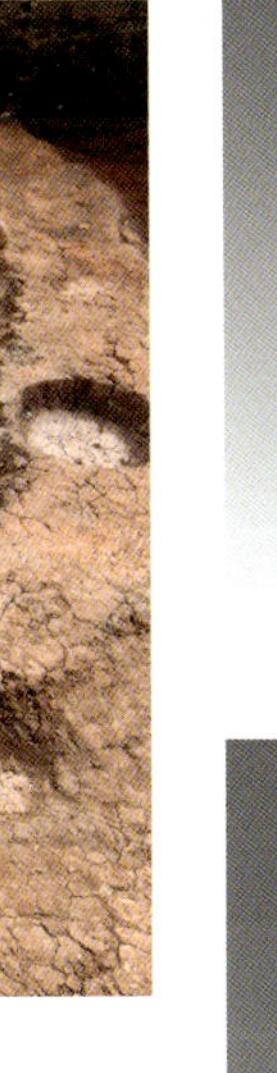

3. H175

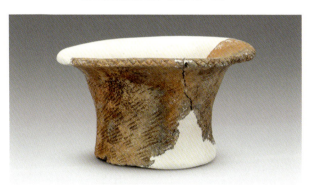

4. A型陶长颈罐（H175：20）

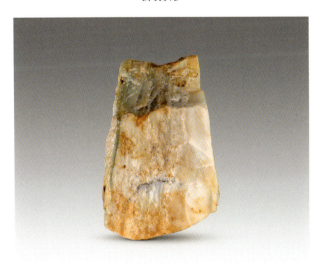

5. B型石斧（H175：43）

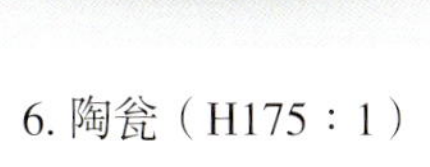

6. 陶瓮（H175：1）

2018年新石器时代Ⅰ区灰坑及H170、H175出土陶器、石器

1. H177

2. H179

3. H182

4. H183

2018年新石器时代Ⅰ区灰坑

1. H184

3. H187

2. H186

4. H188

5. H190

6. Ca型斧（H190：1）

2018年新石器时代Ⅰ区灰坑及H190出土石器

1. H191

2. H192

3. H193

4. H196

5. G8

2018年新石器时代Ⅰ区灰坑、灰沟

1. TN28E35K1

2. TN28E35K1：1

3. TN28E35K1：2

4. TN28E35K1：3

5. TN28E35K1：4

2018年新石器时代Ⅰ区TN28E35K1及其出土乙类Aa型石刀

1. TN31E32K2

2. 小罐（TN31E32K2：1）

3. Aa型杯（TN31E32K2：2）

4. TN36E34K3

2018年新石器时代Ⅰ区器物坑及TN31E32K2出土陶器

1. M9

2. 鼓腹小罐（M9：4）

3. 甲类Bc型壶（M9：5）

4. 甲类Bd型壶（M9：1）

5. 甲类Bf型壶（M9：2）

2018年新石器时代Ⅰ区M9及其出土陶器

1. M10

2. M11

3. M12

4. M13

2018年新石器时代Ⅰ区墓葬

1. Ae型侈口小罐（M10：2）

2. Ae型侈口小罐（M10：5）

3. B型矮领小罐（M10：3）

4. B型矮领小罐（M10：4）

5. C型矮领小罐（M10：6）

6. 乙类Ab型钵（M10：1）

2018年新石器时代Ⅰ区M10出土陶器

1. Ae型侈口小罐（M11：1）

2. A型矮领小罐（M11：4）

3. C型瓶（M11：2）

4. 尊形罐（M11：6）

5. 乙类Ag型钵（M11：3）

6. C型瓶（M11：5）

7. C型瓶（M11：7）

8. 甲类Ab型壶（M13：1）

2018年新石器时代Ⅰ区M11、M13出土陶器

1. Ae型侈口小罐（M12：1）

2. Ae型侈口小罐（M12：2）

3. C型侈口小罐（M12：3）

4. 鼓腹小罐（M12：4）

5. 罐（M12：7）

6. 乙类Ab型钵（M12：5）

2018年新石器时代Ⅰ区M12出土陶器

1. 石锛残件（TN28E34C1：1）

2. Ac型石箭镞（TN28E34C1：4）

3. Bb型石箭镞（TN28E34C1：2）

4. C型陶长颈罐（TN30E33C1：36）

2018年新石器时代Ⅰ区TN28E34C1、TN30E33C1出土陶器、石器

1. Ac型陶侈口小罐（TN29E33⑥：51）

2. Bc型陶无颈罐（TN29E33⑥：41）

3. 乙类Be型陶钵（TN29E33⑥：43）

4. 石锛残件（TN29E35④：2）

5. 石刀残件（TN29E33④：3）

6. 石刀残件（TN29E35④：1）

2018年新石器时代Ⅱ区第4、6层出土陶器、石器

1. 石斧残件（TN29E35③：1）

2. B型锛（TN29E33③：1）

3. B型锛（TN29E35③：3）

4. 石刀残件（TN29E35③：8）

5. 石锛残件（TN29E33②：2）

2018年新石器时代Ⅱ区第2、3层出土石器

1. A型锛（TN29E34回填坑：3）

2. B型锛（TN29E34回填坑：2）

3. 乙类Aa型刀（H197：2）

4. 乙类Ab型刀（H197：1）

2018年新石器时代Ⅱ区回填坑、H197出土石器

1. H197

2. H200

3. H201

2018年新石器时代Ⅱ区灰坑

1. Ab型陶盘口高领罐（TN20E40③：11）

4. 乙类Ab型石刀（TN22E41③：7）

2. 陶釜形罐（TN21E41③：12）

5. 乙类C型石刀（TN22E41③：4）

3. 乙类Aa型石刀（TN21E40③：2）

6. 乙类C型石刀（TN22E41③：6）

2019年新石器时代Ⅰ区第3层出土陶器、石器

1. 陶器底（TN21E40②：11）

2. Ca型石斧（TN22E41②：1）

3. 石锛残件（TN21E40②：1）

5. 陶碗（TN20E40C1：1）

4. 石锛残件（TN21E41②：1）

6. 乙类Aa型陶钵（TN20E41C1：1）

2019年新石器时代Ⅰ区第2层、TN20E40C1、TN20E41C1出土遗物

1. F24

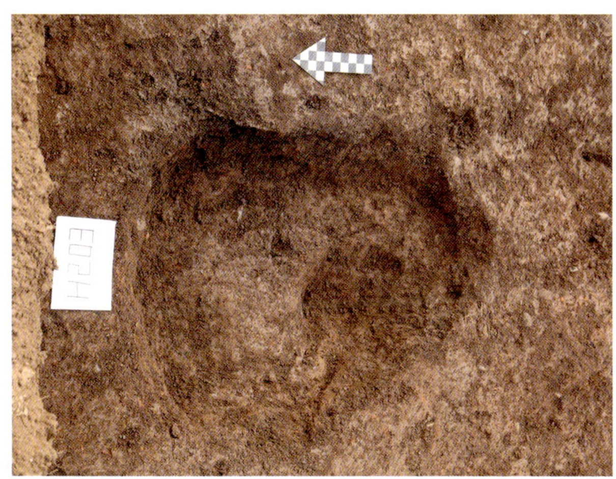

2. H203

3. H206

4. H208

2019年新石器时代Ⅰ区房址、灰坑

1. Bb型陶束颈罐（H208：29）

4. H215

2. 乙类Aa型石刀（H208：33）

5. C型陶长颈罐（H215：11）

3. H210

6. 石锛残件（H215：2）

7. 石刀残件（H215：1）

2019年新石器时代Ⅰ区灰坑及H208、H215出土陶器、石器

1. G9

2. Ac型陶侈口小罐（G9④：3）

3. 乙类Aa型石刀（G9④：2）

4. Ac型陶侈口小罐（G9④：4）

5. 乙类Aa型石刀（G9④：6）

6. 乙类Ab型石刀（G9③：2）

2019年新石器时代Ⅰ区G9及其出土陶器、石器

1. 石斧残件（TN22E28⑤：22）

5. A型陶长颈罐（TN25E34④：12）

2. 乙类Ab型石刀（TN22E29⑤：2）

6. Ac型陶盘口高领罐（TN25E33③：22）

3. 石刀残件（TN22E28⑤：20）

4. 石锛残件（TN22E29④：4）

7. A型石锛（TN22E28②：2）

2019年新石器时代Ⅱ区第2～5层出土陶器、石器

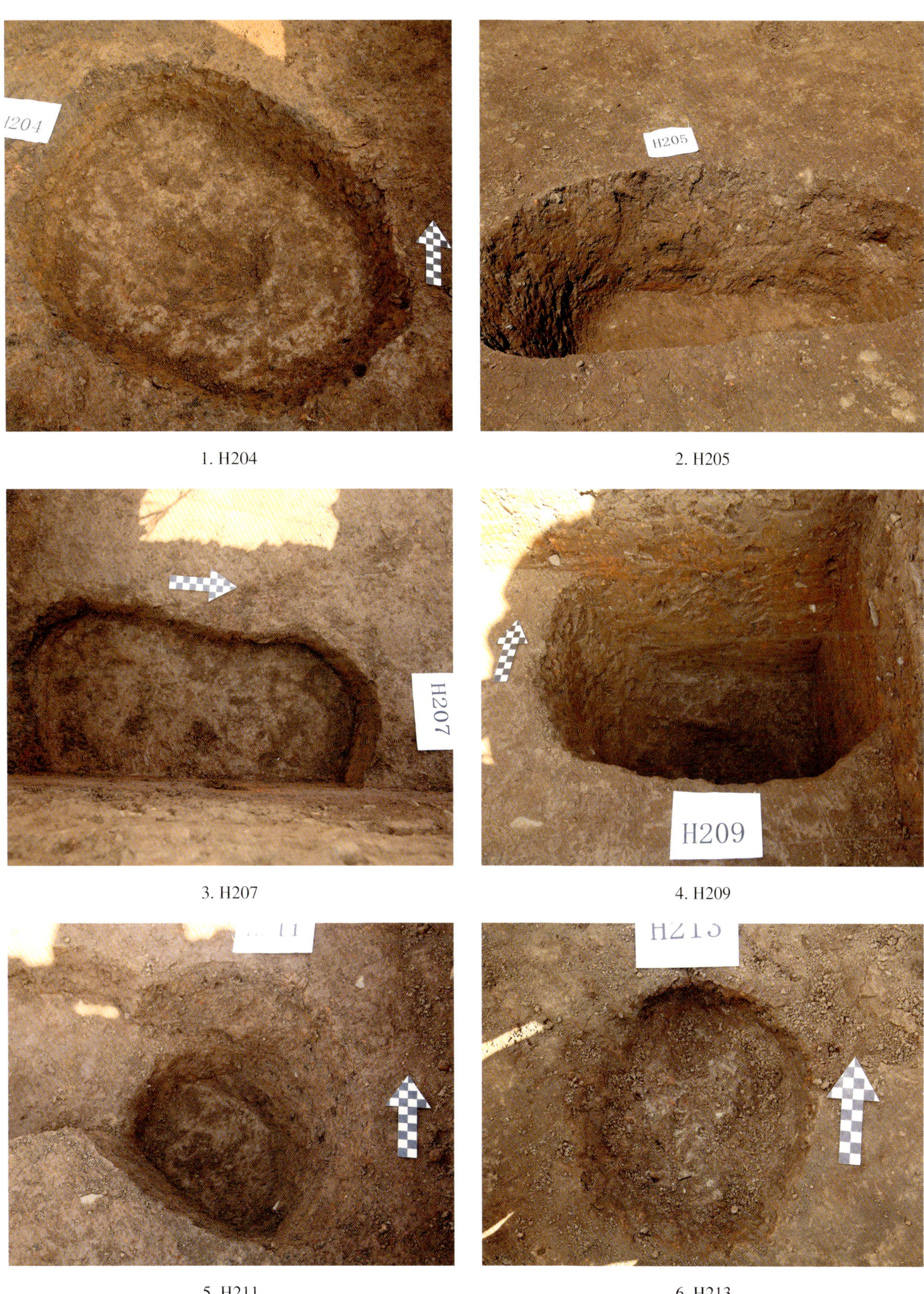

1. H204　　2. H205

3. H207　　4. H209

5. H211　　6. H213

2019年新石器时代Ⅱ区灰坑

1. H214

2. M14

3. 甲类Ac型壶（M14：2）

4. B型杯（M14：1）

2019年新石器时代Ⅱ区H214、M14及M14出土陶器

1. H156

2. Ba型陶豆（H156：14）

3. 石斧残件（H156：1）

4. H165

2018年青铜时代灰坑及H156出土陶器、石器

1. H202

2. Bb型陶豆（H202：13）

3. 陶纺轮（H202：8）

4. 陶纺轮（H202：47）

5. 陶纺轮（H202：48）

6. 石网坠（H202：1）

2019年青铜时代H202及其出土陶器、石器

1. H1

2. H8

3. H20

4. 纺轮（H20：2）

5. H27

6. G1

2016年历史时期灰坑、灰沟及H20出土陶器

1. H58

2. H59

3. H60

4. H61

2017年历史时期Ⅰ区灰坑

1. H62

2. H63

3. H64

2017年历史时期Ⅰ区灰坑

1. H66

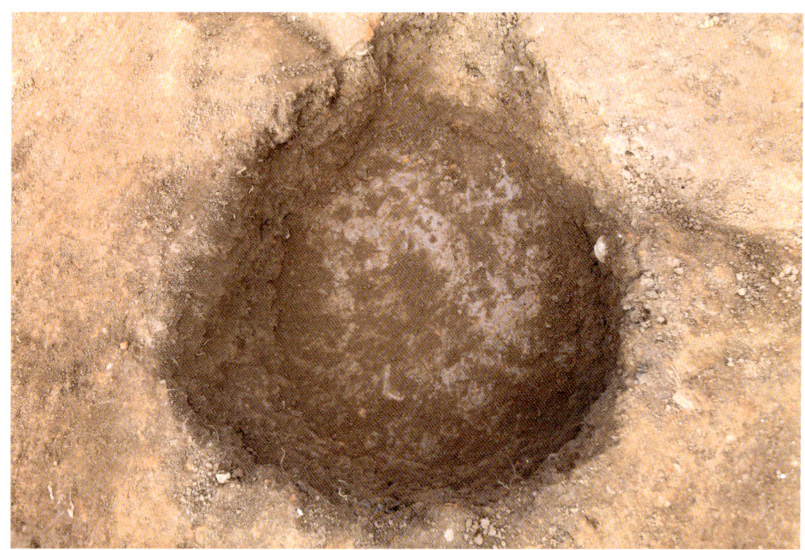

2. H67

3. H68

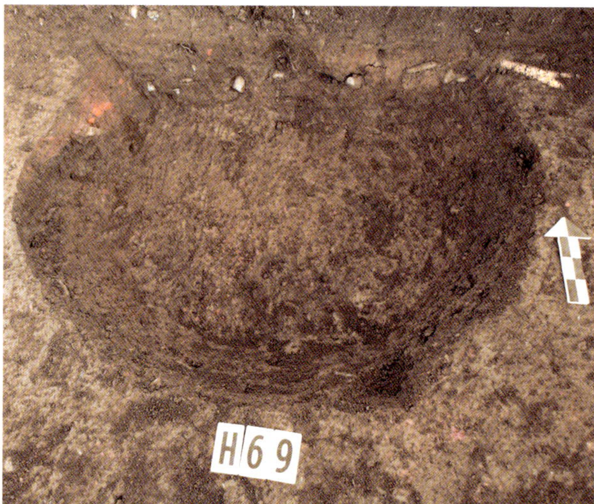

4. H69

2017年历史时期Ⅱ区灰坑

1. H70

2. H75

3. H77

4. H78

2017年历史时期Ⅱ区灰坑

1. H72

2. H73

3. B型陶纺轮（H73：2）

4. 石刀坯料（H73：1）

2017年历史时期Ⅲ区灰坑及H73出土陶器、石器

1. H150

2. H154

3. G6

5. Ab型侈口小罐（G7：6）

6. C型侈口小罐（G7：5）

4. G7

7. 甲类Bd型壶（G7：3）

2018年历史时期Ⅰ区灰坑、灰沟及G7出土陶器

1. H198

2. B型锛（H198：1）

3. 石锛残件（H198：2）

4. H199

2018年历史时期Ⅱ区灰坑及H198出土石器